AF136538

Carl Ullmann

Reformatoren vor der Reformation

in Deutschland und den Niederlanden

Carl Ullmann

Reformatoren vor der Reformation
in Deutschland und den Niederlanden

ISBN/EAN: 9783743321526

Hergestellt in Europa, USA, Kanada, Australien, Japan

Cover: Foto ©Lupo / pixelio.de

Manufactured and distributed by brebook publishing software
(www.brebook.com)

Carl Ullmann

Reformatoren vor der Reformation

Johann Wessel,

der Hauptrepräsentant reformatorischer Theologie im
15ten Jahrhundert;

nebst den

Brüdern vom gemeinsamen Leben,

namentlich:

Gerhard Groot, Florentius Radewins, Gerhard Zerbolt und
Thomas von Kempen;

und

den deutschen Mystikern:

Ruysbroek, Suso, Tauler, dem Verfasser der deutschen Theologie
und Staupitz

in ihrer Beziehung zur Reformation

dargestellt von

Dr. C. Ullmann.

Zweite Auflage.

———

Zugleich dritte Auflage der Schrift: Johann Wessel, ein
Vorgänger Luthers.

———

Gotha,

Verlag von Friedrich Andreas Perthes.

1866.

Vorrede.

Auch diesem Bande erlaube ich mir einige einleitende Worte voranzustellen, wie sie mir für die Würdigung des hier Mitzutheilenden erforderlich scheinen.

Bereits im Mai 1834 übergab ich dem Publicum eine Monographie über J. Wessel, den Vorgänger Luthers. Es schien mir Zeit, einen Mann, der zwar seit vierthalbhundert Jahren mit Ruhm genannt worden, aber doch trotz der Nachrichten, welche bald nach seinem Tode verehrende Freunde über ihn gegeben und in späterer Zeit Dubinus, Seckendorf, Cave, Fabricius, Schröckh, Goetz u. A. erneuert und vermehrt hatten, noch verhältnißmäßig unbekannt war, in seinem ganzen Leben, Denken und Wirken vollständiger zu beleuchten. Ich hoffte dabei auf eine nachsichtige Aufnahme und billige Beurtheilung meiner Arbeit schon im Vaterlande, noch mehr aber im stammverwandten Nachbarlande unter den näheren Landsleuten Wessels; ich dachte, Wessel, der in einer gährungsvollen, vorbereitenden Zeit nicht Weniges zur Begründung einer reineren und geistvolleren christlichen Theologie gethan, könnte auch, aus dem Staube der Bibliotheken wiedererweckt, wenigstens etwas beitragen, um eine wahre, christlich freie im Geiste der Schrift und Reformatoren frisch und lebendig sich bildende, Theologie in unsern Tagen fördern zu helfen.

Meine Hoffnung ist nicht unerfüllt geblieben. Von dem Letzteren zwar, weil es etwas Unsichtbares und Unmeßbares ist, kann ich keine Spuren nachweisen. Aber, was die Aufnahme der Schrift betrifft, so kann ich nur meinen aufrichtigsten Dank aussprechen: sie hat sehr ermunternde Urtheile erfahren, sie hat

mir von Seiten der gelehrten Landsleute Wessels, unter denen
sie auch durch eine gute Uebersetzung [1] eingebürgert worden ist,
die erfreulichsten Beweise der Theilnahme erworben; sie hat sich
in wenigen Jahren vergriffen.

Als nun eine neue Auflage erforderlich war, hatte ich nicht
nur über Wessel Manches nachzuholen, sondern es schien mir
auch zweckmäßig, verwandte Männer hinzuzunehmen und in einer
Gruppe von Vorläufern der Reformation ein umfassenderes Ge=
sammtbild jener merkwürdigen, zukunftschwangern Zeit zu geben.
Dieß ist nun in den vorliegenden beiden Bänden geschehen und
darüber wäre weiter nichts zu sagen. Was aber die, dem gegen=
wärtigen Bande einverleibte, neue Auflage der Monographie über
Wessel betrifft, so ist dieselbe nicht nur an manchen Stellen völlig
umgearbeitet, sondern auch vielfach mit neuem Stoffe bereichert.
Ich konnte dazu die Bemerkungen, welche der gelehrte hollän=
dische Uebersetzer seiner Bearbeitung beigegeben hatte, ich konnte
außer der älteren auch eine ganz neue Schrift Muurlings über
Wessel, ich konnte manche Notizen, welche das kirchenhistorische
Archiv von Kist und Royaards und andre neuere Schriften lie=
fern, ja selbst Handschriftliches, das bisher unbekannt gewesen,
und Bemerkungen, die mir einige Freunde gütigst privatim mit=
theilten, benutzen, und habe das Alles gewissenhaft gethan. So
wird man also in der Lebensgeschichte Wessels, wie in der Dar=
stellung seiner Theologie nicht weniges Neue, und außer Anderem
namentlich sein Verhältniß zu Thomas von Kempen nach der
einen und zu Zwingli nach der andern Seite genauer bestimmt
und die von ihm ausgegangene reformatorische Tradition voll=
ständiger geschildert finden.

Die Geschichte der Brüder vom gemeinsamen Leben, die ich
früher nur übersichtlich in einer Beilage gegeben hatte, habe ich
nun, bedeutend erweitert, dem Ganzen vorangestellt, weil sie die
Grundlage von Wessels Entwickelung bilden und überhaupt in so
vielfacher Beziehung reformatorisch merkwürdig sind. Dabei war
es mir weniger um das Aeußerliche ihrer Einrichtungen und die
Geschichte ihrer einzelnen Institute zu thun — eine Sache, die

---

[1] Der Uebersetzer ist Herr Munting, Prediger zu Leyden. Die Ueber=
setzung, der auch ein Bildniß Wessels beigegeben ist, erschien zu Leyden
1835 und ist dem bürgerlichen Vorstande und der theologischen Facultät der
Vaterstadt Wessels gewidmet — eine Widmung, an die ich mich von Her=
zen anschließe.

an Delprat, deſſen Werk ja auch auf deutſchen Boden verpflanzt
iſt, den kundigſten und gewiſſenhafteſten Darſteller gefunden hat
— als vielmehr um das Ganze ihrer Geiſtesrichtung und die in
deren verſchiedenen Manifeſtationen liegenden reformatoriſchen
Keime. Dieſe Keime führten aber rückwärts auf noch tiefere
Wurzeln, und ſo habe ich, obgleich wir über beide Männer neuere
gründliche Arbeiten haben, auch Ruysbroek und übergangsweiſe
Eckart, ſo wie die myſtiſchen Genoſſenſchaften, mit denen ſie in
Verbindung oder Gegenſatz ſtanden, aufgenommen.

Unter den Brüdern des gemeinſamen Lebens ragt, der Zeit
nach noch vor dem Theologen Weſſel, als das verklärteſte Bild
ihrer practiſchen Myſtik der fromme Thomas von Kempen her=
vor. Ihm habe ich eine beſonders fleißige, und, wie ich wohl
ſagen darf, aus aufrichtiger Liebe entſprungene Darſtellung ge=
widmet. Manche werden ſich vielleicht wundern, den ſtillen,
demüthigen Asceten unter den Vorläufern der Reformation zu
finden. Aber die Sache ſelbſt wird, wie ich hoffe, dieſe Stellung
vollkommen rechtfertigen. Alle Verehrer dieſes in ſeiner Art ſo
vollendeten und einzigen Mannes aber werden damit zufrieden
ſeyn, daß ich in einer Beilage das Meinige gethan habe, um ihn
in das, nach meiner beſten Ueberzeugung ihm gebührende, ge=
ſchichtliche Recht der Autorſchaft der Imitatio Christi einzuſetzen.

Wenn von Seiten der Brüder des gemeinſamen Lebens und
der niederdeutſchen Myſtiker der Uebergang zur Reformation nach=
gewieſen war, ſo wäre eine Lücke geblieben, wenn nicht auch das=
ſelbe in Betreff der oberdeutſchen, deren Einfluß beſonders auf
Luther ſo ſtark war, geſchehen wäre. Ich habe alſo auch Haupt=
repräſentanten der im engeren Sinne deutſchen Myſtik hinzuge=
nommen: Suſo, Tauler, den Verfaſſer der deutſchen Theologie
und Staupitz. Hier aber muß ich beſonders wünſchen, daß man
den Hauptzweck des Werkes, Nachweiſung der reformatoriſchen
Elemente vor der Reformation, im Auge behalte. Für eine ſelb=
ſtändige Characteriſtik dieſer Männer, namentlich Suſo's und
noch mehr Taulers, wäre das Gegebene zu mangelhaft; aber um
ihre reformatoriſche Bedeutung nachzuweiſen, konnte es genügend
ſcheinen.

Hätte ich im Laufe der Arbeit ſchon die neue wackere Mo=
nographie über Tauler von Profeſſor C. Schmidt in Straßburg

vor mir gehabt, so würden auch einige Fehler vermieden und
noch mehreres für meinen Zweck Wichtige aufgenommen worden
seyn. Ich benutze daher diese Gelegenheit, um folgende Berich=
tigungen nachzuholen: Tauler hat nicht in Köln, sondern in Pa=
ris studiert; nach Straßburg zurückgekehrt, lernte er vermuthlich
dort Meister Eckart kennen, den er indeß nur in einer einzigen
seiner Predigten erwähnt; später jedoch reiste er wiederholt nach
Köln, und gegen Ende seines Lebens brachte er mehrere Jahre
dort zu; er kam in seine Vaterstabt nur zurück, um bald darauf
sein Leben zu beschließen; der Einfluß Ruysbroeks auf Tauler ist
von mir vielleicht etwas zu hoch angeschlagen worden; der Tractat
von den neun Felsen, den ich noch, wiewohl nicht ohne ausdrück=
liche Aeußerung des Zweifels, mit dem Namen Suso's in Ver=
bindung brachte, dürfte jetzt unbedenklich dem straßburger Mystiker
und Asceten Rulman Merswin zuzuschreiben seyn, der denselben
um 1352 verfaßte. Ganz besonders aber mache ich die Leser auf
den Abschnitt der schmidt'schen Monographie über Taulers Ver=
hältniß zur katholischen Kirchenlehre, und noch mehr auf die Bei=
lage über die Gottesfreunde und deren verschiedenartige Associa=
tionen aufmerksam, welche so bedeutende reformatorische Elemente
in ihrer Mitte bargen.

Hiermit sey das Buch seinem neuen Laufe in guter Zuver=
sicht befohlen; möge es denselben im Vaterlande und im befreun=
deten Nachbarlande, dem es einem guten Theile des Inhaltes
nach angehört, ebenso glücklich machen, als früher J. Wessel!
Dem Verfasser — nur dieß Eine will er nochmals versichern —
wird jede Kritik um so willkommener seyn, je gründlicher sie ihn
belehrt, und er wird sich über nichts mehr freuen, als wenn er
in den Kritikern zugleich wahrhaft fördernde Mitarbeiter und in
den Mitarbeitern, wie es denn solche, sobald es ihnen um die
Sache zu thun ist, auch in der Regel zu seyn pflegen, billig ge=
rechte Kritiker findet.

Heidelberg, ben 22sten November 1841.

Ullmann.

Inhalt des zweiten Bandes.

Einleitung.

Drittes Buch.

Die Brüder vom gemeinsamen Leben und die deutschen Mystiker

oder

das practische und populäre Hinwirken auf die Reformation.
S. 9—234.

Erster Theil.

Veranlassungen zur Stiftung des gemeinsamen Lebens.
Aeußere und innere Grundlagen dieser Stiftung. S. 11 — 52.

Zweiter Theil.

Die Stiftung und erste Entwickelung des gemeinsamen Lebens.
S. 53 — 95.

Dritter Theil.

Die weitere Fortbildung und Blüte des Vereins S. 96 — 146.

Vierter Theil.

Angriffe gegen das Institut des gemeinsamen Lebens. Verfall und Nachwirkungen desselben. S. 147—167.

Fünfter Theil.

Die Verzweigungen der deutschen Myſtik bis zur Reformation.
S. 168—234.

Viertes Buch.
Johann Weſſel
oder
die reformatoriſche Theologie vor der Reformation. S. 235—557.

Erſter Theil.
Das Leben J. Weſſels. S. 237—343.

Zweiter Theil.

Die Theologie Wessels. S. 344—522.

Einleitung.

Die Theologie des 15ten Jahrhunderts. Wessels theologischer Standpunct im Allgemeinen. S. 344—359.

Beilage.

Ueber den Verfasser der Schrift: de Imitatione Christi.

S. 577— 606.

Reformatoren vor der Reformation,

vornehmlich in

Deutschland und den Niederlanden.

Drittes und viertes Buch,

hauptsächlich die positiven Grundlagen zur Reformation
darstellend.

Einleitung.

Wir haben im ersten Bande gesehen, wie in Betreff des Gesammtgeistes der Kirche ein Bedürfniß nach Umgestaltung und Erneuerung vorhanden war und tief empfunden wurde, wie man aus dem wieder zum Gesetze gewordenen Christenthum heraus nach dem vollen Evangelium, aus der Dienstbarkeit der Kirche, ohne deßhalb Ungebundenheit des Geistes zu wollen, nach der Freiheit der Kinder Gottes verlangte; ebenso, wie gegen einzelne Uebelstände der Kirche, gegen die Uebergriffe der Hierarchie, gegen die Corruption des Klerus und des Mönchthums, gegen falsche und sittenverderbliche Lehren, namentlich von der Verdienstlichkeit der Werke und vom Ablaß, kräftig gekämpft ward. Auch hierin waren schon, indem man dem Verderbten das ursprünglich Gute, dem Falschen das Richtigere entgegenstellte, Keime positiver Neubildung enthalten; aber im Ganzen liegt doch diese Erkenntniß des Bedürfnisses und dieser Kampf mehr auf der negativen Seite. Indeß mußten, damit die Schöpfung eines neuen Zustandes der Kirche eintreten konnte, wie wir früher gezeigt [1]), auch recht entschiedene positive Grundlagen gegeben, es mußte, was in der Reformation zu einer großen, allgemeinen That, zu einer weltgeschichtlichen Macht werden sollte, schon im Gemüthe und in der Erkenntniß Vieler, wenn auch in verschiedener Form, Farbe und Abstufung, vorhanden seyn. Mit dieser mehr positiven Seite werden wir uns nun vorzugsweise in diesem Bande beschäftigen.

---

1) Einleitung zum ersten Bande.

Die positiven Grundlagen der Reformation sind, da dieselbe eine Erneuerung des Gesammtzustandes der christlichen Gemeinschaft war, theils im Leben, theils in der Erkenntniß und Lehre wahrzunehmen: sie sind einerseits religiöser und sittlicher, andererseits wissenschaftlicher Art, und zwar beides um so mehr, je inniger zugleich eines auf das andre, das Leben auf die Erkenntniß und die Erkenntniß auf das Leben bezogen wird. Die Lebensgrundlagen der Reformation haben wir natürlich mehr unter dem Volke, in dessen tieferer christlichen Erregung, die Lehrgrundlagen mehr unter den Gelehrten, im Kreise der Schule, in einer freieren und reineren Ausbildung der christlichen Erkenntniß und Wissenschaft zu suchen.

Die religiös und sittlich vorbereitenden Elemente der Reformation bestanden darin, daß der christliche Geist in den Gliedern der Kirche eine neue kräftige Belebung fand; und zwar sowohl dadurch, daß ein innigeres Interesse des Gemüthes an den christlichen Wahrheiten erregt, als dadurch, daß der sittliche Geist geweckt und geschärft, von dem Aeußeren des Werkes auf das Innere der Gesinnung und Willensrichtung zurückgeführt, daß überhaupt der Veräußerlichung der Kirche der innerliche, reine, ernste Geist des Christenthums lebendig und thatkräftig, in ergreifender Predigt und echtem Vorbild apostolischen Lebens entgegengestellt, daß mit dem ganzen christlichen Wesen rechter Ernst gemacht wurde. Das Element, in welchem diese Erwärmung und Verinnerlichung des religiösen und diese strengere Zucht des sittlichen Geistes damals, wo außer Scholastik und Mystik ein Drittes noch nicht zu kräftiger Entwickelung gekommen war, allein vor sich gehen konnte, war die practisch=ascetische Mystik, die selbst im Verlaufe dieses Strebens sich immer mehr abklärte, immer reiner und christlicher wurde; die Mittel, durch welche in solchem Sinne gewirkt werden konnte, waren öffentliche, freie, auch außeramtliche, Verkündigung des Evangeliums, Privaterbauung in geschlosseneren religiösen Kreisen, Verbreitung der Schrift und nützlicher Bücher unter dem Volke, Förderung des Gebrauches der mehr ans Herz redenden Muttersprache zu religiösen Zwecken, Erweckung eines kräftigeren sittlichen Geistes unter allen Ständen durch brüderlich offene Mittheilungen über sittliche Zustände, gegenseitige Förderung in der Besserung durch freies Sündenbekenntniß und Aehnliches. Durch alles dieß wurde das Christen=

thum wieder tief ins Herz eingepflanzt, aus dem es in der Re=
formation gleichsam neu geboren werden sollte. Die wissenschaftlichen Fundamente waren theils philosophi=
scher, theils philologischer, theils eigentlich theologischer Natur.
Die Philosophie hatte in diesem Uebergangsproceß verhältniß=
mäßig die geringste, ja eine mehr negative, als positive Bedeu=
tung. Das ganze Heranwachsen der Reformation und ihr Auf=
treten selbst beruhte vielmehr, wie wir früher gesehen [1]), auf einer
gewaltigen Reaction des freien und selbständigen christlichen Gei=
stes gegen die Philosophie, als daß dieselbe von philosophischen
Grundlagen ausgegangen wäre. Nur von einer Seite her ward
diese Erneuerung der christlichen Frömmigkeit und Erkenntniß auch
von der Philosophie unterstützt, insofern der dem Christenthum
weit inniger verwandte Platonismus sich im Bunde mit einer
lebenbigeren Theologie in erneuter Kraft gegen den Aristotelis=
mus der Scholastik erhob. Doch zeigt sich diese Erscheinung weit
ausgeprägter in Italien, als in den Gegenden, die der Schau=
platz unserer Betrachtung sind. Ungleich bedeutender ist die Re=
generation der Philologie, der Sprachwissenschaft und Alterthums=
kunde; denn da die zu stürzende Theologie, die scholastische, im
Laufe der Zeit eine völlig barbarische geworden, so war es wich=
tig, daß sich aus der erneuerten Kenntniß der Alten ein reinerer
Sinn für das Gesunde, Naturgemäße, Schöne und Eble bildete;
und da diejenige Theologie, die neu geboren werden sollte, als
eine im Wesentlichen biblische, immer reiner aus der Quelle zu
schöpfende, sich entwickelte, so war es noch wichtiger, daß man in
der wiederhergestellten Kenntniß der alten Sprachen, namentlich
der griechischen und hebräischen und selbst der reineren lateini=
schen, die Mittel gewann, sowohl die h. Urkunden, als die älte=
ren Kirchenlehrer gründlich und selbständig zu studieren, und das
aus ihnen Geschöpfte würdig und anziehend darzustellen. Bei
weitem am bedeutendsten aber ist natürlich für uns die unter
diesen Bedingungen sich gestaltende Theologie selbst. Denn, ge=
boren aus dem Schooße des neuerwachten christlichen Lebens, ge=
tränkt von der Milch der practischen Mystik, aus welcher das Le=
ben einer tieferen Herzensfrömmigkeit hervorgegangen war, ge=
pflegt in dem Geiste der Innerlichkeit und Freiheit, den diese

1) B. I. S. 32 ff.

Myſtik gleichfalls gepflanzt hatte, genährt von dem Marke der
wiederbelebten Wiſſenſchaft, beſonders der Sprachkenntniß, ſelbſt
raſtlos vordringend in der Erforſchung der Schrift und geleitet
von den in derſelben niedergelegten Wahrheiten und Lebensur=
bildern, entwickelte ſich jetzt eine Theologie, welche innig fromm,
aber auch lichtbegierig und jedem Strahle des neuen Tages zu=
gänglich, auf dem Boden der Schrift und des aus ihr geſchöpf=
ten Chriſtenthums Liebe und Erkenntniß des Göttlichen in har=
moniſcher Durchdringung zu einigen und ſich nach allen Seiten
als freie, ſelbſtändige, weder von der Philoſophie, noch von der
Kirche und Ueberlieferung abhängige, aber doch nicht zügelloſe,
ſondern dem Geſetze der chriſtlichen Wahrheit gehorchende, Wiſſen=
ſchaft zu entfalten ſtrebte: eine Theologie, in der wir nahezu
ſchon alle die Beſtandtheile finden, welche in ihrem Complex die
Theologie der Reformatoren ſelbſt ausmachen.

Jenes populär lebendige Hinwirken auf die Reformation
wird uns auf das vollſtändigſte veranſchaulicht durch das merk=
würdige Inſtitut der Brüder vom gemeinſamen Leben und deſſen
charactervollſte Mitglieder; dieſe vorreformatoriſche, aber zugleich
die Reformationsprincipien ſchon ganz in ſich ſchließende, Theo=
logie durch Johann Weſſel und die Männer, die ſich an ihn an=
ſchloſſen. Beide aber ſtehen wieder unter ſich im genaueſten Zu=
ſammenhang, inſofern Weſſel aus der Brüderſchaft vom gemein=
ſamen Leben hervorgegangen iſt, und, ohne den frommen Geiſt,
der in ihr waltete, im mindeſten zu verleugnen, die wiſſenſchaft=
liche Strebung derſelben von theologiſcher Seite zu ihrer höchſten
Vollendung gebracht hat. Die Darſtellung dieſer beiden Rich
tungen und alles deſſen, was mit ihnen genauer verwandt iſt,
wird den Band füllen, den wir hiermit beginnen. Auf die phi=
loſophiſchen und philologiſchen Elemente, die zur Reformation
hinführten, werden wir hier nicht beſonders eingehen, weil jene
in ihrer ſelbſtändigeren Ausbildung einem andern Gebiet ange=
hören, dieſe aber ſchon genügend beſchrieben ſind; indeß wird
uns die Schilderung der wiſſenſchaftlichen Bildung, der Denkweiſe
und des Freundeskreiſes Weſſels Gelegenheit geben, nicht weni=
ges hierher Gehörige zu berühren. Auch ſchließt die Darſtellung
der Brüderſtiftung manches für die philologiſche Vorbereitung
Wichtige in ſich.

Wir beginnen, weil dieſelbe der mütterliche Boden von

Wessels Geist und Theologie ist, mit der Brüderschaft vom ge=
meinsamen Leben. Dieses Institut hat aber auch wieder seine
merkwürdigen äußerlichen und innerlichen Grundlagen. Denn
ehe dasselbe in der reineren Gestalt, die es zeigt, in der schönen
Verschmelzung practisch=christlicher und wissenschaftlicher Inter=
essen, auftreten konnte, waren manche Stabien zu durchlaufen
und manche Schlacken auszustoßen. Es sind vornehmlich zwei
Wurzeln, aus deren Vereinigung jenes Institut herausgewachsen
ist: eine mehr zu Tage liegende, die freien, practisch=religiösen
Genossenschaften der vorangegangenen Zeit; und eine mehr gei=
stige, innerliche, die mittelalterliche Mystik; beide waren auch
früher schon theilweise vereinigt, aber noch nicht in solcher Art
und Form. Hauptsächlich mußte die Mystik vorher einen länge=
ren Gährungs= und Entwickelungsproceß durchmachen, bis sie sich
zu dem reinen, hellen, wohlthuend erwärmenden und belebenden
Tranke abklärte, den der trefflichste Lehrer practischer Weisheit
aus dieser Genossenschaft, Thomas von Kempen in seinen Schriften bietet. Da finden wir zuerst die freigeisterische Mystik der
Begharden, dann die speculativ=pantheistische des Meister Eckart,
hierauf die theistische vom Speculativen zum Practischen hinüber=
leitende Johann Ruysbroeks, endlich die ascetische und practische
Gerhard Groots und seiner Brüder und zuletzt erst als deren
vollendetstes Product die Lebens= und Liebesweisheit des Thomas
von Kempen. Da nun die Mystik, namentlich die mehr biblische
und practische, zugleich eine so große Bedeutung für die refor=
matorische Theologie selbst hat, so wollen wir dieselbe auf diesem
Entwickelungsgange bis zu Kempis und in ihrer Verzweigung
nach Deutschland verfolgen; ja auch bei Wessel werden wir sie
wieder finden, denn der Baum seiner Theologie, obwohl mehr
zum Lichte emporstrebend, als wir es bei Thomas finden, zog
doch einen Theil seiner besten Kräfte aus dem Boden der Mystik.
Dazu kommt noch Anderes, was uns die Brüder vom gemeinsa=
men Leben sehr wichtig macht: ihr Interesse für religiöse Beleh=
rung und Belebung des Volkes, so wie für den besseren Unter=
richt der Jugend, ihr Eifer für Bibelverbreitung und für den
religiösen Gebrauch der Landessprache, die eigenthümliche sittliche
Zucht und ascetische Schule, wodurch sie nicht nur unter sich, son=
dern auch unter dem Volke sehr bedeutend wirkten: lauter Dinge,
welche, unmittelbar oder mittelbar, positiven Einfluß auf die Re=

formation übten, und bei deren Schilderung uns hier auch noch
das zu statten kommt, daß fast jede dieser Bestrebungen durch eine
hervorragende Persönlichkeit — Gerhard Groot, Florentius Radewins, Gerhard Zerbolt, Thomas von Kempen — auf eine sehr
prägnante Weise repräsentirt wird.

Haben wir dann so die beiden zur Reformation hinführenden fundamentalen Hauptrichtungen dargestellt, so werden wir
noch einmal in einem Rückblick Alles zusammenfassen und mit
einer Schlußbetrachtung über das Verhältniß der Reformation
selbst zu der vorreformatorischen Zeit vom Leser scheiden.

Hiermit wäre in den Grundzügen der Inhalt der nachfolgenden Bücher angedeutet, und wir gehen nunmehr zur Sache
selbst über.

Drittes Buch.

—

Die Brüder vom gemeinsamen Leben

oder

das practische und populäre Hinwirken auf die Reformation, und deren mystische Vorgänger.

Solche Klöster und Brüderhäuser gefallen mir aus der Maßen. Und wollte Gott, alle Klöster wären also, so wär allen Pfarrherrn, Städten und Landen wohl geholfen und gerathen.
Luther.

Lese dies Büchlein (die deutsche Theologie) wer da wolle und sage kann, ob die Theologie bei uns alt oder neu sei; denn dieses Buch ist nicht neu. Werden sie aber vielleicht wie vormals sagen, wir seien deutsche Theologen: das lassen wir also seyn. . . . Gott gebe, daß dieser Büchlein mehr an Tag kommen, so werden wir finden, daß die deutschen Theologen ohne Zweifel die besten Theologen seien.
Luther.

Erster Theil.

Veranlassungen zur Stiftung des gemeinsamen Lebens.
Aeußere und innere Grundlagen dieser Stiftung.

Erstes Hauptstück.
Freie geistliche Genossenschaften des Mittelalters.

„Was groß soll werden, muß klein angehen", sagt Mat=
thesius in Beziehung auf Luthers Entwickelungsgang, und der
Schriftsteller selbst, den wir später schildern werden, J. Wessel
spricht: „Die Anfänge aller großen Werke Gottes sind stets von
geringen Keimen ausgegangen; aus dem kleinsten Kern wächst
der Feigenbaum hervor, aus der Eichel wird die gewaltige Eiche[1]."
Das wahrhaft Große und Tiefe im sittlichen und wissenschaft=
lichen Leben tritt nicht mit Pomp und Lärm, sondern in un=
scheinbarer Stille auf; es entwickelt sich langsam aus einer ver=
borgenen Wurzel. Ein Samenkorn wird ausgestreut und, der
es ausstreut, erlebt oft kaum, daß es aufgeht; aber wenn die
rechte Kraft darin ist, so erscheint ihm sein Tag und seine Sonne
und es erstarkt zu einem frucht= und schattenreichen Baume. Es
gehört zu den schönsten Pflichten des Historikers, solchen Er=
scheinungen nachzuforschen, wo aus einem stillen Leben und Wir=
ken ein weltgeschichtlicher Erfolg entsprungen ist Wir dürfen
dazu die Wirkungen zählen, welche die Stiftungen und Schulen
der Brüder vom gemeinsamen Leben in den Nieder=
landen und in Deutschland hervorgebracht haben. Die innige,

---

[1] Scal. Medit. Exempl. I. p. 358 und 363, wo es auch heißt:
Omnium rerum initia parvula, ex minimis coalescunt.

aber auf den engsten Kreis sich beschränkende und ganz auf das
Practische gerichtete Frömmigkeit eines Gerhard Groot, Florentius
Radewins und Thomas von Kempen hat Anstalten gegründet,
aus denen die Wiederhersteller der Wissenschaften in den Nieder=
landen und Deutschland und die nächsten einflußreichsten Vor=
gänger der deutschen Reformation hervorgegangen sind, sie haben
recht eigentlich, nicht bloß wie Erasmus, dessen Jugendbildung
übrigens auch zum Theil unter dem Einfluß dieser Brüder stand,
und wie mehrere Andere, auf dem gelehrten Gebiet und unter
den höheren Ständen, sondern, was vielleicht wichtiger war,
unter dem Volk und in dem Mittelpunct, im Herzen des religiösen
Lebens selbst den Grund zur Kirchenverbesserung gelegt.

Um jedoch die Entstehung dieser wichtigen Stiftung gründ=
lich zu erkennen, ihren Geist und ihre Stellung richtig zu wür=
digen, müssen wir ins frühere Mittelalter zurückgehen. In ver=
schiedenen Formen regte sich, besonders seit dem zwölften Jahr=
hundert in den Abendländern, namentlich in Oberitalien, Frank=
reich, den Niederlanden und Deutschland ein neues tieferes christ=
liches Leben, und ein aus wahrem innerem Bedürfniß hervor=
gehendes Streben, das Christenthum des Geistes, des Herzens
und der That, der apostolischen Einfalt, Liebe und Selbstverleug=
nung wieder ins Daseyn zu rufen. Das Verderbniß des öffent=
lichen und kirchlichen Lebens nöthigte Männer und Frauen, die
von diesem Geist ergriffen waren, sich in die Stille zurückzu=
ziehen, um geschieden von der Welt die Seligkeit eines inneren
Friedens zu genießen, und nur noch durch das Band der Liebe
und Wohlthätigkeit mit der übrigen Gesellschaft verbunden zu
bleiben. Dieß war ursprünglich auch der Zweck des Mönchs=
lebens gewesen; aber die Klöster selbst waren längst in den allge=
meinen Verfall mit hineingezogen und die Mönche waren oft
auf eine Schrecken erregende Weise sowohl selbst die Verderbte=
sten als die schlimmsten Verderber der Zeit. Indeß neben der
tiefsten Versunkenheit zeigt sich auch nicht selten die kräftigste Er=
hebung und an demselben Organe, wo die Krankheit am meisten
hervorbricht, ist auch die heilende Kraft am wirksamsten. Wir
finden daher das Doppelte; erstlich: es entwickeln sich gerade im
Bereiche des Mönchthums auch recht große, christlich ernste und
kräftige Charaktere, und es werden auch von ganzen Mönchsge=
meinschaften oder doch einem besseren Theile derselben die rei=
neren christlichen Richtungen vertreten, wie z. B. die Pflege einer
tieferen, mehr innerlichen christlichen Frömmigkeit von den Augu=
stinern, das Princip der kirchlichen Freiheit von einem Theile
der Franciskaner, die Handhabung einer größeren, freilich oft

überſpannten, Sittenſtrenge von den Ciſtercienſern und Karthäu=
ſern, dergeſtalt, daß ſich immer durch die übelſte Fäulniß des
Mönchthums hindurch eine erhaltende Kraft des Guten wirkſam
erweiſt, wie es denn gewiß nicht zufällig iſt, daß mehrere der
ausgezeichnetſten Reformatoren ſelbſt aus den Klöſtern, nament=
lich des Auguſtinerordens, hervorgegangen ſind; zweitens: es
bildet ſich neben dem, im Ganzen doch von ſeinem Urſprung ab=
gefallenen, Mönchthum etwas verwandtes Neues, welches auf
eine zugleich reinere und freiere Weiſe das zu verwirklichen ſtrebt,
was die Mönchsvereine zu leiſten urſprünglich zwar beſtimmt
waren, jetzt aber nicht mehr vermochten. Dieß ſind jene eigen=
thümlichen chriſtlichen Aſſociationen des Mittelalters, welche zum
Theil äußerlich die Geſtalt des Mönchslebens tragen, aber ohne
den hierarchiſchen Verband und Zwang deſſelben, und von einem
ernſteren und tieferen evangeliſchen Geiſte beſeelt. Es zieht ſich
nämlich durch den größeren Theil des Mittelalters, von der
Hierarchie häufig gedrückt und verfolgt, mehr dem Leben des
Volkes, als dem Organismus der Kirche angehörig, eine Reihe
f r e i e r g e i ſ t l i c h e r G e n o ſ ſ e n ſ c h a f t e n in mehr oder minder
geregelter Form, auch verſchiedenen Lehren zugethan, aber alle
von dem Grundſtreben nach einem apoſtoliſch=practiſchen Chri=
ſtenthum ausgehend. Zuerſt erhoben ſich ſeit dem elften Jahr=
hundert in den Niederlanden, zum Theil veranlaßt durch das
Mißverhältniß der Geſchlechter, welches die Kreuzzüge hervor=
brachten, die Frauengeſellſchaften der B e g u i n e n oder B e =
g h i n e n; ihnen geſellten ſich, beſonders ſeit dem dreizehnten Jahr=
hundert die Männervereine der B e g h a r d e n zu, deren älteſtes
bekanntes Haus das um 1220 zu Löwen gegründete iſt; und ſeit
dem Beginn des vierzehnten Jahrhunderts entſtanden, zunächſt
von Antwerpen aus, die Geſellſchaft der L o l l h a r d e n, die ſich
alleſammt raſch ausbreiteten und an manchen Orten, wie z. B.
die Beguinen in Köln[1]), außerordentlich zahlreich wurden[2]).

---

1) Man zählte ſchon um 1250 in Köln über tauſend Beguinen.
2) Ueber dieſe Vereine und kleine Parteien iſt bekanntlich die Haupt=
ſchrift *Mosheim* de Begbardis et Beguinabus commentarius ed. G. H.
Martini. Lips. 1790. In der Kürze iſt das Weſentliche zuſammengeſtellt
v. S c h r ö c h Kirch. Geſch. XXXIII. S. 166 ff., von G i e ſ e l e r Kirch.
Geſch. B. 2. Abtheil. 2. §. 71. S. 370. und Abtheil. 3. §. 113. S. 205.
und von E n g e l h a r d t K. Geſch. B. 2. S. 311. Ueber die anbächtigen
Verſammlungen der Begharden und Beguinen vergl. eine Stelle des Concil.
Biterrenſe v. J. 1299. bei G i e ſ e l e r Abtheil. 2. S. 373. und bei
M o s h e i m S. 206. Von älteren Werken handeln über den Urſprung
dieſer Genoſſenſchaften beſonders Joh. Bapt. *Gramaye* Antwerpia Lib. II.
c. 6. p. 16. und derſelbe in den Antiquitatt. Belgicis. Lovan. 1708.
p. 18. ſo wie Anton. *Matthaei* in Analect. med. aevi. tom. I. p. 431.

Diese Beter und Sänger — dieß ist doch wohl die richtigste
Deutung des Namens Begharden und Lollharden — hatten
zunächst nur eine practische Tendenz; sie lebten großentheils in
besonderen Häusern vereinigt höchst einfach von ihrer Hände
Arbeit oder freiwilligen Gaben und beschäftigten sich vorzugs=
weise mit christlichen Liebeswerken. In diesen Bestrebungen
zeigten sie sich nicht bloß unschuldig, sondern auch wohlthätig;
sie waren daher beim Volke beliebt, wurden gerne von den
Städten aufgenommen, von Fürsten und Obrigkeiten beschützt,
und nach vorübergehender Bedrückung unter Clemens V. im
Jahr 1311, selbst von den Päpsten Johann XXII. im J. 1318
und Gregor XI. in den Jahren 1374 und 1377, und später=
hin von Sixtus IV. im J. 1472 und Julius II. im J. 1506
wenigstens insofern anerkannt, als sie sich streng an die Kirchen=
lehre halten und keinen Ketzereien in ihrem Schooße Raum
geben würden. Nur die Inquisitoren und die Bettelmönche
traten ihnen entgegen und bewirkten hie und da Verfolgungen
gegen sie; auch war ihnen der Klerus nicht hold, weil sie ihm
einen Theil der üblichen Geschenke entzogen. Daß manche vor=
nehmere Familien die Beguinenhäuser ungerne sahen, weil sie
ihre frömmeren Töchter der Ehe zu entziehen drohten, würde
ihnen weniger Eintrag gethan haben. Am meisten schadete ihnen
im Verfolg der Zeit ihr eigener innerer Verfall.

Ursprünglich war es bei allen diesen Genossenschaften auf
ernste, thätige Frömmigkeit abgesehen; ihr Geist im Ganzen war
löblich, ihre Einrichtungen [1]) streng. Was die Beguinen be=
trifft, so sollten in ihre Mitte nur Frauenspersonen von gutem
Rufe und, nach einer Bestimmung, die wenigstens seit 1244 für
das Erzbisthum Mainz gegeben war, keine unter 40 Jahren
aufgenommen werden. Die Novize, obwohl sie kein lebensläng=
liches Gelübde ablegte, mußte doch Gehorsam und Keuschheit ver=
sprechen und trat nun in eine eigene, zwar nicht ganz klösterlich
abgeschlossene, aber doch immer gesonderte Welt ein. Die Nieder=
lassungen der Beguinen, Beginasia, waren besonders in bedeu=
tenderen Städten oft sehr groß und reich: in Mecheln, wo einige
tausend Beguinen lebten, war das mit Ringmauern umgebene
Beginasium einer eigenen kleinen Stadt vergleichbar [2]). Inner=
halb dieser Mauern herrschte eine pünctliche Lebensordnung. An
der Spitze der Gemeinschaft stand eine von den Schwestern ge=

---

1) Ausführlichere Schilderungen davon bei Engelhardt K. Gesch.
B. 2. S. 313 und 314.
2) S. oben B. 1. S. 24. Anmerk. 3.

wählte Meisterin (Magistra), welche Ungehorsame mit Gefängniß und körperlicher Züchtigung, Ausschweifende mit Ausschließung bestrafen konnte. Die Kleidung der Beguinen war gleichmäßig, ein Gewand von geringem dunkelfarbigem Stoff nebst weißem Schleier. Sie aßen zusammen und versammelten sich täglich in gewissen Stunden zu Gebet und Vorlesungen; der übrige Tag war mit Thätigkeit, mit Handarbeit und Pflege der Armen und Kranken, ausgefüllt. Jede Schwester hatte eine Celle, alle gemeinschaftlich einen Schlaf= und Speisesaal. Die Oekonomie besorgte eine oder mehrere Schwestern, Martha genannt, die allgemeinen Angelegenheiten ein geistlicher Curator und das Ganze stand unter der Oberaufsicht der weltlichen Obrigkeit. Alles gemahnt uns in dieser reineren Gestalt an das Institut des gemeinsamen Lebens und ein Zusammenhang ist unverkennbar.

Aehnlich war die Lebenseinrichtung der Begharden. Auch sie, unverheirathete Männer, Handwerker, meist, wie die Waldenser, Weber, lebten gemeinschaftlich unter einem Meister (Magister), aßen zusammen und hatten täglich wiederkehrende Andachten und Vorlesungen; auch sie trugen besondere Kleidung von geringem Stoff und dunkler Farbe, trieben Handarbeit und Liebeswerke und empfahlen sich dem Gemeinwesen durch ähnliche Nützlichkeit, wie die Beguinen. Doch scheinen sie nie dieselbe Ausbreitung und Bedeutung erlangt zu haben. Nicht wesentlich, vielleicht nur dem Namen nach, verschieden waren die Lollharden, von denen uns namentlich berichtet wird, daß sie sich bei ihrer ersten Entstehung in Antwerpen bald nach dem J. 1300 zur Besorgung der gefähr= lich Kranken und der Todten verbunden hätten [1].

Der Ruf dieser Leute war, wenigstens theilweise, sehr gut. Gregorius XI. in einer Bulle vom J. 1377 [2] erkennt unter ihnen solche an, „welche demüthig und ehrbar in Reinheit des Glau= bens, in anständiger Kleidung, in Armuth und Keuschheit leben und die Kirchen andächtig besuchen", und will diese als gehor= same Söhne der Kirche nicht beunruhigt wissen. Bonifacius IX. rühmt in einer Bulle vom J. 1394 [3] an ihnen besonders, „daß sie arme und unglückliche Personen in ihre Hospitien aufnehmen, und nach Vermögen auch andere Werke der Liebe üben, indem sie Kranke besuchen, auf Verlangen, bei ihnen wachen und sie pflegen, und auch wohl die Leichenbegängnisse besorgen." Solche Beghar= den und Lollharden hatten also nichts Singuläres, Separatistisches

---

1) Die Lollhardtjes die brochten de dooden by een. S. Gie= seler II, 3. S. 206 und 207.
2) Mosheim S. 401. Gieseler II, 3. S. 207.
3) Mosheim S. 653. Gieseler a. a. O. S. 208.

und Sectirerisches; sie übten vielmehr, mit der Kirche verbunden, das, was jetzt die barmherzigen Schwestern und andere wohl=thätige Vereine zu leisten pflegen.

Aber sehr frühe war in diesen Genossenschaften auch ein an=deres Element. Schon gegen Ende des 13ten Jahrhunderts werden ihnen Unregelmäßigkeiten und Ueberspanntheiten vorgeworfen. Das im J. 1299 gehaltene Concil zu Bezieres[1]) klagt sie an, daß sie durch Verkündigung des nahe bevorstehenden Endes der Welt das Volk aufregten[2]), daß sie neue und anstößige Obser=vanzen und Abstinenzen einführten, verbotene Zusammenkünfte hielten und bei Nacht zur Predigt sich vereinigten, vorschützend, daß sie nicht eigentlich predigten, sondern nur über Gott sprächen und sich gegenseitig erbauten; wobei wohl zu bemerken ist, daß sich dieß auf Gegenden bezieht, die früher ein Mittelpunct der Albigenser und Katharer gewesen, in denen also ohne Zweifel häretische Nachwirkungen vorauszusetzen sind. Jedenfalls war die Frömmigkeit dieser Vereine, bei ihrer einseitig practischen Richtung und bei dem Mangel an reinerer und tieferer Erkenntniß, leicht zu Schwärmereien entzündbar und bot, indem sie nicht durch eine feste Regel und strenge Abgeschlossenheit zusammengehalten waren, Irrlehrern der verschiedensten Art einen offenen Schauplatz der Einwirkung. Insbesondere schloß sich die apokalyptische Partei der Franciskaner, die Fratricellen, an sie an und trug ihre Schwärmerei und ihren Oppositionsgeist auf sie über, so daß seit der Mitte des vierzehnten Jahrhunderts Beide, Begharden und Fratricellen, oft als vollkommen verschmolzen erscheinen. Auch gewann seit der Mitte des 13ten Jahrhunderts, besonders in Köln und Schwaben, die Secte des freien Geistes unter ihnen Eingang[3]). Indeß müssen wir dabei immer die besseren Be=gharden von den häretischen und separatistischen unterscheiden und nicht minder diejenigen, die an einem festen Wohnsitze ein geord=netes, thätiges Leben führten, von denen, die umherstreiften und von Bettelei lebten. Nur auf die letzteren beziehen sich die harten Vorwürfe, die wir den späteren Begharden von vielen Seiten, auch von den freisinnigsten Männern, machen hören.

---

1) *Martene* Thes. Anecd. IV, 226. *Mansi* XXIV, 1216. Auszug bei Gieseler II, 2. S. 373.
2) ... Praedicantium multis finem mundi instare, et jam adesse vel quasi *tempora Antichristi.*
3) Mosheim S. 198. Gieseler II, 2. S. 372.

Zweites Hauptstück.

Verfall dieser Vereine. Pantheistische Mystik derselben. Meister Eckart.

Ehe sich etwas neues Besseres der Art erzeugen konnte, mußten diese Associationen ganz in sich zerfallen seyn und sich als unbefriedigend erwiesen haben. Dieser Verfall trat im Laufe des vierzehnten Jahrhunderts ein. Was den späteren, einerseits an die mit der Kirche heftig kämpfenden schwärmerischen Franciskaner, andererseits an die Brüder und Schwestern vom freien Geiste sich anlehnenden Begharden und Lollharden vorgeworfen wird, ist vornehmlich breierlei: ein alle nützliche Thätigkeit verschmähender, bettelhafter Hang zum Müßiggang, ein ungebundener kirchlicher Oppositionsgeist und eine freigeisterische, mehr oder weniger pantheistische Mystik.

Meist starke und gesunde, aber rohe und unwissende Leute aus den geringeren Ständen, Bauern und Handwerker, gaben sie ihr bürgerliches Geschäft auf und zogen in eigenthümlicher mit Kapuzen versehener Kleidung im Lande umher, um da und dort bei Brüdern und Schwestern einzukehren, geheime Zusammenkünfte zu halten, ihre Lehren auszubreiten und sich mühelos bequeme Tage zu machen[1]; so wurden sie, während sie früher durch ihre Thätigkeit sehr gemeinnützig gewesen, durch Faulheit und Bettelei eine Landplage und in diesem Sinne werden sie vornehmlich von dem tüchtigen Felix Hemmerlein in mehreren Tractaten[2] kräftigst bekämpft. Zugleich arbeiteten die Meisten geheim oder offen an Untergrabung der Kirche; ihr, freilich in falscher Weise, ganz nach Innen gerichtetes Wesen, ihre Lossagung von allem Gesetz mußte sie in den schärfsten Widerspruch mit der herrschenden gesetzlichen Kirche bringen; sie erklärten die Kirche für verdorben, predigten, daß die Zeit des Antichrist da sey, und suchten überall das Volk gegen seine geistlichen Lenker aufzuwiegeln. Sie selbst wollten

---

1) S. die Beschreibung der Begharden in Conrabs von Montpellier Fragment hinter *Rainerius* contra Waldens. Ingolst. 1613. und in Biblioth. Patr. Lugd. XXV, 310. Auszug bei Gieseler II, 3. S. 269.

2) Z. B. Descriptio Lolhardorum — Contra validos mendicantes — Glossa bullarum per Beghardos impetratarum — Contra Anachoretas, Beghardos Beginasque sylvestres. Auch Sebast. Brant eiferte gegen die Begharden und Lollharden, s. oben B. 1. S. 178.

einen reinen Urzustand, das freie, göttliche Leben der Unschuld und Natur herstellen. Die Idee dieses Zustandes war ihnen die, daß der Mensch, an und für sich mit Gott eins, nur aus dem Bewußtseyn dieser Einheit zu handeln und unbefangen den gott= gepflanzten Trieben und Neigungen seiner Natur zu folgen brauche, um gut und göttlich zu seyn; vor dem Falle habe die Menschheit das volle Bewußtseyn dieser Einheit gehabt, durch den Fall sey es getrübt, durch das Gesetz seyen Unterschiede in die ursprünglich gleiche Menschheit gebracht worden; dieß sollte wieder aufgehoben und der paradiesische Zustand der Einheit und Gleichheit wieder hergestellt werden. Um dieß herbeizuführen, blieb ihnen, bei der ihnen gegenüber stehenden imposanten Macht der Kirche, nur der Weg geheimer Vereine und verborgener Zusammenkünfte übrig. Sie richteten sich daher abgelegene, oft unterirdische Behausungen ein, Paradiese genannt[1]), wo sie sich des Nachts, besonders in heiligen Nächten, Männer und Frauen gemeinsam, zu versammeln pflegten. Hier trat einer ihrer Apostel auf, warf seine Verhül= lung von sich, und predigte, indem er an sich selbst den Stand der Unschuld anschaulich machte, die durch das Gesetz der Ehe widernatürlich verdrängte freie Geschlechtsvereinigung[2]), die dann auch, wenn wir den Berichten glauben dürfen, von den Versam= melten alsbald practisch geübt wurde.

Sollten aber auch solche Angaben, wie wir sie häufig in der Kirchengeschichte wiederkehren sehen, verläumberisch seyn[3]), die Lehre der späteren Begharden war von der Art, daß von ihr in der äußersten Consequenz leicht dergleichen Scenen ausgehen konnten. Diese Lehre, die Wurzel des Uebels, haben wir vor= nehmlich zu betrachten. Es ist freilich vermöge der ursprüng= lichen Geheimhaltung und des Mangels an zuverlässigen Quellen schwer, sie authentisch und vollständig darzustellen, doch fehlt es uns nicht an einer im Ganzen gewiß richtigen Kenntniß des Grundtypus derselben, und auch über die Haupt=Spielarten kön= nen wir ziemlich genügende Auskunft geben.

Die allgemeine Grundlage war mystischer Pantheis= mus, wie wir ihn vorzugsweise bei den sogenannten Brüdern

---

1) Wilhelmi Egmondani Chronic. in *Matthaei* vet. aevi Anal. II, 643: Sub terra quoddam mirabile habitaculum fecerant, quod *Para-dysum* vocabant.

2) Ebendaselbst: Dictus itaque nudus praedicans, et omnes more innocentum ad unditatem exhortans, vario errore tam prima quam media nititur detegere etc.

3) Wie weit jedoch die Sectirer dieser Zeit und namentlich die Beghar= den gingen, darüber s. die Beispiele und Aeußerungen in Fueßlins Kir= chen= und Ketzerhistorie der mittleren Zeit, B. 2. S. 20—22.

des freien Geistes finden. Dabei aber wurde, da das Interesse des ganzen Mittelalters nicht auf die Natur, sondern weit über= wiegend auf den Menschen gerichtet war, nicht sowohl das Seyn Gottes im All der Dinge, als vielmehr nur Gott in der Mensch= heit ins Auge gefaßt und jenes mehr nur als eine Consequenz, als ein Hülfssatz von diesem hinzugenommen [1]). Gott im Geiste, im Bewußtseyn des Menschen: war die Hauptsache. Der Pan= theismus dieser Parteien war daher nicht materialistisch, sondern idealistisch. Die Creaturen — so dachten sie [2]) — sind an und für sich ein reines Nichts [3]); nur Gott ist das wahre Seyn, die Wesenheit in den Dingen. Gott aber ist vorzugsweise da, wo Geist ist, also im Menschen: in der menschlichen Seele ist etwas Ungeschaffenes, Ewiges, der Intellectus; dieß ist das Göttliche im Menschen, dadurch ist derselbe Gott gleich und mit ihm eins; in= sofern dieses in dem Menschen rein hervortritt, ist er selbst Gott und man kann von ihm sagen: Alles, was der göttlichen Natur eigen ist, das ist auch vollständig eigen dem guten und gerechten Menschen [4]); ein solcher Mensch wirkt das Nämliche, was Gott wirkt, er hat mit Gott Himmel und Erde geschaffen, er ist mit Gott Erzeuger des ewigen Wortes, Gott kann ohne ihn nichts thun. Ein solcher Mensch war Christus; allein es kommt ihm in diesem seinem gottmenschlichen Wesen nicht etwas Eigenthüm= liches, Einziges zu: vielmehr was die heilige Schrift von Christo sagt, das gilt auch vollständig von jedem gerechten und guten

---

1) Indeß, da ihr Grundprincip war, daß Gott das Wesen aller We= sen, das einzige wahre Seyn sey, so mußten sie ohne Ausnahme Alles in ihm begriffen und auch die niedrigste Creatur des göttlichen Wesens und Lebens theilhaftig denken. Und so finden wir es auch. Es läßt sich dieß nicht stärker ausdrücken, als es die um 1339 im Bisthum Konstanz einge= zogenen Begharden thaten, welche nach Johann von Winterthur (Thesaur. Script. helv. p. 76.) lehrten: „Die Macht der Güte Gottes offenbare sich ebensowohl in einer Laus, als in einem Menschen." Fueßlin Ketzerhist. der mittleren Zeit, II. 21.

2) Die Zusammenstellung der Lehren gründet sich auf die Sätze, die der Partei in zwei Bullen Papst Johann XXII. vom J. 1329 und 1330 beigelegt werden. Die Bullen finden sich in *Raynaldi* Annal. ad. ann. 1329 nro. 70. und in *Eccardi* Corp. Script. med. aev. II, 1035. S. *Mosheim* de Beghard. p. 284. Gieseler II, 3. S. 268. Sollten die Ausdrücke, in welche die Lehren der Schwärmer gefaßt sind, auch nicht überall vollkommen authentisch seyn, so wird doch die Richtigkeit der Dar= stellung im Wesentlichen dadurch bestätigt, daß wir in den auf uns gekom= menen Schriften Eckarts, des philosophischen Begründers dieser Denk= weise, im Ganzen die nämlichen Ueberzeugungen finden.

3) Der 16te Satz, der, obwohl er nicht am Anfange steht, doch die Grundlage der ganzen Denkart bildet, heißt: Item quod omnes creaturae sunt *unum pure (purum) nihil.*

4) Item quod quicquid est proprium divinae naturae, hoc to= tum proprium est homini justo et bono.

Menschen [1]); was der Vater in göttlichen Dingen dem eingebo=
renen Sohne, das hat er ganz und gar auch uns gegeben; denn
der gute Mensch ist der eingeborene Sohn Gottes, den der Vater
von Ewigkeit gezeugt hat. Wenn es sich aber fragte, wodurch ist
der Mensch gut und göttlich, so war im Wesentlichen die Antwort
diese: er ist es dadurch, daß er, wie Christus, seinen Willen in
allen Stücken mit dem Willen Gottes gleichförmig macht, daß
er, auf Alles verzichtend, allem Wünschen, Begehren und Streben
der Menschen absagend, sich ganz in das göttliche Wesen ver=
senkt und an Gott hingibt, daß er ganz in Gott umgestaltet
und auf ähnliche Weise in ihn verwandelt wird, wie im
Sakramente das Brod in den Leib Christi. Wenn der
Mensch so in der Einheit Gottes steht, oder eigentlich der
ursprünglichen Einheit mit Gott sich erinnert, dann sind für
ihn alle Unterschiede und Gegensätze des Lebens verschwunden,
er ist in Allem, was er ist und thut, und wenn es auch Andern
Uebel oder Sünde dünkte, gut und selig. Denn das göttliche
Wesen selbst besteht darin, daß in ihm alle Unterschiede aufge=
hoben sind. Gott ist weder gut noch böse [2]); ihn gut nennen
wäre so viel, als wenn man das Weiße schwarz nennen wollte;
seine Herrlichkeit offenbart sich gleichmäßig in allen Dingen, auch
in allem Uebel, sowohl der Schuld, als der Strafe. Daher, wenn
Gott will, daß ich in irgend einer Weise sündige, so darf ich
nicht wünschen, diese Sünde nicht begangen zu haben; dieses er=
kennen, ist allein die wahre Buße. Der Wille Gottes aber gibt
sich darin kund, daß sich der Mensch zu einer Handlung dispo=
nirt fühlt. Also, wenn der Mensch tausend Todsünden begangen
hätte, falls er dazu disponirt gewesen, so darf er nicht wollen,
sie nicht begangen zu haben [3]). Gott hat auch nicht eigentlich
äußerliche Handlungen geboten; kein äußerer Act ist gut oder
göttlich, Gott wirkt nicht auf einen solchen, sondern es kommt
Alles nur auf die gottgeeinigte Gesinnung an. Vermöge dieser
Gesinnung soll der Mensch auch nichts wollen oder erbitten, als
was Gott ordnet: wer sich von Gott dieß oder jenes erbittet, der
bittet um Schlimmes und auf schlimme Weise, denn er bittet um
das Entgegengesetzte von dem, was Gott ist. Darum soll sich

---

1) Item quod quicquid dicit s. Scriptura de Christo, hoc totum
verificatur etiam de quolibet homine justo et bono.
2) Deus neque bonus est neque malus, sed nec optimus: et
tam male dictum est, Deum esse bonum, sicut dicere, album esse
nigrum.
3) Si homo commisisset mille peccata mortalia, *si homo esset ad
talia dispositus,* non deberet se velle ea non commisisse.

der Menſch wohl überlegen, ob er etwas von Gott empfangen wolle, denn wenn dieß der Fall wäre, ſo wäre er unter Gott, gleich einem Diener und Sclaven, und Gott wäre etwas Be= ſonderes im Geben; ſo ſoll es aber nicht ſeyn im ewigen Le= ben, ſondern wir ſollen mit Gott herrſchen. Nur in denjenigen Menſchen wird Gott wahrhaft verherrlicht, die nicht ſtreben nach Beſitz oder Ehren oder Nutzen, nach Frömmigkeit oder Heiligkeit, nach Lohn oder Himmelreich, ſondern die da auf Alles verzichtet haben.

Dieß war im Allgemeinen die Lehre der ſchwärmeriſchen Begharden und der ihnen verwandten, oft mit ihnen zuſammen= fließenden, Brüder des freien Geiſtes und ſpäterer Katharerſecten. Indeß zerſpaltete ſich die Geſammt=Denkart wieder in verſchie= dene Richtungen, und, obwohl dieſe in der gährenden Maſſe der Parteien ſchwer zu unterſcheiden ſind, ſo lohnt es ſich doch der Mühe, es zu verſuchen. Wir haben eine Stelle des berühmten Myſtikers Ruysbroek, die einige Ordnung in das Gewirre bringt[1]). Dieſer, ſelbſt ein Patriarch der Myſtik, aber von ganz anderer Art, findet zuerſt das allgemein Verwerfliche ſolcher Denkweiſen nicht darin, daß dieſelben die Einheit des göttlichen Menſchen mit Gott behaupten — hier ſtimmte er ja mit ihnen überein — ſondern darin, daß ſie dieſe Einheit als eine natür= liche, unmittelbar aus dem Weſen des Menſchen folgende ſetzen, während ſie doch nur durch einen neuſchaffenden, umbildenden Proceß der göttlichen Gnade vermittelt ſeyn könne; er bezeichnet[2]) als den gemeinſamen Grundfehler dieſer Leute dieß, daß ſie „in der bloßen, nackten Natur, ohne Gottes Gnade und ohne Tugen= den über die Vernunft, in ihre eigene Weſenheit ſich zurückziehen und dort Muße, Ruhe und eine bildloſe Nacktheit finden ...“ „Sie halten ſich zwar“, ſagt er, „für die Weiſeſten und Heilig= ſten; aber weil ſie nicht mit dem Geiſte des Herrn und mit wahrer Liebe getauft ſind, ſo finden ſie nicht Gott und ſein Reich, ſon= dern nur ihre eigene Weſenheit, eine bildloſe Ruhe, in der ſie Seligkeit zu genießen vermeinen.“ Dieſer Grundirrthum aber drückte ſich nach Ruysbroeks weiterer Darſtellung in vierfacher Form aus; er richtete ſich entweder wider den heiligen Geiſt, oder wider den Vater, oder wider den Sohn, oder wider Gott über= haupt und die Kirche.

Die Lehre derjenigen, welche Ruysbroek zuerſt als Ketzer

1) Engelhardt Richard von St. Victor und Joh. Ruysbroek, Erl. 1838. S. 225—228.
2) Engelhardt a. a. O. S. 225.

wider den heiligen Geist nennt, wäre nach unserm Sprachgebrauch
als pantheistischer Quietismus zu bezeichnen; sie bestand
darin, daß sie sich über das Active und Operative in der Gottheit, den heiligen Geist, hinaus und mit dem in sich ruhenden,
wirkungs- und thatlosen Absoluten vollkommen identisch setzten.
Sie sagten, wie Ruysbroek angiebt: sie selbst setzen Gottes Wesenheit über den Personen der Gottheit und so absolut ruhend, als
ob sie gar nicht existirten, weil Gottes Wesen an sich nicht activ
sey, sondern nur der heilige Geist in Gott operire. Sie hielten
sich daher für höher, als den heiligen Geist, und glaubten, dessen
Gnade nicht zu bedürfen. Weder Gott noch ein Geschöpf könne
ihnen etwas geben oder nehmen. Im Himmel seyen keine Unterschiede und Ordnungen, sondern eine einzige, einfache, selige, that-
lose Wesenheit [das unterschied- und prädikatlose Absolute]. Aus
dieser Wesenheit, Gott, sey ihre Seele entsprungen, in dieselbe
würde sie nach dem Tode wieder zurückkehren, am Ende der Dinge
aber werde Gott selbst nur diese eine, schlechthin ruhende Wesenheit seyn. Diese Menschen, sagt Ruysbroek, indem sie alles
Denken, Erkennen, Lieben und Wollen verschmähen, gehen nur
darauf aus, von Allem völlig frei zu seyn, und das [dieses rein
Negative] ist ihnen wahre Armuth des Geistes und Seligkeit.

Die zweite Classe, die Ruysbroek macht, können wir pantheistische Idealisten nennen; sie setzten sich einfach und unmittelbar Gott gleich und betrachteten ihr Ich als dergestalt identisch mit Gott, daß sie aus demselben, als mit der göttlichen
Schöpferkraft eins, alle Dinge hervorgegangen dachten. Ihre
Meinung war, sie seyen, von Natur Gott, durch ihren eigenen
freien Willen zur Existenz gekommen. „Wenn ich nicht gewollt
hätte", sprach ein solcher, „wäre ich nicht geworden und keine
Creatur. Gott weiß, will und kann nichts ohne mich; mit Gott
habe ich mich und Alles geschaffen; von meiner Hand hängen
Himmel und Erde ab. Alle Ehre, die Gott zu Theil wird, wird
auch mir erwiesen, denn in meiner Wesenheit bin ich Gott von
Natur. Es sind keine Personen in Gott, sondern es ist nur Ein
Gott, und mit ihm bin ich dasselbe Eine, das er ist."

Auf die dritte Art wäre etwa die moderne Bezeichnung Pan-
christismus anwendbar: es waren solche, die sich Christo gleich
stellten, nach seiner Gottheit und Menschheit. „Was Christus
ist", so lautete nach Ruysbroek ihre Rede, „das bin ich auch, geboren aus dem Vater nach der Gottheit, geboren als Mensch in
der Zeit. Was ihm von Gott gegeben, das ist auch mir gegeben.
Er wurde in das actuose Leben gesandt, mir zu dienen, für mich
zu leben und zu sterben, ich bin in das contemplative Leben ge-

sandt, welches noch erhabener ist, und zu dem auch Christus gelangt seyn würde, hätte er länger auf Erden gelebt. Alle Ehre, die ihm gebührt, gehört auch mir und allen Contemplativen. Im Sakramente werde ich mit ihm erhoben, denn ich bin mit ihm ein Fleisch und Blut, eine unzertrennliche Person."

Die vierte Classe endlich, deren Bekenntniß reiner Nihilismus war, weil sie sich mit dem absoluten Nichts gleich setzten, hatte nach Ruhsbroek das Eigenthümliche, daß die ihr Angehörigen das Maaß und das Maaßlose, die Contemplation, Erkenntniß und Liebe, alle Uebungen und Ordnungen der Kirche, als da sind Sakramente, Evangelien, Christi Leben, Leiden und Erlösungswerk, mithin Alles, was sonst für heilig gehalten wurde, verachteten. Mit Geringschätzung auch des ewigen Lebens, stiegen sie über sich selbst und alles Geschaffene, über Gott und Gottheit hinaus und behaupteten, daß weder Gott noch sie selbst, weder Wirken noch Ruhen, weder Gut noch Böse, weder Seligkeit noch Verdammniß seyen. Sie schienen sich selbst gänzlich verloren zu haben und nichts geworden zu seyn, wie sie auch glaubten, daß Gott nichts sey.

Man könnte geneigt seyn, diese Charakteristik Ruhsbroeks, besonders das, was er über die Nihilisten sagt, für übertrieben zu halten. Auch war Ruhsbroek kein Historiker und Kritiker. Allein, wenn wir auf der einen Seite die Energie und Maaßlosigkeit, auf der andern den ganzen Bildungsstand des Mittelalters erwägen, so werden wir zugeben, daß, wenn einmal der Standpunct des gesunden christlichen Gottesglaubens verlassen und der pantheistische eingenommen war, die Bekenner des letzteren hier, wie anderswo, zu den äußersten Consequenzen und Ueberspannungen, am Ende bis zur geistigen Selbstvernichtung [1] fortschreiten konnten. Angenommen jedoch, es sey in diesen Schilderungen etwas halb Apokryphisches, so geben wir noch zum Schluß einen Ueberblick über das System eines Mannes, welcher die populären Lehren der pantheistischen Mystiker aus dem roheren Vorstellungskreise heraus in die Sphäre der Speculation erhoben hat [2], über dessen wahre Meinung aber kein Zweifel seyn kann,

---

1) Selbst bei Suso, der auch mit diesen schwärmerischen Parteien in Verbindung stand, kommt die Aeußerung vor: „Man verlieret sich in dem ewigen Nichts, das ist, in Gott." Auserles. Lebensbeschreibungen heiliger Seelen, B. 3. S. 152. Fueßlins Ketzerhist. II, 26.
2) Eine treffliche Darstellung der Denkart Meister Eckarts hat Dr. C. Schmidt, jetzt Professor in Straßburg, gegeben in den theolog. Stud. und Kritt. 1839, 3. S. 663—774. Vergl. Gieseler K. G. II, 2. S. 630 ff.

da ſie in Schriften niedergelegt ſind, die wir noch beſitzen [1]).
Wir denken an den von der neueren ſpeculativen Philoſophie ſo
hoch gefeierten Meiſter Eckart.

Heinrich Eckart oder Ekkard iſt einer der merkwürdigſten
Menſchen des Mittelalters, aber wie bei ſo manchen Männern
dieſer Zeit ihre Perſon völlig gegen ihre Production zurücktritt, ſo
iſt es auch bei ihm. Sein Leben iſt faſt ganz in Dunkel gehüllt [2]).
Die Zeit und der Ort ſeiner Geburt — Straßburg oder Sach=
ſen [3]) — ſind unbekannt, nicht minder die einzelnen Umſtände
ſeines Lebens und das Jahr ſeines Todes. Wir wiſſen nur, daß
er in Paris lernte und lehrte [4]), bei dem Streite zwiſchen Boni=
facius VIII. und Philipp dem Schönen zum Papſte hielt und in
Rom Doctor der Theologie wurde, daß er ein Mitglied des Do=
minikanerordens und in Sachſen, Böhmen und am Rhein Pro=
vincial dieſes Ordens war, daß er als mächtig ergreifender Pre=
diger [5]) beſonders in Köln wirkte, wo er, wenn nicht früher ſchon
in Paris oder anderwärts, mit pantheiſtiſch=myſtiſchen Begharden
in Verbindung trat und deren Lehren in ein ſpeculatives Syſtem
verarbeitete. Dieſes Syſtem des Mannes, wie der Dom der
Stadt, in der er lebte, gigantiſch zum Himmel ſtrebend, oder viel=
mehr titaniſch den Himmel ſtürmend, iſt für uns das Wichtigſte.
Mit der ariſtoteliſchen Scholaſtik nicht unbekannt [6]), aber mehr
von Plato, dem „großen Pfaffen", wie er ihn nennt [7]), und
deſſen alexandriniſchen Nachfolgern angezogen, durch die myſtiſchen
Elemente in Auguſtins Schriften ohne deſſen Erbſündenlehre ge=
nährt, von den Grundlagen, die der Areopagite, Scotus Erigena
und die früheren Myſtiker des Mittelalters gelegt, ausgehend,
näher aber an die pantheiſtiſchen Lehren, die von Amalrich von
Bena und David von Dinant auf die Secte des freien Geiſtes
und einen Theil der Begharden übergegangen waren, ſich an=

---

1) Ueber die Schriften Eckarts ſ. Schmidt a. a. O. S. 670—687.
Tritheim de script. eccl. c. 537. p. 130. Hauptſchriften: Expositio
super Evangelium Johannis, Predigten, und vielleicht auch (Gieſeler
K. Geſch. II, 2. 630. Note hh.) der Tractat von „den neun Felſen."
2) Das Wenige, was wir wiſſen, iſt zuſammengeſtellt von Schmidt
a. a. O. S. 664—670.
3) Peter Noviomagus in der Vorrede zu Taulers Werken (Köln 1543.)
nennt ihn Doctor Eckart von Straßburg; die Dominikaner Quétif und
Echard (Script. Ord. Praedic. Par. 1719, I, 507.) laſſen ihn, vielleicht
mit mehr Wahrſcheinlichkeit, in Sachſen geboren ſeyn. Tritheim ſagt ganz
allgemein: natione Teutonicus.
4) Als Lehrer am Collegium von St. Jacques.
5) Tritheim: praedicando famosissimus est habitus.
6) Tritheim bezeichnet ihn als in philosophia *Aristotelica* omnium
suo tempore doctissimus. De scriptor. eccl. c. 537. p. 130.
7) Schmidt a. a. O. S. 688.

schließend, bildete Meister Eckart aus diesen Elementen in freier
Originalität [1]) ein System, welches zwar der Kirchenlehre nicht
widersprechen sollte, aber ihr bennoch, indem es deren Formeln
nur als Allegorien und Symbole speculativer Ideen gebraucht,
in den innersten Grundlagen widerstreitet [2]), und als das be=
deutendste mittelalterliche Vorspiel der modernen pantheistischen
Speculation zu betrachten ist.

Der Grundgedanke Eckarts ist die ewige Selbstentäußerung
Gottes und die ewige Rückkehr Gottes in sich selbst; das Hervor=
gehen der Creatur aus Gott und ihr Zurückkehren in Gott durch
Entsagung ihrer selbst und Erhebung über alles Creatürliche.
Dieser Grundgedanke aber, die pantheistisch=theoretische und die
mystisch=practische Seite in sich schließend, entfaltet sich in folgen=
den Hauptsätzen [3]). Gott ist das Wesen, d. h. das einzig wahre,
allgemeine, nothwendige Seyn, er allein ist, denn er hat die
Wesenheit aller Dinge in sich [4]); Alles außer ihm ist Schein [5])
und ist nur, insofern es in Gott oder Gott selbst ist [6]). Das
Wesen Gottes, über jede Relation oder „Weise" erhaben und
darum unaussprechlich und namenlos, ist aber nicht bloß (wie
Amalrich lehrte) abstractes Seyn, todte Substanz, sondern es ist
Geist, höchste Vernunft, Denken, Wissen, „Bekennen." Das Eigen=
thümlichste Gottes ist das Denken [7]), und, indem Gott sich selbst
denkt, wird er erst Gott, wird die Gottheit, die verborgene Fin=
sterniß, der einfache, stille Grund des göttlichen Wesens, zum
wirklichen Gott [8]). Gott tritt aus sich hervor und dieß ist die
ewige, nothwendig im Wesen Gottes gegründete Erzeugung des
Sohnes. In dem Sohne, dem schöpferischen Worte, aber gebiert
Gott zugleich alle Dinge, und da alles Wirken Gottes, identisch

---

1) Tritheim rühmt Eckart als ingenio subtilis et clarus eloquio.

2) ... Dum nimis philosophiam insequens, *novitatem terminorum
contra theologorum consuetudinem ubique curiose immiscuit*, variosque erro-
res induxit — sagt Tritheim; doch fügt derselbe auch weiterhin hinzu:
Nihilominus ubi *catholice* scripsit, satis *profunda* et utilia dogmata
dedit.

3) Ausführlich entwickelt bei Schmidt a. a. O. S. 687—733.

4) „Wesen ist ein erster nam, alles das gebrechlich ist, das ist absal
von wesen."

5) „Alle creaturen in sich selber seind nicht." Oder: „seind eyn lautter
nicht."

6) „Er hat aller creaturen wesen in ihm, er ist ein wesen, das alle
wesen in ihm hat." Aehnlich die beutsche Theologie Kap. 34: „Gott
ist aller Wesenden Wesen."

7) „Der herr ist ein lebende, wesende, ystige vernünfftigkeit, die sich
selber verstet."

8) Die Gottheit ursprünglich „verborgen finsternüß" wird, indem sie
wirkt und hervortritt, Gott: „Gott und gotheyt hat underscheyd, an würden
und an nit würden."

3 *

mit seinem Denken, ein zeitloses ist, so ist die Schöpfung in einem „ewigen Nun [1]." Gott ist nicht ohne die Welt und die Welt, als sein Andersseyn, ewig mit ihm [2]). Die Creatur, obwohl aus Gott gleichsam herausgesetzt, ist doch nicht getrennt von ihm, sonst wäre Gott durch ein außer ihm Seyendes begränzt; viel= mehr ist der Unterschied in Gott ein ewig sich aufhebender; durch den Sohn, der mit Gott eins ist, sind alle Dinge in Gott, und was in Gott ist, das ist selbst Gott [3]). So kann man sagen, ebensowohl: „alle ding seind Gott selber", als: „Gott ist alle bing [4])." In diesem Sinne ist auch), weil in Gott seyend, alles Geschaffene gut.

Demnach ist die ganze Schöpfung eine Manifestation Gottes, jede Creatur trägt „eine Urkunde göttlicher Natur", einen Ab= glanz der ewigen Gottheit an sich, ja eine jede ist „voll Gottes [5])." Nothwendig aber strebt das außer sich gesetzte Göttliche wieder in sich zurück, es will sich seiner Endlichkeit entledigen, aus der Ent= zweiung wieder in die Einheit eingehen. Darum hat alles Crea= türliche einen tiefen, schmerzlichen Zug nach der Einigung mit Gott in unbewegter Ruhe [6]). Nur dann, wenn Gott, der durch den Sohn in das Andersseyn heraustritt, durch die Liebe, den heiligen Geist, wieder in sich zurückkehrt, ist das Wesen Gottes in der Dreieinigkeit vollendet, und er „ruhet mit sich selber und mit allen Creaturen [7])."

Obwohl Gott sich in Allem offenbart, so offenbart er sich doch, weil er wesentlich Geist und Denken ist, vorzugsweise im Geist und in der Vernünftigkeit, also im Menschen. Der Geist erkennt und weiß sich nur im Geiste, der unendliche, insofern er sich selbst als endlichen gesetzt hat, im endlichen; „sein Erkennen ist mein Erkennen [8]);" Gott kommt in dem Menschen zum Be= wußtseyn und der Mensch weiß Gott durch Gott. „Einfältige Leute wähnen, sie sollten Gott sehen, als stände er da und sie hie [er jenseits, sie diesseits], das ist nit; Gott und ich seind ein

---

1) S. Schmidt a. a. O. S. 695.
2) „Es die creaturen warent, do was gott nit gott."
3) „Er ist ein lauter ynstan in sich selber, da weder biß noch das ist, wan was in gott ist, das ist gott."
4) Schmidt S. 697.
5) „Ein yegliche creatur ist voll gottes." ... „Hie seind alle graß= bletlein, und holtz und stein, und alle ding ein."
6) „Alle creaturen suchent etwas gott gleich." Alle suchen ihre „na= türlich statt" und wenn Eckart gefragt würde, wozu alle Creaturen ge= schaffen seyen, so würde er sagen: „ruw (Ruhe)", und abermals: „ruw" und zum dritten: „ruw."
7) Schmidt S. 702.
8) Schmidt S. 704.   .

mit bekennen [1])." Es kommt nun darauf an, daß der Mensch sich dieser Einheit mit Gott bewußt werde und in ihr lebe. In dem Menschen sind zwei Grundvermögen, das Denken und das Wollen; das letztere ist das untergeordnete; der Seele eigenstes, innerstes Wesen ist das Denken, der Geist, die Vernünftigkeit, der ungeschaffene Funke, das unauslöschliche Licht [2]). In ihm trägt der Mensch unmittelbar das Bild Gottes, durch diese „gott= förmige" Kraft, der nichts Geschaffenes genügt, tritt der Mensch in die Einheit mit Gott, welche weder Verstand, noch Liebe, noch Wille zu erreichen vermögen [3]).

Das ungeschaffene Licht, das vollkommene Begreifen Gottes wird jedoch gehemmt durch die Leiblichkeit, die Mannichfaltigkeit und die Zeitlichkeit. Um diese Schranken zu überwinden, hat sich Gott dem Menschen geoffenbart und ist im Fleische erschienen [4]). Christus, mit Gott vollkommen eins und dieser Einheit sich be= wußt, war der eingeborene Sohn Gottes, und das Wesen der in ihm vollendeten Offenbarung liegt darin, daß Jeder, der ebenso rein zur Einheit mit Gott hindurchbringt, gleich ihm ein Sohn Gottes ist, ja im Wesen derselbe Sohn wie er. „Das hat uns der Sun vom Vatter geoffenbart, daß wir der selbe Sun seyen [5])."

Aber obwohl die Einigung mit Gott vorzugsweise durch das Denken, Bewußtseyn vollzogen wird, so gehört doch dazu auch ein entsprechender Act des Willens, etwas Practisches, die Ent= sagung, Entäußerung, durch welche der Mensch über alles End= liche hinausgeht. Der Mensch muß nicht nur alle Creatur, die Welt, das irdische Gut dahinten lassen und die Begierde ertöd= ten [6]), sondern vor allen Dingen muß er sein Ich aufgeben, sich selber zu Nichte machen [7]) und dasjenige werden, was er war, ehe er in die Zeitlichkeit herausgetreten; ja der Mensch muß über das höchste Gut, über die Tugend, Frömmigkeit und Seligkeit und über Gott selbst, als etwas außer und über dem Geiste, hinausgehen, und wenn er dann sich selbst und Alles, was nicht Gott ist, in sich vernichtet hat [8]), so bleibt nichts übrig, als das

---

[1]) Ebendas. S. 705. Note 52.
[2]) „Die sel hat etwas in ir, ein fünckli der vernunfft, das nymmer erlöschet." . . . „Vernünftigkeit ist das oberst teil der sel."
[3]) Schmidt S. 706—710.
[4]) Ebenders. S. 710 ff.
[5]) S. 711. Note 70.
[6]) „Wem nit klein und als ein nicht seind alle zergenkliche ding, der findet gott nit."
[7]) „Sol gott icht mit dir in dir machen, so mustu zu nicht worden sein."
[8]) Man muß Gott nach Eckart suchen „one weise", nur dann em= pfängt man ihn, „als er in im selber ist"; die, welche ihn noch äußerlich

reine, lautere Wesen Gottes selbst, in dem alles Getheilte absolut geeiniget ist. In diesem Sinne wird zwar Eckart auch ascetisch und fordert Gelassenheit, Armuth des Geistes, Lauterkeit des Herzens; das Primitive und Dominirende jedoch bleibt ihm stets die Erkenntniß, und in ihr liegt ihm der Kern der ewigen Se= ligkeit [1]).

Ein Mensch, der diese Stufe erreicht hat, ist im Stande der Unschuld und Gerechtigkeit; er braucht nichts mehr von Gott zu bitten oder zu nehmen, als ob er außer oder unter Gott wäre; sein Wille ist kein anderer mehr, als der göttliche, so daß er selbst sündigte, wenn es in Gottes Willen läge [2]). Ein solcher genießt auch der höchsten Freiheit; los von allen Menschen und Dingen, weder den Himmel begehrend noch die Hölle fürchtend, liebt er Alles nur in Gott auf gleiche Weise. Er frägt auch nicht mehr: was ist Gottes Wille? Denn zwischen seinem Willen und dem göttlichen ist kein Unterschied mehr, es ist einer und derselbe. Was aber Gott in dem Menschen will, das ist dasjenige, wozu der Mensch die stärkste Neigung, wozu er sich am meisten inner= lich getrieben fühlt, „das, worzu wir geneigt seind und aller dickest werden ermanet" [3]); und so braucht der Mensch — dieß ist die gefährliche Lehre des freien Geistes — nur der inneren Stimme zu folgen, um den göttlichen Willen zu vollbringen; und anders kann es auch nicht seyn, denn der Mensch ist ja nun Gott gleich, „wan Gott ist die Gerechtigkeit, und darumb, wer in der Gerechtigkeit ist, der ist in Gott, und er ist selber Gott [4])."

In dieser Weise, indem nun zwischen der Seele und dem eingeborenen Sohne kein Unterschied mehr, und der von Gott ausgegangene Geist in Gott zurückgekehrt ist, stellt sich in jedem gerechten Menschen fortdauernd das Geheimniß der Dreieinigkeit her; er ist dasselbe Wesen, dieselbe Substanz und Natur, wie Gott selbst; er nicht ohne Gott, Gott nicht ohne ihn, und er mag sprechen: „wäre ich nicht, so wäre Gott nicht; er kann meiner so wenig entbehren als ich seiner [5])." Ja in dem Be= wußtseyn dieser unauflösbaren Einheit könnte der Mensch selbst

---

suchen, können von den Menschen für heilig gehalten werden, „aber von innen seind sy esel, wann sy versteent nit den unterscheid götlicher warheit."

1) „Davon bin ich allein selig, das gott vernünfftig ist, und ich das bekenne." Schmidt S. 718. Note 88.

2) Schmidt S. 719 ff.

3) „Volgeten wir dem, darzu uns gott haben wil, das ist das worzu wir geneigt seind, und aller dickest werden ermanet, und aller meist zunei= gung haben. Volgte der mensch dem, gott geb im das meist in dem aller minsten, und das ließ er nymmer." Schmidt S. 724. Note 105.

4) Schmidt S. 725 und 26, bes. Note 111.

5) Schmidt S. 729. Note 120.

Gott trotzen; wenn der gerechte Mensch etwas wollte, und es wäre möglich, daß Gott es nicht wollte, so müßte er dennoch, was er als den wahren Willen des unendlichen Geistes, als das Wesen der Gerechtigkeit erkennte, durchsetzen und „nicht eine Bohne groß auf Gott achten [1])." Vollends aber ist für einen solchen innerlichen, göttlichen Menschen alles Aeußerliche, alle Sitte und Gewohnheit, es sind für ihn die Tugend= und Heilsmittel der strebenden Menschen gleichgültig, er ist aller Sünde lebig, über die äußeren Satzungen der Kirche und des Staates er= haben [2]).

So entwickelte sich bei Eckart, indem von ihm, wie es bei allem Pantheismus geschieht, die Realität und (relative) Selbstän= digkeit der creatürlichen Persönlichkeit, das Wesen der Freiheit, der Sünde, der Erlösung und der Gnade verkannt wurde, von dem einfachen Satze aus, daß Gott allein das Seyende, das wahre Wesen, die Creatur aber an und für sich nichts sey, in einseitiger Begriffsoperation und bei exclusiver Auffassung des Menschen als bloßen Denkwesens ein System, welches in seiner letzten Spitze in absolute Selbst= und Vernunftvergötterung, ja in titanischen Gottestrotz ausging. Und wenn er auch nicht offen= baren Antinomismus predigte, so mußte doch seine Lehre Gleich= gültigkeit gegen die herrschenden Gesetze und innere Loslösung von denselben befördern und bei minder geistigen und tiefen Naturen auch sittlich verheerende Wirkungen hervorbringen. Dabei ist je= doch die Tiefe und Kühnheit seines Geistes und die Innerlichkeit seines Wesens in vollem Maaße anzuerkennen; nur möchte es etwas voreilig seyn, ihn bloß um der letzteren Eigenschaft willen mit Arnold [3]) unter die Vorläufer der Reformation zu stellen.

Dieß waren die Lehren der späteren Begharden; so waren sie auch in ihrer sublimsten speculativen Fassung durch Eckart be= schaffen. Kamen nun hierzu noch jene Gesetzlosigkeiten im Leben, die wir schon berührt, so war es natürlich, daß die Kirche gegen sie einschritt. In Köln, welches im Mittelalter ein Sammelplatz aller Geistesrichtungen war, kam man ihrem muckerischen Wesen zuerst auf die Spur. Ein Ehemann, der seiner mit den Beg= harden verbundenen Ehefrau verkleidet nachschlich, entdeckte ihr

---

1) S. 733. Note 126: „Den gerechten menschen ist also ernst zu der gerechtigkeit, were das gott nit gerecht were, sy achtent nit ein bonen groß uff gott."
2) Ebendas. Not. 128.
3) Hist. Theol. myst. Francof. 1702. p. 306.

Paradies und brachte sie zur Anzeige. Viele wurden bestraft, verbrannt, im Rhein ertränkt[1]. Dieß geschah um 1325, nachdem schon drei Jahre vorher ein Haupt der Partei, Walther[2]), den Feuertod erbuldet. Nichts desto weniger erhielten sie sich im Stillen. Bald nachher zeigte sich, daß selbst der Provincial der Dominikaner, der von uns geschilderte Eckart, sich zu diesen Gesinnungen bekenne. Die Sittenlosigkeit, den offenbaren Antinomismus der Sectirer konnte freilich dieser tiefsinnige und auch seiner strengen Sittlichkeit wegen gerühmte[3] .Mann nicht theilen, aber an der Unkirchlichkeit und sittlichen Gefährlichkeit seiner Lehren war noch weniger zu zweifeln. Es erfolgte daher, jetzt schon nach Eckarts Tode, am 27sten März 1329 eine Bulle Johanns XXII., worin diese Lehren verdammt wurden[4]. Aber auch noch später, um 1335 und 1357, ja das ganze 14te Jahrhundert hindurch zeigen sich Spuren der Begharden, zunächst in Köln, dann in Straßburg, Constanz, Speier, Magdeburg, Erfurt, Lübeck und an andern Orten[5]. Ueberall waren sie mit der Kirche in Opposition und die Kirche im Vertilgungskampfe gegen sie begriffen.

Indeß nicht bloß die hierarchische Orthodoxie der Kirche mußte gegen sie reagiren, sondern auch eine bessere, von der Grundlage des christlichen Theismus ausgehende, Mystik. Diese theistische, zunächst noch überwiegend contemplative, Mystik, nicht gerade eine Tochter, noch weniger aber eine Feindin der Kirche, bildet ein Mittelglied zwischen den begharbisch-ketzerischen und den kirchlich-mystischen Lehren und zugleich den Anfangspunct zu der merkwürdigen Entwickelungsreihe, die in den Brüdern vom gemeinsamen Leben hervortritt, in deren Mitte sich dann die contemplative Mystik zur practischen abklärte, und der fromme Associationsgeist, der ursprünglich die Beguinen und Begharden hervorgerufen, eine reinere und höhere Form fand.

---

1) Chronik des Wilhelm von Egmont in *Matthaei* vet. aevi Anal. II, 643. Schmidt a. a. O. S. 668.

2) Trithemii Chron. Hirsaug. II, 155.

3) So die Dominikaner Quétif und Echard, auf ältere Zeugnisse gestützt, in den Script. Ord. Praed. I, 507 und 508. Andres bei Schmidt a. a. O. S. 744.

4) Schmidt a. a. O. S. 668 und 669. Die Bulle findet sich in *Raynaldi* Ann. XV, 389. Nro. 70. und *D'Argentré* Collect. I, 312. Im folgenden Jahre erließ Johann XXII. eine neue Bulle gegen die deutschen Begharden, *Eccardi* Corp. histor. med. aevi II, 1036. In demselben Jahre verdammten auch die heidelberger Theologen die Lehren Eckarts. *Trithem.* de Script. eccl. c. 537.

5) Nachweisungen bei Gieseler II, 3. S. 267.

Drittes Hauptſtück.

Uebergang zu den Brüdern vom gemeinſamen Leben durch Johann Ruysbroek.

————

Der Hauptrepräſentant jener **theiſtiſchen**, aber noch vorherrſchend contemplativen, überſchwänglichen **Myſtik** iſt **Ruysbroek**, ein höchſt einflußreicher Mann. Von ihm an und durch ihn erhält die myſtiſche Tendenz in den Niederlanden und in Deutſchland einen Umſchwung und läutert ſich von Stufe zu Stufe bis zur Hervorbringung der ſchönſten Erſcheinungen des chriſtlichen Sinnes und Lebens. Er hat das Gute der älteren frommen Genoſſenſchaften ohne ihre Fehler und Verderbniſſe; er theilt die Wärme und Innerlichkeit ihrer Myſtik, aber er bekämpft ihren Pantheismus und Antinomismus; er ſtrebt, wie ſie, nach dem Apoſtoliſchen, aber er ſucht daſſelbe nicht ſowohl in der äußeren Form, als vielmehr im Geiſt und in der ganzen Lebensrichtung; er hat ein freies Urtheil über die Mängel der beſtehenden Kirche, aber dieß verleitet ihn nicht zur Feindſchaft und beſtructiven Oppoſition, ſondern erzeugt in ihm bloß reformatoriſche Geſinnungen. Doch iſt auch er noch in gewiſſen Schranken zurückgehalten. Seine Myſtik hat falſche, ungeſunde, ſchwärmeriſch ſinnliche Beſtandtheile; es mangelt ihm noch der practiſche Geiſt; er hat kein Intereſſe für Wiſſenſchaft und freiere Geiſtesbildung. Darum mußte auch ſeine Richtung wieder durch eine höhere, dieß Alles in ſich ſchließende, abgelöſt werden, und dieſe ſehen wir, zum Theil durch ihn veranlaßt, in den Brüdern des gemeinſamen Lebens hervortreten oder doch aus deren Inſtituten ſich entwickeln.

Wir werden zuerſt in der Kürze Ruysbroeks Leben erzählen, dann aber beſonders ſeine myſtiſche Lehre darſtellen und das Reformatoriſche in ſeiner Denkart ſchildern. Später werden wir noch einmal auf ihn zurückkommen, um den Einfluß nachzuweiſen, den er perſönlich auf Gerhard Groot, und den ſeine Kloſtereinrichtung auf die Stiftung des gemeinſamen Lebens hatte.

————

Der Prieſter und Kanonikus **Johannes**[1]), deſſen Geſchlechtsnamen wir nicht kennen, trägt gemeinhin den Namen

————

[1] Ueber das Leben Ruysbroeks handeln *Trithemius* de script. eccl. c. 672, p. 157. Ein ungenannter Kanoniker in **Surius** Ausgabe v.

Ruysbroek [1]) von einem an der Senne zwischen Brüssel und Hall gelegenen Dorfe, wo er ums J. 1293 geboren wurde. Tritt=heim nennt ihn einen Deutschen von Geburt; dieß war er im weiteren Sinne, wie er denn auch der Geistesrichtung folgte, welche damals in der deutschen Theologie vorherrschte, und hin=wiederum durch Tauler und Andere auf diese großen Einfluß übte. Elf Jahre alt wurde er von einem seiner Verwandten, einem Kanonikus zu Brüssel, zur Schule gebracht, die er vier Jahre besuchte. Wo er weitere Studien machte, wissen wir nicht. Er widmete sich von früher Jugend an mehr der Frömmigkeit, als wissenschaftlichen Bestrebungen. Fast alle älteren Schrift=steller, die über ihn berichten, bemerken, er sey mehr andächtig, als gelehrt gewesen [2]). Seine Frömmigkeit war auch die Kraft, wodurch er die Gemüther entzünden und bedeutende Wirkungen hervorbringen sollte. Im 24sten Jahre wurde er zum Priester geweiht, und, um dieselbe Zeit oder bald nachher, Vicarius bei der St. Gudila=Kirche in Brüssel. Schon damals machte er sich durch seine Neigung zur Stille, Zurückgezogenheit und Beschaulich=keit bemerklich. Man sah ihn, ähnlich wie es Plato im Gast=mahl von Sokrates erzählt, auf der Straße von Brüssel, unbe=kümmert um das Treiben in seiner Nähe, in tiefe Betrachtung versenkt einhergehen. Zwei Laien erblickten ihn so; der Eine sprach: O, daß ich so heilig wäre, wie dieser Priester! — Der Andere: Um Alles nicht, da würde ich keinen frohen Tag mehr haben! — Ruysbroek selbst, der es vernahm, sagte bei sich: Wie wenig kennst du die Süßigkeit, welche denen zu Theil wird, die den Geist Gottes schmecken. Seine Abgeschiedenheit soll so weit gegangen seyn, daß er sich selbst vor seiner Mutter, die, vom Rufe des Sohnes angezogen, nach Brüssel kam, nicht sehen ließ.

Ruysbroeks Werken, Köln 1692. S. 1—8. Val. *Andreae* Biblioth. belgica p. 555. *Foppens* Bibl. belg. II, 720. *Fabricii* Bibl. med. et inf. Lat. IV, 127. Schroeckh K. Gesch. 34, 274 ff. Vornehmlich aber die Monographie: Richard v. St. Victor und Joh. Ruysbroek von En=gelhardt, Erlangen 1838. S. 167—170, und wieder S. 325 ff.
1) Der Name wird sehr verschieden geschrieben: Rusbrock, Rusbroch, Ruysbroch, Ruysebroeck, Rüsebruch, Reisbruch, ja selbst Rusber (in einer alten französischen Ausgabe). Ich habe die von Engelhardt vorgezogene Schreibung angenommen; doch könnte man zweifelhaft seyn, ob nicht die (nach Foppens) auf des Mannes Grabstein befindliche Form des Namens: Ruysebroed die richtigere sey.
2) Tritheim sagt: Vir (ut ferunt) devotus, sed parum literatus. Andreä: Vir divinae contemplationi addictissimus, et sanctitatis majoris quam doctrinae. Ungemein gepriesen wird Ruysbroek um sei=ner Erleuchtung und innigen Frömmigkeit willen von Gottfr. Arnold in der Kirch. und Ketzer=Gesch. I, 553. und in der Gesch. der myst. Theol. K. 21. S. 412. Arnold hat auch Vieles von Ruysbroek übersetzt. S. unten.

Dabei unterschied aber Ruysbroek wahre, innerliche Frömmigkeit von Schwärmerei: es war damals eine Frau in Brüssel, vermuthlich eine Beguine oder Schwester des freien Geistes, die viele Anhänger hatte und in so großem Rufe der Heiligkeit stand, daß das Volk glaubte, sie würde, wenn sie zum Abendmahl ginge, von zwei Seraphim begleitet; mehrere Lehrer hatten sich an der Schwärmerin versucht, aber erst dem Ruysbroek gelang es, sie zu widerlegen. Wir finden hier das erste Beispiel seines Kampfes gegen die falsche freigeisterische Mystik, den er später mehrfach auch in seinen Schriften führte.

Bis zum sechzigsten Jahre hatte sich Ruysbroek den Geschäften des weltpriesterlichen Standes mit anerkanntem Eifer unterzogen. Nun überwog die in seiner Natur so mächtige Neigung zur Contemplation. Er zog sich mit mehreren Freunden in das Kloster Grünthal zurück. Dieses Kloster, einem neugestifteten Vereine regulirter Chorherren des heiligen Augustin angehörig, befand sich zwei Meilen von Brüssel in einem großen Buchenwalde, Sonjenbosch, an dessen südlichem Ausgange das in der neueren Geschichte so berühmte Waterloo liegt. Ruysbroek wurde unter dem Propst Franco der erste Prior dieses Klosters[1]) und der Urheber einer Reformation der Kanoniker, die sich weit in den Niederlanden verbreitete. Ganz der Betrachtung hingegeben, verlor sich Ruysbroek, wie uns ein Ordensgenosse erzählt, wenn ihn der Geist ergriff, gern in die einsamsten Stellen des schönen Waldes, der das Kloster umgab; da zeichnete er sich in eine Wachstafel seine Eingebungen auf; zu Hause führte er dann den Entwurf aus[2]); aber wenn er auch, bei mangelnder Gnade, bisweilen Wochen lang im Schreiben unterbrochen wurde, so soll er doch — Aehnliches wird auch von einem andern contemplativen Mann, Plotinus, berichtet — sogleich wieder den Faden gefunden haben. So entstanden, nach seiner Ueberzeugung ganz unter Eingebung des heiligen Geistes, weßhalb er auch der ekstatische Lehrer genannt wurde, seine zahlreichen Schriften, manche in brabäntischer Mundart, andere in lateinischer Sprache[3]).

---

1) *Andreae* Bibl. belg. p. 555.
2) *Andreae* Bibl. belg. p. 556.
3) Trittheim: Scripsit patrio sermone ad aedificationem simplicium quaedam opuscula, quae per alium post ejus mortem in latinum conversa, in certis optima, in quibusdam vero a doctoribus [J. Gerson] feruntur esse erronea. Der erste Uebersetzer ins Lateinische war Gerh. Groot, der zweite Laur. Surius (Ausgaben Köln 1552, 1609 und 1692); ins Deutsche übersetzte Ruysbroek's Schriften Gottfr. Arnold, Offenb. 1701. Hauptschriften: De ornatu nuptiarum spiritualium — De profectu religiosorum — Commentaria in Tabernaculum Foederis — Speculum aeternae salutis — De septem gradibus

Im Grünthal empfing Ruysbroek die Beſuche Taulers
und Gerh. Groots: auf Beide machte er tiefen Eindruck, und
durch Beide wirkte er, wiewohl in ſehr verſchiedener Weiſe, auf
die Nachwelt faſt noch mehr, als durch ſeine Schriften. Aber
auch viele andere Perſonen jeden Alters und Standes, vornehm=
lich aus Flandern und den Rheingegenden bis nach Baſel hin=
auf, wallfahrteten zu dem frommen Greiſe, dem vielgeprieſenen
Lehrer der ſelbſtverleugnenden Gottesliebe. Alle erbaute und
entzündete er, und Manche, namentlich Frauen, gewann er für
das beſchauliche Leben. Sein Ruf machte ihn nicht ſtolz: er war
mild, beſcheiden, freundlich, theilnehmend, unterzog ſich den Hand=
arbeiten, dem Faſten und Wachen mit großer Strenge und ver=
richtete auch die geringſten Dienſte des Kloſters. Erſt im hohen
Alter ließ er ſich beim Niederſchreiben ſeiner Aufſätze durch einen
Schreiber unterſtützen. In der Contemplation war er ſo geübt,
daß er ſich ihr jederzeit hingeben konnte. Bei der Adminiſtration
der Meſſe wurde er ſtets von einer großen, oft überwältigenden,
Andacht ergriffen.

So verfloß das Leben Ruysbroeks, wie das ſolcher Männer
überhaupt, ſanft, heiter und ſtille. Seine Einfachheit und Mäßig=
keit ließ ihn ein ſehr hohes Alter erreichen. Aber zuletzt ſehnte
er ſich nach ſeiner Auflöſung und ſoll auch den Tag derſelben
vorausbeſtimmt haben. Er ſtarb den 2ten December 1381, im
88ſten Jahre ſeines Alters, im 64ſten ſeines Prieſterthums, und
ward in der Kirche ſeines Kloſters beigeſetzt; ein Grabſtein mit
einfacher Inſchrift bezeichnete die Stätte [1]).

Da das Leben Ruysbroeks wenig Hiſtoriſches bot, ſo wurde
es bei der innerlichen Bedeutung des Mannes mehrfach von der
Sage ausgeſchmückt. Es ſind uns davon folgende Züge überlie=
fert [2]). Als ſeine Mutter, die nach Brüſſel gekommen war, ihn
zu ſehen, ihren Zweck nicht erreichen konnte, ging ſie ſelbſt in
einen frommen Verein, hoffend, ihm dadurch näher zu treten.
Auch dieß war erfolglos und ſpäter genügte ihr die geiſtige Ge=
meinſchaft. Nach ihrem Tode erſchien ſie dem für ſie betenden
Sohne zu wiederholten Malen und bat ihn flehentlich, ſie von
der Pein des Fegefeuers zu erlöſen; er that es durch das von
ihr angegebene Mittel, die erſte Meſſe, die er als Prieſter las.

---

amoris — De quatuor tentationibus — De calculo — De vera
contemplatione. S. *Andreae* Bibl. belg. p. 556. *Foppens* II, 721.
Engelhardt S. 172.
    1) *Andreae* Bibl. belg. p. 557. Die Inſchrift *Foppens* II, 722.
    2) Aus der alten Biographie zuſammengeſtellt bei Engelhardt S.
325 ff.

Beſonders wurden Ruysbroeks innere Kämpfe, ſo wie die Tiefe und Höhe ſeiner Contemplation durch Legenden veranſchaulicht: er wurde, ſo erzählte man, häufig vom Teufel in Geſtalt eines ſcheußlichen Thieres beſucht; aber auch Chriſtus kam zu ihm, ja einmal ſagte ihm dieſer, indem er in Geſellſchaft der Himmels= königin und aller Heiligen erſchien: Du biſt mein lieber Sohn, an dem ich Wohlgefallen habe [1]). Die tiefe Gluth der Andacht Ruysbroeks aber fand ihre Veranſchaulichung in folgender Er= zählung: einſt ſuchten ihn die Brüder lange in der Einſamkeit des Waldes, wo er ſo gern verweilte; endlich erblickte Einer einen Baum, der in Flammen zu ſtehen ſchien; unter dieſem ſahen ſie Ruysbroek, ganz der Betrachtung hingegeben.

Die Lehren dieſes merkwürdigen Mannes, des Patriarchen niederländiſcher und deutſcher Myſtiker, ſind neuerlich vollſtändig und trefflich zuſammen geſtellt worden [2]). Wir verweiſen auf dieſe Darſtellung und heben hier nur das Weſentlichſte hervor. Ruysbroek geht von dem göttlichen Weſen aus, ſteigt dann zum Menſchen herab und zeigt endlich — dieß iſt das Hauptziel ſeiner Betrachtungen — wie der Menſch mit Gott eins werde, ohne ſeine Selbſtheit zu verlieren und in Gott zu zerfließen. Gott iſt [3]) die überweſentliche Weſenheit alles Seyenden, zu= gleich ewig in ſich ruhend und das lebensvolle, bewegende Prin= cip alles von ihm Geſchaffenen [der Unbewegt=Bewegende]. Sei= ner Weſenheit nach iſt Gott ewiges Ruhen, in welchem weder Zeit noch Ort, weder Vor noch Nach, weder Begehren noch Ha= ben, weder Licht noch Finſterniß iſt; aber zugleich gibt er ſich kund in ewigen Actionen des Erkennens, Wollens und Liebens, die ihn auch ſelbſt ausmachen. Ruhend in ſeiner Weſenheit iſt er zugleich ewig wirkend und einfließend in die Natur und Bei= des, Ruhen und Wirken, iſt mit einfacher, durchſichtiger Klarheit erfüllt. Dieſer Gott iſt Einer in ſeiner Natur, dreieinig in ſei= nen Perſonen. Durch die Einheit der Natur bleibt Gott ewig in ſich ſelbſt, durch die Dreiheit der Perſonen, die nicht bloß in unſerm Denken, ſondern in Wirklichkeit unterſchieden ſind, iſt er lebensvoll und fruchtbar in Ewigkeit. Die Natur kann nicht ſeyn

---

1) Aehnliches hat die Sage bekanntlich von Thomas Aquin überliefert, dem einſt ein Crucifix zugerufen haben ſoll: Recte de me scripsisti, Thoma! Das Mittelalter mußte Alles wunderbar, ſymboliſch, anſchaulich haben.

2) In der Monographie von Engelhardt S. 173—264. Vergl. auch de Wette's Sittenlehre II, 2. S. 237.

3) Bei Engelhardt S. 173—177.

ohne Perſonen, und dieſe haben ihren Beſtand in der Natur.
Der Vater iſt das ewige, weſentliche, perſönliche Princip; er zeugt
die ewige Weisheit, der Sohn, ſein ungeſchaffenes, perſönliches
Abbild; aus der gegenſeitigen Anſchauung beider fließt ein ewi=
ges Wohlgefallen, ein Feuer der Liebe, welches ſtets zwiſchen
Vater und Sohn brennt, der heilige Geiſt, die dritte Perſon, die
ewig von den beiden andern aus und in die Natur der Gottheit
zurückgeht. So lebt Gott, ruhend in ſeiner Weſenheit, activ in
ſeinen Perſonen, in ſich ſelbſt und mit ſich ſelbſt und erkennt,
liebt, beſitzt, genießt ſich ſelbſt über alle Creaturen hinaus; aber
zugleich wirkt er auch ununterbrochen nach außen und die Haupt=
acte dieſes Wirkens ſind die Schöpfung, die Erlöſung, die ewige
Selbſtmittheilung Gottes durch ſeinen Geiſt.

Vermöge ſeines freieſten Willens hat Gott durch ſeine ewige
Weisheit das All, Himmel und Erde, aus Nichts hervorgebracht [1]).
Vom empyreiſchen Himmel, dem Wohnſitze der göttlichen Maje=
ſtät, ſo wie der Heiligen und Seligen, geht die Schöpfung in
den Abſtufungen des kryſtallenen Himmels und des Firmamentes
herab auf die Erde, den Wohnort des Menſchen. Der Menſch
iſt aus zwei entgegengeſetzten Naturen gebildet, dem Leibe nach
ſterblich, gleich den Thieren, der Seele nach mit ewigem Leben
begabt, gleich den Engeln über dem Firmament; er iſt daher
ſterbend auf Erden, lebend im Himmel, niedriger als Gott, aber
ihm ähnlich, Bild und Figur Gottes. Die Seele, geiſtig, ver=
nünftig, unſterblich, hat drei Grundkräfte: Gedächtniß, Verſtand
(Intellectus) und Wille; durch den letzteren kann ſie Gutes oder
Böſes wählen, aber über ſich hat ſie Gott und ſeine Gnade;
ſind die drei Kräfte von der Gnade erfüllt, ſo vermögen wir
Alles und werden Gott ähnlich, nach deſſen Bilde wir gemacht
ſind. Denn wie verſchieden auch die Menſchen geartet ſind —
als Söhne der Natur, unter den Planeten ſtehend, ſind ſie theils
kalte, liebloſe Menſchen des Saturn, theils warme, glühende des
Jupiter, theils hochfahrende des Mars, theils reichbegabte, lie=
benswürdige der Sonne, theils leichtſinnige der Venus und lebens=
luſtige des Merkur [2]) — aber wie ſehr ſie auch natürlich ver=
ſchieden ſeyn mögen, darin kommen doch wieder alle überein, daß
ſie zu einem höheren, geiſtigen Leben in der Gemeinſchaft Gottes
beſtimmt und dafür empfänglich ſind. Die Befähigung dazu liegt
zunächſt im freien Willen, welcher den Menſchen, wenn er ihm
nur folgt, ſtets zum Guten anregt und vom Böſen abhält. „Wolle

---

1) Ebendaſ. S. 179—190.
2) Bei Engelhardt S. 183 und 184.

Demuth und Liebe; und du haft fie", fagt Ruysbroek; „das kann dir felbft Gott nicht nehmen ¹)." Aber damit die Natur über fich felbft hinausgehe, bedarf fie der göttlichen Gnade; das Höchfte, was die Natur vermag, ift von Sünden abzulaffen und nach der Gnade zu verlangen; aber der Wille foll gottgeftaltig werden, er foll Alles, was er will, rein zur Ehre Gottes wollen; das wohnt dem Willen von Natur nicht bei, hier tritt das Bedürfniß der Einwirkung Gottes felbft auf den Menfchen ein ²). Nur durch Beides zufammen kann der Menfch feine Beftimmung erreichen und feine Seele zu einem Reiche ausbilden, in welchem der von Natur freie, durch die Gnade freiere Wille König ift, der zum Diabem die Liebe, zum Gewande die Stärke des heiligen Geiftes und die eigene fittliche Stärke, zu Räthen Erkenntniß und Unter= fcheidung, zum Richter Gerechtigkeit in Klugheit, zu Unterthanen alle Kräfte der Seele hat ³).

/ Die Einwirkung Gottes auf den Menfchen aber ift vermit= telt durch den Sohn und den heiligen Geift. Der S o h n ift einerfeits ⁴) feiner Gottheit nach das vollkommene Bild, der reine Spiegel des Vaters. Diefer Spiegel ift immer vor Gottes An= geficht und dadurch mit dem Bilde, das er aufnimmt, felbft ewig. In diefem ewigen Bilde, dem Sohne, hat uns Gott in fich felbft erkannt, ehe wir gefchaffen waren. Diefes Bild ift aber auch, dem höchften Theile unferer Seele eingedrückt, in jedem Menfchen wefentlich und perfönlich; jeder hat es ganz und alle haben nicht mehr davon als einer. So find Alle geeinigt in dem ewigen Urbilde, dem Bilde Gottes, in welchem, ohne daß wir als Ge= fchöpfe Gott werden, oder das Bild Gottes ein Gefchöpf, unfere gefchaffene Wefenheit und unfer gefchaffenes Leben als in einer ewigen Urfache ruht, denn der Sohn ift ja auch der fchöpferifche Grund und das Leben aller Gefchöpfe. Andererfeits ⁵) ift der

---

1) Ebendaf. S. 187. Vergl. die Aeußerungen Ruysbroeks gegen zwei parifer Geiftliche bei E n g e l h a r d t S. 169. Freiheit, Demuth und Liebe find für Ruysbroek die höchften geiftigen Güter: „In die Demuth nieder= fteigen, heißt über aller Himmel Höhe auffteigen. Alle guten Werke ver= lieren ohne Demuth ihre Schönheit. Freiheit und Demuth aber haben gleichen Werth." S. 199.

2) S. 223: „Nicht durch unfre, fondern durch feine Verdienfte hat uns Gott frei gemacht; um diefe Freiheit zu fühlen, muß fein Geift unfern Geift in Liebe entzünden; da wird unfer Geift getauft, mit Freiheit begabt, und mit dem feinigen vereint."

3) Ebendaf. S. 183. Vergl. S. 350: „Wer übernatürlich fehen foll, dazu gehören drei Dinge; das erfte ift die Gnade Gottes, das andre ein freier ganzer zugekehrter Wille, das dritte, daß der Menfch habe ein lauter unbefleckt Conciencie von allen Todfünden."

4) Ebenb. S. 189.

5) Ebenb. S. 177—179.

ewig erzeugte Sohn auch in der Zeit geboren und Mensch geworden. Als solcher, mit der Gottheit auf unbegreifliche Weise
eins, hat er ein Vorbild aller Tugenden aufgestellt, vornehmlich
der höchsten, der Demuth, Liebe und Gebuld. Seine Seele war
voll des heiligen Geistes und aller Gaben, seine Liebe ruhige,
selige Hingebung an Gott und das Heil der Menschen. Daburch
ist er ein Quell, aus dem uns alles Nothwendige fließt. Zu
diesem Zweck sind sein Tod, seine Auferstehung und Himmelfahrt
geschehen und ist das Abendmahl von ihm eingesetzt. Christus war
und ist Allen gemein, der Lichtbringer der ganzen Welt, besonders
der katholischen Kirche, aber auch jedes guten, frommen Menschen [1]. Was er gethan, hat er für Alle gethan. Er ist unser
Führer und Fürst im geistlichen Gesetze, der alle Figuren bis zur
ewigen Wahrheit vollendet, den Vater gnädig gemacht und eine
geistige Stiftshütte, die Kirche, gebaut hat. Mit ihm zusammen
wirkt aber auch der heilige Geist, mit dem er nach seiner
göttlichen Natur eins ist, der ihm nach seiner menschlichen mit
allen Gaben einwohnte und von ihm auf die Gläubigen ausströmt. Und zwar fließt der heilige Geist immer aus auf die Creaturen, die dazu bereit sind. Gott ist immer da und gegenwärtig:
wie die Sonne auf alle Bäume scheint, so wirkt Gott, die geistige
Sonne, auf alle Seelen, die aus ihm entsprungen sind. „Gott
will jeden Menschen behalten, der etwa selber will...." „Er ist
ein gemeiner Schein und ein gemeines Licht, das da leuchtet einem
jeglichen nach seinem Werth und nach seiner Nothdurft [2]."

Die dreieinige Gottheit geht aber auf ihr Abbild, die menschliche Seele, in breifacher Weise über. Der tiefste Grund und die
eigentliche Wesenheit unserer Seele, das ewige Bild Gottes, ruht
stets in Gott; dieses Bild haben wir Alle als ewiges Leben ohne
uns selbst vor unserer Schöpfung in Gott; nachdem wir aber geschaffen sind, treten in der Substanz unserer Seele drei Eigenschaften hervor, die bildlose Nacktheit, durch welche wir den Vater, die höhere Vernunft, durch welche wir den Sohn, der Funke
der Seele, durch welchen wir den heiligen Geist aufnehmen und
mit Gott ein Geist und eine Liebe werden. Diese drei Eigenschaften, die eine und ungetheilte Substanz der Seele, der Lebens-
grund der höchsten Kräfte, sind in allen Menschen, in den Sündern jedoch durch Laster verhüllt. Die Seligkeit aber, die Gott
ist, kann nicht durch Kunst und Scharfsinn erworben werden, son-

---

1) Ebend. S. 264.
2) Aus der Schrift de ornatu spiritual. nuptiar. bei Engelhardt
S. 351.

bern es bebarf ber göttlichen Gnaben unb Gaben, bamit wir über
bie Natur erhoben unb erneuert werben; baburch gelangt bas Ge=
bächtniß zur bildlofen Nacktheit, ber Verftanb zur einfachen Wahr=
heit, ber Wille zur göttlichen Freiheit[1]).

Dieß find bie Grunblagen, auf benen Ruysbroek fein m y =
ft i ch e s Syftem aufbaut. Diefes S y ft e m felbft aber, befonbers
fo weit es in bas Leben eingreift, ift folgenbes.

Der Menfch, von Gott ausgegangen, foll auch wieber zu
Gott zurückehren, mit Gott eins werben. Diefes E i n s w e r b e n
ift nicht fo zu verftehen, baß wir ganz Gott werben unb unfer
gefchaffenes Seyn verlieren, benn bieß wäre unmöglich, fonbern
fo, baß wir uns ganz in Gott fühlen, aber zugleich auch ganz
in uns felbft, baß wir mit Gott geeiniget find, aber boch ewig
ein Anberes bleiben, als er ift. Der Menfch foll gottförmig unb
Gott gleich werben, er kann es aber nur werben, foweit es mög=
lich ift, unb es ift nur möglich, foweit er nicht aufhört, er felbft
unb ein Gefchöpf zu feyn; benn Gott bleibt immer Gott unb
wirb nie Gefchöpf, bas Gefchöpf bleibt immer Gefchöpf unb ver=
liert nie feine Wefenheit[2]). Der Menfch, inbem er fich mit voll=
kommener Liebe Gott hingibt, ift in ber Einheit mit Gott, aber,
wenn er wieber hanbelt, fühlt er ben Unterfchieb von Gott unb
ift in ber Anberheit; fo fließt er in Gott unb wieber in fich
felbft zurück. Jenes Einsfeyns unb biefe Anberheit werben von
Gott geforbert, unb zwifchen beiben lebt unfere beftänbige Ver=
nichtung im Lieben, in welcher unfere Seligkeit befteht[3]).

Zu ber E i n h e i t mit Gott führen b r e i W e g e, ber eine
immer weiter unb näher zum Ziel, als ber anbere: bas active,
bas innerliche unb bas contemplative Leben.

Das a c t i v e Leben[4]) befteht barin, baß wir Gott von
außen in Enthaltung, Buße, guten Sitten unb heiligen Werken
bienen, wie er uns als Gott unb Menfch lebenb unb fterbenb bis
zum Kreuze gebient hat; baß wir, wie Chriftus, unfer Kreuz auf
uns nehmen unb uns felbft verleugnen. Wenn wir bieß thun
unb mit rechtem Ernfte vollbringen, fo entfprechen wir nicht nur
ben Geboten Gottes, fonbern auch unferer Vernunft, bem chrift=
lichen Glauben unb Gefeze, fo wie allen Sitten unb Gebräuchen,

---

1) Bei E n g e l h a r b t S. 189 unb 190.
2) Dieß fpricht Ruysbroek an verfchiebenen Orten unb in mannich=
faltigen Formen aus, aber ber Grunbgebanke von ber nie völlig aufzu=
hebenben fpecififchen Verfchiebenheit bes göttlichen unb bes creatürlichen
Wefens bleibt immer berfelbe. S. E n g e l h a r b t S. 217. 239. 243. 255.
259. 373.
3) Ebenbaf. S. 259.
4) S. 190 ff.

welche gute Christen insgemein beobachten. Diese Tugendübun=
gen kann auch die Vernunft fassen [1]); sie liegen noch weit ab
von der höchsten Vollendung; aber sie sind, wie die justitia ci-
vilis die Vorstufe der justitia spiritualis, die Vorbedingung zu
allem Höheren, denn „ohne äußeres tugendhaftes Leben können
wir uns Gott nicht nahen [2]).“

Wir sollen jedoch auch, indem wir den Sinn vom Aeußeren
abwenden, ins Innere eingehen. Durch die sittlichen Tugen=
den sind wir nach außen, den Menschen zugekehrt, mit sensibler
Liebe kehren wir uns zu Gott nach innen; da erlangen wir die
Einheit des Herzens mit Gott, innere Freiheit, Besiegung der
Vielfalt der Sinne, Lenkung der Begierden und Sinne zur Ein=
heit [3]). Das Schauen und Besitzen dieser Einheit geht über das
Zeitliche hinaus; das Gute, das wir thun, befriedigt uns nicht
mehr; was wir erlangen, gibt uns kein Genüge; es entzündet
sich eine unendliche Sehnsucht in uns und eine Andacht, durch
welche alle guten Werke brennen. Da sind wir affectlos, wir
wollen niemanden gefallen und es gefällt uns nichts, was uns
von Gott abzieht; wir sind allein mit Gott: Gott und wir, sonst
nichts [4]). In diesem Zustande strömt uns die göttliche Gnade
zu, ein gottgestaltiges Licht, das uns Gott ähnlich macht [5]), und
in der Gnade die Liebe, welche das Fundament für den mensch=
lichen Geist und eine Wurzel aller Tugenden ist. Gott läßt sich
zu uns nieder in der Gnade, wir erheben uns zu ihm in der
Liebe und Andacht, und so entsteht ein Wechselspiel der Kräfte,
in welchem der Mensch „in der unbegreiflichen Umarmung der
Einheit Gottes vernichtet wird“ und doch immer wieder auflebt;
oder worin, wie es Ruysbroek anderwärts ausdrückt [6]), „die
Uebung der Liebe zwischen Gott und uns wie Blitze hin und
her geht.“ ... „Diese Einheit verzehrt in ewigem Hunger und
innigster Begierde das, was sie liebt, und aus derselben Einheit
entsteht fortwährend eine neue Glut, in welcher der Geist sein
höchstes Opfer bringt [7]).“ ... „Der Mensch lebt sterbend und
stirbt lebend; Hunger und Durst erneuern sich stünblich und wer=

---

1) S. 201.   2) S. 215.
3) S. 195 ff.   4) S. 201.
5) S. 210.   6) S. 219.
7) S. 189. Poetisch sind diese Gedanken, die wir so vielfach auch bei
orientalischen Mystikern finden, von Goethe ausgedrückt in dem Gedichte
„Selige Sehnsucht“ (im Divan), welches mit den Worten schließt:
  Und so lang du das nicht hast,
  Dieses: Stirb und werde!
  Bist du nur ein trüber Gast
  Auf der dunkeln Erde.

den stets befriedigt [1]."... „So geschieht es, daß in jeglichem
Jetzt Gott in uns geboren wird, und aus dieser erhabenen Zeu=
gung fließet uns der heilige Geist mit allen seinen Gaben zu [2]."
Das contemplative Leben, welches von Ruysbroek be=
sonders sorgfältig beschrieben wird [3]), weil es vornehmlich hier
darauf ankam, die kirchliche Lehre von den häretischen, nament=
lich pantheistisch = mystischen Richtungen zu unterscheiden, besteht
darin, daß wir mit Gott zugeneigtem Geiste frei mit Gott in
Gemeinschaft treten, daß wir aus uns selbst herausgehen und mit
Gott ein Geist werden; in diesem Zustande vereinigt uns Gott
mit sich in der ewigen Liebe, die er selbst ist. Er bleibt in uns,
wir in ihm. Zu diesem Leben gelangen die, welche sich von Bil=
bern losmachen und allein im Geiste frei lieben und dienen.
Das Eigenthümliche desselben und sein Unterschied von der vor=
hergehenden Stufe liegt in der Bildlosigkeit, Maaßlosigkeit und
ewig befriedigten, einfachen, aber seligen Ruhe. Die wahre Con=
templation ist ein maaßloses Wissen, in dem alle Wirksamkeit der
Vernunft aufhört, das, obwohl nicht ohne Vernunft, doch nie in
die Vernunft herabsteigt, zu dem die Vernunft sich nie erhebt.
Diese Maaßlosigkeit schaut ohne Verwunderung — denn sie hat
auch die Verwunderung unter sich — nicht dieses oder jenes,
sondern etwas, was über Alles hinaus ist [das Absolute] [4]). Wer
das contemplative Leben erfahren will, der muß, mit allen Tu=
genden geschmückt, sich über sein sinnliches Leben hinaus in den
höchsten Theil seines inneren Lebens zurückziehen. Da zeigt sich
ihm ein, für den Sinn, die Natur und Vernunft unzugängliches,
intellectuales Licht, welches uns Freiheit und Vertrauen zu Gott
gibt und ein erleuchtendes Mittel zwischen Gott und uns wird.
Unser bildloser Geist ist der Spiegel, in dem dieses Licht leuchtet.
In diesem Spiegel lebt Gott in uns mit seiner Gnade, wir in
Gott durch unsere Tugenden; das Licht strömt heraus in die
Aehnlichkeit und zieht hinein in die Einheit. Dieß fühlen wir,
über die Natur hinaus, in unserer nackten, nach innen gekehrten
Intelligenz. Wenn sich der Mensch so in sich zurückzieht und sein
Herz öffnet, dann strahlt Gott wie ein Blitz in dasselbe, eine un=
geheure Freude, eine keusche Wollust erfüllt ihn, er jubilirt und
kommt außer sich, er weiß nicht, wie ihm geschieht und wie er es
aushalten kann [5]). Aber dieser innere Jubel ist noch ein niedriger

---

1) S. 214.
2) S. 212.
3) S. 224 ff.
4) S. 234.
5) S. 235.

Grab der Contemplation. In diejenigen, welche dadurch in die einfache Reinheit ihres Geistes erhoben sind, strahlt Gott nun ein einfaches Licht, welches nicht Gott, sondern ein Mittleres ist zwischen Gott und dem schauenden Geiste, und in welchem sich Gott nicht nach dem Unterschiede der Personen, sondern in der Einfachheit seiner Natur und Substanz zeigt. Dieß ist die zweite Stufe der Contemplation[1]. Die dritte aber ist die Speculation, ein Schauen, eine Intuition im Spiegel. Das Verständniß des Menschen wird ein lebendiger Spiegel, in welchen Vater und Sohn den Geist der Wahrheit gießen, so daß die erleuchtete Vernunft alle Wahrheit erkennt, die in Bildern, Formen, Arten und Aehnlichkeiten erkannt werden kann. Das einfältige Auge schaut, ähnlich einem Engel, stets das Antlitz des Vaters; sein Ziel ist das Bild, das Gott selbst ist; es sieht Gott und Alles, sofern es eins ist mit Gott, und darin findet es volle Genüge. Diese höchste Stufe der Contemplation fällt auch zusammen mit der vollkommensten Liebe[2]. Beides aber, das vollkommene Intelligiren und das mit ihm identische Lieben ist nicht mehr ein Thun, sondern reine Ruhe; es ist über alle Handlung hinaus, von aller Uebung frei und ledig, die (göttliche) Liebe erbuldend, welche den Geist des Menschen verzehrt und gleichsam vernichtet in sich verwandelt, so daß er sich selbst vergißt und nichts mehr weiß, weder Gott, noch sich, noch eine Creatur, nichts als die bloße Liebe, die er schmeckt, fühlt, erfährt und im einfachen Ruhen besitzt[3].

Dieß kann genügen, um die Denkweise unseres Mystifers anschaulich zu machen. Es wird jedem Besonnenen einleuchten, daß er den Grundfehler aller contemplativen Mystif[4] theilt, jenes

---

1) S. 236.

2) S. 236 ff. und 246 ff.

3) Um das beschauliche Leben mit Ruysbroels eigenen Worten zu beschreiben, führe ich noch einige Stellen aus dem 3ten Buche des Tractats de ornatu spirit. nupt. an. Seite 291 und 292 bei Engelhardt heißt es: „Darum sollen die innigen schauenden Menschen ausgehen nach der Weise des Schauens über Rede und über Unterschied, und über ihr geschaffenes Wesen mit ewigem Instaren (Hineinstarren, unverrücktem Hineinschauen) mit dem ungeborenen Licht; so werden sie überformet und ein mit demselben Licht, da sie mit sehen, und das sie sehen. . . . Denn in diesem Schauen bleibt der Mensch frei und sein selbs gewaltig in Innigkeit über alle Tugend und über alles Verdienen. Denn es ist die Krone und der Lohn, da wir nu haben und besitzen in solcher Weise. Denn schauendes Leben, das ist himmlisches Leben." Und weiterhin S. 296: „Dieß — das ewige Rasten — ist das weislose Wesen, das alle innigen Geister über alle Dinge erforen haben; das ist die dunkle Stille, da alle liebenden Herzen innen sind verloren."

4) Hiermit übereinstimmend de Wette, Sittenlehre II, 2. S. 247:

überfliegende, oft phantaſtiſche, ſich Hineinſtürzen in die tiefſten
Abgründe der Erkenntniß, während die Merkmale alles wirklichen,
vernünftigen Erkennens ausgehen, jenes geiſtig und ſittlich ſich
überſpannende Ringen nach engelgleicher Ueberſinnlichkeit, während das Ueberſinnliche unter der Hand wieder zum Sinnlichſten
wird, jenes unermüdete Hineinſtarren in das göttliche Sonnen-
licht, bis die Sehkraft des irdiſchen Auges erblindet iſt [1]) und eine
Maaßloſigkeit eintritt, „welche etwas ſieht, ohne zu wiſſen, was
ſie ſieht [2])." Wenn die pantheiſtiſche Myſtik fordert, daß der
Menſch nicht ein Chriſt, ſondern ein Chriſtus werde, ſo will dieſe
theiſtiſch-contemplative wenigſtens, unbefriedigt durch den Zuſtand
des Glaubens, daß der Menſch ſchon hier zum vollen Schauen
eingehe. Auch hatte die Myſtik Ruysbroeks, inſofern ſie vollen
Ernſtes eine chriſtliche nicht nur, ſondern auch eine kirchliche ſeyn
wollte, noch den beſondern Mangel, daß ſie für die allgemeine
Thatſache der Sünde und das Bewußtſeyn davon und daher auch
für den Begriff der Erlöſung und Verſöhnung keine beſtimmte,
nothwendige Stelle in ihrem Gedankenkreis hatte, ſondern alles
Höhere von den erſten Anfängen bis zur Vollendung des göttlichen Lebens unvermittelt auf den Einfluß der Gnade und die
ſich ihr öffnende Freiheit zurückführte [3]). Denn obwohl Ruysbroek
weit entfernt war, die Sünde pantheiſtiſch zu leugnen oder zu
rechtfertigen, vielmehr die einzelnen Manifeſtationen derſelben mit
ſcharfem ſittlichem Geiſte beurtheilte, ſo erwog er doch nicht gehörig die Bedeutung derſelben im Ganzen: ſein in der Contemplation ſchwelgendes, auf Gott und den himmliſchen Urbildern
ruhendes Auge ſchweifte über dieſe Erdſchatten hinweg, die ſich
jedem handelnden Manne, auch dem Myſtiker, wenn er ein practiſcher iſt, ſo ſtark zu erkennen geben. Sehen wir indeß von
dieſen Mängeln an, ſo müſſen wir der Myſtik Ruysbroeks ſub-
jectiv eine große Innigkeit, eine, oft zu lieblicher Poeſie ſich ſtei-

---

„Mehr als Tauler iſt Ruysbroek in den Fehler der myſtiſchen Sinnlichkeit
verfallen, und er beſtätigt die Bemerkung, daß alle (?) Myſtik auf eine fei-
nere Art von Wolluſt hinausgebt, auf ein Schwelgen mit Gefühlen."

1) „Wenn Gott ſich offenbart", ſagt Ruysbroek, „ſo erblindet die Vernunft." Engelhardt S. 221.

2) Ebendaſ. S. 234.

3) Ruysbroek dachte ſich die Sache ſo: Der Menſch darf nur wollen,
ſo iſt er gut und göttlich; ſeine Heiligkeit hat immer das Maaß der Güte
ſeines Willens; will er Liebe, ſo hat er Liebe, will er Gott, ſo hat er
Gott. Denn, wie man, um Luſt zu haben, nur zu athmen braucht, ſo liegt
es nur am Menſchen, daß er ſein Inneres öffne, um das allgegenwärtige
Göttliche in ſich aufzunehmen. Doch war ihm dieß freilich nicht mit einem
Momente abgethan, ſondern ein fortlaufender Proceß, in dem Freiheit und
Gnade zuſammenwirkten.

gernde, Lebensfülle und die volle Wahrheit des innerlich Erfah=
renen, objectiv aber einen entschieden höheren Standpunct zuer=
kennen, als derjenige war, den die pantheistisch=häretische Mystik
jener Zeit einnahm.

Zwar könnte man in letzterer Beziehung zweifelhaft seyn, ob
nicht Ruysbroek selbst, ein vollkommenes Aufgehen des Indivi=
duums in die göttliche Substanz lehrend, auf den Standpunct
der freigeisterischen Mystik zurückfiel. Und wir wollen es nicht
bergen, es finden sich Stellen bei ihm, welche diesen Gedanken
zu rechtfertigen scheinen. Die vernünftigen Persönlichkeiten sind
erstlich nach seiner Ueberzeugung schon dem tiefsten Grunde ihrer
Wesenheit nach, als Abbilder Gottes, ewig in Gott; „Gott sah
und erkannte sie in sich in einer gewissen Anderheit, aber doch
nicht in einer gänzlichen Anderheit; denn, was in Gott ist, ist
Gott 1)." Aber auch in der geschaffenen Wesenheit bleiben die
Geister nach ihrem ewigen Seyn und Leben immer in Gott ohne
Unterscheidung 2); denn sie sind Gott ähnlich, und obwohl nach
der Vernunft hier Unterschied und Anderheit ist, so ist doch die
Gottähnlichkeit eins mit dem Bilde der höchsten Dreieinigkeit,
welches die ewige Weisheit Gottes ist, in der Gott sich selbst und
Alles in ewiger Gegenwart schaut. „Unser geschaffenes Wesen
hanget in das ewige Wesen und ist ein mit Gott nach wesent=
lichem Seyn, denn es hat ein ewig Innebleiben in das göttliche
Wesen ... und hier ist weder Unterschied, noch Anderheit, noch
Neben 3)." Ja selbst die Rückkehr des geschaffenen Wesens zu
Gott und die Einigung mit ihm beschreibt Ruysbroek mehrfach
wie ein Zerschmelzen und Zerfließen in Gott, und die Ausdrücke,
die er hier gebraucht, sind oft so gehalten, daß man zwischen dem
ethischen und substantiellen Einswerden kaum unterscheiden kann.
„Der Geist wird die Wahrheit selber, die er begreift. Gott wird
mit Gott begriffen. ... Wir werden eins mit demselben Licht,
damit wir sehen, und das wir sehen 4)."

Auf derartige Aussprüche stützte dann auch der berühmte
Gerson die Anklage, welche er, zwar selbst ein Mystiker, aber
von einer mehr gelehrten, kirchlichen, nüchternen, scholastisch me=
thodischen Haltung, gegen Ruysbrok als einen solchen erhob, der

---

1) Bei Engelhardt S. 241. De ornatu spirit. nupt. Lib. III.
S. 288 bei Engelh.
2) Engelhardt S. 241.
3) Aus dem dritten Buche der Schrift de ornatu spirit. nupt. S.
289 bei Engelhardt.
4) Ebendas. S. 286 und 292.

sich der häretischen Richtung der Mystik hingegeben [1]). Gerson hatte mehrere Decennien nach Ruysbroeks Tode die Schrift dieses Mannes „vom Schmucke der geistlichen Hochzeit" in lateinischer Uebersetzung zu Handen bekommen und darin zwar, namentlich im ersten und zweiten Buche, vieles Heilsame und Tiefe gefunden, aber auch an mehreren Stellen des dritten Buches bedeutenden Anstoß genommen. Denn Ruysbroek lehre, die vollkommen con=templirende Seele schaue nicht bloß Gott durch die Klarheit des göttlichen Wesens, sondern sie sey selbst diese Klarheit, indem sie aufhöre in derjenigen Existenz zu seyn, die sie früher in ihrer eigenen Art gehabt, und ganz verwandelt oder umgeformt oder verschlungen werde in das göttliche Seyn. Die von Gerson ge=brauchten Stellen [2]) können allerdings den Schein hervorbringen, als ob Ruysbroek selbst der pantheistischen Mystik zugethan ge=wesen; allein wenn wir das Für und Wider unbefangen ab=wägen, so verschwindet dieser Schein wieder. Denn erstlich war Ruysbroek schon in seiner Gotteslehre überhaupt nicht Pantheist. Er erkennt offenbar Beides an, sowohl die Immanenz Gottes, als, was der Pantheismus nicht kann, die Transcendenz: Gott ist nach Ruysbroek der Welt immanent, insofern er ewig durch die göttlichen Personen auf die Welt wirkt und in dieselbe gleich=sam überfließt, insofern er den geschaffenen Geistern überhaupt schon ursprünglich einwohnt und sich insbesondere mit den From=men aufs innigste einigt; er ist aber auch transcendent, insofern er zugleich ewig in seiner eigenen Wesenheit ruht und sich unab=hängig von der Welt oder „über alle Creaturen hinaus", wie Ruysbroek sagt, in seiner Gottheit und deren Personen besitzt und genießt. Und zweitens spricht es Ruysbroek zu häufig und mit zu großem Anliegen aus, wie er bei dem Einswerden des beschau=lichen Menschen mit Gott doch einen Unterschied Beider anerkenne, als daß wir ihm die Lehre von einem absoluten Aufgehen des

---

1) Jo. *Gersoni* Epist. ad Fr. Bartholom. Carth. super tertia parte libri Joh. Ruysbroech de ornatu spirit. nupt. Opp. ed. du Pin I, 59. Ausführl. Darstellung der Sache bei Engelhardt S. 265 ff. Kurz bei Gieseler II, 3. S. 228.

2) Es sind großentheils dieselben, die wir oben schon berührt, z. B. „In der Entleerung seiner selbst verliert der Geist durch die genießende Liebe sich selber, und nimmt die Klarheit Gottes ohne Vermittelung auf, ja er wird selbst die Klarheit, die er aufnimmt. — Alle zur Erhabenheit des contemplativen Lebens Erhöhte sind eins mit der vergottenden (deifica) Klarheit, und werden ein und dasselbe Licht mit dem, welches sie sehen. Dahin wird der Geist über sich selbst emporgehoben und mit Gott geeinigt, indem er in der Einheit des lebendigen Urgrundes, in welchem er sich nach seinem ungeschaffenen Seyn besitzt, unendliche Schätze auf dieselbe Weise genießt und schaut, wie Gott selbst."

Individuums in die göttliche Substanz beimessen dürften. Er sagt es nicht einmal und obenhin, sondern oft und stark, daß Gott nie Geschöpf, das Geschöpf nie Gott werden könne, und daß zwischen beiden stets eine Anderheit sey. Er will überhaupt auf dem Grunde des kirchlichen Glaubens feststehen[1]) und bekämpft aufs entschiedenste die pantheistische Mystik. Nach diesen ganz bestimmten Erklärungen sind jene zweideutigen Stellen zu würdigen, und dann ist ihm höchstens vorzuwerfen entweder ein Schwanken zwischen beiden Standpuncten, aber mit unverkennbarer Vorneigung zum theistischen, oder, was wir vorziehen, ein Mangel an Präcision und Klarheit des Ausdrucks, wie er sich bei einem Manne, der seine höchsten ekstatischen Momente[2]) veranschaulichen wollte, so leicht einstellen konnte. Hierauf, auf Unvorsichtigkeit der Rede, beschränkte sich auch später, nachdem Ruysbroek von einem Verehrer, dem gelehrten grünthaler Canonicus, Johann von Schönhofen[3]), vertheidigt worden war, das Wesentliche der Anklage Gersons[4]), und hierin kann man dem Manne, der in der Theologie und Kirchenlehre auf Strenge und Allgemeingültigkeit des Ausdrucks hielt nicht Unrecht geben.

Demgemäß würden wir sagen können: die Mystik Ruysbroeks kam mit der häretischen überein, erstlich darin, daß sie beiderseits die Lehre, der Mensch müsse mit Gott eins und gleichförmig, er müsse gottgestaltig werden, zum Mittelpuncte der ganzen christlichen Weltanschauung machten; und zweitens darin, daß sie den Weg zu diesem Einswerden mit Gott in höchster Instanz in der Contemplation, in der vollkommensten Abgezogenheit, in der allem bestimmten Unterscheiden, Wollen und Thun entsagenden, schlechthin freien und ledigen, Innerlichkeit fanden. Dagegen unterscheiden sie sich, weil die häretische Mystik pantheistisch, die ruysbroek'sche aber wesentlich theistisch ist, erstlich darin, daß jene den Menschen als von Natur göttlich nimmt, diese sein Göttlichwerden durch das Einpflanzen eines frischen Reises auf den wilden Baum[5]), durch einen Proceß der Gnade vermittelt seyn läßt, jene also die Einheit mit Gott als ein absolutes Seyn

---

1) S. die Stelle bei Engelhardt S. 343 unten.
2) Ruysbroek hieß ja auch deßhalb Doctor ecstaticus.
3) S. *Gersoni* Opp. T. I. p. 63. S. über Johann von Schönhofen (Schoonhoven, Schoonhovia) *Tritheim* de script. eccl. c. 790. p. 184, wo er sehr gerühmt und auch sein Defensorium Jo. Rusbrog angeführt wird. Außerd. *Andreae* Bibl. belg. p. 560 und *Foppens* II, 725. Johann von Schönhofen starb zu Grünthal 1431.
4) Opp. T. I. p. 78 sqq.
5) Dieß spricht er namentlich auch in der Schrift de ornatu spirit. nupt. aus. S. die Stellen bei Engelhardt S. 351 und 352. Außerdem S. 344 oben. Hierher gehört auch ein Reim, der sich in einer münchner

Gottes in dem Menschen, diese als ein stetes Einswerden mit Gott, als eine Lebensentwickelung, als ein Aufnehmen Gottes und wieder Hungern nach ihm, als ein stets wiederkehrendes Sterben und Aufleben in Gott fasset; und zweitens darin, daß die erstere entschieden in Antinomismus übergeht, während die andere, obwohl über das Gesetz und gesetzliche Thun sich erhebend, doch das Gesetz als eine nothwendige Vorbedingung anerkennt, ohne die man zum innerlichen und contemplativen Leben nicht gelangen könne, und von deren Erfüllung auch die höheren Lebens= stufen nicht entbänden, daß also jene eine schwärmerische, nach außen ungebundene, diese eine geordnete, in den Schranken des göttlichen Gesetzes freie Innerlichkeit war.

———

Der sittliche Geist, der Ruysbroeks Mystik durchdrang, er= zeugte in seinem Wesen neben dem Contemplativen auch etwas Practisches, ja Reformatorisches. Das Auge des stillen Mystikers war doch von dem steten Schauen in das göttliche Licht nicht so geblendet, daß es nicht noch Sehkraft behalten hätte für die Zustände der nächsten Umgebung und für die Verhältnisse des Lebens überhaupt. Er sah hier sehr scharf, und es mangelte ihm nicht an Freimuth, das Wahrgenommene auszusprechen, auch nicht an Kraft, wo es ihm nöthig schien, thätig einzugreifen. Den practischen Sinn bethätigte er besonders in den Einrichtungen seines Klosters; die reformatorische Freimüthigkeit bewährte er in der Betrachtung der Verhältnisse der Kirche und des ganzen öffentlichen Lebens. Das Letztere müssen wir hier bestimmter an= schaulich machen [1]).

So entschieden Ruysbroek darauf hielt, ein lebendiges Glied der Kirche zu seyn und als ein Knecht Christi im katho= lischen Glauben zu leben und zu sterben [2]), so trat er doch schon im Allgemeinen in einen gewissen Gegensatz gegen das herrschende Kirchenthum, indem er das Princip der Innerlichkeit gegen das der Veräußerlichung, den Geist des Glaubens, der Liebe, des Schauens als das Höhere gegen das Thun der Werke geltend

Handschrift von Ruysbroeks Tractat (f. Engelbardt S. 346.) an den Rand geschrieben findet, und ohne Zweifel in Ruysbroeks Sinn ist:
O Mensch wiltu geimpffet werden,
Und sein versetzt in d'himlisch erden,
So mustu vor dein äesten wilt,
Gantz bawen ab, das früchte milt
Fürkommen nach Gotts ebenbildt.
1) Eine weitere Ausführung f. bei Engelhardt S. 326—337.
2) Ebendas. S. 343.

machte, und auch das Dogma nicht in seiner überlieferten festen Strenge faßte, sondern mystisch belebte, je auf manchen Puncten alterirte. Durch das innerliche und schauende Leben in seinen verschiedenen Abstufungen nimmt der Mensch zu in allen Tugenden; und hält er sich so, so ist nicht zu glauben, daß er je mehr verderben möge. „Ist es aber, daß sich der Mensch mehr übet und sich (mehr) halten will in manchfaltigen Werken, denn in den Sachen und dem Warum der Werke, und bleibet er sich auch mehr übend auf den Sacramenten, auf den Zeichen und auf den Werken von außen, denn in den Sachen und in der Wahrheit, die damit bezeichnet und gegeben ist, so möchte der Mensch wohl etwas wieder umschlagend werden, daß er wieder ein a u s w e n - b i g e r Mensch werde und mit allen seinen guten Werken behalten werde in einfältigem Wesen und Meinung. Ist es aber, daß der Mensch Gott nahen will und sich erhöhen und sein Leben frucht= barlicher machen, so muß er eingehen von dem Werk zu dem Warum und von dem Zeichen zu der Wahrheit, so wird er Meister seiner Werke und Bekenner der Wahrheit und kommt in ein i n n i g L e b e n [1).“] Ruysbroek blieb indeß nicht bloß bei dieser Innerlichkeit des Lebens stehen; er faßte auch die ganze reiche Wirklichkeit der äußeren Zustände klar ins Auge. Als ein sehr gesuchter Beichtvater und Gewissensrath, bis zum 60sten Jahre als Weltpriester wirkend, hatte er vielfache Gelegenheit, Menschen aller Art zu beobachten, und wie klar er sich bewußt war, was zu seiner Zeit in der Kirche und im Leben zu verbessern sey, mag folgender Ueberblick lehren.

Im L a i e n s t a n d e züchtigt er alle Klassen, Vornehme und Geringe, Männer und Frauen; an den Geringeren tadelt er den herrschenden Luxus, die Ueppigkeit in Tanz, Spiel und Gelagen [2)], den eitlen und sinnlosen Aufwand in Kleidern, die rastlose Gier nach Reichthümern; an den Großen, daß sie, weit entfernt, dem Volke mit einem besseren Beispiele voranzugehen, es ihm in allem Schlimmen noch zuvor thäten. Jeder sollte in seinem Stande das Seinige thun und redlich sein Brod erwerben; aber jetzt ist überall, sagt er, Geiz, Lüge, Trug und List, falsches Gewicht, Maaß und Geld; auch die Päpste, Fürsten und Prälaten beugen ihre Kniee vor dem zeitlichen Gute, und haben nicht die Besse=

---

1) Aus einer Bearbeitung des 1sten und 2ten Buches de ornatu spirit. nupt. in dem münchuer Cod. germ. 818, bei E n g e l h a r d t S. 367 und 368.

2) Des Nachts, wenn die ordentlichen Menschen schlafen, halten sie Tänze, Spiele, Freß= und Saufgelage; einige gehen in die Messe, bloß um den Menschen ihre Schönheit zu zeigen. Diese sind die Welt, für die Jesus nicht beten wollte.

rung und Zucht der Seelen, sondern den Beutel im Auge. Einen Hauptgrund dieses Verderbens findet Ruysbroek darin, daß die Kirche selbst dem Reichthum zugänglich sey und für Geld ihre Gaben biete. Für die Reichen liegt alles Geistige bereit, ihnen wird gesungen und gelesen, was in der Kirche äußerlich geschehen kann, ist für sie da. Leicht erhalten sie Ablaßbriefe für die Strafen des Fegefeuers und für alle Sünden; nach ihrem Tode hört man überall singen und alle Glocken läuten, sie werden vor dem Altare begraben und selig gesprochen. Aber wenn sie in Ungerechtigkeit gestorben sind, so vermögen alle Menschen insgesammt nicht, sie von den Qualen der Hölle zu befreien, und wenn sie auch alle ihre Habe den Armen gegeben hätten, es würde ihnen nichts nützen.

Noch schärfer spricht sich Ruysbroek gegen die Verderbnisse des geistlichen Standes in seinen verschiedenen Abstufungen aus. Zunächst schon gegen den Verfall des Mönchthums. Das kirchliche Amt, das Mönchthum, das Priesterthum, die Ordination macht an sich niemanden heilig oder selig. Es gehört dazu vor Allem ein dem Geist und Vorbild Christi entsprechendes Leben. Christus hat der ganzen Christenheit gewisse Gebote hinterlassen, die alle zu befolgen haben, aber auch besondere Rathschläge, die zu einer höheren Vollkommenheit führen und dem freien Willen anheimgestellt sind. Diese Rathschläge beziehen sich vorzüglich auf die Armuth und Keuschheit der Seele und des Körpers, wie sie Christus selbst besaß. Zu ihrer Beobachtung verpflichten sich die Mönche. Aber weit entfernt, diesen Rathschlägen nachzukommen, halten sie nicht einmal die Gebote. Bei ihnen, wie bei den Geistlichen, herrschen im Allgemeinen — Ruysbroek nimmt nur die Karthäuser und die inclusae virgines sacrae aus — drei Fehler: Trägheit, Fresserei und Schwelgerei. So war es bei der Stiftung des Mönchslebens nicht. Die alten Väter waren arm, die Gründer der Bettelorden ließen sich an Gott genügen und verachteten zeitliche Güter und Ehren. Jetzt streben fast alle Klöster nach Reichthümern; in allen Mönchsorden und in vielen Klöstern gibt es Arme und Reiche, wie in der Welt. Man findet unzählige Bettelmönche, aber wenige, welche die Statuten ihres Ordens beobachten; sie wollen Arme heißen, aber sie saugen alles Land, was auf sieben Meilen um ihr Kloster herum liegt, aus und leben im Ueberfluß; ja unter ihnen selbst gibt es wieder Abstufungen, wie sie hier gar nicht vorkommen sollten: einige haben vier, fünf Röcke, die andern kaum einen; die einen schmausen in dem Refectorium mit dem Prior, Guardian und Lector an einem besondern Platz, die andern müssen sich mit Gemüse, Häring und

Bier begnügen; diese werden dann neidisch, um so mehr, da sie
meinen, alle Güter sollten gemein seyn. Die ersten Ordensstifter
waren höchst einfach und wählten zu ihren Kleidern das geringste
ungefärbte Tuch; jetzt ist schwarz in braun verwandelt, das graue
aus blau, grün und roth gemischt, das weiße muß von feinster
Wolle seyn, und selbst über den Kleiderschnitt werden die sorg=
fältigsten Betrachtungen angestellt; Mönche reiten bewaffnet mit
Schwertern an der Seite; Nonnen haben Gürtel mit Silber=
platten und Glöckchen, kostbare Bettstellen, Kissen und Sessel, ge=
stickte Pfühle und Polster. Das Schlimmste aber ist die Weltlust
und Ueppigkeit: Aebte und Mönche kehren Gott und der Einsam=
keit den Rücken, kommen zu den nächtlichen Gebeten nur, wenn
sie müssen, besuchen dagegen zu Pferde und Fuß Freunde und
Verwandte, jagen Speise und Trank und allen Ergötzungen nach,
und da fehlt es dann nicht an Sünde und Schande; Nonnen
gehen so geputzt aus ihren Klöstern, als ob sie der Welt und
dem Teufel zu dienen hätten, und verführen viele selbst ohne ihre
Schuld; das Kloster ist ihnen ein Kerker, die Welt ein Paradies.
Das Alles, ist es Benedicts oder Augustins Regel? Es gehören
viel Glossen und Commentare dazu, um es dafür ausgeben zu
können.

Nicht besser sind die Priester. Wohl gibt es auch heut=
zutage wahre Priester, die den Geist und die Weisheit Christi
besitzen; aber auf hundert schlimme kommt kaum ein guter. Die
Mehrheit der Priester ist blind und weit vom Pfade der Wahr=
heit abgewichen. Sie herrschen nicht als Hirten über das Volk,
sondern als Tyrannen, sie sind wetterwendisch, neidisch, geizig,
zähe. Da sie selbst ihre Pfründen meist erkauft haben, sind ihnen
auch alle geistigen Güter feil; sie würden, wenn es in ihrer
Macht stünde, den Sündern Christum und seine Gnade und das
ewige Leben um Geld verkaufen. Ist ein Gewinn zu erwarten,
so laufen sie zur Kirche, sobald die Glocke tönt; ist dieß nicht
der Fall, so könnte man alle Glocken mit Läuten zersprengen,
bis einer käme, dagegen müssen Miethlinge den Dienst verrichten.
Viele leben auch, indem sie nach Maaßgabe ihres Vermögens
eine Abgabe dafür bezahlen, mit Beischläferinnen; sie haben ihre
Kinder im Hause und freuen sich an ihnen. Die meisten streben
nach mehreren Beneficien; und wenn einer deren vier oder fünf
hat, so begehrt er doch noch mehr; und je mehr er hat, desto
weniger besorgt er sein Amt, desto mehr stellt sich in der Regel
Geiz und Filzigkeit ein: zwei Beneficien, die der Papst nicht er=
lauben kann, die vielmehr die bösen Geister den reichen Priestern
und Chorherren verleihen, um sie damit zu fangen und ewig zu

behalten. ` Den armen Geiſtlichen, welche die Geſchäfte verſehen, geben ſie etwas Weniges, ſich ſelbſt ſammeln ſie Schätze, treiben Handel, ſpielen, kaufen koſtbare Kleider, ſchaffen Speiſe und Trank in Ueberfluß herbei. Manche werden Geſchäftsträger für Laien, andere gehen als Diener vor vornehmen Frauen her, wenn dieſe die Kirche beſuchen; das Geiſtliche wird ganz dahinten gelaſſen.

Bei den vornehmen Prälaten ſind noch beſondere Fehler eingeriſſen. Auch unter den Biſchöfen finden ſich allerdings hei= lige und wohlwollende Männer, aber ſelbſt dieſe ſind oft nicht zugänglich ohne Beſtechung ihrer Vicarien, Officiale und Diener; die meiſten jedoch bekümmern ſich wenig um den eigentlichen Kirchendienſt. Sie leſen nur an hohen Feſten Meſſe. Auch wenn ſie von niedrigem Stande ſind, ſobald ſie reich werden, ſchwillt ihnen der Muth. Manche ſind gelehrt und mit weltlicher Weis= heit begabt; aber, wenn ſie nach Gott und Ehre ſtreben, wird ihr Geiſt blind und ſie kennen keine Tugenden mehr. Auf Viſi= tationen laſſen ſie ſich wohl von vierzig Reitern und einem un= geheuren Dienertroß begleiten; die Koſten tragen nicht ſie, ſon= dern Andre; es werden große Feſte und Feierlichkeiten angeſtellt, unendliche Zurüſtungen an Speiſe und Trank gefordert; für die Lebensbeſſerung der Geiſtlichen und andern Untergebenen kommt dabei nichts heraus; denn nur auf offene Verbrechen wird in= quirirt; dafür müſſen die Verbrecher Geld zahlen, je reicher ſie ſind deſto mehr, dann können ſie wieder ein Jahr dem Teufel dienen. So hat jeder was er will: der Teufel die Seele, der Biſchof das Geld, die elenden, dummen Menſchen eine augen= blickliche Ergötzung.

Von dieſer Verderbniß nimmt Ruysbroek auch die Höchſten, die Päpſte, nicht aus. Der Papſt, ſagt er, nennt ſich Knecht der Knechte Gottes und muß ſich auch ſo betrachten in Beziehung auf den geiſtigen Dienſt und Nutzen der Kirche, wenn er Chriſti Nachfolger ſeyn und mit dieſem regieren will. Zur Zeit der ent= ſtehenden Kirche waren die Päpſte, Biſchöfe und Prieſter gleich; ſie bekehrten die Völker, gründeten die Kirche, beſiegelten den Glauben mit ihrem Blute. Heutzutage iſt es nicht mehr ſo. Die, welche Chriſti Erbſchaft und die Einkünfte der Kirche haben, ſind unſteten Geiſtes, unruhig, diſſolut, ins Weltliche ergoſſen und ſehen nicht ein, was ihres Amtes iſt. Die Päpſte, wie die Bi= ſchöfe und Prälaten, beugen ihr Knie vor dem zeitlichen Gut. Wahrlich, wenn am Anfange der Kirche die Geiſtlichen ſo wenig geiſtlich geweſen wären, die Kirche hätte ſich nicht ſo weit aus= gebreitet.

Die bisherige Darstellung zeigt, daß in Ruysbroek ein
doppeltes Element war: das contemplativ=mystische und das prac=
tisch=reformatorische. Beides war in ihm zur Einheit verschmolzen,
jedoch so, daß das contemplative seiner Naturanlage gemäß vor=
herrschte. Diese in Ruysbroek, wie in einer Wurzel, vereinigten
Richtungen sehen wir nun zunächst aus einander treten. Sie
stellen sich in zwei Männern, auf die Ruysbroek großen Einfluß
übte, in Johann Tauler und Gerhard Groot, gesondert dar:
in jenem entwickelte sich der contemplative Geist Ruysbroeks und
er pflanzte die mystische Richtung auf dem dafür mehr vorbe=
reiteten deutschen Boden fort; in diesem die practisch=
reformatorische, und er fand für sein unmittelbar ins Leben
eingreifendes Streben eine entgegenkommende Empfänglichkeit unter
den mehr practischen Niederländern. Beide Richtungen, in
ihrem Verlaufe auch wieder vielfach in einander verschlungen,
wurden für die Reformation sehr wichtig. Wir wenden uns zu=
nächst zu dem, was sich in den Niederlanden gestaltete, um
dann später noch einmal auf die Verzweigungen der mystischen
Richtung in Deutschland und deren reformatorische Bedeutung
zurückzukommen.

Zweiter Theil.
Die Stiftung und erste Entwickelung des gemeinsamen Lebens.

Erstes Hauptstück.

Gerhard Groot. Die erste Stiftung.

Wir sind auf dem Puncte angekommen, wo durch die Brüder von gemeinsamen Leben eine frische und eigenthümliche Vereinigung der practischen Tendenz älterer Genossenschaften mit den mystischen Ueberlieferungen eintrat, welche eine neue Schöpfung theils schon unmittelbar in sich schloß, theils in noch höherem Maaße vorbereitete.

Die Vereine der Beguinen, Begharden und Lollharden, schon von vorne herein mit manchen Beschränktheiten und Mängeln behaftet, waren ausgeartet und durch eigene Schuld entweder in sich selbst zerfallen oder unterbrückt. Und doch war Beides noch da, sowohl der religiöse Associationstrieb, der überall mächtig ist, besonders aber im Mittelalter so bedeutende Erscheinungen hervorbrachte, und desto stärker werden mußte, je mehr der große Organismus der Kirche sich lockerte, als auch die äußeren Bedingungen, welche eine durch Gemeinsamkeit verstärkte hülfreiche und wohlthätige Einwirkung erheischten und möglich machten. Das Letztere war besonders in den Niederlanden, namentlich deren nördlichem Theile, der Fall. Das Land war von Parteiungen zerrissen, durch langwierige Fehden zerstört, durch wiederholte Pestseuchen verwüstet [1]); wo aber allgemeine Noth eingetreten ist, da

---

1) Vergl. Delprat die Brüderschaft des gemeinsamen Lebens, deutsche Uebers. S. 5.

erhebt sich auch immer, wie ein Friedensbogen auf dunklem Ge-
witterhimmel, die christliche Lehre in ihrer helfenden und heilen=
ben Kraft. Und um zu helfen, dazu waren ihr auch die Mittel
gegeben. Denn unter diesem Tumult der Parteien und Fehden
entwickelten sich hier, wie anderwärts, die Städte, durch Bündnisse
verstärkt und in ihren Mauern jedes nützliche Gewerbe, jede löb=
liche Geistesthätigkeit fördernd, zu hoher Blüte des Wohlstandes.
Insbesondere sind hier die drei oberyssel'schen Städte: D e v e n t e r,
K a m p e n und Z w o l l zu nennen [1]), und in ihnen gerade sehen
wir, unterstützt von dem Reichthum und Wohlthätigkeitssinne der
Einwohner, die Anstalten sich bilden und fortpflanzen, von denen
wir handeln werden.

Während jene älteren Genossenschaften durch ihre practische
Tendenz der äußern Lebensnoth abhalfen, sollte zugleich durch
ihre und anderer Parteien lebendige Mystik das religiöse Herzens=
bedürfniß befriedigt werden. Auch diese Mystik war ausgeartet:
sie war pantheistisch, schwärmerisch, sectirerisch geworden. Und
doch war auch jenes Bedürfniß noch vorhanden; denn die Scho=
lastik, weit entfernt, sich neu zu beleben, hatte nur an schulmäßiger
Trockenheit und Spitzfindigkeit zugenommen. Zwar hatte sich die
Mystik, vornehmlich durch Ruysbroek, aus dem Schlimmsten wieder
herausgearbeitet, doch war sie immer noch zu überfliegend, phan=
tastisch und sinnlich, und mußte, wenn von allgemeiner volks=
mäßiger Wirksamkeit die Rede seyn sollte, viel einfacher, prac=
tischer, reiner werden.

Endlich fehlte beiden Richtungen in ihrer früheren Gestalt,
sollten sie wahrhaft wohlthätig und umgestaltend eingreifen, ein
drittes Element, der entschiedene Eifer für eine gesunde geistige
Heranbildung der Jugend und des Volkes, das Interesse für das
Wissenschaftliche. Darauf aber drängte die Zeit ganz besonders
hin. Der herrschenden Schulweisheit gegenüber that in hohem
Grade sowohl eine Belebung, als eine Vereinfachung der Wissen=
schaft, ein Zurückgehen auf das Ursprüngliche, Frische, Aechte
noth. Diese Neubelebung aber konnte nicht aus der abgestorbenen
Scholastik selbst, sondern mußte aus ganz andern, frisch eröffneten,
Quellen kommen.

Hier tritt denn nun das I n s t i t u t des g e m e i n s a m e n
L e b e n s ein. Dieses Institut, den Associationstrieb auf eine
reinere, edlere Weise befriedigend, die Mystik von der Grundlage
der wieder mehr hervorgezogenen Schrift aus practischer und po=

---

1) Ebendas. S. 6. *Brumanus* de rebus Transisalanis in Dumbar
Analect. II, 136.

pulärer gestaltend, zugleich aber auch, wenn gleich zunächst noch in schwachen Anfängen, das Interesse der Wissenschaft und den lebendigsten Eifer für Jugend= und Volksbildung hinzugesellend, kam den Bedürfnissen der Zeit auf solche Weise entgegen, daß sie in der That weiter fortgeführt und zu noch Höherem glücklich vorbereitet wurde.

Der erste Urheber dieser neuen Entwickelungsreihe war Ger=hard Groot [1]) (Geert Groete oder be Groot, Gerhardus Magnus) [2]), ein Mann von feuriger Frömmigkeit und von hohem

---

1) So nennt er sich selbst: Ego Gerardus, dictus teuthonice *Groot*. Thomae a Kemp. Vita Gerh. XVIII, 7.

2) Ueber Gerhard Groot und seine Stiftungen sind hauptsächlich folgende Werke zu vergleichen: *Thomas a Kempis* Vita venerab. magistri *Gerardi Magni*, in Opp. Thomae a K. ed. Colon. T. III. p. 3—42. edit. 1728, gegen Ende, p. 1—33. edit. Paris. p. 159—169. Von dieser Biographie, ebenso wie von der des Florentius und der andern ausgezeichneteren Brüder vom gemeinsamen Leben, die wir dem Thomas von Kempen verdanken, wird bei der folgenden Darstellung vielfach Gebrauch gemacht werden. Ferner: *Ant. Miraeus* in Chronico ad ann. 1384. *Rudolf Dier de Muden* de Magistro Gherardo Grote in Analectis Belgicis ed. Dumbar. T. 1. Jodocus Badius *Ascensius* de Gerardo Magno coinstitutore Clericorum Regularium s. Fratrum D). Hieronymi in fronte Ed. Opp. Thomae a Kempis ab ipso edit. Tit. VIII. Joh. *Busch* Chronicon Windesemense ed. Rosweide. Antw. 1621. Lib. I. Cap. 1. Jac. *Revii* Daventriae illustratae Libri VI. Lugd. Bat. 1651. p. 28 seqq. Valer. *Andreae* Bibl. Belg. p. 277. *Foppens* Biblioth. Belgica T. I. p. 354. *Lindeborn* Historia Episcopatus Daventr. Colon. 1670. *Trithemius* de Script. Eccles. Cap. 656. ed. Fabr. p. 154. *Sweertius* Athenae Belg. p. 280. *Fabricii* Biblioth. med. et inf. Latin. T. III. p. 117. *Paquot* Mémoires pour servir à l'hist. lit. de XVII. Prov. T. IV. p. 345. *Saxii* Onomast. T. II. p. 381. *Dumbar* Kerkelijk en Wereldlijk Deventer. *Wassenberg* de urbe Daventria eruditionis in Belg. matre et conserv. celeberrima. Von den neueren und neuesten Schriftstellern über Gerhard und sein Werk sind zu nennen: Meiners Biogr. des Rub. Agricola in den Lebensbeschreib. berühmter Männer Th. 2. S. 311. Biographie universelle. Paris 1816. T. XVII. p. 173. Berburg über den alten Ruhm der Stadt Deventer als Erziehungsschule zur wahren Geistesbildung 1823. Delprat über das Leben und die Verdienste des G. Groote 1823. Schwarz Geschichte der Erziehung 2te Aufl. 1829. Th. 2. S. 236. Gieseler K. Gesch. B. 2. Abth. 3. S. 208. — Die neuesten und wichtigsten Abhandlungen aber sind folgende beide: erstlich über Gerh. Groot selbst, der Aufsatz in dem kirchenhistorischen Archiv von Kist und Royaards over den Geest en de Denkwijze van *Geert Groot*, angefangen im ersten Theil 1829. S. 355—398 von Th. Abr. Clarisse, dem Sohn, fortgesetzt im 2ten Theil 1830. S. 247—395 von J. Clarisse, dem Vater — und sodann über die Stiftungen Gerhards, die gekrönte Preisschrift von G. H. M. *Delprat* Verhandeling over de Broederschap van G. Groote, von den Invloed der Fraterhuizen etc. Utrecht 1830, ins Deutsche übersetzt von Mohnike, Leipz. 1840. Von diesen Arbeiten habe ich vielfach dankbaren Gebrauch gemacht. Wer

Eifer im Guten, ein kräftiger Volksredner und ein theilnehmender
Freund der Jugend, nicht eben hochgelehrt und klassisch gebildet [1])
— denn sein Latein ist mittelmäßig und von Barbarismen nicht
frei, griechisch und hebräisch verstand er wohl gar nicht und seine
Belesenheit beschränkt sich in der Hauptsache auf die heilige Schrift,
die Kanonisten und Kirchenväter, besonders seine Lieblinge, Augustin und Bernhard — also nicht hochgelehrt, aber doch unterrichtet genug, um unter seinen Zeitgenossen auch als Theologe
eine ehrenvolle Stelle einzunehmen, und, was die Hauptsache war,
auch in seinem Wissen stets auf das gerichtet, was der ganzen
Bildung jener von der Scholastik langsam sich losringenden Zeit
noch am meisten fehlte, auf das Nothwendige, Gesunde und
Practische. Gerhard hätte vielleicht ein größerer Gelehrter seyn,
das Latein eines Poggius schreiben, und an Sprachkenntniß und
Witz einen Erasmus übertreffen können, und er hätte doch dem
eigentlichen Bedürfnisse seines Zeitalters nicht auf eine so ächte
gründliche Weise abgeholfen, wenn ihn nicht sein frommes Gemüth, sein wahrhaft liebevolles Herz darauf geführt hätte, der
Begründer einer neuen Jugend- und Volksbildung zu werden.
Dadurch wurde er einer der ersten Wohlthäter seiner Zeitgenossen,
so wie der Nachkommen [2]); und wenn auch später sein Werk über
ihn selbst hinausgewachsen ist, wenn durch einen Agricola, Alexander Hegius, Johann Wessel u. a. weit mehr geschah, als Gerhard
selbst mit Bewußtsein bezweckte, immer gebührt ihm doch der
Dank vor allem Deutschlands und Hollands, daß er die erste
Anregung gegeben, und es bleibt ein schönes Geschäft, das Leben
und Wirken dieses Mannes, seiner Mitarbeiter und nächsten
Nachfolger zu erzählen.

Gerhard Groot stammte aus einer angesehenen oberyssel'schen Familie; sein Vater, Werner Groot, war Schöffe und
Bürgermeister der damals so bedeutenden Stadt Deventer [3]). Im

---

eine ganz vollständige Geschichte der Institute vom gemeinsamen Leben
schreiben wollte, was ich hier nicht beabsichtigen konnte, müßte auch noch
ungedruckte, an verschiedenen Orten in Holland befindliche Quellen benutzen,
unter andern die Handschrift aus der Bibliothek des Brüderhauses zu Deventer im Besitze des Herrn Prof. H. W. Tydemann, wovon Nachricht
gegeben ist in dem angeführten Aufsatze des kirchenhist. Archivs Th. 1.
S. 394—98. S. auch Th. 2. S. 250. Anmerk. 9.
   1) Vergl. Th. Abr. Clarisse im kirchenhist. Archiv Th. 1. S. 356
und J. Clarisse ebendas. Th. 2. S. 271 ff.
   2) Thomas von Kempen sagt von ihm: Nam totam hanc patriam
nostram vita, verbo, moribus et doctrina illuminavit et accendit.
Vita Gerhardi M. Cap. I, sect. 2.
   3) Patre Wernero Magno, Scabino et Consule Daventriensi,
Matre Heylwige, utroque secundum seculi dignitatem honoribus ac

October des J. 1340 ward Gerhard, wahrscheinlich der einzige
Sohn Werners und seiner Gattin Helwig, in einem Hause am
Brink zu Deventer geboren. Von Körper schwächlich [1]), aber mit
guten Geistesgaben ausgestattet, wurde er den Studien bestimmt.
Nachdem er, ohne Zweifel auf der Schule seiner Vaterstadt, die
erste Bildung empfangen, suchte er begierig nach Kenntnissen,
auch wohl nicht ohne Ehrgeiz [2]), die Pflanzstätte der Wissenschaft
auf, welche damals in Europa noch für die erste galt, die Uni=
versität Paris. Dort verweilte er drei Jahre, zwischen 1355
und 58. In der Philosophie hatte er vermuthlich den Nomina=
listen Buridanus, weltbekannt durch das Dilemma von dem
Esel zwischen den zwei Heubündeln, zum Lehrer; für die Theologie,
der er sich besonders widmete, benutzte er die altberühmte Sorbonne [3]). Ein innig befreundeter Genosse war ihm Heinrich
Aeger oder Eger, nach seiner Geburtsstadt auch Heinrich von
Kalfar genannt, ein Mann, der sich später durch Schriften über
Rhetorik, Musik und die Geschichte des Karthäuserordens, dem er
angehörte, auszeichnete [4]); doch war Heinrich von Kalfar (geb.
1328) um zwölf Jahre älter; er wird uns zugleich als der Beicht=
vater Groots in Paris genannt. Im 18ten Jahre wurde Groot
Magister [5]) und kehrte dann, ausgestattet mit den Kenntnissen in
der Theologie und dem kanonischen Rechte [6]), die sein Zeitalter
besaß, selbst den magischen Wissenschaften und Künsten nicht ganz ‑
fremd [7]), auf den Wunsch seines Vaters in die Heimath zurück;
indeß ging er, von wissenschaftlichem Eifer getrieben, kurze Zeit
darauf nach Köln, wo er sowohl seine Studien noch fortsetzte,
als auch zuerst, unter großem Beifall, lehrend auftrat.

Gerhard, als Sprößling einer so ausgezeichneten Familie,
hatte bald nach seiner Zurückkunft mehrere Präbenden erhalten:
er war Kanonikus zu Utrecht und Aachen geworden [8]). Mit Glücks=
gütern reichlich ausgestattet, schien es, als ob er den gewöhnlichen

---

divitiis sublimi et potente. Daventr. illustr. p. 28. 29. Vergl. Del‑
prat S. 7 der deutschen Ueberf.
   1) Tenero corpusculo, sagt Thomas Vita Gerh. VII, 1.
   2) So Thomas a. a. O. II, 1. 2.
   3) Andreae Bibl. belg. p. 277.
   4) Aeger † 1408, 24 Jahre nach seinem jüngeren Freunde. Vergl.
über ihn Foppens Bibl. belg. 1, 451. Fabric. Bibl. med. aev. III,
665. Paquot Mémoires IV. 88.
   5) Thom. a Kempis Vita Gerh. II, 2.
   6) Tritheim sagt von ihm: Vir tam in divinis scripturis, quam in
jure canonico egregie doctus. De script. eccl. c. 656 p. 154.
   7) Vita Gerh. XIII, 5. Daventr. illustr. p. 29: Dicitur et cu-
riosis ac illicitis artibus juvenilem animum infeliciter applicuisse.
   8) Andreae Bibl. belg. p. 277 nach dem Zeugniß des Peter van
Beeck in dessen Aquisgranum. Vit. Gerh. II, 2.

Weg weltlich gesinnter Geistlichen gehen würde: er nahm an
öffentlichen Vergnügungen Theil, erfreute sich an reichlichen
Speisen und köstlichem Wein, schmückte sein Haar, trug ein
schönes Gewand mit silberverziertem Gürtel und ein Oberkleid
vom feinsten Pelzwerk [1]). Er war, bei hervorragender geistiger
Bildung, ein Mann nach dem herrschenden Sinne der Zeit.
Aber bald wurde ein tieferer, ernsterer Sinn in ihm geweckt.
Schon in Köln hatte ihm, als er einst einem öffentlichen Spiele
zusah, ein Mann, der auf die in dem Jünglinge schlummernden
Kräfte aufmerksam gemacht worden war, gesagt: „Was stehst du
hier auf eitle Dinge gerichtet? Du mußt ein anderer Mensch
werden [2])." Noch mehr erschütterte ihn das Wort des von Paris
her befreundeten Heinrich Aeger, der unterdessen Prior des
Karthäuserklosters Monichhusen bei Arnheim geworden war; er
traf mit Gerhard in Utrecht zusammen und ergriff sogleich die
Gelegenheit, denselben mit kräftigem Ernst an die Nichtigkeit des
Irdischen, an Tod, Ewigkeit und das höchste Gut zu mahnen [3]).
Aeger, der alte Vertraute, schlug die rechten Saiten in Gerhards
Gemüth an; dieser versprach gerührt, sein Leben zu ändern und
mit Gottes Hülfe dem Weltlichen ganz zu entsagen.

Von dieser Stunde an war Groot wie umgewandelt: er ver=
zichtete auf den Genuß der Einkünfte von den Präbenden und
vom väterlichen Vermögen, verbrannte auf dem Brink zu Deventer
seine kostbaren magischen Bücher [4]), mied alle Vergnügungen, legte
unscheinbare, graue Kleidung an und trotzte ruhig dem Spott, der
über ihn erging [5]). Um sich in seinem Innersten zu sammeln,
zog er sich in das geldrische Karthäuserkloster Monichhusen zurück,
wo er drei Jahre lang unter ernster Selbstbetrachtung dem Stu=
dium der heiligen Schrift und den strengsten Bußübungen oblag [6]).
Den Leib mit einem langen und rauhen härenen Gewande be=
kleidet, auf den Genuß des Fleisches und anderer erlaubter Dinge
gänzlich verzichtend, einen guten Theil der Nächte in Wachen und
Gebet zubringend, zwang er seinen zarten Körper ganz in den
Dienst des Geistes [7]). Er wollte zuerst an sich selbst lernen, was
er später Andre lehren sollte [8]). So konnte, wie Thomas von

---

1) *Thomas a Kemp.* Vita Gerb. Cap. XI, sect. 7.
2) *Thom.* Vita Gerh. III, 2.
3) Vita Gerh. IV, 2.
4) Delprat S. S. b. b. Uebers.
5) Vita Gerh. V, 1. 3.
6) Ibid. VI, 2. VIII, 2: Tribus annis lectioni et orationi vacavit,
antequam praedicare inciperet.
7) Ib. VII, 1. 2.
8) Worte des Thomas v. K. Vita Gerh. VI, 1.

Kempen sagt [1], Gerhard für sein Seelenheil in der Einsamkeit
verharren, aber besser war es doch, daß er, für das ascetische
Leben weniger geeignet, dagegen desto mehr der Rede mächtig,
dem Volke durch den Dienst des Wortes nützte. Nicht auf Con=
templation, sondern auf Thätigkeit war Gerhards Natur ange=
legt. Während Ruysbroek, je länger er in der Welt wirkte, desto
mehr nach der Einsamkeit verlangte, mußte der practische Ger=
hard, nachdem er nur drei Jahre in der Beschauung verharrt,
aus innerem Bedürfniß wieder heraus ins thätige Leben. Priester
wollte er jedoch nicht werden; er hatte eine so hohe Idee vom
Priesterthum und dessen unermeßlicher Verantwortlichkeit, daß er
zu sagen pflegte: „Für alles Gold Arabiens möchte ich nicht,
auch nur eine Nacht, die Sorge der Seelen übernehmen [2]." Er
ließ sich daher nur zum Diaconus weihen, als welchem ihm das
Recht zustand, das Volk öffentlich zu belehren.

So trat denn Gerhard, von den Karthäusern, die ihn zu
dieser Thätigkeit für besonders geschickt hielten, aufgefordert [3],
mit gewaltiger Kraft und Wirkung als christlicher Volkslehrer
auf. Nachdem er sich von dem Bischof zu Utrecht, Florentius
von Wevelinchoven [4], die Erlaubniß verschafft, in dessen ganzer
Diöcese predigen zu dürfen, sah man ihn, wie einst Peter von
Bruys und Heinrich von Lausanne, wie später den heiligen Nor=
bert und in der neueren Zeit Georg Fox, Wilhelm Penn und
Andere, in dürftiger Kleidung durch Städte und Dörfer umher=
ziehen und überall das Volk mit hinreißender Rede zur Buße und
Besserung ermahnen. Er wirkte, wie Thomas von Kempen ihn
schildert, im Geiste Johannes des Täufers, indem er, die Art an
die Wurzel des Baumes legend [5], seine immer allgemeiner zum
Schlimmen sich neigenden Zeitgenossen aufs Neue durch die Ver=
kündigung des Gesetzes und der Buße auf das wiederauflebende
Evangelium vorbereitete [6]. Seine Predigten, von Vornehmen
und Geringen, von Priestern und Laien gehört, drangen tief ins
Herz [7]. Es war nicht bloß die Fülle und der freie Fluß seiner

---

1) Vita Gerh. VIII, 1.
2) *Andreae* Bibl. belg. p. 277 mit Berufung auf Massaei Chronic.
Lib. XVIII.
3) Vita Gerh. VIII, 1.
4) *Floris van Wevelinkhoven.* S. über ihn Beschrijving van
de Bischoppelijke Munten en Zegelen van Utrecht door Frans van
Mieris p. 222—226.
5) Vita Gerh. VIII, 2.
6) Vita Gerh. VIII, 2. XV, 1, wo besonders auch hervorgehoben ist,
wie Gerhard der erschlaffenten Zeit das Gesetz, den Dekalog, mit strengstem
Ernste vorgehalten habe.
7) Multi audientes sermonem ejus *compuncti* sunt. Vit. Gerh.
VIII, 2.

Rede, welche die Zuhörer ergriff, sondern etwas ganz Anderes. Man hatte hier einen Prediger vor sich, der nicht aus Amtsberuf und um des Soldes willen, sondern frei, ohne Lohn [1]), weil ihn der Eifer der Liebe drängte, sprach, dem man das tiefste Anliegen, den innersten Ernst anfühlte und der jedes seiner aus eigener Er=fahrung gesprochenen Worte mit der That des Lebens besiegelte [2]). Auch suchte Gerhard, in der Begeisterung zugleich besonnen, die jedesmalige Stimmung seiner Zuhörer augenblicklich zu benutzen: er ließ bisweilen seine Blicke über die Umstehenden hingehen, um sie zu erforschen, und dann seine Rede unmittelbar nach der Be=schaffenheit und dem Bedürfnisse der Hörer einzurichten [3]). Nicht minder wichtig für den Erfolg war es, daß er nicht in der frem=den lateinischen Form, sondern in der Sprache des Landes zum Volke redete [4]). Daher drängte sich zu Deventer, Kampen, Zwoll, Utrecht, Leiden, Delft, Gouda und Amsterdam [5]), wo er zuerst plattdeutsch predigte, alles Volk, selbst mit Hintansetzung des Essens und bringender Geschäfte, dergestalt zu seinen Vorträgen, daß er oft, weil die Kirche nicht alle faßte, mit seinen Zuhörern das Freie suchen mußte. Wo er Eingang fand, war er unermüdlich: er predigte nicht selten zweimal des Tages, bisweilen drei Stun=den lang [6]). Am bedeutsamsten aber war, daß Gerhard durch sein Auftreten nicht bloß Bewunderung und flüchtige Rührung, sondern wirkliche Umkehr und nachhaltige Besserung bewirkte. Ein Zeitgenosse berichtet [7]), daß Viele von ihm bewogen worden, dem Weltleben zu entsagen und sich Gott zu widmen, entzogenes Gut zurückzugeben, den Wucher einzustellen, keusch und mäßig zu leben.

So ruhig sich Gerhard auf die zu Tage liegenden Wirkungen

---

1) Nihil ab illis, quibus praedicat, recipiens, nullum temporale seu ecclesiasticum petit beneficium. Brief des Mag. Wilhelm von Salvarvilla am Schlusse der Vita Gerh. XVIII, 23.

2) Zu einem Epitaphium auf Gerhard am Schlusse der Vita Gerh. heißt es:
            Fecit quod dixit. sicut docuit quoque vixit.
Ebenso Thomas selbst Vita Florent. VI, 1: Viva vox magistri praedi-cantis tanto fortius valuit in cordibus audientium, quanto perfectius caeteros praeibat in via virtutum, ut fidem sermonibus ejus daret sancta conversatio in operatione ostensa.

3) Thom. a Kemp. Vita Florent VI, 2.

4) Die Chronik von Windesem sagt: Belgico sermone; Thomas nennt es sermonem Teutonicum. Es wird wohl ohne Zweifel platt=deutsch gewesen seyn.

5) Unbekannter Autor in Scriptorib. Amersford. ed. ab A. Mat-thaei p. 160. Delprat S. 11. bei Vita Gerh. XV, 1.

6) Vita Gerh. XV, 1.

7) Zu einem Schreiben an den Bischof von Utrecht, Vita Gerh. XVIII, 22. Vergl. VIII, 2 u. XIV, 3.

seiner Predigten verlassen konnte, so entschieden er auch von den besseren Zeitgenossen anerkannt wurde, wie er denn sogar einmal zu seiner großen Stärkung von einem Dominikanermönch ein kräftig ermunterndes Schreiben erhielt[1]), so kannte er doch die Welt zu gut, um sich der Sicherheit hinzugeben. Er wußte, daß ihm bei seiner ganzen Thätigkeit der Argwohn und Haß der gewöhnlichen Geistlichen und Mönche auf dem Fuße folge, und hatte daher gewöhnlich einen Notarius und zwei Zeugen bei sich, um nicht ohne Rath und Hülfe zu seyn, wenn man ihn auf den Grund kirchlicher Gesetze anklagen würde[2]). Indeß wurde er doch bald in seiner Wirksamkeit gehemmt. Denn da er, obwohl ein aufrichtiger Verehrer des geistlichen Standes und seiner besseren Mitglieder, doch mit schonungsloser Strenge die verdorbenen Sitten des Klerus und besonders die unkeuschen Geistlichen angriff[3]), so standen bald Feinde gegen ihn auf, die es troß der eigenen bescheidenen Protestation Gerhards[4]) und der eifrigen Fürsprache eines verehrenden Freundes[5]) bei dem sonst wohlgesinnten Bischof von. Utrecht durchsetzten, daß er Gerhard die allgemeine Lehrbefugniß wieder entzog. Ein angesehener Mann, Wilhelm von Salvarvilla, Cantor an der hohen Schule zu Paris, suchte bei Urban VI. eine Zurücknahme dieses Verbotes zu bewirken, indem er in einem Schreiben[6]) den Glaubenseifer, die Sittenreinheit und das uneigennützige Wirken Gerhards in das glänzendste Licht stellte. Aber vergeblich. Gerhard selbst hätte das, ohnedieß schon entrüstete Volk, noch mehr gegen den Klerus aufregen und dem Bischof troßen können; er unterwarf sich jedoch und sprach: „Es sind unsere Vorgesetzte; wir wollen, wie es sich geziemt, ihren Befehlen gehorchen[7])." Wie aber überall die scheinbare Hemmung nur eine Förderung des Guten wird, so erhielt eben dadurch Gerhards Thätigkeit erst die rechte, in ihren Folgen weit bedeutendere Richtung. Er beschränkte sich nun auf

---

1) Vita Gerh. IX, 3.
2) Delprat S. 11 b. Ueberf.
3) Vita Gerh. XVIII, 1. Eine strenge Strafrede Gerhards gegen unzüchtige Geistliche ist uns noch aufbewahrt und mit gelehrter Ausstattung zum Drucke besorgt von Th. A. Clarisse im Archiv für holländische Kirchengeschichte Th. 1. S. 364. Ueber das unzüchtige Wesen vieler Geistlichen in jener Zeit und Gegend f. Le Long Reform. van Amsterd. p. 169. Brandt Hist. Reform. I, 50.
4) Dieselbe findet sich in der Vita Gerh. XVIII, 1.
5) Ebendas. XVIII, 22.
6) Abgedruckt in Vita Gerh. XVIII, 23.
7) Vita Gerh. IX, 1. Daventr. illustr. p. 30.

einen stillen, kleinen, aber sicheren Wirkungskreis, in dem er seine eigentliche Heimath fand.

———

Hierzu war der Grund schon gelegt. Gerhard hatte vor Kurzem eine Reise gemacht, die überhaupt wichtig für ihn war und jetzt für seine Lebensrichtung entscheidend wurde. In Beglei= tung eines vertrauten Freundes, der mit ihm ein Herz und eine Seele war, des verdienten Rectors der Schule zu Zwoll, Johann Cele [1]), und eines frommen, kunstfertigen Laien, der auch Ger= hard hieß [2]), besuchte er im J. 1378 das Kloster Grünthal, um dem gefeierten Mystiker Ruysbroek, den er längst aus Schriften kannte, auch persönlich nahe zu treten [3]). Gerhard, überrascht schon durch die Einfachheit des Klosters Grünthal, noch mehr durch das ebenso würdevolle, als heitere Wesen seines Priors, verweilte mehrere Tage bei dem milden, erfahrungsreichen Greise [4]), unter= hielt sich mit ihm über Stellen der Schrift und andre Gegenstände des inneren Lebens und empfing die tiefsten Eindrücke sowohl von diesen Gesprächen, als von der Persönlichkeit und den Umgebungen Ruysbroeks. Als Gerhard dem alten Meister seine Verwunderung ausdrückte, daß er über so erhabene Dinge schreibe, da er sich hier= durch nur Neid und Verläumbung zuziehe, erwiederte dieser [5]): „Ich bin fest überzeugt, daß ich kein Wort geschrieben habe, außer auf Antrieb des heiligen Geistes, und in einer besonderen, lieb= lichen Gegenwart der heiligen Dreieinigkeit; du wirst nachmals die Wahrheit auch von denen unter meinen Aussprüchen einsehen, die dir jetzt noch dunkel sind; dein Gefährte aber nicht." Ein an= dermal, da Gerhard an die Qualen der Hölle erinnerte, flammte in Ruysbroek die Begeisterung der Gottesliebe besonders mächtig auf und er rief aus: „Ich weiß gewiß, daß ich bereit bin, Alles, was mir Gott schickt, Leben oder Tod und selbst die Höllenqualen zu erdulden." Was Gerhard an Ruysbroeks Wesen am meisten bewunderte, war die gänzliche Erstorbenheit der Eigenliebe, die völlige Uebereinstimmung seines Willens mit dem göttlichen. Er

———

1) Ueber diesen vielwirksamen Schulmann s. Delprat S. 31 und das dort Angeführte.

2) Er wird von Thomas Gerardus calopifex genannt.

3) Ausführlicher Bericht über die Reise in Vita Gerh. X und in dem Leben Ruysbroeks vor der Arnoldschen Ausgabe von dessen Schriften, Offenb. 1701. Kap. 8 u. 11 S. 8—12.

4) Thomas v. K. bezeichnet ihn als aetate grandaevus, affabilitate serenus, morum honestate reverendus. .

5) Ruysbroeks Lebensbeschreibung von einem Ungenannten K. 8. Ar= nold Kirch. u. Ketz. Hist. 1, 554.

schrieb später den Brüdern in Grünthal, er habe nie einen Sterb=
lichen so innig geliebt und verehrt, als ihren Prior, und möchte
demselben in diesem Leben, wie im zukünftigen, zum Schemel
der Füße dienen. Zugleich verlangt er lebhaft und sehnsuchtsvoll
nach der Gegenwart der grünthaler Freunde, um sich an ihrem
Geiste selbst zu stärken und zu erfrischen. Dieß führt uns noch
auf etwas Weiteres.

Es war nämlich nicht bloß die Persönlichkeit Ruysbroeks, die
auf Gerhard einen so tiefen Eindruck machte, sondern das ganze
Zusammenleben der Kanonifer in Grünthal. Es
herrschte unter ihnen ein Alles ausgleichender Familiengeist: Ruys=
broek selbst, der Prior, verrichtete die geringsten Dienste, dagegen
wurden auch die Brüder, die sich nur mit Aeußerlichem beschäftig=
ten, z. B. der Koch Johannes [1], wie Freunde behandelt und zur
Theilnahme an allem Geistigen hinzugezogen. Diese Kanonifer
stellten wirklich das Bild eines Bruderbundes dar; die Erinnerung
daran blieb in Gerhards Seele und war ihm offenbar ein Leitstern
bei dem, was sich nun unter seinen eigenen Händen gestaltete. Der
Zusammenhang drängt sich von selbst auf, wir finden ihn aber
auch ausdrücklich durch Thomas von Kempen hervorgehoben; dieser
erzählt [2], daß Gerhard, ergriffen von dem erbaulichen und ein=
fachen Leben Ruysbroeks und seiner Brüder, sich von da an be=
stimmt gefühlt habe, etwas Aehnliches zu stiften.

Zunächst wurde dieß auch noch durch äußere Umstände herbei=
geführt. Gerhard hatte nach dem Besuche in Grünthal seine Reise
mit Cele bis Paris fortgesetzt und dort nicht ohne Aufwand Schrif=
ten angekauft, die ihm für den Jugendunterricht besonders wichtig
schienen. Dann nahm er seinen Wohnsitz wieder in Deventer.
Und hier erhielt nun sein Lehr= und Thätigkeitstrieb eine neue
Richtung; er wendete denselben, da er nicht mehr unter dem Volke
wirken sollte, der Jugend zu. Gerhard hatte schon immer gern
junge Männer um sich gehabt: der vertrauteste war ihm Johann
Binkerink aus Zütphen, ein frommer, sittlich ernster junger
Geistlicher, der auch Gerhards Andachtsübungen und apostolische
Wanderungen zu theilen pflegte [3]; nächst diesem Florentius [4],

1) Johannes Affliginiensis, ein ungelehrter Laie, der aber neben
seinem Geschäft in strengster Ascese und fortgesetzter innerlicher Betrachtung
lebte. Er gab häufig den Kanonifern Ermahnungen u. Belehrungen über
göttliche Dinge. S. über diesen Mann († 1377) Engelhardts Ruys=
broek, S. 326. Ein Nachbild desselben war der Koch des Brüderhauses
zu Deventer, Joh. Cacabus, den Thomas einer eigenen Biographie ge=
würdigt hat.
2) Vita Gerh. XV, 3.   3) Vita Gerh. XII, 1.
4) Vita Florent. IV, 1.

ein reich ausgestatteter, wohl unterrichteter Jüngling. In De=
venter war eine bedeutende Schule; die jungen Leute, welche diese
besuchten, schlossen sich zum Theil an Gerhard an, namentlich
viele von denen, die sich dem geistlichen Stande widmeten. Ger=
hard gab ihnen auf ihre Bitte weitere Anleitung, trat mit ihnen
in wissenschaftlichen Verkehr, las mit ihnen gute Bücher, nahm
manche an seinen Tisch auf und verschaffte ihnen Gelegenheit,
sich etwas zu verdienen.

Wichtig wurde in dieser Beziehung besonders das B ü ch e r =
a b s ch r e i b e n. Aus der Liebe zur heiligen Schrift und den alten
Lehrern entsprang bei Gerhard der lebhafteste Eifer, die Urkunden
des christlichen Alterthums zu sammeln. Er war, wie er selbst
sagt, geizig, ja übergeizig auf gute Bücher[1]). Dabei kam es
ihm nicht gerade auf äußere Schönheit an[2]), doch glaubte er, die
heilige Schrift und andere nützliche Bücher müßten auch besonders
gut geschrieben und sorgfältig bewahrt werden[3]), um desto Meh=
reren förderlich zu seyn. Er hatte daher frühe schon gute theolo=
gische Bücher von jungen Leuten unter seiner Aufsicht abschreiben
lassen[4]), wodurch er das Dreifache erreichte, diese Bücher zu ver=
vielfältigen, die Jünglinge vortheilhaft zu beschäftigen, und bei
dieser Gelegenheit geistig auf sie zu wirken. Dieß that er jetzt
immer mehr. Der Kreis seiner jungen Freunde, Schüler und
Schreiber wurde immer größer und wuchs am Ende zu einer
förmlichen Genossenschaft zusammen, und wie diese zum Theil
durch das Kopiren der Schrift und erbaulicher Bücher veranlaßt
war, so hatte sie auch von Anfang an und behielt fortwährend
eine Richtung auf die heilige Schrift und deren Verbreitung, auf
das Schreiben, Sammeln, Bewahren und Nutzbarmachen guter
theologischer und ascetischer Bücher.

Der nächste äußere Impuls zur S t i f t u n g d e r G e n o s s e n=
s ch a f t war dieser. Ein junger Mann aus jenem Kreise, der schon
genannte F l o r e n t i u s, damals Vicarius zu Deventer, sprach
einst zu Gerhard: Lieber Meister, was könnte es schaden, wenn
ich und diese Kleriker, die da abschreiben, das, was wir wöchent=
lich verdienen, zusammenlegten und gemeinsam lebten? — Ge=
meinsam! erwiederte Gerhard, das werden die Bettelmönche nicht
leiden, die werden aus allen Kräften widerstreben. — Was hätte
es aber zu sagen, sprach Florentius, wenn wir es einmal ver=
suchten? Vielleicht gäbe Gott guten Erfolg. — Nun sagte Ger=

---

1) Vita Gerh. XIII, 1.
2) Er selbst hatte nur ein ganz unscheinbares Brevier. Vita XIII, 2.
3) Ebendas. XIII, 2.
4) Vita Gerh. IX, 2.

harb, in Gottes Namen, fanget an, ich will euer Vertheidiger und treuer Beschützer seyn gegen Alle, die sich wider euch erhe= ben [1]. — So bildeten sie nun eine geschlossene Gesellschaft und als die Art ihres Zusammenlebens Nachahmung fand, einen größeren Bund.

Dieser Verein des gemeinsamen Lebens hatte eine ge= wisse Aehnlichkeit mit den philosophisch=ascetischen Bundesgenossen= schaften des heidnischen und jüdischen Alterthums, aber er war freier, offener und practischer; er war auch dem Mönchsleben ver= wandt, aber zwangloser und von einem reineren, edleren Geiste beseelt. Die Lebensweise und Tendenz der Brüder vom gemein= samen Leben, die auch Brüder vom guten Willen, Collatienbrüder, Hieronymianer und Gregorianer genannt wurden [2], war die einer Brüderunität, die sich nach Maaßgabe der Zeitverhältnisse dem apostolischen Vorbilde [3] anschloß. Zur Pflege ächter Frömmigkeit verbunden, verschafften sie sich die Mittel für ihr einfaches Leben theils, nach dem Beispiele des Apostel Paulus, durch Handarbeit, theils durch Annahme freier Liebesgaben, die sich jedoch keiner ohne die bringendste Noth erbitten sollte. Zur Sicherung der gemeinsamen Subsistenz und als Ausdruck der brüderlichen Gesinnung hatten sie die Gütergemeinschaft bei sich eingeführt: in der Regel übergab jeder sein Besitzthum zum Gebrauche des Vereins; ein strenges und allgemeines Gesetz jedoch, wie im Pythagoräer= und Essäerbunde, scheint, zumal in der er= sten Zeit, hierin nicht geherrscht zu haben; Alles sollte von der Freiheit und Liebe ausgehen; wie in der Gemeinde zu Jerusalem theilten sie sich aus brüderlichem Sinne wechselseitig von ihrem Verdienst und Vermögen mit, oder widmeten auch, wenn sie solches

---

1) Daventr. illustr. p. 30.

2) Sie hießen Fratres bonae voluntatis, Broeders van goeden wil, wegen ihrer practisch christlichen, wohlthätigen Gesinnung, Fratres col- lationarii. Collaatsiebroeders, wegen ihrer religiösen Versammlungen, wobei gleichsam eine geistliche Speisung des Volkes statt fand, was man Collatien nannte, Gregoriani oder noch gewöhnlicher Hieronymiani, je nachdem sie den Gregor oder Hieronymus zum Schutzheiligen ihrer Stif- tung erwählten (. . . quod sibi Hieronymum patronum elegerint, eo quod auctor instituti sui [Gerhardus M.] non esset in divorum nu- merum relatus, licet Hieronymiani vere non sint. Daventr. illustr. p. 70.) endlich auch Fraterheeren und devoti Clerici.

3) ad Apostolicae vitae normam, sagt Andreae Bibl. belg. p. 218., um das Wesentliche der Verbrüderung zu bezeichnen. Thomas v. K. selbst schon bemerkt, Florentius sei der Urheber der Brüderschaft ge- worden, sacrae Apostolicae vitae cum suis Presbyteris et Clericis formam humiliter imitando. Vita Joh. Gronde I. 3. In Gent, viel- leicht auch anderswo, trugen daher die Vereinigten auch den Namen Brüder der zwölf Apostel. Delprat S. 51.

hatten, ihr Vermögen ganz dem gemeinsamen Gebrauche[1]). Hier=
aus, sowie aus den Schenkungen und Vermächtnissen, die ihnen
gemacht wurden, entstanden dann die Bruderhäuser, in deren
jedem eine gewisse Zahl von Genossen zusammenlebte, zwar in
Kleidung, Speise und im ganzen Leben einer bestimmten Ordnung
unterworfen, aber nicht klösterlich abgeschlossen von der Welt,
sondern mit ihr in stetem Verkehr und überhaupt in solcher Weise,
daß dabei dem Mönchthume gegenüber das Princip der Freiheit
gewahrt wurde; denn die ganze Lebensordnung sollte nie aus
Zwang, sondern allein aus dem Grunde eines stets sich erneuern=
den guten Willens beobachtet, aller Gehorsam, auch der unbe=
dingteste, nur aus Freiheit und Liebe[2]), um Gottes willen, ge=
leistet werden.

Der Hauptzweck der Vereine lag in der Begründung, Dar=
stellung und Verbreitung eines practisch=christlichen Lebens. Diesen
Zweck suchten sie zunächst bei sich selbst zu erreichen durch die
ganze Art ihres Zusammenseyns, durch eine sittlich=strenge, ein=
fache Lebensweise, durch fromme Mittheilungen, gegenseitige sitt=
liche Bekenntnisse und Ermahnungen, durch Vorlesungen und ge=
meinsame Andachtsübungen; nach außen hin aber wirkten sie
dafür durch Abschreiben und Verbreiten der Schrift und zweck=
mäßiger religiöser Aufsätze, ganz besonders durch christlichen Volks=
unterricht, durch Belebung und Verbesserung der Jugendbildung.
In der letzteren Beziehung machen sie Epoche. Zwar waren auch
früher schon in den bedeutendsten niederländischen Städten Schul=
anstalten gegründet z. B. zu Gravesande 1322, zu Leyden 1324,
zu Rotterdam 1328, zu Schiedam 1336, zu Delft 1342, zu Hoorn
1358, zu Haarlem 1389, zu Alkmaar 1390; allein diese Schulen
waren meist nicht rein wissenschaftliche, sondern zugleich finanzielle
Unternehmungen der Städte. Das Recht, eine Schule zu er=
richten, wurde verpachtet; deßhalb mußte dann auch ein Schul=
geld bezahlt werden, welches nur die Reicheren bezahlen konnten,
und dabei war der ganze Zuschnitt der Schulen doch ziemlich
dürftig[3]). Der Unterricht der Mönche in den Klosterschulen war
auch nicht befriedigend, er ging zu sehr aufs Aeußerliche und
stand, weil überall mit rohen, abergläubischen Bestandtheilen ver=
setzt, vielfach mit wahrer Erleuchtung im Widerstreit. Die Brü=
der vom gemeinsamen Leben dagegen ertheilten nicht bloß unent=
geldlich Unterricht und machten dadurch das Erlernen des Lesens

---

1) Delprat S 92.
2) *Sponte* namque se Deo dicantes omnes Rectori suo aut ejus
vicario obedire satagebant. Vit. Johann. Gronde I, 3.
3) Vgl. Delprat S. 113 ff.

und Schreibens Allen, Armen und Reichen zugänglich [1]), sie för=
derten nicht bloß ärmere Jünglinge auf jede Weise in ihrem
Fortkommen, sondern, was die Hauptsache war, sie theilten dem
Unterricht ein ganz neues Leben und einen reineren, höheren
Geist mit.

Das Zeitalter Gerhards war nicht gerade unwissend, aber
es war mit einem falschen, abstrusen, unbrauchbaren Wissen über=
füllt, und wenn auch sonst die Philosophie des Nichtwissens oder
vielmehr des Wissens, daß man nichts wisse [2]), nicht eben die
höchste und reichste Wissenschaft ist, so ist sie doch für ein solches
Zeitalter eine große Wohlthat, um dasselbe von einer eingebil=
deten Allwissenheit zur Demuth und Nüchternheit zurückzuführen.
Wie es einst zur Zeit des Sokrates das wesentlichste Bedürfniß
war, die Menschen zu sich selber und die Philosophie vom Him=
mel auf die Erde zu bringen, so hatten auch die Zeitgenossen
Gerhards kein dringenderes Bedürfniß, als von der anmaßenden,
immer spitzfindiger und lebloser werdenden Speculation, wovon
sie übersättigt waren, zu einer bescheidenen thätigen Lebensweisheit
hingeleitet zu werden. Von diesem Gesichtspuncte aus müssen
wir die Anordnung des Lehrcyclus betrachten, den Gerhard den
Schülern der Brüdervereine vorzeichnete, um die einseitige Be=
schränktheit desselben zu begreifen und zu entschuldigen. Der Kreis
des Wissens war freilich nach unsern Begriffen und Bedürfnissen
und nach dem universellen Geiste der Wissenschaft viel zu enge
gezogen, wenn davon Geometrie, Arithmetik, Rhetorik, Dialectik,
Grammatik, lyrische Poesie [3]) u. dergl. ausgeschlossen wurde. Allein
diese Beschränkung erscheint doch als minder dürftig und kleinlich,
wenn wir erwägen, daß Gerhard mit richtigem Gefühl für den
tiefsten Mangel der Zeit, immer von den Forderungen des Lebens
und von dem Grundsatze ausging, in dem sich eigentlich der ganze
Geist seines Strebens ausdrückt: „Alles, was uns nicht besser
macht, oder vom Bösen zurückbringt, ist schädlich." Daher schien
ihm — so weit er auch über dem bloß äußerlichen Nützlichkeits=
princip in der Beurtheilung der Wissenschaften stand — doch die

---

1) Delprat S. 117.
2) Gerhard sagt: „die Wissenschaft der Wissenschaften ist, zu wissen,
daß man nichts wisse." S. den Aufsatz von Th. Abr. Clarisse im
kirchenhist. Archiv Th. 1. S. 362. So weit übrigens Gerhard und seine
Schüler auf Philosophie eingingen, standen sie auf Seiten des Nominalis=
mus gegen den Realismus und der platonischen Richtung gegen die aristote=
lische. Vergl. Delprat S. 100 ff. u. S. 122 ff. Doch ging dieß bei
ihnen mehr aus einer allgemeinen Geistesverwandtschaft, als aus bewußten
philosophischen Principien hervor.
3) Vita Gerh. XVIII, 5 u. an verschied. Orten. Kirchenhist. Archiv
Th. 2. S. 275 u. 276.

Erwerbung mancher löblichen und für uns nothwendigen Kennt=
nisse, die aber nicht unmittelbar ins sittliche und religiöse Leben
eingriffen, unnützer Zeitverderb daher verwarf er im wissenschaft=
lichen Treiben Alles, was auf den Schein gehen und die Leiden=
schaften nähren konnte, wie die gelehrten Disputationen und das
Erwerben akademischer Grade; daher warnte er vor der Einmi=
schung eigennütziger Zwecke besonders bei dem Studium derjenigen
Wissenschaften, die großen Lohn versprechen, der Medicin und
Rechtsgelehrsamkeit, und wollte, daß namentlich in diesen keiner
der Brüder je nach einem Grade streben sollte; daher verbannte
er endlich alles Unnütze und allen Geheimnißprunk, wie Astrologie
und Magie, aus dem Studienplan [1]), und wollte Alles auf die
Bibel namentlich das Evangelium, als den lebendigen Mittelpunct,
gegründet wissen [2]), woran sich dann das Beste aus den Kirchen=
vätern und das Brauchbare aus den heidnischen Sittenlehrern [3]),
anschließen könnte, aber Alles zur Selbsterkenntniß, zur Besserung,
und zur Förderung wahrer Frömmigkeit. „Die Wurzel deines
Studiums", sagt Gerhard [4]), „und der Spiegel des Lebens seyen
vorerst das Evangelium, weil da das Leben Christi ist, dann die
Lebensbeschreibungen und Aussprüche der Väter — von diesen
hatte Gerhard selbst auf Ersuchen einiger seiner Verehrer mehrere
kleine Sammlungen veranstaltet [5]) — sodann die Briefe Pauli
und die Apostelgeschichte, hierauf erbauliche Schriften von Bern=
hard, Anselm, Augustin und ähnliche Bücher." Die salomonischen
Schriften werden diesen noch nachgesetzt. Aus der ganzen Reihe=
folge geht hervor, daß Gerhard das Christliche dem Außerchrist=
lichen, und das unmittelbar Lebendige und Lebenerregende dem
Dibactischen vorzog, weßwegen er die Biographien der Heiligen
selbst vor die paulinischen Briefe, das Evangelium aber deßhalb
obenan stellt, weil es das Leben Christi enthält. Durch dieses
beschränkte, aber in der engsten Begränzung desto kräftigere Stre=
ben auf Erzeugung einer gründlich bessernden Lebensweisheit bil=
deten die Stiftungen Gerhards einen Wendepunct in der allge=
meinen Jugend= und Volksbildung und ihre Wohlthätigkeit trat

---

1) S. über dieß Alles die Conclusa et proposita am Schlusse der
Vita Gerh. XVIII. 6 ff.
2) Ebendas. XXVIII, 11 ff.
3) Die Hauptschriften, welche außer den Evangelien von den Brüdern
gebraucht wurden, waren die Meditationes h. Bernhard, das Mono-
logium Anselms v. Canterbury, Auszüge aus Eusebius, Cyrillus und Chry=
sostomus, von lateinischen Kirchenlehrern Augustin und Beda, von klassischen
Schriftstellern Plato, Seneca und Virgil. Vergl. Delprat S. 99.
4) Vita Gerh. XXVIII, 11.
5) Vita Gerh. XIII, 3.

bald so einleuchtend hervor, daß in kurzer Zeit an verschiedenen
Orten von Holland, Geldern, Brabant, in Friesland, Westphalen
und bis nach Sachsen hinein Fraterhäuser gegründet wurden.

Gerhard stand weder mit der Scholastik, noch mit der herr=
schenden Kirche im Kampfe: sein Gönner Wilhelm von Salvar=
villa konnte dem Papste schreiben [1]), Gerhard sey durchaus ortho=
dox, ein Eiferer für die Einheit der Kirche, ein gewaltiger Be=
kämpfer der Häretiker; er selbst konnte seinem Bischof versichern [2]),
daß er sich „immer und allenthalben dem Urtheile der heiligen
römischen Kirche demüthigst unterwerfe." Ueberall bewährte er
den strengsten kirchlichen Sinn: er besuchte täglich die Messe [3]),
er unterzog sich den Fasten und allen anderen kirchlichen Uebun=
gen [4]), er ging in der Ascese noch über das gewöhnliche Maaß
hinaus, er war ein eifriger Verehrer des Priesterthums; die
Priester galten ihm vorzugsweise als Licht der Welt, Salz der
Erde, Mittler zwischen Gott und den Menschen, Verwalter der
himmlischen Gnaden [5]); die Priesterwürde und deren Verantwort=
lichkeit stand ihm so hoch, daß er Beides nicht auf sein Gewissen
nehmen wollte. Trotz alle dem aber half Gerhard mitten im
Schooße der Scholastik und Hierarchie durch stille Thätigkeit eine
Befreiung von beiden Gewalten vorbereiten, ja er selbst hatte
schon etwas Reformatorisches. Gerade, weil er die Kirche
und das Priesterthum so ideal faßte, wollte er Beide auch rein,
lebendig, ihres Stifters und Ursprungs durchaus würdig gehalten
wissen. Er drang mit größtem Ernst auf den Gebrauch der
Schrift, auf deren Vervielfältigung und Verbreitung [6]). Er
übte und forderte unablässiges, immer weiter eindringendes Stu=
dium derselben und war geneigt, sich hierin auch vom Geringsten
belehren zu lassen [7]). In der Schrift aber suchte er vornehmlich
das Lebendige, Wirksame: Christus, wie er im Evangelium dar=
gestellt ist, als Wurzel und Spiegel des Lebens [8]), als einziges
Fundament der Kirche [9]). Die apostolische, ursprüngliche Kirche

---

1) Brief am Schlusse der Vita Gerh. XVIII, 23.
2). Gerhards Protestation, ebendas. XVIII, 1.
3) Vita Gerh. XII, 4.
4) Ebendas. XI, 4.
5) Gerhards Rede gegen die Focaristen in Kist u. Royaards kirchenhist.
Archiv I, 372—375. II, 295.
6) Vita Gerh. XIII, 1. 2.
7) Ebendas. sect. 1.
8) Conclusa et Propos. in Vita Gerh. XVIII, 11.
9) Protest. in Vita Gerh. XVIII, 1.

leuchtete ihm als höchstes Vorbild; in ihr fand er eine Frömmig=
keit, eine Glut des Eifers, welche die Gegenwart nicht zeigte [1]).
Nach ihrem Muster wollte er daher auch in den Gebräuchen, wo
nicht Alles, doch das Wichtigere umgestaltet wissen. Vornehmlich
arbeitete er auf Wiederherstellung eines rechten innerlichen Priester=
thums hin und bekämpfte die Verderbnisse des bestehenden. Der
Priester soll nach Gerhards Meinung nicht nach kirchlichen und
wissenschaftlichen Ehren streben, sondern, demüthig und uneigen=
nützig, nur Gott im Auge haben. Er soll weder einem Carbinal,
noch irgend einem geistlichen oder weltlichen Herrn zu dem Zwecke
dienen, um Beneficien oder zeitliche Güter oder irgend einen Ge=
winn davon zu tragen [2]). „Das Erste ist", sagt Gerhard [3]), „kein
Beneficium weiter zu verlangen und keine Hoffnung auf irgend
ein zeitliches Gut zu setzen. Denn je mehr ich habe, desto geiziger
werde ich. Nach dem Vorbilde der ursprünglichen Kirche [4]) kannst
du nicht mehrere Beneficien haben.... Und je mehr Beneficien
und Güter ich habe, desto mehreren werde ich dienstbar, von desto
mehreren werde ich beschwert; dieß ist aber gegen die Freiheit
des Geistes, welche das vornehmste Gut im geistlichen Leben
ist [5])." Ebenso wie Ehrgeiz und Habsucht bekämpfte Gerhard auch
die Unkeuschheit der Geistlichen. Im J. 1383 hielt er auf einer
Kirchenversammlung zu Utrecht eine Rede [6]) gegen die Focaristen,
b. h. solche Geistliche, die eine junge Haushälterin (focaria) bei
sich hatten. Auch hier geht er davon aus, daß Alles zunächst
auf die Schrift und dann auf die Aussprüche der Väter gegründet
werden müsse [7]), entwickelt auf dieser Grundlage die erhabene
Idee des Priesterthums [8]), von dem er unter Anderm sagt:
„Wenn du auf die Macht siehst, ist der Papst nicht mächtiger,
weil er Priester, benn, weil er Papst ist [9])?" — und eifert dann
aufs Kräftigste wider die Ausschweifungen des Klerus. Da spricht
er: „Siehe ein unzüchtiger Priester! das sind zwei Worte; den

---

1) Conclusa et Propos. XVIII, 15: Religio stetit in vigore et
culmine, *quae est jam antiquata.*
2) Ebendas. XVIII, 4.
3) Ebendas. XVIII, 3.
4) secundum Ecclesiam primitivam.
5) Et est contra libertatem spiritus, *quae est principale bonum in
vita spirituali.* Die letztern Worte finden wir gerade so auch bei Thomas
von Kempen. Sie waren offenbar ein traditionelles Grundprincip der Brüder
vom gemeinsamen Leben.
6) Sie ist, so weit wir sie noch haben, abgedruckt in Kist u. Roy=
aards Kirchenhist. Archiv, B. 1. S. 364 ff.
7) Daselbst S. 368. 369.
8) S. 374. 375.
9) S. 377 unten.

Priester ehre und liebe ich, aber den Unzüchtigen haffe und ver=
abscheue ich [1]). . . . Das Aergerniß eines solchen, wenn es kund
wird, breitet sich in weiten Kreisen aus, da er um seiner hohen
Stellung willen um so größere Ehre genießt; darum ermahne
ich: weichet von ihnen, ihr würdigen Priester, gehet von ihnen
aus und wollet mit einem so Befleckten nie in Berührung kom=
men [2])!" — In allem diesem sind offenbar reformatorische Keime
enthalten, die auch alsbald in der Gemeinschaft Gerhards zu voll=
ständigerer Ausbildung kamen.

Es war auch noch die Absicht Gerhards gewesen, ein Klo=
ster für regulirte Kanoniker anzulegen, die gleichsam ein Muster=
bild des Lebens darstellen sollten, welches er für das beste und
nützlichste hielt. Allein daran hinderte ihn der Tod. Er starb,
ganz wie er gelebt. Einen seiner Freunde hatte die in Deventer
wüthende Pest befallen; Gerhard, in der Heilkunde nicht uner=
fahren [3]), eilte ihm unerschrocken zu Hülfe und ward selbst von
der Seuche ergriffen. Er war in den Tod, den er sich früher
wohl schon gewünscht hatte [4]), jetzt aber deutlich herannahen fühlte,
vollkommen ergeben und sprach: „Siehe ich werde vom Herrn ge=
rufen, der Augenblick meiner Auflösung ist da, Augustin und
Bernhard klopfen an die Thüre, ich kann das, von Gott gesteckte,
Ziel nicht überschreiten." Als die Brüder, die weinend um sein
Lager standen, über den unersetzlichen Verlust des Meisters klag=
ten, sprach er: „Habet Vertrauen auf Gott, meine Theuersten,
und fürchtet nicht die Reden der Weltmenschen. Stehet fest; denn
der Mensch kann nicht hindern, was Gott auszuführen beschlossen
hat. . . . Und siehe, mein geliebter Schüler Florentius, auf
dem der Geist des Herrn ruht, wird euer Vater und Rector seyn.
Ihn haltet, wie mich, ihm gehorchet! Denn ich weiß keinen, dem
ich so sehr vertraute, den ihr, wie ihn, als einen Vater zu lieben
und zu ehren hättet [5])." So entschlief Gerhard in seiner Vater=
stadt, den 20sten August 1384, erst 44 Jahre alt [6]); er wurde

---

1) S. 372.
2) S. 378.
3) Delprat S. 12.
4) Vita Gerh. XII, 5. Er sprach einst, von Sehnsucht nach dem
ewigen Leben entzündet, zu Einem der Seinigen: „Was soll ich hier länger
thun? Wäre ich doch bei meinem Herrn im Himmel!" Der Schüler
machte ihn auf die Nothwendigkeit seines Wirkens aufmerksam, aber Ger=
hard vertraute auf die göttliche Kraft seines Werkes selbst, und schlug seine
Person nicht so hoch an, daß er nicht glaubte, durch einen Andern ersetzt
werden zu können.
5) Vita Gerh. XVI. 1. 2.
6) Der Nachlaß Gerhards bestand aus einigen alten Geräthen, geringen
Kleidern und frommen Schriften. Diese wurden jedoch von seinen Ver=

unter allgemeinster Theilnahme in der St. Marienkirche, wo oft sein lebendiges Wort erschollen war, feierlich bestattet [1]).

Gerhard lebte und starb, hochverehrt von seinen Zeitgenossen. Sein Name hatte sich nicht nur im Vaterlande, sondern durch ganz Deutschland verbreitet [2]). Die Verehrung, die man ihm widmete, trägt zum Theil die Farbe der Zeit, aber er verdiente sie: denn sein Leben war ein Ausdruck seines Geistes und sein Geist war von dem Eifer göttlicher Liebe erfüllt. Bei seinem Biographen Thomas von Kempen finden wir folgende Züge [3]): Die Gaben seines Geistes, ein natürlicher Scharfsinn, ein festes Gedächtniß, eine fließende Sprache und eine besondere Fähigkeit zur ermahnenden Rede wurden unterstützt durch treffliche sittliche Eigenschaften und ein ausdrucksvolles Aeußere. Gerhard hatte ein heiteres Angesicht [4]) und einen ruhigen Sinn, er war wohlwollend in der Unterhaltung, bescheiden in seiner ganzen Erscheinung, mäßig im Leben, scharfsinnig im Rathe, besonnen im Urtheil, streng gegen Laster, feurig im Guten; er floh den Müßiggang, liebte die Einfachheit, drang zum Innerlichen hindurch und hatte stets Gott vor Augen [5]). Seine Mäßigkeit war so groß, daß er sich in der Regel mit einer Mahlzeit des Tages begnügte. Ja er pflegte sich wohl, obgleich er keine besondere Erfahrung darin hatte, die Speisen selbst zu bereiten [6]). Einladungen nahm er nicht an, aber er bewirthete bisweilen Freunde und ehrbare Bürger bei sich; dann wurde vor Tisch etwas aus der Schrift gelesen und darüber gesprochen [7]). Dem Speisetische gegenüber be-

---

ehrern wie Reliquien behandelt. Schon während seines Lebens hatte er die Verehrung eines Heiligen genossen: man schrieb ihm besondere Offenbarungen und tiefere prophetische Blicke zu. Vita Gerh. XII, 5. Dieß pflanzte sich auch nach dem Tode fort. Man besuchte seine Zelle. Thomas von Kempen, der ihn übrigens persönlich nicht mehr gesehen (quem licet in carne non viderim... Vita Gerh. Prolog.), erzählt wenigstens: Vidi et ego habitationis ejus locum. Cap. VI, 2., und berichtet, daß man das härene Gewand Gerhards, das er auf bloßem Leibe getragen, und ein Pelzkleid (pellicium) von ihm aufbewahrt habe, devotis exemplare et posteris sanctum memoriale. Cap. XI, 5. Vergl. Vita Gerh. VII, 2 am Schluß.

1) Vita Gerh. XVI, 5. Im J. 1697 soll bei der Abbrechung von Mauern des alten Bruderhauses in Deventer der Schädel Gerhards nebst dem des Florentius wieder gefunden worden sein. *Foppens* Bibl. belg. I, 356.

2) *Trithem.* de script. eccl. c. 656. p. 154: Erat non solum doctrina, sed etiam vita religiosa et laudabili conversatione *in tota Germania nominatus.*

3) Vergl. Vita Gerh. XI.

4) Vita Gerh. XIV, 4.

5) Vita Gerh. XIV, 1.

6) Vita Gerh. XI, 2.

7) Vita Gerh. XI, 1. 2.

fand sich eine kleine Bibliothek, aus der jederzeit ein Buch zur Belebung der Unterhaltung genommen werden konnte. Die Rede Gerhards selbst war gehaltreich, ernst, aber mit Witz gesalzen. Seine Kleidung war in der Regel von grauer Farbe und so schlicht, daß, wer ihn nicht kannte, ihn weder beachtete noch grüßte [1]). Eher konnte er durch die Nachlässigkeit der Kleidung auffallen. Seine größte Liebhaberei waren Bücher, die er mit rastloser Begierde sammelte. Sonst hinterließ er keine Habe und nur unscheinbare Geräthschaften, wiewohl er von Haus aus wohl= habend war und ihm fortwährend Gaben zuströmten.

Ueber die Schriften, die Gerhard hinterlassen, haben Andere neuerdings genau und vortrefflich gehandelt [2]). Hier wäre es zu weitläufig. Es mögen hier nur noch, gleichsam auf dem Grabe des redlichen Mannes, einige der Lebensregeln und Sitten= sprüche [3]) stehen, die seinen Geist am meisten bezeichnen. Sie dienen zugleich als Beweis, daß Gerhard in der Entwickelung der reineren practischen Mystik ein sehr wesentliches Glied bildet. Selbst angeregt von Johann Ruysbroek, pflanzte er diesen Geist fort auf seinen Lieblingsschüler Florentius und dieser auf Thomas von Kempen. Thomas von Kempen hatte Gerhard nie ge= sehen, denn er war bei Gerhards Tode höchstens vier Jahre alt, aber man wird in den mitzutheilenden Aussprüchen die Schule nicht verkennen, aus welcher das Buch von der Nachfolge Christi hervorgegangen ist, und es muß Jedem, der die Denkmale jener Zeit und jenes Kreises betrachtet, anschaulich werden, daß Thomas von Kempen nur ein Glied einer großen Entwickelungsreihe ist, daß er sich an einer vorhandenen Schule und Tradition heran= bildete und Blüten trieb, welche aus der Wurzel Ruysbroeks und Gerhard Groots ihre Nahrung hatten. Etwas besonders An= sprechendes ist die Mischung des Ernstes und der Milde in den Sprüchen Gerhards. Die sittliche Strenge tritt besonders in folgenden hervor: „Wende dein Herz von den Geschöpfen, auch mit großer Gewalt; wende es weg, damit du dich selbst über= windest und richte dein Gemüth immer auf Gott. — Es ist noth=

---

1) Vita Gerh. XI, 5. 6.

2) Besonders Th. Abr. u. J. Clarisse in dem mehrfach angeführten Aufsatze. Unter den Aelteren s. *Trithem.* de script. eccl. c. 656. p. 154. *Andreae* Bibl. belg. p. 277. *Foppens* I, 354. *Fabric* Bibl. med. III, 117.

3) Die meisten finden sich in Vita Gerh. Cap. XVIII. unter dem Titel: Conclusa et proposita, non vota [nicht Gelübde, nach Art der Mönche], in nomine Domini a Magistro Gerardo edita. Andere im kirchenhist. Archiv von Kist und Royaards. Th. 1. S. 361 ff. Th. 2. S. 294. 300. 305. 306.

wenbig, daß jeder Christ aus reiner Gesinnung sich selbst verlasse und Gott hingebe. — Um keines Dinges in der Welt willen soll sich der Mensch beunruhigen lassen. — Es ist etwas Großes, in denjenigen Dingen zu gehorchen, die dem Menschen zuwider und schwer sind, und das ist der wahre Gehorsam. — Vor Allem und zu jeder Zeit übe dich in der Demuth, am meisten innerlich im Herzen, aber auch äußerlich vor den Menschen. — Je weiter der Mensch sich von der Vollkommenheit entfernt weiß, desto näher. ist er derselben. — So lange der Mensch etwas an sich zu bessern findet, steht es gut mit ihm. — Die größte Versuchung ist, nicht versucht zu werden. — Der Anfang des eitlen Ruhmes ist, sich selbst zu gefallen. — Sprich kein Wort aus, das dich in den Schein großer Frömmigkeit oder Gelehrsamkeit bringen könnte. — Durch nichts wird der Mensch sicherer erkannt, als wenn er gelobt wird. — Man soll keine Kunst studieren, kein Buch machen, keine Reise oder Arbeit unternehmen, keine practische Wissenschaft üben, um seinen Ruf auszubreiten, um Ehrenstellen und Dank zu verdienen, oder um ein Andenken bei den Menschen zu hinter=lassen. — Disputire nur mit dem, der dich anhören mag und die Wahrheit einräumt. — Mische dich nie in Streitigkeiten der Menschen, außer um sie beizulegen, wenn dieß in der Kürze und ohne Lärm geschehen kann.“ Neben diesem Ernste zeigt sich in andern Aussprüchen Gerhards auch eine liebenswürdige Milde und Heiterkeit und eine rein menschliche Liberalität, die sich, wie die Theilnahme des Apostel Paulus an seinen Freunden und Schülern, auch auf die Verhältnisse des äußeren Lebens erstreckt. Hierher gehören folgende Regeln: „Hoffe immer mehr auf die ewige Seligkeit, als daß du dich fürchtetest vor der Hölle. — Vor allen Dingen sey freudig im Geiste. — Alle Uebung im Lesen, Wachen und Beten stehe unter dem Gesetze des Maaßes. — Mit welchen Gedanken jemand zu Bette geht, mit solchen steht er auch auf. Es ist darum nützlich zu dieser Zeit zu beten, Psalmen zu lesen und nachzudenken. — Wegen geringer Fehler werdet nicht kleinmüthig.“ Unter den vielen diätetischen Rathschlägen Gerhards will ich nur folgende wenige auszeichnen: „Sorget, daß ihr gut schlafet. — Hüte dich vor dem schnellen und gierigen Essen. — Bei großer Kälte magst du mehr essen, aber nach der Lehre des Hippokrates doch nur einmal. Dieß ist auch gut gegen die Kälte. Du kannst dann auch eine Stunde oder eine halbe länger schlafen.“ — Auch treffliche pastoraltheologische Vorschriften ertheilt der gute Gerhard; er stellt an den wahren Priester diese Forderungen [1]):

---

1) Es ist interessant, mit den Vorschriften, die Gerhard und die Brüder überhaupt dem Priester vorhalten, das zu vergleichen, was Luther in sehr

„Wer auf würdige Weise in die Seelsorge eintreten will, der habe
vor allen Dingen eine reine Absicht. Zur rechten Absicht aber
wird erfordert, daß er als das Höchste die Ehre Gottes und das
Heil der Seelen suche, und dieß wird daraus erkannt, wenn er
die Seelsorge auch ohne irgend einen damit verbundenen zeitlichen
Vortheil übernähme, bloß um für die Seelen zu sorgen, wenn er
anders das Nöthige für sich und die Seinigen hätte. — Wenn
der Geistliche jemand wüßte, der die Gemeinde besser leiten würde,
so müßte er lieber diesen im Amte sehen, als sich selbst. — Welcher
Eifer um die Seelen kann in dem seyn, der nicht vorher um sich
selbst geeifert hat? denn aller wahre Eifer der Liebe fängt bei
sich selbst an. — Die Predigt desjenigen wird gering geschätzt,
dessen Leben verachtet wird. — Es wird eine große Liebe zu
einem guten Seelenhirten erfordert; aber ein guter Hirte läßt
auch sein Leben für seine Schafe."

Zweites Hauptstück.

Florentius Radewins und die bestimmtere Entwickelung der Vereine.

Die Männer, welche nach Gerhard entweder Vorsteher seiner
Stiftungen waren oder doch den geistigen Mittelpunct derselben
bildeten, gingen in der von ihm eingeschlagenen Richtung fort und
gaben dem Werke Verbesserungen und Erweiterungen, wodurch
es eine immer größere Bedeutung erhielt [1]). Der nächste war
Florentius Radewin oder Radewins [2]). Er ist der zweite
Stifter des gemeinsamen Lebens [3]) und für die vollständige Ausbildung der Institute noch wichtiger als Gerhard selbst.

Florentius, geboren um 1350, war der Sohn eines angesehenen und wohlhabenden Bürgers zu Leerdam, Namens Radewin. Er besuchte, wohl unterstützt von seinem Vater, die damals

---

verwandtem Sinne ausspricht in der Ratio vivendi sacerdotum zwischen
den Briefen in der de Wettischen Ausg. Th. 1. S. 271—273.

1) Daventr. illustr. p. 84 sqq.

2) d. h. Radewins Sohn, Floris Radewijnszon. Zu vergleichen ist
über diesen merkwürdigen Mann dessen *Vita* von Thomas von Kempen.
Revii Daventr. illustr. p. 30. 34. 84. *Andreae* Bibl. belg. p. 218.
o ppens Biblioth. belg. T. I. p. 279. *Dumbar* Analecta T. I. p.
12 —52. Kerkelijk en Wereldl. Deventer. p. 603. Delprat S.
3. 32. 41. 82. Beilage XIV.

3) In diesem Sinne giebt Thomas den Brüdern v. g. L. den Namen
Florentigenae. Vita Arnoldi Schoonhov. sect. 6.

ungemein blühende und auch von vielen Niederländern vorgezogene
Universität Prag und ward daselbst Magister [1]). Nach seiner
Rückkehr hörte er die Predigten Gerhards, der gerade damals
seine apostolische Wanderung durch die Diöcese Utrecht machte,
und ward davon mächtig ergriffen [2]). Bald trat er mit Gerhard
in persönliche Verbindung und schloß mit ihm die innigste Freund=
schaft [3]). Energisch, wie er war, suchte er das Feuer, das ihn
selbst durchglühte, auch auf Andre überzutragen [4]); so sammelte
sich um ihn ein Kreis, zum Theil wissenschaftlich gebildeter junger
Leute, die sich ganz einem frommen, einfachen, apostolischen Leben
widmen wollten, und ihn, ohne gerade förmlich Gehorsam zu ge=
loben, als ihren Leiter anerkannten [5]). Florentius entsagte dem
Kanonikat bei St. Peter in Utrecht und ging nach Deventer, wo
er nach Gerhards Willen zum Priester geweiht und Vicarius bei
St. Lebuin wurde. Er war der erste aus der Brüderschaft, welcher
die Priesterweihe empfing. Gerhard sagte bei dieser Gelegenheit:
„Nur einmal habe ich einen zum Priester ordiniren lassen, ich hoffe
aber, es soll ein Würdiger seyn [6])."

Florentius war noch weniger ein vollendeter Gelehrter, als
Gerhard, er ließ sich nie gern auf subtile Fragen und tiefe Spe=
culationen, die nicht zur Erbauung führen konnten, ein [7]); aber
er hatte alle Eigenschaften eines practischen Mannes: einen uner=
schöpflichen Thätigkeitstrieb, eine große Gabe die Menschen zu
behandeln und zu beherrschen, eine anziehende Liebenswürdigkeit
und zugleich etwas Ehrfurcht Gebietendes. Thomas gibt uns von
ihm folgende Züge [8]): Er war von edlen Sitten und in hohem
Grade bescheiden, fröhlich unter seinen Freunden, ansprechend und
freigebig, von angenehmer Gesichtsbildung, mittelmäßiger Größe
und feinem Bau. Der Jugend flößte er schon durch seine bloße
Erscheinung die größte Ehrerbietung ein [9]), und die übrigen Ka=
noniker oder Vicarien wagten in seiner Gegenwart nie etwas Leicht=

---

1) Vita Flor. IV. 2. 3.   Daventr. illustr. p. 34.
2) Vita Flor. VI, 1. 2.
3) Ebendas. VII, 1. 2.
4) Ebendas.–VIII, 1.
5) Ebendas. VIII. 2.
6) Ebendas. X, 2.
7) Vita Flor. XXIII, 3. 4. Hier heißt es unter Anderm: De altis
quaestionibus et subtilibus rebus et intricatis negotiis omnino tacuit,
sciens quod parvam aedificationem devotis mentibus praestant.
Einen gelehrten Rabbi, der mit ihm über schwierige Fragen des alten Testa=
ments sprechen wollte, verwies auch er bloß auf den einfältigen Glauben
an Christum und die Bewährung desselben im Leben. Ebendas. XXIII, 4.
8) Vita Florent. Cap. V. u. die folg.
9) Vita Flor. XI, 2, 3.

fertiges oder Ungeziemendes zu sprechen. Einer seiner Bekannten sagte: „Es giebt keinen Mann, den ich so sehr liebe und zugleich so sehr fürchte, wie den Herrn Florentius." Wenn er nothge= drungen tadeln mußte', wagte niemand zu widersprechen oder sich zu entschuldigen. In frommen Uebungen war er ebenso eifrig wie Gerhard, in der Ascese noch strenger, so daß er sich nicht bloß das Ueberflüssige, sondern selbst das Nothwendige versagte; das Fasten trieb er bisweilen so weit, daß er allen Appetit und Ge= schmack verlor [1]). Auch seine Einfachheit in der Kleidung ging mitunter ins Auffallende; einst fragte er zu dessen nicht geringer Verwunderung einen Schneider: „Meister, könnt ihr auch ein schlechtes Kleid machen [2])?" Er verschmähte jede Schmeichelei; als er eines Tages einen Brief voll Lobeserhebungen empfing, warf er ihn weg mit den Worten: „Haben sie nichts Anderes zu schrei= ben? Davon hätten sie wohl schweigen können." Kein Geschäft hielt er für zu gering, selbst nicht die Besorgung der Küche [3]), der sich, nach dem Beispiele Gerhards, alle Brüder der Reihe nach zu unterziehen pflegten. Seine Fürsorge für Arme und Nothleidende war unermüdlich: er schickte ihnen oft Speisen von seinem Tische und Specereien, die ihm geschenkt waren [4]); am Tage des heiligen Gregorius bewirthete er immer, weil dieser Papst stets zwölf Arme bei Tische gehabt haben sollte, zwölf un= bemittelte Scholaren; im Frühling veranstaltete er für Schwache und Gebrechliche heilsame Kräuterbäder, und, so oft er konnte, theilte er unter die Dürftigen Kleidungsstücke aus [5]). Nicht ge= ringer war seine Theilnahme für Knaben und Jünglinge: er zog sie freundlich zu sich heran, belebte sie durch Ermahnung und Trost, beschenkte sie mit Schreibmaterialien und Büchern, und förderte sie in jeder Weise, sowohl in ihrem inneren Leben, als in ihren Studien [6]). Thomas von Kempen, der dieß selbst vielfach in der Jugend an sich erfahren, sagt: „Wenn Alle still sind, ich werde nicht schweigen von der Mildthätigkeit des Florentius, die mir so oft wohl gethan, sondern dieselbe ewig preisen [7])." Ganz besonders geschätzt war auch der Rath des erfahrenen Mannes. „So oft ich dem Rathe des Herrn Florentius gefolgt bin", sagte jemand [8]),

---

1) Vita Flor. XVII, 1.
2) Vita Flor. XII, 4. Ebendas. XII, 2, wo auch seine Tracht genau beschrieben ist. Vrgl. IX, 2.
3) Vita Flor. XIII, 2: Tenuit etiam ipsa in coquina vicem suam pro posse.
4) Ebendas. XV, 2.
5) Ebendas. XVI, 1. 2. 4.
6) Ebendas. XV, 3.
7) Ebendas. XV, 3. XVI, 4.
8) Ebendas. XXIV, 3.

„habe ich immer guten Erfolg gehabt, das Gegentheil, wenn ich
meinem eigenen Sinne nachging." Daher wurde er ſtets von
Leuten aller Art, auch von angeſehenen, bürgerlich hoch geſtellten
Männern aufgeſucht [1]). Bisweilen ſtanden ſo viele Perſonen vor
ſeiner Thüre, daß er kaum hinaustreten, oder Zeit für ſeine from=
men Uebungen und Bedürfniſſe finden konnte [2]); aber er entließ
keinen, ohne ihn entweder ſogleich zu befriedigen, oder eine be=
quemere Stunde mit ihm zu verabreden.

Wie Gerhard gab Florentius den Brüdern chriſtliche Weis=
heitsregeln [3]), unter denen ich folgende zur Bezeichnung ſeines
Geiſtes hervorhebe: „Dann iſt dein Gewiſſen gut und deine Ver=
nunft geſund, wenn du dein Leben ganz nach der heiligen Schrift
führeſt, und dieſe nicht nach deinem eigenen Kopfe, ſondern ſo
verſtehſt, wie ſie die Heiligen verſtanden haben. — Die Bücher
der heiligen Schrift ſind zu bewahren als der höchſte Schatz der
Kirche [4]). — Wenn du etwas Gutes thuſt, ſo thue es einfach und
rein, zur Ehre Gottes, und ſuche nicht dich ſelbſt darin auf irgend
eine Weiſe. — Die Bewegungen und Gedanken, die in unſerm
Herzen aufſteigen, ſind nicht in unſerer Gewalt, aber unſere Sache
iſt es, etwas Gutes in unſer Herz zu pflanzen durch Leſen, Beten
und Nachdenken, bis die unerlaubten Bewegungen beſiegt ſind und
durch Gottes Gnade weichen. — Beſſer iſt ein geringes Maaß
des Geiſtes, als große Gelehrſamkeit ohne Frömmigkeit. — Vor
jeder Unternehmung bilde dir deinen Vorſatz, wie du dich dabei
benehmen willſt, und davon gehe nicht leicht ab. — Jeder Ar=
beit ſchicke ein kurzes Gebet voran. — Gewöhne dich in deiner
Kammer zu bleiben und lies in einem Buche, bis es dir angenehm
iſt und ſchwer auszugehen, aber lieblich einzutreten. — Fliehe zu
deiner Zelle, wie zu einer Freundin." Vortrefflich ſind folgende
Maximen für das Verhältniß zu Andern: „Sage nie etwas
Schlimmes von Jemanden, wenn du damit nicht ihm oder einem
Andern nützen kannſt. — Table Jeden mit aufrichtiger Theilnahme,
als einen ſchwachen Bruder. — Wolle keinen beneiden, daß er
frömmer iſt, oder mehr Ruf hat, als du, ſondern liebe die Gaben
Gottes in ihm und ſie werden deine ſeyn. — Es iſt gefährlich,
mit weltlichen Machthabern und geiſtlichen Würdeträgern umzu=
gehen; meide lieber die Weltleute und die Magnaten." — Den

---

1) Vita Florent. X, 1.
2) Ebendaſ. XIV, 3.
3) Sie finden ſich in der Vita Florent. am Schluſſe: Quaedam
notabilia verba Domini Florentii.
4) Luther 62ſte Theſis: „Der rechte wahre Schatz der Kirche iſt das
heilige Evangelium der Herrlichkeit und Gnade Gottes."

Brüdern des gemeinsamen Lebens gelten besonders diese Regeln: „Dann wohnen wir auf die rechte Weise beisammen, wenn wir Eines wollen, Eines denken und Eine Sitte befolgen in dem Herrn. — In jedem Werke und in allen Sitten suche sich Jeder nach der Gemeinschaft zu bilden und mache keine Ausnahme. — Wehe dem, der in der Gemeinschaft über einen Andern murrt, oder mit der Gemeinschaft in Widerspruch tritt, oder auf irgend eine Weise sie stört."

So war der Mann beschaffen, dem Gerhard die Leitung seiner jungen Stiftung vertraute; einen besseren konnte er nicht finden. Sehen wir, wie Florentius im Sinne Gerhards fortwirkte. Zwei Jahre nach dem Tode des Meisters, im J. 1386, brachte Florentius den letzten Lieblingswunsch desselben in Erfüllung. Im Verein mit andern Schülern Gerhards entwarf er den Plan zu einem Kloster der regulirten Kanoniker, welches in Rath und That den Mittelpunct für die Männer= und Frauen=Vereine des gemeinsamen Lebens bilden sollte. Der Herzog Wilhelm von Geldern begünstigte das Unternehmen, einige reiche Männer unter= stützten es durch Geschenke an Grundbesitz und der nämliche Bischof von Utrecht, der einst dem Gerhard Groot das Predigen unter= sagt hatte, Florentius von Wevelinkhoven, gab seine Genehmigung dazu. So kam das Kloster der mit den Brüdern des gemein= samen Lebens verbundenen Kanoniker Windesem oder Windes= heim zu Stande [1]), auf welches bald andere ähnliche Klöster folgten, namentlich das auf dem St. Agnesberge bei Zwoll [2]). Diese Stiftungen der regulirten Chorherren standen mit den Fra= terhäusern in fortwährender Verbindung und Wechselwirkung. Aus den Bruderhäusern gingen Manche zum Gelübde der Kanoniker über, Andere durch die Priesterweihe zum eigentlich geistlichen Wir= kungskreise. Auch standen die Brüder immer in freundlicher Ver= bindung mit den besseren, strengeren Mönchsorden, den Kar= thäusern, Cisterciensern und Benedictinern [3]). Auf diese Weise ent= wickelte sich das Institut Gerhards in einem doppelten Stamme: den mehr abgeschlossenen Mittelpunct bildeten die Kanoniker des

---

1) Daventr. illustr. p. 35. Delprat S. 81. Von dem Kloster zu Windesheim hat man auch eine Specialgeschichte in dem Chronicon Win-desemense auctore *J. Buschio* ed. a Her. Rosweide Antv. 1621.

2) Von diesem Kloster hat Thomas von Kempen, der lange Zeit ein Mitglied desselben war, eine Geschichte geschrieben, Chronicon S. Agnetis, abgedruckt hinter dem Chronicon Windesemense in der Ausg. von Rosweide.

3) Vita Florent. XXVII, 2.

gemeinsamen Lebens, welche in der strengeren Form des Mönchs=
lebens in Klöstern vereinigt waren; die größere, freier sich be=
wegende und mehr in das Volksleben eindringende Masse der
Gesellschaft bestand aus den gewöhnlichen Brüdern des gemein=
samen Lebens, welche wieder theils Priester, theils Laien waren
und entweder in den Fraterhäusern beisammen wohnten, oder
einzeln und zerstreut in geistlichen Aemtern standen und für die
Jugendbildung wirkten, aber doch in steter Verbindung mit dem
großen Vereine. Die Klöster der regulirten Kanoniker scheinen
nicht ganz geleistet zu haben, was sich Gerhard und Florentius
von ihnen versprochen hatten. Anfänglich waren die Brüder zu
Windesheim sehr eifrig und entwickelten große Thätigkeit, beson=
ders in Verfertigung von Handschriften der Bibel, wobei sie auch
verschiedene Abschriften gebrauchten und eine gewisse Kritik übten;
aber allmählig bei wachsendem Wohlstand erkaltete ihr Eifer und
nach und nach versanken sie in das gewöhnliche Mönchsleben; in
späterer Zeit soll ihre erste Frage an einen neuen Ankömmling
gewesen seyn: ob er auch gut schlafen und essen könne, und voll=
kommen gehorchen wolle [1]? Desto schöner entwickelten sich die
Bruderhäuser in christlicher Gesinnung und wissenschaftlicher
Thätigkeit, und auch hier war Florentius ungemein thätig für
die bestimmtere Ausbildung und weitere Verbreitung des Instituts.
In Deventer waren unter seiner Leitung und unter Begünstigung
des Rathes mehrere Bruderhäuser begründet worden, nament=
lich im Jahre 1391 [2] ein sehr bedeutendes, welches in der Folge
gewöhnlich das reiche Fraterhaus (het rijke Fraterhuis) oder das
Haus des Florentius genannt wurde. Zu derselben Zeit und
bald nachher erfolgten viele ähnliche Stiftungen in den bedeuten=
deren Städten der Niederlande und Niederdeutschlands.

So hatte Florentius, während er als Rector dem Institute
vorstand, ungemein viel für dessen Ausbildung und Erweiterung
gethan; aber nun war auch er ans Ziel der Laufbahn gekommen.
Er hatte schon vielfach, vielleicht in Folge seiner übertriebenen
Ascese [3], körperlich gelitten [4], jetzt erkrankte er tödtlich; er genoß
das heilige Abendmahl mit tiefen Empfindungen der Buße, er=
nannte zu seinem Nachfolger einen vertrauten zuverlässigen Freund
Aemilius van Buren [5]), und verschied 16 Jahre nach Ger=

---

1) Chronic. Windes. p. 277: an bene posset comedere, dormire
et obedire?
2) Vita Luberti Berneri sect. 4.
3) Vita Florent. XVII, 1.
4) Ebendas. XI, 2. XVIII, 1. 2.
5) Auch diesem aus Geldern abstammenden Manne hat Thomas v. K.
eine Vita gewidmet, die 8te. Sein Familiennamen war Aem. von Asche.

hard, um Mariä Verkündigung des Jahres 1400, 50 Jahre alt, wie Thomas meint, oder doch nicht viel älter [1]), nach den herz= lichsten Ermahnungen an die gegenwärtigen Brüder. In dieser Anrede sagte er unter Anderm: „Bleibet in demüthiger Einfalt und Christus wird in euch bleiben [2])." Als er in der St. Lebuin= Kirche bestattet wurde, äußerte ein Bürger von Deventer: „Ob St. Lebuin ein Heiliger ist, weiß ich nicht, glaube es jedoch; das aber weiß ich gewiß, daß dieser Mann ein heiliger Bekenner Gottes ist [3])."

Es wird nunmehr angemessen seyn, das von Gerhard ge= stiftete, von Florentius trefflich gepflegte Institut genauer in seinen Einzelnheiten zu schildern.

Das Ganze war eine innig verbundene, aber freie Genossenschaft, in welcher bei geschlossener Einheit zugleich, nach apostolischem Vorbilde, der individuellen Freiheit ein ent= sprechender Raum zur Entwickelung gegeben seyn sollte. Dieß wurde dadurch erreicht, daß die Einheit, die man anstrebte, nicht sowohl auf äußeren Satzungen, als vielmehr auf dem Geiste be= ruhte, die Freiheit aber, die man gestattete, immer eine durch Liebe gebundene war. So konnte etwas Großes und eigenthüm= lich Schönes hervorgerufen werden, aber die Blüte dauerte auch nur so lange, als der ursprüngliche Sinn wirksam war.

Der Eintritt in die Corporation war nicht durch ein für das ganze Leben bindendes Gelübde bezeichnet, und in der Mitte der Brüder galten nicht sowohl strenge, bis ins Einzelnste gehende Vorschriften, wie im Mönchthum, sondern löbliche Sitten und Gewohnheiten [4]). Hieraus folgte zweierlei; erstlich: da das Ver= bleiben in der Gesellschaft ein fortwährender Act der Freiheit war, so war auch, wer in derselben blieb, mit ganzer Seele darin; zweitens: da der Zusammenhang des Ganzen und die Ordnung der einzelnen Häuser mehr von innen heraus, als durch äußere Mittel, durch gleichförmige Gesetze bewirkt wurde, so bildete sich das Ganze in freier, reicher Mannichfaltigkeit aus. Die verschie= denen Häuser hatten verschiedene Ueberlieferungen, Formen und Gewohnheiten, und auch innerhalb jedes Hauses ließ man den Einzelnen, indem man die Individualität achtete, bis zu einem

---

1) Vita Flor. XXVIII, 4. 5.
2) Ebendas. XXVIII, 3.
3) Delprat S. 139.
4) Vita Arnoldi Schoonhov. sect. 8: *Consuetudines* bonas a senioribus impositas sollicite observabat. Und dann wieder: Secundum
laudabiles *consuetudines* domus antiquae etc.

gewissen Grade nach seiner Weise gewähren, und seine besonderen Gaben zur vollständigen Ausbildung bringen.

Doch wurde auch feste Einheit angestrebt, äußerlich und innerlich. Aeußerlich standen die Bruderhäuser in fortwährender lebendiger Communication, aber sie hatten auch einen gleichsam verfassungsmäßigen Einheitspunct in der, der Aeltestenconferenz der Brudergemeinde entsprechenden, Zusammenkunft ihrer Rectoren. Jährlich versammelten sich die Vorsteher sämmtlicher Häuser[1]), und zwar die niederländischen und deutschen abgeson=dert, zur Berathung und Entscheidung allgemeiner Angelegenheiten. Zugleich bildete der Rector des Hauptbruderhauses zu De=venter einen natürlichen Mittelpunct, wenigstens für die nieder=ländischen Brüder. Jedoch nicht auf hierarchische, sondern auf patriarchalische Weise. Er wurde als der allgemeine Vater an=gesehen und auch Vater genannt. In dieser väterlichen Stellung und Gewalt der Rectoren zu Deventer lag es auch, daß sie, wie wir ähnliches bei den Vorstehern der fränkischen Stiftungen finden, wenigstens anfänglich, nicht gewählt, sondern jeweilig von ihren Vorgängern ernannt wurden; Gerhard setzte auf dem Todesbette den Florentius, dieser den Aemilius van Buren zu seinem Nach=folger ein. Durch diese apostolische Art der Einsetzung wurde die Autorität der Rectoren nur um so größer.

Das mächtigste Princip der Einheit war jedoch der die ganze Corporation, jedes Haus und alle Mitglieder durchdringende Geist. Dieß war der Geist der Liebe, der Demuth und des Gehorsams. Wie Johannes bei herannahendem Tode der Gemeinde zu Ephesus, so sagte der sterbende Aemilius van Buren den Brüdern: „Nichts Anderes weiß ich euch zu sagen, als was der Herr seinen Jüngern gesagt vor seinem Scheiden: liebet euch unter einander, wie Christus euch geliebt, und betet für mich[2]).“ Nicht minder wird die Demuth, die selbstverleugnende Zurückstellung des eigenen Ich und höchste Dienstfertigkeit gegen jeden Andern aufs dringendste empfohlen. „Bescheidene Unterordnung[3])“, spricht Thomas, „galt unter den Brüdern, vom Höchsten bis zum Geringsten, als die erste der Tugenden und machte ihr irdisches Haus zum Paradies[4]).“ Mit dieser, auf alles Eigene verzichtenden, Demuth aber ging der Gehorsam Hand in Hand. Ihn vornehmlich hören wir von allen Mitgliedern der Gesellschaft preisen und als die Quelle alles Guten heilig halten; aber immer in dem Sinne, daß er, obwohl unbe=

---

1) Delprat S. 95.
2) Vita Aemil. Bur. sect. 6.
3) Humilitas.
4) Vita Florent. XXI, 1. 2.   ·

ingt und bis auf das Kleinste sich erstreckend [1]), doch ein freier, tets aus Liebe entsprungener [2]), und dadurch wesentlich von jedem mechtischen, namentlich mönchischen Gehorsam sich unterscheiden= ier seyn sollte. Wie die Rectoren Väter, so sollten die Mitglieder jegen sie hingebende Söhne, unter sich selbstverleugnende, liebe= volle Brüder seyn.

Die gewöhnliche Einrichtung eines Bruderhauses var diese. Es lebten ungefähr 20 Brüder [3]) in einem Hause bei= ammen und hatten gemeinsame Kasse und Speisung. Sie theilten sich wieder in Priester, Kleriker und Laien. Die Zahl der eigent= lichen Priester war in der ersten Zeit sehr gering, weil die Brüder, nach dem Vorgange Gerhards selbst, das geistliche Amt in seiner ganzen Größe und Verantwortlichkeit auffaßten [4]). Später nahmen mehrere die Priesterweihe an; manche davon gingen in geistliche Aemter über und gaben dann das äußere Zusammenleben mit den Brüdern auf [5]), andere blieben auch als Priester in den Fra= terhäusern. Gewöhnlich waren vier Priester oder einige mehr in einem Hause und etwa doppelt so viele sogenannte Kleriker, an welche sich die Novizen und einzelne Laien anschlossen, die auf einige Zeit die Lebensweise der Brüder zu theilen wünschten. Der Aufnahme in die Brüderschaft, welche in der Regel nur auf wie= derholte dringende Bitte gewährt wurde, denn die Brüder hielten sich frei von der Werberei der Bettelorden, ging ein Probejahr voran, während dessen die Novizen eine sehr strenge Behandlung erfuhren [6]). In dieser Zeit wünschte man wohl auch, daß der Neugewonnene nicht nach Hause reise, um nicht wieder in seine Familienverhältnisse und Weltverbindungen verwickelt zu werden [7]). Daß der Aufzunehmende sein Erbtheil zum gemeinen Gebrauch gebe, wurde von ihm erwartet; Florentius sagt in seinen Sprüchen: „Wehe dem, der in Gemeinschaft lebend, suchet, was sein ist, oder sagt, irgend etwas sey sein." Wer sich nach bestandener Probe dauernd dem gemeinsamen Leben widmen wollte, wurde Kleriker.

---

1) Ein sehr characteristisches Beispiel hiervon siehe im Leben Lub. Ber= ners sect. 2. Berner hat unter seinen Lebensregeln sect. 38. auch diese: Hoc habe habe pro regula infallibili: Quicquid placet Domino Flo= rentio et fratribus, hoc vult Deus, ut facias.

2) Vita Joann. Gronde I, 3.

3) Vita Arnoldi Schoonhov. sect. 2. Daventr. illustr. p. 35.

4) Vita Jacobi de Viana sect. 3.

5) Dieß geht daraus hervor, daß von Einzelnen, wie z. B. von Jo= hann Vinterink (s. dessen Vita sect. 1.) bemerkt wird, daß sie auch als Priester in der Congregation der Brüder fortgelebt hätten (mansitque cum fratribus in congregatione).

6) Vergl. Delprat S. 93.

7) Vita Florent. XXVI, 2.

Der Stand der Kleriker correspondirte dem Mönchsstande, aber es fand dabei kein Gelübde auf Lebenszeit statt; jeder konnte ohne kanonische Strafe wieder austreten, doch mußte er sich durch Zurück= laffung einer gewissen Geldsumme mit den Brüdern abfinden [1]). Auch war in Kleidung und Lebenseinrichtung größere Freiheit als bei den Mönchen. Die gewöhnliche Kleidung war ein graues Ober= gewand, Rock und Beinkleider ohne alle Verzierung, das Haupt mit einer grauen Kappe bedeckt, wovon sie auch Cucullati hießen [2]); die Lehrlinge hatten das Haupthaar auf dem Scheitel abgeschoren. Das Leben der Brüder in jedem Hause war sehr geregelt. Sie hatten bestimmte Stunden für Andachtsübungen, Schreiben, Hand= arbeit. Bei Tische wurde etwas vorgelesen. Dieses Geschäft wechselte unter den Brüdern. Zugleich war jedesmal einer auf= gestellt, der die Unziemlichkeiten, die beim Essen vorfallen konnten, zu rügen hatte [3]). Im Ganzen herrschte in den Vereinen fami= lienartige Gleichheit, doch mußten der Ordnung wegen bestimmte Aemter seyn. Jedem Hause stand ein Rector, Prior oder Prä= positus vor, der aus der Mitte der Brüder gewählt wurde, ihm zur Seite ein Vicerector; besondere Aemter hatten der Procurator oder der Oekonom, der Scripturarius, der hauptsächlich das Geschäft des Abschreibens beaufsichtigte, der Librarius, Magister Novitio-rum, Infirmarius, Hospitiarius und sodann die einzelnen Hand= werker. Indeß traten natürlich hier manche Verschiedenheiten ein nach Maaßgabe der Größe und ganzen Einrichtung des Hauses.

Zu derselben Zeit und in der nämlichen Form, wie die Fraterhäuser, entwickelten sich auch Frauenvereine des gemeinsamen Lebens [4]). Schon Gerhard hatte in einem besonderen Hause, streng geschieden von den Männern, eine Gemeinschaft von Frauen ge= gründet, welche mit Händearbeit, besonders Nähen und Weben, mit Uebungen der Frömmigkeit und dem Unterrichte der weiblichen Jugend beschäftigt, einfach und zurückgezogen lebten. Johann Binkerink legte außerhalb Deventer ein neues Frauenkloster an, und stand beiden Häusern 26 Jahre lang vor; er hatte 16 Schwestern vorgefunden und hinterließ bei seinem Tode 150 [5]).

---

1) Delprat S. 93 und 94.
2) Die Kanoniker des gemeinsamen Lebens wurden wegen ihrer eigen= thümlichen Kopfbedeckung in Deutschland auch: Kappenherrn, Gugelherrn, Kogelherrn genannt. Eine Abbildung von der ganzen äußeren Erscheinung der Brüder findet man bei *Helyot* Hist. des Ordres monast. T. II. p. 339 und *Lambinet* Origine de l'Imprimerie T. II. p. 173.
3) Er hieß Corrector errorum in mensa. S. Vita Lub. Berneri sect. 16: Dominus Gerardus Sutphaniae, qui erat [gerade damals] corrector errorum in mensa.
4) S. *Dumbar* Kerk. en Wereldl. Deventer p. 548—557.
5) Vita Joh. Binkerink, sect. 4.

Wie früher die Beguinenhäuser, so breiteten sich auch diese Schwesteranstalten rasch aus und erhielten bald eine, den Beginasien ähnliche, geordnete Verfassung. Eine Pflegerin, Martha, stand an der Spitze des Hauses; ihr war eine Unter-Martha beigegeben; eine Ober-Martha in Utrecht aber führte die Aufsicht über alle Vereine jener Gegenden und visitirte sie jährlich wenigstens einmal. Neben der Martha, welche mehr die Fürsorge für das äußere Leben und seine Ordnung hatte, stand ein Priester, der die geistliche Leitung führte. Noch entschiedener, als bei den Brüdern scheint von Anfang an in den Schwesterhäusern Gütergemeinschaft geherrscht zu haben. Diese Frauenvereine waren insofern wichtig, als durch sie besonders der religiöse Geist der Brüderschaft in die Familien eindringen konnte. Allein da sich in ihrer Mitte nicht gerade eigenthümliche Erscheinungen entwickelten, wenden wir uns sogleich wieder zu den Brüdervereinen.

Die **Thätigkeit der Brüder** war unter einzelne Personen wohl vertheilt. Die verschiedenen Handwerke, die für das Ganze nöthig waren, wurden von besonderen Personen getrieben. Unter den Gesetzen für die Bruderhäuser zu Wesel — es waren in dieser Stadt (Niederwesel) drei Bruderhäuser — finden sich auch Bestimmungen für den Bruder Kleidermacher, Barbier, Bäcker, Koch, Gärtner, Kellermeister, ebenso wie für die Brüder Lehrer und Schreiber, den Bruder Buchbinder, Bibliothekar und Vorleser [1]. In dem Bruderhause zu Rostock waren die dienenden Mitglieder in Laici und Mechanici eingetheilt [2]. Trotz dieser Vertheilung fand aber auch wieder eine gewisse Ausgleichung statt. Die geistlichen und gelehrten Brüder unterzogen sich, soweit es anging, jeder Handarbeit, und die dienenden nahmen fast an Allem Theil, was den Klerikern zukam, so daß das Ganze immer einer in gegenseitiger Handreichung zusammenwirkenden Familie zu vergleichen war. Ein Haupteinigungspunct war das **Bücherabschreiben**. Der Eifer dafür, bei Gerhard aus einem tiefen religiösen und geistigen Interesse entsprungen [3], pflanzte sich durch Florentius auf die ganze Brüderschaft fort. Florentius selbst war zwar kein geschickter Schreiber, aber er hielt die Seinen eifrigst zur Uebung dieser Kunst an und unterstützte die Schreibenden dadurch, daß er das Pergament glättete und Linien zog, Stellen zum Abschreiben auswählte und das Geschriebene corrigirte [4]. Für das Schreiben waren täglich gewisse Stunden bestimmt,

1) Delprat S. 74.
2) Delprat S. 77.
3) S. oben S. 64.
4) Vita Flor. XIV, 1. 2. Daventr. illustr. p. 35.

namentlich einige Stunden, wo zum Besten der Armen geschrieben wurde. Die besseren Schreiber, wie z. B. Thomas von Kempen einer war, lieferten schöne Abschriften der Bibel und theologischer Werke, welche dann in die Bibliotheken der Brüder kamen, An= dere beschäftigten sich mit dem Copiren nützlicher Bücher, die man unter der dürftigen Jugend, oder frommer Tractate, die man unter dem Volke vertheilte.

Bei der Thätigkeit der Brüder hing wieder Vieles von der Stellung und dem Geiste der einzelnen Häuser ab. In manchen Fraterhäusern herrschte eine äußerlich=practische, in andern eine geistige Tendenz vor; einzelne verloren sich ganz in eine bürger= liche Gewerbthätigkeit. Es kam vornehmlich auf die größere oder geringere Wohlhabenheit an, denn manche Häuser waren sehr ärmlich, andere reich und selbst glänzend ausgestattet. Das Frater= haus zu Hildesheim war eine Art geistlicher Fabrik, wo man Meß= bücher, Meßgewänder, Chorhemden und dergl. verfertigte [1]). In St. Mariens Convent bei Beverwijk handelten die Brüder mit Pergament, Honig, Wachs und gesalzenen Fischen [2]). Die Brü= der zu Hattem trieben anfänglich wegen Dürftigkeit nur Acker= wirthschaft und Weberei; doch fanden sie einige Stunden des Tags um Bücher abzuschreiben und zu binden; allmählig kamen sie empor und beschäftigten sich mit Studien; ja sie richteten eine Schule ein, die nicht ohne Ruhm wirkte [3]). Eine gleiche Ver= schiedenheit der äußeren Lage zeigt sich auch bei den Klöstern der Kanoniker: das berühmte Kloster auf dem Agnesberge, wo Tho= mas von Kempen lebte, war, bei seiner Stiftung wenigstens, sehr arm; dagegen waren andre Klöster ungemein reich, wie das neue Licht bei Hoorn, welches das Prunkjuwel von Westfriesland ge= nannt wurde [4]). Doch mag bei den Kanonikern diese Verschieden= heit der äußeren Lage nicht sowohl eine verschiedene Art der Thätigkeit, als vielmehr nur das bewirkt haben, daß die reichen Klöster, wie fast immer und überall, bald Sitze der Trägheit und des Wohllebens wurden.

Die meisten Vereine der eigentlichen Brüder indeß blieben dem Geiste der Stifter und der ursprünglichen Bestimmung getreu und waren in jener günstigen mittleren Vermögenslage, welche sie nicht nöthigte, zur bloßen Handarbeit herabzusteigen, aber auch

---

1) Delprat S. 80.
2) Delprat S. 86.
3) Delprat S. 45. 46.
4) Delprat S. 86.

nicht reizte, sich dem Weltleben zuzuwenden. Ihre Hauptaufgabe war die religiöse Volksbildung und der Jugendunterricht, und in beiden Beziehungen haben sie offenbar etwas Epoche=machendes und Reformatorisches.

Für die religiöse Belebung des Volks wirkten die Brüder durch ihr eigenes Beispiel und durch die vielfachsten unmittelbaren Anregungen, welche sie denen gaben, die sich fast überall, wo ein Bruderhaus war, in weiteren Kreisen an sie anschlossen [1]). Na=mentlich ist hier einer Einrichtung zu gedenken, die ihre nicht ge=ringe Bedeutung hatte: die Brüder pflegten sich unter einander ihre Sünden zu bekennen und fortwährend an ihrer gegenseitigen Besserung zu arbeiten. Der Ursprung dieses freien Sünden=bekenntnisses schreibt sich von Gerhard selbst her und ging aus einem unmittelbaren Bedürfniß hervor. Als Gerhard einst mit seinen beiden vertrauten Schülern, Joh. Binkerink und Flo=rentius auf der Reise war, sprach er zu ihnen [2]): „Laßt uns einen jeden seine tägliche Schuld [3]) aussprechen." „Hieraus ent=stand", sagt Thomas, „die gute Gewohnheit, daß einer dem an=dern seine Fehler darlegte; auf diese Weise ermahnten sie sich wechselsweise ganz frei, erkannten bemüthig ihre Schuld und baten um Verzeihung; so, durch Liebe gebessert, gingen sie dann zu Ruhe." Auch Florentius empfahl diese Sitte bringend. „Es ist nützlich," sagt er [4]), „einem zuverlässigen und im Wege des Herrn erfahrenen Bruder seine inneren Kämpfe und Verwirrungen zu offenbaren, und nicht bloß auf seinem Sinne zu bestehen, sondern einem andern zu vertrauen und von ihm Rath zu empfangen." Diese Gewohnheit herrschte nun zwar zunächst nur unter den Brüdern selbst, aber unbemerkt mußte sie sich auch auf die reli=giöse Bearbeitung des Volkes ausdehnen [5]), und gewiß kamen auch zwischen den Brüdern und solchen Laien, die mit ihnen irgendwie in Verbindung traten, vielfache Gespräche über innere Zustände, vertrauensvolle Mittheilungen, Ergüsse und Ermahnungen vor, welche einerseits für die Erregung des frommen und die Schärfung des sittlichen Sinnes sehr folgenreich waren, andererseits das ab=

---

1) Vita Flor. XV, 2.
2) Vita Gerh. XII, 2.
3) suffragia nostra quotidiana.
4) Vita Florent. XXIII, 2.
5) In einer alten Unterweisung für die Brüder des g. L. bei Del=prat S. 162 heißt es: „Einander seine Mängel vor das Auge bringen, ist das Kennzeichen und die Wohlfahrt der Genossenschaft des gemeinsch. Lebens." Und dann, nachdem erwähnt ist, daß die Mönche scharfe Disciplin und schwere Pönen hätten: „Wir aber haben nichts als ein Tittlein, das ist die Vermahnung. Darum müssen wir recht treu darin seyn. Wenn die Vermahnung bei uns vergeht, so wird auch unser Staat vergehen."

genöthigte kirchliche Sündenbekenntniß bei der Beichte in den Hintergrund drängten und so einem der eingreifendsten hierarchischen Institute wenigstens indirect Abbruch thaten. Nicht ohne Bedeutung für die religiöse Volksbildung war auch, daß die Brüder im Leben jeden Eidschwur vermieden. Florentius gebrauchte nicht einmal eine starke Versicherungsformel, sondern sagte höchstens: ich erkläre euch letztlich, in der That und dergleichen [1]). Auch dadurch wirkten sie gewiß vielen Rohheiten und Leichtfertigkeiten entgegen, wie denn ihr ganzes Streben darauf gerichtet war, Besonnenheit, Aufrichtigkeit, höchste Gewissenhaftigkeit, im Handeln nicht nur, sondern auch im Reden, bis auf das geringste Wort, herzustellen.

Für die religiöse Erleuchtung des Volks waren die Brüder rastlos thätig durch ihre Vorträge. Diese waren wieder doppelter Art: entweder eigentliche Predigten, oder sogenannte Collationen, Collatien, gleichsam besondere geistliche Speisungen des Volkes außer der regelmäßigen Mahlzeit der Predigt.

Auf das Predigtwesen hatte Gerhard und seine Stiftung einen unverkennbar günstigen, umgestaltenden Einfluß. Schon seit Karl dem Großen war von den Priestern vielfach verlangt worden, dem Volke in einer verständlichen Sprache zu predigen. Allein im Ganzen vergeblich; die Form blieb die fremde lateinische, der Inhalt der abstruse scholastische. Nur einzelne Prediger erhoben sich, wie der Dominikaner Johann von Vicenza (um 1230) und der regensburger Franziskaner Berthold († 1272), als besondere Phänomene und predigten volksverständlich, practisch. Einen allgemeineren Impuls aber in dieser Beziehung gab Gerh. Groot; zu seiner Zeit sehen wir in Holland eine Reihe sehr ausgezeichneter Prediger, ohne Zweifel von ihm angeregt, auftreten, zu Utrecht wirkte Wermbold, Beichtvater der Schwestern der heil. Cäcilie, ein eifriger Verehrer der Schrift, inniger Freund des Florentius, von allem Volk als Prediger gesucht und gepriesen; zu Amersford Wilh. Henrici, Stifter einer Congregation von Klerikern; zu Zwoll Heinrich Gonde, Beichtvater der Beguinen; zu Harlem Hugo Aurifaber; zu Amsterdam Giesebert Dou; zu Medenblik ein Bruder Paulus [2]). Alle diese Männer müssen, da sie von Thomas im Zusammenhang mit Gerhard und Florentius genannt werden, auch in deren Sinn und Art gepredigt haben. Gewiß aber ist dieß von den geistlichen Rednern in der Mitte der Brüder selbst, unter denen uns nament-

---

1) Vita Flor. XV, 3.
2) Vita Florent. XXVII, 3.

lich Joh. Binkerink[1]) und Joh. Gronde[2]) als sehr beliebte
Prediger genannt werden. Sollen wir die eigenthümliche Predigt=
weise dieser Männer characterisiren, so fehlt es uns freilich an
Documenten, denn wir haben aus dem bezeichneten Kreise nur
eine lateinische, vor einer Kirchenversammlung gehaltene, Rede
von Gerhard selbst, und die gleichfalls lateinischen, fast durch=
gängig für ein klösterliches Publikum bestimmten, Sermonen des
Thomas von Kempen. Allein wir können doch, theils schon
hieraus, theils aus Anderweitigem manche Schlüsse ziehen. Den
Inhalt der Predigten bildete ohne Zweifel die christliche Lebens=
weisheit, die practische Mystik der Brüder, wie wir sie auch sonst
kennen: die Grundlehren von der Weltentsagung, Selbstverleugnung, Einigung mit Gott und Christo; die Dogmatik der Kirche
wurde benutzt, aber nicht scholastisch ausgeführt, sondern practisch
angewendet. Thomas gibt uns noch zwei Themata von Predigten
des Joh. Binkerink an, die er selbst gehört hatte; das eine war:
Gott hat seines eigenen Sohnes nicht verschonet; das andere:
Was soll ich dem Herrn geben für alles das, was er mir gegeben
hat[3])? Dieser Prediger pflegte wohl auch polemisch gegen die
Weltleute und apologetisch für den christlichen Standpunct der
Brüder zu sprechen. So sagte er in einer Predigt[4]): „Es gibt
welche, die bei Nennung des süßen Namens Jesu spottend sprechen:
Ei Jesus, der Gott der Beguinen [Betschwestern]! O Ihr
Elenden und Unsinnigen, was sagt Ihr? Wer ist denn Euer
Gott? Ist es vielleicht der Teufel, daß Ihr saget: Jesus der
Gott der Beguinen?" — Die Form der Vorträge der Brü=
der war lebendig, volksmäßig; sie sprachen aus innerem Triebe
und daher kräftig und herzlich, aber ungeschmückt. Ein Haupt=
mittel zur Belebung der Predigten war die Veranschaulichung durch
Beispiele und die Bekräftigung durch Aussprüche frommer und
erfahrener Lehrer. Dieses Mittel, namentlich der Bestätigung
durch Exempel, sehen wir vornehmlich Thomas von Kempen in
seinen Sermonen häufig anwenden[5]): indeß dürfen wir vermuthen,
daß es auch vorher schon von andern Predigern dieses Kreises
geschah. Noch wichtiger war der Gebrauch der Landessprache;
zwar haben wir von Thomas nur lateinische Predigten, aber diese
waren für das schulmäßig gebildete Publikum seiner Kanoniker

---

1) Vita J. Bink. 2.
2) Vita Joh. Gronde II, 2.
3) Vita Joh. Bink. 2.
4) Ebendas. sect. 3.
5) Er spricht sich darüber selbst aus Concio XXVIII de Dominica
Palmar. p. 232.

bestimmt; in ihren Volksvorträgen sprachen die Brüder gewiß durchgängig plattdeutsch. Bemerkenswerth ist außerdem die Länge ihrer Predigten. Man könnte zweifeln, ob dieß ein Vorzug sey; allein es beruhte auf einem guten Grunde, dem mächtigen Eifer der frischen Begeisterung, und fand guten Eingang bei dem sonst so vernachlässigten, hör= und lernbegierigen Volke. Während man sonst gewöhnlich nur eine Viertelstunde oder noch kürzer zu predigen pflegte [1]), sprach Gerhard bisweilen drei Stunden lang, und Johannes Gronde dehnte die Predigten, die er zu Zwoll in der Quadragesimal=Zeit hielt, bisweilen auf sechs Stunden aus, freilich so, daß er in der Mitte zur Erholung eine kleine Pause machte [2]). Es liegt nahe, die Sitte der so sehr langen Predigten in Holland hieraus zu erklären; jedenfalls aber ist vorauszusetzen, daß die Brüder, die so manche bedeutende Prediger in ihrer Mitte hatten, einen nicht geringen Einfluß auf die Belebung und Um= gestaltung des Predigtwesens in den Niederlanden und in Nord= deutschland übten.

Zur Ergänzung der Predigten dienten bei den Brüdern die Collatien, erbauliche Privatvorträge, die noch mehr einen po= pulären Character hatten. Sie fanden zunächst in den Bruder= häusern statt. Gewöhnlich ward an den Nachmittagen der Sonn= und Festtage in jedem Fraterhaus [3]) eine Collatie gehalten; es wurde dabei ein Abschnitt aus der Schrift, besonders den Evan= gelien, vorgelesen, erklärt und practisch angewendet; auch richtete der Redner zur Belebung und Nutzbarmachung des Vortrags bis= weilen Fragen an die Anwesenden [4]). Diese Erbauungsstunden, für die man sich natürlich durchaus der Volkssprache bediente, erregten unter dem Volke große Theilnahme und wurden als so nützlich anerkannt, daß viele Vermächtnisse unter den Brüdern unter der Bestimmung gemacht wurden, an allen heiligen Tagen Collatien zu veranstalten. In Gouda z. B. schenkte um 1425 der Priester Dirk Floriszoon sein Haus zu einer Stiftung der Brüder mit der Bedingung, „daß sie an jedem heiligen Tage Er= mahnungen vortragen sollten, die paßlich, vortheilhaft und nütz= lich für den gemeinen Mann wären" [5]). Auch die Fraterhäuser gegenseitig suchten sich durch solche Vorträge zu erbauen: Flo=

---

1) S. Zerbolts Tractat de utilitate lectionis sacr. lit. in lingua vulgari (Daventr. illustr. p. 45.), wo es heißt: Et revera parum dis= cunt vel retinent laici ex hoc, quod in *quindena* vel *minus* audiunt *quandoque* praedicationem, et interdum parum intelligunt.
2) Vita Joh. Gronde II, 3.
3) welches davon wohl auch Collatienhaus hieß.
4) Delprat S. 104.
5) Delprat S. 53.

rentius besuchte bisweilen, um Ansprachen zu halten, die benach=
barten Fraterhäuser oder sorgte, daß es durch andre dazu tüchtige
Männer geschah [1]. Ja bis in die Familien hinein erstreckte sich,
jedoch ohne Zudringlichkeit, diese Thätigkeit der Brüder: wir wissen
namentlich von Joh. Gronde († 1392), der eine sehr klangreiche,
Ohr und Herz gewinnende Stimme hatte, und als einer der
trefflichsten Prediger auch von Florentius besonders gern gehört
wurde [2], daß er bisweilen in Privatgesellschaften beim Mahle
sitzend, wenn man ihn dazu aufforderte, Worte der Belehrung
und Erbauung sprach [3].

Bei Weitem das Wichtigste und Wohlthätigste jedoch blieb
die Beschäftigung der Brüder mit dem Jugendunterricht.
Daburch vornehmlich halfen sie eine neue Generation heranbil=
den [4]. Indeß war auch hier ihre Wirksamkeit verschieden. An
manchen Orten hatten sie keine eigenen Lehranstalten, sondern
traten mit den schon vorhandenen Schulen in freie Verbindung
und suchten die Zöglinge derselben geistlich und leiblich zu för=
bern,, indem sie ihnen Bücher gaben, fromme und gelehrte Unter=
haltung mit ihnen pflogen, ihnen Unterkunft oder Verbienst ver=
schafften. An andern Orten eröffneten sie selbst Schulen, in denen
besonders Unterricht im Lesen, Schreiben und Singen, im Latei=
nischen (auch durch fortgesetzte Sprechübung) und in der Religion,
namentlich in der biblischen Geschichte ertheilt wurde [5]. Wieder
in andern Städten vereinigten sie sich mit einer bestehenden
Schule in der Weise, daß ihnen einige Klassen derselben zur be=
sondern Leitung übergeben wurden. So war es bei der berühmten
Anstalt zu Deventer der Fall [6]. Diese vielbesuchte Stadt=
schule — Thomas nennt sie ein Studium particulare [7] — war
schon vor den Stiftungen Gerhards vorhanden; als diese ent=
standen, traten beide Institute in eine freie Verbindung. Die
Vorsteher waren großentheils befreundet, viele Schüler empfingen
von den Brüdern Unterstützung, wurden von ihnen selbst oder
auf ihre Empfehlung von wohlthätigen Personen in Kost und

---

1) Vita Flor. XXIII, 1.
2) Vita Jo. Gronde II, 2.
3) Ebendaſ. II, 3.
4) Dieses Verdienst der Brüder ist auch von Anfang an besonders
anerkannt worden. So sagt *Andreae* Bibl. belg. p. 277. Gerbard habe
die Fratres communis vitae gestiftet: qui Scholas Latinas juventuti
undique ad se confluenti aperirent, et non bonis tantum litteris, sed
et bene vivendi moribus discipulos instruerent.
· 5) Delprat S. 96. 98.
6) Delprat S. 97.
7) Vita Aemilii Burensis sect. 2: Daventriae studium particulare
tunc satis viguit.

Wohnung genommen, und theilten die Arbeiten und frommen
Uebungen des Bruderhauses. Manche gingen auch ganz in den
Bruderverein über. Zur Zeit des Florentius war Johannes
B o h e m e (Böhme) Rector der Schule; er war ein großer Ver=
ehrer des Florentius, hörte ihn häufig predigen, und that den
Schützlingen des Florentius um des geehrten Meisters willen
Manches zu Gefallen 1). Durch diese Theilnahme der Bruder=
häuser wurde die Blüte der Schulen in hohem Grade gefördert.
Wo ein Bruderhaus war, fand sich sicherlich auch ein zahlreicher
Kreis von Schülern, ja an manchen Orten wuchs die Zahl ins
Ungeheure, wie z. B. die Schule der Brüder zu Herzogenbusch
häufig von 1200 Jünglingen besucht wurde 2). Dieß hatte seinen
Grund zum Theil darin, daß bei den Brüdern auch der Arme
sein Fortkommen und die nöthigen Studienmittel fand; denn ob=
wohl der Unterricht nicht allgemein frei war, so genossen doch
die Unbemittelten in der Regel diese Vergünstigung 3). Wo nun
aber auf eine große Zahl von Schülern zu rechnen war, konnten
auch ausgezeichnetere Lehrer gewonnen und auf die Dauer fest=
gehalten werden. Dieß wirkte dem Umherziehen der Gelehrten
entgegen; es bildete sich ein festeres Verhältniß zwischen Lehrern

1) Vita Florent. XXIV, 2.   Im Leben des Johannes Gronde erzählt T h o m a s v. K. Cap. 1. p. 88. Folgendes von sich: Als ich des Stu-
dierens wegen nach Deventer gekommen war, besuchte ich auch das Kloster
Windesem; da befand sich bei den Kanonikern auch mein leiblicher Bruder
(Johann von Kempen), und auf bessen Rath besuchte ich dann zu Deventer
den Herrn Florentius, der damals schon weit berühmt war. . . . Er verschaffte mir unentgeldlich eine Unterkunft bei einer ehrbaren und frommen
Matrone und gab mir Bücher, wie e r denn dieselbe Wohlthat auch
vielen andern Klerikern erzeigte. Aehnlich im Leben des Arnold
Schoonhove sect. 1: Cum Daventriensis Ecclesia Reverendi Patris
Dom. Florentii floreret praesentia, et multi de diversis partibus
scholares Daventriam intrarent propter doctrinae studium, venit
illuc de finibus Hollandiae bonae naturae juvenis, Arnoldus nomine . . ., praesentavit se obtutibus D. Florentii ad habendum hospitium in domibus devotorum clericorum, quorum non parva mul-
titudo in diversis domibus sub cura et disciplina devotissimi Patris
vivebat.
2) Auch die g r ö n i n g e r Schule hatte einen außerordentlichen Zulauf,
besonders unter Regner Prädinius. S. Delprat S. 57.
3) Aus der angeführten Stelle im Leben des Florentius (XXIV, 2.)
ersehen wir, daß T h o m a s v. K. als Knabe in Deventer Schulgeld zu
bezahlen hatte, dasselbe aber um seiner Verbindung mit Florentius willen
vom Rector zurückbekam. — In Herzogenbusch fand neben der sieben-
fachen Klasseneintheilung auch eine Abtheilung der Schüler in Divites,
Mediocres et Pauperes statt, welcher gemäß sie vermuthlich ganz, halb
oder gar nicht zahlten. (S. Delprat S. 47.) Die Pforte des dortigen
Fraterhauses (Lindeborn Hist. Episc. Daventr. c. 113.) hatte eine Ueberschrift, die mit den Worten schloß:
Interea gratis docui quos pressit egestas,
Et mercede, quibus sors satis ampla fuit.

und Schülern, die Lehrer waren mehr im Stande dauerhaft und eingreifend zu wirken, und die besser vorbereiteten Schüler hatten auch bei ihren ferneren Studien größere Erfolge. Selbst auf die ganze Einwohnerschaft einer Stadt wirkte mitunter ein Bruder= haus zur allgemeinen Erhöhung des Culturstandes. An Amersford z. B. wurde auf diese Weise um die Mitte des 16ten Jahrhunderts die Kenntniß des Lateinischen so gewöhnlich, daß die geringsten Handwerksleute lateinisch verstanden und sprachen; die gebildeteren Kaufleute wußten griechisch, die Mädchen sangen lateinische Lieder und überall auf den Straßen hörte man ein zierliches Latein [1]). Dieser Bericht mag ins Glänzende gemalt seyn, aber gewiß ist, daß die Brüderschulen überall bemüht waren, die Einfachheit und Reinheit der römischen Sprache wieder herzustellen, und deren Kenntniß zu verbreiten [2]). Auch kann ihnen nachgerühmt werden, daß sie eine große Liebe zur Dichtkunst zeigten und den Eifer dafür unter ihren Schülern anzuregen suchten; dieß möchte indeß weniger [3]) mit ihrer nominalistischen Denkart, als vielmehr mit ihrer gemüthlichen Frömmigkeit, mit ihrer Mystik zusammen= hängen.

Auch in der S c h u l e , wie in der Kirche, wirkten die Brüder r e f o r m a t o r i s c h. Schon ihr tiefer, rastloser, uneigennütziger Eifer für den Jugendunterricht war etwas Neues; man sah, es war ihnen Ernst, ein besseres Geschlecht zu bilden. Noch mehr lag in der Art ihres Unterrichts: sie warfen einmal herzhaft das ganze geschmacklose, zum Plunder gewordene, scholastische Unwe= sen weg, und wendeten sich von dem Verwirrenden und Unnützen zum Nothwendigen und Gesunden, von der Barbarei der Neueren zur Einfachheit und Reinheit der Alten. Es war in den letzten Jahrhunderten mit der theologischen Orthodoxie auch eine, freilich höchst verkehrte, philologische entstanden. Die ganze Tiefe und Spitzfindigkeit der scholastischen Speculation konnte nur in barba= rischer Form ausgedrückt werden. Es hatte sich allmählig unter den Händen der Schultheologen ein Latein gebildet, von dem Cicero nur hie und da ein armes verlorenes Wort verstanden haben würde. Aber mit dieser Form war das System selbst so verwachsen, daß es mit ihr stand und fiel. Und diese Form hatte auch wieder ihre durch langen Besitzstand festgewordenen Stützen, die in allen Schulen gebrauchten Sprachbücher: Mammotrectus, Gemma Gemmarum und ähnliche, ganz besonders aber das Doc-

---

1) D e l p r a t S. 44.
2) D e l p r a t S. 119 ff.
3) wie D e l p r a t annimmt. S. 122.

trinale Alexandri de villa Dei [1]). Diese Bücher standen so gut unter dem Schuße der Kirche, wie das wichtigste Dogma; wer sich gegen sie erhob, rief den Zorn der Schulen und ihrer Häupter, ja die Gewalt der Kirche nicht minder gegen sich auf, als ein Keßer. Auch dieses Wahnbild zerstörten die Gelehrteren von den Brüdern des gemeinsamen Lebens; sie ließen jene unnüßen Bücher ganz zur Seite liegen oder bekämpften sie auch förmlich, sie gaben den Jünglingen die Alten selbst in die Hand und versorgten sie mit besseren Lehrbüchern. Namentlich erwarb sich auch hierin die Schule zu Deventer, und an ihrer Spiße Alexander Hegius und Johannes Sintius unsterbliche Verdienste [2]). Im Allgemeinen aber betrieben die Schulen der Brüder mit so viel Glück ein besseres Latein und gingen im Verfolg mit so großem Eifer auch zum Griechischen über, daß aus ihrer Mitte die vornehmsten Erneuerer der alten Literatur am Schlusse des 15ten und zu Anfange des 16ten Jahrhunderts hervorgehen konnten.

Hiermit wäre das Wesentliche der Einrichtung, der Thätig=keit und der weitgreifenden Einwirkung des Vereins vom gemein=samen Leben dargestellt. Wir haben nun dessen Fortentwickelung zu betrachten, und zwar bieten sich uns hier vornehmlich zwei neue Seiten dar, in denen die Tendenz der Brüder noch voll=ständiger und ausgeprägter zum Vorschein kam, als bisher. Schon von Anfang an hatten sich die Brüder für die Bearbeitung des Volkes der Landessprache bedient; aber dieser religiöse Ge=brauch der Landessprache war zunächst etwas gleichsam Instinctmäßiges gewesen; jetzt kam dieser Punct auch grundsäßlich zur Sprache und wurde förmlich als Princip aufgestellt; dieß gab nicht nur den volksmäßigen Vorträgen der Brüder eine gesichertere Grundlage, sondern auch ihrem Eifer für das Bücherabschreiben die allerzweckmäßigste Richtung auf die Verbreitung der Bibel und christlicher Schriften in der Landessprache, und welche refor=matorische Bedeutung dieß hatte, muß wohl schon von vorne herein einleuchten. Um aber für diese Form einen ganz ent=sprechenden, gleichsam fest ausgeprägten Inhalt zu gewinnen, dazu mußte auch die Lehre der Brüder noch bestimmter und zu=sammenhängender dargestellt werden. Diese, von Haus aus eine practische Mystik, war von Gerhard und seinen ersten Nachfol=

---

1) S. darüber *Fabric.* Bibl. med. I, 177. *Burkhard* de fatis linguae lat. II, 408.
2) Das Einzelne bei Delprat S. 119 ff. und über Sintius ins=besondere S. 27 u. 109.

gern nur in Sprüchen, Sentenzen, Lebensregeln ausgesprochen worden, es hatte sich davon unter den Brüdern eine reiche Tra=dition angesammelt, aber dieses Ueberlieferte mußte nun auch einmal in ein Ganzes zusammengefaßt werden, damit es in dieser Einheit desto klarer und wirksamer würde. Auch dieß geschah auf solche Weise, daß darin ein Element des **Reformato=rischen** nicht zu verkennen ist. Für beide Entwickelungsmomente der Genossenschaft haben wir repräsentative Persönlichkeiten: für jenes einen der volksmäßiger wirkenden Kleriker, **Gerhard Zerbolt,** für dieses einen der stiller lebenden Kanoniker, **Tho=mas von Kempen;** jener war der eifrigste Bücher=Schreiber und Bewahrer unter den Brüdern und der entschiedenste Verthei=diger des religiösen Gebrauchs der Muttersprache, dieser, auf noch ausgezeichnetere Weise, der trefflichste Verarbeiter und wirk=samste Verbreiter ihrer christlichen Mystik. Beide haben wir nun zu betrachten.

Dritter Theil.

Die weitere Fortbildung und Blüte des Vereins vom gemeinsamen Leben.

Erstes Hauptstück.

Gerhard Zerbolt und der religiöse Gebrauch der Landessprache.

Mit Florentius noch gleichzeitig, aber doch ungefähr 17 Jahre jünger als dieser, machte sich unter den Brüdern zu Deventer Gerhard Zerbolt bemerklich [1]). Derselbe war ums J. 1367 in Zütphen geboren und führt daher auch häufig den Namen Gerhard von Zütphen, ist aber nicht mit einem andern Gerhard von Zütphen, welcher Lehrer der scholastischen Theologie in Köln war, zu verwechseln. Er besuchte zuerst einige auswärtige Schulen, erhielt dann aber hauptsächlich seine Bildung auf der blühenden Anstalt zu Deventer, wo er sich bald aufs innigste an Florentius und die Brüder anschloß. Schon als Knabe und Jüngling zeigte Gerhard einen verzehrenden Studieneifer; er hing am Munde seiner Lehrer, die Zeit zum Lernen schien ihm immer zu kurz, er bedauerte nichts mehr, als wenn die Lehrstunden ausgesetzt wurden [2]). Dieser Eifer blieb ihm auch in späterer Zeit und erhielt nun seine bestimmtere Richtung unter dem Einflusse der Brüderschaft, in die er trat. Rastlos beschäftigt mit dem Lesen,

---

1) Nachrichten über Zerbolt gibt Thomas v. K. in der 7ten Biographie der Brüder: Vita Dom. Gerardi Sutphaniensis. Außerdem: Daventria illustr. p. 36 sqq. *Dumbar* Kerk. en Wereldl. Deventer I, 616. *Andreae* Bibl. belg. p. 287. *Foppens* 1, 363. *Saxi* Onomast. T. VII. *Fabricii* Bibl. med. III, 127. Delprat S. 140.
2) Thom. Vita Gerh. Sutph. sect. 2.

Studieren, Abschreiben der Bibel und anderer christlichen Schriften, brachte er, nur durch Andachtsübungen und das Essen unter=
brochen, den ganzen Tag in seiner Zelle zu und trat kaum an
den heitersten Tagen etwas ans Fenster, um freie Luft zu
schöpfen [1]). Aeußere Dinge waren ihm völlig gleichgültig: er
merkte selten, was er aß, und sein Körper wurde, auch in krank=
haften Zuständen, ungebührlich von ihm vernachlässigt. Doch
war er auch in weltlichen Dingen nicht unerfahren: er hatte gute
Kenntnisse und ein gesundes Urtheil in Sachen des Rechtes, und
wurde häufig von Florentius in Rechtsfällen um Rath gefragt
und zu juristischen Verhandlungen benutzt [2]). Eine solche pflog er mit
dem Abt von Dickeninghe, einem geschickten Kanonisten, mit wel=
chem er sich häufig zu besprechen pflegte, als er auf dem Rückwege
nach Deventer zu Windesem von einer tödtlichen Schwachheit be=
fallen wurde. Aemilius van Buren, nach der offenen Weise der
Brüder, über solche Dinge zu sprechen, sagte zu ihm: „Es scheint
mir, daß es mit dir zum Sterben gehen will"; er erwiederte:
„Es kommt mir auch so vor." Bald darauf verschied er, in der
Nacht der h. Barbara des J. 1398, im 31sten seines Alters,
ungefähr 2 Jahre vor Florentius [3]). Uebertriebener Eifer im
Studieren und Vernachlässigung des Körpers mögen seinen frühen
Tod herbeigeführt haben. Florentius und die Brüder beweinten
den theuren Mann „als eine Säule des Hauses und als die rechte
Hand in Geschäftssachen [4])."

Gerhard von Zütphen hatte für die Brüderschaft eine
zwiefache Bedeutung, zunächst für das Bücherwesen derselben,
dann eine noch weit größere für ihre populär=reformatorische
Thätigkeit.

Gerhard Groot, der eifrige Liebhaber und Sammler guter
Schriften, hatte seine Büchersammlung dem Bruderhause zu De=
venter vermacht [5]). Florentius und Johann de Gronde, die er
zunächst zu Aufsehern derselben eingesetzt, vermehrten dieselbe an=
sehnlich; aber keiner war eifriger und zugleich verständiger hierin,
als Gerhard Zerbolt, seit er zum Bibliothekar des Bruder=
hauses bestellt worden. Er war ein außerordentlicher Freund
guter Bücher und pflegte zu sagen: „Solche Bücher predigen und
lehren mehr, als wir aussprechen können [6])." Ein schöner Codex

---

1) Thom. Vita Gerh. Sutph. sect. 3. 4.
2) Ebendas. sect. 6.
3) Ebendas. sect. 7. 8.
4) Ebendas. sect. 8.
5) Delprat S. 15.
6) Vita Ger. Sutph. sect. 5.

war ihm lieber, als eine gute Mahlzeit. Er ließ daher fort=
während abschreiben, sammelte überallher Bücher und bewahrte
sie mit höchster Sorgfalt. Doch vergaß er auch als eifrigster
Bibliothekar nie, daß der Mensch nicht um der Bücher willen,
sondern das Buch um des Menschen willen da ist: er überließ
gern seine Codices auch an auswärtige Kleriker, damit sie darin
studieren und sich daraus erbauen könnten [1]). Rein practischen
Leuten unter den Brüdern mochte dieser Büchereifer übertrieben
und schädlich vorkommen. Als der fromme Koch des Bruderhauses,
Johann Cacabus, auf dem Sterbebette von Florentius befragt
wurde, was nach seiner Meinung an der Anstalt gebessert werden
möchte, sagte er unter Anderm: „Wir haben zu viele Bücher;
man sollte nur die nothwendigsten behalten, die übrigen aber ver=
kaufen und das Geld den Armen geben [2])." Der einsichtige,
höher stehende, Florentius erkannte die gute Gesinnung des Bru=
ders, aber er befolgte seinen Rath nicht [3]). Die Rich=
tung der Brüder auf das Bücherschreiben und Sammeln, die
durch Gerhard Zerbolt einen so starken Impuls erhalten, ging
ihren Gang fort; und in der That war auch die Sache, vor Er=
findung der Buchdruckerei, von äußerster Wichtigkeit; erstlich von
literarischer, denn überall fanden nun die Lehrer und die studie=
renden Jünglinge in den Bibliotheken der Bruderhäuser gute
Waffenplätze für ihre Uebung und gelehrte Thätigkeit; zweitens
von populärer, denn durch den Schreib=Eifer der Brüder wurden
nützliche Bücher und Tractate unter dem Volke verbreitet, die um
so mächtiger einwirkten, da sie, was auf dem religiösen Gebiete
neu war, die Sprache des Volkes selber redeten.

Dieß führt uns auf den zweiten, wichtigeren Punct, die
Thätigkeit Zerbolts für die Verbreitung und den Gebrauch der
Bibel in der Landessprache und die Anwendung der
Muttersprache im ganzen religiösen und kirchlichen Leben.
Ueber beide Gegenstände hat Zerbolt, der selbst ein sehr beredter
Mann [4]), und dem gewiß im Leben die große Bedeutung der
Muttersprache fühlbar geworden war, Schriften verfaßt, die ein
merkwürdiges Zeichen jener Zeit sind und eine ausführlichere
Berücksichtigung verdienen. Sie zeigen, wie verständig, gründlich
und besonnen ein der Kirche vollkommen ergebener Mann etwa
130 Jahre vor dem Anschlagen der lutherischen Thesen über

---

1) Vita Ger. Sutph. sect. 5. Daventr. illustr. p. 36.
2) Vita Joannis Cacabi sect. 12.
3) *Dumbar* Analect. 1, 36. Delprat S. 139.
4) Vita Gerh. Sutph. sect. 6: Clerici libenter collationes ejus
audiebant, quia erat vir eloquens et doctus.

diese Sache sich aussprach, und wie Luther durch seine Bibel=
übersetzung nichts gethan hat, als daß er ein großes, tiefgefühltes
Bedürfniß mit ausgezeichnetem Erfolge befriedigte. Der gesunde
Sinn und die Freimüthigkeit Zerbolts ist aber dabei in Beziehung
auf seine Zeitgenossen um so mehr zu schätzen, als selbst der
Ausgezeichnetste unter den gleichzeitigen Theologen, Gerson,
die Verbreitung der Bibelübersetzungen unter den Laien für sehr
bedenklich hielt [1]), weil er davon Misverständnisse, Halbwisserei
und unzeitigen Widerspruch gegen die Kirchenlehre befürchtete,
ohne zu bedenken, daß solche Uebel, die allerdings vorkommen
können, durch mannichfaltige wohlthätige Wirkungen weit über=
wogen werden.

Der Tractat des Gerhard Zerbolt über den Nutzen des
Bibellesens in der Landessprache [2]), welcher, weil für
Gelehrte bestimmt, lateinisch, aber in einem recht guten Latein,
abgefaßt ist, bringt mit einem von aller Schwärmerei freien,
reinen und practischen Sinn ebenso kräftig darauf, daß alle Laien
sich selbst aus der heiligen Schrift belehren und erbauen sollen,
als er auf der andern Seite mit Ernst von der religiösen Grübelei und vor jener krankhaften Neigung warnt, sich am liebsten
mit den Theilen der Schrift zu beschäftigen, die etwas Dunkeles
und Geheimnißvolles haben. Es ist, sagt er, in der Schrift eine
schlichte, einfache und jedem zugängliche Lehre, zu deren Ver=
ständniß kein tiefes Forschen oder Disputiren nothwendig, die viel=
mehr ohne große Mühe und gelehrten Streit einem jeden, der sie
liest, durch sich selbst klar ist; dagegen findet sich auch eine andere
Lehre: erhaben, tief und dunkel, zu deren Verständniß ein fleißiges
Forschen und tieferes Eindringen erforderlich ist; die Lehre der
ersten Art kann Milch, Trank oder Wasser, die der zweiten Art
feste Speise oder Brod genannt werden. Den einfachen un=
gelehrten Leuten oder Laien, die gleichsam Kinder in der Er=
kenntniß sind, ist es nun nützlich und auf keine Weise verboten oder
unerlaubt, sondern von heiligen Männern empfohlen, daß sie in der
ihnen bekannten Sprache diejenigen Bücher der Schrift lesen oder
lesen hören, welche jene einfache oder offenkundige Lehre enthalten;

---

1) *Gerson.* Opp. ed. Du Pin. T. I. Pars I. p. 105., besonders aber
T. IV. P. II. p. 623. Consider. 5.

2) Gerhard Zerbolt verfaßte ein Buch de Libris Teutonicalibus.
Daraus ist ein Excerpt de Utilitate lectionis sacrarum literarum in
lingua vulgari mitgetheilt in der Daventria illustr. p. 41—55, woraus
ich hier das Wesentliche gebe. Zerbolt entwickelt 15 Gründe; diese habe
ich jedoch nicht alle, und auch nicht in der Reihefolge, die sie bei ihm haben,
sondern nur die wichtigsten in einer zweckdienlich scheinenden Ordnung zu=
sammengestellt.

dagegen ist es ihnen nicht heilsam, sich mit jenen Büchern der Schrift oder heiliger Lehrer viel zu beschäftigen, welche die eben bezeichnete tiefe, schwierige und dunkle Lehre enthalten, mögen dieselben nun in der Landessprache oder irgend einer andern herausgegeben und übersetzt seyn. Daß aber das Lesen der Schrift in der Landessprache den Laien durchaus nicht unerlaubt, sondern wohlthätig und nothwendig sey, dafür spricht Folgendes: „Die heil. Schrift bildet und belehrt nicht bloß einen besonderen Stand, sondern sie unterweist jeden in seinem Stande; denn bisweilen schreibt sie allen im Allgemeinen Lebens= und Glaubensregeln vor, an den meisten Orten aber wendet sie sich mit ihrer Lehre an diesen oder jenen besonderen Stand. Bald belehrt sie die Anfänger, bald unterrichtet sie die schon weiter Fortgeschrittenen, bald bildet sie das Leben der Vollkommenen, und so entspricht sie einem jeden nach seinem sittlichen Zustande. Mithin ist die Schrift allen Menschen in allen Ständen gegeben, und zwar dazu, damit die, welche gleichsam aus sich selbst entflohen und ihrem eigenen Herzen entfremdet waren, welche ihre Sünden innerlich nicht er= kennen konnten, dieselben wenigstens von außen erkennen lernten durch das in der heiligen Schrift vorgehaltene Bild. Welcher Vernünftige möchte nun sagen, die Laien sündigten, wenn sie die Schrift dazu gebrauchen, wozu sie von Gott gegeben ist, daß sie nämlich ihre Sünden erkennen, schmerzlich bereuen und meiden lernen? Warum sollen sie nicht auch des göttlichen Gesetzes, wie anderer allgemeiner Wohlthaten Gottes, theilhaftig seyn, da das Gesetz Gottes und die heilige Schrift unter allen göttlichen Wohl= thaten als etwas ganz Einziges obenan stehen? Es dürfen also die Laien von dieser Wohlthat, von diesem göttlichen Trost, durch welchen die Seele Leben und Nahrung hat, mit Recht nicht ausgeschlossen werden." Ueberhaupt ist es der wesentlichste Zweck der heiligen Schrift, die Wirkungen des natürlichen Gesetzes zu unterstützen und zu verstärken, damit der Mensch, was er durch das verdunkelte oder minder lichtvolle Naturgesetz innerlich nicht sehen konnte, durch die äußere Unterstützung der Schrift sehe und erkenne; dies gilt von allen Menschen, von den Laien aber um so mehr, da sie fortwährend in weltliche Geschäfte und Sorgen verwickelt sind, wodurch ihr inneres Auge, ihre Unterscheidungs= gabe und Vernunft oder das Naturgesetz in ihnen wie mit Staub überzogen wird; ihnen ist es vor Allem wohlthätig, zu gewissen Zeiten von solchen Geschäften zu rasten, in sich selbst einzukehren und sich im Spiegel des göttlichen Wortes zu betrachten. Die Laien sollen ja auch gesetzlich zu gewissen Zeiten in die Kirche kommen, um das Wort Gottes zu hören; wenn sie nun die hei=

lige Schrift nicht wissen sollen, warum wird sie ihnen gepredigt? Und warum können sie dasselbe oder Aehnliches nicht auch in Büchern lesen? Wahrlich die Laien lernen und behalten wenig von dem, was sie in einer Viertelstunde oder in noch kürzerer Zeit hören und mitunter nicht einmal verstehen. Wenn die Laien, ohne daß man es ihnen verbietet oder sie nur tadelt, weltliche Bücher und Gedichte, oft sehr schlüpfrige und verführerische, lesen, wenn sie mit unnützen Dingen sich beschäftigen, wie mit dem tro= janischen Krieg, dem rasenden Roland, der schönen Diana, so wäre es doch höchst unvernünftig, wenn man sie von der Schrift abhalten wollte, wodurch sie zur Liebe Gottes und zur Sehnsucht nach dem himmlischen Vaterlande entflammt werden. Haben doch auch die größten Kirchenlehrer, ein Hieronymus, Augustinus, Gregorius, Chrysostomus die Laien stets zum Studium der hei= ligen Schriften ermahnt; das würden sie aber nicht gethan haben, wenn sie es für schädlich oder unerlaubt gehalten hätten. Daß aber die Laien die Schrift in der L a n d e s s p r a c h e lesen, bringt die Natur der Sache mit sich. Ursprünglich ist ja die ganze Bibel in der Sprache geschrieben, in welcher sie von denen, für die sie bestimmt war und überhaupt von Allen am besten ver= standen werden konnte; das alte Testament für die Juden hebräisch, das neue Testament griechisch mit Ausnahme des Evan= geliums Matthäi und des Briefs an die Hebräer, welche hebräisch geschrieben sind, nach Einigen auch des Briefs an die Römer, welcher lateinisch abgefaßt seyn soll [1]. Wenn es nun nicht er= laubt seyn sollte, die Bibel in der gangbaren Sprache zu lesen, warum hätten sie die Propheten und die Apostel in derselben geschrieben, und Paulus und Matthäus sich nicht lieber bei den Juden der griechischen oder lateinischen oder irgend einer bei ihnen nicht gewöhnlichen Sprache bedient, und bei den Griechen der hebräischen? Auch wurden ja von der frühesten Zeit an ent=

---

1) Zerbolts kritische Kenntnisse darf man natürlich nur nach dem Stand= puncte der Zeit beurtheilen. Die hebräische Ursprache des Matthäus erkennt, wiewohl nicht mit allgemeiner Uebereinstimmung, auch die neuere Kritik an, beim Hebräerbrief aber wird mit völlig zureichenden Gründen das hebräische Original, und noch entschiedener beim Brief an die Römer und — was Zerbolt später auch noch berührt — beim Evangelium des Marcus das lateinische verworfen. Sehr bemerkenswerth ist aber noch das Urtheil Zerbolts über das Verhältniß der Vulgata zum biblischen Grundtext und man sollte fast meinen, er habe dabei in prophetischem Geiste auf die vierte Session des tridentinischen Concils Rücksicht genommen; denn er sagt wörtlich so: „In der hebräischen und griechischen Sprache ist die heil. Schrift weit mehr a u t h e n t i s c h, als in der lateinischen. Denn die lateinische Ueber= setzung ist stets aus dem hebräischen und griechischen Text zu berichtigen und zu verbessern, wenn etwa eine Zweideutigkeit in der lateinischen Sprache vorkommt." Daventr. illustr. p. 53.

weder von ausgezeichneten Kirchenlehrern selbst oder doch mit
Billigung derselben Uebersetzungen der Bibel in die verschiedenen
Landessprachen gemacht, besonders in die über die ganze Welt
verbreitete lateinische Sprache. Die ägyptischen Mönche studierten
nach Cassian Tag und Nacht die Schrift, und verstanden weder
griechisch noch lateinisch; sie lasen dieselbe also in der ägyptischen
oder einer verwandten Sprache. Die Juden haben die Bibel
hebräisch, die Chaldäer chaldäisch, die Griechen griechisch, die Ara=
ber arabisch, die Syrer syrisch, die Gothen gothisch, die Aegypter,
Inder, Russen, Slaven, Gallier, alle Völker haben sie in ihrer
Sprache; wenn nun die Schrift beinahe in allen Sprachen ge=
lesen wird, die unter dem Himmel sind, warum sollte sie nicht
eben so gut im Deutschen gelesen werden, wie im Arabischen
und Slavischen? Das Bibellesen kann nie unerlaubt seyn, denn
sonst müßte es entweder etwas für sich Verwerfliches, oder etwas
förmlich Verbotenes seyn. Keines aber ist der Fall: das Lesen
der Schrift kann nicht an sich schlimm seyn, denn es ist ein Haupt=
mittel, den Menschen im Guten und in der Ueberwindung des
Bösen zu fördern; es ist aber auch nicht untersagt, denn weder
in der Theologie noch im Rechte wird ein wirkliches Verbot des
Bibellesens gefunden, sondern überall wird es empfohlen. Statt
also die Laien am Lesen guter deutscher Bücher und der deutschen
Bibel zu hindern, sollte man sie unterstützen, denn es wäre viel
wohlthätiger, wenn sie damit ihre Zeit zubrächten, als mit un=
nützen Fabeln und Geschichten oder mit Trinken in den Schenken.

Es läßt sich erwarten, daß sich Zerbolt über einen verwand=
ten Gegenstand, über das Gebet in der Muttersprache,
auf eine ähnliche Weise äußern werde [1]. Schon damals, lange
vor Erfindung der Buchdruckerei, hatten die Laien geschriebene
Gebetbücher, in denen sie zu gewissen Zeiten zu lesen pflegten;
es fragte sich nun, ob sie ihre Gebete und Psalmen in der Mutter=
sprache oder nach der allgemeinen Sitte der Kirche lateinisch lesen
sollten? Zerbolt stimmt hier natürlich mit Beziehung auf mehrere
Aussprüche des Apostel Paulus 1 Kor. 14. ebenfalls für das
Verständliche als das Erbaulichere und Fruchtbarere, und sagt unter
Anderm: Es gibt im Gebet eine vierfache Art von Aufmerksam=
keit oder Hinwendung des Gemüthes. Zuerst eine oberflächliche
auf den Wortlaut, wodurch der innere Sinn wenig Nahrung
empfängt; sodann eine Aufmerksamkeit auf den Wortverstand, wo=
durch die Seele Nahrung empfangen kann, wenn das Gebet etwas

---

1) Excerptum alterum de Precibus vernaculis. Daventr. illustr.
p. 55—58.

Andächtiges enthält; ferner eine geistige Aufmerksamkeit, wenn aus den Worten des Gebetes ein geistiger Sinn entnommen wird; endlich eine vierte Art, wenn sich der Mensch zu Gott hinwendet und zu dem Gegenstand, für welchen er betet. Die erste Art kann bei dem Laien statt finden, auch wenn er lateinisch betet, selbst die vierte Art, wiewohl nicht mit derselben Sicherheit, die zweite und dritte Art, welche am meisten Nutzen bringen, sind beim lateinischen Gebete ausgeschlossen. Mithin ist auf jeden Fall das Gebet in der Muttersprache fruchtbarer.

Es ist nicht zu bezweifeln, daß solche Grundsätze und das Beispiel der Brüder sehr viel thaten, um das Bibellesen der Laien und den Gebrauch der Muttersprache auf dem religiösen Gebiet immer allgemeiner zu machen [1]), und kaum ist es nöthig, die Wich= tigkeit hiervon für die Reformation ins Licht zu stellen; das Beispiel Luthers steht als weltgeschichtlicher Beweis da. Nur über den Gebrauch der Muttersprache ein Wort. Dieser diente schon bei der Predigt dazu, sie lebenskräftiger, bei dem Gebete, es auf= richtiger und inniger, bei der Frömmigkeit überhaupt, sie gemüth= voller, tiefer, wärmer zu machen; er wirkte, wie die Mystik, für die Verinnerlichung des Christenthums, und aus dieser wuchs ja die Reformation heraus. Aber auch objectiv ·hatte die Sache ihre große Bedeutung. Die Reformation war die Emancipation der Nationalitäten von der Alles umschlingenden mittelalterlich=römi= schen Einheit; sie hatte, wie wir schon früher gesehen, wesentlich ein volksthümliches Element. Die Nationalität aber haftet an der Sprache; sobald die europäischen Völker eine Nationalliteratur bekamen, reiften sie der Befreiung von dem lateinischen und Alles zu latinisiren strebenden Rom entgegen, vollends aber, als auch das Christenthum und die christliche Frömmigkeit die Form des Nationalen annahm. Sobald der Deutsche deutsche Predigten hielt und hörte, eine deutsche Bibel las, eine deutsche Theologie hatte, deutsch betete, war er von Rom innerlich abgelöst und auf die innere Ablösung mußte auch die äußere folgen. Vollendet wurde dieses nationale Selbständigwerden durch Luther, der nimmermehr der deutsche und europäische Reformator geworden wäre, wenn er nicht deutsch geredet und geschrieben, deutsch gedichtet und ge= donnert hätte. Aber wir sehen an dem vorliegenden Beispiel und an andern, die wir hier nicht erwähnen, wie die Sache der na= tionalen Emancipation in ·der Religion, ehe sie zum luther'schen Durchbruche kam, seit Jahrhunderten heranwuchs, und wie nament= lich unsern Brüdern vom gemeinsamen Leben daran ein guter Antheil gebührt.

1) Vergl. Delprat S. 128.

Wir wenden uns zu einer weiteren Betrachtung. Alles, was
die Brüder wollten und thaten, hätte, wenigstens auf die Dauer,
nicht reformatorisch wirken können, wenn sie nicht im innersten
Grunde eine reformatorische Denkweise und Lehre ge=
habt hätten. Diese ihre christliche Denkweise ist die Hauptsache.
Nachdem dieselbe fast ein Jahrhundert lang überlieferungsmäßig,
aber fast nur sporadisch vorhanden gewesen, wurde sie zusammen=
gefaßt und ausgebildet, und zwar in der doppelten Gestalt, zu
welcher in der ganzen Richtung der Brüder die Grundlage gegeben
war, in der ascetischen und in der wissenschaftlichen.

————————

Zweites Hauptstück.

Thomas von Kempen, die Blüte der practischen Mystik der Brüder.

————

In der Gesammtrichtung der Brüder vom gemeinsamen Leben
lag das zwiefache Element, das erbauliche und das wissenschaft=
liche, jenes mehr für das christliche Volk im Ganzen und Großen
bedeutsam, dieses mehr für die Schule und die höheren gebildetern
Kreise. Beide Elemente konnten vereinigt auftreten, aber sie konnten
auch in ihrer Entwickelung dergestalt aus einander gehen, daß
eines das andere entschieden überwog, und dieß mußte geschehen,
wenn jedes zu seiner vollen, culminirenden Ausbildung kommen
sollte. Es geschah auch fast gleichzeitig, doch so, daß das Erbau=
liche naturgemäß voranging, in den beiden vorzüglichsten Män=
nern, die ihrem inneren Wesen nach aus dem Geiste der Bruder=
gemeinde geboren wurden, Thomas von Kempen und Jo=
hann Wessel: jener ist die Blüte der christlichen Ascetik, dieser
die Blüte der theologischen Wissenschaft, welche der von Gerhard
Groot gepflanzte Baum trieb; aber trotz der Verschiedenheit dieser
Blüten in Gestalt, Farbe und Duft nimmt man doch zugleich
wahr, daß beide auf einem Stamme gewachsen sind[1]), indem
Thomas bei dem entschieden vorherrschenden Interesse für das
christliche Gemüthsleben sich doch von der Wissenschaft nicht los=
sagt, Wessel aber bei überwiegendem Eifer für die Wissenschaft
sich von dem christlichen Lebensgrunde nicht ablöset, vielmehr Alles,

————————

1) Das Abweichende sowohl als die Uebereinstimmung zwischen Tho=
mas von Kempen und Wessel ist bis ins Einzelne gut nachgewiesen in
folgender Abhandlung: Joh. Guil. Lud. *Scholtz* Dissert., qua Thomae
a Kempis sententia de re christiana exponitur et cum Gerardi Magni
et Wesseli Gansfortii sententiis comparatur. Groning. 1839.

auf demſelben aufbaut, und Beide auch in materialen Grund=
principien weſentlich übereinſtimmen.

Ein wiſſenſchaftlicher, die Reſultate ſeines Denkens auch auf
das Leben beziehender Mann konnte, wenn es ihm um das rein
und lebendig Chriſtliche Ernſt war, unter den damaligen Ver=
hältniſſen der Theologie und Kirche nicht wohl anders als refor=
matoriſch ſeyn, wie wir dieß denn auch bei Weſſel in ſo reichem
Maaße finden. Nicht daſſelbe werden wir bei einem chriſtlichen
Aſceten erwarten: dieſer, ganz auf die Geſtaltung des innerlichſten
Lebensgeiſtes gerichtet, mochte von den Weltzuſtänden abſehen;
ſein Ziel war nicht, die Welt durch Umgeſtaltung zu beſiegen,
ſondern ſich ſelbſt und möglichſt viele Gleichgeſinnte aus der Welt
herauszuziehen, um, unbefleckt und unverwirrt von ihr, ein ſtilles,
gottgeweihtes Leben der Liebe zu führen. Ein ſolches Leben ge=
ſtaltete ſich unter den gegebenen Bedingungen nothwendig zum
Mönchthum, aber zu einem Mönchthum der edelſten Art, welches,
wenn auch in einſeitiger und abgeſchloſſener Weiſe, doch zugleich
mit großer Wärme und Innigkeit den Geiſt einer ächten und tiefen
chriſtlichen Frömmigkeit, einer demüthigen und ſelbſtverleug=
nenden Liebesthätigkeit in ſich ſchloß und bei Andern pflegte. Dieß
war aber ein Geiſt, der doch zugleich wieder, ſey es auch nur
mittelbar, reformatoriſch wirken mußte, denn er ſtellte der
herrſchenden Veräußerlichung der Kirche das Princip der Inner=
lichkeit lebenskräftig entgegen, er führte von den Werken auf die
Geſinnung, von den ſichtbaren Perſonen auf die unſichtbaren,
ewigen Objecte des Glaubens, und löſte die äußere geſetzliche
Dienſtbarkeit in eine höhere, innere, der vollkommenſten Unab=
hängigkeit von allen Creaturen ſich bewußte, Freiheit auf, ſo daß
auch von dieſer Seite, und von ihr aus nicht minder, als von der
wiſſenſchaftlichen, derjenige Standpunct chriſtlichen Lebens ein=
geleitet wurde, auf dem wir die Reformatoren, namentlich den
durch ſo reiche myſtiſche Elemente genährten Luther treffen. In
dieſem Sinne dürfen wir auch den ſtillen Thomas von Kempen
unter die reformbereitenden Theologen zählen, da er,
obgleich der treueſte Sohn der Kirche, der gehorſamſte und überall
Gehorſam predigende Mönch, doch zugleich mit ſeltenem Erfolge
jenen Sinn der Innerlichkeit in der Kirche pflanzte, welcher durch
die Reformation zu ſeiner welthiſtoriſchen Geltung kam. In
diеſem Sinne dürfen wir auch den ſtillen Thomas von Kempen

Um Thomas zu dieſem innerlichen und doch zugleich ſo prac=
tiſchen chriſtlichen Manne zu machen, der er war, dazu wirkte
Alles zuſammen, Naturanlage und Führung, Erziehung des Hauſes,
Bildung der Schule und Verhältniſſe der Zeit.

Offenbar war das ganze Weſen des Thomas von Natur

auf das Stille, Beschauliche, Innerliche angelegt. Es lebt in allen seinen Schriften eine eigenthümliche Seele des in sich ruhen= den und befriedigten Seyns, ein stiller Pulsschlag der inneren Freudigkeit und des heiteren Genügens, der mild erwärmend durch Alles hindurchgeht; man fühlt: es ist ihm nur in diesem Kreise, in ihm ist es ihm aber auch ganz wohl; die enge, aber von der Liebe Gottes und Christi erleuchtete Zelle ist ihm ein Himmel, den er nur mit dem wirklichen Himmel vertauschen möchte; der Gehorsam, das Gebet, alle Uebungen der Andacht sind ihm eine köstliche Speise; die Verzichtung auf das eigene Selbst und die Thätigkeit für Andre ist sein Lebenselement; er ist alles das mit der innersten Lust und Neigung selbst, was er für Andre als Lebensaufgabe bezeichnet. Ein solches eigenthümliche in sich noth= wendige und abgeschlossene Seyn aber wird nicht bloß von außen angebildet, es ist nicht allein Sache der Erziehung oder Schule, sondern hauptsächlich der ursprünglichen Begabung. Thomas war, wenn irgend einer, eine contemplative Natur; doch hatte das Con= templative bei ihm nicht einen speculativen, sondern einen durch= greifend ethischen Character; die Beschauung selbst war bei ihm mehr ein Handeln, als ein Wissen, und ging auch überall in Handeln über, aber in ein Handeln, das sich nicht in die große Welt hineindrängte, sondern immer in die bescheidensten Kreise zurückzog.

Diese Natur rein und hell auszubilden, waren, wie ein Ueber= blick zeigen wird, auch alle Lebensverhältnisse geeignet.

Thomas Hamerken (Malleolus) [1] war im Jahr 1380 in dem nicht großen, aber freundlichen, unfern Köln in der großen Rheinebene gelegenen, Städtchen Kempen oder Kampen [2] geboren und führt daher nach der Sitte der Zeit gewöhnlich den Namen: Thomas von Kempen. Seine Eltern waren schlichte, unbemittelte

1) Lebensnachrichten von Thomas finden sich in der Daventria illustr. p. 60—62., besonders aber in zwei Biographien in der Ausgabe seiner Werke von Heinr. Sommalius, deren erste von Jodocus Badius Ascen= sius († 1535; s. über ihn Delprat S. 52. und das dort Citirte), die zweite von einem späteren Nachfolger des Thomas im Subpriorate des Klosters auf dem St. Agnesberge, Franciscus Tolensis, herrührt. Außerdem sind zu vergleichen: Trithemius de Scriptorib. eccl. cap. 707. p. 164. Andreae Bibl. belg. p. 836. Foppens Bibl. belg. II, 1135. Fabricii Bibl. med. IV, 215—19. Schröckh Kirchengesch. XXXIV, 302. Er= hard Gesch. des Wiederaufblühens I, 263. Schwarz Gesch. der Erziehung 2te Aufl. II, 244. Delprat über die Stiftungen Groots an verschiedenen Stellen, bes. S. 13. 34. 84. 103. 126. Beil. VI. Gieseler K. Gesch. II, 4. S. 347.

2) Opidulo in agro et dioecesi Coloniensi, sagt Andreae Bibl. belg. p. 836. Franc. Tolensis Vit. Thom. §. 1: Quod esse Mena- piorum ignobile oppidulum dicitur.

Bürgersleute [1]); weit entfernt, daß er sich seiner niedrigen Abkunft geschämt hätte, stimmte ihn dieß vielmehr von frühe an zur Bescheidenheit [2]); er freute sich, wie wir es auch bei Luther finden, in Demuth seines geringen Standes, strebte nie nach hohen Dingen und mied eher den Umgang mit Vornehmen, als daß er ihn gesucht hätte. Der Vater, ein Handwerker, der im Schweiße des Angesichtes sein tägliches Brod verdiente, gab ihm ein Beispiel der Thätigkeit, Einfachheit und Ausdauer [3]); die Mutter, die sich durch Frömmigkeit auszeichnete [4], pflanzte frühe in seine empfängliche Seele die Keime einer lebendigen und herrschenden Liebe zu göttlichen Dingen. Thomas mußte schon in zarter Jugend schöne Anlagen entwickelt haben; sonst hätte man kaum auf den Gedanken kommen können, ihn studieren zu lassen; denn, arm wie er war, sah sich der Knabe dabei ganz auf fremde Mildthätigkeit angewiesen. Solchen jungen Leuten nun kamen damals die Institute des gemeinsamen Lebens hülfreich entgegen: sie gewährten ihnen Subsistenzmittel, Unterricht, religiöse Bildung, Aussicht auf nützliche Thätigkeit und dauernden Unterhalt. Also wanderte Thomas in seinem 13ten Jahre nach der Stadt, wo die berühmteste Anstalt [5]) dieser Art blühte, nach Deventer. Die gelehrte Schule zu Deventer war zwar eine für sich bestehende Anstalt, aber es fehlte nicht an vielfacher Berührung mit dem dortigen Fraterhause. Die Brüder besorgten einen Theil des Unterrichts und die Schüler, besonders ärmere, wurden eifrig von ihnen unterstützt und gefördert. Thomas scheint anfänglich nicht in Verbindung mit dem Fraterhause gewesen zu seyn [6]), aber als er nach einiger Zeit seinen Bruder Johannes, welcher Kanoniker in dem mit der Bruderschaft verbundenen Kloster Windesem war, besuchte, empfahl ihn dieser an Florentius, den vielverehrten Vor-

---

1) Parentibus mediocris fortunae, matre humili genere, patre vero opifice: sagt Georg Pirkhaimer, Karthäuser-Prior zu Nürnberg, in einem Briefe v. J. 1494 vor der sommalischen Ausgabe der Werke des Thomas. Ebenso Jod. *Badius* Vit. Thomae c. 5. u. Fr. *Tolensis* Vit. Th. §. 2.

2) Jod. *Badius* Vita Thom. c. 6.

3) Ebendas. Kap. 5.

4) Ebendaselbst: Pientissimae Matris exhortationibus religionis imbibit amorem.

5) Der Ruf des Florentius und der Anstalten zu Deventer war auch schon ad partes superiores durchgedrungen. Vita Joh. Gronde I, 2.

6) Es heißt in der Vita Thom. von Franciscus Tolensis §. 4. ausdrücklich: *Paulatim* irrepsit in illustrium pietate et probitate virorum familiaritatem. Dort scheint auch vorausgesetzt zu werden, was jedoch offenbar unrichtig ist, Thomas habe damals den Gerhard Groot noch persönlich kennen gelernt.

steher der Brudergemeinschaft [1]). Florentius gewann durch seine
Freundlichkeit ebenso sehr das Herz des Jünglings, als er ihm
durch sein ehrwürdiges Wesen Achtung gebot; er versah den Dürf=
tigen mit Büchern und verschaffte ihm, ähnlich wie es unserm
Luther in Eisenach widerfuhr, Unterkunft bei einer frommen Ma=
trone [2]). Außerdem gewährte ihm die Verbindung mit dem ein=
flußreichen Florentius auch noch mittelbar manche Vortheile. Hier=
von erzählt er uns selbst folgendes Beispiel [3]). Der damalige
Rector der Schule zu Deventer Johannes Boehme [4]), von dem
Thomas sagt, daß er die Schule streng regiert habe, war ein
genauer Freund des Florentius; als nun der Knabe Thomas einst
zu dem Rector kam, um das Schulgeld zu bezahlen und sich das
Buch wieder zu holen, das er einstweilen zum Pfand gesetzt hatte,
sprach Boehme zu ihm: „Wer hat dir das Geld gegeben?" und,
da er erfuhr, daß dasselbe von Florentius komme, entließ er den
Schüler mit den Worten: „Gehe hin und bringe ihm das Geld
wieder, ich will nichts von dir nehmen um seinetwillen." Bald
nahm Thomas auch an den Andachtsübungen der Brüder Theil
und wurde ganz in die fromme Richtung derselben, die ihn mit
Bewunderung erfüllte, hineingezogen. Solche Menschen, die, in
der Welt lebend, doch nichts Weltliches an sich zu haben schienen,
hatte er vorher noch nicht gesehen; er schloß sich ihnen, dem Zuge
seines innersten Wesens folgend, mit voller Liebe an. Nicht lange,
so trat er mit ihnen auch in vollständige äußere Gemeinschaft.
Er erhielt von Florentius einen Platz im Fraterhause selbst, in
welchem damals ungefähr zwanzig Kleriker sammt drei Laien, einem
Procurator, Koch und Kleidermacher, zusammen wohnten und ihren
Unterhalt hatten [5]). Sein nächster Genosse und bald auch sein
innigster Freund wurde Arnold von Schoonhoven (Schön=
hofen), ein eifrig frommer Jüngling, mit dem er eine kleine
Kammer bewohnte und in einem Bette schlief. Hier übte sich nun
Thomas im Schreiben und im Lesen der h. Schrift und nahm
ununterbrochen an den Andachten der Brüder Theil. Was er
durch Schreiben erübrigte, gab er in die gemeinsame Kasse; was
unzureichend war, um seinen Unterhalt zu bestreiten, ergänzte die
mildthätige Liebe des Florentius [6]). Besondern Eindruck auf sein

---

1) Vita Joh. Gronde I, 2.
2) Ebendaselbst: Demum hospitium cum quadum honesta et de-
vota matrena gratis impetravit, quae mihi et aliis multis Clericis
saepius benefecit.
3) Vita Flor. XXIV, 2.
4) Thomas schreibt: Boheme oder Boëme.
5) Vita Arnoldi Schoonhoviensis §. 2. 3.
6) Vita Arnoldi Schoonh. §. 3.

Gemüth machte das Vorbild der feurigen Frömmigkeit seines jugend=
lichen Freundes Arnold von Schönhofen. Dieser pflegte sich jeden
Morgen um Vier, sobald die Glocke das Zeichen gab, zu erheben,
und, nachdem er knieend vor dem Bette ein kurzes Gebet ver=
richtet, schnell angekleidet zum Gottesdienste zu eilen; er war bei
allen Andachtsübungen der Erste, der kam, und der Letzte, der
ging [1]); er zog sich außerdem häufig in die Abgeschiedenheit zurück,
um sich unbemerkt dem Gebet und der Betrachtung hinzugeben.
Thomas wurde bisweilen zufällig ein Zeuge dieser Herzens=
ergießungen des Freundes und sagt: „Ich sah mich dann durch
seinen Eifer auch zum Gebet entzündet und wünschte, nur bis=
weilen eine solche Gnade der Andacht zu empfinden, wie er sie
fast täglich zu haben schien; auch war es nicht zu verwundern,
daß er so hingebend im Gebete war, da er zugleich, wo er auch
ging oder stand, der sorgsamste Hüter seines Herzens und Mundes
war [2]).“ Unter die Wünsche Arnolds von Schönhofen gehörte es
auch, die von den Brüdern so hochgeschätzte und so wohl ange=
wendete Kunst des Schreibens bald und gut zu lernen; als er dieß
seinem Freunde äußerte, dachte dieser bei sich: „Ach schreiben wollte
ich schon lernen, wenn ich mich nur erst gründlich zu bessern ver=
stünde!“ „Aber er,“ fügt Thomas von seinem Genossen hinzu,
„hatte eine besondere Gnade von Gott, die ihn zu jedem guten
Werke geschickt machte, so daß ihm nichts im Gehorsam schwer
dünkte [3]).“ Man sieht aus diesen Aeußerungen, daß Thomas
selbst sich gegen den Freund zurückstellte und daß ihn im Vergleich
mit diesem sein eigener Eifer in der Andacht nicht befriedigte.
Dasselbe geht auch aus einem Traume hervor, der uns aus dieser
Zeit von ihm berichtet wird. Die Jungfrau Maria erschien ihm
und zeigte sich gegen ihn, während sie die ihn umgebenden Ge=
nossen liebkoste, ernst und strenge, weil er in der Andacht und
dem Gebete zu ihr nachgelassen [4]).

Wenn Arnold von Schönhofen dem Thomas ein jugendliches
Muster der Frömmigkeit, des Studieneifers und des, von den
Brüdern so dringend empfohlenen, pünctlichen Gehorsams war,
so hatte er daneben ein noch höheres, vollendetes Vorbild in dem
Vater Florentius selbst. Dieser, in seiner apostolischen Ein=
falt und Hoheit, in seinem Ernst und seiner Milde, in seiner für

---

1) Vita Arnoldi Schoonh. §. 4.
2) Ebendas. §. 5.
3) Ebendas. §. 7.
4) Die Erzählung findet sich im Speculum Exemplorum Dist. X,
§. 7. und ist eingerückt zwischen den beiden Biographien in der sommalischen
Ausgabe.

das Gemeinsame sich verzehrenden Thätigkeit, wurde von Thomas unendlich hoch gehalten. Er erzählt davon im Leben des Florentius, welches selbst das schönste Denkmal liebender Verehrung gegen den Hingeschiedenen ist, manchen charakteristischen und rührenden Zug. Noch ehe Thomas selbst in der Burse der Brüder war, wurde er von seinem Lehrer Johann Boehme, der, überall pünkt= lich, auch in der Kirche ein strenges Regiment über die Knaben führte, mit den Andern angehalten, den Chor zu besuchen. Hier fand sich auch Florentius ein. „So oft ich nun," erzählt Thomas später [1]), „meinen Herrn Florentius im Chore stehen sah, wenn er auch nicht umherblickte, so scheute ich doch seine Gegenwart wegen seiner ehrwürdigen Erscheinung so sehr, daß ich nie zu sprechen wagte. Einmal stand ich in seiner Nähe im Chor, und er wendete sich zu mir, um mit uns aus einem Buche zu singen; da er nun seine Hände auf meine Schultern legte, stand ich wie ein= gewurzelt und wagte nicht, mich zu bewegen, vor Erstaunen über die Ehre, die mir widerfuhr." Als Thomas in der Folge selbst in das Haus des Florentius kam, minderte die nähere Gemein= schaft die Ehrerbietung nicht, aber sie verstärkte die Liebe. Jedes= mal wenn Thomas innerlich beunruhigt war, wendete er sich, wie viele andere Jünglinge, an den verehrten Meister, und stets ging er, wenn er auch nur dessen heiteres, friedevolles Angesicht ge= sehen oder Weniges mit ihm gesprochen, getröstet und gestärkt von dannen [2]). Aber auch bis ins Kleinste erstreckte sich die Pietät des Jünglings gegen seinen geistlichen Vater. Florentius konnte, bei schwächlicher Gesundheit, nicht jederzeit an den gemeinsamen Mahlen theilnehmen; er aß dann an einem kleinen, reinlich be= reiteten Tische in der Küche und unserm Thomas war es eine Auszeichnung, ihm dienend Gesellschaft zu leisten: „Ich," sagt er, „obwohl unwürdig, wurde dann häufig von ihm eingeladen, richtete ihm den Tisch zu, brachte ihm aus der Kammer das We= nige, was er verlangte, und bediente ihn in fröhlicher Heiter= keit [3])." Wenn Florentius besonders leidend war, so pflegte man wohl die Brüder der benachbarten Häuser aufzufordern, für ihn zu beten; auch diese Botschaften übernahm Thomas häufig und mit großer Freudigkeit [4]). Am meisten aber und im Großen be= währte sich die Verehrung des Thomas gegen Florentius darin,

1) Vita Florent. XI, 2. 3.
2) Vita Florent. XV, 3. Die Dankbarkeit des Thomas gegen Flo=
rentius war unauslöschlich, s. Prolog ad vit. Flor. sect. 4: Qui (Florentius) mihi et multis aliis benefecit in vita, et primo traxit ad Dei
servitium — und die Vita selbst XVI, 4.
3) Vita Flor. XIII, 2.
4) Ebendas. XVIII, 2.

daß er sich die Worte und die Handlungsweise des Meisters tief
einprägte, daß er dessen ganzes Lebensbild in sich aufnahm, und
den Geist davon in seinen eignen Thun und Denken, wie in
seinen Schriften ausprägte.

Thomas sagt [1]): Beispiele lehren mehr als Worte. Dieß
war bei ihm selbst der Fall. Er hatte ein ahnungsvolles Gemüth
und war beseelt von jener Pietät, die in Andern stets das Beste
voraussetzt, die gern an einem Höheren hinaufsieht, um sich an
ihm hinaufzubilden. So wirkte das ganze Zusammenleben der
Brüder, das ihm im schönsten Lichte erschien, so Arnold von Schön=
hofen, so besonders Florentius auf ihn. Auch kleine Vorfälle im
Leben konnten diesen Eindruck auf ihn hervorbringen. Im Leben
des Heinrich Brune [2]) erzählt er: „Eines Tages im Winter saß
derselbe am Heerde, seine Hände zu wärmen, aber sein Angesicht
wendete er nach der Wand, indem er inzwischen in aller Stille ge=
heim betete; da ich dieß sah, ward ich höchlich erbaut und liebte ihn
von da an um so mehr." Die Vorstellung des Jünglings konnte
in solchen Fällen höher sein als ihr Gegenstand, aber sie hatte für
ihn eine belebende, fördernde Kraft, und dieß war die Hauptsache.

Florentius, der nicht minder seinerseits den Thomas wie einen
geliebten Sohn behandelte [3]), sollte zunächst auch über den äußeren
Lebensgang des Jünglings entscheiden. Nachdem Thomas sieben
Jahre in der Schule und dem Bruderhause zu Deventer, welches
ihm zu einem wahren Paradies geworden war [4]), in eifriger
Uebung der Frömmigkeit und der Studien zugebracht, ließ ihn
Florentius einst an einem Festtage, da er wahrgenommen, daß
der Jüngling im Gottesdienste erweckter als gewöhnlich gewesen,
zu sich rufen und sprach zu ihm ungefähr so [5]): „Mein theuerster
Sohn Thomas, es ist nun der Zeitpunct eingetreten, wo du dich
über deinen Lebensberuf entscheiden mußt; du stehst an dem pytha=
goräischen Scheidewege. Du siehst, welche Bedrängnisse und Ge=
fahren die Welt hat, wie auch ihre Freuden vergänglich und von
Reue begleitet sind. Du weißt, daß wir Alle sterblich sind und
Gott und Christo von unserm Leben Rechenschaft ablegen müssen.
Wehe denen, die es nicht mit gutem Gewissen thun können! Was
hülfe es dem Menschen, so er die ganze Welt gewönne und nähme
Schaden an seiner Seele? Sorge also für dein Heil! Es gibt
aber, wie du oft gehört, einen zwiefachen Weg zum Heile, den

---

1) Vall. lilior. XXIV, 1. p. 95.
2) Sect. 2.
3) Francisc. Tolensis Vita Thom. §. 7.
4) Vita Flor. XXI, 1.
5) Jod. *Badius* in Vita Thom. c. XI.

activen und den contemplativen: jenen gehen die, welche ſich
Chriſti durch gute Werke würdig machen, dieſen, den Gott ange=
nehmeren, die, welche ſich mit Maria zu den Füßen Chriſti ſetzen.
Welchen von beiden du wählen magſt, du wirſt denſelben ſicherer
und beſſer im Kloſter wandeln, als in der Welt, die im Argen
liegt. Glaube nicht, daß die Kloſterleute Müſſiggänger ſind: ſie
haben in ihren Gebeten, Andachtsübungen und Handarbeiten eine
ſchöne Thätigkeit und können ſich auch den Lohn des activen Lebens
verdienen. Glaube auch nicht, daß du Gott nichts darzubringen
habeſt: du haſt dich ſelbſt, deinen Leib, deinen Willen; dieſe bringe
Gott dar und du wirſt das ewige Leben davontragen. Ich weiß
auch: du biſt für das, was dein Schöpfer und Erlöſer an dir
gethan, nicht unempfindlich, denn ich habe oft Zeichen der Fröm=
migkeit an dir wahrgenommen. Wenn du mich aber frägſt, welche
Gemeinſchaft ich dir empfehle, ſo ſcheint mir für diejenigen, welche
von uns unterrichtet ſind, die beſte die von unſerm ehrwürdigen
Vater Gerhard Groot geſtiftete; es iſt die der Kanoniker nach
der Regel des h. Auguſtin, für die wir, wie du weißt, kürzlich
zwei Collegien errichtet haben." Dieſe Anrede des verehrten
Meiſters war für den Jüngling entſcheidend; er entgegnete, vor
Bewegung ſtammelnd: „Was ich lange gewünſcht, mein Vater,
dazu gibſt du mir Ausſicht. Ich habe einen Bruder in Windeſem;
gefalle es alſo deiner Liebe, daß ich eine Stelle unter den theuern
Mitſchülern auf dem St. Agnesberge finde." Tags darauf gab
Florentius dem Thomas ein Empfehlungsſchreiben an den Vor=
ſteher dieſes Kloſters [1]).

Das Kloſter der h. Agnes lag nicht fern von der Stadt Zwoll
ſehr geſund und anmuthig auf einer mäßigen Anhöhe, an welcher
die fiſchreiche Vechte vorbeifließt [2]). Eben erſt mit dürftigen Mit=
teln erbaut, war es damals noch wenig bekannt und geachtet [3]);
aber dieß ſtörte unſern Thomas nicht; wie er ſelbſt ſehr freund=
lich aufgenommen wurde, ſo muthete auch ihn der Ort an, gleich
einer von Gott ihm bereiteten Zufluchtsſtätte [4]). Er hat von da
an ſeine ganze Lebenszeit hier zugebracht und das geringe Kloſter
hat durch ihn einen geſchichtlichen Namen erhalten.

So ſehr Thomas — denn die Natur und die bisherige Bil=

---

1) Jod. *Badius* Vit. Thom. c. XII.
2) Francisc. *Tolensis* in vita Thom. §. 7.
3) Sermon ad Novit. Pars III, serm. 1. Ex. 1: Monasterium
nostrum, quod tunc temporis in magna paupertate inceptum, paucis
cognitum fuit. Vita Joh. Gronde II, 4.: Fratres S. Agnetis, qui adhuc pauperes erant et sine sacerdote. Sermon. ad Novit. III, 1.
p. 73.
4) Francisc. *Tolensis* Vita Thom. §. 7.

bung hatten ihn ganz dazu beſtimmt — innerlich für ſeinen Be=
ruf entſchieden war, ſo ſtürzte er ſich doch nicht übereilt in den=
ſelben hinein. Bedachtſam auch ſchon im jugendlichen Eifer, brachte
er fünf Jahre im Noßitiate zu, im ſechſten nahm er den Mönchs=
habit an, und erſt im folgenden legte er ſein Gelübbe ab [1]), das
er aber nun auch mit unverbrüchlicher Treue erfüllte. Außer den
gemeinſamen und beſonderen Andachtsübungen beſtand ſeine Haupt=
thätigkeit im Kloſter, da er auch Prieſter war [2]), in religiöſen
Vorträgen und beichtväterlichen Geſchäften; außerdem in der Ab=
faſſung eigener Werke und Tractate und im Copiren fremder.
Das Bücherabſchreiben, wobei ihn ein ſcharfes Auge und eine
geſchickte Hand unterſtützte, trieb er als guter Zögling der Bruder=
gemeinſchaft mit dem ſorgſamſten Fleiße [3]). Er hatte eine kind=
liche Freude an wohlgeſchriebenen Büchern und meinte, man müſſe
das Gute und Heilige auch auf dieſe Weiſe ſchmücken und ehren [4]).
Das Agnes=Kloſter bewahrte eine von ihm verfertigte vortreffliche
Abſchrift der Bibel in vier Bänden, ein großes Meßbuch und
einige Werke des h. Bernhard; auch ſein eigenes Buch von der
Nachfolge Chriſti hat er mehrmals abgeſchrieben [5]). Selbſt der
Verwaltungsthätigkeit entzog ſich Thomas, indem er die Zeit außer=
ordentlich zu Rathe hielt und mit Hintanſetzung ſeiner Geſund=
heit von den früheſten Morgenſtunden an thätig war [6]), nicht
ganz: er war Subprior [7]); dann wurde er, noch bei gutem Alter,
Procurator oder Oekonom; da ihn aber das Aeußerliche des letzteren
Geſchäftes zu ſehr von ſeinen Meditationen und ſeiner nützlicheren
ſchriftſtelleriſchen Thätigkeit abzuziehen ſchien, ward er wieder ins

---

1) *Andreae* Bibl. belg. p. 836: Probatus per quinque annos,
sexto demum anno sacrum habitum induit, ac Religionem anno
septimo professus est. Jod. *Badius* cap. XII. Francisc. *Tolensis* §. 8.

2) . . . ut qui officium sacerdotale suscepimus. De Imit. Chr.
IV, 11, 8.

3) Welchen Werth er darauf legte, darüber ſ. Concio viges. de scriptura Jesu p. 197 u. 198. Doctrinale Juven. cap. 4. Vita Flor. in
den Verb. notabil. Dom. Flor. §. 7.

4) Vita Gerh. XIII, 2.

5) Francisc. *Tolensis* Vita Thomae §. 9. 10.

6) Er ſelbſt ſagt de Imit. Chr. I, 19, 4. Nunquam sis ex toto
otiosus; sed aut legens, aut scribens, aut orans, aut meditans, aut
aliquid, utilitatis pro communi laborans. Für ihn zeugen in dieſer Be=
ziehung: *Andreae* Bibl. belg. 837: *Nunquam otiosus*, semper vel
lectitabat aliquid, vel in communem usum scribebat, vel pro in-
structione Fratrum commentabatur. Franc. *Tolensis* §. 9: Otio, ut
rei pestilentissimae, nunquam indulsit.

7) Nur Einer der Prioren des Kloſters zur Zeit des Thomas, der
dritte ſeit der Stiftung, wird uns von dieſem genannt; er hieß Theodoricus
Clivis und wird als devotus et praedilectus Pater noster bezeichnet.
Sermon. ad Novit. III, 8. Ex. 6.

Subpriorat eingesetzt [1]), in welcher Stellung er bis an sein Ende
verblieb.

Von dem klösterlichen Stillleben des Thomas ist, der Natur
der Sache nach, wenig zu sagen, es floß, ohne auffallende Bewegungen, dahin wie ein klarer Bach, in dem sich der wolkenlose
Himmel spiegelt. Ruhige Thätigkeit, einsame Betrachtung, stilles
Gebet füllte einen Tag um den andern. In den Beispielen, mit
denen er seine Vorträge zu beleben pflegte, scheint Manches aus
seiner eigenen Erfahrung entnommen zu seyn, aber dieß ist wieder,
da er Alles in dritter Person gibt, schwierig auszuscheiden und
liefert wenig Characteristisches. Ich will nur zweierlei anführen.
Das Erste [2]): Ein frommer Bruder des Hauses besuchte, indem
er Messe lesen wollte, noch vorher einen schwer Erkrankten; dieser
bat ihn, bei der Messe für seine Gesundheit zu beten; der Bruder
erfüllte die Bitte, der Kranke fand sich schon nach der Messe erleichtert und in wenigen Tagen hergestellt; ja diese Erfahrung
wirkte so auf den Genesenen, daß er von da an immer eifriger
in der Andacht und in frommen Studien ward und nach einigen
Jahren zur Würde des Priors gelangte. Hier könnte Thomas die
eine oder die andre von beiden handelnden Personen seyn. Das
zweite Beispiel, bei dem man schon frühe an Thomas selbst dachte,
ist dieses [3])': Ein Bruder hatte in seiner Zelle ein ihm sehr werthes Büchlein verloren; lange suchte er es vergeblich, endlich
wendete er sich zum Gebet an die Maria und sprach mehrmals
den englischen Gruß; da kam es ihm, indem er an seinem Bette
dem Bilde der Jungfrau gegenüber saß, wie eine Eingebung: suche
unter dem Stroh des Bettes! Er that es, fand das Verlorene
und ward dadurch im Dienste der Maria kräftig bestärkt. Jede
dieser Erzählungen vergegenwärtigt uns auch einen eigenthümlichen,
der Zeitbildung angehörigen, Zug in der Frömmigkeit des Thomas,
wovon noch viele Beispiele angeführt werden könnten, die Leichtgläubigkeit für das Wunderbare und den zum Theil damit zusammenhängenden Eifer für die Heiligverehrung; in beiden Beziehungen, namentlich im Dienste der Maria, der h. Agnes und
andrer Heiligen, geht der fromme Bruder oft sehr weit und selbst
ins Spielende [4]), doch hat auch dieß bei ihm einen liebenswürdig

---

1) Franc. *Tolensis* Vit. Thom. §. 9.
2) Sermon. ad Novit. III, 11. Ex. 1.
3) Sermon. ad Novit. III, 2. Ex. 1. Vergl. den Schluß von Franc.
Tolensis Vita Thomae.
4) Man vergl. Sermon ad Novit.. P. III. Serm. IV—VI. Serm.
VII—IX. bes. auch die Exempla zu Serm. VIII. und in der Kürze: de
Disciplina Claustral. cap. XIV, wo es unter Anderm heißt: Quicquid
habere desideras, per manus beatae Mariae humiliter roga. Die

kindlichen und durchaus sittlichen Character und er ist weit ent=
fernt, das Wesentliche der Frömmigkeit deßhalb hintanzusetzen.

Thomas erreichte bei gemäßigter Ascese und geordneter Thä=
tigkeit eine sehr hohe Lebensstufe; er starb im Juli 1471, in
einem Alter von 91—92 Jahren [1]. Ueber seine letzten Tage ist
uns nichts Genaueres überliefert [2].

In der Schrift von den geistlichen Uebungen ermahnt Thomas
den Religiosen, „daß er in seinem ganzen Wandel Bescheidenheit
mit frommer Freudigkeit kundgebe [3];" in einer andern Stelle [4]
schildert er den Mann Gottes als „heiter von Angesicht, ruhig
und anmuthig in seiner Rede, vorsichtig und geordnet in allem
seinem Thun, stets Friede und Seegen verbreitend." In diesen
Zügen ist es, als ob er sich selbst gezeichnet hätte. Alle, die ihn
gekannt hatten, bezeugten, wie er durch das ganze Leben seine
Gottes= und Menschenliebe bewährt, alle Leiden freudig ertragend,
alle Fehler und Schwächen der Mitbrüder gütig entschuldigend.
Sein ganzes Wesen [5] war reinlich, mäßig, keusch, innerlich freudig
und nach außen heiter. Sein höchstes Streben war, sich eine
gleichmäßige Ruhe und den vollen Frieden des Gemüthes zu be=
wahren: darum verwickelte er sich nicht gern in die Händel der

---

Marienverehrung wird als ein characteristischer Zug des Thomas auch von
Tritheim hervorgehoben; er bezeichnet Thomas als beatae Mariae semper virginis amator praecipuus. De script. eccl. c. 707. p. 164.
Ebenso Specul. Exemplar. Dist. X, §. 7.
  1) Wenn Thomas, wie die einstimmige Angabe lautet, gegen Ende
Juli (octavo Calendas Augusti) des Jahrs 1471 starb und ums J. 1380
geboren war, so erreichte er ein Alter von 91—92 Jahren; dieß ist auch
die Meinung älterer Schriftsteller, deren einer. Jodocus Badius XII, 5.
ihn einen Neunziger, der andre, Franciscus Tolensis §. 8, einen Zwei=
undneunziger nennt. Von dieser Zeit brachte er nicht weniger als 71 Jahre
auf dem Agnesberge zu, 6 Jahre als Novize, 65 Jahre als wirklicher Ka=
noniker. Vorher war er 7 Jahre im Hause des Florentins gewesen. Dem=
gemäß wäre er dann aber nicht, wie Jodocus Badius annimmt, zwölf=
jährig, sondern dreizehn= oder vierzehnjährig nach Deventer gekommen, man
müßte denn das minder Wahrscheinliche voraussetzen, er habe etwa zwei
Jahre in Deventer zugebracht, ehe er in das Fraterhaus kam. So stellt
sich mithin die Zeitberechnung für das Leben des Thomas am wahrschein=
lichsten folgendergestalt: er kam etwa 13jährig nach Deventer und im folgenden
Jahre in das Haus des Florentins; hier blieb er 7 Jahre, ging also im
20sten bis 21sten Jahre nach dem Agnesberge, wo er 6 Jahre Novize und
dann 65 Jahre Kanoniker war, also die ganze Lebenszeit zwischen dem
26sten und 91sten oder 27sten und 92sten Jahre zubrachte.
  2) Ueber die ums J. 1672 erfolgte Ausgrabung seiner Gebeine und
deren Beisetzung in Zwoll s. Foppens Bibl. belg. II, 1138.
  3) Exercit. spirit. V, 4.
  4) De fideli Dispensatore III, 9.
  5) Die Züge sind, außer den Schriften des Thomas selbst, meist ent=
nommen aus Francisci Tolensis Vita Thom. §. 9 sqq.

Welt, mied den Umgang mit Großen und Vornehmen [1]), war,
wenn die Rede auf weltliche Dinge kam, auffallend schweigsam [2]),
und liebte stets die beschauliche Zurückgezogenheit. Aber dabei
war er nichts weniger als stumpf: er hatte von Jugend auf einen
sehr regen Sinn für Freundschaft [3]), deren wahren, dauernden
Grund er freilich nur in der gemeinsamen Liebe des Göttlichen
fand [4]); er war voll Eifer und Thätigkeit in der Förderung der
Interessen seiner Gemeinschaft und besonders der Dinge, die den
Gottesdienst beleben und schmücken konnten; er war, wenn die
Rede auf das ihm heimische Gebiet, auf Gott und göttliche Dinge
kam, ein unerschöpflicher und beredter Sprecher. Viele kamen,
auch von entfernten Orten, herbei, um ihn zu hören [5]); so oft er
nun auch gebeten werden mochte, aus dem Stegreife Vorträge zu
halten, er war immer bereit; nur nahm er sich gewöhnlich einige
Zeit zur Meditation oder genoß vorher eines kurzen Schlafes [6]).
Auch regelmäßige Ansprachen hielt Thomas mit sorgfältiger Treue;
wir haben von ihm noch eine Reihe von Sermonen und Collationen [7]), besonders an Novizen, in denen er die Lehren seiner
practischen Mystik und Ascetik in klarer fließender Rede mit reichen
Lebensbeziehungen eindringlich ausspricht.

In Uebungen der Frömmigkeit, öffentlichen und privaten,
war Thomas unermüdlich. Wie einst sein Jugendfreund, Arnold
von Schönhofen, so war er zeitlebens der Erste beim Beginn des
Gottesdienstes, der Letzte beim Schluß. Während des Gesanges
geistlicher Lieder [8]) hielt er sich stets in aufrechter Stellung, ohne
sich je aus Bequemlichkeit anzulehnen oder zu stützen; oft erhob
sich sein Blick himmelwärts, sein Angesicht wurde wie verklärt,
sein Körper folgte unwillkürlich der Richtung der Seele [9]). Einst

---

1) Er mied diesen Umgang selbst und warnte Andere davor: Sermon.
ad Novit. II. p. 30. Vita Flor. XXV, 1. Notabil. verba Flor. §. 3 u. 9.

2) Francisc. *Tolensis* §. 11.

3) Vita Arnoldi Schoonh. bes. von §. 5. an. Vita Luberti Berneri §. 5.

4) De Rocognit. propr. fragilit. c. 3. §. 1: Esto bonus et fidelis,
et invenies amicum fidelem; amor Dei amicum fidelem constituit:
sine Deo nulla amicitia stabit. Aehnlich de Imit. Chr. III, 62, 1.

5) ... adeo, ut plurimos sui visendi et audiendi causa ad se attra-
heret. *Andreae* Bibl. belg. 836. Franc. *Tolensis* Vita Thom. §. 10.

6) Francisc. *Tolensis* Vita Th. §. 10.

7) Sermones ad Novitios und ad Fratres, so wie Conciones, hauptsächlich für kirchliche Festtage bestimmt, welche zusammen die erste Abtheilung
der Werke bilden. Im Prolog zu den Sermonen an die Novizen heißt es:
Sermones, quos per modum dulcis *collationis*, pro Novitiis nostris,
diversis quidem temporibus, in unum collegi etc.

8) Seine große Liebe zum kirchlichen Gesange drückt Thomas vielfach
aus, besonders characteristisch in Sermon. ad Novit. P. 1. serm. 6. exempl. 3, wo er vielleicht auch selbst eine der auftretenden Personen ist.

9) Francisc. *Tolensis* Vita Thom. §. 11.

sagte ihm jemand mit Benutzung, wie es scheint, eines unter den Mönchen gangbaren Witzes: die Psalmen müßten ihm so angenehm seyn, wie Salmen; er erwiederte: „So ist es in der That, doch können sie mir auch Ekel erregen, wenn ich Menschen sehe, die nicht die gehörige Aufmerksamkeit darauf wenden [1]." Zu seinen Privatübungen gehörte auch, daß er sich an gewissen Tagen der Woche, unter Absingung des Hymnus: Stetit Jesus, zu geißeln pflegte [2]).

Die äußere Erscheinung des Thomas entsprach seinem zarten inneren Wesen [3]): er war unter mittlerer Größe, aber von guten Verhältnissen, die Farbe seines Gesichtes lebhaft und etwas bräun= lich, die Augen durchbringend klar und bei dem angestrengtesten Gebrauche bis zum Greisenalter so scharf, daß er nie eine Brille gebrauchte. Dem Franciscus Tolensis wurde noch ein, obwohl schon sehr erloschenes Bild, des Thomas gezeigt, unter welchem das characteristische Wort stand: „Ueberall habe ich Ruhe gesucht und nicht gefunden, außer in der Einsamkeit und in Büchern [4])."

Alles zusammen zeigt uns einen Mann, der freilich nur eine Seite des menschlichen Seyns und Lebens in sich ausbildete und darstellte, aber eine solche, die auch ihr Recht hat, und auf eine solche Weise, daß er darin wie ein vollendeter Typus, wie ein fertiges abgerundetes Bild vor uns steht. Die Einheit im Wesen des Thomas war um so vollständiger, da sie im Ganzen eine un= gestörte war, denn von früher Jugend an hatte er durch sein ganzes Leben hindurch im Wesentlichen die nämliche Richtung ver= folgt. Die Welt ließ Thomas zur Seite liegen; die Wissenschaft diente ihm nur als Mittel für religiöse Zwecke; ein eigentlicher Gelehrter war er nicht und selbst ein Redner wollte er nicht seyn. Nur darauf war sein ganzes Dichten und Trachten gerichtet, das Eine, was Noth thut, in seinem eigenen Gemüthe zu pflegen und Andere in apostolischer Einfalt dafür zu bilden. Gegen dieses setzte er alles Uebrige hintan. Die Liebe Gottes und der darauf gegründete innere Friede, die stille Seligkeit der ununterbrochenen Gemeinschaft mit Gott war der letzte, der einzige Zielpunct alles seines Strebens. Und dieses Ziel hat er auch, wie Wenige er= reicht. Sein eigenes Wesen war ganz von der Liebe Gottes und Christi durchdrungen, von Ruhe und Frieden durchhaucht, und für

---

1) Francisc. *Tolensis* Vita Thom. §. 11.
2) Ebendas. §. 12.
3) Ebendas. §. 9.
4) Ebendas. §. 12. Die Unterschrift lautete: In omnibus requiem quaesivi, sed non inveni, nisi in Hoexkens ende Boexkens: hoc est, in abditis recessibus et libellulis.

wie Viele ist er nicht der eindringlichste Verkünbiger nicht nur, sondern, ich möchte sagen, ein Magnet dieser Liebe und dieses Friedens geworden! — Dieß führt uns auf seine Schriften und deren Inhalt.

Wenn es sich darum handelt, die Gedanken, Principien und Maximen darzustellen, die dem Leben des Thomas zum Grunde lagen, so kann nicht von einem eigentlichen Lehrbegriff die Rede seyn, sondern nur von einer religiösen und sittlichen Weltanschauung. Zwar bilden auch bei ihm, wie bei allen höher stehenden Menschen, einige Alles beherrschende Gedanken den Kern des geistigen Daseyns und er wird nicht müde, weil ihn der Eifer der Liebe dazu bringt, diese Gedanken in immer neuer, wenn auch wenig veränderter, Form vorzutragen und einzuschärfen; aber seine Gedanken treten dann nicht in Begriffen, und noch weniger als ein geschlossenes Ganze von Begriffen, sondern als Sentenzen in rednerisch erbaulichem, bisweilen an das Poetische streifendem Erguß auf. Mit einem Wort: es ist practische Spruchweis=heit, die wir bei ihm finden, aber doch eine solche, die von einer sehr bestimmten Gesammtrichtung des Lebens und Geistes getragen wird. In dieser Geistesrichtung, wenn wir sie auf ihre Haupt=bestandtheile zurückführen und richtig würdigen wollen, müssen wir ein zwiefaches Element unterscheiden: das Wesentliche, Allgemeine, für alle Zeiten Bedeutsame, und das mehr Formelle, der Zeit Angehörige, seiner Natur nach Vorübergehende; jenes ist das Christliche, dieses das Mönchische. Zwar sind diese Elemente bei Thomas selbst nicht geschieden und außer einander, sondern überall durch das Mittelglied der practischen Mystik in einander verschmolzen: das Christliche in ihm ist, wiewohl auf dem einen Puncte mehr, auf dem andern weniger, vom Mönchischen durch=drungen, auch wohl getrübt und beengt, das Mönchische aber stets von dem Christlichen beseelt und verklärt. Allein es ist doch bald das Eine, bald das Andere überwiegend, und wir können auch Beides, ohne es gewaltsam aus einander zu reißen, gesondert betrachten.

Diejenigen Schriften des Thomas[1]), in denen zwar das allgemeine Christliche nicht fehlt, aber doch das Monastische vorherrscht, sind seine Sermonen an die Novizen und seine Vor=träge an die Klosterbrüder überhaupt, seine Disciplina Claustra-lium und Dialogus Novitiorum, nebst mehreren kleineren Stücken,

1) Ich bediene mich der Ausgabe der Opera omnia des Thomas von dem Jesuiten Heinr. Sommalius, Köln. 1728. 4.

namentlich Briefen und Gedichten; auch kann man die Biogra=
phien der ausgezeichnetsten Brüder vom gemeinsamen Leben hier=
her rechnen, in denen er Ideale des ascetischen Lebens aufstellt [1]).
Die Schriften, in welchen umgekehrt das Klösterliche nicht fehlt,
aber die allgemein christliche Mystik den Hauptbestandtheil bildet,
sind: die Nachfolge Christi, die Selbstgespräche der Seele, der Ro=
sengarten, das Lilienthal, der Tractat de tribus Tabernaculis und
einige andere kleinere Abhandlungen. Unter diesen steht wieder
an Gediegenheit das Buch von der Nachfolge Christi [2]) weit
oben an, ohne Zweifel, was auch die Wirkung bewiesen hat,
das reinste und vollkommenste Product des Thomas, neben wel=
ches wir etwa nur, wiewohl in untergeordneter Weise, das noch
mehr im Sentenzen= und Proverbienstyl gehaltene Rosengärtlein
stellen möchten. In den erstgenannten Schriften nimmt, dem vor=
wiegend mönchischen Standpuncte gemäß, die Lehre von den Wer=
ken und ihrem Verdienst eine bedeutendere Stelle ein [3]), in den
letztgenannten, namentlich in der Nachfolge Christi, tritt diese
Lehre fast ganz zurück, und es wird, außer wenigen Anklängen
an das Meritum [4]), Alles auf die göttliche Gnade zurückgeführt.

---

1) Thomas hat ausführlich das Leben des Gerhard und Florentius,
kürzer das Leben der vorzüglichsten Schüler des Florentius, Johannes Gronde.
Joh. Binkerink, Lubert Berner, Heinr. Brune, Gerhard Zerbolt, Aemilius
von Buren, Jac. von Viana, Arnold Schoonhoven und des frommen Koches
im Hause des Florentius, Joh. Cacabus, beschrieben. Diese Biographien ste=
hen in der sämmtlichen Ausgabe von 1560 im 3. Theil S. 3—142, in der
Ausgabe von 1728 auch im letzten Theile S. 1—113, worauf dann das
Leben der heiligen Lidwina oder Lidwigis folgt. Da Thomas in Florentius
und seinen Schülern Männer schildert, die er genau kannte, so haben seine
Darstellungen, wenn gleich unvollkommen in der Sprache (er sagt selbst, er
beschreibe sie barbarizando), doch einen hohen Grad von Anschaulichkeit
und Lebenswahrheit und vermöge seiner Liebe zu jenen Männern eine kind=
liche Innigkeit. Man glaubt Bilder aus der niederländischen Schule jener
Zeit vor sich zu sehen. Am anziehendsten ist durch den Reichthum individu=
eller Züge das Leben des Florentius. Man wird bemerkt haben, wie Vie=
les von dem Bisherigen aus diesen Biographien geschöpft ist, welche über=
haupt die wichtigste Quelle zur Kenntniß des inneren Lebens der Brüderge=
meinschaft sind.
2) Es unterliegt für mich keinem Zweifel, daß dieser Tractat von Tho=
mas und sonst niemanden herrührt, und ich werde mich darüber in einer
Beilage kurz aussprechen.
3) Sermon. ad Novit. I, 7. p. 20 unten. Ebendas. p. 21. Dann Ser=
mo S. p. 21. Ferner P. II. Serm. 1. p. 28. Serm. 2. p. 31 De Discipl.
claustr. VII, 2. p. 141. Enchirid. Monachor. c. 10. p. 252 u. a. St.
4) z. B. Dolor *satisfactorius* I, 24, 1. Dann: Non enim stat
meritum nostrum in multis suavitatibus, sed etc. II, 12, 14. Fer=
ner: O semper optandum servitium, quo summum *promeretur* bonum.
III. 10. 5. Sodann: Vita facta est per gratiam *meritoria.* III, 18, 2.
Und III, 19, 3: Nihil apud Deum, quantumlibet parvum, pro Deo tamen
passum, poterit *sine merito* transire.

Wir dürfen daraus schließen, was auch die sonstige höhere Voll=
kommenheit beweist, daß diese letzteren Arbeiten der späteren Le=
bensperiode des Thomas angehören.

Die ganze Weltanschauung des Thomas[1] kann in Betreff
der Gedanken nicht eigentlich originell genannt werden. Die my=
stische Theologie ruht wesentlich auf Erfahrung, zunächst auf ei=
gener, dann aber auch auf fremder. In letzterer Beziehung stützt
sie sich auf Ueberlieferung. Durch das ganze Mittelalter geht eine
mystische Tradition hindurch, welche denselben Grundstoff der Ge=
danken in verschiedener Form ausprägt. In dieser allgemeinen
Tradition der Mystik, wie derselbe wieder insbesondere in Ruys=
broek und noch näher in den Stiftern des gemeinsamen Lebens
Gestalt gewonnen, steht auch Kempis; er schöpft fortwährend aus
dem großen Ueberlieferungsstrome, er benutzt neben den eigenen
Erlebnissen überall die Erfahrungen, Sprüche, Lebensbeispiele
der entfernteren und näheren Väter und Brüder[2] und vereinigt
dieselben mit eigner feiner Lebensbeobachtung und tiefer Kenntniß
des menschlichen Herzens zu einem reicheren Ganzen, als es vor
ihm jemand aus diesem Kreise gethan; aber wenn dieses Material
auch einem guten Theile nach nicht neu ist, so gewinnt es doch
durch die Individualität des Thomas, durch die es in schöner Ein=
heit zusammengehalten wird, eine neue Seele, etwas eigenthüm=
lich Lebendiges, Liebliches und Frisches, einen Ton der Wahrheit,
Freudigkeit und milden Herzenswärme, wodurch eine ganz speci=
fische Wirkung möglich wird. Dieß ist unseres Erachtens die Haupt=
sache, besonders in dem Buche von der Nachfolge Christi: die Wahr=
heit des eigensten Lebens, die sich in jedem Wort kundgibt, das
Herz, das darin schlägt, der reine, unvermischte Ton, der Silber=
klang der inneren Aechtheit, der einfältig kindliche Sinn, welcher
durch das Ganze hindurchgeht.

Dieses ungetheilte und unvermischte Wesen war bei Thomas
zunächst schon dadurch bedingt, daß er von vielen Dingen, die in
das Gemüth anderer Menschen Zwiespalt bringen, ganz und gar
abstrahirte. Die Welt verwirrte ihn nicht, die Kunst und Natur
mit ihren Herrlichkeiten und Reitzen zog ihn nicht von der Inner=
lichkeit ab, die Wissenschaft brachte ihm keine Räthsel und Zwei=
fel, keine Kämpfe und Qualen, weil er sich auf das Alles nicht

---

1) de Wette hat dieselbe in seiner Geschichte der christl. Sittenlehre
II, 2. S. 247. unverhältnißmäßig kurz behandelt.
2) Ju Beziehung auf die ascetischen Vorschriften sagt er dieß selbst im
Prolog zu dem Dialog. Novitior. p. 188: Hac consideratione inductus quorundam *praedecessorum* meorum *monita* et *exempla* huic opusculo in-
serere cogitavi.

einließ. Gegen das bürgerliche, politische Leben verhielt er sich, mit seinem Streben ganz auf den Himmel gerichtet[1]), rein negativ; es war ihm etwas Weltliches[2]); er stellte sich dazu wie ein wandernder Fremdling; in seinen Schriften findet sich nicht die Spur einer Theilnahme daran; höchstens können wir die mehrfach wiederkehrende Warnung hierher ziehen, daß sich der Religiose hüten solle, nach dem Umgange mit Vornehmen und Mächtigen zu streben[3]), eine Warnung, die er selbst auch redlich befolgte. Die Kunst, namentlich so weit sie dem Dienste des Heiligen sich widmete, hätte seinen zarten Sinn eher anziehen können; um so mehr, da sie damals in den Niederlanden schon ein reiches Leben entfaltet hatte: die größeren Städte besaßen zahlreiche Maler- und Bildhauerwerkstätten[4]), die Brüder Hubert und Johann van Eyck hatten schon die Wunder ihres Pinsels gethan, Hemmling war unsers Thomas Zeitgenosse, die Erhabenheiten der gothischen Baukunst konnten sich seinem Auge darbieten; aber alles dieß reizte ihn nicht; höchstens für das Kirchenlied, wofür er selbst einigermaßen thätig war[5]), und den geistlichen Gesang hatte er Empfänglichkeit aber auch nur im ascetischen Sinn[6]). Selbst die Natur scheint ihm fremd gewesen zu seyn[7]): wenn Ruysbroek gern in den Wäldern von Grünthal meditirte, so hielt sich Thomas ganz in seiner Zelle und warnt sogar vor dem Spaziergehen als etwas

---

1) Hort. Rosar. I. 2. 3. p. 60.
2) Francisc. *Tolensis* Vita Thom. c. 11. p. 29.
3) z. B. Sermon. ad Novit. II, 3. p. 12, und anderwärts. Davon, daß er selbst einst noch durch sein einfaches Buch von der Nachfolge Christi in die Gesellschaft der Großen der Erde kommen würde, hatte Thomas gewiß keine Ahnung.
4) Antwerpen hatte schon im J. 1396 fünf Maler- und Bildhauer-Werkstätten, woraus man auf die Zahl in den Niederlanden überhaupt schließen kann. S. Waagen über Hubert und Johann van Erck, Breslau 1822. S. 62; eine Schrift, die überhaupt vielfache Nachweisungen über den damaligen Kunstzustand der Niederlande gibt.
5) Wir haben von Thomas auch einen kleinen poetischen Nachlaß, theils kurze Gedichte, gewissermaßen Versus memoriales, ascetische und monastische Regeln enthaltend, welche zum Theil an den Grundgedanken des Thomas, die Lehre von der Nachahmung Christi, angeknüpft sind, theils mehr kirchlich gehaltene Hymnen, Cantica spiritualia, welche die Trinität, das Leiden Christi, Johannes den Täufer und den Evangelisten, die Jungfrau Maria, die h. Agnes und andere Heilige besingen. Es drückt sich auch in diesen Gedichten der fromme, kindliche, liebliche Sinn des Thomas aus, aber eine besondere Kraft oder gar Vollendung der heiligen Dichtung beurkundet sich darin nicht; in einzelnen Stellen werden sie selbst kleinlich und spielend.
6) Sermon. ad Novit. III. 9. p. 109.
7) Der wahre Mönch verlangt gar nicht nach dem Anblick des Schönen: Diligere *pulchra* et appetere mollia, non est pro virtute castitatis. De Discipl. Claustr. XII, 1.

9*

Störendem, Zerstreuendem, von dem der Mensch selten besser zu=
rückkehre[1]). Am Ersten könnte man noch bei Thomas vermöge
der Schule, die er durchgemacht, Neigung zur Wissenschaft er=
warten, auch mangelt ihm dieses Interesse wirklich nicht ganz;
doch hatten die ascetischen Eindrücke, die er zu Deventer empfangen,
die wissenschaftlichen bald weit überwachsen, und er würdigte auch
das Wissenschaftliche nur von der sittlichen, practischen Seite.
Sehen wir etwas genauer, wie er sich hier verhielt.

Thomas war selbst nach Maaßgabe der Zeit nicht ungelehrt,
er hatte sehr fleißig in der Schrift, auch wohl in deren patristischen
und mystischen Auslegern gelesen und empfahl das Studium von
beiden aufs Dringendste. Er drückte sich in der Sprache der
Gelehrten, wenn auch nicht elegant und rein, was er selbst sehr
bescheiden eingesteht[2]), doch leicht und fließend aus[3]); er hatte
das lebhafteste Interesse für gute und nützliche Bücher und deren
Sammlung, Bewahrung und Gebrauch[4]), so daß er es als
nothwendigen Schmuck eines guten Klosters betrachtet, eine mög=
lichst reiche und schöne Bibliothek zu haben[5]), und zu den ste=
henden Pflichten eines rechten Mönchs zählt, daß derselbe Bücher
schreibe und lese; auch ermunterte er empfängliche Jünglinge eif=
rig zu den Studien und selbst zur Erwerbung klassischer Bil=
dung: mehrere der verdientesten Wiederhersteller der alten Litera=
tur sind aus seiner stillen Zelle hervorgegangen und noch als hoch=

---

1) De Imit. Chr. I, 20, 6 u. 7. Sermon. ad Novit. II, 4. p. 38.
De Discipl. Claustral. VI, 4. p. 141.   Thomas billigt das Wort eines
Dritten: „So oft ich unter Menschen war, bin ich weniger Mensch (mit
weniger menschlicher Gesinnung) zurückgekehrt." De Imit. Chr. I, 20, 2.
    2) Vita Flor. Prolog. 4: Potius eligerem ab aliis dictata in silentio
legere, quam *rusticitate mea* claritatem illustrium virorum *barbarizando* obscurare. In der That kommen sehr viele Barbarismen in den
Schriften des Thomas vor. Dadurch wurde auch Sebast. Castellio ver=
anlaßt, das Buch von der Nachfolge Christi in elegantes Latein zu über=
setzen, ein in anderer Beziehung freilich sehr unpassendes Unternehmen. Die
Bearbeitung des Castellio erschien zu Basel 1563. 8. und dann mehrmals.
    3) Georg Pirkhaimer äußert sich in seinem Schreiben über Thomas
(abgedruckt an der Spitze der sommalischen Ausgabe) über dessen Styl in fol=
gender Weise: Thomas de K. non eloquentiae, sed veritatis fiducia,
haec opera condenda aggressus est: et oratione, quae de tenui fonte
emanat, lumine tamen suo clara et illustris apparet. Franciscus To=
lenius in Vit. Thom. §. 3: Stylus licet simplex, minime bracteatus
sit, tamen dilucidus et apertus est: ut nusquam rerum verborumque
inopia haereat, nusquam moleste perplexeque loquatur. Quae
animo parturiebat, sentiebat, probabat, sermonispauperie haud usque
coactus fuit supprimere, scilicet liquide clareque sua exprimit om=
nia sensa.
    4) Doctrinale Juven. cap. 4 u. 5. p. 113 u. 114.
    5) Ebendas. c. 7, 2. p. 215.

betagter Greis erlebte er, wie seine Schüler Rudolph Lange, Mo=
ritz Graf von Spiegelberg, Ludwig Dringenberg, Antonius Li=
ber, und vor allen Rudolph Agricola und Alexander Hegius er=
folgreich für die Belebung der Wissenschaften in Deutschland und
den Niederlanden wirkten. Also ohne wissenschaftliche Bedeutung
und Erregungskraft war Thomas nicht. Er sagt auch selbst[1]):
„die Wissenschaft ist nicht zu tadeln, ebenso wenig jede einfache
Erkenntniß der Dinge, welche an sich betrachtet gut und von Gott
geordnet ist;" und an einem andern Orte[2]): „zu dulden ist jede
fromme, bescheidene Erforschung der Wahrheit, die stets bereit ist,
sich belehren zu lassen, und in den gesunden Meinungen der Vä=
ter zu wandeln sucht." Aber dessen ungeachtet ist sein ganzer
Standpunct weit entfernt, ein eigentlich wissenschaftlicher zu seyn;
es ist und bleibt auch für die Wissenschaft ein ascetischer. Er steckt
der Wissenschaft sehr enge Gränzen: auf alles Metaphysische,
Transcendente, auf alle tiefere Erforschung Gottes und der Welt,
soll sie verzichten; nicht mit dem empyreischen Himmel und den
Ordnungen der höheren Geister[3]), welche die speculative Mystik
und selbst noch Ruysbroek in die Betrachtung hereingezogen,
sondern nur mit der Selbsterkenntniß soll sie sich beschäftigen; nicht
Gott, wie er in sich ist, was die Scholastiker und selbst die phi=
losophirenden Kirchenväter angestrebt, sondern nur Gott, wie er
in uns ist, soll sie erkennen wollen[4]). Besonders aber betrach=
tet er sie nicht als ein relativ selbständiges Lebenselement, als
etwas in sich Werthvolles, sondern schätzt und mißt sie überall nur
nach dem Erbaulichen und stellt das Theoretische unverhältnißmä=
ßig gegen das Practische zurück. Nicht nur daß er vor allen
Dingen einfachen Glauben verlangt, weil „die menschliche Ver=
nunft schwach ist und irren kann, der wahre Glaube aber nicht[5]),"
nicht nur daß er, was wir auch bei einem Anselm finden, den
Grundsatz aufstellt, „alle Vernunft und natürliche Forschung muß
dem Glauben folgen, nicht ihm vorangehen oder ihn schwä=
chen[6])"; sondern er achtet alles Erkennen nur unter der Voraus=
setzung, daß es unmittelbar sittlich nutzt, und wenn er dem Wis=
sen etwas eingeräumt, so fügt er immer sogleich einen Gegensatz
hinzu, wodurch diese Concession wieder so gut als aufgehoben

---

1) De Imit. Chr. I, 3, 4.
2) Ebendas. IV, 18, 1.
3) Sermon. ad Novit. 1, 9. p. 23.
4) Soliloq. animae I, 5. p. 3.
5) De Imit. Chr. IV, 18, 4.
6) Ebendas. §. 5: Omnis ratio et naturalis investigatio fidem sequi
debet, non praecedere nec infringere.

wird; hat er die Wissenschaft für gut erklärt, so unterläßt er nicht
zu sagen[1]): „aber ein gutes Gewissen und tugendhaftes Leben
sind immer vorzuziehen"; hat er Duldung für sie gefordert, so
fährt er fort[2]): „selig aber die Einfalt, welche die Wege schwie=
riger Fragen meidet und sicher die Pfade göttlicher Gebote wan=
delt . . . Glaube wird von dir verlangt und lauteres Leben, nicht
Höhe des Wissens und Tiefkenntniß der Geheimnisse Gottes; wenn
du nicht erkennest und fassest, was unter dir ist, wie magst du
verstehen, was über dir ist? unterwirf dich Gott, demüthige dei=
nen Sinn unter den Glauben, so wird dir das Licht der Erkennt=
niß gegeben werden, so weit es dir heilsam und nothwendig ist;"
hat er zugegeben, „daß jeder Mensch von Natur nach dem Wissen
verlange[3])," so läßt er die Beschränkung folgen: „aber was nützt
das Wissen ohne Furcht Gottes? besser ein einfacher Bauer, der
Gott dienet, als ein stolzer Philosoph, der, sich selbst vernachläs=
sigend, den Lauf des Himmels betrachtet;" oder: „ich will lieber
Zerknirschung empfinden, als ihre Definition wissen[4])" und: „was
nützt es dir, hoch über die Dreieinigkeit zu disputiren, wenn du
der Demuth ermangelst, um der Dreieinigkeit zu gefallen[5])?"
Lauter Sätze[6]), die gewiß vollkommen wahr und sittlich wichtig
sind, aber doch zur Herabdrückung der Wissenschaft dienen, weil
sie dieselbe immer als mit etwas Schlimmem, mit Hochmuth und
Mangel an Selbsterkenntniß, verbunden setzen und ihr das Sitt=
liche und Fromme so entgegenstellen, als ob es nicht auch mit ihr
verbunden seyn und ihr zur Grundlage dienen könnte.

Wenn indeß Thomas das reine Wissen als etwas an sich Un=
zulängliches, nur dem Vorwitze Dienendes, wohl auf Aufblähen=
des unverhältnißmäßig heruntersetzt, so fordert er dagegen ein weit
Höheres, das zugleich seiner Natur nach etwas Practisches ist und
vollkommene Demuth in sich schließt, die Weisheit[7]). Das
Wissen für sich selbst ist profan und menschlich beschränkt, es
stammt von der Welt und verwickelt wieder in die Welt; die Weis=
heit dagegen ist himmlisch und rein, sie kommt von Gott und führt

---

1) De Imit. Chr. I, 3, 4.
2) Ebendas. IV, 18, 1 u. 2.
3) Ebendas. I, 2, 1.
4) Ebendas. I, 1, 3.
5) Ebendaselbst.
6) Hierher gehört auch noch, was Thomas Doctrinale Juven, II, 1
sagt: „Es ist ein großer Fehler, in den Schulen schlecht Latein sprechen,
aber ein größerer, Gott täglich durch Sünden beleidigen und darüber kei=
nen Schmerz empfinden."
7) De Imit. Chr. I, III, 31. 32, und viele andere Stellen, die man
ausgezogen findet in der oben angeführten Dissertation von Scholtz
S. 22 – 34.

wieder zu Gott[1]); sie ist ihrem Wesen nach etwas Sittliches und
Heiliges, denn sie ist nicht nur höhere, gottverliehene Erkenntniß
dessen, was dem Menschen zu wissen allein Noth thut, sondern
zugleich göttliche Freiheit und göttlicher Friede[2]); sie faßt dasje=
nige in sich, wornach jeder Mensch nach dem tiefsten, innersten
Bedürfniß seiner Natur verlangen muß, das höchste Gut.

Jeder Mensch nämlich verlangt nach dem Guten und will
etwas Gutes in seinem Leben darstellen; jeder wünscht innere
Befriedigung und Seligkeit, jeder sehnet sich nach Freiheit, als
dem Vorzüglichsten, was ihm zu Theil werden könnte[3]). Aber
es frägt sich, wo er dieß Alles findet? Dieß vor Allem müssen wir
wissen, um nicht durch den Schein des Guten getäuscht zu wer=
den, wie es so Vielen geschieht. Es ist richtig — und Thomas
wiederholt diesen Satz der Schrift zu unzähligen Malen — die
Wahrheit soll und wird uns frei machen: aber wo ist die eigent=
liche, wesentliche, unvergängliche, völlig befriedigende Wahrheit?

Dieß Alles, Wahrheit, Freiheit, Friede, Seligkeit, das we=
sentlich und unvergänglich Gute, haben wir — so denkt Thomas
vorerst — nicht zu suchen in den Dingen der Welt[4]): ihr
Wesen ist nichtig, ihr Besitz ist flüchtig, ihr Genuß ist von Reue
begleitet, ihre Freuden werden von Leiden weit überwogen, denn
das Leben ist voll Widerwärtigkeiten[5]) und rings herum mit Kreuzen
bezeichnet[6]), es ist wie Ein großes Kreuz, das der Mensch nur
zu tragen vermag, wenn er selbst von einem andern Kreuze ge=
tragen wird[7]); in der Welt, im sinnlichen Leben findet der
Mensch keine wahre Befriedigung, sondern nur Verwirrung, Zer=
streuung, Elend, Tod und zum Lohn die ewigen Qualen der
Hölle. Ebenso wenig darf er seinen Frieden suchen bei Crea=
turen, bei andern Menschen: sie sind hinfällig, wandelbar, un=
zuverlässig, trügerisch[8]); jeder Mensch ist ein Lügner, ein Sün=
der, ein unvollkommenes Wesen[9]); bei ihm kann das höchste
Gut nicht seyn, wie überhaupt bei keiner Creatur. Eben darum
darf es der Mensch auch nicht suchen bei sich selbst, denn jeder

---

1) De Imit. Chr. III, 3, 1.
2) Ebendas. III, 4, 1. Sermon. ad Novit. II, 3. p. 33. De fideli
Dispensatore I, 29. p. 161.
3) Soliloq. anim. XII, 1. 2. p. 21.
4) Scholtz S. 119—139.
5) De Imit. Chr. III, 20, 3 u. 4.
6) Tota vita ista mortalis plena est miseriis et circumsignata
Crucibus. De Imit. Chr. II, 12, 7.
7) Ebendas. II, 12, 5: Si libenter Crucem portas, portabit te et
ducet te ad desideratum finem.
8) De Imit. Chr. I. 22, 6 u. 23, 1 sqq.
9) Soliloq. anim. V, 1. p. 9.

muß sich als ein in allen Dingen abhängiges, vergängliches und vor Allem als ein verborbenes fast in jedem Momente seines Lebens sündiges, fehler = und mängelvolles Wesen erkennen [1]), niedergezogen von seiner Sinnlichkeit, emporgetrieben von seinem Stolze [2]), immer aber beherrscht von seinem Eigenwillen und sei= ner Selbstsucht.

Wohl könnte der Mensch, wozu er bestimmt ist, ein Herr der Erde seyn, wenn seine Sinnlichkeit durch die Vernunft, seine Vernunft durch den Willen Gottes beherrscht würde [3]); so ist es aber nicht. „Die Natur, ursprünglich gut, ist durch den ersten Menschen gefallen und mit der Sünde angesteckt [4]), so daß sie, sich selbst überlassen, den Menschen zum Niedrigen und Bösen hinzieht. Denn die geringe Kraft, die übrig geblieben, ist nur wie ein Funken, in der Asche versteckt [5]). Das ist die natürliche Vernunft, die, von großer Finsterniß umgeben, zwar noch ein Urtheil hat über den Unterschied von gut und böse, wahr und falsch, aber unfähig ist alles das, was sie billigt, zu vollbringen und zum vollen Lichte der Wahrheit, so wie zur Gesundheit des Begehrens nicht gelangen kann ... So diene ich vermöge des Fleisches dem Gesetze der Sünde, indem ich mehr der Sinnlich= keit, als der Vernunft gehorche; das Wollen habe ich wohl, aber das Vollbringen kann ich nicht finden; ich setze mir oft vieles Gute vor aber bei geringem Widerstande falle ich wieder davon ab; ich erkenne den Weg der Vollkommenheit, aber, durch die Wucht des eigenen Verderbens gedrückt, steige ich nicht empor zum Voll= kommeneren." Demgemäß hat also das, was er, im Gegensatz gegen die Gnade, die Natur des Menschen nennt, nach der Schilderung des Thomas folgende Beschaffenheit [6]): sie sucht ihren eigenen Vortheil und Gewinn und will gern hochgehalten und geehrt seyn, sie sieht auf das Zeitliche, freut sich irdischen Ge= winnes, trauert über irdischen Schaden und wird durch das ge= ringste Unrecht gereizt; sie nimmt lieber, als sie gibt und liebt das Eigene und Private; sie wünscht Genuß und Ruhe, verlangt nach dem Schönen und Angenehmen, neigt sich zu den Creaturen und zum eigenen Fleische, sucht gern äußeren Trost, freut sich zahlreicher Freunde und Verwandte, edlen Geschlechtes, mächtiger Verbindungen, und flieht dagegen alles Niedrige und Unschein=

---

1) De Imit. Chr. III, 45, 4. Sermon. ad Novit. I, S. p. 23.
2) Vallis lilior. XI, 1. p. 83.
3) De Imit. Chr. III, 53, 2.
4) Ebendaf. III, 55, 2 sqq.
5) Modica vis, quae remansit, est tanquam scintilla quaedam latens in cinere.
6) De Imit. Chr. III, 54, 1—8.

bare, jede Beschämung und Geringschätzung, will nicht übertroffen seyn, nicht gehorchen, nicht leiden und sterben; mit einem Worte: sie bezieht Alles auf sich selbst, sie strebt und kämpft nur für sich, für ihren Vortheil und ihre vergänglichen Freuden.

Wenn es nun so steht mit der Welt, mit den Menschen, mit dem eigenen natürlichen Selbst, wo kann der Mensch das wahrhaft Gute, das dauernd Befriedigende finden? Nicht in dem Vielen, welches zerstreut, sondern in dem Einen, welches sammelt und einiget; denn nicht aus dem Vielen kommt Eines, sondern aus dem Einen kommt Vieles. Dieß ist das Eine, was Noth thut, das höchste Gut, über welches hinaus ein Besseres und Höheres nicht nur nicht vorhanden ist, sondern nicht einmal gedacht werden kann [1]). „Nach einem solchen Wesen verlangt meine Seele aufs Innerste,“ sagt Thomas [2]), „über welches hinaus es nichts Größeres, Besseres, Würdigeres gäbe, welches an allen Gütern Ueberfluß hätte.“ Das ist Gott. Gott allein ist es, der die ganze Sehnsucht des Herzens stillen, der es ganz beruhigen und beseligen kann [3]). Mit ihm verglichen ist die Creatur nichts, nur durch ihn und in Gemeinschaft mit ihm ist sie etwas. „Alles, was nicht Gott ist,“ spricht Thomas [4]), „das ist nichts [5]) und muß für nichts geschätzt werden; jeder wird klein seyn und darnieder liegen, der irgend etwas groß achtet, außer das eine, unendliche, höchste Gut... Alles wird vergehen, was nicht aus Gott entsprungen ist [6]).“ Hier sehen wir, den Worten nach, Thomas mit dem freigeisterischen Eckart übereinstimmen; Beide sprechen: Gott ist Alles, der Mensch ist nichts [7]); aber in wie verschiedenem Sinn! Eckart faßt den Satz metaphysisch und denkt an Gott als das alleinige Wesen, die allgemeine Substanz, in Beziehung auf welche alles creatürliche Seyn nur accidentell ist; Thomas faßt den Satz sittlich und denkt an Gott als das höchste Gut, welches den vernünftigen Creaturen verliehen hat, ein, wenn auch von ihm abhängiges, doch wesenhaftes Seyn zu haben; nach Eckart braucht der Mensch sich nur seines wahren, ewigen Wesens zu erinnern, so ist er selbst Gott; nach Thomas theilt Gott, als vollkommenste Persönlichkeit, in freier Gnade den Menschen das Entsprechende aus der Fülle der ihm inwohnenden

---

1) Soliloq. anim. XII, 1. 2. p. 21.
2) Soliloq. anim. XV, 5. p. 29. Ebendas. XII, 1. p. 21.
3) Sermon. ad Novit. II, 4. p. 34.
4) De Imit. Chr. III, 31, 2.
5) Quicquid Deus non est, *nihil est.*
6) De Imit. Chr. III, 32, 1.
7) Ebendas. III, 14, 3: ubi nihil aliud me esse invenio, quam *nihil* et *nihil.*

Güter mit, damit sie, die, sittlich betrachtet, an sich nichts sind, durch ihn und in freier Gemeinschaft mit ihm etwas Wahrhaftes werden und zum ewigen Leben gelangen.

Mit Gott dem höchsten Gute, dem Quell der Seligkeit, in Gemeinschaft zu treten, eins zu werden, ist der Grund aller wahrer Befriedigung [1]). Aber wie gelangen nun Beide, Gott und der Mensch, der Schöpfer und die Creatur zu= sammen? Gott ist im Himmel, der Mensch auf Erden, Gott vollkommen, der Mensch sinnlich, nichtig, sündhaft [2]): es muß also ein Vermittelndes da seyn, ein Weg, auf dem Gott zu dem Menschen, der Mensch zu Gott kommt, Beide geeiniget werden. Diese Einigung des Menschen mit Gott ruht auf einer zwiefachen Bedingung, einer negativen und einer positiven. Die negative ist, daß der Mensch allem dem vollkommen entsage, was ihm keinen wahren Frieden geben kann: er muß aus der Welt schei= den, die ihm so viel Mühseligkeit und Bitterkeit bietet und deren Freuden selbst ihm zu Leiden werden; er muß sich von den Crea= turen ablösen [3]), denn nichts verwickelt und befleckt das Herz so sehr, als unreine Liebe zu den Creaturen und nur wenn der Mensch dahin gekommen, bei keiner Creatur mehr Trost zu suchen, findet er Geschmack an Gott und Trost bei ihm [4]); er muß end= lich sich selbst absterben, sein eigenes Ich verleugnen, seine Selbst= heit und Eigenheit aufgeben [5]), denn wer sich selbst liebt, der findet überall auch nur sich, sein kleines, enges, sündiges Ich [6]), und kann nicht zu Gott gelangen. Das Letztere ist das Schwerste [7]) und kann nur erlangt werden durch ernste, tiefe Selbsterkenntniß; aber wer diese Selbstbetrachtung mit Strenge übt, der wird sich zuverlässig auch in seiner Niedrigkeit, Kleinheit und Nichtigkeit erkennen, den wird sie zur vollkommensten Demuth, zur völligen Zerknirschung und zum sehnlichsten Verlangen nach Gott führen [8]); denn nur, wenn der Mensch sich selbst klein und nichtig geworden, kann ihm Gott groß werden [9]), nur wenn er von sich und allem

---

1) Sermon. ad Novit. II, 4. p. 34: Hoc praecipue penset, qualiter *unionem cum Deo* habere possit, qui in pacifico corde locum
ad habitandum quaerit. Weitere Stellen bei Scholz S. 139—172.
2) Soliloq. anim. XIII, 1. p. 24.
3) De Imit. Chr. II, 8, 5.
4) Ebendas. I. 21, 10.
5) Ebendas. II, 11, 4.
6) De Imit. Chr. II, 7, 3. II, 12, 4.
7) Ebendas. III, 53, 3. Hort. Rosar. XVI, 1. p. 71: Amor sui,
laesio sui: oblivio mundi, inventio coeli.
8) Haec est altissima et utilissima lectio, sui ipsius vera cognitio
et despectio. De Imit. Chr. I. 2, 4.
9) Sermon. ad Novit. II, 7. p. 47.

Creatürlichen entleert ist, kann ihn Gott mit seiner Gnade er=
füllen [1]). Hierher gehören unzählige Aussprüche des Thomas,
von denen wir nur einige anführen: „Der Mensch nähert sich
Gott um so viel mehr, je weiter er sich von allem irdischen Trost
entfernt. Er steigt um so höher in Gott hinauf, je tiefer er in
sich hinabgestiegen und sich selbst gering geworden [2]). So lange
du auf Creaturen siehst, bleibt dir der Anblick des Schöpfers ver=
borgen; nur wenn du dich von aller creatürlichen Liebe entledigst,
geht die göttliche Gnade auf dich über [3])... Alles besteht im
Kreuze, Alles liegt im Sterben; kein andrer Weg zum Leben
und zum wahren Frieden, als der Weg des Kreuzes und des
täglichen Absterbens [4],... Wenn du dich in das gibst, wozu du
bestimmt bist, ins Leiden und Sterben, so wird es bald besser
mit dir werden und du wirst Friede finden [5]). Je mehr jeder sich
stirbt, desto mehr fängt er an, Gott zu leben [6])... Gib dich stets
in das Niedrigste, und es wird dir das Höchste gegeben werden;
das Höchste ist nicht ohne das Niedrigste [7])... Du steigst nicht
in den Himmel, wenn du dich nicht selbst erniedrigst [8])." Hier
ergeht also an den Menschen die große Forderung, daß er in sich
ganz zu nichte werde, daß er seine ganze Eigenheit schwinden
lasse; aber es knüpft unmittelbar daran auch die große Ver=
heißung, daß er Gott ganz empfangen soll. Gott hat dem Men=
schen Alles gegeben, er will ihn auch wieder ganz zurück haben [9]),
damit er sich ihm ganz mittheile. „Sohn," läßt Thomas Gott
sagen [10]), „du mußt dich ganz für das Ganze geben, und nichts
für dich zurückbehalten. Verlasse dich und du findest mich; stehe ohne
Wahl und Eigenheit und du kannst nur gewinnen [11]). Alle
Selbstler und Liebhaber ihres Ich liegen in Fesseln, nur wer sich
gänzlich selbst verleugnet, kann zur vollkommenen Freiheit gelan=
gen [12]). Gib also das Ganze für das Ganze, suche nichts,
verlange nichts, stehe rein und ohne Wanken auf mir und du
wirst mich haben, du wirst frei seyn im Herzen und es werden
keine Finsternisse dich umhüllen. Darnach strebe, darum flehe,

1) De Imit. Chr. III, 8, 1. III, 42, 2.
2) Ebendas. III, 42, 1. Vergl. Epist. 6. p. 175.
3) De Imit. Chr. III, 42, 2.
4) Ebendas. II, 12, 3.
5) Ebendas. II, 12, 12.
6) Ebendas. §. 14.
7) Ebendas. II, 10, 4.
8) Sermon. ad Novit. II, 8. p. 52.
9) De Imit. Chr. III, 9, 2.
10) Ebendas. III, 27, 1.
11) Ebendas. III, 37, 1.
12) Ebendas. III, 32, 1.

daß du frei von aller Eigenheit werdest, nackt dem nackten Jesu folgest, dir sterbest und mir ewig lebest[1]." .

Aber hiermit sind wir nun auch schon auf die positive Seite der Sache hinübergetreten: nicht bloß von der Welt, von der Creatur, von sich selbst soll der Mensch frei werden, sondern Gott muß sich ihm auch mittheilen, damit er fortan in Gott lebe. Beides aber, wie auch eines durch das andere bedingt ist und eines mit dem andern sich entwickelt, kann nicht bloß durch den Men= schen bewirkt werden, sondern es geschieht wesentlich durch Gott, durch die göttliche Gnade[2]. Schon über sich selbst hinaus kommt der Mensch nicht durch sich selbst, vollends aber Gottes theilhaftig werden kann er nur, wenn sich Gott ihm gibt, wenn Gott seinen Geist, seine Liebe in ihn ergießt. Indem Thomas seine ganze Lehre in das kurze Wort zusammenfaßt: „Gib Alles hin und du wirst Alles finden;" fügt er sogleich hinzu[3]: „Herr, das ist kein Kinderspiel, das ist nicht das Werk eines Tages; in diesem Wort ist die ganze Vollkommenheit enthalten." Hier muß also eine Potenz eintreten, die höher ist, als menschliche Kraft. Diese Potenz ist die dem Menschen sich mittheilende göttliche Liebe, die Mittlerin zwischen Gott und Mensch, zwischen Himmel und Erde[4]. Sie, die Liebe, bringt den heiligen Gott, der im Himmel, und die sündige Creatur, die auf Erden ist, zusammen; sie einiget das Niedrigste mit dem Höchsten[5]. Die Wahrheit macht den Menschen frei, aber die höchste Wahrheit ist die Liebe[6]. Die dem Menschen sich mittheilende, offenbarende göttliche Liebe ist die Gnade. Gott gießt seine Liebe in das Herz des Menschen aus und dadurch erhält der Mensch Freiheit, Friede, Kraft zu allem Guten. Wenn der Mensch dieser Liebe theilhaftig gewor= den, dann schätzt er Alles gering, was unter Gott ist; er liebt nur Gott, nicht mehr sich, und sich selbst nur um Gottes willen[7]. Er liebt Alles in Gott und ist von dem reinsten Geiste der Hin= gebung, dem eifrigsten Triebe des Wohlthuns erfüllt. „Die Liebe," so ungefähr preiset sie Thomas[8] wie in einem Hymnus, „ist wahrlich ein großes Gut: sie trägt alles Ungleiche gleichmüthig,

---

1) De Imit. Chr. III, 37, 3.
2) Soliloq. anim. XXIII, 8. p. 50. De Imit. Chr. III, 55, 2 sqq. In der ersten Stelle heißt es: Sufficit mihi gratia Dei . . . Quid enim est omnis conatus meus sine illa?
3) De Imit. Chr. III, 32, 1 u. 2.
4) Mit Stellen ausgeführt bei Scholtz S. 172 ff.
5) Charitas conjungit summa infimis, transit per media, redit ad summa, unum efficit de multis. Hortul. rosar. XIII, 1. p. 68.
6) Soliloq. anim. X, 8. p. 18.
7) Concio XVII de amore Jesu, p. 193 und viele andre Stellen.
8) De Imit. Chr. III, 5, 3 ff.

alle Lasten ohne Last, sie treibt uns an, Großes zu thun, sie befeuert uns, immer Vollkommneres zu verlangen, sie strebt auf=wärts und wird durch keine Schranken zurückgehalten. Nichts ist süßer als die Liebe, nichts stärker, nichts höher, nichts lieblicher, voller und besser im Himmel und auf Erden: denn sie ist aus Gott geboren und kann, über alles Geschaffene hinaus, nur in Gott ruhen. Sie läuft, fliegt und ist voll Freudigkeit; sie ist frei und nicht gebunden; sie gibt Alles für Alles; sie hat Alles in Allem, weil sie in dem Einen, Höchsten über Allem ruht, aus welchem alles Gute fließt und entspringt. Sie sieht nicht auf die Gaben, sondern wendet sich über alle Güter hinaus an den Ge=ber. Sie fühlt keine Beschwerde, klagt nicht über Unmöglichkeit, und hat zu Allem Kraft. Ermüdet, wird sie nicht laß, bedrängt, wird sie nicht überwunden, geschreckt, wird sie nicht irre; sondern, wie eine lebendige Flamme, wie eine brennende Fackel, steigt sie empor und geht sicher durch Alles hindurch. Aber doch ist sie nicht weich, nicht leicht und eitel, sondern stark, männlich, fest, klug, umsichtig, demüthig, keusch, ruhig, in allen Sinnen wohl bewahrt." Hat der Mensch die Liebe gefunden, so hat er das Höchste gefun=den; „die Liebe genüget sich selbst [1];" in ihr hat er Alles, was er bedarf. „Es gibt für dich nichts Besseres, nichts Heilsameres, nichts Anmuthigeres, nichts Höheres und Würdigeres, nichts Voll=kommneres und Seligeres, als Gott aufs Innigste lieben und aufs Höchste preisen. Das sage ich hundertmal, das wiederhole ich tausendmal. Dieß thue, so lange du lebst, fühlst und denkest; dieß übe durch Wort und That, bei Tag und bei Nacht, des Morgens, Mittags und Abends, zu jeder Stunde, in jedem Augen=blick [2]." Die wahre Liebe zu Gott, weil sie aus dem Aufgeben des eigenen Selbst und dem tiefsten Bedürfniß nach Gott ent=sprungen, schließt zugleich die reinste Demuth in sich, und die Demuth ist die Quelle der Weisheit und des Friedens, mehr als alle hohe Erkenntniß [3].

Durch die Liebe wird der menschliche Wille mit dem gött=lichen geeiniget; der Gottliebende führt Alles auf den höchsten Ursprung zurück [4], er ergibt sich unbedingt in den göttlichen Willen, und was kann höheren Frieden geben? „Wenn du nur willst, was Gott gefällt und dem Nächsten nützlich ist, so hast du inneren Frieden; dann ist dir jede Creatur ein Spiegel des

1) Soliloq. anim. XVIII, 3. p. 39: Amor per se satis est, tantum ferveat mecumque perseveret.
2) Vall. lilior. XXVI, I. p. 98.
3) Concio XVI de quadrages. jejun. p. 193.
4) Sermon. ad Novit. I, 9. p. 24.

Lebens, ein Buch heilſamer Lehre und keine ſo gering, daß ſie dir nicht die Güte Gottes vor Augen ſtellte [1]." Der alſo Liebende und aus Liebe ſich Hingebende ſpricht zu Gott [2]: „Gib mir, was du willſt, wie viel du willſt, wann du willſt. Handle mit mir, wie du weißt, wie es dir gefällt, wie es zu deiner Ehre gereicht... Willſt du, daß ich im Dunkel wandle, ſo ſey ge= prieſen; willſt du, daß ich im Lichte walle, ſo ſey auch geprieſen [3]). Ohne Unterſchied will ich [4]) von deiner Hand empfangen Gutes und Schlimmes, Süßes und Bitteres, Frohes und Trauriges, und für Alles Dank ſagen." Durch die göttliche Liebe wird endlich auch das rechte Verhältniß zu den Menſchen hergeſtellt: nicht nur, daß wir ſie nun nicht mehr ſinnlich und creatürlich, ſondern in Gott und um Gottes willen, frei und rein, lieben, ſondern Alles, was wir ihnen thun können, alles gute Werk, alle Tugend erhält auch dadurch erſt Werth und Bedeutung. Die Liebe iſt nicht nur die Triebfeder, ſondern auch die Seele der Tugend, durch welche dieſelbe eigentlich erſt lebt [5]). Ohne Liebe iſt das Größte, was wir vollbringen, nichts, durch die Liebe wird das Geringſte groß und göttlich. „Ohne die Liebe Gottes und des Nächſten," ſagt Thomas [6]), „nützen keine Werke, wenn ſie auch von Menſchen gelobt werden: ſondern ſie ſind wie leere Gefäße, die kein Oel haben, und wie Lampen, die in der Finſterniß nicht leuchten." Und in einer andern Stelle [7]): „Ohne die Liebe hat kein äußeres Werk Werth; dagegen, was aus Liebe ge= ſchieht, und wenn es noch ſo gering und verachtet wäre, das iſt fruchtbar. Denn Gott bringt mehr in Anſchlag, aus welcher Geſinnung einer handelt, als was und wie viel er thut: viel thut, wer viel liebt. Viel thut, wer eine Sache recht thut: recht thut, wer mehr dem Gemeinſamen, als ſeinem Eigenwillen dient... Wer aber die wahre, vollkommene Liebe hat, der ſucht in keiner Sache ſich ſelbſt, ſondern nur die Verherrlichung Gottes, der will nicht Freude haben in ſich, ſondern bezieht Alles auf Gott, von dem Alles als letzter Quelle ausfließt, in welchem als dem Ziel= puncte alle Heiligen genußreich ruhen."

Es könnte auffallen, daß wir in der ganzen bisherigen Aus= einanderſetzung der Perſon Chriſti noch keine Erwähnung ge= than, da doch die meiſten Stellen, die wir angeführt, aus der

---

1) De Imit. Chr. II, 4, 1.
2) Ebendaſ. III, 15, 2.
3) Ebendaſ. III, 17, 2.
4) Ebendaſ. §. 3.
5) Scholtz S. 73—81.
6) De Imit. Chr. I, 15, 1.
7) Ebendaſ. §. 3.

Schrift des Thomas von der Nachfolge Chrifti entnommen find.
Allein ftillschweigend ift dieß in allem Bisherigen geschehen, denn
wer Gott und die Liebe genannt, der hat im Sinne des Thomas
auch Chriftum genannt, wer von Demuth, Selbftverleugnung,
Abfterben feiner felbft und Leben in Gott, von Friede und Selig=
keit gesprochen, der hat auch von Chrifto gesprochen. Chriftus
ift eben dem Thomas die wirkliche, geoffenbarte göttliche Liebe,
die Gottheit und Menschheit einiget, er ift ihm das Urbild des
vollkommenen Ausgegangenseyns aus fich felbft und des Einsseyns
mit Gott, des unerschütterlichen Friedens und der ungetrübten
Seligkeit in Gott; fein Kreuz ift ihm das allgemeine Kreuz[1],
fein Sieg der Sieg aller gottliebenden Frommen. Die Aufnahme
Chrifti in das Innere ift die Aufnahme der göttlichen Liebe, das
Einschließen des Leidens und Sterbens oder des Kreuzes Chrifti
in das Herz wird zum eigenen Abfterben und zur Kreuzigung
feiner felbft, die Nachfolge Chrifti ift das Leben heiliger Demuth,
Selbftverleugnung und liebender Thätigkeit für Andere. Darum
hat die Lehre von der Nachfolge, Nachbildung Chrifti eine
fo große Bedeutung bei Thomas und nicht etwa bloß in dem fo
betitelten Buche, fondern überall, in allen feinen Schriften, auch
in den kleinften Gedichten bildet fie einen Grundgedanken[2].
Neben der einen Grundregel des Thomas: Gib dich Gott ganz,
fo empfängft du ihn ganz — fteht die andre, ebenfo wichtige, ja
ihr im Wesentlichen gleich geltende: Nimm Chriftum in dich auf,
bilde ihn in dich hinein, folge ihm und ahme ihn nach, fo haft
du mit ihm Alles[3]. Chriftus ift dem Thomas nicht minder, als
Gott, Alles in Allem, das Abbild Gottes, das Vorbild des activen,
wie des contemplativen Lebens[4], des Thuns, wie des Leidens;
er ift der Meifter Aller, das Buch und die Regel der Reli=
giofen, das Mufter der Kleriker, die Lehre der Laien, der Text
und die Gloffe der Decrete, die Leuchte der Gläubigen, die Freude
der Gerechten, der Preis der Engel, der Zielpunct und die Voll=
endung aller Sehnsucht der Heiligen[5]: wie heilig alfo die Seele,
die ganz auf fich verzichtet und ihr ganzes Leben Chrifto gleich=
förmig macht[6]! Chriftus hat fich ganz für uns hingegeben, er

---

1) Vergl. den Abschnitt de regia via s. Crucis, de Imit. Chr. II, 12.
   2) Sermon. ad Novit. II, 3. p. 33. Ebendaf. Sermon. 8. p. 52.
Concio XII de quat. modis videndi Christum p. 185. Soliloq. anim.
XIII, 3. p. 24. In Versen drückt Thomas den Gedanken von der Nach=
ahmung Chrifti aus in der Vita boni Monachi p. 279 u. 281, wo zwei
Gedichte mit den Worten anfangen: Vitam Jesu Christi stude imitari.
   3) De Discipl. Claustr. XIII, 1. p. 147.
   4) Ebendaselbft: Qui tam in vita activa quam contemplativa perfectissime hominem docet sine errore et multis argumentis.
   5) Sermon. ad Novit. I, 3. p. 11.   6) Ebendaselbft.

theilt sich uns fortwährend ganz mit in seinem Leib und Blut, damit wir ganz die Seinigen werden und sein bleiben, damit wir mehr in ihm leben, als in uns selbst [1]). Alle Menschen sollen um Jesu willen geliebt werden, Jesus aber, wie Gott, um seinetwillen [2]). Er soll stets mit uns auf dem Wege seyn [3]), in uns wohnen, mit uns wandeln. „Suchst du in Allem Jesum, so findest du ihn in Allem; suchst du dich, so findest du dich, aber zu deinem Verderben [4]).“ Vor Allem soll Christus der Gekreuzigte in uns leben [5]), das Kreuz Christi ganz in unser Herz eingeprägt werden [6]). Christum, den Gekreuzigten, in das Herz aufnehmen, ist der Grund alles Guten [7]): er durchdringt das ganze Innere und treibt immer und überall zu allen guten Gedanken und Thaten, stärkt den Kleinmuth, vertreibt den Zweifel, befestigt den Glauben, gießt die Liebe ein und belebt den Eifer [8]). „In Christo leuchtet die Vollendung aller Tugenden wie in einem reinen Spiegel, und es kann in keinem Buche, in keiner Wissenschaft irgend etwas Besseres und Vollkommneres gefunden und gewußt werden, als in diesem Buche des Lebens, dem wahren Lichte. Ueber alle Wohlgerüche köstlich aber duftet das Leiden meines Herrn, in kurzer Summe alle Gnaden in sich begreifend [9]).“ Und zwar lehrt uns dieses Leiden oder das Kreuz Christi vornehmlich das, was auch sonst für Thomas die Summe alle Tugend ist, Aufgeben des eigenen Willens, Gehorsam bis zum Tode, Entsagung aller Lust der Welt, freudige Geduld in allem Schmerz.

Christus soll, so denkt es Thomas, zwar ganz nach seinem Wesen und Geist in das Innere aufgenommen werden und gleichsam an die Stelle des eigenen Ich treten; auch ist das Bild Christi immer als ein Ganzes zu fassen: „Er ist mir,“ sagt er [10]), „wenn ich recht aufmerke, ganz und ungetheilt im Einzelnen, und keine Verschiedenheit der Gestalt und des Alters verändert den Glauben der Wahrheit; weil Christus ungetheilt ist, und in allen diesen Formen gleichmäßig anzubeten.“ Aber doch können wir uns auch das Einzelne aus dem Leben und Seyn Christi vorhalten, denn in allen Bestandtheilen desselben findet sich wieder

---

1) De Discipl. Claustr. XIII, 3. p. 148.
2) De Imit. Chr. II, 8, 4.
3) Jesus et Maria, sint mecum semper in via. Exercit. spirit. V, 2. p. 201.
4) De Imit. Chr. II, 7, 3.
5) Sermon. ad Novit. I, 4. p. 12 u. 13.
6) Epist. 3. p. 173.
7) Sermon. ad Novit. II, 4. p. 35.
8) Ebendaselbst.
9) Concio XII. de quat. modis videndi Christum, p. 185.
10) Ebendas. p. 183.

Lehre und Muster, und so gebraucht Thomas auch wieder das Leben Christi bis ins Kleinste als Musterleben für sich und Andre. Er geht hierin so weit, daß er selbst für das Bücherabschreiben das Vorbild in Christo sucht. Indem er über die evangelische Stelle predigt, worin erzählt wird, daß Christus sich niedergebeugt und etwas auf die Erde geschrieben habe, sagt er [1]): „Es erfreut, zu hören, daß Jesus lesen konnte und schrieb, auf daß uns die Kunst des Schreibens und der Eifer, heilige Schriften zu lesen, desto mehr anmuthe. Es gefalle dir also, Jesum auch im Lesen und Schreiben nachzuahmen; denn es ist ein sehr gutes, verdienstliches und frommes Werk, Bücher zu schreiben, welche Jesus liebt, in denen er erkannt und verkündet wird, und dieselben mit eifriger Sorgfalt zu bewahren." So kann sich also der Mensch fast in allen Fällen des Lebens das Vorbild Christi vergegenwärtigen, und zu jeder Zeit, von allen Seiten soll er sich in dasselbe hinein= bilden, Jesum in sich nach Maaßgabe der menschlichen Schwach= heit wiederholen.

Zwar stellt Thomas das sich selbst Absterben, die Aneignung Christi und das Einswerden mit Gott meist wie Einen Act dar; aber dieß ist nicht so gemeint, als ob dieses innere Werk in einem einzelnen Moment vollendet wäre [2]); es erstreckt sich vielmehr über das gesammte Daseyn und entfaltet sich immer vollkommener durch das ganze Leben. Nur allmählig [3]), unter fortwährendem Kampfe, der aber immer mehr zum Sieg und Frieden wird, kann der innere Tod und das innere Leben sich vollenden. Immer wieder soll sich die Zerknirschung erneuern, in immer vollerem Maaße soll die Abtödtung eintreten; jedes Jahr soll der Mensch eine Sünde abthun [4]), jeden Tag, jeden Moment soll er mit einem Fortschritt im Guten, mit einem gottgefälligen Werke be= zeichnen [5]), in immer innigerer Annäherung soll er sich mit Gott einigen, bis er endlich ganz in die göttliche Liebe aufgegangen und verschlungen, Gott in ihm Eins und Alles ist [6]).

Da nun diese Entwickelung, obwohl durch einen entscheiden= den Moment der Resignation und Hingabe an Gott bedingt, doch

---

1) Concio XX. de scriptura Jesu, p. 198.
2) Non enim *subita conversione*, sagt Thomas von den Aposteln, die er doch als vorbildlich betrachtet, nec una tantummodo die ad tam magnam perfectionem ascenderunt. Concio XXIII. de Spirit. sancto, p. 249.
3) Exercitia spirit. (2ter Tractat dieses Titels) I, 1. p. 208: *Paulatim* proficit homo, et hoc per quotidiana exercitia. De Imit. Chr. I, 13, 4.
4) De Imit. Chr. I, 11, 5.
5) Epist. 1. p. 169.
6) De Imit. Chr. IV, 13. 1 und Soliloq. anim. XXI, 3. p. 45.

eine allmählige, schwierige, kämpfende, immer durch einen Zusatz von Sünde getrübte [1]) ist, so kann ihr auch durch gewisse Mittel, durch eine Lebensordnung nachgeholfen werden. Hier tritt nun die Ascetik des Thomas und der Uebergang zum Mönchischen ein. Wenn die Secte des freien Geistes lehrte, daß für einen innerlichen Menschen alles Aeußerliche gleichgültig sey, wenn Meister Eckart den gefährlichen Satz aufstellt, daß für den inner= lichen Menschen das gut sey, wozu er sich durch seine Neigung am meisten gedrungen fühle, so finden wir bei Thomas das directe Gegentheil. Er sagt [2]): „Kein Mensch ist vor Versuchungen sicher, so lange er lebt, denn er hat das, woburch er versucht wird, in sich selbst." Er lehrt [3]): „Nicht jedem Worte, nicht jedem Triebe muß man folgen, sondern die Sache ist nach dem Sinne Gottes zu erwägen . . . Gehe mit einem weisen und gewissen= haften Manne zu Rath, und suche vielmehr von einem Besseren belehrt zu werden, als daß du deinen Eingebungen folgtest [4])." Bei ihm ist Alles auf das Brechen des eigenen Willens gestellt: „Das Kreuz besteht im Brechen des Eigenwillens und nur der Weg des Kreuzes ist der Weg des Lebens [5])." Er verlangt über= all, daß man der Sinnlichkeit tapfer widerstrebe, daß man alle Sinne, durch die der Reiz des Bösen eindringen kann, wahre [6]), und sich gleichsam, um an jedem Orte abgeschlossen und einsam zu seyn, in seinem Herzen eine Zelle, eine Arche baue, welche nur Ein Fenster habe, um Christum einzulassen [7]). Nur indem der Mensch die Pforten der Sinnlichkeit verschließt, kann er innerlich das Wort des Herrn vernehmen, kann er, wie er soll, in ruhiger Sammlung auf das sinnen, was zu seinem Heile dient. Um den Kampf mit der Sinnlichkeit und dem eigenen Selbst erfolgreich zu bestehen, dazu schreibt dann Thomas auch noch eine Reihe frommer und sittlicher Uebungen vor, theils private, theils öffent= liche. Die privaten sind [8]): Einsamkeit, Stillschweigen, Fasten, Beten, Lesen, auch wohl Abschreiben der Schrift [9]) und anderer

---

1) Quamdiu in hoc mundo sum, mundus non sum. Soliloq. anim. c. 5, 1. p. 9.

2) De Imit. Chr. I, 13, 3. Vergl. I, 16, 4.

3) Ebendas. I, 4, 1. Vergl. III, 7, 3. III, 11, 2.

4) Ebendas. I, 4, 2. Vergl. I, 9, 1.

5) Epist. III, p. 173.

6) Claude sensualitati tuae ostia. De Imit. Chr. III. 1, 2. Oportet viriliter appetitui sensitivo contraire. III, 11, 2. Aehnl. III, 13, 2. Sermon. ad Novit. I, 2. p. 29. II, 10. p. 63.

7) De Solitud. et Silent. I, 24. p. 231.

8) Hortul. Rosar. XIV, 1. p. 70. Vall. lilior. I, 1. p. 77. XXXI, 4. p. 104.

9) Vall. lilior. XXI, 2. p. 93.

nützlicher Bücher, Unterwerfung unter die Leitung eines Vorge=
setzten, tägliche Selbstbetrachtung, vornehmlich am Morgen und
Abend, wiederholte Erinnerung an Tod und Ewigkeit, Himmel
und Hölle, unausgesetzte Beschäftigung, sey es mit der Hand oder
mit dem Geiste, vom frühesten Morgen bis zum Abend; die öffent=
lichen: regelmäßiger Besuch des Gottesdienstes, eifrige Theilnahme
an allen heiligen Handlungen und Zeiten, treue Verehrung der
Maria und der Heiligen, fleißiger Genuß des heiligen Abend=
mahls. „Stehe früh auf, wache, bete, arbeite, lies, schreibe,
schweige, seufze, dulde muthig alles Widerwärtige [1]:" das sind die
Lebensregeln des Thomas, die er nicht müde wird, immer und
immer zu wiederholen.

So geht durch das Mittelglied des Ascetischen die christliche
Weltansicht des Thomas in das Mönchische über [2]. Er theilt
darin den Standpunct fast des gesammten Mittelalters, daß von
ihm das Mönchthum als die höchste Stufe des christlichen Lebens,
der Religiose als der vollendete Christ angesehen wird. Hieraus
ergab sich aber zweierlei: erstlich, daß das Mönchische bei ihm
auch in das Allgemeinchristliche eindrang, wie wir dieß selbst in
dem Tractat von der Nachfolge Christi sehen, wo manche Par=
tieen ausschließlich für Mönche bestimmt sind [3]; zweitens, daß
das Allgemeinchristliche von ihm auch als Grundlage des Mön=
chischen betrachtet wurde, wie dieß alle speciell für Mönche be=
stimmten Schriften zeigen, in denen an diese die nämlichen reli=
giösen und sittlichen Forderungen gemacht werden, wie an jeden
Christen, und nur noch andre höhere dazu; denn das Ideal, das
Thomas von Mönchthum hatte, war allerdings kein geringes, viel=
mehr zeigt er hier dieselbe Innerlichkeit und Strenge, wie in
allem Uebrigen.

Thomas, von Jugend an ascetisch gebildet, war von leb=
haftem Eifer für das Klosterleben erfüllt. Er verwirft zwar in
seinem verständigen und milden Sinne das Leben in der Welt
keineswegs gänzlich; vielmehr, indem er, wie es auch sonst häufig
vorkommt, das contemplative Leben mit der Maria, das active
mit der Martha vergleicht [4], gibt er zu, daß auch das von der
Martha erwählte Theil löblich und gottgefällig sey, und fordert,
daß beide Schwestern nicht über den Vorzug streiten, sondern in
gegenseitiger Anerkennung sich vereinigen sollten, um gemeinsam
Christo zu dienen; allein das Theil, welches Maria erforen, das

---

1) Sermon. ad Novit. I, 6. p. 18. Hortul. Rosar. XIV, 2. p. 70.
2) Scholtz in der angei. Abhandlung S. 62—78.
3) z. B. Buch 1, Kap. 25.
4) De fideli Dispensatore II, 1—6.

heißt hier das contemplative, also vorzugsweise klösterliche, Leben war ihm doch das höhere und lieblichere[1]), und er würde immerhin jedem gerathen haben, auch das active Leben, was ihm wohl möglich schien, lieber im Kloster, als in der Welt zu führen. Ebenso räumt Thomas auch ein[2]), daß es nicht jedem gegeben sey, auf Alles zu verzichten und, der Welt entsagend, das Mönchsleben zu ergreifen, weßhalb auch wenige Contemplative gefunden würden[3]); aber er spricht doch zugleich sehr lebhaft gegen die Weltleute, welche Jünglinge vom Kloster abzuhalten suchten, und widerlegt die bei ihnen gangbaren Einwendungen[4]). Nur in der Zelle, in der er sich selbst so wohl fühlte, schien ihm der Mensch vollständig vor der Welt geborgen; der Verein von Brüdern in Einem Hause, unter Einem Aufseher, nach derselben Regel, zu gleichem Gebet, gleicher Andachtsübung und Arbeit, sich gegenseitig in Allem fördernd und unterstützend, schien ihm das lieblichste, sonst nirgends so zu findende, Bild des christlichen Lebens[5]). Aber von diesem Standpunct aus forderte er auch viel vom wahren Mönche und vom rechten Kloster. Nicht die Kapuze, sagt er, macht den Mönch, die könnte auch ein Esel tragen[6]); auf das innere Wesen kommt es an. Auch von unwissenden, dumpfen Klerikern und Mönchen wollte Thomas nichts wissen. „Wehe dem ungelehrten und schriftlosen Kleriker," spricht er strafend[7]), „der sich und Andern oft eine Ursache des Irrthums wird. Denn ein Kleriker ohne heilige Schriften ist ein Soldat ohne Waffen, ein Pferd ohne Zügel, ein Schiff ohne Ruder, ein Schreiber ohne Federn, ein Vogel ohne Flügel; und ein Kloster ohne heilige Schriften ist eine Küche ohne Töpfe, ein Tisch ohne Speisen, ein Brunnen ohne Wasser, ein Bach ohne Fische, ein Garten ohne Blumen, eine Börse ohne Geld, ein Haus ohne Geräthe." Also Eifer für das Schriftstudium und eine, wenn auch mäßige, theologische Bildung fordert Thomas immer vom Klostergeistlichen; noch mehr aber die christlichen Tugenden, zuerst die allgemeinen, die wir oben entwickelt haben, dann die besonderen, ihm speciell zukommenden. Diese sind theils die überall geltenden Mönchstugenden der Armuth, Keuschheit und des Gehorsams, theils insbesondere noch Demuth, Geduld, Schweigsamkeit, Liebe zur Ein-

---

1) ... eligibilior pars Mariae et suavior.
2) De Imit. Chr. III, 10, 2.
3) Ebendas. III, 31, 1.
4) Dialog Novitior. c. 4, bes. §. 7. p. 194. Epist. 4. p. 175. 176.
5) Sermon. ad Novit. I, 1. p. 2.
6) Ebendas. II, 5. p. 41.
7) Doctrinale Juven. VII, 2. p. 215.

samkeit, zur Selbstbetrachtung und völligen Abtödtung [1]). Die
heilige Armuth hat für ihn den Werth des Märtyrerthums [2]),
den pünctlichen Gehorsam, an den er selbst von Jugend an gewöhnt war, weiß er nicht genug einzuschärfen [3]); das Schweigen,
obwohl er weise und nützliche Rede nicht verwirft, scheint ihm
stets rathsamer, als das Sprechen [4]); die Einsamkeit viel wichtiger
für die Besserung, als Gesellschaft, und die fortgesetzte Einkehr
in sich selbst, die Beschäftigung mit Dingen, die zur Zerknirschung
beitragen, Bedingung der immer innigeren Gemeinschaft mit
Gott [5]). Außerdem fordert Thomas ganz besonders vom Mönche
strenge Lebensordnung, unausgesetzte Thätigkeit, Meidung aller
Singularität, Eifer in den gemeinsamen Andachten, liebevolles
Wirken für das gemeinsame Beste der Brüder. Häufig fasset er
die Hauptregeln des Klosterlebens zusammen; ich will nur zwei
Stellen anführen: „Rasch gehorchen, häufig beten, devot medi=
tiren, fleißig arbeiten, gern studieren, Gespräche meiden, die Ein=
samkeit lieben — das macht einen guten Mönch und gibt ein
ruhiges Gemüth [6])" ... „Das ist vor Allem nöthig und nützlich

---

1) Schilderungen des ächten Mönchslebens. Vorschriften und Maximen
für Mönche findet man fast in allen Schriften des Thomas. Ich will hier
nur auf Hauptstellen verweisen: Sermon. ad Novit. P. I. Serm. I. p. 2.
Serm. 2. p. 5. Serm. 3. p. 6. Serm. 4. p. 12 und 14. Serm. 6.
p. 18. Serm. 9 p. 24. P. II. Serm. 4. p. 37. P. III. Serm. 4. p. 83.
Serm. 11. p. 118. Serm. ad Fratr. 7. p. 113. Vallis lilior. XV, 1.
p. 86. XVIII, 1 sqq. p. 89. 4. p. 90. Die ganze Schrift de Disciplina
Claustralium, bef. cap. 1. p. 131. cap. IV, p. 136 sqq. cap. VII, 4.
p. 142. Dialog. Novitiorum, bef. cap. 3. p. 191. c. 4. p. 193.
Exercit. spirit. (2te Sammlung) c. 15. p. 211. Enchiridion Monachor.
p. 249—252. Vita boni Monachi in gereimten Versen p. 277—283,
wo es unter Anderm heißt:
    Sustine vim patiens
    Tace, ut sis sapiens.
    Mores rege, aures tege.
    Saepe ora, saepe lege.
    Omni die, omni hora
    Te resigna sine mora.
Ein kurzes Compendium des Mönchslebens enthält besonders auch Epist.
5. p. 178—180.
2) Sermon. ad Novit. II. 2. p. 31.
3) Namentlich auch in factischen Beispielen, wie Vita Flor. XXI, 2.
Vit. Lub. Berneri §. 6. Sodann: De Discipl. Claustr. IV, 1 sqq.
p. 136 u. a
4) Sermon. ad Novit. I, 4. p. 13. I, 7. p. 20. Ebendas. II, 3.
p. 32. Serm. ad. Fratr. 8. p. 135. Exerc. spirit. II, 2. p. 199. IV,
1. p. 200. De Solit. et Silent. II, 28. p. 239.
5) Serm. ad Fratr. 7. p. 133. Hort. Rosar. I, 2. p. 59. Vall.
lilior. XVIII, 1. p. 89. Ueber die Heilsamkeit der Einsamkeit und
des Schweigens hat Thomas auch einen besondern Tractat geschrieben:
De Solitudine et Silentio p. 225—242.
6) Hortul. Rosar. IX, 1. p. 64.

zum Fortschritt in der Tugend und zur Erbauung Anderer[1]): Einsamkeit, Schweigen, Handarbeit, Gebet, Lesen, Nachdenken über die Schrift, Armuth, Mäßigkeit, Vergessen des Vaterlandes, Flucht aus der Welt, Ruhe im Kloster, Besuchen des Chores, Verbleiben in der Zelle[2]).'' Nehmen wir dazu noch das Ab=schreiben nützlicher Bücher[3]), so werden wir Alles haben, was Thomas den Mönchen zu empfehlen pflegt.

Thomas war auch ein strenger Mönch: er hält ungemein viel auf ein fest geordnetes ascetisches Leben[4]), er spricht stark gegen die Ueppigkeit und den Hochmuth mancher Mönche, gegen Schmuck der Kleidung, gegen Reichthum und kostbaren Bau der Klöster; er lobt am meisten die rigorosesten Orden der Karthäuser und Cistercienser[5]); er war selbst pünctlich in allen Uebungen und pflegte sich wöchentlich zu geißeln. Aber dennoch will er auch hier, wie er überall etwas Mäßiges hat[6]) und im Bewußt=seyn menschlicher Schwäche[7]) eine angestammte Milde zeigt, nichts Aufgespanntes, Uebertriebenes. Ausgehend von dem Grundsatze[8]), daß ,,Alles, was das Maaß überschreite und die Gränzen der Unterscheidung nicht einhalte, weder Gott gefalle, noch lange dau=ern könne,'' sagt er[9]): ,,Wenn du eine feste Lebensordnung durch=führen willst, so mußt du dich zwischen zwei Extremen in der Mitte halten, so daß du nicht aus Anmaaßung etwas über die Kräfte hinaus versuchst, aber auch das, was du gut zu leisten vermagst, nicht aus Schlaffheit unterlassest. Gott verlangt von dir nicht die Zerstörung des Körpers, sondern die Ueberwindung der Sünden; er fordert nicht Unmögliches, sondern das zu deinem Heile Nützliche. Er gibt gute Rathschläge und sorgt für das zum Leben Nothwendige, auf daß du dich des Körpers zur Förderung der Seele wohl bedienest, aber in keiner Sache das rechte Maaß der Unterscheidung überschreitest''... ,,Es ist daher nothwendig[10])

---

1) Epist. 6. p. 178.

2) ,,Der Mönch ist außer der Zelle, was der Fisch außerhalb des Wassers,'' sagt Thomas Vallis lilior. XVIII, 1. p. 89. Vergl. Exerc. spirit. IV, 3. p. 201.

3) De Discipl. Claustr. VII, 4. p. 142.

4) Ebendas. V, 2. p. 139. VI, 2. p. 140. Die Beobachtung der Dis=ciplin gebt ihm sogar über die Scientia scripturarum, die er sonst so hoch schätzt. De Discipl. Claustr. I, 2. p. 131.

5) De Imitat. Chr. I, 25, 8.

6) Omnibus adde modum, modus est pulcherrima virtus — sagt er Vall. lilior. XVIII, 4. p. 90.

7) Sermon. ad Novit. I, 5. p. 15.

8) De Disciplina Clausural. IX, 2.

9) De Discipl. Claustr. IX, 1: Si vis stabilem bene videndi or-dinem servare, inter duo extrema, per medium iter incede.

10) Ebendas. IX, 3.

in jeder geistlichen Handlung, daß du, um ein ordentlich begon=
nenes Werk zu vollbringen, die gemeinsame Regel beobachtest, alle
Singularität meidest [1]), in zweifelhaften und dunkeln Sachen dem
Rath des Oberen folgest, und mit dem richtigen Maaße der
Unterscheidung Gehorsam leistest in aller Aufrichtigkeit." Auf
diesem Wege scheint Thomas, mäßig in Speise und Trank, eifrig
in allen Uebungen, aber doch nicht verzehrend in der Ascetik, sich
selbst auch die Gesundheit des Leibes und der Seele und einen
heiteren Sinn, ein frisches, klares Auge bis in die letzten Tage
bewahrt zu haben und es ist wohl zum guten Theile diesem
Maaßhalten in der Ascese zuzuschreiben, daß er ein so seltenes
Alter erreichte, während wir Gerhard, Florentius und Zerbolt,
die im Feuer der Bekehrung sich übertriebenen Kasteiungen hin=
gaben [2]), frühe sterben sehen.

Hiermit wäre das Wesentlichste von der Denkart des Thomas
dargestellt. Nun könnte man verwundert fragen: und dieser stille,
ganz in das Göttliche versunkene Mystiker, dieser abgeschlossene,
gehorsame, streng katholische Mönch soll doch in die Reihe der
Vorbereiter der Reformation gestellt werden? Wir ant=
worten getrost: ja! — Freilich war Kempis nicht ein Vorläufer
der Reformation in dem Sinne, wie Wessel und ähnliche, er war
es nicht in jeder Beziehung, aber er war es doch in mehreren
sehr wichtigen und bedeutenden Beziehungen und man darf selbst
sagen: im Kerne seines Wesens.

Es ist wahr: Thomas war streng katholisch und
tastete nichts von allem dem unmittelbar an, was die Kirche
sanctionirt hatte. Er hielt sich genau an das überlieferte Dogma
und griff selbst solche Lehren nicht an, die sonst vorzugsweise, auch
damals schon, Widerspruch zu erregen pflegten, wie die Ablaß=
theorie und die Transsubstantiationslehre, zu welcher letzterer er sich
vielmehr sehr bestimmt bekennt [3]). Er übte mit großem Eifer den
ganzen vorhandenen Cultus, der ihm gerade so recht zu seyn schien,
wie er war, und bringt auch mit besonderem Eifer auf das
characteristisch Katholische, auf das durch die Messe vermittelte
Gebet für die Abgeschiedenen [4]), und besonders auf den Dienst

---

1) singularitatis caveas notam. Vergl. Sermon. ad Novit. II,
5. p. 42.
2) Das Excentrische in der Ascetik des Florentius deutet Thomas selbst
an Vita Flor. XVII, 1: Corpus suum jejunio et vigiliis rigide *nimis*
castigavit.
3) De Imit. Chr. IV, 2, 5.
4) Epistola 5. p. 176—178.

der Heiligen, unter denen er namentlich die Schutzheilige seines Klosters feiert, und noch mehr auf den Dienst der Maria, welcher er eine so bedeutende Stellung im göttlichen Weltregiment gibt, daß er sagt: „Wie könnte die Welt bei ihren Sünden noch fort= bestehen, wenn sich nicht die Mutter Gottes ihrer annähme [1]?" Er erkennt nicht minder die bestehende Hierarchie und Kirchenver= fassung in ihrem ganzen Umfange, so wie das Priesterthum in seiner Gott und Menschheit vermittelnden Bedeutung [2] an, und erhebt wenigstens nirgends seine Stimme gegen die hierarchischen Verderbnisse und ihren Druck, sondern predigt vielmehr überall den kirchlichen Gehorsam als eine der obersten Tugenden. Die Autorität der Kirche steht ihm also völlig unverletzt, und es herrscht überhaupt bei ihm das Princip der Unterwerfung und der Gläu= bigkeit vor, so daß er sich lieber auch etwas Hartes und Unge= rechtes gefallen ließ, und lieber etwas Falsches, namentlich leicht geglaubte Wunder mit in den Kauf nahm [3], als daß er irgendwo Opposition gebildet oder eine Kritik geübt hätte, welche ihm nur wie ungläubiger Vorwitz vorgekommen wäre.

Es ist ebenso wahr: die Denkweise unseres Thomas unter= scheidet sich von der ausgebildet reformatorischen in manchen, nicht unwichtigen, Puncten. Offenbar zieht sich in dieselbe noch etwas von dem Pelagianisirenden der mittelalterlichen Theologie hinein, namentlich in seiner der Darstellung und Empfehlung des Klosterlebens gewidmeten Schriften, in denen der Begriff des Verdienstes eine nicht unbedeutende Rolle spielt. Er steht, wie die Mystiker überhaupt, mehr auf dem johanneischen, als auf dem paulinischen Standpuncte [4], von dem doch der Hauptimpuls zur Reformation ausging. Christus ist ihm mehr der Eingeborene vom Vater voller Gnade und Wahrheit, das Abbild Gottes und das Vorbild des gotteinigen und gottinnigen Lebens, als der Versöhner und Erlöser, das Kreuz Christi mehr Symbol des eigenen Absterbens, als Vergegenwärtigung des Opfer= und Mitt= lertodes Christi, und darum ist auch nicht die Rechtfertigung durch den Glauben, sondern die Wiedervereinigung durch die Liebe der Mittelpunct seines ganzen religiösen Denkens. Während Luther und die ihm Gleichgesinnten den Hauptaccent auf den Glauben legen und es eher dulden, daß die Liebe, als daß der Glaube

---

1) De Discipl. Claustr. cap. XIV: Nisi enim Maria quotidie, cum Sanctis in coelo, pro mundo oraret: quomodo mundus adhuc stare posset? Vergl. Sermon. ad Novit. III, 4. p. 84.

2) De Imit. Chr. IV, 5, 3. Ebendas. IV, 11, 6.

3) z. B. Sermon. ad Novit. III, 8. p. 104 u. 105. p. 107 u. a. St.

4) Er preißt daher auch vorzugsweise unter den Aposteln den Jo= hannes. Concio I. de Incarn. Chr. p. 150.

Gefahr laufe, legt Thomas den Hauptaccent auf die Liebe und läßt aus ihr alles Gute, aus ihrem Gegentheil alles Böse entspringen. Ja es schließt sich an dieses Princip der Liebe, wenn auch nicht der ganze Romismus der mittelalterlichen Kirche, weil Thomas dazu viel zu innerlich und frei ist, so doch noch etwas von der hergebrachten Gesetzlichkeit an, indem Thomas das sittliche Leben mit einer Menge von Regeln und Uebungen umzäunt und namentlich als Mönch einer äußeren Gebundenheit unterwirft, wie sie dem wahrhaft evangelischen Geiste nicht entspricht.

Aber trotz alle dem müssen wir behaupten, daß zwischen dem kindlichen, demüthigen Thomas und dem heldenkühnen, frei daherschreitenden Luther, so frembartig ihre Physiognomien einander gegenüberstehen, doch eine tiefe innere Verwandtschaft, und daß in Thomas ganzem Wesen ein nicht geringer reformatorischer Gehalt sey. Wir dürfen nur hier die negative Seite und die Art der Behandlung religiöser Gegenstände nicht übersehen; aber auch das Positive ist nicht unbedeutend.

Freilich greift Thomas kein Kirchendogma an, aber er vertheidigt und begründet auch keines; er läßt sich auf das Dogma als solches gar nicht ein, sondern er beseelt und belebt es durch sein frommes Gefühl, er bringt es gleichsam vom Herzen aus in Bewegung, er benutzt es als Vehikel seiner Mystik und Ascetik; sein eigentliches Interesse aber ist nicht ein dogmatisches, sondern ein sittliches. Er verhält sich zur strengen kirchlichen Orthodoxie des damaligen Katholicismus, welche wesentlich durch die Scholastik, namentlich den Thomismus, repräsentirt wurde, nicht anders als der Pietismus zu der in Scholastik übergegangenen lutherischen Orthodoxie des 17ten Jahrhunderts. Wie der Pietismus, obwohl der Kirchenlehre sich vollkommen anschließend, doch durch überwiegende Werthlegung auf das practische Moment eine gewisse Gleichgültigkeit gegen die Strenge und Schärfe des Dogmas, einen dogmatischen Latitudinarismus und Indifferentismus herbeiführte, der dann im Verfolg, obwohl wider seinen Willen, in die rationalistische Opposition umschlug, so brachte die practische Mystik des 15ten Jahrhunderts, wie wir sie bei den Brüdern des gemeinsamen Lebens, den Pietisten des Katholicismus, und namentlich bei Thomas von Kempen finden, eine ähnliche Wirkung hervor: nur mit dem Unterschiede, daß sich, als in der protestantischen Kirche das Dogma gestürzt war, der abstracte Verstand auf den Thron setzte, dort aber das Herz der Mystik auch in der neuen theologischen Schöpfung, in der Theologie der Reformatoren, fortwirkte. Die Scholastik und Mystik, wie wir sie im 15ten Jahrhundert finden, hatten ihre ursprüngliche Stellung vollständig gewechselt; anfänglich, im 12ten Jahrhundert, war offenbar die Mystik vorzugsweise Vertreterin der Kirche, wie wir dieß namentlich in dem Kampfe Bernhards gegen Abälard finden, dann·hatte sich die Scholastik in ihren Hauptrepräsentanten ganz der Kirche ergeben und war die eigentlich legitime Theologie ge= worden; in diesem Besitzstande war sie im 15ten Jahrhundert; dagegen waren die Elemente der Opposition großentheils auf der Seite der Mystik, und insofern nun Kempis auch in dieser Reihe steht, insofern er offenbar antischolastisch ist, insofern er nur die religiöse und sittliche Bedeutung des Dogmas hervorhebt und es fast nur in den mystischen und ascetischen Lebensgebrauch ver= wendet, müssen wir ihm gerade in seiner Erbaulichkeit eine, wenn auch bloß indirecte, dogmatisch auflösende Wirkung zuschreiben. Daß sein Interesse nicht im Dogma lag, zeigt auch der Umstand, daß er nie gegen Häretiker polemisirt; nicht die Ketzerei, sondern die Welt bekämpft er; die Sünde ist ihm die Häresie, gegen die er stets zu Felde zieht. Auch hat er gar nicht das Exclusive, welches einem strengen Dogmatiker seiner Kirche zukommen muß. „Jesus,“ sagt er sehr schön [1]), „ist nicht immer da zu finden, wo man ihn sucht; aber er ist oft da, wo man es am wenigsten meint. Niemand maaße sich an, als ob er Christum allein habe; keiner verachte den Andern, weil er nicht weiß, wie viel einer Gott im Verborgenen gefällt, obwohl er den Men= schen unbekannt ist und verworfen scheint. Denn Jesus selbst war einst Vielen unbekannt und es wurde von Wenigen einge= sehen, wer und wie groß er sey.“

So verhielt es sich mit Thomas als Dogmatiker; nicht an= ders war auch seine Stellung zum Cultus. Auch hier war er treu, freudig, gewissenhaft in der Uebung des Gegebenen. Aber es ist auch hier nicht das kirchliche Werk an sich, das Opus ope= ratum, das für Thomas Werth hat, sondern die Gesinnung, mit der es vollzogen wird, der Glaube und die Liebe, die sich darin offenbaren und dadurch hinwiederum Belebung und Nahrung er= halten; es ist immer die Alles durchdringende Seele der Fröm= migkeit, die er im Auge hat und schätzt. Vortrefflich spricht er diesen seinen Standpunct in einer Aeußerung über die kirchlichen Feste aus [2]): „Es gibt für mich kein Fest, wenn es nicht im Herzen gefeiert wird, und nur darum wird es häufig äußerlich wiederholt, damit es mit desto mehr Theilnahme und Freude in= nerlich begangen werde; denn die äußeren Feste sind Anreizungs=

---

1) Concio XI. de Christo invento in templo p. 181. 182.
2) Concio IV. de Nativitate Christi, p. 162. 163.

mittel für die inneren und ein Vorschmack der ewigen Freuden … Alle unsere Feste sind vielmehr Vorspiele jener ewigen Festlichkeit [1]), als an und für sich wahre Feste zu nennen; sie werden hier nur im Lichte des Glaubens begonnen, dort aber im Lichte der Herrlichkeit vollendet."

Der Hierarchie endlich tritt er freilich auch nicht entgegen, aber sie ist für ihn überhaupt kein Object; er läßt sie stehen und geht stillen Schrittes an ihr vorüber. Das ganze äußere Kirchengebäude ist für ihn so gut wie gar nicht vorhanden, er hält sich nur an den in ihm lebenden Geist. Der Papst wird von Thomas in seinen zahlreichen Schriften gar nicht genannt; nur einmal gedenkt er seiner, um zu sagen, daß auch er, der sterbliche Mensch [2]), und seine bleierne Bulle, wie Alles, nichts sey [3]). Hätte er es je mit einem Papste, namentlich mit einem der unsittlichen Päpste des 15ten Jahrhunderts, zu thun gehabt, er würde ihn, wie der h. Bernhard, zur Buße, Selbstverleugnung, Verzichtung auf das Irdische ermahnt haben. Die Verweltlichung der Kirche, so weit er sie erkannte, mußte dem durch und durch unweltlichen Thomas ein Greuel seyn; sein ganzes Thun und Denken ruhte auf dem Worte Christi: mein Reich ist nicht von dieser Welt, und von diesem Standpunct aus mußte er auch die Kirche betrachten [4]). Darum spricht er auch gegen das Streben, nicht bloß nach wissenschaftlichen, sondern auch nach kirchlichen Ehren [5]), gegen den Reichthum der Kirchen und Klöster, gegen die Simonie [6]) und Cumulation der kirchlichen Stellen, gegen die Aeußerlichkeiten des Mönchthums [7]).

Dieß Alles ist jedoch, so sehr es auch einen dem herrschenden Kirchenthume entgegenstehenden Sinn zeigt, mehr negativ. Wir haben aber noch auf bedeutenderes Positives hinzuweisen. Erstlich macht Thomas überall die christlichen Grundprincipien der Innerlichkeit und Freiheit geltend, welche die Grundlagen der

1) Aehnlich Doctrinale Juven. IX, 2. p. 216: Festa Christi et Sanctorum *designant* gaudia coelorum.
2) Vallis lilior. XXV, 3. p. 97.
3) Sapiens est ille, qui spernit millia mille.
   Omnia sunt nulla, Rex, *Papa* et *plumbea bulla*.
   Cunctorum finis: mors, vermis, fovea, cinis.
   S. Hortul. Rosar. IV, 3. Womit zu verbinden Vallis lilior. XXV, 3: Nemo unius diei certitudinem vivendi habet, nec impetrare potest a *Papa* bullam nunquam moriendi, nec obtinere pecunia praebendam jugiter manentem, etc.
4) Vergl. Concio XXXVI. de sancta conversatione primitivae Ecclesiae, p. 251 u. 252.
5) Epist. IV. p. 175.
6) Vallis lilior. c. 25.
7) De Imit. Chr. I, 17. 2. Epist. 6. p. 179.

Reformation waren; und sobann that er auch im Sinne seiner Brüderschaft Manches, was mit in die allgemeine Strömung ge= hörte, die zur Reformation führte. Das innere Leben, die Gesinnung ist ihm die Hauptsache: kein Werk, kein Aeußeres hat für ihn Werth außer durch die Liebe; wo aber wahre Liebe ist, wird Alles geheiligt. Ebenso kennt er nichts Höheres als die Freiheit; die Freiheit des Geistes ist ihm das oberste Gut im innerlichen Leben [1]): abgelöst seyn von allen Creaturen, abhängig nur von Gott, aber in dieser Abhängigkeit vollkommen sein selbst und aller Dinge mächtig, das ist ihm der Zielpunct, den der geist= liche Mensch erstreben soll. Zwar meint es Thomas damit nicht reformatorisch, weil er diese Principien nicht nach außen anwen= bete, aber es ist reformatorisch, denn Luther und seine Freunde wollten dasselbe, nur daß sie auch die Consequenzen nach außen vollzogen. Das reformbereitende Thun des Thomas aber bestand, wie das der Brüder vom gemeinsamen Leben überhaupt, vor= nehmlich darin, daß er sehr eifrig auf das Bibellesen [2]) und das Abschreiben der Bibel drang und dabei selbst mit Hand ans Werk legte, daß er in der Schrift das höchste Gewicht nicht auf Moses und irgend ein Gesetz, sondern auf Christus und sein Evangelium, auf Gnade, Buße, Glauben und Liebe, auf den innerlich im Geiste Gottes anzueignenden [3]) Geist der Schrift legte [4]), daß er für die religiöse Erweckung und Belehrung des Volkes durch Predigten und Collationen wirkte, und daß er ein lebhaftes Interesse für die gelehrtere, namentlich auch philologische, Bildung der jüngeren Generation bethätigte. In diesem allem lagen Keime künftiger Entwickelungen, obwohl daraus eine Saat entsproß, die Thomas selbst nicht ahnete und die er auch, wenn man sie ihm vorgezeigt hätte, kaum als das Gewächse seines Samens erkannt haben würde. Doch ist zu bemerken, daß schon unmittelbar unter dem Einflusse des Thomas ein Mann sich bil= bete, bei dem wir diese Keime bis zu einem hohen Grad ent= wickelt finden, der alsbald zu schildernde Johann Wessel.

Zunächst wenden wir uns von dem Hauptrepräsentanten der christlichen Mystik der Brüder wieder zur Geschichte des Ganzen, besonders um den in vieler Beziehung merkwürdigen Verfall der Genossenschaft und deren Nachwirkungen zu betrachten.

---

1) Libertas spiritus principale bonum in vita spirituali. Vita Gerh. XVIII, 3. Fili, ad istud diligenter attendere debes, ut omni loco et actione sis *intimus liber*, et tui ipsius potens, et *sint omnia sub te, et tu non sub eis.* De Imit. Chr. III, 28, 1.
2) Vallis lilior. c. 21. §. 2.
3) De Imit. Chr. I, 5. 1.
4) Ebendas. III, 2, 1 ff.

Vierter Theil.

Angriffe gegen das Institut des gemeinsamen Lebens. Verfall und Nachwirkungen desselben.

Erstes Hauptstück.

Angriffe, besonders von Seiten der Bettelmönche.

———

Neben der inneren Entwickelung und äußeren Verbreitung der Gemeinschaften läuft eine Reihe von Angriffen und Kämpfen her, wodurch das Aufblühen des Institutes in der Hauptsache nur gefördert wurde. Diese Angriffe gingen vom Klerus, noch mehr von den Bettelmönchen aus. Wie schon Gerhards Predigten den Geistlichen Anstoß gegeben hatten, so auch die einiger seiner Nach= folger; da aber später die Brüder von dieser Thätigkeit mehr zu= rücktraten, um sich einem practisch = beschaulichen Leben und der Volksbildung durch Schule und Seelenleitung zu widmen, so regten sie besonders die Bettelmönche gegen sich auf. Diese sahen sich durch die ächte Frömmigkeit der Brüdergemeinschaften beschämt, der Jugendunterricht wurde ihnen entrissen, ihr ganzer Einfluß auf das Volk geschwächt und durch dies Alles ihr An= sehen und Einkommen bedeutend gemindert. Ein Muster des Bettelmönchthums, Bruder Bartholomäus vom Augufter= Eremiten Orden, erhob sich zuerst gegen die neuen Stiftungen, und nicht ganz ohne Erfolg. Die Schöffen zu Kampen ließen die Freunde und Anhänger Gerhards aus der Stadt vertreiben, unter ihnen den Rector der Schule Werner Keynkamp, dem das Betreten des Gebietes auf zehn Jahre untersagt wurde. An ihn schrieb der muthige Gerhard Groot[1]): „Möget ihr die

———

[1]) Das Ganze ist erzählt in Revii Daventria illustr. p. 31. 32. Vergl. Vita Gerh. IX, 1, wo aus einem Briefe Gerhards an die

Gefahr äußeren Güterverlustes gleichmüthig ertragen. So haben die Heiligen auch gethan. Die irdischen Gefahren sind nichtig, wenn wir den himmlischen Lohn ins Auge fassen. Freuen wir uns, daß wir einigermaßen der Welt gekreuziget sind, oder die Welt gekreuziget haben. Unsere Sache ist rechtmäßig und heilig, möchten doch einige von uns dadurch zur Krone gelangen!"

Die Angriffe dauerten fort und richteten sich besonders auf die eigenthümliche Stellung, welche das ganze Institut des gemeinsamen Lebens gegen das Mönchthum einnahm. Man erinnert sich, daß die Heiden zu den Christen der ersten Jahrhunderte sagten: Ihr bekennet eine Art Religion, die doch keine wirkliche, historisch und rechtlich begründete ist, denn ihr verehrt weder den alten Nationalgott der Juden, noch unsere angestammten Götter, ihr seyd ein Zwittergeschlecht, so etwas Drittes [1]), was eigentlich nicht vorhanden seyn soll; ihr dürft gar nicht existiren [2]). Aehnlich sprachen jetzt die Mönche zu den Brüdern des gemeinsamen Lebens: Wenn ihr ordensmäßig lebt und doch keinen wahren Orden bildet, so seyd ihr zweideutige Leute; eure Stellung ist durch das Gesetz nicht anerkannt, sondern kirchlich illegitim, und ihr müßt aus derselben heraus, entweder ganz in die Welt oder ganz in das Mönchthum hinein, so aber könnt ihr nicht fortbestehen. Durch solche und ähnliche Reden wurde Gerhard Zerbolt veranlaßt, eine besondere Schrift [3]) über die Lebensweise frommer Brüdergemeinschaften abzufassen, worin er das wahre Verhältniß derselben zum Klosterleben entwickelte und zugleich zeigte, daß die Vereine weder einen neuen Orden, noch ein Collegium, noch eine Körperschaft bildeten, und am wenigsten den Namen verbotener Conventikel verdienten [4]). Conventikel, sagt er, sind geheime Zusammenkünfte, und diese kommen nur Verschworenen, Ketzern und Empörern zu, dergleichen Verbrechen aber liegen den Brüdern ferne. Zu einer Körperschaft oder einem

---

Priester zu Amsterbam Folgendes mitgetheilt ist: „Lasset euch nicht erschrecken, meine Theuersten, wenn ihr von der Erhebung der Kampener wider mich höret. Alles wird gehen, wie Gott es will. Die Kirche wird wunderbar zunehmen in Kampen, Gott dem Höchsten sey Lob und Preis! Die Liebe brenne unter uns nicht schwach, sondern gewaltig. Diesen Koth aber lasset uns verachten und zum Lobe des Schöpfers als Beispiele des Höchsten (exemplaria altissimi, Abbilder Gottes) uns darstellen."

1) Genus tertium.
2) Non licet esse vos.
3) Auszüge daraus gibt die Daventria illustr. p. 36—40.
4) ... minime autem *conventiculi* nomine hae cohabitationes dicendae sint. Und dann in der Folge: gravius autem errare, qui *conventiculorum* convicium eis ausint facere, cum conventicula sint conspiratorum, haereticorum, seditiosorum, qualia crimina in sese non agnoscant. Daventr. illustr. p. 37.

Collegium gehören gewisse rechtliche Formen und Einrichtungen
z. B. erwählte Vorgesetzte, ein Syndikus und dergl., was bei den
Brüdern auch nicht statt hat. Ebenso wenig machen sie einen
neuen Orden; ein Orden beruht immer auf dreierlei: dem Ge=
lübbe, der Regel und dem Gehorsam, der an Gottes Stelle
einem Menschen geleistet wird; von allem dem kommt hier nichts
vor. Die Brüder leben nur in einem Hause beisammen, was
die apostolischen Christen — eine Vergleichung, die jedoch nicht
ganz paßt — in den sogenannten Hausgemeinden auch gethan;
sie zeichnen sich höchstens durch eine vollkommen erlaubte Einfach=
heit, keineswegs aber durch Gleichförmigkeit der Kleidung in Form
und Farbe aus, vielmehr wählt jeder seine Kleidung nach Gut=
dünken und wechselt darin nach Belieben. Die Gütergemeinschaft,
wie sie bei den Brüdern geübt wird, das heißt so, daß jemand
das Recht der Verwaltung und des Gebrauches seiner Habe an
das Gemeinwesen frei abtritt, ist etwas völlig Tabelloses und
ebensowohl den Laien wie den Klerikern erlaubt. Der Gehorsam
braucht nicht bloß, wie im Mönchsleben, dem Vorgesetzten geleistet
zu werden, er kann auch zwischen Gleichen, wie es die Brüder
sind, statt finden, wenn einer den andern zu dem antreibt und
ermahnt, wozu er schon von selbst verpflichtet ist. Das Sünden=
bekenntniß, sofern es eine sacramentliche, von Absolution und
Buße begleitete Handlung ist, geschieht zwar gesetzmäßig nur bei
dem verordneten Priester, aber in Ermangelung eines solchen, bei
leichteren Sünden und wenn bloß sittlicher Rath und Beistand
gesucht wird, kann ein Sündenbekenntniß als freier Herzenserguß
auch bei einem Laien niedergelegt werden; denn dazu ist nicht
Schlüsselgewalt oder Gelehrsamkeit, sondern nur der rechte Geist
und Erfahrung erforderlich. Ein solches Sündenbekenntniß kann
von der wohlthätigsten sittlichen Wirkung seyn; deßhalb ist es
auch bei den Brüdern gegenseitig eingeführt [1]). Außerdem haben
die Brüder auch noch andere Gewohnheiten und bestimmte Ord=
nungen; aber ohne solche existirt gar keine Gemeinschaft, keine
Familie, kein Gymnasium, keine Anstalt. Wenn es nur unschul=
dige und löbliche Sitten sind! Dazu gehört aber die Handarbeit,
die von dem Apostel Paulus und den frömmsten Männern durch
Wort und Beispiel empfohlen wird. Und wenn die Brüder, die
in einem Hause wohnen, mit einander beten und arbeiten, zu=
gleich aufstehen und sich niederlegen, so thun sie nur, was in
wohl geordneten Familien auch geschieht; ja in vielen Städten
beginnen und endigen die Handwerker ihr Geschäft auf denselben

---

1) Daventr. illustr. p. 39.

Glockenschlag, und sind deßwegen doch keine Mönche. Mithin sind die Brüder vom gemeinsamen Leben weder innerlich
noch äußerlich als Mönchsorden zu betrachten.

Solcher Vertheidigungsgründe ungeachtet waren die Bettelmönche, besonders die von der Inquisition, fortdauernd heftige
Gegner des Instituts. Auch im fünfzehnten Jahrhundert wiederholten sie ihre Angriffe. Namentlich benutzten sie die Gelegenheit
jener glänzenden Kirchenversammlung zu Constanz, die ja nach allen
Seiten Friede, Ordnung und Festigkeit in das zerrüttete kirchliche
Leben bringen sollte, um die Brüder als Ketzer und Empörer
wider die Kirchengesetze gänzlich zu unterdrücken. Dieser Angriff,
wiewohl nur eine neue Wendung des älteren, ist doch so merkwürdig und für die Denkweise jener Zeit so charakteristisch, daß
wir ihn genauer schildern müssen. Das Eigenthümliche liegt
darin, daß man dabei über den Begriff von Religion und
dessen Anwendung auf eine Art stritt, wie es durchaus nur im
Mittelalter geschehen konnte. In den Worten drückt sich der Geist
der Zeiten, in der Geschichte ihres Gebrauchs die Geschichte der
Ideen aus. So hier. Der Begriff von Religion hatte sich nach
und nach so vergröbert, und zu gleicher Zeit die Verehrung
gegen das Mönchsleben so excentrisch gesteigert, daß die vollendete
Religion mit dieser Lebensform zusammen zu fallen, daß Religion
und Mönchthum eins und dasselbe zu seyn schien. Wie früher
die ersten Verbreiter des Mönchslebens im Morgenlande z. B.
Gregor von Nazianz und Basilius dasselbe ausschließlich mit dem
Ehrennamen der Philosophie und die Mönche als die Philosophen
bezeichnet hatten, so nannte die schwärmerische Verehrung des
Mittelalters das Mönchthum Religion, die Orden Religionen,
ihre Mitglieder Religiosen. Das Klosterleben war der Stand
der Vollkommenheit, die wahre Religion, die einzelnen Orden
waren die Religionsformen, die Confessionen des Mittelalters.
Diesen Sprachgebrauch finden wir schon bei dem massilischen
Presbyter Salvianus im fünften Jahrhundert [1]), und von da an
gewöhnlich. In diesem Sinne verbietet der dreizehnte Canon des
Lateranconcils von 1215 unter Innocenz III. aufs strengste, es
solle, damit nicht eine verwirrende Verschiedenheit der Religionen
eintrete, niemand mehr eine neue erfinden d. h. einen neuen
Orden aufbringen. In diesem Sinne wurden auch die Brüder
des gemeinsamen Lebens angeklagt, sie übten Alles, was zu einer
Religion gehöre, ohne sich doch an eine wirkliche bestehende anzu-

---

1) *Du Cange* Glossar. med. et inf. Latin. T. III. p. 633. 634.
s. v. religio.

schließen [1]), sie seyen also eine in sich widersprechende, im kirch=
lichen Leben nicht zu duldende Erscheinung. Ein Predigermönch
der Provinz Sachsen, der Diöcese Merseburg [2]), Namens Matthäus
Grabow, übernahm es, dieses zu Constanz gegen sie geltend
zu machen [3]). Gestützt auf seine Bekanntschaft mit den Verhält=
nissen, die er sich als ehemaliger Lector des Convents zu Grö=
ningen erworben haben müsse, übergab er dem neuen Kirchen=
oberhaupte Martin V. eine Klageschrift, worin er besonders den
Punct durchführte, daß die Brüder die drei Mönchsgelübbe der
Armuth, der Keuschheit und des Gehorsams beobachteten, ohne
doch einem bestimmten Orden, einer Religion, anzugehören; das
sey gegen alle Kirchengesetze, es sey eine Todsünde, die auch der
Papst nicht vergeben, ein innerer Widerspruch, den auch die
göttliche Allmacht nicht beseitigen könne. Zum weltlichen Stande
gehöre wesentlich der Besitz zeitlicher Güter, zum Stande der
Religiosen die Entsagung davon; wolle jemand diese Entsagung
üben, so müsse er sich nothwendig an eine wahre, das heißt vom
apostolischen Stuhl genehmigte, Religion anschließen; bleibe er
aber in der Welt, und thue es doch, so sey dieß jederzeit der
augenscheinlichste Widerspruch, weil es in sich schließe, daß ein
Weltlicher ein Religiose sey und umgekehrt, und wer dieß thue,
sey der Urheber einer kirchlichen Monstrosität, ein Uebertreter der
kanonischen Gesetze, ja, indem er sich und den Seinigen den nö=
thigen Lebensunterhalt entziehe, ein Menschenmörder, und verfalle
durch dieß Alles in eine Todsünde. Mithin seyen die Brüder
vom gemeinsamen Leben und mit ihnen alle ihre Beschützer und
Vertheidiger an und für sich excommunicirt und ewiger Verdamm=
niß preisgegeben.

Diesem schamlosen Angriffe trat in Verbindung mit dreizehn
andern ausgezeichneten Theologen der gewichtvollste Redner jenes
Concils, Johann Gerson, kräftig entgegen, indem er zugleich
die Gelegenheit benützte, die freimüthigsten Worte über die Be=
deutung oder eigentlich über die Bedeutungslosigkeit des Mönchs=
lebens zu sagen. Aufgefordert von dem Cardinal Antonius von
Verona gab der große Kanzler von Paris am 3ten April 1418

---

1) Die Brüder wollten auch nicht *Religiosi* heißen, und die deventer'=
schen Fraterherren nahmen selbst den durch Nicolaus von Cusa ihnen ange=
botenen Titel Canonici nicht an. Delprat S. 93.
2) Die Daventr. illustr. p. 67 bezeichnet ihn als Mitglied des Con=
ventus Wismariensis.
3) Die Verhandlungen über die ganze Sache stehen bei *von der Hardt*
Acta Concil. Const. T. III. p. 107—121. Womit zu verbinden: Da=
ventr. illustr. p. 67 sqq.

sein Gutachten[1]) in folgendem Sinne ab: Nicht eine Ordensregel
ist die wahre Religion, sondern die wahre Religion, das Christen=
thum, ist die einzige und allgemeine Ordensregel,
die Christus selbst beobachtete und jeder auch ohne besonderes
Gelübde beobachten darf und soll. Diese bedarf aber zu ihrer
Vollendung nicht noch anderweitiger Vorschriften. Das sind, wie
schon Anselm sagt, nur gemachte Religionen. Bloß aus
Mißbrauch und Anmaaßung nennt man sie Stände der Voll=
kommenheit, da sich doch häufig die unvollkommensten Menschen
dazu bekennen und viele dadurch im Guten nur gehindert werden,
so daß es für sie viel besser gewesen wäre, in der Welt fortzu=
leben. Wenn man aber auch in der christlichen Religion zwei
Lebensweisen unterscheiden will, die eine der Weltleute, die an=
dere der sogenannten Religiosen, die sich zu den gemachten Reli=
gionen bekennen, so sind doch beide nicht in der Art entgegen=
gesetzt, daß sich nicht Vieles, was den Religiosen zukommt, auch
für die Weltlichen und zum Theil in noch höherem Grade eignete.
Jedenfalls kann jemand außerhalb der gemachten Religionen, mit
oder ohne Gelübde, die christliche Religion in ihren Vorschriften
und Rathschlägen vollkommen beobachten. Mithin ist die Meinung
des Bruders Matthäus eine thörichte, ungesunde, ja blaspheme
Phantasie, welche nicht bloß die ohne Gelübde lebenden Prälaten,
sondern auch Christum von der Religion ausschließt.
Alles aber, was er gegen die vorbringt, welche außerhalb der
gemachten Frömmigkeitsformen Armuth, Keuschheit und Gehorsam
üben, fließt aus dem Grundirrthum, daß das Mönchsleben die
vollkommene Religion sey. Es ist also nothwendig, daß diese
verderbliche Lehre öffentlich und förmlich unterdrückt und ihr
Urheber, wenn er sie noch ferner vertheidigt, so in Gewahrsam
gebracht werde, daß er nicht weiter schaden kann. Dem edlen
Gerson stand der Cardinal von Cambrai, Peter d'Ailly,
kräftig zur Seite, indem er dem mit Untersuchung des Gegen=
standes vom Papste beauftragten Cardinal ebenfalls erklärte[2]),
die Schrift des Dominikaners sey als ketzerisch dem Feuer zu
übergeben, das Urtheil über den Verfasser aber den „Herren
Juristen" anheimzustellen. So wurden nach dem Beschlusse der
päpstlichen Commission, die für die Sache gebildet worden war,
Grabow's Schrift und Lehre als dem christlichen Glauben zu=
widerlaufend verdammt; Grabow selbst aber rettete sich durch
Widerruf seiner Meinungen. Hiermit waren zugleich durch Papst

---

1) *Von der Hardt* Acta Concil. Const. T. III. p. 115. *Gersonii*
Opera edit. du Pin. T. I. p. 467—474.
2) *Von der Hardt* Acta Concil. Constant. T. III. p. 112—115

und Concil die Institute vom gemeinsamen Leben aufs Neue an=
erkannt. Diesem Vorgang Martins V. folgten dann auch noch
andere Päpste, namentlich Eugen IV. in einer Bulle vom Jahre
1437 ¹) und Sixtus IV. in einer Bulle vom Jahre 1474, wo=
durch den Brüdern vom gemeinsamen Leben gewisse Rechte,
z. B. ohne irgend ein Hinderniß die priesterliche und jede andere
Weihe zu empfangen, ertheilt wurden.

Zweites Hauptstück.

Verfall der Brüderschaft. Ursachen desselben. Parallelen.

Unter solchen Kämpfen verbreiteten sich die Stiftungen der
Brüder in weitem Umkreise und erhoben sich zu bedeutender
Blüte. Fassen wir hier noch die Hauptmomente ihres Em=
porkommens und Sinkens kurz zusammen. Da die Mit=
glieder der Vereine in der ersten Zeit, wenn auch nicht ausnahms=
los ²), so doch in weit überwiegender Mehrzahl, ein exemplari=
sches Leben führten, und ihre Anstalten sich vielfach nützlich er=
wiesen, so wurden sie nicht allein von Privatleuten reichlich be=
dacht, sondern auch von städtischen Obrigkeiten unterstützt und zum
Theil selbst von kirchlichen Behörden gefördert ³). Die öffentliche
Meinung war ihnen in hohem Grade günstig. Zwar könnte uns
das Urtheil des Erasmus in dieser Annahme irre machen: er
betrachtet die Bruderhäuser nur als Anstalten, in denen die
Jugend durch harte Behandlung für das Klosterleben zubereitet
und geschmeidigt werde, er spricht ihren Schulen die Fähigkeit
ab, den Jünglingen eine wahrhaft liberale Bildung zu geben
und klagt darüber, selbst in einer solchen Anstalt zwei Lebens=

---

1) Dieselbe ist abgedruckt in der Daventr. illustr. p. 68 u. 69.
2) So geschah es z. B., daß ein Bruder, der zur Errichtung einer
Schule nach Lüttich geschickt war, sich dem Spiel und Trunk ergab und ein
Verführer der Jugend wurde; weßwegen auch alsbald, im J. 1428, die
ganze Anstalt vom Bischof wieder aufgehoben wurde. Delprat S. 69.
3) In Utrecht bekamen die Brüder bei ihrer Niederlassung von der
Stadt geschenkt: ein Haus 300 rheinische Gulden, ein Priestergewand von
Saffrancouleur und einen silbernen vergoldeten Becher. Ebenso zeigte sich
auch der bischöfliche Vicarius günstig. Delprat S. 62. Auch der Bischof
von Utrecht, Friedrich von Blankenheim, wird bei Thomas von
Kempen gerühmt als omnium devotorum patronus pius et gloriosus.
Vita Jo. Binkerink sect. 7.

11*

jahre verloren zu haben[1]); allein, wenn wir erwägen, daß diese
Aeußerungen in einem Briefe vorkommen, der gegen alles Kloster=
artige höchst polemisch ist, daß dagegen Erasmus an andern
Orten den Unterricht des Hegius und den Einfluß des Sintius
auf ihn lebhaft rühmt[2]), das Freie, Ungezwungene in der christ=
lichen Vereinigung der Brüder vollkommen anerkennt und sogar
bedauert, sich nicht einem Fraterhause vollkommen angeschlossen
zu haben[3]); wenn wir zugleich bedenken, daß Erasmus für die
tiefere Grundlage der Brüderschaft, die practische Mystik, so gut
wie gar keine Empfänglichkeit und gegen das Ascetische sogar
einen Widerwillen hatte: so zerfällt das Ueble, was er ihnen
nachsagt, wieder ziemlich in Nichts, oder zeigt wenigstens nur,
daß ihre Schulen in der späteren Periode, gegen Ende des
15ten Jahrhunderts, mit der rasch fortschreitenden Bildung nicht
überall gleichen Schritt hielten, daß einzelne unter diesen Schulen
eine sehr unzulängliche Einrichtung hatten. Vollkommen aufge=
wogen aber werden die nachtheiligen Aeußerungen des Erasmus
durch die Anerkennung und Theilnahme, welche im 15ten Jahr=
hundert Gerson und selbst im 16ten noch Luther und Me=
lanchthon[4]) den Vereinen zu Theil werden lassen.

Wir müssen in Betreff der allgemeinen Zustände des In=
stituts die Zeiten unterscheiden. Die Wirksamkeit der Brüder
umfaßt beinahe zwei Jahrhunderte. Ihre Blütezeit erstreckt
sich vom Anfange des 15ten bis zum Anfange des 16ten Jahr=
hunderts. In dieser Periode entwickelten sie einen frischen reli=
giösen Geist, gaben dem Volke einen mächtigen Impuls, belebten
und verbesserten unverkennbar das Unterrichtswesen; ein reforma=
torisches Concil trat für sie in die Schranken, bedeutende Päpste,
wie Martin V., Eugen IV., Pius II. waren ihnen günstig, ein=
flußreiche Kirchenhäupter, wie der Cardinal Cusanus, nahmen sich
ihrer an[5]); das erbauungsbegierige Volk, die lernbegierige Jugend
strömte ihnen von allen Seiten zu. In dieser Zeit, namentlich
zwischen 1425 und 1451, wurden auch die meisten Bruderhäuser
gestiftet. In den Niederlanden finden wir die Brüder außer den
ersten Stiftungen zu Deventer, Zwoll und Windesem, vornehm=

---

1) Epist. ad Lamb. Grunnium, in append. Epist. ed. Clerici, ep.
CDXLII. col. 1821 u. 22. Delprat S. 96 u. 108.

2) In seiner Autobiographie sagt er: Daventriae primum cepi odorem
melioris doctrinae ex pueris collusoribus, qui audiebant Zinthium.

3) S. die Stellen bei Delprat S. 109 in den Anmerkungen.

4) Was Gerson betrifft, s. die oben angeführten Stellen; Luther's und
Melanchthon's Zeugnisse werden unten vorkommen.

5) Dumbar Analect. I, 173. Delprat S. 82 u. 91. Nicolaus
von Cusa war selbst ein Zögling der deventer'schen Schule.

lich zu Amersford, Hoorn, Delft, Hattem, Herzogenbuſch, Groe=
ningen, Gouda, Harderwijk, Utrecht, Brüſſel, Antwerpen, Löwen,
Gent, Grammont, Nimwegen und Doesburg; außerhalb der Nie=
derlande in Emmerich, Münſter, Köln, Niederweſel, Osnabrück,
Hildesheim, Herford, Roſtock, Kulm[1]); ja die Pflanzungen er=
ſtreckten ſich den Rhein hinauf bis nach Schwaben hinein[2]) und
im mittleren Deutſchland bis nach Merſeburg[3]). Im Laufe des
16ten Jahrhunderts nahmen die Brüderanſtalten ſichtlich ab: das
letzte Bruderhaus wurde zu Cambrai im Jahre 1505 geſtiftet,
ging aber ſchon 1554 wieder ein[4]); in dem ſonſt ſo berühmten
Hauſe zu Zwoll genoſſen 1579 nur noch drei Studenten die Koſt
gegen 32 — 33 Goldgulden[5]); zu Roſtock ſtarb 1575 das letzte
Mitglied des Bruderhauſes, Heinrich Arſenius, ein frommer,
klaſſiſch gebildeter, allgemein verehrter Mann, in dem der Geiſt
der Brüderſchaft, ehe ſie zu Grabe ging, noch einmal wie in
einem ſchönen Bilde ſich darſtellte[6]); nur ganz wenige Anſtalten,
wie die zu Münſter, dauerten noch bis ins 17te Jahrhundert[7]),
wie Ruinen einer längſt dahingeſchwundenen Zeit.

Das Inſtitut konnte mit Ehren abtreten; es hatte ſeine Be=
ſtimmung erfüllt. Für uns iſt es nur noch merkwürdig, die Ur=
ſachen ſeines Verfalls ins Auge zu faſſen. Nicht Angriffe
von außen brachten der Genoſſenſchaft den Untergang, ſondern
ſie zerfiel von ſelbſt inmitten einer ganz neuen religiöſen und
geiſtigen Entwickelung der Zeit. Wenn der Verein früher da=
durch groß geworden, daß er die tieferen Bedürfniſſe der Zeit=
genoſſen trefflich befriedigte, ſo ging er jetzt dadurch zu Grunde,
daß er, von der Zeit überflügelt, die Befriedigung dieſer Be=
dürfniſſe andern Kräften überlaſſen mußte. Es iſt belehrend und
hängt genau mit unſerm Zwecke zuſammen, dieß im Einzelnen
zu betrachten.

---

1) Die ausführliche Beſchreibung und Geſchichte der einzelnen Frater=
häuſer ſ. bei Delprat S. 12—87.
2) Pfiſter Eberhard im Bart, S. 216. Eberhard (geſt. als Her=
zog von Württemberg 1496) gebrauchte die Brüder vom gemeinſamen
Leben zur Verbeſſerung des württembergiſchen Clerus, beſonders in den
Stiftern Urach und Sindelfingen. Vergl. Cleß Verſuch einer kirchl.
Geſch. Würtembergs vor der Reformation S. 271.
3) Delprat S. 80. Nach Norddeutſchland verbreiteten ſich die
Vereine beſonders gegen Ende des 15ten Jahrhunderts; indeß erlangten ſie
hier nie den Einfluß, wie in den Niederlanden; ſie hatten weder ſo be=
deutende Lehrer, noch ſo ausgezeichnete Schüler anzuweiſen. — In Kulm
hatten ſie viel mit der preußiſchen Geiſtlichkeit zu kämpfen. Delprat S. 77.
4) Ebendaſ. S. 71.   5) Ebendaſ. S. 36.
6) S. über ihn Mohnike zu Delprat, Anhang Nro. 4. p. 172 und
das dort Angeführte.
7) Delprat S. 76.

Um von dem Aeußerlichsten zu beginnen, so war, wie mehr=
fach bemerkt, eine Hauptbeschäftigung der Brüder das Bücherab=
schreiben. Dieß verlor seine Wichtigkeit mit der Erfindung und
Ausbreitung der so viel wohlfeiler[1] und rascher zum Zwecke
führenden Buchdruckerei, und zwar um so mehr, je entschie=
dener die neuerfundene Kunst in der ersten Zeit ihrer Ausbildung
gerade auf die nämlichen Gegenstände angewendet wurde, auf die
sich bisher die Schreibthätigkeit der Brüder gerichtet hatte: auf
die heilige Schrift, theologische Werke und Schulbücher. Das
Nächste war nun zwar, daß sich die Brüder selbst die neue Er=
findung aneigneten: als die Pressen Gutenberg's, Faust's und
Schöffer's in Mainz und Eltvill immer erfolgreicher arbeiteten,
schafften sich die Brüder zu Marienthal (Mergenthal) bei Geisen=
heim im Rheingau, die sich bisher vorzugsweise mit Bücherab=
schreiben beschäftigt, auch eine Druckerei an, vielleicht schon um
1468, gewiß aber um 1474[2]); ebenso wurden in den Bruder=
häusern zu Herzogenbusch, zu Gouda, zu Löwen, zu Rostock und
dem Kloster Hem bei Schoonhoven Druckereien angelegt[3]); auch
war einer der ersten ausgezeichneten pariser Buchdrucker Jodocus
Badius Ascensius, der sich durch gute Ausgaben alter Klassiker
verdient machte, ein Zögling der Brüderschule[4]). Aber die neue
Kunst breitete sich bald in allen gebildeten Ländern so mächtig aus,
daß das, was die Brüder mit ihren mäßigen Mitteln hierin thun
konnten, etwas sehr Geringes war; bisher hatten sie durch ihr
Abschreiben in einer gewissen Einzigkeit des Verdienstes dage=
standen, jetzt verloren sie sich wie ein Tropfen in dem unge=
heuern Strom, der schon im 16. Jahrhunderte so gewaltig an=
schwoll.

Ein zweites Hauptverdienst der Brüder war das Schul=
wesen: sie gründeten viele Schulen, wo vorher keine waren,
sie verdrängten den mönchischen Unterricht durch einen besseren,

---

1) Man bedenke den Unterschied, wenn wir nur folgendes Factum an=
führen: ums Jahr 1458 schrieb, auf Bestellung des Decan Herm. Droem,
Jac. Enkhupzen eine Bibel in Fractur, die sich noch bei St. Marien zu
Utrecht befindet, für 500 Goldgulden. Kist u. Royaards kirchenh.
Arch. VI, 300.

2) Schaab Erfindung der Buchdruckerkunst, Mainz 1831. Th. 3.
S. 358.

3) Delprat S. 49. 52. 54. 70. 77. 85. 144. Ueber die Druckerei
der Brüder zu Rostock s. insbesondere das gelehrte Werk: G. C. F. Lisch
Geschichte der Buchdruckerkunst in Meklenburg bis z. J. 1540, Schwerin
1839, und Auszüge daraus von Mohnike im Anhang zu Delprat Nro.
4. S. 170 ff.

4) Er hieß *Ascensius*, weil er zu Asche bei Brüssel (im J. 1462) ge=
boren war. Ueber seine typographische Thätigkeit s. Delprat S. 52.

sie förderten unzählige Jünglinge in ihren Studien und bildeten
in ihrer Mitte nicht wenige gute Lehrer. Aber auch in dieser
Beziehung wurden sie von der fortschreitenden Entwickelung gleich=
sam entsetzt. Ihre besten Schüler, nachdem sie zu Männern her=
angewachsen, wie Alexander Hegius, Hermann van den Busche,
Ludwig Dringenberg und andere, errichteten selbständige
Schulen, und da sich in diesen Anstalten der Kreis der humani=
stischen Bildung, im Vergleich mit dem immer etwas beschränkten,
ascetisch engen Standpuncte der Brüder, viel umfassender und
freier gestaltete, so zogen sie bald die besten Kräfte an sich und
die Schulen der Brüder wurden mehr und mehr verlassen. Auch
trat jetzt die neue Anregung für klassische, besonders griechische
Literatur von Italien her hinzu; der Ort aber, wo diese bei=
den Bildungselemente, das aus den Niederlanden stammende und
das über die Alpen kommende, zusammentrafen und sich zu einem
neuen Ganzen der freien und wahrhaft klassischen Humanitäts=
bildung durchdrangen, war zunächst nicht Holland, sondern das
Land, welches von da an in der wissenschaftlichen Bildung
das Herz Europa's wurde, Deutschland; hierher zogen sich
auch die ausgezeichnetsten Niederländer, wie L. Dringenberg,
Rud. Agricola, Des. Erasmus[1]), und hier entfaltete sich
nun unter dem Zusammenwirken der reichsten Kräfte, auch Deutsch=
lands selbst, eine Blüte der Sprach= und Alterthumsstudien auf
Schulen und Universitäten, welche die Leistungen der Brüder
weit hinter sich zurückließ. Manchen Bruderhäusern blieb, wenn
sie unter diesen Umständen bestehen wollten, nichts übrig, als sich
einfach in solche Schulanstalten, wie man sie jetzt überall in
Deutschland und Holland anlegte, entweder selbst zu verwandeln
oder verwandeln zu lassen[2]).

Ein Drittes, was man den Brüdern zu danken hatte, war
das Emporbringen der Muttersprache auf dem religiösen Ge=
biete. Auch dieses Verdienst erlosch als ein besonderes, sobald es
allgemein wurde. Schon zu gleicher Zeit mit Groot hatte auch
Tauler deutsch gepredigt; ihm folgten andere Mystiker und
Männer des Volks, unter denen vornehmlich Geiler von Kai=
sersberg als deutscher Prediger berühmt ist; zu gleicher Zeit
wurden in Deutschland viele religiöse Tractate, namentlich mystische,
wie die deutsche Theologie u. a. in der Muttersprache geschrieben

---

1) Dringenberg legte eine blühende Schule zu Schlettstadt an, Agri=
cola wirkte zu Heidelberg, Erasmus bekanntlich vorzugsweise zu Basel
und Freiburg im Breisgau.
2) Delprat S. 67. 73.

und Versuche mit Uebersetzungen der Bibel gemacht [1]); als nun aber vollends Luther diesen Bestrebungen die Krone aufsetzte und die Reformation der Muttersprache die freieste Bahn brach, da war das, was die Brüder im Kleinen begonnen, im Großen vollendet, und sie konnten bescheiden vom Schauplatze treten.

Am meisten überhaupt wurden sie durch die Reformation aus ihrer Stellung gebracht, denn dadurch wurde dem Besseren, was sie gewollt, eine höhere geistige Erfüllung, das Beschränkte, Particularistische aber, was ihnen anhing, mußte von selbst fallen. Die Brüder hatten in Beziehung auf die Reformation eine mittlere Stellung; auf der einen Seite waren sie gut kirchlich, auf der andern Seite pflegten sie in ihrer Mitte reformatorische Elemente; dieß ging, so lange die Stunde der Entscheidung noch nicht geschlagen hatte. Als aber mit Luther die Zeit der Krisis eintrat, war diese vorbereitende Richtung, welche das Katholische und, embryonisch, auch das Protestantische zugleich in sich schloß, nicht mehr haltbar, und zwar um so weniger, je offener und unheilbarer die Spaltung wurde. Die Bruderhäuser mußten entweder förmliche katholische Klöster werden, oder sie mußten sich in die protestantische Gemeinschaft auflösen, wenn man ihnen nicht gestattete, ruhig auszusterben. Zwar Luther selbst war hierin sehr billig und wir haben über diesen Punct von ihm höchst merkwürdige Aeußerungen, die zugleich ein glänzendes Zeugniß für den Geist der Fraterhäuser auch in dieser späteren Zeit ablegen. Als im Jahre 1531 oder ganz zu Anfang des Jahres 1532 der Rath zu Herford in Westphalen das dortige Schwester- und Bruderhaus aufheben wollte, that Luther, dessen Fürwort sich die Brüder erbeten hatten, lebhafte Einsprache. Er sagt in einem Schreiben [2]) an Bürgermeister und Rath unter Anderm: „Weil die Brüder und Schwestern, die bei euch das Evangelion erstlich angefangen, ein ehrbares Leben führen, und eine ehrliche züchtige Gemeine haben, darneben das reine Wort treulich lehren und halten: ist meine freundliche Bitte, E. W. wollten nicht gestatten, daß ihnen Unruhe und Erbitterung um dieser Sache willen widerfahre, daß sie noch geistliche Kleider tragen, und alte löbliche Gewohnheit [3]), so nicht wider das Evangelion sind, halten. Denn solche Klöster

---

1) S. Panzer's liter. Nachrichten von den allerältesten gedruckten deutschen Bibeln, Nürnberg 1777 und andere Schriften. Gieseler K. Gesch. II. 4. S. 349. Not. n.

2) Vom 31sten Jan. 1532. Nro. 1432. Th. 4. S. 333 bei de Wette.

3) Laudabiles consuetudines nannten ja die Brüder selbst ihre Vorschriften.

und Bruderhäuser mir aus der Maaßen gefallen. Und wollte Gott alle Klöster wären also, so wär allen Pfarrherrn, Städten und Landen wohl geholfen und gerathen." In demselben Sinne äußert er sich auch [1]) gegen die Vorsteher des Bruderhauses, Jac. Montanus aus Speier und Gerh. Viscampius aus Xanten. „Ich wage nicht viel zu wünschen," schreibt er ihnen, „aber, wenn es um Alles so stünde, wie um die Bruderhäuser, so wäre die Kirche allzu selig schon in diesem Leben. Eure Tracht und andere löbliche Sitten schaden dem Evangelium nichts, vielmehr nützen sie ihm wider die ungebundenen, zügellosen Geister, die heutiges Tages nur zu zerstören, aber nichts zu erbauen wissen [2])." Auch etwas später erklärt sich Luther in seinem und Melanchthons Namen noch einmal ebenso in einem Schreiben an das Collegium der Neunmänner zu Herford [3]) und an die Brüder selbst [4]), denen er zugleich die beiden Goldstücke, die sie ihm gesendet, um der Verleumdung keinen Raum zu geben, dankend wieder zurückschickt. Ja zum dritten Mal trat Luther im Jahre 1534 für diese Brüder ein [5]), indem er aufs Neue bringend bat, sie nicht zu stören und zu betrüben, und das Institut wiederholt aufs höchste lobte, „weil es unter der Freiheit und Gnade Christi vielen durch die Liebe diene und nütze." So billig und schön äußerte sich Luther; aber dessen ungeachtet brachte es die Natur der Sache mit sich, daß beim Fortschreiten der Reformation die Brüder sich auf die eine oder andere Seite schlagen mußten, und, wenn die Reformatoren sie nicht dazu nöthigten, so that es die katholische Kirche, ins=besondere, seit er entstanden war, der Jesuitenorden; wir sehen daher, daß ein Theil der Brüder die Reformation annahm [6]), was dann über kurz oder lang ihre Auflösung zur Folge hatte, oder daß sie den Jesuiten weichen mußten, welche die Brüder theils aus ihren Stiftungen hinausdrängten, theils zwangen, die gewöhnliche Klosterzucht anzunehmen und damit ihr Characteri=stisches aufzugeben [7]). Hiermit war nun aber auch nichts Wesent=liches mehr verloren, denn alles Gute, was die Brüder angestrebt

---

1) In dem gleich folgenden Briefe S. 334.
2) Contra furiosos et licentiosos et indisciplinatos spiritus, qui hodie nihil nisi destruere et nihil aedificare didicerunt.
3) Im April 1532. Epist. 1448. 4. S. 358. bei de Wette.
4) Der unmittelbar folgende Brief S. 360.
5) Zwei Briefe vom 24sten Oct. 1534 an den Rath zu Herford und an Gerh. Viscampius Nro. 1606 u. 1607. Th. 4. S. 560—562 bei de Wette.
6) Delprat S. 78. 79. 91.
7) Ebendas. S. 73. 76. 91.

hatten, war in das Allgemeine der Zeitbildung übergegangen, und jener Geist der apostolischen, freien, innerlichen, volksthüm= lichen und practischen Frömmigkeit hatte Repräsentanten gefunden, die weit über Gerhard, Florentius und Thomas hinausgingen, er hatte eine Gemeinschaft gebildet, die sich von der Enge der Brüderschaft zur freien, hohen, umfassenden Größe einer Kirche erhob.

Blicken wir hier am Schlusse noch einmal zurück, so stellen sich uns die Vereine Gerhards im Ganzen als eine höchst be= ziehungsreiche Erscheinung dar. Wie alles menschlich Vortreff= liche und Große hat dieser Verein seine Wurzel tief in der Ver= gangenheit und schaut zugleich prophetisch in die Zukunft. Ruhend auf den Grundlagen des apostolischen Alterthums, ist er ein von den ersten Morgenstrahlen erleuchteter Höhepunct in der Däm= merungszeit, die der Reformation vorangeht. Wenn wir in der Geschichte rückwärts sehen, so erinnert er durch verschiedenartige, aber immer unverkennbare, Verwandtschaftszüge an den Pythagoräer= und Essäer=Bund, an die Muttergemeinde zu Jerusalem und an das edlere Mönchsleben, besonders an den Geist und die culturverbreitende Wirksamkeit der früheren Bene= dictiner; sehen wir aber vorwärts, so mahnen uns die Bestrebun= gen und Einrichtungen des Vereins an den Pietismus und die Brüdergemeinde, an die Bemühungen der Reformationsperiode und der neueren Zeit um Bibelverbreitung, an die Thätigkeit ver= schiedenartiger Associationen zur Verbesserung des Unterrichts und der christlichen Jugend= und Volksbildung, ja selbst an moderne Vereine zu äußerlich wohlthätigen Zwecken.

Die meisten Analogien mit dem gemeinsamen Leben bietet der Pietismus in seinen geistigen Tendenzen, socialen Verbrüderungen und wohlthätigen Stiftungen dar; demnächst auch die Brüdergemeinde. Es ist der Mühe werth, diese Parallele, die wir früher schon angedeutet, bestimmter zu ziehen. Die Genossenschaft vom gemeinsamen Lebens ist der Pietismus des 14ten und 15ten Jahrhunderts, aber gefärbt von den Eigen= thümlichkeiten der Zeit und in derjenigen Gestalt, wie sich eine solche Richtung entwickeln konnte auf dem Grunde der mittel= alterlich katholischen Kirche. Hierin liegt, daß sie in Wesentlichem übereinstimmen, aber zugleich in der Ausbildung und Erscheinung vielfach verschieden sind.

Wenn wir den Pietismus bezeichnen als diejenige Rich= tung und gesellige Gestaltung des Christenthums innerhalb der

evangelischen Kirche, welche, ohne von den Grundlagen der Kir=
chenlehre wesentlich abzuweichen, die im Dogmatischen übereifrig
und starr, im Sittlichen aber indifferent und lax gewordene Kirche
von der Basis des wieder in den Vordergrund gestellten Bibli=
schen aus zu wahrer apostolischer Herzensfrömmigkeit zurückzu=
führen und sittlich zu kräftigen sucht, und, insofern sie dafür in
der großen Gemeinschaft keine Empfänglichkeit findet, also je we=
niger dieß der Fall ist, desto mehr, in der Form einer Verbrü=
derung auftritt, die sich, dem allgemeinen christlichen Priesterbe=
rufe zufolge, die Pflege und Ausbreitung des christlichen Lebens
zur ganz besonderen Lebensaufgabe macht und sich gegen die
Welt, wenn sie dieselbe nicht in ihrem Sinne bekehren kann, in
ihrer Besonderheit abschließt: so sind dieß Merkmale, die wir
sämmtlich, freilich mit einigen Veränderungen, auch bei den Brü=
dern finden. Am katholischen Dogma festhaltend, lösten sie das=
selbe aus seiner Strenge und Starrheit, indem sie es mehr nach
seiner innerlichen Bedeutung für die Frömmigkeit und nach seinen
sittlichen Beziehungen, als nach seiner Bedeutung für die Erkennt=
niß faßten; aber sie entzogen ihm auch eben dadurch vieles von
seiner Schärfe und seinem Gewicht, insofern sie, wie der Pietis=
mus, das practische Interesse obenan stellten. Sie legten hier=
bei nicht minder vorzugsweise das Biblische und Apostolische zum
Grunde und hatten den lebhaftesten Eifer für das Studium, den
populären Gebrauch, die Verbreitung der Schrift. Sie wollten
von dem Mittelpunct einer ernsten christlichen Herzensfrömmigkeit
aus die Kirche beleben und wendeten sich zu diesem Zweck, weil
sie hier am meisten Empfänglichkeit und Erfolg erwarteten, an
das Volk und an die Jugend. Sie entwickelten, ähnlich den
Pietisten, eine frische, lebendig volksmäßige homiletische und eine
lebhafte pädagogische Thätigkeit. Sie forderten dabei, weil sie
die Welt im Argen liegen sahen, vollständige Umkehr und Ab=
kehr von der Welt, durchgreifende Buße und tiefe, anhaltende
Zerknirschung, und zeichneten, um die Bekehrung zu bewirken und
zu sichern, einen bestimmten Weg vor, der bei den Pietisten mehr
eine innerliche, bei den Brüdern zugleich, nach Maaßgabe der
Zeit, eine äußerliche Ascese war, immer aber auf einen gewissen
religiösen Methodismus hinauslief. Sie begnügten sich, um die
beabsichtigten Wirkungen zu erzielen, nicht mit den gewöhnlichen,
allerdings unzulänglich gewordenen, kirchlichen Mitteln, sondern
nahmen, ganz wie der Pietismus, besondere Erbauungsstunden,
Bearbeitung der Laien im Privatumgang, Einwirkung durch Ge=
spräch und Gewissensleitung, Verbreitung frommer Tractate hinzu.
Sie zogen sich zugleich bei dieser lebhaften Thätigkeit nach außen,

im Gegensatz gegen die verdorbene Welt, in sich selbst zurück, und bildeten eine Verbrüderung, welche bei den Frommen des 14ten und 15ten Jahrhunderts zufolge aller Verhältnisse der Zeit mehr den Character einer eigentlichen Corporation und bestimmtere äußere Abzeichen haben mußte, als bei denen des siebzehnten und achtzehnten Jahrhunderts, während doch beide darin übereinkom= men, daß ihnen bei dem weit vorwiegenden Interesse für diese besondere Verbrüderung und bei der subjectiven Befriedigung darin, die Theilnahme für das Allgemeine, die Kirche und den Staat, und für die objectiven Bildungsmächte der Menschheit, die Wissenschaft und Kunst, mehr oder weniger entschwand und daß sie, daran verzweifelnd, sich der Wissenschaft und Kunst zu be= mächtigen und sie mit ihrem besonderen Geiste zu durchbringen, dieselben gleichgültig ließen oder unwillig von sich stießen. Wo aber eine solche, sich irgendwie abschließende Verbrüderung ist, die sich die Frömmigkeit zum Geschäft macht, da bildet sich immer auch mit der besonderen Weltanschauung eine eigenthümliche reli= giöse Sprache und Manier; auch dieß finden wir bei unserer Brüderschaft, wie beim Pietismus: beide haben, wiewohl in ver= schiedener Weise, einen stehenden Typus des Ausdrucks, der namentlich bei Thomas von Kempen, bei aller sonstigen Vortreff= lichkeit, in festen immer wiederkehrenden Formen ausgeprägt ist [1]). Ja bis in die äußeren Einrichtungen erstreckt sich die Ueberein= stimmung. Die wohlthätigen Stiftungen Franke's in Halle haben eine unverkennbare Aehnlichkeit mit dem Bruderhause zu De= venter und mit den Fraterhäusern überhaupt, denn, daß sich bei dem hallischen Waisenhause die Macht des Pietismus auf Einen Punct großartig concentrirte, die Bruderhäuser aber über weite Länderstrecken verbreitet waren, macht hier keinen wesentlichen Unterschied; die beiderseitigen Stiftungen, geboren aus dem Geiste eines lebendigen, liebethätigen Glaubens, waren in der Haupt= sache auf das nämliche Ziel gerichtet und in beiden entwickelte sich auch ein eigenthümlicher Hausgeist, der besonders in der Zeit der jugendlichen Schöpfung alle Mitglieder durchdrang und zu einem lebendigen Körper verschmolz, so daß auch die geringeren dienenden Personen eine geistige Bedeutung hatten als selbständige, freie

---

1) In dieser Sprache sind namentlich die Worte *Compunctio* (= contritio) compungi, compunctivus, humilitas, internitas und ähnliche etwas Stehendes. Ueber die Zerknirschung hat Thomas von Kempen auch eine eigene Abhandlung geschrieben: de vera Compunctione, p. 219—225. Der Begriff der Sache wird dabei weniger erläutert, als vorausgesetzt. Thomas selbst sagt: es sey besser, Zerknirschung zu empfinden, als ihren Begriff zu wissen. De Imit. Chr. I, 1, 3.

Glieder des Ganzen. Wie in der Halle der treffliche Elers [1]) nicht bloß durch die geschickte Gründung der Waisenhausbuch= handlung Urheber eines höchst wichtigen merkantilischen Unter= nehmens ward, sondern sich auch in seinem buchhändlerischen Ge= schäftskreise vollkommen als einen zweiten Franke bewährte, so waren auch die, welche in den Häusern des Gerhard und Flo= rentius das betrieben, was damals die Stelle des Buchhandels vertrat, das Geschäft des Abschreibens, durchaus von einem höheren Geiste beseelt; ja bis zu den geringsten dienenden Per= sonen hinab herrschte dieser Geist, wovon wir das prägnanteste Beispiel haben an dem Koch im Hause des Florentius, Johannes Cacabus, gewöhnlich Ketel genannt, einem Manne, der einer nicht unansehnlichen Stellung im bürgerlichen Leben und der Aussicht auf die Priesterwürde entsagte, um in vollkommenster Hingebung den Brüdern zu dienen und auch in die äußerlichste Thätigkeit den Geist christlicher Frömmigkeit einzuführen; eine Sache, wo= durch er selbst für Thomas von Kempen merkwürdig genug ward, um von ihm einer biographischen Schilderung gewürdigt zu werden [2]).

Bei solcher Uebereinstimmung im Ganzen und Einzelnen sind freilich auch die Differenzen nicht zu übersehen. Der Pietis= mus entwickelte sich auf der Grundlage einer kirchlichen Gemein= schaft, welche die Lehre von der Rechtfertigung durch den Glauben zum Mittelpunct ihrer Ueberzeugung gemacht hatte; seine Ten= denz war darauf gerichtet, der Einseitigkeit und dogmatischen Ver= härtung des protestantischen Glaubensprincips, dem wirklichen oder möglichen Misbräuche desselben vorzubeugen; er machte daher neben der receptiven auch die active Bedeutung des Glaubens, die dem Glauben nothwendig einwohnende Werkthätigkeit geltend; sonst änderte er am protestantischen System nichts, sondern stellte nur gewisse Grundlehren desselben, wie die von der völligen Ver= dorbenheit der menschlichen Natur und dem Verdienste Christi, besonders von der Kraft seines blutigen Todes, mehr in den Vordergrund und faßte in Folge einer stärkeren Betonung des natürlichen Unvermögens auch die Erneuerung durch die Gnade, die Wiedergeburt mehr als einen Durchbruch, als etwas unter

---

1) Vergl. die schöne Schilderung dieses Mannes von Knapp in der Schrift: Leben und Charaktere einiger gelehrten und frommen Männer des vorigen Jahrhunderts. Halle 1829. S. 177—203.
2) Vita Joannis Cacabi, vulgo Ketel, qui coquus fuit. — die 10te unter den Biographien der Brüder, S. 99—108.

Bußkrämpfen gewaltsam und plötzlich Eintretendes. Die Brüder=
schaft des gemeinsamen Lebens dagegen bildete sich auf dem Grunde
einer im Wesentlichen gesetzlichen Kirche; sie machte nicht sowohl
dem bloß dogmatischen Glauben gegenüber den liebethätigen, als
vielmehr dem Gesetz gegenüber das Princip der Liebe geltend;
die Lehre von der christlichen Liebe aber war schon längst neben
der Gesetzeslehre und dem scholastischen Dogmatismus des Mittel=
alters in ein eigenes System gebracht, das System der Mystik;
zu diesem bekannten sich die Brüder; sie hatten daher eine eigen=
thümliche Lehre und Lehrart, während der Pietismus nur die be=
sonders gefärbte Ausbildung einer kirchlich gegebenen Lehre war.
Die Mystik aber, obwohl beide von der Gedankenlosigkeit so
häufig verwechselt werden, ist etwas ganz Anderes als der Pie=
tismus [1]). Wenn dieser vor Allem die Sünde urgirt und zwar
die Sünde als Abfall, und aus dem Bewußtseyn der Sünde fast
gar nicht herauskommt, so leugnet zwar die Mystik die Sünde
nicht, hebt sie aber bei weitem nicht so stark hervor und leitet sie
in der Regel mehr aus der Endlichkeit, aus dem Zustande des
aus Gott hinaus Gestoßenseyns der Creatur, als aus ihrer freien
That und ihrem geschlechtlichen Zusammenhange ab; sie weiß
daher auch nichts von jener Ueberwältigung der Natur durch die
Gnade und von den Bußkrämpfen des Pietismus, desto mehr aber
vom Abthun der Creatürlichkeit, der Besonderheit und Ichlichkeit,
um zur Einigung mit Gott zu gelangen; sie setzt an die Stelle
der Bekehrung zu Gott die Rückkehr in Gott, und diese Rückkehr
ist ihr nicht etwas Plötzliches, sondern eine Entwickelung in ge=
ordneten, immer höheren Stufen, ein stets zunehmendes Entwerden
und immer vollständigeres Göttlich= oder Gottwerden, eine Ver=
gottung, vermöge deren auch schon in diesem Leben die Sünde
ganz überwunden und die reine Anschauung, der selige Genuß
Gottes und seiner Erkenntniß gewonnen werden kann. Die Mystik
ist kühner, productiver, innerlich reicher und nach außen mannich=
faltiger, aber freilich auch in manchen ihren Gestaltungen über=
fliegender, sinnlicher, minder rein und practisch, als der Pietis=
mus. Da nun die Mystik der Brüder eine im Ganzen nüchterne
und practische, eine von lebensthätigem und reinem christlichem
Geiste beseelte war, so tritt sie allerdings dem Pietismus, der in
einzelnen Formen und Persönlichkeiten auch wieder mystische Ele=

---

1) Treffende Bemerkungen, die hier verglichen werden können bei
Kliefoth Einleitung in die Dogmengesch. S. 245.

mente aufgenommen hat, näher; aber dennoch unterscheidet sie sich schon als Mystik von der pietistischen Denkweise, denn die ganze Weltanschauung der Brüder beruht immer auf der dem Pietismus fremden Lehre von einer durch allmählige, stufenweise Vernichtung des Creatürlichen, Ichheitlichen bedingten Einigung mit Gott, wobei Christus mehr als Vorbild und belebendes Princip, denn als Versöhner gedacht, und sein Verdienst so wenig ausschließlich geltend gemacht wird, daß sogar dem Subjecte selbst vermöge seiner nach dem Vorbilde Christi vollzogenen Einigung mit Gott noch ein Verdienst übrig bleibt.

Da der Pietismus mehr eine eigenthümliche Richtung und Stimmung, als eine selbständige Lehre ist, so stellt er sich auch weniger in äußerlichen Merkmalen dar; er bewirkt gemüthliche, geistige Verbrüderung, reges Zusammenwirken, mehr oder minder auffallende Ausprägung der Denkweise auch im Leben, aber ohne feste Regeln und bestimmte Absonderung; die Brüder dagegen, die eine eigene Lehre bekannten und eine solche, die auch sonst schon Genossenschaften gestiftet hatte — denn es gab nicht wenige mystische Associationen im Mittelalter — bildeten, hierin mehr an die Brüdergemeinde und deren Gesellschaftsformen erinnernd, eine geschlossene Corporation, die, äußerlich vereinigt, nach der Sitte der Zeit auch durch Kleidung und Lebensordnung sich unterschied. Aber da die Lehre der Brüder eine, wenn auch nicht im engeren Sinne kirchliche, so doch kirchlich gedulbete war, so wurden sie, mit Ausnahme der Bettelmönche, von der Kirche nicht angegriffen, während der Pietismus, obwohl nur eine eigenthümliche Richtung auf dem Grunde der Kirchenlehre, doch vermöge einer Modificirung des dogmatischen Grundprincips, ja einer Alterirung des herrschenden Dogmatismus überhaupt der legitimen Orthodoxie so gefahrdrohend schien, daß diese ihn mit einem Angriff empfing, welcher eine geistige Spaltung in der evangelischen Kirche zur Folge hatte.

Rastlos thätig für ihre Ueberzeugungen und religiösen Interessen waren stets sowohl die Brüder des gemeinsamen Lebens, als die Pietisten; aber die Brüder, von Haus aus höchst bescheiden und einfach, beschränkten sich bei ihrer religiösen Einwirkung fast ganz auf Bürger und Volk und hatten eine gewisse Abneigung gegen das Hohe und Vornehme; sie blieben auch in der Wissenschaft in einem engeren Kreise und begnügten sich mit Volksschulen und gelehrten Vorbildungsanstalten; der Pietismus dagegen strebte von Anfang an in die Höhe, suchte vornehme Verbindungen und Einfluß, gründete sich eine eigene Universität und dachte bald auch, was den Brüdern unter ihren Verhältnissen und den Bedingungen der Zeit nicht einfallen konnte, an die Bekeh=rung ferner heidnischer Völker. Der Pietismus expandirte sich, während sich die Brüder concentrirten. Aber in dieser mit ihrer Mystik zusammenhängenden Innerlichkeit und Concentration hatten sie für die Entwickelung der Zukunft eine ungemeine Wichtigkeit.

Der Pietismus hatte und hat mehr Bedeutung als Reaction, denn als neue Schöpfung; er hat der Kirche eine nothwendige Ergänzung für dasjenige gebracht, was in ihr und von ihr ver=säumt wurde, aber er hat im Großen nichts Selbständiges her=vorgebracht und gestaltet; er hat ein Recht gegen die dem Christ=lichen sich irgendwie verschließende Kirche, aber er muß natur=gemäß in die Kirche aufgehen, sobald diese das Aechte, Christliche, was der Pietismus hat oder anstrebt, umfassender befriedigt. Die Brüderschaft des gemeinsamen Lebens dagegen war zukunft=schwanger; sie trug, wie wir gesehen, vielfache positive Elemente einer Um= und Neubildung der Kirche in sich; und wenngleich auch ihre Tendenz in und mit der Reformation verschwand, so setzte sie sich doch zugleich in derselben auf die großartigste Weise fort.

Etwas Beschränktes und Partikulares haben beide Erschei=nungen, einen Geist der Absonderung und Subjectivität, der es nicht zu einem großen Ganzen, zu einer freien, universalen, reich=gegliederten Gemeinschaft kommen läßt; Richtungen, welche, dar=an verzweifelnd, Kunst und Wissenschaft mit ihrem Geiste zu durchdringen, sich ihnen lieber entziehen oder entgegenstellen, welche eine Neigung haben, die Welt in ein Kloster oder die Kirche in einen Conventikel zu verwandeln, können nicht zu dauern=der, umfassender Herrschaft berufen seyn, aber sie können wegen des verkannten Guten, das sie in sich schließen, als Ferment vor=trefflich wirken, ihr Partikularismus aber ist jedenfalls nicht da=durch zu überwinden, daß man dieses Gute negirt und ausschließt, daß man ihr Streben bloß polemisch behandelt, sondern nur da=durch, daß man ihr Gutes in die große kirchliche Gemeinschaft herübernimmt und es da noch gründlicher und besser pflegt. So ungefähr verhielt sich Luther gegen die Brüder des gemeinsamen Lebens: er erkennt ihnen — wahrlich das vollgültigste Zeugniß für ihren reformatorischen Charakter, wenn noch eines nöthig wäre! — er erkennt ihnen zu, daß sie das reine Wort treulich gehalten und das Evangelium zuerst angefangen, er meint, es wäre allen Landen wohl geholfen, wenn sämmtliche Klöster so beschaffen wären, wie die Bruderhäuser, und rühmt die Brüder als Geister, die doch auch etwas zu erbauen wüßten; aber darum ging er nicht hin, Bruderhäuser zu stiften oder ein Mitglied derselben zu werden, sondern, indem er selbst sein Klosterhabit ablegte, verpflanzte er den guten Geist der Bruderhäuser, verbunden mit noch viel andern wesentlich christlichen Elementen, in die große Gemeinschaft einer neuen Kirche; eine bemerkenswerthe Andeutung, wie sich Luther gegen den Pietismus würde verhalten haben, wenn er ihn erlebt hätte.

Fünfter Theil.

Verzweigungen der deutschen Mystik bis zur Reformation.

Wir haben die Brüder des gemeinsamen Lebens bis dahin begleitet, wo sie unter- oder vielmehr mit ihren besten Bestrebungen in die Reformation aufgingen. Wir kehren nun noch einmal zurück, um von einem früher schon angedeuteten Puncte aus eine gleich wichtige Entwickelungsreihe zu betrachten, die auf einem andern Wege auch zur Reformation hinführt.

Abgesehen von der allgemeinen Anregung des religiösen Geistes, war hauptsächlich Zweierlei als dauernde Wirkung vom Institute des gemeinsamen Lebens ausgegangen: die Begründung des humanistischen Studiums und die Verinnerlichung des christlichen Glaubens und Lebens durch eine geläuterte, practische Mystik. Diese beiden Tendenzen, in denen sich auch fortwährend, theils von ihrem Ursprung her, theils vermöge der Einwirkung ähnlicher Zeitbedingungen, ein Trieb zur Verbrüderung zeigte — denn die Humanisten jener Zeit hatten ebenso gut ihre Vereine und Bündnisse, wie die Mystiker — setzten sich nun auf eine höchst einflußreiche Weise auch in Deutschland fort, und zwar zunächst im Verlaufe des 14ten und 15ten Jahrhunderts die mystische, dann seit dem Ende des 15ten Jahrhunderts auch die humanistische. Wir fassen hier, wo es uns vornehmlich um Erkenntniß der populär-practischen Hinwirkung auf die Reformation zu thun ist, zunächst ausschließlich die mystische ins Auge, die von tief eingreifender Bedeutung war, sowohl um die Reformation überhaupt möglich, als insbesondere, um Luther zu dem eigenthümlich christlichen und von innen heraus reformatorischen Character zu machen, der er war.

Der Stamm der zugleich contemplativen und practischen Mystik Ruysbroeks ging, wie wir früher bemerkt, durch Männer verschiedener Geistesart, auf die er besonders Einfluß übte, in zwei Aeste aus einander: das Practische pflanzte sich durch Gerh. Groot in den Niederlanden, das Contemplative, Innerliche durch Tauler in Deutschland fort. Von dieser Zeit an, das heißt seit der Mitte des 14ten Jahrhunderts, finden wir in Deutschland eine zusammenhängende Tradition der Mystik, die bis unmittelbar an die Reformation hinreicht und durch ihre bedeutendsten Producte, die Schriften Taulers und die deutsche Theologie, sowie durch die Persönlichkeit des Johann Staupitz auf Luther selbst den mächtigsten Einfluß übt. Nach dieser Seite wenden wir jetzt unser Augenmerk.

Der allgemeine Character und Erfolg dieser deutschen Mystik ist: daß sie das Christenthum aus dem Begriff ins Ge= fühl, aus der Speculation ins Gemüth, aus der Schule ins Leben bringt, daß sie den einfacher, sittlicher und lebensvoller aufgefaßten Inhalt des Christenthums, indem sie denselben in deutschem Gewand auftreten läßt, zur Sache des Volkes macht, daß sie, das romanische Kirchen= und Schulenthum unmittelbar oder mittelbar bekämpfend, ein dem germanischen Sinn und Geist entsprechendes, innerliches und freies Christenthum herstellt, und dadurch die Befreiung sowohl des Glaubens, als der Nation in Sachen des Glaubens von der Herrschaft des Romanismus im Ganzen und Großen vorbereitet. Diese Grundrichtung gibt sich aber wieder bei der Einheit des Wesens in sehr verschiedenen Formen kund. Wir unterscheiden deren, indem wir freilich nicht übersehen, daß zugleich eine in die andere überspielt, und hier nur von Vorherrschendem die Rede seyn kann, vornehmlich vier: die dichterische, die gemüthliche, die speculative und die practische deutsche Mystik. Jede dieser Arten wird auch durch eine ausge= zeichnete Persönlichkeit oder Leistung vertreten: die erste durch Suso, die zweite durch Tauler, die dritte durch den Verfasser der deutschen Theologie, die vierte durch Staupitz. Neben ihnen stehen auch noch andere Aehnlichgesinnte; aber in den Ge= nannten sind doch die verschiedenen Tendenzen so klar und be= stimmt ausgeprägt, daß wir uns, um einen genügenden Ueberblick zu geben, ausschließlich an sie halten können.

Suso und Tauler sind ganz gleichzeitig, und der Erstere ist sogar später (1365) [1] vom Schauplatz getreten, als der Letztere

---

1) Einige setzen zwar das Todesjahr Suso's auf später, selbst um zwei Decennien, immer aber hätten doch Suso und Tauler noch zu gleicher Zeit geblüht.

(1361); aber da es uns hier weniger auf Zeit= als Sachordnung ankommt, so stellen wir. Suso voran. Er gehört mit seiner poetischen Frische, Lebendigkeit und Beweglichkeit noch mehr dem jugendlichen Alter der Phantasie, dem eigentlichen Mittelalter an, während Tauler bei aller poetischen Lieblichkeit, durch seine tiefere, ernstere Sammlung im Gemüth eine höhere männliche Reife vorbereitet und bestimmt in die neue Zeit hinüberführt, welche, noch weiter durch die speculative und practische Mystik vermittelt, in der Reformation anbricht.

Erstes Hauptstück.
Die dichterische Mystik. Heinrich Suso.

An Suso lernen wir einen Mystiker ganz anderer Art kennen, als die waren, die uns im Kreise der Brüder vom gemeinsamen Leben vorgekommen sind. Er bildet namentlich zu Tho= mas von Kempen bei aller Uebereinstimmung in Grundprin= cipien einen entschiedenen Gegensatz, sowohl in seinem ganzen Na= turell, als in der Ausprägung der mystischen Lehren. Zwar ist auch ihm, wie allen Mystikern des Mittelalters, die durch Ent= werdung seiner selbst gewonnene Gotteseinheit der Gipfelpunct der Vollendung; auch er findet die Einigung der Seele mit Gott auf dem Wege strenger äußerer Uebung, tiefer innerer Prüfun= gen, stiller Zurückgezogenheit und dem Göttlichen völlig hinge= gebener Betrachtung; aber dabei ist er zugleich ein Mann von frischester, beweglichster Natur, der sich immer wieder getrieben fühlt, aus der Enge der Klostermauern hinauszutreten ins Leben, dessen Eindrücke zu empfangen und auf dasselbe in allen Rich= tungen zu wirken. Offen für die Natur, deren einfache, ewige Schönheiten er in den lieblichsten Worten malt, deren Frühlings= auferstehung er jährlich mit einem „geistlichen Mayen" zu feiern pflegte[1]; empfänglich für das Schöne in Bild und Ton, denn er liebt es, seine Gedanken auch äußerlich in bildlicher Darstellung zu schauen[2], er schmückt sich seine heimliche Kapelle aus innerem Bedürfniß mit Bildern aus[3]), er vernimmt in Momenten der

---

1) Leben Suso's durch Elsb. Stäglin K. 14. S. 34.
2) Ebendas. K. 37. S. 122.
3) Ebendas. K. 22. S. 67. K. 37. S. 122. 123. Die heimliche Ka-

Entzückung das, was ihn bewegt, in mannichfaltigen Weisen
als „ein süßes Getön"[1]), als eine innere himmlische Musik; nicht
abgewandt auch von der Wissenschaft, namentlich der Philo=
sophie, und fortwährend angeregt von den Gegenständen und An=
schauungen der umgebenden Welt, die ihm stets zu Bildern des
Höchsten und zu Objecten der Liebesthätigkeit werden, ist er wie
ein Quell, der zwar in stillster Verborgenheit entspringt und sich
in seiner dunkeln Tiefe immer wieder sammelt, aber zugleich den
unwiderstehlichen Trieb hat, an das Licht durchzubrechen und ein
Strom zu werden, in dem sich alles Umgebende auf der Erde
und am Himmel spiegelt, der Alles, was seinem Laufe begegnet,
erfrischt, belebt und befruchtet.

Vom äußeren Leben Suso's[2]) wissen wir wenig. Da=
gegen ist uns der Gang seines inneren Lebens durch eine seiner
treuesten Schülerinnen, seine geistliche Tochter Elsbet Stäglin,
Nonne im Kloster Tosse oder Töß bei Winterthur[3]), aus den ei=
genen Mittheilungen des Meisters geschildert. Diese Schilderung
ist uns zugleich ein Typus der Anschauung, die sich Suso von der
inneren Entwickelung eines geistlichen Menschen gebildet hatte.
Wir fassen das Wesentliche, was wir hieraus entnehmen können,
sowie das, was wir sonst von Suso wissen oder unmittelbar aus
seinen Schriften ersehen, in Folgendem zusammen.

Heinrich Suso stammte aus dem alten im Hegäu ansässigen
Geschlechte der Berger oder derer von Berg[4]), und wurde in

---

pelle Suso's befand sich in dem Prediger=Kloster zu Constanz neben dem
Chor zur rechten Hand, unter der Stiege, da man den Letner [die Empor=
kirche] hinaufgeht. So Murer, der die Localität selbst noch gesehen hatte,
in der Helvet. sancta p. 329.

1) z. B. Leben Suso's K. 13, S. 32 und an vielen andern Stellen.

2) Vergl. darüber vor Allem: Heinrich Suso's Leben von ihm
selbst erzählt (durch Elisab. Stäglin aufgezeichnet) in der Ausgabe der
Schriften Suso's von Melch. Diepenbrock Regensb. 1829. S. 1—236.
Sodann: Heinr. Murer Helvetia sancta p. 3,15 sqq. J. Quétif et J.
Echard Auctores Ord. Praedicat. Paris. 1719. T. 1. p. 654 sqq.
[der Artikel über Suso ist von Echard]´ Miraeus Auctar. ad Trith. c.
432. p. 80. Vita Susonis in der lateinischen Ausgabe von Suso's Werken
per Laur. Surium, Colon. 1555. p. 435 sqq. Cave Hist. lit. ad ann.
1290. p. 752. Bzovius in Contin. Annal. Baron. T. XIV ad ann.
1337 Nro. 15 et ad ann. 1365 Nro 14. Oudinus Commentar. de
Script. eccl. T. III. p. 1065 sqq. Arnold Hist. Theol. myst. p. 293
sqq. Fabricius Bibl. med. et inf. lat. T. III. p. 229. Schröckh
K. Gesch. XXXIV, 272. Diepenbrock in der Einleitung zu Suso's
Schriften p. XIX sqq.

3) Sie starb ums J. 1360. S. Murer Helv. sanct. p. 345.
Sie selbst gibt einige Nachrichten über sich im Leben Suso's K. 35.
S. 114 ff.

4) S. Murer Helvet. sanct. p. 315. Diepenbrock's Einleit.
p. XX.

den letzten Jahren des 13ten ober in den ersten des 14ten Jahr=
hunderts [1]) geboren [2]). Sein Vater war ein weltlich gesinnter
Mann, seine Mutter dagegen war, wie er selbst sagt, „des all=
mächtigen Gottes voll"[3]). Hieraus entsprang eine widerwärtige
Ungleichheit; der Hauswirth trat der Frömmigkeit seiner Ehegattin
„mit strenger Härtigkeit entgegen und daraus fiel ihr vieles und
großes Leiden zu." Dreißig Jahre lang wohnte sie aus Furcht
vor ihrem Herrn keiner Messe bei[4]). Suso mochte von seinem
Vater einen gewissen Sinn für das Ritterliche geerbt haben, das
er sich ins Geistliche übersetzte; weit mehr jedoch fühlte sich ohne
Zweifel sein zartes Gemüth zur geistesverwandten „heiligen Mut=
ter" hingezogen, „mit deren Herz und Leib Gott schon bei ih=
rem Leben Wunder wirkte"[5]). Er nahm daher auch den Ge=
schlechtsnamen seiner Mutter Süß oder Seuß, latinisirt Suso,
als den gewöhnlichen an[6]), neben dem er noch den mystischen
Beinamen Amandus trug, der aber erst nach seinem Tode kund
wurde[7]).

    Suso war „von Geburt ein Schwabe"[8]) und trug in sei=
ner geistigen Ausstattung die Grundzüge, welche den schwäbischen
Stamm auszeichnen; er vereinigte lebendige, reiche, bewegliche
Phantasie und eindringenden Tiefsinn, Dichtergeist und Specula=
tionsgabe; doch war offenbar das Dichterische in seinem Wesen
vorherrschend; er sieht Alles in Bildern und Zeichen, alles Sinn=
liche wird ihm ein Symbol des Höheren, alles Höhere offenbart

---

1) Murer und Scharb nehmen das J. 1300 an. Sein Geburtstag
war der St. Benedictentag. Leben S. K. 18. S. 47.

2) Nach Dubinus (T. III. p. 1065) zu Constanz; er nennt Suso
patria Constantiensis. Das Geschlecht der Berger blühte zu Constanz
und Ueberlingen. S. Murer a. a. O.

3) Leben Suso's Kap. 8. S. 21. K. 45. S. 173.

4) Leben Suso's S. 173.   5) Ebendas. S. 22.

6) Der Name Seuß, Säus, zusammenhängend mit saußen, ver=
anlaßte Suso'n selbst häufig beim Predigen zu einer Anspielung auf seinen
Namen. S. Prolog zur Ausgabe von 1512 bei Diepenbrock S. XX
der Einleitung, wo es heißt: „Wenn er einen merklichen Sinn oder ein gut
Stück wollte sagen und das Volk aufmerksam machen, so sprach er: „„Mer=
ket auf, denn der Seuß will säußen,"" oder wenn er sich selbst
wollte stärken und ernsthaft machen, so schrie er: „„Nun wohlan
Seuß, du mußt säuffen."" Oder wenn er eine große Strafe
wollte thun dem Volke, so sprach er: „„Da muß der Seuß säussen, daß
euch die Ohren säuffen."" Oder wenn er eine Sache nicht getorst
[wagte zu] predigen, so sprach er: „„Der Seuß getar da nicht säuffen.""
Also daß er sich oft selbst nannte Seuß. Und also behub [bekam] er den
Namen, daß man ihn nicht anders nannte, denn Bruder Seuß."

7) S. die Stellen aus dem Prolog zur Ausgabe der Schriften Suso's
von 1512, bei Diepenbrock Einl. S. XIX. XX.

5) Leben Suso's K. 1. S. 1. Ebenso Miraeus in Auctar. ad Trith.
c. 432. p. 80: Henr. Suso, natione Suevus.

sich ihm in Entzückungen und Visionen; er bewegt sich durchaus
in einer Welt der lebenvollsten Anschauung und auch die Specu=
lation tritt bei ihm meist in sinnlicher, bilderreicher Gestalt auf.
Seine Sprache ist nie abstract, sondern immer lebensfrisch, far=
benreich, lieblich und oft in hohem Grade schwungvoll: er ist ein
von den speculativen Gedanken der Mystik durchdrungener, aber
stets dem Leben zugewendeter Minnesänger der ewigen Liebe
und Weisheit[1]); und wenn wir überhaupt sagen dürfen, daß
die gesunde, urkräftige Mystik die durch alle Völker, besonders
der modernen Welt, hindurchgehende Poesie der Religion sey, so
ist Suso wieder vorzugsweise im deutschen Mittelalter der Poet
unter diesen Poeten des Christenthums.

Die lebendige Natur des jungen Suso[2]), die sich auch in
schöner, frischblühender Farbe des Angesichtes ausdrückte[3]), zog
ihn zur Welt; „er hatte von Jugend auf ein minnereiches Herz"[4])
und dieses war natürlich auch für sinnliche Eindrücke nicht unem=
pfänglich[5]); aber unter dem Einflusse seiner Mutter wendete er
sich bald dem Höheren zu und suchte dann, nachdem er selbst von
der Gnade ergriffen war, Alles in den Dienst des Geistes zu beu=
gen. Schon aus der Kindheit werden uns Züge der poetischen
Frömmigkeit Suso's erzählt. Er pflegte als Knabe im Frühling
Blumen zu sammeln und wand die schönsten in einen Kranz, um
damit das Bild der Maria zu schmücken, „weil sie die allerschönste
Blume und seines Herzens Sommerwonne wäre"[6]). Im drei=
zehnten Jahre wurde er, vermuthlich zunächst auf den Wunsch sei=
ner Eltern, in das Dominikaner=Kloster zu Constanz aufgenom=
men. Hier erhielt er nach Maaßgabe der Zeit guten Unterricht.
Von innerlicher Erregung fühlte er in den fünf ersten Jahren sei=
nes Klosterlebens noch nichts. „Er trug bis dahin einen geistlichen
Schein, aber sein Gemüth war ungesammelt; es däuchte ihm,
des Gemeinen möchte nicht zu viel werden, so ihn Gott nur be=
hütete vor schweren Gebrechen"[7]). Dabei war er jedoch in sich
unruhig und unbefriedigt. Im achtzehnten Jahre aber machte er
den ersten Anfang des geistlichen Lebens: er empfand „einen ver=

---

1) Aehnlich schon Hase K. G. §. 346.
2) „Er hatte gar eine lebendige Natur in seiner Jugend." Leben S
K. 17. S. 41. „Da der Diener noch einen blühenden Muth hatte in sei
ner Jugend." K. 38. S. 130.
3) Leben S. K. 39. S. 130.
4) Ebendas. K. 4. S. 7.
5) Ebendas. K. 18. S. 45.
6) Ebendas. J. 38. S. 131. Man kann hier daran erinnern, daß in
Frankreich, wahrscheinlich nach alter volksthümlich poetischer Anschauung, der
Mai „Monat der Maria" genannt wird.
7) Leben Suso's K. 1. S. 2.

borgenen, lichtreichen Zug von Gott," der in ihm geschwind eine Abkehr wirkte[1]. Nun bekam er eine „Begierde, daß er würde und hieße ein Diener der ewigen Weisheit"[2]. Diese Weisheit wurde ihm in ihrer himmlischen Reinheit und Schönheit offenbar, und „so oft er nun hörte von zeitlicher Minne singen und sagen, ward ihm sein Herz und Muth eingeführt in dieses sein lieblichstes Lied, von dem alle Liebe fleußt"[3]. Hören wir, wie er mit hohen und zugleich kindlichen Worten die Erscheinung dieser himmlischen Geliebten schildert[4]: „Sie schwebte hoch ob ihm in einem gewölbten Chore; sie leuchtete als der Morgenstern, und schien als die anbrechende spielende Sonne; ihre Krone war Ewigkeit, ihr Kleid Seligkeit, ihr Wort Süßigkeit, ihr Umfahen aller Lust Genügsamkeit; sie war fern und nahe, hoch und nieder; sie war gegenwärtig und doch verborgen; sie ließ mit ihr umgehen und mochte sie doch niemand begreifen. Sie that sich zu ihm minniglich und sprach gütlich: Gib mir dein Herz, Kind meines[5]! Er neigte sich zu ihren Füßen und dankte ihr herzlich aus einem demüthigen Grunde. Dieß ward ihm da, und mehr mochte ihm nicht werden."

Im Wesen der Weisheit, welcher Suso nun sein ganzes Herz hingab, lag, weil sie Vergöttlichung des ganzen inneren Wesens wirken sollte, das Doppelte: reine Erkenntniß und gründliche Heiligung. Beidem strebte er jetzt unabläßig nach. Zuerst ging er — denn wir haben dieß wohl in die Zeit nach seiner Umkehr zu setzen — in Begleitung „eines guten Gesellen" auf die hohe Schule zu Köln[6], um seinen Wissensdurst zu befriedigen. Er studierte hier scholastische Philosophie und Theologie und machte sich auch mit „tugendhaften heidnischen Meistern, sonderlich mit dem vernünftigen Aristoteles" vertraut, welchem letzte-

---

1) Leben Suso's K. 1. S. 2.
2) Ebendas. K. 1. S. 1. K. 4. S. 8 ff.
3) Ebendas. K. 4. S. 11.
4) Ebendas. K. 4. S. 10, womit zu vergleichen eine ähnliche liebliche und poetische Schilderung im Buche von der ewigen Weisheit K. 7. S. 273. Hier spricht unter andern die Weisheit auch den Vers:

Ich spiel' in der Gottheit der Freuden Spiel,
Das gibt der Engelschaar Freuden als viel,
Daß ihnen tausend Jahre seyn
Als ein viel kleines Stündelein.

Andere, zum Theil hierher gehörige, kleine Gedichte Suso's findet man in der Ausgabe von Diepenbrock S. 474 ff.
5) Dieß ist die gewöhnliche Form des Vocativs mit dem Pronomen poss. bei Suso; z. B. Herze meines, Engel meiner, Freund meiner, zartes Kind meines u. s. f. Diese Form hat sich denn auch erhalten in dem Luther'schen Vater unser.
6) Leben S. K. 45. S. 174.

ren er zugestand, „daß er den Herrn der Natur mit Fleiß gesucht und gefunden, daß er aus dem wohlgeordneten Naturlaufe bewährt, es müsse nothwendig ein einiger Fürst und Herr aller Creaturen seyn[1])." Aber obwohl er das Speculiren oder „das Erkennen, wie Gott in den Creaturen wiederleuchtet[2])," mit Fleiß trieb und zu schätzen wußte[3]), so war doch sein nicht sowohl discursiver und dialectischer, als vielmehr poetischer und schauender Geist weniger für diese Richtung geeignet und sein Gemüth hatte auch schon eine andre eingeschlagen auf die Erfahrungs= und Liebes= Theologie der Mystik. Auch dafür fand er in Köln einen gewal= tigen Repräsentanten, den Meister Eckart. Diesen, seinen Ordens= genossen, lernte Suso nach aller Wahrscheinlichkeit schon während der Studienzeit in Köln kennen, mag ihn aber auch später wie= derholt gesehen haben. Eckart machte auf Suso einen großen Eindruck; er ist der einzige unter seinen Lehrern, den Suso na= mentlich aufführt, er nennt ihn den „hohen, heiligen" Meister und seine „süße" Lehre einen „edlen Trank[4])," er ist ihm lebhaft dankbar für die von ihm empfangene innere „Beruhigung[5])," ja er ist von Eckarts Person so begeistert, daß er ihn auch noch als Verstorbenen in einer Vision sieht und von ihm Lehre empfängt[6]). In den Grundlagen der Mystik wurde wohl Suso durch Eckart erst recht befestigt, auch theilte er das eckart'sche Princip der Eini= gung mit Gott durch Selbstentwerdung; aber auf den Stand= punct des Pantheismus, von welchem aus Eckart überwiegend speculativ und logisch operirte, scheint Suso nie ganz eingegangen zu seyn, denn obwohl pantheistische Anklänge bei ihm vorkommen, so war doch im Wesentlichen seine Anschauung theistisch und für den, alles creatürlich Wirkliche verzehrenden, Panlogismus Eckarts war Suso zu poetisch. Es war also ohne Zweifel mehr das Practisch=Ascetische, was ihn in dieser Lehre anzog und darauf wendete sich nun auch seine ganze Energie.

Suso hatte sich ganz dem Dienste der himmlischen Liebe geweiht. Nun wußte er aber, „daß der Minne von altem Recht gehöre, zu leiden, daß es keinen rechten Werber der Liebe gebe,

---

1) Leben Suso's K. 54. S. 207. 2) Ebendas. S. 203.
3) Proben der Speculation Suso's findet man besonders in den letzten Kapiteln der Mittheilungen aus seinem Leben. Freilich ist seine Speculation durch und durch mit poetischen Elementen versetzt, oft überschwänglich und dunkel. Seine poetische Anschauung ergeht sich auch gern im Uebersinn= lichen, im empyreischen Himmel u. s. f. S. z. B. das Buch von der ewi= gen Weisheit Kap. 12. S. 293 ff.
4) Leben Suso's K. 35. S. 117 u. 118.
5) Ebendas. K. 23. S. 71.
6) Ebendas. K. 8. S. 21. Mit Eckart erscheint ihm zugleich der heil. Bruder Johannes der Fucrer von Straßburg.

er sey denn ein Leider, noch einen Minner, er sey denn ein Märtyrer[1]." Er trat also nun in die Schule der Leiden, und zwar legte er sich solche zuerst selbst auf, dann wurden ihm noch viel strengere von Gott aufgelegt. Vom 18ten bis zum 40sten Jahre[2]) lebte er in den härtesten Uebungen und Ka=steiungen des Leibes: trotz seines Natursinnes hielt er sich in der Abgeschiedenheit des Klosters, trotz seiner Mittheilsamkeit befliß er sich des vollkommenen Schweigens[3]), trotz seines frischen lebensvol=len Wesens legte er sich die schwersten, auf Mark und Blut ein=bringenden, Peinigungen auf[4]). Als hierdurch „alle seine Natur verwüstet war," und nichts mehr übrig blieb, als entweder zu sterben oder von solcher Uebung zu lassen, „ward ihm von Gott gezeigt, daß die Strengigkeit und alle (seine bisherigen) Weisen nichts anders gewesen, denn ein guter Anfang und ein Durchbre=chen seines ungebrochenen Menschen[5])." Er ließ also nun von der Selbstpeinigung ab und gönnte seinem Leib eine ordentliche, mä=ßige Pflege; aber nun sollte er erst in die höchste Schule eintreten und die Kunst vollkommener Gelassenheit seiner selbst lernen, d. h. einer solchen Entwordenheit, darin man, was Gott auch schicken mag, Alles zu Gottes Ehre freudig hinnimmt, wie es Christus that gegen seinen himmlischen Vater[6]). Hiermit begann für Suso die Zeit der geistlichen Ritterschaft[7]). Zum Zeichen derselben brachte ihm in einer Vision ein schöner Jüngling, der ihn in ein vernünftiges [übersinnliches] Land führte, Ritterschuhe und Rü=stung und sprach: „Wisse, du bist bisher Knecht gewesen: Gott will, daß du nun Ritter seyest." Diese Zeit der Ritterschaft Got=tes sollte ihm mehr „großen Gedränges" bringen, als alle berühm=ten Helden der alten Zeit ertragen; der Jüngling verkündete ihm: „Sieh über dich an den Himmel: magst du die Menge der Sterne zählen, so magst du auch deine Leiden zählen, die dir noch

---

1) Leben Suso's K. 4. S. 9.
2) Ebendas. K. 20. S. 57 u. 58.
3) Ebendas. K. 16. S. 40 u. 41.
4) Ebendas. K. 17—21. S. 41—58, wo alle einzelnen, bis aufs Aeu=ßerste ausgesonnenen Kasteiungen erzählt sind.
5) Ebendas. K. 20. S. 57. 58.
6) Ebendas. K. 21. S. 59.
7) Suso hatte, wie oben bemerkt, wahrscheinlich von seiner väterlichen Abstammung her, etwas Ritterliches in seinem Wesen. Er hat es viel mit Kämpfen, mit Waffen, mit Bildern aus dem Ritterleben zu thun. Hierher gehört wohl auch, daß sein gewöhnlichster Ausruf das Wort: Waffen! ist, z. B. „Er gedachte: Waffen! wie ist dieß so wahr!" K. 4. S. 10. „Die Tochter sprach: Waffen! Ich schwimme in der Gottheit, wie der Adler in der Luft!" K. 55. S. 217 und an vielen a. O. Bilder aus dem Ritterleben findet man außer K. 22. S. 61 ff. besonders K. 47. S. 180 ff.

künftig sind; und wie die Sterne klein scheinen und doch groß sind, also sind deine Leiden klein vor ungeübter Menschen Augen, aber nach eigener Empfindung werden sie dir groß werden zu tragen[1]." Es folgte also nun eine Reihe innerer Prüfungen: unrechte Einfälle vom Glauben, ungeordnete Traurigkeit, Zweifel an der eigenen Seligkeit, Treulosigkeit der Freunde, Haß und Widerwärtigkeit der Weltmenschen, vornehmlich Angriffe auf die Ehre und den guten Namen, Schmach und giftige Verleumdung[2]). Zuletzt begegnete ihm noch, daß er mußte Prälat (Prior seines Klosters) werden, um auch hierin die Ungunst der Menschen zu erfahren[3]). Alle Widerwärtigkeit jedoch betrachtete er nur als eine ihm von Gott geordnete sittliche Aufgabe; alle, auch die aller= schlimmsten, judasähnlichen Menschen waren ihm nur „Gottes Mitwirker, durch die er ausgewirkt werden sollte auf sein Be= stes[4]," und, nachdem er sich durch alle diese Leiden, während deren ihn Gott auch bisweilen ergötzte[5]), ritterlich hindurchge= kämpft und vollständig den Spruch gelernt, den ihm einst Christus im Bild eines Seraphs vorgehalten: „Empfahe Leiden williglich; trage Leiden geduldiglich; lerne Leiden christförmiglich[6])" — ward er endlich von Gott entbunden und gelangte „zu innerlichem Her= zensfrieden, zu stiller Ruhe und lichtreicher Gnade; Gott aber gab ihm zu erkennen, daß er durch diesen Niederschlag seiner selbst adlicher entsetzt und in Gott übersetzt worden, denn durch alle die mannichfaltigen Leiden, die er von Jugend auf bis an dieselbe Zeit je gewonnen hatte[7])."

Während dieser Zeit, obwohl er sich auch viel der Einsam= keit befleißigte und namentlich einmal zehn Jahre lang sich streng in sein Kloster verschloß[8]), war Suso unermüdet thätig, der ewi= gen Weisheit treue Liebhaber und Gott wahre Freunde zu gewin= nen. Er wirkte durch Wort und Schrift und ward bald als ein strenger **Prediger** und milder **Seelenführer** berühmt[9]). Umherwandernd in Schwaben, im Elsaß, bis in die Niederlande hinab[10]), nahm er sich überall der Schwachen, Sehnsuchtsvollen,

1) Leben Suso's K. 22. S. 61 ff.
2) Ebendas. K. 23 u. d. folg. S. 69 ff.
3) Ebendas. K. 46. S. 177 ff.
4) Ebendas. K. 40. S. 151.
5) Ebendas. K. 34. S. 109 ff.
6) Ebendas. K. 46. S. 176.
7) Ebendas. K. 40. S. 157.
8) Ebendas. K. 22. S. 67.
9) Ebendas. K. 36. S. 121. Ein Beispiel von der Vereinigung der Strenge gegen sich und der Milde gegen Andre in Suso's Wesen findet man in seinem Leben K. 37. S. 127.
10) z. B. nach Aachen, Leben S. K. 49. S. 183.

Verlorenen an, führte üppige Menschen zu Gott[1]), suchte von zeitlicher Minne zu ewiger zu ziehen[2]), tröstete Leidende und sammelte oder befestigte an vielen Orten stille Gemeinschaften von „Gottesfreunden"[3]) und „guten Kindern"[4]). Freilich gab er dadurch auch vielfachen Anstoß; manche Väter und Ehemänner wurden ihm bitter gram, weil er ihre Töchter und Frauen zu einem strengeren Leben, vielleicht selbst zu klösterlicher Weltentsagung brachte, und ein Ritter drohte ihm sogar den Tod, denn es war ihm gesagt worden[5]), Suso „hätte seine Tochter, wie auch viele andre Menschen verkehrt in ein besonderes Leben, das da heißt der Geist, und die in derselben Weise lebten, seyen geheißen die Geister und Geisterinnen, das allerverkehrteste Volk auf dem Erdreich." Im Ganzen aber überwog doch die treue Anhänglichkeit Einzelner, besonders weiblicher Seelen[6]), und die Verehrung, die er von Seiten des durch ihn reichlich erbauten Volkes genoß, weitaus die Schmach, die ihn traf. Er vereinigte ja in seinem Wesen die Eigenschaften, die jene Zeit als die höchsten achtete, das Schwungvolle und Liebliche des Dichters, das Männliche eines geistlichen Ritters und das Hingebende eines Heiligen und Märtyrers, und dieß Alles in der phantastischen, romantischen Weise, die gleichfalls im Character des Mittelalters lag; so konnte es ihm, besonders da seine Frömmigkeit wirklich einen so gesunden, kräftigen, fruchtreichen Kern hatte, an Liebe, Bewunderung und hingebender Treue nicht fehlen.

Als Prediger war Suso unter den Zeitgenossen ohne Zweifel höchst bedeutend. Der Eindruck seiner lebendigen Rede[7]) muß

---

1) Leben Suso's K. 39. S. 135 ff.

2) Ebendas. K. 42. S. 163 ff.

3) Er selbst sagt: „Der Armen getreuer Vater hieß ich; aller Gottesfreunde besonderer Freund war ich; alle Menschen, die je traurig oder beschwert zu mir kamen, die fanden je etwas Rathes, daß sie fröhlich und wohlgetröstet von mir schieden; denn mit den Weinenden weinte ich, mit den Trauernden trauerte ich, bis daß ich sie mütterlich wiederbrachte." Leben Suso's K. 31. S. 99.

4) Ebendas. K. 44. S. 171. K. 45. S. 172 ff.

5) Ebendas. K. 30. S. 96. 97.

6) Ebendas. K. 36. S. 121. K. 45. S. 172 ff.

7) Das ganz auf das Leben, den unmittelbar lebendigen Eindruck gerichtete Wesen Suso's spricht sich sehr schön und characteristisch auch in einer Stelle der Vorrede zur Schrift von der ewigen Weisheit Seite 242 u. 243 aus, welche zugleich zeigt, welchen Werth er auf das lebendige Wort, namentlich das deutsche, legte: „Ein Ding aber soll man wissen: als ungleich ist, der ein süßes Saitenspiel selber hört süßiglich erklingen, gegen dem, daß man allein davon hört sprechen, also ungleich sind die Worte, die aus einem lebendigen Herzen durch einen lebendigen Mund ausfließen, gen denselben Worten, so sie auf das todte Pergament kommen, und sonderlich in teutscher Zunge; denn so erkalten sie und verbleichen, wie

mächtig gewesen seyn: sie verband Tiefe mit anschaulicher, heiterer Klarheit, strengen Ernst mit lieblicher Milde, und war von jenem Feuer der Begeisterung durchglüht, welches unwillkürlich jeden Zuhörer ansteckt. Sein Angesicht strahlte, wenn er sprach: einst wollte ein Laie zu Köln gesehen haben, wie das Antlitz Suso's, da er predigte, „sich zu verwandeln begann in eine wonnigliche Klarheit und zu dreien Malen gleich der lichten Sonne ward, also daß er sich selber darin schaute [1]." Sein inneres Wesen aber war gleich einer Flamme, die Alles rings umher ergreift und auflöst, aber auch stets emporbringt, um gleichsam die Heimath eines reineren Daseyns zu suchen; er nahm alle Creaturen, die ganze Schöpfung in sein Herz auf, um sie hinauf zum Herzen Gottes zu tragen. Dieses Bewußtseyn drückt er selbst auf eine unvergleichliche Weise in einer Stelle aus, die wir hier zugleich als Beispiel der sinnigen und lieblichen, aber zugleich schwungvollen Art seines Vortrags anführen wollen, in der Deutung der kirchlichen Formel Sursum corda! Dreierlei Empfindungen, entweder einzeln oder zusammen, sagt er [2], hätten diese Worte stets in ihm erweckt; die erste: „Ich nahm vor meine inneren Augen mich selber nach Allem, das ich bin, mit Leib, Seele und allen meinen Kräften, und stellte um mich alle Creatur, die Gott je schuf im Himmelreich, im Erdreich und allen Elementen, ein jegliches sonderlich mit Namen, es wären Vögel der Luft, Thiere des Waldes, Fische des Wassers, Laub und Gras des Erdreichs und das unzählige Gries in dem Meer, und dazu all das kleine Gestäube, das in der Sonne Glanz scheinet, und alle die Wassertröpflein, die von Thau, von Schnee oder Regen je fielen oder immer fallen, und wünschte, daß deren ein jegliches hätte ein süß-aufbringendes Saitenspiel, wohlgeraiset [wohlbereitet] aus meines Herzens innerstem Safte, und also aufklingend ein neues hochgemuthes Lob brächte dem geminnten zarten Gott von Ende zu Ende. Und dann in einer begierlichen Weise zerdehnten und zerbreiteten sich die minnereichen Arme der Seele gen der unsäglichen Zahl

---

die abgebrochenen Rosen ... Es klang nie eine Saite so süß, der sie richtet auf ein dürres Scheit, sie verstummet. Eine freudenreiche Zunge kann ein unfreudenreiches Herz so wenig verstehen, als ein Teutscher einen Wahlen (Wälschen)." Die Sprache Suso's selbst ist neben den Eigenschaften, die wir oben angegeben, hie und da auch witzig und spielend. Als Beispiel hiervon kann folgende Stelle in dem Buche von der ewigen Weisheit K. 9, S. 285 gelten: „Alldieweil Lieb bei Lieb ist, so weiß Lieb nicht, wie lieb Lieb ist; wenn aber Lieb von Lieb scheidet, so empfindet erst Lieb, wie lieb Lieb war."

[1] Leben Suso's K. 48. S. 183.
[2] Ebendas. K. 11. S. 27 u. 28.

aller Creaturen, und war meine Meinung, sie alle fruchtbar darin zu machen, recht so wie ein freier wohlgemuther Vorsänger die singenden Gesellen reizet, fröhlich zu singen und ihre Herzen zu Gott aufzubieten: Sursum corda!" Ebenso schließt er auch zum zweiten in sein Herz die Herzen aller Menschen, die noch von vergänglicher Liebe gefesselt sind, und ruft ihnen zu: „Wohlauf, ihr gefangenen Herzen, aus den engen Banden zergänglicher Minne! Wohlauf, ihr schlafenden Herzen, aus dem Tode der Sünden! Wohlauf, ihr üppigen Herzen, aus der Lauigkeit eures trägen, hinlässigen Lebens! Hebet euch auf mit einem ganzen ledigen Kehr hin zu dem minniglichen Gott! Sursum corda!" Gleicherweise umfaßt er zum dritten alle gutwilligen Herzen, die aber noch verirrt gehen in sich selber und zwischen Gott und Crea- tur schwanken, und ermahnt sie, sich selbst mit einschließend, zu einem kühnen Darantwagen ihrer selbst und „einem ganzen Abkehr von sich und allen Creaturen[1]." Durchdrungen von diesem — man darf wohl sagen — im tiefsten', freiesten Sinne priester- lichen Bewußtseyn sprach und wirkte Suso, und es konnte nicht fehlen, daß er auf diese Weise wirklich viele Gemüther ent- zündete und zu einer aus innerlichem Grunde hervorquellenden Frömmigkeit führte, die weit über die gewöhnliche kirchliche hin- ausging.

Das Einzelne der Thätigkeit Suso's und die Zeit seiner ver- schiedenen Aufenthaltsorte kennen wir nicht genau. Die längere Zeit seines Lebens scheint er, unterbrochen durch Wanderungen nach Straßburg, Köln, Aachen und andern Orten, im Domini- kanerkloster zu Constanz zugebracht zu haben, wo er für seine stillen Betrachtungen eine eigene, mit Bildern nach eigener An- gabe ausgeschmückte heimliche Kapelle[2] hatte; später finden wir ihn in einem Kloster seines Ordens zu Ulm; hier starb er auch am 25sten Januar 1365[3]), einige sechzig Jahre alt und wurde im Kreuzgange des Klosters begraben.

---

1) Sehr schön hat dieses Sursum corda Herber benutzt in einem ungemein lieblichen, das Wesen Suso's trefflich zusammenfassenden Gedichte: Die ewige Weisheit. Werke zur schönen Lit. u. Kunst, B. 3.

2) Siehe oben S. 170. Anm. 3.

3) So Murer und Echard, welche zugleich Beide das Geburtsjahr Suso's auf 1300 setzen. Nicht minder *Miraeus* Auctar. ad Trithem. cap. 432. p. 80: Henr. Suso . . . obiit Ulmae anno millesimo tre- centesimo sexagesimo quinto. Andere dagegen, namentlich Dubinus (T. III. p. 1067) setzen das Todesjahr bedeutend später, um's Jahr 1385, und lassen Suso noch im J. 1369 das Horologium divinae Sapientiae abfassen.

Die Lehre Suso's[1]), die zum Theil schon in der bisherigen Schilderung enthalten ist, bewegt sich, wie alle Mystik, vorzugsweise in den Begriffen von Gott, Mensch und der Einigung beider. Sie wird von Suso selbst aufs kürzeste zusammengefaßt in den Worten[2]): „Ein gelassener Mensch muß entbildet werden von der Creatur, gebildet mit Christo, und überbildet in die Gottheit." Im Einzelnen aber können wir sie in folgenden Hauptpuncten aussprechen. Das Eigenthümlichste Gottes liegt darin, daß er Wesen ist[3]) aber nicht ein einzelnes, getheiltes Wesen, das noch vermischt wäre mit Nichtwesen oder Anderheit, nicht ein Wesen, das noch werden soll, oder die Möglichkeit hätte, etwas zu empfangen, sondern das reine, einfältige, ungetheilte, „allige" Wesen[4]). Dieses lautere einfältige Wesen ist die oberste Ursache aller sächlichen Wesen und umschließt alle zeitliche Gewordenheit als Anfang und Ende; es ist in allen Dingen und außer allen Dingen, so daß man sagen kann: Gott ist ein zirkeliger Ring (ein Kreis), dessen Mittelpunct allenthalben, dessen Umschwank (Peripherie) nirgends ist[5]). Je einfacher nun ein Wesen, desto reicher ist es an kräftiger Vermögenheit; das nichts hat, gibt nichts; das viel hat, mag viel geben. Gott, der die Fülle des Wesens, das vollkommene Gut in sich hat, muß sich seiner Natur nach mittheilen, sich aus sich selbst entgießen[6]). Die erste, vollständige, persönliche, Entgießung Gottes ist der Sohn; in ihn entgießet sich der Vater, und er hinwiederum in den Vater und die hieraus sich entwickelnde „wiederbiegige" Liebe ist der h. Geist[7]). Dies ist die ewige, vollkommene Mittheilung Gottes, die zeitliche und endliche ist die Schöpfung. In ihr steht der Mensch oben an; er ist einerseits als geschaffenes Wesen auch endlich und vergänglich, aber zugleich hat ihn der oberste, überwesentliche Geist geadelt, daß er mit seiner ewigen Gottheit in ihn hineinleuchtete: das ist das Bild Gottes in dem vernünftigen Gemüthe, das auch ewig ist[8]). Nun gibt es Menschen, die kehren sich von diesem vernünftigen Adel, verderben das leuchtende Bild, wenden sich zur leiblichen Lust der Welt. Sie wähnen Freude zu besitzen, finden aber nur Unruhe und der Tod macht all' ihrer Lust ein Ende[9]). Dagegen ein vernünftiger Mensch kehret sich von dem lichten Fünklein der Seele

---

1) Vergl. darüber Görres in der Einleitung zu Diepenbrock's Ausgabe von Suso S. 127 ff.
2) Leben S. K. 53. S. 203.
3) Ebend. K. 54. S. 207. bes. K. 55. S. 213.
4) Ebend. K. 213.　　　　5) Ebend. S. 215.
6) Ebend. S. 215.　　　　7) Ebend. S. 217 ff.
8) Ebend. K. 57. S. 231.　　9) Ebend. S. 232.

gibt allen Creaturen Abschied und hält sich allein zur ewigen Wahrheit. Ein Vorbild dafür ist Christus, der im Fleisch erschienene Gottessohn; sein „spiegeliges"[1] Leben zeigt uns die vollkommenste Selbstverleugnung, Gelassenheit, Entwordenheit seiner selbst, Eingeflossenheit in Gott. Was er ursprünglich und beständig ist, sollen wir werden. Dieß geschieht aber in gewisser Ordnung[2]. Das Erste ist: daß man sich von der Welt Lust und Sünde zu Gott bekehre mit emsigem Gebet, Abgeschiedenheit, tugendlichen Uebungen, um den Leib dem Geiste unterthänig zu machen; das Zweite, daß man sich willig darbiete, alle Widerwärtigkeit zu leiden, die Gott oder der Creatur gefallen mag; das Dritte, daß man Christi bitteres Leiden, süße Lehre, sanften Wandel und lauteres Leben in sich bilde, daß Christus in uns lebe und wir mit ihm zu Gott hineindringen[3]. Darnach setzt sich der Mensch, indem er alles Aeußere aufgibt, in eine Stillheit des Gemüthes, als ob er sich selber todt wäre, und entschlägt sich der äußeren Sinne, die vorher allzu wirklich waren, der Geist kommt in ein Entsinken seiner obersten Kräfte, und bringt dagegen, indem er seine Natürlichkeit verliert, in die ewige Gottheit[4]. So steht der, zu geistreicher Vollkommenheit erhobene, Mensch gefreiet durch den Sohn in dem Sohne; er ist über Zeit und Stätte, und in minnereicher inniger Schauung in Gott vergangen[5]. Dieses höchste Ziel der Gotteseinheit wahrhaft entwordener, gelassener, christförmiger Menschen wird von Suso in dichterischer Ueberschwänglichkeit auch so geschildert, daß er sie ganz in das Göttliche aufgehen und Gott zu ihnen sprechen läßt[6]: „Ich will sie also inniglich durchküssen und also minniglich umfahen, daß Ich sie und sie Ich, und wir allesammt ein einiges Eins immerewiglich bleiben sollen." Doch ist dieß nicht so pantheistisch gemeint, als es klingt, denn wie Suso überall einen persönlichen Gott hat und ein göttliches Du von dem menschlichen Ich unterscheidet, so hält er auch noch ausdrücklich in dem vollkommenen Entwerden des Ichs den Unterschied von Gott fest. „Denn — dieß sind seine merkwürdigen Worte[7] — des Geistes Vernichtigkeit und Vergangenheit in die Gottheit, und aller Adel und Voll-

1) Leben Suso's K. 50. S. 186.
2) „In rechter Ordenhafte," wie Suso sagt. Leben S. K. 57. S. 232.
3) Ebendas. S. 232. 233.
4) Ebendas. S. 233, womit zu vergleichen K. 56. S. 228: „Das Sterben des Geistes liegt darin, daß er in seiner Vergangenheit [Versenkung in Gott] nicht Unterschiedes wahrnimmt an der eigentlichen Wesenheit."
5) Ebendas. K. 57. S. 233.
6) Ebendas. K. 34. S. 110.
7) Ebendas. K. 52. S. 195.

keit und Vergangenheit in die Gottheit, und aller Adel und Voll=
kommenheit iſt nicht zu nehmen nach Verwandlung ſeiner
ſelbſt Geſchaffenheit in das, daß er Gott ſey, und es nur
der Menſch nach ſeiner Grobheit nicht erkenne, oder daß
er Gott werde und ſeine eigene Weſenheit zu nichte werde; ſon=
dern es liegt an der Entgehung und Verachtung ſeiner ſelbſt: der
Geiſt vergeht ſich ordentlich, Gott iſt ihm alle Dinge und
alle Dinge ſind ihm gleichſam Gott worden; denn ihm antwor=
ten alle Dinge in der Weiſe, wie ſie in Gott ſind, und bleibt
doch ein jeglich Ding was es iſt in ſeiner natürli=
chen Weſenheit; was eine ungeübte Vernünftigkeit nach die=
ſem wahren Unterſchied nicht will in ihr wüſtes Gemerk kommen
laſſen." Und in einer andern Stelle [1]): „In dieſer Entſunkenheit
vergehet der Geiſt, und doch nicht gänzlich. Er gewinnt wohl
etliche Eigenſchaft der Gottheit, aber er wird doch nicht na=
türlich Gott; was ihm geſchieht, daß geſchieht ihm von Gna=
den, denn er iſt ein Icht [ein Etwas, eine Perſönlichkeit], ge=
ſchaffen aus Nicht [Nichts], das ewiglich bleibet [ewig ge=
ſonderte Dauer der menſchlichen Perſönlichkeit].

Wenn Suſo einerſeits durch ſeine Phantaſie ganz in das
ſymboliſche Weſen, in das geſtalten= und bilderreiche Leben der
katholiſchen Kirche verſchlungen und ihr kindlich ergeben war, ſo
iſt er doch andererſeits zugleich reformatoriſch; einmal indirect,
indem er durch ſeine Myſtik unter den Laien Erregungen hervor=
brachte und Gemeinſchaften von Gottesfreunden ſtiftete, die un=
vermeidlich zu einer gewiſſen Ablöſung von der Kirche und ihrer,
alles Geiſtige vermittelnden, Leitung führen mußten; dann aber
auch direct, indem er die herrſchenden Perſonen in der Kirche
und die Verdorbenheit aller Stände, beſonders in religiöſer Be=
ziehung, herzhaft angriff.

In dem merkwürdigen Buche „von den neuen Felſen," das
entweder dem Suſo ſelbſt, oder jedenfalls dieſem myſtiſchen Kreiſe
angehört, findet ſich ein eigener Abſchnitt [2]), der ſtarke Anklagen
wider die höchſten und geringſten kirchlichen Perſonen enthält, und
aus dem wir hier nur einiges Wenige hervorheben. Den Päpſten
wirft der Verfaſſer vor, daß das Licht rechter Ordnung in ihnen
erloſchen ſey, daß ihnen das Ihre und die Ihrigen mehr am
Herzen liege als die Ehre Gottes und die Chriſtenheit. Die Car=
dinäle klagt er an, daß ſie, verblendet von Geiz und Hoffart,

---

1) Leben Suſo's K. 56. S. 227.
2) Kap. 5—23. S. 513—537 bei Diepenbrock.

nur darauf sinnen, ihre Verwandten zu erheben, und daß jeder, während sonst eine demüthige Scheu geherrscht, den päpstlichen Stuhl zu besteigen, Alles aufbiete, zur höchsten Würde in der Kirche zu gelangen. Die Bischöfe und Aebte treffen die nämlichen Anklagen, die ersteren aber insbesondere noch der Vorwurf gottvergessener Vernachlässigung der Lehre und Seelsorge. An den Lehrern tadelt er, daß ihrer nicht viele seyen, die ihr Leben für Gott und die Wahrheit wagen würden, so wenige, daß es nicht gut wäre, wenn man es wüßte. Die Klosterleute schilt er wegen ihres Ungehorsams, ihrer Ueppigkeit und Unkeuschheit; die weltlichen Pfaffen wegen ihres Prassens, ihrer unpfäff= lichen Kleidertracht, ihres Strebens nach Gütern, Würden und Ehren. Von ihnen insbesondere sagt er [1]) sehr characteristisch Fol= gendes: „Aller göttliche Ernst ist in ihnen vergangen und ver= gessen; und dazu ist in ihnen von allem dem so wenig inwendiges Empfinden, als ob es sie nicht anginge; denn sie denken nicht daran, sondern denken nur auf große Kirchengült, wie sie deren viel gewinnen, und wie sie große Kunst erlangen, daß sie Schein, Ehre und Gut gewinnen unter Geistlichen und Weltlichen. Dar= auf geht ihre Meinung vielmehr, denn daß sie gewahr werden und schmecken Gottes und seiner inwendigen Gnade ... Derer, die nach Gottes Gnade verlangen, sind recht wenige; und gingen dieselben allzumal aus der Zeit, so müßte die Christenheit zuhand ein Ende haben." In derselben Weise züchtigt er auch andre Gemeinschaften und Stände, die Beguinen und Begharden, die Ritter und Edelleute, die Bürger und Bauern, so daß uns aus Allem das Ergebniß entgegentritt, wie er gleich Ruysbroek seine Zeit für tief und allgemein verdorben und eine christliche Umgestaltung für bringendes Bedürfniß hielt.

Zweites Hauptstück.
Die gemüthliche Mystik. Johann Tauler.

Wenn schon bei Suso vorzugsweise die Tendenz auf das Volk hervortritt und seine Wirksamkeit auf eine sehr freie, zum Theil außerkirchliche, Weise unter den Laien sich bewegt, so finden

---

1) Kap. 12, S. 521 u. 522.

wir dieses volksthümliche Element noch stärker bei Tauler. Er wird sogar von einem Laien erst recht bekehrt und vollständig auf den Weg eines innerlichen, erleuchteten christlichen Lebens und Wirkens gebracht, und erst von da an gelingt es ihm, den großen Einfluß als Prediger zu üben, durch den er so berühmt geworden ist. Zugleich ist auch bei ihm das Reformatorische noch stärker ausgeprägt, indem er sich förmlich in Opposition stellt mit Verfügungen des Oberhauptes der Kirche, ja mit einem der wich= tigsten hierarchischen Institute, dem Bann und Interdict, und selbst in diesem Sinne das Volk bearbeitet. Es lag dieß in der Natur der Sache. Die Phantasie, von welcher Suso vorzugs= weise beherrscht war, ist beweglich und kann sich verschiedenen Formen, wenn nur etwas Sinnvolles oder Großartiges darin ist, anschmiegen; das Gemüth dagegen, welches wir in Tauler als die bestimmende Kraft erkennen, ist gerade das Gleichbleibende, der feste, stetige Mittelpunct des inneren Lebens, und wenn ein Widerwille und Kampf von da ausgeht, so ist er viel entschie= dener, stärker und nachhaltiger.

Johann Tauler [1]), von dem wir noch weniger Einzelnes und chronologisch Bestimmtes wissen, als von Suso, lebte als Dominikaner zu Köln [2]) und Straßburg, den beiden Hauptsitzen der deutschen Mystik. Es ist möglich, daß er in seiner Jugend zu Köln auch den Meister Eckart kennen lernte und hörte; doch finden wir davon in seinen Schriften keine sicheren Spuren; seine Denkweise ist anderer Art als die eckart'sche, es ist nicht die Mystik der Speculation, sondern die des Gemüthes; sie setzt nicht den Menschen mit pantheistischer Kühnheit als unmittelbar identisch mit dem göttlichen Wesen, sondern unterwirft ihn Gott und seiner Führung in kindlich hingebender Frömmigkeit. Tauler war in der ersten, längeren Hälfte seines Lebens nicht der mystischen,

---

1) Die Hauptquelle für die Kenntniß von Taulers Lebensgang ist die von einem befreundeten Laien [nach andern Angaben von Tauler selbst] verfaßte: Historie und Leben des ehrwürdigen Doctors Joh. Tauler, mehrfach abgedruckt. Außerdem siehe: *Quétif* et *Echard* Scriptor. Ord· Praed. T. I. p. 677. *Miraeus* Auctar. ad Trithem. c. 457. p. 83. [Tritheim selbst erwähnt Tauler nicht.] *Fabricius* Bibl. med. et inf. Lat. IV, 151. Arnold Kirch. u. Ketzerhist. III, 664. *Oberlin* Dissert. de Joh. Tauleri dictione vernac. et myst. Argent. 1756. *Bayle* Dict. s. v. Tauler. Jördens Lexik. deutscher Dichter u. Pros. B. 5. S. 1. Schröckh K. Gesch. XXXIII, 484. Weiteres ist noch nachgewiesen in der Einleitung zu der Ausgabe von Taulers Predigten, Frankf. 1826. Th. 1. S. 1 ff. Eine erschöpfende Monographie über Tauler steht zu erwarten von Prof. K. Schmidt in Straßburg.

2) Miräus a. a. O. bezeichnet Tauler als Coloniensis, womit er ohne Zweifel den Geburtsort angeben will. Auch Specklin in den unten anzuführenden Collectaneen nennt Tauler „bürtig von Cöllen."

sondern der scholastischen Theologie ergeben. Diese scheint er in Köln, im Sinne seines Ordens, d. h. als Thomist studirt zu haben. Wohl mag auch von frühe an, wie denn in der Scholastik selbst, ja überhaupt in der ganzen Zeit ein mystisches Element lag, die Mystik Einfluß auf ihn geübt haben[1]), aber zum voll= ständigen Mystiker und mystisch wirksamen Prediger wurde er erst ungefähr im 50sten Jahre seines Lebens[2]). Die Umwandlung, die mit ihm vorging, ist für uns merkwürdig. Tauler, „in seiner Natur ein süßer, sanftmüthiger, gutherziger Mann"[3]), hatte als Theologe ein „gutes Verständniß in der Schrift," sowie in der Schulweisheit, und war schon als Prediger gesucht und bewundert, aber er ermangelte noch des Lichts der Gnade, des rechten inner= lichen Verständnisses, des vollkommen selbstverleugnenden Lebens in Gott[4]). Da kam aus der Ferne ein Laie, „ein gnadenreicher Mann," um ihn predigen zu hören. Zwölf Wochen hörte er den Meister, dann bat er ihn, in einer Predigt vollständig zu zeigen, wie der Mensch am nächsten und höchsten zu Gott kommen möge[5]). Tauler hielt die Predigt und entwickelte in schulmäßiger Kunst seine Meinung[6]). Der Laie war dadurch wenig befriedigt. Er gestand Tauler zu, daß er „ein großer Pfaffe sey und eine gute Lehre gethan," aber er warf ihm zugleich vor, daß er noch mehr im Buchstaben, als im Geist stehe, daß er den edlen Wein seiner Lehre mit Hefen mische, daß er selbst nicht ganz nach seiner Lehre lebe, sondern noch zu den Creaturen, „sonderlich zu einer Crea= tur" geneigt, in Summa, daß er, wenn auch nicht der falschen Pharisäer einer, doch ein Pharisäus sey[7]). Tauler erkannte sich in dem vorgehaltenen Spiegel, ging in sich und versprach, sich gründlich zu bessern. Er ließ seine „Sinnlichkeit und Vernunft= betrachtungen" fahren, zog sich zurück, predigte nicht mehr und lebte ganz nach dem Rathe des Laien[8]); sein ganzes Streben richtete sich darauf, eine grundlose, demüthige Gelassenheit in

1) Dieß finden wir z. B. auch in der Predigt, die er noch vor seiner eigentlichen Bekehrung hielt. S. unten Anm. 6.
2) Hist. u. Leben Taulers K. 5 in der Frankf. Ausg. der Predigten Th. 1. S. 16.
3) Historie u. Leben K. 1. S. 1.
4) Ebendas. S. 1.
5) Ebendas. S. 2.
6) Die Predigt ist mitgetheilt in der Hist. K. 2. S. 2—6. Sie ent= hält auch mystische Lehre, aber von sehr künstlicher und zusammengesetzter Art, während Taulers spätere Mystik sich durch Einfachheit auszeichnet. So verlangt er z. B. in der Predigt, daß der Mensch komme über „vierzig Beschauungen," und daß der erleuchtete Mensch „vier und zwanzig Stücke" an sich haben soll (S. 3), welche (S. 4—6) aufgezählt werden.
7) Historie u. Leben K. 3. S. 6—9.
8) Ebendas. K. 5. S. 15.

allen Dingen zu erlangen und dem wahren Bilde unseres
Herrn Jesu Christi nachzufolgen[1]). Ohne daß er über=
triebene Uebungen anstellte, ward er doch durch die neue Rich=
tung seinen Umgebungen auffallend: Klosterbrüder und Freunde
mißachteten ihn, die Beichtkinder verließen ihn, er verfiel in
Schwachheit und Trauer[2]). Desto mehr freute sich seiner der
fromme Laie, der ihm verhieß, er werde nun erst die Schrift in
ihrer Einheit aus dem Lichte des h. Geistes verstehen und das
ewige Leben recht wirksam verkündigen. Nachdem er zwei Jahre
in solchen inneren Uebungen und Kämpfen, wiewohl mit er=
mäßigter Ascese[3]), zugebracht, trat er auf Ermunterung seines
geistlichen Vaters wieder als Prediger auf[4]). Das erste Mal
war er so tief bewegt, daß er vor Weinen nicht sprechen konnte[5]).
Dieß gab noch größeren Anstoß. Der zweite Versuch aber, dem
ein Vortrag im Kloster=Convent vorangegangen, hatte, da nun
Taulers Seele vollständig durchläutert war, den besten Erfolg.
Tauler erklärte, nicht mehr, wie bisher, vor dem Volke Latein
anführen, sondern in einfältiger deutscher Rede die Wege zeigen
zu wollen, „die leider gar wüste geworden und gar sehr verfallen
seyen[6]).“ Seine Rede über den von den Mystikern viel behan=
delten Text: „Sehet der Bräutigam kommt, gehet aus ihm ent=
gegen,“ machte tiefen Eindruck; ein Zuhörer brach in die Worte
aus: „Es ist wahr!“ und stürzte wie todt zur Erde[7]); auch an=
dere verfielen in denselben Zustand[8]). Von da an nahm der
Meister an Weisheit, sowie an Ruf in Stadt und Land der=
gestalt zu[9]), daß er in geistlichen und weltlichen Dingen von
Vielen um Rath gefragt und sein Rath überall durch Gehorsam
geehrt ward[10]). Es war höchst wahrscheinlich nach dieser Bekeh=
rung zur Mystik, daß Tauler eine Wanderung zu Ruysbroek
nach Grünthal machte. Dieser Besuch, wie er bei Tauler schon
eine innere Neigung zu Ruysbroeks Richtung voraussetzt, diente
ohne Zweifel auch dazu, ihn in dieser Richtung zu bestärken[11]).
Tauler war ein besserer Scholastiker als Ruysbroek; aber dieser,
weil von Jugend auf darin geübt, war jenem an Kraft und Tiefe

---

1) Historie u. Leben K. 7. S. 21.
2) Ebendas. K. 8. S. 22 ff.   3) Ebendas. K. 8. S. 23.
4) Ebendas. K. 9. S. 24 ff.   5) Ebendas. S. 27.
6) Ebendas. K. 10. S. 28—34.   7) Ebendas. S. 32.
8) Ebendas. K. 11. S. 34. 35.
9) Die Zeitgenossen gaben ihm den Ehrennamen: Theologus sublimis
et illuminatus.
10) Hist. u. Leben K. 14. S. 42—45.
11) Vergl. Arnolds Ausgabe v. Ruysbroeks Schriften, Offenb. 1701,
in dem voranstehenden Leben Ruysbroeks K. 8 u. 11. S. 8—12.

des beſchaulichen Lebens überlegen. Doch müſſen wir auch unſerm
Tauler den Vorzug zugeſtehen, daß er, indem er minder aſcetiſch
und überſchwänglich iſt in ſeiner Myſtik, denn Ruysbroek, einen
durchdringenderen ſittlichen Geiſt bewährt, als dieſer, und in der
Darſtellung ſich klarer, anmuthiger, einfacher und volksmäßiger
zeigt [1]). — Noch acht Jahre [2]) nach ſeiner Umwandlung wirkte
Tauler als einflußreicher Prediger; in der letzten Zeit in Straßburg, wo er, gern gehört auch vom Biſchof Bechtolf und unterſtützt von geiſtesverwandten Männern, Ludolf dem Karthäuſer
und Thomas dem Auguſtiner [3]), viele Gleichgeſinnte ſammelte und
im J. 1361 [4]) nach 20wöchentlichem Krankenlager ſtarb.

Die Lehre Taulers, die dadurch ſo tief in die Gemüther
drang, daß ſie in ungetheilter Macht vom Gemüth ausging, iſt
in mehreren Tractaten, vornehmlich aber in ſeinen Predigten aus-
geſprochen. Dieſe Predigten [5]), nicht blümelnd, aber gleich
einer Wieſe voll friſcher, duftiger Blumen, reich an inneren An-
ſchauungen und vielfachen Beiſpielen aus dem Leben, voll freundlicher, lieblicher, inniger, tiefer Worte, durch welche Tauler der
vornehmſte Urheber der myſtiſchen Sprache [6]) unter den Deutſchen
geworden iſt, enthalten in mannichfaltigem Wechſel der Form folgende Hauptſätze [7]): Der Menſch, die Creatur, unmittelbar aus
Gott, dem Einen kommend, will auch wieder nach ihrem Vermögen in das ungetheilte Eins zurückkehren; der Ausfluß ſtrebt wieder zum Einfluß, und nur, wenn alle Dinge im Menſchen ganz
eins in und mit Gott worden, iſt völliger Friede, gänzliche Ruhe.
Die Mittel hierzu ſind, daß der Menſch über Sinne und Sinnlichkeit, über leibliche und natürliche Kräfte, über alle Begehrung,

1) Hievon etwas abweichend das Urtheil von de Wette, Sittenl. II,
2. S. 236, der zwar zugibt, daß die Myſtik Taulers ſehr tief, innig und
ſpeculativ ſey, ihr aber den Gehalt abſpricht, weil ſie, faſt nur negativ, bei der
Verleugnung des Irdiſchen und Endlichen ſtehen bleibe und dagegen das
Poſitive, das Weſenhafte und Göttliche vernachläſſige.
    2) Hiſt. u. Leben K. 14. S. 42.
    3) Vergl. Görres Auszüge aus einer Schrift Specklins in der Ein-
leitung zu Diepenbrocks Ausg. von Suſo, S. XXXIX.
    4) Dieß zeigt ſeine noch vorhandene Grabſchrift. S. Jacob von Kö-
nigshofen Elſaſſ. u. Straßburg. Chronik mit Joh. Schilters Anhange,
Straßburg 1698. 4. S. 1119.
    5) Sehr häufig abgedruckt; neuerlich in die jetzige Schriftſprache (doch
mit Beibehaltung der alterthümlichen Färbung) übertragen, Frankf. a. M.
1826. 3 Th. 8.
    6) Ueber Taulers Sprache ſehe man die Diſſertation von Oberlin
de Johannis Tauleri dictione vernacula et mystica. Argent. 1786. 4.
    7) Einen Ueberblick über Taulers Lehre findet man in de Wette's
chriſtl. Sittenlehre II, 2. S. 220 ff. Die von mir gegebene kurze Zuſammenſtellung iſt aus mehreren der bedeutendſten Predigten Taulers entnommen.

über alles Bild und Bildliche hinausgehe, daß er Gott, frei von
allem Creatürlichen, innerlichst und unmittelbar suche, Geist mit
Geist, Herz zu Herz. Das göttliche, vollkommene Leben kann
uns nur werden, wenn wir uns selbst entwerden, absterben; aber
dieß geschieht nicht durch Kräfte der Natur, sondern der Gnade
und durch die Vermittelung Christi. Was Gott von Natur hat,
soll der Mensch durch Gnade erlangen. Dazu ist ihm das Vor=
bild Christi gegeben; wie dieser vom Vater ausgegangen und zu
ihm zurückgekehrt, so ist es die Bestimmung jedes Menschen; wie
Christus leiblich gestorben und auferstanden, so muß jeder geistlich
sterben und erstehen, um ganz in und mit Gott zu leben. Das
Bild Christi aber, das dem Gemüth eingeprägt werden soll, ist
nicht das creatürliche und sinnliche, sondern das abelige, göttliche,
vernünftige des Sohnes Gottes, des Gottmenschen; wo dieses ist,
da ist man nie ohne Gott, und wo Gott ist, da ist er ganz. Ein
Mensch, der dieses Bild in sich hat, legt sich ganz in den gött=
lichen Willen, er läßt sich ganz Gott, er steht in grundloser Ge=
lassenheit, Demuth, Liebe und genießt hierin vollkommene Selig=
keit. So hat Tauler, wenn auch nicht zuerst, doch mit besonde=
rem Nachdruck und Erfolg, die wichtige Lehre von der Nach=
folge Christi[1], von der Aneignung des armen, in thätiger
Liebe aufgehenden, Lebens Christi, als ein wesentliches Glied in
den Kreis der Mystik eingeführt, und ihr dadurch einen reichen
practischen Gehalt gesichert, wie sie ihn bei Ruysbroek noch
nicht hatte.

An die Lehre von der Nachfolge Christi schließt sich aber zu=
gleich ein weiterer Grundgedanke Taulers, der von der wahren
evangelischen Armuth, an[2], wie ihm denn auch das Leben
Christi vorzugsweise als das „arme" Gegenstand der Nachbildung
ist. Unter Armuth versteht Tauler nicht bloß die in die Sinne
fallende Entäußerung von allem irdischen Besitz, sondern die innere
Ablösung, die Abgeschiedenheit der Seele von allen Dingen, so
daß sie an nichts und nichts an ihr haftet, die volle innere Frei=
heit — „ein frei Vermögen, ein lauter Wirken[3]." In diesem
Sinn ist, wie Christus, so Gott selbst das Urbild der Armuth
und die wahre Armuth „eine Gleichheit Gottes." Zwar liegt es

---

1) Er hat darüber bekanntlich auch eine eigene Schrift verfaßt: Von
der Nachfolgung des armen Lebens Christi, vielfach herausge=
geben, neuerlich Frankfurt a. M. 1833.
2) Ausgeführt in der eben genannten Schrift von der Nachfolge Christi
Auszug bei de Wette Sittenl. II, 2. S. 221 ff.
3) Ein Begriff, den die meisten Bettelmönche in ihrer Aeußerlichkei
nicht auf sich anwenden konnten und der vielleicht nach dieser Seite hin
auch eine polemische Beziehung hat.

in der Natur der Sache, daß auch der Mensch, wie alle Dinge, an etwas hafte, sich an etwas halte; aber dieses soll nicht etwas seyn, was unter ihm ist, sondern nur das, was über alle Dinge erhaben ist, Gott. Das ist der oberste Adel der Armuth, daß sie nur dem Alleroberften anhaftet, das Niedere aber läffet, sofern es nur möglich ist. Daher soll der Mensch arm seyn am Er= kennen in Bildern, die er durch die Sinne einziehet, arm an Gnaden und Tugenden, insofern dieselben creatürlich sind. Crea= türlich aber ist die Tugend in den Werken und wenn sie zufällig und mannichfaltig ist; dagegen ist sie göttlich, wenn sie aus der lauteren Meinung stammt, wenn sie im Wesen und in der Einig= keit ist, denn der lautere arme Mensch hat alle Tugend in der einfältigen Liebe, und so besteht die Tugend auch wohl mit der Armuth. Diese Armuth ist ledig aller Dinge, frei und edel. von niemand bezwungen und darum Gott gleich, denn Gott ist ein frei Vermögen. Daß aber die Freiheit eines Menschen zu Gott geordnet sey, erkennet man daraus, daß sie entspringet aus wahrer Demüthigkeit und endet in Demüthigkeit und Geduld, in alle Tugenden und in Gott, während ungeordnete Freiheit entspringet aus Hoffart und endet in Hoffart, in Zorn und andre Untugen= den. Ebenso ist auch die Armuth, wie Gott, ein lauter Wirken. Wirken heißt: aus nichts etwas, oder aus einem ein anderes, oder eines besser machen, denn es zuvor war, oder auch eins, das ist, zu nichte machen. Wie nun Gott, selbst unbeweglich, alle Dinge bewegt, so ist auch die Armuth in sich selbst ein stillstehend Wesen, welches, unbeweglich, mit Gott alle Dinge bewegt. Zu= sammengelegt aus Zeit und Ewigkeit, ist der Mensch mit seinen obersten, in die Ewigkeit erhobenen Kräften unbeweglich, und zu= gleich beweget er die niederen Kräfte nach der Zeit. Das Wirken des Menschen aber ist dreifach: natürlich Werk. Gnadenwerk, göttlich Werk. Das erste — denn die Natur ist an sich, ohne die Sünde, nicht böse, sondern edel, wenn man ihr nur recht thut — soll den Menschen machen lauter, das andre wirket lauter, das dritte ist lauter. Dieses letztere begreift Alles in sich, was aus der Liebe kommt, denn der göttliche Geist ist der Geist der Liebe und was aus der Liebe kommt, das kommt aus Gott. Ein Geist mit Gott wird der Mensch dadurch, daß er Christo nachgehet, wie dieser uns vorgegangen: denn Christus ist eines mit Gott und zugleich das Ziel aller Menschen. Ist ein recht armer Mensch durchgeführt durch Leben, Leiden und Werke Christi, so ist er Ein Geist mit Gott; der Geist spricht in ihm, nicht in Bildern und Formen, sondern mit Leben, Licht und Wahrheit. Das göttliche Licht gebiert den Willen und macht ihn fruchtbar

in allen Tugenden, und diese Geburt ist wesentlich und vollkom=
men: der Mensch wird neu eingeboren in Gott und gelangt zu
seinem ersten Adel, indem er mit Gott geschaffen wird in Heilig=
keit und Gerechtigkeit; er wird aber auch neu ausgeboren, indem
all sein äußerlicher Mensch verändert wird in eine neue Weise, die
gottförmig ist, und wie er seine Glieder zuvor hat geboten zur
Ueppigkeit, so beut er sie nun Gott zu dienen in Heiligkeit und
Gerechtigkeit.

——————

Wenn Tauler bei seinem contemplativen Wesen, doch zu=
gleich durch seinen sittlichen Geist, durch die Innigkeit und liebliche
Kraft seiner herzentquollenen Rede tief auf das Volk wirkte, so ist
aus dem sittlichen und innerlichen Character seiner Frömmigkeit,
aus dem Gemüthe, das in seiner Mystik lebte und aus seiner treuen
Theilnahme an dem verwahrlosten Volke zugleich die kirchliche
Opposition zu erklären, in der wir ihn finden[1]). Zwar im
Dogma hielt er, der Dominikaner und ehemalige Scholastiker,
sich, wie es scheint, ganz in den Schranken der Kirche. Aber in
Sachen des kirchlichen Lebens schlug sein Liebeseifer für das Volk
zugleich in Zorneseifer gegen dessen falsche Führer um.   Er
sprach sich streng dawider aus[2]), daß man das arme, unwissende
Volk unschuldig im Bann sterben lasse, stellte Trostschriften zu
diesem Zwecke aus, und ermahnte, den Leuten vor ihrem Ende
die Sacramente zu reichen.   Darüber kam er selbst in den Bann
nebst den oben genannten Ludolf und Thomas.   Der Papst verbot
ihre Bücher und befahl dem Bischof Johann von Straßburg, die=
selben zu verbrennen.   Allein die muthigen Männer schrieben nur
desto eifriger[3]), und „brachtens auch dahin, daß die Leut fröhlich
sturben, und den Bann nit hoch mehr fürchteten, deren sunst viel
Tausende zuvor ohne Beicht in großer Verzweiflung gestorben
sind[4]).“   Zugleich ließen sie eine Schrift unter die Geistlichen
und Gelehrten ausgehen des wichtigen Inhaltes[5]): es seyen
zweierlei Schwerter, ein geistliches, das Wort Gottes, und

——————

1) Flacius ermangelt auch nicht, Tauler'n unter die Testes veritatis zu stellen. Catal. Lib. XVIII. T. II. p. 773.
2) S. die interessanten Auszüge aus den, auf der Straßburger Biblio=
thek handschriftlich befindlichen, Collectaneen Specklins (aus der Zeit
Karls V.), mitgetheilt von Görres in der Einleitung zu Diepenbrods
Ausg. von Suso S. XXXIX—XLIII.
3) In einer seiner Predigten freilich (Pred. 131. Th. 1. S. 141.)
spricht Tauler in kirchlich gehorsamem Sinne vom Bann. Er will nicht
gern „ein Ketzer heißen, auch nicht in Bann gethan seyn.“
4) Specklins Collectaneen a. a. O. S. XLI.
5) An dems. Ort.

ein weltliches, die von Gott eingesetzte Obrigkeit; keines hätte mit
dem andern zu thun; beide, weil von Gott stammend, könnten
nicht wider einander seyn, aber das geistliche habe die Obrigkeit
zu vertheidigen, und das weltliche habe die Frommen, die Gottes
Wort predigten, zu schirmen; sündige ein weltliches Haupt, so ge=
bühre dem Geistlichen, den Sünder in Demuth zurechtzuweisen,
nicht aber ihn zu verdammen, und noch weniger unter den Ver=
gehungen der Großen das arme Volk leiden zu lassen. „Oberkeit,"
sagten sie[1], „ist ein Stand von Gott, dem man in weltlichen
Sachen soll gehorsamen, auch die Geistlichen; es sey wer es wolle.
Der Kaiser ist die höchste Oberkeit, darum ist man ime vor Allem
Gehorsam schuldig; regiert er nit recht, muß er Gott Rechenschaft
darum geben, und nit den armen Menschen . . . Derohalben
Alle, die den wahren, christlichen Glauben halten, und allein an
der Person des Papstes sündigen, sind keine Ketzer,
sundern die sind Ketzer, die auf Abmahnen halstärrig wider Gottes
Wort handeln und sich nit bessern wollen." Zwar gebot nun
Karl IV. in Verbindung mit dem Bischof von Straßburg und
päpstlichen Commissarien, daß Tauler und seine Genossen sich
solcher Schriften mäßigen und das Ausgegangene bei dem Bann
unterdrücken sollten; „aber," sagt der Berichterstatter, „sie fuhren
fort und machtens noch besser; hiemit war alles recht und zog
jeder heim[2]."

Einen Mann wie Tauler brauchte unser Luther nur zu
kennen, um ihn auch zu lieben; nicht um seiner zuletzt berührten
Opposition willen, von der Luther vielleicht gar nichts wußte,
sondern um seiner kernhaften deutsch denkenden und deutsch reden=
den christlichen Frömmigkeit willen, an der Luther sich mit inniger
Verehrung heranbildete, ehe er selbst an irgend eine Art von
Opposition dachte. Luther nennt Tauler'n einen „Mann Gottes,"
er ermahnt seinen Freund Joh. Lange[3], „daß er sich an seinen
Tauler halten möge," und schreibt an Spalatin[4]: „Wenn es
dich ergötzt, eine solide, der alten vollkommen ähnliche Theologie
in deutscher Zunge kennen zu lernen, so schaffe dir Johann Tau=
lers Predigten an, denn weder in lateinischer, noch in unserer
Sprache habe ich je eine gesundere und mit dem Evangelium
mehr übereinstimmende Theologie gesehen. Schmecke und siehe,
wie freundlich der Herr ist, wenn du zuerst geschmeckt und gesehen,
wie bitter alles das ist, was wir selbst sind." Diesem Urtheile

---

1) Spedlins Collectaneen a. a. O. S. XLII.
2) Ebendas. S. XLIII.
3) Brief vom 5. Oct. 1516. Th. 1. S. 34 bei de Wette.
4) Brief vom 14. Decemb. 1516. Th. 1. S. 46.

schließt sich auch Melanchthon an; er sagt[1]): „Unter den
Neueren ist Tauler leicht der Erste. Doch höre ich, daß es
einige Sophisten gibt, welche dieses hochberühmten Mannes durch=
aus christliche Lehre zu verachten wagen." Bei den Letzteren
dachte Melanchthon wohl besonders an Joh. Eck, der, schon aus
Widerspruch gegen Luther, Tauler'n herabsetzte[2]). Indeß fand
der treffliche Mystiker auch in der katholischen Kirche hohe und
geistvolle Verehrer, unter denen wir nur Bossuet, Bona, Petrucci
und du Pin nennen[3]). Alles beweist, wie bedeutend Tauler
in der nächsten Folgezeit bastand, das Urtheil Luthers aber ins=
besondere, welchen Einfluß der fromme Mystiker auf ihn hatte,
um in seinem innersten Herzen den Grund zu der christlichen Ge=
sinnung zu legen, ohne die er nicht hätte ein so wirksamer Um=
bildner der Kirche werden können[4]).

Ganz dasselbe finden wir nun auch, nur von einer etwas
andern Seite her, bei der sogenannten „deutschen Theologie."

Drittes Hauptstück.
Die speculative Mystik. Deutsche Theologie.

Was die bisherige deutsche Mystik phantasievoll und poetisch
ausgebildet, und dem Volke in kindlicher, gemüthvoller Rede nahe
gelegt hatte, das faßte in einem schon weiter vorgeschrittenen
Zeitalter der unbekannte, aber tiefsinnige Verfasser des Schrift=
chens, welches den Titel „deutsche Theologie" führt[5]), mehr

---

1) S. Praefat. edit. Francof.
2) *Miraei* Auctar. ad Trith. p. 84: Hunc virum, ut suspectum
circa fidem, contempsit Johannes Eckius.
3) *Weismanni* Hist. eccl. I, 1132.
4) Spener (Pia Desid. p. 140) sagt: „Die deutsche Theologie und
Tauleri Schriften, aus welchen nächst der Schrift unser theure Lutherus
worden, was er gewesen ist."
5) Luther sagt in seiner Vorrede zur Ausgabe der deutschen Theo=
logie von 1516: Der Verfasser derselben sey ein deutscher Herr, ein
Priester und Custos in der deutschen Herren Haus zu Frankfurt ge=
wesen. Flaccius (Theatr. Anonymor. et Pseudon. Cap. XI. p.
441—451 vergl. Schröckh K. Gesch. XXXIV, 72.) hat weiter nachzu=
weisen gesucht, derselbe habe Eblanb oder Eblend geheißen. Außerdem
ist man auf Tauler verfallen, der jedoch älter (*Flaccius* Catal. Test.
verit. Lib. XIX. T. II. p. 858.) und von dessen ganzer Art die des
Buches sehr verschieden ist, und auf einen sonst unbekannten Mann, den

speculativ zusammen, um daraus der Scholastik gegenüber noch bestimmter eine eigene allgemein faßliche, aber biblisch und innerlich wohlbegründete Gotteslehre[1] zu bilden.

Die deutsche Theologie geht aus von dem philosophisch wichtigen, durchgreifenden Unterschiede zwischen dem Vollkommenen und Getheilten[2]. Das Vollkommene ist ein Wesen, das in sich Alles begriffen und beschlossen hat, ohne das und außerhalb dem kein wahres Wesen ist, das, selbst unwandelbar und unbeweglich, alle andern Dinge verwandelt und bewegt. Das Getheilte oder Unvollkommene ist das, was aus diesem Vollkommenen den Ursprung hat oder wird, was wie ein Glanz von der Sonne ausfließet, mit einem Worte die Creatur. Beides ist wesentlich unterschieden: das Getheilte ist begreiflich und aussprechlich, das Vollkommene unbegreiflich und unaussprechlich. Da nun aber der Apostel sagt: wenn das Vollkommene kommt, so verschmähet man das Unvollkommene, und das Vollkommene, welches nicht eines der wahrnehmbaren getheilten Dinge ist, nur kommen kann, insofern es in der Seele erkannt und empfunden wird, so frägt sich: wie kann dasselbe erkannt werden, da es unbegreiflich ist? Hierauf antwortet der Verfasser: es ist unbegreiflich für die Creatur als Creatur; die Creatur nach ihrer Geschaffenheit, Ichheit und Selbstheit vermag es nicht zu erkennen. Daraus folgt aber, daß die Creatur, um zur Erkenntniß des Vollkommenen zu gelangen, ihre Creatürlichkeit, Geschaffenheit, Ichheit, Selbstheit ablegen, vernichten muß. Thut sie dieß, so gelangt sie zu dem Vollkommenen, ja sie ist schon in demselben, denn, obwohl außerhalb dem Vollkommenen, hat sie doch, weil von ihm ausgeflossen, ihr wahres Wesen nur in ihm, für sich selbst aber ist sie nur wie ein Zufall oder Schein, der sein eigentliches Wesen bloß in dem Lichte hat, von dem er ausgeht[3]. Erkennet sich die Creatur in dem unwandelbaren Gut und als eins mit ihm, lebt und

---

Arzt Gratalorus, Beides ohne genügende Gründe. Vergl. *Waldau* Thesaur. bio- et bibliogr. Pag. 291—303. *Mich. Neander* Erotem. gr. ling. Praef. p. 311. *Possevini* Apparat. sacer, T. III, p. 287. Arnold K. u. Ketzer-Hist. I, 400. IV, 78—81. Ausgaben des Buches außer der Luther'schen, die auch 1519 zu Straßburg wiederholt wurde: von Joh. Arnd 1631, von Grell Berl. 1817, von Krüger Lemgo 1822, von Troxler St. Gallen 1837, und andere. Latein. Uebersetzung von Castellio (unter dem Namen Joh. Theophilus) Basel 1557.

1) Kurze Zusammenfassungen derselben geben: de Wette Sittenl. II, 2. S. 248 und Rosenkranz die deutsche Mystik, zur Geschichte der deutschen Lit. Königsb. 1836. S. 37. In den Hauptpuncten auch schon J. Arnd in der Vorrede zur deutschen Theologie.

2) Kap. 1. Ausg. von Grell S. 1—3.

3) Kap. 1. S. 2.

anbelt sie in dieser Erkenntniß, so ist sie selbst gut und voll=
ommen, kehrt sie sich dagegen von demselben ab[1]), so ist sie
öse; alle Sünde besteht darin, daß man sich von dem höchsten
Gut, dem Vollkommenen abkehrt und sich seiner selbst annimmt
und vermeint, daß man selbst etwas sey, aus sich selbst irgend
in Gut, Wesen, Leben, Erkennen oder Vermögen .habe. Dieß
hat der Teufel und dadurch allein ist er gefallen: dieß Annehmen,
daß er auch etwas wäre und etwas sein gehöre, sein Ich und sein
Mich und sein Mir und sein Mein, das war sein Abkehren und
ein Fall. Auf dieselbe Weise ist auch Adam gefallen[2]). Nicht
daß er den Apfel aß, war die .Ursache, sondern sein Annehmen,
ein Ich, Mein, Mir, Mich. Hätte er sieben Aepfel gegessen und
s wäre dieses Annehmen nicht gewesen, er wäre nicht gefallen;
durch das Annehmen aber mußte er fallen auch ohne Apfelbiß.
So auch jeder Mensch, in dem sich das Nämliche hundertmal
wiederholt. Wie soll nun diese Abkehr, der allgemeine Fall ge=
bessert werden? Dadurch, daß der Mensch herausgeht aus der
Ichheit, Selbstheit [creatürlichen Isolirung] und eingeht in Gott.
Dazu gehören aber zwei, Gott und der Mensch[3]): der Mensch
vermag es nicht ohne Gott, Gott vermochte es nicht ohne den
Menschen; darum mußte Gott menschliche Natur annehmen, ver=
menscht werden, damit der Mensch vergottet würde. Dieses, ein=
mal und auf die vollkommenste Weise geschehen in Christo, soll
sich, indem jeder durch Gnade wird, was Christus von Natur
war[4]), in jedem Menschen wiederholen, es soll sich auch in mir
wiederholen, denn wenn Gott in allen Menschen vermenscht und
alle in ihm vergottet würden, es geschähe aber nicht in mir, so
wäre mein Fall nicht gebessert. So wird durch Christus wieder=
hergestellt, was durch Adam verloren gegangen[5]); durch Adam
kam die Ichheit und mit ihr der Ungehorsam, alles Böse und
Verderbliche, durch Christus, indem sein reines, göttliches Leben
auf die Menschen übergeht, kommt die Vernichtung der Ichheit,
der Gehorsam und die Vereinigung mit Gott, darin aber alles
Gute, Friede, Himmel und Seligkeit.

Dieß ist der Grundgedanke der deutschen Theologie. Sehen
wir zu, wie ihn der kindlich=tiefsinnige Verfasser im Einzelnen
ausführt. Es kommt nach seiner Ueberzeugung freilich Alles auf
das Erkennen an, denn nur insofern das Vollkommene, das
höchste Gut erkannt, innerlich wahrgenommen wird, ist es für
uns vorhanden; aber das Erkennen ist dem deutschen Theologen

---

1) Kap. 2. Ausg. von Grell S. 3.
2) Kap. 3. S. 3 u. 4.   3) Ebendas. S. 4.
4) Kap. 14. S. 20.   5) Kap. 13. S. 16.

nicht ein bloß logischer Proceß, sondern ein Erkennen der Liebe, des Glaubens, der Erfahrung. Er kann vorerst Erkenntniß und Liebe nicht scheiden. Freilich sagt er auf der einen Seite [1]): eine jegliche Liebe muß von einem Licht oder Erkenntniß gelehret und geleitet werden; das wahre Licht macht wahre Liebe und das falsche Licht macht falsche Liebe; denn was das Licht für das Beste hat, das gibt es der Liebe für das Beste dar und spricht, sie solle es lieb haben, und die Liebe folget ihm und thut sein Gebot. Aber auf der andern Seite spricht er ebenso bestimmt [2]): man soll wissen, daß Licht oder Erkenntniß nichts ist oder tauge ohne Liebe; ob ein Mensch auch wohl weiß, was Tugend ist, hat er sie nicht lieb, so wird er nicht tugendsam; meinet [liebet] er aber Tugend, so folget er ihr nach, und die Liebe machet, daß er der Untugend feind wird. Ein bloßes Erkennen auch der höchsten Objecte ohne Liebe derselben ist dem deutschen Theologen ein falsches Licht, das nur zu selbstischem Hochmuth führt; denn [3]) dem natürlichen falschen Licht gehört besonders zu, daß es gern viel wüßte und daß es Erkennen für das Beste und Edelste hält; darum lehret es die Liebe, sie solle das Erkennen und Wissen lieb haben für das Beste und Edelste. Sieh, allda wird das Erkennen und Wissen mehr geliebt, denn das erkannt wird. Und es steigt oder klimmet also hoch [4]), daß es wähnet, es erkenne Gott und lautre einfältige Wahrheit, aber es liebt in ihm nur sich selber. Denn, da es wahr ist, daß Gott von nichts erkannt wird, denn von Gott, so wähnet es auch in dem Wahne Gott zu erkennen, es sey Gott und gibt sich für Gott dar und will dafür gehalten seyn; es will über alle Dinge hinauskommen, auch über Christum und Christus Leben und wird ihm Alles ein Spott. Dieses Wissen nur um des Wissens willen ohne Liebe des Gegenstandes gehört der Natur zu, denn Natur als Natur hat nichts lieb als sich selber [5]). Gleicherweise ist auch das Wissen göttlicher Dinge in gewissen Schranken zu halten, es darf nicht einbringen wollen in den heimlichen Rath und Willen Gottes [6]), es ist untrennbar von Glauben und Erfahrung. Wer wissen will, ehe denn er glaubt, kommt nimmer zu wahrem Wissen [7]). Zwar die Artikel des Christenglaubens glaubt jeder Christenmensch, der gute und der böse, und soll sie glauben, auch wenn er nichts

---

1) Kap. 40. Ausg. von Grell S. 63.
2) Kap. 39. S. 60.   3) Kap. 40. S. 63.
4) Ebendas. S. 64.   5) Ebendas. S. 65.
6) „Wer gern wollte wissen, warum Gott dies oder das thue oder lasse und dergleichen, der begehret anders nicht, denn als Adam und der Teufel.“ Kap. 48. S. 77.
7) Kap. 46. S. 75.

davon zu wissen bekommt, aber von der Wahrheit was da mög=
lich ist zu wissen, muß man vorher glauben, ehe denn man es
wisse, und diesen Glauben meint Christus [1]). Das Göttliche,
Vollkommene behält immer etwas Unaussprechliches; der es nicht
hat, kann es nicht sagen und der es hat und weiß, kann es auch
nicht sagen; aber wer es wissen will, der warte, daß er es
werde [2]).

Es gibt eine Erkenntniß aus Büchern, von Lesen und Hö=
rensagen; aber das ist nicht wahres Wissen, sondern bloß [äußer=
liches] Glauben [3]). Und zum lebendigen Wissen zu gelangen, muß
der Mensch in sich selbst zurückgehen [4]). Denn, wiewohl es gut
ist, daß man frägt, erfährt und erkennt, was gute und heilige
Menschen gethan und gelitten, was Gott durch sie gewirkt und
gewollt habe, so ist es doch hundert Mal besser, daß der Mensch
erfährt und erkennt, was und wie sein eigen Leben ist, was Gott
in ihm ist, will und wirkt, wozu ihn Gott nützen will oder nicht.
Soll der Mensch selig seyn oder werden, so will und muß das
Eine allein in der Seele seyn [5]). Dieses Eine ist gut, aber nicht
dieß oder jenes Gut, sondern Alles und über Alles. Dieses aber
darf nicht erst in die Seele kommen, sondern es ist von Stund an
darin; nur ist es unerkannt; wenn man also sagt, es soll in die
Seele kommen, so ist das so viel: man soll es suchen, empfinden,
schmecken. Für dieses Wahrnehmen und Ergreifen des einen höchsten
Gutes hat auch die Seele ein eigenthümliches Organ. Sie besitzt
die Kraft das Ewige zu schauen in der Vernunft und die Kraft
es zu ergreifen im Willen [6]). Was das theoretische Vermögen
angeht, so hat die Seele zwei Augen [7]): das eine ist die Mög=
lichkeit, zu sehen in die Ewigkeit, das andere, zu sehen in die
Zeit, in die Creaturen und ihren Unterschied; diese zwei Augen
können aber nicht miteinander ihr Werk üben [8]), sondern soll die
Seele mit dem rechten Auge in die Ewigkeit sehen, so muß das
linke sich verhalten, als ob es todt wäre, und soll das linke sein
Werk üben in der Auswendigkeit, so muß das rechte gehindert
werden an seiner Beschauung. Seine Richtung aber auf das
Ewige erhält das dafür bestimmte Seelenauge, die Vernunft, durch
den Willen, und beide, Vernunft und Wille sind untrennbar,
bilden ein lebendiges Ganze [9]). Das Alleredelste und Lustigste,
sagt die deutsche Theologie [10]), das in allen Creaturen ist, das ist

---

1) Kap. 46. Ausg. von Grell S. 75.
2) Kap. 19. S. 25.　　　　3) Kap. 40. S. 64 u. 65.
4) Kap. 9. S. 10 u. 11.　　5) Ebendas. S. 11.
6) Kap. 48. S. 78.　　　　7) Kap. 7. S. 8 u. 9.
8) Ebendas. S. 9.　　9) Kap. 48. S. 78.　　10) Ebendaselbst.

Erkenntniß oder Vernunft und Wille; und diese zwei sind mit einander, wo das eine ist, da ist auch das andre; und wären diese zwei nicht, so wäre auch keine vernünftige Creatur, sondern allein Vieh und Viehlichkeit: das wäre ein groß Gebrechen und Gott möchte sich des Seinen nindert bekommen und seiner Eigen=schaft in wirklicher Weise, das doch seyn soll und gehört zur Voll=kommenheit. Der ewige Wille, der in Gott ist, ist ohne Werke und Wirklichkeit[1]); in den Menschen aber ist der Wille wirklich und wollend. Er muß daher, damit er wirke, sein eigen Werk haben, und, damit er wolle, frei seyn. Unter aller Freiheit, spricht unser Theologe[2]), ist nichts so frei als der Wille; wer den eigen macht und läßt ihn nicht an seiner Freiheit und in seinem freien Adel und in seiner freien Art, der thut unrecht; wer ihn aber in seiner edlen Freiheit läßt, der thut recht. Unfrei wird der Wille, wenn er geeignet wird, sey es an das eigene Selbst oder an irgend eine Creatur; frei bleibt er, wenn er ledig von dem Ich und von aller Creatur, in Gott und der Wahrheit steht; die Unfreiheit bringt Ungenüge, Sorge, Unfriede, Unglück in Zeit und Ewigkeit, die Freiheit Genüge, Friede, Ruhe, Seligkeit in Zeit und Ewigkeit. Die wahre Freiheit aber, die, von der Chri=stus spricht: die Wahrheit soll euch frei machen, und: welchen der Sohn frei macht, der ist wahrlich frei, hat ihren Grund in Gott, dem höchsten Gut, und in der Einigung mit ihm.

Dieß führt uns auf Gott und das Verhältniß des Menschen zu ihm.

Die deutsche Theologie unterscheidet, wie andre Mystiker, Gott und Gottheit, und wieder Gott an und für sich und Gott in der Menschwerdung[3]). Die Gottheit ist das gött=liche Wesen in seiner abstracten Allgemeinheit; Gott das sich in sich selbst offenbarende und persönlich unterscheidende; Gott als Mensch das nach außen wirkende Göttliche. Gott als Gottheit, heißt es[4]), gehöret nicht zu weder Wille, noch Wissen oder Offen=baren, noch dies oder das, das man denken oder sprechen mag. Aber Gott als Gott gehört zu, daß er sich selber ausspreche, be=kenne und liebe, und sich selber in ihm selber offenbare, aber dieß Alles noch in Gott als ein Wesen, nicht als ein Wirken, dieweil es ohne Creatur ist, und in diesem Offenbaren wird der persön=liche Unterschied. Aber da Gott als Gott Mensch ist und lebt in einem vergotteten Menschen, gehört ihm etwas zu, daß sein eigen und in ihm selber ohne Creatur ursprünglich und wesentlich ist,

---

1) Kap. 49. Ausg. von Orell S. 78 u. 79.
2) Kap. 50. S. 81.   3) Kap. 29. S. 42.   4) Ebendaselbst.

und Gott will dasselbe geübt haben; denn es ist darum, daß es gewirket und geübt werde; was sollte es auch anders? Wäre es müssig, so wäre es zu nichts nütze, und man könnte ohne Werk und Wirklichkeit nicht sagen, was Gott wäre.

Die beiden Hauptbestimmungen, welche die deutsche Theologie aus dem Begriff des Vollkommenen ableitet und von Gott aufstellt, sind, daß er das allumfassende Wesen[1]) und daß er das höchste Gut sey[2]), und beide fallen wieder in eins zusammen[3]), denn alles wahrhaft Seyende ist als solches gut, und alles Gute ist wesentlich und wahrhaft seyend. Das Vollkommene ist nicht dies oder das[4]), hie oder da, heute oder morgen, sondern es ist allwegen und allzeit, über alle Ende und Stätte, überhaupt über Alles und selbst Alles und Alle. Wäre Gott etwas, dies oder das, so wäre er nicht All und über Alle, als er ist, und so wäre er nicht die wahre Vollkommenheit. Was ist und nicht Eins ist, das ist nicht Gott[5]), und was ist und nicht Alles ist und über Alles, das ist auch nicht Gott; so müssen wir also in Wahrheit sagen[6]): Alles ist Eins und Eins ist Alles in Gott. Ebenso müssen wir auch in Gott, als dem Vollkommenen, das höchste, ewige Gut erkennen. Was ist, sagt die deutsche Theologie[7]), das Gottes ist und ihm zugehört? Es ist Alles, das man von Recht und mit Wahrheit gut heißt und nennen mag. Sieh, wenn man sich also in den Creaturen zum Besten hält, das man erkennen mag und dabei bleibt und nicht hinter sich gehet, so kommt man zu einem Besseren und aber zu einem noch Besseren, also lang, daß der Mensch erkennt und schmeckt, daß das ewige, Eine Vollkommene ohne Maaß und ohne Zahl über alles geschaffene Gut ist.

Aus diesen Grundbegriffen folgt alles Uebrige. Ist Gott das allumfassende Wesen, das Eine und Alle, so haben auch alle Dinge ihr wahres Seyn und Wesen nur in Gott, ja sie sind wesentlicher in Gott, denn in ihnen selbst[8]); und darum sind sie auch, insofern sie sind, gut und gottgefällig: Alles, das da ist, heißt es, das ist gut in dem, als es ist; der Teufel ist gut in dem, als er ist; in dem Sinne ist nichts bös oder ungut[9]).

1) „Gott ist aller Wesenden Wesen und aller Lebendigen Leben." Kap. 34. S. 49.
2) Kap. 55. S. 88.
3) Kap. 42. S. 70: „Alle Wesen sind wesentlich eins in dem vollkommenen Wesen, und alle Gut Ein Gut in dem Einen und nichts mag seyn ohne das Eine."
4) Kap. 30. S. 43.   5) Kap. 44. S. 73.
6) Kap. 44. S. 74.   7) Kap. 55. S. 88.
8) Kap. 45. S. 74.
9) Ebendas. Vergl. Kap. 34. S. 49: „Daß der Teufel oder Mensch ist, lebt und desgleichen, das ist alles gut und Gottes."

Und auf die Frage: was ist das Paradies? wird die Antwort gegeben [1]): das ist Alles, das da ist; denn Alles, das da ist, das ist gut und lustig und ist auch Gott lustig, und darum ist es und heißt wohl ein Paradies. Daraus folgt aber zugleich, daß, was außerhalb Gott ist, sein wahres Seyn und Wesen verliert und der Nichtigkeit anheimfällt, und daß die vernünftigen Creaturen nach der höheren Seite ihres Wesens, weil das Vollkommene bloß zu denen kommt, die es erkennen und empfinden, nur in Gott seyn können, insofern sie ihn innerlich ergreifen und in ihm leben. Hier tritt also als nothwendige Ergänzung der Begriff des höch= sten Gutes und, in Beziehung auf das vernünftige Geschöpf, zu dem bloßen Seyn die Forderung der Erkenntniß und Empfin= dung, vor Allem der Liebe hinzu. Das Beste soll auch das Liebste seyn, und folgt man demselben nach, so soll das ewige, einige Gut über Alle und allein liebgehabt werden [2]). In diesem Sinne liebt Gott zunächst sich selber, aber nicht sich selber als sich selber, sondern als das eine, wahre, vollkommene Gut [3]), denn auch in der göttlichen Liebe und gerade in ihr als der höchsten ist weder Ich, noch Mein, Mir, Du, Dein und dergleichen, sondern das Licht erkennt und weiß ein Gut, das alle Gut und über alle Gut ist, und darum liebt es dasselbe. Spräche man zur Liebe [4]): was hast du lieb? sie spräche: ich habe Gut lieb. Warum? sie spräche: darum, daß es gut ist und um Gut. So ist es auch recht und wohlgethan, und wäre ich [etwas] Besseres, dann Gott, das müßte geliebt werden vor Gott. Darum hat sich Gott selber nicht lieb als sich selber, sondern als Gut. Und wäre oder wüßte Gott icht Bessers dann Gott, das hätte er lieb und nicht sich selber. Also gar ist Ichheit und Selbheit von Gott geschieden und gehöret ihm nichts zu, sondern soviel sein noth ist zu der Persönlichkeit [5]). In demselben Sinne sollen auch die vernünf= tigen Geschöpfe Gott lieben, ihn als das höchste Gut und Gut um Gut willen [6]), denn die irgend etwas Anderes bei der Liebe im Auge haben, sind nicht wahre Lieber, sondern Lohner, und können die Seligkeit der reinen Gottesliebe nicht erfahren [7]).

---

1) Kap. 47. S. 76.   2) Kap. 30. S. 44.
3) Kap. 41. S. 66.   4) Kap. 30. S. 44.
5) Kap. 30. S. 45.   6) Kap. 37. S. 53. 54.
7) „Ein Liebhaber," sagt der deutsche Theologe Kap. 37. S. 54, „ist besser und Gott lieber, denn hunderttausend Lohner." Dasselbe, was von der Liebe zu Gott gilt, gilt auch von Christus und seinem Leben: „Wer Christus Leben darum thut, daß er damit etwas überkomme oder verdiene, der hat es als ein Lohner und nicht von Liebe und hat sein auch zumal nicht." Kap. 36. S. 52.

So ist also die Bestimmung des Menschen, daß er, der schon von Natur vermöge des Seyns in Gott ist, zugleich mit Erkenntniß, Empfindung und Liebe in Gott sey und zwar so, daß er in dieser Gottesliebe, nach dem Vorbilde Gottes selbst, alle Ich= heit und Selbheit abstreift und Gott liebt um Gottes willen, weil er das höchste Gut und darum das Liebenswürdigste ist [1]). Verhält sich der Mensch so, so ist er gut und selig und trägt den Himmel in sich. Löset er sich dagegen, obwohl dem Seyn nach, wie selbst der Teufel [2]), in Gott beharrend, in seinem Bewußt= seyn und seiner Liebe von Gott ab und geht in sein Ich, so ist er böse und trägt die Hölle in sich [3]). Denn die Abkehr von Gott und das Annehmen des Ich ist die Sünde, und die Sünde ist das Einzige, was die Creatur von Gott trennt [4]), aber auch nothwendig trennen muß. Der Begriff der Sünde wird mehr= fach in der deutschen Theologie entwickelt [5]). Der Verfasser geht dabei von dem Satze aus: kein Ding ist gut, denn so viel es in Gott oder mit Gott ist; nun sind zwar alle Dinge in Gott, denn er ist aller Wesenden Wesen und aller Lebendigen Leben [6]), aber diejenigen Creaturen, die einen Willen haben, können sich durch diesen Willen außer Gott setzen und das eigene Ich zum Mittelpunct ihres Daseyns machen und das ist Sünde [7]). Dieß drückt der Verfasser verschieden aus: Sünde ist, daß die Creatur anders will, denn Gott und wider Gott [8]), daß sie sich abkehret vom Schöpfer [9]), daß sie ohne Gott ist — denn wer ohne Gott ist, der ist auch wider Gott [10]) — daß sie sich zum Un= gehorsam, zu Adam, zur Natur, zur Ichheit, Selbheit, Eigen= willigkeit wendet: denn, wo man spricht von Adam und Unge= horsam und von einem alten Menschen, Ichheit, Eigenwillen, Selbwilligkeit, Ich, Mein, Natur, falschem Licht, Teufel: das ist Alles gleich und Eins, das ist Alles wider Gott und ohne Gott und Sünde [11]). So lange nun der Mensch in Adam, in der bloßen Natur ist, ist er ohne Gott und eben darum auch wider Gott. Wer aber wider Gott ist, der ist todt vor Gott. In

---

1) Kap. 30. S. 44.
2) Kap. 34. S. 49. K. 45. S. 74.
3) Kap. 47. S. 76.
4) Kap. 41. S. 67. K. 34. S. 49.
5) Hauptstellen: Kap. 2. S. 3. K. 14. S. 19. K. 34. S. 49 u. 50. K. 41. S. 69. K. 42. S. 70. K. 45. S. 74.
6) Kap. 34. S. 49.   7) Ebendaselbst.
8) Ebendaselbst.   9) Kap. 14. S. 19.
10) Kap. 22. S. 70.
11) Kap. 41. S. 69. Vergl. K. 34. S. 50. K. 20. S. 27: „Ichheit und Selbheit, das gehöret alles dem Teufel zu, und deßhalb ist er ein Teufel."

diesem Sinne lehrt dann die deutsche Theologie[1]), daß der Mensch, als Adamskind, von ihm selber und von dem Seinen nichts ist, noch vermag oder hat[2]), denn allein Untugend und Bosheit, und daraus folgt, daß er, um aus dem Stand des Ungehorsams in den des Gehorsams und in Gott eingepflanzt zu werden, von Gott belebt werden müsse und der göttlichen Gnade bedürfe. Doch wirkt die göttliche Gnade nicht zwangsweise, sondern in Freiheit[3]), denn es ist Gottes Eigenschaft, daß er niemand zwingt mit Gewalt, sondern läßt jeglichem Menschen thun und lassen nach seinem Willen, es sey gut oder böse, und die Wiederherstellung geschieht durch gottgeordnete Mittel und in einer bestimmten Ordnung[4]).

Die allgemeine Anforderung an den Menschen ist: Bis [sey] lauterlich und gänzlich ohne dich selbst, so gelangst du zu Gott[5]). Der Weg, auf dem dieß geschieht, geht durch die Stufen der **Reinigung, Erleuchtung und Vereinigung**[6]). Das Hauptmittel ist die **Aneignung** des reinen, heiligen und göttlichen **Lebens Christi**.

Es liegt in der Natur des Menschen, daß er sein Bestes suche und Gott will ihm auch dazu helfen, daß er es finde[7]); aber so lange der Mensch das Beste sucht als sein eigenes und mit eigenem Willen, kann er nicht dazu gelangen, sondern entfernt sich immer weiter von Gott und dem wahren Gut: wer seine Seele d. i. sich selber lieb hat und behalten will, wer sich und das Seine in den Dingen sucht, der wird die Seele verlieren. Des Menschen Bestes ist vielmehr, daß er weder sich noch das Seine suche und meine[8]): das lehret und redet Gott; und wer da will, daß ihm Gott helfe zu dem Besten, der folge Gottes Rede und Gebot, so wird und ist ihm geholfen und anders nicht. Die Lehre und die Kraft Gottes wird uns aber vornehmlich vorgehalten in dem **Leben Christi**[9]): in ihm ist die Sünde, das Ich, der Eigenwille und Ungehorsam, kurz Alles, was durch Adam in die Welt gekommen ist, vernichtet und dagegen der vollkommene Gehorsam, die vollkommene Einheit mit Gott hergestellt[10]):

---

1) Kap. 24. S. 32.
2) Vergl. Kap. 33. S. 48: „Creatur als Creatur ist oder hat von ihr selber nichts.''
3) Kap. 31. S. 46. Kap. 50. S. 82.
4) Kap. 24. S. 33 u. 34.   5) Kap. 20. S. 27.
6) Kap. 12. S. 16. Ebendaselbst: „Man soll wissen, daß niemand erleuchtet werden mag, er sey denn zuvor gereinigt, geläutert und gelebiget, und niemand mit Gott vereiniget, er sey denn zuvor erleuchtet.''
7) Kap. 32. S. 47.   8) Ebendaselbst.
9) Kap. 52. 53. S. 83—86.   10) Kap. 55. S. 87.

in ihm ist die Gottheit vermenscht und die Menschheit vergottet [1]); er ist ohne alles Ich, Mir, Mein u. dergl., er stand so rein in der Liebe der Wahrheit und des Guten, daß er, wie Gott selbst, nicht nach einem Warum fragte [2]), sondern ganz lauter Gut um Gut liebte; denn wie die Sonne, wenn man sie fragte: warum scheinest du? sprechen würde: ich muß scheinen und vermag anders nicht, denn es ist meine Eigenschaft und gehöret mir zu — also ist es um Gott und Christum und Alles was göttlich ist und Gott zugehört; es will und begehret anders nicht, denn als Gut und um Gut und da ist anders kein Warum. Das Leben Christi ist das edelste, beste und würdigste Leben, und es gibt kein so gutes und Gott so liebes Leben, als das Leben Christi [3]). Darum muß es auch geliebt und gelobt werden über alle Leben, und dieß war und ist in Christo in ganzer Vollkommenheit, er wäre anders nicht Christus [4]). Wer Christus Leben weiß und erkennt, der weiß und erkennt auch Christum [5]); und hinwiederum, wer das Leben nicht erkennt, der erkennt auch Christum nicht; und wer an Christum glaubt, der glaubt, daß sein Leben das alleredelste und beste Leben sey; und wer das nicht glaubt, der glaubt auch an Christum nicht. So viel Christus Leben in einem Menschen ist, also viel ist auch Christus in ihm; und so wenig des einen, so wenig des andern. Wenn man spricht von Gehorsam, neuem Menschen, wahrer Liebe und Christus Leben, das ist Alles eins, und wo ihrer eins ist, da sind sie alle, wo ihrer aber eins gebricht, da ist ihrer keins, denn es Alles Eins ist und wahrlich und wesentlich [6]). Wenn nun das Leben Christi, wo es recht erkannt ist, nothwendig auch geliebt wird und geliebt um sein selbst willen, weil es das beste und edelste ist [7]), so kommt es darauf an, wie dasselbe erkannt werde? Niemand aber gedenke [8]), daß er zu diesem wahren Licht und Erkenntniß komme mit viel Fragen oder von Hörensagen oder mit Lesen oder Studieren, noch mit großen hohen Künsten und Meisterschaften, oder mit hoher natürlicher Vernunft; sondern Christus spricht [9]): willst du nach mir kommen, so verzichte dich dein selbst und folge mir nach; es kommt also darauf an, daß man es werde [10]), daß man das Leben Christi in demüthiger Hingebung in sich aufnehme, so wird man es auch aus der Erfahrung als das beste erkennen.

1) Kap. 3. S. 4. Vergl. Kap. 22. S. 29.
2) Kap. 24. S. 36.   3) Kap. 16. S. 22 u. 23.
4) Kap. 41. S. 68.   5) Kap. 43. S. 71 u. 72.
6) Kap. 43. S. 72.   7) Kap. 16. S. 23.
8) Kap. 17. S. 23 u. 24. 9) Ebendas. S. 24.
10) Kap. 19. S. 25.

Hier ift nun eine göttliche Ordnung durch Chriſtum ſelbſt vorgebildet. Manche Menſchen wollen gleich hoch hinaus und ledig der Schrift und des Geſetzes in die göttliche Einigung treten, aber wo Hochmüthigkeit und geiſtliche Reichheit und das leichte, freie Gemüth, da iſt nicht Chriſtus und ſein wahrer Nachfolgen= der [1]); ſondern der Weg geht durch aufrichtige Demuth und Ar= muth des Geiſtes und durch Erfüllung des Geſetzes. Wo Chri= ſtus iſt [2]), da muß zuerſt wahre gründliche Demüthigkeit und geiſt= liche Armuth ſeyn und ein niedergedrückt innebleibendes Gemüth — denn Ausgang iſt nie ſo gut, Inbleiben wäre beſſer [3]) — und daſſelbe Gemüth ſoll inwendig voll heimlichen, verborgenen Jammers und Leidens ſeyn bis in den leiblichen Tod. In der geiſtlichen Armuth und Demüthigkeit aber wird erkannt, daß der Menſch von ihm ſelber und von dem Seinen nichts iſt noch ver= mag [4]), und daraus folgt, daß er ſich unwürdig findet alles des, das ihm von Gott oder Creaturen geſchehen mag, daß er Gott und allen Creaturen Recht gibt gegen ſich, ſelbſt aber auf alles Recht gegen ſie verzichtet [5]), und daß er ſich verpflichtet fühlt gegen Gott und alle Creaturen in leidender und etwa auch in thuender Weiſe. Sobann wird ſich ein ſolcher Menſch der Ord= nung und dem Geſetz unterwerfen, denn wenig Menſchen zu der Wahrheit kommen ſind, ſie haben denn zuvor Ordnung und Weiſe angefangen und ſich darin geübt, dieweil ſie nichts Anderes und Beſſeres wußten [6]). Hat Chriſtus die Ee [das Geſetz] nicht ver= ſäumt und verſchmäht [7]), noch die Menſchen in der Ee, ſo darf es auch ſein wahrer Nachfolgender nicht thun, ſondern er greifet es an mit den andern und übet es, denn der Menſch muß auch etwas zu thun und zu ſchicken haben, dieweil er lebt. Aber frei= lich iſt es daran auch nicht genug, er muß fürbaß kommen; er muß wiſſen [8]), daß alles des Menſchen Vermögen, Thun, Werk, Wiſſen, Kunſt und Meiſterſchaft nicht das Höchſte iſt noch dazu verhilft, ſondern daß hier Gott in dem Menſchen wirken muß. Das Höchſte iſt, daß der Menſch gehe in die Einigung [9]). Was iſt aber Einigung? Nichts anders [10]), denn daß man lauterlich und einfältiglich und gänzlich in der Wahrheit einfältig ſey mit dem einfältigen, ewigen Willen Gottes, oder auch zumal ohne Willen ſey, und der geſchaffene Willen gefloſſen ſey in den ewigen

---

1) Kap. 24. S. 35.   2) Ebendaſelbſt.
3) Kap. 9. S. 10.   4) Kap. 24. S. 32.
5) Kap. 34. S. 32.   6) Ebendaſ. S. 33.
7) Ebendaſ. S. 34.   8) Ebendaſ. S. 32.
9) Kap. 25. S. 37.
10) Ebendaſ. S. 36. Vergl. K. 54. 55. S. 86 ff.

Willen und darin verschmelzet sey und zu nichte worden, also, daß der ewige Wille allein daselbst wolle, thue und lasse. So allererst hebt sich an ein wahres, inwendiges Leben [1] und dann fürbaß mehr wird Gott selber der Mensch, also, daß da nichts mehr ist, das nicht Gott oder Gottes sey, und auch, daß da nichts ist, das sich ichts [etwas] annehme; so ist und lebt, erkennt, ver= mag, liebet, will, thut und läßt Gott, das ist, das ewige Eine Vollkommene allein. In dieser Einigung steht der innere Mensch unbeweglich, während Gott den äußeren hin und her bewegt wer= den läßt in dem und zu dem, das da muß oder soll seyn und geschehen [2]; und wenn der natürliche Mensch sich sonst selber viel Muß und Sollseyn macht, das doch nichts und falsch ist [3], so hat der vergottete hier ein Muß und Sollseyn, geordnet vom ewigen Willen [4].

In dieser Einigung mit Gott ist nun auch das Leben Christi in dem Menschen, denn er war vollkommen eins mit Gott, sein ganzes Leben war Demuth, Armuth, Gehorsam, hin= gebende und thätige Liebe, Friede und Seligkeit. Freilich bleibt immer ein Abstand, denn es ist keiner, der sich unschuldig weiß, als allein Christus [5]; aber der gottgeeinigte Mensch nähert sich doch Christo, er wird, wie es andre Mystiker ausdrücken, christus= förmig. Sehr characteristisch sagt der deutsche Theologe [6]: Wie nun vielleicht kein Mensch also gar und lauterlich in diesem Ge= horsam ist, als Christus war: nun ist doch möglich einem Men= schen, also nahe darzu und beizukommen, daß er göttlich und ver= gottet heißet und ist.

Nicht minder liegt in der Einigung mit Gott und im vollen Gehorsam der Vorschmack oder der Anfang des Himmels [7]. Die Hölle ist wesentlich der eigene Wille; es ist nichts so viel in der Hölle als eigener Wille, und wäre dieser nicht, so wäre keine Hölle und kein Teufel [8]. Dagegen fängt das Paradies und der Himmel an, wo der eigene Wille aufhört; denn Alles ist an und für sich in seinem reinen Seyn gut und gottgefällig, sobald es sich nicht durch Eigenwillen von Gott ablöst. Darum ist Alles, das da ist, eine Vorstadt und Vorburg des Ewigen oder der Ewigkeit, und die Creaturen sind eine Weisung und ein Weg zu Gott und zu der Ewigkeit [9]. Darum mag es wohl ein Paradies

---

1) Kap. 55. S. 87.   2) Kap. 26. S. 37 u. 38.
3) Kap. 19. S. 25.   4) Kap. 26. S. 38.
5) Kap. 38. S. 59. Vergl. K. 14. S. 19 u. 20.
6) Kap. 14. S. 21.   7) Kap. 11. S. 14.
8) Kap. 47. S. 76.   9) Ebendaselbst.

heißen und seyn; und in diesem Paradies ist alles das erlaubt, das
darinnen ist, ohne ein Baum und seine Frucht, das ist eigener
Wille, oder daß man anders wolle, denn der ewige Wille will.
Endlich liegt auch in der Einigung mit Gott die Erhebung
über das Gesetz. Hier aber ist der Sinn wohl zu merken, in
welchem der Mensch wirklich über alles Gesetz kommt und in wel=
chem nicht[1], der Unterschied zwischen wahrer und falscher
Freiheit, wahrem und falschem Licht. Wenn nämlich
der Mensch alle die Wege gegangen ist[2], die ihn zur Wahrheit
weisen, und sich darin geübt hat, so lang und viel, daß er
meinet, es sey zumal geschehen und er sey gestorben, so säet denn
der Teufel seinen Samen darein und daraus wachsen zwo Früchte:
die eine ist geistlicher Reichthum oder geistliche Hoffart, die andre
ungeordnete falsche Freiheit, zwei Geschwister, die dick und gern
bei einander sind. Dieß erhebt sich also: der Teufel blaset dem
Menschen ein, daß ihn dünket, er sey auf das Höchste und Näheste
kommen und bedürfe weder Schrift, noch dieß oder das fürbaß
mehr und davon stehet in ihm ein Friede auf und große Lust,
daß er spricht[3]: ja nun bin ich über alle Menschen und weiß
und verstehe mehr, denn alle Welt, und darum ist billig und
recht, daß ich aller Creatur Gott sey und mir alle Creaturen,
besonders alle Menschen, dienen. Und indem nun diese reiche,
geistliche Hochfart sich dünket, daß sie bedürfe nicht Geschrift noch
Lehre und desgleichen, so werden da alle Weise, Ordnung, Gesetz
und Gebot der heiligen Kirche und die Sacramente zu nicht und
zu einem Spott, und auch alle Menschen, die mit dieser Ord=
nung umgehen und davon halten[4]. Das ist die falsche Freiheit.
Dieses falsche Licht, der ungöttliche freie Geist, will auch nichts
vom Gewissen wissen, sondern spricht[5], er sey über Gewissen
und Conscienz kommen und was er thue, das sey wohlgethan,
das Gewissen sey eine Thorheit und eine Grobheit[6],
daß man damit umgehet; das will er bewähren mit Christo, weil
dieser ohne Gewissen war[7]. Darauf antwortet man, sagt unser
Theologe[8], der Teufel habe auch keins und sey darum nicht
besser; merke, was ohne Gewissen ist: es ist entweder der, der
ganz abgekehrt ist von Gott, wie der Teufel, oder der, der sich
unschuldig weiß, wie Christus; wer nun ohne Gewissen ist, der
ist Christus oder Teufel. Das ist aber bei dem Menschen nicht,
denn er ist und wird weder eines noch das andre, er muß also

---

1) Kap. 28. S. 40.   2) Kap. 23. S. 30 ff.
3) Kap. 23. S. 31.   4) Ebendas. S. 31 u. 32.
5) Kap. 35. S. 58.   6) Ebendas. S. 59.
7) Ebendas. S. 59.   8) Ebendas. S. 59 u. 60.

Gewissen haben; und wo bei ihm das wahre Licht ist, da ist ein wahres, rechtes Leben, das Gott werth und lieb ist, und ist es nicht Christus Leben in Vollkommenheit, so ist es doch darnach gebildet, und Christus Leben wird lieb gehabt und Alles, das Redlichkeit, Ordnung und allen Tugenden zugehört [1]); wo dagegen das falsche Licht ist, da wird man unachtsam Christus Lebens und aller Tugend, und es wird gesucht, was der Natur bequem und lustig ist [2]). Alle Erkenntniß taugt nichts ohne Liebe [3]) und nur der ist ein göttlicher oder vergotteter Mensch, der durchleuchtet und durchglastet ist mit dem ewigen oder göttlichen Licht und erbrannt mit ewiger oder göttlicher Liebe [4]).

Hieraus löset sich auch die Frage über die Geltung des Gesetzes. Wenn man spricht, man solle über alle Ordnung, Weise, Gebot und Gesetz hinauskommen, so ist darin, sagt die deutsche Theologie, etwas Wahres und etwas Unwahres [5]). Christus war über alle Tugend, Weise und Ordnung und was des ist, und der Teufel ist auch darüber, aber mit Unterscheid. Christus war darüber, weil alle Worte und Werke, alles Thun und Lassen, kurz Alles, was in Christo je geschah, ihm nicht noth war und beburfte sein nicht zu ihm selber; denn was hiermit zu überkommen ist, das ist in Christo alles vor und ist bereit da. In diesem Verstand ist es richtig, wenn St. Paulus spricht: die von Gottes Geist geweiset und geleitet werden, die sind Gottes Kinder und sind nicht unter der Ee, d. i. man darf sie nicht lehren, was sie thun oder lassen sollen, denn ihr Meister, der Geist Gottes, soll sie wohl lehren. Und auch in dem Verstand bedürfen sie keiner Ee, daß sie ihnen selber damit ichts über= kommen oder gewinnen, denn was man mit diesem, mit Rede, Worten und Werken überkommen mag auf dem Wege zu dem ewigen Leben, das haben sie alles bereit. Aber das Andre, daß man spricht [6]), man solle beide, Christus Leben und alle Gebote und Gesetz, Weise und Ordnung und dergleichen hinlegen und aufschieben, man solle ihrer unachtsam seyn und sie verschmähen, das ist falsch und erlogen und diese Freiheit ist vom Teufel. So ist also nur der, welcher durch Christi Geist und Leben ge= freiet ist, wahrhaft frei vom Gesetz, aber frei in Gehorsam; da= gegen ist der, der sich leichtfertig und hochmüthig selbst befreit, weil er den wahren Gehorsam flieht, in der Freiheit des Teufels.

---

1) Kap. 41. S. 67. 2) Kap. 38. S. 60.
3) Kap. 39. S. 60 ff. 4) Ebendas. unmittelbar vorher.
5) Kap. 28. S. 40 u. 41. 6) Kap. 29. S. 41 u. 42.

Hiermit wäre der Hauptinhalt der deutschen Theologie be=
zeichnet. Das ganze Büchlein enthält nichts unmittelbar Re=
formatorisches und doch übte es einen so ungeheuren Einfluß auf
den Augustiner zu Wittenberg, daß er in der — 1516 ge=
schriebenen — Vorrede dazu sagt: „Dieß edle Büchlein, so arm
und ungeschickt es ist in Worten und menschlicher Weisheit, also und
vielmehr reicher und köstlicher ist es in Kunst und göttlicher Weis=
heit. Und daß ich nach meinem alten Narren rühme, ist mir
nächst der Bibel und St. Augustin nicht vorgekommen ein Buch,
daraus ich mehr erlernt habe und will, was Gott, Christus,
Mensch und alle Dinge seyen; und befinde nun allererst, daß es
wahr sey, was etliche Hochgelehrte von uns Wittenbergischen
Theologen schimpflich reden, als wollten wir neue Dinge vor=
nehmen, gleich als wären nicht vorhin und anderswo auch Leute
gewesen." Fragen wir aber, was diesen Eindruck auf Luther
hervorbrachte, so antwortet er uns theils selbst, theils ergibt sich
die Antwort aus der Natur der Sache. Es war zunächst schon
das Aeußerliche, die deutsche Sprache, die Luther'n anzog; zwar
warnet er Jeden, daß er sich nicht ärgere an „dem schlechten
Deutsch oder ungefränzten, ungekränzten Worten," aber zugleich
spricht er mit dem Siegesbewußtseyn innerer Freude: „Ich danke
Gott, daß ich in deutscher Zunge meinen Gott also höre und
finde, als ich und sie [die Hochgelehrten] mit mir bisher nicht
funden haben, weder in lateinischer, griechischer noch ebräischer
Zungen," und hofft sicherlich, man werde nun finden, „daß die
deutschen Theologen die besten Theologen seyen." In der deut=
schen Rede lag auch — und bei wenigen Schriften tritt dieß
liebenswürdiger zu Tage, als bei der deutschen Theologie — das
einfache und kindliche, aber tiefe und volle deutsche Gemüth: auch
dieß mußte Luthers dafür so empfänglichen Sinn unmittelbar und
fast unbewußt ergreifen. Am meisten aber that es ohne Zweifel
der Inhalt und die ganze Richtung des Büchleins [1]). Der tief=
christliche, kernhafte, durch und durch sittliche Geist, der in dieser
Schrift lebt, mußte in Luthers Geiste viele zum Theil noch ver=
borgene Keime wecken, Vieles zum hellen Bewußtseyn bringen.
Er lernte daraus immer besser, was „Gott, Christus, Mensch und
alle Dinge seyen," er fand darin „manchen lieblichen Unterscheid
göttlicher Wahrheit und besonders: wie, wo und womit man er=
kennen möge die wahrhaftigen, gerechten Gottesfreunde und die

---

1) Weßhalb Luther auch in der Nachschrift zur Vorrede den Ver=
fasser „einen weisen, verständigen, wahrhaften, gerechten Menschen" nennt,
durch den „als seinen Freund" Gott gesprochen habe.

ungerechten, falschen Freigeister, die der h. Kirche gar schädlich
sind," er wurde immer entschiedener bestärkt in der einen großen
Lehre, „daß die Menschen auf gar nichts Anderes, als auf Jesus
Christus allein, weder auf ihre Werke, noch auf Gebete und
Verdienste ihr Vertrauen zu setzen hätten, weil wir nicht selig
werden durch unser Laufen, sondern durch das Erbarmen Gottes."
In diesem Sinne bildete sich Luther nächst der Schrift und
Augustin vornehmlich aus den Mystikern, die er den Scho=
lastikern, ohne diese blind zu verachten oder unterschiedslos zu
verwerfen, aufs entschiedenste vorzog [1]); und unter den Mystikern
standen ihm wieder die vaterländischen, Tauler und die deutsche
Theologie, obenan.

In der That sind auch, wiewohl ohne das Bewußtseyn und
den Ausdruck der Opposition, in der deutschen Theologie
die wesentlichsten Bestandtheile der reformatorischen Denk=
weise enthalten, woher es denn auch zu erklären, daß das Buch
seit 1621 in den römischen Index verbotener Bücher aufgenommen
ist, während es von Seiten protestantischer, namentlich lutheri=
scher Theologen immer große Anerkennung genossen hat [2]). Fas=
sen wir die Hauptpuncte, die hier in Betracht kommen, zusammen.
Die deutsche Theologie hat einen lebendigen, nahen, allgegen=
wärtig wirksamen, auch in der Seele des Menschen innigst nahen
und wirksamen Gott, und bringt eben darum zu diesem Gott
den Menschen nicht bloß in ein äußerliches, durch Priesterthum
und Kirche, durch Werke und Uebungen vermitteltes, sondern in
das innerlichste, freieste, kindlichste, in ein durchaus gesinnungs=
lebendiges Verhältniß. Sie hat gleicherweise einen lebendigen
Christus, einen Christus, dessen Person und Leben in den Mittel=
punct des ganzen christlichen Glaubens gestellt, auf den als
menschgewordenen Gottessohn und Erlöser, als Ur= und Vorbild
des gottmenschlichen Lebens Alles zurückführt, der aber dabei zu=
gleich nicht bloß in geschichtlicher Objectivität, als Gegenstand des
Glaubens, sondern vor allen Dingen als Lebensprincip aufgefaßt
wird, indem, der deutschen Theologie zufolge, seine höchste und

---

1) Ganz bezeichnend ist in dieser Beziehung die Aeußerung Luthers
in einem Brief an Staupitz vom 31. März 1518 Nro. 60. Th. 1. S. 102
bei de Wette: Iidem de *scholasticis* doctoribus mihi conflant odium:
quia emim illis praefero *Mysticos* et Biblia, paene insaniunt prae
fervore zeli. Ego *Scholasticos* cum judicio, non clausis oculis
(illorum more), lego. Sic praecepit Apostolus: omnia probate, quod
bonum est, tenete. *Non rejicio omnia eorum,* sed nec omnia probo.
2) Flacius stellt den Verfasser unter die Testes veritatis vor der
Reformation, Catalog. Lib. XIX. T. II. p. 858. Joh. Arnd rühmt in
seiner Vorrede: „es sey die rechte und wahre Theologia, so dieser Theo=
logus lehret."

und volle Bedeutung darin liegt, daß er sich in der Menschheit
fortsetzt und stets aufs Neue verwirklicht, daß sein Geist und gott=
menschliches Leben auf jeden Einzelnen·übergeht und ihn ver=
gottet [1]). Den Menschen erkennt die deutsche Theologie Gott
gegenüber ursprünglich zwar im gottverliehenen hohen Adel einer
vernünftigen und freien Natur, aber zugleich, sofern er in Adam
ist, als entblößt von dem Göttlichen, in sich nichtig und erstorben,
der belebenden Kraft aus Gott, der Gnade schlechthin bedürftig;
in der Belebung und Wiederherstellung des Menschen aber setzt sie
Alles auf das Innerliche, nämlich einerseits die innere, durch
Christus bewirkte, Mittheilung Gottes und seines Geistes, anderer=
seits, was den Menschen betrifft, auf innerliche Armuth und De=
muth, auf Umkehrung der ganzen Geistesrichtung, auf Buße,
Glauben und Liebe. Ueberall ist ihr nicht der Buchstabe das
Lebendigmachende, sondern der Geist, nicht das Werk, sondern die
Gesinnung. Sie will, daß der Mensch nach Gott und Christus,
nach dem Guten und aller Tugend strebe nicht um irgend eines
Lohnes oder Verdienstes willen, sondern aus reinster Liebe, weil
es die höchsten, edelsten, liebenswürdigsten Gegenstände sind; sie
bekämpft von Grund aus alle Lohnsucht und setzt dem Himmel
der dem Menschen nur durch seine Werke von Außen kommen
soll, denjenigen entgegen, der ihm unmittelbar in seiner gottge=
einigten Gesinnung hier schon aufgeht und mit der stets wach=
senden Vergöttlichung sich dann auch jenseits vollendet. Sie schätzt
die Erkenntniß, aber sie einiget dieselbe überall mit der Liebe;
sie hält an der Schrift, aber nicht dem äußerlichen Wort, sondern
dem Geist und Wesen nach, sie führt durch Christus und sein
Evangelium über das Gesetz und seine Werke hinaus, aber sie
weiß, daß der Mensch sich nicht leichtfertig und frevelnd vom
Gesetz und äußerer Tugendübung lossagen darf, sondern durch
das Gesetzliche hindurch muß, um wirklich zum Evangelischfreien
zu gelangen. Durch alles dieß aber behauptet sie eine schöne,
lebendige, positive Mitte zwischen der von wesentlich theoretischen
Interessen beherrschten Scholastik und einer bloß gemüthlichen,
liebeseligen Mystik, zwischen der Buchstäblichkeit eines äußerlichen
Autoritätsglaubens und dem falschen Licht eines schriftlosen, häre=
tischen Idealismus, zwischen der gesetzlichen Richtung der herr=
schenden Kirche und dem Antinomismus der freigeisterischen Secten.
Daß dieß Alles aber, auf dem Grunde des Augustinischen, zu
dem sich die deutsche Theologie offenbar auch bekennt, der Stand=

---

1) Vergl. die Zusammenfassung von J. Arnd in der Vorrede zur
d. Th.

punct der Reformatoren geweſen, wird niemand leugnen, der die=
ſelben ihrem inneren Weſen nach zu würdigen weiß [1]).

Zwar könnte man hiergegen die **pantheiſtiſche** und **idea=**
liſtiſche Tendenz der deutſchen Theologie geltend machen.
Allein hier müſſen wir uns hüten, zu ſehr mit modernen Augen
zu ſehen. Es iſt wahr; die deutſche Theologie hat **panthei=**
ſtiſche Elemente, aber ihr Pantheismus iſt nicht ein Pantheis=
mus der Speculation, ſondern der innigſten, tiefſten Frömmigkeit,
die ſich Gott nur recht lebendig nahe bringen will, Geiſt zu Geiſt,
Herz zu Herz, aber dabei doch die Perſönlichkeit Gottes im vollen
Sinn anerkennt [2]), den Unterſchied zwiſchen Gott und Creatur aufs
ſchärfſte feſthält und ſich in kindlichſter Demuth Gott unterwirft.
Es iſt nicht minder wahr: die deutſche Theologie hat etwas Idea=
liſtiſches, das Geſchichtliche wird ihr oft zur Allegorie, das objectiv
Gemeinte zum rein Innerlichen, die Perſonen zu Symbolen, wie
namentlich Adam und Chriſtus zu Symbolen des Abfalls und der
Gotteseinigung; aber damit iſt es nicht ſo gemeint, als ob die
hiſtoriſche und objective Bedeutung dieſer Dinge geleugnet und be=
ſtritten werden ſollte, es ſoll nur, unbeſchadet derſelben, zugleich
ihre innere, allgemeine, ewige Wahrheit und vor Allem ihre, für
die ganze Menſchheit typiſche, ſittliche Bedeutung hervorgehoben
werden [3]). Das Letztere iſt eine Hauptſache. Die ganze Richtung
der deutſchen Theologie iſt vorwaltend **ſittlich** [4]). Die Menſch=
werdung und Erlöſung, das Sichaufgeben und Sichvergotten ſind
für den deutſchen Theologen nicht, wie für Eckart, vorherrſchend
ſpeculativ, ſondern durch und durch ſittliche Ideen; er faßt das
Chriſtenthum, ohne ſeinen idealen und dogmatiſchen Gehalt ab=
ſchwächen zu wollen, ganz nach ſeinem ethiſch = teleologiſchen Cha=
racter, als ſittlich=ſchöpferiſchen Glauben, als Heiligungsanſtalt.
In dieſem Sinne verſtand und liebte ihn ohne Zweifel auch
Luther und in dieſem Sinne iſt er ganz reformatoriſch.

---

1) So ſah es wenigſtens Luther ſelbſt an; er ſagt in dem Brief an
Staupitz vom 31. März 1518. Th. 1. S. 102 bei de Wette: er lehre, in=
dem er der deutſchen Theologie (die er Tauler zuſchreibt) folge, ne
homines in aliud quicquam confidant, quam in ſolum Jesum Chriſtum, non in orationes et merita, vel opera ſua; quia non curren-
tibus nobis, ſed miserente Deo salvi erimus.
2) Kap. 30. S. 45.
3) Aehnliches finden wir auch bei Luther; man vergleiche nur bei=
ſpielsweiſe ſeine geiſtvolle innerliche Deutung des Kreuzes Chriſti (Brief
10. Th. 1. S. 29 bei de Wette), welche mit den Worten beginnt: Crux
Christi divisa est per totum mundum: unicuique sua portio obvenit
semper.
4) So auch de Wette Sittenl. II, 2. S. 250.

Viertes Hauptstück.

Die practische Mystik. Johann von Staupitz. Schluß.

Wir haben hiermit die mystische Theologie durch ihre Haupt=
stadien verfolgt und ihr Verhältniß zur Reformation nachgewiesen.
Noch Eines ist zu zeigen, wie sie Luther persönlich nahe trat in
schlichter, aber würdevoller und ansprechender Gestalt in Jo=
hann Staupitz. Luther hatte die deutsche Theologie auf Ver=
anlassung Staupitzens herausgegeben [1]); aber Staupitz selbst war
ihm auch der nächste lebendige Vermittler jener Herzenstheologie,
aus deren mütterlichen Boden die Rieseneiche seines reformato=
rischen Geistes hervorwuchs. Zugleich vertritt uns Staupitz neben
der poetischen, gemüthlichen und speculativen Mystik die practische,
auf die allereinfachsten Grundlagen zurückgeführte; es ist daher
in jeder Weise angemessen, ihn bestimmter ins Auge zu fassen.

Johann Staupitz [2]) stammte aus einem alten, edlen Ge=
schlecht in Meißen [3]). Frei von Ahnenstolz, strebte er, sich durch

---

1) Brief an Staupitz v. 31. März 1518, Th. 1. S. 102 bei de Wette,
wo die von Luther unter Taulers Namen angeführte Schrift nichts Anderes
ist, als die deutsche Theologie.

2) Quellen für die Kenntniß von Staupitzens Leben sind haupt=
sächlich die Briefe Luthers und einige Stellen in andern Schriften des Re=
formators, sodann Sleidanus, Matthesius und Petri Albini Chronicon
Misniae Tit. 25. Von etwas späteren und neueren Schriftstellern sind über
ihn besonders zu vergleichen: *Seckendorf* Commentar. de Lutheran.
Lib. I. sect. 7. p. 15. *Adami* Vitae Theol. edit. III. Francof.
MDCCVI. p. 8—10. *Weismanni* Hist. eccl. T. I. p. 1399—1401.
Wernsdorf de Primord. emend. per Lutherum relig. §. 10. p. 60.
Knapp Nachlese von Ref.=Urkunden IV, 468. *Gerdesii* Hist. Evange.
renov. I. 153—157. Arnold K. u. Ketzer=Hist. Buch 16. Kap. 22. §. 24.
Zedler Universallexicon u. Jöcher Gelehrtenlex. unter dem Namen Staupitz.
Schröckh K. Geschichte seit der Ref. I, 109 u. 128. Spieker Geschichte
Dr. M. Luthers S. 175 u. vornehmlich in den Anmerkungen S. 53—55.
Uckert Leben Luthers I, 38 u. 39. Endlich noch specieller: *Goetze* Dissert.
de Joh. *Staupitzio* 1724. J. Henr. *Stussii* Progr. de Joh. Staupitii
meritis in relig. evang. Goth. 1732. *Laub* Observat. ad vitam Joh. a
Staupitz illustr. Hafniae 1832. *Geuder* Vita Joh. *Staupitii* Gotting.
1837. Car. Ludov. Wilib. *Grimm* de Jo. *Staupitii* in Sacror. christian.
instaurationem merit. Jen. 1835. Derselbe in Illgens Zeitschrift für
histor. Theologie 1837. B. 7. Heft 2. S. 58—126. Und was den Aufent=
halt Staupitzens in Salzburg betrifft: *Gaspare* Chron. antiq. monast.
S. Petri Salisb. Aug. Vindel. 1772. Ejusd. Archiepisc. Salisb. res
in Lutheranismum gestae, Venet. 1779. u. *Schellhorn* de fatis eccl.
evang. inter Salisb. p. 26, in der deutschen Uebersetzung, Leipzig, 1732.
S. 58—79.

3) Du Pin rückt den Adel der Familie wohl etwas zu hoch hinauf,
wenn er Staupitz einen allié et amy de la maison de Saxe nennt
(*Weism.* hist. eccl. I, 1399). Das Familienwappen der Staupitze enthält

innerliche Tüchtigkeit auszuzeichnen. Um ganz den Studien und frommen Betrachtungen leben zu können, trat er in den Augustiner=Orden. Auf verschiedenen Universitäten erwarb er sich die gangbare scholastisch=philosophische und theologische Bildung, und ward zu Tübingen [1]) unter großer Anerkennung Doctor der Theologie [2]). Allein die Ueberzeugung, daß die Philosophie zur vollen und lebendigen Erkenntniß der Heilswahrheiten nicht zureiche, führte ihn, wie damals so Viele, zur Schrift und die Schrift führte ihn zum Leben. Er sah, daß nicht bloß das Wissen den Theologen mache, sondern der ganze innere Gemüthszustand, die Bewährung des Erkannten durch die That. So ward er ein Erfahrungstheologe, ein biblisch = practischer Mystiker. Sein practischer Sinn befähigte ihn jedoch auch zu geschickter Thätigkeit in der Welt, und vermöge seiner Geburt und der Bildung, die er als Sprößling einer bedeutenden Familie erhalten hatte, war er zum Verkehr mit Großen geeignet. Er wurde im Jahre 1503 vom Kapitel zu Eschwege zum Generalvicar, 1511 zum Provincial von Thüringen und Sachsen [3]), 1515 zum Generalvicar des Augustiner=Ordens in ganz Deutschland gewählt, und erwarb sich in dieser Stellung als ein Mann von Geist, Bildung Beredtsamkeit und anziehender äußerer Erscheinung auch das besondere Vertrauen seines Churfürsten, Friedrichs des Weisen, der ihn mit gutem Erfolge zu Gesandtschaften an mehrere Höfe gebrauchte. Luther, der ihn „seinen Staupitz" nennt, pflegte von ihm zu sagen: „Das war ein großer Mann und nicht nur in Schulen und Kirchen gelehrt und beredt, sondern auch an Höfen und bei Großen angenehm und hochgeehrt. Er hatte einen hohen Verstand,

---

ein Posthorn und einen springenden Hirsch. Ueber die Familie Staupitz s. Grimm in Jlgens Zeitschr. a. a. O. S. 61—63.

1) Ueber den dortigen Aufenthalt s. Grimm a. a. O. S. 63.

2) Spuren großer Gelehrsamkeit findet man freilich in Staupizens Schriften nicht; aber es war auch, da sie durchweg ascetischen Inhalts sind, keine Gelegenheit dazu gegeben. Erwähnen will ich nur, daß Gerson als „christlicher Lehrer" — Gersons Beiname war Doctor christianissimus — und der h. Bernhard „als süßer Liebhaber Gottes" von ihm angeführt werden. Aus ihren mystischen Schriften mag sich Staupitz vornehmlich gebildet haben.

3) Um das J. 1512 wohnte Staupitz auch im Namen des Erzbischofs von Salzburg dem Lateranconcil bei. Aus dieser Veranlassung wird (s. Weismann a. a. O. u. Seckendorf S. 19) folgende Anecdote erzählt: Staupitz hörte zu Rom, daß ein Franciskaner prophezeit habe, ein Eremite werde das Papstthum angreifen; dieß verstand er anfänglich von einem wirklichen Einsiedler, als aber Luther (bekanntlich dem Augustiner=Eremiten=Orden angehörig) aufstand, erkannte er mit Verwunderung, daß Luther dieser Eremite sey und theilte es demselben auch mit. Man sieht aus der Erzählung wenigstens, wie verbreitet die Erwartung war, daß das Papstthum bald einen starken Angriff erfahren werde.

ein redliches, aufrichtiges, abliges Gemüth, nicht unehrbar und knechtisch [1])." Mit welcher Geistesgegenwart und Leichtigkeit sich Staupitz in hohen Kreisen bewegte, deutet uns folgende Anec=dote [2]) an: Als er einst in einer Predigt die Genealogie Christi nach Matthäus anführen wollte, stockte er bei den Fürsten aus dem Stamme Juda; des Mittags, da er von den Herzogen von Sachsen, die in der Kirche gewesen, zur Tafel geladen war, sagte Herzog Johann zu ihm: „Herr Doctor, wie ging es heute mit dem Evangelium?" Darauf erwiederte Staupitz: „Allergnädigster Fürst! In dem heutigen Text hatte ich dreierlei Arten von Menschen; zuerst die Patriarchen: die waren leicht; dann die Könige: auch die ließen von sich reden; da ich aber an die Fürsten kam: die waren verschieden, schwierig und verwirrten mich in der Rede." Worauf der Churfurst lachend hinzufügte: „Nun wollt Ihr noch mehr fragen? Staupitz wird sich nicht stumm finden lassen."

In der Verwaltung der Klosterangelegenheiten war Staupitz eifrig und wohlgesinnt; er nahm sich, wie wir aus dem Beispiele Luthers sehen, auch der Einzelnen mit Einsicht und Liebe an. Im Ganzen aber scheint ihn diese Thätigkeit selbst wenig befriedigt zu haben. „In den ersten drei Jahren," äußerte er sich einst gegen Luther [3]), „wollte ich nach strenger Gerechtigkeit regieren, aber auf diesem Wege ging es nicht. Dann nach den Gesetzen und Rathschlägen der Vorfahren: auch das hatte keinen Erfolg. Zum dritten nach dem Willen Gottes und unter Anrufung desselben, aber auch dieß schlug nicht glücklich aus. So that ich zuletzt, was ich konnte, nachdem ich an allen Rathschlägen verzweifelt." Er sagte auch wohl, da es ihm nicht gelingen wollte, lauter aus=erlesene Leute zu den Klosterämtern zu bekommen: „Man muß mit den Pferden pflügen, die man hat, und wer keine Pferde hat, pflüget mit Ochsen [4])." Weit erfolgreicher und befriedigender war das, was Staupitz vermöge seines günstigen Verhältnisses zum Churfürsten bei der Gründung der Universität Wittenberg thun

---

1) Mathesius 12te Predigt S. 141. Luthers Werke XXII. S. 2289. Hiermit übereinstimmend Maimbourg bei Seckendorf B. 1. Sect. 7. §. 6. S. 15: Erat hic vir ingenio pollens, magnae dignatio-nis, industrius, eloquens, corporis forma conspicuus, multumque a Friderico, Saxoniae duce, aestimatus, a quo in consilium adhibe-batur.

2) Sie wird erzählt von Mathesius 12te Predigt S. 141.

3) Luthers Werke II, 2062 und *Adami* Vita Staup. l. l.

4) Luthers Werke V, 2189. Einen Prior, der stets über zu geringe Einkünfte klagte und doch heimlich sparte, setzte Staupitz ab, indem er zu ihm sprach: „Du bist kein gläubiger Mensch, darum ist es unmöglich, daß du dem Kloster wohl vorstehen könnest." Luthers Werke II, 791.

konnte. Diese, zu so großer weltgeschichtlicher Bedeutung be=
stimmte, Hochschule wurde im J. 1502 gestiftet. Der Churfürst
bediente sich dabei vornehmlich des Rathes der Doctoren Staupitz
und Mellerstadt. Der Letztere wurde der erste Rector des neuen
Studiums, Staupitz der erste Decan der theologischen Facultät.
Als solchem lag es ihm ob, für das Emporblühen der theologischen
Studien zu sorgen und dieß brachte ihn zuerst in nahe Verbin=
dung mit Luther.

Staupitz hatte Luther'n zuerst in Erfurt kennen gelernt. Bei
einer Visitationsreise nahm er im Augustinerkloster zu Erfurt einen
jungen Bruder wahr, der in seiner ganzen Erscheinung die Spu=
ren schwerer innerer Kämpfe und strenger Uebungen trug, ohne
daß jedoch durch das trübe Aeußere der in ihm arbeitende feurige
und hohe Geist ganz verhüllt werden konnte. Es war der in
mächtigem Ringen nach innerem Heil und Frieden begriffene Lu=
ther. Staupitz nahte ihm als väterlicher Freund, erleichterte seine
durch niedrigen Klosterdienst gedrückte Lage[1]), verschaffte ihm
mehr Freiheit zu Studien, leitete sein Gemüth von unfruchtbaren
selbstquälerischen Gedanken und hohen Speculationen auf die ver=
söhnende Liebe Gottes in Christo[2]), verwies ihm, sich „aus je=
dem Humpelwerk und Bombart eine Sünde zu machen[3]),“ zeigte
ihm aber auch, wie heilsam ihm alle Kämpfe und Anfechtungen
seyn würden. „Lieber Martin,“ sprach er[4]), „du weißt nicht,
wie nützlich und nöthig dir solche Anfechtung ist. Denn Gott
schickt dir solche nicht vergebens zu; du wirst sehen, daß er dich
zu großen Dingen brauchen wird.“ Vor Allem lehrte Staupitz
Luther'n den rechten, wirklichen, lebendigen, den sündenvergebenden
Erlöser kennen. Nicht mit Einbildungen sollte sich der junge,
Mönch herumschlagen, sondern an gründliche Realitäten sich hal=
ten: „Ihr wollt,“ sagte Staupitz zu ihm[5]), „ein erdichteter, ja
ein gemahlter Sünder seyn und deßhalb nur einen erdichteten, ge=
mahlten Heiland haben.“ Und ein andermal, da Luther vor dem
Anblick des Sacramentes erschrocken war[6]): „Ei, eure Gedan=
ken sind nicht Christus; denn Christus schreckt nicht, sondern trö=
stet.“ Luthers Seele, durch Staupitzens wahren und milden-Zu=
spruch freudig emporgehoben, drang nun, das Unbefriedigende des
mönchischen Gesetzthumes und aller Gesetzes= und Werklehre er=

1) *Seckendorf* Lib. I. pag. 21.
2) Luthers Werke II. 264 und 65. XXII, 489 u. 90.
3) Luthers Werke XXII. 553.
4) Luthers Brief an Weller vom 6ten Nov. 1530, Th. 4. S. 187 bei
de Wette.
5) Luthers Werke X. 2024 u.25. Vergl. XXII, 553.
6) Luthers Werke XXII, 724 u. 513.

kennend [1]), immer tiefer in das Evangelium von der Gnade Gottes in Christo ein, zugleich aber strebte sein rastlos arbeitender Geist so eifrig, das gewonnene Glaubensgut sich zu wissenschaftlicher Gewißheit zu bringen durch Studium der Schrift und der Kirchenväter, der besseren Scholastiker und der deutschen Mystiker daß, als im J. 1508 an eine Ergänzung der theologischen Studien in Wittenberg gedacht wurde, Staupitz sich seines jungen, damals 26jährigen Freundes in Erfurt erinnern und ihn als Mitarbeiter zu sich berufen konnte [2]), zunächst zwar als Lehrer der Philosophie, ohne Zweifel aber in der Voraussicht, daß er bald ganz die theologische Bahn betreten werde.

Von da an traten Staupitz und Luther in ein so inniges Freundschaftsverhältniß, als es nur irgend die Verschiedenheit des Alters und der Lebensstellung zuließ. Im J. 1512 wurde Luther unter Staupitzens Auspicien Doctor der Theologie. Luther, unter einem Baum im Klostergarten mit Staupitz sich unterredend, hatte sich „als ein kranker und schwacher Bruder" geweigert, die Würde anzunehmen; worauf ihm Staupitz in gewohnter heiterer Weise entgegnete: „Es läßt sich ansehen, unser Gott werde bald im Himmel und auf Erden viel zu schaffen bekommen; darum wird er viel junger und arbeitsamer Doctores haben müssen, durch die er seine Händel verrichte; ihr lebet nun oder sterbet, so bedarf euch Gott in seinem Rathe [3])." Auch bei Luthers Hervortreten wider den Ablaß weist man Staupitz eine Rolle an. Er zuerst soll, sey es aus Ordenseifersucht gegen die mit dem Ablaßverkaufe bevorzugten Dominicaner oder aus Unwillen über die dabei vorgekommenen Mißbräuche, als Kläger dawider bei dem Churfürsten aufgetreten seyn, und sich dann des jugendkräftigen Luther bedient haben, um den Streit durchzuführen [4]). Staupitz mochte, ja er

---

1) Luthers Werke XXII, 583: „D. Staupitz pflegte zu sagen: das Gesetz Gottes spricht zu den Menschen: es ist ein großer Berg, du sollt hinüber. So sagt denn das Fleisch und die Vermessenheit: ich will hinüber. Darauf spricht das Gewissen: du kannst nicht. So will ichs lassen, antwortet dem die Verzweiflung. Also machet das Gesetz im Menschen entweder Vermessenheit oder Verzweiflung."

2) *Melanchthon* in vita Luth. ed. Heumann p. 11: Eo autem tempore, quia reverendus vir *Staupicius*, qui exordia Academiae Wittebergensis adjuverat, studium theologicum in recenti Academia excitare cupiebat, cum ingenium et eruditionem Lutheri considerasset, traducit eum Wittebergum anno MDVIII, cum jam ageret annum vicesimum sextum.

3) Die ganze Anecdote wird erzählt von Mathesius in der 1sten Predigt.

4) So Maimbourg u. Cochläus und dagegen *Seckendorf* Hist. Lutheran. L. I. sect. 7. p. 15. u. sect. 19. p. 32. 33. Auch Schröckh a. a. O. I, 128.

mußte nach seiner ganzen Richtung übereinstimmend mit Luther denken; aber nach Allem, was wir wissen, trat Luther selb=ständig, nur von innerem Bedürfnisse getrieben, auf. Als Luther am 30sten Mai 1518 unter Erörterung des Begriffes der Buße, auf welchen Staupitz ihn zuerst geführt hatte, an diesen seine Re=solutionen über die Ablaßthesen zur geneigten Beförderung an Leo X. überschickte, schrieb er ihm unter Anderm[1]): „Nicht daß ich dich zum Theilnehmer der Gefahr gewinnen wollte; ich will Alles nur auf meine Gefahr gethan haben; Christus mag zusehen, ob es das Seine ist, was ich gesagt, oder das Meine." Und in Augsburg, da Luther sich vor Cajetan verantworten sollte, sprach Staupitz zu ihm[2]): „Sey eingedenk, mein Bruder, daß du diese Sache im Namen Jesu Christi angefangen hast." Dieß weist auf andere Grundlagen für das Auftreten Luthers hin, als die Einwirkung Staupitzens.

Freilich in der ersten Zeit mochte Staupitz, obwohl im Gan=zen gut katholisch[3]) und milder gestimmt als Luther, doch ein rei=nes Wohlgefallen an Luthers Thätigkeit haben. Gleich Luther, war Staupitz antischolastisch und gründete Alles auf die Schrift. Schon im J. 1512 hatte er die Sitte, die Schriften Augustins bei Tische vorzulesen, in den ihm untergebenen Klöstern aufgeho=ben und statt dessen das Lesen der Schrift eingeführt[4]). Wie Luther, war er auch, obgleich wider die Scholastik, doch für le=bendige Förderung wissenschaftlicher Bildung, und empfahl ge=meinsam mit Spalatin seinem Fürsten aufs bringendste das Stu=dium der freien Künste und der Philosophie[5]). Wie Luther, war er endlich ein innerlicher Christ, ein Theologe, der überall auf den Mittelpunct des Geistes und der Gesinnung drang, und das gesetz=liche Außenwerk, wo nicht bekämpfte, so doch auf sich beruhen ließ oder geringschätzte, der von den Personen absah und Gott und der Wahrheit allein die Ehre geben wollte. In diesem Sinne sprach er beim Beginn des Kampfes stärkend zu Luther: „Das gefällt mir, daß du bei der Lehre, die du predigst, Gott allein die Ehre gibst und Alles Gott zuschreibst, nicht den Menschen; Gott aber, das ist klar, kann man nicht zu viel Ehre und Güte beilegen[6])."

1) Luthers Brief Nro. 67. Th. 1. S. 541.
2) Brief Luthers an Staupitz Nro. 282. Th. 1. S. 541. bei de Wette.
3) So hatte er noch im J. 1516 im Auftrag des Churfürsten eine Reise in die Niederlande gemacht, um Reliquien zu holen. Matthesius 1ste Predigt.
4) Adami Vita Staupitii I. 1.
5) „Doctor Staupitz, Herr Spalatinus und viele gute Leute," sagt Matthesius in der ersten Predigt, „reden den schönen Sprachen das Wort, welche die besten Ausleger des Wortes Gottes sind."
6) Luthers Werke VIII, 1678.

15 *

In diesem Sinne begleitete auch Staupitz nebst andern churfürst-
lichen Räthen Luthern nach Augsburg, um zu verhüten, daß
er nicht ungehört verdammt würde, nahm sich Luthers aufs gü-
tigste an, und scheute bei diesen Verhandlungen auch den Unwillen
des Cardinals nicht [1]). Allein dennoch mußte ein Zeitpunct eintreten, wo die Wege Luthers und Staupitzens auseinander gingen. Staupitz war nicht ein in engerer Bedeutung reformatorischer Mann, er war kein Heldengeist, sondern, trotz seines
practischen Sinnes, eine contemplative Natur, ein christlicher Mystiker. Was er in dieser Richtung sprach und that, war lautere
Wahrheit: dieß bezeugt jedes Wort seiner Schriften und die
hohe Achtung, in der er stand. Aus dieser Wahrheit seines Wesens aber wäre er herausgefallen, hätte er kämpfend auftreten
wollen. Er konnte den jugendlichen Helden mild und belebend
anregen und in die rechte Bahn bringen, aber sich selbst neben
ihn zu stellen, das verbot ihm, außer dem höheren Alter, die
sichere innere Stimme seiner Natur. Je mehr Luther reformatorisch hervortrat, desto mehr mußte sich der bescheidene Staupitz
erschreckt und abgestoßen fühlen, und, als Luther mit der Kirche
brach, mußte Staupitz innerlich mit Luther brechen. Unter diesen
Umständen blieb Staupitz nichts übrig, als sich vom Kampfplatz
in die Stille zurückzuziehen; aber Luther und er schieden nicht
als Feinde, sondern als ehrenhafte, edle Männer, die bei der
Verschiedenheit der Richtung doch einen innerlichsten Einigungs-
punct hatten und dem Gemüthe nach nicht von einander lassen konnten.

Staupitz war in Augsburg mit dem gelehrten Erzbischof von
Salzburg, Matthäus Lang, einem heftigen, aber zugleich schlauen
Gegner der Reformation, der gegen Staupitz nur die gute Seite
seines Wesens hervorkehren mochte [2]), bekannt geworden. Zu die-
sem begab er sich als Hofprediger. In Salzburg wechselte er den
Orden und trat zu den Benedictinern. Wir finden ihn im J.
1522 als Abt des Benedictiner-Klosters St. Peter unter dem
Namen Johannes IV. [3]). Auch wurde er Vicarius und Suffragan

---

1) Luthers Briefe an Churf. Friedrich u. Spalatin Th. 1. S. 180
u. 148 bei de Wette. Auch Staupitzens Brief an Churf. Friedrich v. 15ten
Oct. 1518 aus Augsburg, in der Abhandlung v. Grimm in Illgens
Zeitschr. a. a. O. S. 122.
2) Nachweisungen über ihn s. bei Grimm a. a. O. S. 79.
3) Die Memoires de Trevoux ad ann. 1707 p. 975 geben bei Gelegenheit eines Itinerarium an, Staupitz sey in dieses Kloster gegangen,
um dafür Buße zu thun, daß er Veranlassung zu den luther'schen Bewegungen gegeben. Dem widerspricht, außer der falschen Auffassung des Verhältnisses zwischen Staupitz und Luther, besonders der Umstand, daß Staupitz auch in Salzburg mit Luther in einem freundlichen Verhältniß und
Briefwechsel blieb.

des Erzbiſchofs, ein Zeichen, daß er ſich ganz innerhalb der kirch=
lichen Schranken hielt. Merkwürdig iſt das Verhältniß zwi=
ſchen ihm und Luther auch bei dieſer äußerlichen Trennung.
Bereits im J. 1519 ſcheint Staupitz in Salzburg geweſen zu ſeyn;
in einem Briefe vom 20ſten Februar dieſes Jahres ſpricht Luther
den Wunſch aus[1]), Staupitz wieder einmal zu ſehen, erzählt ihm
von ſeinen Kämpfen und Verhandlungen und fügt folgende Worte
bei, die mehr als irgend etwas den Unterſchied ſeines inneren
Weſens von der Natur Staupitzens characteriſiren: „Gott reißt,
treibt, führet mich: ich bin meiner ſelbſt nicht mächtig; ich will
ruhig ſeyn und werde mitten in den Tumult hineingeriſſen.“ Bald
mußte Luther'n ſeine innere Entfremdung von Staupitz klarer wer=
den; unterm 3ten Oct. 1519 ſchrieb er[2]) an den Entfernten:
„Du verläſſeſt mich allzuſehr; ich war deinetwegen, wie ein ent=
wöhntes Kind über ſeine Mutter, in dieſen Tagen ſehr traurig:
ich beſchwöre dich, preiſe den Herrn auch in mir ſündigen Men=
ſchen.“ Selbſt in Träumen beſchäftigte den ahnungsvollen Lu=
ther dieſes Verhältniß: „Heute Nacht,“ ſchließt er, „habe ich
von dir geträumt; es war mir, als ob du von mir ſchiedeſt, ich
aber weinte bitterlich und war betrübt; du dagegen winkteſt mir
mit der Hand, ich möge ruhig ſeyn, du werdeſt zu mir zurück=
kommen.“ Staupitz antwortete Luther'n freundlich und meldete,
daß es ihm wohlgehe[3]); er lud ſogar den Bedrängten ein, zu
ihm nach Salzburg zu kommen: ſie wollten mit einander leben
und ſterben[4]). Indeß bald hatte Luther dem Freunde von immer
mächtigeren Bewegungen zu berichten: „Es iſt etwas Ungeheures
vor der Thüre,“ ſchrieb er ihm[5]), „was kommen wird, weiß
Gott; ich werde von dieſen Fluthen dahingeriſſen und fortge=
wälzt.“ Noch immer galt Staupitz äußerlich für einen Gönner
Luthers: er war vom Papſt beim Erzbiſchof von Salzburg deß
halb verklagt worden[6]) und hatte ſich in einem Schreiben dem
Urtheile des Papſtes unterworfen. Luther dagegen ermahnte ihn
zur Standhaftigkeit und zum Wiederrufe dieſer feigen Erklärung:
„Deine Unterwerfung,“ ſagt er[7]), „hat mich betrübt und mir ei=

---

1) Brief Luthers Nro. 123. Th. 1. S. 231 u. 32 bei de Wette.
2) Brief 162. Th. 1. S. 340 — 43 bei de Wette.
3) Brief Luthers an J. Lange Nro. 182. Th. 1. S. 380.
4) Staupitzens Brief an Luther in dem Aufſatze v. Grimm in Illigens
Zeitſchrift a. a. O. S. 121.
5) Brief an Staupitz vom 14ten Jan. 1521. Nro. 282. Th. 1. S.
556—58.
6) Staupitzens Brief an Wenc. Linck vom 4ten Jan. 1521, bei
Grimm S. 123.
7) In einem merkwürdigen, gewaltigen Briefe vom 9ten Febr. 1521.
Nro. 292. Th. 1. S. 556—58.

nen andern Staupitz vorgehalten, als jenen Prediger der Gnade
und des Kreuzes . . . Es ist jetzt nicht Zeit zu fürchten, sondern
zu rufen, wo unser Herr Jesus Christus verdammt und geschmäht
wird. Deßhalb, so viel du mich zur Demuth ermahnest, so viel
ermahne ich dich zum Stolz. Du hast zu viel Demuth, wie ich
zu viel Hochmuth . . . Das Wort Christi ist nicht ein Wort des
Friedens, sondern des Schwertes." Auch darein, daß Staupitz
wieder Abt werden wollte, konnte sich Luther nach einem Briefe
vom 27sten Juni 1522 [1]) nicht finden; ja unterm 19ten Dec.
desselben Jahres fällt er bereits ein strengeres Urtheil über den
Freund; „den Brief von Staupitz," schreibt er an Wenceslaus
Linck [2]), „verstehe ich nicht, außer daß ich sehe, daß er leer an
Geist ist und nicht schreibt, wie sonst; der Herr wolle ihn zu-
rückrufen." Dennoch konnte Luthers treues Gemüth von dem
alten Freunde, von dem geistlichen Vater nicht lassen; noch kurz
vor dessen Tode, der am 28sten December 1524 eintrat [3]), am
17ten Sept. 1523 schrieb ihm Luther einen Brief voll inniger,
rührender, Worte [4]); er sagt darin: „Wenn ich auch aufgehört
habe, dir angenehm und lieb zu seyn, so geziemt es mir doch
nicht, deiner zu vergessen oder undankbar gegen dich zu seyn,
durch den zuerst das Licht des Evangeliums in meinem Herzen aus der Dunkelheit aufzuleuchten anfing." Und dann, nachdem er das Bedenkliche der Stellung
Staupitzens in der Nähe des eifrigkatholischen Cardinal-Erz-
bischofs hervorgehoben: „Ich wenigstens, wie ich dich bisher gekannt, vermag das Widersprechende nicht zu vereinigen, daß du
derselbe seyn solltest, der du warst, wenn du in diesen Verhältnissen bleiben kannst, oder, wenn du noch derselbe bist, nicht
darauf sinnest, dich zu entfernen." Endlich zum Schluß, nachdem er sich des Fortbestehens alter Freundschaft getröstet: „Ich
werde nicht aufhören zu wünschen und zu beten, daß du so entfremdet von deinem Cardinal und dem Papstthume werdest, wie
ich es bin, ja wie auch du es warst." Der Erzbischof mochte, als
er Staupitz nach Salzburg zog, die Absicht gehabt haben, diesen von Luther zu trennen, dem Reformator Staupitzens Namen
und Schutz zu entziehen, und dadurch der Reformation selbst den

---

1) Nro. 411. Th. 2. S. 214 bei de Wette.
2) Nro. 444. Th. 2. S. 265 bei de Wette.
3) Am 18ten Januar des J. 1525 schreibt Luther an Amsdorf: „Staupitz ist nach kurzer Herrschaft [als Abt und bischöflicher Vicarius] aus dem
Leben geschieden." Luthers Briefe Nro. 664. Th. 2. S. 616 bei de Wette.
Das Epitaphium Staupitzens f. bei Grimm a. a. O. S. 84.
4) Nro. 530. Th. 2. S. 407—9 bei de Wette.

empfindlichsten Schlag zu versetzen. Der Erfolg war jedoch ein ganz anderer: Luther wirkte für sich nur um so kühner, und Stau- pitz, weit entfernt, der früheren Sympathie ganz zu entsagen, brachte Schriften Luthers nach Salzburg und ließ dort eine refor- matorische Tradition zurück, aus der zum Theil die späteren religiösen Bewegungen in diesen Gegenden zu erklären sind [1]).

Das gewichtige Wort Luthers in obigem Briefe, daß zuerst durch Staupitz „das Licht des Evangeliums in seinem Herzen auf- gegangen," mahnet uns an unsern Hauptzweck, nämlich zuzu- sehen, wie Staupitz für Luther das werden konnte, was er ihm war, wie er durch seine Lehre und Denkweise die Refor- mation einleiten half. Wir haben von Staupitz außer einer Anzahl Briefe [2]) drei Hauptschriften: von der holdseligen Liebe Gottes vom J. 1518 — vom heiligen christlichen Glauben — und von der Nachfolgung des willigen Sterbens Christi vom J. 1519 [3]); wozu noch eine, mir bisher noch nicht aus eigener Einsicht bekannte, Abhandlung über die Prädestination kommt [4]).

---

1) Schulze Auswanderung der evang. Salzburger. Gotha 1836. S. 11.

2) Sie sind zusammengestellt von Grimm in Jllgens Zeitschrift a. a. O. S. 116 — 126. Es sind deren 10, an Luther ist nur Einer darunter.

3) Diese Schriften sind von Joh. Arnd und kann wiederholt herausge- geben. Ich bediene mich für die Tractate von der Liebe Gottes und dem christlichen Glauben der Ausg. von Arnd, Straßburg bei Ledertz 1624 — von der Nachfolge Christi Lüneburg bei Hans u. Heinr. Stern 1630.

4) Ueber die Schrift de Praedestinatione s. die liter. Nachweisungen in *Seckendorf* Hist. Luth. Supplem. ad Indic. I. historic. c. 75. Aus- gabe Nürnberg 1517 u. deutsch von Scheurl, ebend. 1517. Vergl. (von der Hardt) Antiq. liter. monum. autogr. Lutheri aliorumque I, 60. 73. III, 2. Zu einem Bande alter Druckschriften auf der Tübinger Uni- versitäts-Bibliothek (mitgetheilt durch die Güte des Hrn. Dr. Baur), welcher verschiedenartige kirchliche Tractate enthält, befindet sich auch ein 5 Blätter in kl. 4 einnehmender Aufsatz: Decisio quaestionis de audien- cia misse in parochiali ecclesia dn̄icis et festivis diebus. Die an den Buchdruckermeister Johann Othmar (accuratissimo librorum impres- sori) gerichtete kurze Vorrede (dieselbe enthält u. A. das schöne Dictum: Fit sapidius veritatis ipsius nectar bibitum absinthio praegustato falsitatis) ist geschrieben von Frater *Johannes de Staupitz* Augustini- anus und datirt: Tuwingen. Anno salutis nostre 1500. Die penul- tima marcii. Ob der Tractat selbst von Staupitz berührt, ist nicht einmal bestimmt gesagt. Am Schlusse des Ganzen heißt es nur: Vale optime lector. Atque quaestionis p. veritate vid n̄dum decisionem patienter legas. parti adherendo saniori veriorique.
Ex Tubingen Anno 1500.
Von demjenigen, was Staupitz eigentlich auszeichnete, von der Richtung auf das Innerliche, dem einfach-kindlichen und practisch-mystischen Sinne, findet sich in der Abhandlung nichts; das Ganze bezieht sich auf äußere kirchliche Verhältnisse und ist in der gangbar scholastischen Form mit Gründen und Gegengründen, mit Berufung auf die vornehmsten Lehrer (Joh. Gerson,

Schon aus den Titeln dieser Tractate sieht man, welches die Hauptgesichtspuncte in der Theologie Staupitzens waren, wie er sich einerseits an die mystische Ueberlieferung anschloß, andererseits diejenigen christlichen Grundgedanken und Grundempfindungen in den Mittelpunct stellte, die auch das Centrum der reformatorischen Richtung waren.   Seine Denkart war paulinisch=augustinisch, aber in mystischer Form.

Das Wesentliche, aus dem Staupitz Alles ableitete, war ihm in mystischer Weise die Liebe[1]), die Liebe Gottes, aus der sich, durch Christum vermittelt, die menschliche entzündet. Gott ist über alle Dinge lieblich, die wesentliche, in sich selbst gute Liebe und als solche die höchste Vollkommenheit. Diese Liebe, die Alles lieblich macht, worauf sie fällt, muß um ihrer selbst willen und über alle Dinge geliebt werden. Diese reine, höchste Liebe, in welcher alle Verherrlichung und aller wahre Dienst Gottes, alle Frömmigkeit und alles Gebet ruht, kann der Mensch, weil sie eine Sache der Erfahrung ist, nicht von Andern, er kann sie nicht

---

Gabriel Biel, Scotus, Alexander Halesius, Bonaventura u. A.) und auf kanonische Gesetze abgehandelt, so daß es wohl auch von einem Andern herrühren und von Staupitz nur zum Druck befördert worden seyn konnte. Das Einzige, was dem Wesen Staupitzens etwa entspricht, ist der milde und liberale Sinn, der sich im Tractate ausspricht; aber dieß allein rechtfertigt noch nicht die Abfassung durch Staupitz, sondern nur die Herausgabe durch ihn. Indeß wäre auch denkbar, daß sich Staupitz bisweilen, besonders in seiner früheren Lebensperiode in solcher scholastisch=kanonischen Form bewegt hätte. Der wesentliche Inhalt ist folgender. Die Hauptfrage, die in der Schrift aufgeworfen wird, ist: ob die Parochianen nach Vorschrift der Kirche gehalten seyen, an Sonn= und Festtagen die Messen in ihren eigenen Pfarrkirchen zu hören? Hierüber wird für und wider disputirt, gegen Ende aber werden folgende Sätze aufgestellt: Conclusio tertia: „Es ist vernünftig und angemessen, daß die Parochial=Priester nicht leichtfertig seyen, die Untergebenen darum zu verdammen, weil sie an bestimmten Tagen die Messe außerhalb der Parochie hören und Gott den schuldigen Dienst leisten; Ursache, weil die Verpflichtung, die Messe mit bestimmten äußeren Umständen (cum positivis circumstanciis) zu hören, aus dem positiven Rechte stammt, welches immer vernünftige Entschuldigungen zuläßt." Conclus. 4: „Es handeln aber die gefährlich, welche den Leuten leichtfertige Ursachen an die Hand geben, sich an bestimmten Tagen von der Messe in der Pfarrkirche zu entfernen." Conclus. 5: „Es ist ein Irrthum, daß die Parochianen, aus jeder, auch der leichtesten Ursache, die auf den Gottesdienst keinen Bezug hat, von der Verpflichtung zur Kirche absolvirt seyen; denn nicht jede Ursache hebt den Grund des Gesetzes auf, und, wenn dieser stehen bleibt, bleibt auch das Gesetz stehen." Die Bequemlichkeit oder persönliche Neigung soll hier nicht entschuldigen, sondern nur die Nothwendigkeit; im Allgemeinen aber wird die Anordnung festgehalten, daß, wenn nicht dringende Ursachen zum Gegentheil vorhanden sind, die Parochianen in ihrer eigenen Kirche die Messe zu hören haben.

1) Das Nachfolgende ist, so viel als möglich mit Staupitzens eigenen Worten, aus dem Büchlein „von der holdseligen Liebe Gottes" entnommen.

aus seinem natürlichen Verstand, er kann sie nicht aus dem Buch=
staben der Schrift lernen: der Buchstabe des alten Testamentes
lehrt bloß Gesetz und Strafe und hat nur einen Werth, insofern
der Geist und Christus darin verborgen, insofern er eine Streckung
von der Natur zur Gnade, von sich selbst zum Geist ist; aber auch
der bloße Buchstabe des neuen Testaments tödtet, ja noch viel
mehr, weil er Christum vor die Augen und seine Lehre in die Oh=
ren, aber seinen Geist nicht ins Herz bringt. Der wahre Lehrer
der göttlichen Liebe ist der Geist des himmlischen Vaters und Christi,
von dem unsere Herzen mit Liebe durchgossen werden; Gott
selbst, der die Liebe ist, muß Wohnung in der Seele machen:
daraus überkommt sie Kraft, alle Dinge, alle Gebote zu voll=
bringen. Aus dieser Einwohnung des h. Geistes entspringt das
Licht des christlichen Glaubens, das aus äußerlicher Lernung der
Schrift nicht erreicht werden mag; daraus fließt auch die wahre
Hoffnung und der sichere Trost, die wir nicht auf unsere Werke,
auf unsere Liebe gegen Gott, sondern nur auf Gottes Liebe gegen
uns, auf das, was Gott in uns wirkt, gründen können. Die
Liebe Gottes wird uns ins Herz gebildet durch Christum, in dem
sich die unaussprechliche Liebe Gottes gegen uns geoffenbart hat:
er ist der Fels, in dem das Zündfeuer der Liebe ruht; doch springt
dieses nicht heraus, wenn es nicht von dem festen Eisen, dem h.
Geist, herausgetrieben wird. Wenn aber Gott den Fels ins Herz
der Auserwählten schlägt, so gibt er Feuer, die todte Kohle wird
lebendig, der schwarze Zunder Goldfarbe. So entspringt Liebe
aus Liebe, aus der Liebe Gottes zu uns unsre Gegenliebe zu Gott.
In solcher Liebe gibt es auch Stufen; man kann unterscheiden:
Anfangende, Zunehmende, Vollkommene. Der Vollkommene ist
ganz von sich selbst, von allen Dingen und Creaturen abgelöst,
er übergeht Wahl und eigene Wirkung, gewartet allein, was Gott
in ihm spricht und wirkt, und hängt also fest an Gott, daß er
mit ihm ein Geist genennet wird. Die Grade der Liebe Gottes
haben unter sich selbst eine Ordnung; sie werden aber von Gott
nicht allemal in derselben Ordnung gegeben. Zwar ist die Liebe
Gottes über alle Dinge ein beständiges Werk, doch steht diese
Liebe nicht immer in gleicher Höhe, sondern ist mehr oder weni·
niger, wie es Gott dem geliebten Menschen nützer erkennt. Der
Mensch muß bisweilen in der Entziehung der Liebe seiner Schwäche
inne werden, damit er in Gott den alleinigen Erlöser erkenne und
ihn allein groß mache; aber den Auserwählten, die Christi sind,
müssen alle Dinge zum Besten helfen. Christus gehört ohne alle
Mittel [ohne Vermittelung] Gott zu, wir aber durch Christum;
durch Christum ist die auserwählte Seele Gott also freundlich zu=

gethan, daß ihr auch das Böfe, ja die Sünde nicht allein un=
fchädlich ift, fondern zu ihrem Beften hilft. Wir follen jedoch nicht
denken, daß wir um beßwillen fündigen mögen, fondern uns ge=
bühret, das Böfe zu allen Zeiten mit höchftem Fleiß zu fliehen,
denn Sünde mit Barmherzigkeit zu decken ift allein ein Werk
Gottes. Ein wahres Zeichen der Liebe Gottes ift Vollbringung
der Gebote Gottes, denn Liebe gebiert Gleichförmigkeit und macht
ein Herz, einen Willen, eine Seele; das allergewiffefte Zeichen
des wahren Liebhabers aber ift, daß nichts denn Gott frei einig
in feinem Geifte bleibet und alle Creaturen daraus getrieben wer=
den; ift dieß, ift er aller Creaturen ledig, vergißt er feines Le=
bens, Verdienftes und Heils, und fucht nur Gottes Ehre und
Willen, fo ift Gott ohne Zweifel in ihm und er „ftecket voll
Gottes.“

Den Glauben[1]) ift fchon ein ehrbarer Menfch dem an=
dern in rechtmäßigen Dingen fchuldig, wie vielmehr find wir ihn
Gott und feinem Worte, welches die Wahrheit felbft ift, fchuldig.
Ihm muß fich aller Verftand gefangen geben, müffen alle Herzen
zufallen, die Sachen feyen auch wie hoch fie immer feyn mögen.
Alle Zufage Gottes ift aber enthalten und vergewiffert in Chrifto.
Glaube, daß er der Sohn Gottes fey und zweifle nicht, oder be=
gehre wenigftens feftiglich an ihn zu glauben, fo bift du in ihm
gefegnet. Die an Chriftum glauben, in dem Gott fein Wort
gefetzet hat, bedürfen, weil fie von Gott gelehret find, keines Leh=
rers des Glaubens, fie dürfen ihrer Verfehung zur Seligkeit ge=
wiß feyn, fie werden gerechtfertigt und erneuert und haben Ver=
gebung der Sünden, wozu weder Beicht, noch Reue, noch irgend
ein Menfchenwerk hilft, fondern nur der Glaube an Chriftum.
Ohne Chriftus ift keine rechte Tugend, Vernunft und gute Mei=
nung; in ihm ift alle Sünde, fo Buße folgt, läßlich: die aus
Gott geboren find, bewahret diefe Geburt vor dem Sündigen, nicht
ihre Tugend, Vernunft oder ftark Gemüth. Der Glaube an
Chriftum läßt auch keinen Menfchen in ihm felber bleiben, fon=
dern zieht ihn über fich und feiert nicht, bis er uns mit Gott
vereinige. Erftlich vereiniget er alle Gläubigen alfo, daß fie in Gott
ein Herz und eine Seele gewinnen und daraus entfpringt die
Einigkeit der Kirche. Zum andern vereiniget Gott die Gläubigen
mit Chrifto fo, daß fie mit ihm ein Leib werden, in welchem er
das Haupt und fie die Glieder find, und durch diefe Einigung
geußt Chriftus alle geiftliche Gaben, ja fich felbft in unfer Herz.
Endlich ift über diefer Vereinigung noch eine andre, zu welcher

---

1) Aus dem Tractat „von dem heiligen chriftlichen Glauben.“

Gott Christo den, der an ihn glaubt, zur Ehe gibt, also daß der Gläubige und Christus unauflöslich verbunden sind; dieß ist die Ehe im Paradies, ein Sacrament und Siegel, daß Christus alle Sünden und Gebrechen von uns genommen, und dagegen unsre Weisheit, Gerechtigkeit, Heiligung und Erlösung geworden, nicht außer uns, sondern in uns.

Wer durch den Glauben in Christo ist, der befleißigt sich vor Allem der Nachfolge Christi, zunächst im Leben, dann besonders im Leiden und Sterben[1]. Dieß zeigt Staupitz in seiner dritten, einer Gräfin Agnes von Mansfeldt und Helbrungen gewidmeten[2], Schrift, worin er anschaulich macht, „wie doch ein andächtiger Mensch, der Nothdurft Sterbens unterworfen, sich schicken möchte, Christo um [für] sein Leiden und Sterben ein willig Leben, Leiden und Sterben wiederzugeben." Hier werden vornehmlich die paulinischen Gedanken ausgeführt, wie durch die Sünde der Tod in die Welt gekommen, wie von der ersten Sünde aus sich die Sünde über das ganze Geschlecht verbreitet, wie Christus die Sünde und den Tod überwunden, und wie er durch sein Sünde und Tod bezwingendes Leiden und Sterben auch uns ein Vorbild des rechten Leidens und Sterbens geworden. „Stirb, wie Christus," sagt Staupitz[3], „so stirbst du ohne Zweifel selig und wohl. Wer da will, der lerne von St. Peter sterben oder von andern Heiligen, oder sehe, wie die Frommen ihr Leben schließen. Ich wills von Christo lernen und von niemand anders: Er ist mir von Gott ein Vorbild, nach dem soll ich wirken, leiden und sterben, er ist allein der, dem alle Menschen folgen können, in dem alles gute Leben, Leiden und Sterben aller und jeglicher vorgebildet, also daß niemand recht thun, leiden und sterben kann, es geschehe denn gleichförmig mit Christo, in welches Tode aller anderer Tod verschlungen ist."

Aus dieser kurzen Darstellung der Denkweise Staupitzens, die nicht so viel Tiefsinniges hat, wie die deutsche Theologie, und nicht so viel Poetisches, wie Suso[4], aber durch liebliche Einfachheit und practischen Sinn sich auszeichnet, ist wohl jedem Kundigen einleuchtend, in welcher Weise Staupitz reformatisch

---

1) Aus der Schrift „von der Nachfolgung des willigen Sterbens Christi."

2) S. die kurze Vorrede zu der Schrift.

3) Kap. 6.

4) Ein gewisser Mangel in diesen Beziehungen hängt vielleicht mit Staupitzens slavischer Abstammung, auf welche die Endsylbe seines Geschlechtsnamens (itz) hindeutet, zusammen. Offenbar sind in dieser Zeit vorzugsweise die Deutschen die eigentlich mystischen Naturen.

war und wie er auf Luther einwirken konnte. Die Hauptpuncte sind folgende. Staupitz, obwohl er den bloßen Buchstaben der Schrift für tödtend erklärt, zeigt doch überall ein Bestreben, Alles auf die Schrift zurückzuführen [1], alle Wahrheit aus der Schrift abzuleiten, sobald sie nur lebendig, dem Geiste nach verstanden wird; er will nicht Menschen, sondern nur Gott zum Lehrer, und findet das Wort Gottes in der Schrift. Der Mittelpunct der Schrift ist ihm Christus, der Gottessohn, der Erlöser, das einzige, Alles in sich fassende, Vorbild. Auf die lebendige, innerliche Gemeinschaft mit ihm und durch ihn mit Gott gründet er alles Heil. „Jesu dein bin ich, mach mich selig": ist das Anfangs= und Schlußwort seiner Tractate [2]. Der Glaube ist ihm das Mittel der Gemeinschaft mit Christo, nur durch den Glauben Rechtferti= gung und Erneuerung, und nur aus dem Glauben wahrhaft gute Werke. Die Werke sind nicht Ursache der Seligkeit [3], sondern Zeichen des Glaubens und der Erwählung. Der Gläubige, in unmittelbarer Gemeinschaft mit Gott stehend, hält sich nicht an die Heiligen, sondern an Christum. Auch die Theilnahme an der Kirche ist durch Christum vermittelt, nicht umgekehrt die Theil= nahme an Christo durch die Kirche; denn die Einheit der Kirche ruht darauf, daß vorher alle Gläubigen durch den Glauben in Gott geeinigt sind [4]. So geht Alles von Christo, der Aneignung seines Geistes und Lebens in Glauben und Liebe aus. In allen

---

1) Luthers Werke VIII, 1756: „Doctor Staupitz pflegte zu sagen: es wäre mißlich und gefährlich, daß wir uns auf unsere eigene Kräfte ver= ließen; denn es kann wohl kommen, daß wir auch in dem, so wir aufs allerbeste wissen und verstehen, gleichwohl fehlen und irren können ... Darum ist uns wohl vonnöthen, daß wir in der heiligen Schrift mit höchstem Fleiß und aller Demuth studiren, und daß wir auch mit ganzem Ernst beten, daß wir ja die Wahrheit des Evangelii nicht ver= lieren."

2) Ueber dieses Symbolum Staupitzens s. M. G. Heinr. Götzens Ordinations=Sermon über Dr. J. Staupitzens Leibspruch. Lübeck 1717. Weller Altes aus allen Theilen der Geschichte II, 276.

3) Die Unzulänglichkeit menschlicher Werke und Tugendbe= strebungen hatte Staupitz bald und gründlich eingesehen. Luther erzählt uns, Staupitz habe häufig gesagt: „Ich habe unserm Herrn Gott mehr denn tausendmal gelobt, ich wolle fromm werden, ich habe es aber nie ge= halten. Darum will ichs nimmermehr geloben; denn ich weiß doch, daß ichs nicht halte. Darum, wo mir Gott nicht gnädig seyn will um Christi willen und ein seliges Stündlein verleihen, wenn ich abscheiden soll, werde ich mit meinen Gelübden und guten Werken nicht bestehen können, sondern verloren seyn müssen." Luthers Werke VIII, 2725.

4) Vom christl. Glauben Kap. 10: „Der Glaube in Christum lässet keinen Menschen bei und in ihm selber bleiben, er zeucht über sich und feyret nicht, bis er uns mit Gott vereinige. Erst vereinigt Gott alle Gläubigen also, daß sie ein Herz, eine Seele in Gott gewinnen ... Da= her entspringt die Einigkeit der Kirchen."

diesen Dingen ist Staupitz offenbar reformatorisch, konnte und mußte Luther von Staupitz nachhaltige Eindrücke empfangen. Ganz besonders aber war es ein Punct, worin Staupitz auf Luther tief einwirkte und zwar ein rechter Herzpunct der luther'schen Fröm= migkeit und Theologie, die Lehre von der Buße, die Erkennt= niß des wahren Wesens derselben. Das sagt uns Luther selbst in dem höchst merkwürdigen, gehaltvollen Briefe [1]), mit welchem er die Zusendung der Resolutionen an Staupitz begleitete; hier schreibt er: Staupitz habe ihn einst auf unvergeßliche Weise, wie eine Stimme vom Himmel, über die Natur der Buße belehrt, daß nämlich nur diejenige die wahre sey, welche von der Liebe der Gerechtigkeit und Gottes beginne, und daß das, was die ge= wöhnlichen Lehrer als Schluß und Vollendung der Buße dar= stellten, vielmehr ihr Anfang sey. „Dieses dein Wort haftete in mir, wie der scharfe Pfeil eines Gewaltigen; ich fing an, dasselbe mit den Schriftstellen über die Buße zu vergleichen, und siehe Alles paßte aufs schönste zu dieser Meinung, so daß, wäh= rend mir vorher in der Schrift nichts bitterer klang, als das Wort Buße, mir jetzt nichts süßer und angenehmer vorkam. So werden die Lehren Gottes lieblich, wenn wir sie nicht bloß in Büchern, sondern in den Wunden unseres süßesten Erlösers zu lesen bekommen und erkennen." Hieraus entwickelte sich dann bei Luther die Ueberzeugung, daß es bei der Buße nicht sowohl auf das Thun, auf die Werke, auf kalte äußerliche Satisfactionen ankomme, als vielmehr, was auch der griechische Ausdruck μετάνοια mit sich bringe, auf Umwandlung des Sinnes, und aus dieser Erkenntniß des inneren Wesens der Buße entsprang dann, da ihn gerade in diesem Augenblick die Nachrichten über die verderbliche Ablaßverkündigung trafen, seine reformatorische Opposition gegen den Ablaß. So hatte also Staupitz aller= dings den wesentlichsten Einfluß auf das Hervortreten Luthers, aber nicht jenen äußerlichen directen, den manche katholische Schriftsteller annehmen, sondern nur einen indirecten, jedoch tief innerlichen [2]).

Bei diesem unleugbaren inneren Zusammenhange verkennen wir die Verschiedenheit beider Männer nicht. Staupitz, ein zartes, mildes, inniges Gemüth [3]), entwickelt seine Ueberzeugungen

---

1) Nro. 67. S. 115—18. Der Brief ist vom 30sten Mai 1518.

2) Nur in diesem Sinne nennt sich auch Luther einen *Discipulus* von Staupitz in einer vom Trinitatistage 1518 datirten Dedication der ersten Sammlung seiner Schriften. Ukert Leben Luthers·I, 70.

3) Dieß drückt Luther in einem Briefe an Wenc. Linck, indem er ihm eine Schrift von Staupitz zurücksandte (7ten Febr. 1525, Th. 2. S. 624 bei de Wette), sehr stark aus: Remitto Staupitium: *frigidulus* est,

ausschließlich in erbaulicher, mystischer Gestalt; L u t h e r, ein kräf=
tiger, männlich strebender Geist, ist mehr wissenschaftlich forschend
und wendet das Erforschte unmittelbar auf That und Leben an.
Staupitzens Leben ist wie ein heiterer Frühlingsmorgen, Luthers
wie ein gewitterschwangerer, sturmvoller Sommertag; jenen denkt
man sich lieber in stiller Zelle, ruhig und beschaulich; diesen als
kühnen Kämpfer vor Fürsten und Volk, im Kreise begeisterter
Freunde und trotziger Feinde. In der ganzen höheren Auffassung
der Dinge ruht bei Staupitz Alles auf der Liebe, bei Luther
Alles auf dem Glauben; Staupitz führt das Christenthum auf
die allereinfachsten practischen Sätze der Liebeslehre zurück, Luther
entfaltet aus seiner Glaubenslehre einen großen Reichthum reli=
giöser Anschauungen und theologischer Begriffe. Dieser führte aus,
was jener angelegt und vorbereitet; dieser that, was jener ahnete
oder dachte; aber wenn sie hierbei auch, indem sich jeder einer
redlichen Gesinnung bewußt seyn durfte, durch den Richtergang
der Weltgeschichte aus einander gerissen wurden, so waren sie doch
im innersten Grunde ihres christlichen Lebens eins und konnten
sich daher auch nie ganz von einander trennen.

Man könnte, da der innere Entwickelungsgang Luthers sonst
so viele Analogien mit dem des großen Heidenapostels darbietet,
versucht seyn, die gegenseitige Stellung S t a u p i t z e n s und L u=
t h e r s mit dem Verhältnisse zwischen G a m a l i e l und P a u l u s
zu vergleichen; allein das Passende in dieser Vergleichung würde
durch das Hinkende weit überwogen werden. Allerdings kommen
Gamaliel und Staupitz darin überein, daß Beide aufrichtig fromme
und, natürlich nach Maaßgabe ihrer Zeit und Stellung, milde
und freisinnige Männer [1]) waren, und daß sie auf ihre Zöglinge
einen Einfluß übten, welcher der künftigen, höheren Entwickelung
derselben keine unübersteiglichen Hindernisse entgegenstellte. Aber
dabei treten uns auch wieder wesentliche Unterschiede entgegen.
Erstlich: Gamaliel war, wenn auch einer der besseren und mehr
innerlichen, doch immer ein Pharisäer, also ein Mann der Gesetz=
lichkeit und Gesetzesgelehrsamkeit [2]); Staupitz dagegen ein in sich

_____

sicut semper fuit et parum *vehemens*. Freilich vehemens war Stau=
pitz nicht im Vergleich mit Luther, aber das frigidulus möchte ich nicht
unterschreiben, wenigstens nicht in Beziehung auf Staupitzens S c h r i f t e n,
die viel innere Wärme haben. Eine sehr kräftige Gesinnung, nament=
lich in Beziehung auf Luther und die Reformation, spricht S t a u p i t z übri=
gens auch aus in einem Briefe an Spalatin vom 7ten Sept. 1518. S.
G r i m m s Zusammenstellung der Briefe a. a. O. S. 120.
1) Siehe in Betreff G a m a l i e l s die schönen Bemerkungen von T h o=
l u c k in den theol. Stud. u. Krit. 1835. II, 377 ff.
2) Seine Verehrer nannten ihn die „Herrlichkeit des Gesetzes" und

gekehrter, beschaulicher Geist: Gamaliel, im 16ten Jahrhundert
lebend, würde nicht den reformatorischen Mystikern, sondern den
edleren Vertretern der Hierarchie und Scholastik, Staupitz, im
Zeitalter des sinkenden Judenthums geboren, nicht den Pharisäern,
sondern den Essäern oder überhaupt einer contemplativen Richtung
angehört haben.   Zweitens: Beide begründeten zwar in ihren heran=
reifenden Freunden einen ernsten und streng frommen Sinn, aber
das Verhältniß stellt sich wieder insofern wesentlich verschieden, als
Paulus mit seiner apostolischen Eigenthümlichkeit sich gerade in den
schärfsten Gegensatz gegen die pharisäische Denkart seines Lehrers
stellte, Staupitz dagegen, obwohl Klosterbruder, doch im Wesent=
lichen schon denselben Standpunct einnahm, wie Luther; Staupitz
ist ein Vorbereiter und Vorläufer der Reformation, nicht ebenso
Gamaliel ein Vorgänger des Christenthums; zwischen Gamaliel
und Paulus ist gerade in der Hauptsache ein Widerstreit, zwischen
Staupitz und Luther, bei aller Verschiedenheit der Naturen und der
Entwickelungsstufen, eine innere Einheit der Gesinnung und gan=
zen Richtung.   Darum verhalten sich auch drittens Gamaliel und
Staupitz ganz verschieden zu dem Werke, dem ihre Zöglinge ihr
Leben widmen.   Gamaliel, völlig unparteiisch, will nur ganz
objectiv die apostolische Thätigkeit gewähren lassen, gleichsam zur
Probe, ob Gott und die Zeit sie auch bewähre; Staupitz dagegen
ist mit seinem Herzen bei den reformatorischen Bestrebungen, lobt
und fördert sie anfänglich, und zieht sich erst zurück, als ihm die
Sache zu gewaltig wird und die Macht der Entwickelung über
seine Natur und seinen Sinn hinausgeht.   Daß aber Staupitz
auf diesem Puncte stehen blieb, dürfen wir ihm nicht verargen;
die Zeit forderte, entweder selbst ein Held zu seyn, und eine
Heldennatur kann man niemanden zumuthen, der sie nicht von
Gottes Gnaden hat, oder sich an den Helden, der wirklich da war,
selbstverleugnend anzuschließen, und das konntewohl der jüngere,
bescheidene Melanchthon, nicht aber der ältere, an das Vater=Ver=
hältniß gewöhnte, für einen Weltkampf überhaupt nicht bestimmte
und damals am wenigsten gestimmte Staupitz.

Die mittelalterliche Mystik hatte ihr Geschäft vollendet: sie
hatte aus der Schule ins Leben, von der Ueberlieferung zur Schrift,
in der Schrift zu Christo, in Christo zum Geist, zur Gnade, zum
Glauben und zur Liebe geführt; sie hatte das ganze religiöse Leben

---

man hatte über ihn das Dictum: „mit ihm sey die Herrlichkeit des Gesetzes
untergegangen.“   S. Tholuck a. a. O. S. 378.

in eine höhere Potenz erhoben, vom Werke zur Gesinnung, vom
äußeren Dienste zur freien, Gottheit und Menschheit im Innersten
einigenden, Liebe; sie hatte dadurch die Gemüther mächtig erregt
und erwärmt, und zuletzt noch eine kräftige, tief innerliche Fröm=
migkeit in den Herzen der Männer entzündet, die zur Umgestaltung
des christlichen Wesens bestimmt waren, namentlich in dem Herzen
des Hauptreformators selbst.

Erwägen wir noch etwas genauer die allgemeine und tief=
greifende Bedeutung dieser Erscheinung [1]):

Das Christenthum hat, nach seinem ganzen Daseyn in der
Welt betrachtet, eine zwiefache Seite: eine objective, insofern es
ein Inbegriff von Thatsachen, Lehren und kirchlichen Einrichtun=
gen, überhaupt eine geschichtliche Erscheinung ist, und eine sub=
jective, insofern das geschichtlich und gegenständlich Gegebene in
Geist und Gemüth eingeht und wirkliche Frömmigkeit wird; auf
jenem beruht die Einheit und der feste Bestand der christlichen
Religion und Gemeinschaft, auf diesem das innere Leben ihrer
Mitglieder. Beides gehört nothwendig zusammen, um einen nor=
malen und gesunden Zustand des christlichen Gemeinwesens her=
vorzubringen. Aber nach der Unvollkommenheit der menschlichen
Dinge, wird meist die eine oder die andre Seite vorherrschen
und nur in einzelnen großen Momenten eine gleichmäßige Durch=
dringung eintreten. Im Mittelalter herrschte offenbar die ob =
jective Tendenz vor, das Christenthum als gegebene Ueber=
lieferung als Gegenstand, als Kirche und Macht, woraus das Or=
ganische und großartig Bauende in dem Kirchenwesen dieser Zeit
entsprang. Dieser Zustand hatte seine große, wesentliche Wich=
tigkeit: erstlich für die Feststellung und Erhaltung des Christen=
thums unter den wilden Bewegungen und Stürmen der Zeit;
zweitens für die Heranbildung der Nationen zur Gesittung und zu
einer größeren, ihre Wechselwirkung auf einander bedingenden,
Einheit. Aber die Schattenseite war, daß die Subjectivität fast
gar nicht zu ihrem Rechte kam, daß das Individuum, wenn es sie
doch geltend machen wollte, niedergedrückt, im Nothfall vernichtet
wurde. Die Objectivität und Einheit, welche herrschte, war nicht
eine wahrhaft freie, wesentlich innerliche, sondern zum guten Theil
nur eine erzwungene, äußerliche. Dieß mußte, weil es die Natur
des Christenthums und das gottbestimmte Wesen des menschlichen
Geistes forderte, anders werden. Die Nationen und Individuen,
hindurchgegangen durch die objective Zucht des Mittelalters, sollten

---

1) Vergl. *Weissenborn* de momento, quod ad sacrorum instaurationem theologia mystica attulerit. Jen. 1825.

auch ihre freie Innerlichkeit, ihre Subjectivität und In=
dividualität entfalten, das Christenthum sollte sich nicht bloß
als Macht, sondern als Geist, Kraft und Wahrheit, als selbstbe=
wußte Ueberzeugung behaupten. Diese ungeheure Umwälzung
wurde im Großen theils bewirkt, theils eingeleitet durch die Re=
formation. Vor der Reformation aber, und diese eben da=
durch selbst vorbereitend, war es partiell und bis zu einem ge=
wissen Grade schon geschehen durch die Mystik, vornehmlich
durch die deutsche, welche überall die Freiheit als ein unschätz=
bares, ja als das höchste Gut im geistlichen Leben achtete, und
von diesem inneren Freiheits= und Selbständigkeitsgefühle aus in
manchen ihrer Bekenner eine Kühnheit entwickelte, die gegen die
reformatorische nicht zurückstand. Diese Bedeutung der Mystik zeigt
sich in den wichtigsten Puncten.

Erstlich: in dem großen geistigen Gegensatze des Mittelalters,
Scholastik und Mystik, steht offenbar die erstere überwiegend
auf der objectiven, die letztere überwiegend auf der subjectiven
Seite: jene behandelt das Christenthum mehr als Lehre, als Ueber=
lieferung und fügt sich dabei der kirchlichen Autorität und Macht;
diese behandelt es als Geist, Gesinnung, inneres Leben, und ent=
zieht sich der Kirche bis zu einem gewissen Grade fast überall; in
der Scholastik waltet ein fester, traditioneller Begriff, in der Mystik
ein bewegliches Gefühl, wo nicht eine völlig freie Phantasie.
Dieses Hereinziehen des Christenthums in die innere Welt, im
Gegensatz gegen die immer mehr äußerlich gewordene Scholastik,
haben die Reformatoren mit den Mystikern gemein, aber vor der
falschen Innerlichkeit und Willkür, in welche die Mystiker oft ver=
fielen, schützt sie wieder das objective Maaß, das sie zugleich hin=
zubringen in der noch weit entschiedener in den Vordergrund gestell=
ten und nach der Norm der allgemeinen Kirchenlehre aufgefaßten
Schrift, dem Regulator alles Subjectiven, dem Bollwerk gegen
alles Schwarmgeisterische.

Hiermit hängt ein Zweites zusammen, worin die Mystik in
einem tiefen, man darf wohl sagen, protestantischen Gegensatze
gegen die Hierarchie steht. Wo ausschließlich das Objective
im Kirchenwesen gilt, wird auch die Kirche oder die sie repräsen=
tirende Hierarchie allein als das Vermittelnde für das Verhält=
niß des Menschen zu Gott und für die ewige Seligkeit angesehen.
So war es im Mittelalter, so ist es im Katholicismus noch. Die
Hierarchie, das Priesterthum stellt sich zwischen Gott und den
Menschen in die Mitte und behauptet, nur durch die kirchlich=sa=
cerdotale Thätigkeit würden die Gnaden Gottes und des Him=
mels fortwährend dem Geschlechte und dem Einzelnen zugewendet.

Anders der Mystiker: er wendet sich in seinem Innersten un=
mittelbar an Gott, er will sogar mit Gott eins werden, er ist sich
selbst Priester, Altar und Opfer, und wenn er auch die äußere
priesterliche Vermittelung nicht verwirft oder übergeht, so ist sie
ihm doch etwas minder Wesentliches und Untergeordnetes. Fassen
wir also den Gegensatz des Katholicismus und des Protestantismus
in die bekannte Formel, daß der erstere sage: wo die Kirche ist,
da ist Christus und der Geist Gottes; der andere: wo Christus
und der Geist Gottes ist, da ist die Kirche.— so steht die sich
selbst verstehende Mystik offenbar auf der letzten Seite und ist
wesentlich protestantisch dadurch, daß sie Heiligung, Frieden, Se=
ligkeit in ihrem tiefsten Grunde nur aus der Einigung mit Gott
und Christo, nicht aus den Mitteln und der Thätigkeit der Kirche
ableitet.

Drittens: mit der Herrschaft des Objectiven in der Kirche
hängt auch zusammen, daß alles Das, was vom Subject und
dessen Zustand oder Gesinnung unabhängig ist, mehr hervortritt
und höher geachtet wird, Alles dagegen, was mit der Subjec=
tivität zusammen= oder von ihr abhängt, zurücktritt und geringere
Geltung hat. Daher der unendliche Werth, der im Mittelalter
der heiligen Handlung, dem ganzen festgeordneten Cultus und
vornehmlich dem Sacrament schon als bloßer Verrichtung beige=
legt wird, und die daraus folgende Lehre vom Opus operatum,
bei gänzlichem Zurücktreten der, durch subjective Bildung und
Theilnahme bedingten, Predigt und freien pastoralen Einwir=
kung. Daher auch wieder bei dem Individuum die unverhältniß=
mäßige Werthschätzung des Werkes, der äußeren Leistung von
Seiten der Kirche bei geringer Beachtung der Gesinnung und der
inneren Zustände. Auch dagegen mußte eine Reaction erfolgen
und sie ging gleichfalls besonders von den Mystikern aus: sie
faßten den Cultus selbst wieder weit mehr in seiner geistigen Be=
deutsamkeit, sie hoben bei den Sacramenten und allen heiligen
Handlungen wieder weit entschiedener den Glauben und andre innere
Bedingungen hervor, unter denen sie allein heilsam wirken können,
sie stellten die Predigt wieder mehr in den Vordergrund und
übten die christliche Volksbelehrung mit Kraft und Geschick, sie
bearbeiteten das Volk religiös und sittlich in freier, höchst eifriger
Thätigkeit, sie wiesen mit großer Entschiedenheit von dem bloßen
Werk auf Glauben, Liebe und Gesinnung hin, sie thaten mit
einem Worte Alles, um aus den auswendigen Christen inwendige
zu machen: lauter Dinge, in denen sie unverkennbar den Reforma=
toren, als den Wiederherstellern der Innerlichkeit, der Subjectivität
im Christenthume vorarbeiteten.

Endlich viertens: die streng objective Richtung in der Kirche erkennt auch das Recht und die Bedeutung der Nationalität im religiösen Leben nicht an; sie will strenge, starre Einheit auch im Aeußerlichen. Hieraus entsprang das oft gewaltsame Aufbringen der römischen Cultusformen und der Einen lateinischen Kirchensprache. Auch dieses konnte vorübergehend sein Gutes haben für die Erhaltung der Festigkeit der Kirche und für die Bildung der Völker. Aber auf die Dauer wurde es hemmend, ja tödtend. Das Christenthum will nicht Zerstörung, weder der Individualität noch der Nationalität, sondern Verklärung beider, Durchdringung von einem höheren Geiste; es will einen freien Reichthum der Geister. Eine Nationalität läßt sich wohl biegen, aber, wenn sie tüchtig ist, nicht brechen. So erhoben sich seiner Zeit die europäischen Nationalitäten gegen die Alles uniformirende Kirche, um in ihrer von Gott geordneten eigenthümlichen Art fromm zu seyn, um in ihrer angestammten Sprache mit Gott zu reden; vor allen that es die deutsche, die hierin, als ungemischtes Stammvolk, das reinste, tiefste Bedürfniß zeigte. Auch darin gingen die Mystiker voran und brachen der Reformation Bahn, denn sie waren es vornehmlich, die, wie wir vielfach gesehen, zuerst deutsch predigten, deutsch beteten und aus deutschen Büchern die Bedürfnisse der Andacht befriedigen lehrten.

Wenn in diesen wichtigen Beziehungen die Mystik durchgreifend wirkte, um den Christus in uns, der wesentlich Geist und Leben ist, das Innerliche, Individuelle, Freie, kurz die subjective Seite des Christenthums zum Rechte zu bringen, so ist zugleich nicht zu leugnen, daß sie kraft des Gegensatzes gegen die übermächtigen, objectiven Gewalten der Hierarchie, der Scholastik und des Cultus in manchen ihrer Gestaltungen einseitig innerlich, ja willkürlich und phantastisch subjectiv wurde. Hier war es nun der Beruf der Reformation, zu der subjectiven Seite auch wieder die objective, das feste prophetische Wort, die sichere Ausbildung der Lehre, die geordnete kirchliche und gottesdienstliche Gemeinschaft hinzuzufügen. Dieses, die harmonische Durchdringung des Objectiven und Subjectiven im christlichen Wesen war offenbar auch, obwohl unausgesprochen, das Ziel der Reformatoren und wenn dasselbe vermöge der Ungunst der Zeiten und menschlicher Unvollkommenheit nicht unmittelbar erreicht wurde, so haben wir es doch fortwährend als Aufgabe und Bestimmung der evangelischen Kirche anzusehen.

16*

Die deutsche Mystik hatte einen ähnlichen Lauf genommen, wie die niederländische. Sie ging vom Pantheistischen, Ueberschwänglichen, theilweise Schwärmerischen aus, und klärte sich zu einer christlich=theistischen und practischen Liebeslehre ab. Doch unterscheiden sich beide Entwickelungsreihen, gemäß den verschiedenen Nationalitäten, darin, daß in der niederländischen die Mittelglieder des Poetischen und des Speculativen nicht so hervorstechend ausgebildet sind, wie in der deutschen (Suso und die deutsche Theologie), während dagegen die niederländische auf der practischen Seite (Thomas von Kempen) den Vorzug hat. Jedes der Stadien, welche wir die Mystik in ihrer reineren (theistischen) Gestaltung durchlaufen sehen, setzt gleichsam etwas in der Reformation ab und alle spiegeln sich in der Reformation wieder, nicht unmittelbar und in der nämlichen Gestalt, aber verjüngt und in neuer geistiger Mischung. Das Poetische der mittelalterlichen Mystik finden wir wieder in dem frischen Geistesaufschwunge der Reformation und in dem christlichen Dichtergeiste Luthers; das Gemüthliche in der Innigkeit, die den Glauben der Reformatoren characterisirt; das Speculative in ihrem tiefen, überall den wesenhaften Kern der christlichen Dinge erfassenden, Geist; das Practische in ihrem einfachen, lebenskräftigen, durchaus sittlichen und volksthümlichen Sinn.

Bei alledem ist die Theologie der Reformatoren nicht Mystik. Die Mystik wirkte wesentlich zur Bildung ihrer Frömmigkeit und Theologie, aber diese selbst ging über die Mystik hinaus. Sie hatte — außerdem, daß das eigentliche Wesen der Reformatoren, namentlich Luthers und Zwingli's, nicht beschaulich oder dichterisch, oder speculativ, sondern prophetisch handelnd war — vor allen Dingen einen wissenschaftlichen und gelehrten Bestandtheil, wie ihn die Theologie der Mystiker nicht hatte. Diese wissenschaftliche Ausbildung war indeß auch schon vorbereitet und hier haben wir nun einen Mann zu betrachten, der sich auch aus mystischer Schule heraus, aber mit einer Freiheit und Gründlichkeit des wissenschaftlichen Geistes entwickelt hat, welche ihn würdig macht, der eigentlich theologische Vorläufer der Reformation genannt zu werden. Es ist Johann Wessel.

Viertes Buch.

Johann Wessel

ober:

die reformatorische Theologie vor der Reformation.

Wenn ich den Wessel zuvor gelesen, so ließen meine
Widersacher sich dünken, Luther hätte alles vom Wessel
genommen, also stimmet unser beider Geist zusammen.

Luther.

Erster Theil.

Das Leben J. Wessels.

Bedeutung Wessels. Ueberblick.

Wie die ganze Geistesrichtung und das Thun der Reforma=
toren nicht etwas völlig Neues, sondern vielfach vorgebildet und
vorbereitet war, so war es insbesondere auch ihre Theologie.
Diese Theologie, ausgehend von der Grundlage der in lebendiger
Erfahrung aufgefaßten und in geistiger Freiheit wiedergeborenen
Schriftlehre, angeregt von der Mystik, ohne deren Einseitigkeit
und subjective Willkür zu theilen, in entschiedenem Kampfe be=
griffen mit der Scholastik, aber doch den wissenschaftlichen Geist
derselben auf einem höheren Gebiete fortpflanzend, also ebensowohl
eine Beseitigung als eine wahre Versöhnung der theologischen Ge=
gensätze des Mittelalters, hat eben wegen dieser ihrer geschichtlichen
Stellung ihre Wurzeln in der gesammten Bildung der vorange=
gangenen Zeit; und zwar nicht bloß in der Weise, daß vereinzelte
Bruchstücke derselben vorher dagewesen wären, sondern so, daß sie
auch in lebendiger Zusammenfassung schon früher vorkommt, frei=
lich nicht in fertiger Ausführung, aber doch in vollständigem
Umriß, aus welchem man fast in allen Zügen das Bild erkennt,
das daraus werden sollte. Von dieser Seite stellen wir nun
unter allen vorreformatorischen Männern unbedenklich Johann
Wessel oben an. Sein geistiges Wesen und seine Leistungen
können, wenn überhaupt das ganze fünfzehnte Jahrhundert einer
herantagenden Morgenröthe gleicht, vorzugsweise mit jenen ersten
Lichtstrahlen verglichen werden, welche vor dem wirklichen Her=
vortreten der Sonne die Wolken und Dünste des Horizonts

durchbrechen. Die Mystiker führten der Reformation Wärme und inneres Leben zu, Wessel, ohne die Wärme vermissen zu lassen, brachte vornehmlich Licht; Andre, wie Huß und Savonarola, waren grö= ßer oder gewaltiger im reformatorischen Thun, er war größer im reformatorischen Denken, Forschen und Lehren. So haben wir uns also bei ihm vorzugsweise mit der Theologie zu beschäf= tigen; indeß, da er zugleich ein Mann aus Einem Stücke war, ruht doch auch diese Theologie wieder auf seinem Leben und drückt sich in demselben nach allen Richtungen aus und so ist uns auch dieses als ein reformatorisches von nicht geringer Be= deutung.

Die Beschreibung von Wessels Leben hat eine doppelte Schwierigkeit; erstlich das Unsichere mancher Thatsachen und zwei= tens die Verworrenheit in chronologischen Bestimmungen.

In der ältern Ueberlieferung von Wessels Handlungen und Schicksalen mischt sich Wahrheit und Dichtung, so daß es bis= weilen schwer ist, das rein Historische vom Fabelhaften zu sondern. Manches erweist sich bei genauerer Prüfung als unhaltbare Sage, entsprungen aus dem Streben, einen Mann zu verherrlichen, der solcher Aeußerlichkeiten nicht bedurft hätte, um als groß anerkannt zu werden, Anderes wird von Vielen als unsicher bezweifelt, was sich vielleicht geschichtlich rechtfertigen läßt. Die Hauptthatsachen seines Lebens sind jedoch sicher genug und für die Kenntniß seines Geistes und Strebens fließt uns die zuverlässigste Quelle in sei= nen Schriften. Merkwürdig ist es immer, daß im fünfzehnten Jahrhundert, wo die Poesie schon bedeutend aus der Geschichte zurücktritt, die Sage noch so geschäftig war, das Daseyn eines Mannes auszuschmücken, der im Grunde das einfache Leben eines Gelehrten führte; es ist ein Zeichen seiner allgemeinen Berühmt= heit auch unter dem Volke, wobei die, welche seinen Geist nicht ganz fassen konnten, seinen Ruhm wenigstens durch augenfällige Merkwürdigkeiten zu vergrößern suchten.

Hemmender ist die andere Schwierigkeit, die chronologische Dunkelheit und Verworrenheit in dem Leben Wessels. Hier liegt dem Biographen ein zweifaches Verfahren zur Wahl vor: ent= weder er bemüht sich Schritt vor Schritt die richtigen Zeitbestim= mungen auszumitteln und verflicht Untersuchungen darüber in die Darstellung des Lebens selbst, oder er verbindet die überlie= ferten Thatsachen mehr massenweise nach ihrer inneren Ver= wandtschaft. Durch das erstere wird der Faden der Erzählung unterbrochen, und zuletzt wird man nicht einmal durch Sicher= heit der Resultate entschädigt; ich habe daher das zweite vorgezogen, und werde die Angaben über Wessels Leben mehr nach ihrer inneren Zusammengehörigkeit ordnen, ohne beßwegen die Zeitfolge im Großen aus dem Auge zu verlieren [1]).

Wir können aber im Leben Wessels ganz einfach drei grö= ßere Massen unterscheiden, seine Jugend und Vorbildung bis zum Abgange von der Universität Köln, seine männliche Fortbil= dung und wissenschaftliche Wirksamkeit auf verschiedenen Wan= derungen außerhalb des Vaterlandes, besonders in Paris, in mehreren italienischen Städten und in Heidelberg, und seinen ruhigen stillthätigen Aufenthalt in der Heimath während des hö= heren Alters bis zum Tode; an die Schilderung seines späteren Lebens, wo wir Wessel in dem Wirkungskreise finden, der sei= nem Sinne vollkommen zusagte, wird sich zugleich am schicklichsten eine allgemeinere Characteristik seines ganzen Wesens und Thuns, seiner menschlichen und gelehrten Eigenthümlichkeit anschließen, und dieß zusammen bildet den ersten Theil. Im zweiten soll die Theologie Wessels von ihren Grundlagen aus in allen ihren wich= tigeren Verzweigungen mit fortlaufender Beziehung auf die theo= logische Gesammtentwickelung der Zeit dargestellt werden; und im dritten Wessels Verhältniß zur Reformation nebst allem demjenigen, was literärisch von ihm und über ihn vorhan= den ist.

Erstes Hauptstück.
Jugend und frühere Bildung Wessels.

Johann Wessel wurde im Jahr 1419 oder 1420 [2]) zu Gröningen in einem noch jetzt stehenden, an dem Familienwappen Wessels erkennbaren, Hause der Herrenstraße [3]) geboren. Zu

---

1) Gelegentlich werden auch in der Kürze die nöthigsten chronologischen Erörterungen vorkommen.
2) Nach andern, weniger wahrscheinlichen Angaben um das Jahr 1400. Siehe unten im 2ten Hauptstück S. 260, Anmerk. 1.
3) Harbenberg, der älteste ausführlichere Lebensbeschreiber Wessels, und der Verfasser der *Effigies et Vitae Profess. Groning.* sagen: in platea regia, e regione viae Carolinae. Eine genauere Angabe liefert der niederländische Biograph Wessels, Muurling, in seiner Comment. de vita Wesseli p. 5: Domus, in qua primam lucem vidit, adhuc Gro-ningae superest in platea dominica (Heerestraat) e regione viae Caro-linae (Caroliweg) et dignoscitur lapide quadrato, in quo insignia sive arma gentis Gansfortianae incisa sunt. Er beruft sich dabei auf des gröninger Gelehrten A. Ypey Leerrede ter gedachtenis van de ver-

seinem Namen wurde gewöhnlich der Beisatz Hermanns hinzu=
gefügt, nach der Sitte jener Zeit und Gegend, den Sohn durch
Beifügung des Vornamens seines Vaters genauer zu bezeichnen;
sein Vater hieß also Hermann Wessel. Der Name Gansfort oder
in holländischer Form Goesevort, den Wessel auch führte, war
höchstwahrscheinlich nicht bloß ihm, sondern seiner ganzen Familie
eigen, und ist abzuleiten von dem Dorfe oder Gute Gansfort
in der Nähe von Haren [1]) in Westphalen, woher das Geschlecht
Wessels vermuthlich stammte [2]). Es war also kein Spottname,

---

diensten der Nederlandsche Vaderen betrekkelijk het werk de Kerkher-
vorming. p. 55. Groning. 1817. S. außerdem *Hofstede de Groot* Ge-
schiedn. der Brœderenkerk te Groningen, 1832. p. 14. Das wessel-
sche Wappen, eine Gans, befindet sich in dem Giebel des Hauses.

1) Alt= und Neu=Haren sind westphälische Orte auf dem linken
Emsufer in geringer Entfernung von dem Fluß; sie liegen nur einige
Stunden von der niederländischen Provinz Drenthe, nordwestlich von
Meppen.

2) Diese einfachste Erklärung gibt der Verfasser der Effig. et Vit.
Profess. Gron. p. 12: Gosvoerti autem sive Goeseforti aut Ganse-
fortii cognomen, dialecto illud Westphalica, hoc Germanica anse-
rum vadum sonans, suspicari liceat inde ei obvenisse, quod majores
forte ex vicina Westphalia (ut multae aliae honestae hujus urbis
familiae) hoc commigrassent, quum illud nomen villae non procul
Harena hodieque maneat. Diese Ableitung wird auch von neueren hollän-
bischen Gelehrten gebilligt, Muurling S. 104. Sie wird besonders dadurch
bestätigt, daß die ganze Familie Wessels den Beinamen Gansfort führte und
eine Gans im Wappen hatte. Andere Schreibweisen und Erklärungen sind
Goezevoet oder Ganzevoet, Gänsefuß, wegen eines Fehlers, den Wessel am
Fuße und im Gange hatte, oder Gansevort, Ganzefoort, weil Wessel im
Sinne seiner Feinde nur ein heftiges Gänsegeschrei gegen die Kirche erhoben;
seine Gegner hätten ihn also Gansfortium sive Anserem valde clamosum
genannt. Diese Erklärung ist offenbar höchst gekünstelt und führt gewiß
nicht auf das Ursprüngliche; sie ist nur ein späterer Scherz, und hat
auch nur insofern einige Bedeutung. Sie erinnert daran, daß sich auch
an den Namen Huß, der ebenfalls Gans bedeutet, ähnliche Scherze knüpf-
ten, und in dieser Gesellschaft könnte es sich Wessel wohl gefallen lassen.
Huß und Wessel waren Männer, welche die Ankunft des Schwanes vorbereiteten, der mit noch stärkerer Stimme die Kirche zur Freiheit weckte.
Hierbei darf ich jedoch auch nicht unerwähnt lassen, daß Herr van Senden, früher Prediger in der Gegend von Gröningen, jetzt in Zwoll [Ver-
fasser einer gründlichen Geschichte der Apologetif Grön. 1831 u. 41.], auf
meine Anfrage wegen einiger Localitäten und namentlich wegen Gansfort
die Existenz dieses Ortes ganz leugnet und die Lesart Goesvoet (Gänsefuß, also Schimpfwort wegen des wackelnden Ganges) vorzieht. Er beruft
sich dabei besonders auf Wiarda Ostfries. Gesch. II. 123. und Oudheden
en gestichten van Groeningen door W. v. R. (van Ryn) p. 107.
Indeß könnte doch früher ein Ort Gansfort existirt haben, da sich ältere
Schriftsteller so bestimmt darauf berufen und selbst die Lage angeben.
Vielleicht war es nur ein kleiner Hof, ein Landgut, dessen Existenz
jetzt spurlos verschwunden ist. Ausführliche Erörterungen über die verschie-
benen Namen Wessels gibt Muurling in einer besondern Beilage zu s.
Comment. de vit. Wess. p. 101—106, wo auch die ganze Literatur ange-

ben Johann Wessel trug, sondern einfacher Familienname, der
aber dann wohl von seinen Feinden zu schlechten Scherzen miß=
braucht wurde. Unter den Gelehrten pflegte Wessel nach dama=
liger Gewohnheit auch Basilius genannt zu werden, weil Basilius
neugriechisch ausgesprochen mit Wessel Aehnlichkeit hat[1]); manche
ältere Schriftsteller berichten, Wessel habe den Ehrennamen Basi=
lius in Griechenland selbst von dem berühmten Bessarion empfangen;
wenn hier eine Thatsache zu Grunde liegt, so ist sie eher in Italien
vorgefallen, wo Bessarion in der späteren Zeit seines Lebens ein=
heimisch war[2]). Endlich trug Wessel auch noch zwei eigenthüm=
liche Beinamen, nämlich Licht der Welt (Lux mundi) und Meister
des Widerspruchs (Magister contradictionis oder contradictionum).
Daß ihm der erstere von eifrigen Verehrern gegeben wurde, wie
einst den berühmtesten Scholastikern ihre glänzenden Ehrennamen,
bedarf kaum der Bemerkung; ob aber der andere ihm von Geg=
nern ertheilt sey, ist in der neueren Zeit bezweifelt worden; man
bezog den Ausdruck auf Wessels Gabe, gut und kräftig zu wider=
sprechen, auf seine, allerdings gerühmte, Gewandtheit im Dis=
putiren[3]); allein dieser Ableitung scheint die Aeußerung eines
Freundes unseres Wessel selbst zu widersprechen, aus welcher
hervorgeht, daß man ihn in schlimmem Sinne wegen seiner Pa=
radoxiensucht, wegen seines Widerspruchsgeistes gegen herrschende

führt ist. Seine Bestimmungen scheinen mir großentheils richtig, nur darin kann ich ihm nicht beistimmen, daß Wessel nicht ursprünglich Johann
geheißen, wie er doch durchgängig bezeichnet wird, sondern Wessel sein Ei=
genname gewesen, und daß er den Beinamen Magister contradictionum
als einen ehrenvollen von Freunden empfangen habe. — Der Name Wes=
sel kommt in Nieder= und Norddeutschland bis auf den heutigen Tag als
Familienname vor. In Stralsund wirkte in der ersten Hälfte des 16ten
Jahrhunderts ein höchst ehrenwerther Mann, Franz Wessel, eifrig und
kräftig für die Einführung der Reformation. S. Fr. Wessels, weiland
Bürgermeister v. Stralsund Schilderung des kath. Gottesdienstes — her=
ausgeg. v. Zober, Stralf. 1837. Mohnike Joh. Frederus, Stralf.
1840. S. 22. u. 56. Dröge Leben Fr. Wessels bei Saftrow. III, 316.
   1) So schon der Verf. der Effig. et Vit. Profess. Groning. p. 12.
   2) Cum enim Bessarion teste Jovio jam anno 1434 in Italia
vixerit, atque anno 1439 ab Eugenio Papa creatus sit Cardinalis,
debuerit Wesselus ante annum XV aetatis in Graeciam abiisse: quod
a vero abhorret. Effig. et Vit. p. 12.
   3) So Muurling in f. Comment. de Vit. Wess. p. 23 u. 105.
Wäre diese Deutung richtig, so würde wohl nicht auch der Plural Magister
contradictionum, sondern nur der Singular Magister contradictionis,
soviel als Magister contradicendi, in contradicendo vorkommen. Daß
Wessel den Beinamen ursprünglich im schlimmen Sinne empfangen, sagt
auch Harbenberg: Coepit tamen a molevolis et invidis Magister Contradictionis vocari: quo nomine postea omnes Academiae eum vocabant.
Endlich dient zum Beweis auch die Grabschrift Wessels, wo der Beiname
Magister contradictionum nicht] vorkommt, wohl aber der, unbezweifelt
ehrenvolle, Lux mundi.

Meinungen Meister des Widerspruchs nannte. Der Dekan
von Näldwick, Jakob Hoeck, nämlich schreibt in späterer Zeit an
Wessel [1]: „Eines nur entnehme ich aus deinem Briefe, was nach
meiner Meinung einem großen Manne gar nicht geziemt, nämlich
daß du dich hartnäckig zeigst, und in allen deinen Aussprüchen
nach einer gewissen Singularität strebst, so daß die Meisten glauben, du würdest ganz mit Recht Meister des Widerspruchs genannt. Und zweifle nicht, sehr Vielen gibt auch die Sonderbarkeit eines so gelehrten Mannes, wie du bist, Anstoß." Dieß sey
genug über die Namen Wessels.

Seine Eltern waren ehrbare Bürgersleute, sein Vater
ein Bäcker, seine Mutter aus der angesehenen Familie der Clan-
ten [2]). Er verlor beide Eltern schon in früher Jugend und kam
dann, wie früher Florentius, wie später Luther in Eisenach,
unter die wohlthätige Fürsorge einer reichen und durch weibliche
Tugenden ausgezeichneten Matrone, Ottilia oder Oda Clantes,
die ihn mit ihrem einzigen Sohne erziehen ließ. Sie empfingen
den Unterricht anfänglich in Gröningen, dann, weil dieser nicht
zu genügen schien, in der damals weitberühmten Anstalt der Kleriker vom gemeinsamen Leben zu Zwoll [3]). Schon in
dieser ersten Bildungszeit scheint sich Wessel ausgezeichnet zu haben, was um so mehr auf die Stärke seines Geistes schließen
läßt, da er mit körperlichen Hemmungen zu kämpfen hatte: er
litt an Blödsichtigkeit der Augen und hatte an dem einen Fuße
einen verbogenen Knöchel [4]). Ohne Zweifel trugen diese Umstände dazu bei, seinem Geiste eine innerliche Richtung zu geben,
und ihn in selbständiger Kraft gegen die Außenwelt zu befestigen.
Der Unterricht, den Wessel bei den Brüdern des gemeinsamen
Lebens empfing, war vermuthlich auf einen ziemlich engen Kreis
beschränkt, Erlernung des Lateinischen, hauptsächlich aber Anleitung zur Kenntniß des Christenthums aus der heil. Schrift und
den Kirchenvätern. Seine Lehrer entwickelten in ihm den Keim
lebendiger Herzensfrömmigkeit und führten ihn zu apostolischer
Einfalt und Strenge der Sitten, der Eifer für Wissenschaft aber
wurde durch diesen Unterricht wohl mehr angeregt, als voll-

---

1) Wesseli Opp. edit. Groning. p. 871.
2) Mater aliqua cognatione attingebat familiam Clantorum.
Hardenb. Diese Familie war auch nachmals in Gröningen von großem
Ansehen. Muurling S. 6.
3) Nam Schola illic videbatur aliquanto cultior quam Groningae,
maxime in aedibus Fratrum. *Hardenberg.*
4) Oculis nonnihil luscitiosis et altero pedis talo nonnihil distorto.
Hardenb. Ebenso Effig. et Vit. p. 13.

ständig befriedigt; die weitere Ausführung der hier empfangenen
Grundlage durch Aneignung positiver Kenntnisse gehörte Wes=
sels späterer selbständiger Thätigkeit an, wie er denn auch
in manchen Stücken die Eigenthümlichkeiten eines Autodidac=
ten zeigt.

Wer Wessels Lehrer zu Zwoll in den Anfangsgründen der
Wissenschaft [1]) gewesen, ist nicht zu ermitteln. Die berühmten
Stifter und Begründer des gemeinsamen Lebens waren damals
schon gestorben. Ueber den Mann dagegen, der hauptsächlich
Wessels innerste Geistesrichtung bestimmte, sowohl durch positive
Einwirkung, als durch eine in Wessels Gemüth hervorgerufene
Gegenwirkung, können wir kaum im Zweifel seyn: es war Tho=
mas von Kempen. Dieser lebte damals als Kanoniker auf
dem, ungefähr eine halbe Stunde von Zwoll entfernten, St. Agnes=
berge. Er war, vorausgesetzt, daß er selbst um 1380, Wessel
aber um 1420 geboren war, ungefähr 40 Jahre älter als Wessel,
und wenn wir annehmen, daß Wessel damals den Zwanzigen
sich näherte oder darin stand, Thomas aber demgemäß ungefähr
ein Sechziger war, so erhalten wir ein Altersverhältniß, welches
zu der sogleich zu bezeichnenden gegenseitigen Stellung Beider
vollkommen passen würde. Was nämlich diese Stellung betrifft,
so ist zwar nicht anzunehmen, daß Thomas in der Schule des
zwoller Bruderhauses je Unterricht gegeben; dieß würde sich mit
seinen näheren Pflichten und der ihm so unentbehrlichen beschau=
lichen Abgeschiedenheit nicht vertragen haben [2]). Dagegen war es
natürlich, daß die ausgezeichneteren Jünglinge der zwoller Schule
mit ihm in Verbindung traten und wir wissen es auch sonst, daß
Thomas stets bereit war, strebsame junge Leute zu fördern. Dieß
würden wir mit Zuverlässigkeit auch bei Wessel voraussetzen
dürfen, selbst ohne ausdrückliche Zeugnisse; aber es liegen nun
auch solche vor [3]). Der älteste, auf Erzählungen von Zeitgenossen

---

1) In rudimentis artium, wie Hardenberg sagt.
2) Vergl. Muurlings Dissert. über Wessel S. 9. Delprat Beil.
6. S. 141—142.
3) Ein näheres Verhältniß zwischen Wessel und Thomas von
Kempen während des Aufenthalts des Ersteren in Zwoll und eine Ein=
wirkung von diesem auf jenen setzte ich bereits in der ersten Auflage als
höchst wahrscheinlich voraus. Nun habe ich aber auch ganz bestimmte Be=
lege dafür. Ich bin nämlich unterdessen zum Gebrauch einer Handschrift
der münchner Bibliothek gelangt (Cod. Monac. 351. A. 163. Collectio
Camerariana T. I.), welche alle die biographischen Notizen und Fragmente
über Wessel, die in der gröninger und amsterdamer Ausgabe abgedruckt
stehen, in sich faßt. Diese Handschrift kann in dem betreffenden Theile —
und es ist dieß, da sie sonst noch viele Hardenbergiana in sich faßt, sogar
sehr wahrscheinlich — die Urschrift Alb. Hardenbergs selbst seyn,
jedenfalls aber ist es eine sehr alte in die erste Hälfte oder Mitte des 16ten

Wessels sich stützende, Berichterstatter, Alb. Hardenberg, erzählt uns hierüber Folgendes. Thomas, der damals viele Jünglinge durch seinen Ruf anzog, übte diese Wirkung auch auf Wessel. Es war gerade der Zeitpunct, da Thomas sein Buch von der Nach= folge Christi schrieb, und Wessel (der demnach einer der frühesten Leser desselben gewesen seyn muß) bezeugte, daß er aus diesem Buche die ersten kräftigen Anregungen zur Frömmigkeit empfangen, daß es ihm eine Grundlage der wahren Theologie geworden. Sey es nun, daß er dadurch mit bestimmt wurde, nach Zwoll zu gehen, oder daß er, schon dort befindlich, das Buch las; er suchte jetzt mit Eifer auch den persönlichen Umgang des Thomas, er sah ihn von Zeit zu Zeit [1]), wurde mit ihm ver=

Jahrhunderts gehörige Abschrift. Bei Vergleichung des Handschriftlichen und Gedruckten habe ich nun gefunden, daß im gedruckten Text mehrere Stellen (offenbar absichtlich) weggelassen sind, unter andern auffallender Weise gerade die, welche das Verhältniß Wessels zu Thomas von Kempen berühren. Diese Stellen enthalten auch ein höchst bemerkens= werthes Zeugniß über die Abfassung der Imitatio Christi durch Thomas. Darüber später. Gegenwärtig will ich nur auf das unmittelbar hierher Gehörige aufmerksam machen und die betreffenden Stellen, da sie völlig un= bekannt und unbenutzt sind, dem Leser vorlegen. Es sind deren zwei. Die eine ist in den zerstreuten Notizen Hardenbergs über Wessel enthalten, bald nach dem Briefe des Wilh. Sagarus und den Notizen über diesen Mann, Fol. 12 der Handschrift, und lautet so: Monstrabant quoque illi viri [die Mönche des Agnetenberges dem Alb. Hardenberg] scripta plurima piissimi viri domini Thomae Kempis, cujus praeter plurima alia etiam extat opus aureum de *Imitatione Christi, ex quo libro Wesselus fatebatur se primum gustum verae Theologiae percepisse*, eoque accensum, ut Zwollas admodum adolescens pergeret, ut rudimenta artium disceret simulque (et intervallo) uteretur consuetudine piissimi patris Thomae, qui in Agnetano collegio Canonicus erat; quod Wesselus propterea reverenter colebat et nullo loco libentius, quam illic erat [folgt nun, was sich auch gedruckt findet]. Die andere Stelle liest man in der Vita Wesseli von Hardenberg, gleich zu An= fang, Fol. 14 der Handschrift. Nachdem nämlich von der Uebersiedelung Wessels nach Zwoll die Rede war, quia Schola illic videbatur aliquando cultior, quam Groningae, maxime in aedibus Fratrum — fährt das Manuscript fort: Et attrahebat multos ad se fama optimi viri, fratris *Thomae Kempis*, qui ex aedibus fratrum se in proximum Coenobium, Montem S. Agnetis occultaverat, ubi multos pios libellos scripsit ... Scribebat ea tempestate Thomas *librum de Imitatione Christi*, cujus initium est: qui sequitur me etc. Fatebatur autem *Wesselus, se prima incitamenta pietatis ex illo libro percepisse*, quo factum est, ut se insinuaret in intimiorem notitiam et *familiaritatem* domini *Thomae;* eo plane intimi, ut in eodem coenobio vitam monasticam amplecteretur. Sed cum super ea re saepius cum *Thoma* dissereret *Wesselus*, visus semper sibi est *quaedam nimium superstitiosa in illo coenobio animadvertere;* itaque cunctabundus omnia egit, deo haud dubie alio illum dirigente. Nun folgt wieder, was wir auch im Druck haben, jedoch in den Anecdoten, die sogleich erzählt werden, auch mit einer unten zu bemerkenden Abweichung.

1) ex intervallo, wie Hardenberg bemerkt.

traut [1]) und ging sogar mit dem Entschluß um, sich in demselben Kloster dem Mönchsleben zu widmen. Da zeigte sich aber auch eine innere Verschiedenheit und Gegenwirkung. So oft sich Wessel mit Thomas über seine Lebensbestimmung besprach, wollte es ihm immer vorkommen, als ob doch zu viel Abergläu= bisches unter den Brüdern des Agnetenklosters sey; er betrieb da= her die Sache, da Gott es anders mit ihm vorzuhaben schien, zögernd und enblich stand er ganz davon ab. In der That waren Thomas und Wessel von Haus aus zu verschieden, als daß sie ganz dieselbe Bahn hätten wandeln können. Christlich fromm waren Beide, und von dieser Seite konnte der ältere Thomas anregend, erwärmend, erleuchtend sehr tief auf den jüngeren Wessel wirken; auch in redlichem Eifer für die Wissenschaft kamen sie überein; aber das Verhältniß zwischen Frömmigkeit und Wissen= schaft, zwischen Gesinnung und Leben stellte sich bei Beiden sehr verschieden. In Thomas überwog weitaus die fromme Hinge= bung, er versenkte sich mit unwiderstehlicher Neigung in die Be= trachtung göttlicher Dinge, er war, beschränkt auf die Schrift und einige fromme Bücher, unbekümmert um die Bewegungen der Systeme auf den Märkten der Wissenschaft, ohne Verlangen die kirchlichen Satzungen umzugestalten, völlig zufrieden, wenn er unter allen Beschränkungen der Kirche die Gemüther für die Liebe Gottes gewinnen konnte. In Wessel dagegen, ohne der Her= zensfrömmigkeit Eintrag zu thun, überwog der Durst nach Er= kenntniß und der Trieb des Handelns: er wollte sich alles Wissenswürdige, was die Zeit darbot, aneignen, er lernte Spra= chen, wechselte Systeme, bewegte sich rüstig in der Welt, dispu= tirte, kämpfte, widersprach den herrschenden Meinungen und brannte vor Begierde, verbessernd und umgestaltend in den verderbten Zu= stand der Kirche einzugreifen. Mit einem Worte: Thomas war ein gottinniger, hingebender, kindlicher Geist, Wessel ein selb= ständig forschender, männlicher, reformatorischer.

Dieser reformatorische Sinn Wessels, vermöge dessen er später die characteristischen Worte schrieb: „Der wahre Weise möchte gern alle Reiche und Völker in einen besseren, glücklicheren Zustand umbilden [2]), wenn die Lenker und Fürsten derselben seinen Ermahnungen Gehör geben wollten" — dieser Sinn, der Grundzug Wessels, zeigte sich schon in seiner damaligen Lebens= periode. Er hatte „von der Knabenzeit an stets etwas Beson=

---

1) Hardenberg gebraucht den Ausdruck *familiaritas.*
2) . . . in beatum statum *reformaret.* Die Stelle findet sich Scal. Medit. I, 4. Opp. ed. Groning. p. 197.

beres, allem Aberglauben innerlich Widerstrebendes [1])." Dieser eigenthümliche Geist Wessels offenbart sich auch in seinem Verhält= nisse zu Thomas, ja er scheint sich gerade dem, sonst so ver= ehrten, Thomas gegenüber in dem Jünglinge um so bewußtvoller entwickelt zu haben. Es sind uns davon einige sehr denkwürdige Züge überliefert [2]). Thomas war, wie wir gesehen [3]), ein großer Marienverehrer; als er nun auch den jungen Wessel zu besonderer Verehrung der h. Jungfrau aufforderte, erwiederte dieser: „Vater, warum führst du mich nicht lieber zu Christo, der doch alle Müh= selige und Beladene so gütig zu sich ruft?" Nicht minder war Thomas sehr eifrig, wie in allem Ascetischen, so auch im Fasten, und da er auch hierzu mit andern Jünglingen Wessel ermahnte, ward ihm von diesem die Antwort: „Gebe Gott, daß ich stets rein und nüchtern lebe und faste von Sünden und Lastern." Schon hier in diesen ersten Ansätzen zeigt sich Wessels Opposition als eine ächte und gesunde: sie geht nicht vom Unglauben, son= dern von einem tieferen, reineren und freieren Glauben aus, und ist daher nicht bloß negativ, sondern zugleich positiv. Dieß wußte auch Thomas zu schätzen, denn er selbst hatte ja jenen innerlichen Glauben in des Jünglings Seele pflanzen helfen. Ja noch mehr. „Thomas," erzählt der Berichterstatter [4]), „als er dieses und Aehn= liches hörte, gerieth in Verwunderung und nahm davon Veran= lassung, Manches in seinen Schriften zu ändern, was jetzt we= niger Spuren menschlichen Aberglaubens an sich trägt." Es wäre immer denkbar, daß der freisinnig fromme Jüngling auf den ge= reiften, aber klösterlich beengten Mann solchen Einfluß geübt, und so der unter seinen Augen beginnende entschiedenere Protestantis= mus auf Thomas selbst zurückgewirkt hätte, in welchem Falle wir es dem Wessel mit zu verbanken haben würden, daß namentlich das Buch von der Nachfolge Christi reiner von manchen Bestand= theilen des damaligen Katholicismus ist, als andre Schriften des

---

1) Omnio habebat Wesselus a *puero* semper *aliquid peculiare*, quod ab omni superstitione abhorreret. Harbenberg in der Vita Wesseli zu Anfang.

2) Von Harbenberg in seiner Vita Wesseli. Die gedruckte Aus= gabe nennt auch hier den Namen des Thomas nicht, sondern spricht nur von einem valde religiosus monachus. Aber in der Urschrift ist Thomas genannt, und zugleich passen die Aeußerungen so vollkommen in den Mund des Thomas, daß ich an der Richtigkeit dieser Angabe nicht einen Augen= blick zweifle.

3) S. oben S. 114.

4) Auch diese, höchst merkwürdige Stelle findet sich nur im Manu= script; sie lautet dort so: Talis multa cum ex ipso audiret *Thomas*, admiratus est; et sumpta occasione *quaedam in libris suis mutavit, quae nunc minus habent humanae superstitionis.*

Thomas; aber wenn hiermit auch der Rückwirkung Weſſels auf
ſeinen geiſtlichen Vater zu viel zugeſchrieben ſeyn ſollte, immer
bleibt uns doch das übrig, daß Thomas den jugendlichen Weſſel
auch in ſeinem Widerſpruch zu würdigen wußte und gelten ließ.
Dabei war Weſſel in ſeiner beginnenden Oppoſition, gerade
weil ſie auf lebendiger Frömmigkeit ruhte, nicht eng und ſtörrig,
ſondern frei und unbefangen. Er ließ ſich auch etwas ſeinem
Sinn nicht gerade Entſprechendes gefallen, wenn es nicht das
Weſen betraf. Er machte die Sitten der Brüder vom gemein=
ſamen Leben, ſo weit es ſeine Lage forderte, mit, ließ ſich ſeinen
Scheitel ſcheeren und trug die bei den Schülern gewöhnliche Klei=
dung mit einer Kapuze[1]. Von ſeinem Leben in Zwoll aber
wiſſen wir noch Folgendes. Die Brudergemeinſchaft zu Zwoll
war, nachdem ſchon eine Zeit großer Blüte während der Lehr=
wirkſamkeit des Joh. Cele († 1417) vorangegangen[2], beſonders
ſeit dem J. 1415, da ihr Dietrich von Herxen vorſtand, in
friſcher Aufnahme: es ſchloſſen ſich ihr viele Laien an, es wurden
Kleriker als Unterlehrer und Führer der Scholaren angeſtellt, unter
denen uns beſonders Johann von Andernach genannt wird,
die Zahl der Brüder und Schüler war ſo groß, daß ſie verſchie=
dene Häuſer bewohnen mußten[3]. Weſſel wohnte mit ungefähr
fünfzig Schülern in dem ſogenannten kleinen Hauſe, welches da=
mals Rütger von Doetenghen als Procurator trefflich ver=
waltete. Sein Stubennachbar, mit dem er durch ein Wandfenſter
ſprechen konnte, war ein frommer Jüngling, Johann von Köln,
der früher ein wackerer Maler und Goldſchmied geweſen, jetzt
aber nach Zwoll gekommen war, um ſich unter der Leitung Die=
trichs von Herxen dem innerlichen Leben zu widmen[4]. Wie einſt
der junge Thomas von Kempen durch das Beiſpiel des eifrigeren

---

1) Paulus Pelantinus, ein Freund und Verehrer Weſſels, ſagt
in ſeinem Epicedium auf denſelben:

Tunc ibat simplex nimium, tectusque cucullo,
Et circum corpus pendebat lutea vestis
Horreus, et totos texit velamine vultus.

2) S. darüber Delprat S. 32 ff.

3) Vergl. die neuen Mittheilungen über mehrere Fraterhäuſer aus
Handſchriften der Königl. Bibliothek im Haag von Delprat in Kiſt und
Royaards kirchenhiſt. Archiv B. 6. S. 277 ff. Hier heißt es S. 285:
Ao. D. 1415 fuit videre Suollis [sub Theodorico de Herxen] in
domo clericorum aurea tempora, quin ibi ipsa florebat et decora-
batur optimis fratribus. Odor sanctitatis per totam terram diffunde-
batur. Multi tum fuerunt viri seculares etiam et clerici *submonitores* scolarium. Inter alios Joh. de Andernaco, qui fuit positus
ad regimen juvenum in domo vicina. — S. auch Append. ad Chron.
Montagnetanum c. 20.

4) S. die angeführten Beiträge von Delprat a. a. O. S. 295.

Stubengenoſſen Arnold von Schönhofen in der Frömmigkeit ge=
fördert wurde, ſo wurde es jetzt Weſſel durch Johann von
Köln; Weſſel belehrte dieſen in wiſſenſchaftlichen Dingen und
empfing dafür von ihm Anregungen in der Gottesfurcht und
Gottesliebe [1]). Ueberhaupt war damals ein Verein wackerer
Jünglinge in Zwoll [2]) und nicht lange nachher lebte hier auch
jener Heinrich von Alkmar [3]), dem die niederländiſche Bear=
beitung des Reineke Fuchs zugeſchrieben wird, eines Gedichtes,
deſſen humoriſtiſche Polemik gegen den Klerus und manche Kirchen=
einrichtungen zu der Tendenz der Freiſinnigen unter den Brüdern
vom gemeinſamen Leben wohl paſſen würde.

Weſſel unterrichtete ſchon in dieſer Zeit nicht bloß den
Johann von Köln, ſondern auch andre junge Leute. Man pflegte
damals zu Zwoll aus der Zahl der Scholaren ſelbſt Unterlehrer
(Submonitores oder Lectores) zu wählen. Ein ſolcher wurde, da
er ſich frühe auszeichnete, auch Weſſel; er war Lector der dritten
Klaſſe [4]). Zwar wird hierbei gerühmt, daß ſich Weſſel dieſer
Auszeichnung nicht überhoben, ſondern ſich, wie der Geringſte,
allen Ordnungen und Uebungen des Hauſes gefügt und den Pro=
curator auch in äußeren Dienſtleiſtungen unterſtützt habe [5]); aber

---

1) Ebendaſ. S 296: Wesselus docuit Johannem scientiam, Johannes vero, cum esset totus fervens ad Deum, docuit Wesselum
timorem et amorem Dei.

2) Ebendaſelbſt: Sic ergo tunc ornata erat parva domus (worin
gerade Weſſel wohnte) juvenibus bonis, unde magnus fructus pervenit
in scola Suollensi.

3) Vergl. darüber die Bemerkungen von Delprat a. a. O. S. 291.
Es wäre derſelbe Henrick van Aldmar, der nachher wurde „ſcholemeſter
un tuchtlerer des edbelen dogentliken vorſt un Heren Hertogben von Lotryn=
gen.“ S. Ebert bibliogr. Lexicon Nro. 15834 und Jac. Grimm in
der Einl. zum Reinhart Fuchs, Berl. 1834. S. 175—177. So lange
Heinrich v. A. unter den Brüdern zu Zwoll lebte, war er Custos horo-
logii et confessor sororum. Delprat a. a. O. S. 295. Zu der That
wäre es merkwürdig, die Imitatio Christi und den Reineke Fuchs auf dem
nämlichen Boden beiſammen zu finden, die, ſo himmelweit verſchieden ſie
ſind, doch darin übereinkommen, daß ihr Geiſt dem äußerlichen Weſen in
der Frömmigkeit entgegengeſetzt iſt, nur auf der einen Seite mit tief ernſter
Innerlichkeit, auf der andern mit heiterem Spott.

4) Schon Hardenberg ſagt im Leben Weſſels: Coepit publice ado-
lescentiam instituere, et sese exercere eadem opera. Auch im Epi=
cedion des Paulus Pelantinus wird Weſſel bezeichnet als in Swollis
puerorum exercitor unus, während er noch auf dem Gymnaſium geweſen
und keinen Bart gehabt. Nun erfahren wir aber auch noch aus den neuen
Beiträgen von Delprat a. a. O. S. 295 das Genauere: Wesselus, qui
cum prius fuisset primarius vel secundarius [Schüler der 1ſten oder
2ten Klaſſe] Suollensis, propter ingenium suum et studium factus
erat lector tertiariorum, et ita fuit in parva domo, sed habitu nostro
cum juvenibus.

5) Ebendaſ. S. 296. Es heißt, Weſſel ſey geweſen sicut minimus
eorum, und habe dem Procurator Rültger geholfen, cum de sero [von

zugleich erfahren wir auch, daß er, seiner eigenthümlichen Geistes=
art gemäß, schon damals, vielleicht selbst in den Lehrstunden ab=
weichende Meinungen vortrug und sich dadurch Widersacher zuzog.
Dieß soll ihn veranlaßt haben, eine Vertheidigung für sich zu
schreiben und Zwoll früher zu verlassen, als er wohl sonst gethan
haben würde [1]).

Hiermit wären die Grundelemente zu Wessels Bildung, so=
weit sie in den Verhältnissen seiner frühesten Lebenszeit lagen,
angedeutet. Doch dürfen wir wohl nicht unterlassen, auch den
Nationalcharacter mit in Anschlag zu bringen, der in Wessel kräftig
genug, wenn auch nicht so stark wie in unserm Luther, ausgeprägt
gewesen zu seyn scheint. Wessel war ein Friese; die friesischen
Stämme aber zeichneten sich von jeher durch Kraft und Derbheit,
durch Unabhängigkeitssinn und Freiheitsliebe aus [2]). Ihr kirch=
licher und politischer Oppositionsgeist zeigte sich im Mittelalter be=
sonders im Kampfe der freien Stedinger gegen Hierarchie und
Abel. Bis ins fünfzehnte Jahrhundert hinein duldeten die Friesen
— eine höchst merkwürdige Notiz, die uns Aeneas Sylvius gibt [3])

Molken] pro juvenibus faceret collationem. [Collatio hier natürlich
Mahlzeit; Rütger besorgte auch das Essen, S. 295.]
1) Beutheim sagt in seinem Holländischen Kirchen= und Schulen=Staat
P. II. Cap. IV. S. 178: „Weil man unserm Wessel begunte beschwerlich
zu fallen, daß er auch genöthiget ward, eine Apologie für sich zu schreiben,
ging er von Zwoll weg." Vergl. Effig. et Vit. p. 13.
2) Als ein derber durch Körpergröße ausgezeichneter Menschenschlag
waren die Friesen im Mittelalter berühmt. In diesem Sinne erwähnt
sie Dante, Hölle Ges. XXXI, V. 64. Sehr characteristisch schildert sie,
namentlich in Betreff ihrer Freiheitsliebe, Aeneas Sylvius in der
Schrift de Statu Europae sub Friderico III. (*Freher* Rer. Germ.
Script. II, 124.) Cap. XXVII, Frisia: Gens eadem ferox et armis
excitata, robusti et proceri corporis, securi atque intrepidi animi,
liberam se esse gloriatur: quamvis Philippus Burgundiae princeps
ejus se terrae dominum vocat. Revera libera Phrisia est, suis utens
moribus: exteris nec parere sustinet, neque dominari cupit, haud
invitus Phriso pro libertate mortem appetit ... Sublimum virum,
qui se caeteris efferat, non ferunt. Als geistig ausgezeichnet rühmt die
Friesen Joh. Saxo in seiner Rede über das Leben des Rudolph Agricola,
der bekanntlich auch ein Friese war: Nam Frisia, sagt er, ut olim magnitudine rerum gestarum floruit, ita nunc quoque gignit ingenia
nequaquam vulgaria, sed cum ad literas, tum ad gubernationem
magnarum rerum idonea, et ut mihi videtur non solum sagacia et
sana, sed etiam ingenuitate et animi celsitudine singulari praedita.
Die Aeußerungen dieses Saxo (Saxe, Saxonius) erhalten dadurch einen
besondern Werth, daß sie zugleich als Urtheile Melanchthons zu betrachten
sind, denn Melanchthon hat die oben angeführte Rede, zu der er vielleicht
auch Materialien lieferte, unter f. Declamationes aufgenommen. Vergl.
Edit. Argentor. t. I. p. 597.
3) In den angef. Schrift de Statu Europae sub Friderico III.
Cap. XXVII. Es ist hierbei in der That auffallend, daß unter den refor=
matorischen Gedanken Wessels, was so nahe lag, nicht auch eine Bezie=
hung auf den Cölibat vorkommt. Er selbst war zeitlebens unverheirathet.

— nicht leicht unverheirathete Priester in ihrer Mitte, weil sie, streng auf die Keuschheit ihrer Frauen haltend, glaubten, die Ehelosigkeit gebe nothwendig zu anderm Unfug Anlaß. Diesen angestammten friesischen Freiheitsgeist finden wir, auf das kirch= liche und wissenschaftliche Gebiet übertragen, auch bei Wessel. Zwar entdeckt man in seinen Schriften keine deutlichen Spuren einer besondern Liebe zu seinem Geburtsland und seinen Lands= leuten [1]), allein desto mehr scheint die That dieselbe zu bezeugen, indem er für den Schluß seines Lebens keinen lieberen Ort der Ruhe und des stillen gemüthlichen Wirkens wußte, als sein Vaterland.

— — —

Vorerst haben wir nun zu sehen, wie Wessel ins Ausland ging, um seine Studien weiter zu verfolgen. Er begab sich zu= nächst auf die Universität Köln. Dazu mag er eine besondere Veranlassung gehabt haben; es befand sich in Köln eine Anstalt für Studierende, die Laurentiusburse, die ein Gröninger, welcher Professor der Theologie in Köln war, Doctor Laurentius gestiftet hatte; in diese konnte Wessel als geborner Gröninger um so leichter aufgenommen zu werden hoffen, wie es denn auch ohne Schwie= rigkeit geschah [2]). Vielleicht aber wurde Wessel überhaupt schon durch den Ruf der Universität Köln angezogen, welche damals zwar schon von ihrem Höhepunct herabgesunken war, immerhin aber noch eines bedeutenden Ansehens genoß.

Um zu sehen, wie Köln auf Wessel wirken mußte, können wir nicht umhin, auf den damaligen Zustand dieser Hochschule, ebendamit aber auch auf ihre frühere Geschichte einzugehen.

Köln ist im Laufe des Mittelalters, wo nicht die merkwür= digste, so doch eine der merkwürdigsten Städte in deutschen Landen. Es ist eine Völkerstadt, schon von den Römerzeiten her groß und mächtig, in alle Bewegungen der den Rhein bewohnenden Stämme und in die bedeutendsten Kämpfe des deutschen Reichs verflochten, ein Sammelplatz alles dessen, was die mittlere Zeit characterisirt, im Guten wie im Schlimmen. Hier vornehmlich, in diesem deut= schen Venedig, concentrirte sich Alles, was sich seit dem 12ten Jahrhundert längs dem herrlichen Rhein in Kunst und Wissen=

---

1) Er erwähnt zwar die Frisones, aber nur in einem Beispiele und auf eine völlig indifferente Weise. De Caus. Incarnat. Cap. 16. p. 450.

2) Receptus est in Collegium, quod Bursam Laurentii vocant, eo quod a Magistro nostro, Doctore Theologo, Laurentio Groningensi fundatum sit. Erat Pastor Groningae ad S. Martinum, sed cum ordinarius esset Professor Theologiae in Academia Coloniensi, plurimum illic residebat. *Hardenb.*

schaft, in Handel und Wandel, in kirchlichem und bürgerlichem Leben regte [1]). Köln war der Sitz des mächtigsten deutschen Kirchenfürsten, desjenigen, der den Kaiser zu krönen pflegte und fast immer als Rathgeber in nächster Nähe des Thrones stand, es war ein Hauptmittelpunct des aufstrebenden deutschen Bürger= thums, das sich ebenso thätig zeigte in allen Gewerben des Frie= dens, als rüstig und siegreich im Kriege, eine der ersten Handels= städte, ein mächtiges Glied der Hansa, eine Wiege jeder Kunst, vornehmlich der Baukunst und Malerei, und eine Pflanzstätte der Wissenschaft, die wenigstens vorübergehend hier das Höchste leistete, was zu dieser Zeit in unserm Vaterlande geschah. In Köln be= gegneten sich die spitzfindigste Scholastik und die andächtigste My= stik, die strengste Orthodoxie und die kühnste Häresie, die äußerste Devotion und kirchliche Gesetzlichkeit des Mönchthums und der ungebundenste Antinomismus kirchenfeindlicher, schwärmerischer Parteien [2]. Es war hier das rührigste Treiben nach Außen, das bunteste Gemisch im Inneren, doch immer zusammengehalten durch die Macht des National= und Bürgergeistes und der in unmittel= barer Nähe gewaltig herrschenden Hierarchie.

Eine Universität konnte in Köln, so lange dieses frische Leben blühte, wohl gedeihen; aber mit der allgemeinen Bedeutung Kölns sehen wir auch die der Universität sinken, während sich die Bil= dung nun andere Sitze aufschlägt. Ueber Entstehung, Einrichtung und Verfall der Universität Köln ist im Wesentlichen Fol= gendes zu bemerken.

Bereits vor der Stiftung einer eigentlichen Universität be= fand sich eine bedeutende theologische Schule in Köln. Schon Innocenz III. († 1216) gedenkt in einem seiner Briefe der kölner Magister, und der Erzbischof Eifried gab in einem Diplom vom Jahr 1285 die Erlaubniß, in Köln die theologischen Studien zu machen. An dieser Schule hatte der umfassendste Gelehrte seiner Zeit, Albert der Große († 1280), und bald nach ihm der scharfsinnige Urheber einer neuen philosophisch=dogmatischen Denk= weise, Johann Duns Scotus († 1308) gelehrt, ja es hatte hier das Vorbild scholastischer Theologen Thomas von Aquin großentheils seine Bildung empfangen; also der Stifter einer großen theologischen Partei des Mittelalters hatte hier seine Lauf= bahn geendet, der Stifter der andern war von hier ausgegangen. Durch die große Bedeutung der theologischen Bildungsanstalt an

---

1) S. Band 1. S. 258—260.
2) Man kann auf das damalige Köln anwenden, was Tacitus von Rom sagt: Urbs, quo cuncta undique atrocia confluunt celebran= turque. Annal. XV, 44.

diesem Bischofssitze wurden Manche veranlaßt, die Stiftung der Universität in eine frühere Zeit zu setzen; dieß ist nicht ganz unrichtig, insofern man das Vorhandenseyn einer bedeutenden vielbesuchten Schule, selbst von einer einzigen Facultät, auch schon ein Studium generale oder im damaligen Sinn eine Universität, Gesammtheit, Corporation von Lehrern und Schülern nennen konnte; förmlich aber und nach dem jetzt gewöhnlichen Sprachgebrauch wurde die Universität gestiftet im Jahr 1388, wo Urban VI. in einem von Perugia aus gegebenen Diplom die neue Hochschule mit allen Rechten und Privilegien des pariser Universal-Studiums ausstattete [1]).

Die Einweihung der neuen Universität fand am 22sten December 1388 Nachmittags um 3 Uhr bei zahlreicher Versammlung des Klerus, der städtischen Bürgermeister und der vornehmsten Bürger im Domcapitel-Hause durch Rede und Vorlesung der päpstlichen Stiftungsbulle statt. Hierbei waren auch einige Doctoren aus Paris, unter denen mehrere geborene Kölner, gegenwärtig; die kölner Universität war demnach als eine Tochter der pariser Hochschule begrüßt, wie sie hinwiederum die Mutter der unter Martin V. von dem Herzoge Johann IV. um 1425 oder etwas später errichteten löwener und ebenso der 1450 gestifteten trierschen Universität ward. Die erste feierliche Eröffnung der theologischen Vorlesungen, ebenfalls im Domcapitel-Hause, fiel auf den 17ten Januar 1389. Der erste Rector war Theodor von Kerfering aus Münster, Doctor der Theologie, früher Professor in Prag, der erste Decan der theologischen Facultät Johann de Urbaria, Domherr zu Köln. Die 4 ältesten Bürgermeister von Köln waren die beständigen Provisores der Universität. Der Rath und die Bürgerschaft thaten Vieles zu deren Ausstattung und Erhaltung. Indeß konnten sie nicht alles bestreiten. Auf ihre Bitte verlieh Bonifacius IX. von jedem der in Köln existirenden 11 Stifter der Universität eine Präbende; diese 11 Präbenden wurden an bestimmte Facultäten und Lehrstühle geknüpft und hießen Praebendae primae gratiae. Sie betrugen in verschiedenen Abstufungen zwischen 1000 und 600 Thaler jetziger Währung. Später unter Eugen IV. kamen noch 11 Präbenden hinzu, welche Praebendae secundae gratiae genannt wurden; auch wurden in der Folge der Universität von den Päpsten noch andere Privilegien und Vortheile bewilligt. Der Universität stand, wie gewöhnlich, ein Rector, jeder Facultät ein Decan vor; das Recht, den Rector zu vertreten, kam dem Decan der theologischen

---

1) Vergl. *Bulaei* Hist. Universit. Paris. t. IV. p. 635—637.

Facultät, als der ersten Würde nach dem Rector, zu. Die Uni=
versität hatte ihre eigene Gerichtsbarkeit, die der Rector ausübte.
Die Päpste, welche die Studierenden als Geistliche angesehen
wissen wollten, entzogen sie zuerst den gewöhnlichen Civil=Be=
hörden. Peinliche Fälle aber mußten, wenigstens später, vor das
weltliche Gericht gebracht werden. Die theologische und philo=
sophische Facultät waren stets am stärksten, die medicinische am
schwächsten besetzt. Die theologische Facultät zählte 26 Doctoren [1]),
die sich in Doctores de concilio und extra concilium eintheilten,
und 20 Licentiaten, die philosophische 12 Doctoren, die medici=
nische 6 Doctoren und 2 Licentiaten, die juristische auch ur=
sprünglich nur 6 Doctoren, später mehrere. Die theologische
Facultät war noch besonders mit vielen und schönen Localitäten
und andern Vortheilen ausgestattet und hatte auch dadurch ein
großes Gewicht, daß sie den ganzen Klerus für das Erzbisthum
Köln bildete [2]).

An die Universität schlossen sich in Köln mehrere Vorberei=
tungsanstalten in Bursen oder sogenannten Gymnasien an; sie
standen unter der Aufsicht des Magistrats und der Decane der
Facultäten und waren überhaupt mit der Universität, namentlich
mit der Facultät der Artisten, organisch verbunden. Unter diese
Gymnasien gehörte auch die Laurentiusburse, gegründet
1440 von Laurentius Berungen aus Gröningen, Licentiat der
Theologie und Domherr in Köln. Diese Stiftung war es, in
die Wessel bei seiner Ankunft in Köln eintrat [3]). Da die Uni=
versität Köln aus einer Erweiterung der schon vorhandenen phi=
losophisch=theologischen Schule erwachsen war, so hatten die Fa=
cultäten der Theologie und der freien Künste ein entschiedenes
Uebergewicht über die beiden andern, besonders die theologische,
welche, da jede Facultät nicht nur einen Decan, sondern auch
einen eigenen Senat hatte, durch einen Senat von mindestens
zwölf, vielleicht auch mehr Mitgliedern repräsentirt wurde, wäh=

---

1) Buläus a. a. O. gibt nur 12 Mitglieder der theologischen Facultät an. Diese Verschiedenheit ist wahrscheinlich so zu erklären, daß sich
nur 12 Doctoren in dem Concilium (in dem Senat oder der eigentlich be-
rathenden und dirigirenden Facultät der Theologen), die übrigen aber extra
concilium befanden. Vielleicht könnte auch anfänglich die Zahl geringer
gewesen seyn, und erst in der Folge sich auf 26 vermehrt haben, doch ist
die andere Erklärung der Sache wahrscheinlicher.

2) S. über dieß Alles Franz Jos. von Bianco Versuch einer Geschichte der ehemal. Universität und der Gymnasien der Stadt Köln, Köln
1833, drei Theile; zwei Theile Geschichte, dritter Theil Urkunden. Th. 1.
S. 10—22.

3) Vergl. über dieselbe und die andern Gymnasien und Bursen Bianco a. a. O. S. 22—23.

rend die Senate der andern Facultäten, besonders der medici=
nischen weit minder zahlreich waren. So herrschte also in Köln,
selbst vermöge der Verfassung, die Theologie; dafür waren die
meisten Lehrer bestimmt, um sie sammelten sich die zahlreichsten
Schüler, und noch längere Zeit war Köln neben Paris und Prag
für Philosophie und Theologie die berühmteste Hochschule des
Festlandes, auf welcher fast alle Männer studierten, die sich in
den genannten Fächern in jenen Gegenden hervorthaten. Indeß
war bei dem streng kirchlichen, statarischen Character der Theo=
logie, die hier gelehrt wurde, dieses Vorherrschen der theologischen
Facultät etwas Bedenkliches, es wurde für die allgemeine wissen=
schaftliche Fortbildung hemmend und niederdrückend; die Univer=
sität blieb bald hinter den höheren Anforderungen des Zeitalters
zurück, es setzte sich hier mehr und mehr, und zwar gerade im
Gegensatz gegen die freieren mystischen (Tauler u. a.), gegen die
kühn pantheistischen (Eckart) und gegen die häretisch oppositionellen
Richtungen (Begharden, Brüder des freien Geistes), der starre,
dunkle, unbulbsame Geist eines lebloß gewordenen, aber besto ver=
folgungssüchtigeren scholastischen Dogmatismus fest, den wir in
seiner ganzen Kraßheit unmittelbar vor der Reformation in dem
Kampfe Reuchlins mit den Kölnern hervortreten sehen. Köln
wurde die Hauptniederlassung der Inquisitoren in Deutschland,
von hier gingen die meisten Verfolgungen der freier Gesinnten,
von hier ging, wie wir früher gesehen [1]), am Ende des fünfzehnten
Jahrhunderts auch die berüchtigte Anweisung zur Führung und
Entscheidung der Hexenprocesse, der Malleus Maleficarum, aus.
Auf diese Art ward eine Stadt, die anfänglich für wissenschaftliche
Bildung so bedeutend gewesen, ein Sitz des Obscurantis=
mus, und daher hören wir die besten, namentlich die klassisch
gebildeten Köpfe des 15ten und 16ten Jahrhunderts fast nur mit
Spott und Verachtung von Köln sprechen. Celtes zum Beispiel,
der im Jahre 1477 als Studierender in Köln eingeschrieben
wurde [2]), erzählt [3]), die philosophischen Studien sehen auf Physik

---

1) Band 1. S. 316. Vergl. *Hauber* Biblioth. magica 1739. Tom. 1.
2) Vergl. Erbard Gesch. des Wiederaufbl. II, 9. 10.
3) Od. Lib. III. od. 21. wo es unter Anderm heißt:
    Nemo hic Latinam grammaticam docet,
    Nec expolitis rhetoribus studet,
      Mathesis ignota est, figuris
        Quidque sacris numeris recludit.
Und dann weiter hin:
    Ridentus illic docta poëmata,
    Maronianos et Ciceronios
      Libros verentur, tanquam Apella
      Carne timet stomacho suilla.

aus Albert und Thomas beschränkt gewesen, von Mathematik habe man nichts gewußt, niemand habe lateinische Grammatik und tüchtige Rhetorik gelehrt, Virgil und Cicero seyen hoch= müthig und efel verschmäht worden, wie Schweinefleisch von den Juden.

Diese traurige Richtung hatte die Universität Köln bereits genommen, als Wessel dahin kam. Es war also natürlich, daß der kräftige Jüngling, der eine lebendige, einfach christliche Frömmigkeit aus der Erfahrung kannte und in einer Schule ge= bildet war, aus welcher bald nachher die Wiederhersteller des klassischen Studiums hervorgingen, sogleich mehr in einen Gegen= satz trat gegen den in Köln herrschenden Geist und auch durch diesen Widerspruch in der reformatorischen Bahn befestigt wurde, die er schon zum Theil betreten hatte und nun immer entschiede= ner einschlug. Dies mußte um so mehr geschehen, wenn der Stifter der Burse, in welcher Wessel lebte, der Doctor Lau = rentius, wirklich ein so heftiger Vertheidiger der Hierarchie war, daß er sich rühmen mochte, zu Constanz mit eigener Hand den guten Huß ins Feuer gestoßen zu haben [1]; dann lebte wohl auch in diesem Collegium der gewaltthätige finstere Dominikaner= Geist, von dem sich Wessel, an ganz anderes gewöhnt, nur zurück= gestoßen fühlen konnte. Wessel besuchte nun zwar die Vor= lesungen und studirte Alles, was sich ihm hier besonders in der Philosophie darbot, aber je mehr er in seiner bisherigen Bildung auf die Schrift hingewiesen worden war, desto beklagenswerther

Indeß darf auch nicht verschwiegen werden, daß ein sehr ausgezeichneter Mann jener Zeit, Melanchthon, mit nicht geringem Lobe von Köln spricht. Er sagt in einer Responsio ad scriptum quorundam delectorum a Clero secundariae Coloniae Agripp. in seinen Declamat. t. I. p. 587. ed. Argentor. über die kölner Hochschule Folgendes: Nam ut de urbe et collegiis Ecclesiarum nihil dicam, certe Academias omnes propter doctrinarum varietatem veneror, ac *Coloniensem* peculiariter colui, quod ingenii mei culturam, quantulacunque est, ipsi aliqua ex parte debeo. Audivi enim adolescens duos viros praeclare eru- ditos, Georg. Simler et Cunradum Helvetium, alumnos Academiae Coloniensis, quorum alter Latinos et Graecos Poëtas mihi primum interpretatus est, deduxit etiam ad Philosophiam puriorem; alter ... primum nobis Heidelbergae elementa doctrinae de motibus coelesti- bus tradidit. Postea cum multis ejus Academiae alumnis foedera amicitiae sancta et perpetua fuerunt, cum Buschio, cum Petro Mosellano, cum Mezlero. Sed longum esset omnes enumerare. Wir müssen hierbei etwas auf Rechnung der Dankbarkeit und des beson- deren Zweckes setzen, den Melanchthon bei dem Schreiben hatte, allein es bleibt doch die Thatsache übrig, daß in Köln zu Ende des fünfzehnten Jahr- hunderts auch noch in philologischen und philosophischen Wissenschaften unter- richtet und ausgezeichnete Männer gebildet wurden.

1) Solebat is inepte gloriari, quod sua manu Johannem Huss in ignem detrusisset. *Hardenb.*

mußte es ihm erschienen, daß man überall nur aus Albert dem
Großen und Thomas von Aquin zu hören bekam, und daß man
bei mittelmäßiger Kenntniß dieser Systeme vollkommen genug
wisse, um ein kölner Magister zu werden [1]). Es konnte ihn also
auch nicht besonders stolz machen, daß er es selbst auf diese Weise
wurde [2]). Nach vollbrachtem philosophischen Cursus widmete er
sich besonders der Theologie, wozu er immer entschiedene Neigung
hatte, aber auch hier konnten ihn seine scholastischen Lehrer nicht
befriedigen und er war bald so weit über ihre Vorträge hinweg,
daß er ihnen in jugendlichem Uebermuth vielmehr zur Last wurde,
indem er in den Vorlesungen immer etwas Neues zur Sprache
brachte, worauf sie keine gehörige Lösung zu geben vermochten.

Mehr als die Lebenden, belehrte ihn zu Köln ein Todter.
Es hatte zu Anfang des zwölften Jahrhunderts (†.1135) in
dem Kloster des Köln gegenüberliegenden Städtchens Deutz ein
frommer Abt, Rupert oder Ruprecht [3]), gelebt, der sich unter
seinen Zeitgenossen durch eine lebendige, aus der Schrift geschöpfte, Frömmigkeit, auszeichnete. Dieser Mann hatte zahlreiche Schriften hinterlassen, apologetischen, liturgischen, dogmatischen und exegetischen Inhaltes, die für uns keine besondere
Bedeutung mehr haben können, weil der fromme Sinn, der sich
darin ausspricht, in den Banden einer spielend allegorisirenden
und dogmatischen Schriftauslegung liegt, aber unter den damaligen Verhältnissen für unsern Wessel von großer Wichtigkeit
seyn mußten, besonders aus einem dreifachen Grunde: erstlich,
weil hier eine lebendige Quelle herzlicher Frömmigkeit floß, die
ihn in der Trockenheit der kölner Scholastik erquickte; dann,
weil Ruprecht vorzugsweise exegetischer Schriftsteller war, die
Bibel ungemein hochhielt und ganz abweichend von den Scholastikern auch in seinen dogmatischen und ascetischen Schriften
Alles auf dieselbe zurückführte; endlich, weil sich bei ihm Gedanken fanden, die ihn für seine Zeit und die nächstfolgenden

1) Wessel beklagte sich häufig, se nihil illic audivisse praeter Thomam Aquinatem et Albertum Magnum, quos si quis mediocriter dis-
cat, facile, inquit, fit Magister noster Coloniensis. *Hardenb.*

2) Offenbar fabelhaft ist die Angabe von Gerh. Geldenhauer (vergl.
Effig. et Vit. p. 14), daß Wessel in Köln den dreifachen Doctorgrad in
der Theologie, Jurisprudenz und Medicin erworben habe.

3) Ueber Rupert von Deutz (Rupertus Tuitiensis) ist zu vergleichen *Flacii* Catalog. Test. Verit. p. 1420—26. ed. 1608. *Mabillon*
Annal. Ord. Benedict. VI, 19. 42. 144. *Care* Hist. liter. t. II. p.
193 und 93. Histoire liter. de la France, t. XI. p. 422. und mehrere
Schriften, die Munrling anführt S. 19. Auch Schröckh in verschiedenen Stellen der K. Gesch. Th. 25. 27. 28. Die Schriften Ruperts sind
herausgegeben Mainz 1631. 2 Folio-Bände.

Jahrhunderte als einen selbständigen und freimüthigen Mann ehrenvoll auszeichnen. Noch mehr, als sein Zeitgenosse Bern= hard, ergießt sich Rupert von Deutz in Lobeserhebungen der Schrift, stellt sie als das einzige Fundament fester Ueberzeugung und reiner Erkenntniß Christi dar, und bezeichnet sie als das große Buch der Völker, durch welches zu allen Nationen verständlich, laut und offenbar über ihr wahres Heil geredet werde. Unbefan= gen spricht sich Rupert, wenigstens in seinen früheren Schriften — späterhin scheint er sich mehr der kirchlichen Denkart bequemt zu haben — über die Abendmahlslehre aus und behauptet, daß auch nach der Einsegnung die Substanz des Brodes und Weines nicht umgewandelt oder aufgehoben, sondern mit derselben auf eine wunderbare Weise Christus, das ewige unveränderliche Wort des Vaters verbunden und nur von dem Gläubigen[1]) in seiner ganzen Fülle aufgenommen werde, ebenso wie bei der Vereini= gung des göttlichen Logos mit dem Menschen Jesus, dieser nicht zerstört oder verwandelt, sondern von dem Göttlichen angenommen worden sey. Nimmt man dazu, daß Rupert von einem großen practischen Eifer durchdrungen war, und häufig gegen das Sitten= verderben seiner Zeit, besonders gegen die Ausschweifungen des Klerus spricht, so ist es sehr begreiflich, wie sich Wessel vor Allem von dieses Mannes Schriften angezogen fühlen und daraus er= bauen konnte; er mußte nur bedauern, daß derselbe bei seiner Frömmigkeit und trefflichen Gesinnung einem so ungünstigen Zeit= alter angehört habe. Wessel pflegte überhaupt die Schätze der Klosterbibliotheken zu Köln, besonders die der Benedictiner[2]) fleißig zu benutzen, und da in dem Kloster zu Deutz die Schriften des verehrten Abtes vollständig und gewiß auch schön abgeschrie= ben sich vorfanden, so ging er oft hinüber, um darin zu lesen. Aus diesen und andern Schriften, die er las, zog sich Wessel das Wissenswürdigste aus und vereinigte es, indem er zugleich eigene Gedanken und Bemerkungen hinzufügte, in einem Sammel= Werke unter dem Titel Mare magnum, welches er auch später auf seinen Wanderungen mit sich geführt und sein ganzes Leben hindurch erweitert zu haben scheint. Nach dem Tode Wessels

---

1) Von den Excerpten, die sich Wessel aus den Schriften des Abtes Ru= pert machte, sind uns einige wenige von Hardenberg aufbehalten; darunter befindet sich auch folgende Stelle: In illum, in quo fides non est, praeter visibiles species panis et vini nihil de sacrificio pervenit: quemad= modum asinus ad lyram cum irrationales aures arrigit, sonum quidem audit, sed modum cantilenae non percipit.

2) In bibliothecis Benedictinorum reperit multa et exscripsit indefatigabili studio. *Hardenb.*

wurden diese Collectaneen noch eine Zeitlang in dem Kloster auf dem St. Agnesberge bei Zwoll, einem späteren Lieblingsaufent= halte Wessels, aufbewahrt, sind. aber dann zerstört worden oder verloren gegangen ¹).

Frühe wendete sich Wessel auch zum Studium der alten Philosophen und schon in dieser Zeit faßte er eine Vorliebe für die p l a t o n i s c h e P h i l o s o p h i e im Gegensatze gegen die ari= stotelische; die letztere wurde ihm ohne Zweifel zugleich mit der Scholastik verhaßt, während die erstere ihn durch ihre lebens= volle Gestaltung und ihre Verwandtschaft mit dem Christenthum anzog ²). Um zu den Quellen der alten Philosophie zurückgehen zu können, bedurfte er K e n n t n i ß d e s G r i e c h i s c h e n, und es traf sich glücklich, daß er von einigen geflüchteten Griechen ³), die sich in Köln aufhielten, Unterricht empfangen konnte; er lernte wenigstens soviel, daß er nun einigermaßen mit eigenen Augen sehen und sich später selbst weiter forthelfen konnte.⁴). Ob er damals auch von Mönchen ⁵) im Hebräischen, Chaldäischen und Arabischen unterrichtet wurde, muß als zweifelhaft betrachtet werden; das Hebräische lernte er eher von gebildeten Juden; die Kenntniß des Chaldäischen und Arabischen aber dürfte zu den Uebertreibungen von Wessels Gelehrsamkeit gehören, wenig=

---

1) Die genaueste Nachricht über dieses Collectaneenbuch Wessels gibt H a r d e n b e r g. Er sagt: Excerpserat multa ex libris Ruperti, quibus alia tum etiam addidit ex aliorum libris; postea et sua non pauca addiderat: postremo omnes suas cogitationes eruditas et sacras in illas rhapsodias congesserat, quae commentarii justi facti sunt demum, quas solebat ipse vocare *Mare magnum;* quae utinam nobis non periissent. Dicebat mihi Gerardus a Cloester, sua aetate multa in eo mari fuisse in suo coenobio Agnetano; sed ea missa ad doctos quosdam in Brabantiam, aut Zelandiam, itaque nihil nunc ejus esse reliquum in coenobio. Multa eorum, quae in libris de *causis in-carnationis* et *magnitudine passionis* Domini habentur, ex illis commentariis esse desumta; licet ipsi post Wesseli mortem illa omnia ex abjectis foliis, veluti ex Sibyllae foliis collegerint. Die einzelnen abgerissenen Sätze, die Thesenreihen, die wir in den Schriften Wessels fin= den, scheinen unverarbeitet aus diesem Gedankenbuche Wessels entnommen zu seyn. Einige Beispiele der darin enthaltenen Excerpte theilt auch Har= denberg mit. Immer ist es zu bedauern, daß die für die theologische Zeit= geschichte interessante Sammlung verloren gegangen ist. Vergl. über das Mare magnum auch die Dissertation von M u u r l i n g S. 14. 19. 119.

2) Ungefähr in diesem Sinne stellt es auch schon der Verf. der Effig. et Vit. p. 14 dar. Ebenso M u u r l i n g S. 15 und 16.

3) H a r d e n b e r g bezeichnet sie als Monachos Praedicatores.

4) Dicebat tamen se nihil eximii ex illis potuisse percipere; sed tantum, inquit, ejus linguae didici, quod scioli quidam non potuerant me decipere in his, quae ad graeca biblia attinebant.

5) Nach H a r d e n b e r g von Monachis, qui vixerant in transmarinis regionibus, also von solchen, die früher eine Reise ins Morgenland ge= macht und dort das Hebräische gelernt hatten.

stens finden wir davon in seinen Schriften durchaus keine sichere
Spur. So war also Wessel von Haus aus begabt mit trefflichen
Anlagen des Geistes und des Gemüthes, er hatte schon vermöge
seiner friesischen Natur einen kräftigen, unabhängigen Sinn, aus
der Schule der Brüder des gemeinsamen Lebens und dem Ver=
kehr mit Thomas von Kempen brachte er lebendige Frömmigkeit
und wissenschaftlichen Eifer, Liebe zum Biblischen, Einfachen und
Practischen, in Köln entwickelte sich sein Widerwille gegen die
gangbare Scholastik, seine Streitfertigkeit gegen das bloß Traditionelle
in der Wissenschaft und im kirchlichen Leben, vielleicht auch schon
seine Neigung zum Platonismus, und, da er zugleich beginnt,
sich durch Erlernung der alten Sprachen den Zutritt zu den
Quellen der Wissenschaft und Religion im Alterthum zu öffnen,
finden wir bei ihm schon die Grundlage zu allem dem, wodurch
er sich nachmals im männlichen und höheren Alter auszeichnet.

Zweites Hauptstück.

Das männliche Alter Wessels.

Nachdem Wessel diese Vorbildung empfangen, suchte er
während der Zeit seiner männlichen Reife andere bedeutende Sitze
der Gelehrsamkeit auf, theils um noch reichere Nahrung für seinen
strebenden Geist zu finden, theils um in gelehrten Kämpfen seine
Ueberzeugungen zu begründen und geltend zu machen, theils
endlich um selbst als Lehrer für die Verbreitung derselben zu
wirken. Es möchte schwer seyn, bei ihm einen bestimmten Punct
anzugeben, wo sich die Lernzeit und Lehrzeit scheidet; beides be=
stand auch äußerlich neben einander. Ueberhaupt war in jenem
Jahrhundert und während des ganzen Mittelalters der Stand
der Lehrer und der Schüler nicht so strenge gesondert, wie in der
neueren Zeit; beide trugen den gemeinsamen Namen Scholaren,
Leute von der Schule. Wie das höhere Alterthum, so pflegte
auch das Mittelalter die Zeit des Lernens weit tiefer ins Leben
hinein auszudehnen, man sah gereifte Männer durch halb Europa
zu den berühmten Sitzen der Wissenschaft wandern, und dieselben
Personen nicht nur auf verschiedenen Universitäten, sondern auf
derselben Universität die Rollen der Lehrenden und Hörenden

wechseln. Dieß gab den damaligen Hochschulen einen schönen Character, dem Lehrstand eine gewisse Frische und Jugendlichkeit, dem Stand der Schüler, unter denen sich viele ausgebildete und angesehene Männer befanden, eine höhere Würde und ein Gewicht, welches zum Theil auch in der Verfassung der Universitäten sich ausdrückt. Dazu kam das stete Wandern und Wechseln der Gelehrten, das wir fast bei allen ausgezeichneten Männern finden, und zwar nicht bloß in dem Lande ihrer Sprache, sondern durch das ganze gebildete Europa hindurch. Im Lehrbegriff schulmäßig abgeschlossen und kirchlich gebunden, waren diese fahrenden Scholastiker, ähnlich den abentheuernden Rittern, im Leben desto freier und, örtlich wenigstens, völlig ungebunden; so glich sich eines gegen das andre aus und es fehlte auch diesen Männern, die wir uns gewöhnlich nur unter strenger Zucht der Kirche denken, an Freiheit und stets anregender Bewegung nicht. Dieses Umherziehen war einerseits Bedürfniß, da vor Erfindung der Buchdruckerkunst die Schätze der Wissenschaft an verschiedenen Orten aufgesucht werden mußten, und der Ruhm eines Lehrers weniger durch Schriften als durch seine persönliche Erscheinung begründet wurde, andererseits erwuchsen daraus sehr große geistige Vortheile, indem dadurch die Bildung aus dem unmittelbaren frischen Leben gefördert, der allgemeine Ideenverkehr, für den wir jetzt so viele andere Vermittelungen haben, erleichtert, den Hochschulen fortwährend neue Elemente zugeführt, und die ausgezeichneten Männer aus der Beschränkung ihres besonderen Landes herausgehoben wurden, um zu einem Gemeingut der gesammten gebildeten Welt gestempelt zu werden.

Alles dieß zeigt sich auch bei unserm Wessel. Er bewegte sich als reisender Scholastikus lernend, lehrend, disputirend, Anregung empfangend und gebend auf mehreren der bedeutendsten Universitäten; wir finden ihn namentlich außer Köln in Heidelberg, Löwen, Paris und an verschiedenen Orten Italiens, besonders in Rom. Die Zeitbestimmungen für alle gelehrten Wanderungen Wessels sind unmöglich genau zu ermitteln. Indeß dürfte sich folgende Feststellung, die zum Theil auf eigenen Angaben Wessels beruht, zum Theil aber auch durch Vermuthungen ausgefüllt werden muß, sehr der Wahrheit annähern [1]). Wessel

---

1) Eine Hauptschwierigkeit in der chronologischen Bestimmung über Wessels Leben ist sein Geburtsjahr. Wir haben darüber zwei wesentlich abweichende Angaben. Hardenberg im Leben Wessels S. 1 läßt ihn im J. 1400 geboren werden, Regner Prädinius dagegen im J. 1420. Dem ersteren folgt H. F. v. H(eusen) in Hist. Episc. Gron. p. 21 und dessen holländ. Uebersetzer H. v. Ryn, ferner Alting, Geldenhauer und der Verfasser der Inschrift auf Wessels Grabmal in der Kirche zu

wurde, da er ſich ſchon in Köln ausgezeichnet hatte, unter gün=
ſtigen Bedingungen nach Heidelberg berufen. Er folgte aber
dieſer Einladung nicht [1]), weil es ihn weit mehr reizte, bei dem
neuerregten Kampfe der Nominaliſten und Realiſten den Haupt=
ſchauplatz des literariſchen Lebens in damaliger Zeit, Paris, zu
beſuchen. Zunächſt aber begab er ſich, mit guten Zeugniſſen ver=
ſehen [2]), nach Löwen, vielleicht um ſich für Paris noch gründlicher

Gröningen. Dem andern ſchließen ſich Suffribus Petri (der jedoch 1419
annimmt) und die meiſten Neueren, auch Muurling in ſeiner Diſſertation
über Weſſel an. Den Tod Weſſels ſetzen bei weitem die meiſten und älte=
ſten Autoritäten, unter andern ſchon das Verzeichniß der Kirche, in der
Weſſel begraben wurde, Hardenberg u. a. in das Jahr 1489, und nur einige
ſchon etwas ſpätere z. B. Flacius, Ubbo Emmius und der Verfaſſer der
Grabinſchrift in das Jahr 1490. Man kann hier kaum Bedenken tragen,
der Beſtimmung des Regner Prädinius zu folgen. Er iſt ein alter und
guter Gewährsmann, drückt ſich über die Sache ſehr beſtimmt aus (Opp.
Regn. Praedinii p. 198: Wesselus Groningensis — mortuus est anno
et viginti annis ante quam ego nasceret, nimirum octuagesimo nono
supra millesimum et quadringentesimum, suae aetatis undeseptua-
gesimo) und nach ſeiner Angabe ordnen ſich auch die übrigen Zeitbeſtimmun=
gen im Leben Weſſels bei weitem am beſten. Weſſel war zwiſchen den Jahren
1454—1473 in Paris, welcher Aufenthalt 1470 und 1471 durch eine Reiſe
nach Italien unterbrochen wurde, dann befand er ſich 1474 oder 75 in Baſel
und 1477 erhielt er einen Ruf des Churfürſten Philipp nach Heidelberg, dem
er auch folgte. Nehmen wir 1400 als ſein Geburtsjahr an, ſo entſtehen
hier die höchſten Unwahrſcheinlichkeiten. Wie ſollte Weſſel erſt zwiſchen
ſeinem 54ſten und 75ſten Jahre ſeine Hauptreiſen gemacht haben? Und wer
wird einem 77jährigen Greis berufen, um eine Facultät in neue Blüte zu
bringen? Dagegen wird Alles paſſend, wenn wir die Geburtszeit ins J.
1420 ſetzen. Dann machte Weſſel, nachdem er die erſten Studien vollendet,
ſeine größeren Reiſen und übte ſeine Hauptthätigkeit in der Welt zwiſchen
dem 33ſten oder 34ſten und 55ſten Lebensjahre, wurde im 57ſten, wo er
noch bei rüſtigen Kräften ſeyn konnte, nach Heidelberg berufen, und zog ſich
etwa im 59ſten in ſeine Heimath zurück, wo er dann noch 10 Jahre in
größerer Zurückgezogenheit, aber kräftig und erfolgreich wirkte, was auch von
einem Manne zwiſchen 80 und 90 Jahren nicht mehr zu erwarten wäre.
So ſpricht Alles für die Angabe des Regner Prädinius, und wir nehmen
daher ohne Bedenken an: Weſſel wurde 1420 geboren und ſtarb 1489, in
ſeinem 69ſten Jahre. Genau und in der Hauptſache hiermit übereinſtimmend
hat auch Muurling Beil. 3. S. 106—108 über dieſen Punct gehandelt.

1) Er ſagt ſelbſt in einem ſpäteren Briefe an ſeinen Freund Jacob
Hoeck, S. 877: Vocatus Heidelbergam, neglectis grandibus beneficio-
rum pollicitationibus, quas per dictum Quapponem, pro tempore
Confessorem Domini Archiepiscopi Coloniensis, Comes Palatinus
offerebat, ea sola intentione et animo Parisios contendebam etc.
Indeß könnte doch Weſſel in dieſer Zeit, oder wenigſtens einmal vor dem
Jahre 1477 in Heidelberg geweſen ſeyn. Eine Reiſe Weſſels von Köln nach
Heidelberg, die er in trauriger Stimmung (non modice moestus) machte,
iſt ohne Angabe der Zeit, in der ſie fiel, erwähnt Scal. Medit. I, 17. p.
216.

2) Compositis itaque rebus (nämlich in der Heimath, wie es
wohl am natürlichſten hinzuzudenken iſt) reversus est Coloniam, ubi ac-
ceptis literis testimonialibus de tempore et profectu studiorum
suorum profectus est Lovanium. Hardenb.

vorzubereiten. Wiewohl er sich von den löwener Theologen[1]) mehr angezogen und durch den Verkehr mit ihnen mehr befriedigt fühlte als in Köln, ging er doch bald von da nach Paris. Die Zeit seiner Ankunft in Paris läßt sich etwa in das Jahr 1452—54 setzen[2]); so daß er also 32—33 Jahre alt war. Er verweilte in Paris etwa 16 Jahre oder darüber; auch besuchte er einige andere, durch Bildung ausgezeichnete französische Städte. Dann wanderte er nach Italien. Wir finden ihn bestimmt im J. 1470 und 1471 in Rom. Hierauf, nachdem er auch andere Bildungssitze Italiens gesehen, traf er im J. 1473 mit Johann Reuchlin in Paris, und in den Jahren 1474 oder 75 mit eben=demselben in Basel zusammen. Vielleicht kehrte er alsdann in sein Vaterland zurück; aber lange kann sein damaliger Aufenthalt in den Niederlanden auf keinen Fall gedauert haben, denn im J. 1477 nahm er einen neuen Ruf nach Heidelberg wirklich an. Hier war sein Einfluß zwar bedeutend, aber sein Verweilen auch nicht von langer Dauer; schon im J. 1479, in welches der In=quisitionsproceß Johanns von Wesel fällt, befand sich Wessel wieder in seiner Heimath, wo er von dieser Zeit an ein zurück=gezogenes, aber vielfach wirksames Leben führte. Diese Periode des männlichen Alters erstreckt sich also ungefähr vom J. 1452 bis 1478, oder vom 32sten bis zum 60sten Lebensjahre Wessels. Drei Aufenthaltsorte sind es, die dabei besonders hervortreten, **Paris, Rom und Heidelberg.** Auf diese in ihrem dama=ligen Zustande müssen wir einzeln unsere Blicke richten, um Wessels Wirksamkeit an jedem Orte zu verstehen. Wir beginnen mit Paris.

Eine genauere Schilderung der **Universität Paris** be=sonders von wissenschaftlicher Seite ist hier gewiß an ihrem Orte, nicht bloß weil dieselbe zum Verständniß mancher Thatsachen im

---

1) Die im J. 1425 oder 26 durch Herzog Johann von Brabant ge=stiftete, also damals ziemlich junge, Universität Löwen entwickelte in der Folge, auf dem theologischen Gebiete wenigstens, denselben Geist wie Köln, denn wir sehen gegen Ende des 15ten und im 16ten Jahrhundert die lö=wener Theologen im innigsten Bunde mit den Kölnern gegen die erleuch=teteren Männer ihrer Zeit; damals aber scheint noch mehr wissenschaftlicher Geist in Löwen geherrscht zu haben, als in Köln, denn es heißt von Wessel: Testabatur se paulo plus eruditionis (Lovanii) offendisse, quam Co-loniae, et contulit saepe cum professoribus, et de qualibet materia indiscriminatim pertinaciter disputabat. Harbenberg und der Ver=fasser der Efüg. et Vit. p. 16.

2) Jedenfalls muß Wessel schon einige Zeit vor dem J. 1455 in Paris gewesen seyn, denn er hatte dort noch Johann den Picarden zum Lehrer und dieser starb 1455.

Leben Weſſels gehört, ſondern weil dadurch auch der allgemeine
Stand der Wiſſenſchaften und namentlich der Theologie und
Philoſophie am anſchaulichſten bezeichnet wird [1]). Paris war
früher und auch damals noch die wiſſenſchaftliche Welt im Kleinen
und die Geſchichte dieſer Univerſität umfaßt beinahe die ganze
Geſchichte der ſcholaſtiſchen Theologie und Philoſophie, wenigſtens
alle ihre Hauptmomente [2]). Die äußere Einrichtung dieſer
Mutteranſtalt aller europäiſchen Hochſchulen darf hier beſonders
nach der trefflichen Darſtellung des größten rechtsgeſchichtlichen
Forſchers unſerer Zeit als bekannt vorausgeſetzt werden. Es
war eine frei zuſammengetretene Geſammtheit von Lehrern und
Schülern [3]), eine gelehrte Corporation, die wieder aus einzelnen
Innungen beſtand und durch ihre lebendige, mannigfaltige Glie=
derung das Bild eines eigenen mittelalterlichen Staats darſtellte.

1) Für die Kenntniß der Univerſität Paris, ihrer Verfaſſung und
Geſchichte giebt es bekanntlich folgende Werke: du *Breul* théatre des anti-
quitez de Paris. edit. 2. Paris 1639. 4. Liv. 2. *Bulaei* historia universitatis Parisiensis. VI voll. fol. Paris 1665—1673. *Crevier* histoire
de l'université de Paris. VII voll. 12. Paris 1761. Savigny Ge=
ſchichte des römiſchen Rechts im Mittelalter. 3ter Band. Heidelb. 1822.
Unter den älteren Werken iſt das von Buläus (Du Boulay) immer das
wichtigſte vermöge der außerordentlichen Reichhaltigkeit des Materials, wenn
ihm auch Crevier in Beziehung auf Durcharbeitung überlegen iſt. Haupt=
ſtellen von Buläus, die bei der folgenden Schilderung benutzt ſind, finden
ſich Tom. IV. p. 585—595. Tom. V. p. 851—865. 678. 882 seqq.
Savignys Darſtellung der Verhältniſſe der Univerſität Paris iſt klaſſiſch,
beſchränkt ſich aber auf die Rechtswiſſenſchaft, von welcher Seite Paris ge=
rade weniger wichtig war.
2) Man muß indeß nicht denken, daß es vorzugsweiſe nur Franzo=
ſen geweſen, die in Paris als gefeierte Träger der wiſſenſchaftlichen Bil=
dung und Bewegung auftraten. Ueberblicken wir die berühmteſten Namen
des Mittelalters, ſo waren der Geburt nach: Peter der Lombarde, Thomas
von Aquin und Bonaventura Italiäner; Anſelm von Canterbury ein
Piemonteſe; Hugo von St. Victor, Albert der Gr. u. a. Deutſche; Sco=
tus Erigena, Richard von St. Victor, Alexander von Hales, Duns Scotus
Engländer oder Schotten; Raimundus Lullus, Raimund von Sabunde
u. a. Spanier. Unter den eigentlich franzöſiſchen Theologen ſind vor=
nehmlich Roſcellin, Wilhelm von Champeaur, Abälard, Bernhard und Gerſon
zu nennen. So wenig alſo die Philoſophie und Theologie des Mittelalters
ausſchließlich oder nur vorzugsweiſe von Franzoſen producirt war, ſo erhielt
doch Paris als älteſter Sammelplatz europäiſcher Gelehrſamkeit außerordent=
liche Wichtigkeit und es iſt dieß für die ganze Folgezeit von Bedeutung ge=
blieben. Wie an Rom der Begriff der Herrſchaft, ſo knüpfte ſich an Paris
der Begriff der Bildung, des geiſtigen Einfluſſes, und dieß hat ſich erhalten,
auch nachdem Paris aufgehört, der Mittelpunct der wahren europäiſchen
Bildung, insbeſondere der philoſophiſchen und theologiſchen zu ſeyn; denn
ſeit dem 16ten Jahrhundert haben offenbar Frankreich und Deutſchland die
Rollen gewechſelt: dieſes hat jenem einen Vorſprung in der wiſſenſchaftlichen,
jenes dieſem auf eine Zeit lang den Vorſprung in der politiſchen Hegemonie
abgewonnen. Vergl. B. 1. S. 152.
3) Universitas Magistrorum et Scholarium, nicht Litterarum, wie
es von Savigny aufs klarſte nachgewieſen iſt am angef. Ort S. 389—382.

Nach zwei Richtungen zertheilte sich diese Körperschaft in einzelne Kreise; in wissenschaftlicher Beziehung zerfiel sie in vier Facultäten, die Facultät der Theologie, des kanonischen Rechtes, der Medicin und der freien Künste; in bürgerlicher Beziehung in vier Nationen, die französische, picardische, normännische und englische, welche späterhin ums J. 1430 in die deutsche überging [1]. Jede Facultät hatte einen Decan, jede Nation einen Vorsteher oder Procurator, an der Spitze der ganzen Corporation stand der Rector; diese zusammen vertraten und leiteten die Universität. Neben der Verbindung zum Ganzen hatten aber die kleineren Vereine auch wieder ein gewisses selbstständiges Leben; jede Facultät und jede Nation hatte ihre eigenthümliche Verfassung und Regierung, ihre besonderen Statuten, Localitäten, Festlichkeiten und Heiligthümer. Auch war jede Nation noch besonders in Provinzen getheilt, deren jede von einem Decan regiert wurde. Die französische und picardische Nation hatte fünf Provinzen, die deutsche hatte im 15ten Jahrhundert drei, Hochdeutsche, Niederdeutsche und Insularier d. h. Engländer [2], die normännische Nation war ohne Provinzenabtheilung. Man sollte denken, Wessel habe zur deutschen Nation niederdeutscher Provinz gehört; allein er gehörte zur picardischen, denn zu dieser wurden nach einer älteren Eintheilung die Niederlande gerechnet [3]. Daher kommt es auch, daß Wessel von Johann dem Picarden, als einem seiner Hauptlehrer in Paris spricht. Als Magister der freien Künste aber war er der Facultät der Artisten einverleibt.

Wichtiger als dieser äußere Zustand, den wir nicht weiter verfolgen wollen, ist für uns der innere wissenschaftliche und sittliche. Im Ganzen war die Universität Paris damals sehr blühend und hochgeehrt. König und Volk waren stolz auf sie; sie nannte sich selbst die älteste Tochter des Königs und die angesehensten Männer begrüßten sie als „unsere Mutter, die Universität Paris." Abgeordnete der Universität saßen unter den Reichsständen und in den wichtigsten Staats- und Kirchenangelegenheiten wurde sie um Rath gefragt. Die größte Bedeutung hatte in Paris allerdings die theologische Facultät; sie verbreitete einen Glanz über die ganze Hochschule. König Lud-

---

1) Savigny S. 325.
2) Altorum, Bassorum, Insularium. *Bulaei* hist. Univ. Paris. Tom. V. p. 864. 865.
3) Indeß pflegte man sich hierin nicht immer an die geographische Eintheilung zu binden, denn es kommen viele Fälle vor, daß Männer zu einer andern Nation gehörten, als wozu sie eigentlich durch ihren Geburtsort bestimmt waren.

wig XI. ſagt in einem Schreiben an die Univerſität [1] vom Jahr 1473: „Vorzüglich geprieſen iſt die Facultät der Theologen, die, wie das leuchtendſte Geſtirn, durch die Klarheit der Strahlen, nicht allein unſer Reich, ſondern die ganze Welt entzündet und erhellt hat, indem ſie ſtets die nützlicheren Lehren ergriff, die minder nützlichen verwarf" [2]. In der theologiſchen Facultät be= fand ſich auch die größte Zahl der Lehrer; ſie zählte, wie wir aus demſelben Edicte erſehen, um das Jahr 1473 nicht weniger als 21 Mitglieder, während die Facultät der Kanoniſten, die ſonſt gewöhnlich ſechs Profeſſoren [3] zu haben pflegte, damals nur aus dreien, die der Mediciner aber aus fünf beſtand. Nächſt der theologiſchen blühte am meiſten die Facultät der Artiſten und in ihrem Schooße das Studium der Philoſophie.

In dem Studium der Wiſſenſchaften überhaupt, beſonders aber der theologiſchen auf der Univerſität Paris können wir im Verlauf des 14ten und 15ten Jahrhunderts zwei Hauptperioden unterſcheiden. Dieſe Perioden beſtimmen ſich durch den Einfluß des Papſtthums. Abgeſehen davon, daß der Papſt bei der Uni= verſität Paris eine große Autorität hatte, vermöge deren er ihr zum Beiſpiel im Jahr 1452 durch ſeinen Cardinallegaten ohne Widerſpruch des Königs und mit Genehmigung der Anſtalt ſelbſt neue Statuten geben konnte [4], ſo brachte ſchon der Zuſammen= hang aller Wiſſenſchaften mit der Theologie, der Theologie mit der Kirche und der Kirche mit dem Papſtthum in der damaligen Zeit eine unberechenbare Einwirkung der Hierarchie auf die Stu= dien mit ſich. Demgemäß nehmen wir für die theologiſche Bil= dung in Paris die beiden Perioden des Papſtthums in dieſer Zeit an, erſtlich die Periode der abignon'ſchen Päpſte 1305—1376, dann die Periode des päpſtlichen Schisma's 1378—1417. Die letztere Periode erſtreckt ſich aber auch noch weiter ins 15te Jahr= hundert hinein.

In der Zeit, da die Päpſte zu Abignon ihren Sitz hatten und dadurch ganz an das franzöſiſche Intereſſe gekettet, die fran= zöſiſche Kirche aber auch noch näher an ſie gewieſen war, drängte ſich in Frankreich Alles zum Studium der Theologie und des kano= niſchen Rechts, und die andern Wiſſenſchaften kamen in Verfall.

---

1) *Bulaei* Hist. Univ. Par. Tom. V. p. 706.
2) Aehnlich drückt ſich Gerſon in einem Schreiben an die Studiren= den des Collegiums Navarra in Paris aus. Opp. t. I. pars 1. p 110. Er ſagt von der Univerſität Paris: Aspicitur quippe tanquam coruscus quidam sol spiritualis Ecclesiasticam machinam irradians, errorum quoque tenebrosas caligines suo nitenti puroque fulgore dispergens.
3) *Bulaeus.* Tom. V. p. 706. Savigny S. 338.
4) Savigny S. 346.

Jeder suchte nur eine Würde in jenen beiden Facultäten zu er=
haschen und eilte damit nach Avignon, um sich zu kirchlichen Ehren
und Beneficien emporzuschwingen. So blühte zwar das theologi=
sche Studium äußerlich auf, aber innerlich ging es zu Grunde und
die ausgezeichnetsten Männer der nächsten Folgezeit, Johann Gerson
und Nicolaus von Clamenge, klagen bitter über diesen Zustand.
Einzelnes mochte dabei auch gebessert werden; so gab der erste
avignon'sche Papst Clemens V. auf dem Concil zu Vienne 1311
eine Verordnung, daß wegen der Bekehrung der Ungläubigen
auch die orientalischen Sprachen, namentlich das Hebräische, Ara=
bische und Chaldäische auf der Universität gelehrt werden sollten;
ein Umstand, der auch für die Geschichte Wessels bemerkt zu
werden verdient, denn es ergibt sich daraus, daß er diese Spra=
chen, namentlich die hebräische, deren Kenntniß er zuverlässig be=
saß, auch in Paris lernen, oder doch sich darin vervollkommnen
konnte. Allein solche untergeordnete Verbesserungen waren nicht
anzuschlagen gegen die große Corruption, in der sich damals die
Kirche und ihr Oberhaupt und mit beiden auch die kirchlichen
Wissenschaften befanden.

Ganz anders stellte sich die Sache in der zweiten Periode,
während des päpstlichen Schisma's. In dieser Zeit sank aller=
dings das Papstthum noch tiefer; die Kirche war allen Stürmen
preisgegeben; aber eben unter diesen Stürmen erhob sich als ret=
tende Kraft für die Kirche die theologische Wissenschaft und deren
Hauptvertreterin, die Universität Paris. Während des Schisma's
nämlich fehlte es der Kirche an einer anerkannten höchsten In=
stanz; da die oberste Gewalt in sich selbst zerrissen war, mußte
man ein noch höheres Tribunal zur Beilegung des Zwiespaltes
suchen. Hier trat die Wissenschaft in den Riß. Die Universitäten,
vornehmlich Paris, gaben Rath zur Abhülfe der Uebel; Regie=
rungen, Geistliche und Laien vernahmen mit Achtung ihre Stimme.
Diese Stimme aber wies wieder hin auf die allgemeinen Con=
cilien als den einzigen Hort, die wahrhaft regenerirende Kraft
der Kirche. Dadurch kam der Grundsatz von der entscheidenden
und gesetzgebenden Autorität der Concilien, auch gegenüber dem
Papst, ins allgemeine Bewußtseyn und in die Praxis. Die den
Rath gegeben, halfen ihn auch vorzugsweise ausführen: auf
den dadurch hervorgerufenen Kirchenversammlungen entschied we=
niger die kirchliche Stellung, als Geist, Einsicht und Beredsamkeit
und so geschah es, daß die Hauptrepräsentanten der Theologie
in damaliger Zeit, wie Peter d'Ailly und Gerson, auch die ein=
flußreichsten Lenker des kirchlichen Lebens wurden und die Wissen=
schaft in ihnen und durch sie eine weltgeschichtliche Stellung ge=

wann. Zu derselben Zeit stand die Universität Paris als politi=
sche Rathgeberin den Königen von Frankreich zur Seite. Kaum
gab es eine Corporation, die einen großartigeren Beruf und
Wirkungskreis gehabt hätte. Es war daher kein Wunder, daß
sich auf diesem edlen Schauplatz einflußreicher Thätigkeit, wo der
Geringste zur höchsten Bedeutung sich erheben konnte, alle Kräfte
regten und entwickelten, und so sehen wir im 15ten Jahrhundert,
besonders in der ersten Hälfte, Paris und Frankreich mit einer
Reihe trefflicher Theologen geschmückt, unter denen Peter d'Ailly,
Nicolaus von Clamenge und Johann Gerson obenan stehen.

Es wurden aber damals bei dieser Fortbewegung im Großen
zugleich im Einzelnen Fortschritte gemacht und wissenschaftliche
Verbesserungen getroffen, so daß, während die Universität durch
die Stiftung der vielen neuen Hochschulen allmählig äußerlich
abnahm, doch der wissenschaftliche Geist derselben wieder im
Steigen war. Das beinahe erstorbene Studium der griechischen
Sprache wurde durch ausgewanderte Griechen und deren Schüler
wieder belebt; die reinere Latinität und die höhere Beredsamkeit
wurden durch eine Reihe ausgezeichneter Männer, welche die alte
Barbarei bekämpften, wiederhergestellt, und in den Bursen oder
Collegien wurden Vorschriften gegeben, um das Studium der
lateinischen Sprache und der Redekunst allgemeiner zu machen [1]).
Ohne Zweifel nahm Wessel auch an solchen Studien Theil;
allein sein Geist hatte schon zu sehr die Richtung auf das Reale
genommen, er war zu tief in das eigentlich philosophische und
theologische Interesse hineingezogen, als daß er sich noch eine be=
sondere Feinheit und Vollendung in der formellen Bildung, die
wir bei allem Geist in seinen Schriften vermissen, hätte erwerben
können. Indeß war auch das theologische Leben damals in Paris
sehr anregend, besonders durch die Kämpfe des erneuerten Nomi=
nalismus mit dem Realismus, die wir sogleich schildern werden,
wenn wir zuerst von dem äußeren Gange der theologischen Studien
ein Wort gesagt haben.

Die damalige Studienordnung eines Theologen
in Paris war diese [2]). Der alten Bestimmung von fünf Jahren
für den akademischen Cursus hatte die theologische Facultät eine
Erweiterung auf sechs Jahre gegeben. Dieß wurde auch durch

---

1) *Bulaeus* T. V. p. 852—59. Früher hatten die Grammatiker und
Rhetoriker besondere Schulen, oder Häuser und Hospitien, wo sie ihren Un=
terricht gaben, jetzt fingen sie an, innerhalb der Collegien zu lehren, und
es wurde gewöhnlich, daß sowohl die Bursarier als die außerhalb der Bursen
Studierenden diese Vorlesungen besuchten.
2) Vergl. hierüber *Bulaeus* T. V. p. 863. 864.

die Statuten festgestellt, welche der päpstliche Legat Cardinal d'Estouteville im Jahre 1452 der Universität gab. Der Weg zum theologischen Lehramte und zu höheren theologischen Würden war nun folgender. Wer Baccalaureus werden wollte, mußte der Facultät beweisen können, daß er sechs Jahre studiert und davon vier Jahre auf die Bibel, zwei Jahre auf die Sentenzen oder die Dogmatik verwendet habe. Hierauf machte er bei der Facultät den ersten Curs, d. h. er war verpflichtet, während drei Monaten öffentlich zu respondiren — was man facere Principium nannte — und dann über ein biblisches Buch Vorträge zu halten, wobei zuerst der Text vorgelesen und dann Glossen und Commentarien beigefügt wurden. Hiermit mußte er, verschiedene biblische Bücher durcharbeitend, zwei Jahre lang fortfahren, ehe ihm die Lesung der Sentenzen gestattet wurde. Während dieser Zeit hieß er Biblicus. Nach Vollendung der zwei Jahre ging es mit Bewilligung der Facultät an die Sentenzen. Vorher mußte er zwei lateinische Reden halten und ein Tentamen bestehen. Genügte er dabei, so durfte er auch hier facere Principium. Dann las er nach der Reihe die verschiedenen Theile der Sentenzen, mußte aber immer auch dazwischen öffentliche Probevorträge halten. In dieser Periode, die ein Jahr dauerte, hieß er Sententiarius. War alles dieß vollbracht, so war der Mann ein gemachter Baccalaureus, Baccalaureus formatus, und konnte hoffen, Licentiat zu werden, d. h. die öffentliche Lehrbefugniß zu erhalten. Dazu gehörten aber wieder gewisse Leistungen im Disputiren, Respondiren und in prüfenden Gesprächen mit der Facultät, so wie im Predigen, wozu jeder gelehrte Theologe damals fähig seyn sollte, da er in der Regel auch Priester war. Erst nach allen solchen Vorgängen erhielt der Candidat die Licenz oder das Recht, öffentlich zu lehren, und dann konnte er auch feierlich von dem Canzler das Doctorbaret[1]) empfangen. Man sieht, daß die damaligen Licentiaten und Doctoren tüchtig geschult und lange zerarbeitet wurden, denn um den ganzen Lauf vom Beginne der akademischen Studien bis zur höchsten Stufe durchzumachen, war jedenfalls ein Zeitraum von 10 Jahren erforderlich, und da man in jener Zeit in der Regel die Universität später bezog, so kam wohl selten junges Blut auf den Lehrstuhl. Daß Wessel alle diese Förm-

---

1) „Die Promotionen wurden in allen Facultäten mit Genehmigung des Domcanzlers ertheilt, in der philosophischen aber auch mit der Genehmigung des Canzlers von S. Genevieve, so daß man zwischen beiden Canzlern die Wahl hatte: in älteren Zeiten galt diese Concurrenz, wie es scheint, für alle Facultäten." Savigny S. 336. Ebendaselbst ist auch über die Promotionsweise in der Canonisten-Facultät, deren Bedingungen, Kosten u. s. f. gehandelt.

lichkeiten auf sich genommen, ist nicht glaublich. Denn es wurde ihm in der Folge der Umstand hinderlich, daß er noch nicht Doctor der Theologie sey. Sein Geist war nicht geeignet, darauf einen Werth zu legen; auch hatte er gewiß einen andern Begriff von der Bedeutung der einzelnen theologischen Wissenschaften, als derjenige ist, welcher der bezeichneten Reihefolge zu Grunde liegt. Hier erscheint die scholastische Dogmatik als das Höhere und Würdigere, zu dem man von der biblischen Theologie hinaufschritt. Wessel aber erkannte gewiß schon damals den Vorzug des Bibelstudiums vor dem der Sentenzen. Hierdurch wird es auch zweifelhaft, ob Wessel je öffentlich in Paris lehrte. Auf die Schüler, die er allerdings auch dort hatte, scheint er mehr im Privatumgang gewirkt zu haben.

Merkwürdig ist, daß Wessel bei seiner vorherrschend biblischen Richtung ein so lebhaftes Interesse nahm an dem wiedererweckten Streite der Realisten und Nominalisten und sich selbst thätig in denselben einmischte. Ohne Zweifel war es die geistige Bewegung, die hieraus auf der Universität Paris entstanden war, was ihn reizte, und wie überall das Ringen nach Wahrheit sein Gemüth in Anspruch nahm, so konnte er, ohne ehrgeizige Streitsucht, in reinem Wahrheitsinteresse auch in diesen Kampf eingehen. Wir müssen auch hier einen Ueberblick der früheren Entwickelung geben, um die Stellung Wessels verständlich zu machen.

Der Gegensatz zwischen Realismus und Nominalismus[1]), der durch die ganze mittelalterliche Theologie und Philosophie hindurchgeht, hat seine letzte Wurzel in den philosophischen Systemen des Alterthums, namentlich in der entgegenstehenden Denkweise des Plato und Aristoteles. Unentwickelt findet sich dieser Gegensatz auch in der früheren christlichen Theologie von ihrem Beginn an; zum bestimmten Bewußtseyn aber und zu dem Erfolg, Parteien zu bilden, gelangt er mit dem Entstehen der scholastischen Theologie selbst gegen Ende des 11ten Jahrhunderts durch den Streit zwischen Anselm und Roscellin. Ganz allgemein gefaßt bewegte sich der Streit um die Frage, ob den sogenannten Universalien objective Realität, oder nur ideale Existenz in unserm Denken zukäme? Diese Frage war schon in dem

---

1) Vergl. darüber außer den Werken von Brucker, Tiedemann, Cramer, Tennemann und Ritter besonders: Joh. *Salaberti* philosophia Nominalium vindicata Par. 1651 *Meiners* de Nominalium ac Realium initiis atque progressu. Comment. Societ. Gott. T. XII. Cl. hist. et. philos. p. 12. *Degerando* hist. comparée de systèmes de philosophie, ed. 2. T. IV. V. *Cousin* Introd. zu Abälards Werken I, 60. *Baumgarten-Crusius* de vero Realium et Nominal. discrimine, Jen. 1821 und in den Opusc. theol. p. 55 sqq.

allgemein gebrauchten dialectischen Wegweiser des Mittelalters, der Isagoge des Porphyrius, aufgeworfen [1]), aber nicht beantwortet. Nun wollte man sie auch entscheiden. Unter Universalien aber konnte man zweierlei verstehen, entweder die fünf allgemeinen Begriffe der aristotelischen Logik [2]), was man auch sonst Prädicabilien nannte, oder die Gattungsbegriffe. Schon dieß brachte eine Schwierigkeit in den Streit. Doch dachte man im Verfolg desselben meist an die Gattungsbegriffe, und von diesen lehrte der Realismus, daß sie ein objectives Seyn auch außer unserm Denken hätten, der Nominalismus dagegen, daß sie nur Abstractionen des menschlichen Denkens, Sprachzeichen, Namen, ja, wie es schon Roscellin ausgedrückt haben soll, Hauche des Mundes [3]) seyen. Der Nominalist z. B. mußte sagen: das, was man Menschheit nennt, existirt nicht als solches, sondern nur in den einzelnen Personen, Menschheit aber ist bloß ein aus dem Gemeinsamen der Individuen abstrahirter Begriff, eine Denkform, um alle Einzelnen zusammenzufassen; der Realist dagegen: Menschheit ist auch etwas Wirkliches, entweder das allem einzelnen Menschlichen vorangehende göttlich schöpferische Urbild des Menschlichen, oder doch das, was dem Werden des Einzelnen, sey es auch erst in und mit den Dingen selbst, als das eigentlich Wesenhafte und Gestaltende zum Grunde liegt.

Zunächst hatte der Streit nur ein metaphysisches Interesse, aber durch die Anwendung der philosophischen Ergebnisse auf einige Dogmen, auf die Christologie, Anthropologie, am meisten auf die Trinitätslehre, überhaupt auf die Lehre von Gott, durch die daraus hervorgehenden Schul- und Parteispaltungen, die zuletzt noch durch die Eifersucht der beiden einflußreichsten Orden ihre volle Kraft erhielten, bekam er auch eine große kirchliche Bedeutung. Die Anwendung des Gegensatzes auf die Gotteslehre wollen wir nur an zwei Beispielen zeigen. In der Trinitätslehre war Gottheit oder Wesen der Gattungsbegriff; Vater, Sohn und Geist aber die Concreta oder Individuen, welche an dieser Allgemeinheit theilnehmen. Schrieb man nun dem Gattungsbegriffe Gottheit selbständige Realität zu und setzte das Wesentliche der Trinität mehr in das Gemeinsame, als in die unterschiedenen Subjecte, so konnte man darauf geführt werden, daß kein reeller Unterschied der Personen sey und diese ihre wahre Realität nur in dem Ge-

---

1) Porphyr. Isag. edit. Bip. p. 370. Auch die Aeußerung Augustins de Doctr. christ. I, 2. kam besonders in Betracht: Quod nulla *res* est, omnino nihil est.

2) γένος, εἶδος, διαφορά, ἴδιον, συμβεβηκός.

3) flatus vocis.

meinsamen, in der Gottheit, nicht aber auch für sich hätten. Dieß war die Consequenz des Realismus, eine Annäherung zum Sabellianismus oder älteren Monarchismus. Schrieb man aber dem Allgemeinbegriffe Gottheit keine Realität zu und betrachtete denselben bloß als Denkform, so war 'das reale Band zwischen Vater, Sohn und Geist aufgehoben und es konnte gefolgert werden, daß die Gottheit nicht als solche, sondern nur in den drei Personen Existenz habe; dieß war die Consequenz des Nominalismus, ein Rückfall in den Tritheismus. Beide Consequenzen wurden auch je einer Partei von der andern entgegengehalten. In der Lehre von den göttlichen Eigenschaften waren diese das Allgemeine, Gott aber das Individuum, dem das Allgemeine beigelegt wurde. Erklärten nun die Realisten dieses Universale, die göttlichen Eigenschaften, für etwas selbständig Existirendes, so warfen ihnen die Gegner vor, sie trennten Gott von seinen Eigenschaften; sagten hingegen die Nominalisten: man dürfe nicht sprechen von der Gerechtigkeit, Güte Gottes, weil Gerechtigkeit und Güte nicht etwas für sich seyen, sondern nur von einem gerechten, gütigen Gott, so wurden sie von den Realisten angeklagt, sie trennten Gott von Gott und verfielen in Polytheismus.

Indeß war es nicht bloß der oben bezeichnete einfache Gegensatz, der die Theologen und Philosophen des Mittelalters spaltete; davon war man nur ausgegangen; aber wie bei jeder Streitfrage, die längere Zeit besprochen wird, waren auch hier verschiedene Modificationen versucht worden, so daß zu der Zeit, da Wessel lebte, in der Hauptsache vier Denkweisen zur Wahl vorlagen, eine doppelte Form des Realismus und eine doppelte des Nominalismus. Existiren nämlich die Gattungsbegriffe, die Ideen objectiv und real, so haben sie ihr Daseyn entweder unabhängig von den wirklichen Dingen und vor denselben als deren schöpferische Urbilder (Universalia ante rem, platonischer oder älterer anselmischer Realismus), oder sie haben es nur mit und in den Dingen als das in den Dingen liegende Gemeinsame (Universalia in re, aristotelischer oder späterer scotistischer Realismus, auch Formalismus genannt, weil die Ideen als die ursprünglichen Formen der Dinge, formae nativae, gedacht wurden); existiren aber die Ideen nicht objectiv, sondern nur in unserm Denken, so sind sie entweder reine Verstandesabstractionen und Sprachzeichen (älterer roscellinischer und späterer occam'scher Nominalismus) oder sie sind zwar Begriffe, aber als solche doch auch Realitäten, im Wesen des Geistes begründet, so daß sie wenigstens eine ideale Realität haben (species existentes, späterer thomistischer Nominalismus). Die Sprachverwirrung, welche bei jedem langwierigen Streite eintritt, blieb auch hier nicht aus, und es ist oft schwer, für die verschiedenen Theorien die rechten Bezeichnungen zu finden. Eine Hauptursache der Verwirrung war die gewaltsame Unterdrückung des Nominalismus. Diese war schon in dem ersten Repräsentanten desselben, Roscellin, (verurtheilt um 1092) erfolgt. Von da an wollte niemand mehr Nominalist seyn. Zunächst herrschte von Anselm her der platonische Realismus; dieser ging dann mit dem Emporkommen des Aristotelismus in den aristotelischen über. Allmählig jedoch, im Laufe des 13ten und 14ten Jahrhunderts, finden wir ausgezeichnete Theologen und Philosophen auf einem Standpuncte, den man früher nominalistisch genannt haben würde, der sich aber jetzt selbst als realistisch gab. Von der Art war die vermittelnde Theorie des Thomas, ein Ideal-Realismus, der im Grunde nominalistisch war. Scotus zwar stellte sich wieder entschiedener auf die (aristotelisch) realistische Seite. Aber dessen selbständiger Schüler, der darum auch der „ehrwürdige Erneuerer oder Stifter" [1] genannt ward, Wilhelm Occam († 1347) hatte wieder den Muth, ein offener, unumwundener Nominalist zu seyn. Er lehrte: [2] „das Universale ist nicht etwas Reales, das ein Seyn in sich hätte, sey es in der Seele oder außer derselben, es hat nur ein vorgestelltes Seyn in der Seele." An diese rein nominalistische Denkweise schlossen sich, wiewohl auch wieder mit theilweisen Modificationen [3]), die ausgezeichnetsten Theologen am Ende des 14ten und im Laufe des 15ten Jahrhunderts an, ein Peter d'Ailly, J. Gerson, J. Buridanus, Marsilius von Inghen und andere. So erhielt die Sache eine neue Bedeutung. Der Nominalismus wurde jetzt das frische, bewegende Element in der Wissenschaft, dasjenige, welches von Seiten der Scholastik zur Reformation hinüberführte, und in dieser Beziehung ist er uns hier besonders merkwürdig.

Das Reformatorische des Nominalismus lag weniger in einzelnen Lehren, als im Geiste der ganzen Richtung [4]), und zwar haben wir hier vornehmlich folgende Puncte zu berück-

---

1) Venerabilis Inceptor.

2) Sentent. 1. distinct. 2. Genaueres über den Nominalismus Occams bei Rettberg: Occam und Luther, in den theol. Stud. und Krit. 1839. 1. S. 81 ff.

3) So Gerson, der auch etwas Richtiges in der formalistischen Denkart anerkannte. De Theol. speculat. Consid. 9, p. 370. *Baumgarten-Crusius* Opusc. p. 73.

4) Vergl. H. Ritter über den Begriff und Verlauf der christl. Philosophie. Theol. Stud. und Krit. 1833, Hft. 2. S. 300 ff. Jetzt auch dessen Geschichte der christl. Philosophie.

sichtigen. Von seinem Ursprung an hatte sich der Nominalismus gegen übermächtigen Druck durchkämpfen müssen und kaum sein Daseyn fristen können: er verband daher mit dem Gefühle alter Unterbrückung die meiste innere Elasticität dagegen und entwickelte sogleich mit seiner Wiederbelebung einen Oppositionsgeist, der sich der ganzen Partei mittheilte. Dieß war um so mehr der Fall, als dieser Geist zugleich in der Person des „ehrwürdigen Erneue= rers" einen besonders kräftigen Repräsentanten gefunden hatte. Occam war ein entschiedener Feind der Mißbräuche in Kirche und Schule, innerlich mißstimmt gegen Hierarchie und Ueberliefe= rung, berühmt als antipapistischer Bundesgenosse Ludwig des Baiern, zu dem er, als sie sich die Hand zum gemeinsamen Kampfe boten, die denkwürdigen Worte sprach: „Vertheidige du mich mit dem Schwerte, ich will dich mit dem Worte vertheidigen." Gegen die Kirchenlehre zwar tritt Occam nicht so offen hervor; vielmehr versichert er häufig seine vollkommene Unterwerfung; allein diese Versicherung kehrt so oft wieder, daß man darin etwas Beabsich= tigtes vermuthen muß, und mit ihr verbindet sich zugleich der ironische Zug des Zweiflers, der zwar die überlieferte Lehre in unbedingter Geltung hinstellt, aber zugleich in ihren Consequenzen das Unvernünftige, ja Absurde durchblicken zu lassen sucht [1]. Auch von diesem Occamsgeiste ging etwas auf die ganze Partei über. In dem Wesen Occams aber lag, außer dem Sinne der Selbständigkeit und Unabhängigkeit, vornehmlich auch das Streben nach möglichster Strenge im Denken, nach genauester Bestimmung der Begriffe und Ausdrücke (termini), woher diese neueren Nomi= nalisten auch Terministen genannt wurden [2]. Mit dieser Tendenz stellte sich dann von selbst neben der angedeuteten Ironie etwas Kritisches und Skeptisches ein [3], eine Wendung, welche die Scho= lastik überhaupt schon seit Scotus zu nehmen angefangen hatte, welche sich nun aber noch stärker entwickelte, indem die Nomina= listen die ganze Schulüberlieferung reinigen und auf ihren ächten Gehalt zurückführen wollten. Nehmen wir nun noch hinzu, daß, wie die Mystik gegen die gesammte Scholastik das subjective, auch in gewissem Sinne das empirische Princip vertrat, so innerhalb der Scholastik selbst der Nominalismus gegen den Realismus, so werden wir Alles angedeutet haben und man wird begreifen, wie der Nominalismus, mit der Mystik parallel gehend, zum Theil auch, z. B. in Gerson, sich mit ihr verschmelzend, ein wichtiges

---

1) S. Rettberg a. a. O. S. 77—80.
2) Vergl. *Baumg.-Crusius* Opusc. p. 71 und das dort Angeführte.
3) S. *Baumg.-Crusius* Opusc. p. 71 und 72.

Glied in der Auflösung der Scholastik und im reformatorischen Proceß abgeben konnte. Es war der Geist der Neuerung, der Unabhängigkeit, der logischen Strenge, der Kritik, des Zweifels, des Subjectiven, wodurch er, abgesehen von einzelnen Behauptungen, diese Bedeutung erhielt, wodurch er eine Gemeinschaft der das Alte bekämpfenden und vorwärts strebenden Geister stiftete. Zwar finden wir, weil ein Bedürfniß der Reformation schon überhaupt für jeden offenen und redlichen Mann, ganz unabhängig von aller Meinung und Richtung der Schulen, vorhanden war, eifrig reformatorische Männer auch auf Seiten der realistischen Partei, wie Wikliffe, Huß und Hieronymus von Prag, aber im Ganzen geht doch die reformatorische Tendenz im 15ten Jahrhundert Hand in Hand mit dem Nominalismus, und selbst die Reformatoren noch, so weit sie an der Schulphilosophie Theil nahmen, waren dem Nominalismus zugethan.

Ehe aber die Nominalisten, die man im Gegensatze gegen die realistischen Veteranen ziemlich allgemein als Neuerer [1] bezeichnete, zu dem geistigen Siege, den sie im 15ten Jahrhundert feierten, gelangen konnten, hatten sie, besonders in Paris, schwere Kämpfe zu bestehen. Der Nominalismus hatte für die im ruhigen Besitze befindlichen Realisten etwas Störendes, er schien die Kirche mit einer einseitig kritischen, negativen Richtung und selbst den Staat mit Unruhe zu bedrohen. Von diesem Standpuncte aus ließ sich in Frankreich die Staatsregierung zu bem Unternehmen bestimmen, welches früher die Kirche mit Erfolg durchgeführt hatte, den Nominalismus völlig zu unterdrücken. Verschiedene Versuche dieser Art geschahen schon 1339 und 1340, dann wieder 1425, 1465 [2] und 1473. Ich wähle den letzteren auffallendsten um so mehr als ein Beispiel, da man auch unsern Wessel, welcher damals in Paris lebte, damit in Verbindung brachte. Die Sache ist diese. Am ersten März des Jahres 1473 erließ der herrschsüchtige, heuchlerische und bigotte König Ludwig XI. ein Edict [3] an die Universität Paris, welches den Nominalismus wie ein Donnerschlag zerschmettern sollte. Zuerst wird in diesem Schreiben der hohe Glanz und die wohlthätige Wirksamkeit der Universität, besonders der theologischen Facultät gepriesen, und hervorgehoben, wie diese Blüte am meisten durch die

---

1) *Doctores Renovatores* nennt sie König Ludwig XI. in seinem Edicte v. 1473.

2) In diesem Jahre erregten die Thesen eines Nominalisten, des M. Johann Faber, so viel Aufsehen und Bedenken, daß sie durch gemeinsamen Beschluß aller Facultäten an die Artisten-Facultät zu genauerer Prüfung übersandt wurden. *Bulaeus* Tom. V. p. 678.

3) *Bulaeus* Tom. V. p. 706.

guten und ſoliden Grundſätze der realiſtiſchen Lehrer ſowohl in
der Facultät der Artiſten als der Theologen gefördert worden
ſey; dieſe Lehre ſey alſo auch fernerhin vorzutragen. Nun ſehen
aber einige Neuerer aufgeſtanden, wie Wilhelm Occam, Buri=
banus, Peter d'Ailly, Marſilius, Adam Dorp, Albert von Sachſen[1])
und andere; und einige Stubierende der Univerſität, die man
Nominaliſten oder Terminiſten nenne, hätten ſich nicht entblödet,
dieſe Lehre anzunehmen. „Deßhalb," fährt der König fort, nach=
dem er ſein Recht angeſprochen, den wahren katholiſchen
Glauben zu erhalten, „beßhalb verordnen und befehlen wir,
daß die genannte Lehre des Ariſtoteles und ſeines Commentators
Averroes, des Albertus Magnus und Thomas von Aquin, des
Aegibius von Rom, des Alexander von Hales, Scotus, Bona=
ventura und anderer realiſtiſcher Lehrer, deren Grundſätze ſich in
früherer Zeit als geſund und ſicher erprobt haben, auf der Uni=
verſität Paris ſowohl in der Facultät der Theologie als der
freien Künſte auch ferner nach gewohnter Weiſe vorgetragen, ge=
lehrt, zu glauben aufgeſtellt, gelernt und angenommen werde.
Die andere Lehre aber der Nominaliſten, ſowohl der obenge=
nannten, als anderer ihnen ähnlichen, wer ſie auch ſeyn mögen,
ſoll unſerm Willen gemäß weder in dieſer Stadt, noch irgendwo
in unſerm Reiche, weder offen noch insgeheim, kurz auf keine
Art und Weiſe vorgetragen, gelehrt oder behauptet werden."
Nun wird befohlen, daß alle Mitglieder der Univerſität in die
Hand des Rectors einen Eid ablegen ſollten, dieſem Edicte zu
gehorchen; den Zuwiderhandelnden wird nicht bloß mit königlicher
Ungnade, ſondern auch mit ewiger Landesverweiſung, ja nach
Maaßgabe der Umſtände mit dem Bann und andern beliebigen
Strafen gedroht; endlich wird verordnet, daß alle nominaliſtiſchen
Schriften bei Eidespflicht ausgeliefert und unter den ſtrengſten
Gewahrſam gebracht werden ſollten. Dieſes Edict hatte die Wir=
kung, die ſo manche Glaubens= und Wiſſenſchaftsedicte gehabt
haben: es beförderte die Sache, die es vernichten ſollte. Schein=

---

1) Die zuerſt genannten Männer, Occam, Buribanus und Peter d'Ailly
ſind hinlänglich bekannt. Auch Marſilius von Jughen, einer der vor=
züglicheren Theologen der Univerſität Paris im vierzehnten Jahrhundert,
hat dadurch, daß er ſpäter der erſte Rector der neugeſtifteten Univerſität
Heidelberg wurde, wo er 1394 ſtarb, eine allgemeinere Berühmtheit er=
halten. Adam Dorp, wahrſcheinlich deſſelben Stammes mit Martin
Dorp, dem berühmteren Freunde des Erasmus, iſt mir anderweitig nicht
vorgekommen. Albert von Sachſen erwarb ſich in Paris zwiſchen den
Jahren 1350—1361 durch philoſophiſche Vorträge einen Namen. Er war
mehrmals Procurator der engliſchen Nation und 1353 Rector der Univer=
ſität mit vielem Ruhm. Vergl. über ihn *Bulaeus* Tom. IV. p. 948
und 949.

bar gehorchte man dem strengen Befehle vollkommen, man leistete in einer Generalversammlung der Universität bei den Bernhar= binern am 9ten März den verlangten Eid, der Rector der Uni= versität, die Kanonisten und Mediciner, auch die Procuratoren der vier Nationen ganz unbedingt, ein Theil der Theologen unter gewissen Bedingungen, man lieferte auch aus jeder Bibliothek e i n nominalistisches Buch aus, die Bücher wurden an Ketten ge= legt, Alles schien fertig und in der Ordnung; aber schon am 14ten März beschloß eine zweite Generalversammlung in der Kirche St. Julien, dem Eide gewisse Beschränkungen hinzuzufügen und eine Deputation an den König zu senden um Milderung oder Mobification des Edictes. Unterdessen hielten sich die Nomina= listen etwas stille; einige angesehene Männer, Magister Beren= garius Mercatoris und Martinus Magistri, der Letztere ein Doctor der Sorbonne und Almosenier des Königs, gewannen zu ihren Gunsten Einfluß auf das Gemüth des bigotten Fürsten, und siehe! am letzten April 1481 erschien im Auftrage des Königs ein kurzes Schreiben des Prevot von Paris[1]), Herrn von Estoute= ville, des Inhaltes, daß alle nominalistischen Bücher frei gegeben werden und jedermann zum Gebrauch offen stehen sollten; der Doctor Berengar werde mündlich die Gründe angeben, die den König zu diesem Schritt bewogen. Nun wurde allen Mitgliedern der Universität eröffnet, es könne fernerhin jeder ohne Gefahr und Gewissensscrupel sich zu den Lehren der Nominalisten eben= sowohl wie die Realisten bekennen, man dankte dem König, dem Prevot, dem Magister Berengar, man wünschte sich Glück zur wiedergewonnenen Freiheit und das Ganze war eine Empfehlung des Nominalismus gewesen[2]).

Bei diesem Hergange wollen nun auch Einige[3]) unserm W e s s e l eine Rolle zutheilen, und zwar auf Seiten der Unter= drucker. Der Doctor der Theologie Johann B o c h a r d oder B o u c a r t[4]), ein Normanne, früher Beichtvater Carls VII., nach= mals Bischof von Abranche († 1484), war nämlich der Haupt= rathgeber Ludwigs XI. bei dem Unterdrückungsversuche gewesen, und dieser soll sich zur Ausführung seiner Plane auch Wessels bedient haben[5]). Wahr ist es, Wessel war anfänglich ein leb=

1) Ueber das Verhältniß des Prevot von Paris, Praepositus Parisi= ensis, zu der Universität siehe S a v i g n y S. 317 und 329.
2) *Bulaeus* Tom. V. p. 739—741.
3) S *Bulaeus* t. V. p. 918. *Bayle* Diction. t. IV. p. 2867. Not. B. edit. 3.
4) Vergl. über ihn *Bulaeus* t. V. p. 886.
5) Hiermit hängt es wohl ohne Zweifel auch zusammen, wenn zwei französische Historiker, de T h o u und M e z e r a y, von einer ausgezeichneten

hafter Gegner des Nominalismus, ja er ging ausdrücklich nach
Paris, um denselben zu bekämpfen, aber wer Wessels Geist
kennt, wird nicht glauben, daß er solche Waffen angewendet wissen
wollte. Er, ein entschiedener Gegner aller menschlichen Autorität
in Glaubenssachen, der wärmste Freund der Wahrheitsforschung
und des freien, brüderlichen Gedankentausches. Auch sind einer=
seits die Nachrichten, die Wessel als Bundesgenossen Boucarts
darstellen, so wenig sicher und lauter in ihrem Ursprunge, und
andererseits spricht sich der glaubwürdigste Zeuge, Wessel selbst,
über sein Verhältniß zum Nominalismus in Paris so unbefangen
aus, daß wir jene Angabe nur als ein zur Anschwärzung des
aus andern Ursachen mißfälligen Mannes erfundenes Mährchen
betrachten können [1]).

Wessel nämlich, der wohl schon von Köln her, wo als ein
Erbtheil des Scotus der Realismus geherrscht zu haben scheint,
eifrig dem realistischen System zugethan war [2]), hatte sich, wie er
uns selbst erzählt, zuerst nach Paris begeben, um zwei damals
berühmte Lehrer [3]) seiner Nation, Heinrich Zomeren und Nicolaus
von Utrecht „gleichsam als ein frischer und ganz besonderer Kämpfer"
in Verwirrung zu setzen und von der Denkart der Formalisten zu
der der Realisten hinüber zu ziehen. „Das war nun allerdings",
sagt Wessel [4]), „ein Uebermuth von mir. Aber da ich im Zu=
sammentreffen mit den Stärkeren meine eigene Schwäche fühlte,

---

Thätigkeit Wessels bei der Universität Paris sprechen. Der Erstere Hist.
Franc. Lib. XXII. fol. 677 bezeichnet Wessel als Restaurator der Uni=
versität Paris unter Ludwig XI., der Andere nennt ihn gelegentlich als
Rector der Universität. Hist. de Franc. tom. II. p. 123. Vergl. Muur=
ling S. 34 und 5te Beilage S. 112—114, wo noch einiges Aehnliche
angeführt ist. Alle diese Angaben scheinen aber durchaus nur auf Ueber=
treibung und ungenauer Kenntniß der Sache zu beruhen.
  1) Die Erzählung ist auch chronologisch unhaltbar. Wessel kam doch
jedenfalls noch in den fünfziger Jahren des fünfzehnten Jahrhunderts nach
Paris; damals war er eifriger Realist, aber ehe drei Monate verflossen,
war er Formalist, und ehe wieder ein Jahr abgelaufen war, entschiedener
Nominalist. Dieß bezeugt er selbst. Opp. p. 877. Auch beharrte er von
da an beim Nominalismus. Das Edict gegen die Nominalisten erschien
aber erst 1473: wie hätte nun Wessel so mit sich selbst in Widerspruch seyn
können?
  2) Muurling sagt S. 25: Quid causae fuerit nescio, sed se-
cutus erat huc usque Wesselus partes Realistarum. Die Sache scheint
aber ziemlich einfach. Der Realismus war in Wessels Jugend noch auf
den meisten Universitäten außerhalb Paris herrschend, namentlich dürfen wir
in Köln eine realistische Tradition voraussetzen. Wessel hatte also früher
wohl nur realistische Lehrer gehört. So auch Hardenberg und der Verf.
der Effig. et Vit. p. 16: Reales, quos plerosque audiverat.
  3) Qui praecipui tunc regnabant in secta Formalium. Hardenb.
— Effig. et Vit. p. 16.
  4) In dem Briefe an Hoeck über den Ablaß, Wessel. Opp. p. 877.

bin ich, ehe drei Monate verflossen, von meiner Denkart abge=
gangen. Und bald habe ich mit allem Fleiß die Schriftsteller
zusammengesucht über die Bücher des Scotus, des Maro und
Bonetus, die ich als die besten in jener Denkweise kennen gelernt
hatte. Aber auch damit nicht zufrieden, habe ich, ehe ein Jahr
vergangen war, seit ich den Weg des Scotus eingeschlagen, und
da ich hier bei genauester Aufmerksamkeit noch größere Irrthümer
entdeckt als in der Denkart der Realisten, da habe ich, stets be=
reit mich belehren zu lassen, noch einmal meine Ansicht geändert
und die Partei der Nominalisten ergriffen. Wenn ich aber, offen
gestanden, bei diesen etwas dem Glauben Widersprechendes zu
finden überzeugt würde, so wäre ich heute bereit zurückzukehren,
entweder zu den Formalisten oder zu den Realisten." So war
also Wessel durch Vermittelung des scotistischen Formalismus vom
eigentlichen d. h. platonischen Realismus zum strengen Nominalis=
mus übergegangen. Wir können uns dieß auch wohl erklären.
Sein Geist war zu lebendig und zu forschend, um bei der einmal
ergriffenen Theorie unbeweglich stehen zu bleiben. Der Nomina=
lismus war das neue, wiederauflebende Element, der frische Gäh=
rungsstoff in der Wissenschaft; schon dieß zog ihn an. Die No=
minalisten waren auch die Freimüthigeren und Wissenschaftlicheren,
die Schärferen im Denken und Genaueren im Sprechen[1]); dieß
mußte seinen wissenschaftlichen Sinn noch mehr für sie gewinnen.
Und weit entfernt, daß Wessel dem Herrschenden als solchem an=
gehangen oder gar an wissenschaftlichen Gewaltschritten Antheil
genommen hätte, wurde er vielmehr eher durch sein allem Zwang
widerstrebendes Gemüth zum Nominalismus hingetrieben, wenn
er sah, wie derselbe gewaltsam ausgerottet werden sollte. Ja
selbst seine Neigung zu Paradoxien konnte auf die Entscheidung
für den Nominalismus Einfluß haben, denn von Occam her
zeichnete sich diese Schule durch eine gewisse Paradoxiensucht
aus. So warm nun Wessel Alles umfaßte, so befand er sich
doch stets in jener unbefangenen Stimmung des wahrheitliebenden
Forschers, vermöge deren er bereit war, Alles, was nicht mit
dem innersten religiösen und sittlichen Leben zusammenhing —
denn darin sehen wir ihn sich unverändert gleich bleiben — son=
dern mehr zur Theorie gehörte, jeden Augenblick aufzuopfern,
wenn es sich ihm als unhaltbar oder Anderes als richtiger dar=
stellte. Diese Bereitschaft spricht er in der obigen Stelle auch
in Beziehung auf den Nominalismus aus. Indeß führte ihn

---

1) Nominales, quos reperit aliquanto puriores aut saltem subti-
liores. *Hardenb.* — Efiig. et Vit. p. 17.

ſein weiteres Forſchen nicht auf andere Reſultate. Er blieb dem
Nominalismus treu [1]); er bezeichnet ſich in den ſpäteren Auffätzen
immer als Anhänger deſſelben, er erkennt die Nominaliſten vor=
zugsweiſe als Lehrer der Wahrheit an [2]), ſchreibt ihnen größere
Conſequenz und ſtrengeren Zuſammenhang des Denkens zu [3]),
und äußert ſich mit Geringſchätzung über die Realiſten, aus deren
Schule nicht leicht ein ausgezeichneter Mann hervorgehen könne [4]).
Es wäre anziehend über die Lehrer, die Weſſel in Paris
hatte, etwas Genaueres zu wiſſen. Allein es laſſen ſich darüber
nur dürftige Nachrichten geben. Ohne Zweifel müſſen die beiden
oben genannten Formaliſten Heinrich von Zomeren und
Nicolaus von Utrecht als Lehrer Weſſels betrachtet werden,
da er durch ſie von dem realiſtiſchen Wege abgebracht wurde.
Außerdem nennt er uns ſelbſt als ſeine Lehrer Wilhelm de
Phalis, Johann von Brüſſel und Johann den Picar=
den. Alle dieſe Männer gehörten wohl zur picardiſchen Nation;
etwas Genaueres läßt ſich meines Wiſſens nur von zweien der=
ſelben ſagen, von Heinrich von Zomeren und Johann
dem Picarden [5]). Der Erſtere ging im Jahr 1460 als Dom=
herr und Profeſſor von Paris nach Löwen und wurde dort mit
dem Profeſſor der Philoſophie Peter de Rivo in einen metaphy=
ſiſchen Streit über das zufällige Künftige (de futuris contingentibus) verwickelt, in welchem der Papſt 1472 zu ſeinen Gunſten
entſchied [6]). Johann der Picarde, der mit ſeinem Familien=
namen Haveron hieß, war 1430 Rector der Univerſität Paris
und ſtarb 1455; es wurde ihm ein ſehr feierliches Leichenbe=
gängniß von allen Nationen zuerkannt und die Artiſten=Facultät,

---

1) Quoniam tutiorem viam non inveniret, nec quae magis ad
simplicitatem scripturae et veterum Patrum accederet, permansit in
illa Nominalium secta. *Hardenb.* — Effig. et Vit. p. 17.
2) *Wess.* Opp. p. 876.
3) Nosti, schola nostra *Nominalis* talem verborum dissidentiam
et discohaerentiam non admittit. *Wess.* Opp. p. 890.
4) *Wess.* Opp. p. 867.
5) Ueber beide Männer finden ſich einige Notizen bei Buläns, über
Heinrich Zomeren (Hendrik van Zomeren) Tom. V. p. 882., über Johann
den Picarden Tom. V. p. 859. Ueber Heinrich von Zomeren berichtet
auch der Verfaſſer der Effig. et Vit. p. 16., daß er ein Brabanter von
Geburt, Decan von Antwerpen, und mit dem Cardinal Beſſarion ſehr
vertraut geweſen ſey. Durch ihn machte vielleicht auch Weſſel die erſte Be=
kanntſchaft Beſſarions.
6) Der Papſt, welcher hier entſchied, Sixtus IV. (reg. ſeit 1471) hatte
ſelbſt ein Buch über dieſen Gegenſtand geſchrieben. *Muratori* Rer. Italicar.
Script. Tom. III. Pars. II. p. 1056. C. Wahrſcheinlich war Sixtus IV.,
da er noch als Franz von Rovere in Paris lebte, mit Heinr. v. Zomeren
perſönlich bekannt geweſen. Ueber Heinr. v. Zomeren und ſeinen Streit
vergl. auch eine Stelle des Joh. von Goch de Libert. christ. I, 26.

deren vieljähriger Vorsteher er gewesen, beschloß jährlich einen
Gottesdienst für das Heil seiner Seele zu halten. Er scheint also
ein sehr geachteter Mann gewesen zu seyn, wie denn auch Wessel, wo
er seine Lehrer nennt, mit besonderer Auszeichnung von ihm spricht.

Merkwürdiger als die Lehrer Wessels sind einige jüngere
Männer, auf die er in Paris einen anregenden Einfluß ausübte,
und die wir daher in gewissem Betracht seine Schüler nennen
können. In der ersten Zeit seines Aufenthaltes in Paris scheint
er noch mehr selbst gelernt, in der späteren Zeit, besonders seit
er auch in Italien gewesen, mehr belehrend auf Andere gewirkt
zu haben. Unter den jungen Männern, die sich eines solchen
Umgangs mit Wessel erfreuten, ragen zwei nachmals sehr berühmte hervor, Johann Reuchlin und Rudolph Agricola.
Der Erstere kam im J. 1473 in Gesellschaft des jungen Mark-
grafen Friedrich von Baden nach Paris [1] und nahm, damals
selbst ein lebendig aufstrebender Jüngling von kaum achtzehn
Jahren, an allen Erscheinungen des wissenschaftlichen Lebens in
Paris den regsten Antheil [2]. Er empfing von Wessel Anleitung
zum Studium der Philosophie und der alten Sprachen und Hinweisung auf die ursprünglichen und ächten Quellen der aristotelischen Philosophie, auch ward er vielleicht von ihm in der Kenntniß der Sprache unterrichtet, durch deren Wiedererweckung in der
christlichen Welt er späterhin so berühmt wurde; doch ist dieß
ungewiß, ja sogar unwahrscheinlich [3]. Agricola [4] war Wessels

---

1) Vergl. die Nachweisung des Einzelnen bei Mayerhoff im Leben
Reuchlins S. 5—11., wo jedoch in dem, was von Wessel berichtet wird,
einiges Unrichtige vorkommt, und bei Erhard in der Gesch. des Wiederaufblühens wissenschaftl. Bildung B. 2. S. 150 ff. Die älteren Schriften
über Reuchlins Leben sind bekannt. Sie sind aufgeführt bei Erhard S.
147 und 148.

2) S. Reuchlins Brief an Jac. Faber, Epistolar. L. II, p. 155
und an die pariser Facultät p. 160; auch de Verbo mirif. Tubing. 1514
fol. 2.

3) Nach der Angabe Melanchthons in s. Orat. de Joh. Capn.
Declam. t. III. lernte Reuchlin von Wessel die Anfangsgründe des He-
bräischen. Damit aber scheint Reuchlins eigene Aeußerung zu streiten, daß
Jehiel Loans, ein gelehrter und geachteter Jude, mit dem er viel später
bekannt wurde, sein erster Lehrer im Hebräischen gewesen sey. Er sagt
Rudimenta Hebr. p. 3: Is me supra quam dici queat, fideliter
literas hebraicas primus edocuit. Mayerhoff S. 29 nimmt an, daß
Reuchlin sich die ersten grammatischen Vorkenntnisse selbst erworben, von
Loans aber zuerst gründlich unterrichtet worden. Dieß würde auch nicht
gerade ausschließen, daß er von Wessel einigen Unterricht empfangen. Indeß wäre es auch sehr wohl möglich, daß die Angabe Melanchthons von
Reuchlins hebräischem Unterrichte bei Wessel auf unhaltbarer Ueberlieferung
beruhte. Eine Aeußerung Agricola's, die in der zweiten Note dieser Seite
angeführt wird, scheint dieß zu bestätigen.

4) Ueber ihn in der Folge Mehreres. Eine Uebersicht seines Lebens

Landsmann, hatte ihn vermuthlich schon im gemeinsamen Vater=
lande kennen gelernt, sah ihn später noch häufig, schloß sich aber
besonders während seines längeren Aufenthaltes in Paris (etwa
zwischen 1463 und 1476) innig und freundschaftlich an Wessel
an. Er war 12 Jahre älter als Reuchlin und konnte, da er
länger in Paris verweilte, auch mehr geistige Einwirkungen von
Wessel empfangen. Bei ihm unterliegt es seiner eigenen Aeuße=
rung gemäß keinem Zweifel, daß ihn Wessel besonders zum Stu=
dium des Hebräischen ermunterte [1]); in Kenntniß der klassischen
Literatur und Sprachen aber mag Agricola damals schon dem
älteren Wessel überlegen gewesen seyn, denn späterhin ragte er
als Philologe unvergleichbar über Wessel hervor; dieser scheint
in den alten Sprachen nie eine eigentliche Virtuosität besessen zu
haben. Ohne Zweifel hatte Wessel auch auf die religiöse Denkart
dieser ausgezeichneten Jünglinge einen bedeutenden Einfluß; von
Agricola wenigstens wird es ausdrücklich berichtet; aber bei Bei=
den entwickelte sich im Ganzen das theologische Element nur so
weit, als es die damalige Verbindung der Philologie und Theo=
logie mit sich brachte, während Wessel ausschließlich in diesem
Elemente sich bewegte.

Außer den bisher geschilderten älteren und jüngern Männern,
die entweder Lehrer Wessels oder in gewisser Art seine Schüler
waren, stand er auch noch in freundlichem Verhältniß mit meh=
reren ausgezeichneten Kirchenbeamten, die zu jener Zeit in Paris
verweilten, mit dem Cardinal Bessarion und mit Franz von
Rovere, damals General der Minoriten, späterhin zur päpst=
lichen Würde erhoben als Sixtus IV. Der Lehrer Wessels, Hein=
rich von Zomeren, war mit Bessarion sehr vertraut, und, wie
wir aus Mehrerem vermuthen dürfen, auch mit Franz von Rovere
bekannt. Bessarion und Rovere aber waren die innigsten Freunde.
So bildeten diese Männer einen befreundeten Kreis, in welchen

---

gibt Erhard B. 1. S. 374—416, eine gute Parallele zwischen Wessel und
Agricola Muurling S. 53 ff.
1) Dieß sagt Agricola selbst in einem Briefe an Reuchlin de studio Hebraicarum literarum: *Basilius* quoque noster, quem deterruisse te scribis, acriter me incitavit, sequutus tamen fortasse im-
petum meum, et calcaria, ut dicitur, currenti subdens. Est autem
Basilius, de quo scribis, in patria: fuit mihi cum eo arctissima
familiaritas. Aus dieser Stelle leuchtet so ziemlich das ganze Verhältniß
zwischen Wessel und Agricola hervor. Wessel war nicht eigentlicher Lehrer,
sondern Förderer der Studien Agricola's. Die Worte: quem deterruisse
te scribis deuten darauf hin, daß Wessel den Reuchlin im Hebräischen
nicht unterrichtet oder gefördert habe. Ueber den Brief Agricola's, aus
dem obige Stelle entnommen ist, vergl. *Oudinus* de Scriptor eccl. t. III.
p. 2712.

Wessel wohl zuerst durch Heinrich von Zomeren eingeführt wurde. Fassen wir Alles zusammen, so ist nicht zu leugnen, daß sich Wessel zu Paris in edler, würdiger und anregender Gesellschaft befand.

Es ist nun Zeit, nachdem wir uns lange genug mit den äußeren Verhältnissen Wessels beschäftigt, auch einen Blick in sein Inneres, auf seine theologische Entwickelung zu thun. Wessels eigenthümliche religiöse Ueberzeugungen hatten sich ohne Zweifel damals schon festgestellt; in der Grund= gesinnung, die sich schon in der Jugend, besonders unter dem Einfluß der Brüder vom gemeinsamen Leben, in ihm gebildet hatte, blieb er ohnedieß derselbe; er wandelte die wissenschaftliche Form, behielt aber das Wesen. Sein religiöses und theologisches Leben hatte aber vorzüglich zwei unzerstörbare Grundbestandtheile, eine tiefe Liebe zum lebendigen, einfachen, aus der Schrift ge= schöpften Christenthum, und eine auf diesem christlichen Geiste ru= hende wissenschaftliche Selbständigkeit und Freisinnigkeit, eine edle Unabhängigkeit von menschlicher Autorität, überlieferten Satzungen und verjährtem Aberglauben. Seine Geistesfreiheit wurzelte in dem festen Grunde ächter Frömmigkeit, und seine Frömmigkeit be= währte sich als lebendig, indem sie nirgends die freie Entfaltung der Wissenschaft und des Gedankens scheute [1]). Aus dieser schönen Grundgesinnung erwuchsen die einzelnen Ueberzeugungen Wessels, die wir in der Folge genauer entwickeln, hier aber nur in einem Ueberblick [2]) andeuten wollen. Wessel schloß sich mit voller Seele an die Schrift an; er betrachtete und behandelte dieselbe als die wahre, lebendige, einzig zuverläßige Quelle des christlichen Glaubens; er bestritt dagegen die Verbindlichkeit der dogmatischen Ueberlieferung und bezweifelte die unbedingte Autorität der Kirche und ihres Oberhauptes, des Papstes; er wollte mit der Kirche glauben, aber nicht an die Kirche, und nur so weit der Papst mit der Schrift ging, wollte er mit dem Papste gehen. In der Schrift aber suchte Wessel nicht todte Glaubenssätzungen für den Verstand, sondern den lebendigen Christus für sein ganzes inneres Leben; an ihn als den Erlöser hielt er sich mit ganzer Liebe und unbedingtem Vertrauen, eben deßhalb verwarf er auch aufs be= stimmteste alles Andere, worauf sich etwa der Mensch stützen könnte,

---

1) Ueber Wessels theologische Richtung im Allgemeinen s. *Muurling* Oratio de Wesseli Gansfortii, germani theologi, principiis atque virtutibus. Amstelod. 1840.

2) Eine kurze und gute Zusammenstellung der Hauptgrundsätze und Lehren Wessels findet man unter andern bei Seckendorf in s. Comment. de Luth. Lib. 1. Sect. 54. cap. 133. S. 227. Weniger gut und voll= ständig Elsig. et Vit. p. 121.

alle persönliche Würdigkeit vor Gott und alle Verdienstlichkeit, die
aus guten Werken oder kirchlichen Büßungen erwachsen könnte;
er war ein entschiedener Gegner nicht nur des Ablasses, sondern
auch jeder Art von Werkheiligkeit; mit dem Ablaß aber bekämpfte
er natürlich zugleich, was die Kirche vom Fegefeuer lehrte, denn
dieses war ihm im Wesentlichen nichts Anderes, als die läuternde
Kraft der Sehnsucht nach Gott, die den Menschen von innen
heraus, ohne kirchliche Vermittelung, zu Gott führt. Wie in der
Lehre auf die Schrift, so ging Wessel in der Verfassung nach bester
Einsicht auf die christlichen Urverhältnisse zurück; dort war ihm
die Tradition, hier die Hierarchie etwas zwischen Christus und
seine Gemeinde fälschlich Eingeschobenes; dagegen stand ihm die
Idee eines auf dem unmittelbaren Verhältniß des Erlösten zu
Gott beruhenden allgemeinen Priesterthums der Christen sehr
klar vor der Seele, vermöge dessen auch der geringste Christ,
wenn er ein ächter, im Evangelium gewurzelter, Priester ist, den
Papst belehren kann, und der Papst die Grenze seiner Gewalt
überall da findet, wo er aufhört, innerhalb des Evangeliums
zu stehen.

Auch in der Wissenschaft bewährte Wessel ganz den=
selben Sinn. Keine hergebrachte Form der Schulen sollte seinen
Geist fesseln; je mehr man in Köln und Paris Autoritäten gel=
tend machte, desto mehr erhielt er das Bewußtseyn seiner Unab=
hängigkeit von denselben, seiner eignen Kraft und Gabe, und
gerade wenn man ihm die ersten Geister der nächsten Vorzeit ent=
gegenhielt, ward er seines selbsteignen Geistes recht inne. Wie
nach der schönen Sage Correggio durch den Anblick eines Bildes
von Raphael zur vollen Gewißheit kam, auch ein Maler zu seyn,
so sprach dann wohl Wessel[1]: „Thomas war ein Doctor; nun
gut; ich bin auch ein Doctor. Thomas verstand kaum lateinisch
und konnte nur eine Sprache; ich habe Kenntniß von den drei
Hauptsprachen. Thomas hat kaum den Schatten des Aristoteles

---

1) Die Anekdote wird zuerst von Gerh. Geldenhauer in seinem Be=
richt über das Leben Wessels mitgetheilt: Quare si quis forte inter dis-
putandum, ut fieri solet, ei objiceret: hoc dicit Doctor sanctus, hoc
Seraphicus etc. ipse respondere solebat: Thomas fuit Doctor, quid
tum postea? Et ego Doctor sum etc. Geldenhauer gibt dafür keinen
Zeitpunct an. Der Verf. der Eff. et Vit. p. 14 bestimmt als Zeit der
Aeußerung den Aufenthalt Wessels in Köln. Ohne gehörigen Grund. Es
war vermuthlich ein Spruch, den Wessel häufig im Munde führte. Brucker
und Muurling S. 110 verwerfen die ganze Anekdote wegen der darin
sich aussprechenden Ruhmredigkeit. Ich finde darin nur ein kräftiges Selbst=
gefühl, zu dessen Aeußerung Wessel durch das ewige Berufen der Andern
auf die Scholastiker wohl veranlaßt seyn konnte.

gesehen. Ich habe den griechischen Aristoteles unter Griechen ge=
sehen [1]."

Besonders stark offenbarte sich schon frühe der Protestantis=
mus Wessels im Kampfe gegen die Lehre, von der auch zunächst
die Reformation Luthers ausgegangen war und die damals von
vielen freimüthigen Männern besprochen wurde, gegen die Lehre
vom Ablaß. Sehr häufig hatte er auch in Paris Gelegenheit,
über diesen Gegenstand mit Freunden und Feinden zu verhandeln
oder zu streiten. Weil Wessel, wie Luther, die Ueberzeugung hatte
von der Nichtigkeit alles menschlichen Verdienstes vor einem hei=
ligen Gott, von dem allein alles Gute kommt, mußte er noth=
wendig alle die unzureichenden, ja zum Theil verderblichen, Selig=
keitsmittel verwerfen, welche die damalige vom Pelagianismus
durchdrungene Kirche darbot; das Ablaßwesen konnte ihm also
nur ein Abscheu seyn. Dieß äußerte er aber nicht bloß im ver=
trauten Kreise, sondern, wenn es darauf ankam, vor Männern
aller Art. „Nicht aus Streben nach Sonderbarkeit," schreibt er
in einem späteren Briefe [2]) an Jacob Hoeck, „sondern, wie mir
scheint, von Eifer für Wahrheit hingerissen und gezwungen, habe
ich nicht erst heute, sondern schon vor 33 Jahren häufig zu Paris [3])
vor Gelehrten den Satz aufgestellt, es sey mir von Kindesbeinen
an lächerlich und unwürdig vorgekommen, daß jemand glaube, ein
Mensch [der Papst nämlich] könne durch seinen Beschluß bewirken,
daß etwas Gutes von geringerem Werth in den Augen Gottes
einen höheren Werth erhalte, bloß durch Zutritt oder Dazwischen=
kunft des menschlichen Beschlusses."

---

1) In ipsa Graecia vidi. Ueber die angebliche Reise Wessels nach
Griechenland unten.
2) *Wess.* Opp. p. 876. Womit zu verbinden die Stelle p. 886:
Ante annos XXXIV. Parisiis, dicaciter magis, quam sagaciter,
utinam non temere, inter doctissimos quosque crebro sententiam
hanc effudi, quam tibi nunc effundo. Der ganze Brief ist gegen die
gewöhnliche Vorstellung von den päpstlichen Indulgenzen gerichtet.
3) Daß Wessel schon in Paris eine entschieden reformatorische Ten=
denz hatte und in dieser Beziehung auch für die Universität nicht ohne Be=
deutung war, ist auf eine ausgezeichnete Weise anerkannt in einem vom
1sten Dec. 1557 datirten Briefe seines Landsmanns, des protestantischen
Theologen Hadrian van Haemstede an König Heinrich II. von Frank=
reich, wo es heißt: Neque enim negari potest multos abusus, alios
errore, alios quaestus causa receptos esse, quorum emendationem
etiam superioribus seculis flagitarunt docti et boni viri, *in illo ipso
doctissimorum virorum coetu Lutetiae*, quae est praecipuum domi-
cilium doctrinarum toto orbe terrarum, Gulielmus Parisiensis, Johannes Gerson, *Wesselus* et alii, eosque abusus fatemur a nobis
taxari et tolli, ut ostendunt nostrae confessiones. S. Adriaan van
Haemstede door *J. ab Utrecht Dresselhuis* — in Kist en Royaards
Archief. D. VI. p. 122.

Noch haben wir, ehe wir Paris verlassen, mit Wessel einen Blick auf den sittlichen Zustand dieser Universität zu werfen[1]. Bei dem roheren Leben jener Zeit überhaupt und bei den mannichfaltigen Freiheiten der Studierenden mußten viele Ausbrüche der Unsittlichkeit und einer wilderen Kraft auf den Universitäten vorkommen. Wessel urtheilt daher von dem auf den Hochschulen, namentlich in Köln und Paris, herrschenden Geiste nicht günstig; er vermißt das sittliche, noch mehr das christliche Lebenselement und äußert sich darüber nach seiner Weise, Alles vom biblischen Standpuncte zu betrachten, so[2]: „Es ist eine große und schwere Anklage gegen die Universitäten, daß Paulus zu Athen wenig wirkte und mehr Eingang fand in der benachbarten Stadt Corinth und in Thessalien, welches damals noch beinahe barbarisch war, als in Attika, wo sich die Quelle der griechischen Weisheit befand. Das Studium der Wissenschaften also (wenn es ein bloß äußerliches ist und nicht von einem höheren Geiste beseelt) ist Gott nicht besonders angenehm. Und in der That, wie ich zu Köln und Paris gelebt und was ich dort gesehen habe, das ist Gott gewiß mehr zuwider[3], nicht die Studien der heiligen Wissenschaften, sondern das den Studien beigemischte Sittenverderben." Wessel wendet auf die Universitäten an, was in der Schrift erzählt wird, daß die Pharisäer und Schriftgelehrten Jesu widerstrebten, während viele Zöllner und Sünder ihm nachfolgten: „Denn da sich jene, die Schriftgelehrten, täglich mit dem Worte Gottes beschäftigen und ihm doch nicht gehorchen, so wird ihr Sinn verhärtet und gleichsam mit einer Hornhaut überzogen und sie werden dergestalt verdorben, daß sie noch schlimmer und härter werden als die Zöllner und Sünder, noch schwerer zu bekehren sind und noch ärger der gesunden Lehre widerstreben, so daß ihre Besserung immer verzweifelter wird. . . . Denn," fährt er mit einer Anspielung auf das griechische Feuer

<hr>

1) Vergl. Meiners Hist. Vergleichung der Sitten des Mittelalters III, 463.

2) Censura *Wesseli* de studiis Universitatum in seiner Schrift de Sacram. Poenit. Opp. p. 788 und 789.

3) Sehr starke Klagen über das Sittenverderben auf der Universität Paris finden wir auch bei einem mit den Verhältnissen völlig vertrauten Manne, bei Gerson in einem Schreiben an die Studierenden des Collegiums von Navarra Opp. Tom. I. Pars 1. p. 110—113. Er findet einen Hauptgrund des Verderbens in den zahlreichen Hofmeistern, die sich nicht gehörig strenge gegen die jungen Leute bewiesen, oder auch selbst Beispiele schlechter Sitten gaben; außerdem beklagt er besonders auch das Parteiwesen und die Spaltungen auf der Universität Paris. Ueber die Ausgelassenheit von pariser Studierenden damaliger Zeit vergl. auch *Crevier* Hist. de l'Univ. de Paris III, 220 ff.

fort, „wie das ein starkes Feuer ist, welches auch unter dem Wasser fortbrennt, so ist das eine hartnäckige Verborbenheit, welche fortbauert und unerschüttert bleibt bei täglicher Beschäftigung mit dem Worte Gottes [1].“

In diesem Sinn und Geiste bewegte sich Wessel auf der Universität Paris. Außer Paris besuchte er noch andere französische Städte, vielleicht nur gelegentlich auf der Durchreise, vielleicht auch mit besonderer Absicht, um noch mehrere Sitze der Bildung in Frankreich kennen zu lernen. Er selbst spricht von seinem Aufenthalt in Lyon und Angers. Von der ersteren Stadt erzählt er im Vorbeigehen, daß er dort ein merkwürdiges Beispiel von der Treue eines Hundes gesehen, der, auf dem Grabe seines Herrn das Leben beschließend, sich vom Thierischen zur Würde eines Liebenden erhoben habe und ihm selbst oft als mahnendes Vorbild rührender Hingebung vor die Seele getreten sey [2]. In Angers aber, wo damals eine Universität blühte, scheint er öffentliche Vorträge gehalten und seine freieren Ueberzeugungen vom Ablaß mit Erfolg vertheidigt zu haben [3]. Von dem Aufenthalte Wessels in Paris selbst ist bisher wie von etwas Ununterbrochenem die Rede gewesen; indeß müssen wir einen doppelten Aufenthalt unterscheiden. Zuerst verweilte er nach der Angabe der älteren Biographen ungefähr 16 Jahre in Paris, dann reiste er etwa 1470 nach Italien und hierauf finden wir ihn in der Hauptstadt Frankreichs wieder in dem Jahre, wo der Hauptschlag gegen den Nominalismus geschah und auch Reuchlin in Paris war, nämlich 1473. Aber nur auf kürzere Zeit. Man könnte annehmen, daß er als Nominalist wegen der mißlichen Lage seiner Partei Paris verlassen habe [4]. Wenigstens wäre dieß glaublicher,

---

1) *Wess.* Opp. p. 789.

2) *Scal.* Medit. Exempl. 1. Opp. p. 354 und 55. In dem Sprengel von Lyon wurde im Mittelalter auch ein Hund, der für das Kind seines Herrn kämpfend gestorben war, von der naiven Frömmigkeit des Volkes als Märtyrer und Kinderheiliger verehrt. S. *Steph. de Borbone* in *Echard* Script. Ord. Praed. I, 193. Haße K. Gesch. §. 253.

3) De Sacram. Poenit. Opp. p. 780: Valde in ambiguo fluctuaret fides nostra, si illi credendum, qui ipsemet saepe errat: ut in et ex Decretalibus convinci potest, et Rubineus *Antlegavis* publice in cathedra arguenti mihi confessus fuit, inquiens: Si haec ita sunt, universum nostrum fundamentum falsum est. In Angers war schon in älterer Zeit eine Lehranstalt, auf welcher zum Theil sehr berühmte Männer gelehrt hatten, unter andern Berengar; seit dem J. 1364 aber war daselbst eine Universität eingerichtet, die sich besonders in der Jurisprudenz auszeichnete. *Bulaei* hist. Univ. Paris. t. IV. p. 381.

4) Ueber die Zeit des Aufenthaltes Wessels in Paris geben Hardenberg und der Verf. der Eff. et Vit. p. 17 an, eum plus minus sedecim annis Parisiis versatum esse. Sie berühren auch Beide die Sage, daß Wessel wegen seiner freimüthigen Aeußerungen aus Paris vertrieben wor-

als daß er selbst etwas zur Unterdrückung des Nominalismus ge=
than haben sollte. Wir wenden uns nun zu der italiänischen
Reise, die Wessel am Schluß seines ersten längeren Aufenthaltes
in Paris machte.

Eine vollständige Geschichte des Aufenthaltes Wessels
in Italien ist bei der Mangelhaftigkeit der Nachrichten nicht
möglich. Wir müssen uns begnügen, die Bedeutung hervorzu=
heben, welche die Reise für seine innere Entwickelung hatte. Was
ihn nach Italien zog, konnte nichts Anderes seyn, als die neube=
lebte klassische Bildung, etwa auch die Wichtigkeit Roms, als des
Mittelpunctes der Hierarchie. Daß ihn Natur und Kunst des
reichbegabten Landes tiefer berührt hätten, davon findet sich bei
Wessel ebenso wenig eine Spur, als bei seinem berühmten Lands=
mann Erasmus. Wenn die Universität Paris besonders als
Pflegerin der Theologie und Philosophie wirkte, so konnte· man
den italiänischen Städten, namentlich Rom, Florenz und Venedig,
die Wessel vorzugsweise besuchte, den Ruhm nicht streitig machen,
bei weitem am meisten für griechische und römische Literatur, für
höhere Geschmacksbildung zu thun. Daher strömten aus allen
Gegenden Europa's die studieneifrigsten Jünglinge und Männer
damals fast noch mehr nach Italien, als nach Paris. Diesem
Zuge folgte auch Wessel. Um Vollendung einer formalen klas=
sischen Bildung konnte es ihm dabei nicht zu thun seyn, dazu
war er schon zu alt, und das Interesse seines Geistes ging, wie
schon bemerkt, zu sehr auf die philosophische und reale Seite. Doch
vervollkommnete er sich gewiß in der Fähigkeit, die Quellen der
griechischen Philosophie zu gebrauchen, und in der Kenntniß dieser

ben sey. Harbenberg nimmt an, daß Wessel von Paris nach Rom in
Gesellschaft des zum Papste bestimmten Franz v. Rovere gereist sey und bemerkt, dieß reime sich nicht mit einer Vertreibung aus Paris; hätte diese
statt gefunden, so müsse sie an den Schluß eines zweiten Aufenthaltes Wessels
in Paris gesetzt werden. Die ganze Sache scheint sehr zweifelhaft. Eher
möchte sich Wessel freiwillig zurückgezogen haben. Daß er sich in Paris
Gegner erweckte, war ganz natürlich, auch ist Harbenbergs Angabe nicht
unwahrscheinlich, daß er hier a malevolis et invidis zuerst Meister des
Widerspruchs genannt worden; die Erzählung von seiner förmlichen Vertrei=
bung aus Paris jedoch scheint zu den ausschmückenden Sagen in Wessels
Leben zu gehören; wäre sie historisch, so hätten wir dafür gewissere Bürg=
schaft. Harbenberg aber hatte darüber nie etwas von den Vertrauteren
Wessels gehört. Eff. und Vit. p. 17. Noch bemerke ich, daß in dem mehr=
fach angeführten Codex Monac. fol. 4 bei der Notiz von Wessels Ver=
treibung aus Paris die, jedoch wieder durchstrichenen, Worte beigeschrieben
sind: Nunquam audivi illum pulsum fuisse Lutetia. Neque puto
verum.

Philosophie selbst. Wozu sonst hätte ihm der Umgang mit den gelehrten Griechen, die damals in Italien lebten, dienen sollen? Denn daß er diesen genoß, können wir nicht bezweifeln. Namentlich setzte er seine Bekanntschaft mit Bessarion fort[1]). Dieser war einer der kenntnißreichsten unter den ausgewanderten Griechen, ein theologisch gebildeter Mann, ein Kenner des Aristoteles und Verehrer des Plato, dessen Philosophie er gegen den Aristoteliker Georg von Trapezunt eifrig vertheidigte. Wenn Bessarions kirchliche Stellung, namentlich sein Uebertritt von der griechischen zur römischen Kirche, wodurch er sich den Weg zur Cardinalswürde bahnte, auch nicht vom Vorwurfe der Politik frei ist, so versöhnt er wieder mit sich durch seine hohe Wissenschaftsliebe und die Fürsorge für Gelehrte, die er als hochgestellter Mann[2]) in einem gastlichen Hause mit freigebiger Hand übte. Schon durch diesen berühmten Mann, der eine eigene Schrift zur Rechtfertigung der platonischen Philosophie verfaßt hatte, mußte Wessel in seiner Liebe zum Platonismus bestärkt werden. Noch mehr wurde er es wohl durch die allgemeine Richtung der philosophischen Bildung in Italien und durch seinen Aufenthalt in Florenz. Während diesseits der Alpen, namentlich auf den Universitäten, die Wessel besucht hatte, noch Aristoteles mit voller Gewalt herrschte, war in Italien schon eine entschiedene Rückwirkung zu Gunsten des Platonismus eingetreten. Der tiefsinnige philosophische Mystiker Nicolaus von Cusa, der geistvolle Arzt Marsilius Ficinus[3]), beide zugleich innige Verehrer des Christenthums, wirkten durch Beispiel und Schriften für den Platonismus; es bestand schon seit längerer Zeit in Florenz die platonische Akademie; es war ein erneuertes Interesse, wie einst in Alexandrien, eingetreten, platonische und christliche Gedanken zu verschmelzen; und wenn Wessel auch nicht geeignet war, sich diesem Zuge ganz hinzugeben, weil ihm dazu das speculative Talent und der kühne Schwung der Phantasie abging, weil er zu fest im biblisch-practischen Christenthum stand, und weil es ihm weit größeres Bedürfniß war, das Heil lebendig individuell, in historischer Wirklichkeit zu erfassen, als es in philosophischer Begründung durch Anknüpfung an allgemeine Ideen zu suchen, so dürfen wir doch zuversichtlich voraussetzen, daß unter solchen Um=

---

1) Bessarion starb 1472. Wessel befand sich in Italien schon im letzten Regierungsjahre Pauls II. d. h. 1470, konnte also Bessarion sehr wohl in Italien sehen.

2) Er war sogar zweimal nahe daran, Papst zu werden.

3) Nicolaus v. Cusa † 1464, lebte also bei Wessels Aufenthalt in Italien nicht mehr. Marsilius Ficinus † 1499. Ihn konnte Wessel kennen lernen, doch haben wir darüber keine Nachricht.

gebungen seine schon vorhandene Liebe zur platonischen Philosophie bedeutend verstärkt wurde.

Besonders wichtig aber wurde das Leben Wessels in Italien und namentlich in Rom für seine reformatorische Denk= weise. Auch hier erinnert er an Luther, nur daß bei Wessel der Aufenthalt in Italien noch einflußreicher war, weil derselbe bei ihm in eine spätere Lebensperiode fiel, länger dauerte und ihn mit bedeutenderen Personen in Berührung brachte. Schon in Paris war er vermuthlich mit Franz von Rovere bekannt. Die= ser war auch mit Bessarion so befreundet, daß sie häufig in der= selben Wohnung lebten und Bessarion selten eine Schrift heraus= gab, ohne das Urtheil des Franz von Rovere vernommen zu ha= ben[1]). Wessel reiste vielleicht in Gesellschaft des Franz von Rovere nach Italien. Dieser, damals General der Franciskaner, soll sich bemüht haben, auch Wessel für den Orden zu gewin= nen. Wessel habe widerstrebt, aber die Verbindung mit dem einflußreichen Manne benutzt, um seine Ueberzeugungen über die Misbräuche der Kirche freier und sicherer äußern zu können. Wenn sich diese Angaben auch nicht verbürgen lassen[2]), so ist doch unzweifelhaft, daß Wessel mit Franz von Rovere in Ver= bindung stand. Nun geschah es aber, daß dieser bisherige Fran= ciskaner=General im J. 1471 als Sixtus IV. Papst wurde. Er war nächst Nicolaus V. (den Wessel auch schon gekannt haben soll[3])) und Pius II., einer der gelehrtesten Päpste seines Jahr= hunderts, hatte auf mehreren italiänischen Universitäten studiert und gelehrt, und sich durch Schriften, Predigten und practische Thätigkeit von Stufe zu Stufe bis zur höchsten Würde empor= gearbeitet[4]). Zwar befleckte er den päpstlichen Stuhl durch meh=

---

1) *Muratori* Rer. Ital. Scriptor. T. III. pars 2. p. 1054.. Die Beweisstelle s. unten.

2) Wir finden sie indeß schon bei Hardenberg und dem Verf. der Effig. et Vit. p. 17., und es ist bei ihrer innern Angemessenheit keine Ursache, sie mit Dubin de Script eccl. t. III. p. 2707 für bloße Träu= mereien zu erklären.

3) Diese Bekanntschaft Wessels, die auch durch Franz von Rovere ver= mittelt gewesen seyn soll (*Hardenb.* — Effig. et Vit. p. 17.), ist jedoch weniger wahrscheinlich. Nicolaus V. (Thomas von Sarzano) starb schon 1455.

4) Eine alte Biographie Sixtus IV. findet sich in *Muratori* Rerum Ital. Script. Tom. III. pars 2. p. 1053—1068. Sie ist unvollendet und anonym. Muratori hält den berühmten Barth. Platina für den Ver= fasser. Es wird darin besonders die Gelehrsamkeit Sixtus IV. gerühmt. Er habe die vorzüglichsten Lehranstalten besucht und auf den berühmtesten Universitäten mit großem Beifall gelesen, so daß damals kaum ein Gelehrter in Italien gelebt habe, der nicht sein Zuhörer gewesen. Testatur hoc (heißt es S. 1054) praeceptor meus Joh. Argyropulus, testatur Bon= franciscus Arlatus, aliique permulti. Hominem quoque frequenter

rere unwürdige Regentenhandlungen, unter denen seine Theil=
nahme an der Verschwörung der Pazzi's obenan steht, durch eine
unedle Härte des Characters, die ihm gegen Ende seines Lebens
einen wahren Volkshaß zuzog, und durch das verderbliche Bei=
spiel des Nepotismus, welches er seinen Nachfolgern hinterließ,
allein er erwarb sich auch unverkennbare Verdienste durch Ver=
schönerung Roms, Erweiterung der vatikanischen Bibliothek und
den liberalen Schutz, den er den Künsten und Wissenschaften an=
gedeihen ließ. Wessel war mit ihm bekannt geworden zu der
Zeit, da er sich nur als Gelehrter auszeichnete, und ehe er jene
unlöblichen Eigenschaften als Nachfolger Petri entwickelte. Als
er den päpstlichen Stuhl bestieg, befand sich Wessel in Rom[1]).
Sixtus IV. bewahrte Wessel'n die Zuneigung, die ihm Franz
von Rovere geschenkt hatte, und Wessel behauptete seinerseits
eine schöne Unabhängigkeit und Selbstständigkeit dem erhabenen
Gönner gegenüber. Leider ist uns über dieses Verhältniß nicht
viel Einzelnes überliefert. Aber gerade daß Wessel in seinen
Schriften sich der Verbindung nicht rühmt, noch mehr seine ganze
Stellung gegen das Papstthum beweist, daß er sich in keiner
Weise blenden ließ. Er soll vielmehr in einer verloren gegange=
nen Schrift Sixtus IV. wegen seines politischen Benehmens und
besonders darüber, daß er nicht bloß von geleisteten, sondern sogar
von zu leistenden Eiden entbunden, streng getadelt haben[2]). Ob
Wessel auf Sixtus einen Einfluß ausgeübt[3]), wissen wir nicht;

---

audivit *Bessarion* Cardinalis Nicaenus, cujus familiaritate ita de-
lectatus est, ut eodem persaepe contubernio usi sint, nihilque edere
Nicaenus ipse unquam voluerit, quod non hujus lima prius et judicio emendatum esset. Ueber das Verhältniß zu Wessel findet sich,
wie zu erwarten ist, in der Biographie nichts. Aber eine Beziehung zu
Heinrich v. Zomeren ist angedeutet. Unter den Schriften, die Sixtus
noch als Cardinal, also vor 1471, geschrieben, wird S. 1056 folgende auf=
geführt: Scripsit etiam *de futuris contingentibus* propter altercatio-
nem Lovaniae ortam inter *Henricum* quemdam virum doctum et
omnes Scholasticos Lovanienses.
  1) Wir wissen von Wessel selbst, daß er anno penultimo Pauli d. h.
1470 in Rom war, Opp. p. 886. Also wird er vermuthlich auch, da er
Sixtus IV. noch als Papst sah, beim Wechsel der päpstlichen Würde dort
gewesen seyn. Paul II. starb und Sixtus IV. folgte 1471.
  2) Die Nachricht findet sich bei Oudin de Scriptor. eccles. t. III.
p. 2710. Die ursprünglich deutsch geschriebene Schrift Wessels soll ge=
handelt haben de Subditis et Snperioribus, seu Quod subditi non
usquequaque suis Rectoribus obedire cogantur.
  3) Manche nehmen sogar an, Wessel sey des Papstes Leibarzt gewesen.
Ubbo Emmius in s. Hist. Rer. Frisiacar. L. XXX. p. 457 berichtet
ganz allgemein, Wessel sey eines Papstes Arzt gewesen. Dieß könnte wohl
nur Sixtus IV. seyn. Muurling S. 38 und in der 6ten Beilage
S. 114—117 hält es für wahrscheinlich. Ich will die Nachricht von Wessels
medicinischen Kenntnissen überhaupt, wofür alte und unverwerfliche Zeug=

bei Einer Regentenhandlung dieses Papstes ist es nicht unwahr=
scheinlich: er bestätigte im J. 1472 die Brüder des gemeinsamen
Lebens. Was das Verhältniß zwischen beiden am meisten charac=
terisirt, ist eine Anekdote, die so ganz dem Geiste Wessels ent=
spricht, daß wir sie kaum bezweifeln können [1]); auch soll sie
Wessel selbst gern erzählt haben. Als nämlich Franz von Ro=
vere Papst geworden, forderte er Wessel'n, der ihm seine Ehrer=
bietung bezeigte, auf, sich eine Gnade auszubitten. Wessel er=
wiederte mit bescheidener Freimüthigkeit: „Heiligster Vater, Ihr
wißt, daß ich nie nach großen Dingen gestrebt habe, aber da
Ihr nun die Stelle eines obersten Priesters und Hirten auf Er=
den bekleidet, so wünsche ich, daß euer Ruf euerm Namen ent=
spreche, und daß Ihr euer erhabenes Amt so verwaltet, daß,
wenn einst jener Erzhirte kommt, dessen höchster Diener Ihr hie=
nieden seyd, er dann sage: Ei du frommer und getreuer Knecht,
gehe ein zu deines Herrn Freude, und Ihr darauf getrost sagen
könnet: Herr, fünf Pfunde hast du mir gegeben, siehe hier fünf
andere Pfunde, die ich dazu gewonnen habe." Als darauf der
Papst bemerkte, dafür habe er zu sorgen, Wessel möge jetzt für
sich etwas erbitten, sprach Wessel: „Nun so bitte ich, daß Ihr
mir aus der vatikanischen Bibliothek eine griechische und hebräische
Bibel gebet." Das soll geschehen, fuhr Sixtus fort, aber du
Thor, warum hast du dir nicht ein Bisthum oder etwas dergleichen
ausgebeten? „Weil ich dessen nicht bedarf," schloß Wessel [2]). Er
empfing auf Befehl des Papstes eine Bibel, und diese merkwür=
dige Handschrift soll noch längere Zeit in dem Nonnen=Kloster
zu Gröningen aufbewahrt worden seyn, wo Wessel einen Theil
seiner letzten Tage zubrachte [3]).

niſſe vorhanden ſind, nicht beſtreiten, aber die beſondere Angabe, daß er
päpſtlicher Leibarzt geweſen, die aus ſpäterer Zeit ſtammt, könnte zu den
Uebertreibungen in Weſſels Leben gehören.
    1) Sie wird bezweifelt von Oudin und Brucker. Der Erstere ist
überhaupt im Leben Wessels hyperkritisch. So bestreitet er unter andern
de Scriptor. eccl. t. III. p. 2707 Wessels Aufenthalt in Rom, von dem
wir aus Wessels eigenem Munde wissen. Für den gegenwärtigen Fall haben
wir an Hardenberg einen um so unverwerflicheren Zeugen, als er aus=
drücklich bemerkt: Hoc (Wesselus) ipsemet consuevit narrare. Scharf=
sinnig ist die Bemerkung Muurlings S. 37, daß ein Wort des Alexan=
der Hegius in einem Briefe an Wessel wohl auch eine Anspielung auf
jene Thatsache enthalten könne, wenn er nämlich sagt: Plus enim semper
tibi placuere aurea verba, quam aurei nummi; wiewohl die Worte
auch ohne diese specielle Beziehung einen ganz guten Sinn haben.
    2) Die Anekdote ist auch poetisch behandelt von Hagenbach.
    3) Vit. et Effig. Prof. Gron. p. 18. Der, in der Mitte des 17ten
Jahrhunderts lebende, Verfasser will noch selbst Fragmente des Codex ge=
sehen haben.

Daß Wessel am Sitze der Hierarchie und im Umgange mit höheren Kirchenbeamten seine Ueberzeugungen nicht verleugnete, geht auch aus seinen eigenen Mittheilungen hervor. Er erzählt uns einen Vorfall, der ihm unter der Regierung Pauls II., also zu der Zeit begegnete, da er den Papst noch nicht selbst zum Freunde hatte, wo er seine Grundsätze vom Ablaß, wie in Paris, so auch in Rom vor Männern aus der Umgebung des Papstes unumwunden aussprach [1]). Bei dieser und andern Gelegenheiten erfuhr er denn auch, daß die Geistlichen in der Nähe des päpstlichen Hofes in solchen Dingen noch weit freier dächten, als er selbst. Diese hatten dabei nicht, wie unsere Reformatoren und ihre Vorgänger, einen frommen tiefgewurzelten Glauben zu bekämpfen, ihr Kopf hatte nicht einen inneren Kampf mit dem Herzen zu bestehen, sie hatten sich schon von vorne herein der ganzen Religion entledigt, und wandelten nun allerdings sehr leicht und scherzend zwischen allen Vorurtheilen dahin; aber dafür hatten sie auch nichts mehr, was ihnen wahrhaft heilig war, und mit keiner Sache war es ihnen tiefer und redlicher Ernst. So lernte Wessel, wie Luther bei seinem kurzen Aufenthalt in Rom, die innere Leere und Hohlheit, das tiefgewurzelte Verderbniß der hohen Hierarchie kennen, und wenn ihn die Wissenschaft Italiens anzog, so mußte ihn das herrschende Kirchenthum um so mehr abstoßen. Er kehrte gestärkt in seiner reformatorischen Gesinnung zurück und scheint keine Neigung gehabt zu haben, Rom wieder zu besuchen [2]).

Von dem Aufenthalte Wessels in andern italiänischen Städten wissen wir nichts Genaueres. Gewiß ist, daß er in Florenz

---

1) Wessel erzählt die Sache nicht eben sehr elegant in s. Briefe an Hoeck. Opp. p. 886 und 87. Ich setze seine eigenen Worte her. Nachdem er bemerkt, daß Magistri nostri Parisienses *Wilhelmus de Phalis, Joannes de Bruxella, Joannes Picardus* gegenwärtig gewesen, fährt er fort: Invitato mihi (sic) per Cubicularium Papae, Henricum *Dalman*, in Camera Parlamenti prandentibus nobis, per jocum dixit Magister Wilhelmus de Phalis in aurem Joannis de Bruxella: Vellem nunc adesse Magistrum nostr. *Jacobum Schelwert*; et subriserunt ambo, ut Cubicularius verbi et risus causam quaereret, et illo causam dante, propter meam singularem de Indulgentiis opinionem, non parum ex loco illo agitato mihi, solatiose satis Cubicularius hoc accepit, inquiens, *non hoc novum esse*. Quin etiam postea *Curiales ipsos audivi plenis verbis in meam sententiam consentientes, et id liberius, quam ego*.

2) Wessel soll nach der Angabe des Joh. Acronius in dem Dedicationsschreiben zu den Werken des Regnerus Prädinius Basel 1563. S. 5. späterhin von einem Papste, sey es nun Sixtus IV. selbst, der 1484 starb, oder von seinem Nachfolger eingeladen worden seyn, wieder nach Rom zu kommen, aber diese Aufforderung höflich abgelehnt haben. Die Sache wäre möglich, mag aber als zweifelhaft dahingestellt bleiben.

und Venedig war [1]). In Florenz mußte ihn das neu belebte
Studium der platonischen Philosophie anziehen. Aber er lernte
hier auch den italiänischen Character von der nachtheiligen Seite
kennen. Er preist seine schlichten Landsleute zu Zwoll glücklich,
daß sie nicht so zu rechnen verstünden, wie die gewandten Flo=
rentiner [2]). In Venedig wohnte er dem merkwürdigen Acte einer
Untersuchung päpstlicher Commissarien über das Leben und die
Wunder des Patriarchen von Aquileja bei [3]), wie sie regelmäßig
vor einer Canonisation statt fand, und überzeugte sich, daß eine
solche geregelte Heiligsprechung, wenn gleich noch auf einem sehr
unsicheren Fundamente ruhend, doch besser und sicherer sey, als
wenn die Sache bloß der schwankenden Volksmeinung anheimfalle.

Wessel soll auch in Griechenland und Aegypten ge=
wesen seyn, natürlich von Italien aus. Für das Erstere beruft
man sich auf die Aeußerung Wessels, er habe den griechischen
Aristoteles in Griechenland selbst gelesen, für das Andere gleich=
falls auf einige überlieferte Aussprüche von ihm: er habe vergeb=
lich in Aegypten alle salomonischen Schriften und anderes Ver=
lorengegangene aus der hebräischen Literatur gesucht, und als ihm
einst ein Schüler eine schwierige Frage vorgelegt, habe er geant=
wortet: warte bis ich zum zweitenmale aus Aegypten zurückkehre,
dann will ich dir Rede stehen. Man wird sich kaum enthalten
können, hier einige Zweifel zu hegen [4]). Nicht nur, daß die
Ueberlieferungen schwankend sind, auch innerlich ist keine große
Wahrscheinlichkeit vorhanden. Wozu sollte Wessel damals in

---

1) Dieß ergibt sich nicht nur aus den Worten eines Lobgedichtes, wo=
mit ihn sein Freund, Antonius Liber, bei seiner Rückkunft begrüßte:
    Nec te Roma potens nec te Florentia bella,
    Nec Venetus precibus te retinere potest;
sondern auch aus Stellen seiner eigenen Schriften.
2) Scal. Medit. I, 13. Opp. p. 212.
3) De Magnitud. Pass. cap. 63. Opp. p. 583.
4) Die Nachricht von Wessels Reise nach Griechenland findet sich zuerst
bei Gerb. Geldenhauer in s. Berichte über Wessels Leben, die von der
Reise nach Aegypten bei Hardenberg. Bezweifelt wird die Sache schon
vom Verf. der Effig. et Vit. p. 15, dann von Bayle, Brucker u. a.
Wessel selbst spricht nirgends davon, während er auf seine übrigen Reisen
und Aufenthaltsorte häufig anspielt. Positiv dagegen zu sprechen scheinen
die Worte eines Zeitgenossen, Paulus Pelantinus, wenn er in seinem
Epicedium auf Wessel sagt:
    Et nisi sors claudum, pedibusque tulisset iniquis,
    Aegyptum duram *superasset* et ostia Nili.
Zwar ist superasset zweideutig; es könnte auch heißen: er würde noch über
Aegypten hinaus gereist seyn; doch ist, wie mir dünkt, eher so zu über=
setzen: er würde selbst die Beschwerden einer Reise nach Aegypten ertragen
haben. Auch scheint mir die innere Unwahrscheinlichkeit der Sache unter
damaligen Verhältnissen zu groß, um sie glaublich zu finden. Ausführliche
Erörterungen darüber gibt Muurling Beil. 4. S. 108—112.

das unruhige Griechenland gereist seyn? Was er dort suchen konnte, fand er ebenso gut und bequemer in Italien, das gelehrte Griechenland in Männern und Büchern. Unter und mit Griechen, in griechischer Umgebung konnte er den Aristoteles auch in Italien lesen, und das allein wollte er wahrscheinlich mit den angeführten Worten sagen. Die Reise nach Aegypten scheint vollends fabelhaft; wenn Wessel dem fragenden Zuhörer wirklich jene Antwort gab, so mochte dieß ein sprichwörtlicher oder scherzhafter Ausdruck seyn.

Geschichtlich begründet dagegen ist, daß Wessel einige Zeit nach seinem Aufenthalt in Italien sich in Basel befand. Er ging zuerst von Italien aus nach Paris, dann nach Basel. Nur ist auch dieser Thatsache das Falsche und Uebertriebene beigemischt, das Wessel das basler Concil besucht und auf dieser wichtigen Versammlung durch Ertheilung seines Rathes und Disputationen eine bedeutende Rolle gespielt habe [1]. Dazu war Wessel, selbst in den letzten Jahren des basler Concils, noch zu jung. Historisch wissen wir bloß dieß, daß er im J. 1474 oder 75 sich wieder mit Reuchlin in Basel zusammenfand und sein früheres Verhältniß mit demselben fortsetzte, außerdem auch wohl andere Jünglinge zur Kenntniß des Alterthums und seiner Sprachen anleitete [2]. Ein besonderes Moment im Leben Wessels bildet

---

1) Gewährsmann ist zwar schon Harbenberg und dann der Verf. der Elüg. et Vit. p. 27. Allein die chronologische Schwierigkeit ist überwiegend. Das Concil schloß seine basler Sitzungen am 19ten Mai 1443. Damals war Wessel höchstens 24 Jahr alt. Man müßte aber doch wohl auch voraussetzen, daß er einige Zeit vor dem Schluß auf der Kirchenversammlung gewesen. Dann war er aber noch viel zu jung, um ein solches Gewicht zu haben. Zugleich wird erzählt, er sey mit Franz von Rovere nach Basel gekommen; das paßt aber auch nicht in das Leben dieses Mannes. Vergl. *Bayle* Diction. t. IV. p. 2568. ed. 3. Muurling S. 34 u. a.
2) Ueber die Anwesenheit Reuchlins in Basel s. Mayerhoff S. 10. 11. Das Zusammenseyn Wessels und Reuchlins in dieser Stadt berühren von älteren Schriftstellern Melanchthon, Martin Simon und Joh. Saxo. Der Erstere sagt in der Vorrede zu Agricola's Dialect. Declam. t. I. p. 249: Fuerat (Agricola) aliquamdiu civi suo Basilio Groningo, Theologo Parisiensi, quem reversum ex Gallia Basileae *Capniæ* etiam se audivisse dicebat. Der Letztere in s. Orat. de vita Rud. Agricolae ibid. p. 602: Lutetia pulsus propter taxatas superstitiones venit (Wesselus) Basileam ... narrabatque Capnio, eum Theologiam et Graecas et Ebraicas literas eodem tempore tradidisse studiosis, si qui eum audire cupierunt. In den letzteren Worten scheint zugleich eine Andeutung zu liegen, daß Wessel in Basel nicht öffentlich, sondern privatim lehrte, woraus sich auch erklärt, daß er in den Acten der Universität nicht vorkommt. Bruder hat daher keinen Grund, wegen dieses Umstandes den Aufenthalt in Basel zu bezweifeln. Es sind außerdem noch zu vergl. *Majus* vit. Reuchl. p. 13. 354. *Alting* Hist. Eccl. Palat. p. 9. *Seckendorf* Hist. Luth. I. 226. Muurling S. 42—47.

dieſer Beſuch in Baſel nicht. Weit wichtiger iſt ſein Aufenthalt in Heidelberg, den wir daher ausführlicher ſchildern.

Die Univerſität Heidelberg war beinahe gleichzeitig mit der kölner gegründet; die Beſtätigungsbulle wurde von Urban VI. im J. 1385, die Stiftungsurkunde vom Pfalzgrafen Ruprecht im J. 1386 ausgefertigt [1]). Die heidelberger Hochſchule wurde ganz nach dem Muſter der pariſer eingerichtet, um ſo mehr, da ihr erſter Rector, der als nominaliſtiſcher Theologe bekannte Ma-giſter Marſilius von Inghen [2]), früher Lehrer in Paris geweſen war. Von Köln unterſchied ſie ſich dadurch, daß hier ſchon ver-möge der ganzen Anlage ein ſolches Vorherrſchen der Theologie nicht ſtatt fand; vielmehr entwickelte ſich Alles freier, indem die Univerſität zwar den damaligen Verhältniſſen gemäß unter der Aufſicht des Biſchofs von Worms als oberſten Richter ſtand, aber doch nicht wie Köln an dem Biſchofsſitze ſelbſt, ſondern unter den Augen eines ſchützenden Fürſten. Eben damals aber ſorgte ein trefflicher Herr, umgeben von edlen und einſichtsvollen Rathge-bern, für die Blüte der Hochſchule. Unter der mehr kriegeriſchen Regierung Friedrichs des Siegreichen, des Helden der Pfäl-zer, war die Univerſität zwar nicht vernachläſſigt worden [3]), aber doch weniger beachtet und gefördert. Sein Nachfolger aber, Churfürſt Philipp der Aufrichtige (Ingenuus), ſelbſt in Wiſſenſchaften nicht unerfahren, freigebig und liebenswürdig im

---

1) Die ältere Literatur zur Geſchichte der Univerſität Heidelberg findet man vollſtändig verzeichnet in Fr. Pet. Wund Beitr. z. Geſch. d. Heidelb. Univerſität. Mannh. 1786.

2) Ueber ihn handelt Car. Casim. *Wund de Marsilio ab Inghen*, primo Universit. Heidelb. Rectore. Heid. 1775. und Joh. *Schwab* Syllabus Rector. Heidelb. quatuor seculor. Heidelb. 1786. p. 1—6., wo man auch noch andere Schriften findet. Marſilius war höchſt wahr-ſcheinlich auch ein Niederländer, denn unter den verſchiedenen Vermuthun-gen, die es über ſeinen Geburtsort gibt, iſt die wahrſcheinlichſte, daß man bei Inghen an ein (noch vorhandenes) kleines Dorf in der Diöceſe von Utrecht zu denken habe.

3) Friedrich der Siegreiche regierte 1419—1476 und that immer noch genug, um von den Nachkommen auch als ein Freund der Univerſität geprieſen zu werden. Er beſtätigte die Freiheiten der Univerſität, vermehrte ihre Einkünfte, ſorgte für Ordnung und Ruhe, verkürzte die Bacanzen, erweiterte die Freiheit öffentlich zu leſen, veranlaßte häufigere Diſputationen, verſchönerte die Bibliothek und widmete ſie mehr dem allgemeinen Gebrauch. Vergl. Kremers Lebensgeſchichte Friedrichs I. Mannheim 1766. Buch VI. S. 523—526. Urkundenbuch S. 469. u. a. C. Cas. *Wund de orig. et progr. facultatis jud. in Acad. Heidelb. Progr. II. p. 3—11. Heidelb. 1768. und Fr. Pet. Wund Beitr. z. Geſch. der Heid. Univerſ. S. 90 ff.

Umgang, verfolgte seit dem Antritt seiner Regierung im J. 1476
den schönen Plan, die ausgezeichnetsten Männer Deutschlands in
seiner Nähe[1]), auf seiner Universität zu versammeln, und die
ganze Anstalt, besonders die theologische Facultät, zu einer Blüte
zu erheben. So repräsentirte Heidelberg den frischen, aufstreben=
den Geist der Zeit und ging einer höheren Bedeutsamkeit entgegen,
während Köln, dem Obscurantismus verfallen, im Sinken begriffen
war.

Um zur Regeneration der Hochschule mitzuwirken, soll nach
allgemeiner Aussage der Churfürst auch unsern Wessel nach
Heidelberg eingeladen haben. Daß Wessel früher schon vortheil=
hafte Anerbietungen von Heidelberg aus empfangen hatte, wissen
wir aus seiner eigenen Angabe[2]); damals lehnte er sie ab, weil
sein noch jugendlicher Sinn sich mehr zu dem Hauptkampfplatze
der philosophischen und theologischen Systeme hingezogen fühlte.
Es ist aber sehr denkbar, daß sich später unter der Regierung
eines andern Fürsten ein ähnlicher Antrag wiederholte und daß
er ihm nun Folge leistete[3]). Wenigstens wurden unter Philipp

---

1) Joh. Saxo sagt von ihm in seiner Rede de vit. Rud. Agric.
in Melanchth. Declam. t. 1. p. 600: *Philippus*, ut erat splendidus
et non rudis literarum, et magna comitate praeditus, volebat aulam
habere ornatam literatis hominibus. Anderes in meiner Memoria
Dalburgii p. 31, not 13.

2) S. oben S. 261 u. 262.

3) Harbenberg und der Verf. der Eff. et Vit. setzen den Aufenthalt Wessels von dem es sich hier handelt, vor seine Reise nach Paris.
Ihnen folgen Goez in der Comment. de Wess. p. 8, Bayle, Schröckh
u. a. Daß sie im Irrthume begriffen seyen, ergibt sich schon aus dem
oben S. 261. Angeführten. Wessel empfing damals eine Einladung nach
Heidelberg, nahm sie aber nicht an. Vielleicht machte er einen Besuch in
Heidelberg, woraus sich die Verwechselung erklären ließe. Der Fehler der genannten Schriftsteller gebt auch daraus hervor, daß sie einerseits den längeren
Aufenthalt Wessels in Heidelberg so frühe, und doch andererseits den Churfürst Philipp als Berufenden setzen; dieser kam aber erst 1476 zur Regierung. Das Richtigere gibt Heinr. Alting, bekanntlich selbst eine Zeit
lang (1613—23) Professor in Heidelberg, der in seiner Historia Ecclesiast.
Palat. p. 132. sagt: Factum autem A. C. 1477, ut *Philippus*, Elector
Palatinus, de restauranda Academia Heidelbergensi sollicitus, quae
inde a prima fundatione viris doctissimis et clarissimis fuerat nobi-
litata, *Wesselum* ad Professionem Theologicam Heidelbergam vo-
caret, quo quidem ipse animo obsequendi profectus est. Caeterum
hoc ipsi a Proceribus scholae permissum non est, quod titulum
Theologiae non haberet... Relicta cathedra Theologica, ad Philo-
sophos se contulit, et aliquamdiu literas Graecas, Hebraicas, Latinas et Philosophiam docuit; eaque in professione primam quasi
sementem jecit purioris doctrinae, non dissimulans, quid in recepta
formula confessionis et cultus desideraret. An Alting schließt sich
Seckenborf an in s. Comment. de Luth. p. 226. und Hottinger
in der Hist. Eccl. t. IV. p. 39. Ebenso die späteren pfälzischen Schriftsteller, wie Struve in seiner Pfälzischen Kirch. Historie Frankf. 1721.

manche mit Weſſel gleichdenkende Männer nach Heidelberg ge=
zogen. Als Einwendung kann nicht dienen, daß Weſſel nach der
Angabe einiger älteren Schriftſteller keine beſtimmte Beſoldung
in Heidelberg empfing [1]), denn erſtlich iſt dieſe Ueberlieferung
ſelbſt nicht vollkommen ſicher, und dann kommt derſelbe Fall auch
ſonſt in damaliger Zeit, namentlich in Heidelberg vor, wohin
unter andern Dionyſius Reuchlin, der Bruder des vielberühmten,
ohne Gehalt als Lehrer der griechiſchen Sprache berufen wurde [2]).
Da die Zweifelsgründe gegen dieſe Berufung Weſſels nicht ent=
ſcheidend, die Berichte darüber aber, daß er ſie wirklich angenom=
men, bei den älteren Schriftſtellern allgemein und zuſammen=
ſtimmend ſind, ſo tragen wir kein Bedenken, den Aufenthalt Weſſels
in Heidelberg unter Churfürſt Philipp als Thatſache anzunehmen[3]),
Es würde dann das Eintreten Weſſels in dieſen Wirkungskreis
ins J. 1477, alſo etwa in ſein 58ſtes Lebensjahr fallen.

_____

S. 2—4. Kayſer in ſ. hiſtor. Schauplatz der alten berühmten Stadt
Heidelberg. Frankf. 1733. S. 109 ff. u. a. Strube und Kayſer identi=
ficiren zwar fälſchlich unſern Weſſel mit Johann von Weſel, ſtimmen aber
ſonſt ſich und mit den Aelteren überein.

1) Non tamen pactus est de certo stipendio, sed voluit facere
experimentum et scholae et sui ipsius. So Hardenberg und der
Verf. der Eff. et Vit. p. 16. Indeß kann ihre Angabe mit der Ver=
wechſelung des früheren und ſpäteren Rufes Weſſels zuſammenhängen, wo=
durch ſie ihre Bedeutung ziemlich verlöre.

2) Erhard Geſch. des Wiederaufbl. B. II. S. 193.

3) Ich habe mich bemüht, aus Handſchriften in der heidelberger Biblio=
thek oder aus Urkunden im Archiv der Univerſität etwas Genaueres über
Weſſels Aufenthalt in Heidelberg zu erfahren. Allein meine Nach=
forſchungen waren vergeblich. Zwei Handſchriften der Univerſitäts-Biblio=
thek, die etwas zu verſprechen ſchienen, täuſchten meine Erwartung. Die
erſte: _Historia Reformationis et Mutationis Ecclesiae in Palatinatu
sub Philippo_, 206 S. in fol. iſt nichts als ein ziemlich nachläſſig ge=
ſchriebenes, aber von ſpäterer Hand durchcorrigirtes Manuſcript von Al=
tings pfälziſcher Kirchengeſchichte. Die andere ſchon im erſten Bande
mehrfach gebrauchte: _Historia Universitatis Heidelbergensis_, 228 S.
in fol. gibt zwar, wiewohl ohne ſtrenge Ordnung und Zuſammenhang,
manche intereſſante urkundliche Beiträge zur Geſchichte der Univerſität Heidel=
berg (bis zu Ende des 16ten Jahrhunderts), liefert zahlreiche Lebensbeſchrei=
bungen ausgezeichneter Männer, die dort lehrten oder gebildet wurden z. B.
des Rud. Agricola, Jac. Wimpheling, Joh. Oekolampadius, Seb. Münſter,
Herm. Buſch u. a. — berührt auch, wie wir geſehen, den Inquiſitions=
proceß gegen Johann von Weſel, theilt aber über Johann Weſſel nicht das
Geringſte mit und nennt nicht einmal ſeinen Namen. Wir ſind daher ganz
an gedruckte Quellen gewieſen. Johann Schwab, kathol. Profeſſor der Theo=
logie in Heidelberg, hat 1766 in ſeinem _Syllabus Rectorum_ die Rectoren
der Univerſität Heidelberg von 1386—1786 zuſammengeſtellt. Er gibt
Lebensnotizen der merkwürdigeren Rectoren und fügt bei vielen Rectoraten
eine kurze Liſte der Nobiles et Praecipui bei, die in dieſem Jahre imma=
triculirt worden. Darunter befinden ſich auch oft Kanoniker, Prediger,
Magiſter, Licentiaten und Baccalaurei. Der Name Weſſels kommt nicht
vor. Schwab iſt nicht immer ganz genau in ſeinen Angaben (wie er z. B.

Der edlen Absicht, welche der Churfürst bei der Berufung
Wessels gehabt hatte, stellte sich die Engherzigkeit der theologischen
Facultät entgegen. Sie bewirkte, auf den Buchstaben der Statuten
sich berufend, wahrscheinlich aber von andern Ursachen als der
Liebe zum Gesetze geleitet, daß dem Ankömmling die theologischen
Vorlesungen untersagt wurden, weil er noch nicht Doctor der
Theologie sey; und da er sich nun um den Doctorgrad bewarb,
hielten sie ihm entgegen, er müsse vorher die Priesterweihe haben,
ehe er diese Würde empfangen könne. Hiermit war der unüber=
steigliche Damm gegen Wessel glücklich gefunden. Denn zur
Tonsur wollte er sich auf keine Weise verstehen; mit einer An=
spielung darauf, daß ein Priester, ohne begrabirt zu seyn, nicht
am Leben gestraft werden konnte und viele auf diese Art der
bürgerlichen Strafe entgingen, soll er scherzend gesagt haben, „er
fürchte sich vor dem Galgen nicht, so lange er bei gesundem Ver=
stande sey" [1]. Wer unter den Professoren sich Wessel besonders
entgegengesetzt, wird von älteren Schriftstellern nicht angegeben.
Indeß liegt eine Vermuthung sehr nahe. Die Opposition gegen
ihn ging von der theologischen Facultät aus. Unter den Theo=
logen aber war damals der bei weitem angesehenste Doctor Ni=
colaus von Wachenheim [2]; er war ein wohlgeübter, ein=
gewohnter, ja, da er schon in sehr hohem Alter stand, wohl auch
eingerosteter Scholastiker und, obwohl Nominalist, doch strenger
Vertreter der Kirchenlehre, als welcher er, wie wir gesehen) [3], auch

---

selbst die Immatriculationszeit Melanchthons nicht richtig meldet), aber die
eigene Einsicht in die älteren Matrikel-Bücher hat mich belehrt, daß sich der
Name Wessel in den Jahren nicht findet, wo man ihn etwa suchen könnte.
Dieß darf uns jedoch nicht zweifelhaft an Wessels Aufenthalt in Heidelberg
machen. Wessel konnte weder als Rector der Universität, noch als Zuhörer
inscribirt werden, wir dürfen also in diesen Listen seinen Namen gar nicht
erwarten.

1) Diese Erzählung geben Hardenberg S. 4. der Verf. der Eff.
et Vit. p. 16., Goez Commentat. de Wess. p. S. und viele Andere.

2) Nicolaus von Wachenheim (einem damals pfälzischen, jetzt
rheinbairischen Orte) lehrte ungefähr 50 Jahre in Heidelberg, zuerst in der
Facultät der Artisten, dann die bei weitem längere Zeit als ordentl. Prof. der
Theologie, und zwar, wie Tritheim sagt, velut theologorum princeps,
in maximo pretio habitus. Er war der Einzige, der nach Marsilius von
Inghen siebenmal das Rectorat der Universität bekleidete. Er starb 1480,
ein Jahr nachdem er noch als Untersuchungsrichter dem Proceß gegen Joh.
v. Wesel beiwohnt. Seine Schriften sind: Quaestiones sententiar.
Lib. 1. — Sermones et Orat. ad Clerum et Patres. Vergl. Trithem.
de script. eccl. c. 564. p. 206. und Catalog. viror. illustr. p. 165.
Tritheim schildert den Nicolaus als Vir in divinis scripturis erudiris=
simus et in saeculari philosophia egregie doctus, ingenio excellens,
clarus eloquio. Einige weitere Nachrichten von ihm gibt Schwab Sylla=
bus Rector. Heidelb. p. 54.

3) Band I. S. 316.

noch an dem Ketzerproceſſe gegen Johann von Weſel theilnahm.
Dieſer Mann war vermöge ſeiner ganzen Geiſtesrichtung ein natür=
licher Gegner Weſſels, und da er großen Einfluß beſaß, vermochte
er etwas zu thun und mag er auch am meiſten gethan haben,
um Weſſel von der Theologie hinwegzudrängen. Zudem ſcheinen
ſeine Collegen, unter denen wir Herwig von Amſterdam und
Jobocus von Calw gleichfalls als Theilnehmer am Ketzer=
proceſſe Johanns von Weſel kennen [1]), mit ihm gleichen Sinnes
geweſen zu ſehn. Weſſel alſo, für den kein Raum in der theo=
logiſchen Facultät war, beſchränkte ſich darauf, als Magiſter der
freien Künſte Vorleſungen in der philoſophiſchen Facultät zu hal=
ten, theils philologiſche über griechiſche und hebräiſche Sprache,
theils eigentlich philoſophiſche, wobei er indeß häufig Gelegenheit
nahm, auch über die Mängel und Verderbniſſe der Kirche und
der theologiſchen Wiſſenſchaft freimüthig zu ſprechen. Damals
war in Heidelberg neben andern Schulkämpfen auch der Streit
zwiſchen Nominaliſten und Realiſten rege [2]); wir dürfen annehmen,
daß Weſſel hier ebenfalls eingriff; nun waren aber die Realiſten
die ſtärkere Partei; bloß Nicolaus von Wachenheim wird uns unter
den Theologen als Nominaliſt bezeichnet, was ihn jedoch nicht
gehindert hatte, den Nominaliſten Joh. v. Weſel verdammen zu
helfen; es könnte mithin auch dieſer Parteiſtreit zur Verdrängung
Weſſels beigetragen haben. Wie lange Weſſel auf dieſe Art in
Heidelberg wirkte, wiſſen wir nicht genau; es iſt etwa ein Zeit=

---

1) Band I. S. 315 und 316.
2) Kayſer in ſ. hiſtor. Schauplatz von Heidelberg erzählt S. 113:
„Sonſten gab es unter dieſem Churfürſten vielerlei unnöthige Zänkerei auf
der Univerſität. Es wurde z. E. heftig disputirt, ob der Casus Vocativus
ein Suppoſitum ſey, oder in einer Propoſition anſtatt eines Subjecti
könnte geſetzt werden oder nicht? Ueber welche Frage es nicht allein un=
nöthiges Gezänt gab, ſondern man kam auch von den Worten zu den
Schlägen... Der Streit zwiſchen den ſogenannten Reales und Nominales
wurde auch um dieſe Zeit je länger, je heftiger getrieben und trennte die ſo=
genannten Burſen von einander. Es waren aber damalen drei Burſen,
nämlich die dionyſianiſche Burſe für die Armen, die ſchwäbiſche Burſe und
die neue Burſe. Die neue Burſe hielt es mit den Nominales, die zwo
andern, inſonderheit die auf dem Dionys, mit den Reales.“ Mehrfache
Notizen über die Streitigkeiten auf der Univerſität Heidelberg zur Zeit
Philipps des Aufrichtigen gibt auch die Historia Universitatis Heidelberg.
mscrpta. Sie erzählt S. 78 den Streit über den Casus vocativus,
S. 92 u. 93 die über die unbefleckte Empfängniß der Maria, wobei der
Churfürſt den Mitgliedern der Akademie aufs ſtrengſte alle Theilnahme
unterſagte, u. S. 94 den Kampf zwiſchen den Realiſten u. Nominaliſten,
der einen beſonders bedenklichen Charakter annahm, indem es zuletzt auf
gewaffnete Anfälle der Mitglieder verſchiedener Burſen hinauslief. Imo eo
vesaniae, ſagt das Manuſcript S. 95, res haec tandem eruperat, ut
40 studiosi Bursae Realistarum conarentur hostiliter expugnare
Bursam novam.

raum von einigen Jahren anzunehmen. Aber auch diese kurze
Anwesenheit des kräftigen Mannes ließ tiefe Spuren zurück [1]; er
streute den ersten Samen der reineren christlichen Lehre aus, den
wir zu Anfang des sechzehnten Jahrhunderts in fröhlicher Saat
hier aufwachsen sehen.

Es ist überall erfreulich, die ersten Lichtpunkte zu bemerken,
am meisten aber in dem eigenen theuren Heimathlande; darum
sey es mir vergönnt, noch mit wenigen Zügen die Bedeutung von
Wessels Aufenthalt in der Pfalz im Zusammenhange mit den
Anfängen der Reformation in dieser Gegend darzustellen. Schon
lange vor Wessel hatte der berühmte Freund und Kampfgenosse
Hussens, Hieronymus von Prag, bei einem kurzen Aufenthalt in Heidelberg ums J. 1406 die Geister angeregt; er schlug
an die Auditorien und die Kirchthüren zu St. Peter Streitsätze
an, worin er einige herrschende Dogmen, namentlich die Trans=
substantiationslehre, angriff und Johann Wikliffe nicht als Ketzer,
sondern als einen „heiligen Mann" anerkannt wissen wollte [2];
allein man ließ ihn nicht zu Worte kommen; es wurde ihm als
einem anmaaßenden Menschen alles Lesen, Disputiren und Re=
sponbiren untersagt [3]. Glücklicher war schon Wessel: er durfte
doch lehren, und ihm folgte als Fortsetzer des begonnenen Werkes
ein ausgezeichneter Schüler, Rudolph Agricola. Dieser
Landsmann und Freund Wessels entwickelte zwar eine von Wessel
sehr verschiedene Geistesrichtung: er hatte mehr einen sanften,
weichen und lebenslustigen Sinn, er wendete sich auch in der
Wissenschaft mehr zum Schönen, und erwarb sich eine vorzügliche
Kenntniß der klassischen Literatur so wie eine darauf gegründete
hohe formelle Bildung; Wessel dagegen, strenger, ernster, überall
mehr um die Sache als um die Form bekümmert, betrachtet das,

---

1) Wie Wessel von Heidelberg weggekommen, ist nirgends bestimmt angegeben. Struve S. 3 sagt: weil er sich nicht mit den Theologen vertragen können, sey er weggegangen. Er beruft sich dabei auf die Worte des
Suffr. Petri de Scriptor. Fris. Dec. VIII. 4. p. 78: Incidit tandem in
controversiam de religione cum Theologis, ex qua in periculo fuit,
ideoque relictis Academiis in Patriam se contulit et in privato studio se continuit. Allein die Nachrichten Petri's über Wessel sind zu kurz
und allgemein gehalten, um für einen so speciellen Punct als Quelle zu
dienen. Es ist möglich, daß Wessel wegen wirklicher oder drohender Verfolgungen von Heidelberg abging, aber beglaubigte Nachrichten liegen uns
darüber nicht vor.

2) Wenigstens kommen diese Puncte neben andern mehr metaphysischen
unter den Conclusionen vor, quas Hieronymus Parisiis, Coloniae, Heidelbergae dogmatizavit, legit, tenuit et pertinaciter defendit. Herm.
von der Hardt Concil. Constant. IV, 645. 646. Royko Gesch. des
Const. Concils III, 340.

3) Struve Pfälz. Kirch. Hist. S. 2.

was dem Agricola Zweck war, nur als Mittel, und lebte ausschließlich für Verbefferung der Theologie und Kirche[1]. Sie verhalten sich ähnlich wie Erasmus und Luther. So konnte also zwar Agricola nicht im vollen Umfange Weffels Nachfolger seyn; er war auch zunächst nur für alte Literatur und für die Begründung der nachmals so berühmten Bibliothek[2] in Heidel= berg thätig; aber gerade in den letzten Jahren seines Lebens — und diese brachte er in Heidelberg zu, wo er erst 42 Jahre alt 1485 starb — beschäftigte er sich besonders mit Theologie, und bestärkte sich dabei mit neuer Liebe in den Grundsätzen, über die er sich früher mit seinem väterlichen Freunde Weffel verständigt hatte. Denn oft hatten Beide in vertraulichen Unterhaltungen[3] die Finsterniß der Kirche, die Entweihung durch die Messe und das Joch des Cölibates beklagt, oft die wahre Lehre von der Recht= fertigung durch den Glauben besprochen, den Unwerth menschlicher Traditionen und die Würde der heiligen Schrift, als einziger Glaubensquelle, gemeinsam anerkannt. Diese Grundsätze erneuerte nun Agricola in seinem Gemüth und sprach sich dafür sowohl bei Hofe, wo er in großem Ansehen, stand, als in akademischen Kreisen aus[4]. An Agricola schlossen sich wieder andere bedeutende Männer an. Er hatte in Heidelberg zwei edle Freunde, die zu= gleich von Ferrara her seine Schüler waren, Johann von Dalberg und Dietrich von Plenningen. Unter diesen leuchtet Dalberg, damals churpfälzischer Kanzler und Bischof von Worms, hervor

---

1) Vergl. die ausführlichere Parallele bei Muurling S. 53.

2) S. außer andern Schriften bes. Car. Cas. Wund de celeber- rima quondam bibliotheca Heidelberg. Heid. 1776.

3) So erzählt uns Goswin von Halen, in früherer Zeit Famulus Weffels, späterhin Vorsteher eines Fraterhauses in Gröningen. Er war häufig bei solchen Unterhaltungen Weffels und Agricola's gegenwärtig, er- innerte sich noch im Alter mit freudiger Theilnahme daran und gab Nach- richten darüber nach Wittenberg, wahrscheinlich an Melanchthon; denn von diesem erhielt allem Vermuthen nach Joh. Saxo Manches mitgetheilt, was er uns in s. Rede über das Leben Agricola's erzählt, die sich unter den Declamationen Melanchthons befinden. Saxo erkundigte sich auch in Heidelberg bei älteren Männern nach Agricola und erfuhr nichts als Gutes von ihm. Melanchth. Declam. t. 1. p. 600. Ebendaselbst beschreibt er das Verhältniß zwischen Weffel und Agricola auf folgende Weise: Inde cum in Belgicum rediisset Wesselus saepe adiit senem Rudolphus, natu minor, sed in literis Latinis et Graecis eruditior et flagrans studio Christianae doctrinae. Idque ipse Agricola saepe de se praedicabat, se quod reliquum esset aetatis, collocaturum esse in sacras literas: qui si vixisset, haud dubie egregiam operam Eccle- siae navasset. Quanquam et illa studia Ecclesiae profuerunt, quod nostros homines ad meliorem discendi rationem revocavit. Id me- ritum non est leve ducendum.

4) Alting Hist. eccles. Palat. p. 132. Strube Pfälz. Kirch. Hist. S. 5. Kayser Schauplatz S. 110.

als das Musterbild eines hochgeborenen und hochgesinnten Pflegers
der Wissenschaften für alle Zeiten [1]). Durch ihn vornehmlich war
Agricola nach Heidelberg berufen, er hätte den berühmten Hu=
manisten, wie einen Bruder, in sein Haus und an seinen Tisch
aufgenommen, er war überhaupt ein würdiger Mittelpunct des
regsten wissenschaftlichen Lebens, um den sich alle bedeutenden
Gelehrten, besonders die Freunde der neuen Tendenzen sammelten,
die entweder ihren Wohnsitz in Heidelberg hatten, wie Vigilius
(Wacker aus Sinsheim) und Dracontius, oder wenigstens
vorübergehend in Heidelberg lebten, wie Conr. Celtes und Joh.
Trithheim [2]). Dalburg gab auch Veranlassung, daß ein anderer
berühmter Schüler Wessels, Johann Reuchlin, seinen Aufent=
halt für einige Zeit in Heidelberg nahm. Zwar lebte Reuchlin
nur kurz daselbst und ohne bestimmt nachweisbare Theilnahme
an der Universität, aber gewiß nicht ohne belebenden Einfluß auf
die Studien und die religiöse Bildung. Es wird uns berichtet,
daß sich Reuchlin in edler Geselligkeit mit Dalberg und Plennin=
gen in Gegenwart des Churfürsten Philipp über Gegenstände des
Alterthums und der Weltgeschichte unterhielt, aus welchen Unter=
haltungen auf des Fürsten Bitte ein Abriß der Weltgeschichte von
Reuchlins Hand entstand; auch wissen wir, daß er neben andern
Arbeiten auch ein satyrisches Schauspiel verfertigte, welches, die
erste Darstellung dieser Art in Deutschland, in der Wohnung des
frommen aber heitern und kunstliebenden Bischofs von Studieren=
den aufgeführt wurde [3]); aber dieß wird gewiß nicht das Einzige
gewesen seyn, was Reuchlin in Heidelberg that, ohne Zweifel
benützte er zugleich seine schöne Stellung, um für die Blüte der
Universität zu wirken und empfängliche Gemüther für ein höheres
Streben zu entzünden. Nach ihm sind zu nennen Pallas Span=
gel [4]), dessen Hausgenosse Melanchthon war, ein bescheidener

---

1) So habe ich ihn darzustellen versucht in meiner Memoria Joh.
Dalburgii, summi Universitatis Heidelbergensis patroni. Heidelb.
1840, wo die weitere hierher gehörige Literatur angegeben und der Zustand
der Universität auch noch in andern Beziehungen geschildert ist.
2) S. über dieß Alles meine eben bemerkte Abhandlung und das dort
Citirte, vornehmlich die überaus fleißigen Commentationen von Klüpfel
de vita et scriptis Conradi Celtis, Frib. 1527. Z. B. über Dracontius
S. 167 u. 165, über Vigilius an versch. Stellen, bes. S. 155.
3) Mayerhoff Reuchlin u. s. Zeit. S. 37. Erhard Gesch. des
Wiederaufbl. B. 2. S. 189—191. Meine Memoria Dalburgii p. 19 u.
3ᵇ. Gedruckt wurde dieses Schauspiel unter dem Titel: *Jo. Reuchlin*
scenica progymnasmata bei Thomas Anshelm zu Pforzheim 1509; ein
Exemplar dieses Drucks befindet sich auf der münchner Bibliothek.
4) *Alting* Hist. Eccl. Pal. p. 136. Struve Pfälz. K. Hist. S. 7.
Beyschlag Leben Brenzens S. 259 ff. Joh. Brenz von Hartmann
und Jäger B. 1. S. 21.

Verbesserer der herrschenden Lehrweise, der 36 Jahre in Heidel=
berg wirkte, Jobocus Gallus [1]) ein Zuhörer Agricola's, und
der freimüthige Jacob Wimpheling [2]), von Reuchlin als ein
Grundpfeiler der Religion gepriesen, der ben gewöhnlichen Klerus
ebensowohl durch sein Vorbild beschämte, als in kräftiger Rede an=
griff. Durch diese Männer geschah es, daß Heidelberg zu An=
fang des sechzehnten Jahrhunderts ein besonders wichtiger Ort
für die Wissenschaft überhaupt und namentlich für die Umgestal=
tung der Theologie wurde [3]). Es studierten damals in Heidel=
berg viele ausgezeichnete junge Männer, die späterhin selbst Zier=
den der Akademien und kirchliche Reformatoren wurden, vor allen
der nachmalige Lehrer Deutschlands, Philipp Melanchthon [4]),
außer ihm Martin Bucer, Theobald Billicanus, Johann Brenz [5]),
Erhard Schnepf, Martin Frecht, Peter Sturm und Andere. Im
Jahr 1518 kam auch Luther nach Heidelberg und hielt daselbst
eine merkwürdige, die Gemüther erregende, Disputation [6]), wodurch
in manche Jünglingsseele der erste Funke zu einem fortbrennenden
Feuer geworfen wurde. So zieht sich in dieser Gegend von
Wessel an und durch ihn zuerst entzündet ein Lichtstreif bis zur
Reformation hin, und die trefflichsten Männer, die hier wirkten,
können wir als seine geistigen Nachkommen bezeichnen; ein schöner
Beweis, wie wichtig auch der kurze Aufenthalt eines großen christ=
licherleuchteten Mannes an einem empfänglichen Orte ist.

---

1) Von ihm sagt Alting S. 136: Inprimis assentiens doctrinae
ejus de Religione, quam ipse Agricola ex *Wesselo* hauserat et deinde
illustrarat.

2) Ueber ihn *Schwab* Syllab. Rector. p. 73. Erhard Gesch. des
Wiederaufbl. B. 1. S. 428—467.

3) Hic igitur fructus est illius sementis et institutionis, sagt
Alting, quem Ecclesia et Academia Heidelbergensis ex *Wesselo*,
Agricola, *Capnione* ad scriptis ipsius *Erasmi* percepit: unde deinde
caetera, de quibus in ipsa Reformatione dicendum erit, secuta sunt.

4) Melanchthons Aufenthalt in Heidelberg ist bekanntlich geschildert in
Joach. *Camerarii* Vit. Melanchth. cap. 3. p. 11. ed. Strobel.

5) Ueber Brenzen's Aufenthalt in Heidelberg s. am vollständigsten:
Joh. Brenz von Hartmann und Jäger B. 1. S. 18 ff. Auch meine
Mittheilungen in den Stub. und Krit. 1841. Heft 3. S. 591.

6) Struve Pfälz. K. Hist. S. 9—15.

Drittes Hauptstück.
Das höhere Alter Wessels. Charakteristik seines Wesens im Allgemeinen.

Wir wenden uns zur letzten Lebensperiode Wessels, die das höhere Mannesalter, ungefähr vom 60sten bis zum 70sten Lebensjahre umfaßt und den Anblick eines schönen fruchtreichen Wirkens in stiller Zurückgezogenheit darbietet. Nachdem Wessel einige Jahre — ich möchte etwa zwei annehmen — in Heidel= berg zugebracht, kehrte er, mit Freuden empfangen von seinen Landsleuten, deren einer [1]) ihn in einem lateinischen Gedichte ehrenvoll bewillkommnete, für immer in sein Vaterland zurück, und ging aus dem unsteten, bewegten Leben in die ruhige, ge= sammelte Thätigkeit über, die ihm jetzt ohne Zweifel Bedürfniß war. Diese Zeit brachte er großentheils in einigen Klöstern zu: theils bei den regulirten Kanonikern auf dem Agnesberge bei Zwoll, theils in dem Kloster Adwerd in Friesland, theils in einem Frauenkloster zu Gröningen, wo ihm durch Unterstützung, oder auch auf bloße Empfehlung seines Gönners, des Bischofs von Utrecht, David von Burgund [2]), ein bequemer Aufenthalt und sorg= same Pflege zu Theil ward. In schöner Muße, unter Männern, Jünglingen und Frauen, die für seine Einwirkung empfänglich waren, beschäftigte sich Wessel nun ganz mit theologischen For= schungen und Arbeiten oder widmete die freien Stunden dem Briefwechsel mit seinen zahlreichen Freunden; fast alle Schriften und Briefe, die wir von ihm haben, gehören nachweisbar dieser Periode an.

Während Wessel in der Verehrung edler Zeitgenossen eine Vorempfindung seines Nachruhms genoß, konnte es ihm auch nicht an Widersachern und Verfolgern fehlen. Es war kaum

---

1) Es war Anton Vrye oder Frey aus Soest in Westphalen (An= tonius Liber, Susatensis), Vorsteher des Gymnasiums zu Zwoll, um welche Anstalt er sich nach seinem Freunde Hegius nicht geringe Verdienste erwarb. S. Muurling S. 48. Sein kurzes Carmen panegyricum in laudem et jucundum adventum ex Italia praestantissimi et ad= mirandi Philosophi M. Wesseli, Groning. findet sich in *Wesseli Opp.* p. 710.

2) Seit längerer Zeit interessirte sich der Bischof David von Utrecht für unsern Wessel und ließ ihm seinen kräftigen Schutz angedeihen. Wir haben einen Brief des Bischofs vom J. 1473, worin er Wessel versichert, daß, so lange er lebe, die Feinde Wessels nichts vermögen würden. S. unten S. 310.

möglich, daß ein so offener, freidenkender Mann, besonders bei dem damaligen Zustande der Kirche, ohne Anfechtungen durch die Welt gehen sollte. Manche scholastische Lehrer sahen ihr unbedingtes Ansehen bei der Jugend durch seinen überwiegenden Einfluß zerstört, andere mußten bei Disputationen und ähnlichen Veranlassungen seine Ueberlegenheit fühlen, die gewöhnlichen Mönche haßten ihn ohnedieß als entschiedenen Gegner des Aberglaubens und als aufrichtigen Freund der Wahrheit; so wurden ihm in verschiedenen Perioden seines Lebens von dem herrschenden Klerus, besonders von den Bettelmönchen Verfolgungen bereitet, deren Umstände uns nicht genauer bekannt sind. Ein drohender Angriff seiner Gegner aber muß hier erwähnt werden, weil er Wesseln zu Aeußerungen veranlaßte, die uns noch zur Kenntniß vorliegen.

Es war entweder gegen Ende seines Aufenthaltes in Heidelberg — Manche nehmen an, er sey eben dadurch veranlaßt worden, sich ganz vom akademischen Leben zurückzuziehen, — oder, was wahrscheinlicher ist, bald nachdem er in seine Heimath zurückgekehrt, jedenfalls im Jahr 1479 war es, daß die Inquisitoren in den Rheinlanden die im ersten Bande ausführlich erzählte Verfolgung Johanns von Wesel unternahmen. Das Resultat war die Verdammung der Lehren und Schriften Wesels und die Einkerkerung seiner Person, trotz geleisteten Widerrufs. Wessel war mit Joh. von Wesel befreundet, er achtete ihn [1]), er fand sich, obwohl in Einzelnem und besonders in der Art der Polemik von ihm abweichend, doch in der Grundgesinnung mit ihm einverstanden; es ist vorauszusetzen, daß er bei der Nähe von Heidelberg und Worms und der vielfachen Verbindung zwischen beiden Städten in den letzten Jahren auch in persönlicher Berührung mit ihm gewesen war. Was war also natürlicher, als der Gedanke, der Prozeß gegen Wesel sey nur ein Vorspiel, um dann auch zu Wessel überzugehen, den man, weil er eine ernstere Haltung und achtunggebietendere Stellung behauptete, nicht zuerst angreifen wollte?

So wenigstens nahm es Wessel selbst. Die Nachricht von des gleichgesinnten Mannes Schicksal war bald auch zu ihm gedrungen; zuverlässige Freunde meldeten ihm, Johann von Wesel sey zum Feuertode verurtheilt. Wessel hätte ohne Gefühl seyn müssen, wenn die Sache nicht einen großen Eindruck auf ihn ge-

---

1) In der Schrift de Magnit. Passion. p. 537 nennt er ihn Doctor subtilis. Das vollständige Urtheil Wessels über Wesel s. in dem weiterhin mitzutheilenden Briefe.

macht hätte. Seine Phantasie sah in der Ferne schon den eigenen Scheiterhaufen lodern. Doch wollte er als Mann, vorbereitet
und besonnen, der Gefahr entgegen gehn. Er schrieb daher an
einen rechtskundigen Freund, den Magister Ludolph van Been
(de Veno) [1], Dekan der Kirche von Utrecht und beider Rechte
Doctor. Dieser Brief [2]), aus dem wir auch ersehen, daß Wessel
damals schon in den Niederlanden war, mag selbst seine Stimmung schildern: „Nicht vermöge der unter uns bestehenden Ueber-
einkunst," schreibt er, „sondern weil beinahe schon die Flammen
ausgebrochen sind, bin ich genöthigt, dich anzurufen und um
Rath zu fragen, und zwar nicht allein als Rechtsgelehrten und
treuen Freund, sondern auch, was eine besondere Fähigkeit zu
weisen Rathschlägen gibt, als einen solchen, der in ähnlichen oder
eigentlich denselben Fällen·und Anfechtungen in früherer Jugend
schon geübt worden ist, welche auch mir nun, wie ich fürchte, be-
vorstehen. Du hast gehört von der großen Gefahr, in welcher
jener ehrwürdige Mann, Magister Johann von Wesel,
schwebt. Wenn ich nun gleich, wie du häufig von mir gehört,
seine übertriebenen und für das Volk anstößigen Ungereimtheiten [3])
mißbillige, so ist doch die Gelehrsamkeit und der Scharfsinn dieses
Mannes so groß, daß ich nicht umhin kann, ihn zu lieben und
an seinem Schicksale Theil zu nehmen. O wie viel besser wäre
es für ihn gewesen, auf unsere Weise, wie ich es oft in Paris
unter uns ausgesprochen, vorher die Kämpfe der Realisten und
Formalisten zur Uebung durchgemacht zu haben, und dann erst,
nicht unvorsichtig, nicht unvorbereitet, sondern wie von einer
Burg und Warte die künftigen Angriffe heran kommen zu sehen.
Ich vernehme von meinen vertrautesten Freunden, er sey zum
Feuertode überwiesen; das mag nun zwar unrichtig ausgedrückt
seyn, denn wer in einer Disputation überwiesen wird, der erkennt seinen Irrthum an; und dann ist er entweder nicht hartnäckig oder, wenn er es war, so hört er auf, es zu seyn. Wie
dem aber auch sey, es schmerzt mich das Schicksal des Mannes,

1) Ludolph van Been aus Kampen war durch den Bischof David
von Utrecht im J. 1471 Dekan des Utrechter Kapitels und Vorsitzer eines
Gerichtes (Discus, de schijve, genannt) geworden. Er starb 1508. Vergl.
über ihn Munrling S. 74 und das dort Angeführte. Mit dem Gericht,
dessen Vorsitzer Been war, hatte der Bischof statt des friesischen und sächsi-
schen Rechtes das französische und burgundische eingeführt, was viel Unzu-
friedenheit erregte. S. Burman Utrecht'sche Jaarboeken III, 109. 184.
474. Lud. van Been war mit dem Bischof David genau befreundet, indem
also Wessel an ihn schrieb, wendete er sich zugleich an seinen mächtigeren
Beschützer, David von Burgund.
2) Er findet sich in Wess. Opp. p. 920.
3) Vergl. B. 1. S. 277.

und eines ſolchen Mannes. Schon früher hat mich häufig ſeine
unüberlegte und kühne Ausbrucksweiſe mit Beſorgniß erfüllt;
denn wiewohl ſie einen gewiſſen Anſtrich von ſchulmäßiger Fein=
heit und vielleicht auch bisweilen von katholiſcher Wahrheit
(Rechtgläubigkeit) hatte, ſo lag doch etwas ſehr Gehäſſiges darin,
ſolche Dinge vor das ungelehrte Volk und die unverſtändige
Menge zu bringen mit großem Anſtoß der einfältigen Gemüther.
Ich vernehme außerdem von denſelben Freunden, der Inquiſitor
werde ſogleich nach Beendigung jenes Proceſſes auch zu mir
herab [1]) kommen, um zu unterſuchen. Wenn ich nun in dieſer
Sache auch den Proceß nicht fürchte, ſo wird es doch viel Unruhe,
Verdacht, Koſten, Mühſeligkeiten zu ertragen geben, und beſonders
Verleumbung, namentlich von Seiten des Abtes vom alten Berge
und einiger kölner Lehrer, auf deren Haß und Neid, ich ſpreche
ja zu einem Erfahrenen, du aus deinen eigenen Schickſalen leicht
ſchließen kannſt. Um nun durch dieſe Angriffe, wenn ſie ſolche
im Schilde führten, auf trocknerem Grunde und mit leichterem
Fuße hindurch zu wandern, dazu erwarte ich deinen Rath, wie
man die Sache herankommen zu laſſen und ihr zu begegnen habe.
Und zwar erwarte ich, daß du mir deine Begegniſſe in ähnlichen
Fällen und deine Rathſchläge aufs ſchleunigſte meldeſt, damit
nicht ein plötzlicher Ueberfall mich unbewaffnet und unkundig ge=
richtlicher Gefahren überraſche. Schreibe mir alſo raſch, damit
du den Dürſtenden reichlich erquickeſt, da ich mich nicht weniger
auf die Weisheit deiner Rathſchläge, als auf die Gerechtigkeit
meiner Sache verlaſſe. Ich fürchte keine Gefahr, der ich
für die Reinheit des Glaubens entgegen gehen
könnte; nur bleibe die Verleumbung ferne. Alles dieß, wie ich
es dir vertrauensvoll mitgetheilt, ſo bitte ich es vor Andern ge=
heim zu halten. Zwoll, den 6ten April [2]).“
　In dieſem Briefe ſpricht ſich zwar allerdings der Muth eines
Zwingli oder Luther nicht aus, aber doch ein männlicher, chriſt=
lichfeſter Sinn, welcher vor der kommenden Gefahr nicht fliehen,
ihr aber auch nicht unvorbereitet entgegen gehen will. Indeß
ſcheint das Erwartete nicht eingetreten zu ſeyn. Weſſel blieb
unangetaſtet; denn was einige ſpätere Schriftſteller [3]) von einem

1) den Rhein herab, deutet unverkennbar auf den damaligen Aufenthalt
in den Niederlanden.
2) ohne Zweifel des Jahres 1479, denn im Februar dieſes Jahres
fand der Inquiſitionsproceß gegen Johann von Weſel ſtatt. Das Inqui=
ſitionsgericht verſammelte ſich in Mainz Feria ſexta poſt purificationem.
D' Argentré p. 292.
3) Z. B. Wharton in Append. ad Cav. Hiſt. Lit. fol. 154. Du

Proceß und Widerrufe Wessels fabeln, beruht auf offenbarer Ver=
wechselung mit Johann von Wesel. Die Inquisitoren mochten
bei unserm Wessel geringeren Erfolg erwarten, theils wegen
seiner Persönlichkeit, theils ohne Zweifel auch, weil ihm der Bischof
David von Burgund seinen besondern Schutz angedeihen ließ.
Da Wessel in der späteren Lebensperiode überhaupt in einem ge=
naueren Verhältniß zu diesem Prälaten stand, so ist es erforder=
lich, denselben etwas näher zu characterisiren, wobei wir jedoch
bevorworten müssen, daß es ungerecht seyn würde, auf eine durch=
greifende Geistesverwandtschaft zwischen Gönner und Schützling
zu schließen.

David von Burgund[1]), ein natürlicher Sohn Herzog
Philipps des Guten und Halbbruder Karls des Kühnen, ward
unter dem Einflusse seines Vaters, nachdem der Papst die ord=
nungsmäßige Wahl Gisberts von Brederode verworfen, zum
Bisthum von Utrecht erhoben und unter dem Schutze der Waf=
fen in seine Würde eingesetzt. Er war der 55ste Bischof von
Utrecht und regierte von 1456 bis 1496, also ungefähr 40 Jahre.
Während dieser langen Regierungszeit scheint er anfänglich eine
würdigere Stellung behauptet zu haben, dann aber von Stufe
zu Stufe herabgesunken zu seyn, so daß er zuletzt unbetrauert
von seinen Unterthanen ins Grab stieg[2]). Zwar wird an ihm
gerühmt ein großmüthiger und liberaler Sinn, ein reger Eifer
für Vertheidigung der Religion und kirchlicher Rechte, ein leb=
haftes und thätiges Interesse für Kunst und Wissenschaft[3]); aber
zugleich wird selbst von denen, die ihn im Ganzen vertheidigen,
eingeräumt, daß er der Liebe ergeben, unmäßig im Zorn, mis=
trauisch gegen einflußreiche Prälaten und Große, übertrieben zu=
traulich gegen Leute geringern Standes, deren Treue er erprobt

---

Pin Nov. Bibl. Auct. Eccles. T. XII. p. 106. *Goez* Commentat. de
Joh. Wess. p. 13 und 14. und mehrere Andere.
1) Eine chronikartige Darstellung vom Leben dieses Bischofs gibt Wilh.
Heda Historia Episcopor. Ultraject. notis illustr. ab Arn. *Buchelio*,
Jcto Bat. Ultraj. MDCXLII. p. 291—315. Der Verf. der Anmerkun=
gen beschuldigt S. 307 Heda, welcher Kanonikus zu Utrecht war und unter
burgundischer Herrschaft lebte, daß er den Bischof David übertrieben lobe,
doch leuchten auch aus Heda's Erzählung und aus den Thatsachen selbst
die mannichfaltigen Fehler Davids hinlänglich hervor. Außerdem ist über
David zu vergl. *Burman* Utrecht. Jaarboeken D. II.
2) Am Schluß seiner Biographie sagt Heda p. 306: Frigida erat
inter ipsum et Trajectanos amicitia. Und p. 294: Cum in fine, sive
senii taedio affectus, sive illorum culpa, qui a consiliis astabant,
minus placide regebat, beneficia priora facile cessere in oblivionem.
Vergl. auch S. 305, wo bemerkt ist, das Volk habe dem Bischof nur uni-
cum egregium facinus toto tempore regiminis sui zugeschrieben.
3) Heda a. a. O. S. 292.

zu haben glaubte, und nicht frei von einer Art franzöſiſchen Leichtſinnes geweſen [1]). Mehr darnach ſtrebend, ſich furchtbar, als beliebt zu machen, gewann er auch die Liebe ſeiner Unter= thanen nicht und mußte mehrfache Empörungen derſelben erleben [2]). Auch ſeine Gegner behandelte er mit Härte, ja er ward beſchul= digt, ſich eines Hauptwiderſachers, des Herrn von Brederode, durch Gift entlebigt zu haben [3]). Seine Macht war am blü= hendſten, ſo lange ſein gewaltiger Halbbruder Karl der Kühne lebte. Seit dem Tode deſſelben 1476 ſank er in den Augen des Volkes [4]). Zuletzt wurde er alterſchwach und ließ ſich wie ein Kind beherrſchen. Er war ſo ſchwankend und haltungslos, daß er heute widerrief, was er geſtern beſchloſſen. Dabei litt er beſtändig am Podagra [5]). Es war alſo eine Befreiung für ihn und die Seinen, daß er am 16ten April 1496 ſtarb.

Wie verſchieden dieſer Mann von Weſſel war, bedarf kei= ner Ausführung. Zweierlei aber ſcheint es geweſen zu ſeyn, was ſie trotz dieſer Verſchiedenheit zuſammenführte: die Liebe zur hö= heren Bildung und der Sinn für kirchliche Verbeſſerungen. Das lebhafteſte Intereſſe für Kunſt und Wiſſenſchaft und die große Liberalität gegen ihre Pfleger rühmen an David auch ſeine ent= ſchiedenſten Tadler [6]). Er erfreute ſich, wie Leo X., am Um= gange mit ausgezeichneten Männern; er wollte den Glanz ſeines Hofes durch Geiſt und Geſchmack erhöhen; eine gewiſſe kirchliche Pracht, eine gute Kirchenmuſik, für welche er ſich eine zahlreiche Kapelle von Sängern hielt [7]), und eine gewählte Umgebung von Gelehrten ſchmeichelten ſeinem Ehrgeiz und gewährten ihm Genuß. Schon deßwegen hatte er Weſſel, als einen geiſtreichen und be= rühmten Mann, gern bei ſich. Dabei ſcheint er auch, ſoweit

---

1) Heda S. 293: Plus aequo indulsit amori, et iracundiae in-temperans erat. De Praelatis aut Nobilibus, qui auctoritate aut potentia, praestabant, suspectam continue gerens solicitudinem, malens ſimeri quam amari, gallica levitate non omnino carens, in-fimosque aliquos ad consilia sua privata admittebat.

2) a. a. O. S. 296. 297.

3) S. 294. Praefectus de Bredenroede . . . brevi post obiit, suspicione, uti aliqui volunt, extinctus, veneni.

4) S. 294: Quae cadente Carolo cessarunt. Declinabat etiam Episcopi auctoritas, ita quod ejus in populum, et populi erga ipsum affectio deinceps elanguit.

5) S. 306: Bei ſeinem Podagra ſoll ihm Weſſel, der auch als ärzt= licher Rathgeber Davids bezeichnet wird, Bäder in lauer Milch verordnet haben.

6) So der Verf. der Anmerkungen zu Heda, Buchel, S. 307. Anmerk. p., wo mehrere Autoren angeführt ſind, die Davids Liberalität bezeugen.

7) Heda S. 294. 306 und beſonders S. 292, wo es heißt: Oblecta-tus etiam Musica in tantum, ut publico aere cantorum coetum pro oratorio suo aleret.

sie sein Interesse nicht gefährdeten, kirchlichen Reformen nicht abgeneigt gewesen zu seyn. Er wollte den Klerus verbessern und deßhalb die Geistlichen einer öffentlichen Prüfung unterwerfen. Hierbei machte er jedoch schlimme Erfahrungen: ein Examen, das der Bischof anstellte, lieferte das traurige Resultat, daß von dreihunderten nur drei gut bestanden; ein Anwesender bemerkte, „die Zeit sey nicht darnach, um Theologen, wie Augustin und Hieronymus, zu liefern," worauf David unwillig versetzte: „aber auch keine Esel und Abgründe von Unwissenheit [1]." Um einen solchen Augiasstall reinigen zu helfen, dazu wäre allerdings Wessel der beste Rathgeber gewesen, aber der Bischof selbst besaß zu wenig sittliche Energie, um etwas Nachhaltiges durchzusetzen.

Der Verlauf des Verhältnisses zwischen Wessel und David von Burgund liegt uns nicht vollständig zur Einsicht und Beurtheilung vor. Das früheste Denkmal ihrer Verbindung ist ein Brief Davids vom J. 1473 [2]); der Bischof wünscht Wessel'n zu sich, um mit ihm über Alles zu sprechen und jemanden zu haben, „an dem er sein Gemüth laben könne." Dann verheißt er ihm seinen Beistand mit kräftigen Worten: „Ich weiß," sagt er, „daß Viele dich zu verderben suchen; das wird nimmermehr geschehen, so lange ich mit dir am Leben bin." Von da an genoß Wessel, wie es scheint, ununterbrochen des Bischofs Gunst und Schutz. Wir können es ihm nicht verargen, daß er in seiner Lage davon Gebrauch machte. Die letzten schlimmen Zeiten des Bischofs erlebte Wessel nicht mehr, denn er starb sechs Jahre vor seinem Beschützer.

Da sich Wessel früher redlich durchgekämpft hatte und die oben erwähnte Gefahr glücklich vorüber gegangen war, so wünschte er nun die noch übrige Lebenszeit der wissenschaftlichen und frommen Betrachtung zu widmen, nach außen hin aber in Frieden zu leben [3]). Wessel erkannte den Werth sowohl des thätigen als des beschaulichen Lebens, eines jeden an seiner rechten

---

1) M. *Schoockius* de Bonis Eccles, p. 435. Muurling S. 75 und 76.

2) Der Brief ist zuerst abgedruckt bei *Schoockius* (welcher Schriftsteller noch mehrere ungedruckte Briefe von David von Burg. besaß) de Bonis Eccl. p. 433. dann bei Muurling S. 45.

3) Es geschah wahrscheinlich erst in dieser Zeit, daß er sich sein Symbolum wählte: *bene qui latuit*, denn auf sein früheres Leben würde es nicht gepaßt haben. Jene Worte sind als das Symbol Wessels angegeben Athenae Belgicae ed. *Swertius*. Antwerp, 1625. p. 700.

Stelle. Er hat sich darüber in einer seiner Schriften[1]) aus=
führlich ausgesprochen. Er stellt, ganz im Sinne des T h o m a s
v o n K e m p e n und andrer Mystiker, das active Leben unter
dem Bilde der Martha, das contemplative unter dem Bilde der
Maria dar; jenes ist die Eusebia, die thätige Frömmigkeit, die
nach außen wirket, dieses die Theosebia, die unmittelbare Rich=
tung der Seele auf Gott, die sich in das Göttliche versenkt und
darin ganz befriedigt ist; beide sind Schwestern, beide weihen dem
Erlöser ihre Liebe und genießen die seinige, beide beziehen sich
auf Gott und haben etwas Göttliches, aber das Theil, welches
Maria erwählt, ist das bessere, man schreitet also vom activen
Leben zum contemplativen als dem höheren fort. „In der
That," sagt er[2]), „das beste Theil ist das der Maria, welches
aber nicht Allen gegeben ist und welches niemand kennt, außer
wer es empfangen hat; weil Martha es nicht empfangen hatte,
so erkannte sie auch nicht die Seligkeit desselben: deßhalb glaubte
sie, indem sie über das nicht Erkannte, als über ein nicht Vor=
handenes urtheilte, die Schwester sey müßig, ... aber der Herr
Jesus, der lieblichste Schiedsrichter zwischen den beiden liebenden
Schwestern, liebevoll gegen beide, weil er der Vater beider und
der begeisternde Urheber ihrer beiderseitigen heiligen Pflichten ist,
gibt die Entscheidung mit so weiser Rücksicht nach beiden Seiten
hin, daß er die eine in ihrer schönen Dienstleistung lobend aner=
kennt und in ihrer Unwissenheit belehrt, und doch die Maria vor=
zieht, weil sie gleichsam in höherem Dienste das Wort Gottes in
ihre Geisteswohnung aufgenommen hat, während Martha nur
das fleischliche Wort in die äußere Wohnung aufgenommen und
mit sichtbarem Brode gespeiset hat... Die Frömmigkeit um
Gottes willen, aber nicht mit unmittelbarer Beziehung auf Gott,
ist im Geiste der Martha; die Frömmigkeit in steter Beziehung
auf Gott im Geiste der Maria." W e s s e l, der überhaupt jede
äußerliche Uebung vollkommen zu würdigen verstand, wußte wohl,
daß äußere Stille und Abgeschiedenheit nicht schon an sich zur
Vollkommenheit führe, daß auch bei dem Stillschweigen eines
Karthäusers[3]) die Gedanken innerlich zerstreut umherschweifen,
und bei der Lebensordnung eines Pythagoräers[4]) die Wurzeln
des Bösen im Gemüthe fortwuchern könnten; er legte deßhalb
auch keinen so großen Werth auf die mönchischen Uebungen und

---

1) In der Scala *Meditationis*, Pars: 1. Cap. 1 sqq. Opp.
p. 194—197.
2) a. a. O. S. 195.
3) Scal. Medit. I, 9. p. 206 und 207.
4) Ebendaselbst Cap. 10. p. 207.

Tugenden, wie Gerhard Groot und dessen ganze Schule, allein
er wußte dabei doch den hohen Werth der innerlichen Stille, der
wahren von einem göttlichen Frieden durchleuchteten Gemüthsruhe
zu schätzen. In einem wildbewegten empörten Gemüthe kann nach
seiner Meinung das Göttliche nicht wohnen und er gebraucht
häufig [1]) die Stelle des Jesajas [2]): „der Gottlose ist wie ein brau-
sendes Meer, das nicht stille seyn kann." Dagegen preist er die
friedevolle heitere Ruhe des wahren Weisen [3]): „Wie ruhig die
wahre Weisheit sey, lehrt das Beispiel derer, die sich ihr gewidmet haben; denn je mehr sie dieß thun, desto ruhiger sind sie.
Die wahre Weisheit genießt der höchsten Ruhe, ohne deßhalb
müßig zu seyn, denn sie streut reichlich und im weitesten Raume
den Saamen zu dauernder Frucht aus, so daß sie in der That
für etwas Göttliches gehalten werden muß, da sie bei solcher
Ruhe doch so wirksam ist ... Und wie heiter die Weisheit sey,
zeigt die stete und feste Freudigkeit derer, die ohne Zerstreuung,
Jubeln und Lachen, alle gemeine Lust als verführerisch verschmähen, weil sie dieselbe für unwürdig und befleckend halten. Wie
bedürfnißlos sie sey, wie genügsam, wie reich in sich selbst, wie
mit sich selbst zufrieden, das lehrt das Verlangen des Weisen,
welches, wenn nicht die Schwäche und die Bedürfnisse des Körpers im Wege ständen, immer nur darauf gerichtet wäre, der
Weisheit obzuliegen, zu sehen und zu schmecken, wie lieblich der
Herr ist ... Und so wie Gott Alles, was er gemacht hat, durch
das Wort gemacht hat, so würde auch der Weise, der ein Bild
Gottes auf Erden ist, alle Stämme, Nationen, Reiche und Völker
in einen besseren glückseligen Zustand umbilden, wenn nur deren
Lenker und Fürsten sein ermahnendes Wort hören wollten, wie
er selbst innerlich die Lehre der Weisheit hört, so daß er nicht
bloß zur Einsicht gelangt, sondern auch mit Freudigkeit Gehorsam
leistet. Der Dürstende freut sich nicht so sehr der klaren Quelle,
der Hungernde nicht des dargebotenen Brodes, und der Liebende
nicht über frohe Botschaft aus fernem Lande, wie sich der Weise
freut eines verborgenen, ruhigen, treuen, zuverlässigen, fruchtbaren,
heiteren, verständigen Gespräches [4]) mit seiner Meisterin, der Weis-

---

1) Z. B. Scal. Medit. I, 7. p. 203.
2) Jes. 57, 30.
3) Scal. Med. I, 4. p. 197.
4) Die contemplativen Stimmungen, bei denen sich etwas Eigenthümliches in Wessels Gemüth entwickelte, waren ihm so wichtig, daß er sich
häufig auch ganz genau die Zeit und den Ort derselben bemerkte, und selbst
in wissenschaftlichen Betrachtungen darauf zurückkam. So Scal. Medit. III,
7. p. 275. und I, 17. p. 216 u. 17.

heit [1]).“ In diesem Sinne glaubte Wessel nun sein Leben mehr zu stiller Betrachtung hinlenken zu müssen; doch gab er dabei eine würdige Thätigkeit durch Schrift und Wort nicht auf, nur hatte dieselbe einen ruhigeren, abgeschlosseneren Character. Häufig besuchte er seine Freunde und empfing ihre Besuche. Fast jedes Jahr pflegte er nach der Stätte seiner Jugendbildung, nach Zwoll und dem nahen Agnesberge, zu wandern; hier umgab ihn das Andenken an die alte Zeit und an seinen väterlichen Freund Thomas, und nirgends in seinem Vaterlande soll Wessel lieber verweilt haben [2]). Der Ort war ihm auch deßhalb gelegen, weil sein Schutzherr, David von Burgund, jährlich mehrere Monate in dem benachbarten Vollenhoven zubrachte, so daß sie sich dann leicht erreichen konnten [3]). Von diesem Lieblingsaufenthalte der Jugenderinnerungen begab sich Wessel gewöhnlich nach dem Kloster Abwerd, wo er viele Freunde und Schüler hatte und deren immer neue gewann.

Die reiche und schöne Abtei Abwerd oder Abuard [4]) in der jetzigen Provinz Gröningen zeichnete sich, außer andern Herr= lichkeiten, besonders durch ihre Unterrichtsanstalten aus; es war

---

· 1) Die Stelle erinnert an Suso; aber wie verschieden sind Beide, Suso und Wessel, in ihrem inneren Verkehr mit der himmlischen Weis= heit! jener ein poetischer Liebhaber, dieser ein verständiger Freund.

2) Hardenberg sagt in seinen fragmentarischen Notizen, nachdem er des Collegium Agnetanum, als Aufenthaltsortes des Thomas, er= wähnt: Quod Wesselus propterea reverenter colebat et nullo loco libentius, quam illic erat, quotiescunque apud nostrates versabatur. Cod. Monac. fol. 12.

3) Ebendaselbst unmittelbar nachher.

4) Das Kloster Abwerd oder Abwert (eigentlich Abe= oder Oube=Werd, das alte Werth, in der Sprache des Volkes Auert), zwei Stunden von Gröningen im sogenannten Westerquartier, war seiner Zeit eine sehr be= rühmte, durch Reichthum der Güter, Schönheit der Gebäude, besonders der Kirche, und Wichtigkeit der Bibliothek ausgezeichnete Abtei, ist aber jetzt nicht nur aufgehoben, sondern zum Theil zerstört. Die Kirche steht noch, die jetzige Predigerwohnung ist ein Theil des alten Klostergebäudes, der größte Theil der Bibliothek ist im 16ten Jahrhundert ein Raub der Flam= men geworden, das wenige Gerettete der Bibliothek der Akademie zu Grö= ningen einverleibt. Dieß aus einer Mittheilung des Herrn Past. von Sen= den. — Für uns ist Abwerd besonders merkwürdig durch seine Schulan= stalten. Es hatte zwei Schulen, die eine innerhalb der Klostermauern, die andere, de roode School genannt, in dem Flecken Bedum; eine war für die Anfangsgründe, die andere für höhere Studien in der Philosophie und Theologie. Ob die Schule in Abwerd selbst oder die zu Bedum die höhere war, ist zweifelhaft, das Erstere behauptet die Hist. Episcopat. Gron. p. 32 und 46. *Oudheden* en Gestichten van Gron. p. 218 und 347. und *Muntinghe* Orat. in ducent. Natal. Acad. Gron. p. 82., das Andere Hardenberg in der Vit. Wess. p. 18. Die Schule zu Abwerd war so besucht, daß nach Hardenberg einst in einem Sommer nicht weniger als 90 Todesfälle unter den Studierenden und Lehrern vorgekommen seyn sollen. Berühmte Lehrer zu Abwerd waren im 13ten Jahrh. Richard de Busto,

daselbst eine Art Akademie, die aus ganz Friesland stark besucht wurde; in einer niedrigeren Schule wurden die Jünglinge in den Anfangsgründen der Wissenschaften unterrichtet, in einer höheren waren gelehrte Professoren, die sie in der Philosophie und Theo= logie bildeten. Diese Schulen waren früher in einem sehr blühen= den Zustande gewesen und hatten ebenso berühmte Lehrer als zahlreiche Schüler gehabt; damals aber waren sie etwas in Ver= fall gekommen. Wessel bemühte sich, sie wieder herzustellen; an= fänglich sah er sich dabei von dem wohlgesinnten Abte Heinrich Rees unterstützt, aber nach dessen Tode wurden ihm Hindernisse in den Weg gelegt. So oft Wessel in Abwerd war, suchte er auf die Mönche und auf empfängliche Jünglinge zu wirken. Er ermunterte sie zur Erlernung des Hebräischen, erklärte ihnen die Psalmen, zeigte ihnen die Fehler der Vulgata, beantwortete die Fragen und Schwierigkeiten, die sie ihm vorlegten, und las ihnen bisweilen mit lauter Stimme Stellen aus dem hebräischen Grund= text vor, wobei freilich die Mönche nichts Anderes thun konnten, als die fremden Töne anstaunen. Wessels Bemühungen blieben nicht ohne Erfolg. Abwerd vereinigte eine Zeitlang alle gelehrten Männer Frieslands und der Nachbarschaft. „Es lebten damals", berichtet uns ein ziemlich gleichzeitiger Schriftsteller [1], „nicht we=

---

ein gelehrter Engländer, der früher in Paris gelebrt hatte, 1266 starb und der Klosterbibliothek einige von ihm verfaßte philosophische Schriften hinter= ließ; und Emanuel, früher Bischof von Cremona, ein Mann aus gräf= lichem Geschlecht, der wegen der Parteikämpfe der Welfen und Gibellinen sein Vaterland verließ, und als er die herrliche Klosterkirche in Abwerd be= trat, seinen Bischofstab auf den Boden setzte mit den Worten: haec requies mea: er lebte in Abwerd noch 30 Jahre und † 1298. Hardenb. S. 28. Neuere Schriften f. bei Muurling S. 59. Außerdem Hofstede de Groot Gesch. der Broederenkerk te Gron. p. 13. Hoogstraten Woordenbock s. v. Auwert. Brucherus Gedenkbock van Stad en Lande p. 293. u. Oudheden p. 110 u. 189. Das im 15ten Jahrhundert etwas verfallene wissenschaftliche Leben stellte Wessel mit Erfolg her. Der Lebensbeschreiber Wessels, Albert Hardenberg, lebte selbst einige Jahre in der Abtei Abwerd. An ihn schreibt ein anderer Verehrer Wessels, sein ehemaliger Famulus, Goswin van Halen, über den damaligen Zustand des Klosters Folgendes: Deinde gratulor tibi etiam et toti monasterio Adwerdensi, cui spero honori eris, et pristinam eruditionem per te ac tui similes restitui. Novi Adwerdiam ante annos quadraginta et eo plures: tum doctum virum si quaesivisses, hunc in Adw. invenisses, aut alibi nusquam in tota Phrisia. Erat ea tempestate Adwert non tam monasterium, quam Academia. Horum mihi testes essent, si super-essent, Rodolphus Agricola, Wesselus Groningensis, Guil. Frederi-cus Pastor, Joh. Oestendorpius, qui adhuc superest, Rod. Langius Monasteriensis, Paul. Pelantinus, Alex. Hegius ... et alii, qui totas hebdomadas, ne dicam menses, in Adwert diversari soliti sunt, ut vel audirent vel discerent, unde et doctiores et meliores quotidie efficerentur.

1) Hardenberg in der Vit. Wess. p. 17.

nige Vorbilder des reineren Mönchthums in jenem Kloster, we=
nigstens so lange Wessels Andenken daselbst heilig gehalten wurde
und seine Schüler noch am Leben waren, deren ich selbst wenig=
stens fünfzehn gekannt und gesprochen habe. Ich habe deren auch
nicht wenige theils in benachbarten Klöstern, theils im Gebiete
von Gröningen und Westfriesland, theils im Kloster Sibbeciloa [1]
und anderwärts kennen gelernt; aber die Mönche zu Adwerd
äußerten sich am offensten über Wessel."

Ebenso bestrebte sich Wessel überall auf Jünglinge zu wir=
ken und den Saamen des Besseren in ihre Seelen zu streuen.
Er machte sie auf das Mangelhafte und Verderbliche, der herr=
schenden theologischen Lehrart aufmerksam, wie sie von den neue=
ren Theologen hinweg zu den Quellen des heidnischen und christ=
lichen Alterthums, und bereitete in den jugendlichen Geistern eine
schönere theologische Zukunft vor, an der er nicht zweifelte, ob=
wohl er auf dieselbe nur hinschaute, wie Moses in das gelobte
Land, ohne selbst das ersehnte Gebiet zu betreten. Wie Luther,
bei dem dieß jedoch etwas Leichteres war, nicht bloß weil er später
lebte — die Zeit eilte damals ebenso rasch vorwärts, wie jetzt —
sondern weil er in noch höherem Grade die schöpferische Kraft
einer neuen Theologie in sich trug, so verkündete Wessel mit
höchster Bestimmtheit den bäldigen vollkommenen Sturz der Scho=
lastik. Einem seiner liebsten Schüler, Johann Oestendorp [2]),
nachmals Kanonikus bei St. Lebuin zu Deventer, sagte er, als
ihn dieser wegen seiner Studien um Rath fragte: „Mein wackerer
junger Freund, du wirst es noch erleben [3]), daß die Lehre des
Thomas von Bonaventura und der andern neueren dialectischen

---

1) Sibbeciloa oder Zibekelo lag in der Parochie Hardenberg in der
Prov. Overyssel und wurde auch wohl U. l. F. Convent zu Galiläa ge=
nannt. Die Geschichte des Klosters findet man in H. v. R. (Ryn) Oud-
beden en Gestichten v. Deventer, Kampen etc. fol. p. 640—48.

2) Johann Oestendorp oder Oostendorp war Kanonikus bei St. Lebuin
zu Deventer und zeichnete sich durch seine Beredsamkeit aus; auch stand er
nach Hegius an der Schule zu Deventer vor. Gerh. Geldenhauer, der auch
ein Schüler von Hegius war, nennt Oestendorp als seinen Lehrer. Ebenso
Hardenberg, der Lebensbeschreiber Wessels. Vergl. Delprat S. 28. u.
Beil. 20. S. 156. In der letzten Stelle ist auch Folgendes über Oestend.
aus dem handschriftlichen Auctarium de Script. Eccles. von Butzbach
fol. 55. mitgetheilt: Joh. *Ostendorpius*, cognomento *Bellert*, natione
Teutonicus, patria Westphalus, Ecclesiae Daventriensis Canonicus,
Daventriensis gymnasii et meus post piae recordationis Alex. He-
gium rector et gubernator, cujus ob egregiam tubalis eloquentiae
promptitudinem hoc cognomen Bellert (latrator?) inditum esse
ferunt.

3) Die Prophezeihung traf fast wörtlich ein. Oestendorp lebte noch
ums Jahr 1528. Damals hatte die Scholastik schon durch die Reformation
ihren letzten Stoß erhalten. Gabriel Biel, der gewöhnlich als der letzte

Theologen desselben Schlages von allen wahrhaft christlichen
Gottesgelehrten verworfen wird." Bei einer anderen Gelegenheit
äußerte er: „es werde bald geschehen, daß jene unwiderleglichen
Lehrer in den Kapuzen, in den schwarzen und in den weißen
Kutten in die ihnen gebührenden Schranken zurückgewiesen wür=
den [1]." In diesem Geiste lenkte Wessel das wissenschaftliche
Leben auf den besseren Weg, und es konnte nicht fehlen, daß sich
um ihn als belebenden Mittelpunct ein Kreis verehrender Freunde
und Schüler sammelte. Wie einst zu Gerhard und Florentius
Radewins, so kamen jetzt zu ihm, dem erfahrenen Greise, Jüng=
linge und Männer aus der ganzen Umgebung, Rath und Beleh=
rung suchend, und es ist erfreulich, noch genauer in diesen gei=
stigen Verkehr Wessels zu blicken und die Reihe seiner Freunde
und Schüler an uns vorüber gehen zu lassen.

Die Freunde, mit denen Wessel in seinem Vaterlande
verkehrte, sind uns nicht alle bekannt; nur einen Theil derselben
lernen wir aus den Briefen Wessels kennen, und wenn wir aus
der Zahl der bekannten auf die wahrscheinlich größere der unbe=
kannten schließen dürfen, so ergibt sich daraus, daß damals viele
christlich gesinnte und freier denkende Geistliche in den Nieder=
landen lebten und wirkten, wie es denn auch nicht anders möglich
war in einem Lande, von dem der Anstoß zur Reformation zum
Theil ausgegangen war und in dem sie hinwiederum so günstige
Aufnahme fand. Der vornehmste, aber gewiß nicht der innigste
unter Wessels näheren Bekannten war der Bischof David von
Utrecht, dessen Verhältniß zu Wessel schon geschildert ist. Neben
ihm sind zu nennen Jacob Hoeck, latinisirt Angularis, Doctor
der Theologie und Dekan zu Näldwick, Magister Ludolph van
Veen (de Veno), Doctor beider Rechte und Dekan zu St. Martin
in Utrecht, Bernhard von Meppen, regulirter Chorherr [2]),
Bruder Johann von Amsterdam [3]) und Magister Engel=
bert von Leiden [4]). Auch mit gleichgesinnten Frauen war

Scholastiker bezeichnet wird, † schon 1495, nachdem er sich — merkwürdig
genug! — im Alter in eine Anstalt der Brüder vom gemein=
samen Leben zurückgezogen, oder wenigstens an die Brüderschaft an=
geschlossen. S. Delprat Beil. 17. S. 152.

1) Beide oben angeführte Aeußerungen Wessels hat uns Gerh. Gelben=
hauer, ein Schüler Oestenborps, erhalten. Bei der ersteren bemerkt er
ausdrücklich: Id ego a jam canescente Ostendorpio in templo D.
Lebuini audivi, anno 1528. X. Cal. Martias. Außerdem auch Harden=
berg S. 6. und der Verf. der Eff. et Vit. p. 18.

2) Procurator Zilae.

3) Von ihm handelt: *Wagenaar* Beschrijving van Amsterdam III,
195. *Brant* Hist. Reform. I, 56.

4) Ueber ihn: *Orlers* Beschrijv. van Leyden, ed. 2. p. 336.

.

Wessel in freundschaftlicher Verbindung, unter andern haben wir noch einen schönen Brief von ihm an die Nonne Gertrude Rey= ners in Klaarwater [1]). Das Kloster Abwerd war damals ein Sammelplatz ausgezeichneter Männer, die gelehrt waren oder Ge= lehrsamkeit suchten; hier war der treffliche, ebenso fromme als wissenschaftlich gebildete Abt Heinrich von Rees ein Freund Wessels; hier verkehrte er abwechselnd mit Rudolf Lange [2]) aus Münster, mit Paulus Pelantinus, Johann Canter und Lambert Fryling aus Gröningen, mit Arnold von Hildesheim und dem wissenschaftlichen Ritter Onno von Eusum; hier genoß er des belehrenden und erheiternden Um= gangs der jüngeren aber hoch ausgezeichneten Männer Rudolph Agricola und Alexander Hegius. Ein Augenzeuge, Gos= win van Halen, erzählte einem späteren Verehrer Wessels, dem Regner Prädinius [3]), wie er oft als Jüngling zu Abwerd an dem Tische aufgewartet, an dem Wessel und Agricola bis tief in die Nacht in heiteren Gesprächen sich erfreuten, wie er ihnen dann nach Hause geleuchtet, und auch wohl dem Agricola die Schuhe ausgezogen habe, denn dieser habe mitunter über das Maaß getrunken, Wessel aber sey nie von jemand betrunken ge= sehen worden. Den geistigen Verkehr Wessels mit Alexander

---

1) Sanctimoniali in Claris Aquis. Das Kloster Klaarwater oder Convent der heiligen Jungfrau zu Klaarwater lag in der Provinz Gelder= land, in der Nähe des Städtchens Hattem. Nachricht über dessen Stiftung und Merkwürdigkeiten gibt H. v. Ryn Oudheden en Gestichten van Deventer etc. p. 698.

2) Rudolph Lange (Lang, Langius) ist als einer von den Begrün= dern des neuen wissenschaftlichen Lebens in Niederdeutschland hinlänglich bekannt. M. vergl. über ihn Herm. Hamelmanni Orat. de Rod. Langio in dessen Opp. geneal. Lemg. 1711 p. 257. Erhard Gesch. des Wieder= aufbl. Th. 1. S. 345. Delprat Verhandeling S. 153. und Beil. 10. S. 287.

3) Regner Prädinius (Reinier von Winsum) gehört nicht unter die unmittelbaren Schüler, aber unter die eifrigsten und dankbarsten Ver= ehrer Wessels; er hat uns auch Nachrichten über Wessels Leben hinterlassen. Besonders wirksam war er als Lehrer an der St. Martinsschule zu Grö= ningen, die unter ihm in hoher Blüte stand. „Oost-en Westfriesland," heißt es bei Delprat S. 117., „Braband, Vlaanderen, Duitschland, Frankryk, Italie, Spanje en Polen bezorgden hem gansche Scharen, die rondom hem als het ware eene Hooge School vormden." Dieß bezeugt Prädinius Schüler, Joh. Acronius, in der Vorrede zu den Opera Regneri Predinii, Basil. per Oporin. 1563. fol., wo er ihn praeceptor eruditissimus nennt und von ihm sagt: publice in schola singulis die= bus quatuor integras horas praelegebat. Einen Lebensbericht von ihm gibt van Swinderen in der gröninger Maandschrift tot nut van't Algemeen, 1809. p. 33. Mehreres über ihn und sein Verhältniß zu Wessel weiter unten. Die oben berührte Stelle, worin Prädinius die Er= zählung des Goswin v. Halen über Wessel mittheilt, findet sich bei der Erklärung des 7ten Capitels des Ev. Lucä in Praedinii Opp. p. 198.

Hegius vergegenwärtigt uns am besten ein Brief des Letzteren an Wessel. Der berühmte Philologe und Schulmann, einer der um Wiederbelebung der alten Literatur in Deutschland und den Niederlanden so verdienten Sechsmänner, damals an der wichtigen und durch ihn herrlich blühenden Schule zu Deventer wirkend, war eben von einem wissenschaftlichen Ausfluge zurückgekommen, ben er nach der reichen Bibliothek des Nicolaus von Cusa [1]) gemacht hatte und schrieb darüber aus Deventer an Wessel: „Ich schicke dir, verehrtester Mann, die Homilien des Johannes Chrysostomus in der Hoffnung, daß dir die Lesung derselben angenehm seyn wird; denn jederzeit haben dir goldene Worte besser gefallen, als goldene Münzen. Ich war, wie du weißt, in der lusischen Bibliothek; da habe ich viele hebräische Bücher gefunden, die mir ganz unbekannt waren. Von griechischen habe ich weniger gefunden. Es waren daselbst, so weit ich mich erinnere, Epiphanius über die Ketzereien, ein sehr großes Werk; Dionysius über die Hierarchie, Athanasius gegen Arius und Climacus. Diese habe ich dort gelassen. Mit mir genommen habe ich den Basilius über das Schöpfungswerk, und Homilien desselben über die Psalmen; die Briefe Pauli und die Apostelgeschichte; die Lebensbeschreibungen einiger Römer und Griechen von Plutarch, nebst dessen Symposion; einiges in die Grammatik und Mathematik Einschlagende; einige Gedichte von tiefem Sinn über die christliche Religion, wenn ich nicht irre, von Gregorius von Nazianz; einige Reden und Gebete. Wenn du etwas davon wünschest, so benachrichtige mich, und sogleich wird es zu dir wandern. Denn es geziemt sich nicht, daß ich irgend etwas habe, was ich nicht mit dir theilte. Wenn du ohne Beschwerde die griechischen Evangelien jetzt entbehren kannst, so bitte ich, daß du mir dieselben auf einige Zeit leihest. Du wünschest über meinen Unterricht [2]) genauere Kunde zu haben. Ich habe deinen Rath befolgt. Alle Gelehrsamkeit ist verderblich, die mit Verlust an Frömmigkeit erworben wird. Lebe wohl, und wenn du irgend einen Wunsch hast, so sprich denselben aus, in der Ueberzeugung, daß er erfüllt werde. Aus Deventer [3)."

---

1) Der berühmte Cardinal hatte im J. 1458 in seinem freundlich gelegenen Geburtsorte Kuß an der Mosel im Erzstift Trier ein Hospital mit schönen Einkünften gegründet, welchem er dann auch seine Bücher und mathematischen Instrumente vermachte. Die Stiftung existirt noch, und bewahrt bis auf diesen Tag die von dem großen Landsmanne gegebenen Anordnungen und auf sie vererbten Bücher.

2) de institutione mea, das heißt wohl ohne Zweifel über die Unterrichts- und Bildungsmethode, die Hegius bei der Jugend anwendete.

3) Der Brief ist mehrfach abgedruckt, unter andern bei Goez Comment.

Unter den S ch ülern Wessels stehen als die ältesten und zugleich ausgezeichnetsten Rudolph Agricola und Johann Reuchlin oben an. Von ihnen ist schon die Rede gewesen. An sie reiht sich eine bedeutende Zahl von Niederländern: Her = mann Torrentius [1]) aus Zwoll, ein Philologe, Lehrer an den Schulen zu Gröningen und Zwoll, Gerhard von Cloester, Gerlach von Casterem, Rudolph Hilbrand, Bolens genannt, und die schon erwähnten Johann Oestendorp und Jo = hann Canter. Auch ist hier der Famulus Wessels Josquin oder Goswin aus Halen [2]) an der Mosel aufzuführen. Er war ein sehr vertrauter und dankbarer Schüler Wessels, sammelte die Auf = sätze desselben, die er aufbringen konnte und überlieferte Manches aus dessen Leben. Später stand er als Vorsteher eines Bruder = hauses zu Gröningen in großer Achtung. Er erlebte die Refor = mation und starb erst im Jahr der Uebergabe der augsburgischen Confession. Vermöge der Richtung, die er von seinem Lehrer und Meister empfangen, mußte er sich zu den Reformatoren hin = gezogen fühlen; er trat in Briefwechsel mit Melanchthon und gab diesem Nachrichten über Wessel, welche in einer unter Melanch = thons Auspicien von Johann Saxo [3]) gehaltenen Denkrede auf Rudolph Agricola aufbewahrt sind. Diese schöne Rede spricht mit

---

de Wess. p. 27. u. Wess. Opp. p. 24. Auch in Alex. *Hegii* Dialogi, Daventr. per Rich. Pafraet, 1503. 4. am Ende.

1) Herm. Torrentius oder van der Beeke, geb. zu Zwoll, war 1490 Lehrer am Bruderhause zu Gröningen und † 1520. Er verfaßte mehrere philologische Schriften, wodurch er sich heftige Angriffe zuzog, denen er mit Ruhe und Mäßigung begegnete. *Hamelmann* de doctis Westphal. Viris. T. I. p. 115. 116. Delprat S. 55 u. 120.

2) Goswin van Halen, Goswinus Halensis, war am Schluß des 15ten und zu Anfang des 16ten Jahrh. Vorsteher des Bruderhauses zu Gröningen. Vergl. über ihn Biblioth. Brem. Cl. VI. p. 90. *Gerdes* Hist. Evang. Renov. Append. p. 4. *Delprat* Verhandeling. p. 115.

3) Die Rede, aus der wir schon Mehreres mitgetheilt haben, findet sich unter den Declamationen Melanchthons t. 1. p. 597 ed. Argent., und wird deßhalb häufig als ein Product dieses Reformators citirt. Wer die Rede gelesen hat, kann auf diesen Gedanken nicht kommen, denn der Verfasser gibt sich als Friesen, als Niederdeutschen zu erkennen. Der Vor = trag wurde unter Melanchthons Declamationen aufgenommen, nicht bloß weil der Verfasser ein Schüler Melanchthons war, sondern weil Melanch = thon höchst wahrscheinlich auch Materialien zu der Rede geliefert und die = selbe gebilligt hatte. Insofern enthält sie auch Melanchthons Gedanken. Der eigentliche Verf. war Joh. Saxe oder Saxonius, geb. zu Hattstedt im Holsteinischen; er studierte zu Wittenberg und ward daselbst Magister, Doctor der Rechte und Professor der Philosophie. Später bekleidete er mehrere Stellen, war Kanonikus zu Hamburg und holstein = gottorpscher Kanzler; er † 1561 oder 64 als Domdechant in Hamburg. Außer mehreren philol. und jurist. Schriften arbeitete er auch an einer friesländischen Ge = schichte, deren Vollendung sein Tod hinderte. Vergl. über ihn Kraffts hu = susische Kirchen = Hist. und Jöcher allg. Gel. Lex. Th. 4. S. 180.

Achtung von Goswin als einem frommen, ehrwürdigen Greis, aber mit Bewunderung von Wessel selbst, dessen hohen Geist, umfassende Gelehrsamkeit, freimüthige Ueberzeugung und preis=würdige theologische Kampfrüstigkeit sie lebhaft rühmt. Wir haben noch Briefe[1]) von Goswin, in denen manches Einzelne über Wessel mitgetheilt ist, was im Lauf der Erzählung schon vorge=kommen. Nur aus einem Briefe will ich noch eine Stelle hervor=heben, die uns in einem encyklopädischen Ueberblick zeigt, welchen Studienkreis die Jünglinge und Männer in Wessels Um=gebung, in Zwoll, Adwerd und den andern berühmten Schulen jener Zeit zu durchlaufen pflegten, welche Schriften von den Leuten dieser Geistesrichtung besonders gelesen und geschätzt wurden. „Den Ovid," schreibt Goswin[2]), „und Schriftsteller ähnlichen Schlages mag man einmal lesen; mit größerem Fleiße schon den Virgil, Horaz und Terenz, wenn man überhaupt in unserm Stande ein besonderes Studium auf die Dichter verwenden will. Vor Allem wünschte ich, daß du häufig die Bibel lesest, wie ich dir auch mündlich gesagt. Da man aber auch in der Geschichte nicht un=wissend seyn darf, so rathe ich dir, den Josephus, die Kirchenge=schichte (wahrscheinlich den Eusebius und seine Fortsetzer) nebst der Historia Tripartita zu lesen; von Profan=Geschichtschreibern wer=den besonders nützlich seyn Plutarch, Sallust, Thucydides, Herodot und Justin. Alsdann wird es nicht schaden, die Schriften des Aristoteles und Plato durchzugehen. Bei Cicero muß man etwas länger verweilen, damit der Ausdruck römisch werde. Nächst der Bibel aber ist ein besonders tüchtiges und ernstes Studium auf den Augustin zu verwenden. Auf diesen mag dann Hieronymus, Ambrosius, Chrysostomus, Gregorius, Bernhard und Hugo von St. Victor, ein Mann voll reicher Gelehrsamkeit, folgen." Werfen wir hier einen Blick auf den Studienkreis, den einst Gerhard Groot den Brüdern des gemeinsamen Lebens vorgezeichnet hatte, so bemerken wir mit Freude, wie sich in denselben Umgebungen seit ungefähr hundert Jahren der geistige Horizont erweitert und aufgehellt hatte; bei Gerhard und seinen ersten Nachfolgern war Alles auf das Studium der Schrift, auf Lebensbeschreibungen der Heiligen, und einige erbauliche Schriften der Kirchenväter und späterer Theologen beschränkt[3]), jetzt wurde kein bedeutender Schrift=steller der heidnischen und christlichen Welt übergangen; immer

---

1) Diese Briefe sind abgedruckt in der grön. Ausg. der Opp. Wess. in der Einleitung, die Hardenbergs u. a. Notizen über Wessels Leben ent=hält. p. 7—10.
2) a. a. O. S. 9.
3) S. oben S. 69.

blieb dabei das Biblisch=christliche der belebende Mittelpunct, aber man war aus dem einseitigen Practicismus zur Anerkennung des wahren Werthes der Wissenschaft übergegangen, und hatte diese viel umfassender, freier und gründlicher behandeln lernen, nicht durch Auffindung neuer Theorien, sondern durch den großen un= widerstehlichen Fortschritt des Lebens. Was in diesem einzelnen Kreise geschah, wiederholte sich in vielen andern, und aus allen diesen neuen Quellen floß der Strom zusammen, der in der Re= formation hindurchbrach.

Es möge niemanden kleinlich vorkommen, daß wir hier in die freundschaftlichen Verbindungen und den Verkehr Wessels so genau eingegangen sind. Die Sache hat außer dem individuellen Interesse auch eine allgemeine Bedeutung. In jeder Uebergangs= periode, wo sich im geistigen Leben etwas Neues, Besseres vor= bereitet, entstehen aus innerem Bedürfniß Freundeskreise, Ge= nossenschaften und Vereine, die zuerst von dem Neuen entzündet sind, die es mit Begeisterung in ihrer Mitte pflegen, die dann die Apostel desselben werden, um es ins öffentliche Leben einzu= führen. Wie jede gründliche Verbesserung im Staatsleben zuletzt von der Familie ausgeht, und nur die rechte Erziehung das wahre Bürgerthum begründet, so müssen sich auch bei wissenschaftlichen Umgestaltungen vorher geistige und literärische Familien bilden, in denen das, was aufkeimen soll, zuerst lebendig wurzelt, um sich dann durch wissenschaftliche Schulen unter dem Volke zu ver= zweigen. In einer solchen Periode, wie wir sie in Deutschland bei der Bildung unserer neueren Literatur gegen Ende des vo= rigen Jahrhunderts erlebt haben, sind große und geistvolle Per= sönlichkeiten, Freundschaften, Briefwechsel, Zusammenkünfte, Ver= eine gleichstrebender Männer von unersetzlichem Werth, und in einer Zeit dieser Art können Männer, die nicht viel schreiben, eine größere Bedeutung haben, als sonst die fruchtbarsten Schriftsteller. So war es z. B. unmittelbar vor der Reformation der Fall mit Johann von Dalberg, mit Wilibald Pirkhaimer[1]) und an= dern begeisterten Schutzherren der neuen Richtungen, die, ohne fruchtbare Schriftsteller zu seyn, persönlich belebende Mittelpuncte der Wissenschaft wurden. An Aehnliches hat man auch bei Wessel während seines Aufenthaltes zu Gröningen, Zwoll und Adwerd zu denken; es waren hier Feuerherde einer neuen Bildung und Wessels Geist vornehmlich war der zündende Funken.

---

1) Die Stellung Dalbergs ist in dieser Beziehung geschildert in meiner Memoria Dalburgii, die Stellung Pirkhaimers vornehmlich in Hagens Schrift: Deutschlands lit. u. relig. Verhältnisse im Ref.-Zeitalter Th. 1. S. 261 ff.

Diesen Geist Wessels haben wir nun näher zu schildern [1]). Wir benutzen dazu zum Theil seinen Briefwechsel mit Freunden, dann aber auch das von ihm Ueberlieferte überhaupt.

Bewundernswürdig ist an Wessel der schöne, offene und freie Wahrheitssinn, der sich in allen seinen Worten stärkend und erfrischend ausspricht. Er bewährte hier ganz die Gesinnung, die wir an den Reformatoren und an ihren ächten Nachfolgern verehren, und die sich nirgends herrlicher offenbarte als in Luther auf dem Reichstage zu Worms. Fest in den höchsten Wahrheiten, unerschütterlich in dem christlichen Lebensgrunde, war Wessel doch stets bereit, sich von Jedem, auch dem Geringsten, eines Besseren belehren zu lassen, war er nie starr abgeschlossen, sondern immer in geistiger Bewegung und im Wachsthume begriffen. Wahrheit suchte er sein ganzes Leben hindurch, nach ihr wanderte er in alle Lande, nach ihr forschte er in der Schrift und in der Tiefe seines eigenen Herzens, für sie stritt er, sie erbat er sich als die beste Gabe von seinen Freunden. „Wahrheit," sagt Wessel [2]) aus voller Seele, „habe ich vor allen Dingen von Kindesbeinen an gesucht, und jetzt mehr als je, weil durch die Wahrheit allein der Weg zum Leben geht." Auf dem Boden dieser reinen, von Selbstsucht und Rechthaberei freimachenden, Wahrheitsliebe führte Wessel auch seine wissenschaftlichen Kämpfe: „Der Wahrheitskampf," sagt er [3]), „ist ein solcher, daß ich sowohl als Sieger, wie als Besiegter wachse in der Freiheit der Kinder Gottes. Denn es ist eine Verheißung der Wahrheit, daß sie die, welche in ihr stehen, befreien wird. Und das ist der Kampf, den der Herr Jesus zu bestehen geboten hat, damit wir eingehen in sein Reich." Aus diesem Grunde entsprang auch Wessels Neigung zu gehaltreichen, auf die Sache gerichteten, Disputationen: „Ich habe eine außerordentliche Freude," schreibt er [4]), „an den Disputationen scharfsinniger Geister; denn stets lerne ich entweder oder ich lehre, da ich mich beiderseits verpflichtet fühle, gegen die Weisen, von ihnen zu lernen, gegen die Lernbegierigen, sie zu lehren." Und in einem andern Briefe [5]): „Der Kapellan von Adwerd hat mir versprochen,

---

1) Vergl. *Muurling* Orat. de Wesseli Gansfortii Principiis et Virtut., bes. v. S. 10 an.
2) In der an Hoeck gerichteten Abhandlung de Indulgentiis cap. VI. Opp. p. 887.
3) In dem Briefe an Johann von Amsterdam de studio et pietate quaerendae veritatis. Opp. p. 863 sqq.
4) Die Worte finden sich in einem Briefe, worin er einen Ungenannten zu einer Disputation über einige theologische Gegenstände auffordert. Opp. p. 847.
5) An Johann von Amsterdam, Opp. p. 864.

wenn ich mit ihm zusammen wäre, so wolle er mich durch bloßen
Streit heilen; ich bitte nun, wenn ihr mich geheilt haben wollt,
Euch von dem Agnesberge, streitet doch mit mir und laßt nicht
ab, außer entweder als Sieger oder als Besiegte, sondern preßt
das Bekenntniß der Wahrheit, welches Alles abwäscht, heraus."
So offen indeß Wessel jederzeit für bessere Belehrung war, so
zeigte er sich doch nicht schwach nachgiebig, sondern besaß dabei
eine männliche Festigkeit in der Behauptung seiner einmal durch=
dachten Ueberzeugungen; eher warfen ihm seine Gegner und mit=
unter auch seine Freunde Hartnäckigkeit vor. Er selbst tadelt es
an dem großen Gerson[1], daß er im Fall eines Widerspruchs
gegen seine Ueberzeugungen zu nachgiebig sey.

Im Drange des Wahrheitseifers knüpfte Wessel einen Brief=
wechsel mit dem Doctor Hoeck in Näldwick an, der als Nomi=
nalist eine gleichartige wissenschaftliche Richtung mit Wessel hatte,
von diesem sehr geachtet wurde und überhaupt einer der ange=
sehensten niederländischen Theologen der damaligen Zeit war.
Hoeck gehörte einer Familie an, aus der mehrere Theologen her=
vorgingen; er war der Oheim des Magister Martin Dorp, Pro=
fessors der Theologie in Löwen, eines Freundes von Erasmus;
auch mußte er als Freund Wessels und als freimüthiger Mann
bekannt seyn, denn man suchte nach seinem Tode bei ihm verdäch=
tige Schriften, und fand dabei Vieles von Wessels Hand. Doch
steht unser Wessel an Offenheit und Muth weit über Hoeck. Dieß
mag der Briefwechsel zeigen. Der erste anknüpfende Brief Wes=
sels an Hoeck ist interessant genug, um ganz hier zu stehen.
„Schon aus der ersten Zusammenkunft," schreibt Wessel[2], „und
zugleich aus dem guten Namen, den du unter den Guten hast,
habe ich viele Freude geschöpft und preise mich glücklich, einen
aufrichtigen Freund der Wahrheit gefunden zu haben, der mir auf
eine so ehrende Weise verhieß, er wolle mir meine Schreiben stets
erwiedern. Ich freute mich über den Empfang dieses Versprechens,
als ob ich zu meinem alten Kampfplatz noch einen besonderen
Uebungsplatz gefunden hätte. Nicht, daß mich wie ehemals leere
Wortstreitigkeiten ergötzten, sondern weil ich bei gesunderem Sinne
hoffe, entweder mir oder dem Nächsten zu nützen. Ich habe von
dir vernommen, daß du an einigen meiner Lehren Anstoß genom=
men, und dich bewogen gefunden habest, deßhalb nach Köln[3] zu

---

1) In der Abhandlung de Indulgentiis, cap. IX. Opp. p. 895.
2) Epistola M. *Wesseli* Gron. ad M. Jac Hoeck, Theologum,
de studio et pietate inquirendae veritatis sine pertinacia voluntatis.
Wess. Opp. p. 864 u. 65.
3) als dem Hauptsitze der Ketzerrichter am Rhein.

schreiben. Ich table das auch nicht;` aber für angemessener und
mit der Norm der evangelischen Wahrheit [1]) übereinstimmender
hätte ich es doch gehalten, wenn du mich, deinen Bruder, der
gegen dich fehlte, zuerst unter vier Augen getadelt und, wenn ich
dann nicht Gehör gab, zwei oder drei durch ihre Gesinnung und
ihr Ansehen ausgezeichnete Männer als Zeugen hinzugenommen,
und dann erst bei fortdauerndem Widerstreben mich denunciirt
hättest. Aber weil du nicht die Person namentlich angeklagt hast,
so ist für diese evangelische Regel noch Raum. Mein edler Freund,
ich nehme in Anspruch deinen reinen und in so vielen Beziehun=
gen bekannten ernsten Sinn, ich bitte und beschwöre dich bei der
vertrauensvollen Zusage, die du mir gegeben, schreibe mir wieder,
wenn dir je eine von meinen Aeußerungen Anstoß gibt. Ich be=
kenne, in vielen meiner Behauptungen und in manchen Fällen
findet man mich sonderbar; und ich selbst bin mir der Sonder=
barkeit verdächtig [2]) und fürchte daher häufig zu irren. Aber weil
die Gründe, die mich zu diesen Resultaten führen, aus dem Glau=
ben und aus der heil. Schrift entsprungen sind, so gehe ich stets
innerlich damit schwanger [3]), und bisweilen platze ich auch damit
heraus, in der Hoffnung durch dich und deinesgleichen und durch
Männer, die weiser sind als ich, zurecht gewiesen und gebessert
zu werden. Und dir ist auch nicht unbekannt, was belehren und
bessern sey: nämlich durch triftige und offenbare Gründe zur
Wahrheit zurückführen. Du wirst also deinen Bruder gewinnen,
wenn du mich über meinen Fehler, sofern ich Anstoß gebe, be=
lehrest. Niemals war ich hartnäckig, auch nicht in eiteln Streitig=
keiten; wie viel mehr glaubte ich jetzt erröthen zu müssen, wenn
ich die offene Wahrheit ableugnen wollte. Ich bin auf vielen
Universitäten umhergezogen und habe, Kämpfe suchend, viele
Widersacher gefunden: bisweilen auch solche, die im Puncte des
Glaubens Anstoß nahmen, aber nie sind sie im Aergerniß von
mir geschieden, weil sie nach Anhörung und genauer Betrachtung
meiner Gründe entweder mit mir übereinstimmten oder wenigstens
bekannten, daß dieselben nicht unvernünftig seyen, und so von
mir zufrieden gestellt wurden, daß am Ende niemand über mich
zu klagen hatte.``

Auf diesen vortrefflichen Brief antwortete H o e c k, der sich
wohl nicht von aller Schuld frei und durch Wessels Offenheit
beengt fühlte, gar nicht, so daß Wessel selbst wegen der Uebergabe

---

1) Rechtschaffenheit, Redlichkeit, rectitudinis.
2) de singularitate suspectus.
3) Eigentlich: ich habe immer in mir Geburtsschmerzen, parturio intra me.

des Schreibens besorgt wurde. Er äußert sich darüber an einen gemeinsamen Freund, den Magister Engelbert von Leiden [1]), von dem er vernommen hatte, daß Hoeck den Brief wirklich erhalten. Hierbei sagt er unter Anderm auch: „Daß der würdige Hoeck über den Ablaß mit mir einstimmig denke, glaube ich kaum, denn der angesehene und kluge Mann hat viele Ursachen, warum er seine Meinung nicht unter die gemeinen Köpfe bringen will." Trotz dieser Zurückhaltung gab Wessel die Liebe und Achtung gegen Hoeck nicht auf. Er schrieb ihm auch ohne Antwort zu wiederholten Malen, ein Beweis, daß er nicht stolz, eigensüchtig und hartnäckig war, daß er sich nur brüderlich verständigen wollte. Endlich nach länger als vier Jahren empfing er von Hoeck einen Brief, welchen er, wiewohl er nicht sehr gehaltreich und offenherzig war, doch um des Verfassers willen ungemein hoch hielt [2]). Hoeck entschuldigt sich [3]) mit Mangel an Muße und spricht über den zwischen ihnen schwebenden Streitpunct in ängstlichem, geschraubtem Tone. Er stellt eine künstliche Definition vom Ablaß auf, gibt zu, daß derselbe in der heil. Schrift und bei den alten Lehrern nicht vorkomme, beruft sich aber darauf, daß Jesus nach Johannes Vieles gethan, was im Evangelium nicht erzählt sey, und stützt sich demgemäß auf die mündliche Tradition und die Autorität der Kirche. Der individuellen Meinung Wessels aber setzt er den allgemeinen Glauben und die Autorität der Lehrer namentlich Gersons und die bekannten Worte Augustins entgegen: „ich würde dem Evangelium nicht glauben, wenn mich nicht die Autorität der Kirche dazu nöthigte." Indem Hoeck auf diese Weise seinen Zwiespalt mit Wessel ausspricht, und die Hoffnung aufgibt „dessen unüberwindliches und unerschütterliches Haupt durch Gründe zu bezwingen, da es weder durch den Hammer des gemeinsamen Glaubens, noch durch das Schwert des Ansehens der Kirchenväter besiegt werden könne," äußert er sich über die Persönlichkeit Wessels auf folgende characteristische Weise [4]): „Vor allen Dingen möchte ich dir zu wissen thun, würdigster Wessel, daß ich mich in dir auf keine Weise getäuscht habe, da ich dich durch eigne Erfahrung und Lesung deiner Schriften nachmals als noch größer habe kennen lernen, als ich vorher vermöge der Erzählung sehr vieler und ausgezeichneter Menschen erwartet hatte. Nur eines muß ich aus

---

1) *Wess.* Opp. p. 866 u. 867.
2) Wessel sagt in dem Briefe an Engelbert von Leiden: „Sehr häufig habe ich in den Händen und vor Augen den einzigen Brief, den er (Hoeck) mir einmal geschickt hat." Opp. p. 871.
3) Der Brief von Hoeck findet sich zwischen den Briefen Wessels in dessen Opp. p. 871—876.
4) a. a. D. p. 871.

deinem Briefe entnehmen, was nach meiner Meinung einem großen Manne nicht geziemt: nämlich daß du. dich hartnäckig zeigst und in allen deinen Aussprüchen nach einer gewissen Singularität strebst, so daß die Meisten glauben, du würdest ganz mit Recht Meister des Widerspruchs genannt. Und zweifle nicht, sehr Vielen gibt auch die Sonderbarkeit eines so gelehrten Mannes, wie du bist, Anstoß. Ich muß offen bekennen, daß ich gerade auf der entgegengesetzten Seite stehe, da ich nie, es sey denn aus den wichtigsten Gründen, von den Fußstapfen der Väter abzuweichen und dieselben lieber zu vertheidigen, als anzugreifen pflege. Sagt doch auch jener große Mann, unser Buridanus, er sey durch die Erfindungen der Neueren häufig, durch die Ueberlieferungen der Alten aber nie zum Irrthum verleitet worden."

Wessel antwortete auf diesen Brief mit einer ausführlichen Abhandlung über den Ablaß [1]) und übersendete dieselbe an Hoeck mit einem Begleitungsschreiben, aus dem ich nur eine Stelle hervorhebe, welche die edle, freie und offene Denkart Wessels trefflich bezeichnet: „Ich sage dir Dank, würdigster Lehrer, für dein Urtheil über mich, das ich schon längst zu vernehmen wünschte. Damit du aber noch besser und klarer über mich urtheilen könnest, habe ich beschlossen, obwohl sonst arbeitscheu, ausführlicher auf dein erwünschtes Schreiben zu antworten... Vor Allem bitte und beschwöre ich dich bei dem wechselseitigen Bande der Liebe, daß du meine Eigenthümlichkeit nicht für Stolz nehmest, als ob ich in allen meinen Aeußerungen nur etwas Neues aufstellen wollte. Wenn du mir in die Seele und ins Herz blicken könntest, wahrlich du würdest darin nicht Stolz, sondern vielmehr eine niedergeschlagene Stimmung finden, womit ich oft vor Gott im Gebete seine Barmherzigkeit anrufe, daß er mich nicht um meiner Hartnäckigkeit willen, die mir selbst bisweilen verdächtig ist, auf verwerfliche Meinungen verfallen lasse. Glaube mir, wenn ich irre, werde ich nicht sowohl durch Leidenschaft, als durch Schwachheit verführt, indem ich mit gutem und heiterem Gemüthe mir bewußt bin, stets mit solchem Eifer die Wahrheit des Glaubens gesucht zu haben und zu suchen, daß ich, auch wenn ich sie gefunden zu haben glaube, **stets bereit** bin, nicht bloß durch deinesgleichen gelehrte und erprobte Männer, sondern **durch Jeden, auch den Geringsten, ja durch mich selbst, mich belehren zu lassen und es zu bekennen** [2])."

1) Epist. Ven. M. *Wesseli* Gron. reoponsoria ad M. Jac. Hoeck, Decanum Naeldw. de *Indulgentiis*. Sie findet sich in *Wess*. Opp. p. 876—912.

2) Dieß ist die wahrhaft reformatorische Stimmung und Gesinnung, die wir hier bei Wessel, dann bei den Kirchenverbesserern des 16ten Jahr-

So ſuchte Weſſel überall die Wahrheit in Liebe, nicht min=
der aber ſuchte er die Liebe in der Wahrheit als deren feſte
lebendige Grundlage. Erkenntniß ohne Liebie war ihm ein
tönendes Erz, Liebe ohne Erkenntniß ein, wenn auch wohlgemeinter,
doch düſterer und unklarer Eifer; nur beide im Verein bildeten
ihm den wahren Vollgehalt des Lebens, und auch nur dann, wenn
ſie von einem göttlichen Geiſte beſeelt waren, in Gott ihre Quelle
und ihr Ziel fanden. „Jeſus,“ ſagt er [1], „will in dem Menſchen
das durch ihn wiederhergeſtellte göttliche Ebenbild: Wahrheit,
Klarheit, Liebe; ſo weit dieſe nicht in uns leben, iſt es Nacht
in unſerm Inneren.“ Die Erkenntniß ſollte nach Weſſels Ueber=
zeugung ſtets im Leben und in der Liebe wurzeln, die Liebe aber
im Lichte der Wahrheit ſich bewähren und verklären. In dieſer
ſteten Beziehung auf das Lebendige und Höchſte ſchätzte Weſſel
jedes Lernen und jede Bildung des Geiſtes und es entging ihm
nicht, daß die Wiſſenſchaft unentbehrlich ſey, weil uns bald nicht bloß
das Alterthum, ſondern auch die Urkunden des Chriſtenthums leb=
los und ſtumm ſeyn würden ohne ſtets erneuerte Forſchung [2].

---

hunderts, überhaupt aber bei den größten chriſtlichen Theologen aller Jahr=
hunderte finden, feſtzuſtehen auf der einen Seite in der klar erkannten und
lebendig erfahrenen chriſtlichen Grundwahrheit, oder auch andererſeits bereit
zu ſeyn, von Jedem, ſelbſt dem Geringſten, aus der Schrift oder klaren
Sachgründen Belehrung anzunehmen. In dieſem Sinne ſpricht Luther zu
Worms. Ein herrliches Vorbild derſelben Geſinnung iſt auch der fürſtliche
Bekenner Friedrich III. von der Pfalz, welcher auf dem Reichstage
zu Augsburg 1566, hart angegriffen wegen des von ihm eingeführten Ka=
techismus, freimüthig erklärte, denſelben gegen jedermann vertheidigen zu
wollen, aber zugleich das ſchöne und von aufrichtigſter Wahrheitsliebe
eingegebene Erbieten hinzufügte: „Da jemand, er ſey jung oder alt, gelehrt
oder ungelehrt, Freund oder Feind, ja der geringſte Küchen= oder Stallbube
aus Gottes allein ſeligmachendem Wort biblicher Schrift altes und neues
Teſtaments, mich eines Beſſeren, als ich bisher unterrichtet geweſen, unter=
richten oder berichten könnte, ſo will ich demſelben nächſt Gott dankbar ſeyn
und daneben Gott und ſeinem heiligen Worte ſchuldigen Gehorſam leiſten;“
welche Erklärung auch einen ſolchen Eindruck auf die Fürſten machte, daß
der Churfürſt Auguſt von Sachſen, indem er ihm auf die Schulter klopfte,
ſagte: „Fritz, du biſt frömmer, denn wir Alle;“ und der Markgraf von
Baden nach der Seſſion zu den Umſtehenden ſprach: „Was fechtet ihr dieſen
Fürſten an? er iſt frömmer, denn wir Alle.“ Struven's pfälz. K. Geſch.
Cap. 5. §. 44. S. 189 u. 190. In demſelben Geiſte äußert ſich auch unſer
Weſſel an vielen Stellen. Ich will nur noch eine hinzufügen de Purgat.
p. 845.: Haec sic dixerim pro meo captu interim, quia mihi verba
sacri Codicis ita urgere videntur, paratus acquiescere cuicunque cla=
riorem et congruentiorem verbis sententiam afferenti.
  1) Scal. Medit. Ex. III. p. 338.
  2) Daß Weſſel die Gelehrſamkeit und Wiſſenſchaft nicht herabſetzte, ſon=
dern an ihren rechten Ort ſtellte, daß er auch hier das wahre Maaß fand
zwiſchen ſchwärmeriſcher Geringſchätzung und aufkläreriſcher Ueberſchätzung,
geht aus ſeinem ganzen Leben und Wirken hervor. Indeß mögen auch hier
einige Aeußerungen Weſſels bemerkt werden, die deutlich kundgeben, wie er

Aber ebenso war ihm die Wissenschaft todt und fruchtlos ohne jenen höheren Geist. Mit einem Worte: er verlangte nicht Wissen, sondern Weisheit, und zwar diejenige, deren Anfang die Furcht Gottes ist. Dieß spricht er vortrefflich in folgender Stelle aus: Das Wissen ist nicht der höchste Zweck, denn wer bloß weiß, um zu wissen, ist ein Thor, weil er keinen Geschmack hat an der Frucht der Wissenschaft, und auch sein Wissen nicht mit Weisheit zu ordnen weiß. Die Erkenntniß der Wahrheit hat eine herrliche Frucht in sich, vorausgesetzt daß sie einen weisen Pfleger findet; denn durch sie kann er mit klarem Bewußtseyn (als Wissender) zu Gott kommen und ein Freund Gottes werden, wenn er durch das Erkennen sich mit Gott verbindet, wenn er, darin fortschreitend, schmeckt, wie freundlich der Herr ist, und durch dieses Schmecken noch begieriger wird, und in der Begierde entbrennt, und in dieser Glut Gott liebt und ihm lebt, bis er mit Gott im Geiste eins wird. Dieß ist die wahre, reine, ernste Frucht der ernsten Wissenschaft, welche in Wahrheit alle Menschen von Natur mehr zu besitzen verlangen, als die bloße Erinnerung oder das Wissen an und für sich. Denn wie das schwankende Meinen eitel ist ohne die Wissenschaft, so ist die Wissenschaft unfruchtbar ohne Liebe. Ja, daß wir auch nach den beiden andern Dingen streben, fließt aus derselben Quelle des Verlangens. Denn wir sehen und sind gewiß, daß nichts so sehr von allen Menschen geliebt werde als Seligkeit; wir wissen außerdem, daß nichts so liebenswürdig sey als die Liebe; wir wissen endlich, daß nichts so sehr geliebt werden müsse als Gott. Wenn diese drei Sätze wahr sind — sie sind es aber vollkommen, und alles Wahre stimmt unter sich überein — so folgt nothwendig, daß unser Gott für uns beseligende Liebe sey, und daß wir nach ihm allein von Natur streben und uns sehnen, weil er unserer Vollendung Gränze und Ziel, unserer Bildung wahre und einzige Frucht ist, so daß, wer nicht zu ihm gelangt, ein schlechter Geistespfleger ist, wie der, der sich bloß erinnert, um sich zu erinnern, ein Thor ist... Da

---

das Lernen und die gesammte wissenschaftliche Bildung als nothwendigen Bestandtheil des höheren Lebens zu würdigen wußte. Scal. Medit. Exempl. I. p. 333. sagt er: Literae si dormiant, quid mihi Augustinus? Immo, quid mihi Paulus, et Evangelium? Et attenta consideratio si dormiat, quid mihi literae? Mihi siquidem perinde sunt, quasi non sint. Und ebendaselbst Exempl. II. p. 370: Tolle literas, et quis mihi fructus ex foecundo illo Augustino? quantolibet ingenio, quantolibet flumine manasset in diebus suis, postero tamen seculo marcidus et obscurus jaceret. Immo ex Paulo, ex Evangelio, quis mihi fructus, ubi literale exercitium penitus resecueris? Universa igitur haec puerilibus meditationum initiis paulatim talia tanta incrementa sumserunt, ut horrori et admirationi fiant attendenti.

wir nun Gott als das höchste Ziel des Lebens anerkannt haben,
so sind Alle, die sich sonst irgend etwas als Frucht und Ziel
wählen, wenn auch die Menschen milder von ihnen denken möch=
ten, Götzendiener. Denn die, welche nur wissen, um zu wissen
(selbst wenn Gott der Gegenstand des Wissens wäre) erheben die
Wissenschaft über Gott; die ferner, welche nur wissen, damit man
von ihnen wisse, leiden an noch schmählicherer Thorheit, weil sie
in das fremde Urtheil ihren Gott gesetzt haben, freilich einen sehr
schwankenden und treulosen Gott, wie ihre Thorheit ihn bildete;
und diese sind dann nicht ferne von einem noch tieferen Grade,
derer nämlich, die wissen wollen, um für etwas Großes gehalten
zu werden; der vierte und letzte Grad endlich besteht aus Solchen,
die als Wissende bloß erscheinen wollen; sie sind Genossen des=
jenigen, der da herrscht über alle Söhne des Hochmuths, der nichts
achtet als sich selbst und in öder Einsamkeit wohnt [1]."

Wessel wußte auch, daß, wie überhaupt jede lebendige in
das Wesen des Gegenstandes eingehende Erkenntniß, so besonders
die wahre Erkenntniß göttlicher Dinge auf dem Grunde der Liebe
ruhen müsse, daß nur für den, der glaubend, hoffend und liebend
in dasselbe eintritt, das Reich des Unsichtbaren da sey, während
es für den bloß sinnlichen Menschen gar nicht vorhanden ist.
Die Erhebung zum Himmlischen fordert die Ausbildung eines be=
sonderen Sinnes, und wo dieser fehlt, bleibt jene, nur mit zarten
und reinen Organen aufzufassende, Welt ewig verschlossen. „Es
ist, als wenn du über den Glanz des Hofes Schweinehirten zu
Rathe ziehen, oder über den Gesang der Nachtigallen und Lerchen
die Frösche des Sumpfes fragen und urtheilen lassen wolltest,
während diese doch nur eine einzige Melodie, ihr Koax kennen
und lieben. Wie hoch auch der Adler mit freiem Fluge und mit
klarem Blicke zum Himmel sich erhebe, das achten die Nachtraben [2])
und Fledermäuse nicht für einen besonderen Ruhm. So sind bei
den sinnlichen und auf das Fleisch säenden Menschen alle Sinne
des wahren, das heißt, des inneren Menschen erstorben; sie fühlen
und erkennen nicht, was Gottes ist, wodurch denn geschieht, daß
sie über die wahren Güter so urtheilen, als ob dieselben gar nicht
vorhanden wären. Denn das ist allen Menschen eingeboren, daß
sie über Dinge, welche (für sie) nicht zur Erscheinung kommen,
so urtheilen, wie über Dinge, die nicht sind [3])." Wessel durfte
sich wohl bewußt seyn, daß er einen aufgeschlossenen und höher
entwickelten Sinn für das Göttliche habe; indeß war er fern von

---

1) Die Stelle befindet sich de Sacramento Poenit. Opp. p. 783 sq.
2) Nycticoraces.
3) Scal. Medit. IV, 3. p. 283.

Selbſtüberhebung und geiſtlichem Stolz und ſpricht ſehr beſcheiden von der Stufe ſeiner religiöſen Entwickelung [1]).

Hierher gehören auch einige Erklärungen Weſſels über das Studium der Logik. Weſſel mußte ſchon als wahrhaft wiſſen-ſchaftlicher Mann und als Nominaliſt, der auf Strenge des Ge-dankens und des Ausdrucks hielt, der Logik einen hohen Werth zuerkennen. Er empfiehlt dieſelbe auch jedem Theologen und tadelt Gerſon, daß er dieſe Wiſſenſchaft herabſetzte [2]): „Denn wer wäre je zu dem Gipfel der Theologie gelangt, zu welchem Peter b'Ailly ſich erhob, ohne Begriffsbeſtimmungen, Eintheilungen, Beweisführungen, Diſtinctionen und logiſche Inſtanzen? Ich meine bei Diſputationen, wo es einer beſondern Schärfe der Ver-handlung bedarf, nicht in Vorträgen an das Volk oder in der Betrachtung vor Gott... Man muß alſo allerdings Logik auf theologiſche Gegenſtände anwenden. Und Gerſon ſelbſt, wie wäre er ein ſolcher Theologe geworden, außer durch die ſo genaue Logik ſeines Meiſters Peter b'Ailly?" — Aber, indem Weſſel für das wiſſenſchaftliche Gebiet die größte Strenge der Begriffe verlangte, wußte er doch,. daß mit dieſer formalen Vollendung nicht Alles gethan ſey, und daß beſonders für das religiöſe Leben die Rein-heit, Fülle und Tiefe des Gefühls ebenſo weſentlich ſey. Hier wollte er denn, beſonders bei Nichttheologen, Philoſophie und Wiſſenſchafterei nicht ungebührlich eingemiſcht wiſſen. Darüber ſpricht er ſich ſchön in dem Brief an eine Nonne in Klaarwater, Gertrude Reyners, aus [3]), die eine unweibliche Neigung zur Phi-loſophie gehabt haben muß: „Was das Studium der Logik be-trifft," ſchreibt er ihr, „ſo ſtelle ich nicht in Abrede, daß es zur Schulübung beiträgt, aber was es der Einſamkeit des Kloſters und zum Troſt eines über die Welt erhabenen Sinnes nützen ſoll, ſehe ich nicht ein, beſonders für Jungfrauen. Es iſt ja deinem ganzen Geſchlechte mehr verliehen, von Sehnſucht entzündet zu werden, als ſich durch Denken und Urtheilen auszuzeichnen. Deß-halb glaube ich, eure beſte Logik liegt im Gebet, denn es iſt euch nicht umſonſt verheißen: bittet und ihr werdet empfangen. Ehe du die Logik erlernſt, wirſt du durch glaubensvolles Gebet von dem Meiſter der Wahrheit erlangen, daß er dir alle nothwendige Wahrheit mittheile. Für das einfältige Taubenauge iſt es nicht gut, ſich von Vielerlei verwirren zu laſſen. Langſamer nähern ſich die dem Ziele, die zu neugierig Alles betrachten, was den Weg umgibt. Erwirb dir durch Gebet die Liebe, und du haſt

1) Scal. Medit. Exempl. II. p. 384. und Exempl. I. p. 361 und 362.
2) de Indulgentiis cap. IX. Opp. p. 895.
3) Wess. Opp. p. 915—917.

alle Frucht der Logik, der Erkenntniß und der Wahrheit erlangt.
Niemand lebt — so lauten die trefflichen Schlußworte des Briefes
— niemand lebt, der nicht liebt[1]), denn die laue Gleichgültigkeit
ist wie ein Todesschlummer; nur der lebt ganz, der ganz liebt,
und nur der ist selig, der seines Wunsches theilhaftig auf eine
würdige Weise liebt."

Von der freisinnig = frommen Selbständigkeit Wessels über=
haupt haben wir schon mehrfach gesprochen; noch muß aber ins=
besondere auf seinen aus derselben Quelle eines freieren und tie=
feren Glaubens stammenden Widerspruch gegen manche
Formen des Aberglaubens in seiner Zeit hingewiesen wer=
den. Die Verwerfung der Magie[2]) ist nichts Neues bei einem
Manne, der aus den Stiftungen des gemeinsamen Lebens hervor=
gegangen war. Aber Wessel erklärt sich auch mit vielem Verstand
über Visionen, Offenbarungen und Geistererscheinun=
gen, und durch diese Nüchternheit unterscheidet er sich charakteristisch
von Thomas von Kempen und den früheren Brüdern des
gemeinsamen Lebens, in deren Gedanken= und Lebenskreise diese
Dinge eine bedeutende Stelle einnehmen. Bei den frommen
Frauen, mit denen Wessel in Verbindung stand, konnte leicht etwas
von der Art Eingang finden. Wessel war jedoch nicht geneigt,
es zu dulden. Er schreibt[3]) an dieselbe Gertrude Reyners: „Du
frägst mich wegen jenes Geistes, von dem jetzt so viel Gerede
unter dem Volk ist. Solche Behauptungen sind für ernsthafte
Hörer nicht sehr annehmbar, und es wird von solchen Dingen viel
geschrieben und erzählt, was dem Evangelium und der heil. Schrift
fremd ist. Deßhalb, wenn auch ein Engel vom Himmel käme
und etwas verkündete im Widerspruche mit dem, was bestimmt ge=
lehrt ist, so wäre es nicht anzunehmen." Nachdem Wessel das
Beispiel eines pariser Lehrers angeführt, der aus jener Welt
wiedergekommen seyn sollte, fügt er hinzu: „Wenn also nicht mit
großem Verstande die meisten Offenbarungen und Visionen der
Art beurtheilt und berichtigt werden, so halte ich sie für gefährlich
und täuschend... Gewöhnlich werden leichtbewegliche, neugierige
Ohren durch dergleichen Neuigkeiten mehr erregt, als durch die

---

1) Nemo convivit, qui non vivit. Nemo vivit, nisi qui digne
amat. De Magnit. Pass. Cap. 82. p. 627. Und Scal. Medit. Exempl.
II. p. 379. Mortuus aut amarus omnis homo, qui nihil diligit. Omnis
autem vita, ut vita sit, a dilectione oportet ut vivificetur. Indigna
vero dilectio indecora. Quae autem dignior, quam qua Dei mei,
domini mei, legislatoris mei dilectionem quaero? Quisquis enim
diligit, dulciter operatur.
2) Scal. Medit. I, 10. p. 207.
3) Wess. Opp. p. 915.

evangeliſche Wahrheit; ſie reizen mehr zum müßigen Umherſchweifen und Schwatzen, als zu fruchtbringenden Thaten. Darum verwerfe ich ſolche fromme Offenbarungen und Viſionen nicht, wenn ſie, mit der Wahrheit übereinſtimmend, die Frömmigkeit fördern; aber ſo, daß man ſie nicht zum Angelpunct oder Anker des Glaubens macht, ſondern wie andere Schriften außerhalb des Kanons, mögen ſie geleſen werden zur Erbauung. Jn den meiſten jedoch muß man nicht verkennen die Liſt des Satans, der ſich in einen Engel des Lichts verwandelt.“

Weil Weſſel die Vorſtellung von einer unmittelbaren Ein= wirkung der Geiſterwelt auf uns oder unſerer Thätigkeit auf die Geiſterwelt für bedenklich hielt, und zugleich aus Gründen, die in ſeiner ganzen theologiſchen Denkweiſe lagen, mißbilligte er auch die Todtenmeſſen und wollte nicht, daß man nach ſeinem Tode eine ſolche für ihn halte. Er verwarf nicht das Gebet für die Verſtorbenen an und für ſich[1]), vielmehr glaubte er, daß dieſes Band der Theilnahme vor Gott alle gottverwandten Geiſter, menſchliche und himmliſche, verklärte und noch auf Erden käm= pfende, umſchlingen ſollte, aber jedes Gebet dieſer Art ſollte auch nur, im Sinne der vollkommenſten Ergebung in den göttlichen Rathſchluß, darauf gerichtet ſeyn, daß Gott Alle mit dem himm= liſchen Lichte der Wahrheit erleuchte, damit ſie ſo zu ſeinem Reiche eingehen. Er ſchreibt über dieſen Gegenſtand an Bernhard von Meppen[2]): „Wenn ich aus dieſem Leben ſcheide, will ich, was Gott mit mir will. Er wird aber wollen, daß ich aus dem auf= dämmernden Tag in das Licht der aufgehenden Sonne übergehe. Un dieß werde ich beten müſſen; um dieß beten auch die Engel für die Todten. Ja wir beten auch für die Engel, wenn wir bitten, daß ihre heiligen Wünſche für uns in Erfüllung gehen Das betet auch die ganze Kirche, oder ſollte es doch beten[3]).“

1) So ſagt er z. B. auch de Orat. VII, 12. p. 139: „Es iſt eine heilige und wohlthätige Geiſtesbeſchäftigung, für die Entſchlummerten zu beten, daß ſie von Sünden befreit werden; ſo wie es heilig und wohlthätig iſt, zu wollen, was Gott will, und zu beten, daß ſie werden, was er ſie werden laſſen will.“

2) Epiſtola M. *Wess.* ad F. Bernhardum Meppenſem, Canoni= cum Regul. de profectu et ſtatu animarum poſt hanc vitam: quid et quomodo pro eis orandum? Opp. p. 855—857.

3) Der Freund, an den Weſſel ſchrieb, hatte Weſſel'n vermuthlich ſo verſtanden, als ob er nicht bloß die kirchlichen Misbräuche des Gebets für Verſtorbene verwerfe, ſondern dieſes ſelbſt, auch 'einer inneren geiſtigen Wahrheit nach. Dieß veranlaßte einen dritten Freund, Johann von Amſterdam, die Meinung Bernhards zu berichtigen: er that es in einem eigenen Briefe (*Wess.* Opp. p. 917—920), von dem ich nur den Schluß hervorheben will: „Jch glaube mich alſo mit Recht überzeugt halten zu dürfen, unſer Weſſel habe geſagt: er wolle nicht für ſich gebetet haben

Dieselbe entschiedene Verwerfung abergläubischer Meinungen und Gebräuche, bedeutungsloser Cerimonien oder scheinheiliger Handlungen finden wir bei Wessel auch in anderen Fällen des Lebens. Es sind uns darüber mehrere Anekdoten aufbewahrt, die schon von Zeitgenossen und Verehrern Wessels herstammen, und so gut zu seiner Sinnesweise passen, daß wir sie nicht bezweifeln. Als er einst in einem Cistercienser-Kloster eine mit manchen abgeschmackten Fabeln ausgestattete Schrift, die Dialogen des Cäsarius, bei Tische vorlesen hörte, lächelte er in seiner lieblichen Art vor sich hin; da er aber befragt wurde, sagte er: „Ich lache über die groben Lügen; es wäre besser den Brüdern die heil. Schrift oder Bernhards Devotalien vorzulesen; denn diese Sachen enthalten, außer den Albernheiten, auch noch manches Gefährliche." Mit demselben Widerwillen verwarf Wessel das Buch über die berühmten Männer des Cistercienser-Ordens, noch mehr aber die berüchtigte und zum Theil wahrhaft blaspheme Schrift über die Conformitäten des heil. Franciscus [1]). So fromm Wessel war, so wenig mochte er einen Formalismus und Methodismus in der Frömmigkeit; Alles sollte freies ursprüngliches Leben seyn. Er bediente sich nie eines Breviers oder Rosenkranzes. Die Brüder auf dem Agnesberge, die streng auf die kirchlichen Gewohnheiten hielten, fragten ihn daher einst, ob er denn nie bete? „Mit Gottes Gnade," erwiederte Wessel, „strebe ich dahin, immer zu beten; nichts desto weniger spreche ich jeden Tag das Gebet des Herrn; aber dieses Gebet ist so rein und erhaben, daß es hinreichend wäre, wenn ich es nur einmal des Jahrs läse [2])." Wessel hat eine eigene Abhandlung über das Gebet geschrieben, die auch eine ausführliche Erklärung des Gebetes Christi enthält; aus dieser Abhandlung kann man sehen, wie geistvoll und erhaben er das Gebet überhaupt auffaßte, und wie er die Tiefe und den Reichthum des herrlichsten aller Gebete erkannte [3]); nur diesen unerschöpflichen, eine ganze Gedankenwelt

außer daß er erleuchtet werde von der Sonne der Gerechtigkeit; denn ohne die Erleuchtung des wahren Lichtes konnte keine Ruhe, wie dieselbe auch beschaffen seyn mochte, für ihn einen Werth haben."

1) Beides erzählt Hardenberg in seinen Lebensnachrichten von Wessel. S. 17. 18.

2) Dieß berichtet Gerh. Geldenbauer in seiner kurzen Vita Wesseli. Siehe des Letzteren Opp. p. 23. Am Schluß der Notizen über Wessels Leben vor dessen Opp. p. 26. steht auch ex antiquo quodam Codice descriptum: Wesselus cum multorum βαττολογίαν in recitandis precibus consideraret, dixit: Hi homines una hora plurimas orationes dominicas recitare possunt: ego vero toto anno vix unam. Haec Regnerus Praedinius.

3) Den unendlichen Reichthum der Gedanken und die Tiefe des religiösen Geistes im Gebete des Herrn preist und entwickelt Wessel vielfach in

einschließenden Reichthum und die eigenthümliche Kraft dieses Ge=
betes wollte er andeuten, wenn er sagte, es sey zureichend für ein
ganzes Jahr. In der Schrift über das Gebet äußert sich Wessel
ganz in demselben Sinne über todte Wiederholung der Gebete und
leeren Mechanismus bei dieser freiesten aller Geisteshandlungen.
Er bekämpft die, welche viele Gebete, lange Litaneien, zahlreiche
Rosenkränze und Psalmen als die beste Ausrüstung zur Frömmig=
keit empfehlen. „Denn wiewohl dieß," sagt er [1], „wegen der sinn=
lichen Menschen, die nichts Anderes fassen können, nicht auszurotten
ist, und daher geduldet werden muß, so hindern doch diejenigen
jeden Fortschritt des Menschen, die ihn dazu antreiben, mit einem
Schwall von Worten seine Zeit hinzubringen, indem sie meinen,
erhört zu werden, wenn sie viele Worte machen." So sehr aber
Wessel alles Mechanische in der Frömmigkeit verwarf, so war er
doch nicht gegen eine gewisse Ordnung und Gewohnheit auch in
diesen Dingen, sobald dieselbe nur inneres Leben und Wahrheit
hatte. Er selbst pflegte jedesmal an dem Tage, wo er das Abend=
mahl genoß, den Brüdern das Abschiedsgebet Jesu aus dem Jo=
hannes vorzulesen [2], und darüber einen angemessenen Vortrag zu
halten.

Hiermit sind die Hauptzüge in der Denkart Wessels bezeich=
net; doch dürfen wir nicht unterlassen, noch ein Wort über deren
Mittel= und Einheitspunct zu sagen, von dem alle Bekämpfung
des Falschen und alle Uebung des Guten bei ihm ausging. Dieß
war seine lebendige Gottes= und Menschenliebe, seine tiefe Fröm=
migkeit. Darin ruhte der Kern seiner Gesinnung und seiner
Theologie. Die Liebe Gottes und Christi zu uns ist für Wessel
der Hauptinhalt und die eigentliche Kraft des Evangeliums, und
ebenso ist ihm hinwiederum die Liebe des Menschen zu Gott, die
dadurch entzündet und genährt wird, das Höchste und Vollkommenste
im inneren Leben, der Weg zur Wahrheit, die Grundlage alles
Guten, die Quelle der Reinigung, der Maaßstab der Rechtfertigung
und Seligkeit. In der Liebe fließt ihm, wie dem Thomas von
Kempen, Alles zusammen, was das Christenthum Großes und
Herrliches hat, sie vereinet Gottheit und Menschheit, sie bringt

---

seiner Schrift über das Gebet, aus der ich hier nur eine Stelle des kurzen
Prologs (S. 1 und 2.) hervorheben will: „Es hat dieses Gebet ich weiß
nicht welche verborgene Kraft vor allen übrigen Gebeten, und verheißt dem,
der sich seiner mit Sorgfalt bedient, eine große Fülle der Andacht. Denn
ein fruchtbares Land bringt unter der Sonne des Frühlings und des Som=
mers nicht so viele Früchte, als bei einem entflammten Beter dieses Gebet
Christi; aber freilich verlangt es einen aufmerksamen und fleißigen Pfleger."
1) De Orat. I, 8. p. 15.
2) Hardenbergs Nachrichten über Wessel. S. 18.

Friede, ſie erfüllt den göttlichen Willen, nicht als Geſetzeswerk, ſon=
dern mit himmliſcher Freiheit [1]), ſie verleiht dem gegenwärtigen Le=
ben Werth und Gehalt und iſt zugleich wie der Glaube, von dem
ſie untrennbar iſt, ein Keim des ewigen Lebens, der ſich unend=
lich und immer ſchöner entfaltet.

Die Frömmigkeit Weſſels drückt ſich vor Allem aus als das
lebendigſte Bewußtſeyn der Abhängigkeit von Gott und als gänz=
liche Hingabe in den göttlichen Willen. Alles Gute, was er iſt
und hat, kommt ihm von Gott und dieſem Gott wirft er ſich ganz
und rückhaltlos in die Arme. „Was an mir iſt,“ ſo redet er
Gott an [2]), „das iſt Alles von dir. Nicht durch meine Weisheit,·
durch meine Kunſt, durch meinen Fleiß bin ich, was ich bin, ſon=
dern auch dieß, wie Alles, bin ich, weil du es gewollt haſt. Du
haſt geboten und ich bin: deßhalb empfehle ich mich dir nicht
allein vertrauensvoll, oder übergebe mich dir glaubensvoll, ſondern
wie ich ſchuldig bin, überlaſſe ich mich gänzlich deinem Willen.
Du bediene dich meiner nach deinem freien Wohlgefallen. Um
deinetwillen von dir aus nichts geſchaffen, darf ich nichts ſuchen
und erwarten als deine Ehre. Und was dann mit mir geſchehen
mag, wenn es von dir kommt, wird es das Rechte ſeyn... So
diene mir denn dieß Eine zum Troſt, zu wiſſen, daß du ſo willſt,
ohne deſſen Willen kein Blatt vom Baum fällt, und in allen
Lagen ſey das der feſte Anker für mein ſchwankendes Schiff, allein
zu wollen, weil du willſt.“ Nicht minder offenbart ſich die
Frömmigkeit unſeres Weſſel als aufrichtige Demuth. So innig
ſein Gemüth von warmer Liebe des Göttlichen durchdrungen war,
ſo beſaß er doch ſtets die kindliche Beſcheidenheit, ſeine Liebe tief
unter der Würde ſeines Gegenſtandes zu halten [3]), und das Be=

---

1) Das Weſentliche iſt zuſammengefaßt in folgender trefflichen Stelle in
einem Briefe Weſſels: „Nur in der Liebe iſt Leben und nur in heiliger
Liebe ein heiliges Leben. Wir müſſen alſo den erſtgeborenen Bruder lieben
und durch ihn zum Vater der Liebe zurückgeführt werden. Denn wenn
wir dieſen nicht mit reinem Herzen lieben, ſo können wir ſein Angeſicht
nicht ſchauen ... Die Liebe aber erwartet kein Gebot; denn der
liebt nicht, der erſt noch ein Gebot erwartet und nach dem Gebote handelt.
Für die Magdalena wäre es weit ſchwerer geweſen zu ruhen, als zu handeln,
ſchwerer nicht nachzufolgen, nicht mitzudulden, als das Kreuz auf ſich zu
nehmen und ſich mit gekreuzigt zu werden.“ *Wess.* Opp. p. 861.
2) Scal. Medit. Exempl. II. p. 364.
3) Dieſe Demuth ſpricht ſich bei ihm oft auf eine rührende Weiſe aus. So
ſagt er de Magnitud. Passion. Cap. 65. p. 588: „O daß ich doch jetzt in
meinem ruhigen Zuſtand eine ſo große Liebe zu dem Herrn Jeſus hätte, als ſie
Petrus hatte ſelbſt bei der Verleugnung und Verwünſchung! Dann würde ich
glauben, wahrhaft in Chriſto zu leben, und weit mehr zu leben, als ich jetzt
lebe.“ Als Vorbild der innigſten, wärmſten, ſittlich-reinigenden und erhebenden
Liebe zu Gott und Chriſto ſtellt Weſſel beſonders gern die Magdalena dar.
Eine dieſer Darſtellungen (de Magnit. Pass. Cap. 85. 86. S. 632 und

wußtseyn, daß das, was er Gott darzubringen vermöge, in keinem Verhältniß stehe zu dem, was er von Gott empfangen. „Was soll ich dem wiedergeben," sagt er [1]), „dem ich nichts wiedergeben kann, was nicht sein ist, was ich nicht von ihm habe, was er mir nicht geschenkt hat? Wehe mir! Undankbar darf ich nicht seyn, und Gleiches zu erwiedern, auch nur im geringsten Grade, ist unmöglich. Ich und Alles, was mein ist, ist dein, mein Herr, ich mag wollen oder nicht; umsonst habe ich dieß Alles empfangen; ohne es thätig erwiedern zu können, besitze ich es. Und doch wäre es eine Entweihung des Heiligen, es undankbar zu besitzen. Wie kann ich aber dankbar seyn? Ich, der ich unermeßlich verpflichtet und doch arm bin, kann es nur seyn durch Anerkennung, Bekenntniß, Zurückführung auf Gott, durch Bewunderung, Liebe, Verherrlichung und süßen Genuß seiner Güte." Und in einer anderen schönen Stelle [2]): „Was kann ich dem geben, der mir Alles gibt? Es duftet das Veilchen des Frühlings der erwärmenden Sonne, es hüpft die fliegende Mücke unter der Sonne; aber ich, was kann ich meiner geistigen Sonne wiedergeben? Wahrhaftig, von dem Meinen etwas wiederzugeben ist unmöglich, und wäre gegen einen solchen Liebhaber undankbar, pflichtvergessen und furchtbar... Das Einzige ist ein dankbares Herz; und so bin ich denn dein, o Gott, und mehr dein als mein, und Alles, was etwa in mir ist, das ist nur, weil du es gewollt hast."

33.) schließt er mit den Worten: „Willst du also auf einem kurzen, sicheren, zuverlässigen, guten und leichten Fußsteige aus der Dürftigkeit zur Fülle, aus dem Sturm zur Ruhe, aus der Furcht zur Sicherheit übergeben? So folge der Magdalena. Halte ihren Vorgang nicht für beschwerlich, dein Folgen nicht für schwierig. Es ist nicht nöthig, Meere zu durchschiffen, Alpen zu übersteigen, steile, unwegsame Pfade über Felsen zu klettern: es ist ganz nahe in deinem Herzen, in dir ist es, was du nachzuahmen hast; du brauchst nur die Augen zu öffnen, um es zu sehen." Ebendaselbst S. 631. sagt Wessel von der Magdalena: Jesus illi vivens vita, moriens ei mors erat, resurgens illi vita aeterna fuit. Womit zu vergl. Scal. Medit. Exempl. I. p. 355. Wessel führt auch die indischen Frauen, die ihren Männern im Tode folgen, als Beispiele erhabener Liebe und Treue an, und wünscht, daß er nur dieselbe Liebeskraft in göttlichen Dingen beweisen möchte, wie sie in menschlichen Verhältnissen. Scal. Medit. Exempl. I. p. 354. Diese Bescheidenheit bezog sich bei Wessel auch auf sein Wissen, von dem er sich stets bewußt blieb, daß es Stückwerk und das Beste darin eine Gabe des Himmels sey.
1) Scal. Medit. Exempl. III. p. 405. Vergl. Exempl. I. p. 349.
2) Scal. Medit. Exempl. II. p. 383.

Wir kehren wieder zum Lebensgange Weſſels zurück, um die
Erzählung davon zu beſchließen. Die ſtille und ſegensreiche Thä=
tigkeit, die wir bisher geſchildert haben, ſetzte Weſſel bis zu ſeinem
Ende fort; er erreichte ein nicht unbedeutendes Alter und bewahrte
ſich, trotz ſeines nicht geraden ſtarken Körperbaues, trotz ſeiner
geiſtigen Anſtrengungen und Kämpfe, durch Enthaltſamkeit und
Mäßigkeit hinlängliche Kraft und Friſche, um ohne Unterbrechung
dem Genuſſe der Studien und der Bildung des heranwachſenden
Geſchlechtes leben zu können [1]). Die Kraft und Eigenthümlichkeit
ſeines Geiſtes drückt ſich ſelbſt darin noch aus, daß er beim
Abſchluſſe ſeines Lebens über theologiſche Dinge nachſann und
ſogar in ungewohnte Zweifel verfiel. Einem Freunde, der ihn
in der letzten Krankheit beſuchte, ſoll er geſagt haben[2]), er befände

---

1) Die Schärfe ſeiner Sinne mag gegen Ende ſeines Lebens etwas ab-
genommen haben. Hardenberg fügt der Erzählung, daß Weſſel gewöhnlich am Tage des Abendmahlsgenuſſes den Brüdern das Abſchiedsgebet
Jeſu vorgeleſen, S. 18 die Bemerkung bei: Sed cum senex esset, et
alioqui male videret, aberrabat frequenter a textu, ut a monachis
rideretur. Dagegen berichtet Geldenhauer S. 13: Weſſel habe bis
zum höchſten Alter ſein vollkommenes Gehör und Geſicht behalten, er habe
ſich nie einer Brille bedient, die kleinſte Schrift geleſen und ſelbſt ſehr gut
ſchreiben können. Dieſe beiden Angaben hält Muurling S. 86 für
durchaus widerſprechend. Sie können indeß beide etwas Wahres haben.
Weſſel war immer etwas kurzſichtig, dabei aber war ſeine Sehkraft dauerhaft und er konnte bis zum höchſten Alter mit bloßem Auge leſen und
ſchreiben. Gerade Kurzſichtige vermögen ſehr kleine Schrift zu leſen und
ſchreiben auch ſehr fein. Hierzu paßt die Notiz, welche Pet. Pappus
v. Tratzberg am Schluſſe des langen Schreibens unſeres Weſſels an
Hoeck über die Indulgenzen gibt, in den Werke Weſſels
S. 912: Weſſel habe dieſen Aufſatz, der in ſeine ſpäteren Lebensjahre fällt,
mit eigener Hand und zwar in ſo kleiner Schrift geſchrieben, daß man es
kaum leſen konnte. Dieſe Handſchrift wurde als ein theurer Schatz in der
Bibliothek des Bürgermeiſters zu Gröningen, Joachim Alting, aufbewahrt.

2) Die Erzählung findet ſich bei Geldenhauer in den Notizen aus
dem Leben Weſſels S. 23. und in den Eſög. et Vit. p. 24. Aehnliche
Erſcheinungen kommen auch ſonſt im Leben ausgezeichneter Menſchen vor.
Auch der fromme Tauler hatte ein kampfreiches, oder, wie es der alte
Lebensbeſchreiber Kap. 14 ausdrückt, ein „ſtrenges Ende, da ihn die böſen
Geiſter mit liſtiger Bedendigkeit anfochten, daß er allwege Sorge hatte, er
möchte verzagen.“ Neben ihm erinnern wir an eine ausgezeichnete Frau.
Um die Mitte des 16ten Jahrhunderts lebte zu Heidelberg als Gattin des
dortigen Profeſſors der Medicin, Andreas Grünler, die berühmte gelehrte
Italiänerin Olympia Fulvia Morata; dieſe ſoll nach dem Zeugniß
ihres Gatten auf ähnliche Art durch längere Zweifel zur ruhigen Gewißheit
hindurchgegangen ſeyn: Interrogata fuit eodem tempore a quodam
viro bono: an esset in ejus animo scrupulus aliquis, qui eam male
haberet? At illa, totis, inquit, antehac septem annis nunquam ces-
savit Diabolus omnibus modis conari, ut me de fide vera detruderet:
nunc vero, ac si omnia sua tela amisisset, nusquam apparet, nec
ego in animo meo quicquam aliud sentio, quam summam tranquilli-
tatem et pacem Christi. Melch. *Adami* Vitae Germ. Philos. p. 166.

sich nach Maaßgabe seines Zustandes wohl, aber Eines quäle ihn, daß er, von verschiedenen Gedanken umhergetrieben, an der Wahr= heit der christlichen Religion zu zweifeln anfange. Wessel war auch sonst von inneren Kämpfen und Zweifeln nicht frei [1]), bis jetzt aber hatte sich der Skepticismus, der in seiner Natur lag, vorzugsweise gegen kirchliche Sätze und Volksmeinungen gewendet. Nun nahm der Zweifel noch einmal seine letzte Kraft zusammen und erhob sich gegen den Mittelpunct des Glaubens selbst. Bald aber siegte in unserem Wessel das, was die innerste, höchste Kraft seines Lebens war. Wie er früher schon im lebendigen Glauben an den Erlöser begeisterte Blicke in die Ewigkeit gethan, wie er längst schon den Tag selig gepriesen, da er hindurchbringen würde zu einem unendlich vollkommenen Leben der Liebe [2]), so ging er auch jetzt dem letzten Augenblicke fest und freudig entgegen. Als der Freund den Kranken wieder besuchte, sprach er: „Ich danke Gott, alle jene nichtigen Gedanken sind verschwunden und ich weiß nichts als Jesum den Gekreuzigten.

Gewiß ist es, daß Wessel bei seiner Glaubensfestigkeit, die sich allein auf die göttliche Liebe in Christo stützte, nicht anders als in diesem Sinne sterben konnte. Ein ruhiger Tod löste seine

---

1) Er spricht z. B. sehr anschaulich von dem intestinum bellum, ubi notio cum judicio, velut epar contra praecordia pugnat, und sagt: hujus miserrimae calamitatis in me praeludia quaedam experior, quando tantam lucem videns non lucem delectabiliter amplector. Scal. Medit. Exempl. I. p. 351.

2) Seine Hoffnungen von einem künftigen Leben spricht Wessel vielfach in seinen Schriften aus. Ich will hier nur an eine Stelle erinnern, worin er mit besonderer Erhebung schildert, wie dann der freie Geist, in dem Lichte Gottes die Wahrheit schauend, mit Gott ein Geist werden, zur innigsten Vereinigung mit Gott und zum Leben der reinsten Liebe, ja zur vollendeten Göttlichkeit sich erheben werde. „O jenes seligen Tages," sagt er, „da ich nicht bloß Neigung empfinden, sondern lieben werde, und nicht bloß lieben, sondern mit ganzem Herzen, ganzer Seele und ganzem Geiste lieben! Und auch das wird nicht genug seyn, daß ich wahrhaftig, aufrichtig und rein liebe, sondern den Nerv und die Kraft des Liebens wird mir unaussprechlich erhöhen der für mich Geborene und Dahingegebene; so daß meine Liebe dann so weit erhaben seyn wird über diese unsere jetzige Liebe, wie der Himmel über die Erde, wie die Sonne und der Himmel über einen Funken, wie das Empyrcum über ein Senfkorn; und mit dieser so erhöhten und entzündeten Liebe werde ich brünstig und entbrannt verlangen, hungern und dürsten nach meinem Gott; und wenn ich dann meines Wunsches theilhaf= tig ihn erreicht habe und umfasse, wer mag alsdann meine Seligkeit schil= dern? Wer kann sie begreifen, der nicht von derselben Sehnsucht ent= brannt ist? Selig also, und wahrhaft selig jener Tag! Wie kein Auge gesehen, kein Ohr gehört und in keines Menschen Herz gekommen ist die Seligkeit jenes Tages: so begreift auch kein Herz die Größe der Liebe, die einer solchen Seligkeit angemessen ist und allein entsprechen kann." Scal. Meditat. Exempl. III. p. 406.

Seele am 4ten October des Jahres 1489 [1]), mithin, wenn wir 1419 oder 20 als seine Geburtszeit annehmen, in einem Alter von 69 oder 70 Jahren. Er wurde begraben in dem Nonnen= kloster zu Gröningen [2])', in welchem er großentheils die letzte Zeit eines Lebens zugebracht, im Chor der Kirche nicht weit vom Hauptaltar [3]). Man erkannte ihm also die vollkommenste kirch= liche Ehre zu. In dem Verzeichnisse dieser Kirche wurde sein Tod mit folgenden Worten bemerkt: Im Jahre des Herrn 1489 starb der ehrwürdige Magister Weffel Hermanni, ein trefflicher Lehrer der heiligen Theologie, in der lateinischen, griechischen und hebräi= schen Sprache wohl bewandert und in der ganzen Philosophie einheimisch [4]).

Bis zu Ende des 16ten Jahrhunderts war das Grab Weffels durch nichts besonders ausgezeichnet und kaum als Ruhestätte eines so merkwürdigen Mannes kennbar [5]). Länger aber wollten doch die Gröninger einen Mitbürger, auf den sie vorzugsweise stolz seyn durften, nicht ohne Auszeichnung in ihrer Mitte ruhen laffen. Der Rath ordnete im Jahr 1637 an, daß Weffel'n ein Denkstein gesetzt wurde, auf welchen ein bald nach dem Tode Weffels von deffen Freunde Paulus Pelantinus verfertigtes Epitaphium [6]) eingegraben war. Da jedoch nach ungefähr hundert Jahren diese Inschrift beinahe unleferlich geworden, setzte man im J. 1730 oder 1740 Weffel'n an der Wand des Chores ein größeres und

---

1) Regn. Praedin. Opp. p. 198. S. oben S. 260. Anm. 1.

2) Sepultus est apud Virgines Spirituales, vulgo „ten Geest- lichen Maegden" in medio chori. *Hardenb.* p. 22. Das Kloster, in dem Weffel ftarb, ift jetzt ein Waifenhaus, das Bürger= oder rothe Waifen= haus genannt. S. *Hofstede de Groot* Gesch. der Broederenkerk te Gron. p. 14.

3) Vergl. Hardenberg S. 22. Geldenhauer S. 23. Effig. et Vit. p. 24.

4) ... et in toto philosophia quasi universalis. *Suffrid. Petri* de Script. Fris. Dec. VIII. cap. 4.

5) Vergl. Ubb. *Emmii* Hist. Fris. ed. 1616 p. 457. und *Ypei* Leerrede ter gedachtniss van de verdiensten etc. p. 63.

6) Es findet sich bei Hardenberg S. 21 und 22. und lautet so:
Pallida WESSELI saxum hoc tegit ossa magistri,
    Philosophos inter qui leo fortis erat.
Illum lingua triplex, Hebraea, Pelasga, Latina,
    Inclyta doctorum scandere pulpta dedit.
Agrippina et Parisium, duo regna Minervae, .
    Sensere ingenii vimque decusque sui.
At laus una viro, quia totum scibile scivit,
    Et vitio infectis malleus ipse fuit.
Arx Phrisiae cineres, Germania tollit honores. ●
    Dic, ferat omnipotens, lector amande, animam.

prachtvolleres Denkmal [1]), das Grab selbst aber bezeichnete man mit einem viereckigen Steine von mäßiger Größe und dunkler Farbe, auf dem die Worte stehen [2]):

IOANNIS. WESSELI
GANSFORTII
TUMULUS.

Die Characteristik Wessels ist, wie ich hoffe, in dem Bishe= rigen schon gegeben. Hier nur noch wenige Züge. Die äußere Erscheinung Wessels, besonders da er einen Mangel am Fuße hatte, mag nicht grade ansehnlich, aber doch ausdrucksvoll gewesen seyn. Man hat von ihm mehrere Abbildungen. Die vor mir liegende [3]), obwohl sehr unvollkommen in der Ausführung, ver= gegenwärtigt doch ganz seinen Geist und sein Wesen: es ist ein kräftiges, einfaches, offenes Gesicht, zwar von derben Zügen, aber nicht ohne seinen geistigen Ausdruck, Ernst auf der Stirne, Ver=

---

1) Die dem einfachen Sinne Wessels nicht ganz entsprechende Inschrift auf diesem Denkmale ist folgende:
ACCIPE. POSTERITAS. QUOD. PER. TUA. SECULA. NARRES.
IOHANNES WESSELUS GANSFORTIUS.
VULGO
LUX. MUNDI. DICTUS.
VIR
ERUDITIONE. ET. PIETATE. INSIGNIS.
LINGUAE. DIVINAE. RESTAURATOR. PRIMUS.
PHILOSOPHUS. MEDICUS. IURISPERITUS. POLYHISTOR
THEOLOGUS. SUMMUS.
NATUS
GROENINGAE. CIRCA. ANNUM. MCCCC
DENATUS.
GROENINGAE. QUARTO. NONARUM. OCTOBRIS. MCCCCXC
NOVISSIMA. MORIENTIS. VOX
NIL. EGO. SCIO. PRAETER. CHRISTUM
ET. EUM. CRUCIFIXUM.
IN. MEMORIAM.
CIVIS. IMMORTALITATE. DIGNISSIMI
INFRA. SEPULTI
MONUMENTUM. HOC
ERECTUM.

2) Notizen über diese Dinge findet man bei M u u r l i n g in der Com= mentat. de Wess. p. 90—94. und in einigen Schriften, auf die sich Muur= ling beruft, namentlich: *Ypei* Leerrede ter gedachtnis van de ver= diensten der nederl. Vaderen etc. p. 61—63. und Tegenwoordige staat der Vereenigde Nederlanden. 1793. Tom. XXI. p. 92. 93.

3) In den Effig. et Vit. Profess. Gron. p. 12. Andere Bildnisse befinden sich in *Schotani* Gesch. v. Friesland. p. 379. *Gerdes* Hist. Evang. Renov. T. I. p. 43. Levensbeschrijving van beroemde en geleerde mannen, vierde stuck, nro. VI. Principum et Illustrium quorundam virorum Imagines edid. P. *van der Aa.* Eine Abbildung Wessels, jedoch von geringem Umfang und ohne besonderen Werth, sieht man auch bei seinem Grabmale zu Gröningen. S. M u u r l i n g S. 90.

stand in den Augen und eine gewisse Schalkheit um den Mund [1]). Wessel ist ohne Bart, auch man keine Haupthaare, da der Kopf von einer Mütze bedeckt ist; diese, wie die übrige Kleidung, ist höchst einfach und entspricht ganz dem schlichten, bürgerlichen Character des Gesichtes. Daß die Erscheinung Wessels, sein Auftreten und seine Rede einen sehr entschiedenen Eindruck machte, ergibt sich aus seiner lebendigen Wirksamkeit unter Menschen aller Art, Freunden und Schülern, Vornehmen und Geringen, Männern, Frauen und Jünglingen, und wird auch durch folgende Anekdote [2]) bestätigt. Als Wessel einst im Kloster Adwerd am Tische des Abtes Heinrich Rees mit einem angesehenen pariser Lehrer [3]) speiste, war dieser begierig, den berühmten Wessel über manche Dinge sprechen zu hören. Wessel antwortete ihm auf seine Fragen äußerst sparsam. Nach dem Essen jedoch lud er den Fremden zu einem ruhigen Gespräch ein, und nun entwickelte er ihm die schwierigsten Dinge mit solcher Schärfe und Bündigkeit, daß der Pariser aufsprang, sein Doctorbaret abnahm, sich vor Wessel niederbeugte und bewundernd ausrief: „Du bist entweder ein zweiter Alanus, oder ein Engel vom Himmel, oder etwas Anderes, was ich nicht nennen will. Gelobt sey Gott, meine Hoff=

---

1) Ein Zeitgenosse sagt ja auch sehr characteristisch von ihm: Jam gravitas in fronte videri, et risus in ore.

2) Sie wird erzählt von Hardenberg S. 17, und zwar beruft er sich dabei auf den Andreas Munter, Philosophus Stoicus Adwerdiae.

3) Dieser Lehrer wird von Hardenberg nicht genauer bezeichnet. Er sagt von ihm: nomen non certo teneo; puto tamen Martinum fuisse appellatum. Es gab natürlich viele Gelehrte mit dem Vornamen Martin auf der pariser Universität im Laufe des 15ten Jahrhunderts. Die bedeutendsten findet man verzeichnet bei Buläus in der Hist. Univers. Paris. T. V. p. 905—907. Unter denen, die dort genannt sind, könnte man hier etwa auf zwei verfallen, nämlich: Martin Delf, der deutschen Nation angehörig, im Jahre 1479 Rector der Universität Paris, dann Doctor der Theologie, und Verfasser eines von Zeitgenossen sehr gerühmten Buches de Arte Oratoria. und Martinus Magistri, Procurator der gallischen Nation, im Jahre 1460 auch Rector der Universität, einer der ausgezeichnetsten theologischen Professoren seiner Zeit und eifriger Verfechter des Nominalismus, für welchen er auch (s. oben S. 276.) als Almosenier Ludwigs XI. günstig wirkte. Ich würde, wenn es einer von Beiden seyn sollte, für den Ersteren stimmen, denn Martinus Magistri kannte wahrscheinlich unsern Wessel schon in Paris genau, und würde daher nicht so begierig auf dessen Bekanntschaft gewesen seyn. Der Codex Monacensis, der die hardenbergischen Lebensnotizen über Wessel enthält, hat hier fol. 13. noch die Worte: Nisi fortasse fuit Nicolaus Clamengis, cujus lucubrationes extant, nam is mirabiliter ad Wesselum affectus fuisse dinoscitur. Dieß ist jedoch ein offenbarer Fehlschuß, denn Nicolaus von Clamenge, der bereits im J. 1393 Rector der Universität Paris war und wahrscheinlich vor dem Jahre 1440 starb, konnte schwerlich auch nur den jungen Wessel in Paris, nimmermehr aber den schon gerühmten in Adwerd gesehen haben; geistesverwandt waren beide Männer, aber die Chronologie macht eine persönliche Berührung sehr unwahrscheinlich.

nung iſt nicht getäuſcht; nicht umſonſt habe ich dich aufgeſucht, nicht umſonſt haben die Sorbonniſten den Meiſter des Wider= ſpruchs bewundert und gehaßt." Das Betragen Weſſels war offen, edel und freimüthig; in der früheren Zeit hatte er mehr Herbes und eine gewiſſe Neigung zum Spott; in der ſpäteren Zeit war er freundlicher und milder; anfänglich erfreute ihn eine unruhige Wirkſamkeit nach außen, gegen Ende des Lebens ging er in ſich ſelbſt zurück und beſchränkte ſich auf eine ſtillere Thä= tigkeit. Ein Hauptzug ſeines Weſens war Lehrhaftigkeit; er hatte den größten Trieb und eine vorzügliche Gabe, klar zu lehren und lebendig anzuregen. Er disputirte auch gern und vermöge ſeiner logiſchen und dialectiſchen Bildung gewöhnlich ſiegreich. Selbſt unermüdlich im Sprechen und Streiten, ermüdete er noch weniger die Zuhörer [1]). Auch ſtand ihm dabei die Gabe des Witzes zu Gebote, und zwar jene ſeltenere des trockenen Witzes. Während Ernſt auf ſeiner Stirne ſchwebte, lächelte ſein Mund und verbreitete Luſt und Heiterkeit. So vereinigte ſich Alles, um ihn zu einem ausgezeichneten Lehrer und Jugendbildner zu machen.

Ganz beſonders gehört auch zur vollſtändigen Würdigung Weſſels die Berückſichtigung ſeiner Zeit; er fiel in eine Ueber= gangs= und Zwiſchen=Periode und darnach iſt ſeine Stellung zu bemeſſen. Sein Leben füllt gleichſam den Raum zwiſchen Gerſon und Luther, zwiſchen den großen franzöſiſchen Theologen, die noch mit dem Papſtthum unterhandelten und auf dem Boden der Hierarchie zu reformiren gedachten, und den noch größeren deut= ſchen, die ſich von Rom ganz losſagten und eine neue Baſis für das kirchliche Leben begründeten. Als Gerſon ſtarb, befand ſich Weſſel im 10ten Lebensjahre, bei Weſſels Tode war Luther ein Knabe von 6, Zwingli von 5 Jahren, und Melanchthon noch nicht geboren; Erasmus war 22 und Reuchlin 34 Jahre alt. So war Weſſel mit keinem der berühmteſten und einflußreichſten Männer am Schluſſe des 15ten und am Anfange des 16ten Jahrhunderts eigentlich gleichzeitig. Keiner konnte einen beſondern Einfluß auf ihn üben, mit keinem konnte er zuſammen wirken. In dieſer Beziehung ſteht er iſolirt da, aber deſto ſelbſtändiger und origineller. Und wer mag es leugnen, daß er den Beruf

---

1) Paulus Pelantinus ſagt in ſeinem Epicedium auf Weſſel bei
Harbenberg S. 20:
  Hei, quoties avidas magnis sermonibus aures
  Continuit! nunquam mihi talia longa putabam
  Tempora: tota dies vix horula parva videri.
  Impiger alternas audire et reddere voces,
  Et miscere jocos, et seria dicere vafer.
  Jam gravitas in fronte videri, et risus in ore.

seiner Zeit erkannte und würdig erfüllte? Charactervoller als
Erasmus, hatte er Originalität, Festigkeit und Standhaftigkeit
genug, um reformatorisch in die Zeit einzugreifen; aber weniger
kühn und gewaltig als Luther, hatte er doch auch die Milde und
Besonnenheit, welche einen offenbaren Bruch vermied, der damals
nur geschadet und die gewaltsamste Rückwirkung hervorgebracht
hätte. So begründete er die religiöse und theologische Umgestal=
tung, ohne sie leidenschaftlich zu übereilen und war ein reforma=
torischer Mann, gerade wie jene Mittelperiode ihn haben mußte.
Mehrere Zeitgenossen überragen ihn an klassischer Gelehrsamkeit,
an Umfang des Wissens und eleganter Bildung, aber als selbst=
denkender, freimüthiger und anregender Theologe nimmt er den
ersten Rang ein und so erfüllt er seine Bestimmung, wie nur
irgend ein großer Mann sie an seiner Stelle erfüllen kann.
Für das zuletzt Gesagte wird der Beweis durch Wessels ganze
theologische Denkweise geliefert, zu deren Darstellung wir nun
fortgehen.

Zweiter Theil.
Die Theologie Wessels.

Einleitung.

Die Theologie des 15ten Jahrhunderts. Wessels theologischer Standpunct im Allgemeinen.

Der Zustand der Theologie im 15ten Jahrhundert bietet ein Gemälde von reicher Mannichfaltigkeit dar. Die theologischen Denkarten, die früher schon vorhanden waren, wiederholten sich in bedeutenden Erscheinungen und zugleich bereitete sich Neues in schönen Anfängen vor. Die herrschende Tendenz war noch immer die philosophische, ihr gegenüber erhob sich kräftiger als früher die mystische, zwischen beiden wurden Vermittelungen versucht, und als neues, die Zukunft vorbereitendes Element trat die biblische Theologie dazwischen.

Wenn man im Mittelalter von philosophischer Theologie spricht, so meint man zunächst die Scholastik. Diese behauptete auch jetzt noch ihr großes Ansehen, besonders in der Constituirung der Form der Wissenschaft; aber sie hatte doch schon aufgehört, der bewegende Mittelpunct des geistigen Lebens zu seyn, man erkannte ihre Mängel, man sehnte sich nach einer einfacheren, frischeren, lebensvolleren Gestaltung der Theologie. Neben der herkömmlichen scholastischen Form tauchten andere philosophische Bestrebungen auf, und der Platonismus stellte sich in erneuerten Kampf mit dem Aristotelismus.

Zuerst zeigt sich noch die ältere traditionell=philosophische Methode, bei welcher die einmal firirte Kirchenlehre den unantastbaren Inhalt, die aristotelische Syllogistik den Stoff lieferte. Doch war auch diese Richtung frisch belebt durch den wiedererweckten Kampf des Realismus und Nominalismus und durch manche Elemente der neuern zur Reformation hinüber leitenden Bildung. Beispiele solcher Denkart sind Peter d'Ailly am Anfange und Gabriel Biel am Schlusse des fünfzehnten Jahrhunderts. Der Erstere, den seine Verehrer den Adler Frankreichs, den unermüdeten Hammer der Wahrheitsfeinde nannten, drang nicht nur in kirchlichen Verhältnissen kräftig auf Verbesserung, sondern strebte auch von der Scholastik, die seinem Geiste noch die Form gegeben, hinüber zum Biblischen und suchte überall eine Vereinfachung der Theologie zu bewirken, indem er viele von den Scholastikern abgehandelte, aber die Religion nicht berührende Fragen auf ihr eigentliches Gebiet, das philosophische, verwies. Der Andere, ein Verehrer Occams, des kühnen Erneuerers des Nominalismus, war zwar noch so durchdrungen von dem Werth und der Allgültigkeit des Aristoteles, daß er über dessen Ethik Predigten hielt, dennoch aber besonnen und gemäßigt genug, um sich im Wissenschaftlichen vieler scholastischen Grübeleien zu entschlagen, und wie d'Ailly ein freimüthiger Sprecher über die Mängel der Kirche.

Neben dieser hergebrachten entwickelt sich aber auch eine neue eigenthümliche philosophische Methode, theils in der Form speculativer Natur= und Selbstbetrachtung, theils durch Wiederherstellung eines christlichen Platonismus. Eine sogenannte natürliche Theologie bildete der originelle Raimund von Sabunde[1]); er machte den Versuch einer Begründung aller christlichen Lehren aus den Gesetzen der Natur und des menschlichen Geistes. Diese tiefere Natur= und Selbsterkenntniß characterisirt er auf folgende Weise: sie ist dem Menschen ebenso natürlich, als nothwendig; durch sie erkennt er wahrhaftig und ohne Schwierigkeit den Inhalt der Schrift, ja sie begründet auf eine so zweifellose Art die Lehren der Schrift, daß ihnen der Mensch nun mit freier und sicherer Ueberzeugung beistimmt; durch sie werden alle Fragen über Gott und den Menschen ohne Schwierigkeit gelöst und der ganze katholische Glaube als wahr festgestellt; daher ist sie auch jetzt am Ende der Welt für jeden Christen zu Vertheidigung seines Glaubens das höchste Bedürfniß. Eigentlich ist diese Wissenschaft, meint Raimund, schon in den Schriften der

---

1) Er entwickelte sein System bekanntlich in dem Werke: *Theologia naturalis* sive *Liber Creaturarum* etc. von welchem ich die Ausgabe zu Frankfurt 1635 benutze. Die Stellen, auf welche bei der folgenden Darstellung besonders Rücksicht genommen ist, finden sich theils in dem merkwürdigen Prolog des Buches, theils Kapitel 11. 13. 31. 63—69.

heiligen Lehrer enthalten, aber sie tritt doch nicht hervor, sie ist elementarisch zerstreut; jetzt kommt es darauf an, sie zusammenzu= fassen und zu ordnen, und dadurch auch· das wahre Verständniß der älteren Lehrer zu finden. Natürlich kann diese Wissenschaft sich nicht auf die Autorität der Schrift berufen, sie muß vielmehr erst den Glauben an die Schrift bewirken, und geht in Beziehung auf uns der Schrift voran; ihre Argumente müssen aus der Er= fahrung und aus der Natur der Dinge entnommen seyn. Es sind uns nämlich zwei Bücher von Gott geschenkt: das Buch der Natur oder der Schöpfung und das Buch der heiligen Schrift. Das erste ist ursprünglich jedem Menschen mitgetheilt, ja der Mensch selbst ist der erste, vom Finger Gottes geschriebene Buch= stabe in diesem Buche; das zweite ist dem Menschen erst später gegeben, weil er in seiner Blindheit das erste nicht zu lesen ver= stand. Dennoch bleibt das erste allen Menschen gemein, seine Schrift kann nicht verfälscht, vertilgt oder mißdeutet, niemand kann dadurch zum Ketzer werden, während dieß Alles bei der Bibel möglich ist, die auch nur von den Klerikern gelesen werden darf. Beide Bücher müssen aber nothwendig harmoniren, weil beide von Gott stammen, jenes als natürliche, dieses als über= natürliche Belehrung. Wenn es sich nun frägt, wie diese un= widerlegliche Erkenntniß erworben werde, so stellt Raimund das sittliche Postulat, daß der Mensch von Gott erleuchtet und von der Sünde gereinigt sey, denn der Mangel dieser Eigenschaften hinderte die alten Philosophen, richtig im Buche der Natur zu lesen; er gibt aber zugleich auch theoretische Principien, die haupt= sächlich auf Begründung einer wahren Selbsterkenntniß gerichtet sind, um von da aus zur Erkenntniß Gottes fortzuschreiten. Der Schlüssel aller Erkenntniß ist eine durchgreifende Vergleichung des Menschen mit allen übrigen Geschöpfen; dadurch wird der Mensch auch über sich selbst hinausgeführt und gelangt zur Erkenntniß des Schöpfers. Der Weg, auf dem Raimund zu Gott führt, ist also der kosmologische. Dann aber stellt er zur weiteren Be= gründung religiöser Wahrheiten hauptsächlich folgenden Kanon auf. Von Allem, was der Mensch denkt oder sagt, gibt es auch ein Entgegengesetztes, einen contradictorischen Widerspruch. Beides kann nicht zugleich wahr seyn. Der Mensch muß nothwendig das Eine bejahen, das Andere verneinen. Nun liegt es aber in der Natur der Sache, daß er bejahe, glaube und annehme, was den Bedürfnissen seines Wesens entspricht, wodurch sein inneres Leben ergänzt, erhöht, würdiger ausgebildet wird, was ihn bessert, froh, glücklich, hoffnungsvoll und zuversichtlich macht, also das Liebens= würdige und Begehrenswerthe, das, was mehr vom Seyn und

vom Guten an sich hat; dagegen, daß er verneine und von sich
weise alles das, was sein inneres Leben hemmt, beschädigt oder
zerstört. Würde der Mensch dieß nicht thun, so handelte er gegen
sich selbst und gegen die Ordnung der Dinge. Von diesem Stand=
punct aus begründet nun Raimund als etwas mehr Positives,
Wohlthätiges, Lebenförderndes die einzelnen Religionslehren, und
zwar, wie bemerkt, nicht bloß die sogenannten natürlichen, wie die
Existenz und Einheit Gottes, die Weltschöpfung und Unsterblich=
keit, sondern auch die positiv=christlichen, namentlich die Lehren
von der Dreieinigkeit, Menschwerdung und Versöhnung. Hier
schöpft er freilich, was das Material betrifft, das Meiste aus den
früheren Lehrern, in denen ja auch, wie er sagt, die einzelnen
Buchstaben seines Systems zerstreut seyen, aus Augustin, Thomas
und den andern Scholastikern, allein seine Methode ist dabei
immer eigenthümlich und belebend.

Die Anregung zur Erneuerung des Platonismus ging
eigentlich von den Griechen aus. Die Griechen waren von der
Scholastik frei geblieben, aber nicht aus Kraft, so daß sie etwas
Besseres an die Stelle gesetzt hätten, sondern aus Schwäche, weil
sie zu jeder bedeutenden Hervorbringung unfähig waren. So
geschah es auch, daß Aristoteles bei ihnen nicht so herrschend
wurde, wie im Abendlande, weil einmal ihre alten großen Kirchen=
lehrer für Plato den Ton angegeben hatten. Diese platonische
Tradition unter den Griechen wurde im fünfzehnten Jahrhunderte
wichtig auch für das Abendland; die übersiedelnden Gelehrten,
wie Gemistus Pletho, Bessarion u. a. brachten die Liebe zum
Platonismus nach Italien und entzündeten dafür empfängliche
tiefere Gemüther. Ein unter den Griechen selbst geführter heftiger
Streit über den Vorzug der platonischen oder aristotelischen Phi=
losophie lieferte zwar kein bestimmtes Resultat, machte aber doch
wieder allgemeiner auf Plato und seine Nachfolger aufmerksam
und half eine gerechtere Würdigung ihrer Lehren, die bald in
Enthusiasmus überging, vorbereiten. Gegen die Mitte des fünf=
zehnten Jahrhunderts wurde durch Cosmus von Medicis die pla=
tonische Akademie gestiftet. Ihre Seele war der berühmte Mar=
silius Ficinus, der geistvolle Erklärer Plato's und der Neu=
platoniker, der in seinen theologischen Schriften über die Unsterb=
lichkeit der Seele und die Wahrheit der christlichen Religion
vielleicht theilweise zu viel gethan hat in der Verschmelzung christ=
licher und platonischer Lehren, aber dabei die höheren und ewigen
Wahrheiten unendlich lebendiger, tiefer und freier auffaßte, als
die meisten Theologen seiner und der früheren Zeit. Jedenfalls
steht er an Besonnenheit und Durchbildung über seinem Zeitge=

noſſen Picus von Mirandola, der durch ihn von der peri=
patetiſchen zur platoniſchen Lehre hingeführt wurde, aber damit
auch Ariſtotelismus und kabbaliſtiſche Elemente verband und zu
frühe ſtarb, als daß ſein gährender, mit Vielwiſſerei überladener,
Geiſt zur Reife hätte gedeihen können. Auch muß dieſe poſitive
platoniſirende Richtung, die Geiſt, Leben und Glaubensinhalt hatte,
als Wohlthat betrachtet werden, nicht bloß im Gegenſatz gegen
den immer lebloſeren Formalismus der Scholaſtiker, ſondern noch
mehr im Gegenſatz gegen den troſtloſen Skepticismus, der
ſich ſchon damals beſonders in Italien mancher Gemüther be=
mächtigt hatte, in der Folgezeit aber noch ſtärkere Wirkungen her=
vorbrachte. Zwar war es natürlich, daß die Ueberſpannung des
Dogmatismus eine ſkeptiſche Tendenz hervorrief, und hätte dieſe
ſich nur frei entwickeln können, ſo würde ſie ſich bald erſchöpft,
es würde ſich ein Gleichgewicht hergeſtellt haben; aber bei dem
Druck, der auf der geiſtigen Bewegung laſtete, kam nur eine
Karikatur zum Vorſchein. Die Freidenker wie Petrus Pom=
ponatius u. a. untergruben durch ihre Zweifel die Grundwahr=
heiten aller Religion, den Glauben an Gott und Unſterblichkeit,
zogen ſich aber dann, um ihres Lebens ſicher zu ſeyn, hinter das
Bollwerk der Kirche zurück, deren Lehrſätzen ſie ſich mit aller
Devotion unterwarfen. Ja es wurde, um für dieſe Praxis auch
eine theoretiſche Rechtfertigung zu haben, jene berühmte Unterſchei=
dung zwiſchen philoſophiſcher und theologiſcher Wahrheit erfunden,
welche aufs anſchaulichſte den eingetretenen Zwieſpalt zwiſchen
Religion und Philoſophie, Glauben und Wiſſen zu erkennen gibt,
aber auch für die Erhaltung der Kirchenlehre ſo gefährlich ſchien,
daß auf einem Concil unter Leo X. die Behauptung, es könne
etwas in der Theologie wahr, in der Philoſophie aber falſch ſeyn,
förmlich verboten wurde.

Wie durch das ganze Mittelalter, ſo ſtand auch jetzt vermöge
eines nothwendigen Gegenſatzes der einſeitig theoretiſchen Rich=
tung der Scholaſtiker die practiſche, gemüthlich poetiſche und be=
ſchauliche Theologie der Myſtiker entgegen, und je ſtarrer, je leb=
loſer die Scholaſtik wurde, deſto kräftiger, ſiegreicher erhob ſich
die Myſtik. Wir haben früher im Einzelnen geſehen, welche
Bildungen dieſe Tendenz im Laufe des 14ten und 15ten Jahr=
hunderts hervortrieb. Im Ganzen müſſen wir ſagen, daß ſie be=
ſonders im 15ten Jahrhunderte, ohne an Tiefe zu verlieren, ein=
facher und practiſcher im Inhalt, lieblicher und volksthümlicher
in der Form wurde und daher immer mehr Raum gewann. Doch
hing ihr auch ſo das von ihr nicht zu trennende Individuelle,
Subjective an, vermöge deſſen ſie ſich nur für beſonders geſtimmte

Gemüther, für engere Kreise eignete und zur vollen, allbefriedigenden, kirchenbildenden Darstellung der christlichen Wahrheit konnte es durch sie nicht kommen.

Die Mystik zeigt sich indeß nicht bloß als isolirte Erscheinung, sie verschmilzt auch mit andern Denkarten. Wie schon im früheren Mittelalter, vornehmlich durch die Victoriner, eine Vermittelung zwischen Scholastik und Mystik angestrebt worden war, so wurde dasselbe auch jetzt wieder, den Bedürfnissen der Zeit gemäß mehr auf psychologischem und kritischem Wege, versucht durch Joh. Gerson. Gerson, der christlichste Lehrer genannt, ist neben den im engern Sinne reformatorischen Männern der bedeutendste Theologe seines Jahrhunderts. Gebildet durch den trefflichen Peter d'Ailly, frühe ausgezeichnet durch wissenschaftliche Vorzüge, Lehrer und Kanzler an der ersten unter den damaligen Universitäten Europa's, griff Gerson fast in alle wissenschaftlichen und kirchlichen Verhandlungen seiner bewegten Zeit ein, besonders als der einflußreichste Redner auf dem Concil zu Constanz und als muthiger Vertheidiger der Wahrheit und des Rechtes auch in den politischen Stürmen seines Vaterlandes, und wenn man ihm auch von unserm Standpunct aus eine gewisse kirchliche Aengstlichkeit und Engherzigkeit vorwerfen möchte, die sich in der Verwerfung der Bibelübersetzungen für das Volk, in der Bestreitung des Kelchgenusses der Laien, in der Verdammung des Johann Huß, in der Neigung zu inquisitorischen Maaßregeln gegen freiere Glaubensmeinungen und in manchem Anderen offenbarte, so wird man ihm doch zugleich eine edle Haltung, Besonnenheit und Mäßigung, einen in den Schranken der Gesetzlichkeit sich bewegenden würdevollen Freimuth, eine universelle und nach Maaßgabe der Zeit gründliche Bildung in der Wissenschaft nicht absprechen können. Was ein solcher Mann in der Theologie wollte, characterisirt die ganze Zeit. Im Material der theologischen Wissenschaft liefert freilich Gerson nicht viel Neues; er geht, wenn er auch die Theologie überhaupt zu vereinfachen und die mystische mehr psychologisch zu begründen sucht, in der Hauptsache ohne Erfindung eigenthümlicher Sätze den vermittelnden Weg der Victoriner; aber in Beziehung auf die Methode der Wissenschaft entwickelt er treffliche Grundsätze [1]),

---

1) Für die nachfolgende Darstellung der Grundsätze Gersons über das theologische Studium sind besonders folgende Abhandlungen benutzt: 1) Lectiones duae contra vanam curiositatem in negotio fidei. *Gersoni* Opp. ed. Du Pin. Tom. 1. Pars. 1. p. 86—106. 2) Epistola ad Studentes Collegii Navarrae Parisiensis, quid et qualiter studere debeat novus Theologiae auditor. Ibid. p. 106—110. Alia Epist.

hier durchschaute er das Bedürfniß der Zeit und wirkte ohne
Zweifel sehr anregend auf die jüngeren Zeitgenossen. Zwischen
Philosophie und Theologie erkennt Gerson keinen Gegensatz an;
er glaubt, daß sie beide wesentlich übereinstimmen, aber er spricht
der Philosophie die Fähigkeit ab, die christlichen Wahrheiten auf=
zufinden, wenn nicht die Offenbarung des Glaubens vorangehe,
auch betrachtet er die Philosophie, wie alle Wissenschaften, als
Dienerin der Theologie. An der Philosophie seiner Zeit tadelt
er besonders die mechanische Auffassungsweise, namentlich daß sie
bei der Darstellung des Wesens Gottes nur die Nothwendigkeit
und nicht ebenso die Freiheit hervorhebe: dadurch werde die
Frömmigkeit und Dankbarkeit gegen Gott aufgehoben, als ob er
nicht aus freier Güte, sondern aus Zwang Alles mittheile. Für
die Methode des Studiums verlangt Gerson, daß das philoso=
phische dem theologischen vorangehe, und daß man beide nicht in
einander mische. Mathematik, Logik, Metaphysik, Rhetorik sollen
durchgearbeitet seyn, ehe man zur Theologie kommt; dann soll
man aber auch keine Sophismen und fremdartigen Materien in
die Theologie bringen, und diese soll sich rein in ihrem Kreise
halten. Als eigentlich theologische Materien aber sieht Gerson
diejenigen an, wodurch ein gesunder Glaube begründet, die Hoff=
nung gestärkt und die Liebe entflammt wird, also nur die, welche
dem Gebiete der Religion angehören. Die wesentlichen Grund=
lagen der Theologie sind für ihn Schrift und Erfahrung; die
Theologie geht über die Philosophie hinaus, sie hat aber wieder
ihre bestimmten Gränzen in der Offenbarung. Schon in diesen
Sätzen ist ein Zusammenhang mit der Scholastik, aber auch ein
mittelbarer Tadel vieler Mängel derselben nicht zu verkennen.
Noch deutlicher tritt dieser Tadel hervor, indem Gerson die
Gebrechen der gewöhnlichen Theologen aufdeckt; er wirft ihnen
vor, daß sie besonders durch zwei Grundfehler an der einfachen
Wahrheitserkenntniß gehindert würden, durch Grübelei und
Neigung zum Sonderbaren. Zu diesen traurigen Töchtern des
Stolzes, sagt er, gesellt sich als unglücklicher Bruder der Neid
und diese zusammen haben dann eine vielfache Nachkommenschaft:
Streitsucht, Zank, Hartnäckigkeit, Eigenliebe, Beharren bei den

---

ad eosdem p. 110—113. In diesen Briefen werden auch die Bücher
namhaft gemacht, die Gerson für die verschiedenen Arten und Stufen des
theologischen Studiums am nützlichsten achtet. Doch kann man seine Aus=
wahl nicht durchaus rühmen. Er wünscht auch, daß sich jeder Studierende
an einen erprobten Lehrer anschließen und sich seines Rathes bedienen
möchte. 3) Duae Epistolae de Reformatione Theologiae. Opp. T.
1. P. 1. p. 120—124.

eigenen oder Partei=Meinungen und leidenschaftliche Vertheidigung
des Irrthums. Es offenbart sich aber die grübelnde Sonderbar=
keit bei den Theologen besonders in folgenden Stücken: in der
Neigung, vollkommen durchgearbeitete und entschiedene Lehren
liegen zu lassen und sich nur mit unbekannten, noch nicht unter=
suchten zu beschäftigen, also lieber Neues, als Heilsames vorzu=
tragen; in der Geringschätzung gegen klare und faßliche Lehren,
um sich mit dunkeln, schwierigen zu beschäftigen, weil man denkt,
nur das Dunkle und Unverständliche sey tief, während doch Klar=
heit in Rede und Schrift die größte Tugend in der Wissenschaft
und das sicherste Zeichen eines hellen Geistes ist; in der Freude
an neuen Wortbildungen, besonders für speculative theologische
Materien; in einer zu voreiligen Aneignung der Principien heid=
nischer Philosophen, wie dieß auch bei Origenes der Fall war,
der offenbar zu viel aus dem goldenen Becher Babylons getrunken;
in der ungemessenen Vorliebe für besondere Lehren, so daß man
sich, obgleich Glaube und Wahrheit gemeinsam sind, etwas ganz
Absonderliches zueignen will, durch diesen Partei= und Ordens=
eifer aber nur Streit, Spaltung und Irrthümer in die Christen=
heit bringt; und endlich, was damit zusammenhängt, in der Ge=
wohnheit, lieber den einen Lehrer anzugreifen und den andern
hartnäckig zu vertheidigen, als sich zu bemühen, ihre oft mehr
im Ausdruck als im Sinn verschiedenen Aussprüche in Harmonie
zu setzen, und dadurch eine Versöhnung der Extreme herbeizu=
führen, welche doch für die Kirche heilsamer ist, als Trennung [1]).
Wenn hier alle wesentlichen formalen und sittlichen Fehler der
Scholastik gerügt sind, so dringt Gerson anderwärts ebenso kräf=
tig auf materiale Reformation der Theologie. Er verlangt, daß
nicht ferner unnützes Wissen ohne Frucht und Gründlichkeit getrieben
werde; dadurch würden die Studierenden von dem Nothwendigen
und Nützlichen abgeführt, Nichtstudierte aber veranlaßt, sich von
der Theologie ganz falsche Vorstellungen zu machen, indem sie
meinten, diejenigen seyen Theologen, die sich mit solchen unnützen
Dingen [2]) beschäftigen; deßhalb nenne man die Theologen auch
Phantasten und behaupte, daß sie nichts von solider Wahrheit,
vom Practischen und von der Bibel wüßten. Zur Beseitigung

---

1) Um Einheit des Glaubens zu erhalten, schlägt Gerson außer andern
auch das bedenkliche Mittel vor, nur eine theologische Facultät für
die ganze Kirche, oder wenigstens für Frankreich aufzustellen, von welcher
dann, als der reinen Quelle, die übrigen untergeordneten theologischen
Studienanstalten abhängig gemacht werden könnten. Opp. Tom. 1. P. 1.
p. 105.
2) Als unnützen Streitgegenstand bezeichnet er unter andern die Lehre
von der Communicatio Idiomatum. Opp. T. 1. P. 1. p. 123.

dieser unfruchtbaren Theologie, an der er besonders auch die
gränzenlose Sprachverwirrung tadelt, empfiehlt dagegen Gerson
vor Allem das tüchtige S t u d i u m d e r. S c h r i f t, die Aneignung
und den Vortrag des Practischen aus derselben. Dadurch, hofft
er, würden dann auch tüchtige Volkslehrer gebildet werden, die
nicht unnütz grübeln und phantasiren, sondern kräftig auf die
Umgestaltung des Lebens wirken.

Schon hier bei dem größten Theologen zu Anfange des
15ten Jahrhunderts finden wir eine Hinweisung auf das, was
sich nun vornehmlich als das Neue entwickeln sollte. Bald sehen
wir andere noch entschiedener sich einer lebendigen S c h r i f t =
t h e o l o g i e zuwenden. Die Nothwendigkeit, zum Einfachen,
Apostolischen, Lebendigen zurückzukehren, die früher fast nur von
Männern des Volkes und populären Secten anerkannt worden
war, machte sich jetzt auch den Gelehrten anschaulich; fast alle
Theologen dieser Zeit sind mehr oder minder vom Bewußtseyn
dieses Bedürfnisses durchdrungen; es bilden sich, den Scholastikern
und strengen Dogmatikern gegenüber, immer mehr eigentlich
biblische Theologen. Im zwölften und dreizehnten Jahrhunderte
waren nur die Scholastiker hochgeehrt und von großem öffent=
lichen Einfluß gewesen; ein Schriftausleger war ein sehr unter=
geordnetes Wesen und mußte gegen einen Sententiarier und
Summisten weit zurückstehen. Jetzt änderte sich die Stimmung.
Die Scholastik tritt zurück; sie befriedigt nicht mehr; gegen sie er=
hebt sich Mistrauen, Skepsis und Spott; dagegen empfehlen die
angesehensten Theologen nichts dringender, als Schriftstudium;
die Bibel wird, während das Ansehen der Kirche, Päpste und
Concilien zu wanken beginnt, als das einzige Heilmittel, als der
wahre Fels anerkannt, auf den Christus die Kirche gegründet;
sie wird mehr und mehr durch Abschriften vervielfältigt, übersetzt,
unter dem Volke verbreitet; es wird auch die neuerwachende
Philologie, die neuerfundene Buchdruckerkunst in ihren Dienst ge=
bracht; sie gelangt allmählig zu der Herrschaft, deren Culmina=
tionspunct mit der Reformation eintritt.

––––––––––

In dieser Richtung steht auch W e s s e l. Doch können wir
dabei seinen Standort noch näher bezeichnen. Der Eifer für das
Biblische verfolgte wieder verschiedene Wege: einen mehr practi=
schen und kirchlichen, und einen mehr philologischen und wissen=
schaftlichen; auf dem erstern finden wir Huß, Joh. von We=
sel, Joh. von Goch und manche practische Mystiker, auf dem

zweiten Laurentius Valla, Le Febre und Erasmus.
Unser Wessel reiht sich den Erstgenannten an, doch ist er unter
ihnen der am meisten Wissenschaftliche, am meisten nach Durch=
dringung des practischen und gelehrten Elementes Strebende.
Zwar zeigt sich auf manchen Puncten unverkennbar, daß
Wessel aus der Schule der Scholastiker hervorgegangen ist;
seine Darstellung trägt noch Spuren davon. Im Ganzen aber
stand er mit der Scholastik in der bestimmtesten Opposition; er
bestritt das Vorherrschen der Philosophie, wie es in der Theologie
des Mittelalters statt fand, und gab der Theologie eine selbstän=
dige biblische Grundlage; er vermied die Künstlichkeit, Spitzfindig=
keit und Dürre der ausgearteten Scholastik, er richtete die wissen=
schaftliche und erbauliche Betrachtung auf große, wesentliche,
practisch bedeutende Gegenstände, auf eigentliche Lebenspuncte
der Religion, und that dieß mit Einfalt, Wärme und großer
Geistesfrische. Wie ein scholastisches, so hat Wessel auch ein my=
stisches Element in sich; er besitzt eine ungemeine Fülle und
Tiefe des frommen Gefühls, er liebt, sich demselben auch ganz
und unbedingt hinzugeben, er strebt, wie die Mystiker, die Schran=
ken des Endlichen zu durchbrechen, in Liebe und Sehnsucht mit
Gott zu verschmelzen, und benutzt als Mittel zur Einigung mit
Gott vorzugsweise die Contemplation und das Gebet. Hier fin=
den wir den Zögling der Brüder vom gemeinsamen Leben, und,
trotz aller Verschiedenheit, den Geistesverwandten des Thomas
von Kempen wieder; dagegen stammt der, offenbar unbedeuten=
dere, und mehr nur äußerlich zu bemerkende scholastische Bestand=
theil in Wessels Denkart aus den späteren Schulen, die er durch=
machte, besonders aus der des Nominalismus. Aber indem nun
beides in dem Geiste Wessels zusammenbestand und sich zu einer
lebendigen Einheit verknüpfte, war auch eines durch das andere
gemäßigt und in seinem Gemüthe, wie in seiner Wissenschaft, ein
wohlthätiges Gleichgewicht. Dieß entsprang zugleich daraus, daß
beides wieder auf einer schönen und ächten Grundlage ruhte, auf
dem innig und geistvoll aufgefaßten biblischen Christenthume.
Dieß war die Basis, von welcher aus Wessel stets in der Theolo=
gie operirte, und so können wir ihn bezeichnen als einen biblischen
Theologen, der ebenso fromm, als wahrheitsliebend, ebenso frei=
sinnig, als besonnen, die dialectische Bildung, die er von der
Scholastik gewonnen, gegen diese selbst in ihrer entarteten Gestalt
wendet, der mit der Mystik zwar die Innigkeit gemein hat,
aber über deren Subjectivismus sich erhebt, und auf diesem
Wege einen Standpunct gewinnt, welcher die Gegensätze des

Mittelalters theils selbst schon überwindet, theils wenigstens zu
deren Ueberwindung einen höchst erfolgreichen Anfang macht [1]).

Da der biblische Character vornehmlich das Wesen von
Wessels Theologie ausmacht, so ist zunächst erforderlich, Eini=
ges über die Art und Weise zu sagen, wie er die Schrift auf=
faßte. Bei der Schriftauslegung schätzte er, wie Melanchthon,
vor allen Dingen ungezwungene Einfachheit und Natürlichkeit:
„Wer eine Schriftstelle auslegt,‟ sagt er [2]) „muß bei den Worten
des Textes bleiben und darf keine gezwungene Erklärung geben.
Denn jede gezwungene Erklärung, die, aus Furcht vor Einwen=
dungen, von der ursprünglichen Gestalt der Schrift abweicht, muß
der Irrlehre verdächtig seyn.‟ Dabei las er die Bibel stets in
practischem Geiste, mit unmittelbarer Anwendung auf das Leben
und die eigene sittliche Besserung. Er pflegte zu sagen [3]): „Wer
bei der Lesung der Bibel nicht täglich geringer von sich denkt, sich
nicht immer mehr mißfällt und gedemüthigt wird, der liest die
heil. Schriften nicht allein vergeblich, sondern auch nicht ohne
Gefahr.‟ Besonders aber forderte er vom Ausleger offenen
Wahrheitssinn, so daß er nicht bloß eine Bestätigung für gang=
bare Lehren und Bestimmungen in der Schrift suchen, sondern sich
für Alles empfänglich zeigen soll, was ihm aus der Schrift ent=
gegenkommt. Dieß ergibt sich schon aus der angeführten Aeuße=
rung gegen contorte Erklärungen, aber auch noch aus Anderem,
was später anzuführen ist.

Vermöge seines Eifers für biblische Lehre und sprachliche
Studien könnte man von Wessel auch Commentarien über
ganze neutestamentliche Bücher erwarten. Allein dafür scheint
weder die Zeit gehörig empfänglich, noch er selbst vollständig vor=
bereitet gewesen zu seyn. Er beschäftigt sich mehr mit Einzel=
nem; aber hierbei erläutert er nicht bloß gelegentlich besondere
Wendungen und Ausdrücke der Schrift, (das Letztere geschieht be=
sonders häufig mit dem alttestamentlichen Namen und Eigenschafts=
bezeichnungen Gottes), sondern er geht auch mitunter genauer
auf die Erklärung einer Stelle oder eines größeren Abschnittes
ein. So verbreitet er sich z. B. über die Erzählung von der Sy=
rophönicierin [4]), wobei er das Verhalten Jesu gegen die Frau

---

1) Ueber den theologischen Standpunct Wessels im Allgemeinen vergl.
man die schöne Rede von Muurling de *Wesseli Gansfortii*, germani
Theologi, principiis atque virtutibus, etiamnunc probandis et se-
quendis. Amstelod. 1840.
2) *Wess.* Opp. p. 845. in der Schrift de Purgatorio.
3) Nach einem Briefe Goswins v. Halen bei Hardenberg S. 10.
4) De Orat. I, 15. p. 27.

als einen bloß vorübergehend angenommenen Schein der Strenge
darstellt, der den Zweck gehabt, die Glaubenskraft der Unglückli=
chen zu prüfen[1]). So erklärt er die Parabel Jesu Luc. 7, 40 ff.
als eine besonders tiefe und gehaltreiche Darstellung mit großer
Ausführlichkeit und steter practischer Anwendung[2]). So behan=
delt er mit dialectischer Schärfe die Aussprüche Jesu bei Johan=
nes 7, 16 und 12, 44: „Meine Lehre ist nicht mein, sondern
des Vaters, der mich gesandt hat" und „Wer an mich glaubt,
der glaubt nicht an mich, sondern an den, der mich gesandt hat;"
indem er den Schein des Widerspruchs davon zu entfernen sucht[3]),
und den Sinn der letzteren Stelle so bestimmt: wer an mich
glaubt wegen der großen Thaten meiner Macht, Weisheit und
Güte, der glaubt an mich, wie es auch recht ist; aber wenn er
wüßte, durch wessen Sendung und von wessen Urkraft ich diese
Allmacht und die unendlichen Schätze ewiger Weisheit empfangen
habe, wozu er auch alsbald durch meine Lehre gelangen wird,
so würde er gewiß die ganze Frömmigkeit seines Glaubens an
mich übertragen auf den erzeugenden und sendenden Vater. Nicht
selten nimmt Wessel auch auf die älteren Uebersetzungen der Bibel
Rücksicht, die Septuaginta und Vulgata, und berichtigt dieselben.
Eine falsche Uebersetzung des Hieronymus von der Stelle Exod.
3, 14, welche doch schon vorher von den Siebzigen besser wieder=
gegeben gewesen, entschuldigt Wessel damit, daß die richtige Ueber=
setzung den Heiden hätte Anstoß geben können. Dieß, meint er,
war damals rathsam, da die Kirche ohnedieß von so vielen
Ketzereien zerrissen war. „Jetzt aber, da die Kirche durch die Dis=
putationen der Scholastiker geübt, und durch die heiligen Satzun=
gen der Lehrer (sacris Doctorum doctrinis) befestigt ist, kann sie
durch jede Wahrheit nur gefördert werden, und es ist nicht gut
auf eine unrichtige Erklärung die gesunde und wahre Lehre von
der göttlichen Einfachheit und Unwandelbarkeit[4]) zu gründen.
Denn die Juden lachen uns aus, daß wir, wie in der Finster=
niß, auf einen unhaltbaren Grund bauen[5])." Wessel verlangte
also, wie überall, so auch in der Schriftauslegung nur Wahrheit
und die ganze volle Wahrheit, und würde es, auch hierin Vor=

---

1) Non enim haec animo ideo duro intus gesta sunt, quo foris
geri alieno videbantur . . . Sed alto consilio dissimulavit suum de
ista judicium, opportunum exspectans tunc illi benefacere, quando
magna fides ejus multum exercitata, etiam vobis magno munere
digna videretur etc.
2) De Orat. IX, 4. p. 161 u. 162.
3) De Caus. Incarn. Cap. 17. p. 451 u. 452.
4) Mit Beziehung auf die Stelle Exod. 3, 14.
5) De Caus. Incarnat. Cap. 4. p. 419.

gänger der Reformatoren, nie gebilligt haben, wenn man mit Bewußtseyn zu einem guten dogmatischen Zweck schlechte exegetische Mittel gebraucht hätte. Commentare über die heil. Schrift, wie sie damals gewöhnlich waren, führt Wessel an, aber mehr als etwas für die gewöhnlichen Prediger Zweckmäßiges, als den Ge= lehrten Dienliches [1]).

Was die Principien der religiösen Erkenntniß betrifft, die gewöhnlich schon von vorne herein über die Gestal= tung eines theologischen Systems entscheiden, so hielt sich Wessel allerdings mit festem lebendigem Glauben an die in der Schrift niedergelegte Offenbarung und zwar in der Weise, daß er im alten Bunde eine unvollkommnere Stufe, in Christo die Vollendung der Gottesoffenbarung anerkannte, aber dabei verwarf er eine ursprüngliche und allgemeine Gotteskenntniß nicht, an welche die besondere göttliche Mittheilung sich anschließt, um sie zu läutern und zu ergänzen. Dieß wird sich im Einzelnen bei der Lehre von Gott ergeben, wo auch von den Quellen der Gotteserkenntniß zu handeln ist. Hier dürfte es am Ort seyn, zu bestimmen, wie Wessel das Wesen der Frömmigkeit überhaupt auffaßte. Einen bestimmten Begriff von Religion stellt zwar Wessel nirgends auf, allein wenn wir seine zerstreuten Aeußerungen zusammen= fassen, so versteht er darunter das kräftige, sittlich wirksame Be= wußtseyn unserer Abhängigkeit von Gott, die entschiedene An= erkennung der Schranken des menschlichen Daseyns, verbunden mit lebendiger Erkenntniß der unendlichen, schrankenlosen Größe Gottes und freier Unterwerfung unter das göttliche Gesetz; er versteht darunter die innere Heiligung des Namens Gottes, die Beziehung alles Thuns und Leidens, also des ganzen Lebens auf Gott, vor Allem aber die innige, feurige, hingebende, thätige Liebe zu Gott, die uns vorzugsweise mit dem Göttlichen einigt. Ich beschränke mich hier vorläufig auf die Anführung einer Stelle Wessels, die uns seine Grundansicht über das Verhältniß des Menschen zu Gott sehr klar veranschaulicht. „Der Mensch," sagt er [2]), „ist zwischen zwei Nothwendigkeiten, wie zwischen zwei unüber= steigliche Mauern, in die Mitte gestellt, eine Nothwendigkeit des Thuns und eine andere des Leidens. Wir sind unausweichlich verpflichtet, das Gesetz Gottes zu erfüllen, und ebenso die Fügung

---

1) De Magnitud. Pass. Cap. 48. p. 557. Et sicut hodie praeter Canonem plerique Doctorum commentarii sunt apud nos pro gregariis pastoribus et praedicatoribus, ita tunc sub Mose et post Mosen pro Levitis de legali sanctione commentarii libri erant, qui-bus illorum praedicatores populum de sacramentis legis erudirent.
2) Scal. Medit. I, 5. Opp. p. 199 u. 200.

Gottes über uns zu ertragen; denn es iſt unmöglich, daß irgend etwas geſchähe, was nicht Gott gewollt und geordnet hätte. Dieſe letztere Nothwendigkeit des Duldens iſt zwar nicht eine abſolute, denn etwas Abſolutes kann immer nur von Gott ſelbſt als dem erſten und nothwendigen Weſen ausgeſagt werden; außer ihm aber iſt Alles zufällig (contingens); allein ſie iſt dennoch eine unwider= ſtehliche und unausweichliche. Die erſte Nothwendigkeit aber iſt allerdings eine bedingte: denn es iſt zwar nothwendig, das Geſetz Gottes zu erfüllen, wenn wir ſelig werden wollen; die Erfüllung aber hängt immer von unſerer Freiheit ab, wir können uns auch zum Böſen und zum Verderben beſtimmen, wiewohl wir durch dieſe Freiheit nie von der Nothwendigkeit, das göttliche Geſetz zu erfüllen, entbunden ſind; denn auch der Abweichende empfindet ewig die Verbindlichkeit, die Drohung und Strafe des Geſetzes. So beengend und drückend nun das Beſchloſſenſeyn unter dieſe doppelte Nothwendigkeit iſt, ſo hat es doch die göttliche Weis= heit auf eine merkwürdige Artſo geordnet, daß eben dieſe enge Beſchränkung für den Menſchen nicht nur einen Weg frei läßt, ſon= dern ſelbſt ein Weg wird zu ſeinem wahren Heil. Wir lernen daraus, daß es für uns keinen Ausweg gibt als nach der Ord= nung des göttlichen Willens und unter der Leitung Gottes. So iſt es alſo eine große Weisheit, dieſe Nothwendigkeiten einzuſehen, eine noch größere, den Führer zu erkennen, durch den wir her= ausgeleitet werden, und die größte, ſich dieſem Führer mit vollem Vertrauen hinzugeben." Hier iſt beſonders die Seite der Noth= wendigkeit im Verhältniß zu Gott hervorgehoben, vermöge deren es für den Menſchen keine höhere Weisheit gibt, als ſich dem unendlichen Willen Gottes ſchlechthin zu unterwerfen; wie aber Weſſel neben dieſer Gottesfurcht, als dem einen Grundelemente der Frömmigkeit, zugleich das andere, die lebendige, thätige, erhe= bende Gottesliebe, die der Seite der Freiheit angehört, anzuer= kennen wußte, dieß geht aus unzähligen Stellen hervor, die ich theils ſchon mitgetheilt habe, theils noch mittheilen werde.

Ehe wir nun zur Entwickelung der einzelnen Lehren Weſſels übergehen, ſey noch eine Bemerkung über die Zweckmäßigkeit dieſes Unternehmens ſelbſt geſtattet. Da Weſſel kein eigentliches Syſtem abgefaßt, ſondern nur einzelne Abhandlungen über theo= logiſche Gegenſtände hinterlaſſen hat [1]), und auch dieſe nicht immer

---

1) Wir haben von Weſſel nur Auffätze über einzelne theologiſche Mate= rien: über die Vorſehung, die Urſachen und Wirkungen der Menſchwerdung und des Leidens Chriſti, über das Abendmahl, die Buße, das Fegefeuer, den Ablaß, die Gemeinſchaft der Heiligen und den Schatz der Kirche, ſowie eine beſonders ausführliche über das Gebet. Dieſe Auffätze beurkunden

in einem streng wissenschaftlichen, sondern theilweise oder auch ganz
(wie die Beispiele zur Scala Meditationis) in einem erbaulichen
und rednerischen Ton gehalten sind, so ist derjenige, der die theo=
logische Denkweise dieses Mannes entwickeln will, leicht in Ge=
fahr, schon durch die Art, wie er die zerstreuten Aeußerungen
zusammenstellt und verknüpft, ihm etwas Unangenehmes oder Fal=
sches unterzuschieben; allein trotz dieser Gefahr können wir das
Unternehmen nicht von der Hand weisen, da uns sonst nichts
übrig bleiben würde, als ganze Schriften Wessels zu übersetzen oder
alle einzelnen mit einer gewissen Vollständigkeit zu excerpiren;
dieses Verfahren aber würde zu vielen Wiederholungen führen und
die Totalanschauung nur erschweren.   Wollen wir, wie es für den
wissenschaftlichen Gebrauch einer Monographie immer nothwendig
ist, die eigenthümlichen Lehren des geschilderten Mannes in ent=
sprechender Vollständigkeit geben, so ist dieß nicht anders ausführ=
bar, als in der Weise, daß wir aus den zerstreuten Gliedern
seiner Gedanken eine organische zusammenhängende Gestalt bilden;
und wenn wir hierbei stets mit objectivem Sinne darnach streben,
den Mann, ohne uns an seine Stelle zu setzen, in seiner ganzen
Wahrheit und Eigenthümlichkeit denken und reden zu lassen, wenn
wir bei der Construction seiner Denkweise nicht ein anderwärts
her gewonnenes Fachwerk oder eine späteren Schulen entlehnte
Ausdrucksweise anwenden, sondern den historischen Gegenstand
jedesmal seine Form selbst bilden lassen, so werden wir auch der
Gefahr entgehen, ihm etwas Fremdartiges aufzubringen, wir wer=
den dem Abgeschiedenen aus seinen Schriften einen Spiegel vor=
halten, in dem er sich, wenn er lebte, selbst erkennen müßte.

---

zwar eine innere Einheit des Geistes, bilden aber kein genau zusammen=
hängendes Ganze. Sie sind häufig durch besondere Umstände und persönliche
Beweggründe veranlaßt und mischen wohl auch persönliche Beziehungen ein.
Dieß gibt der Darstellung etwas Lebendiges, benimmt ihr aber auch zum
Theil den wissenschaftlichen Character. Was die Form der Rede bei Wessel
betrifft, so ist sie geistvoll und bewegt, aber mehr aphoristisch als systema=
tisch; er liebt Gegensätze, Wiederholungen, Steigerungen und eine eigen=
thümliche Verkettung der Ausdrücke und Begriffe; bei nicht zu verkennender
Schärfe und Klarheit hat er doch auch — hie und da an Hamann er=
innernd — sehr dunkle Stellen und etwas Gesuchtes; er gibt seine Ge=
danken oft nur in Thesen und Uebersichten, oder schematisirt theologische
und religiöse Gegenstände, wie z. B. die Bitten des Vaterunsers de Orat.
IV, 1. p. 79 u. 80, die Eigenschaften Gottes de Orat. III, 2. p. 53 u.
54. III, 11. p. 75 u. 76. u. dergl. Um seine Gedanken anschaulich zu
machen, versucht er sich selbst in der Erfindung von Parabeln, die zwar
nicht gerade verwerflich, vielmehr lebendig in der Darstellung sind, aber doch
nicht ausgezeichnet genannt und mit biblischen oder sonst den besten Parabeln
an Tiefe, Einfalt und Originalität nicht verglichen werden können. Solche
Parabeln findet man de Magnitud. Pass. cap. 71. p. 600—602. u. cap.
72. p. 602—604.

Wir könnten bei der Darstellung der Theologie Wessels das positive und das reformatorische Element scheiden und jedes abgesondert entwickeln, allein diese Trennung ist nicht wohl durchzuführen, da auch die positiven Behauptungen Wessels zum Theil reformatorisch sind und seine Polemik, wie alle wahrhaft reformatorische, stets auf positivem Grunde ruht. Es scheint daher zweckmäßiger, den ganzen Stoff in drei Hauptstücke zu vertheilen, von denen allerdings die beiden ersten mehr das Thetische in der Theologie Wessel enthalten, das letztere mehr das Antithetische, nämlich: 1) die Lehre von Gott und seinem Verhältniß zur Welt, 2) die Lehre vom Menschen in seinem Verhältniß zu Gott, besonders in der Erlösung und 3) die Lehre von der Gemeinschaft und den Mitteln des Heils. Das erste Hauptstück handelt dann wieder a) von den Quellen der Gotteserkenntniß, b) vom Wesen und den Eigenschaften Gottes, c) von Gott in seinem Verhältniß zur Welt; das zweite a) von dem Verhältniß des Menschen zu Gott in dem Zustande der Erlösungsbedürftigkeit, b) von der Person und dem Werke des Erlösers, c) von der Aneignung des erlösenden Heils; das dritte endlich a) von der Kirche, als der Gemeinschaft des Heils, b) von den Sacramenten als Mitteln desselben, besonders von der Buße und dem Abendmahl, c) von dem Zustand nach dem Tode, namentlich vom Fegefeuer. In einer Zugabe werden wir dann noch die ascetischen Grundsätze Wessels darlegen.

Erstes Hauptstück.

Lehre von Gott und seinem Verhältniß zur Welt.

---

1) Von den Quellen der Gotteserkenntniß.

Die ältere scholastische Theologie hatte es ebenso wenig verkannt, wie die patristische, daß der menschliche Geist nur auf practischem und theoretischem Wege zugleich zu einer wahren, wohlbegründeten Erkenntniß Gottes gelangen, daß der innere Mensch nur in seiner Ganzheit sich das Göttliche aneignen könne. Aber in der weiteren Fortentwickelung trat wieder eine Spaltung ein, und während die Scholastik einseitig die Kraft des Begriffes, namentlich auf dem dreifachen Wege der Verneinung, der Vollkommenheitssteigerung und der Ursächlichkeit Gott zu erkennen suchte, hob die mystische Theologie ebenso einseitig die Aneignung des Göttlichen durch Contemplation, Andacht und Ascese hervor. Auch im Verfolge des Mittelalters fehlte es zwar nicht an Män= nern, die das Wahre der Scholastik und Mystik in diesem Puncte zu verschmelzen suchten, doch waren sie stets bis zu einem ge= wissen Grade in einer von beiden Richtungen oder in beiden be= fangen; Wessel dagegen, freier von den beschränkenden Einwir= kungen sowohl der gangbaren scholastischen als der mystischen Gotteslehre, gehört unter die, welche unmittelbar vor der Re= formation am kräftigsten darauf hinarbeiteten, die Religion wieder zu einer Sache des ganzen Menschen zu machen, und der Erkenntniß ihr Recht widerfahren zu lassen, ohne das Thun, und beiden, ohne die Liebe als wesentliche Principien eines höheren Lebens hintanzusetzen.

Wessels Lehre ist diese. Der allgemeine und nächste Weg, auf welchem der Mensch zu Gott gelangt, ist der eines ursprüng= lichen Wissens von Gott, welches jedem vernünftigen Geiste einwohnt. „Wie kein Ort so dunkel ist", sagt er[1]), „daß er nicht irgendwie durch einen Strahl der Sonne erleuchtet würde: so gibt es auch keine vernünftige Seele, welcher nicht irgend eine Kunde (notitia) von Gott einwohnte. Denn wie es ganz richtig heißt[2]): es kann sich niemand verbergen vor seiner Wärme, so darf man auch mit Recht sagen: es kann sich niemand verbergen vor seinem Licht." Aber diese Erkenntniß ist nicht bei Allem die= selbe, sondern sie entwickelt sich in den verschiedenen Geistern je nach ihren sonstigen Anlagen und ihrem ganzen sittlichen und intellectuellen Zustande auf verschiedene Weise; ebenso, wie das allgemeine Licht der Sonne von verschiedenen Gegenständen auf verschiedene Weise aufgenommen wird nach Maaßgabe ihrer Em= pfänglichkeit, Lage und Entfernung. Die einfache und allgemeine Erkenntniß Gottes bezeichnet Wessel auch als den Namen Got= tes, der gleichsam in jedem Geiste liegt, in jede Seele ausge= sprochen, und daher in jeder zum Bewußtseyn zu bringen ist[3]). Wie und in welchem Sinn aber dieß geschieht, davon hängt un= endlich viel, ja Alles für die ganze Lebensrichtung des Menschen ab. „Unsere Urtheile[4]) und unsere ganze Vorstellung von Gott entspringen aus dem ersten Wissen (notitia, Bewußtseyn), welches

1) De Oratione Lib. V. cap. 1. p. 88.
2) Ps. 19, 7.
3) De Orat. Lib. V. c. 1. p. 88. Dicitur autem nomen a nos-
cendo, quemadmodum nota et notitia. Est igitur nomen simplicis
rei notitia, qua quaeque res cognoscitur. Nomen ergo Dei notitia
est, qua Deus cognoscitur. Und de Orat. V, 4. p. 92: Notitia autem
nomen est.
4) De Orat. V, 3. p. 91 u. 92.

wir von Gott haben; so lange dieses einfach (unentwickelt) ist, nennen wir es Namen Gottes; wenn es entwickelt ist, ist es die Bestimmung (definitio) des Namens Gottes (der Begriff von Gott)... Wie unser ursprüngliches Wissen von Gott beschaffen ist, so werden auch unsere Urtheile, so wird der Eifer unserer Bestrebungen seyn; so daß, wer den Namen Gottes erhaben auf= faßt, auch ein entsprechendes Urtheil und eine entsprechende Willens= richtung hat; wer ihn heilig auffaßt, auch ebenso will und denkt von seinem Gott; aber auch umgekehrt, wer den Namen Gottes dürftig auffaßt, dürftig von ihm denkt: denn in unserer ganzen Handlungsweise ist das Wissen, welches wir ursprünglich und vor= zugsweise von einer Sache haben, die Quelle aller unserer Ur= theile und Bestrebungen... Alle Menschen also, Fromme und Gottlose, sind vermöge des (verschieden aufgefaßten) Namens Gottes das, was sie sind, und der Name Gottes unterscheidet zwischen den Kindern des Verderbens und des Heils... Der Name Gottes [1])

---

1) Es ergibt sich schon aus dieser Stelle und geht aus vielfachen Aeußerungen Wessels hervor, daß er unter Namen, besonders in Bezie= hung auf Gott und Christus, nie bloß ein Wort, einen Schall, sondern den mit dem Worte verbundenen, im Gemüthe lebendig wurzelnden und wir= kenden, Begriff (cum pietate creata notitia) und das im Begriff ausge= brückte, wenigstens approximativ ausgedrückte, Wesen versteht. Als lebendige Bezeichnungen der verschiedenen Seiten des göttlichen Wesens sind ihm da= her auch die einzelnen Namen Gottes, vorzüglich im alten Testament, sehr wichtig und bedeutungsvoll und er stellt häufige, wenngleich nicht immer ganz befriedigende, Betrachtungen darüber an, hauptsächlich über den Namen Jehovah. Vergl. de Orat. III, 5. p. 59 u. 60. Ebendas. Cap. 10. p. 72. Lib. IV, 6. p. 85. Lib. V, 10. p. 103. De Caus. Incarn. Cap. 4. p. 419. Ueber das, was Wessel unter Namen versteht, ist be= sonders die Stelle de Orat. IV, 7. p. 86 u. 87. zu vergleichen, wo er sagt: es gebe zwiefache Namen der Dinge, ächte, gehaltvolle und leere, eitle, nichtige, wie es gute und taube Nüsse gebe. Die letzteren Namen bringen keine Wirkung im Sinn und Gemüth des Erkennenden hervor, wie dieß z. B. der Fall ist bei den Namen großer Gegenstände in der Seele der Thoren; denn ihnen sind die Namen Gott, Vater, Heilig u. s. f. leer und nichtig, und können nichts thun zur Erhebung und Befreiung des Gemüthes. Die wahren Namen aber sind solche, die mit lebendiger Erkenntniß verknüpft sind, die wie ein Lichtstrahl in die Dunkelheit der Seele fallen und denen, die sie in sich aufnehmen, die Macht geben, Kinder Gottes zu werden; sie erzeugen ächte, sittlich erhebende und befreiende Weisheit, sie machen den Menschen 'hochherzig, so daß er das Kleine und Geringfügige verachtet. Dasselbe gilt, wie von dem oder den Namen Gottes, ebenso von dem Namen Jesu; und nur in diesem Sinn ist es auch richtig zu verstehen, wenn das Gebet im Namen Jesu als das allein gottgefällige und wirksame empfoh= len wird. S. 87.: Hinc jam plane liquet, quam facile dabit Pater quaecunque; petierimus in nomine Jesu. Petierimus, dico, in nomine non vano, sed in vero et sanctificato nomine Jesu. Offenbar hängt diese ganze Exposition und die häufigen Erörterungen Wessels über Namen Gottes mit seinem Nominalismus zusammen. Gerade als Nominalist, der doch nicht in extremer Einseitigkeit dieser Denkart befangen war, be=

kann im Menschen wachsen, zunehmen, gereinigt, geheiligt, erhöht,
verherrlicht werden: aber auch abnehmen, befleckt, entweiht, ge=
schmälert, unterdrückt, geläftert werden; so daß, wie in jedem der
Name Gottes ist, so auch die Menschen sind, und umgekehrt, wie
die Menschen sind, so ist auch in ihnen der Name Gottes." Aus
diesen Stellen, die zugleich, indem sie auf den Namen, als In=
begriff der Sache, ein so großes Gewicht legen, den Nomina=
lismus Wessels beurkunden, geht hervor, daß Wessel ein
ursprüngliches Gottesbewußtseyn, eine mit der Vernunft selbst ge=
gebene Kunde Gottes in jedem Menschen annimmt, daß er aber
schon dieses einfachste und erste Wissen von Gott nicht isolirt
denken kann, nicht getrennt von dem gesammten geistigen und
sittlichen Zustande des Menschen, sondern in nothwendiger kräfti=
ger Wechselwirkung mit demselben begriffen; dergestalt, daß das
ganze geistige Seyn des Menschen ebenso sehr davon abhängt,
wie er sich Gott denkt, als sein Denken von Gott bedingt ist
durch das ganze geistige Seyn, also beides nur mit= und durch=
einander sich entwickelt und gestaltet. Daher schreibt auch Wessel
in einer andern Stelle den ursprünglichen Besitz des Namens
Gottes nicht einem geistigen Vermögen ausschließlich zu, sondern
vertheilt denselben gleichsam unter die verschiedenen Kräfte und
Richtungen des Geistes: „Es wohnt unserem Gedächtniß," sagt
er[1] „von Natur der ame Gottes Stein. Ebenso ist über unsere
Erkenntniß gezeichnet das Licht des Angesichtes Gottes, und dieses
Licht, indem es in die Finsterniß leuchtet, ist das Leben der Men=
schen, vermöge dessen wir mit Recht von Natur der Wahrheit
beistimmen, daß alles Gute allen Menschen von Gott· komme.
Gleicherweise ist auch drittens von Natur allen Menschen einge=
pflanzt ein Verlangen nach Glückseligkeit, und wenn dieses im Ge=
bete ausbricht und anklopft, so wird es auch befriedigt werden."
        Die Grundlage der ursprünglichen Gotteserkenntniß beruht
aber nicht bloß darauf, daß der Mensch trotz seiner Verfinsterung
doch eine natürliche Liebe zur Wahrheit hat[2], denn diese könnte
ja dabei immer auch nur von außen an ihn gebracht seyn, son=
dern sie liegt hauptsächlich in seiner unzerstörbaren Gottver=
wandtschaft. Zwar behauptet Wessel zunächst nur von der
edlen Seele, daß sie etwas Göttliches in sich habe und, je edler

trachtete er die Namen nicht als etwas Todtes, Leeres, als nichtigen Schall,
sondern als Träger, als lebendige Vergegenwärtigung, gleichsam als Ver=
körperung einer das Wesen selbst zum Theil in sich fassenden und in der
Seele des Erkennenden wirksamen Idee.
        1) De Orat. I, 12. p. 22.
        2) Scala Meditat. III, 4. p. 260. Fere enim naturaliter omnes
trahimur agnita veritate.

sie sey, desto mehr die Gottheit nachahme[1]); aber aus andern
Stellen geht hervor, daß er eine ursprüngliche Lebensgemeinschaf
mit Gott als das Besitzthum jeder vernünftigen Natur betrachtet.
So sagt er unter Anderm: „Jedes denkende Geschöpf ist göttlicher
Natur"[2]): und: „Jede vernünftige Creatur, sobald sie existirt,
ist durch einen ewigen Ehebund (aeterna lege nuptiali) mit Gott
vereinigt, so daß sie wahrhaft die Ehe bricht, wenn sie einem
Andern angehört als Gott. Durch diesen Bund ist jede Creatur
mit Erkenntniß begabt (intellectualis), denn an und für sich ist
sie wie eine Jungfrau unfruchtbar, und hat nichts, was sie nicht
empfangen hätte, wie sehr sie auch begabt und erhöht seyn
mag[3])." Wessel betrachtet diese ursprüngliche und allgemeine
Liebes= und Lebensgemeinschaft aller Vernunftwesen mit Gott[4]),
die natürlich bei geheiligten nach dem Maaße ihrer inneren Rei=
nigung gesteigert ist, als etwas so Wesentliches, daß ihm die
äußere sichtbare Ehe nur ein Abbild und eine sinnliche Darstel=
lung davon ist[5]). Vermöge dieser Verwandtschaft ist nothwendig
auch eine Aehnlichkeit in dem menschlichen Geiste mit Gott, und
zwar entspricht der Dreiheit der göttlichen Personen in dem Men=
schen eine Triplicität der geistigen Vermögen. Indem
Wessel darin von der jetzt gewöhnlichen psychologischen Betrachtung
abweicht, daß er die Zustände, die wir dem Gefühl zuschreiben,
zum Wollen rechnet, und das Erinnern als besondere Thätigkeit
vom Erkennen trennt, stellt er, nach der seit Augustin gewöhnlichen
Art, als Grundvermögen im Menschen auf: das Gedächtniß, die
Erkenntnißkraft und den Willen; diese aber sind nicht gesondert
im Geiste vorhanden, sondern in lebendiger Wechselwirkung un=
trennbar geeinigt: „Der innere Mensch," sagt Wessel[6]), „hat drei
Theile, Gedächtniß, Erkenntniß und Wille. Dem Gedächtniß
kommt zu die Erwägung (consideratio) und Vergleichung; der Er=
kenntniß die Beistimmung (assensus), Folgerung, Beweisführung,
Beurtheilung[7]); dem Willen die Zustimmung (consensus, Zunei=

---

1) De Caus. Incarnat. Cap. VII. p. 427.
2) Omnis enim creatura intellectualis natura est divina. De
Orat. III, 8. p. 66.
3) De Magnit. Pass. cap. 73. p. 604.
4) Es finden sich bei Wessel zur Bezeichnung der Gottverwandtschaft
des Menschen die stärksten Bilder; so sagt er z. B.: jeder geschaffene Geist,
indem er ein Bild Gottes in sich hat, empfange gleichsam einen kleinen Gott
in seinem Schooße und bringe denselben in einer ewigbeseligenden Empfäng=
niß und Geburt zur Welt. Scala Medit. I, 21. p. 222.
5) a. a. O.: Immo credo, sensibiles externas nuptias non nisi pi-
cturam et comoediam quandam esse verarum harum nuptiarum.
6) De Orat. I, 8. p. 15.
7) In einer andern Stelle de Orat. X, 5. p. 178. heißt es: Memoria conceptuum est, intelligentia vero judiciorum.

neigung), das Streben, das Verlangen, die Liebe. Wie es nun unmöglich ist, daß eine (wollende) Zustimmung vorhanden sey, ohne (erkennende) Beistimmung: so können auch diese beiden nicht vorhanden seyn ohne vorhergegangene Erwägung... Wenn der Mensch mit diesen dreien sich zum Guten wendet, so ist er gut; wenn zum Bösen, so ist er böse und erstorben." Wie aber das geistige Leben des Menschen, weil in seiner dreifachen Kraft= äußerung doch nur eines, der göttlichen Dreieinheit entspreche und darin ein Beweis der Gottverwandtschaft des Menschen liege, deutet Wessel in folgenden Aussprüchen an[1]): „In unserm inne= ren Menschen, der nach dem Bild und der Aehnlichkeit Gottes ge= schaffen ist, findet sich eine gewisse Dreieinheit: der Verstand, die Vernunft, der Wille[2]); und diese drei sind gleicherweise unfrucht= bar, unthätig, träge, wenn sie von ihrem Urbilde verlassen sind. Unser Verstand ohne Weisheit ist wie das Licht ohne Auge; und welches wäre diese Weisheit, wenn nicht Gott der Vater? Das Wort (der Logos) aber ist das Gesetz und die Richtschnur unserer Urtheile, und lehrt uns in Demuth uns selbst schätzen nach der Wahrheit der Weisheit. Und der Geist beider, die göttliche Liebe[3]), ist die Nahrung für den Willen." Und auf eine etwas andere Weise[4]): „Der innere Mensch betrachtet sich als ein sich erinnern= des, als erkennendes und wollendes Wesen; er betrachtet seinen Schöpfer als Vater, als Herrn und als Gott; Vater ist er durch Güte, Herr durch Recht, Gott von Natur. Diese drei göttlichen Vorzüge sind für jedes vernünftige Wesen gleichsam Grundlagen einer heiligen Verpflichtung[5]). Denn es kommen auch dem ver= nünftigen Geschöpfe drei Vorzüge[6]) zu, durch welche dasselbe in dieses ehrenvolle Verhältniß nicht bloß eintreten kann und darf, sondern auch soll und muß." So steht also, wie Wessel weiter ausführt, der Mensch in Beziehung zu Gott und ist an ihn ge= knüpft durch das Erinnern des Verstandes, das Erkennen der

---

1) De Magnit. Passion. Cap. 74. p. 606. Daß der Mensch ein Abbild des dreieinigen Gottes sey, entwickelt Wessel auch Scal. Medit. Exempl. III. p. 389: Factus est itaque homo ad imaginem et simi-litudinem sanctae trinitatis. Et quae sacrae hujus trinitatis potest esse vera similitudo? Sane non corporalis ... Interioris igitur ho-minis partes ad imaginem Dei reformatae tres panes sunt, quos amicus petit poni ante se: sapientiam videlicet verae cogitationis Dei, gloriam sublimiter aestimantis, ardentem amorem verae cha-ritatis.

2) Mens, intelligentia, voluntas.

3) Spiritus amborum Deus charitas lac est voluntati.

4) De Orat. II, 5. p. 59.

5) ... velut sanctae religionis principia.

6) ... tres quaedam dignitates. .

Vernunft und die Liebe des Willens, in allen drei Vermögen drückt sich eine Verpflichtung gegen Gott aus, alle drei sind also Quellen und Grundlagen der Frömmigkeit und des religiösen Lebens. Man könnte im Sinne Wessels sagen: Religion ist die dreieinige Erhebung des gottverwandten Menschengeistes zu dem dreieinigen Gott.

Schon aus diesen Aeußerungen ergibt sich, daß nach Wessels Ueberzeugung der einseitige Weg der Erkenntniß, der rein theoretische, den Menschen nicht vollständig zu Gott führt, sondern daß dazu eine Erhebung[1] des ganzen Geistes zu Gott, eine Hineinbildung des Menschen in das göttliche Leben, eine Verähnlichung mit Gott erforderlich ist; „denn man nähert sich Gott nicht durch Schritte," sagt Wessel, „sondern durch innere Uebereinstimmung." Der Name Gottes wird im Menschen geheiligt, je mehr er sich vom Profanen reinigt, und je mehr dieß geschieht, desto mehr naht er sich Gott; wer Gott von ganzer Seele sucht, wird göttlich und gottähnlich; und diese Gottähnlichkeit ist größer oder geringer nach Maaßgabe der Liebe und inneren Verherrlichung Gottes[2]. Die Mittel, durch welche der Mensch zum Göttlichen sich erhebt oder dasselbe in sich aufnimmt, sind vorzugsweise das Gebet, die fromme Betrachtung und eine lebendige, feurige Liebe. „Es ist nicht unnütz," sagt Wessel[3], „die Wege des Herrn zu betrachten: ich meine die Wege, auf denen wir uns Gott nahen, oder Gott sich uns nahet. Im Allgemeinen, auf welche Weise unser Herz mit Gott, oder Gott mit uns vereinigt wird, das sind für uns Wege zu Gott oder Gottes zu uns. Aber vorzüglichere Wege sind die, welche uns inniger mit Gott vereinigen und uns mehr die Einwohnung Gottes verschaffen. Sie wird uns aber verschafft durch gute Betrachtungen, noch mehr durch (anbetende) Bewunderung, in noch höherem Grade durch Erforschung seiner Wunderwerke; am allermeisten aber durch Sehnsucht und Liebe." Das Gebet und die andachtvolle Betrachtung behandelt Wessel überall, vornehmlich in den beiden Schriften de Oratione und Scala Meditationis, als ein unentbehrliches Mittel zur Nährung der Frömmigkeit und zur Erhaltung einer lebendigen Gemeinschaft mit Gott, und zwar hebt er das Gebet namentlich auch deßhalb hervor, weil es ein Vereinigungs= und Culminationspunct der übrigen geistigen Thätigkeiten ist, die in ihm ihre

---

1) Si accedit homo ad cor altum, exaltabitur Deus in corde ejus. *Exaltato* igitur *corde* ad altum Deum acceditur; nec ad altum, nisi *alto corde* acceditur. De Magnit. Pass. Cap. 83. p. 629.
2) De Orat. V, 5. p. 93 u. 94.
3) Scala Meditat. I, 6. p. 202.

Vollendung erhalten und in diesem Zusammenklange, in dieser
naturgemäßen Steigerung sich dem Höchsten, dem Göttlichen zu=
wenden. „Es ist eine gewisse Ordnung und ein naturgemäßes
Fortschreiten," heißt es [1]), „in den Thätigkeiten des inneren Men=
schen, ebenso, wie im Sinnlichen und Natürlichen nichts reifen
kann, was nicht vorher gewachsen ist und zugenommen hat; es
vollendet sich keine Frucht, die nicht vorher gebildet wäre, es wird
keine gebildet, die nicht geblüht hätte, und blüht keine, die nicht
vorher gekeimt hätte.   So verhält es sich auch, wenngleich nicht
in denselben Zeitabschnitten, doch vermöge einer gewissen vorge=
zeichneten natürlichen Ordnung mit der inneren Reinigung. Jeder,
der betet, hat auch Sehnsucht; wer betet, vertraut; wer betet,
glaubt; wer betet, fürchtet; wer betet, verehrt; wer betet, versinkt
auch in Anbetung.   Es ist also kein Wunder, wenn das mit
solchen Gütern befruchtete Gebet angenehm, mächtig und wirksam
vor Gott ist." Von der Betrachtung des Göttlichen und dem
Gebete läßt sich aber auch die L i e b e nicht trennen; diese gibt
den Gedanken erst Kraft und Wärme, feste Richtung und vollen
Gehalt, und steht, da sie die reinste Vollendung des inneren Le=
bens ist, mit allen übrigen Thätigkeiten in steter Beziehung. „Aus
der Beschaffenheit unserer Gedanken erkennen wir, wie unsere
Liebe beschaffen ist; denn wenn keine Liebe da ist, so sind unsere
Gedanken wandelbar und schweifend; und wenn unsere Gedanken
umherschweifen, so ist offenbar keine Liebe da . . . Und wie ver=
möge des Mangels an Liebe unsere Gedanken schwankend sind,
so werden sie durch verkehrte Liebe verkehrt [2]) . . . Eine feste
Liebe ist der Anker der Seele; sie befestigt durch stete Sehnsucht,
wie durch einen gekrümmten Zahn, der sich tief einbeißt, das zu=
rückströmende Schifflein, und verhindert, daß es nicht den Winden
weichet. Willst du also nicht in der Betrachtung schwanken, so
liebe, und liebe mit Festigkeit, und wenn du stets mit deiner Be=
trachtung auf Gott gerichtet seyn willst, so liebe ihn, und sobald
du entdeckest, daß du von ihm abschweifest, so bekenne, daß es
ein Mangel an Liebe ist, und bitte um die Gnade der Liebe [3])."
Aufs kräftigste aber wird die Liebe als höchster Vereinigungspunct
mit Gott und als eigentliche Blüte des inneren Lebens in fol=
genden Stellen empfohlen: „Die geschaffene Liebe ist ein Abbild
der ungeschaffenen, und so weit wir im Glauben zur Liebe fort=
schreiten, so weit schreiten wir fort in der Verähnlichung mit Gott,

---

1) De Orat. I, 9. p. 18.
2) Scala Meditat. I, 7. p. 203.
3) Scala Meditat. I, 15. p. 215.

unb bleiben in Gott unb Gott in uns [1])." Unb: „Die Liebe
Gottes ist gleichsam das Haupt unb das Herz des ganzen inneren
Menschen, unb von diesem Haupte haben alle übrigen Tugenden
ihren Ursprung unb ihre Ableitung, so‧ baß alle Gerechtigkeit,
Barmherzigkeit, Klugheit, ja selbst die Erkenntniß aller Dinge
unb Geheimnisse ohne Haupt ist, wenn sie der Liebe Gottes er=
mangelt [2])."

Aus allem Bisherigen ist klar, wie Wessel die Religion
überall als der Totalität des Geistes angehörig auffaßt.
Je wichtiger dieß ist, desto mehr sind wir veranlaßt zu fragen,
womit er seinen Standpunct rechtfertigt? Schon der Gedanke,
baß alle Wahrheiten unter sich übereinstimmen müssen [3]) ist, weil
ihn Wessel nicht bloß in objectiver, sondern auch in subjectiver
Beziehung ausspricht, hier nicht ohne Bedeutung; noch wichtiger
aber ist die entschiedene Anerkennung der untheilbaren Einheit
des menschlichen Geistes, wie wir sie überall in Wessels Schriften
finden. Wessel verkennt zwar nicht die Verschiedenheit der gei=
stigen Functionen, vermöge deren er die bezeichnete dreifache Ein=
theilung des Geistes annimmt, er übersieht auch nicht, baß durch
die Sünde eine Duplicität in den Menschen gekommen ist [4]); aber
dessen ungeachtet hält er die Ueberzeugung fest, baß der Geist in
seinem innersten Grunde einer unb derselbe sey [5]), baß ein gemein=
sames unauflösbares Band alle seine Thätigkeiten umschlinge unb
in stete Wechselwirkung setze, baß also auch an den höchsten Wahr=
heiten unb Gütern der Geist in harmonischer Ganzheit unb un=
getrennter Einheit Theil haben müsse, ja baß eben durch diese
Theilnahme die volle Einheit des Geistes hergestellt werde. Auf
der einen Seite sagt Wessel [3]): „wie einer handelt, so ist auch
sein Wille; unb wie sein Wille ist, so ist auch sein Urtheil
unb seine Erkenntniß;" auf der andern Seite hebt er ebenso
bestimmt hervor, baß, wenn die Erkenntniß richtig unb die

---

1) De Oration. IV, 4. p. 82. womit zu verbinden Lib. VII, 9.
p. 135.

2) De Orat. VII, 11. p. 137.

3) De Orat. III, 3. p. 55. Propter indivisibilem sacri fontis
unitatem omne verum adeo vero consonat, ut alterum ex altero
stabiliat. Hiermit ist auch das Folgende unb besonders S. 56. zu ver=
gleichen.

4) De Orat. I, 17. p. 30.

5) Er will die Eintheilung der Seele in verschiedene Kräfte unb Thä=
tigkeiten nicht so verstanden wissen, als ob sie aus verschiedenen Bestand=
theilen zusammengesetzt sey, wie die Hand aus Fläche unb Finger. De
Magnit. Pass. cap. 18. p. 487.

6) De Orat. V, 4. p. 92. Womit zu verbinden Scal. Medit. Exempl.
I. p. 330. Vult autem nemo, nisi quod ante volendum judicat. Neque vult et judicat, nisi quod cogitatu cognovit mente versans.

Vernunft erleuchtet, dann auch der Wille recht sey; doch gibt er hierbei zu, daß auch manche Menschen der erkannten Wahrheit widerstreben, daß vermöge verkehrter Willensrichtung die Wahrheit bei ihnen kalt und unfruchtbar bleibe [1]. Denn immer sieht er den Willen und die Liebe als die eigentliche Grundlage des geistigen Lebens an, so daß die Beschaffenheit des Menschen nicht sowohl davon abhängt, wie seine Erkenntniß, als vielmehr davon, wie seine Liebe ist [2]. Wenn nicht immer mit der erkannten Wahrheit die sittliche Güte, so kommt doch immer mit der Sünde die Unwahrheit und Unwissenheit, die Verfinsterung für das Göttliche in die Seele des Menschen. „Jeder unfromme Mensch ist ein Lügner, und jeder Böse ist unwissend,“ sagt Wessel [3]. Damit ein Gedanke, eine Erkenntniß wirkungskräftig sey, dazu wird immer die befruchtende Liebe erfordert, „denn in einer kalten Seele sind auch alle Gedanken dürre; eine kalte Seele ist wie vom Nordhauch angeweht, trocken, und von Selbstliebe, gleich einer eisigen Rinde, eingeengt [4].“ Und in einer andern Stelle [5]: „Wie der Verstand nicht zum Wollen fortschreitet, wenn er nicht vorher erkannt hat, so daß der Act des Wollens nicht von dem bloßen Verstand ausgeht, sondern von dem entscheidenden Verstand; so wird auch kein kräftiges Verlangen erregt außer von der vollen (der ganz von der Sache erfüllten) Seele. Der lebendige Gedanke ist fruchtbar zur Geburt der Weisheit; die wahre Weisheit mit begeistertem Denken [6]) ist wirkungskräftig und bereit zur Frucht der Gerechtigkeit. Unfruchtbar ist jede Erwägung, die nicht zum Urtheil wird; unwirksam jede Erwägung und jedes Urtheil, wenn es nicht nach der Würde des Gegenstandes zur Sehnsucht und Liebe sich entzündet.“

---

1) De Orat. IV, 8. p. 87 u. 88.
2) Der Zusammenhang zwischen Liebe und Erkenntniß wird von Wessel hervorgehoben de Sacram. Poenit. p. 781. Ebenso wird auch die hohe Bedeutung der sittlichen Einheit des Menschen, die Nothwendigkeit einer durchgreifenden Harmonie und Wechselwirkung der Tugenden, so daß ein sittlicher Geist sie alle erzeugt und trägt, und in jeder einzelnen alle übrigen mit begriffen sind, von Wessel entschieden anerkannt und treffend ausgesprochen. Scal. Medit. Exempl. I. p. 348: Et quoniam hae singulae virtutes verae sunt, indivisas esse necesse est, ut quaelibet in qualibet ceterarum inveniatur, et quaelibet ex qualibet illustretur. Und auf andere Weise Exempl. III. p. 389: Qui habet unum ex iis tribus (wahre Erkenntniß Gottes, innige Verehrung, oder feurige Liebe gegen ihn) habet omnes tres: et qui eget uno eorum, omnium trium egenus est.
3) De Orat. V, 1. p. 89.
4) De Magnitud. Passionis. Cap. 85. p. 631.
5) Scala Meditat. IV, 8. p. 287.
6) cum fervido cogitatu.

Fragen wir aber, was die letzte und höchste Einheit im menschlichen Geiste, die Grundlage aller Vermögen und Thätig= keiten bildet? so ist es die Persönlichkeit, das Ich. In dem Ich ist das Beharrliche, Feste, Unzerstörbare unter allen wechselnden Zuständen und Bestrebungen gegeben. „Das Ich,“ sagt Wessel [1]), „ist das Erste von Allem, was dem Menschen bekannt wird (primum ego omnium notorum). Ich möchte also wissen, was mein Ich ist? Es ist nicht mein Wille, nicht mein Urtheil, nicht mein Selbstbewußtseyn, nicht mein Wachen, nicht mein Schlaf. Bei allen diesen vorübergehenden Zuständen (d. h. wiewohl sie vorübergehen) bin ich nichtsdestoweniger; wiewohl ich nicht ohne einen und den andern derselben innerlich sprechen kann: Ich bin [2]). Was ist also das Ich anders, als die fruchtbare Quelle dieser Dinge, selbst dann, wenn es nichts davon hervorquellen läßt, dennoch fähig, aus sich hervorgehen zu lassen gute und böse Handlungen, es sey denn, daß es durch körperliche Hemmungen gehindert wird.“

In dem bisher Angeführten macht Wessel keinen durchgrei= fenden Unterschied zwischen der ursprünglichen und allge= meinen und der durch eine besondere geschichtliche Of= fenbarung gegebenen Gotteserkenntniß. Indeß ist er sich dieses Unterschiedes doch sehr bestimmt bewußt und drückt dieß auch vielfach aus. Er betrachtet die natürliche, vorzugsweise durch die Selbstthätigkeit des Menschen erzeugte, Erkenntniß des Gött= lichen als unzureichend, schwankend und getrübt, und leitet die volle, reine, sichere Einsicht in das Wesen Gottes von der Offen= barung in Christo ab. Wir haben zwar ein Organ, ein Auge für göttliche Dinge, aber das Licht, in dem wir sie rein auffassen, muß von Gott ausstrahlen: „Wie unser Auge an und für sich selbst, ohne Licht, blind ist: so ist auch unsere Seele ohne das Licht des Antlißes Gottes, womit wir gleichsam versiegelt sind, zu ewiger Finsterniß verdammt; unsere Erkenntniß geht irre, wenn sie nicht durch das Gesetz geleitet und von dem Worte Gottes richtig gelenkt wird, und unser Wille ist träge, frech und wild, wenn er nicht von jenem Feuer der Liebe entzündet ist [3]).“ Die Gründe, womit Wessel dieß rechtfertigt, kommen zwar nur

---

1) Scala Meditat. III, 4. p. 259.
2) Dieß drückt Wessel auch so aus, daß, wenn alle edleren Geistes= thätigkeiten aufhörten, der Mensch nichts Anderes wäre als ein Thier, und, wenn auch die sinnlichen Functionen wegfielen, ein Stein oder Klotz. De Magnit. Pass. Cap. 74. p. 607.
3) De Magnit. Pass. Cap. 74. p. 607. Die Offenbarung aber ist in Beziehung auf Gott nicht Sache der Nothwendigkeit, sondern der freien

gelegentlich und zerstreut in seinen Aufsätzen vor, sind aber in
der Hauptsache folgende. Schon die Unendlichkeit Gottes und die
Beschränkung des endlichen Geistes begründet für den letzteren die
Unmöglichkeit einer erschöpfenden Gotteserkenntniß. Wessel beruft sich auf den Ausspruch des Gregorius von Nazianz: das
Göttliche entzieht sich uns, ehe es begriffen wird — und bestätigt
denselben damit, daß es uns bei der Beschränktheit unseres Denkens schwer sey, aus allen Vollkommenheiten Gottes einen einzigen Begriff zu bilden: sowohl wegen der engen Begränzung
unseres Geistes, als wegen seines unsteten, schwankenden Characters [1]). Der menschliche Geist ist aber nicht bloß endlich, er ist
auch in seiner Endlichkeit schwach. Das innere Auge, wiewohl
von einem Strahle des göttlichen Lichtes erhellt, ist doch nicht
stark genug, das volle Licht des göttlichen Wesens aufzunehmen.
Wie unser äußeres Auge die Sonne nicht ertragen, und sich nur
an dem Anblick der von der Sonne beglänzten Blumen und Edel-
steine erfreuen kann, so vermag auch unser inneres Auge nicht
die volle Sonne der Gottheit zu schauen und sich in ihrem ganzen
Lichte zu entzücken; es kann sich nur an ihrem in der Wahrheit,
Liebe und allen Tugenden abgestrahlten Lichte ergötzen [2]). Und
dazu kommt dann auch noch, daß der innere Spiegel, in dem wir
das Bild der Gottheit auffassen, nicht hell und klar, sondern getrübt, daß er nicht bloß dem einen größten Gegenstande, sondern
vielen andern zugekehrt ist. Ein Spiegel von Glas kann jedem
Gegenstande, dem edelsten und schönsten, wie dem geringsten und
schmutzigsten, vorgehalten werden, ohne daß er in seiner Beschaffenheit verändert und befleckt wird; der geistige Spiegel aber, „unsere Seele, weil sie mit Freiheit handelt, und sich nach Belieben
diesen oder jenen Gegenständen zuwendet, wenn sie mit Hintansetzung der edleren Gestalten zu dem Schmutze sich hinwendet,
kann dieß nicht thun, ohne selbst schmutzig und befleckt zu werden,
so daß sie dann mit Recht für einen schlechten Spiegel gehalten
wird ... In dem Glanze der Wahrheit ist jedes Falsche ein
verdunkelnder Fleck, der die Reinheit des Spiegels trübt; nichts
aber wäre in diesem Glanze so sehr trübend, als wenn der
Spiegel glaubte, er leuchte von sich selber, wenn er jenen Vorzug des Lichtes fälschlich sich selbst beimäße, und eben dadurch
verdunkelt würde, daß er die Wahrheit verlassend und das Hei-

---

Liebe; das Licht der ewigen Güte ist, wie Wessel schön sagt, ein Sol arbi-
trarius, non necessarius, sed mere voluntarius. Ebendas. S. 608. Auch
de Magnit. Pass. Cap. 74. p. 606.
  1) Scala Meditat. I, 14. p. 214.
  2) De Orat. VI, 9. p. 122.

ligthum beraubend, sich selbst beilegte, was doch eigentlich der Sonne angehört [1])." Nach diesen Grundsätzen wird man sich nicht wundern, daß Wessel, wiewohl er sich mitunter auch auf philosophische, namentlich platonische, Lehren beruft, doch in den Betrachtungen der Philosophen über Gott viel Trockenes, Nüch= ternes und Unfruchtbares findet [2]), und einzelne Sätze der Welt= weisen über Gott, z. B. Aussprüche des Aristoteles und Aver= roës, als falsch und die Würde Gottes beeinträchtigend ver= wirft [3]).

Mit dem Bewußtseyn der Unzulänglichkeit einer bloß natür= lichen Gotteserkenntniß hängt die Anerkennung des Bedürfnisses göttlicher Offenbarung, und das Ergreifen einer Lehre, die sich als solche bewährt, genau zusammen. Zwar spricht sich Wessel auch hierüber nicht ausführlich und zusammenhängend aus, aber gelegentliche Aeußerungen und das Ganze seiner Denkart lassen seine Grundsätze auch in diesem Puncte nicht verkennen. „Es ist mit Eifer die Gabe zu ergreifen," sagt er [4]), „deren uns unser Gott gewürdigt hat, indem er jenen schwierigen Fußsteig der gött= lichen Namen (d. h. im Sinne Wessels der Erkenntniß Gottes), der den prophetischen, ich will nicht sagen Füßen, sondern Fit= tigen und Schwingen kaum' zugänglich war, durch gütige Beleh= rung so geebnet hat, daß jetzt ein Bauer im Namen des Vaters, Sohnes und heil. Geistes heiliger, fruchtbarer und gesunder über Gott denkt, als vor dem Evangelium ein Philosoph, Patriarch und Prophet." Die Hauptsache aber war nicht sowohl die theo= retische Belehrung, als vielmehr die Darstellung und Bewährung der göttlichen Liebe, die uns nirgends so überzeugend und ergrei= fend entgegentritt als in Christo und die Grundlage eines ganz neuen Verhältnisses der Menschen zu Gott bildet. „Es wäre schon bedenklich zu sagen und schwer zu glauben, daß der ewige Gott nach seinem Gebilde eine Sehnsucht hegen oder ihm einen besonderen Vorzug geben sollte; daß er es aber liebte, wer würde es glauben, wenn es nicht der Eingeborene, der im Schooße des Vaters ist, gesagt hätte? Aber da es die Wahrheit selbst bezeugt, wer, der nicht ein Verächter, Widerspenstiger, Schmähsüchtiger, und Gotteslästerer wäre, wagte nun ein Mistrauen zu hegen [5])!" Christus ist durch seine Liebe und Heiligkeit der Weg zu Gott

---

1) Scal. Medit. I, 21. p. 221 u. 222.
2) De Sacramento Eucharist. Cap. 19. p. 705.
3) De Magnitud. Passionis. Cap. 43. p. 548.
4) De Orat. V, 6. p. 97.
5) De Oratione III, 10. p. 70. Womit zu vergl. Scal. Medit. Exempl. III. p. 406.

und ewiger Seligkeit. „Siehe,“ sagt Wessel [1]), „wie er der Weg, und wahrhaftig der Weg ist, der durch die Wahrheit der Heiligkeit zu einem seligen Leben führt. Siehe außerdem, wie er die Wahrheit ist in wahrer Anfechtung, wahrer Heiligkeit, wahrer Glückseligkeit. Und endlich, wie sein Leben unbefleckt ist in der Bedrängniß und köstlich in der Heiligkeit.“ Es ergibt sich hieraus, daß Wessel die Offenbarung nicht bloß als Belehrung auffaßte, sondern als erregende Darstellung eines heiligen Lebens und der beseligenden Liebe Gottes, deren der Mensch sonst auf keine Weise so gewiß und froh werden könnte. Christus als Mensch ist das geschaffene Abbild der ungeschaffenen göttlichen Weisheit und Güte [2]), und die Liebe Gottes in ihm ist so stark und gewaltig, daß es nun für uns, wenn wir diese Liebe anschauen, zur inneren Nothwendigkeit, zur andern Natur wird, Gott wieder zu lieben: „Denn was kann so unsere Liebe nähren, als daß jener Mensch, der zugleich wahrer Gott ist, uns dergestalt liebte mit jener heiligen großen treuen Liebe, mit welcher keine andere auch nur im geringsten verglichen werden kann [3])?“ Und besonders in folgender Stelle, wo Wessel zuerst die allgemeinen Eigenschaften Gottes und das erhabene Wesen des Schöpfers schildert und dann fortführt [4]): „Aber nachdem Gott seine Majestät erniedrigt und der Fülle seiner Allmacht und Weisheit entsagt hat, auf daß er in Wahrheit sich als vollendeten und reinen Liebhaber zeige, indem er den ganzen Reichthum seines Hauses nichts achtete aus Liebe, hält es der Christ nicht nur für billig oder gerecht, zu lieben, sondern für nothwendig, für natürlich, für seinen Genuß, seine Speise, seine Krone. Es ist für ihn nicht eine Gesetzesvorschrift oder ein Gebot, sondern es ist für seine dürftende Seele eine Quelle des Lebens, daß er von ganzem Herzen, von ganzer Seele, mit aller Kraft Gott nicht bloß verehrt, sondern ihn als seinen Vater liebt, und als einen solchen Vater. Denn der Christ allein hat das vor allen Gottesknechten voraus, daß er sich des Kreuzes seines Gottes rühmt, den der Vater dahingegeben hat, auf daß er den Knecht freimache, und in die Gemeinschaft der Söhne aufnehme.“ Da sich die göttliche Liebe auf eine so leuchtende und ergreifende Weise geoffenbart hat, so ist auch die bewußte Verkennung derselben und das Mißtrauen in sie, oder mit einem Worte der Unglaube die größte

---

1) De Caus. Incarnat. Cap. 3. p. 417.
2) De Orat. IV, 4. p. 81 u. 82.
3) De Orat. VIII, 2. p. 143.
4) De Orat. III, 9. p. 68 u. 69.

Sünde. Wessel beruft sich auf das Wort Christi [1]: der heil. Geist wird die Welt strafen um der Sünde willen, daß sie nicht glauben an mich, und sagt [2]: „Nicht daß bloß der Unglaube Sünde wäre: denn auch der Stolz, der Neid und die Lüge ist Sünde. Aber diese Sünde wird so erwähnt, als ob sie die einzige wäre, weil alle Sünden bleiben, so lange diese bleibt, und alle weichen, wenn diese weicht: so daß, wenn kein Unglaube mehr da ist, alle Sün=den vergeben werden."

Die Offenbarung, welche durch Christum geschehen, ist vorbereitet und insofern unvollkommen niedergelegt im alten Testament, ihre vollkommnere Darstellung aber hat sie gefunden in den Schriften des neuen Testaments. Es sind zwar nach Wessels Ueberzeugung auch im alten Testament — und er führt besonders die Stellen Jesajas 53 und Psalm 2 u. 111 an — viele evangelische Wahrheiten und andeutende Grund=lagen des Künftigen enthalten [3]; aber immer ist das hier aus=gesprochene Wort Gottes unvollkommen, und das Gesetz, welches im alten Testament das Herrschende ist, bleibt unzulänglich und unkräftig zur Gerechtigkeit und Seligkeit. „Das Gesetz," bemerkt Wessel [4]), „brachte nichts Vollkommenes: nicht bloß, weil es in den Puncten, worin es mit dem Evangelium übereinstimmt, nicht mehr Gesetz, sondern Evangelium ist, wie auch Hieronymus von vielen Aussprüchen des Jesajas urtheilt, sondern noch mehr, weil das Gesetz, wiewohl es die vollkommenste Liebe und Weisheit an=empfiehlt, doch die Vollkommenheit der Weisheit und Liebe, von der das Evangelium strahlet und überfließt, nicht selbst bringt. Was aber die Hauptsache ist: so verheißt zwar das Gesetz einem jeden das Ende (die Vollendung) der Gerechtigkeit, aber das Evangelium gewährt dieselbe." Dann stellt Wessel das Gesetz auch als so dunkel dar, daß es sein volles Verständniß nur durch das Evangelium erhalten könne, also auch hierin einen Beweis seiner Unvollständigkeit trage, und fährt dann fort: „Wenn wir auch Alles thäten, was uns vorgeschrieben ist, was jedoch nie=mand vermag, so müßten wir dennoch bekennen, daß wir unnütze Knechte sind. Denn es kommt nicht auf unser Wollen und Laufen an, sondern auf das Erbarmen Gottes, der uns erzeugt und schenkt seinen Sohn Jesus Christus zur Gerechtigkeit einem jeden, welcher glaubt, so daß er uns nicht durch die Werke der Gerech=

---

1) Joh. 16, 9.
2) De Magnitud. Passion. Cap. 57. p. 571.
3) De Magnitud. Passion. Cap. 40. p. 541.
4) De Magnitud. Passion. Cap. 47. p. 555 u. 556.

tigkeit, die wir thun, gerecht macht, sondern durch sein zu unserm
Heile vergossenes Blut. Wenn nun das Gesetz auch diese vollen=
bende göttliche Liebe in einigen Winken andeutet und verheißt,
so gewährt es dieselbe doch nicht: das Gesetz führt also nicht zur
Vollendung." — „Das Gesetz," sagt Wessel in einer andern
Stelle[1]), „drückte bloß, sowohl das durch Moses gegebene, als
das in die Herzen aller Menschen geschriebene. Es drückte, sage
ich, aber es rechtfertigte nicht. Es bedurfte also eines Gesetzes,
das nicht drückte, eines väterlichen Gesetzes, eines süßen Gesetzes
der Liebe, welches rechtfertigte, durch welches die Söhne gehorsam
würden und das Reich ererbten. Dieß ist das evangelische Gesetz,
welches keine zeitlichen Verheißungen gibt und daher auch nach
der Fülle der Zeiten gegeben ward, damit es ermahne, das
Auge über die Zeit zu erheben, und die Hoffnung auf das
Ewige richte."

Es ist also weder eine zureichende Offenbarung Gottes im
alten Bunde gegeben, noch enthalten die Schriften desselben eine
vollkommen klare und befriedigende Darstellung der wahren Gottes=
erkenntniß; beides gibt nur der neue Bund und seine
Schriften. Durch Christus ist das, was an dem Gesetze un=
vollkommen war, zur Vollendung geführt. Er hat durch den
reinsten Gehorsam das Gesetz erfüllt. Er hat in vollkommener
Freiheit von aller Sünde göttliches Leben und göttliche Liebe
ans Licht gebracht. In ihm sind alle Schätze der wahren Weis=
heit verborgen, und einen Ausdruck davon enthalten auch die
Schriften des neuen Testaments. „Wenn es uns vergönnt wäre,
den tiefen Abgrund der unter einfacher Form verborgenen Dinge
zu schauen, so würden wir in den heiligen Schriften ein solches
Licht der Weisheit und der Erkenntniß finden, daß die Bilder
(tropi, Formen) der menschlichen Rede kaum würdig erachtet wür=
den, auf jenes göttliche Geheimniß angewendet zu werden[2])."

Daß die göttliche Offenbarung im neuen Testament nieder=
gelegt sey, darüber war bei Wessel kein Zweifel, über das Wie
jedoch scheint er keinen ganz klaren Begriff gehabt zu haben. Es
finden sich hier widersprechende Elemente, die nicht gehörig ver=
mittelt sind. Auf der einen Seite klebt nach Wessels Ueberzeu=
gung jeder menschlichen Fassung der Offenbarung etwas Unvoll=
kommenes an, der Gegenstand geht nie ganz in der Darstellung
auf, das Wesen ragt immer über die Form hinaus; auf der an=
dern Seite hält Wessel den strengsten Inspirationsbegriff fest und

---

1) De Magnitud. Passion. Cap. 49. p. 559.
2) De Magnitud. Passion. Cap. 52. p. 563.

betrachtet die Schrift im Ganzen und in den kleinsten Theilen als ein durchaus göttliches Werk.

Die erste Ansicht entwickelt sich bei ihm in folgender Ge= dankenreihe. Das erste, ursprüngliche, ewigvollkommene, ganz ausgesprochene Wort Gottes ist der göttliche Logos, der Sohn, der mit dem Vater gleichen Wesens ist; dieses Wort trat schon in eine gewisse Beschränkung ein, als durch dasselbe und nach seinem Bilde die Welt geschaffen und hier das Unendliche im Endlichen ausgedrückt wurde; noch mehr, als es selbst Fleisch wurde und sich von der Kindheit an durch alle Stadien der Menschheit entwickelte; aber doch trug auch das menschgewordene Gotteswort die ganze Fülle der Gottheit und alle Schätze der Weisheit und der Erkenntniß in sich. Weniger vollkommen ist diese göttliche Weisheitsfülle niedergelegt und ausgedrückt in den Schriften, die von Christo Zeugniß geben, sey es nun prophetisch oder geschichtlich, aber doch vollendeter in den letzteren, d. h. im neuen Testament, als in den ersteren, d. h. im alten. Hier wie in der Schöpfung ist das Wort Gottes nicht vollständig aus= gesprochen, sondern abgekürzt und unvollkommen. „Dieses Wort," sagt Wessel [1]), „wenn gleich es fester steht als Himmel und Erde, welche vergehen, und von solcher Tiefe und Weisheit ist, daß die Engel gelüstet es zu betrachten, ist doch nicht das vollendete Wort, sondern vielfach abgekürzt (abbreviatum). Wie abgekürzt es sey im Gesetz und den Propheten, lehren die schweren Hände Mosis, die Decke über seinem Angesicht, die versiegelten und verschlossenen Bücher, die Hüllen und der Vorhang vor dem Heiligen. Das fleischgewordene Wort hat nun zwar im Lichte der Sonne seine Wohnung aufgeschlagen, so daß niemand sich vor seinem Strahle verbergen kann und die Erde mit Gotteserkenntniß erfüllt ist, wie mit Meereswogen ... aber selbst im Evangelium und im ganzen neuen Testament ist das Wort abgekürzt; denn wiewohl es die Klarheit der aufleuchtenden Wahrheit wiederstrahlt, so drückt es doch das Wort, welches um unsertwillen Kind ge= worden ist, nicht vollständig aus (non adaequat). Viele von den Worten und Werken Jesu sind nicht aufgeschrieben, und wenn sie geschrieben würden, so würde die Welt die Bücher nicht fassen, die geschrieben werden müßten. Aber wenn sie auch geschrieben wären, sie würden doch das fleischgewordene Wort nicht voll= ständig ausdrücken [2]). Auf beiden Seiten hat also Gott sein Wort abgekürzt, in der Schöpfung und in der Schrift, und auf

---

1) De Causis Incarnat. Cap. 5. p. 422. Vergl. überhaupt die ganze Stelle S. 421—424.

2) Verbum tamen incarnatum non aequarent.

keiner Seite hat er es vollendet." Zur eigentlichen Vollendung wie zum vollständigen Siege kommt das ewige Wort Gottes, welches unterdessen immer wächst, erst am Ende der Dinge, wenn der Sohn sich Alles unterworfen hat und das Reich dem Vater übergibt.

Bei dieser Betrachtungsweise sollte man keinen strengen In= spirationsbegriff erwarten, allein dieser findet sich bei Wessel doch, und zwar aus derselben Veranlassung, durch welche auch in der protestantischen Kirche schon in der Reformationszeit, noch mehr aber in der folgenden streng orthodoxen Periode eine über= triebene Schärfung dieser Lehre veranlaßt worden ist. Abgesehen nämlich von der biblischen Grundlage der Inspirationslehre, waren die Gegner der katholischen Kirche eben durch diese Opposition genöthigt, die Theopneustie der Schrift in höchster Strenge zu fassen; denn sie mußten der bekämpften Tradition und kirchlichen Autorität etwas Festes, Palpables, einen innerlich haltbaren, aber auch äußerlich leicht nachweisbaren, Wahrheitsgrund entgegen= stellen; diesen besaßen sie im Allgemeinen in der christlichen Offenbarung, aber sie hatten in dem eigenthümlichen großen Kampfe jener Zeit nur dann einen festen unerschütterlichen Stand= punct, wenn auch der biblische Ausdruck der Offenbarung als absolut vollkommen, wenn jedes Bibelwort als wesentliches, un= verbesserliches Gotteswort anerkannt und die materiale wie die formale Eingebung der ganzen heiligen Schrift entschieden festge= halten wurde. Daß durch diese Polemik gegen die Kirchenautorität nicht nur in der ganzen protestantischen Dogmatik, sondern auch bei Vorläufern des Protestantismus, und namentlich bei Wessel, die Inspirationslehre auf eine unhaltbare Spitze getrieben wurde, ist unzweifelhaft und ergibt sich für unsern Fall aufs klarste, wenn wir mit den obigen Aeußerungen folgende vergleichen. Wessel schreibt in einem seiner Briefe [1]: „Die ganze Schrift ist ein zusammenhängendes Ganze (una copulativa), dessen einzelne Theile nothwendig vom heiligen Geiste eingegeben und wahr seyn müssen. Denn das Ganze ist nicht wahr, wenn auch nur der kleinste Theil falsch ist. Von diesem Ganzen aber besteht ein Theil auch darin, daß nothwendig das ganze Gesetz erfüllt werden muß, so daß kein Punct und kein Jota fehlt. Vollkommen muß also die göttlich eingegebene Schrift erfüllt werden, so daß kein Punct und kein Jota fehlt [2]." Und dann am Schlusse [3]:

1) Opp. p. 858. In der früheren Ausgabe v. Farrago rer. theol. unter den Aufsätzen über das Fegefeuer.
2) Das letztere Sätzchen steht nur in der älteren Ausgabe, in der neueren nicht.
3) S. 563.

„Die heil. Schrift kann nicht aufgelöst werden (non solvi potest). Denn die ganze Schrift bildet ein nothwendig zusammenhängendes Ganze: so daß auch nicht die geringste gelegentliche Behauptung (contingens categorica) in derselben falsch seyn kann." Auch tritt die angedeutete polemische Beziehung sehr bestimmt hervor in einer Stelle, wo Wessel die Autorität des Apostel Petrus und seines ersten Briefes, als eines vom heiligen Geist eingegebenen Buches, der Autorität des Papstes in dem Sinn entgegenstellt, daß die erstere in allen Beziehungen bis auf das einzelne Wort vollkommen irrthumfrei, die letztere aber der Möglichkeit des Irrens unterworfen sey [1].

2) Vom Wesen und den Eigenschaften Gottes.

Ueber die Natur und Eigenschaften Gottes lehrt Wessel in der Hauptsache Folgendes. Das Wesen Gottes ist schon an und für sich, abgesehen von der Schöpfung und jeder Wirkung, das vollkommenste und erhabenste: „Wie sollten wir dich nicht lieben den Vater und Gott aller Dinge? Wenn wir dich nur betrachten als unendlichen, unermeßlichen, unbegreiflichen, über Alles vollkommenen Gott, wenn du auch nichts geschaffen hättest von Allem, was ist, sondern die ganze Reihe der Wesen durch sich selbst von Ewigkeit zu Ewigkeit existirte ... doch müßten wir, sobald wir dem Vorzüglichen, auch ohne Nutzen davon zu haben, das Vorzüglichere vorziehen, dem, der über Alles ist, selbst wenn wir nicht von ihm wären, als billige Beurtheiler das höchste Lob und die Lieder der Anbetung darbringen, und zwar um so pflichtmäßiger, je mehr er über Alles würdig ist [2]." Mit Begeisterung spricht Wessel schon von dieser reinen beziehungslosen Idee des göttlichen Wesens, als dem höchsten, reinsten und lichtvollsten Puncte des menschlichen Denkens, und leitet, hierin ohne Zweifel an Anselm oder die von ihm ausgegangene Schulüberlieferung sich anschließend, aus der Nothwendigkeit dieser Idee Beweise sowohl für das Seyn als für die Einheit Gottes ab: „Du, der du wahrhaftig, der du zuerst, der du vollkommen, der du nothwendig bist, der du dir selbst genügest, was bist du? Gib mir einen deines Wesens würdigen Begriff von dir; denn das wird für mich das ewige Leben seyn, dich als das erste, von allem Wandel und aller Verderbniß freie, Wesen zu erkennen.... Der Begriff des reinen Wesens ist nicht dunkel, weil er sich nicht auf

---

1) De Communione Sanctor. p. 811 u. 812.
2) De Orat. III, 9. p. 67 u. 68.

ein dunkles und unedles Wesen bezieht; er ist nicht verwirrt, weil er sich nicht auf ein unbestimmtes Wesen bezieht; er ist nicht zu= sammengesetzt, weil er sich auf ein einfaches Wesen bezieht . . . Gott ist das erste Wesen, er ist ein nothwendiges, lebendiges Wesen, ein sehendes, nothwendig erkennendes, sich selbst achtendes, genießendes, weises und wollendes. Das Nichtsey'n Gottes würde in sich schließen, daß etwas nicht sey, was doch nothwendig seyn muß. Ferner ist Gott ein solcher, über welchen hinaus nicht allein nichts Höheres gedacht, sondern dem auch nichts Aehnliches oder nur einigermaaßen Aehnliches an die Seite gestellt werden kann; denn ,was du auch Gutes und wie gut du es denken magst, immer wirst du weit zurückbleiben, selbst wenn du mit dem Fluge eines Cherubs und mit dem Blicke eines Seraphs hinan strebtest [1]."

Besonders hebt Wessel in platonischer Weise das in sich nothwendige, nach außen vollkommen unbedingte, absolute und unveränderliche Seyn Gottes hervor [2]), welches auch im alten Testament durch den Namen Jehovah bezeichnet werde [3]); und tadelt nur, daß manche Philosophen, wie Aristoteles und Averroës, den Begriff der göttlichen Autarkie und Unveränder= lichkeit mit einer so starren Einseitigkeit festgehalten, daß sie deß= halb geleugnet, Gott erkenne, liebe und wolle auch irgend etwas außer sich selbst und sein Wille trete in einer gewissen zeitlichen Entwickelung hervor, vermöge deren man auch bei ihm von etwas Zukünftigem reden könne [4]). Wenn Gott allein das absolute, un= bedingte Seyn ist, so ist alles Seyn außer ihm ein bedingtes, von ihm abhängiges; ja Alles hat sein wahres Seyn und Be= stehen nur in diesem höchsten, allumfassenden Seyn, in Gott. „Gott allein ist," sagt Wessel [5]), „alle übrigen Dinge sind das, was sie sind, aus ihm. Und Gott ist wahrhaftig [6]), die übrigen Dinge aber, wiewohl sie sind, sind doch nicht wahrhaftig; weil

---

1) De Orat. III, 11. p. 74 u. 75.
2) Scala Meditat. I, 5. p. 199.
3) De Caus. Incarnat. Cap. 4. p. 419. De Orat. III, 11. p. 74. IV, 13. p. 78.
4) De Caus. Incarnat. Cap. 4. p. 420.
5) De Orat. III, 12. p. 76.
6) Die Selbstgenugsamkeit, die absolute Selbstbefriedigung des göttlichen Wesens wird von Wessel mehrfach und kräftig dargestellt. So sagt er z. B., nachdem er bemerkt, daß Gott, der Eine und Einfache, das Leben nur in sich selbst habe: „Wie der Frühlingssonne nichts von der blühenden Rose, nichts von dem duftenden Veilchen, nichts von der tanzenden Mücke ertheilt wird, so kann auch deinem ewigseligen, in dir selbst beharrenden Leben nichts zuwachsen durch die selige Herrlichkeit der Seraphim und Che= rubim. Ihre, nicht deine Seligkeit ist es, daß sie dir in Ewigkeit beseligen= den Dank darbringen." Scal. Medit. Exempl. I. p. 360.

sie um so weniger wesenhaft sind, je weiter sie von der Stufe des Wesens, welches wahrhaft ist, entfernt sind." Diese Abhängigkeit bezieht sich, was den Menschen betrifft, nicht bloß auf den ganzen Verlauf seines Daseyns, sondern auch insbesondere auf sein Denken und Handeln[1]), auf die Erwerbung und Entwickelung aller höheren Güter. Die wahre Weisheit des Menschen stammt von der schöpferischen Weisheit, die sich ihm mittheilt, die Liebe des Menschen von der zuvorkommenden göttlichen, die Gerechtigkeit und Barmherzigkeit von dem gerechten und barmherzigen Gott[2]). Auch beschränkt sich diese Abhängigkeit nicht auf die Menschen, sondern sie ist das Verhältniß aller geschaffenen Wesen, auch der höchsten Geister zu Gott[3]). Aus diesem Verhältniß aber entspringt die absolute und alleinige Herrschaft, die Monarchie oder Einheit Gottes[4]). In diesen Puncten, namentlich in der Lehre von dem absoluten Seyn Gottes, sehen wir Wessel mit den Mystikern, auch den pantheistischen, insoweit übereinstimmen, als dadurch die vollkommene Dependenz alles Geschaffenen von Gott in jedem Momente des Daseyns ausgedrückt werden soll; aber er unterscheidet sich von ihnen dadurch, daß er dem Geschaffenen nicht das Seyn und Wesen schlechthin abspricht, daß er ihm nicht bloß ein accidentelles, sondern ein relativ = selbständiges Seyn zuerkennt, welches jedoch seine Lebenswurzel stets in Gott hat.

Die göttlichen Eigenschaften werden von Wessel mehrfach entwickelt und classificirt[5]), ohne daß er jedoch dabei etwas Eigenthümliches und besonders Bemerkenswerthes anbrächte. Ebenso verhält es sich im Allgemeinen mit der Trinitätslehre. Wessel schließt sich hier an das Ueberlieferte an, und lehrt drei Personen in dem einen göttlichen Wesen untrennbar verbunden. Zugleich finden wir bei ihm die Fortbildung der speculativen Trinitätslehre der Scholastiker. Die drei göttlichen Personen entsprechen den drei Grundvermögen des menschlichen Geistes; der Vater ist die göttliche Weisheit, der Alles umfassende Verstand, der Sohn die göttliche Vernunft, der heilige Geist die göttliche Liebe, das Band der Gemeinschaft zwischen Vater und Sohn und das von beiden ausgehende Princip der Liebe und Heiligung im ganzen Geister=

---

1) De Magnit. Pass. p. 536, wo unter den Thesen der Satz vorkommt: Impossibile quidquam a quoquam, nisi cooperante Deo, fieri.
2) De Orat. III, 8. p. 66. und andere Stellen.
3) Man vergl. die Thesen de Caus. Incarnat. Cap. 15. p. 446.
4) De Orat. VI, 6. p. 114.
5) Schemata der göttlichen Eigenschaften gibt er z. B. de Orat. III, 2. p. 53 u. 54. III, 11. p. 75 u. 76. u. in a. St.

reiche [1]). Wessel stellt die Dreieinigkeitslehre auch so dar: Gott
ist das erste, geistig-schöpferische Leben, aus dem alles Leben her=
vorgeht, der νοῦς πρῶτος, die ursprüngliche Idee. Diese kann
nicht unfruchtbar in sich selbst seyn. Sie wäre es, wenn sie sich
nicht über Alles verherrlichte. Die Verherrlichung des sich selbst
erkennenden Vaters oder sein Urtheil von sich (die Selbstanschau=
ung und Selbsterkenntniß Gottes) ist der Sohn, der λόγος πρῶτος.
Dieser λόγος πρῶτος oder die erste Herrlichkeit des Vaters hat
ebenso das Leben in sich, wie die erste Idee (notio prima), der
Vater. Aber beide sind auch von Ewigkeit her müßig. Dieß
wäre der Fall, wenn der sich selbst Erkennende und Verherrlichende
sich nicht ewig liebte. Er liebt sich aber und erzeugt die ewige,
eine, lebendige Liebe, die auch das Leben in sich selbst hat. Diese
drei zusammen und je einzeln sind das in sich beharrende Leben;
sie sind das einzige Leben, das sich selbst und alles Andere er=
kennt, das sich verherrlicht und alles Uebrige beurtheilt, das sich
liebt und Alles um seinetwillen will. Wir aber sind dieses drei=
einigen Gottes Bildniß, so weit wir ihn erkennen, verherrlichen
und um sein selbst willen lieben [2]).

Es wird genügen, noch einige Stellen mitzutheilen, welche
Wessels Lehren von der zweiten und dritten Person der Gottheit
enthalten. „Der Sohn ist das erste und ewige Wort Gottes,
gleichewig mit dem göttlichen Verstande, gleich an Kraft, Wahr=
heit und Gottheit mit dem Vater [3]), vor allen Zeiten geboren.
Dieses Wort wurde abgekürzt, als nach seinem Bilde geschaffen
und eingerichtet wurde alle Creatur, auf daß sie bestehe und her=
vorgehend (das göttliche Wort) nachahme, und nachahmend es
darstelle, als sie vernünftig geschaffen wurde, um es zu erkennen,
mit ihm in Verbindung zu treten und von ihm erleuchtet zu
werden.“ Ebenso wird in einer andern Stelle [4]) das Wort be=
zeichnet als „ewig, nothwendig, durch sich selbst bestehend und sich
selbst genügend.“ In Christo war eine dreifache Gestalt oder
eine dreifache Art des Seyns: die Gestalt Gottes, die Knechts=
gestalt, und die Gestalt des höchsten Geschöpfes. „Die erste Ge=
stalt ist ewig, die zweite zeitlich, die dritte von der Dauer der
Schöpfung [5]). Die zweite hat er angenommen, um die Sünder

---

1) Vergl. 3. B. de Magnitud. Passion. Cap. 74. p. 606 u. 607.
2) Scal. Medit. Exempl. II. p. 368.
3) Wessel verwirft sehr entschieden, zwar in parabolischer Darstellung,
aber doch ganz unverkennbar den Arianismus, als eine Pest, deren Urheber
nicht mit Unrecht aus der Kirche ausgeschlossen worden sey. De Magnit.
Pass. Cap. 71. p. 600.
4) De Caus. Incarnat. Cap. 2. p. 415.
5) . . . temporalis, aeterna, aeviterna.

wiederherzustellen; die dritte hätte er angenommen, auch wenn der Mensch nicht gesündigt hätte; nach der ersten Gestalt ist er dem Vater in allen Beziehungen gleich, an Macht, Weisheit und Güte ... und vermöge dieser Gestalt konnte er auch sogleich vom ersten Augenblick der Menschwerdung an die angenommene Natur beseligen [1])." Ueber dieses Verhältniß des Logos zur menschlichen Natur und alles, wenn wir so sagen dürfen, zur Geschichte des Logos Gehörige wird bei der Lehre von der Person und dem Werke Christi die Rede seyn.

Der heilige Geist wird von Wessel in demselben Sinn wie der Sohn als Gott bezeichnet, „als wahrhaftig ewiger, noth= wendiger, eigenthümlicher, angestammter Geist der ewigen Weis= heit, als natürliche und eigenthümliche Liebe zwischen dem Vater und Sohne [2])." Er nennt ihn ausdrücklich die dritte Person in der Gottheit [3]), und sucht, hierin orthodoxer als sein Freund Jo= hann von Wesel [4]), die Lehre der abendländischen Kirche, daß der heilige Geist vom Vater und Sohne ausgehe, durch die schon von Augustin und den Scholastikern — und zwar mit mehr Klarheit — ausgeführten Gründe darzuthun: der Geist sey die gegenseitige Liebe, die ewige freie Liebesgabe zwischen Vater und Sohn und daher dem einen ebenso gut wie dem andern ange= hörig [5]); und: die Christen, die den heil. Geist oder den Geist Gottes hätten, sehen sich bewußt, eben damit auch den Geist Christi zu haben [6]).

3) Von Gott in seinem Verhältnisse zur Welt.

Bei der Bestimmung des Verhältnisses Gottes zur Welt, worüber er vornehmlich in dem Buche de Providentia Dei [7]) han= delt, geht Wessel überall von dem Grundsatze der Allwirksamkeit Gottes in der Welt und der absoluten Dependenz der Welt von

---

1) De Caus. Incarnat. Cap. 17. p. 451 u. 452.
2) De Orat. XI, 1. p. 182.
3) De Orat. VII, 1. p. 125.
4) S. B. 1. S. 275.
5) De Orat. VII, 1. p. 125.
6) De Orat. II, 2. p. 43: Quia Deum Patrem, patrem vocant sicut Filius, ergo spiritum Filii habent. Non igitur tam donandum Spiritum Sanctum petunt in oratione dominica dixerim, quam datam jam primo verbo totam Trinitatem signant. Ebenso Scal. Medit. Exempl. III. p. 405. wo der heil. Geist auch ausdrücklich Spiritus Patris et Filii Dei genannt wird.
7) De certissima et benignissima *Dei Providentia*, quae opera- tur omnia in omnibus, et disponit omnia suaviter. Es ist der erste Aufsatz in der Farrago rer. theolog. und findet sich in *Wess.* Opp. p. 711—733.

dem göttlichen Willen aus. Allen seinen Aeußerungen liegt hier=
bei zugleich der Gedanke der Immanenz Gottes in der Welt
zum Grunde und es könnte die Frage entstehen, ob nicht Wessel,
durch Vermittelung der Mystik, die ja damals so vielfach panthei=
stisch war, sich auch eine im Wesentlichen pantheistische
Denkweise angeeignet habe? Es finden sich Stellen bei ihm,
die dieß zu bestätigen scheinen. Er bewundert die Versenkung
des heil. Franciskus in die Natur [1]), vermöge deren derselbe, „die
ganze Schöpfung mit brüderlicher Liebe umfassend, das Feuer
seinen Bruder, die Lerche seine Schwester, Feuer und Sonne, weil
von demselben Gott entsprungen, Brüder genannt habe," und
fügt dann hinzu: „Noch mehr aber wird dieser Schauer eines
frommen Gemüthes verstärkt, wenn wir Gott in Allem wirkend
erkennen, im Feuer wärmend, in der Sonne leuchtend, befruch=
tend und Wachsthum fördernd, so daß nicht bloß die Creaturen
uns dienen, sondern der Schöpfer (in ihnen) uns Alles gewährt."
Er erkennt ebenso [2]) auf dem sittlichen Gebiete bei den wahrhaft
Frommen, den Söhnen Gottes, die vollkommene Einheit des
Geistes mit Gott, das „Gottgestaltig= und Gottwerden" [3]) an,
und spricht hier ähnliche Worte, wie wir sie bei Eckart finden.
Aber offenbar hängen solche Aeußerungen bei Wessel anders
zusammen: sie sind nicht strenger Ausdruck pantheistischer Theorie,
sondern poetischer Ausdruck eines ganz in die Gottheit sich ver=
senkenden und ihrer Nähe innigst bewußten Gefühls. Auf den
Begriff zurückgebracht, reduciren sie sich darauf, daß Wessel, wie
wir schon bemerkt, eine lebhafte Ueberzeugung von der Immanenz
und Allwirksamkeit Gottes in der Natur und Geisterwelt hatte,
und ebenso wenig einen Gott denken konnte, der nur draußen
wäre, als eine Welt, die sich für sich selbst abwickelte, ohne stets
die Kraft ihres Schöpfers zu erfahren.   Dabei kann aber, wer
Wessel nur im geringsten kennt, nicht zweifeln, daß er Gott
und Welt auseinanderhielt, daß er die Welt als freies, ewig ab=
hängiges Product des göttlichen Schöpfergeistes betrachtete, und
diesen Schöpfergeist als einen in sich selbst bewußten, absolut freien
und in der Immanenz zugleich transcendenten dachte. In diesem
Sinne also sind die nachfolgenden Aeußerungen Wessels zu neh=
men, wie hinwiederum das Gesagte durch sie bestätigt wird.
        Der lebendige, allmächtige Gott war für Wessel der letzte

---

1) De Provid. p. 714. Vergl. de Orat. III. 5. p. 59.
2) De Sacram. Poenit. p. 772 u. 773.
3) Die Ausdrücke, die Wessel gebraucht, sind: deiformes et dii. Aehn=
lich schon bei den gar nicht pantheistischen griechischen Kirchenvätern. S.
meinen Gregor von Nazianz S. 435 u. 452.

Urgrund aller Erscheinungen in der natürlichen und sittlichen Ord=
nung der Dinge. Auf Plato und die Platoniker, namentlich
Proklus [1]) sich berufend, führt er auch die Naturwirkungen als
etwas Secundäres auf Gott als die erste Ursache zurück, und
unterscheidet so, daß die Natur der Wille Gottes ist, sofern er
regelmäßig will, das Wunder der Wille Gottes, sofern er nicht
regelmäßig will [2]), im Grunde aber jede wirkende Ursache nichts
Anderes ist, als entweder der wirkende Gott selbst oder mitwir=
kend mit dem wirkenden Gott. „So vollkommen," sagt er [3]),
„herrscht Gott in Allem, daß nicht allein Alles nach seinem Willen
geschieht, sondern auch durch seinen Willen, und daß ohne seinen
Willen nichts geschehen könnte, durch welche natürlich wirkende
Ursache es auch sey. Daher sind andere mitwirkende Ursachen
(concausae) nicht die vollkommenen und obersten Ursachen. Gott
aber herrscht vollkommen, zu oberst und grundursächlich (totaliter,
cardinaliter, causaliter). Er herrscht, weil er durch sein Denken,
Anordnen und Wollen die Dinge vollkommen und wesentlich be=
stehen macht und erhält, wie er will, ohne irgend eine Verände=
rung seiner selbst, was bei keiner andern Ursache der Fall ist und
weil, bloß auf sein freies Wollen hin, auch ohne alle Einwirkung
einer secundären Ursache, nichtsdestoweniger geschehen würde, was
geschieht." In diesem Sinne will denn auch Wessel die natür=
lichen Ursachen, deren Vorhandenseyn in der Weltordnung nicht
zu leugnen ist, lieber mit dem Ausdruck Veranlassungen (occasiones) bezeichnet wissen, und stellt demgemäß eine Art Occa=
sionalismus [4]) auf, wobei das letzte Bestimmende immer nur

---

1) Wessel erneuert billigend die Behauptung des Proklus: daß die
erste Ursache nicht allein mehr Einfluß übe, als jede secundäre, sondern daß
auch die übrigen Ursachen nur zufällige, und zur Hervorbringung der Wir=
kung eigentlich nur die erste nothwendig sey.

2) De Provid. p. 711 u. 712. womit zu vergl. de Orat. III, 14.
p. 78.

3) De Provid. p. 712.

4) Was man gewöhnlich im engeren Sinn Occasionalismus
nennt, ist zwar als durchgebildete Theorie ein Product der späteren ideali=
stischen Philosophie, indeß findet sich hier bei unserm Wessel eine An=
schauungsweise, die wir wohl auch mit diesem Namen bezeichnen können.
Man gebraucht den Ausdruck Occasionalismus in zwiefachem Sinne: ent=
weder versteht man darunter eine eigenthümliche Theorie über das Verhält=
niß der Seele und des Körpers, welche in der cartesischen Schule, haupt=
sächlich durch Arnold Geulinx († 1669 als Professor der Philosophie in
Leiden) ausgebildet worden ist, die Vorstellung, daß Seele und Körper, als
wesentlich verschiedene Substanzen, nicht unmittelbar auf einander wirkten
und einander bestimmten, sondern daß ihre gegenseitige Einwirkung durch
ein Drittes, eine fortwährende Thätigkeit Gottes vermittelt sey, welcher in
jedem Theile des Menschen die dem andern entsprechenden Veränderungen
hervorrufe; oder man bezeichnet mit dem Wort Occasionalismus eine be=

in Gott gefunden wird: „Gott wirkt. auf die Weise in aller äußeren Thätigkeit der Creaturen, daß, mögen nun die secundären Ursachen mitwirken oder nicht, stets der Effect erfolgt, wenn er wirksam will, wenn er aber nicht wirksam will, nichts geschieht, mit welchem natürlichen Trieb und Andrang auch andere Kräfte in Bewegung gesetzt werden mögen. Obwohl also die secundären Ursachen in gewissem Betracht wirklich Ursachen sind, so sind sie doch vergleichungsweise nur für Veranlassungen zu halten, so daß wir in der That all' unser Sorgen und Denken würdig und weise nur auf ihn zu richten haben, die secundären Ursachen aber nur Mitursachen sind [1])."

Auf diesem Standpuncte löst sich für Wessel auch der Wider= spruch, welcher für den Verstand im Begriffe des Wunders liegt. Dieser Widerspruch entsteht hauptsächlich dadurch, daß eine Trennung, ja ein Gegensatz zwischen Gott und Natur angenommen wird. Wessel aber erkennt eine solche Scheidung nicht an; die ganze Natur ist ihm nur ein Ausdruck des göttlichen Willens, jeden Augenblick von allgegenwärtiger Gotteskraft durchdrungen: das Wunder unterscheidet sich also in seinem Sinne von der Naturerscheinung nur dadurch, daß es aus einem göttlichen Wil= lensact entspringt, für den wir in der Erfahrung keine so be= stimmte Analogie haben, während die Naturerscheinung Ausdruck eines göttlichen Willensgesetzes ist, das wir aus anderweitiger Er= fahrung genauer kennen. „Wenn die Natur," sagt Wessel [2]), „nichts Anderes ist, als der nach dem Gesetze der Gewohnheit geregelte Wille Gottes, und das Wunder der Wille desselben Gottes auf außergewöhnliche Weise (praeter solitum), so unter= scheiden sich offenbar Naturwirkung und Wunder nicht durch die Verschiedenheit der Ursachen, sondern bloß durch das Gewohnte und Ungewohnte." Wessel sieht also, wie der fromme Sinn über= haupt, alle Dinge in Gott, als von Gott gewollt, und insofern ist ihm Alles Wunder, aber er faßt dann wieder das Wunder im engeren Sinn als ungewohnte, von der bekannten Regel ab=

---

sondere Lehre von der Zeugung menschlicher und anderer organischer Wesen, die Hypothese, daß Gott jedesmal ein lebendiges Geschöpf hervorbringe, wenn die physischen Bedingungen dazu gegeben sind, so daß also diese Be= dingungen nur die Veranlassungen und Vehikel (occasiones), Gott aber die primitive und schöpferische Ursache wäre. Dieser Grundsatz ist in dem, was wir bei Wessel Occasionalismus genannt haben, generalisirt, indem er bei allen Hervorbringungen und Veränderungen in der Welt die endlichen Kräfte und Ursachen nur als Veranlassungen, Gott aber als das eigentlich Be= stimmende betrachtet.

1) De Provid. p. 714.
2) De Provid. p. 715.

weichende, Gotteswirkung auf, während alles Uebrige nach einem
bekannteren Gesetze göttlicher Thätigkeit erfolgt. Diejenigen, welche
lehren, Gott habe Alles so eingerichtet, daß die Dinge allein für
sich wirkten, nicht Gott in denselben, unterdrücken und vernichten
nach Wessels Ueberzeugung [1]) alle wahre und lebendige Fröm=
migkeit.

Aus dem Glauben an das allgegenwärtige Walten und
Wirken Gottes zieht Wessel practische Folgerungen von
großer Wichtigkeit. Alles, was uns begegnet, ist von Gott ge=
ordnet und hat daher etwas Gutes, wenn wir es auf die rechte
Weise zu unserer Heiligung benutzen. In das Nothwendige als
göttliche Bestimmung muß sich der Mensch mit freier Ergebung
fügen [2]). Jeder soll an seinem ewigen Heil und irdischen Glück
arbeiten, aber wenn er Alles gethan, was an ihm liegt, so kommt
es wesentlich auf den göttlichen Segen an, und diesen muß er
glaubensvoll erwarten [3]). Alles Gute kommt von Gott; in allem
Guten, was der Mensch thut, ist Gott mitwirkend, und ohne
diese Unterstützung Gottes vermöchte der Mensch nichts [4]). Diese
Gedanken entwickelt Wessel in mehrfacher Beziehung, besonders
wendet er den Glauben an göttliche Willensordnung auch auf
die Bestimmung der Länge eines jeden Menschenlebens an. Gott
hat jedem den Augenblick des Todes festgesetzt; er ist es, der Leib
und Seele vereinigt hat, von ihm allein hängt es auch ab, sie
zu trennen. „Keine Enthaltsamkeit, keine gute Constitution, keine
Gesundheit thut etwas zum langen Leben; keine Krankheit, keine

---

1) De Provid. p. 714.
2) Er soll so ergeben seyn in den göttlichen Willen, daß er z. B. nicht
einmal verlangt, gesund zu werden, wenn es Gott nicht will. De Provid.
p. 717.
3) De Provid. p. 715 u. 717. Wessel beruft sich auf den Spruch:
Wenn der Herr nicht das Haus baut, so arbeiten umsonst, die daran bauen
— und fügt dann hinzu: „Wohl muß man wachen und hüten, aber zu=
gleich wissen, daß unser Wachen und Hüten nichts sey, und mit dieser Er=
kenntniß und diesem Bekenntniß das Vertrauen verbinden, daß Gott wachen
werde, und beten, daß er es thue, und bei seiner Güte (eigentlich Fröm=
migkeit, per suam pietatem, wie unsere Alten zu sagen pflegten: du from=
mer Gott!) ihn beschwören, daß er uns nicht behütet lasse, und endlich ihm
Dank sagen, wenn er uns schützt."
4) De Provid. p. 713. Wessel führt den Satz aus, daß die Menschen
in den wichtigen Werken des Heils allerdings mitwirkten und insofern Mit=
arbeiter Gottes seyen, daß aber die Kraft dazu ihnen von Gott komme:
„Von Gott ist das Wollen und das Vollbringen, und durch jene unsere
Mitwirkung wird es unsere Sünde oder unsere Frömmigkeit. Wir treten
in Uebereinstimmung mit dem wirkenden Gott, und die Uebereinstimmung
selbst kommt theils von der Gnade Gottes, theils von uns; von uns, inso=
fern auch wir wirken, von Gott, insofern er als oberste vollkommene Ur=
sache wirkt."

Wunde, keine Gewalt des Eisens oder des Feuers kann das Leben abkürzen — ohne Dazwischenkunft seines Rathschlusses. Dagegen beweist es nichts, daß wir Menschen durch Hängen oder Verbrennen sterben sehen, und daß die Menge glaubt, es geschehe durch Zusammenwirken natürlicher Ursachen, was doch bloß nach dem Willen Gottes vollzogen wird, denn der Wille Gottes allein trennt, was er allein verbunden hat. Die Ordnung der äußeren Dinge erhält er nicht bloß in Uebereinstimmung mit seinen Anordnungen, sondern er bewirkt auch die Veranlassungen so wichtiger Dinge, damit wir glauben, daß er den Menschen sich allein vorbehält. Und wie wir in der That von ihm allein abhängen, so wollen wir auch bis ans Ende durch Liebe mit ihm zusammenhängen und ein Geist mit ihm werden [1]." Die letzte Wendung beweist, daß Wessel nicht den Fatalismus des Islam, sondern eine christliche Resignation der Liebe und des Vertrauens lehren will [2], wie er denn auch keine menschliche Arbeit, Anstrengung und Fürsorge verwarf, sondern bei dem Allem nur auf den göttlichen Segen, als das Höchste und wesentlich Nothwendige, hinweisen wollte. Den Tod selbst konnte er auf christlichem Standpuncte nicht als „der Uebel größtes" ansehen; vielmehr bestreitet er die Meinung des Aristoteles, daß er dieß sey, und findet das Schlimmste für jeden in dem Verluste des Gegenstandes seiner höchsten Liebe [3]. Ebenso wenig will er mit Plato die Summe der Weisheit im Andenken an den Tod (in der μελέτη θανάτου) erkennen [4], sondern in der Erwägung der großen und entscheidenden Dinge, die auf den Tod folgen, und der Lehren, die uns hierauf würdig vorbereiten.

Natürlich mußte Wessel auch das Uebel in der Welt als von Gott geordnet betrachten. Die Rechtfertigung Gottes liegt für ihn darin, daß Gott es zulasse, damit ein höheres Gute erzielt werde. „Von einem weisen Schöpfer," sagt er [5], „wird

---

1) De Provid. p. 722.
2) De Provid. p. 727.
3) De Provid. p. 724 u. 725: „Jedem ist der Verlust dessen am furchtbarsten, was er liebt. Bloß die Richtung der Liebe ist es, die das Streben des Weisen und des Thoren unterscheidet; bloß die Liebe ist es, die für jeden bestimmt, was ihm das Furchtbarste ist."
4) De Provid. p. 727.
5) De Causis Incarnat. Cap. 15. p. 448. Wie das Böse stets der Förderung des Guten dienen muß, ist von Wessel sehr originell und geistreich in folgenden Thesen ausgedrückt: „Das größte und erste Elend für den Satan (eigentlich den Drachen) ist, klar zu wissen, daß Gott ewig selig in sich selbst ist . . . Das zweite Elend, zu sehen an sich selbst und allen Andern, daß Gott dem Lamme als Sieger einen Namen über alle Namen gegeben hat . . . Das dritte Elend ist, daß der Satan selbst mit der ganzen Schaar der Finsterniß dem Lamm diese Siegeskrone bereitet hat." De

immer das minder Gute wegen des Besseren angeordnet." Die Uebel, welche die Erlösten und in der Heiligung Begriffenen erdulden, haben nicht den Zweck der Strafe, sondern der Erziehung; der Tod bekommt für sie eine andere Bedeutung, als er für den Sünder hat. „Der Tod, der dem Sünder zur Strafe auferlegt wurde, ist nach vollendeter Versöhnung nicht mehr Strafe, sondern wohlthätiges Mittel zur Ertheilung großer Güter; und nicht bloß mit dem Tod verhält es sich so, sondern auch mit der Schwäche und Armuth, womit unser Leben auf Erden zu kämpfen hat [1]."

Zweites Hauptstück.

Lehre vom Menschen in seinem Verhältnisse zu Gott, besonders in Beziehung auf die Erlösung.

---

1) Von dem Menschen im Zustande der Erlösungsbedürftigkeit.

Das Christenthum und jede Theologie, die noch in lebendiger Verbindung mit demselben steht, betrachtet die allgemeine sittliche Geschichte der Menschheit und demgemäß auch des einzelnen Menschen als einen Abfall von dem Zustande ursprünglicher Unschuld und als eine von Gott ausgehende und durch Christus vermittelte Wiederherstellung in den Zustand der Sündefreiheit und Heiligkeit. Hier entfaltet sich eine zusammenhängende Reihe von Dogmen, welche in der Lehre von dem ursprünglich schuldlosen, aber dann irgendwie verderbten, Zustande des Menschen schon im Keim enthalten sind, in der Beziehung auf eine endliche vollkommene Beseligung der Menschheit ihr letztes Ziel haben, und um die Lehre von der Erlösung als ihren belebenden Mittelpunct sich sammeln. Jede Veränderung in Einer dieser Lehren hat bei folgerichtigem Denken Veränderungen in allen übrigen zur Folge, und es ist daher in jedem theologischen System von höchster Wichtigkeit, wie schon die Lehre vom Urzustand und dessen Verlust gefaßt wird, weil dieß der Punct ist, von dem das Uebrige ausgeht. Dieß zeigt sich aufs deutlichste im Gegensatz

---

Magnit. Pass. Cap. 38. p. 532. In anderer Weise drückt denselben, nur verallgemeinerten, Satz der Dichter aus, wenn er den Mephistopheles bezeichnet als „Theil von jener Kraft, die stets das Böse will und stets das Gute schafft."

[1] De Provid. p. 726.

der protestantischen und katholischen Kirchenlehre bei dem ganzen Cyclus dieser Dogmen. Aber der Widerstreit, der hier statt findet, hatte seine Grundlage schon in den entgegengesetzten theologischen Denkweisen des Mittelalters und zuletzt im Augustinismus und Pelagianismus, die auch wieder ihre, hier nicht weiter zu ver= folgenden, historischen Wurzeln haben.

Auch Wessel steht in diesem Gegensatze, der im sechzehnten Jahrhundert wieder so scharf hervortrat, und wenn wir von ein= zelnen Bestimmungen absehen, in denen er minder streng ist, und seine Geistesrichtung im Ganzen auffassen, so befindet er sich offen= bar, wie es von einem Vorläufer der Reformation nicht anders zu erwarten, auf Seiten des paulinisch=augustinischen Systems, d. h. er hat die Ueberzeugung von einem ursprünglich reinen, durch die Sünde wesentlich verderbten und nur auf dem Wege göttlicher Gnadenwirkung wiederherzustellenden, Zustande des Menschen, er beschränkt die Freithätigkeit des Menschen hierbei auf die Ergreifung des Heils, erkennt die absolute Nothwendigkeit der göttlichen Gnade an, betrachtet Christus als die einzige Quelle des Friedens und der Seligkeit, und schließt alles menschliche Verdienst aus.

So entschieden Wessel diese Grundsätze hegt, so sind sie doch nicht auf allen Puncten gleich vollständig durchgebildet; namentlich finden sich bei ihm über den ursprünglichen Zustand des Menschen und das allgemeine sittliche Verderben nur gelegentliche und vereinzelte Aeußerungen. Die bedeutendste hier= her gehörige Stelle ist folgende [1]: „Im Stande der Unschuld war die Nothwendigkeit des Athmens, Essens und Schlafens, und, gegen die drohende Auflösung, der Genuß vom Baume des Lebens gegeben. Nach dem Fall aber wurde das Joch der Bedürfnisse (necessitatum) für uns schwerer gemacht, so daß wir auch nöthig haben das Feuer und Eisen, ohne welche wir weder Brod, noch Speise, noch Trank haben können, außer das bloße Wasser. Außerdem sind die Bedürfnisse der Ruhe [2], der (belehrenden) Erinnerung, und der Gemeinschaft vorhanden. Denn welche Gabe Gottes in dem Zusammenleben des Menschen mit dem Menschen liegt, das lehret uns leicht der elende Zustand desjenigen, der blind, taub und stumm beinahe nicht anders, als wie ein stummes

---

1) De Orat. XI, 3. p. 184.
2) Unter die Hemmungen des wandelbaren menschlichen Lebens rechnet Wessel auch, daß der Mensch genöthigt ist, alle 24 Stunden zu schlafen, wobei der Mensch gleichsam vorübergehend entseelt wird; somnus enim, si semper duraret, quid nisi sempiterna mors esset? Scal. Medit. Exempl. III. p. 399.

Thier, leben kann, aller der Güter beraubt, die der Mensch dem Menschen durch Ermahnung, Hülfe und Trost mittheilt. Dazu kommt das Verderbniß, das aus nachtheilig zusammenwirkenden Umständen entspringt, die Nothwendigkeit der Krankheiten und des Alters, und endlich die mit höchster Gewißheit allen Menschen bevorstehende Nothwendigkeit zu sterben. Und wenn bei allen diesen Nothwendigkeiten auch einige Hülfe geleistet werden kann, so bleiben sie doch. Denn diese Uebel werden nicht aufgehoben, so daß wir frei davon würden, sondern wir sollen erkennen, daß nicht von daher unsere Freiheit zu suchen ist. Eine Schlange, ein Hirsch, ein Rabe, ein Adler wären ja sonst viel freier als alle Menschen, da sie der Hülfe weder des Feuers noch des Eisens bedürfen. Die Freiheit des Menschen besteht also darin, nicht durch Laufen oder Fliegen, sondern nach Entledigung von allen fesselnden Hemmungen [1] der Begierden mit den Schwingen der Liebe, des Urtheils und der Begriffe sich zu Gott zu erheben, und dort seinen süßen Genuß zu finden mit der sicheren Hoffnung, daß Gott alle Bitten des Herzens erfüllen wird. Zu dieser Freiheit geht der Weg durch die Verachtung der auferlegten Nothwendigkeit, so daß wir unbekümmert um die körperlichen Bedürfnisse, für das Fleisch nicht Sorge tragen mit einer besonderen Vorliebe." Den kurzen, aber gehaltvollen, Andeutungen dieser Stelle liegen offenbar folgende Ueberzeugungen zu Grunde: der Mensch im ursprünglichen Stande der Unschuld war wohl gewissen Naturbedingungen unterworfen, aber frei von drückenden Bedürfnissen, von der Nothwendigkeit des Leidens, der Krankheit und des Todes, der Genuß des Lebensbaumes sicherte ihm Unsterblichkeit und in sich selbst trug er die ungeschwächte Kraft, auch ohne menschliche Hülfe, das zu werden und zu leisten, was die Idee der Menschheit mit sich bringt, sich zur Gemeinschaft mit Gott zu erheben. Durch die Sünde [2] ist der Mensch aus dem Stande

---

1) Eigentlich allem Vogelleim — omni concupiscentiarum *visco* absterso.

2) Zwar stellt Wessel nirgends ausdrücklich einen Begriff von Sünde auf, allein da ihm einerseits die Liebe und zwar die Liebe zu Gott Grund und Quelle alles Guten (nam qui amat, integre obedit. Scal. Med. Exempl. I. p. 349), und andererseits der Eigenwille, die Selbstliebe Grundlage alles Bösen ist (omnes enim declinaverunt in amore sui. Scal. Medit. Ex. II. p. 376), so würde er ohne Zweifel die Sünde hauptsächlich in dem Mangel göttlicher Liebe und in einem, dem Leben der Liebe entgegengesetzten, Leben der Selbstsucht gefunden haben. Dieß deutet er auch an Scal. Medit. Exempl. I. p. 352: Quod ergo peccatum meum, propter quod instabile adeo factum est cor meum, nisi *peccatum non amantis?* An non hoc peccatum? et peccatum non dico magnum, non grande, sed ingens peccatum? talem ama-

der Unschuld und reinen Natur herausgetreten, die Bedürfnisse
haben sich vermehrt und sind drückender geworden, er muß leiden
und sterben, und — was die Hauptsache ist — sich selbst überlassen wäre er nicht viel mehr als ein sprachloses dumpfes Thier,
nur durch Andere, nur unter Menschen wird er ein Mensch und
erhebt sich zur wahren Freiheit, die aber nun nicht bloß in der
Aufhebung der Naturschranken und Bedürfnisse, sondern, ungeachtet der Fortdauer derselben, in der vollkommenen Gemeinschaft
mit Gott, in dem freien Eingehen in den göttlichen Willen, in
dem vollendeten Siege des Geistes liegt.

Der Mensch, wenn er seinen inneren Zustand mit ernstem
Blicke betrachtet, findet denselben tief unter der Idee der Vollkommenheit. Das Ziel, welches ihm vorgehalten wird, ist Gottähnlichkeit; sie lag schon ursprünglich in dem göttlichen Eben-
bilde [1], das dem Menschen anerschaffen ist, sie soll noch reiner
und vollkommener durch die Heiligung des Menschen hergestellt

torem, talem sponsum animae meae, talem testatorem, tale testamentum non amare? Ferner ebendas. S. 356: Nihil me a sancta mensa
tua excludit, nisi peccatum meum, peccatum non amantis. Und S.
357: Omnis vita non amantium tepor et segnities est: quare neque
vita censenda, sed somnolenta magis, ut vere est, mortis imago. Solus digne amans vivit. Wenn die Sünde der Tod ist, so ist die Lieblo-
sigkeit die wahre Sünde, denn sie zerstört alles höhere Leben. Der Friede
mit Gott wird nur hergestellt, wenn aus dem Inneren alle dem Göttlichen
widerstrebende Liebe, alle Selbstliebe entfernt ist. Scal. Medit. Exempl.
III. p. 404: Pacatus ergo intra se pacem facit cum Deo suo, cum
quo pacificus esse non potest, nisi omnem adversantem amorem,
amorem videlicet sui, expurget et expugnet. Da nun das, was uns
von Gott trennt, nur die Sünde seyn kann, so ist falsche Selbstliebe,
Selbstsucht für Wessel identisch mit Sünde. Offenbar bildet sich ihm der
Begriff von Sünde mehr von dem theologischen und religiösen, als von dem
bloß ethischen Standpunct aus.

1) Weil die Menschen und überhaupt die vernünftigen Naturen allein
nach dem Bilde Gottes geschaffen sind, wird auch Gott nur in Beziehung
auf sie Vater genannt, in Beziehung auf alles Nichtvernünftige und Nicht-
geistige aber Urheber und Schöpfer. De Orat. III, 5. p. 59. Der Begriff, den Wessel von dem Bilde Gottes hat, beschränkt sich ganz
auf den inneren Menschen, auf den Geist, und aus den Stellen, wo Wessel den Menschen einerseits als ein Bild des dreieinigen Gottes, andererseits auch als ein Bild Christi darstellt, können wir ersehen, daß er unter
dem Bilde Gottes versteht: die wahre Erkenntniß Gottes, die innige Verehrung gegen Gott und die feurige Liebe gegen ihn, also die höhere Geistig-
keit des Menschen, insofern sich die einzelnen Aeußerungen derselben in reiner
Thätigkeit auf den würdigsten Gegenstand beziehen. Man vergl. unter andern Scal. Medit. Exempl. III. p. 389: Sane non corporalis ac ex-
terioris hominis forma Deus homini similatur. Spiritus enim Deus
est, et qui adsimiletur, in spiritu oportet adsimiletur. Da der Logos
oder Christus das ewige und vollkommene Bild Gottes ist, so kann man
auch sagen, der innere Mensch (auf den allein Wessel den Begriff des göttlichen Ebenbildes beschränkt) sey nach dem Bilde Christi geschaffen. Scal.
Medit. Exempl. III. p. 494.

werden [1]). Aber von dieser sittlichen Höhe stehen wir so weit ab, „daß wir täglich bekennen müssen: wir sind weiter entfernt von der Vollkommenheit als der Himmel von der Erde, ja weiter als der Aufgang entfernt ist vom Niedergang [2])." Selbst wenn wir noch keine eigentliche Sünde begangen haben, entspricht unser sittlicher Zustand doch keineswegs den Anforderungen des göttlichen Gesetzes, weil von Natur der Geist nicht in uns lebt, der sich in seiner ganzen Fülle in Christo geoffenbaret hat. „Die Menschen," sagt Wessel [3]), „waren im Tode, noch ehe sie gekämpft hatten, insofern sie entweder aus der Gnade gefallen waren, oder vor der Stärkung durch die Gnade im bloßen Naturzustande lebten, zwar ohne Sünde, die ihnen zugerechnet werden konnte, aber auch ohne den Anhauch des belebenden Geistes aus der Höhe." Von Natur sind die Menschen nach Wessel, indem sie nur sich selbst lieben, Kinder des Zorns; nur durch eine höhere, reinere, von Christo ausgehende, Liebe können sie Kinder Gottes werden. „Wir sind von Natur Söhne des Zorns: denn wenn wir auch für die wahre Weisheit geschaffen sind, so sind wir doch ohne dieselbe, so lange wir bloß das sind, was wir von Natur sind. Und so lange wir ohne Weisheit sind, lieben wir natürlicherweise uns selbst. Wenn aber diese Liebe sich selbst überlassen bleibt, so sucht sie nur das Ihre [4])." Daher herrscht auch im Menschen als bloß natürlichem die Furcht vor Gott, und zwar eine solche, die innere Pein mit sich führt und mit vertrauensvoller Liebe nicht zusammen besteht, eine Furcht, die wohl zu unterscheiden ist „von der ehrfurchtsvollen Scheu der erhabenen Majestät, welche ewig im Gemüthe bleibt, weil mit der Zunahme der Liebe auch die Erkenntniß der Majestät und die Anerkennung der Würde wächst [5])." Die Summe von Wessels Ueberzeugungen ist: es findet sich in dem Menschen eine Wurzel des Ungöttlichen, des Bösen; sie liegt in demjenigen, was der hingebenden, aufopfernden Liebe gerade entgegengesetzt ist, in der Selbstsucht, im Eigenwillen. Wenn der Mensch der

---

1) Scal. Medit. Exempl. III. p. 388. Salvi non erimus, nisi reformata in nobis imagine et similitudine, ad quam destinati sumus. Hanc Jesus quaerit, veritatem scilicet claritatem et charitatem, quae quando in nobis non sunt, nox nobis est.

2) De Orat. II, 2. p. 45. Womit zu vergleichen Cap. 3. p. 47, wo es unter andern heißt: Omnis nostra justitia objectalis est in terris, quae, quoniam formalis non est, vere sicut pannus est menstruatae. Objectalis ist die justitia, insofern sie dem Menschen von außen kommt, formalis, insofern sie von ihm selbst stammt.

3) De Caus. Incarn. Cap. 9. p. 432.

4) De Magnit. Passion. Cap. 59. p. 574.

5) Ebendaselbst S. 575.

Ursache seines inneren Schwankens, seiner Kälte in Betreff des Göttlichen nachforscht, so findet er eine andere Neigung in seinem Herzen, die Selbstliebe, welche die Nichtachtung des Göttlichen und die Gottesvergessenheit hervorbringt. „Diese nennen,“ sagt Wessel [1]), „fromme Männer [2]) unserer Zeit auch den Eigenwillen (propriam voluntatem). Das ist die Wurzel, woraus alle Dürre und Dürftigkeit, all' unser Elend und unsere Niedrigkeit entspringt, und weßwegen der Zorn Gottes über uns ist. Dieß entfremdet uns von Gott und macht uns zu Feinden Gottes.“

Nun ist allerdings in dem Menschen trotz dieser Abwendung von Gott durch die Selbstliebe doch auch eine ursprüngliche Kunde Gottes, freie Selbstbestimmung und ein Keim des Guten: der Mensch ist sich seiner Verwandtschaft mit Gott bewußt; er ist durch ein nie ganz zerreißbares Band mit Gott verbunden; er hat selbst ein natürliches Wohlgefallen am Guten, welches in gutgearteten Gemüthern stärker ist, und daher häufiger und aufregender mit der Neigung zum Bösen in Kampf tritt [3]); zur vollen Erkenntniß aber wird die Ahnung Gottes, zum thatkräftigen Wollen des Göttlichen wird die Freiheit und das natürliche Wohlgefallen am Guten nur unter der entgegenkommenden Einwirkung Gottes, die wir Offenbarung und Erlösung nennen. Soweit Wessels Grundsätze sich auf die Erkenntnißseite in der Aneignung des Göttlichen beziehen, sind sie oben schon entwickelt; hier haben wir noch in der Kürze auf die practische Seite zu sehen. Wessel erkennt den natürlichen Menschen Wahlfreiheit, also Fähigkeit zu, sich selbst zum Bösen oder zum Guten zu bestimmen [4]), aber er ist um so weiter entfernt, schon darin die wahre Freiheit zu erblicken, je weniger er übersieht, daß dabei immer auch ein Reiz, eine Neigung nach der Seite des Bösen hin vorhanden ist. „In den Menschen befindet sich der Wille in einem Mittelzustande (er ist indifferent, medio modo se habens), weder verhärtet zum Bösen, so daß er nicht umgewendet werden könnte, noch im Guten befestigt, so daß er nicht abgewendet werden könnte, sondern frei zum Guten, wenn er durch die Gnade unterstützt, und geneigt zum Bösen, wenn die Natur sich selbst über-

---

1) De Oratione. I, 2. p. 6.

2) Religiosi; vielleicht auch im engeren Sinn Klosterleute, mit Beziehung auf practische Mystiker unter den damaligen Mönchen und Brüdern des gemeinsamen Lebens. Namentlich kann Wessel den Thomas von Kempen im Sinne gehabt haben.

3) De Orat. VII. 5. p. 130 u. 131.

4) Es liegt stets auch am Menschen, daß er sich für das Gute entscheidet und vor dem Bösen bewahrt. Scal. Medit. Exempl. III. p. 356: In te est, ut sistas, ut refraenes, ut omni custodia custodias cor tuum

lassen ist [1]). Man denke aber deßhalb nicht, in den Seligen sey
der Wille unfrei, weil er im Guten befestigt ist; denn was er in
diesen will, das will er mit Freiheit [2])." Zwischen das natürliche,
aber unkräftige Wohlgefallen am Guten und die gleich natürliche,
als Selbstsucht und Eigenwillen sich manifestirende, Neigung zum
Bösen ist die Wahlfreiheit in die Mitte gestellt [3]), und daraus
entsteht ein innerer Kampf, der nur durch das Hinzutreten einer
höheren Kraft der Gnade zur durchgreifenden Entscheidung ge=
bracht wird. „Im Willen des Menschen ist die Selbstbestimmung
(arbitrium) frei, das Wohlgefallen (die Neigung, complacentia)
aber natürlich. Und wiewohl der Wille verdorben ist, so hat er
doch in Uebereinstimmung mit richtiger Erkenntniß mehr Wohl=
gefallen an dem größeren Gut; aus dieser natürlichen und noth=
wendigen Neigung des Willens entspringt ein großer, schwerer
und heftiger Kampf in dem verkehrten Willen dessen, der doch
(das Gute) klar erkennt... In dem hartnäckigen und nicht in
der rechten Gemüthsverfassung stehenden Menschen stimmen der
Wille und die Begierde zusammen gegen die Vernunft; in dem
sich selbst beherrschenden stimmt der Wille mit der Vernunft über=
ein, die sinnliche Begierde dagegen steht mit ihr im Widerspruch.
Aber daß der Wille Gottes in uns geschehe auf der Erde wie im
Himmel, d. h. daß die Liebe Gottes in uns lebe, das vermögen
wir nicht durch die natürliche Freiheit, sondern allein durch die
Gnade: weil die Liebe und Huld Gottes uns allein durch die
freie Güte Gottes geschenkt werden [4])."

In diesem Sinne erkennt also Wessel die Wahlfreiheit und
Selbstbestimmung des Menschen an, aber zugleich dessen sittliche
Unzulänglichkeit und die Nothwendigkeit der erlösenden und heili=
genden Gnade. Der Mensch soll das reine Bild Gottes,
welches vollkommene Erkenntniß und Liebe Gottes, innerste Zu=
sammenstimmung seines sittlichen Wesens mit dem göttlichen ist,
wieder in sich herstellen [5]), aber dieß vermag er nicht durch eigene

---

1) ... ad malum prona natura destituta. Ich ergänze aus dem un=
mittelbar Vorhergehenden gratia.
2) De Orat. VII, 3. p. 128.
3) ... Voluntas ex volito bono bona est, et ex volito malo mala
est. Scal. Medit. Exempl. I. p. 330.
4) De Orat. VII, 6. p. 131 u. 132.
5) „Der innere Mensch, der nach dem Bilde und der Aehnlichkeit Gottes
geschaffen ist," sagt Wessel de Sacram. Euchar. Cap. 7. p. 671. „lebt
alsdann, wenn er wirklich Bild und Aehnlichkeit Gottes ist. Aber wie kann
er Bild Gottes seyn, außer durch Nachahmung desjenigen, dessen Bild er
ist? Es ist also, damit er lebe, nothwendig, daß er Gott nachahme und sich
ihm verähnliche. Freilich können wir ihm nicht ähnlich seyn, sofern er all=
mächtig, allweise, allbeherrschend ist; auch wird das nicht von uns verlangt.

Kraft, es muß ihm ein Bild des göttlichen Lebens vorgehalten werden; die Gerechtigkeit des Menschen wäre, Gott vollkommen zu lieben, aber diese Gerechtigkeit hat, wie Wessel schön sagt[1], Flügel des Adlers bekommen und ist gen Himmel geflogen. Dieß begründet das **Bedürfniß der Erlösung.** Es bleibt dem Menschen in seinem gegenwärtigen Zustande wesentlich nur das Gefühl der Armuth und der sehnsuchtsvolle Wunsch, das, was er nicht in sich findet und aus sich selbst nicht hervorbringen kann, als göttliche Gabe zu empfangen oder durch göttliche Einwirkung in sich erzeugt und gefördert zu sehen. Aber eben in diesem tiefgefühlten Bedürfnisse liegt schon Grund und Anfang der Erlösung, denn es treibt den Menschen an, das im Christenthum dargebotene Heil zu ergreifen. Aus diesem Zwiefachen muß immer die Rettung bestehen: aus dem Bewußtseyn, daß man derselben bedürfe, und der entgegenkommenden Freundlichkeit und Hülfleistung des Retters; Selbsterkenntniß und Erkenntniß Christi bedingen alle Theilnahme am Reiche Gottes[2]. Wer sich selbst genügt und sich reich dünkt, der strebt nach nichts, weil er den wahren Reichthum nicht kennt: „Denn es kann niemand den Reichthum suchen, außer wer die Armuth flieht; diese aber kann niemand fliehen, außer wer sie haßt; niemand hassen, außer wer sie gering achtet, und niemand gering achten, außer wer sie kennt. So ist es eine reiche Pflanzstätte des wahren Reichthums, die eigene Armuth des inneren Menschen zu kennen[3]." An und für sich freilich ist die Armuth an geistlichen Gütern nichts Gutes, aber es ist doch ein großes Gut für den Armen, seines Zustandes sich bewußt und desselben überdrüssig zu werden, denn sonst strebt er nicht heraus[4]. „Die Armuth," sagt Wessel[5], „führt zum Tode, aber die Erkenntniß der Armuth verheißt das Leben. Ebenso die Erkenntniß der Schwäche, des Todes, der Sünde und des Elendes. Denn das Elend, die Ungerechtigkeit, der Tod, die Schwäche und die Armuth, was bringen sie nicht Schlimmes?

Eines ist, was er vor allen Dingen zeigen, was er am meisten von sich geglaubt und gepriesen haben wollte, seine Menschenliebe, die so weit ging, daß er seinen Sohn hingab für die Welt." Und in einer andern Stelle, de Magnitud. Passion. Cap. 75. p. 609: „Es war von Anbeginn der göttliche Wille mit dem Menschen, daß er nach dem Bilde Gottes sey, und nicht zur Seligkeit gelangen könne, wenn er nicht dieses Ziel des göttlichen Willens erreicht. Die Aehnlichkeit mit Gott also allein ist das Heil für den verlorenen Menschen."

1) Scal. Medit. Exempl. III. p. 307.
2) Scal. Medit. Exempl. I. p. 353.
3) Ibid. II. p. 375.
4) Ibid. III. p. 404.
5) Scal. Medit. Exempl. III. p. 396.

Aber wenn sie beim Lichte der Wahrheit aufgedeckt werden, so macht die allesbewirkende Künstlerin, die Wahrheit, sie zu lebendigen Werkzeugen des Heils. Denn es nennt ja die Wahrheit glückselig die Armen, und zwar die geistlich Armen, glückselig die Sanftmüthigen, glückselig die Trauernden, glückselig die nach Gerechtigkeit Hungernden und Dürstenden, glückselig die Barmherzigen. Wenn ich also meine Armuth wahrhaft erkenne, so ist mir vorbehalten, wie durch das zuverläßigste Unterpfand und die sicherste Gewährleistung, die ewige Seligkeit [1]). Das sagt die Wahrheit, sie wird euch dahin führen, wohin sie verheißen hat, sie wird euch frei machen. Die Wahrheit also der, wenn auch wirklich vorhandenen, doch zugleich erkannten Armuth, wenn sie nur wahrhaft erkannt ist, wird auch die Armen wahrhaft frei machen und sie herausführen aus der Werkstätte der Armuth... Welche größere Armuth gibt es aber als die an geistlichen Gütern? Wenn ich also geistlich arm bin, bin ich wahrhaft arm; aber, wenn ich dieß erkenne, tröstet mich dieselbe Wahrheit, die mir die Wunde geschlagen hat, mit dem Worte; selig sind, die da geistlich arm sind. Wie kann ich aber in so großer Armuth selig seyn, außer weil das vorgehaltene Vorbild so großen Reichthums den, der es anschaut, allmählig anregt, belebt, fördert, ausrüstet und zu seinem Leben entzündet?"

Unzweifelhaft ist es demnach die Ueberzeugung Wessels, daß der Mensch sein Heil nicht durch sich, sondern nur in dem Erlöser finde. „Es ist kein anderer Name den Menschen gegeben," sagt Wessel [2]), „wodurch sie selig werden sollen, auch gibt es keinen anderen Weg zum Heil außer Jesus; es ist also klar, wie heilsam es sey, sich fleißig in der Betrachtung Jesu zu üben, damit wir durch seinen Namen selig werden. Der Name Jesu ist aber nichts Anderes, als die mit frommem Sinn erzeugte Erkenntniß Jesu (cum pietate creata notitia Jesu)." So beruht mithin die Erlösungsbedürftigkeit in dem Bewußtseyn, daß das Bild Gottes in uns getrübt sey, daß uns wahre Gerechtigkeit und vollkommene Liebe zu Gott fehle, die Erlösung aber in der glaubensvollen Anschauung und Aneignung des göttlichen Lebens,

---

1) Dasselbe ist auch von Wessel ausgesprochen Scal. Medit. Exempl. I. p. 359, wo ebenfalls die lebendige Erkenntniß der inneren Armuth als sicherste Verheißung, ja als erster Anfang des wahren Reichthums dargestellt ist. Das Gefühl der Bedürftigkeit ist schon gar nicht möglich ohne Erkenntniß und wenigstens theilweise Aneignung der wahren Güter (paupertatem meam videre non possum, nisi verarum divitiarum collatione); daher ist gründliche Selbsterkenntniß gleichsam ein Bundesring des großen Königs und zwar nicht bloß ein Unterpfand, sondern selbst schon ein Gut.

2) De Caus. Incarnat. Cap. 3. p. 417.

das in Chriſto erſchienen iſt, und in der dadurch bewirkten Er=
neuerung des göttlichen Ebenbildes in uns[1]).

2) Von der Perſon und dem Werke des Erlöſers.

Aus dem Bisherigen ergibt ſich in Weſſels Sinn die
Nothwendigkeit göttlicher Hülfe für den zwar freien, aber ſchwa=
chen und in ſich geſpaltenen Menſchen, das Bedürfniß göttlicher
Befreiung von der Sünde und dem Princip derſelben, dem ſelb=
ſtiſchen Eigenwillen, durch eine reine und erhabene Liebe, die den
Menſchen ſein ſelbſt vergeſſen lehrt und ſeinem Willen eine feſte,
kräftige Richtung auf das Gute gibt. Alles dieß wird bewirkt
durch die Heilsanſtalt des Chriſtenthums; hier findet der Menſch
ſeine Erlöſung. Die Erlöſung iſt aber nur verſtändlich aus
dem Erlöſer, und wir können in Weſſels Denkweiſe die Ueber=
zeugungen von dem Werke des Heils nur dann richtig würdigen,
wenn wir ſeine Grundſätze von der Perſon des Heilandes genau
kennen. Hier ſchließt ſich nun Weſſel theilweiſe an das kirchlich
Gegebene an, und ſo weit er dieß thut, iſt eine Entwickelung ſeiner
Gedanken nicht erforderlich; allein Einiges geſtaltet ſich bei ihm
auch auf eigenthümliche Weiſe und dieſes müſſen wir hervorheben.

– a) Perſon des Erlöſers.

Die Grundlage, von der Weſſel ausgeht, iſt, wie bei den
Reformatoren, die kirchliche Lehre von der Einheit der vollkommen
göttlichen und vollkommen menſchlichen Natur in der Perſon
Chriſti. Die göttliche, dem Vater weſensgleiche [2]), Natur bezeichnet
Weſſel gern und häufig als das ewige, ſchöpferiſche, allweiſe Wort
Gottes, als den göttlichen Logos, und nicht nur ſagt er über die
Menſchwerdung des Logos und ſein Verhältniß zur menſchlichen
Natur manches Geiſtvolle, ſondern er behandelt auch auf eine
ganz originelle Art den Zuſtand des Logos vor der ir=
diſchen Erſcheinung, gleichſam das Vorgeſchichtliche deſſelben.
In dem Logos iſt das Bild, die Geſtalt Gottes von Ewigkeit
her ausgedrückt [3]). Der Logos iſt das erſte und vollkommenſte

---

1) Scal. Medit. III. p. 389: Reconciliatio haec mea interioris
hominis in partibus imaginis et similitudinis reformatio est (et) re-
paratio.
2) Patri ergo Verbum hoc consubstantiale est. Imo, ut proprie
magis, licet insolito verbo, exprimamus, Deo *condeus* vel *unideus*
est. De Oratione VI, 1. p. 107. In einer antern Stelle ſagt Weſſel
von Chriſto: Tua voluntas una cum Patris voluntate dominatur.
Scal. Medit. Exempl. II. p. 361.
3) De Caus. Incarnat. Cap. 17. p. 451 u. 452. Sonſt gibt es aber
keinſinnliches Bild Gottes. De Orat. III, 10. p. 71.

Abbild Gottes. In Christo (Wessel sagt gewöhnlich im Lamme) kann man Gott schauen, wie die Sonne in einem Spiegel [1]). Diese Aehnlichkeit mit Gott ist auch das höchste Vorbild für alle himmlische Geister [2]). Der göttliche Logos ist nicht allein durch seine Menschwerdung Quelle der Seligkeit für die gefallenen menschlichen Seelen, sondern er ist es auch vor derselben, von Ewigkeit her, für alle Engel, die ebenso gut wie die Menschen aus seiner Gottesfülle schöpfen [3]). Ja sogar das L e i d e n C h r i s t i ist nicht bloß ein zeitliches, wie er es als Mensch erduldet, son= dern es ist eine e w i g e T h a t , und man kann sagen: das Lamm ist von Anbeginn getödtet worden. Wessel beruft sich dabei auf Apocal. 13, 8., wo die Rede ist von dem Lamme, das erwürget ist vom Anbeginn der Welt, und auf die Bezeichnung des Satans als des Menschenmörders von Anfang Joh. 8, 44. und schließt so: wenn der Satan als Mörder bezeichnet wird von Anbeginn d. h. in einer Periode, wo es noch gar keine Menschen gab, so kann sich dieser Ausdruck nur beziehen auf die Feindschaft des Teufels gegen den Sohn Gottes, der nach ewiger Bestimmung auch Menschensohn und Gründer einer heiligen Gemeinde ist, und wegen dieses uranfänglichen, ewigen Kampfes und tödlichen Hasses des Satans gegen den Gottessohn wird dieser mit Recht bezeichnet als das Lamm, das erwürget ist von Anfang [4]), Da in dem Logos die ganze Fülle des göttlichen Wesens wohnt, so ist er auch abgesehen von seiner Menschwerdung und dem in menschlicher Erscheinung geleisteten Gehorsam Gegenstand des vollkommen gött= lichen Wohlgefallens, und sein Werth ist in den Augen Gottes ein so hoher und absoluter, daß damit nichts Anderes verglichen

---

1) Allerdings ist der Abglanz nicht die Sonne selbst, aber doch ihr rein= stes Abbild, expressissima imago. Scal. Medit. Exempl. II. p. 367 und 372. Exempl. III. p. 391 u. 393.

2) De Caus. Incarnat. Cap. 15. p. 448, wo unter andern eine These lautet: Similitudo Dei in Agno summum exemplar est omnibus incolis beatae Hierusalem.

3) An derselben Stelle: Quamdiu beati Seraphim non hoc fonte rigabantur, non eorum beatitudo perfecta.

4) De Caus. Incarnat. Cap. 9. p. 430. Ille homicida erat ab initio, cum non adhuc creatus esset homo . . . Si enim homicida ab initio, et Agnus occisus ab origine mundi: igitur quando fuit ho- micida, in Agnum fuit homicida. Hiermit ist zu verbinden die Stelle am Schluß des Capitels S. 433, wo der Haß des Satans zugleich als ein allgemeiner gegen alle Glieder des göttlichen Hauptes bezeichnet und der Grund dieses Hasses so angegeben wird: Homicida . . . videns et invi- dens supra se futuro angulari lapidi Domino Jesu, qui omnes filios adducturus erat in gloriam adoptionis filiorum Dei. Huic invidens universa sub capite illo membra persequitur. Et quia in nomine illius Agni universum gregem persequebatur ab initio, ideo recte uoque ab origine Agnus et ab initio mundi occisus dicitur.

werden kann. Aber da vermöge der innigsten Vereinigung der göttliche Logos vom ersten Augenblick an auch die menschliche Seele und Natur geheiligt und beseligt hat, so besitzt auch diese dieselbe Würde. Christus hat bei Gott einen unvergleich= lichen Vorzug vor der ganzen durch ihn gestifteten und von ihm geheiligten Gemeinde, und die Kirche ist vielmehr um seinet= willen, als er um der Kirche willen. „Es ist gewiß,“ sagt Wes= sel[1], „daß jenes selige Geschöpf, welches von dem Gotteswort in die persönliche Gemeinschaft aufgenommen worden ist, nicht allein über alle Geschöpfe erhöht, sondern auch so erfüllt ist von Gnade, Gerechtigkeit und Herrlichkeit, daß die Fülle seiner Gnade und Herrlichkeit für sich allein in dem Gerichte Gottes mehr wiegt, als die Fülle der gesammten übrigen Geschöpfe, so daß in der That jene heilige Seele von Gott mehr geliebt wird, als alle übrigen Geschöpfe; und zwar in der Weise, daß, wenn eines von beiden geschehen müßte: entweder jene geliebte Seele Christi, des Hauptes der Kirche, auf der einen Seite, oder der Körper der Kirche auf der andern Seite müßte vernichtet werden, daß dann niemand so blind wäre in seinem Urtheil über göttliche Dinge, um nicht sicher zu wissen, was er urtheilen sollte. Denn um der Würde und Gnadenfülle Christi willen ist die Kirche von Gott geliebt und beseligt, nicht Christus um der Kirche willen. Eine wohlgeordnete Liebe ist immer ursprünglicher und größer gegen das größere Gut. Also hat Gott von Ewigkeit her Christum mehr geliebt und früher geliebt, als die ganze übrige Kirche. Er ist auch mehr und früher erwählt, als der ganze übrige Körper. Ja der übrige Körper wäre nicht erwählt, außer vermöge der Würde des heiligen Hauptes.“ Zwar kann das Haupt so we= nig ohne den Körper, als dieser ohne das Haupt, der Bräuti= gam so wenig ohne die Braut, als diese ohne jenen seyn, denn beide bienen sich in ihrer Vereinigung zur Vollendung; aber man muß doch immer sagen: die Glieder sind mehr um des Hauptes, die Braut mehr um des Bräutigams willen, als umgekehrt[2]. „Die Vorzüglichkeit des Lammes ist größer und erhabener, als die seines ganzen Reiches... Von einem weisen Schöpfer wird immer das geringere Gute wegen des höheren Guten angeord= net.... Es ist also mehr das ganze Reich um des Lammes, als das Lamm um des Reiches willen[3].“ Dieser unendliche Vor= zug Christi in den Augen Gottes gründet sich aber nicht bloß im Allgemeinen auf seine Vollkommenheit und Heiligkeit, sondern

---

1) De Caus. Incarnat. Cap. 7. p. 426.
2) De Caus. Incarnat. Cap. 14. p. 446.
3) Siehe die Thesen de Caus. Incarnat. Cap. 15. p. 445.

hauptsächlich darauf, daß er sich aufs vollkommenste Gott und der göttlichen Liebe hingab, daß er ganz Gott lebte. „Es gibt keine so große geschaffene Liebe gegen Gott, als die erstgeborene Liebe des Lammes... Die Liebe des Lammes gegen Gott ist größer, als jede andere aller heiligen und seligen Creaturen[1]." — Und in einer anderen Stelle[2]): „Christus lebte mehr Gott und sich im Verhältniß zu Gott, als der Rettung unser aller."

So ist also von Wessel das Verhältniß zwischen Gott und Christus schon ganz für sich festgestellt; es ist ein ewiges, in sich vollkommenes, selbst von der Stiftung des Gottesreiches durch Christus relativ unabhängig. Ueberhaupt sucht Wessel dem Got= tes= und Menschensohne seine völlig selbständige Würde und Erhabenheit zu wahren, so daß er in keiner Beziehung als bloßes Werkzeug für Zwecke der Geschöpfe erscheint, sondern Alles, was er thut und leidet, in ihm selbst seinen Grund hat. Hier stoßen wir auf einen nicht eben neuen, aber merk= würdigen Gedanken Wessels. Auch die Menschwerdung des Gottessohnes ist ihm nicht erst durch das Bedürfniß des Menschen= geschlechtes bedingt, sondern hat ihren Grund zunächst in sich selbst. Die Rettung des sündigen Geschlechts war nur secundäre Ursache und Folge, aber hauptsächlich wurde der Gottessohn Mensch um sein selbst willen und wäre es geworden auch ohne Sündenfall[3]). So wenig Gott das, was er ist, erst um des Logos willen[4]), ebenso wenig ist der Logos, was er ist, erst um der Menschen willen. „Das Wort," sagt Wessel[5]), „ist nicht vorzugsweise um meinetwillen Fleisch geworden, aber es ist doch mir zu Gute Fleisch geworden, es ist mir und meiner Liebe ge= geben und von Ewigkeit bestimmt, es ist mir ganz geschenkt, was es entweder ist oder an sich genommen hat. Daher, wie das Wort nicht um des Fleisches willen Fleisch geworden ist, sondern um sein selbst willen, so ist auch das Wort des angenommenen Fleisches Fleisch geworden (ita Verbum adsumtae carnis caro factum est, d. h. wohl: auch das Wort, die Predigt, die Lehre des menschgeworde= nen Gottessohnes ist in die menschliche Beschränktheit eingegangen), und ist doch das Wort in sich, durch sich und um sein selbst willen. Mit jenem Menschen (Christo) ist das Wort verbunden in sich

---

1) De Magnit. Passion. Cap. 38. p. 530.
2) De Caus. Incarnat. Cap. 15. p. 449.
3) De Caus. Incarnat. Cap. 11. p. 436. u. Cap. 14. p. 445.
4) Illi igitur carni [dem fleischgewordenen Logos], *licet non propter illam carnem*, Deus est quicquid est — heißt es in der sogleich anzu= führenden Stelle.
5) De Caus. Incarnat. Cap. 7. p. 428.

burch sich, um seinetwillen, weil jenem Menschen unter allen Crea=
turen die höchste Gnade, Weisheit, Gerechtigkeit, Anschauung,
Würdigung und Genuß der ewigen Gottheit, wie sie in sich selbst
ist, zukommt... Mit großer Vorsicht ist also der Ausspruch der
nicänischen Synode zu behandeln, welcher sagt: der wegen uns
Menschen und unseres Heiles Mensch geworden ist; als ob das
Wort Mensch geworden bloß um unsertwillen, sonst aber es nicht
geworden wäre. Denn in den End=Ursachen, die sich wesentlich
beigeordnet sind, ist keineswegs die Ordnung so, daß die höheren
um der geringeren willen sind als um ihrer letzten Zwecke willen.
Und wenn sich auch Gott uns hingibt, so kann er doch seine Ehre
keinem Andern hingeben.''

Dieser Gedanke von einer nicht bloß anthropologisch und
soteriologisch bedingten, sondern aus der Nothwendigkeit des eige=
nen Wesens hervorgehenden Menschwerdung des Gottessohnes
ist, wie gesagt, nicht neu: er findet sich angedeutet schon von
Irenäus [1]), bestimmter ausgeführt von Duns Scotus [2]), und
am vollständigsten mit Gründen motivirt in einer Schrift des
Franciskaners Robert Caraçoli de Licio [3]). Der Hauptgrund
der älteren Theologen ist, daß, auch abgesehen von der Erlösung,
einerseits das ewige Urbild der Menschheit, wie es in dem Denken
Gottes ist, zur Wirklichkeit kommen und so das in Adam noch unvoll=
kommene göttliche Ebenbild seine Ergänzung und Vollständigkeit
(completio) erhalten, andererseits die Empfänglichkeit der mensch=
lichen Natur, in persönliche Einheit mit Gott zu treten, zur reellen
Wahrheit werden mußte [4]). Diesen Grund finden wir nun zwar
bei Wessel nicht ausgesprochen: er bleibt einfach dabei stehen [5]),
die ewige und unbedingte Nothwendigkeit der Menschwerdung des
Logos und die nicht erst durch die Sünde veranlaßte Zusammen=
gehörigkeit desselben mit dem Menschengeschlecht als des Hauptes
mit dem Körper, des Ecksteines mit dem Tempel geltend zu ma=
chen; aber es liegt doch dabei, wenn gleich unausgesprochen und nur
andeutungsweise, die Anschauung zum Grunde, daß es schon ver=
möge des in sich selbst begründeten Verhältnisses zwischen Gott
und dem Menschengeschlecht zu einer vollkommenen Darstellung
des Göttlichen in der Menschheit und des Menschlichen in seiner
Einheit mit Gott kommen mußte, wenn das, was Gott mit dem

---

1) Dorner Entwickelungsgeschichte der Lehre von der Person Christi
S. 57 ff.
2) Ebendas. S. 136.
3) Opus de Laudibus Sanctorum Venet. 1489. Serm. III.
4) S. Dorner am angef. Orte S. 58, 133 u. bes. 138—140.
5) De Caus. Incarnat. c. 6. S. unten.

Menſchengeſchlecht urſprünglich wollte, verwirklicht werden, wenn
der göttliche Logos das, was in ihm war, vollſtändig entwickeln
ſollte. Und dieſer Gedanke von der ſchon in der Natur Gottes
und des Menſchen begründeten Nothwendigkeit der Menſchwerdung des Logos oder des Auftretens des Gottmenſchen, deſſen
Erſcheinung dann freilich auch, wenn ſie in Beziehung zur wirklich
vorhandenen Sünde kommt, erlöſend und verſöhnend wirkt, iſt
allerdings ſehr merkwürdig, nicht nur weil er ſpäter wieder bei
einzelnen Männern auftaucht, unter denen vornehmlich Andr.
Oſiander zu nennen iſt[1]), ſondern weil er auch in der neue=
ren deutſchen Theologie eine Bedeutung gewonnen hat, die wir
hier nicht nachzuweiſen brauchen. Zugleich liegt aber auch in der
ganzen Stellung, die Chriſto der Kirche gegenüber gegeben wird,
etwas tief Reformatoriſches: der mittelalterliche Katholicis=
mus hatte die Kirche vor Chriſtum, hier aber wird Chriſtus vor
die Kirche geſtellt; ſchon Weſſel, nach ihm aber noch mehr die
Reformation, erkannte Chriſtum wieder als das in ſich ſelbſt ab=
ſolut geltende, genugſame Haupt des Gottesreiches, als den allei=
nigen Mittelpunct von Allem, als den, der nicht um der Kirche
willen, ſondern um deſſen willen die Kirche iſt.

Weſſel, obwohl er die innere Nothwendigkeit der Menſch=
werdung als das Primitive, die ſoteriologiſch bedingte als das
Secundäre ſetzt, iſt doch weit entfernt, die Wichtigkeit der Erſchei=
nung Chriſti zum Zweck der Erlöſung herabzuſetzen. Er handelt
von den Urſachen der Menſchwerdung in einer eigenen Schrift[2]).
Hier beantwortet er unter andern die auch von Anſelm von
Canterbury behandelte Frage: warum ward Gott Menſch
(cur Deus homo)? — mit folgenden Andeutungen[3]): „Damit
der heilige und ehrwürdige Körper, die ganze Gemeinde der
triumphirenden Seligen, nicht verſtümmelt wäre, ſondern ſich ihres
geſetzmäßigen Hauptes erfreute — damit der Bau des heiligen
Tempel einen Eckſtein hätte, auf welchem beide Mauern d. h.
Menſchen und Engel ſich vereinigten und feſt gegründet wären
— damit alle Geſchöpfe einen gemeinſamen Mittler hätten zwiſchen
Gott und ſich[4]) — damit die ganze Kampfſchaar und das ganze

---

1) Vergl. *Baur* Disquisitio in Andr. *Osiandri* de justif. doctrinam.
Tub. 1831. Dorner Entwickelungsgeſch. S. 200.
2) *De Causis Incarnationis* Libri II. Opp. p. 414—457.
3) De Caus. Incarnat. Cap. 6. p. 424. u. 425. Die Antworten ſind
von Weſſel mit einer Menge Schriftſtellen belegt, die ich hier übergehe.
4) Das Eintreten des Logos in die menſchliche Beſchränkung war auch
deßhalb nothwendig, damit die Menſchen in ihrer Armuth und Niedrigkeit
vor Gott Zutrauen faſſen könnten und nicht zurückgeſchreckt würden von der
göttlichen Majeſtät. De Caus. Incarnat. Cap. 3. p. 418.

Volk Gottes seinen König — damit die Schule Gottes ihren
Lehrer, die Stadt Jerusalem ihren Tempel, der Tempel des
himmlischen Jerusalems seinen hohen Priester hätte — damit
alle Töchter Gottes ihren Bräutigam und ein Musterbild der
Liebe fänden — damit alle, die im Tempel Gottes opfern, ihr
Opfer, alle Schaafe von der Weide Gottes ihren gemeinsamen
Hirten, alle Söhne Gottes und alle Creaturen ihren erstge=
borenen Bruder hätten." Diese Gedanken werden dann von
Wessel weiter ausgeführt; es kann jedoch hier der allgemeine
Ueberblick genügen.

Die Bestimmungen, die wir, wiewohl zerstreut, bei Wessel
über die gottmenschliche Person des Erlösers finden,
sind folgende. Das Göttliche in Christo heiligt und beseligt die
menschliche Natur von dem ersten Augenblicke der Menschwerdung
an[1]). Christus weiß vermöge dieser Vereinigung der göttlichen
Natur mit der menschlichen alle seine Kämpfe und Leiden vor=
aus[2]). Ueberhaupt ist der Erlöser nicht nur ganz von dem gött=
lichen Geist erfüllt und besitzt denselben ohne Maaß, sondern, was
ihn hauptsächlich von allen übrigen heiligen Menschen unterscheidet,
er hat den Geist bei ihm bleibend, er ist immer auf gleichmäßige
Weise von demselben durchdrungen. Wessel beruft sich auf das
Wort des Täufers Joh. 1, 33 und sagt: „Hieraus ist klar, daß
keiner der Heiligen die stetige Festigkeit (constantiam) des in ihm
bleibenden Geistes besitzt; weil auch niemand außer Christus, dem
Gott und Menschen, mit dem heiligen Geiste tauft[3])." Wenn in
jeder edleren Seele etwas Gottverwandtes ist, so hat die Seele
Christi wegen ihrer vollkommenen Reinheit und Hingebung voll=
kommene Aehnlichkeit mit Gott: „Jede edle Seele hat etwas
Göttliches in sich, so daß sie sich gern mittheilt. Je edler sie ist,
desto mehr ahnt sie in sich die Gottheit nach. Daher hat jene
heilige, gottgeliebte Seele, weil sie mehr als jede andere Creatur
Gott ähnlich war, sich ganz ihren Brüdern hingegeben, wie sie
auch sah, daß Gott sich ihr hingab. Denn obwohl der heilige
Geist, wie der Vater und das Wort, ewig und mit dem Vater
und Sohn gleicher Gottheit von Ewigkeit theilhaftig ist, so ist er
doch als Gabe für jene heilige Seele bestimmt, und zwar als

---

1) De Caus. Incarnat. Cap. 17. p. 452. l'enes hanc formam
[divinam, qua Patri coaequalis est] fuit mox a primo momento incarnationis beatificans adsumtam naturam.
2) De Magnitud. Passion. Cap. 38. p. 532. A primo instanti
conceptionis in utero matris novit Agnus hoc ingens proelium suis
humeris impositum.
3) De Magnit. Passion. Cap. 56. p. 569.

eine so reiche Gabe, daß aus seiner Fülle alle Genossen und
Theilnehmer empfangen [1]." Die Seele des Erlösers wird von
Wessel vorzugsweise als heilig bezeichnet [2]), und seine menschliche
Natur als so gänzlich f r e i v o n S ü n d e, als so durchdrungen
von Heiligkeit, daß sie sich dadurch nicht allein über alle andere
Menschen erhebt, sondern auch die Quelle der Heiligung für Alle
wird: „Seine Menschheit (eigentlich sein Fleisch) ist wahrhaft voll
Heiligkeit; und zwar so voll Heiligkeit, daß aus seiner Fülle Alle
empfangen und alle Heiligen gesalbt werden [3])." In allen Beziehungen versucht, blieb er ohne Sünde, aus allen Kämpfen,
inneren und äußeren, ging er stets als Sieger hervor, er ist der
vollendete Vorkämpfer für die Seinigen [4]). Aber trotz dieser sittlichen Kraft und Erhabenheit ist er doch so voll Liebe und Milde,
daß er auch den Geringsten und Verworfensten nicht verstößt:
„Denn obwohl er der Heilige der Heiligen und wahrhaftig ohne
Sünde war, hat er doch nie gethan, was er mit dem bekannten
Worte ausdrückt, daß er auf jemanden den Stein geworfen hätte [5])."
Christus hat vermöge seiner Heiligkeit nicht Seinesgleichen auf
der Erde [6]). Ebenso ist auch seine Liebe unendlich und unübertrefflich [7]). Der nächste Gegenstand seiner Liebe ist, wie es sich
gebührt, er selbst in seiner Reinheit und Vortrefflichkeit; der zweite
Gegenstand ist die Menschheit und vorzüglich die Kirche seiner
Gläubigen; aber diese zwiefache Liebe geht auf in eine dritte
höchste, welcher Christus Alles zum Opfer bringt, der Liebe zu
Gott [8]). Christus ist daher auch durch seine Liebe und Heiligkeit,
durch seine nach allen Beziehungen durchgeführte Erfüllung des
göttlichen Willens das Vorbild für Alle [9]), und seine Liebe, sein
ganzes Leben hat etwas so Ergreifendes, daß er damit nothwendig auch Andere zu ähnlicher Gesinnung entzündet. Von
dieser Wahrheit ist Wessel dermaßen durchdrungen, daß er sich
sogar des starken, aber geistvollen Ausdrucks bedient: „Wer von
diesem Vorbilde nicht ergriffen wird, der i s t gar nicht [10])." Mit
dieser höchsten Vollkommenheit des Erlösers steht es aber nicht

---

1) De Caus. Incarnat. Cap. 7. p. 427.
2) De Caus. Incarnat. Cap. 16. p. 450.
3) Ibid. Cap. 3. p. 416.
4) De Magnitud. Passion. Cap. 34. p. 521.
5) Ibid. Cap. 52. p. 562.
6) . . . singularis illa sanctitas, qua non erat ei vir similis in
terra. De Magnitud. Passion. Cap. 21. p. 495.
7) De Magnitud. Passion. Cap. 27. p. 510.
8) De Magnitud. Passion. Cap. 24. p. 504.
9) De Magnitud. Passion. Cap. 20. p. 492 u. 493.
10) Qui non ab hoc exemplari trahitur, non est. De Magnitud.
Passion. Cap. 82. p. 627.

im Widerspruch, daß er sich menschlich entwickelte, daß er zu=
nahm an Weisheit und in zeitlichen Erweisungen der Liebe wuchs,
insofern er sie anfänglich noch nicht, wohl aber in der Folge übte:
„denn es hat nicht mehr Unangemessenes, daß er auf diese Art
an Weisheit, als daß er an Gerechtigkeit zunahm; er nahm aber
an Gerechtigkeit zu, insofern er aus einem, der den Vorsatz hatte,
jenes große Opfer zu bringen, ein solcher wurde, der es wirklich
brachte ¹)." Wessel will sagen: Christus entwickelte sich allerdings,
aber nur insofern, als das in zeitlicher Erscheinung und Folge
hervortrat, was schon ursprünglich in ihm lag.

Dieß führt uns nun auf die eigenthümliche Wirksamkeit
Christi, also

b) das Werk der Erlösung und Versöhnung ²).

Mensch geworden ist Christus schon aus der inneren Noth=
wendigkeit seines Wesens und des ursprünglichen Verhältnisses
zwischen Gott und Menschheit, aber Knechtsgestalt hat er ange=
nommen um unserer Erlösung willen. Die Hauptmomente seiner
erlösenden Einwirkung aber sind folgende.

Christus ist Erlöser schon durch die Darstellung des
göttlichen Lebens. In ihm wohnt eine solche Fülle der
Wahrheit, Weisheit, Liebe und Gerechtigkeit, daß daraus Alle
schöpfen und neu belebt werden können. „Dem Erstgeborenen
vor aller Creatur voll Gnade und Wahrheit hat der Vater den
Geist gegeben nicht nach dem Maaß, vielmehr hat ihn der
Vater gesalbt vor allen seinen Genossen mit dem Dele der Freude,
und in ihm wohnt alle Fülle der Weisheit leiblich; aus seiner
Fülle haben wir Alle empfangen, so daß für die ganze heilige
Stadt Gottes die Gewalt dieses Stromes hinreicht, um sie und
ihre Bürger zu erquicken, weil alle Genossen dieses Sohnes des
Vaters nach einer gewissen Stufenfolge aus dem Flusse, der die
Stadt Gottes erquickt, trinken und auch gesalbt werden mit dem
Dele der Freude ³)." In Christo ist ein neuer fehlerfreier und
fruchtbarer Sproß erweckt; durch ihn ist eine vollendete Erfüllung
des Gesetzes aufgestellt ⁴); in ihm ist das Gebot der Liebe nach
allen Beziehungen mehr erfüllt, als es irgend gefordert werden
kann, so daß wir in jeder Rücksicht aus seiner Fülle empfangen

---

1) De Magnitud. Passion. Cap. 17. p. 486.
2) Vergl. Baur die christl. Lehre von der Versöhnung in ihrer ge-
schichtl. Entwickelung, Tübingen 1838. S. 276—281.
3) De Orat. III, 7. p. 63.
4) Scal. Medit. Exempl. II. p. 376, wo es unter andern heißt: Non
lege, non mandato praecipit, sed exemplo praecessit.

können, und ihn nur in uns aufzunehmen brauchen, um auch den Geist des Vaters, ja den Vater selbst, der sich durch ihn offen=
barte, in uns zu haben [1]).

Christus ist aber nicht bloß Offenbarer des göttlichen Lebens, sondern auch Mittler; als solcher gleicht er sowohl das Ver=
hältniß zwischen Gott und den Menschen aus, wie das Verhältniß zwischen der göttlichen Gerechtigkeit und Barmherzigkeit. „Nach der zweiten oder der Knechtsgestalt,“ sagt Wessel, „ist der Herr Jesus Mittler nicht allein zwischen Gott und den Menschen, son=
dern er ist vielmehr Mittler für den Menschen zwischen dem ge=
rechten Gott und dem erbarmungsvollen Gott [2]). Denn es war nothwendig, daß das ganze Gesetz der Gerechtigkeit Gottes erfüllt würde, ohne daß ein Punct oder Jota fehlte. Und da dieß nun durch Jesus geschehen ist, so ist es leicht den Weg zu finden, auf welchem die Barmherzigkeit in die Ströme der Erbarmung her=
vorgehen kann. Die Weisheit des Vaters aber bildete diesen Weg durch die Kunst (artificio, das Kunstwerk, das Werk) des Mittlers [3]).“ Und in einer andern Stelle [4]): „Unter allen Wun=
dern ist das nicht das geringste, wie dieselbe Gerechtigkeit, die mit göttlichen und ewigen Gesetzen gegen den Menschen gerüstet ist, bei dem Gerichte selbst nicht allein das Schwert zurückhält, sondern auch das Urtheil, und den sie zu verdammen beschlossen hatte, nicht allein freizusprechen, sondern zur Würde, Ehre und Herrlichkeit zu erheben befiehlt. Wer wird sich hier nicht wun=
dern, wie die Wahrheit der Drohungen in die Wahrheit der Ver=
heißungen umgewandelt und nach beiden Seiten die Wahrheit sicher gestellt ist? Diese so entgegengesetzten Dinge hat allein die Sanftmuth des Lammes wahrhaft verschmolzen. Denn Christus, selbst Gott, selbst Priester, selbst Opfer, hat sich selbst für sich und von sich Genüge geleistet [5]).“ In Christo erblicken wir nicht allein den versöhnten Gott, sondern, was allen Glauben über=
steigt, den versöhnenden (reconciliantem Deum), insofern Gott, Mensch geworden, selbst das leistet, bewirkt und hervorruft, was seine Gerechtigkeit und Heiligkeit verlangt [6]). Der Mensch war

---

1) De Orat. II, 3. p. 47. Womit zu vergleichen de Orat. IX, 2. p. 157 und de Caus. Incarnat. Cap. 8. p. 429.

2) Es ist zu bemerken, daß Wessel nicht sagt: Zwischen der göttlichen Gerechtigkeit und Erbarmung — sondern: zwischen dem gerechten und er=
barmenden Gott. Dieß scheint auch mit seinem Nominalismus zu=
sammenzuhängen. S. oben S. 271.

3) De Caus. Incarnat. Cap. 17. p. 453.

4) De Magnitud. Pass. Cap. 14. p. 480.

5) Nimirum, ipse Deus, ipse Sacerdos, ipse hostia pro se de se sibi satisfecit.

6) Scal. Medit. Exempl. III. p. 391.

durch die Sünde — so stellt Wessel die Sache auch vor [1] — ein Schuldner Gottes geworden; durch das Band des Rechtes war er wie mit einer unauflöslichen Kette gebunden; er konnte nicht hergestellt werden, ohne befreit zu werden; dazu war aber ein Befreier, ein Erlöser erforderlich; als solchen bewährte sich Christus, indem er durch vollkommenen Gehorsam nicht nur das ausglich, was die Menschen unterlassend und übertretend verschuldet hatten [2], sondern auch mehr leistete, als Alle in Ewigkeit geleistet haben würden, wenn sie stets im Stande der Unschuld geblieben wären. „Hieraus kann einigermaaßen vermuthet werden, mit welch' erhabenem Priesterthum, welchem reichen Opfer, welchem hohen Dienste er zwischen Gott und den Menschen vermittelte, da er jener strengen, gegen uns mit vollem Rechte entrüsteten und gerüsteten, Gerechtigkeit so begegnete, daß sie sich besiegt, beruhigt und befriedigt bekennt. In der That, alle Schätze der Weisheit, der Erkenntniß, der Vollkommenheit Gottes waren in ihm. In der That, der Geist war ihm nicht nach dem Maaße gegeben. In der That, Gott war in Christo und versöhnte die Welt mit sich selbst." Mit dem Begriffe des Mittlers hängt der des Versöhners genau zusammen; eine Vermittlung findet nur statt zwischen Getrennten, und da Wessel die Menschen im natürlichen Zustand als Kinder des Zornes betrachtet, so folgt von selbst, daß er auch eine Aussöhnung zwischen den Menschen und Gott annehmen muß. Diese geschieht durch ein Opfer, und Christus selbst ist es, der sich als das erhabenste, wirksamste Opfer darbringt. Durch dieses eine Opfer, welches im Abendmahle stets vergegenwärtigt wird [3], sind alle andern Opfer aufgehoben und ist alles das geschehen, was objectiv zur Beseligung des Menschen erforderlich ist: „Niemand wird," schreibt Wessel an eine Klosterfrau [4], „durch seine Verdienste, niemand durch seine Gerechtigkeit selig werden. Es gibt nur ein Opfer des hohen Priesters, und gerade so viel, als wir an diesem Theil nehmen, werden wir geheiligt und sind reines Herzens, aber nicht mehr." Das Wesent-

---

1) De Magnit. Passion. Cap. 14. p. 477—479.

2) Zwar bedient sich Wessel noch nicht der Ausdrücke Obedientia activa et passiva, allein die Vorstellung der thätigen und leidenden Genugthuung des Erlösers kommt sehr bestimmt und in einer eigenthümlichen Form bei ihm vor. Scal. Medit, Exempl. I. p. 544: Pater amans noster et filium ejusdem amantem, vadem, sponsorem, fidejussorem de *satisfaciendo et satispatiendo* super aequum pignus esse voluit pro universa mea praevaricatione et calamitate. Vergl. Baur christl. Lehre von der Versöhnung S. 280.

3) Vergl. z. B. de Sacram. Eucharistiae. Cap. 26. p. 699. Mehreres darüber später.

4) S. 656.

liche, Alles Uebertreffende in diesem Opfer Christi war, daß es
in der Gesinnung des reinsten bis zum schmerzvollsten Tode aus-
dauernden Gehorsams dargebracht wurde, daß es also nicht ein
bloß äußerliches, sondern das höchste geistige Opfer war: „Das
wird mit Recht von diesem Gehorsam gesagt, daß er besser sey
als ein Schlachtopfer; ja besser als alle übrigen Schlachtopfer,
Brandopfer und Opfer überhaupt. Denn wenn dieses Opfer nicht
so beschaffen gewesen wäre, so wäre es nicht geschickt gewesen, die
Schuld, den Trug und das Unvollkommene unseres verdorbenen
Priesterthums aufzuheben. Denn wir haben Alle gefehlt durch
ein unreines und beflecktes Priesterthum, nicht allein, daß wir
dem Baal geopfert haben, sondern auch weil wir Gott die gebührenden Opfer nicht dargebracht haben. Und weil wir durch
dieses würdige Opfer rein vom Götzendienst und von dem Aberglauben der Welt Alle zu einem heiligen Dienste hergestellt werden, so folgt nothwendig, daß dieses Opfer des Gehorsams vor-
züglicher ist als alle Brandopfer, und daß es nicht bloß eine
Darbringung gewesen sey für die Sünde, sondern auch ein Opfer
und Brandopfer [1])."

Ein solches Opfer konnte von Christo nicht gebracht werden
ohne Leiden und Tod, und hier ist es nun wichtig, daß Wessel
nicht, wie die meisten Scholastiker, die Bedeutung und Größe
des Leidens Christi extensiv, nach der Quantität der erduldeten
Schmerzen, sondern intensiv nach der Macht der ihn beseelenden
Liebe bemißt, daß er, wie in sittlichen Dingen überhaupt, nicht
ein quantitatives, sondern ein qualitatives Maaß anlegt, eines
der bedeutsamsten Merkmale seines auf das Innere, Wesentliche
gerichteten evangelischen Sinnes [2]). Das Leiden Christi, so denkt
Wessel, war schon an sich etwas Schmerzliches; aber der innere
Schmerz wurde bei dem Erlöser unendlich erhöht durch die Liebe,
die in seinem Herzen wohnte. Diese machte ihn für geistige Leiden
erst recht empfänglich und steigerte sie bis auf den höchsten Punct.
Auch Kodrus, Decius und andere große Männer des Alterthums
opferten ihr Leben dem allgemeinen Besten, und ihnen stand nicht
einmal die erleuchtete Einsicht, die erhabene Begeisterung und der
sichere Hinblick auf künftige Verherrlichung hülfreich zur Seite,
wie dem Erlöser; man könnte also glauben, daß ihre Aufopferung
eine schwerere und größere That gewesen, als die Aufopferung
Christi; allein dabei ist zu bedenken, einerseits, daß nirgends die
Macht des Bösen in solcher Höhe erscheint und mit solcher Bos-

---

1) De Magnitud. Passion. Cap. 21. p. 497.
2) Baur die christl. Lehre von der Versöhnung S. 78.2

heit auftritt, als im Kampfe gegen den Erlöfer [1]), andererfeits,
daß in ihm eine Liebe wohnte, die einziger Art war, und alle
Bosheit, Sünde und Uebel des menschlichen Geschlechtes unendlich.
tiefer empfand, so daß in der That eine göttliche Kraft erforderlich
war, um auszudauern und den Sieg zu erringen [2]). „Je mehr
er mit einer Liebe liebte,“ sagt Wessel [3]), „welche von keiner
andern übertroffen wird, desto mehr und stärker, als es bei allen
Menschen der Fall gewesen wäre, wurde seine Liebe von allen
unsern Uebeln verletzt ... Wer die Bitterkeit des Leidens Christi
ermessen will, der muß vor allen Dingen ein in der Liebe geübtes
Auge mitbringen, sobann die Liebe Christi im Verhältniß zu den
Menschen richtig schätzen, ferner die Größe der teuflischen Bosheit,
der er hingegeben und überlassen wurde, und endlich den ange=
nehmen Geruch und die Lieblichkeit des heiligen Opfers erwägen [4]).“
Es offenbarte sich daher auch in diesem Kampfe die erhabenste
Kraft und der Sieg des Erlöfers übertraf alle Siege. „Aus
seiner Fülle,“ sagt Wessel [5]), „schöpfen Menschen und Engel, und
von der Frucht feiner Werke wird gefättigt das Land der Lebenden.
Denn wenn in irgend einem Werke Gottes die Kraft Gottes er=
schien, so leuchtete sie in jenem Siege des Kreuzes, welchen auch
die seligen Engel so hoch erhoben, als auf die Frage, wer ist
der König der Ehren? andere erleuchtetere antworteten: Es ist
der Herr stark und mächtig, der Herr mächtig im Streit [6]) ...
Wie also sein Ruhm jeden andern Ruhm übertrifft, so ist auch
die Kraft in diesem Kampfe über jede Kraft erhaben, und der
Kampf selbst über jeden Kampf.“

Die Hauptfrage bei dem Leiden Christi bleibt indeß immer
nach der eigentlichen Bedeutung desselben. Wessel betrachtet dieses
Leiden allerdings als stellvertretend, aber nicht bloß auf
äußerlich juridische Weise, sondern immer unter der Bedingung
des lebendigen Glaubens und der Aneignung des Geistes Christi.
„Christus,“ sagt Wessel [7]), „ist der Erwecker aller Todten, der
Befreier und Retter durch sein Blut; Erlöser und Versöhner aber
ist er nur für die Menschen, ebenfalls durch sein Blut. Demge=
mäß wäre eigentlich das Priesterthum Christi mehr vorherbestimmt
von Gott, als sein Königthum (Reich, regnum). Denn es ist

---

1) De Magnitud. Passion. Cap. 19. p. 490.
2) Ebendaselbst S. 491.
3) De Magnitud. Passion. Cap. 27. p. 510.
4) Ich habe die letzten Worte mit einigen Abkürzungen gegeben. Man
vergl. damit auch noch das folgende 28ste Capitel. S. 511.
5) De Magnitud. Passion. Cap. 19. p. 489.
6) Pfalm 24, 8.
7) De Caus. Incarnat. Cap. 9. p. 431 u. 432.

nothwendiger für die Menschen, durch einen Priester mit Gott
vereinigt, als unter einem König in Friede verbunden zu werden:
dieses hohen Priesters höchstes Opfer ist also auch am meisten
von Gott vorherbestimmt." Wessel beruft sich auf den Ausspruch
des Jesajas [1]: Er trug unsere Krankheit, und lub auf sich unsere
Schmerzen — und frägt dann [2]: „Was für eine Krankheit, was
für Schmerzen? Solche, die wir wirklich leiden, oder solche, die
wir leiden sollten? Dieß wird deutlicher werden, wenn wir er=
wägen, warum uns Krankheit und Schmerzen auferlegt sind.
Denn es ist leicht, Krankheit und Schmerzen noch hinwegzunehmen,
für welche keine nöthigende Ursache vorhanden ist. So lange aber
eine Ursache in uns vorhanden ist, sind es unsere Krankheit und
Schmerzen, die nach den ewigen und nothwendigen Gesetzen Gottes
uns bestimmt sind, wiewohl wir (im Augenblick) weder Krankheit
noch Schmerz empfinden. Es ist eine Anordnung des erbarmen=
den Gottes, daß wir nicht so schnell, als wir es verdienten, zu=
gleich mit der begangenen Sünde, die schmerzlichen Folgen empfin=
den. Und das ist der uns mit Recht zukommende Schmerz,
welchen das Lamm, wenn es in Wahrheit die Sünden der Welt
für uns getragen hat, in solcher Höhe und solchem Maaße trug,
als er nach dem strengen Urtheile der göttlichen Gerechtigkeit für
die Sünden unser Aller eigentlich bestimmt war." Daß aber
Wessel, wie bemerkt, die Stellvertretung nicht bloß als eine äußer=
liche Uebertragung auffaßte, sondern bei jedem Einzelnen durch
innerliche Aneignung des Lebens und Geistes Christi sittlich ver=
mittelt seyn ließ, ergibt sich aus folgenden Thesen [3]: „Der Mittler
zwischen Gott und den Menschen, das Lamm Gottes, trägt die
Sünden der Welt nur für den, der sein Kreuz trägt und ihm
nachfolgt ... Das Lamm Gottes, das die Sünden der Welt
trägt, ist ein Zeichen, erhöht auf einem Berge, zu schauen von
allen Völkern ... Das Zeichen erhöht auf dem Berge ist ein
Vorbild des geistigen Baues ... Ein Vorbild ohne Nachahmung
aber ist unnütz, wie Schuhe, die man nicht gebraucht ... Das

---

1) Cap. 53, 4.
2) De Magnitud. Passion. Cap. 10. p. 469 u. 470.
3) De Magnitud. Passionis, Cap. 82. p. 627. Ich wähle hier aus
einer ganzen Thesenreihe, die sich auf die Erlösung, namentlich auf die
Wirkungen des Leidens und Sterbens Christi bezieht, nur Einiges aus.
Die übrigen, die man a. a. O. S. 625—629. Cap. 82—84 findet, sind
zum Theil auch schön und treffend (z. B. der Baum des Lebens wird keinem
trägen Besitzer zu Theil — ein träger Mensch, der ohne Feuer ist, kann
nicht zusammenleben mit verzehrendem Feuer — Jesus ist der Weg zum
Leben — zu Jesu kommt niemand, außer durch Jesum und nach der Ordnung
Jesu u. s. f.), aber doch häufig auch so spielend, daß sie hier wohl über=
gangen werden können.

Vorbild, das von der Erde erhöht ist und auf dem Berge gezeigt wird, zieht Alles an sich ... Wer davon nicht angezogen wird, der ist nicht [1])."

Vermöge der Bedeutung, in welcher Wessel das Leiden und Sterben des Erlösers erkannte, mußte er beides auch als nothwendig, als begründet in einem ewigen göttlichen Rathschlusse betrachten. „Christus mußte leiden und auf diese Weise eingehen zur Herrlichkeit [2]). Wenn er es nun mußte, so frage ich, vermöge welcher Nothwendigkeit mußte er es? bloß vermöge der Nothwendigkeit des unbedingten göttlichen Willens? oder auch vermöge der Nothwendigkeit des bedingten göttlichen Willens, der da wollte, was recht, was seinem Reiche geziemend, förderlich und nützlich wäre, was sein Reich vollendete, herstellte, schmückte und verherrlichte? Dieß ergibt sich daraus, daß der König der Herrlichkeit auf herrlichem Wege eingehen mußte in das Reich seiner Herrlichkeit, welches ist das Reich der Liebe. Offenbar ist das Himmelreich das Reich der Liebe. Der König muß also die höchste Kraft der Liebe bewähren. Aber nichts verherrlicht einen Liebenden so sehr, als daß er Großes erduldet für seine Freunde. Der höchste Liebende kann also zur höchsten Herrlichkeit nicht eingehen, als indem er das Höchste thut und leidet. Er mußte also durch Leiden eingehen zu seiner Herrlichkeit [3])." Außerdem gibt Wessel noch einen eigenthümlichen Gesichtspunct für die Nothwendigkeit des Leidens Christi, der durch den Begriff des neuen Testaments bei ihm veranlaßt war. „Ein Testament," sagt er [4]),

---

1) Wir können auch folgende Gedankenreihe im Sinne Wessels aussprechen: an dem Heile Christi nimmt nur der Glaube Theil, der Glaube ist aber nicht denkbar ohne Liebe, und mit der Liebe ist immer eine Lebensgemeinschaft, eine Nachbildung des Lebens und Geistes verbunden: Impossibile enim amari et non conformari aut imitari; quanto autem imitatur, tanto a veteri homine immutatur. Scal. Meditat. Exempl. I. p. 346.
2) Luc. 24, 26.
3) De Magnitud. Passion. Cap. 1. 457 u. 458.
4) De Magnitud. Passion. Cap. 15. p. 482. Denselben Gedanken drücken auch folgende Thesen de Magnit. Pass. Cap. 82. p. 628 aus: Non est salus et vita absque morte testatoris. Testator visi exaltatus a terra testamentum non condit. Testator exaltatus a terra ipse est ipsum testamentum. Testator exaltatus a terra desiderio testamenti sui trahit omnia ad se. Der Gedanke findet sich auch sonst noch bei Wessel. Er scheint also nicht so zufällig und gelegentlich, sondern tiefer eingewurzelt in seiner ganzen Denkweise gewesen zu seyn. Scal. Medit. Exempl. I. p. 344. und Exempl. II. p. 378. In diesen beiden, fast wörtlich übereinstimmenden, Stellen führt Wessel folgenden Gedanken aus: Gott konnte nicht sterben; ebensowenig aber konnte er lügen. Und doch hatte er verheißen, einen neuen Bund zu stiften und ein Testament zu errichten. Ein Bund aber wird durch Blut und Opfer geweiht, und ein Testament hat erst Kraft durch den Tod des Testators. Um also seine Verheißungen zu erfüllen, mußte Gott unser Wesen annehmen, denn er konnte

„ist Schenkung eines noch Lebenden; es tritt aber in Kraft erst durch den Tod des Testators. Die Worte des Testamentes Gottes sind also Worte Gottes als eines Testators, und wenn er nicht umsonst und ohne Erfolg ein Testament errichtet haben sollte, so war es nothwendig, daß Gott stürbe. Wie konnte aber Gott sterben, außer in Christo?" So hatte also nach Wessels Ueber= zeugung das Leiden Christi eine innere durch den Willen Gottes und die Natur des Gottesreiches bedingte Nothwendigkeit, aber doch wurde es von dem Erlöser selbst mit vollkommener F r e i = h e i t und aus reiner L i e b e übernommen: „Denn wenn der Herr bloß aus Nothwendigkeit, nicht aber aus Liebe gelitten hätte, so hätte er nicht als Herr gelitten. Es ist unmöglich, daß einer (im höchsten Sinne) Herr sey und aus Nothwendigkeit leide. Er mußte also entweder nicht Herr seyn, oder nicht leiden, oder, wenn er als Herr litt, so mußte er aus Liebe leiden [1]." Mit der Vorstellung von der Nothwendigkeit der Erscheinung Christi hängt es auch zusammen, daß Wessel die Frage aufwirft, ob sie denkbar sey ohne Fall und Verderbniß? Er erwiedert in der Hauptsache Folgendes [2]: man könnte sagen, nur für die Gefallenen war ein Erlöser möglich, wenn also die Erscheinung des Erlösers nothwendig war, so war es auch das Eintreten der Sünde. Al= lein darauf läßt sich entgegnen: er konnte Retter und Erlöser seyn, wenn er auch nur vor der Sünde und dem drohenden Falle bewahrte, und war es desto mehr, je mehr der zu Rettende vor Verderbniß bewahrt blieb. In diesem Sinn ist er Erlöser für die Maria, indem er sie nicht allein vor der wirklichen, sondern auch vor der Erbsünde schützte; in diesem Sinn ist er selbst Er= löser für die Engel, indem er dahin wirkt, daß sie nicht in die Sünde fallen, und im göttlichen Leben vollendet werden. Aber freilich, wenn Alle gleicherweise im Guten beharrt wären, so würde nicht Einer im Reiche des Guten so sehr hervorragen, daß er der Stifter und König dieses Reiches seyn könnte [3].

Wessel faßt d a s E r l ö s u n g s w e r k Christi immer g e i s t i g

---

nicht in dem seinigen sterben, sondern nur in dem unsrigen. Deßhalb konnte er auch nicht Engelgestalt annehmen, denn aus Gott und Engel wird nichts Sterbliches gebildet. Als Mensch aber konnte er sterben, und doch blieb er als Gott unversehrt, hatte Macht über den Tod, konnte sein Leben wieder= nehmen, und auch durch seine Auferstehung sein ewiges Testament bekräf= tigen.

[1] Scala Meditat. II, 22. p. 241.
[2] De Caus. Incarnat. Cap. 8. p. 429.
[3] De Caus. Incarn. Cap. 15. p. 447, wo es unter andern in einer These heißt: Si omnes perstitissent, nullus eorum fuisset rex per= fectus.

unb lebendig auf, unb, was ebenso wichtig ist, er betrachtet es
stets in seiner Ganzheit, in seinem gesammten Umfang, unb
hebt nicht einen Theil besselben ausschließlich hervor. Das Lebens=
volle seiner Betrachtungsart ließe sich in vielen Stellen nachweisen;
ich will hier nur eine anführen: „Nicht das Fleisch Christi,"
sagt er[1], „ist es, welches rechtfertigt, ober sein Blut; sondern
sein Werk, welches durch Fleisch unb Blut bargereicht wird. Weß=
halb auch der Herr sagt: der Geist macht lebenbig, das Fleisch
ist zu nichts nütze; das heißt: es liegt wenig am Fleisch, wie
heilig es auch sey, sondern die Größe des Werkes, bie unaus=
sprechliche Liebe, unb die Liebe des Darreichenden durch den hei=
ligen Geist, das ist es, was lebendig macht." Wie sehr aber
Wessel bie Ganzheit des Werkes Christi stets im Auge behält,
geht baraus hervor, baß er nicht etwa einseitig bas Leiben unb
ben Tob Christi, sonbern ebenso kräftig seine gesammte Lebens=
erscheinung[2], seine Lehre unb ben in Ewigkeit von ihm ausge=
henden Geist als Kräfte der Erlösung geltend macht, unb baß
er mit besonderem Nachbruck barauf hinweist, wie der heilige Geist
erst ausgegossen werben konnte nach vollkommenem Abschluß bes
Werkes Christi. Der letztere Punct verbient etwas genauer er=
örtert zu werben. Aus ben Worten des Johannes[3]: der heilige
Geist war noch nicht ba, benn Jesus war noch nicht verklärt —
schließt Wessel nicht allein[4], baß bie unter bem Gesetze bes alten
Bundes Lebenben trotz ber Geistesmittheilungen burch bie Pro=
pheten, boch ben heiligen Geist noch nicht im höchsten Sinn unb
vollen Maaß empfangen hatten, sondern auch, baß ben Aposteln
unb Gläubigen der Geist noch nicht gegeben werben konnte, ehe
Christus Alles vollenbet hatte unb zur Herrlichkeit erhöht war;
„benn wie konnten sie aus seiner Fülle schöpfen, wenn sie ihn
noch nicht in seiner Fülle schauten? Wie sollten sie bie Fülle seiner
Herrlichkeit preisen, wenn sie ihn noch nicht verherrlicht sahen?
Unb wenn sie auch schon Freude genossen in seiner seligen Er=
wartung, so war es boch nur über ihn, nicht von ihm; unb es
war nur wenig im Vergleich mit jener Freude, womit er die
ganze Gemeinde Gottes burchbrang, als er Alle mit einer solchen
Fülle ber Herrlichkeit erfüllte[5]." Ja Wessel, übereinstimmenb

---

1) De Oratione VIII, 6. p. 147.
2) Natus nobis, vixisti nobis; nobis passus, nobis mortuus,
nobis resurrexisti; pro nobis sacerdos, nostra hostia, nostra victima,
nostrum sacrificium. Scal. Medit. Exempl. III. p. 405.
3) Joh. 7, 39.
4) De Caus. Incarnat. Cap. 12. p. 437—440.
5) Am angef. Ort, S. 439 u. 440.

mit seiner oben berührten Ueberzeugung, daß das in die Schö=
pfung ausgesprochene Gotteswort erst am Ende der Dinge in
seiner ganzen unbeschränkten Vollkommenheit erscheinen würde,
deutet auch den Gedanken an, daß die volle Ausgießung des
Geistes erst dann erfolgen werde, wenn das Werk Christi seine
letzte und höchste Vollendung und Christus selbst die vollkommenste
Verklärung erreicht haben wird; dann, „wann er erst das Reich
dem Vater übergibt, dann wird die Creatur so in Gott erhöht
seyn, daß vielmehr Gott Alles in Allem ist; und dann wird auch
der heil. Geist in dieser letzten und ewigen Verklärung so gegeben
werden, daß man fast sagen könnte, vorher sey er noch nicht
gegeben [1].“

Was den Umfang des Werkes Christi betrifft, die
Universalität oder Particularität des durch ihn vollzogenen gött=
lichen Rathschlusses, so spricht sich Wessel darüber nur beziehungs=
weise aus, indem er die Erlösung bald allgemein, bald auch be=
schränkt auffaßt. Zuerst faßt er dieselbe so allgemein, daß er
selbst die höheren übermenschlichen Geister nicht davon ausschließt.
„Christus ist Priester in Ewigkeit [2]. Aber für wen könnte er
das seyn, außer für das ewige Volk Gottes? Das Volk Gottes
aber bilden alle Bürger jenes seligen Gottesstaates, nicht weniger
die Engel als die Menschen. Er ist also auch Priester der Engel
in Ewigkeit... Vermöge seines doppelten Priesterthums war
Christus den Engeln Priester und Opferbrod, sowohl durch das
Priesterthum beim Kreuzesopfer, als durch das Priesterthum in
Ewigkeit. Das erste ist das Priesterthum der vollkommenen Ge=
rechtigkeit; das zweite das Priesterthum der vollkommenen Selig=
keit. Und ich glaube, wie durch das Priesterthum Christi die
Seraphim zu höherer Seligkeit entzündet worden sind, so war
auch ihre Gerechtigkeit einstweilen im Himmel nur unvollkommen
in der Liebe gegen Christus, bis sie nach vollbrachtem Liebesopfer
des hohen Priesters vermöge des ihnen vorgehaltenen Beispiels
um so mehr entflammt wurde, je größer ihre Gerechtigkeit schon
war. So nahmen also die heiligen Engel in beiden wesentlichen
Dingen zu [3], in der Gerechtigkeit und in der Seligkeit.“ So
weit nun Wessel hier die erlösende und priesterliche Thätigkeit
Christi ausdehnt, so beschränkt er sie doch bei den Menschen actuell
auf diejenigen, die sich seiner Herrschaft unterwerfen, durch ihn

---

1) Ebendaselbst S. 439.
2) De Caus. Incarnat. Cap. 10. p. 434.
3) Vergl. damit auch den Anfang des 10ten Capitels S. 433, das 8te
Cap. S. 429 und das 14te S. 444.

wirklich in eine nähere Gemeinschaft mit Gott treten, in seinem
Lichte wandeln und unter seiner Anführung siegen [1]). Christus
hat zwar am Kreuze für Alle gelitten, aber es kommt von den
Wohlthaten seines Leidens und Sterbens einem jeden nur so viel
zu gute, als er Empfänglichkeit dafür zeigt; die Empfänglichkeit
aber bestimmt sich nach dem Grade der inneren Reinheit und des
Gleichförmigwerdens mit Christo [2]).

Dieß ist es im Wesentlichen, was wir über die objective Begründung des Heils zu sagen hatten; nun ist auch noch Wessels
Ueberzeugung darzustellen von der subjectiven Aneignung der Erlösung bei jedem Einzelnen.

3) Von der Aneignung des erlösenden Heils.

Hier haben wir die practische Seite des Christenthums im
Sinne Wessels anschaulich zu machen, und zwar besonders fol-
gende Hauptpuncte: die Lehren von der Rechtfertigung, vom
Glauben, von der Liebe und von den Wirkungen des Vorbildes
Christi. Da nun diese Lehren, namentlich die von der Recht-
fertigung und vom Glauben, den Mittelpunct der reformatorischen
Theologie bilden, so ist Wessel ganz besonders hier als Vor-
läufer der Reformation aufzufassen.

Der eigentliche Kern der Reformation bleibt immer die
Rechtfertigungslehre, die Ueberzeugung, daß der Grund
der Seligkeit allein in der göttlichen Gnade und sündenvergebenden Liebe durch Christus gegeben, daß das einzige Mittel zur
Aneignung dieser freien göttlichen Liebe der lebendige Glaube sey,
und daß dieser Glaube seiner Natur nach ein neues gottgeheiligtes
Leben hervorbringe. Das kräftige, durchdringende Hervorheben
dieses Princips war auch vorzugsweise das Neue in der Thätigkeit der Reformatoren; denn fast alles Andere, was sie anstrebten,
war vorher schon da gewesen, und wurde nur jetzt durch die innige Verbindung mit jenem Herz- und Mittelpuncte so außerordentlich wirksam. Vorhanden war schon seit langer Zeit, und

---

1) De Caus. Incarnat. Cap. 9. p. 432 u. 433.
2) Christus pro singulis salvandis tantum Deo obtulit, quantum
pro illius voluit abolitione.   Voluit autem, quantum apti. Apti
autem, quantum mundi et conformes Christo. Intentio enim Christi
fuit individua, quia solis praedestinatis; et limitata, quia praecise
tantum, quantum cuique in suum locum et ordinem. Christus etiam
in cruce non solum pro omnibus, verum etiam pro singulis proprias
cuique suas mensuras donavit, ut quisque salvandus propriam illic
suam amaritudinis pro se perpessae assem ex libra reperiat. De
Magnitud. Passion. Cap. 10. p. 471.

zwar auf die kräftigste Weise, die negative Seite der Reformation, die Polemik gegen das Papstthum und gegen die ganze Verzweigung des hierarchischen Wesens in der Kirche. Ausgesprochen war auch schon vielfach z. B. von den Waldensern und Wikliffe und vor Kurzem noch von Goch und Wesel der formal=positive Grundsatz der Reformatoren, das Zurückführen aller Lehrsätze und Institutionen auf die heilige Schrift als höchsten Kanon des Christlichen. Aber das Materiell=Positive, die Lehre von der Rechtfertigung und dem alleinseligmachenden Glauben war vorher so stark, leuchtend und durchgreifend noch nicht vorgetragen worden, wie von Luther und seinen Genossen; unter denen jedoch, welche auch von dieser Seite die Reformation vorbereiteten, steht ohne Zweifel Wessel oben an, denn von keinem großen Theologen und von keiner christlichen Partei des Mittelalters war das Glaubensprincip dergestalt im Geiste der Reformatoren erkannt und ausgesprochen worden, wie von ihm, und auch hierin ist er ein weit entschiedenerer Vorgänger Luthers und der Reformatoren, als Andere, die gewöhnlich als solche genannt werden.

Die frömmsten Theologen des Mittelalters drangen hier nicht bis zu dem Mittelpuncte der Lehren durch, die der Apostel Paulus aus seiner tiefen und lebendigen Anschauung des Werkes Christi ausgesprochen hatte. Sie waren alle, mehr oder minder, durch pelagianisirende Grundsätze gehemmt. Selbst bei den Waldensern findet sich keineswegs der vollkommen freie und kindliche Geist des Evangeliums, sie haben in ihrem religiösen Leben eine gewisse Gesetzlichkeit und Werktheiligkeit, die zwar in der Ausübung viel einfacher und reiner ist, als die der herrschenden Kirche, aber dem Princip nach doch nicht so sehr davon verschieden, als man gemeinhin anzunehmen pflegt [1]. Auch Gerhard Groot

---

1) Es drückt sich dieß unter andern sehr deutlich in einer Urkunde aus, die ohne Zweifel den ursprünglichen und reinen Geist der Waldenser treu und unvermischt wiedergibt, in der *Nobla Leyczon*, einem poetischen Producte der Waldenser aus dem 12ten Jahrhundert, welches abgedruckt ist in *Rayouard* Choix des Poésies des Troubadours, Paris 1817. Tom. II. p. 73—102. Hier wird gleich im Anfange (S. 7) zur Wachsamkeit, zum Gebet und zu guten Werken (de bonas obras far) aufgefordert, weil das Ende der Welt nahe sey, es wird (S. 74) vorzugsweise die Vergeltung durch Christum, die Bestrafung der Bösen und Belohnung der Guten hervorgehoben:
Un chascun recebre per entier pajament,
    E aquilh que auren fait mal e que auren fait ben.
Es wird überhaupt ausschließlich die sittliche Seite des Christenthums, es werden die moralischen Vorschriften desselben geltend gemacht (S. 78. 87. 88. 89. 90). Die Waldenser werden (S. 95.) als solche bezeichnet, die mit

und die Brüder des gemeinsamen Lebens, troß ihrer Innerlichkeit, troß ihrer Hingabe an Gott und Christus, erkennen immer etwas Verdienstliches in den menschlichen Werken; der fromme Thomas von Kempen spricht in den Biographien der Brüder und andern Schriften nicht selten vom Verdienen der Seligkeit und hat sogar seine Imitatio Christi nicht ganz rein von diesem Gedanken gehalten [1]; ja selbst bei Goch und Wesel finden wir den Gedanken von der Rechtfertigung durch den Glauben wenigstens nicht so in den Vordergrund und in die Mitte gestellt, wie bei Wesel. Bei diesen Männern, namentlich bei denen aus der Brüderschaft des gemeinsamen Lebens, saßen die Grundsäße des Mönchthums, welche das Mittelalter beherrschten, und die hergebrachten Lehren von der Verdienstlichkeit guter Werke, die in das ganze Kirchensystem verflochten waren, noch zu tief, als daß sie

besonderm Fleiß diese Vorschriften beobachten, und das Evangelium selbst wird bloß unter dem Gesichtspuncte des Gesetzes dargestellt S. 89. B. 265:
Co es la *ley* novella que Yeshu Christ a dit que nos deven tenir — und als solches Gesetz, nur als vollkommneres, mit dem Sittengesetz in der Vernunft und im alten Testamente parallelisirt. S. 99. B. 439—453. Die Sündenvergebung wird zwar allein von Gott abgeleitet und die Vollmacht dazu den Päpsten, Cardinälen, Bischöfen und Predigern abgesprochen S. 97. B. 409—413, aber es werden dann doch von dem reuigen Sünder besondere Bußwerke verlangt, und zwar äußerliche, wie Fasten, Almosengeben und Gebete. S. 98. bes. B. 420 u. 421. Mit dieser ganzen Tendenz der Waldenser hing es auch zusammen, daß sie im neuen Testamente vorzugsweise die Bergpredigt gebrauchten (S. 88 u. 89), daß sie das Leben der Apostel auch in Aeußerlichkeiten nachzuahmen suchten und in dieser Beziehung von einem gewissen Methodismus nicht frei waren.
1) Was Thomas betrifft, siehe meine Bemerkungen oben S. 120. In Betreff Gerh. Groots berufe ich mich auf das Zeugniß eines Theologen, der in neuerer Zeit die genauesten Studien über Gerh. Groot gemacht hat, des Hrn. Prof. J. Clariffe, des älteren. Dieser sagt in der von seinem leider so frühe verstorbenen Sohne begonnenen und von ihm fortgesetzten Abhandlung over den Geest en de Denkvijze van *Geert Groot* im kirchenhist. Archiv von Kist und Royaards Th. 2. St. 1. S. 303, es trete bei Gerhard Groot troß seiner Kenntniß der heil. Schriften und seiner gemüthvollen Frömmigkeit doch mehr eine gesetzliche, als evangelische Gesinnung hervor: Zekerlijk was hij, ten aanziene van de hoofd-en grondleer des Christelijken geloofs, de regtvaardiging des zondaars om niet, zonder de werken, uit de Goddelijke Genade in Christus geschonken en vertrouwelijk op de Evangeliegetuigenis aan te nemen, en met wederliefde en dankbaarheid, vruchtbaar in heiligheid en geregtigheid, te beantwoorden; — ik erken, ten aanziene van deze stond hij niet hooger dan zijne voortreffelijkste tijdgenooten, die alle met het euvel der werkheiligheid besmet waren. Van het stil en kinderlijk vertrouwen op de vergevende liefde des Hemelschen Vaters, op grond der verdiensten des eenigen Verlossers en van een nederig en ootmoedig geloof, dat afziet van alle eigene verdienste en waardigheid, om alleen door onverdiende gunst tijdelijk en eeuwig behouden te worden; — daarvan vindt men weinig of niets bij hem.

sich ganz zur Höhe und Freiheit der paulinisch=christlichen Anschau=
ung hätten erheben können. Nur durch eine völlige Umkehrung
der Principien, durch eine Revolution auf dem religiösen Lebens=
gebiet war dieß möglich; dazu war vor allen Luther durch seine
ganze innere Entwickelung und äußere Stellung berufen; er hatte
wieder den vollen Glaubensmuth und die großartige christliche
Kühnheit, sich allein der göttlichen Gnade hinzugeben und ohne
das zerbrechliche Steuerruder menschlicher Werke sich dem Meere
der göttlichen Liebe anzuvertrauen. Aber wenn unmittelbar vor
ihm schon einer diese Fahrt wagte, so ist es, wie wir nun genauer
zu zeigen haben, unser Wessel, und zwar:

Vorerst in der Lehre von der Rechtfertigung. Es steht
für Wessel vollkommen fest, daß der Mensch durch Erfül=
lung des Gesetzes nicht zur wahren Seligkeit gelangen könne,
theils weil das Gesetz selbst noch etwas Unvollkommenes in sich
hat, theils weil der Mensch es nie ganz erfüllt und nicht einmal
ganz erfüllen kann. Wer durch seine Werke gerechtfertigt zu
werden glaubt", sagt Wessel[1]), „der weiß nicht, was gerecht ist.
Gerecht ist der, welcher einem jeden das Seinige gibt. Aber
welcher Mensch hat es je erreicht, daß er sich gegen Gott verhielte,
wie er soll? daß er gegen jeden Mensch sey, wie er seyn soll?
Ein solcher weiß nicht, was seine Schuldigkeit ist, er kennt auch
nicht die Größe der künftig zu hoffenden Güter, welcher keine
Werke gleich kommen können; aber er fehlt auch nicht bloß durch
diese Unwissenheit, sondern er begeht einen Raub am Heiligen,
indem er den Ruhm der Rechtfertigung nicht Gott, sondern sich
zuschreibt. Wer dagegen, das Evangelium hörend, glaubt, ver=
langt, hofft, dasselbe mit Vertrauen als eine fröhliche Botschaft
annimmt, außerdem den verkündeten Rechtfertiger und Selig=
macher liebt, und Alles um ihn zu erreichen thut und leidet, der
erhebt nicht seine Werke und seine Thätigkeit, sondern, ganz
hinstrebend zu dem und hingegeben an den, welchen er liebt, auf
welchen sich sein Glauben, Verlangen, Hoffen und Vertrauen
bezieht und von dem er gerechtfertigt wird, schreibt er nichts sich
selbst zu, da er weiß, daß er nichts aus sich hat. Er weiß also,
wenn er nichts hat, was er nicht empfangen hätte, daß er sich
nicht des Seinigen zu rühmen habe, als ob er es nicht empfan=
gen hätte, sondern daß er sich dessen zu rühmen hat, der es gibt".
Aber es liegt nicht bloß in der Unzulänglichkeit des Menschen,
sondern auch in der Natur des Gesetzes, daß niemand durch
dasselbe selig zu werden vermag. Dieß entwickelt Wessel gleich

---

1) De Magnitud. Passion. Cap. 46. p. 553.

darauf in folgender Stelle [1]): „Gerechtseyn ist der Zweck des
Gesetzes: denn wenn das beobachtete Gesetz nicht gerecht macht,
so ist es nicht Gesetz. Soll es mit Recht den Namen des Gesetzes
tragen, so muß es den, der es beobachtet, gerecht machen. Aber
das war unmöglich bei dem Gesetze Mosis, weil es Unmögliches
vorschrieb. Denn es schrieb vor, was freilich eigentlich ganz
billig ist bei dem Menschen, Gott zu lieben von ganzem Herzen.
Aber das ist dennoch unmöglich für den Menschen. Es ist ein
wahrhaft schweres Joch auf den Schultern der Menschen, was so=
gar weder die Apostel, noch deren Vorfahren tragen konnten.
Das Gesetz schrieb Vollkommenheit vor, aber es führte nicht zum
Vollkommenen. Aber wie? Führte denn das Evangelium zum
Vollkommenen? Allerdings. Wen denn? Jeden, der glaubt;
denn für jeden Glaubenden ist Christus das Ende und die Frucht
des Gesetzes zur Gerechtigkeit, weil er es ist, der die Macht gibt
Söhne Gottes zu werden Allen, die an seinen Namen glauben.
Durch den Glauben an das Wort verbinden sie sich mit dem
Worte. Das Wort ist Gott. Durch den Glauben verbinden
sie sich also mit Gott. Sich mit Gott verbinden aber ist gut;
weil, wer dieß thut, mit Gott ein Geist wird, mit dem Gerech=
ten ein Gerechter, mit dem Heiligen ein Heiliger. Aber
Abraham glaubte auch; also wurde auch er zum Vollkommenen
geführt? Die Propheten glaubten auch? Allerdings glaubten
sie, aber an den, der erst kommen und das Opfer der vollkom=
menen Gerechtigkeit darbringen sollte... Sie konnten eine treue
Hoffnung bewähren, aber empfangen konnten sie nicht, was noch
nicht da war. Sie genossen mit uns dieselbe geistige Speise, sie
in der Hoffnung als eine, die ihnen gegeben werden sollte, wir
in der Wirklichkeit als eine, die uns gegeben ist.‟ Nicht also die
Werke, die durch das Gesetz erzeugt werden, sondern nur der
Glaube, der aus dem Evangelium entspringt, besitzt die Kraft,
vor Gott gerecht zu machen; nicht als ob der Glaube an sich den
Werth besäße, der z. B. der vollkommen reinen und heiligen Ge=
sinnung höherer Geister zukommt [2]), sondern weil es Gott gefallen

---

1) De Magnitud. Passion. Cap. 47. p. 555.
2) Wessel betrachtet den Glauben nie als die eigentlich bewir=
kende Ursache der Seligkeit, sondern diese findet er nur in Christo und dem
in ihm geoffenbarten göttlichen Worte. Er sagt in der kleinen Schrift de
Magnit. Passion. in der Farrago rer. theol. p. 746: „Ihr seyd jetzt
rein um des Wortes willen, das ich zu euch gesprochen habe, nicht wegen
des Wortes eures Glaubens oder eures Bekenntnisses, obwohl ihr rein seyd,
wenn ihr das Wort des Glaubens im Herzen und das Wort des Bekennt=
nisses im Munde habt, denn durch den Glauben reinigt er die Herzen
der Gläubigen, aber nicht um des Glaubens willen, sondern um des
Wortes willen, welches den Menschen belebt.‟

hat, den Glaubenden eine höhere Gerechtigkeit zu verleihen, als die der Engel ist [1].

Dieß führt uns nun noch bestimmter auf die positive Lehre Wessels von der Rechtfertigung und deren objectivem Grunde. Er entwickelt seine Ueberzeugung hierüber besonders in der Schrift über die Größe des Leidens Christi [2] und trägt hier unter andern folgende Sätze vor [3]: „In Beziehung auf die Rechtfertigung ist es klar, daß das Aufgehobenwerden der Sünde nichts Anderes ist, als die rechtfertigende Liebe haben [4], denn wer diese nicht hat, bleibt in der Sünde. Damit also Christus die Sünden hinwegnehme, dazu ist erforderlich, daß er die Gerechtigkeit mittheile (eingieße, infundat). Er hat also auch in der angenommenen Menschheit die bewirkende Ursächlichkeit zur Rechtfertigung der Gottlosen, zur Gnade und Weisheit, zu dem Gericht und der Liebe, zu ihrem Fortschreiten bis zu ihrer Verkollkommnung, und bis zur Vollendung der Verkollkommneten, das heißt, bis zur Beseligung. Und das ist es, was ihm ver= heißen ist durch Jesajas [5]: wenn er sein Leben zum Schuldopfer gegeben hat, so wird er Saamen haben und in die Länge leben. Der Saame nämlich hat in sich die bewirkende Ursächlichkeit. Ich meine nicht die höchste Ursächlichkeit, denn diese hat sich in allen Dingen Gott vorbehalten; sondern eine solche, wie sie der ewigselige Vater in seinem geliebten Sohne hat. Das ist der Name, der dem Lamme von Gott gegeben ist über alle Namen, daß jene heilige Menschheit nicht bloß die Sünden der Welt hin= wegnehme, sondern auch alles Unvollkommene in der ganzen Welt sowohl bei den Engeln als bei den Menschen wirksam er= gänze [6], so daß aus seiner Fülle, wie aus einer einzigen Quelle

1) De Magnit. Passion. Cap. 45. p. 551.

2) De Dispensatione Verbi incarnati et *Magnitudine Passionis*. Quae fuit necessitas Christo pati: quomodo oportuit Christum pa-tiendo, et qua gloria intrare in gloriam suam. Die Schrift füllt in der gröninger Ausgabe der Werke S. 457—643.

3) De Magnitud. Passion. Cap. 7 u. S. p. 466 u. 467.

4) . . . Nihil aliud est, peccata tolli, quam justificantem chari-tatem habere. Vergl. De Magnit. Passion. Cap. 83. p. 628: Pro-fecto thesaurus noster super omnia est exaltatus: sed quamdiu super omnia eum non amaverimus, non est exaltatum nomen ejus in nobis super omnia. Wie die Liebe nicht sowohl die Ursache, als die lebendige Wirkung und der begleitende Maaßstab der Rechtfertigung ist, so ist sie auch der Maaßstab künftiger Seligkeit und diese ohne Liebe nicht denkbar. Scal. Medit. Exempl. III. p. 406.

5) Jes. 53, 10.

6) . . . ut omnem totius mundi inconsummationem tam in ange-lis quam hominibus efficienter impleat. Vergl. De Caus. Incarn. Cap. 14. p. 444.

Alle schöpfen, und jenes klare Schauen, jene Würdigung, jener
selige Genuß, wie ursprünglich von Gott, so mittelbarer Weise
von jener Menschheit (Christi) als der bewirkenden Ursache aus=
geht. Denn ich glaube, daß er nicht ohne Grund Vater der
kommenden Welt [1]) genannt wird... Das Opfer[2]) des Herrn
Jesu bezog sich nicht allein auf die Vergebung der Sünde, die
begangen wurde bei Uebertretung des Gebotes Gottes: weil es
nicht möglich ist, daß ein Opfer gebracht werde für eine (längst)
vergangene Sünde. Denn wenn die Sünde vergeben wird, so
hört sie auf, und wenn die Sünde aufhört, so fängt die Gerech=
tigkeit an, ebenso wie die Gesundheit anfängt, wenn die Krank=
heit aufhört und das Leben anfängt, wenn der Tod weicht.
Jede Darbringung für die Sünde ist also auch eine Darbringung
für die Gerechtigkeit; und inwiefern es eine Darbringung ist für
die Gerechtigkeit und das Leben, insofern ist es eine Speise und
süße Kost, für den Einen minder, für den Andern mehr, je nach=
dem sie zur Mittheilung einer größeren Gerechtigkeit für den Einen
oder Andern durch den Hohenpriester Gott dargebracht wird. Gott
wird das Opfer dargebracht, aber es speisen die, für welche es
dargebracht wird."

Wollen wir in der Kürze die Ueberzeugung Wessels dar=
stellen, so wäre sie mit Beziehung auf früher mitgetheilte Stellen
in folgende Sätze zu fassen: das Gesetz kann uns nie vollkommen
gerecht und selig machen, weil wir es nicht erfüllen, ja nicht
einmal erfüllen können, indem es Unmögliches befiehlt. Es
weckt also in dem Menschen nur ein Verlangen, welches dann
durch das Evangelium befriedigt wird. Durch Christus, sein
Leben, Leiden und Sterben werden wir vor Gott gerecht, das
heißt wir empfangen Vergebung der Sünden und ewige Selig=
keit; die letzte und höchste Ursache dieser Beseligung liegt in Gott,
die mittelbar bewirkende Ursache aber in der Thätigkeit Christi;
Christus in seiner ganzen göttlich=menschlichen Erscheinung trug
eine unerschöpfliche, unermeßlich fortwirkende Kraft der Erlösung,
Heiligung und Beseligung in sich; durch sein reines und heiliges
Leben wird unsere Unvollkommenheit vor Gott ergänzt, durch
sein Leiden und Sterben wird unsere Sünde mit ihren Folgen
aufgehoben; aber mit der Aufhebung der Sünde und des Todes
muß stets im Verhältniß stehen das Eintreten der Gerechtigkeit
und des Lebens. Christus hebt die Sünde auf und ergänzt das

---

1) ... futuri seculi Pater. Jes. 9, 6. Luther: Ewig=Vater. Hier
in der Bedeutung: der Urheber einer neuen geistigen Schöpfung, die sich
ins Unendliche erstreckt.
2) Cap. 8. p. 467.

Mangelnde nur für den, der an ihn glaubt. Glauben aber heißt mit ihm in Verbindung, in Gemeinschaft treten. Wer mit Christo in Gemeinschaft tritt, der tritt auch in Gemeinschaft mit Gott; in einen solchen geht auch der Geist Gottes, also der Geist der Ge= rechtigkeit, Heiligkeit und Liebe über. Nur insofern wir rechtfertigende Liebe, wahre Gerechtigkeit und Heiligkeit in uns haben, nur insofern wir in der That aus der unversieglichen Fülle Christi schöpfen, werden wir wirklich von Gott als Gerechte behandelt und beseligt, aber diese Liebe und Gerechtigkeit ist nicht etwas von uns Hervorgebrachtes, nicht unser Verdienst, nicht ein Werk der Gesetzeserfüllung, sondern etwas von Gott durch Christus uns Mitgetheiltes, eine Gabe der Gnade, ein freies Erzeugniß der belebenden Kraft des Evangeliums von Christo [1]). In diesem Sinne wird auch das Leiden und Sterben Christi ein Opfer ge= nannt: es ist eine Darbringung vor Gott für die Sünden der Menschen, es ist aber auch eine geistige Speise für die Menschen selbst, und nur insofern sie sich dasselbe durch Glaube und Liebe aneignen, kann es auch wirklich zu ihrer Belebung und Beseligung wirksam seyn. Diese Seite, die Aneignung der beseligenden Ein= wirkung Christi durch Glauben und Liebe, haben wir nun noch genauer ins Auge zu fassen.

Der Glaube, als das erste Mittel zur Aneignung der Ge= rechtigkeit und Seligkeit Christi, ist natürlich im Sinne Wessels nicht bloß historisches Fürwahrhalten, sondern Erhebung des ganzen Gemüthes zur Gemeinschaft mit Gott und Christo; er ist das Wesen, die Grundlage des gesammten höheren Lebens, welches, weil auf das Ewige sich beziehend, in steter Entwicke= lung, Läuterung und Verklärung begriffen ist. Der Glaube ist das Organ, um die geistige Speise, das Wort Gottes, zu ge= nießen: er hat also von Natur etwas Belebendes in sich und es

---

1) Wessel betrachtet die Seligkeit in keiner Weise als etwas durch Verdienst Erworbenes. Er erklärt vielmehr sehr bestimmt de Commun. Sanctor. p. 816. Propos. 18: „Wir sind Alle Arme Eines Reichen, durch Eines Verdienst wiederhergestellt, durch Eines Gehorsam versöhnt, und zwar eines solchen, der seinen Platz nicht durch Verdienst, sondern durch angebo= renes Recht besitzt. Den Lohn aber seiner Mühe und seines Dienstes hat er auf uns übertragen, so daß wir erkaufte und angenommene Bürger sind unter einem angestammten König, der allein des Reiches und seiner königli= chen Würden Herr und Vertheiler ist. Denn nicht der pflanzt oder be= gießt, ist etwas, sondern der das Gedeihen gibt, Gott.“ In demselben Sinne sagt er de Provid. p. 732, indem er Gott anredet: „Hast nicht du, Gott! das Geschöpf der Schwachheit unterworfen, damit niemand zu dir komme, außer durch dich? denn niemand kommt zum Vater außer durch den Sohn und niemand kann zum Sohne kommen, es ziehe ihn denn der Vater, und niemand kann Jesum einen Herrn nennen, außer durch den heiligen Geist.“

besteht zwischen ihm und dem, was ihm dargeboten wird, eine von Gott selbst geordnete Harmonie, wie zwischen allen Organen des Menschen und ihren Gegenständen. „Denn, der das Ohr gepflanzt und das Auge gebildet hat, derselbe hat auch den Glauben geschaffen. Und wie er das Ohr durch Gesänge und Harmonie, das Auge durch Licht und Mannichfaltigkeit (der Farben) sättigt und erfreut, so wird er auch dafür sorgen, daß der, den er des Glaubens würdig achtet, durch sein Wort gesättigt, erquickt, genährt, gestärkt, vervollkommnet, erleuchtet, entzündet, entflammt, und zur Liebe, zum Leben mit Gott erhoben werde; auf daß, wie zwischen dem Jüngling und der Jungfrau, so zwischen dem Glauben und dem Worte eine ewige, unauflösliche und selige Gemeinschaft sey"[1]. Der Glaube ist überhaupt die Basis des ganzen höheren Lebens, ebenso im Verhältniß des Menschen zum Menschen, wie im Verhältniß des Menschen zu Gott. „Der ganze Inbegriff der menschlichen Verhältnisse (des menschlichen Zusammenlebens, humani convictus)," sagt Wessel[2], „geht aus der einen Quelle des Glaubens hervor, so daß kein Mensch mit einem durch und durch erkannten Menschen, sondern immer nur mit einem solchen umgeht, dem er vertraut, und der Glaube (das Vertrauen) das Band der menschlichen Gemeinschaft ist in der Erweisung sowohl des Guten wie des Bösen. In diese Nothwendigkeit des Glaubens sind wir vermöge eines gerechten Urtheils des Schöpfers versetzt worden durch unsere Leichtgläubigkeit, da wir, Gottes und unserm Feinde gegen den Willen unseres Vaters und Herrn thöricht vertrauend, jenem Lügner Gehör gaben, welcher sprach: eure Augen sollen aufgethan werden." Indem Wessel den Glauben in diesem Sinne auffaßt als das höhere, edlere Vertrauen in allen Lebensbeziehungen bis zu dem erhabensten Verhältniß, das der Mensch haben kann, seinem Verhältniß zu Gott, muß er einerseits die Festigkeit, Ausdauer, Treue, das sich Gleichbleibende als nothwendiges Element des Glaubens ansehen, denn wir vertrauen nur dem, den wir für treu und zuverlässig halten, und unser Vertrauen verdiente diesen Namen nicht, wenn es sich nicht unter allen Umständen bewährte und als probehaltig erwiesen[3]; auf der andern Seite aber kann

---

1) De Magnitud. Passion. Cap. 70. p. 597. Vergl. Cap. 68. p. 592.
2) De Magnitud. Passion. Cap. 70. p. 595.
3) De Sacramento Eucharist. Cap. 8. p. 674: Omnes linguae fidem et fidelem germanis cognatarum rerum nominibus designant. Latinus fidelem a fide, Graecus πιστὸν a πίστει. Similiter Italus, Gallus, Germanus, ubi linguarum suarum puritates examinantur. Quid hoc aliud insinuat, quam ut fidelis sit, qui fidem se habere

er ebenso wenig den Glauben als etwas Abgeschlossenes, ein für allemal Fertiges betrachten, sondern, weil er mit dem ganzen inneren Leben zusammenhängt, als etwas Keimendes, Wachsendes, stets in der Entwickelung Begriffenes. Der Glaube fängt klein und schwach an und geht alle Entwickelungsstufen des menschlichen Lebens hindurch bis zur männlichen Reife. „Wie vermöge einer gewissen Reihefolge der Lebensalter ist der Glaube zuerst ein Kind; dann wird er eine Jungfrau, wenn er durch Ausrüstung mit der Hoffnung höheres Vertrauen gewinnt; endlich aber geht er in die Liebe über, wenn der Glaubende jede andere Liebe (außer der des höchsten Gegenstandes) gering achtet [1]." Aber der Glaube hat zugleich einen Keim der Ewigkeit in sich, das heißt, ebensowohl die Grundlage einer unzerstörbaren ewigen Entwickelung des Geistes, dem er einwohnt, als einer unermeßlichen Fortwirkung und Fortpflanzung auf andere Gemüther. „Es ist nicht zu verwundern", sagt Wessel [2], „wenn der Glaube, der da ist das Wesen zu hoffender Dinge, mit einem Senfkorn verglichen wird: weil das Wesen der zu hoffenden Dinge ein Reich ist, und in Wahrheit ein Reich, also ein himmlisches Reich, ja das Reich Gottes; denn es hat ein Senfkorn und überhaupt jedes Saamenkorn, wenn es wahrhaft lebendig ist, die Kraft, sein Geschlecht und seine ursprüngliche Art fortzupflanzen. Die Fortpflanzungskraft aber hat etwas Ewiges [3]... Ein einziges Senfkorn, wenn seine Fortpflanzungskraft nicht gehemmt und dasselbe immer auf guten Boden gesäet würde, könnte, ehe hundert Jahre vergingen, Himmel und Erde erfüllen. Es ist daher nicht zu verwundern, wenn der Herr Jesus den Glauben der Heiligen mit einem Senfkorn vergleicht [4]); denn weil der Glaube der Heiligen lebendig ist, so hat er eine ewige Fortpflanzungskraft und ist befruchtet von einer unbegreiflichen Unendlichkeit [5]."

Wessel kann sich seiner ganzen Anschauungsweise gemäß keinen andern als einen lebendigen Glauben denken, einen solchen, der zugleich ein höheres sittliches Lebensprincip in dem

---

asserit? ut, si fidelis non sit, fidem non habeat.' Und dann weiterhin: Nemo enim credere potest cuiquam, quem non fidelem deputat.

1) De Magnitud. Passion. Cap. 68. p. 591.

2) De Magnitud. Passion. Cap. 61. p. 578.

3) Sie schließt eine Ewigkeit in sich — habet et foecunditas aeternitatem.

4) Matth. 17, 20. Vergl. Scal. Medit. Exempl. I. p. 350: Putasne, ut ex tantillo grano sinapis parvulae hujus meae fidei tantum aliquando fulgur erumpet?

5) ... incomprehensibili quadam interim praegnat immensitate.

Menschen wird, der als das Band der Gemeinschaft mit Gott und Christo den Menschen von der Sünde reinigt und fortwäh=rend heiligt. Wer aus Gott geboren ist, sündiget nicht; aus Gott geboren ist aber, wer an die Erscheinung des göttlichen Lebens in Christo voll Gnade und Wahrheit glaubt, denn durch den Glauben wohnt das menschgewordene göttliche Wort selbst in ihm [1]). Indem Wessel die Rechtfertigung von Seiten des Menschen auf den Glauben zurückführt, aber zugleich keinen andern Glauben kennt, als den, der in der Liebe thätig ist, löst sich ihm der scheinbare Widerspruch zwischen den Apo=steln Paulus und Jacobus in eine bloße Verschiedenheit auf, die von einer tiefer liegenden Geisteseinheit ausgeht. Er äußert sich darüber auf folgende Weise [2]): „Wir glauben, daß der Mensch gerechtfertigt werde durch den Glauben an Jesus Christus ohne die Werke. Und: der Glaube ohne Werke ist todt. So lehren die Apostel Paulus und Jacobus verschieden, aber nicht entgegengesetzt. Gemeinsam ist beiden die Ueberzeu=gung, daß der durch den Glauben Gerechte des Lebens theilhaftig sey; durch den Glauben aber, der in der Liebe thätig ist. Denn durch Werke bewährt sich der lebendige Körper, und wenn er diese nicht übt, so hält man ihn für todt. Und wenn der Mensch gar keine Lebensthätigkeiten hätte in seinem Körper, als da sind Athem, Puls, Wärme des Herzens, so würde er für gestorben gelten. Aus diesen Thätigkeiten erkennt man, daß er lebt; doch lebt er nicht durch diese Thätigkeiten [3]), sondern durch die Quelle dieser Thätigkeiten lebt er, durch die Seele (anima, die Lebenskraft). Und je mehrere, größere und edlere Thätigkeiten er aus sich hervorzubringen strebt, desto mehr lebt er. Weil aber die Liebe die edelste unter allen Thätigkeiten ist, so ist das höchste Leben das des Liebenden, auch wenn er stille sitzt und ruht, und nicht, wie Martha, in einem äußeren Werke begriffen ist, sondern nur sieht und schmeckt, wie lieblich der Herr ist, wie Maria, die doch das beste Theil erwählt hat, das nicht von ihr genommen werden soll. Denn keine Pflichtleistung des Liebenden gefällt dem Liebhaber, außer wenn sie aus der Quelle der Liebe entspringt. Die Liebe ist also mehr als alle Pflichtleistungen. Weil aber die

---

1) De Caus. Incarnat. Cap. 3. p. 418.
2) De Magnitud. Passion. Cap. 45. p. 550 u. 551.
3) Dieß wendet Wessel auch auf den Glauben an: er lebt in den Werken, aber nicht durch die Werke. In der kleinern Schrift de Magnit. Pass. in der Farrago rer. theol. p. 747. sagt Wessel: „Unsere guten Werke nähren und stärken den Glauben, aber sie beleben ihn nicht, son-dern sie stärken nur das Band des Lebens. Christus allein und der Geist belebt uns und das Opfer Christi heiligt uns."

Quelle der Liebe der Glaube ist, so ist der Glaube auch wegen seines Erzeugnisses angenehm." Nachdem nun Wessel bemerkt, daß mit der Liebe als der Frucht des Glaubens auch Sehnsucht nach dem Gegenstande desselben verbunden sey, und daß durch diese Sehnsucht und den belebenden Einfluß der Gnade der Glaube selbst immer wachsen müsse, fährt er fort: „Und dieß sind die Wirkungen, formale oder objective, von denen der Apostel Jacobus sagt, daß, wenn sie fehlen, der Glaube gänzlich un= fruchtbar, ja gänzlich todt sey. Die Meinung des Paulus aber widerspricht dem nicht, sondern empfiehlt und lehrt nur noch offener die Gnade Gottes. Wobei man auch wissen muß, daß es eine doppelte Gerechtigkeit gibt: eine eigene, welche vermöge der Gesetz= mäßigkeit (Rechtschaffenheit, ex rectitudine) und Reinheit des Handelnden nichts Mißfälliges oder dem göttlichen Gesetze Unan= gemessenes an sich finden läßt. Vermöge dieser Gerechtigkeit sind die Engel gerechtfertigt und wären die Menschen gerechtfertigt worden, wenn sie in der ursprünglichen Gerechtigkeit verblieben wären. Aber nachdem sie durch die Uebertretung von Verfall in Verfall gerathen sind, ist dem Menschen eine solche Gesetzmäßig= keit und Reinheit der Werke unmöglich, so daß er also durch seine Werke nicht gottgefällig werden kann, und von solchen Werken sagt Paulus, er halte dafür, daß der Mensch gerechtfertigt werde durch den Glauben an Jesus Christus ohne die Werke. Nicht als ob der Glaube des Glaubenden (der Glaube an sich) so wohlgefällig wäre, daß er der Gesetzmäßigkeit und Reinheit der Engel gleich käme [1]), sondern weil es Gott gefallen hat, den

---

1) Es ist schon oben bemerkt, daß Wessel dem Glauben keineswegs einen solchen objectiven Werth zuschreibt, daß nun derselbe wie etwas Ver= dienstliches an die Stelle der Werke träte: der Glaube ist ihm ganz im protestantischen Sinne nur das Organ zur Aufnahme des Heils. Hier kann aber noch bemerkt werden, daß Wessel nicht nur den vollendeten und ganz erstarkten Glauben gelten läßt, sondern auch den beginnenden und den sich noch entwickelnden auf seinen verschiedenen Bildungsstufen. Er sagt de Magnit. Pass. in der Farrago p. 747: „Wer auch nur so weit an Chri= stum glaubt, daß er nichts gegen Christum thut, wenn auch sein Glaube noch schwach ist, der lebt, und wenn er in diesem Zustande von hier hin= weggenommen wird, so wird er selig, denn wir haben das Wort des Herrn bei Johannes nicht so obenhin zu nehmen: wer nicht wider uns ist, der ist für uns." Wessel legt überhaupt schon einen hohen Werth auf den guten Willen, das aufrichtige Verlangen nach lebendigem Glauben und wahrer Heiligung, und spricht hierin Grundsätze einer großartigen und freisinnigen Duldsamkeit aus. Ausführlicher äußert er sich über diesen Punct in der Abhandlung de Provid. Dei. p. 730 — 733. Hier preist er den Mann selig, der einen guten Willen hat; ihm ist schon Friede vom Himmel durch die Boten des Friedens verkündet; er fürchtet das Gericht nicht, denn der gute Wille findet einen begütigten Richter und einen Erlöser, selbst noch ehe der gute Wille da war. Nicht bloß der, welcher dem Rufe und der

Glaubenden eine höhere Gerechtigkeit, Gesetzmäßigkeit und Rein=
heit zu schenken, als die der Engel ist."

Mit dem Glauben bildet die Liebe ein untrennbares
Ganze. Sie ist ein wesentliches Moment in der Lehre von der
Erlösung, Rechtfertigung und Heiligung. Auf diesen Punct kommt
Wessel von allen Seiten her zurück. Es ist das Herz seiner
frommen Gesinnung, die Seele seiner Theologie. Hier ist Wes=
sel, indem er, wie wir im Vorhergehenden gesehen, das Pau=
linische in keiner Weise verleugnet, wesentlich johanneisch.
Durch das Paulinische deutet er vorwärts auf die reformatorische
Theologie, durch das Johanneische hängt er rückwärts mit der
mystischen und namentlich mit dem großen Liebeslehrer, Thomas
von Kempen, zusammen.

Zur Erläuterung der Liebeslehre Wessels ließen sich un=
zählige Stellen beibringen, aber da er gerade hier oft ins Er=
bauliche hinüberstreift, wollen wir das Wesentliche kurz zusam=
menfassen. Die Liebe ist entweder zu denken als die ursprüng=
liche, schöpferische, göttliche [1]), oder als abgeleitete menschliche [2]);
als göttliche ist sie des Glaubens Erzeugerin, als menschliche des
Glaubens Erzeugniß. Der Glaube entspringt aus der göttlichen
Liebe [3]): sie in Christo erkennen, ihr vertrauen, sich ihr ganz

---

Führung Gottes sich ganz hingibt, gehört zum Volke Gottes, sondern auch
jeder, welcher der Einladung und Leitung Gottes nicht widerstrebt. Wer
hört, glaubt, verlangt, der möchte doch ein guter Kämpfer seyn, und auch
das wird ihm schon als Kriegsdienst angerechnet. Die Schrift sagt zwar:
niemand wird gekrönt, er kämpfe denn recht — oder: sie sollen Rechenschaft
geben von jedem unnützen Wort — aber dieß sind mehr Aussprüche des
strengen Rechtes, im Evangelium tritt dagegen die Erbarmung Gottes ein,
so daß aller Ruhm nur Gott gebührt, nicht uns; denn wenn wir durch
unsere Verdienste gerechtfertigt würden, so würde uns von Rechts wegen der
Preis ertheilt und uns gebührte der Ruhm.
  1) Wessel gibt auf ähnliche Art, wie man die Existenz Gottes zu be=
weisen pflegt, einen Beweis, daß Gott die wesenhafte Liebe seyn müsse.
„Nichts wird so sehr verlangt und geliebt, als das Seyn. Nichts ist so
liebenswürdig, als die Liebe. Nichts muß so sehr geliebt werden, als Gott.
Es ist also nothwendig, daß Gott die wesenhafte Liebe sey. Denn es wäre
widervernünftig, daß etwas aufs höchste geliebt werden müßte, was nicht
auch das Liebenswürdigste wäre; und es wäre unmöglich, daß etwas geliebt
werden müßte und das Liebenswürdigste seyn sollte, wenn es nicht am mei=
sten liebte." De Orat. III, 12. p. 76.
  2) De Magnit. Pass. Cap. 78. p. 614.
  3) Die zuvorkommende und herablassende göttliche Liebe wird von Wes=
sel auch in zwei Parabeln dargestellt. In der einen de Magnit. Pass.
Cap. 71. p. 600 — 602. schildert er die von Gott entfremdeten Menschen
als elende blinde Bettler, welche der Sohn eines erhabenen, gerechten und
gütigen Königs, der seinem Vater vollkommen gleich ist, in seinen Palast
aufnimmt, pflegt, heilt und bewirthet, und von Stufe zu Stufe, je nach dem
Wachsthum ihres Vertrauens und ihrer Liebe, höherer Freuden theilhaftig
macht, bis er die am meisten Fortgeschrittenen sogar eines vertrauteren

hingeben heißt glauben; dieß schließt aber nothwendig auch Gegen=
liebe [1] und ein dadurch hervorgerufenes gottgeheiligtes Leben in
sich; darum ist der Glaube erst lebendig, wenn er durch die Liebe
zur That wird, und die Liebe ist in solchem Sinne der Mittel=
punct des ganzen christlichen Lebens, selbst erzeugt durch den
Glauben, der die göttliche Liebe aufnimmt und hinwiederum
Quelle alles Guten, was in der Gesinnung des Menschen vor=
handen ist und in Thaten hervortritt. Alles wahre Leben ist in
der Liebe: wo sie fehlt, ist der Tod [2]). Es ist aber nicht genug,
daß man überhaupt nur liebe, der Werth der Liebe bestimmt sich
nach dem Gegenstande; der würdigste, höchste Gegenstand der
Liebe ist Gott, und Gott zu lieben ist dem, der sich nicht ver=
blendet, nothwendig: denn er offenbart sich uns als Liebe [3]), er
reicht uns das nährende Brod der Liebe [4]) dar in Christo, der
in Allem, was er sprach und that, eine göttliche, belebende und
begeisternde Liebe bewährt hat: „Alles Leben," sagt Wessel [5]),
„ist in der Liebe, und zwar so sehr, daß, wer nicht liebt, auch
nicht mehr lebt, als ein Kloß. Die Liebe aber wird nicht allein
durch die Liebe erquickt, sondern auch erzeugt, gestärkt, entzündet
und entflammt. Die Liebe nährt die Liebe. Die Liebe ist Brod
für die Liebe. Alle Werke Christi, alle Lehren Christi, alle Lei=
den Christi sind Vorbilder der Liebe, Erregungs= und Anrei=
zungsmittel der Liebe, dienen zur Entzündung, Erquickung, An=
feuerung und Nahrung der Liebe." Die Liebe Christi hat das
Höchste geleistet, sie muß also auch das Höchste bewirken, sie hat
die größte Hingebung entwickelt, sie muß also auch die größte
Anziehungskraft besitzen [6]): wen sie nicht bewegt, der ist erstorben,
wen sie nicht ergreift, der ist stumpf, wen sie nicht entzündet, der

---

Umganges würdigt. In der andern ebendaselbst Cap. 72. p. 602 — 604.
erscheint der Sünder unter dem Bilde eines mit guten Naturanlagen aus=
gestatteten, aber armen und roben Bauernsohnes, dessen sich eine Königs=
tochter mit solcher Liebe annimmt, daß sie, ihm selbst unbekannt, ihn mit
Wohlthaten überhäuft, und zuletzt, nachdem er zu einem edleren Sinn und
Leben herangebildet ist, ihm ihren Anblick gewährt und die Zusage einer
künftigen noch innigeren Verbindung gibt, als deren Unterpfand er einst=
weilen einen kostbaren, mit einem reichen Karfunkel (dem Symbol der Liebe
Scal. Medit. Exempl. I. p. 359.) geschmückten, Ring empfängt.

1) Scal. Medit. Exempl. I. p. 345.
2) De Magnit. Pass. Cap. 86. p. 634.
3) De Orat. VII, 9. p. 135. De Sacram. Eucharist. Cap. 7.
p. 672.
4) „Die Liebe ist das Brod der Liebe; willst du geliebt werden, so
liebe!" De Orat. VIII. 10. p. 156.
5) De Orat. VIII, 6. p. 148.
6) De Magnit. Pass. Cap. 65. p. 592.

ist kalt [1]). „Es ist unmöglich, das häufig im Gemüthe zu be=
wegen, was dein Herr, dein Gott, dein Heiland aus Liebe für
dich gethan und gebuldet hat, und nicht wieder zu lieben. Für
ein kaltes Herz ist die Betrachtung des Liebenden und zwar die
Betrachtung eines so Liebenden ein entzündendes Feuer, das zur
Gegenliebe zwingt; er mag wollen oder nicht, wer die Liebe und
den Liebeseifer dieses Liebenden erwägt und betrachtet, der wird
ihn wieder lieben [2]." Christus ist unser Freund nur, wenn wir
ihn wieder lieben, denn zur Freundschaft gehört Gegenseitigkeit;
die einseitige Liebe hat für den, der geliebt wird, vielmehr etwas
Drückendes [3]). Aber es genügt hier auch nicht eine halbe, kühle,
gemäßigte Liebe, sondern nur eine ganze, feurige, volle und ent=
schiedene. Wessel verwirft überhaupt das Halbe und verlangt
das Ganze und Volle [4]), hier aber ganz besonders. Eine kalte
Liebe ist ihm keine Liebe, sie kann etwa Wohlwollen oder Gunst
genannt werden, aber Liebe und Freundschaft ist es nicht [5]).
Die Liebe zu Gott und Christo muß, ihres Gegenstandes würdig,
der Größe und Erhabenheit der göttlichen Urliebe entsprechen,
und dieß thut sie nur, wenn sie auch Großes hervorbringt. Die
wahre Liebe kennt kein Maaß; sie wirkt Großes, sonst ist es keine
Liebe [6]); sie bekümmert sich nicht um gewöhnliche Dinge; sie fürch=
tet nicht die, welche den Leib tödten, ja nicht einmal den, der die
Seele verderben kann, weil sie ihn liebt und nur seinen Willen
will [7]). Diese Liebe ist aber auch durchaus frei von Selbstsucht,
sie geht nicht, wie die eigennützige sinnliche Liebe, bei getäuschter
Hoffnung in Haß über, sondern sie ist rein, standhaft, in stetem
Wachsthume begriffen, sie hat eine läuternde Kraft und befreit
das Gemüth von falschen Phantasien und Gedanken, sie verklärt
und befestigt die Seele [8]), sie befähigt zum Eintritt in das
Himmelreich, ja sie ist in sich selbst schon die höchste, ewige
Seligkeit [9]). Ohne Liebe keine Theilnahme am Himmelreich,
welches ja die, vom Könige der Liebe gestiftete, Gemeinschaft der

1) De Orat. VII, 9. p. 135. und de Sacram. Eucharist. Cap. 7.
p. 672.
2) De Sacram. Eucharist. Cap. 1. p. 659.
3) De Magnit. Pass. Cap. 75. p. 608.
4) So sagt er de Magnit. Pass. Cap. 84. p. 631: Nesciunt homines, quid sit esse perfectum Christianum. Imperfectus Christianus
non adhuc Christianus, quanto nescit.
5) De Magnit. Pass. Cap. 75. p. 609.
6) De Magnit. Pass. Cap. 81. p. 624. Cap. 83. p. 625.
7) De Magnit. Pass. Cap. 81. p. 619.
8) De Orat. I, 2. p. 6. Scal Medit. I, 14. p. 213.
9) De Magnit. Pass. Cap. 80. p. 618.

Bruderliebe ist [1]); vielmehr bestimmt sich nach dem Maaße der Liebe für jeden die Stufe, die er in diesem Reich einnimmt [2]). Die göttliche Liebe in Christo bildet indeß nur einen Theil seiner erlösenden Einwirkung; es ist zugleich die g a n z e E r = s c h e i n u n g s e i n e s L e b e n s, in der sich das Göttliche offen= bart, und aus deren lebendiger Anschauung es in unser Leben übergehen soll [3]). In Christo wohnte die Fülle des göttlichen Lebens und aus dieser Fülle schöpfen wir Alle durch liebevolle Anschauung und thätige Nachbildung seines reinen und erhabenen Vorbildes, durch Aufnahme seines Geistes in unser Inneres; ja es ist dieß der einzige Weg, zur wahren Weisheit, Liebe und Seligkeit zu gelangen [4]). Unser eigenes flüchtiges Leben ist nur eine dürftige und geringe Sache, es ist dürr, unfruchtbar und gleichsam ein hinschwindender Dunst, wenn es nicht zwischen zwei Leben von großer und herrlicher Art in die Mitte gestellt und durch dieselben erhoben und veredelt wird. Das eine ist das selige Leben, auf das wir hoffen, das andere das Leben Christi unseres Königs, Priesters und Propheten, welches uns zum Trost erschienen ist [5]). Sein Leben ist groß und heilig vor Gott; es wird aber jedem gegeben, soweit er sich durch Betrachtung, Ver= ehrung und Liebe damit verbindet [6]), und soweit es ihm gegeben wird, wird jeder wahrhaft belebt und beseligt [7]). Ja es ent=

---

1) De Magnit. Pass. Cap. 78. p. 615.
2) Scal. Medit. Exempl. I. p. 355 u. 356, wo es unter andern heißt: In regno tuo quisque tanto sublimior, quanto amantior, ubi omnes regnicolae meri sunt fratrum propter regem amatores. Schöne Thesen über das Wesen der christlichen Liebe finden sich auch de Magnit. Pass. Cap. 38. p. 534—536.
3) Dominus Jesus et imago Dei nobis est, et exemplar nobis ad Deum. Scal. Medit. Exempl. II. p. 367.
4) . . . ad perfectam sapientiam, gloriam et charitatem nobis nulla vera via est, nisi per sapientiam, gloriam et charitatem, quam Dominus Jesus in carne monstravit. De Sacram. Eucharist. Cap. 28 p. 704. Womit zu vergl. Scal. Medit. Exempl. I. p. 331.
5) De Caus. Incarnat. Cap. 1. p. 414.
6) Ebendaselbst S. 415.
7) Welches Gewicht Wessel auf die liebevolle Betrachtung des Lebens und Leidens Jesu lege, ersieht man daraus, daß er nicht nur in seinen einzelnen Schriften immer wieder auf diesen Punct zurückkommt, sondern auch mehrere Abhandlungen geschrieben hat, die sich ausschließlich mit diesem Gegenstande beschäftigen und das Grundthema zum Theil mit denselben Worten wiederholen. Die Abhandlung de Causis, mysteriis et effecti- bus dominicae passionis und die Thesen De Magnitudine passionis, welche in die Farrago rerum theolog. aufgenommen sind, stimmen so sehr mit den Schriften de Causis incarnationis und de Magnitud. passionis überein, daß es nicht nöthig ist, besondere Auszüge daraus mitzutheilen. Ich beschränke mich hier auf Weniges. Wessel zeigt, daß das Wort Gottes in Christo darum Mensch geworden, um den Menschen wieder das rechte, lebendige Vertrauen einzuflößen: „Denn wer weiß es nicht, wie ein Armer,

wickelt sich auf diese Weise das schönste Wechselverhältniß zwischen
dem Erlöser und den Erlösten; die Letzteren empfangen nicht
bloß von Christo, sondern sie geben ihm auch, aber freilich nur
das ursprünglich von ihm Hervorgerufene. Christus erfreut sich
an der Liebe, die von ihm entzündet ist und, was er den Men=
schen zu ihrer geistigen Nahrung mitgetheilt, das nimmt er von
ihnen wieder zu seiner eigenen Erquickung. So entsteht ein Spiel
der göttlichen Kräfte, ein Kreislauf des Gebens und Nehmens,
des Wohlthuns und der Dankbarkeit, der Liebe und Gegenliebe,
der in Ewigkeit fortgeht. „Aus dieser Fülle," sagt Wessel[1]),
„empfangen alle Glieder, die im Himmel und die auf der Erde sind.
Er gibt und nimmt, und, was er selbst gibt, empfängt er auch
wieder. Und das ist auch im Weinberge des Herrn nicht schwer;
denn auf dem geistigen Gebiete wird die gute Handlung ergänzt
und vollendet durch die von ihr hervorgerufene Gegenwirkung
(durch ihren Reflex[2])), so daß, wer in Liebe gibt, ebenderselbe sich
auch wohlwollend an der Liebe erfreut. Zuerst säet und pflanzet
er, dann erntet er. Zuerst weidet er die Heerde, dann genießt
er als der Erste von ihrer Milch. So kehren alle Ströme zu
ihrem Ursprunge zurück, damit sie aufs neue reichlicher ausfließen.
Selig ist jener Kreislauf in den Strömen des inneren Lebens, so
daß das, was durch die Gabe Gottes ausgeflossen ist, durch Be=
kenntniß, Dankbarkeit, treue Liebe und reine Gerechtigkeit wieder
zurückfließt."

wenn er in der Nähe eines reichen, mächtigen, menschenfreundlichen, freige=
bigen, erbarmungsvollen Mannes wohnt, wie er daraus Vertrauen schöpft,
daß seiner Bedrängniß stets abgeholfen werde. Nun, wir sind die Nächsten
unseres Herrn Christi, er muß uns lieben, und wahrhaftig er liebt uns, wie
sich selbst." Dann entwickelt Wessel besonders die Wichtigkeit und Kraft der
Erkenntniß und steten Betrachtung des Lebens Christi. Weil dieses
Leben so erhaben und heilig ist, so gebt es in dem Grade auf uns über,
als wir uns durch Verehrung und Liebe mit Christo vereinigen. Christus
theilt sein Leben denen mit, die an ihn glauben. Sein Name muß in uns
über Alles erhöht werden: dieß geschieht aber nur durch die vollkommenste
Liebe, gegen welche alles Uebrige zurücksteht. Christus ist unser Vorbild,
das erhöht ist von der Erde; wer nach ihm blickt, wird auch erhöht und
bekommt die rechte Richtung. Die Liebe Jesu ist ein verzehrendes Feuer,
mit ihr kann kein Gemüth zusammen bestehen, welches kalt und ohne Feuer
ist. Zu Jesu kommt niemand außer durch Jesum und nach der Regel Jesu.
Der richtige Weg aber ist lebendiger Glaube. Anderwärts bemerkt Wessel
auch, daß das Leben Christi nur insofern einen wirklich vorbildlichen Cha=
racter habe, als es auch nachgeahmt werde. Ein Beispiel ohne Nach=
ahmung ist zwecklos, todt und unfruchtbar. Scal. Medit. Exempl. I.
p. 334. Exempl. II. p. 371. Auch hier ein wichtiger Punct des Zusammen=
hanges zwischen Wessel und Thomas von Kempen.

1) De Magnit. Pass. Cap. 17. p. 486.

2) . . . in intelligibili regione rectum actum reflexus integrat
et perficit.

Diese Heranbildung des Menschen zur vollkommenen Liebe, seine Heiligung geschieht aber nicht anders, als durch den Geist Gottes. Diejenigen, welche nicht durch sich selbst sind, ver= mögen auch nicht bloß durch sich selbst zu lieben; eine heilige Liebe entsteht in ihnen nur durch göttliche Wirkung [1]). Gott kommt dem von ihm Abgewendeten zuvor, wie viel mehr wird er seinen Geist dem ihm Zugewendeten mittheilen [2]). Nur die sind ja auch Söhne Gottes, die den Geist des Sohnes empfangen haben; durch diesen Geist werden sie Gott angenehm seyn, den Willen Gottes vollbringen, den Dienst Gottes üben, nicht sowohl sie selbst, als vielmehr der Geist Gottes in ihnen [3]). Auf diese Weise aber wird der Mensch immer mehr in das Bild Gottes umgewandelt, er wird aufs innigste mit Gott vereinigt und selbst vergöttlicht. Zur Bezeichnung dieser höchsten Stufe der Heiligung gebraucht Wessel die Bilder der mystischen Theologie [4]). Zwar will er nicht gerade die hier gewöhnlichen Ausdrücke von „Abtöbtung und Vernichtung seiner selbst" entschieden billigen, aber er preist als den Gipfel des frommen Lebens „ein Schwei= gen, eine Stille vor Gott, welche nur die andere Seite ist von der tiefsten Bewunderung der Unbegreiflichkeit Gottes [5])," er ge= braucht zur Darstellung der innersten Lebensgemeinschaft mit Gott sehr oft und gern das Bild des Brautstandes und der Ehe [6]), er bezeichnet endlich die vollendete Heiligung selbst als ein Gott= werden [7]); womit er natürlich nicht ein pantheistisches Ueber= gehen in die Substanz Gottes, sondern nur die geheimnißvoll innigste Vereinigung oder das bezeichnen will, was er ander= wärts so ausdrückt: „Der Fromme wird zuletzt dahin gelangen, wo er als das wiedergeborene und gereinigte Bild Gottes der seligsten Vereinigung mit Gott genießt, und wo weder der Mensch, noch der Engel etwas ist, sondern nur die neue Creatur in

---

1) De Orat. IX, 4. p. 162.
2) Scal. Medit. Exempl. I. p. 341.
3) Scal. Medit. Exempl. III. p. 405. Womit zu vergl. De Orat. I, 16. p. 28. VIII, 12. p. 139. De Magnit. Pass. Cap. 65. p. 588. Bemerkt kann hierbei werden, daß Wessel auch eine Einwirkung guter und böser Engel auf die sittliche Entwickelung des Menschen annimmt. De Orat. X, 5 u. 6. p. 178 u. 179.
4) Er erkennt auch, im Bewußtseyn der Schranken unserer Erkenntniß, so lange wir im Glauben wandeln, eine ächte mystische Theologie an. De Magnit. Pass. Cap. 33. p. 519.
5) De Orat. I, 12. p. 22. 23.
6) Scal. Medit. II, 22. p. 220. De Magnit. Passion. Cap. 68. p. 592. Cap. 70. p. 599. Cap. 88. p. 638 u. 639. Scal. Medit. Exempl. III. p. 394 u. 406.
7) Scal. Medit. Exempl. III. p. 405 u. 406.

Christo [1]." Dahin erhebt sich der Mensch in dem Grabe, als die Sünde in ihm ab=[2]) und die Liebe zunimmt [3]), und wenn die Sünde ganz vernichtet und die Liebe vollendet ist, dann tritt er ein in das Himmelreich, das Reich, „welches frei ist vom Tode, von Schwachheit, Sclaverei, Eitelkeit, Vergänglichkeit, Unfrucht= barkeit und Gemeinheit, das Reich des Lebens, der Stärke, der Fülle, der Sicherheit, der Erlösung und Freiheit, der Wahrheit, Reinheit und Fruchtbarkeit [4])."

In allen diesen Puncten zeigt sich Wessel als Zögling der mystischen Schule, welche im Christenthum das innere Leben und als dessen Mittelpunct die Liebe hervorhob; er zeigt sich ins= besondere in der Lehre von der Aneignung und Nachahmung des Lebens Christi als Zögling des Thomas von Kempen. Doch nicht ohne Fortschritt. Und zwar ist dieser Fortschritt vornehmlich in drei Puncten wahrnehmbar. Erstlich: Wessel macht neben dem Subjectiven der inneren Lebensmit= theilung auch das Objective der Erlösungs= und Versöhnungs= that Christi entschiedener geltend; zweitens: er stellt eben deßhalb dasjenige Moment des christlichen Lebens, in welchem die ur= sprüngliche Aneignungskraft der in Christo gegebenen Erlösung ruht, den Glauben, mehr in den Vordergrund und betrachtet ihn bestimmter nicht nur als nothwendige Ergänzung, sondern auch als eigentliche Quelle der Liebe; drittens: er faßt die Lehre von der Nachahmung Christi in Glauben und Liebe groß= artiger, freier und innerlicher, indem er nicht sowohl, wie es noch bei Thomas vielfach geschieht, an Einzelnheiten und Aeußer= lichkeiten des Lebens Christi sich hält, sondern überall nur das Gesammtbild Christi und den von demselben ausgehenden wesen= haften Geist vor Augen hat. Gerade in diesen Puncten aber bildet er zugleich einen näheren Uebergang zur reformato= rischen Theologie, deren Eigenthümlichkeit in Vergleich mit der Mystik ja darin bestand, daß sie in der Soteriologie neben dem Subjectiven auch das Objective, den in sich selbst ruhenden absoluten Werth des Thuns und Leidens Christi, entschiedener zum Bewußtseyn brachte; daß sie in der Aneignung der Erlösung den Glauben kräftig in den Mittelpunct stellte; und daß sie in der Nachbildung des Lebens Christi von allen jenen Einzelnheiten und Aeußerlichkeiten, auf welche, wie z. B. Armuth, Ehelosigkeit

---

1) De Caus. Incarnat. Cap. 16. p. 450.
2) De Magnit. Pass. Cap. 58. p. 573.
3) Scal. Medit. Exempl. III. p. 406.
4) De Orat. VII. 10. p. 124. Womit zu vergleichen die erhabene Schilderung künftiger Seligkeit in der Scal. Medit. Exempl. III. p. 406.

und dergleichen, das ascetische und mönchische Mittelalter ein so
großes Gewicht gelegt hatte, hinweg auf das Gesammtbild
Christi und dessen innersten Geist hinführte.

Bisher haben wir es nur mit dem Individuum in seinem
Verhältnisse zu dem in Christo gegebenen Heile zu thun gehabt.
Für die lebendige Fortpflanzung dieses Heils ist jedoch auch eine
Gemeinschaft gestiftet, durch die es als ein stets gegenwärtiges
immer wieder frisch vermittelt wird, die Kirche, und diese Kirche
hat wieder, von Christo und den Aposteln her, eigenthümliche
Anstalten für die stete Lebendigerhaltung des Heiles getroffen.
Hiermit thut sich uns ein neuer Cyclus von Lehren auf und
diese, als für das Mittelalter, wie für den Uebergang in die
Reformation, nicht minder wichtig haben wir sofort ausführlich
zu betrachten.

Drittes Hauptstück.
Die Lehre von der Gemeinschaft und den Mitteln des Heils.

1) Von der Kirche als Gemeinschaft des Heils.

Wie in der Reformation, dem Hervortreten der bisher zu=
rückgedrängten subjectiven Richtung gemäß, die Soteriologie
der Mittelpunct von Allem wird, so war es im Mittelalter, der
einseitig objectiven Richtung entsprechend, das Institut der
Kirche, welches wir als die Achse bezeichnen dürfen, um die sich
die Entwickelung der europäischen Menschheit von Gregor VII.
an bis zur Reformation bewegte. Die Kirche ist das objectiv ge=
wordene Christenthum und in dieser Bedeutung, da der christliche
Geist zu seiner Selbst= und Reinerhaltung auch eine consistente
äußere Macht bilden muß, zu jeder Zeit nothwendig; aber sie
kann auch, gerade vermöge ihres objectiven Characters, hemmend
und gefährlich werden, wenn sie die ihr gewordene Macht nicht,
wie sich gebührt, auf die Erhaltung des christlichen Geistes, son=
dern, in die Sphäre des Staates übergreifend, auf äußere Zwecke
wendet, und, was damit zusammenhängt, in ausschließlichem In=
teresse für ihren objectiven Machtbestand, das Recht der Subjecti=
vität verkennt und die freie Lebensentwickelung hemmt oder ge=
waltsam niederdrückt. Dieser Zustand war im Mittelalter in
steigendem Maaße wirklich eingetreten: die lebendige Einheit, die
eine freie Mannichfaltigkeit der Glieder nicht nur duldet, sondern

selbst fordert, war in mechanische, starre Uniformität übergegangen, und die Kirche, während sie es nicht Wort haben wollte, „nach Blut zu dürsten," hatte doch, um diese Uniformität zu erzwingen, Ströme eblen Blutes vergossen. Eine Reaction dagegen von Seiten des freien christlichen Geistes konnte nicht ausbleiben; sie zieht sich durch das ganze Mittelalter hindurch, bis sie in der Reformation zur mächtigen That und zum herrschenden Princip wird. Beides, die mittelalterliche Gestaltung der Kirche und die reformatorische Reaction dagegen, war zunächst mehr eine Sache des Lebens, als der Lehre; die Kirche sowohl, als der Wider=spruch gegen sie bethätigte sich factisch, ohne sich erst von der Schule das Recht dazu demonstriren zu lassen; aber auf die Praxis folgt doch überall und folgte auch hier die Theorie, um dieselbe zu begründen. Die Hauptgrundlage der mittelalterlichen Lehre von der Kirche war einerseits die Identification der zeitlichen Erscheinung der Kirche mit ihrer Idee und andererseits die Anerkennung der Nothwendigkeit eines abgesonderten, herr=schenden Priesterstandes. Jenes, wie dieses hatte seine Wurzeln schon im christlichen Alterthum, aber zur vollen Ausbildung kam beides erst im romanisch=germanischen Mittelalter. Hier wurde als die Kirche, außer welcher kein Heil sey, die sichtbare katholi=sche mit allen ihren festgegliederten Ordnungen und Bestimmun=gen hingestellt, es wurde als die eigentliche Substanz, als der lenkende Geist dieser Kirche das Priesterthum und als dessen nothwendiger Gipfel= und Einheitspunct das Papstthum geltend gemacht, welches, in Alles überragender Vollmacht göttlicher Stell=vertretung, zwei Schwerter[1]) handhabe, das geistliche und welt=liche, das eine unmittelbar in der Kirche, das andere mittelbar durch die weltliche Obrigkeit, aber doch immer für die Kirche. Gegen diese, jederzeit mehr behauptete, als bewiesene Lehre erhob sich der reformatorische Geist mit der Tendenz, den Unterschied zwischen Idee und Wirklichkeit der Kirche wieder ins Bewußtseyn zu rufen, das Wesen der Kirche auf ihren ursprünglichen Geist zurückzuführen, die Wahrheit der Priesteridee von den falschen Zusätzen zu reinigen, und die Unhaltbarkeit der Grundlagen des Papstthums nachzuweisen. Dieß finden wir in verschiedener Ge=stalt bei den Waldensern, bei Wikliffe, Huß, Savonarola und Laurentius Valla; auch Wessel konnte hier nicht zurückbleiben.

---

1) Ueber den Ursprung des Bildes von den zwei Schwertern siehe Grimm Bribankes Bescheidenheit, Göttingen 1534. Einl. S. 57, und in der Kürze Hagenbachs Dogmengeschichte II, 1. S. 192.

Wessel hatte im ganzen Laufe seines bewegten Lebens für Verbesserung des kirchlichen Lebens gewirkt, seine wichtigsten Aufsätze beziehen sich auf die Einrichtungen und Bedürfnisse der Kirche, besonders auf das Kirchenregiment: wir haben also hier eine reiche Ausbeute zu erwarten. Dabei sind besonders zu berücksichtigen die in der Farrago Rerum Theologicarum vereinigten Abhandlungen: de Dignitate et Potestate Ecclesiastica, de Sacramento Poenitentiae, de Communione Sanctorum et Thesauro Ecclesiae, de Purgatorio, und die nicht in der Farrago befindliche Abhandlung de Sacramento Eucharistiae. Hieraus entnehmen wir zunächst folgende Grundgedanken Wessels über das Wesen der Kirche.

Einen bestimmt begränzten Begriff von Kirche stellt zwar Wessel selbst nicht auf, wenn wir aber seine zerstreuten Aeußerungen zusammenfassen, so ist ihm Kirche die von Gott gestiftete und von ihm allein Gesetze empfangende, auf gegenseitiger Liebe und lebendigem Glauben an das Evangelium beruhende, Gemeinschaft der Heiligen (d. h. der in der Heiligung Begriffenen und der schon Vollendeten) unter ihrem einen wahren Oberhaupte Christus. Die einzelnen Bestandtheile dieses Begriffs sind vollständig bei Wessel nachzuweisen. Daß er die Kirche wesentlich als etwas Innerliches auffaßt, als eine Gemeinschaft der Heiligen, deren Einheit auf geistigen Grundlagen, nicht auf der Verbindung unter Einem sichtbaren Oberhaupte beruht, ergibt sich aus folgender Stelle[1]: „Durch wahre, wesentliche Einheit sind alle Heiligen verbunden, so viel ihrer durch einen Glauben, eine Hoffnung, eine Liebe mit Christo vereinigt sind, wie weit sie auch durch große Entfernungen und lange Zeiträume von einander getrennt seyen, unter welchen Vorgesetzten sie auch leben, und wie ehrgeizig diese mit einander streiten oder einander widersprechen, oder wie sehr sie auch in ketzerischem Irrthum begriffen seyn mögen. Und das ist jene Gemeinschaft der Heiligen, wovon es im Symbolum heißt: ich glaube die Gemeinschaft der Heiligen. Daher stehen mit uns in Verbindung alle unsere Väter, welche durch die nämliche Taufe wie wir getauft, durch dieselbe geistliche Speise erquickt, durch denselben geistlichen Fels gestärkt worden sind. Diese Einheit und Gemeinschaft der Heiligen wird auf keine Weise durch die Verschiedenheit der Vorsteher getrennt, weil den Frommen die Gottlosigkeit, selbst die ketzerische, ihrer Vorsteher nichts schadet. Bekanntlich ist es sehr möglich, daß ein griechischer Christ von wahrer Frömmigkeit durchdrungen alles

---

1) Quae sit vera communio sanctorum? Opp. p. 809 u. 810.

das zu Constantinopel unter seinem schismatischen Patriarchen glaubt, was der Abendländer zu Rom glaubt: was schadet nun jenem die häretische Verworfenheit der Seinigen? Die Ein=heit der Kirche unter einem Papst ist also nur zu=fällig, nicht nothwendig, obwohl sie Vieles beitragen kann zur Gemeinschaft der Heiligen. Sie besteht unter demselben Ober=haupte auch zwischen denjenigen Untergebenen, die mit dem Ober=haupte keine Gemeinschaft haben; denn jeder steht in Gemeinschaft mit seinesgleichen, der Fromme mit Frommen, der Gläubige mit Gläubigen und umgekehrt." Das innerliche Wesen der Kirche[1]) wird von Wessel auch dadurch anschaulich gemacht, daß er zeigt, wie das lebendige Band ihrer Glieder nicht eine äußere Glau=bensautorität, sondern gegenseitige Liebe ist; nicht dazu sind die Christen verpflichtet, daß einer dem andern glaube, son=dern daß jeder den andern liebe. „Nicht durch das Band des Glaubens[2]) hat Gott die Gemeinschaft der Menschen verbunden, so daß nothwendig einer dem andern glauben soll, das sey wahr, was der andere versichert; sondern er hat sie verbunden durch Liebe, so daß nothwendigerweise der eine verpflichtet ist, den an=dern zu lieben, auch den Sünder, obwohl er nicht genöthigt ist, einem zu glauben, selbst wenn er die Wahrheit sagt. Denn es kann ein gegründeter Argwohn vorhanden seyn, so daß ich nicht glaube selbst dem Geliebten und Liebenden und die Wahrheit Sprechenden; denn niemand weiß, was in dem Menschen ist . . . Da man also nicht genöthigt ist, überhaupt einem Menschen zu glauben, so ist man es auch nicht in Beziehung auf den Papst; denn unser Glaube wäre sehr schwankend, wenn man dem glauben müßte, der selbst oft irrt, wie man in und aus den Decretalen darthun kann . . . Man ist auch gegen den Papst nur verpflichtet, ihn zu lieben, zu verehren und ihm zu gehorchen, wenn er sein Amt recht verwaltet."

---

1) Zu einer falschen Veräußerlichung der Kirche im Mittelalter wirkte besonders auch der ungeheure Reichthum und Güterbesitz. Im Gegen=satz dagegen erkennt Wessel die Innerlichkeit der Kirche auch dadurch an, daß er den Güterbesitz derselben als etwas an und für sich Indifferentes be=trachtet, welches wohlthätig und nachtheilig werden kann, je nachdem der Geist der Kirche ist. Wessel sagt de Potest. eccles. p. 751: „Es ist gut, daß die Kirche Reichthümer und weltliche Macht besitze, und es wäre besser, wenn sie noch mehr besäße: denn es ist gut, viel Gutes zu vermögen, und besser, noch mehreres. Aber es ist auch schlimm, daß die Kirche viele Reichthümer und weltliche Macht hat, nicht bloß, weil sie deßhalb Böses zu thun vermag, sondern auch, weil sie deßhalb wirklich viel Böses thut."

2) De Sacram. Poenit. Opp. p. 780. Unter Glaube versteht Wessel hier nicht das sittliche Vertrauen, welches er allerdings als die Grundlage aller menschlichen Gemeinschaft ansieht, sondern das Fürwahrhalten solcher Lehrsätze, die ein Anderer aufgestellt hat.

Wessel hält die Einheit der Kirche fest, aber diese Einheit ist ihm ebenfalls eine innerliche, beruhend auf wahrer Geistesgemeinschaft, ausgehend von der Verbindung mit dem unsichtbaren Oberhaupte Christus und nicht gebunden an die Identität des sichtbaren Oberhauptes. „Man muß eine katholische Kirche bekennen," sagt er [1]), „aber diese Einheit setzen in die Einheit des Glaubens und des (himmlischen) Hauptes, in die Einheit des Ecksteines (Christi), nicht aber in die Einheit Petri als des Lenkers (directoris) der Kirche oder seines Nachfolgers. Denn was konnte Petrus, da er in Italien war, anders als beten für die, welche unter den Indiern in Gefahr der Versuchung und Verfolgung standen, wiewohl er etwas mehr vermochte als seine Nachfolger? Oder was unter den schwersten Verfolgungen wider die Irrlehrer in verschiedenen Theilen der Welt? Welche Decrete oder allgemeine Concilien konnten die Kirche in dieser abgeleiteten Einheit[2]) zusammenhalten? Es ist also bloß die ursprüngliche Einheit[3]) unter dem einen wahrhaftigen Haupte, was das apostolische Symbol andeutet. Heutiges Tages ist ja das Evangelium bis an die Gränzen der Erde verbreitet, und es werden Christen gefunden jenseits der Hyperboreer, Indier und Scythen, denen keine Beschlüsse des Papstes oder unserer allgemeinen Concilien zu Constanz und Basel bekannt werden können, und nichts desto weniger bilden sie mit uns in der Einheit des Glaubens, der Frömmigkeit und der wahren Liebe eine katholische und apostolische Kirche, wenn sie auch nicht wissen sollten, daß es eine Stadt Rom oder einen römischen Bischof gibt."

Die Kirche, welche Christum zum Oberhaupte hat, kann nur auf das Evangelium gegründet seyn; das Evangelium ist aber eine göttliche Lehre: also verehrt die wahre Kirche nur Gott als Gesetzgeber, eine menschliche Gesetzgebung in Sachen des Glaubens erkennt sie nicht an. Das Evangelium bildet die Grundlage aller Autorität in der Kirche; nur so weit die Kirchenhäupter auf diese Grundlage sich stützen, sind die Untergebenen verpflichtet, ihnen zu gehorchen. Der Weg, den Wessel dem Christen vorzeichnet, geht nicht mit Augustin durch die Kirche zum Evangelium, sondern mit den Reformatoren durch das Evangelium zur Kirche. „Um Gottes willen," sagt er[4]), „glauben wir dem Evangelium und um des Evangeliums willen

---

1) De Sacram. Poenit. Opp. p. 779 u. 780.
2) . . . in unitate hac secunda, in der untergeordneten, secundären, d. h. nach dem Zusammenhang: in der äußerlichen Einheit.
3) . . . prima unitas d. h. die innerliche, geistige.
4) De Potest. eccl. Opp. p. 759.

der Kirche und dem Papste, nicht aber dem Evangelium um der
Kirche willen." Hier ist wieder ein Hauptpunct, wo sich Katho=
licismus und Protestantismus scheiden und Wessel durchaus
als Protestant erscheint. Der wesentlich katholische Standpunct
ist ausgesprochen in den bekannten Worten Augustins: „Ich
würde dem Evangelium nicht glauben, wenn mich das Ansehen
der katholischen Kirche nicht dazu bewöge [1])." Diesen Grundsatz,
insofern er die Autorität der Schrift abhängig macht von der
Autorität der Kirche, bestreitet Wessel direct, indem er den ge=
rade entgegengesetzten (protestantischen) aufstellt, daß die Kirche
ihre Autorität nur schöpfe aus dem Evangelium; er bestreitet
ihn aber auch indirect, indem er ihm, wie auch später Martin
Bucer und andere evangelische Theologen, eine von der ge=
wöhnlichen abweichende Deutung gibt, nämlich die, daß sich der

---

[1) Die Stelle Augustins findet sich in der Schrift Contra Episto-
lam Manichaei, quam vocant Fundamenti. Cap. 6. Opp. Tom. VIII.
p. 111. ed. Bened. Augustin bestreitet zunächst die apostolische Würde
und Sendung des Manes und sagt: „Ich frage, wer ist denn der Mani=
chäus (Manes)? Ihr werdet mir antworten: ein Apostel Christi. Ich
glaube es aber nicht. Nun wirst du schon nicht wissen, was du sagen oder
thun sollst. Du wirst mir vielleicht das Evangelium lesen und daraus
einen Beweis für die Person des Manes führen. Wenn du aber Einen
fändest, der dem Evangelium noch nicht glaubt, was würdest du thun, wenn
er dir sagte: ich glaube nicht. Ich wahrlich würde dem Evangelium nicht
glauben, wenn mich das Ansehn der katholischen Kirche nicht dazu bewöge
(ego vero Evangelio non crederem, nisi me catholicae Ecclesiae
commoveret auctoritas). Wenn ich nun denen gefolgt bin, die mir sag=
ten: glaube dem Evangelium! warum sollte ich denselben nicht folgen,
wenn sie mir sagen: glaube den Manichäern nicht!" Bei der richtigen
Würdigung dieser Stelle ist zwar allerdings nicht zu übersehen, daß sie
keineswegs den ausdrücklichen Zweck hat, die Ueberzeugung Augustins von
dem Verhältniß zwischen Kirche und Evangelium auszusprechen, sondern nur
im Verfolg einer dialectischen Beweisführung gelegentlich vorkommt; auch
daß sie zunächst auf den Anfang des Glaubens, auf die erste Gründung
desselben im Gemüthe sich bezieht; aber wenn wir die ganze theologische
und kirchliche Stellung Augustins namentlich den Manichäern und überhaupt
den Häretikern gegenüber berücksichtigen, so ist doch kaum zu bezweifeln,
daß er der Kirche als einer in sich einigen und katholischen auch im Allge=
meinen ein Principat vor der Schrift einräumte; er hatte mit andern älte=
ren Kirchenlehrern erkannt, daß bloß auf dem Grunde der Schrift die Häre=
tiker, die sich darauf auch beriefen, nicht erfolgreich bekämpft werden könn=
ten und nahm daher eine andere, wie ihm schien, höhere und festere Auto=
rität zu Hülfe. Daß aber der Satz nicht nothwendig dadurch, daß er von
einem großen Kirchenlehrer ausgesprochen ist, auch zur Wahrheit wird, be=
darf wohl nicht gesagt zu werden. Vergl. die Abhandlung von Lücke über
die augustinische Stelle in der von ihm und Gieseler herausgeg. Zeitschrift
für evangelische Christen. Heft 1. S. 52. Auch war Augustin in seinem
Princip selbst nicht consequent, denn wie gegen die Manichäer die katho=
lische Kirche, so macht er gegen die Donatisten die Schrift als höchste ent=
scheidende Instanz geltend. S. Neanders Kirchengesch. B. II. Abtheil. 1.
S. 437 u. 438.]

Ausspruch Augustins nur beziehe auf den Anfang des Glaubens, nicht auf das permanente Verhältniß zwischen Kirche und Evan= gelium: nur den Ursprung seines Glaubens an die Schrift leite der Kirchenvater von der katholischen Kirche ab, im Allgemeinen aber wolle er der Kirche keinen Vorzug vor dem Evangelium ge= ben[1]).   Diese Auslegung ist nicht ganz richtig und erschöpfend. aber sie zeigt wenigstens, was Wessel in Beziehung auf die Sache selbst für das Wahre hielt, und daher auch bei Augustin voraus= setzte. Wessel verwarf zwar das Ansehen der Kirche, die kirchliche Ueberlieferung und die Aussprüche der Kirchenlehrer und Concilien, nicht schlechthin, aber er wollte beides immer auf die Schrift zu= rückgeführt und nur in Uebereinstimmung mit ihr als gültig an= erkannt wissen. Von der Tradition sagt er[2]): „Ich weiß wohl, daß nicht die Schrift allein eine ganz angemessene Glaubensregel ist; ich weiß, daß Einiges durch die Apostel überliefert ist, was nicht aufgezeichnet worden, und daß alle jene Ueberlieferungen, wie die kanonische Schrift, in die Glaubensregel aufzunehmen sind. Beide zusammen und was aus denselben ganz entschieden durch nothwendige Consequenz abgeleitet werden kann, bilden die einzige Regel des Glaubens. Und diese einzige Glaubensregel, von der niemand ohne Verlust des Heils abweichen kann, bekenne ich mit Strenge." Dann fügt er aber noch genauer bestimmend die ge= wichtigen Worte hinzu[3]): „Ich glaube mit der Kirche, aber ich glaube nicht an dieselbe, sondern ich glaube an den heil. Geist,

---

1) Diese Erklärung findet sich an mehreren Stellen, z. B. de Indul- gent. Cap. 9. p. 893 u. de Potest. eccles. p. 759. Am ersteren Orte sagt Wessel: „Uebrigens beweist jenes Wort Augustins vom Evangelium und von der Kirche nicht mehr, als es enthält; es dient zur Bezeichnung des Ursprungs, nicht zur Vergleichung (es bezieht sich auf den Anfang des Glaubens, nicht auf das, was ihn als Autorität bestimmt, originis, non comparationis verbum est). Ich würde dem Evangelium nicht glauben, wenn ich nicht der Kirche geglaubt hätte. So wie von der Menge der Gläubigen in der ersten Zeit Jeder mit Recht hätte sagen können: ich würde dem Evangelium nicht glauben, wenn ich nicht dem Petrus geglaubt hätte. So auch ich heute: wenn ich nicht zuerst als Knabe den Meinigen, dann meinen Lehrern, endlich den Geistlichen geglaubt hätte, so würde ich heute dem Evangelium nicht glauben. Dennoch glaube ich dem Evangelium mehr, als irgend einer Versammlung von Sterblichen, und muß ihm mehr glauben. Und wenn ich fände, daß alle Menschen nicht glaubten, so müßte ich doch nichts destoweniger mehr dem Evangelium als ihnen anhängen. Augustin hat also den Ursprung des noch zarten und entstehenden Glaubens in seinem Worte angedeutet, nicht die Autorität der Kirche mit der Würde des Evangeliums verglichen." Daß Wessel die Autorität der biblischen Schriften nicht bloß höher stellt, als alle heidnischen Schriftsteller, was sich bei ihm von selbst versteht, sondern auch höher, als alle Kirchenlehrer, Päpste u. s. f., sagt er auch deutlich Scal. Medit. Exempl. I. p. 325.
2) De Indulgent. Cap. 6. p. 887 u. 888.
3) De Indulgent. Cap. 6. p. 888.

der die Regel des Glaubens bestimmt, der gesprochen hat durch
die Apostel und Propheten; mit der heil. Kirche glaube ich, ge=
mäß der heil. Kirche glaube ich, aber nicht an die Kirche, weil
das Glauben ein Act gottesdienstlicher Verehrung und ein Opfer
der theologischen Tugend ist, welches nur Gott dargebracht wer=
den kann."

Was die Aussprüche der Kirchenlehrer und des
Kirchenoberhauptes betrifft, so gesteht Wessel zwar zu, es
sey immer wahrscheinlicher, daß ein Einzelner irre, als eine ganze
Gemeinschaft gelehrter Männer, und deßwegen müsse auch jeder
mit seinen besonderen Meinungen sehr vorsichtig seyn; aber auf
der andern Seite verkennt er auch die Möglichkeit nicht, daß viele
Lehrer das Richtige verfehlen können, deßhalb müsse man auf das
sorgfältigste das Evangelium erforschen und die daraus hervor=
leuchtende Wahrheit strenge festhalten[1]. In diesem Sinne sagt
er[2]: „Mir scheinen wahrlich die Gründe derer nicht geringfügig,
die wegen unbezweifelter Autorität der heil. Schrift, die man
nothwendig anerkennen muß, von der bloß wahrscheinlichen Mei=
nung der Päpste abweichen. Um offener zu reden: so lange mir
scheint, daß der Papst, oder die Schule, oder irgend eine Gemein=
schaft etwas wider die Wahrheit der Schrift behaupten, muß ich
stets zuerst die Schrift mit höchster Sorgfalt festhalten, dann aber,
weil es nicht wahrscheinlich ist, daß solche Männer irren, muß
ich fleißig nach der Wahrheit auf beiden Seiten forschen, aber
stets mit größerer Ehrfurcht gegen die heil. Schrift, als gegen die
menschliche Behauptung, von wem diese auch kommen mag." Und
in einer andern Stelle[3]: „Man muß der Prälaten und Doc=
toren Lehrsätze so beobachten, wie Paulus ermahnt hat, d. h. so
lange sie auf dem Stuhle Mosis sitzend mit Moses übereinstim=
mend lehren; wenn sie aber etwas außerdem oder dagegen vor=
bringen, so ist das nicht verpflichtend für die Gläubigen im Wi=
derspruch mit dem Gesetze der vollkommenen Freiheit. Denn
Gottes Knechte sind wir, nicht des Papstes; diesem würden wir
freilich dienen, wenn wir uns an alle seine Aussprüche binden
ließen, wie dieselben auch beschaffen seyn möchten; aber es heißt:
du sollst Gott deinen Herrn anbeten und ihm allein dienen . . .
Nur wenn die Geistlichen und Lehrer mit dem wahren und ein=
zigen Lehrer übereinstimmen und zu ihm hinführen, muß man sie
hören; denn einem thörichten und blinden Führer folgt niemand
als ein Blinder[4]."

---

1) De Potest. eccl. Opp. p. 758 u. 759.
2) De Indulgent. Cap. 1. p. 578 u. 579.
3) De Potest. eccles. Opp. p. 760.
4) Ebendas. S. 761.

Sehr häufig kommt Wessel auf das Verhältniß zwischen der Autorität der Schrift und der Autorität der Kirchenoberen zurück, um die Gränze zu bestimmen, bis zu welcher der Christ dem Papst und den Prälaten zu gehorchen verbunden sey; und da dieß in jener Zeit eine von den Fragen war, welche aufs tiefste in den Bildungsgang der Kirche eingriffen, so ist Wessels Grundansicht noch etwas genauer zu entwickeln. Er geht überall von dem Satze aus, daß der Glaube als das Höchste im Menschen, als eine theologische Tugend, ja als ein Act der Gottesverehrung stets nur Gott selbst dargebracht werden könne, nie irgend einem Menschen, und wenn er sich auf etwas beziehe außer Gott, so geschehe dieß nur um Gottes willen und nur so weit, als eine nachweisbare göttliche Autorität es vorzeichne. „Unserm Herrn und Vater, Gott, zu glauben ist ein Gottesdienst [1]). Daher, was die Kirche glaubt, das glaubt sie nicht einem Gliede der Kirche. Denn sie glaubt an Gott und, indem sie an Gott glaubt, glaubt sie an Jesum Christum, welcher Gott ist, und glaubt an den heiligen Geist, welcher durch die Apostel, Evangelisten und Propheten spricht. Mit Recht ermahnt also Paulus, keinem, der da kommen würde, etwas zu glauben außer dem, was sie von dem Apostel, der sie belehrt empfangen, hatten, auch wenn der Apostel selbst käme und sie anders lehrte, als vorher der heilige Geist durch ihn gelehrt. Denn nicht an Paulus oder Petrus glaubt die Kirche, noch an einen Engel vom Himmel, noch an irgend ein Glied der Kirche, noch auch an die ganze Kirche, sondern an Gott allein, auf welchen sie auch hofft, und welchen sie durch Glauben und Hoffnung anbetet." Also nicht weil diese oder jene Person etwas sagt, ist es zu glauben, sondern weil ein solcher es sagt, der aus dem Geiste Gottes redet; dieß kann allerdings auch bei einem Kirchenlehrer, einem Papste, einem allgemeinen Concilium der Fall seyn, und es ist vorauszusetzen, daß die Gläubigen auch im Abendlande nicht von Gott verlassen seyn werden, aber ein Kriterium für die Wahrheit ihrer Aussprüche haben wir nur in der Vergleichung mit dem, was zuverlässig aus dem Geiste Gottes hervorgegangen ist, an den prophetischen und apostolischen Schriften [2]). Mit vieler Feinheit macht Wessel darauf aufmerksam, daß Petrus bei der Ermahnung: seyd unterthan aller menschlichen Ordnung, sehr bedeutsam hinzufüge: um des Herrn willen [3]); „denn die Gläubigen vom Volke

---

1) De Sacram. Poenit. Opp. p. 778.
2) De Sacram. Poenit. Opp. p. 779.
3) 1. Petr. 2, 13.

sollen ihren Kirchenvorgesetzten unterworfen seyn im Glauben, so=
fern sie lehren, und im Gehorsam, sofern sie Vorschriften er=
theilen, aber immer so, daß sie sich erinnern, sie seyen dazu ver=
pflichtet um Gottes willen, d. h. so, daß sie zuerst ihre Bereit=
willigkeit zu glauben auf Gott und auf das Evangelium beziehen,
zuerst ihren Glauben Gott darbringen. Was das Volk seinem
Geistlichen glaubt, wenn es auf gesunde Weise glaubt, das glaubt
es deßhalb, weil er mit dem Evangelium übereinstimmt, und wenn
es überzeugt wäre, daß er abweichend lehre, so würde es ihm
weder glauben noch gehorchen¹)." Nun begründet Wessel weiter
die richtige Stellung des gewöhnlichen Christen zum Lehrer und
Kirchenvorgesetzten folgendergestalt. Der Lehrer, wenn er wirklich
seiner Bestimmung entspricht, muß gründlich unterrichtet seyn und
durch geübten Sinn die Wahrheit der heiligen Schrift besser er=
kennen, als der Nichtlehrer. Wer die theologische Wahrheit rich=
tiger auffaßt, der kann im Glauben nicht demjenigen unterworfen
seyn, der zwar Behauptungen aufstellt, aber weniger Erkenntniß
hat; vielmehr muß der umgekehrte Fall statt finden. In der
Regel werden nun die Lehrer und besonders eine Versammlung
von Lehrern das Richtigere treffen²), aber weil doch auch sie irren
können, weil auch ein Concilium und der Papst irren kann, darf
nur das Evangelium die letzte und höchste Richtschnur seyn³).

---

1) De Potest. eccles. Opp. p. 758.

2) Ueber diesen Punct stellt Wessel de Sacram. Poenit. p. 781. folgende Grundsätze auf: Jeder Einzelne muß zunächst nicht bloß von einer
ausgezeichneten Versammlung, sondern auch von einem berühmten Manne
voraussetzen, daß sie sich in ihren Bestimmungen nicht irren werden. Aber
dieser achtungsvollen Voraussetzung ungeachtet darf er nicht voreilig Alles
für wahr halten, was eine solche Versammlung oder ein solcher Mann fest-
setzt. Er muß selbst zusehen. Er ist mit seinem Glauben nur Gott und
dem Worte Gottes verpflichtet; in diesem muß er forschen. Nie darf er
gegen seine Ueberzeugung der Bestimmung auch einer zahlreichen Menge
folgen, so lange sie ihm der Schrift zu widersprechen scheint; so jedoch, daß
er sich stets bereit zeigt, zu glauben, wenn er eines Besseren belehrt wird.
Deßhalb ist nicht ohne Ursache auf den Concilien festgesetzt, daß auch ein
einziger Widersprechender gehört werden soll.

3) Wessel trägt kein Bedenken, bei eintretendem Widerstreite zwischen
der Schrift und der Kirche, der ersteren den Vorzug zu geben. Er sagt in
einem Brief an Engelbert von Leiden Opp. p. 869: „Du bemerkst, daß
die Kirche vom heiligen Geiste regiert werde. Das ist allerdings wahr,
aber nur, insofern sie heilig ist und ihr Heil wirkt; insofern sie aber unwissend und im Irrthum ist, nicht, wie wir denn leider beklagen müssen,
daß sie (die sichtbare Kirche) in vielen Dingen irrt." Aus der Verschiedenheit der Meinungen innerhalb der Kirche und dem Widerspruche der Lehrer
leitet Wessel das Recht und die Freiheit der Gläubigen ab, die Meinungen
zu prüfen und darüber zu urtheilen, wobei er aber als Regel festhält, daß
der Prüfende „auf vernünftige Weise an dem Ufer des heiligen Canons —
d. h. des Canons der heiligen Schrift — hinschiffe." De Sacram. Poenit.
p. 805. Thes. 23.

Denselben Grundsatz bezieht Wessel dann auch auf die Vorschriften
der Kirchenoberen. Sie sind verpflichtend, sofern sie weise sind
d. h. sofern sie mit Christo übereinstimmen, sonst aber nicht. „Die
Gesetze und Vorschriften der Prälaten haben so viel Kraft, als
sie Weisheit enthalten. Deßhalb können sie auch nicht bei Strafe
einer Todsünde gebieten, außer wenn die Sünde des Ungehor=
samen von sich selbst eine tödtliche Thorheit hineinbringt. Weß=
halb auch in gleichgültigen Dingen (in rebus neutris), wie es
jenes Decret des Papstes Pius über den Alaun [1]) war, die Gläu=
bigen keine Todsünde begehen können, bloß wegen des päpstlichen
Gebotes [2])."

Schon aus diesen Aeußerungen ergibt sich zum Theil die
Ueberzeugung Wessels über die gesetzgebende und richter=
liche Gewalt der Geistlichen in der Kirche, indeß spricht
er sich in seiner Schrift über das Kirchenregiment [3]) noch in meh=
reren speciellen Beziehungen darüber aus. Wir haben hier beson=
ders zu berücksichtigen, was er über die ursprüngliche Bestimmung
der Geistlichen, über das Priesterthum, über das richterliche Amt
der Geistlichkeit und über die Stellung des Papstes in der Kirche
sagt.

---

1) Diese mir früher dunkle Stelle ist nun vollständig aufgehellt durch
eine interessante kleine Abhandlung von Prof. Kist in dem von ihm und
Royaards herausgeg. kirchenhist. Archiv, Th. 6. S. 171: Sluikhandel
eene Doodzonde, ter Verklaring der: Alumina Tulfae etc. Die
Sache ist in der Kürze diese. In der Mitte des 15ten Jahrhunderts wur=
den zu Tolfa im Kirchenstaat, in der Nähe von Civita Vecchia, durch
Johann de Castro reiche Alaungruben entdeckt, welche durch Pius II. so
in Blüte gebracht wurden, daß sie jährlich 100,000 Centner Alaun liefer=
ten und einen Pachtzins von 50,000 Thalern abwarfen. Bis dahin war
der Alaun in Italien aus dem Morgenlande bezogen worden; um nun
den einheimischen Alaungruben aufzuhelfen und den Ungläubigen den Vor=
theil abzuschneiden, wurde nicht nur die Einfuhr des orientalischen Alauns
streng verboten, sondern Pius II., indem er seine Stellung als Oberhaupt
der Kirche zugleich für seinen Vortheil als Regent des Kirchenstaates benutzte,
setzte auch den Schleichhandel mit Alaun unter die Todsünden,
welche unter keiner Bedingung vergeben werden könnten. So geschah es,
daß, während der größte Missethäter für eine geringe Summe Ablaß erhal=
ten konnte, ein Alaun=Schmuggler von allen Trostmitteln der Kirche aus=
geschlossen war und es war natürlich, daß dieses himmelschreiende Misver=
hältniß auch unsern Wessel zu einem strafenden Seitenblick veranlaßte.
2) De Potest. eccles. Opp. p. 755 u. 756. Und weiterhin S. 756:
„Der Apostel lehrt, man solle Alles prüfen, aber das Gute behalten. Alles
also, was sie sagen, sind wir angewiesen, nicht nach ihrer verderbten Gesin=
nung, sondern nach der Wahrheit, sofern es dem Stuhle Mosis entspricht,
zu thun und zu halten. In andern Dingen sind wir nicht angewiesen, zu
beobachten oder zu thun, was sie sagen."
3) De *Dignitate et Potestate Ecclesiastica*, de vera et recta obedientia, et quantum obligent subditos mandata et statuta Praelatorum. *Wess.* Opp. p. 748—771.

Bekanntlich ist eine der schönsten und tiefsten Ideen des apostolischen Christenthums und der ersten Kirche die von einem allgemeinen Priesterthum aller Christen. Sie trat seit dem dritten Jahrhundert allmählig in den Hintergrund und er= losch bei der Ausbildung der Hierarchie im Mittelalter gänzlich. Die Reformatoren, besonders Luther, erneuerten sie wieder und gründeten darauf die Stellung, welche die Geistlichkeit in der evangelischen Kirche hat. Aber auch schon vor Luther finden wir bei unserm Wessel eine Mahnung an jene wichtige Idee; er sagt [1]: „Es gibt ein doppeltes Priesterthum: das eine ist eine Sache des Standes und durch das Sacrament vermittelt, das andere ist eine Sache der vernünftigen Natur und Allen gemein= sam. Das zweite ist ohne das erste zureichend; das erste, wenn es des zweiten ermangelt, ladet sich sogar eine Schuld auf. Das zweite bringt Gnade; durch dasselbe übertraf Antonius viel Bi= schöfe, ein Gerber den Antonius. Die Apostel wurden geweiht und gesalbt mit dem heiligen Geist, weil der heilige Geist selbst die Salbung ist, die uns Christus durch seinen Tod erworben hat; daher sind wir Alle getauft und gesalbt durch den Tod Christi und den heiligen Geist." Wenn ursprünglich alle Christen Priester sind, so bilden die Geistlichen keinen besondern Gott und Mensch= heit vermittelnden Stand, dem an und für sich eine höhere Würde und Heiligkeit zukäme, sondern sie sind um der Ordnung willen wegen ihrer eigenthümlichen religiös=wissenschaftlichen Bildung für gewisse Zwecke der Kirche bestellt, und nur so weit diese Zwecke gehen und von ihnen erfüllt werden, reicht auch ihre Gewalt und Würde. Die Kirche ist nicht um der Geistlichkeit willen, sondern diese um der Kirche willen vorhanden; darnach muß sich ihre ganze Stellung bestimmen. „Der Geistliche ist eingesetzt," sagt Wessel [2], „um die Heerde Gottes zu weiden, aber weil die zu weidende Heerde Vernunft und freien Willen besitzt, so ist sie nicht ganz in die Gewalt des Hirten gegeben, so daß nichts von ihr gefor= dert würde, als dem Hirten zu gehorchen. Das Schaaf muß ja selbst wissen, wovon es genährt und wovon angesteckt werde, und wie es die, selbst von dem Hirten ihm zugedachte, verderbliche Ansteckung vermeiden könne, und wenn es in solchem Falle dem Hirten folgt, so ist es nicht zu entschuldigen. Das Volk soll also dem Hirten zur Weide folgen. Wenn er es aber nicht weidet, so ist er kein Hirte, und dann ist auch die Heerde nicht verbunden, ihm, der seiner Pflicht zuwider handelt, zu gehorchen." Und von

---

1) De Sacram. Poenit. Opp. p. 775.
2) De Potest. eccles. Opp. p. 753.

einer andern Seite in folgender Stelle [1]): „Die Kirchenobrigkeit
(Praelatio) kann kein höheres Gut mittheilen, als das, um beß=
willen sie eingesetzt ist: sie ist aber eingesetzt zum Zweck eines
ruhigen, unanstößigen Zusammenlebens der Knechte Gottes, so
weit dieß die von Gott unterstützte Klugheit und Thätigkeit der
menschlichen Gebrechlichkeit leisten kann.   Daß aber ein Mensch
mehr und mehr Gott gefalle, darüber hat sie keine Gewalt, und
darauf erstreckt sich die Autorität der Kirchenobrigkeit nicht." Von
diesem Standpunct aus leugnet Wessel auch, daß der Priester Ur=
heber des Heils oder Richter der Mitglieder christlicher Gemeinde
sey; er übt zwar den sichtbaren Dienst bei den Sacramenten, aber
alles Heil, was dadurch vermittelt wird, kommt nur von Christo.
„In dem Sacramente der Beichte [2]) ist der Priester nicht Richter
oder Sündenvergeber, so wenig als er Reiniger in der Taufe ist.
Denn wie der Priester zwar mit Wasser benetzt, Christus allein
aber mit dem heiligen Geiste tauft, so verhält es sich auch bei
den übrigen Sacramenten.   Der Priester leistet den sichtbaren
Dienst, aber er übt keine Rechte der Machtvollkommenheit aus;
denn das geistliche Leben, welches durch die Gnade des heiligen
Geistes erzeugt wird, wird von niemand als von Christo gegeben.
Die Wohlthat der sacramentlichen Absolution in der Beichte hängt
nicht von einer richterlichen Gewalt des Beichtvaters ab, so daß
keine Absolution statt finden könnte durch einen Andern, als einen
Priester, wie wenn dann nicht jener der eigentliche Richter wäre,
falls nämlich einer in frommer Einfalt und aufrichtiger Frömmig=
keit ohne Geringschätzung der kirchlichen Autorität einem Andern
besonders beichtet [3]); denn nicht der Priester löst die Bande der
Sünden, sondern Christus, wie auch nicht der Priester mit dem
heiligen Geiste tauft, sondern Christus; denn es ist Christi Taufe,
nicht des Johannes, oder Petrus, oder Paulus, oder Apollos."
So sind also die Priester nicht nur nicht eigentliche Urheber des
Heils, sie können sogar Verderber und Widerchristen werden, wenn
sie ihre Stellung verkennen und mißbrauchen.   „Jeder [4]), wenn
er sich auch auf der höchsten Stufe der Würde befindet, inwiefern

---

1) De Communione Sanctor. Opp. p. 815.
2) De Sacramento Poenit. p. 794.
3) Die Stelle ist so dunkel, daß man über das Verständniß zweifelhaft
seyn kann.   Ich will daher die schwierigen Worte lateinisch hersetzen: Sacra-
mentalis ergo absolutionis beneficium in confessione non ex judi-
ciaria potestate confessoris pendet, ut nulla sit absolutio, tanquam
a non suo judice, quam ab alio sacerdote, quando pia simplicitate,
sincera pietate quis alteri absque contemtu ecclesiasticae auctorita-
tis extra confiteretur.   Vielleicht sind die Worte corrupt.
4) De Potest. eccles. p. 763 u. 764.

er den Geringsten Anstoß gibt und sie von dem reinen·Wege der
Wahrheit und des Lebens gegen den Willen Christi abführt, ist
ein Widerchrist, weil er Christo widerstrebt, indem er die zu
Grunde richtet, für welche Christus sein Blut vergossen hat . . .
Christus will durch Gehorsam selig machen, viele Prälaten tragen
keine Scheu, durch Ungehorsam gegen die Gebote und ein schlechtes
Beispiel Anstoß zu geben in allen den Dingen, die Jesus Matth.
24. in der Rede an das Volk erwähnt. Wenn dieß wahr ist, ...
so müssen durch jeden wohlgesinnten Mann die Kleinen ermahnt
werden, damit sie kein Aergerniß erhalten. Denn wenn sie nicht
besonders über einzelne Schändlichkeiten und ansteckende schlechte
Beispiele der Prälaten belehrt werden, so werden sie dieselben
auch weniger meiden können. Wenn wir dieß lehren, werden
wir freilich alsbald die Heuchler, Prahler, Ehrgeizigen, Eiteln,
Verführer, Geizigen, die Prälaten nicht bloß wider uns, sondern
auch wider das anvertraute Volk erregen . . . Aber auch Christus
hat nicht nur die Schandthaten der Aergerniß Gebenden aufge=
deckt, sondern selbst ein ewiges Wehe über sie ausgerufen. Wer
seinem Beispiele folgen will, der muß wissen, daß der Herr da=
mals auch schon bereit war, das Kreuz auf sich zu nehmen; wer
aber seinem Beispiele nicht folgen will, der mag die Aergernisse
ruhig aufwuchern lassen."

Wessel ist indeß weit entfernt, die Ursache vom schlechten
Zustand eines kirchlichen Gemeinwesens bloß in der Verdorbenheit
der Prälaten zu finden, er findet sie ebensowohl im Volke; es
zeigt sich hier immer eine Wechselwirkung: eine nichtswürdige
Geistlichkeit verdirbt allerdings das Volk, aber die Verworfenheit
und Willkür der Prälaten, wie der Fürsten und Könige hat auch
ihren Grund in der Schlechtigkeit und Thorheit des Volkes. Der
herrschende Geist jeder größeren oder kleineren Gemeinschaft, eines
Staates, einer Kirche, eines Klosters theilt sich auch dem Ober=
haupte mit; die Fürsten, wie sie gewöhnlich sind, entspringen aus
den Sünden des Volkes; unter einem tüchtigen, guten, weisen
Volke würde ein schlechter Fürst gar nicht bestehen können, so
wenig als in einem wohlgeordneten Kloster ein ausschweifender
Abt [1]. Aus diesem Verhältnisse der Gegenseitigkeit zwischen
Klerus und Volk leitet nun Wessel wie das Recht, so auch die
Pflicht des Volkes ab, sich einem corrumpirten und corrumpiren=
den Klerus zu widersetzen. „Denen, welche die Kirche zerstören,
sind alle Christen verpflichtet Widerstand zu leisten, bis auf die
Geringsten, die Bauern, nach jenem Ausspruch [2]: die heilige Ein=

---

1) Alles dieß weiter ausgeführt·de Potest. eccles. p. 769 u. 770.
2) des Hieronymus.

falt (sancta rusticitas), wie sehr sie die Kirche erbaut durch ein
verdienstliches Leben, ebenso sehr schadet sie, wenn sie denen, die
sie zerstören, nicht widersteht [1]." Das Widerstands= oder Pro=
testationsrecht des christlichen Volkes gegen eine schlechte Geist=
lichkeit und selbst gegen einen schlechten Papst gründet aber Wessel
wieder hauptsächlich auf zweierlei: die ursprüngliche Bestimmung
der Geistlichkeit, die Kirche zu erbauen, und das ursprüngliche
Verhältniß zwischen Geistlichkeit und Gemeinde, welches er als
freien Vertrag auffaßt. Die Worte des Apostels: es ist keine
Obrigkeit außer von Gott, erläutert er so: „Es gibt keine Macht,
außer zur Erbauung; inwiefern eine Macht erbaut, ist sie von
Gott, inwiefern sie nicht erbaut, hat der, welcher durch Wider=
stand gegen dieselbe mehr erbaut, die Macht zum Widerstand von
Gott. Also die Macht zu erbauen stammt von Gott, und wer
mehr erbaut, der hat auch höhere Macht. Mithin besitzt mehr
wahre Macht Paulus als Petrus, Bernhard als Innocenz und
Eugen, Franz als Honorius." [2] Man könnte diesen Grundsatz
Wessels für bedenklich, ja für gefährlich und revolutionär halten;
aber man muß erwägen, daß er ihn zunächst nur in Sachen des
Glaubens und Gewissens, auf dem Gebiete des sittlichen und reli=
giösen Lebens angewandt wissen wollte und auch hier nur als=
dann, wenn eine entschiedene unzweifelhafte Nothwendigkeit vor=
handen. In diesem Sinne vertheidigt Wessel nicht allein die
Widersetzlichkeit der älteren Christen, besonders der Märtyrer wie
z. B. des Vincentius und Laurentius gegen die Befehle heidnischer
Kaiser, sondern, auf Aussprüche des Augustin, Hieronymus und
Gregorius gestützt, lehrt er auch, es mache sich eines Frevels
schuldig, wer frevelhaften Gewalthabern in der Kirche nicht offen
widerstrebe [3]. Er beruft sich auf den Kampf Christi gegen die
Schriftgelehrten und Pharisäer und sagt [4]: „Der Herr lehrt uns
durch sein Beispiel, wie die Gläubigen, wenn sie einen anstößigen
Irrthum der Vorgesetzten bemerken, dagegen ankämpfen und ihn
tadeln sollen, wenn einen heimlichen, heimlich, wenn einen öffent=
lichen, öffentlich. Denn der Herr hat ihnen ihre Irrthümer ins
Angesicht vorgeworfen, und der Nutzen davon ist, daß die durch
Nachgiebigkeit ihrer eigenen Willkür überlassene Anmaaßung nicht
übermüthig werde, als könnte sie nicht bestraft, im Zaume gehalten
und ausgetilgt werden. So oft sie also unverschämter Weise
fehlen und doch übermüthiger Weise dabei beharren, also auch

---

1) De Potest. eccles. p. 769.
2) De Potest. eccles. p. 769.
3) De Potest. eccles. p. 768—770.
4) De Potest. eccles. p. 750.

dem Fehler noch Unbescheidenheit hinzufügen, muß man sie zurück=
weisen nach dem Beispiele des Herrn, wenn nur zugleich das
beobachtet wird, daß man nicht wider das Wort des Herrn ihre
gesunde Ermahnung verachtet. Denn so lange sie auf dem Stuhle
Mosis sitzen, muß man thun, was sie sagen; es ist aber anzu=
nehmen, daß sie darauf sitzen, so lange ihre Worte nicht durch
ihre Thaten widerlegt werden. Wenn aber ihr Leben so anstößig
ist, daß sie mehr durch ihr Beispiel zerstören, als durch ihr Wort
erbauen, so sind sie nicht mehr zu dulden, weil sie nicht auf dem
Stuhle Mosis sitzen, sondern auf dem Stuhle des Verderbens.“
Eine weitere Basis zum Protestationsrecht des christlichen Volkes
gegen einen verdorbenen Klerus liegt nach Wessel darin, daß das
Verhältniß zwischen beiden von einer freien Uebereinkunft
ausgeht: „Alle kirchliche Gewalt beruht auf einer gegenseitigen
Uebereinkunft zwischen zweien, nämlich einem Arzt und einem
Kranken. Der Hirte kann nicht weiden, außer insofern die Heerde
geweidet wird, er kann nicht zum Heile führen, außer insofern die
Schaafe sich dazu führen lassen, er kann nicht binden, außer in=
sofern sie gebunden werden durch das Band der Liebe, nicht lösen,
außer insofern sie wirklich aus den Banden des Satans erlöst
werden [1].“ Es kommt also hier Alles darauf an, ob der Zweck,
um deßwillen das Verhältniß eingegangen ist, erfüllt wird; wenn
dieß nicht geschieht, so hebt es sich eigentlich von selbst wieder auf:
„Jede Unterwerfung soll freiwillig seyn: deßwegen soll man sich
ihr nicht unterziehen, außer mit Ueberlegung. Die Ueberlegung
aber wird auf die Ursache und den Nutzen sehen. Sind nun die
Ursache und der Nutzen von der Art, daß sie den Ueberlegenden
vor Eingehung des Vertrags zu demselben bestimmen können,
so entbinden sie gleicherweise den, der die Verpflichtung einge=
gangen, wenn der Contrahirende sein Versprechen nicht hält [2].“
Wessel lobt in dieser Beziehung die Praxis der Bettelmönche,
ihre Vorgesetzten alljährlich neu zu wählen, er nimmt für die
christliche Gemeinschaft das Recht in Anspruch, ihre Vorsteher
selbst zu wählen, aber auch das Recht, dieses Verhältniß
wieder aufzuheben, wenn die Vorsteher unwürdig d. h. un=
wirksam sind.

Die Stellung, welche Wessel dem Papste anweist und an=
weisen muß, geht schon aus dem Bisherigen hervor, indeß ist mit
Berücksichtigung der vielfachen Aussprüche Wessels noch genauer
über diesen Punct zu handeln. Es ist vorerst klar, daß Wessel,

---

1) De Potest. eccles. p. 751 u. 752.
2) De Potest. eccles. p. 765.

indem er in Christo das einzige wahre Oberhaupt der Kirche ver=
ehrt, dem Papst als sichtbarem Oberhaupte zwar eine hohe, aber
doch keine andere als menschliche Würde zuerkennt, daß er die
Heiligkeit und Weisheit des Papstes keineswegs für fehlerlos und
unübertrefflich hält. Daß die Päpste keine Musterbilder christlicher
Vollkommenheit seyen, bedurfte in jener Zeit am wenigsten eines
Beweises; indeß macht doch Wessel ausdrücklich darauf aufmerksam
und spricht deßhalb dem Papste die Fähigkeit ab, eine vollkom=
mene Sündenvergebung zu ertheilen, weil diese nur von einem
solchen ausgehen könne, der selbst vollkommen ist [1]). Wenn aber
der Papst nicht sittlich vollkommen ist, so kann er auch nicht irr=
thumfrei seyn, und er kann um so weniger auf diesen Vorzug
Anspruch machen, da derselbe nicht einmal dem Petrus, der
doch nach römischer Vorstellung der größte aller Päpste ist, zu=
kommt: „Auch der erste und heiligste Papst, Petrus, hat schwer
geirrt, damit die Kirche späterhin wisse, daß sie nicht durch die
Bestimmungen der obersten Bischöfe gebunden, sondern daß viel=
mehr bei vorkommendem Zwiespalt jeder Gläubige verpflichtet sey,
nach dem Beispiele des heiligen Paulus für die Regel des Glau=
bens dem Papst ins Angesicht und, wenn es nicht anders seyn
könnte, in Gegenwart Aller zu widerstehen [2]).“ Und in einer
andern Stelle [3]): „Kein Papst ist weiser, keiner mit größerer Au=
torität begabt, keiner von größerer Heiligkeit, als der heilige
Petrus; so daß, wenn keiner dem Papste sagen dürfte: warum
thust du das? oder den Papst tadeln und beurtheilen, dieß am
wenigsten bei Petrus hätte geschehen dürfen. Aber ich frage:
wenn der Papst tadelhaft (reprehensibilis) ist, und nicht richtig
nach der Wahrheit des Evangeliums wandelt, wie Alle leicht
sehen können, denen der Geist der göttlichen Weisheit verliehen
ist, was gibt es für einen Grund, warum er nicht auch wirklich
sollte von Jemanden getadelt werden? da ja auch der weiseste
und heiligste unter ihnen von einem noch weiseren und heiligeren
öffentlich vor Allen getadelt worden ist?“ Ueberhaupt betrachtet

---

1) Wessel entwickelt de Orat. II. 2. p. 45 seine Gedanken so: eine
gänzliche Vergebung ist eine vollkommene Vergebung; diese kann aber nur
von einem solchen ertheilt werden, der selbst vollkommen ist und nur an
solche, die auch vollkommen sind (d. h. an wahrhaft Gebesserte und Gehei=
ligte); es befindet sich aber doch kein Prälat im Stande der Vollkommen=
heit, auch der Papst nicht, er kann also auch keine vollkommene Sündenver=
gebung gewähren.
2) De Indulgent. cap. VIII. p. 891. Ebendaselbst S. 892 wird
auch darauf hingewiesen, daß die pariser Facultät die Autorität des Papstes
Clemens verworfen habe.
3) De Potest. eccles. p. 749.

Wessel den Papst als einen Menschen, der, wenn auch fromm
und einsichtsvoll, doch denselben geistigen Beschränkungen unter=
worfen ist, wie ein anderer. Er kennt sein eigenes Innere nicht
besser, er weiß daher auch von seiner eigenen Seligkeit nicht mehr,
als ein Anderer [1]; wenn er aber sich selbst nicht vollständig kennt,
so kann er noch weniger einen Andern ganz durchschauen; eine
päpstliche Canonisation kann also immer nur auf schwankenden
Gründen beruhen [2]; ebenso kann sich die Excommunication des
Papstes, sein Ablaß, seine Sündenvergebung nicht auf das Ver=
hältniß des Menschen zu Gott, sondern nur auf die Stellung in
der Kirche beziehen, es ist keine göttliche Entscheidung, sondern
ein menschlicher Richterspruch, der falsch seyn kann, wenn der
Papst ein fleischlicher und weltlicher Mensch ist. Sollte der Papst
in der That eine geistliche Herrschaft und ein Gericht über Alle
ausüben, so müßte er auch Alle kennen und zu beurtheilen ver=
mögen; er kennt aber weder die Gränzen der Erde noch die
Sprachen der Völker, mithin kann er sie auch nicht beurtheilen;
vielmehr hat sich der heilige Geist vorbehalten, für die Einheit
der Kirche zu sorgen, und hat es keineswegs dem römischen Bischof
überlassen, der sich oft nicht einmal darum bekümmert [3].

Aus dem Bisherigen beantwortet sich auch die Frage, in
wie weit die Gesetze und Entscheidungen der Päpste
für die Christenheit Verbindlichkeit haben? Die einfache
Antwort ist: so weit sie die Kirche wahrhaft erbauen, so weit sie
weise sind, so weit sie den rechten Glauben haben, mit einem
Worte, so weit sie mit dem Evangelium übereinstimmen, aber
nicht weiter. Der Papst ist sammt der Kirche dem Evangelium

---

1) *Wess.* Epist. de Purgat. in Opp. p. 670.
2) Wessel gibt zwar zu, daß eine päpstliche Canonisation mit voran=
gehender förmlicher Untersuchung, wie er selbst eine solche zu Venedig ge=
sehen, sicherer sey, als eine bloß auf schwankender Volksmeinung beruhende;
allein er ist doch der Meinung, daß auch die päpstliche nicht ganz feststehe,
weil es hier auf die innerste Gesinnung und besonders darauf ankomme, ob
alle Handlungen aus dem göttlichen Geiste der Liebe hervorgegangen seyen
oder nicht? dieß aber von keinem Menschen erforscht werden könne. De
Magnit. Pass. Cap. 63. p. 583.
3) De Sacram. Poenit. Opp. p. 779. Womit zu vergleichen S. 771.
In der letzteren Stelle sagt der Verfasser: Der Umfang der Kirche, die
Menge der Gläubigen und die Verschiedenheit ihrer Bestrebungen und Nei=
gungen sey so groß, daß die Sorgfalt Eines Menschen, wenn er auch noch
so eifrig sey, nicht zureiche, um in den Dingen, die sich auf Gott beziehen,
eine Aufsicht über sie zu führen; ja es vermöchte dieß niemand auch nur bei
einem Einzigen; denn nicht bloß täglich und stündlich, sondern in jedem
Momente verhalten sich die Menschen anders in Beziehung auf Gott, fallen
vom göttlichen Leben ab oder kehren dahin zurück; dieses stets wogende
Meer des geistigen Lebens kann nur Gott umfassen, in seine Tiefen kann
nur der göttliche Geist dringen.

unterworfen. „Der Wille des Papstes und die Autorität der
heiligen Schrift stehen keineswegs in gleichem Range; sondern
es verhält sich so, daß der Wille des Papstes nach der Wahrheit
der Schrift, und nicht die Wahrheit der Schrift nach dem Willen
des Papstes geregelt werden muß [1].“ Wie der ganze Klerus,
so hat auch dessen Oberhaupt, der Papst, wesentlich die Bestim=
mung, die Kirche zu erbauen: thut er dieß, so muß man ihn
hören, thut er es nicht, so wirkt er schädlich, und man muß ihm
Widerstand leisten. „Der Papst,“ sagt Wessel [2], „soll ein weiser
und treuer Diener seyn, wie für einen Kranken ein erfahrener
und fleißiger Arzt. Daher, wie einem Kranken ein unerfahrener
oder nachlässiger Arzt nur Gefahr bringt, so der Papst: was er
nicht mit treuer und weiser Wohlmeinung oder gar dagegen thut,
das ist nichts [3]). Denn wer die Bestimmung hat, zu erbauen,
und nicht erbaut, der thut nichts; wer die Bestimmung hat,
hauszuhalten, und thut es nicht mit Treue, der verschwendet.“
Der Papst ist nicht Herr der Kirche [4]), sondern er ist mit allen
Gläubigen Gott, Christo und dem Evangelium verpflichtet und
nur als Vertreter des Evangeliums hat er Autorität: „Der
Papst,“ sagt Wessel in der ausführlichsten und merkwürdigsten
Stelle [5]) über diesen Punct, „ist verpflichtet zu glauben, und ist
gebunden mit allen gebundenen Gläubigen [6]); und wenn er glaubt,
wie er verpflichtet ist, so sind alle Gläubigen verpflichtet zu glau=
ben, was er glaubt, nicht gerade weil Er es glaubt, sondern weil
er glaubt, was man glauben soll (weil er das Rechte
glaubt). Und wenn ein Anderer richtiger glaubt, so muß der
Papst dessen Glauben theilen, wenn es auch ein Laie oder eine
Frau wäre; nicht weil es ein Laie ist, oder weil diese Frau so
glaubt, sondern weil sie nach der Wahrheit des Evangeliums auf
rechtem Wege wandeln. Weßwegen auch Petrus Gal. 2, da er
nicht mit richtigem Schritt nach der Wahrheit des Evangeliums
wandelte, verbunden war, dem Paulus zu glauben, nicht weil
es Paulus oder weil er ihm unterworfen war, sondern weil der=
selbe richtiger nach der Wahrheit des Evangeliums wandelte.

---

1) Epist. de Indulgent. Cap. 8. p. 892.
2) De Potest. eccles. Opp. p. 767.
3) . . . nihil est, quod facit.
4) Eigentlich kann der Papst nur die Gebete Gottes lehren, aber nicht
im Namen Gottes vorschreiben; also kann er noch weniger (rücksichtlich der
Dinge, die das Verhältniß des Menschen zu Gott betreffen) vorschreiben
nach seinem eigenen Willen, denn die Christen sind nicht Diener des Papstes,
sondern Diener Gottes. De Sacram. Poenit. p. 507. Thes. 4.
5) Gleich zu Anfange der Schrift de Potest. eccles. p. 745.
6) et obligatur cum omnibus obligatis fidelibus.

Daraus ergibt sich, daß — wiewohl mit Wahrscheinlichkeit vorauszu=
setzen ist, daß der Papst und die Prälaten um so viel richtiger
nach der Wahrheit des Evangeliums wandeln, eine je höhere und
würdevollere Stellung sie einnehmen, und daher bei übrigens
gleichen Umständen vielmehr ihnen als einem der Untergebenen
zu glauben ist — daß dennoch die Untergebenen nicht schlechthin
gebunden sind, ihnen zu glauben. Dieß wäre so unvernünftig
und gotteslästerlich [1], daß es verderblicher erscheint, als jede Ketzerei.
Denn es kann auch ein Prälat und selbst der höchste Prälat (der
Papst) irren, wie der erste von ihnen (Petrus), der, wiewohl von
dem Herrn Jesu selbst durch dessen eigenen Ausspruch erwählt
und voll des heiligen Geistes, doch geirrt hat. Aber dieß ist von
dem Herrn zugelassen worden, damit wir wissen sollten, daß man
nicht einem Menschen, sondern dem heiligen Geiste zu glauben
verpflichtet sey. Und mit Recht. Denn da der Glaube eine
theologische Tugend ist, so ist er allein Gott unterworfen; er hält
sich nur an Gott, in welchem allein der Gerechte durch den Glau=
ben lebt. Das Leben des Gerechten wäre ja in großer Gefahr,
wenn es vom Leben (der Denk= und Lebensweise) des Papstes
abhinge; denn die meisten Päpste haben höchst verderbliche Irr=
thümer gebracht, wie es in den letzten Tagen zu Constanz auf
dem berühmten Concil offenbar geworden, wie gewaltig Bene=
dict, Bonifacius und Johann XXIII [2] den Glauben zerstört
haben; und endlich in unseren Tagen Pius II und Sixtus IV,
deren einer [3] in einer offenen Bulle sich die Herrschaft der Welt
angemaaßt, der andere die schändlichsten Dispensationen nicht
bloß von dem in bürgerlichen Processen bereits geleisteten, sondern
auch von dem noch zu leistenden Eide [4] ... gegeben hat." Da
der Papst irren kann, so kann er auch zurecht gewiesen werden,
und zwar kann er es von dem, der weiser ist, als er. Bei dem

— — —

1) ... irrationabile et blasphemiae plenum: das Letztere, weil der
Glaube der Christen nur Gott verpflichtet ist und daher, wenn er dem
Papste unterworfen werden soll, ein Mensch an die Stelle Gottes gesetzt
wird.

2) bekanntlich schismatische Päpste

3) Pius II. in der vielgenannten *Bulla Retractationum*, worin er
die Grundsätze, die er früher als Aeneas Sylvius Piccolomini ausgespro=
chen, widerruft und die absolute Monarchie des Papstes eifrig geltend
macht. Die Bulle findet sich am Schluß der Lib. III. de Concil. Basil.
p. 149—160. ed. Helmst. Besonders sind zu vergl. die Stellen S. 151
und 158—160.

4) Siehe oben im Leben Wessels S. 290. Dort ist von einer wahr=
scheinlich verloren gegangenen Schrift Wessels die Rede, worin er Sixtus IV.,
mit dem er sonst in so gutem Verhältnisse stand, wegen seiner leichtsinnigen
Entbindung von Eiden ernst tadelte. Hier thut er dasselbe in einer noch
vor uns liegenden Schrift.

Widerstreit eines Papstes und eines christlichen Weisen zö=
gert Wessel keinen Augenblick, sich für den Letzteren zu entschei=
den, weil der von einem Weisen gegebene Ausspruch durch keinen
Papst aufgehoben werden könne [1]). „Im Fall des Widerspruches
zwischen dem Papst und einem Weisen ist nicht allein der Papst
verpflichtet, den Weisen zu hören und ihm zu folgen, und der
Weise darf in dem, worin er wahrhaft weise ist d. h. worin
das Wort der wahren Weisheit nach dem unbefleckten Gesetze
des Herrn im Glauben von ihm festgehalten wird, auf keine Art
von seiner Ueberzeugung abgehen und der Autorität des Papstes
folgen, sondern es muß auch die ganze Gemeinschaft der Gläu=
bigen, welche das rechte Wort der Weisheit erkennt, dem Weisen
anhangen. Dieß ist auch geschehen auf dem Concil zu Constanz,
da die Gläubigen von Johann XXIII abwichen und mit Johann
Gerson übereinstimmten. Und wer würde heutiges Tages, wenn
Papst Eugen und Bernhard von Clairvaux sich widersprächen,
nicht mehr dem Bernhard als Eugen anhangen? Ist doch darin
Eugen selbst mit seinem Beispiele vorangegangen, indem er jene
strengen Ermahnungen und Zurechtweisungen in der Schrift de
Consideratione so wohl aufnahm. Wie weit also die Aussprüche
der Päpste verpflichten, das hat der Theologe zu bestimmen, wenn
er nämlich der Wahrheit gemäß theologisirt [2]).“ Die höchste, letzte
Entscheidung in der Kirche gibt also immer das Evangelium,
und derjenige, der es am richtigsten auslegt und am vollkommen=
sten in seinem Glauben aufnimmt, der vollendete christliche Weise,
der wahre Theologe, als Organ des Evangeliums, der Pro=
phet im neuen Bunde, der, wo er wahrhaftig zum Vorschein kommt,
immer über den Priester erhaben bleibt.

Die Stellung, welche Wessel dem Papste anweist, ist im
Ganzen mehr eine rechtliche, als eine religiöse und theologi=
sche [3]); er ist der höchste Vertreter der Kirchengesetze, seine Ge=
walt besteht in der obersten Jurisdiction [4]). Diese gerichtliche
Gewalt aber bezieht sich auf die Dinge, worin der Mensch vom
Menschen beherrscht werden kann [5], also auf die äußerlich hervor=
tretenden Handlungen, auf die in der Erscheinung nachweisbaren
Verhältnisse und Zustände der Kirche. Das unmittelbare Ver=
hältniß zwischen Gott und dem Menschen jedoch hat sich Gott

---

1) De Potest. eccles. p. 766.
2) . . . si tamen vere theologiset.
3) Die nachfolgenden Behauptungen Wessels sind entnommen aus sei=
nen Theien zu Anfang der Schrift de Purgatorio p. 526 u. 527.
4) Thes. 5: Omnis potestas Papae praerogativa . . . est mere
jurisdictionalis.
5) Thes. 13.

allein vorbehalten. Denn wer das, was in dem Menschen in der Art vorgeht, daß es nicht in äußeren Merkmalen erscheint, nicht wissen kann, der kann auch nicht darüber urtheilen. Was der Papst von sich selbst nicht wissen und bestimmen kann, darüber kann er auch bei Andern nicht entscheiden. Thut er es doch, so ist sein Urtheil und jede Handlung, die daraus fließt, nichtig[1]). Dieß gilt besonders in Beziehung auf die vom Papste zugesicherte Sündenvergebung[2]). Davon werden wir indeß, wie über mehreres Verwandte, in der Lehre von den Sacramenten, zu der wir nun übergehen, besonders handeln.

_____

2 Von den Sacramenten als Mitteln des Heils, besonders vom Abendmahl und der Buße.

Die Lehre von den Sacramenten ist der Hauptpunct, in welchem sich die scholastische Theologie nicht bloß formell, sondern auch materiell productiv bewies. Diese Lehre war im christlichen Alterthum wenig bearbeitet, forderte also schon dadurch zu einer gründlicheren Durchbildung auf, aber sie hing auch inniger als alle übrigen Dogmen mit dem kirchlichen Leben und Cultus zusammen und konnte ganz besonders zur Erhöhung des Priesterthums und zur Begründung der Hierarchie benutzt werden, und dieß war die Hauptsache, warum sich ihr die mittelalterliche Theologie besonders zuwendete. Die geistige Kraft, welche die Scholastik auch hier entwickelte, ist aller Anerkennung werth; aber die Corruptionen, die sie in die christliche Lehre brachte, werden dadurch nicht gerechtfertigt und liegen jedem, der sehen mag, klar vor Augen.

Da Wessel sich der Scholastik vornehmlich auf den Puncten, wo sie mit dem kirchlichen Leben zusammenhing, entgegensetzte, so muß man bei ihm auch Erörterungen über die Sacramente erwarten. Diese finden sich auch, aber freilich mehr über einzelne, in das damalige Kirchenthum besonders tief eingreifende Sacramente, Abendmahl und Buße, als über Begriff und Wirkung des Sacramentes im Allgemeinen. In dieser Beziehung gibt er nur Weniges gelegentlich. Er bemerkt zum Beispiel, daß Christus bei der Weihung der Apostel sich keines Oeles oder Chrisma's bedient habe. Aber er mißbilligt es nicht, daß die Kirche um der Ehrerbietung und Würde willen Vieles zur feierlicheren Ertheilung der Sacramente angeordnet habe, was in der ersten Zeit

_____

1) Thes. 14—19.   2) Thes. 20.

des Christenthums nicht zu geschehen pflegte[1]). Dieß konnte dem innerlichen Sinne Wessels indifferent scheinen. Dagegen be=streitet er sehr entschieden die sittlich verderbliche, nachmals auch von den Reformatoren bekämpfte Lehre von der Wirkung des Sacramentes *ex opere operato*. Er sagt[2]): es kommt bei der Wirkung des Sacramentes nicht bloß auf die Intention dessen an, der es verwaltet oder genießt, sondern wesentlich auf die Gemüthsverfassung des Empfangenden; die rechte Ge=müthsverfassung ist inniges Verlangen nach dieser Seelenspeise, je weniger aber einer darnach verlangt, desto weniger Wirkung wird ihm auch zu Theil werden. Dieß ist zwar nicht so zu ver=stehen, als ob die Gnade vom Wollen und Laufen des Menschen abhinge und nach Verdienst ertheilt würde, aber es können doch nur die Hungernden und Dürstenden mit Gütern gesättigt wer=den; sie empfangen nach Maaßgabe ihres Verlangens, und es liegt nicht in der Macht des Priesters, wie viel der empfangen soll, für den er die Messe darbringt. „Nicht auf einer fremden Thätigkeit ruhet unser Heil, sondern bloß in uns ist das Him=melreich; soweit wir zu demselben hinzutreten, herrschen wir, und zwar nähern wir uns demselben mit Schritten des Geistes, des Verlangens, nicht durch fremde Förderung. Es ist ein Reich des Geistes und verlangt daher Umwandlung des Geistes. Ich will damit nicht sagen, daß nicht einer auch durch das Gebet eines andern eine Frucht des Heils erlangen könne, aber nie anders, als insofern er dadurch in seinem Geiste umgewandelt wird. So weit sein Glaube oder der Glaube beider sich dem Göttlichen nähert, was nur durch einen geistigen Act geschehen kann, so viel Frucht empfängt er, sey es nun in Beziehung auf Erlösung, Sün=denvergebung oder Genugthuung[3]).‟ Ja Wessel legt so viel Werth auf den Glauben, als Empfänglichkeit für das Gött=liche, daß er nicht nur den Grad der mitzutheilenden Gnade von dem Maaße des Glaubens abhängig macht, sondern schon in dem Glauben selbst einen Ersatz, ein Aequivalent findet für das im Sacrament zu Empfangende. „Wer glaubt, der genießt den Leib Christi, auch wenn er ihm nirgends äußerlich dargebracht würde; ein Beweis ist Paul der Eremite, der so lange Jahre in der Einöde verweilte, und das wahre Leben nicht in sich gehabt hätte, wenn er nicht das Fleisch des Menschensohnes gegessen und sein Blut getrunken hätte... Umgekehrt, wenn für einen die ganze

---

1) De Sacram. Poenit. p. 775.
2) De Commun. Sanct. p. 817.
3) a. a. O. S. 818 u. 819.

Welt dargebracht würde und er hätte einen inneren Widerwillen, so würde es wenig oder nichts zur Genugthuung nützen. Wenn man sagt, eine für Viele dargebrachte Messe sey nicht so wirksam für jeden Einzelnen, als sie seyn würde, wenn sie für ihn allein dargebracht worden wäre, so halte ich dieß für falsch. Sie ist wirksam für jeden, so weit er geistig umgewandelt und gefördert wird, nicht so weit derjenige es wünscht, der die Messe darbringt[1]... Nicht immer wirkt das Verdienst des Messelesenden oder Beten=den, wie wir deutlich an den Gebeten für das exemplarische Le=ben der Päpste sehen, wo oft die Fürbitte der frömmsten Men=schen nichts fruchtet, weil widerstrebende Neigungen (der Päpste selbst) es hindern[2]."

Von größerer Bedeutung ist das, was wir bei Wessel über einzelne Sacramente finden, besonders über die beiden, die am tiefsten in das System des kirchlichen Lebens eingriffen, zugleich aber auch die meisten Verderbnisse erfahren und veran=laßt hatten, und daher auch den Reformatoren am meisten Anlaß zum Widerspruch gaben, das Abendmahl und die Buße nebst der damit zusammenhängenden Lehre vom Ablaß. Von diesen ist nun ausführlicher zu handeln. Die gewöhnliche Ordnung des Systems würde es mit sich bringen, daß wir zuerst über die Buße, dann über das Abendmahl sprächen, allein da diese Ordnung bei unserer Entwickelung, die doch keine vollständige Dogmatik Wessels liefern kann, nicht wesentlich ist, so ziehen wir die um=gekehrte Stellung deßhalb vor, weil wir dann auf die Lehre von Buße und Ablaß sogleich die damit zusammenhängende vom Fegefeuer können folgen lassen. Wir schildern also zunächst Wes=sels Ueberzeugungen:

a) Vom Abendmahl. Wessel und Zwingli.

Die Lehre vom Sacrament des Abendmahls gehört zu denen, die in den Jahrhunderten vor der Reformation von den meisten freier gesinnten Theologen besprochen wurden, nur freilich fast durchgängig auf einseitige Weise, indem beinahe aus=schließlich die Frage über die Art der Gegenwart Christi Gegen=stand der Verhandlung war. Auch von dieser Seite war die Wirksamkeit der Reformatoren vollständig vorbereitet, und auch hier reiht sich Wessel denen an, die eine Läuterung, Belebung und Vergeistigung des kirchlichen Lehrbegriffs wirksam herbeiführ=

---

1) Von diesem Gesichtspunct aus verwirft dann Wessel auch oder be=zeichnet als unnütz die Stiftungen zu Messen für einzelne Personen. De Commun. Sanctor. p. 816 ff.
2) a. a. O. S. 819 u. 820.

ten. Er äußert sich über diesen Gegenstand gelegentlich in mehreren seiner Schriften, namentlich in den Aufsätzen über das Gebet und über die Größe des Leidens Christi; er hat aber auch eine besondere Abhandlung de Sacramento Eucharistiae et de audienda Missa[1]) geschrieben, die viele geistvolle Gedanken enthält. Ehe wir indeß zu einer Uebersicht der von Wessel ausgesprochenen Grundsätze übergehen, möge in der Kürze erinnert werden, in welchem historischen Zusammenhange Wessel in dieser Beziehung stand und wie er auch hier das Glied einer fortlaufenden Kette bildet.

Daß Wessel'n auf der Bahn einer freieren, lebendigeren Auffassung der Abendmahlslehre manche Theologen der früheren Jahrhunderte vorangegangen waren, ist bekannt; an wem er sich jedoch vorzugsweise heranbildete, ist nicht mit Bestimmtheit zu entscheiden, da sich Wessel nicht ausdrücklich darüber ausspricht. Vermuthen können wir indeß, daß es Rupert von Deutz war, von dem wir ebensowohl wissen, daß er während der früheren Periode seines Lebens unbefangenere Ansichten über das Dogma von der Brodverwandlung hegte, als daß Wessel seine Schriften eifrig studiert und sich Vieles daraus angeeignet hatte[2]). Unter den Zeitgenossen Wessels aber mag besonders Johann von Wesel[3]) auf seine Denkart über das Abendmahl Einfluß gehabt haben; dieß ist nicht nur an und für sich wahrscheinlich, sondern wird auch bestätigt durch die Anführung des Johann von Wesel als eines „scharfsinnigen Lehrers" in einer Stelle[4]), die wenigstens entferntere Beziehung auf die Lehre vom Abendmahl hat. Weit merkwürdiger jedoch, als die Lehrtradition, welche auf Wessel hinführt ist uns, da wir ihn besonders nach seiner Stellung zur Reformation betrachten, diejenige, welche von ihm ausging. Bisher nämlich haben wir ihn vornehmlich als einen Vorläufer Luthers kennen gelernt; hier erscheint er ganz entschieden als ein Vorläufer Zwingli's und der reformirten Lehre, und zwar nicht bloß vermöge einer inneren Analogie der Denkweise, sondern auch, wie es wenigstens höchst wahrscheinlich ist, vermöge eines bestimmt nachweisbaren äußeren Zusammenhangs. Diese, bisher noch nicht gehörig ins Licht gestellte Sache ist zu wichtig, als daß wir sie nicht bis ins Einzelnste verfolgen sollten.

---

1) Sie nimmt in der gröninger Ausgabe seiner Werke den Raum von S. 658—705 ein und hat 29 Capitel.
2) S. oben im Leben Wessels S. 256 und 257.
3) Dessen Ansicht vom Abendmahl f. Bd. I. S. 276 und 324.
4) De Magnitud. Passion. Cap. 39. p. 537.

Denken wir uns Wessel 60 Jahre später lebend und mit seinem männlichen Alter in die Reformationszeit selbst fallend, und fragen, auf welche Seite er sich dann gestellt haben würde, auf die der norddeutschen oder die der schweizerischen und süd= deutschen Reformatoren? so ist freilich schwer, eine entscheidende Antwort zu geben: er würde sich, falls er nicht stark genug ge= wesen wäre, in freier Originalität zu wirken, als beiden innerlichst verwandt, nach beiden Seiten gezogen gefühlt haben; indeß möch= ten wir doch glauben, das Uebergewicht dürfte auf der letzteren Seite gewesen seyn. Setzen wir nämlich den allgemeinen Unter= schied beider Richtungen in die zwei Hauptpuncte: erstlich in der Theorie darein, daß Luther und seine Genossen sich mit strengstem Ernst vor Allem an das Wort der Schrift halten, auch da, wo dessen Buchstabe der Vernunft zu widerstreiten scheint, Zwingli dagegen und die Seinigen bei allem Festhalten am Wort doch den Sinn desselben mehr innerlich und vernunftgemäß zu deuten suchen, daß jene also entschieden realistisch, supranaturalistisch, in gewissen Fällen selbst buchstabengläubig sind, diese dagegen etwas Spiritualistisches, Idealistisches, Rationalisirendes haben; zweitens in der reformatorischen Praxis darein, daß diese bei Luther einen mehr geschichtlichen Character behauptet, indem sie zunächst nur das Wesentliche des Glaubens hervorhebt, das Aeußere aber mit subjectiver Schonung des Gewissens nur allmählig umzubil= den strebt, bei Zwingli dagegen einen mehr radikalen Character, indem sie nach dem objectiv vorgehaltenen Maaßstabe der Schrift, mit Ueberspringung der historischen Zwischenglieder, Alles un= mittelbar in den Zustand der Urgemeinde zurückversetzen will; so daß also, während Luther in der Lehre mehr objectiv, in der Praxis mehr subjectiv ist, bei Zwingli gerade das Umgekehrte eintritt — erkennen wir dieß als den Grundunterschied, so könnte man in Betreff der practischen Seite zweifelhaft seyn, ob Wessel die geschichtlich=allmählige, oder die radikal=plötzliche Reformations= praxis vorgezogen haben dürfte; doch wird man nicht behaupten können, daß er ebenso wie Luther, durch tiefgewurzelte geschichtliche Pietät von der letzteren zurückgehalten worden wäre; in Betreff der theoretischen Seite aber steht er, abgesehen von einzelnen Leh= ren, namentlich soteriologischen, worin er vorzugsweise lutherisch ist, im Ganzen mehr in der Geistesrichtung der Schweizer und Süddeutschen; denn neben dem Festhalten am Worte der Schrift im Gegensatze gegen Tradition und Kirchenautorität hat er zu= gleich etwas Spiritualistisches in dessen Deutung, einen gewissen Idealismus und Philosophismus, kurz etwas von dem, was der strenggläubige, practische Luther in der späteren Zeit seines Lebens

Schwarmgeisterei nannte. Dieß zeigt sich aber, außer der Lehre vom Fegefeuer, gerade in dem Puncte, von dem der Scheidungs= proceß der luther'schen und reformirten Confession ausging, in der Lehre vom Abendmahl. Hier dürfen wir Wessel entschieden zu den Begründern der reformirten Lehre rechnen. Und nicht ihn allein. Es scheint damals in den Niederlanden und Rheingegenden überhaupt ein Sitz und Herd dieser Denkweise gewesen zu seyn. Auch Erasmus ist hierher zu rechnen[1]) und mehrere Männer, die wir im Folgenden werden kennen lernen. Hieraus ist dann auch zu erklären, daß die reformirte Lehre spä= ter, nachdem sie vollständig ausgebildet war, in den Niederlan= den eine so entgegenkommende Aufnahme fand; sie kehrte nur wieder, ausgewachsen, auf den Boden zurück, in dessen heimischem Grunde sie die ersten Wurzeln geschlagen.

Der nähere Zusammenhang nun ist dieser[2]). In der Hin= terlassenschaft eines der genaueren Freunde von Wessel, mit welchem dieser in vielfachem literärischem Verkehr gestanden, des Dekan von Naeldwick, Jacob Hoeck, fand sich ein Aufsatz über das Abendmahl (de Coena), der von mehreren gelehrten Män= nern dem Wessel zugeschrieben wurde, während Andre behaup= teten, derselbe sey schon über zweihundert Jahre alt und habe sich so von Hand zu Hand fortgepflanzt[3]). Der Haupterfinder des Aufsatzes war Cornelius Honius (Hoen), ein ausgezeichneter Rechtsgelehrter und evangelisch gesinnter Mann[4]), der später vom J. 1523 an seine Anhänglichkeit an das freie Evangelium mit mehrjährigem Gefängniß büßen mußte. Dieser übergab den Tractat und andere Schriften Wessels, die sich entweder in der Verlassenschaft Hoecks oder im Agneten=Kloster fanden, zwei be= freundeten Männern, Johannes Rhodius (Robius) und Georg Sagarus[5]), von denen uns nur der Erstere als frommer und

---

1) Dieß ergibt sich besonders aus einigen merkwürdigen Aeußerungen Melanchtons; in einem Brief an Camerarius vom 26. Juli 1529, Opp. ed. Bretschneider I, 1083 sagt derselbe: Tota illa tragoedia περὶ δείπνου κυριακοῦ ab ipso (Erasmo) nata videri potest. Und in einem Brief an Aquila vom 12. Oct. 1529, Opp. IV, 970: Cinglius mihi confessus est, se ex Erasmi scriptis primum hausisse opinionem suam de coena Domini. Aeußerungen des Erasmus, die hierher gehö= ren, s. bei Gieseler K. G. III, 1. S. 193, not. 28.

2) Nach der Erzählung von Hardenberg in den fragmentarischen Lebensnachrichten von Wessel vor der amsterd. Ausgabe S. 12—14.

3) Daselbst S. 13.

4) Er war ein Freund des Erasmus und wird von diesem Vir optimus genannt. Epist. T. I. p. 766. Auch dieser Umstand könnte auf den Zusammenhang des Erasmus mit der reformirten Abendmahlslehre hindeuten. — Ueber Hoen vergl. Gerdes Hist. Evang. renov. I, 229—30.

5) Er wird bei Gerdes u. a. Saganus geschrieben, dürfte aber ohne

gelehrter Vorsteher des Bruderhauses zu Utrecht näher bekannt ist[1]), um sie an Luther nach Wittenberg zu überbringen; zugleich fügte Honius ein eigenes Schreiben über das Abendmahl hinzu, welches uns noch vorliegt.

Wir wissen, daß 1522, ja vermuthlich schon 1521 eine Sammlung von Aufsätzen Wessels auf Veranstaltung Luthers in Wittenberg erschien: das waren die von Rhodius und Sagarus überbrachten; diese Thatsache ist keinem Zweifel unterworfen. Nun aber fügt Hardenberg noch Weiteres hinzu, wornach der übersandte Aufsatz de Coena die erste Veranlassung zum Abend= mahlsstreit zwischen Luther und Carlstadt geworden wäre, und hier könnten Bedenken eintreten. Hardenberg erzählt Fol= gendes[2]): „Rhodius bat den Luther in seinem und Andrer Na= men, er möge der im Tractate vorgetragenen Lehre vom Abend= mahl beistimmen; Luther dagegen, jede Profanation des Sacra= mentes scheuend, ging darauf nicht ein. Da bat während des Essens auch Carlstadt Luther'n, er möge jene Meinung annehmen und gegen den fleischlichen Genuß schreiben. Als Luther dieß standhaft weigerte, rief Carlstadt, in Feuer gerathend, aus: Wenn du nicht willst, so will ich es thun, obgleich minder dazu geeig= net. Luther zog ein Goldstück aus dem Beutel und warf es auf die Stelle, wo Carlstadt saß, indem er sagte: Siehe da, dieß Goldstück gebe ich dir: versuche es, wenn du es wagst! Carlstadt nahm das Stück, stand vom Tische auf und fing an zu schreiben, so gut er es damals vermochte." Daß dieß der Anfang der Abendmahlscontroverse gewesen, will Hardenberg auch durch den Mund Melanchthons und Thomas Blaurers, Bürgermeisters zu Constanz, bestätigt erhalten haben, welcher Letztere bei jenem Mit= tagessen ein Gast Luthers gewesen. Die Erzählung gewinnt für sich durch Anschaulichkeit und durch die Zeugen, welche Harden= berg aufführt. Indeß kann man einwenden[3]), sie beruhe auf Verwechselung mit einem andern Vorfalle. Erst später zu Jena und zwar im August des J. 1524 soll sich — und auch hier haben wir einen Anwesenden zum Zeugen — die Herausforderung durch das Goldstück ereignet haben. Es ließe sich nun streiten,

---

Zweifel richtiger Sagarus heißen. Der Mann scheint ein naher Ver-
wandter des großen Verehrers von Wessel, Wilhelm Sagarus, gewesen
zu seyn.
    1) Von Rhodius bemerkt Wilh. Gnapheus in der Hist. Martyrii
Joh. Pistorii in der Vorrede und in der Schrift selbst S. 2: Eum vin-
dicandae veritati Evangelicae crebris in Germaniam profectionibus
vacasse.
    2) a. a. O. S. 13.
    3) wie Gieseler thut K. Gesch. III, 1. S. 190 not. 24.

ob der carlstadtisch gesinnte Prediger Reinhardt zu Jena, der das Letztere berichtet[1]), ein glaubwürdigerer Zeuge sey, als Rhodius, Harbenberg und diejenigen, auf welche sich der Letztere beruft. Luther selbst wenigstens war mit Reinhardts Bericht gar nicht zufrieden[2]). Angenommen aber auch, die Goldstück-Geschichte sey in Jena vorgefallen: so ließe sich immer denken, es finde bei Harbenberg nicht sowohl eine Verwechselung, als vielmehr eine partielle Vermischung zweier Vorfälle statt, und es habe mit seiner Erzählung, ausgenommen den einzelnen Zug vom Goldstücke, der nach Jena gehörte, doch seine Richtigkeit. Und dieß wird aller= dings auch durch Mehreres sehr wahrscheinlich. Erstlich ist nicht anzunehmen, Harbenberg habe die Sache, bei der er sich auf so gute Autoritäten stützt, ganz aus der Luft gegriffen[3]). Zweitens paßt das Erzählte vollkommen in die Verhältnisse: Luther mochte wohl zu den gleichgesinnten Fremblingen aus den Niederlanden einige Freunde und Collegen, unter denen ihm Carlstadt damals sehr hoch stand, zu Tische bitten; dabei kam natürlich die Rede auch auf den literärischen Schatz, den die Niederländer mitgebracht, und insbesondere auf die Abhandlung über die wichtige Lehre vom Abendmahl, über welche die Fremden zugleich noch das Schrei= ben von Honius mitgebracht; hierbei offenbarte sich zuerst ein Dissensus zwischen den nachmals so feindseligen Collegen, und in diese Umgebung würde sich selbst als ein übermüthiger Tischscherz der Vorfall mit dem Goldstücke besser fügen, als in die wider= wärtige Streitscene, welche die schon Verfeindeten miteinander in der Herberge zu Jena hatten. Drittens: in die Ausgabe wessel'= scher Schriften, die bald nachher entweder von Luther oder doch unter seiner Autorität zu Wittenberg veranstaltet wurde, ward die Abhandlung vom Abendmahl nicht aufgenommen: ein Beweis, daß Luther, so reformatorisch sonst auch die Abhandlung war, gewisse Sätze derselben nicht billigen konnte; dagegen sehen wir in kurzer Frist Carlstadts Abendmahlslehre, wenn gleich von leisen Anfängen aus und in allmähligen Uebergängen, in ihrer

---

1) S. die sogenannten Acta Jenensia oder Mart. Reinhardts, Predigers zu Jena, Bericht von der Handlung zwischen D. Luther'n und D. Carlstaden — in Luthers Werken bei Walch XV. 2423—31, bes. S. 2430. Der Bericht ist gar nicht zu Gunsten Luthers abgefaßt.
2) Er äußert sich darüber in Briefen an Spalatin bei Aurif. Ep. Luth. p, 234. b. p. 237. a. S. Luthers Werke v. Walch XV, 2432 u. Planck Gesch. des prot. Lehrbegr. II, 208
3) Harbenberg sagt selbst am Schlusse der Erzählung S. 14: er habe so referirt, wie ihm Rhodius, Goswin, Melanchthon und Thomas Blaurer berichtet und berufe sich auf den Letzteren als besten Zeugen, wenn er noch lebe; dann: interim velim illis credi, ut viris bonis; mihi saltem, ut fideli relatori.

Eigenthümlichkeit sich entwickeln. Endlich scheint mir hier eine bisher übersehene Aeußerung Luthers in dem Schreiben an die Christen zu Straßburg vom 15ten Dec. 1524[1]) höchst beachtenswerth; hier sagt der Reformator: „Das bekenne ich, wo D. Carlstab oder Jemand anders vor fünf Jahren mich hätte mögen berichten, daß im Sacrament nichts dann Brod und Wein wäre, der hätte mir einen großen Dienst than. Ich hab wohl so harte Anfechtunge da erlitten, und mich gerungen unt gewunden, daß ich gern heraus gewesen wäre, weil ich wohl sahe, daß ich damit dem Papstthumb hätte den größten Puff können geben. Ich hab auch zween gehabt, die geschickter davon zu mir geschrieben haben, dann D. Carlstab, und nicht also die Wort gemartert nach eigenem Dunken. Aber ich bin gefangen, kann nit heraus: der Text ist zu gewaltig da, und will sich mit Worten nit lassen aus dem Sinn reißen.“ Wer sind nun die „Zween, die zu Luther geschickter vom Abendmahl geschrieben,“ als Carlstadt? Ich weiß nicht, ob Männer, die in der Reformationsgeschichte ganz heimisch sind, hier etwas Thatsächliches nachweisen könnten[2]), was besser paßte; so lange dieß aber nicht geschehen ist, glaube ich: Luther denkt an das Schreiben des Honius, welches ausdrücklich an ihn gerichtet, und an den Aufsatz Wessels, der wenigstens mit einem bestimmten Ansinnen an ihn gesandt war. Hier ist Alles vollkommen passend: die beiden Abhandlungen enthalten wirklich das, was die Aeußerungen Luthers voraussetzen; sie geben in der That eine einfachere, die Worte weniger marternde, Erklärung vom Abendmahl, als es Carlstadt that; Luther ließ sich doch nicht überzeugen und wies die Aufsätze von sich; und die Zeit, die Luther in der Stelle angibt, fällt mit der Zeit der Sendung des Rhodius nach Wittenberg genau genug zusammen. In letzterer Beziehung läßt sich die Sache zwar nicht mit apodiktischer Gewißheit bestimmen, aber doch approximativ mit großer Wahrscheinlichkeit. Luther sagt: „hätte mich Jemand vor fünf Jahren mögen berichten;“ daraus könnte man schließen, die Schriften der Zween seyen auch vor 5 Jahren an ihn gelangt; dieß wäre auch wohl möglich, denn Rhodius konnte füglich schon im Jahre 1519 in Wittenberg gewesen seyn; indeß läßt die Unbestimmtheit der Rede auch zu, das Schreiben der Zween nur ungefähr in diese Zeit zu setzen, auch ins J. 1520; in diese Zeit aber, und nicht später, scheint jedenfalls die Reise des Rhodius

---

1) Bei de Wette Th. 2. S. 577, bei Walch XV, 2448.
2) Weder Walch, noch be Wette geben eine Erklärung.

nach Wittenberg gesetzt werden zu müssen; denn wenn, wie sehr
wahrscheinlich, die erste Sammlung wessel'scher Schriften schon
1521 erschien, so mußten sie doch wohl schon 1520 in Wittenberg
seyn, damit der Druck eingeleitet und vollendet werden konnte,
was damals gewiß minder rasch ging, als jetzt.

So vereinigt sich Alles, die Angabe Hardenbergs zu bestä=
tigen, und wir halten als Thatsache dieß fest: Luther, so leb=
haft er sich über die, inmitten seines reformatorischen Aufschwungs
ihm bekannt gewordenen, Schriften Wessels freute, ließ sich
doch weder durch Wessels Abhandlung vom Abendmahl, noch
durch das begleitende Schreiben von Honius für eine spiri=
tuellere Auffassung dieser Lehre gewinnen, weil ihm schon damals
der Text zu gewaltig war; dagegen wurden diese Schriften der
erste Anlaß zur Aeußerung eines Dissensus zwischen Luther und
Carlstadt[1]), welcher vorläufig zwar noch von dem Bewußtseyn
wesentlicher Uebereinstimmung überwogen wurde, weßwegen auch
Carlstadt Luther'n ganz unbefangen bat, er als der Geschicktere
möge über die Sache schreiben, in wenigen Jahren aber als offe=
ner Zwist hervorbrach, so daß zu Jena eine Scene eintreten
konnte, die sich zum wittenberger Tischgespräche verhielt, wie leiden=
schaftlicher Streit zu brüderlicher Disputation.

Was Luther verschmäht hatte, eignete sich Zwingli an.
Rhobius begab sich, so erzählt uns Hardenberg weiter [2]), zunächst
zu Oekolampadius mit einem Schreiben Luthers, worin dieser
den süddeutschen Freund bat, seine Meinung über den fraglichen
Tractat vom Abendmahl zu äußern. „Oekolampadius, be=
scheiden und schüchtern wie er war, wagte nicht, seine Meinung
offen auszusprechen, da er hörte, daß Luther den Inhalt nicht
billige. Er sendete also den Rhobius zu Zwingli nach Zürich:
diesem gefiel die Lehre, denn er schien auch vorher schon eine
Neigung zu derselben zu haben. Er ergriff sie also und verthei=
digte sie, nachdem er vorher die Meinung vieler andern Doctoren [3])
eingeholt. Bald trat auch Oekolampadius kecker hervor, was dann
Luther in hohem Grade mißfiel. Daher die Anfänge dieser schmerz=

---

1) Es soll hiermit nicht gesagt werden, was Gieseler mit Recht als
unrichtig bezeichnet (K. Gesch. III, 1. S. 190. Anmerk. 24.), daß Carl=
stadt seine Abendmahlslehre dem Inhalte nach aus Hoens und Wessels
Aufsätzen geschöpft habe, sondern nur, daß dieselben ihm ein Anlaß gewor=
den, seine Lehre bestimmter auszubilden und sich eines Unterschiedes von
Luther in diesem Puncte bewußt zu werden. Vergl. Goebel über Carl=
stadts A. M. Lehre in den Stud. u. Krit. 1842. Heft 2.
2) a. a. O. S. 14.
3) Z. B. seines alten Lehrers Wyttenbach. S. unten S. 465.

lichen Kämpfe!" So Harbenberg. Wir werden auch hier seine
Angaben im Wesentlichen bestätigt finden.

Um dieß nachzuweisen, gehen wir von einem unzweifelhaften
Factum aus. Im Jahre 1525 gab Zwingli selbst das Schreiben
des Honius über das Abendmahl, welches ihm Rhobius über=
bracht hatte, heraus [1]). Er sagt in der Ueberschrift, dasselbe sey
vor vier Jahren aus den Niederlanden gesendet ad quendam,
apud quem omne judicium sacrae scripturae fuit, aber von
diesem verschmäht worden, und behandle das Abendmahl ganz
anders, als bisher gewöhnlich gewesen [2]). Unter dem Manne, der,
obwohl mit allem Urtheil der Schrift ausgerüstet, doch diese Lehre
verworfen habe, versteht Zwingli ohne Zweifel Luther'n. Die
vier Jahre, die Zwingli angibt, kommen dadurch heraus, daß die
beiden Niederländer, da sie unterwegs manchen Aufenthalt ge=
macht haben mochten, erst im J. 1521 bei ihm in Zürich waren,
während sie vermuthlich schon 1520 in Wittenberg gewesen.

Daß auf Zwingli's Ueberzeugung vom Abendmahl die
beiden Reisenden und noch mehr die von ihnen überbrachten
Schriften einen entschiedenen Einfluß hatten, berichtet uns schon
ein nicht viel später lebender Landsmann des Reformators, Lud=
wig Lavater [3]), der uns folgende Notiz gibt: „Es geschah, daß
Joh. Rhobius und G. Sagarus [4]), zwei fromme und gelehrte
Männer, nach Zürich kamen, um über das Abendmahl mit
Zwingli zu verhandeln. Diese, als sie Zwingli's Meinung
vernommen, indem sie die ihrige noch zurückhielten, priesen Gott,
daß sie von einem solchen Irrthum befreit seyen, und brachten
dann das Sendschreiben des Niederländers Honius vor, worin
das Ist der Einsetzungsworte durch bedeutet erklärt wird, welche
Erklärung auch dem Zwingli die angemessenste schien [5])." Zu=
gleich aber wird uns die Gewißheit dieses Einflusses bestätigt
durch das, was wir von Zwingli's Entwickelungsgang in Betreff

---

1) *v. d. Hardt* Autogr. Lutheri III, 127. Ein Wiederabdruck da=
von findet sich in *Gerdes* Hist. Evang. renov. I, 231—240.

2) Die Ueberschrift lautet: Epistola Christiana admodum, ab annis quatuor ad quendam, apud quem omne judicium sacrae scripturae fuit, ex Batavis missa, sed spreta, longe aliter tractans coe-
nam dominicam, quam hactenus tractata est . . . per Honnium
Batavum.

3) Ludov. *Lavateri* Hist. de origine et progr. controvers. sacrament. Tigur. 1564. p. 1. b. Lavater, geb. den 1. März 1527 zu Ky-
burg, † als züricher Antistes den 15. Jul. 1586.

4) Lavater hat Saganus, es muß aber wohl auch hier Sagarus ge=
lesen werden.

5) . . . in qua *est* in verbis institutionis Coenae Dominicae
per *significat* explicatur, quae interpretatio *Zwinglio* commodissima
videbatur.

der Lehre vom Abendmahl wissen. Zwar nehmen neuere Bio= graphen Zwingli's an, der Reformator habe schon in Glarus freiere Ansichten über das Abendmahl aus den Schriften des Ratramnus und Wikliffe geschöpft[1]), allein sie geben dafür keine Beweise; was wir von Zwingli selbst über seine Ansicht vom Abendmahl wissen, datirt aus einer Zeit, da er schon mit den Aufsätzen der beiden Niederländer bekannt war. Zuerst behandelt er die Lehre in einem Schreiben an seinen Lehrer Wyttenbach[2]) vom 15ten Juni 1523 noch wie etwas Geheimnißvolles, wie eine Perle, die man nicht vor die Schweine werfen dürfe; indeß findet sich hier schon der Keim, aus dem weiterhin die ganze Theorie Zwingli's hervorwuchs: der Gedanke, daß Christus wesentlich durch den G l a u b e n genossen werde. Zwingli sagt: die Eucha= ristie wird da gefeiert, wo der Glaube ist[3]), denn sie ist zu dem Zweck eingesetzt, daß wir Frucht, Gnade und Gabe des Todes Christi preisen, bis er kommt. Es verhält sich mit Brod und Wein im Abendmahl, wie mit dem Wasser in der Taufe[4]): den, der nicht glaubt, wird man tausendmal vergeblich waschen, der Glaube dagegen ist nie vergeblich; ebenso wird auch Brod und Wein umsonst gegeben, wenn nicht der Genießende fest glaubt, dieß sey die einzige Speise der Seele, wenn er nicht gewiß ist, der in den Tod gegebene Leib Christi befreie uns von Teufel, Tod und Sünde. Denn was kann unsre Seele so nähren, wie feste, unerschütterliche Hoffnung? Dieses Wort ist das Brod und die Speise, von der Christus Joh. 6 spricht. Wer diese Speise im Innersten seiner Seele durch wahren Glauben genießt, der ißt das Brod zu wiederholter Stärkung und Erfrischung seines Glau= bens, wenn derselbe noch schwach, zur Befriedigung und Erquickung, wenn er schon stark ist. Wir nennen zwar die Sache bei ihrem Namen: das Brod Brod, den Wein Wein; aber wie wir sagen, die Taufe tilge die Sünden, obwohl es nicht das Wasser, sondern der Glaube thut, so können wir auch uneigentlich (per catachresin) Brod und Wein Leib und Blut Christi nennen, weil uns Christus durch Leib und Blut frei und rein gemacht hat: nicht daß es Brod und Wein thue, sondern der Glaube thut es, den Christus an seinen erlösenden und reinigenden Tod zu haben befohlen hat. Brod und Wein sind Eucharistie nur im Gebrauche (in usu), nicht

---

1) Heß Leben Zwingli's übers. v. Usteri S. 21; Hulbr. Zwingli von Schuler S. 24; Heß Samml. zur Beleucht. der schweiz. K. u. Ref. Gesch. I, 20. Dagegen Gieseler K. G. III, 1. S. 192, not. 27.
2) Opp. Lat. Vol. VII. p. 297—300.
3) S. 297: Eucharistiam illic edi puta, *ubi fides est.*
4) Ebendas. S. 298.

aber außerhalb deſſelben [1]). Denn Chriſtus, dem es zukommt, entweder im Himmel zur Rechten des Vaters, oder auf Erden in der gläubigen Seele zu ſeyn, iſt im Brode nicht an und für ſich, ſondern nur, wenn er dort vom Glauben verlangt und geſucht wird, wie im Kieſel das Feuer nicht an und für ſich, ſondern nur dann iſt, wenn es vom Stahle herausgeſchlagen wird [2]). Wie aber dann Chriſtus im Brode gegeben werde, wolle der Gläubige nicht ängſtlich unterſuchen: denn Alles ſteht hier im Glauben und bei dieſem beruhigt ſich entweder der Genießende, oder er iſt, wenn er es nicht thut, nicht ſo gläubig, wie er ſeyn ſollte. — Bald nachher tritt Zwingli mit ſeiner Lehre offener hervor. Er behandelt dieſelbe aufs Neue in ſeiner Auslegung des 18ten Artikels der Schlußreden [3]), geſchrieben im Juli 1523; hier ver= wirft er die Transſubſtantiation, Opferlehre und Kelchentziehung und will dagegen die reine Schriftlehre vom Abendmahl herſtellen. Er bezeichnet das Sacrament des Altars am liebſten als „Wieder= gedächtniß und Erneuern deſſen, was einſt geſchehen und in Ewig= keit kräftig iſt,“ hat aber auch nichts dawider, wenn man es lieber mit Luther „Teſtament“ nennen will [4]), inſofern im Leib und Blut Chriſti, die wir im Abendmahl genießen, die feſteſte Zuſiche= rung, das gewiſſe Unterpfand gegeben iſt, daß wir durch Chriſtum zu Kindern Gottes gemacht ſind. Hauptſächlich aber kommt es ihm darauf an, den Genuß des Leibes und Blutes Chriſti im Abendmahl zu erklären. Die Hauptbeſtimmungen ſind hierbei auch wieder: daß Chriſtus im Abendmahl Speiſe der Seele ſey, und daß er durch den Glauben genoſſen werde. „Das die theo= logi,“ ſagt Zwingli [5]), „von der verwandlung des wyns und brotes erdichtet habend, laß ich mich nit kümmern. Ich hab genug, daß ich feſtiglich durch den glouben weiß, daß er min erlöſung iſt und ſpys und troſt der ſeel.“ Mit Beziehung auf Joh. 6, 33 ent= wickelt er folgende Gedanken [6]): Chriſtus lehrt, daß ſein Wort Speiſe der Seele ſey, wie das Brod Stärkung des Leibes; das höchſte, gewiſſeſte, eigentlichſte Wort Chriſti und durch ihn Gottes iſt aber, daß Jeſus Chriſtus ſeinen Leib gegeben zur Abwaſchung und Sauberkeit der Seele; nichts kann die Seele mehr aufrichten und ſtärken, als der feſte Glaube, daß Chriſtus für ſie den Tod erlitten. Die Speiſe der Seele iſt alſo die Gewißheit, daß Chri=

---

1) Eucharistiam illic edi puda, *ubi fides est* S. 299.
2) Ebendaſ. S. 300.
3) Zwingli's Werke v. Schuler und Schultheß, deutſche Schriften I, 242 ff.
4) Daſelbſt S. 249.   5) Ebendaſ. S. 253.
6) Ebendaſ. S. 251—253.

stus ihr Heil sey vor Gott. Deßhalb, insofern er sich selbst als
Opfer zum Heil hingeben will, bezeichnet Christus Joh. 6, 5 seinen
Leib als das Brod, das er gebe und sagt V. 53—56: wer nicht
das Fleisch des Menschensohnes isset und sein Blut trinket, hat
das Leben nicht in sich — d. h. setzet ihr euren Trost nicht in
den Tod Christi, der euer Leben ist, so ist kein Leben in euch,
werdet ihr aber sicherlich glauben, daß mein Fleisch und Blut,
getödtet und vergossen, euch erledigt und gereinigt habe von der
Sünde, so werdet ihr ewiglich leben; damit man aber auf keine
Weise an leibliches Essen und Trinken des Fleisches und Blutes
denke, sondern klar wisse, daß seine Rede unter den Worten des
Fleisches und Blutes das Wort des Glaubens meine, als Speise
der Seele, fügt er noch V. 60—63 hinzu: der Geist ist es, der
lebendig macht, das Fleisch ist zu nichts nütze, u. s. f. „Sich
[siehe] demnach, frommer Christ," so schließt Zwingli[1], „den
lychnam und blut Christi nüt anders syn weder das wort des
gloubens, namlich daß sin lychnam, für uns getöbet, und sin blut,
für uns vergossen, uns erlöst und gott versünt hat. So wir das
festiglich gloubend, so ist unser seel gespyst und getränkt mit dem
fleisch und blut Christi." In diesen Sätzen sind schon alle Grund=
bestimmungen der zwinglischen Lehre enthalten: Christus ist das
Heil der Welt und jedes einzelnen Sünders wesentlich durch seinen
Tod, seinen in den Tod gegebenen Leib und sein vergossenes
Blut; dieses Heil ist für uns vermittelt durch das Wort; das
Wort können wir uns nur aneignen durch den Glauben; insofern
wir dieß aber auf lebendige Weise thun, wird es uns die höchste
Stärkung und Nahrung, die Speise der Seele zum ewigen Leben;
so heißt den Leib und das Blut Christi genießen: Christum als
den für unser Heil Dahingegebenen durch den Glauben als Speise
der Seele in uns aufnehmen. Die weiteren Bestimmungen, die
wir später noch bei Zwingli finden, mußten sich hieraus von
selbst ergeben, namentlich die Deutung der Einsetzungs=Worte und
die Unterscheidung des geistlichen und sacramentlichen Genusses des
Leibes Christi; auf dem bezeichneten Standpuncte war nur eine
figürliche Auslegung der Einsetzungsworte[2] zulässig; und wenn,
da Christus im Glauben zu jeder Zeit genossen werden kann,

---

1) Zwingli's Werke v. Schuler und Schultheß, deutsche Schriften I,
S. 252.

2) Zuerst, wie es scheint, in einem Brief an Matth. Alberus, Prediger
zu Reutlingen v. 16. Nov. 24, Opp. III, 589, dann im Comment. de
vera et falsa religione im März 25, Opp. III, 239 sqq. Am ersten
Orte sagt er S. 598: Nos cardinem hujus rei in brevissima syllaba
versari arbitramur: videlicet in hoc verbo *est*, cujus significantia
non perpetuo pro *esse* accipitur, sed etiam pro *significare* etc.

doch wieder dem Abendmahl etwas Eigenthümliches vindicirt werden sollte, so konnte es nur geschehen durch Unterscheidung des allgemeinen oder geistlichen und des besondern oder sacrament= lichen Genusses des Leibes Christi, die, wenn auch nicht specifisch, so doch graduell und formell verschieden sehen [1]).

Fragen wir nun, wie diese Lehre sich bei Zwingli ent= wickelte? so könnte man dabei stehen bleiben, sie als eine Folge= rung aus seiner Gesammtauffassung des Christenthums zu be= trachten; allein in solchen Dingen pflegen fast immer auch noch besondere geschichtliche Einflüsse statt zu finden, und offenbar war ja die Theorie Zwingli's nur Entwickelung eines Keimes, der seit langer Zeit im Heranwachsen begriffen war. Wo ist aber der Punct, an den Zwingli unmittelbar anknüpfte? Die Hinwei= sungen der Biographen auf Ratramnus, Wikliffe oder gar Petrus Waldus sind weit her geholt, unsicher und schwankend. Dagegen liegt uns etwas unzweifelhaft Geschichtliches vor: der Brief des Honius, den Zwingli selbst herausgegeben und seit 1521 ge= kannt, und der Aufsatz Wessels, den jenes Schreiben begleitete; in diesen beiden Schriften aber sind schon nahezu alle die Ge= danken vom Abendmahl enthalten, die Zwingli noch bestimmter als ein Ganzes ausbildete; woher anders also, als aus diesen Tractaten, soll er dieselben geschöpft haben? Oder, falls er sie auch nicht eigentlich daraus geschöpft hätte, so ist er doch gewiß seiner eigenen Gedanken durch die fremden bestimmter bewußt ge= worden; wir dürfen also unbedenklich behaupten: Zwingli ist durch die genannten Aufsätze entweder zuerst auf seine Ansicht vom Abendmahl geführt, oder doch, wenn dieselbe schon in ihm präformirt war, so sehr in deren bestimmterer Ausbildung geför= dert werden, daß wir dieselben als die geschichtliche Hauptquelle der zwinglischen Theorie zu betrachten haben.

Dieß wird anschaulich werden, wenn wir den Inhalt beider Stücke angeben, was uns dann auf unsern eigentlichen Zweck, die Darstellung der Lehren Wessels vom Abendmahl, führt.

Honius geht zunächst auch, wie später Zwingli, von den Aussprüchen Christi Joh. 6 aus [2]). Christus — dieß sind seine Gedanken — hat das Abendmahl als Unterpfand eingesetzt, damit

---

1) Das sacramentliche Essen, welchem das geistliche zu Grunde liegt, besteht in dem adjuncto sacramento mente ac spiritu corpus Christi edere; das bloß sacramentliche ohne das geistliche, welches jenem erst Werth und Fülle gibt, findet bei denen statt, qui visibile sacramentum sive symbolum publice quidem comedunt, sed domi fidem non habent. Exposit. Christ. fid. p. 47.
2) S. den Abdruck seiner Epistola bei *Gerdes* Hist. Evang. renov. I. p. 232.

die Seele fest glaube, ihr Bräutigam gehöre ihr wirklich an, habe sich für sie dahin gegeben, sein Blut für sie vergossen: dadurch wird sie bestimmt, ihren Sinn von Allem abzukehren, was sie sonst liebt, Christo allein anzuhangen, und in ihm ihr volles Genüge zu finden. Dieß heißt, wie der Erlöser Joh. 6. sagt, Christum essen und sein Blut trinken, und wer ohne diesen Glauben das Abendmahl nimmt, der genießt vielmehr das Manna der Juden, als Christum. Von diesem belebenden Glauben haben die römischen Scholastiker nichts gewußt, sie haben nur einen todten Glauben, der, weil bloß historisch, nicht beseligen konnte, gelehrt; sie haben für hinreichend gehalten, zu behaupten und künstlich, aber ohne Schriftbeweise, anschaulich zu machen, daß das Brod nach der Consecration der wahre Leib Christi sey. In Folge dessen haben sie dem Brod göttliche Ehre erwiesen, was, wenn Gott nicht darin ist, sich nicht unterscheidet von der Verehrung, welche die Heiden Holz und Steinen widmeten [1]). Indeß, sie sagen: wir haben das Wort Gottes, welches spricht: das ist mein Leib. Ja, entgegnet Honius, ihr habt das Wort Gottes, dasselbe, das ihr auch gebraucht habt für die römische Thrannei in dem Spruche: was du bindest u. s. f. Es kommt darauf an, wie das Wort zu verstehen ist. Der Herr hat verboten, denen zu glauben, welche sagen: siehe hie oder da ist Christus; also darf ich auch denen nicht glauben, welche sagen, im Brod sey Christus; überhöre ich diese Warnung Christi, so darf ich mich nicht als Getäuschten entschuldigen, denn es sind jetzt die gefährlichen Zeiten, die der Herr vorausgesagt. So haben die Apostel nicht von diesem Sacrament geredet, sie haben Brod gebrochen und haben es Brod genannt, vom römischen Glauben aber haben alle geschwiegen. Und hier steht auch Paulus nicht entgegen [2]), wenn er 1 Cor. 10 von dem Brod als Gemeinschaft des Leibes Christi spricht. Sagt er doch nicht: das Brod ist der Leib Christi; vielmehr ist klar, daß in dieser Stelle „ist" für „bedeutet" genommen werden muß, was entschieden aus der Vergleichung zwischen dem Brod und den Götzenopfern hervorgeht. Etwas, von dem er gar nicht behauptet, daß es verwandelt werde, ist ihm doch d. h. „bedeutet" ihm eine Gemeinschaft mit dem Teufel, dem es geopfert wird ... Daß Christus Ein Mal Mensch werde, ist von den Propheten vorausverkündet, als Thatsache von ihm selbst bewährt und von den Aposteln gepredigt; daß er aber täglich unter den

---

1) Andeutung von dem, was nachmals in der 80sten Frage des Heidelberger Katechismus so derb ausgedrückt wurde.
2) Ebendas. S. 233.

Händen jedes Opferpriesters Brod werde, ist weder von Propheten noch Aposteln verkündigt, sondern wird nur auf das eine Wort gegründet: „das ist mein Leib." Aber sonderbar [1]), warum behaupten sie denn nicht auch, Johannes der Täufer sey verwandelt in den Elias, da Christus sagt: dieser ist der Elias? oder der Evangelist Johannes in Christum, da der Herr am Kreuze zu seiner Mutter von ihm sagt: dieser ist dein Sohn? Ich weiß, die Gewohnheit ist schuld, daß man bei den Einsetzungsworten sich vor einer Erklärung scheut, die man anderwärts unbedenklich findet. Aber einen triftigen Grund des Unterschiedes kann ich nicht finden, und es könnten noch viele Stellen angeführt werden, wo sich Christus Thüre, Weg, Eckstein nennt, oder sagt: ich bin der Weinstock u. dergl. und doch niemand so streng am Buchstaben haftet, daß er Christum für einen wirklichen, natürlichen Weinstock erklärte; einen andern Grund wenigstens weiß ich nicht, der uns gerade bei den Einsetzungsworten so einengte, als die Autorität des Papstes.

Weiterhin widerlegt Honius die Verwandlungslehre noch mit folgenden Gründen [2]): das geweihte Brod ist, wie die Erfahrung zeigt, der Zerstörung. z. B. durch Mäuse ausgesetzt, also kann es nicht Christus seyn, denn der Heilige Gottes soll keine Zerstörung erfahren. Zugegeben aber auch, Christus habe wirklich bei der Einsetzung des Abendmahls das Brod verwandelt, oder seinen Leib mit demselben verbunden, so wird man ein ähnliches Wunder nicht wieder verrichtet finden, weder von Christo, noch den Aposteln; und wenn auch Christus es that, so folgt nicht, daß jeder Opferpriester es thun könne. Durch die Worte: das thut zu meinem Gedächtniß, ist den Priestern eine solche Gewalt nicht verliehen. Von der Verwandlungslehre, die doch ein so wichtiger Artikel wäre, kommt auch im sogenannten apostolischen Symbolum [3]) nichts vor. Sie findet sich nur in den Decretalen; aber auch dieß bestärkt den Verdacht papistischer Erfindung, und zwar um so mehr, wenn man bedenkt, daß sie der ganzen papistischen Religion zur Grundlage dient. Christus wird nur im Glauben geschaut, nur im Glauben verehrt [4]), und damit dieß desto sicherer geschehe, hat er uns seine sinnliche Gegenwart entzogen und gesagt: wenn ich nicht hingehe, so wird der Geist, der Paraklet, nicht kommen. Der Satan, um Alles zu verkehren, hat

---

1) Ebendas. S. 233 u. 34.
2) S. 235—39.
3) in Symbolo, *ut ajunt*, Apostolico.
4) S. 237: Christus sola fide cernitur, sola fide colitur.

den Menschen wieder die leibliche Gegenwart eingeredet, wenn nicht in Gestalt des Menschen, so doch in Gestalt des Brodes. Wenn aber Gott im Brode geglaubt wird, so muß man ihm auch äußerlich dienen: daher die kostbare Monstranz, der reiche Tempel mit allem Schmuck, die Lampen und Kerzen, die heiligen Ge= wänder mit Byssus und Gold durchwirkt, der Chorgesang der Mönche, Salbung und Cölibat der Priester, Entziehung des einen Theiles des Sacraments bei den Laien; kurz, wenn du jenes (die Transsubstantiation) hinwegnimmst, so fällt die ganze Reli= gion des Papstes zusammen [1]), und daß diese einst fallen werde, wer mag es bezweifeln? da du sie schon einem guten Theile nach gestürzt siehst.

Christus wollte also — so fährt Honius positiv weiter fort [2]) — im Brode sich selbst geben [3]); er wollte sagen: achtet das Brod, das ich euch reiche, nicht gering, es bezeichnet meinen Leib, den ich für euch gebe; wenn dieser am Kreuze hängen wird, so wird dieß für euch geschehen, ja Alles, was ich gethan und thun werde, soll euer seyn. So liegt ein großer Trost in den Worten und sie sind unvergleichlich süße, wenn sie recht verstanden und aufgenommen werden. Unterscheiden wir also zwischen dem Brode, das wir mit dem Munde, und Christo, den wir im Glauben empfangen! Denn wer dieß nicht thut und meint, er empfange weiter nichts, als was er in den Mund aufnimmt, der unterscheidet nicht den Leib des Herrn, der isset und trinket sich selbst das Gericht, weil er essend und trinkend be= zeugt, Christus sey ihm gegenwärtig, während er doch selbst durch seinen Unglauben ferne von Christo ist ... Das ganze Wort Gottes, und nur das Wort Gottes müssen wir hören [4]); nichts ist uns frei gegeben und alle Lehre verboten, außer dem Worte Christi. Was hülfe es deinem Bruder, wenn du alle geweihten Hostien äßest und allen geweihten Wein tränkest? Du sagst: ich habe das Wort des Herrn: das thut zu meinem Gedächtniß; als ob der Herr nicht bei demselben Abendmahle reichlich gelehrt hätte, was er von uns fordert, wie Alles Joh. 13 — 18 ge= schrieben steht. Hütet euch vor den falschen Lehrern, den falschen Christus! Einst sagten sie: ich bin des Thomas, des Scotus, des Augustin oder Franciscus, heute sagen sie: ich bin Christi,

---

1) S. 237: Si illud subtraxeris, ruet universa religio Papae, quam aliquando casuram, quis dubitabit?
2) S. 238—40.
3) Dominus per panem se ipsum tradit nobis.
4) S. 239.

und verweilen zerreißen sie ihren Bruder, sind geizig, eigenliebig, gottvergessen und jagen nichts weniger als der Liebe nach.

Nachdem nun H o n i u s noch bitter beklagt[1]), daß, während man so eifrig die papistischen Satzungen treibe, die ganze prac= tische Seite des Christenthums, das, was der Herr in der Berg= predigt gelehrt, unverzeihlich vernachlässigt oder nur kalt, mecha= nisch und geistlos vorgetragen werde, schließt er mit den Worten: „Dieß, frommer Leser, haben wir dir flüchtig geschrieben. Der wahre Genuß des Leibes und Blutes Christi soll, so Gott will, nächstens ans Licht treten[2]). Unterdessen bete du, daß unser Glaube nicht wanke, und wir als wahre Schaafe die Stimme des wahren Hir= ten, nicht fremder, hören mögen!" Es wäre möglich, daß Ho= nius bei der Schrift, die bald erscheinen sollte, an den Tractat W e s s e l s gedacht hätte, doch konnte er auch an eine eigene denken.

Indem wir hiermit zum Tractate W e s s e l s vom Abend= mahl übergehen, ist zunächst noch eine kritische Frage zu erle= digen. Wir haben bisher von dem durch Rhodius an Luther und Zwingli überbrachten zweiten Aufsatze gesprochen, als ob derselbe unbedenklich für eine Arbeit W e s s e l s zu halten wäre. Dagegen erheben sich jedoch Zweifel. Fürs Erste könnte man glauben, es sey von jenen Männern nur e i n Tractat übermacht worden, derselbe, der unter den Papieren Hoecks aufgefunden wurde, der vielleicht schon mehr als zweihundert Jahre alt war und dann natürlich weder von Honius noch von Wessel herrührte. Diese Meinung wird von Gerdes angedeutet[3]). Sie ist jedoch nicht annehmbar, denn sowohl in der Ausgabe des einen Trac= tates durch Zwingli als in der Nachricht Lavaters wird Honius ausdrücklich als Verfasser bezeichnet, und von seiner Schrift muß offenbar diejenige unterschieden werden, die sich in der Verlassen= schaft Hoecks vorfand. Nun frägt sich weiter, ob diese letztere von Wessel war oder nicht? Einige behaupteten es, Andre hielten sie für viel älter, Hardenberg will nicht entscheiden[4]). Bei unserm Urtheile hierüber müssen wir wieder zweierlei aus einander halten: eine Thesenreihe über diesen Gegenstand unter der doppelten Aufschrift 1) Propositiones ex Evangelio de cor= pore et sanguine Christi sumendo, quo fructu sumentium,

---

1) S. 240.
2) Veram dominici corporis manducationem et sanguinis pota= tionem brevi emissuri, si id voluerit Deus.
3) Hist. Evang. renov. I, 230. not. c.
4) Er sagt S. 13: Quod neque probo, neque improbo; non nego, neque adfirmo.

et de veritate ejus, 2) Quomodo operamur cibum, qui non perit, et quod credere in Christum sit opus cibi non pereuntis, et credens vivit fide, vivens resuscitatur in novissimo die — und die ausführlichere Schrift de Sacramento Eucharistiae selbst. Jene zwiefache Thesenreihe findet sich schon in der wahrscheinlich ältesten und zu Wittenberg gedruckten Ausgabe der Farrago rerum theologicarum von Wessel[1]), und dann auch in den beiden durch Adam Petri zu Basel veranstalteten Ausgaben von 1522 und 1523[2]). Bei diesem Stücke können wir vollkommen gewiß seyn, sowohl daß es von Wessel herrühre, als auch daß es Zwingli'n seit dem Jahre 1521 bekannt war, also auf dessen Denkweise Einfluß haben konnte. Dagegen findet nicht dieselbe Sicherheit statt bei der längeren Abhandlung de Eucharistia. Zwar das Eine, daß dieselbe von Wessel herrühre, wird für den Kenner wessel'scher Schriften keinem Zweifel unterworfen seyn: denn abgesehen davon, daß wir aus dem Leben Gerh. Geldenhauers[3]) mit hoher Wahrscheinlichkeit entnehmen können, Wessel habe ausführlicher über das Abendmahl geschrieben, so trägt auch die Schrift, obwohl sie, wie mehrere andere Abhandlungen, nicht früher als 1614 in der gröninger und 1617 in der amsterdamer Gesammtausgabe der Schriften Wessels auftritt doch durchaus in Gedanken und Sprache das nicht wohl nachzuahmende Gepräge des wessel'schen Geistes, enthält einem guten Theile nach Sätze, die wir auch in andern Schriften Wessels finden, und ist im Ganzen nur eine weitere Begründung der in den angegebenen Thesen, die ihr auch wieder einverleibt sind[4]), angedeuteten Lehren. Das Andre aber, ob der Aufsatz von Zwingli gekannt gewesen, ist nicht ebenso zuverlässig. Die sicherste Bürgschaft hiefür würde seyn, wenn sich das Stück in den basler Abdrücken von Wessels

---

1) Fol. XXV, XXVI, XXVII.
2) In beiden Ausgaben Fol. XXVI—XXIX.
3) Geldenhauer, welcher, nachdem er in Straßburg, Augsburg und Marburg gewirkt, 1542 starb, erzählte (nach *Adami* Vit. Theolog. Germ. p. 44.) selbst: er habe die Schriften Wessels, der 30 J. vor dem Ausbruche des Sacramentsstreites gestorben, fleißig gelesen und daraus das erste Licht christlicher Erkenntniß geschöpft, dann aber, um nicht von menschlicher Autorität überwältigt zu werden, dieselben auf die Seite gelegt und vor Allem das neue Testament eifrig studirt, um sich alle Stellen zu notiren, wo auch nur mit einem Worte des Leibes und Blutes Christi Erwähnung geschehe. Offenbar wird hier auf schriftliche Aeußerungen Wessels über das Abendmahl angespielt und es ist nichts natürlicher, als an die noch vorliegende Abhandlung de Eucharistia zu denken, welche unter dieser Voraussetzung in den ersten Decennien des 16. Jahrhunderts als wessel'sches Product anerkannt gewesen seyn mußte.
4) De Eucharist. c. 27 u. 28. S. 700—704 der amsterb. Ausgabe.

Schriften durch Adam Petri vorfände, denn dieser erhielt, nach Harbenberg[1]), die von Rhobius nach Zürich überbrachten Auf=sätze Wessels und benutzte sie zu seinen Ausgaben. Allein in beiden durch Petri besorgten Abbrücken befindet sich die Schrift de Eucharistia nicht. Dieß würde nun freilich auch nicht für das Gegentheil entscheiden, denn Petri konnte aus irgendwelchen Gründen selbst die ihm vorliegende Schrift aus der kleinen Samm=lung weglassen. Aber gesetzt auch, dieselbe sey damals in der Schweiz noch nicht bekannt gewesen, so konnte Zwingli schon aus den ihm unzweifelhaft zu Gesichte gekommenen Thesen Wes=sels die diesem eigenthümliche Ansicht vom Abendmahle kennen lernen, und da sich zwischen seiner und der wessel'schen Lehre eine so große innere Uebereinstimmung zeigt, so ist nichts wahrschein=licher, als daß von dieser Seite neben Honius auch Wessel auf Zwingli gewirkt habe.

Auch in den Thesen Wessels finden sich schon in ver=schiedenen Wendungen und Wiederholungen diese Grundgedanken: die Worte Christi sind nicht fleischlich, sondern geistlich zu ver=stehen; wenn Christus spricht: wer an mich glaubt, hat das ewige Leben und wer nicht das Fleisch des Menschensohnes ißt und sein Blut trinkt, hat dieses Leben nicht, so kann beides nicht ver=schieden seyn; also glauben heißt das Fleisch und Blut Christi genießen, glauben heißt zu ihm kommen und ihn in sich auf=nehmen. Das Fleisch Christi als Brod des Lebens, welches nicht vergeht, ist nicht etwas Sinnliches, sondern sein ganzes Wesen, sein Wort, seine Liebe, sein Opfer, sein Leib als für das Heil der Welt in den Tod gegeben, die Erkenntniß seiner und Gottes durch ihn; und der Genuß dieses Fleisches besteht wesentlich in der Vereinigung mit Christo durch die Fides und Commemoratio, darin, daß wir, wie Magdalena, zu den Füßen Christi sitzen, ihn lieben, mit ihm leben, leiden, sterben und auferstehen; nur in diesem Sinne kann Fleisch und Blut Christi, sein Opfer, das wir im Glauben zum unsrigen machen, zum ewigen Leben wirk=sam seyn und einen viel höheren Werth haben, als die mit kaltem Sinne äußerlich genossene Eucharistie. Schon hier wird also der Begriff des Fleisches und Blutes Christi, sofern es Brod des Lebens ist, als etwas Allgemeines gefaßt, als der In=begriff der erlösenden Einwirkung Christi, angeknüpft an die Vorstellung von seinem in den Tod gegebenen Leib und ver=gossenen Blut; nicht minder erscheint der Genuß dieses Leibes und Blutes als ein allgemeiner geistiger Act, als innere Be=

---

1) Lebensnachrichten von Wessel S. 14.

wegung des Glaubens, der Erinnerung an Christum, der Erhe=
bung und Liebe zu ihm, der Vereinigung mit ihm, um in ihm
und durch ihn in Gott zu leben. Und von diesen Grundgedanken
ist eigentlich die Schrift de Eucharistia nur eine weitere Ent=
wickelung.

Fassen wir nach diesen Vorbemerkungen die Lehre Wes =
sels vom Abendmahl, wie sie in ⹂seinen verschiedenen
Schriften, vornehmlich aber in der Abhandlung de Sacramento
Eucharistiae niedergelegt ist, zusammen, so ist es diese:
Wessel betrachtet das Leben Christi im Thun und Leiden
bis zum Kreuzestode als die reinste und vollkommenste Offenba=
rung der göttlichen Liebe; die Vergegenwärtigung und Zueig=
nung dieser Liebe aber für jeden Einzelnen ist das Abendmahl,
weßhalb der Genuß desselben auch ein öffentliches Bekenntniß
dieser Liebe und ein Beweis dankbarer Gegenliebe ist. „Wir
wollen bekennen,‟ sagt Wessel[1]), „daß der Herr gut ist, wo er
nur seine Güte offenbart; und wollen es stärker bekennen, wo er
sie stärker offenbart, und am stärksten, wo seine Güte am stärk=
sten hervorleuchtet. Dieß geschieht aber in dem Kelche, den der
Vater dem Sohne gegeben hat. Wenn wir diesen[2]) hinnehmen
zum Gedächtniß, weil er in demselben ein Gedächtniß aller seiner
Wunder gestiftet hat, und dabei unterscheiden den Leib, und
zwar wessen Leib? des Herrn, und wie dahingegeben? — dann
wird es uns in der That ein lebendiges und belebendes Brod
werden und uns zur Liebe entflammen; und dann werden uns
auch seine Gebote nicht schwer seyn.‟ Und in einer andern
Stelle, nachdem Wessel gezeigt, wie Liebe durch Liebe geweckt
werde und Alles, was Christus gelehrt, gethan und geduldet, ein
Erregungs= und Nahrungsmittel der Liebe sey, fährt er fort[3]):
„Das Brod aber, das vorgesetzt wird, ist der reinste und höchste
Spiegel der Liebe, erhöhet auf den Bergen, daß Alle ihn sehen
und niemand sich verberge vor seinem erwärmenden Strahl.
Die Miethlinge[4]) haben Brod genug. Aber für wen ist es Lohn
und Frucht seiner Arbeit, zu lieben? Mit dem wahren Brode

---

1) De Caus. Incarnat. Cap. 20 p. 457.
    2) Ich kann das hunc kaum auf etwas Anderes beziehen, als auf po-
culum, wiewohl es ein Sprachfehler ist; aber so etwas begegnete unserm
Wessel nicht ganz selten. Auf Filius bezogen, wird die Rede gar zu künstlich und dunkel.
    3) De Orat. VIII, 6. p. 148. Womit zu vergleichen de Sacrament.
Eucharist. Cap. 26. p. 699.
    4) Lohndiener, mercenarii.

des Wortes Gottes wird der genährt, der in Wahrheit sagen
kann: dein Wort ist meinem Munde süßer denn Honig[1]), süßer
denn Honig und Honigseim[2])." Das Abendmahl ist aber nicht
bloß Bild und Unterpfand der Liebe Christi, sondern es ver=
gegenwärtigt uns überhaupt den ganzen Christus, Alles was
er für uns gelitten und gethan, was er für uns gewesen und
ewig ist. „Er ist uns vollkommen im Sacramente gegeben[3]),
wie er auch beim Leiden vollkommen für uns hingegeben wurde;
so daß, was er dort für uns dargebracht hat, uns wahrhaft nützet,
wenn wir nämlich in steter Erinnerung daran zunehmen, und das
Opfer nicht bloß seines ist, sondern unseres, die Gerechtigkeit und
der Gehorsam nicht bloß seine, sondern unsere. Dann können
wir zuversichtlich, mit Vertrauen auf unsere Sache zum Richter=
stuhle treten; weil wir durch dieses Opfer gottgefälliger geworden
sind, als wenn wir nie gefallen wären. Denn wie der Apostel
schließt, daß Alle gestorben seyen, wenn Christus für Alle gestor=
ben ist, so darf man auch schließen: wenn Christus für Alle ge=
horsam gewesen ist bis zum Tode, so sind Alle gehorsam gewesen
bis zum Tode, und wenn sie gehorsam waren, so sind sie auch
gerecht. Der Leib des Herrn ist also hingegeben für uns und
sein Blut ist vergossen zur Vergebung der Sünden und zur Er=
lösung der Unterdrückten, hingegeben den Feinden, zur vollkom=
menen Besiegung in jeder Art des Angriffs, der dem Feinde ge=
fallen könnte. Daher wird es Leib und Blut des Herrn genannt,
weil es nicht bloß Leib und Blut ist, sondern auch Arbeit, Krank=
heit, Verfolgung, Schmerz, Trauer, Bedrängung, Ohnmacht, Ver=
wirrung, Ueberdruß, Verlassenheit des Gemüthes; alles das ist
für uns dahingegeben, und zwar vollkommen dahingegeben ...
Und je mehr der Körper mit allen körperlichen und organischen
Kräften, sammt allem Innerlichen, das heißt der Leib und das
Blut, der Geist und die Klarheit der geistigen Kräfte[4]) hinge=
geben und verlassen war für uns, desto mehr ist uns dieß auch
geschenkt. Und damit wir ein nicht geringes Unterpfand dieser
ewigen Gabe hätten, ist es uns gegeben im Sacramente; gege=
ben nicht auf eine unvollkommene und unvollständige Weise,
sondern so vollkommen im Sacramente, wie in der Wirklichkeit.
Damit du es aber fühlest, mit welchem Erfolge, so erwäge, mit
welcher Liebe, welcher Leichtigkeit, welcher Freigebigkeit, welcher
Bequemlichkeit, welcher Theilnahme! Was ist liebevoller, als

---

1) Psalm 119, 103.
2) Psalm 19, 11.
3) De Sacram. Eucharist. Cap. 21. p. 693.
4) . . . spiritus et spirituum claritas.

stets gegenwärtig zu seyn? Was ist eine leichtere Weise, als dieß durch ein Wort zu bewirken? Was ist freigebiger, als sich selbst zu schenken? Was ist bequemer, als dieß durch Semmel= brod[1]) und begeisternden Wein zu thun? Was beweist mehr Theilnahme, als daß er allen Bedürfnissen der Schwachen hülf= reich entgegen kommt[2])?" Die Ganzheit Christi im Sacra= ment des Abendmahls, das dargereicht und empfangen werden seines gesammten Wesens in allen Beziehungen[3]) drückt Wessel anderwärts auch noch auf andere Weise aus: „Wo der Name Christi gesegnet und gepriesen wird von nun an bis in Ewig= keit, sey es auch von einem Einsamen und Abgesonderten, da ist in Wahrheit er selbst nicht bloß seiner Gottheit und seiner Güte nach, sondern auch leiblich gegenwärtig, durch die ganze Wohlthätigkeit der Kraft, Kunst und Fülle, die dem Fleisch und Blut gegeben ist: so daß es in der That für den, der ihn im Gedächtniß hält, eine Wegzehrung ist für alle Bedürfnisse, ein Gegengift für das Gift, ein Balsam für die Wunden, ein Rei= nigungsmittel für die Beflekungen, eine Bedekung für die Blöße, eine Verschönerung für die Häßlichkeit, ein Brod des Lebens und zwar des ganzen Lebens für jeden Hungernden, ein Wein der Freude und der Heiterkeit für jeden Dürstenden[4])." Und dann weiterhin: „Es ist also Christi gesegnetem Namen verliehen, daß, wenn irgend einer irgendwo in seinem Namen sein Gedächtniß begeht, er alsdann körperlich gegenwärtig sey in dem Feiernden[5]), wie auch der Feiernde in Christo ist; so daß, wenn der Christ[6]) selbst durch den inneren Menschen in Christo ist, immer der ganze Christus durch den äußeren und inneren Menschen jenem körper= lich gegenwärtig ist, durch die Kraft der Gnadengaben, die Kunst der Weisheit, die Fülle der Freigebigkeit." So wird dem Feiern= den im Abendmahl zwar allerdings Leib und Blut Christi gege= ben, aber immer zugleich der ganze Christus, sein Werk und sein Geist, denn „nicht das Fleisch Christi ist es, welches gerecht macht, oder das Blut, sondern das Werk, welches durch Fleisch und Blut dargereicht wird[7])," und deßhalb ist auch das Abendmahl, wo es überhaupt wirksam ist, zu allem dem wirksam, wozu uns Christus

---

1) . . . per panem similagineum.
2) De Sacram. Eucharist. Cap. 21. p. 693 u. 694.
3) . . . non sola deitate sua, sed et carne sua et sanguine et humanitate tota. De Sacram. Eucharist. Cap. 24. p. 697.
4) De Sacramento Eucharist. Cap. 24. p. 697.
5) . . . ut ipse corporaliter praesens in medio commemorantis sit.
6) Ich lese statt des gedruckten: Christus, was keinen passenden Sinn geben will, Christianus.
7) De Sacram. Eucharist. Cap. 8. p. 673.

gesandt ist. „Denn wenn alle Künste, alle Werke der Wissen=
schaft, des Rathes, der Kraft, der Weisheit, der Treue und des
Wohlwollens ihren Anfang, ihre Wurzel und Pflanzstätte im Nach=
denken und Erinnern haben, und falls sie vollkommen sind, durch
Nachdenken gepflegt werden, und damit sie vervollkommnet wür=
den, durch Nachdenken gewachsen und fortgeschritten sind; wer wird
entgegen seyn, daß dieses heilige und selige Gedächtniß, welches
für alle, die den Herrn fürchten, gestiftet ist zum Andenken an
alle seine Wunder, wirksam sey zu Allem, wozu Gott der Vater
sein Wort gesendet hat? Er hat aber sein Wort deßhalb gesen=
det, daß es gesund mache, und hat dasselbe in das Fleisch dahin=
gegeben für das Leben und die Gesundheit der Welt. Und wie
mag einer das gesendete Wort behalten, außer durch das An=
denken? Denn wenn du nicht daran denkst, so entgeht es. Das
Nachdenken ist der Ordnung nach am nächsten verwandt mit dem
Ursprunge des Wortes. Denn es war dieselbe Weisheit erfor=
derlich, um das Nachdenken hervorzubringen, deren es bedurfte,
um das Wort zu erzeugen[1])."

Schon aus dem Bisherigen geht hervor, daß Wessel eigent=
lich die Gegenwart Christi nicht als eine momentane,
auf den Genuß des Abendmahls beschränkte, auffaßt, sondern
daß vielmehr nach seiner Ueberzeugung Christus der geliebten
Seele stets gegenwärtig seyn will[2]). Und wenn man selbst
an eine eigenthümliche Stärke und Wirksamkeit seiner persönlichen
Gegenwart denkt, so kann diese ebensowohl außerhalb des Abend=
mahls wie in demselben statt finden. „Denn wer wird zweifeln,
daß der Herr häufig seinen Gläubigen körperlich gegenwärtig ist
in ihren Todeskämpfen, ohne daß er deßhalb seinen Sitz im
Himmel zur Rechten des Vaters verläßt? Wer wird zweifeln,
daß dieß ebenso geschehen könne außerhalb des Abendmahls, wie
in demselben? Wer wird zweifeln, daß er gegen die Einzelnen,
für die er gelitten hat, nicht bloß eine menschliche, sondern eine
mütterliche Liebe, ja die Liebe einer Gebärerin hegt[3])?" Hier=
aus ergibt sich von selbst, daß Wessel keinen wesentlichen
Unterschied setzt zwischen der Gegenwart Christi im Abendmahl,
und derjenigen, die auch ohne das Sacrament durch lebendige
Gemüthserhebung stets in gläubigen Seelen statt finden kann.

---

1) De Sacram. Eucharist. Cap. 5. p. 667.
2) De Magnitud. Pass. Cap. 70. p. 599: Et quo perpetuo gaudere
liceat contubernio, excogitavit inaudito mysteriorum ingenio semper
amatae suae praesens esse. ... Commemoratio ejus est, quae eum
delectat, quae illum trahit, quae illum praesentem facit.
3) De Sacram. Eucharist. Cap. 24. p. 697.

Der Unterschied besteht bloß darin, daß die Gegenwart Christi durch Erinnerung und Glauben einzig und allein eine innerliche Thatsache, die Gegenwart im Sacrament aber auch durch eine feierliche Handlung vermittelt ist. Hier macht nun auch schon Wessel die bedeutsame Unterscheidung zwischen dem geistigen oder geistlichen und dem sacramentlichen Essen des Leibes Christi und betrachtet das erstere als das Wesentliche, als noth= wendige Grundlage des letzteren. „Es ist aber," sagt er[1]), „zwi= schen dem sacramentlichen und geistigen Essen der Unterschied, daß jenes ohne dieses unfruchtbar ist, ja zum Tode gereicht[2]), das geistige Essen aber stets fruchtbar ist und zum Leben dient. Es ist auch die geistige Theilnahme und die Theilnahme durch fromme Erhebung fruchtbarer als die sacramentliche, wenigstens in dem, was sie isset und trinket. Jene (die sacramentliche), soweit sie bei den Laien statt findet, ißt bloß, außer daß sie durch einen seli= gen Trunk ergänzt wird vermöge des Friedens der Frömmigkeit; sie ist auch an Zeit und Ort gebunden, nur gewissen Personen gestattet und an eine bestimmte Form geknüpft. Diese (die in= nerliche), entspringend aus reinem Herzen und ungefärbtem Glauben, verschmäht kein Alter und kein Geschlecht und ist zu jeder Zeit anwendbar. Jene ist häufig schädlich, diese stets nütz= lich[3])." Das geistige Essen und Trinken Christi ist also das Allgemeine, die Grundlage, das sacramentliche dagegen nur ein in die äußere Erscheinung hervortretender Bestandtheil davon; mithin ist immer auch bei dem sacramentlichen Essen der inner= liche Genuß die Hauptsache und das eigentlich Segensreiche. „Auf diese Weise (durch Glauben und Liebe) Leib und Blut Christi ge= nießen ist mehr, als wenn wir zehntausendmal am Altare von der Hand des Priesters mit dürrem Herzen und kaltem Ge= müthe, wenn auch im Stande des Heils, das Abendmahl em= pfangen[4])."

Vermöge dieses wesentlichen innerlichen Genusses nehmen

---

1) De Orat. VIII, 6. p. 148 u. 149.

2) Wessel beruft sich dabei auf den Ausspruch Christi Luc. 22, 19. und Pauli 1 Cor. 11, 26.

3) Vergl. hiermit die übereinstimmende Stelle Scal. Medit. Exempl. II. p. 369: Sicut panis est, non tam exteriori quam interiori homini, sic non tam faucibus quam spiritu commemorandus manducatur. Corporalis palati adsumtio sine pia commemoratione non solum inutilis, quin et abominabilis est ad judicium : pia vero commemoratio semper efficax ad refectionem. Ab hujus mensae dignitate et ubertate non sexus, non aetas, non locus, non tempus, non professio, non conditio secludit.

4) De Sacram. Eucharist. Cap. 29. p. 703. ganz unten.

auch die Laien am Kelche Theil, wiewohl sie äußerlich davon ausgeschlossen sind. Wessel argumentirt so. Der Apostel Paulus sagt: unsere Väter haben von derselben Speise gegessen; dieß konnten sie nicht auf körperliche Weise thun, weil sie so noch nicht vorhanden war, sondern bloß innerlich. In demselben Sinne aber trinken auch heutzutage alle Laien das Blut des Herrn. Denn wenn schon die Väter denselben geistigen Trank getrunken haben, so werden diese es noch viel gewisser jetzt thun. Ja wenn wir wahrhaft geöffnete Augen hätten, so würden wir nicht bloß das Fleisch und Blut des Menschensohnes genießen, sondern wir würden uns alle Werke Gottes durch Denken aneig= nen und uns davon nähren, so daß wir auch gewissermaaßen Eisen, Sand und Felsen genössen[1]. In diesem Sinne spricht Wessel vom geistigen Brode und geistigen Essen, weil das Le= ben, das dadurch genährt wird, das des inneren Menschen, der innere Mensch aber wesentlich Geist ist[2]. Zwar sind Leib und Blut des Herrn allerdings etwas Körperliches, aber, bloß körper= lich empfangen, werden sie nicht eine Quelle des Segens, son= dern eine Ursache des Todes. „Leib und Blut des Herrn," sagt Wessel[3], „wie heilig sie auch seyen, sind doch Körper, nicht Geist. Daher wenn sie nur körperlich empfangen werden, ge= währen sie nicht nur dem Speisenden keine geistige Stärkung, sondern sie bringen auch den Tod. Denn wer unwürdig isset, der macht sich schuldig des in den Tod gegebenen Leibes und des vergossenen Blutes ... Der Herr sagt: der Geist ist es, der lebendig macht, das Fleisch ist nichts nütze; das heißt: es liegt wenig am Fleisch, wiewohl es heilig ist ... Nicht als ob deß= halb Fleisch und Blut nichts wirkten zur Rechtfertigung des Ge= nießenden. Denn wer mit aufrichtigem Glauben der Allmacht Gottes vertraut, daß unter den Gestalten des Brodes und Wei= nes wahrhaftig jenes heilige Fleisch und jenes heilige Blut ver=

---

1) ... sed in omnibus operibus Dei philosophantes pasceremur, ut et ferrum, et sabulum et saxa manducaremus. De Sacramento Eucharist. Cap. 29. p. 704. Ungefähr in demselben Sinne sagt Wessel auch, man müsse den Namen Christi speisen: Dices igitur, numquid nomen panis? quis unquam nomina manducavit? Sed si attendes, quis in hoc discubitu conviva invitetur, quoniam interior homo solus, mens videlicet interna et voluntas, nihil mirabere, si nomina manducet, si nominibus reficiatur et confortetur. Scal. Medit. Exempl. I. p. 338. Auch hier haben wir auf die mehrfach angedeutete Weise an den Nominalismus Wessels zu denken.
2) De Orat. VIII, 3. p. 143. Ebenso vom Trinken des Blutes de Sacram. Eucharist. Cap. 9. p. 676.
3) De Sacram. Eucharist. Cap. 8. p. 673 u. 674.

möge der erhabensten Herablassung[1]), vermöge der herablassend=
sten Wohlthätigkeit, vermöge der wohlthätigsten Wirkung gegen=
wärtig enthalten seyen, der erfährt gewiß etwas von geistlichem
Leben in sich, wenn er nicht etwa auf eine ganz trockene Weise
glaubt und ißt; wenn er, ohne zu erwägen, zu unterscheiden,
innerlich zu verarbeiten, zu schmecken, zwar ißt, aber bloß kör=
perlich und sinnlich, nicht geistig; weßhalb er auch nicht geistig
belebt wird. Denn ein solcher Glaube kann niemanden in der
Heiligkeit und Gerechtigkeit beleben; es ist derselbe, der auch in
den Urhebern des Todes gefunden wird, denn auch die Dämo=
nen glauben und zittern. Wer das sichtbare Abendmahl nur
mit den Zähnen und dem Munde ißt und trinkt, der ißt es nicht,
wenn nicht der innere Mensch in Gott[2]) lebt; denn wer von
diesem Brode isset, der wird leben in Ewigkeit. Wer also nicht
in Ewigkeit lebt, der hat — dieß folgt ganz klar — nicht von
diesem Brode gegessen. Wer also zwar sichtbar ißt, aber nicht
zugleich geistig, der ißt eigentlich nicht." Also das Fleisch, bloß
fleischlich verstanden, bringt kein Heil; aber geistig aufgefaßt, im
Geiste der Liebe geopfert, aufgenommen, betrachtet und genossen,
ist es belebend und eine Quelle der Seligkeit[3]). Es kann aber
auch dieses nur für den werden, der schon lebt und wirklich nach
dieser Nahrung verlangt[4]). Deßhalb findet der wesentliche Ge=
nuß des Leibes und Blutes Christi im Abendmahle nur bei dem
statt, der das innere Bedürfniß und die rechte Empfänglichkeit
dafür hat.

Nur durch den Glauben — dieß ist eine weitere noth=
wendige Consequenz der wessel'schen Auffassung — werden
wir des sich darbietenden Christus theilhaftig, nur der Glaubende
genießt eigentlich sein Fleisch und Blut. „Es ist wohl zu mer=
ken auf das Wort des Herrn: wenn ihr nicht esset mein Fleisch,
so habt ihr das Leben nicht in euch. Es haben aber das wahre
Leben die, welche an ihn glauben Also die an ihn glau=
ben, die sind es, die sein Fleisch essen[5])." Und in
einer andern Stelle[6]): „Wer an mich glaubt, der wird nicht

---

1) Dignatione, eigentlich Würdigung, die Gott dem Menschen zu
Theil werden läßt.
2) oder: nach dem göttlichen Willen, secundum Deum; vielleicht auch
auf göttliche Weise, d. h. ewig.
3) De Orat. VIII, 6. p. 147. Womit zu verbinden de Sacram.
Eucharist. Cap. 27. p. 700.
4) Viventi ergo et esurienti panis manducando fit panis et nu-
trimentum. De Sacram. Eucharist. Cap. 7. p. 673.
5) De Sacram. Eucharist. Cap. 10. p. 678.
6) De Sacram. Eucharist. Cap. 27. p. 700.

bürſten. Alſo glauben heißt ſein Blut trinken. Ich bin
das Brod des Lebens, wer zu mir kommt, den wird nicht hun=
gern. Alſo zu ihm kommen heißt eſſen. Jeder, den mir der
Vater gibt, kommt zu mir. Ein ſolcher alſo ißt ſein Fleiſch und
trinkt ſein Blut. ... Wer lebt und an mich glaubt, der wird
nicht ſterben in Ewigkeit; alſo durch den Glauben an ihn wird
er genoſſen und ſein Fleiſch gegeſſen und ſein Blut getrunken[1]."
Nur der Glaubende iſt es mithin, der in Wahrheit Fleiſch und
Blut Chriſti genießt, aber er muß auch dieſer Speiſe theilhaftig
werden, für ihn iſt dieſer Genuß, weil er das Leben gibt, nährt
und erhöht, ein Bedürfniß, und kein Glaubender enthält ſich deſ=
ſelben. „Jeder Chriſt kann wenigſtens in frommer Sehnſucht
das Andenken des Herrn feiern. Wer das nicht will, der hat
das Leben nicht in ſich, und wer es mit frommem Sinne will,
der ißt ſchon den Leib des Herrn. Dieß ergibt ſich aus folgen=
dem unwiderleglichem Schluſſe: keiner, der es unterläßt, das
Fleiſch des Menſchenſohnes zu eſſen, hat das ewige Leben; jeder,
der an ihn glaubt, hat das ewige Leben: alſo keiner, der an ihn
glaubt, enthält ſich dieſer Speiſe[2]." Da Chriſtus der einzige
Weg zur Seligkeit iſt[3]), und der Genuß des Fleiſches und Blutes
Chriſti in und außer dem Abendmahle die lebendige Aneignung
Chriſti in ſich faßt, ſo iſt dieſer Genuß auch die Quelle der Se=
ligkeit, und wer ihn nicht theilt, hat das Leben nicht in ſich:
„Weil es zur vollkommenen Weisheit, Herrlichkeit und Liebe für
uns keinen wahren Weg gibt, außer durch die Weisheit, Herrlich=
keit und Liebe, die der Herr Jeſus im Fleiſch geoffenbart hat, ſo
werden wir auch, wenn wir nicht das Fleiſch des Menſchenſohnes
eſſen, keine Speiſe wirken, die nicht vergeht, und werden das
Leben nicht in uns haben[4]." Nur das innere Leben iſt das
eigentliche und wahre Leben und dieſes wird geweckt und genährt

---

1) Ebendaſ. S. 702, wo es auch in einer unmittelbar nachfolgenden
Theſe heißt: Quia justus ex fide vivit, non ex pane, sed ex verbo
procedente ex ore Dei.
2) De Orat. VIII, 3. p. 143.
3) Vergl. Scal. Medit. Exempl. I. p. 338, wo ſich Weſſel namentlich auf die Stelle Apoſtelgeſch. 4, 12. beruft.
4) De Sacram. Eucharist. Cap. 28. p. 704. Womit zu verbinden
Scal. Medit. Exempl. III. p. 392: Quod si non commemoro Christum
passum pro me, non habeo vitam in me: frustra igitur pro me passus est Christus. Und ebendaſelbſt Exempl. I. p. 338: Nisi enim com-
memoraverimus, penitus mortua est fides nostra. Quomodo credi-
mus, cujus ne meminimus quidem? Sicut qui ignorat, ignorabitur:
ita qui obliviscitur, oblivioni tradetur. Non tam exteriori homini
necessitas panis incumbit, quanta interiori homini nostro inevita-
biliter et irrefragabiliter lex medullitus imbiba, vivum hunc panem a Patre de coelo datum edendi.

durch den geistigen Genuß des Erlösers, wozu auch in dem Men=
schen schon eine natürliche Anlage vorhanden ist, denn er wird
von selbst dazu getrieben, etwas so Großes, Neues und Würdi=
ges, wie die Erscheinung Christi ist, zu überdenken und eben da=
durch die Wirkungen davon in sich aufzunehmen. So ist also
der innere Genuß Christi zwar eine Nothwendigkeit, aber keine
harte und bloß äußerlich auferlegte, sondern eine unserer edleren
Natur entsprechende Nothwendigkeit [1]).

Das Wesentliche des Abendmahls und sein erfolgreicher Ge=
nuß beruht nach dem Bisherigen zwar auf der lebendigen Er=
innerung an den Erlöser und auf der erneuerten Aneignung aller
seiner Wohlthaten [2]), aber zugleich stellt Wessel das Abendmahl
unter dem Gesichtspunct eines Opfers, einer Erneuerung und
Wiederholung des vollendeten Opfers Christi dar [3]), und macht
namentlich auf den Umstand aufmerksam, daß beim Abendmahl
ebenso, wie bei jedem andern Opfer, ein Essen mit der Dar=
bringung verbunden sey [4]). Da zur Vollziehung des Opfers
ein Priester gehört, so kann das Abendmahl als sacramentliche
Handlung eigentlich auch nur von einem Priester verrichtet
werden; allein insofern das Wesentliche und wahrhaft Fördernde
im Abendmahle der innerliche geistige Genuß ist, kann es als
innere Handlung auch ohne Priester, selbst in gänzlicher Ab=
geschiedenheit von Menschen gefeiert werden. „Ich sage nicht,‟
bemerkt Wessel [5]), „es sey jedem Christen gegeben, daß er, so=
bald er wollte, Christum auf sacramentliche Weise durch das
Abendmahl gegenwärtig haben könnte; dieß ist allein den Prie=
stern gegeben. Aber das sage ich, daß dem, der das Andenken
an seinen Namen [6]) in sich belebt, der Herr Jesus wahrhaft ge=
genwärtig sey, nicht allein mit seiner Gottheit, sondern auch mit
seinem Fleisch und Blut und seiner ganzen Menschheit.‟ Ver=
möge dieser innerlichen Theilnahme genossen stets auch solche das
Abendmahl, die Jahre lang von der Welt geschieden waren und

---

1) Scal. Medit. Exempl. I. p. 339.
2) De Sacram. Eucharist. Cap. 8. p. 675.
3) De Magnit. Pass. Cap. 47. p. 556. In omni commemoratione
Jesu summum illud consummatae sanctitatis incensum offerimus.
4) De Sacram. Eucharist. Cap. 26. p. 699. In ritu sacrificiorum
fere semper esus et refectio conjuncta cum oblatione. Et ideo
Christianis summum sacrificium in esu. Et Dominus Jesus calicem
bibit, quem obtulit in odorem suavitatis. Et congrue hoc in repa-
ratione, quia per esum lapsi.
5) De Sacram. Eucharist. Cap. 24. p. 697.
6) Unter Namen versteht Wessel immer den Inbegriff des Wesens und
eine lebendige innerlich wirksame Erkenntniß desselben. De Caus. Incarnat.
Cap. 3. p. 417. Ebenso de Orat. I, 16. p. 28 und in andern Stellen.

keinen Menschen, geschweige denn einen Priester, sahen. Sie ge=
nossen es in der Erinnerung, Betrachtung, Sehnsucht und Erhe=
bung des Glaubens und der Liebe, wodurch sie sich mit Christo
lebendig vereinigten. So Paul der Eremite [1], Antonius, Maca=
rius, die ägyptische Maria, Pelagia und andere von Wessel hoch=
gefeierte Anachoreten und heilige Frauen [2].

Hiermit wären die Grundgedanken der beiden Abhandlun=
gen, die uns oben in ihrer Beziehung auf Zwingli beschäftigt
haben, dargelegt. Blicken wir noch einmal zurück und ziehen
unsre Resultate!

Honius, von Joh. 6. ausgehend, betrachtet das Abend=
mahl wesentlich als Unterpfand, daß sich Christus für unser Heil
dahingegeben; dieß ist es aber nur durch und für den Glauben,
denn nur vermittelst des Glaubens schauen und genießen wir
Christum; Christus gibt sich uns im Abendmahle selbst, aber
nicht auf sinnliche Weise, so daß er hie oder da wäre, nicht so,
daß Brod oder Wein in sein Fleisch und Blut verwandelt wür=
de; sondern so, daß das Brod Brod bleibt, aber zugleich den Leib
Christi bedeutet, dessen Hinopferung, im Abendmahl immer
wieder jedem Einzelnen vermöge des Glaubens zugeeignet, der
Grund des Heiles ist.

Wessel bezeichnet das Sacrament nach seiner Grundbestim=
mung als Vergegenwärtigung der in Christo erschienenen göttli=
chen Liebe, als erneuerten Genuß und öffentliches Bekenntniß dieser
Liebe, als Erregungs= und Nahrungsmittel derselben, als Aneig=
nung Christi und seines Lebens durch Glauben und Erinnerung,
wodurch er nicht bloß bei uns, sondern innerlichst in uns ist.
Das Abendmahl gibt gleichsam den ganzen Christus: das Brod
ist sein nährendes, göttliches Wort, in Fleisch und Blut wird uns
sein ganzes Werk dargereicht. Aber diese Darreichung ist noth=
wendig vermittelt durch lebendige Erinnerung, durch An= und
Nachdenken, sie geschieht ursprünglich und immer wieder durch den
Glauben. So ist die Gegenwart Christi in ihrem wahren Grund
eine geistige, das Fleisch ist zu nichts nütze. Diese geistige Ge=

---

1) De Orat. VIII, 3. p. 144. und fast mit denselben Worten de
Sacram. Eucharist. Cap. 10. p. 678. Manducabat Paulus, primus
Eremita, etiam temporibus illis, quibus mortalem nullum, ne dicam
sacerdotem, communicantem videbat. Sed manducabat, quia crede=
bat, et, quod credebat, crebro commemorabat etc.
2) Scal. Medit. Exempl. II. p. 369.

genwart aber findet nicht bloß in einzelnen Momenten statt, son=
dern erstreckt sich über das ganze Leben des Gläubigen; durch das
Hinzutreten der Abendmahlshandlung jedoch bekommt sie einen
sacramentlichen Character; zwischen beiden, dem geistlichen und
sacramentlichen Genuß, ist indeß kein wesentlicher Unterschied und
der letztere hat Werth und Bedeutung nur, insofern ihm der erstere
zur Grundlage dient.   Als Sacrament (Opfer) kann das Abend=
mahl nur vom Priester verrichtet werden, als innerer Act, als An=
eignung Christi durch den Glauben, ist es jederzeit auch ohne
Priester möglich und heilsam.

Dieß Alles sind nun auch Lehrsätze Zwingli's, ja man
kann sagen, daß er in der Hauptsache nicht mehr vorgetragen,
als dieses.   Da er nun jene beiden Aufsätze gekannt und geschätzt,
so ist, wenn irgend etwas, der Zusammenhang zwischen ihrer und
seiner Lehre verbürgt: aus beiden schöpfte er, und zwar mit ge=
meinsamer Beziehung auf Joh. 6, den Satz vom Genusse Christi
durch den Glauben und was hiermit zusammenhängt; aus Ho=
nius insbesondere die figürliche Erklärung der Einsetzungsworte,
aus Wessel insbesondere die Unterscheidung des geistlichen und
sacramentlichen Essens des Leibes Christi.   Das Letztere gilt frei=
lich nur unter der Voraussetzung, daß Zwingli auch den größeren
Aufsatz Wessels de Eucharistia kannte.   Sollte dieß aber auch
nicht der Fall gewesen seyen, so konnte er schon durch Wessels
Thesen über den Genuß des Fleisches und Blutes Christi einen
Impuls erhalten, die Lehre vom Abendmahle so auszubilden, wie
er es gethan, und mit dieser Lehre bestimmter hervorzutreten.

Unser Endergebniß wäre mithin dieses: auf Luther hatten
die Aufsätze und Mittheilungen der Niederländer nur einen nega=
tiven Einfluß, sie stießen ihn mehr zurück und befestigten ihn in
seiner, der katholischen näher bleibenden, buchstäblich=sinnlichen
Auffassung des Abendmahls überhaupt und der Institutionsworte
insbesondere; wiewohl ihn dieß, weil er damals noch nicht pole=
misch aufgereizt war, nicht hinderte, in Wessel einen wahren
Christen, einen gottgelehrten Theologen, ja einen ihm wesentlich
gleichgesinnten Mann preisend anzuerkennen; auf Carlstadt
hatten sie zwar schon einen positiven Einfluß, jedoch nur formell,
in der Art, daß sie ihm einen Impuls gaben, seine eigenthüm=
liche, von der niederländischen wie von der luther'schen Ansicht
abweichende, Theorie auszubilden; auf Zwingli aber hatten
sie den entschiedensten materiell=positiven Einfluß, so daß er nahezu
seine ganze Lehre daraus schöpfte, oder doch dadurch angetrieben
wurde, sich dieselbe zum klaren Bewußtseyn und in bestimmte
Form zu bringen.

Wir gehen zum zweiten Sacramente über, mit dem sich Wessel vielfach beschäftigt, zur Lehre

b) Von der Buße und dem Ablaß.

Die katholische Lehre von der Buße, wie sie jetzt noch be=steht, aber auch schon von den Scholastikern vielfach entwickelt wurde, setzt bekanntlich drei Theile dieses Sacraments, Zer=knirschung des Herzens, Bekenntniß des Mundes und Genug=thuung des Werkes [1]. Ueber diese Stücke der Buße verbreitet sich auch Wessel sehr ausführlich [2]. Was zuerst die Zer=knirschung betrifft, so erkennt zwar Wessel natürlich den Werth der mit der Sünde verbundenen Traurigkeit vollkommen an, aber er leugnet, daß zur Buße nothwendig äußere Trauer und sichtbare Niedergeschlagenheit erfordert werde, weil die Buße, wie die Sünde, wesentlich eine innerliche Handlung, eine Sache des Willens sey [3]; er legt, ähnlich wie später Luther auf An=regung Staupitzens [4], nur derjenigen Trauer einen Werth bei, die nicht bloß aus Abscheu gegen die Sünde, sondern aus Liebe gegen den beleidigten Gott entspringt [5]; und, was die Hauptsache ist, er betrachtet die Zerknirschung gar nicht als we=sentlichen Bestandtheil, sondern als Wirkung und Folge des Sa=craments. Ein zerknirschtes Herz — dieß sind Wessels Gedan=ken [6] — ist ein solches, dessen Härte möglichst verringert und gebrochen ist; ein zerknirschtes Herz haben heißt: Gott ein wil=liges Herz darbringen; die Zerknirschung ist also eine vermin=

---

1) Siehe B. 1. S. 218 ff.
2) De Sacram. Poenit. p. 789 seqq.
3) De Sacram. Poenit. p. 792: Est enim actus mentis poenitentia, sicut peccatum: utrumque enim voluntatis. Et sicut peccatum vo-luntatis tantum est, ita poenitentia solius est voluntatis.
4) S. oben S. 227.
5) „Denn zum Lieben,“ sagt Wessel de Sacram. Poenit. p. 793, „sind wir berufen, nicht zum Betrüben (ad amandum vocati sumus, non ad amaricandum). Auf der Liebe, nicht auf der Trauer ruht das Wohl=gefallen Gottes. Daher wenn einer aus Liebe trauert, ist er Gott gefällig, nicht weil er trauert, sondern weil er es aus Liebe thut.“ In demselben Sinne sagt er de Sacram. Poenit. p. 791: „Es ist bei dieser Lehre be=sonders zu merken, daß weder Schmerz, noch Traurigkeit, noch Zerknir=schung in den Augen Gottes angenehmer sind, als die Liebe, aus der sie hervorgehen. Denn von allen Gemüthserregungen ist die Liebe die erste (omnium enim passionum primus est amor). Judas empfand Schmerz und war so traurig, daß er hinging und sich henkte. Aber sein Schmerz war nicht Gott angenehm, weil er aus der Liebe zu sich selbst, nicht zu Gott, als seiner Quelle, hervorging. . . Da alle Furcht, Trauer, Hoffnung, Schmerz aus der Liebe entspringt, so muß man zugestehen, daß bei einem Büßenden die Trauer über die Sünde vor Gott nicht angenehmer ist, als die Liebe, woraus jene entspringt.“
6) De Sacram. Poenit. p. 789 u. 790.

berte Verhärtung, gebrochen zum Gehorsam Gottes. Wer aber Gott auf diese Weise ein frommes und williges Herz darbringt, der ist schon gerecht, der bedarf keiner weiteren Genugthuung. Es kann aber eine solche Zerknirschung nicht zum Sacramente der Buße gehören; denn jedes Sacrament ist eine Sache der Gnade, die Zerknirschung aber eine Sache der Gerechtigkeit[1]); der Natur und Zeit nach folgt die Zerknirschung als ein Werk der Gerechtigkeit, als eine Wirkung der Rechtfertigung erst auf das Sacrament, wenn nicht Gott auf außerordentliche Weise zuvorkommt. „Diejenigen entziehen Vieles der freien Güte des Gebers und belasten schwer die Schultern des Sünders, welche v o r dem Sacramente der Gnade Gerechtigkeit verlangen von dem, der Theil nehmen will; denn als Gerechtigkeit bezeichne ich die Zerknirschung; wer zerknirscht ist, der ist schon gerecht und wird nicht erst durch das Sacrament belebt, sondern nur von der Pflicht des Bekennens im Angesichte der Kirche ent= bunden[2])."

Noch stärkere Zweifel erhebt Wessel gegen den zweiten Be= standtheil der kirchlichen Buße, das B e k e n n t n i ß d e s M u n = d e s. Die Beichtpraxis in der katholischen Kirche ruht wesentlich auf dem Grundsatze, daß der Priester an Gottes und Christi Statt ein Richteramt übt, der Laie aber verpflichtet ist, dem Priester seinen ganzen Seelenzustand darzulegen, damit dieser ihm eine angemessene Büßung als Bedingung der Absolution zu= erkenne. Hier leugnet Wessel die Grundlage des Ganzen, daß der Priester göttlich beauftragter R i c h t e r sey. Ein M e n s c h, wie es der Priester ist und bleibt, hat über das Innere eines Andern keine Gewalt: er kann zwar das Wort Gottes zur Be= kehrung des Sünders verkündigen, aber bekehren kann er ihn ebenso wenig, als er seine Verbindung mit den Lasterhaften auf= lösen und ihn in die Gemeinschaft der Frommen aufnehmen kann[3]). Aus demselben Grunde, weil es sich um das innerste Verhältniß zu Gott handelt, kann der Priester auch nicht über den Sünder richten. „Er ist nur Diener," sagt Wessel[4]), „aber das innere Geheimniß (der eigentlichen Sündenvergebung) wirkt Gott. Wie sollte es hier noch nöthig seyn, ein äußeres sicht= bares Gericht über die Sünde zu halten, da Gott innerlich kein solches Gericht hält? Ueberflüssiger Weise verlangt man im Sa= crament etwas, das keine Beziehung hat auf das innere Geheim=

---

1) De Sacram. Poenit. p. 790.   2) a. a. O. S. 790.
3) De Sacram. Poenit. p. 776.
4) De Sacram. Poenit. p. 795.

niß. Nur über den Bekennenden und das Bekenntniß urtheilt Gott, keineswegs über die bekannten Sünden; denn wie sollte er über die schon bekannten Sünden noch urtheilen, da er dem Bekennenden verheißen hat, alles Vergangene um des bloßen Bekenntnisses willen zu verzeihen? Thöricht also handeln diejenigen, die nach dem Bekenntnisse nicht allein noch urtheilen, sondern auch nach der Absolution noch die Peiniger machen, mit Geißeln schlagen und mit Ruthen streichen! Gott urtheilt nicht über Fasten und härene Gewande, und der Mensch maßt sich ein Urtheil an! Gott sieht auf die Buße, nicht auf die Sünde, und der Mensch will auf vergangene Sünden sehen und in seinem Handeln Gott widerstreben!" Wessel will nicht das Zweckmäßige und Wohlthätige des kirchlichen Bekenntnisses leugnen, auch nicht, daß es einen Theil des Sacramentes der Buße bilden könne, aber er bestreitet den richterlichen Character dieser Handlung. „Das sacramentliche Bekenntniß," behauptet er[1]), „ist seiner Form nach nicht richterlich, so daß, wenn ein Richterspruch und zwar ein strenger Richterspruch des Beichtvaters fehlte, die Handlung des Bekennenden und Absolvirenden nicht in der That ein wahres Sacrament wäre. Denn es ist hinreichend zur Wahrheit eines wirksamen Sacramentes, daß der Bekennende treu die Wahrheit sagt, der Beichtvater aber nach Empfang des Bekenntnisses ohne richterliche Discussion absolvirt." Er bestreitet endlich auch, daß das Bekenntniß durchaus nothwendig sey, um Vergebung zu erlangen; es ist nur eine Bürgschaft der wahren Reue; wo aber diese im Herzen ist, da sind die Sünden schon vergeben, ehe sie gebeichtet sind. Wer seine Sünde bekennt, der ist sich derselben auch bewußt, und wer sich ihrer bewußt ist, der ist auch schon aus dem Tode zu einem höheren Leben erwacht: „Einer solchen Seele ist Gott schon gegenwärtig durch Gnade, in ihr wohnt schon Gott, der das Leben ist, da er sie durch sein Einwohnen belebt hat. Wenn aber Gott in ihr wohnt, so ist sie schon ein Tempel des heil. Geistes geworden und erleuchtet, aus den Finsternissen der Sünde erlöst und versöhnt... Da wir also bereits vor dem Bekenntnisse durch die Gnade gerechtfertigt und Söhne des Lichtes geworden sind, so ist ganz einleuchtend, daß durch die bloße Zerknirschung des Herzens ohne Bekenntniß des Mundes die Sünde vergeben wird[2])."

Schon in der Schule, aus welcher Wessel stammte, bei den Brüdern des gemeinsamen Lebens finden wir eine

---

1) De Sacram. Poenit. p. 795.
2) De Sacram. Poenit. p. 777 u. 778.

Zurückstellung des kirchlichen Sündenbekenntnisses; aber bei ihnen zeigt sich dieß nicht als Polemik, sondern darin, daß sie der öffentlichen Beichte etwas Anderes, für sie Wichtigeres, das freie **Privatbekenntniß** an die Seite stellten, gegen welches der kirchliche Act als minder fruchtbar und erbaulich in den Hinter=grund trat[1]). Dieses mehr indifferente Verhalten war nun bei Wessel in Polemik übergangen, dagegen finden wir bei ihm nichts von jenem Positiven, der Hervorhebung der Privatbeichte. Vielleicht, daß bei den Brüdern selbst jene ursprüngliche Sitte un=terdessen in Abnahme gekommen war, oder, wenn sie noch bestand, so wurde sie von Wessel minder beachtet, weil er überhaupt, wenn vorher Reue im Herzen war, auf das mündliche Bekenntniß kein großes Gewicht legte.

Zuletzt macht Wessel seine Einwendungen auch gegen den dritten Theil der kirchlichen Buße, die **Genugthuung des Werkes**. „Sehr unvernünftig,‟ sagt er[2]), „sprechen über das Sacrament der Beichte diejenigen, welche die damit verbundene Satisfaction für einen wesentlichen Theil der Buße erklären. Fürs erste, weil sie die volle Wirkung des Sacramentes nicht anerkennen[3]), insofern sie leugnen, daß die Verzeihung des (himm=lischen) Königs zur Vergebung hinreiche; sodann, weil sie das ·Wort der Absolution fälschen, indem sie auf der einen Seite sagen: ich absolvire, und doch nachher (den Beichtenden) binden und gebunden entlassen. Aber, was das Schlimmste von Allem ist, sie bringen auch das ganze Sacrament in Gefahr, weil sie es hinausziehen (die eigentliche Wirkung desselben verschieben), bis die auferlegte Buße gänzlich geleistet ist. Wenn also jemand nach seiner Gebrechlichkeit in der Zwischenzeit fehlt, ehe das Sacrament vollendet ist, so hebt er, weil in einem Theile des Sacramentes ein Hinderniß eingetreten ist, das ganze Sacrament auf. Denn das, was wesentlich Eines ausmacht, wird durch Vernichtung auch nur eines einzigen Theiles ganz zu nichte.‟ Vorzüglich besteht Wessel auf dem Grundsatze, daß in die göttliche Sündenvergebung, die dem wahrhaft Bußfertigen zu Theil werde, auch an und für sich Straflosigkeit eingeschlossen sey und damit aller Grund zu beson=deren Bußstrafen wegfalle[4]). Vergangene Sünden können nicht

---

1) S. oben S. 87 und 88.
2) De Sacram. Poenit. p. 796.
3) ... quia detractant sacramentali sufficientiae.
4) In diesem Sinne sagt Wessel Epist. de Indulgent. Cap. 3. p. 882: Non tollitur privatio nisi constitutione habitus; lex non multat nisi praevaricationem.   Praevaricatione igitur cessante cessabit et multa. Post ergo culpam perfecte dimissam, nullus restat reatus.   Reatus

anders angerechnet werden, als zur Strafe; werden sie aber an=
gerechnet, so sind sie nicht vergeben. Wenn nun der Psalmist den
selig preist [1]), dem Gott seine Sünde nicht zurechnet, so ergibt
sich, daß die Vergebung nothwendig auch Straflosigkeit in sich
schließt, und daß die Unrecht thun, welche dem Begnadigten noch
besondere Strafen auflegen oder selbst nach dem Tode vorbehal=
ten [2]). Wessels tiefinnerlicher evangelischen Gesinnung mußte es
durchaus widerstreben, daß dem wahrhaft Reuigen, Zerknirschten
statt der aufrichtenden Verkündigung der Gnade noch niederbrücken=
des Bußwerk auferlegt werden sollte. Er beruft sich dagegen be=
sonders auf das Beispiel des verlorenen Sohnes. Diesen nahm
der Vater unmittelbar auf, „er tadelte, er schalt ihn nicht,
er schlug ihn nicht und sperrte ihn nicht ein; sondern er
kam ihm entgegen, küßte und umarmte ihn, weinte vor Freuden,
ließ ihm Schuhe bringen, ihn mit einem Rocke bekleiden, gab
ihm einen Ring als Zeichen der Würde an den Finger, ließ ein
gemästet Kalb schlachten, ein Gastmahl bereiten, speisen, singen
und fröhlich seyn. Welche päpstliche Indulgenzen wären diesem
bei seiner Rückkehr noch nothwendig gewesen? Die volle Rückkehr
zu Gott also ist die einzige würdige Furcht der Buße, und diese
Bekehrung allein ist auch Genugthuung [3])."

Fassen wir Alles zusammen, so verwirft Wessel das Sacra=
ment der Buße als innerliches Bereuen und äußerliches Bekennen
der Sünde keineswegs, vielmehr verlangt er beides, besonders
eine tiefgehende Reue [4]), aufs Ernstlichste, aber er bekämpft die
in der katholischen Kirche herkömmlichen Bestimmungen über die
drei Theile der Buße, und zwar erstlich: daß die Zerknirschung
oder Herzensumwandlung ein Bestandtheil des Sacramentes seyn
könne, da sie doch nur Wirkung und Folge der im Sacrament
empfangenen rechtfertigenden Gnade sey; zweitens: daß das Be=
kenntniß eine richterliche Handlung und Bedingung der Sünden=
vergebung sey, da es doch nur als Ausdruck der wahren Reue
betrachtet werden könne, welche die Sündenvergebung schon be=
sitzt; und drittens: daß die persönlichen Satisfactionen zur Voll=

---

enim culpam, seu praevaricationem habet pro causa totali. Conver-
tibiliter igitur cum ea statuitur ac destituitur.
1) Ps. 32, 1 u. 2.
2) De Sacram. Poenit. p. 796 u. 797.
3) De Sacram. Poenit p. 796.
4) Er macht einen sehr bestimmten Unterschied zwischen der Contritio
vulgaris, languida, infirma, tenera, delicata, refuga pati pro nomine
Jesu, und der wahren Reue, die er bezeichnet als parata ad faciendum
omne bonum et parata ad patiendum omne malum. Epist. de Indulg.
Cap. 14. p. 910.

enbung des Sacramentes und zur Sündenvergebung gehörten, da auf diese Weise die göttliche Sündenvergebung beschränkt und die Wirkung des Sacramentes an eine erst zukünftige, also unsichere, menschliche Thätigkeit gebunden werde.

Mit der Lehre von der Buße hängt im katholischen System die Lehre vom Ablaß und mit beiden die vom Fegefeuer aufs Genaueste zusammen. Den Zusammenhang zwischen Ablaß und Buße haben wir früher vollständig nachgewiesen [1]), und indem wir uns auf das berufen, was wir aus Veranlassung der Pole= mik Johanns von Wesel gegen das Indulgenzwesen gesagt, gehen wir sogleich zu der in gleichem Sinne gehaltenen Polemik seines Freundes Wessel über [2]), welche, obwohl offenbar ganz selbstän= dig auftretend, eine willkommene Ergänzung zu jener bildet.

In Folge der Grundsätze, die Wessel über die Buße auf= stellt, so wie im Zusammenhange mit seiner eigenthümlichen An= sicht vom Fegefeuer, mußte er auch die katholische Lehre vom Ab= laß bestreiten. Er leugnete die Nothwendigkeit der persönlichen Satisfaction zur Vollendung der Buße und betrachtete die gött= liche Sündenvergebung als für sich vollkommen genügend; mit der kirchlichen Bedeutung der Satisfactionen fällt aber auch die Bedeutung des Ablasses; ebenso leugnete er, daß das Fegefeuer wesentlich den Character der Strafe habe und betrachtete es nur als eine für alle Seelen nothwendige Durchgangsperiode der Läu= terung, aus welcher jeder nur heraustreten kann und soll vermöge der Vollendung der Läuterung selbst, nicht vermöge irgend einer kirch= lichen Dazwischenkunft. Hiermit waren schon die beiden Grundpfeiler niedergerissen, auf denen das Ablaßwesen ruhte; Wessel griff das= selbe aber auch unmittelbar an. Das Wesentliche seiner Ueber= zeugungen vom Ablaß spricht er verschiedentlich aus, theils zerstreut in Abhandlungen über andere Gegenstände, theils in mehreren Thesenreihen, theils auch in einer besonderen kleinen Schrift. Diese Schrift [3]), deren Inhalt wir zunächst in der Kürze angeben wollen, hat die Form eines Sendschreibens an seinen Freund Jacob Hoeck, Decan in Näldwick, mit welchem Wessel

---

1) B. 1. S. 218 ff.
2) Vergl. hier die Abhandlung von Kist: De Pauselijke Aflaat-Han= del in Nederland — in Kist und Royaards kirchenhist. Archiv S. 148 bis 244, und zwar über Wessel insbesondere S. 194—200.
3) Sie hat den Titel: Epistola Vener. M. Wesseli Groningennis responsoria an M. Jac. Hoeck, Decanum Naeldwicensem, de Indul= gentiis — besteht aus 14 Kapiteln und befindet sich in *Wess.* Opp. p. 876—912.

in vielfachem theologischem Verkehr stand [1]), ganz besonders aber
über den Ablaß verhandelte, indem Hoeck sich dieses kirchlichen
Justitutes annahm. Wessel spricht sich gegen den Freund sehr
offen aus. Er scheut sich nicht, den Ablaß einen frommen Betrug [2]),
ja im lebhafteren Affect einen Irrthum und eine Lüge zu nen=
nen [3]). Bei der Entwickelung seiner Grundsätze schließt er sich
zwar zum Theil an frühere Lehrer an, hauptsächlich an den von
ihm so hoch verehrten Gerson [4]), aber im Ganzen argumentirt
er selbstänbig aus der Schrift, aus der Geschichte und aus der
Natur der Sache. Daß in der Schrift nichts vom Ablaß vor=
komme, hatte ihm Hoeck eingeräumt, zugleich aber sich darauf be=
rufen, daß Jesus nach Johannes Vieles gethan, was im Evan=
gelium nicht erzählt sey, und daß sich der Ablaß auf kirchliche
Ueberlieferung gründe. In Beziehung hierauf verwahrt sich nun
Wessel, daß er den Ablaß bloß aus dem negativen Grunde ver=
werfe, weil in der Schrift nichts barüber gelehrt werde; er er=
kennt den Werth der Tradition an und räumt eine Fortbildung
der christlichen Lehre in der Kirche ein [5]), aber er leugnet, daß im
christlichen Alterthum überhaupt das Institut vorhanden gewesen.
Bei einer wahren Tradition, meint er, muß sich ein Zusammen=
hang nachweisen lassen. Nun aber haben die alten Lehrer, ein
Ambrosius, Augustinus, Hieronymus, Gregorius nichts über die
Indulgenzen geschrieben, weil dieser Mißbrauch zu ihrer Zeit noch
nicht eingedrungen war [6]), vielmehr finden wir die eigentliche
Ausbildung des Ablaßwesens, obwohl niemand recht weiß, wann
es begonnen, erst unter Bonifacius VIII mit der Stiftung des
Jubeljahrs [7]) und selbst von dieser Zeit an herrscht rücksichtlich
desselben keine Uebereinstimmung unter den Lehrern [8]), sondern es
findet sich eine solche Masse widersprechender Meinungen, daß kaum
zwei zu denselben Grundsätzen sich bekennen. Wie kann nun hier

---

1) Siehe oben in der Biographie S. 323—326.
2) Epist. de Indulg. Cap. 1. p. 876.
3) Ebendas. Cap. 7. p. 889. Dasselbe thut auch Johann von Wesel
S. Bd. 1. S. 255. und in noch stärkeren Ausdrücken Luther in seinen
Thesen, z. B. Thes. 52: Durch Ablaßbriefe vertrauen selig zu werden, ist
nichtig und erlogen Ding. Thes. 24: Darum muß der größere Theil unter
den Leuten betrogen werden u. s. w. Thes. 32: Die werden sammt ihren
Meistern zum Teufel fahren, die vermeinen durch Ablaßbriefe ihrer Selig=
keit gewiß zu seyn.
4) Epist. de Indulg. Cap. 3—5. p. 880—884. u. Cap. 9. p. 893
—896.
5) Epist. de Indulg. Cap. 7. p. 888 u. 889.
6) a. a. O. Cap. 6. p. 886.
7) Ebendas. Cap. 7. p. 889. Vergleiche, was das Geschichtliche betrifft,
B. 1. S. 237.
8) Ebendas. Cap. 5. p. 884.

eine wahre Tradition seyn, wo kein Zusammenhang mit dem apo=
stolischen Zeitalter ist, sondern ein Sprung von 1300 Jahren, und
keine Einheit, sondern ein verworrenes Gemisch von Meinungen?
„Eine solche confuse Gläubigkeit hat nichts wahrhaft Katholisches,"
sagt Wessel[1]), „sondern stiftet mehr Unruhe und Zwiespalt, sie löst
Alles in subjective Ansicht Einzelner auf." Außerdem gebraucht
Wessel noch andere Gründe, indem er sich jedoch gegen den Arg=
wohn sicher stellt, als ob er sich bei der ganzen Lehre bloß auf
Vernunftgründe, nicht auf den Glauben stütze[2]). Er schöpft näm=
lich seine Beweise nicht sowohl aus allgemeinen Abstractionen,
als vielmehr aus dem Zusammenhange des christlichen Denkens.
„Schon seit den Knabenjahren," sagt Wessel gleich zu Anfange
seiner Abhandlung[3]), „ist es mir lächerlich vorgekommen, daß ein
Mensch durch sein Decret sollte bewirken können, daß etwas
Gutes = 4 in den Augen Gottes würde = 8, bloß durch Hin=
zutreten und Vermittelung des menschlichen Beschlusses. Inner=
halb des Christenthums aber ist es wesentliche Lehre, daß die
Sündenvergebung nur von Gott komme und durch Christum ver=
mittelt sey. Gott vergibt die vergangenen Sünden, bewahrt vor
den gegenwärtigen, schützt gegen die bevorstehenden, und das
Lamm Gottes nimmt die Strafe und Schuld der gegenwärtigen
und zukünftigen hinweg[4]). Sünden aufzuheben oder zu behalten
kommt ursprünglich (principaliter) nur Gott zu, der Kirche aber
mittheilungsweise (participative) durch den heil. Geist[5]). Die
Vollmacht Sünden zu vergeben oder die Schlüssel des Himmel=
reichs hat Christus nicht Einem, sondern der Einheit ge=
schenkt[6]); die Priester und der Papst sind also hier nichts als
Diener Christi und der Kirche, sie handeln nicht aus eigener
Machtvollkommenheit, sondern sind nur Verwalter des Sacra=
mentes und können auch jedem nur so viel geben, als die Natur
des Sacramentes[7]) und das innerliche Verhältniß eines jeden zu
Gott mit sich bringt."

Dieß sind die Hauptgedanken der kleinen Schrift. Auf Ein=
zelnes werden wir in der Folge noch zurückkommen. Vorerst
aber wollen wir hier auf die Thesen Wessels über den Ab=

---

1) Ebendas. Cap. 3. p. 881: Nihil igitur unum et inconfusum
traditur. Confusa vero credulitas non est catholica, sed seditiosa
magis: quia singula singulorum.
2) . . . quasi ego rationem, non fidem attulerim. Cap. 2. p. 880.
3) Epist. de Indulg. Cap. 1. p. 876.
4) Ebendas. Cap. 10. p. 898.
5) Ebendas. p. 898 u. 899.
6) Christus . . . non uni sed unitati donavit. Cap. 8. p. 891.
7) Ebendas. Cap. 10. p. 897.

laß aufmerksam machen, wobei sich jedem die Parallele mit Lu=
ther aufdrängen muß. Die Sätze Wessels und die berühmten
95 Thesen Luthers stimmen in der Grundrichtung überein, auch
mahnen einzelne Aussprüche Wessels, obwohl gewiß kein histori=
scher Zusammenhang statt fand, an Aussprüche Luthers; offenbar
aber ging Wessel, wie wir dasselbe auch bei Joh. von Wesel
gefunden haben [1]), schon weiter als Luther bei seinem ersten
reformatorischen Auftreten, in welchem eine so merkwürdige Mi=
schung von Kühnheit und Bescheidenheit, ja Schüchternheit, sich
ausdrückt. Luther bekämpft bekanntlich nur den Mißbrauch des
Ablasses; er sucht denselben auf seine ursprüngliche Bestimmung,
die Erlassung der Kirchenbußen, zurückzuführen und vindicirt das
Recht, ihn zu ertheilen, allen Bischöfen und Predigern; Wes=
sel dagegen bestreitet schon entschieden den Ablaß selbst, so wie
die Lehren von persönlicher Satisfaction und vom Fegfeuer als
Grundlagen der Ablaßpraxis. Der Merkwürdigkeit wegen will
ich die wichtigsten Thesen Wessels [2]) wörtlich mittheilen und in
Anmerkungen diejenigen von den luther'schen Thesen beifügen,
an die man sich durch Wessels Behauptungen unvermeidlich er=
innert findet.

Wessel will im Allgemeinen die wahre Absicht, die rechte
Ursache und die eigentliche Wirkung des Ablasses genauer erwä=
gen und sagt Thesis 3: Es ist ein großer Unterschied zwischen
dem Diener der Sacramente und dem Verwalter der Gnaden.
Der erstere handelt nach seiner Verpflichtung, und weiß nicht,
was er nützt, der zweite nach seiner Willkür, und gibt, wem er
will. 4: Die Wirkungen der Sacramente bestimmen sich nach
dem Gemüthszustande des Genießenden. Der Papst kann dem,
der sich würdig zur Taufe oder zum Abendmahle naht, nicht nach
seiner Willkür die Gnade zumessen, deren er durch das Sacra=
ment theilhaftig werden soll [3]). 5: Die Taufe und Buße sind
zwei Sacramente, durch welche der Sohn des Zornes und der
Finsterniß ein Sohn Gottes werden und aus dem Tode zum Le=

---

1) S. B. 1. S. 255 und 256.
2) Es finden sich bei Wessel zwei kleine Sammlungen von Thesen, die
sich auf den Ablaß beziehen, de Sacram. Poenit. p. 803—806, und ebendas.
p. 806—808. Wir geben zunächst das Hauptsächlichste aus der ersten
Thesenreihe.
3) Daß die Wohlthaten des Sacramentes und überhaupt Gnade und
Sündenvergebung nur von Gott kommen, nicht vom Papste, sagt Luther
in mehreren seiner 95 Thesen, besonders 36: Ein jeder Christ, so wahre
Reu und Leid hat über seine Sünden, der hat völlige Vergebung von
Pein und Schuld, die ihm auch ohne Ablaßbriefe gehöret. Und 37: Ein
jeder wahrhaftiger Christ, er sey lebendig oder todt, ist theilhaftig aller Güter
Christi und der Kirchen, aus Gottes Geschenk, auch ohne Ablaßbriefe.

ben zurückkehren kann.   Sie verlangen also ihrer Natur nach
nicht ein äußeres Urtheil, und was noch Aeußerliches damit ver=
bunden wird, wie mit der Taufe ein bestimmter Ort, ein Pathe,
geweihtes Wasser, ein Diener, mit der Beichte die Zulassung, der
Vorbehalt gewisser Fälle, die heilsame Auferlegung der Buße;
alles dieß ist kirchlich, nicht göttlich[1], aber von weiseren
Kirchenvorstehern nützlich erfunden worden und außer einem Noth=
falle nicht zu übergehen.   10: Dem zu Gott Zurückkehrenden und
Zurückgekehrten ist nichts so sehr einzuschärfen, als daß er nicht
mehr sündige, sondern auf reine Weise Gott liebe[2].   Die Rein=
heit des Herzens ist die einzige vollkommene Buße und aufzulegen
auf dem Wege der Belehrung und Ermahnung.   12: In den
Dingen, die göttlichen Rechtes sind, kann der Papst lehren, erin=
nern, ermahnen, aber nicht befehlen (mandare).   Wer das Gebot
der Liebe hört, wird nicht in höherem Grade verpflichtet, wenn der
Befehl des Papstes hinzugefügt ist, als wenn derselbe bloß er=
innert und ermahnt, weil der Befehl Gottes schon hinreichend
verpflichtet und keine stärkere Verpflichtung nothwendig ist.   Wenn
also der Papst nicht befehlsweise die Gläubigen verpflichten kann,
noch über die Verpflichtung des göttlichen Rechtes (divini fori)
hinaus, so ergibt sich, daß er nichts befehlen kann nach seinem
Willen, außer was von Gott befohlen ist[3].   13: Die Gläubigen
sind Diener Gottes durch den Dienst der Anbetung, aber nicht
Diener des Papstes weder durch Verehrung noch durch Anbetung;
denn das Gesetz Christi ist ein Gesetz der vollkommenen Freiheit.
14: Es ist nicht zu übersehen das Wort des Apostels: lehre du
mit aller Vollmacht — aber das Wort erklärt sich selbst: lehre
aus Vollmacht des göttlichen, nicht deines Befehls.   15: Der
kirchliche Diener verwaltet bloß die Sacramente, aber die Wir=
kung und Frucht derselben überläßt er dem Herzenskündiger.
16: Die vollkommene Sündenvergebung ist die wirkliche Ent=
fernung jedes Hindernisses, welches die selige Anschauung (Got=
tes) stört[4]; so wie die vollkommene Buße besteht in der wahren

---

1) Luthers Thes. 32: Man soll die Christen lehren, daß Ablaß lösen
ein frei Ding sey und nicht geboten.
2) Luthers Thes. 43: Man soll die Christen lehren, daß der dem Armen
gibt, oder leihet dem Dürstigen, besser thut, denn daß er Ablaß lösete.
44: Denn durch das Werk der Liebe wächst die Liebe und der Mensch wird
frömmer; durch den Ablaß aber wird er nicht besser, sondern allein sicherer
und freier von der Pein oder Strafe.
3) Luthers Thes. 6: Der Papst kann keine Schuld vergeben, denn
allein sofern, daß er erkläre und bestätige, was von Gott vergeben sey.
4) Luthers Thes. 23: So irgend eine Vergebung aller Pein jemand
kann gegeben werden, ists gewiß, daß die allein den Vollkommensten, das
ist, gar Wenigen kann gegeben werden.

und aufrichtigen Reinheit des Herzens, beides aber kommt allein von Gott. 17: Die vollständige Buße, welche auferlegt werden sollte, ist die: wolle nicht mehr sündigen[1]). Zu dieser kann der Diener der Kirche ermahnen, befehlen oder gewähren kann er sie nicht, also kann er auch keine andere geringere Buße vorschrift= weise auflegen. 20—23: Einen andern Grund kann niemand legen, als der gelegt ist, Jesus Christus. Auf diesen Grund baut man kostbare Steine, Gold, Silber, Holz, Heu, Stoppeln; das Feuer wird erproben, welcher Art eines jeden Werk gewesen . . . Kein Sterblicher kann auch nur über sein eigenes Werk urthei= len[2]); wenn aber kein Sterblicher hierüber urtheilen kann, so ist offenbar, daß auch kein Sterblicher nach Willkür einen Handeln= den mit dem andern verwechseln kann, so daß der, welcher Holz darüber gebaut hat, nach dem Urtheile des Papstes Gold darüber gebaut hätte, oder daß jenes Feuer nicht auf andere Weise Heu und Stoppeln erprobte, als Silber und Gold. 26: Wenn der Papst nach Willkür urtheilen könnte, und den Werth der Werke der Frömmigkeit bestimmen, so würde die Grundlage der Fröm= migkeit der alten Väter zerstört werden, welche glaubten, daß man Gott dienen müsse in Heiligkeit und Gerechtigkeit alle Tage des Lebens, denn alsbann müßte man mehr dem Papste dienen. 27: Wenn der Papst nach Willkür entscheiden könnte, so wäre er nicht Christi, sondern Christus wäre sein Statthalter[3]), denn von sei= nem Willen hinge Christi Urtheil ab.

Mit diesen Thesen sind noch einige andere[4]) aus einer später folgenden Thesenreihe zu verbinden. Hier heißt es The= sis 14: Anders denkt das Volk über den Ablaß[5]), anders der Papst. Denn der Papst gewährt vollkommenen Nachlaß von

---

1) Schon in dem Sermon über den Ablaß, vor der Abfassung der Thesen, sagt Luther, daß Gott aus reiner Gnade umsonst Sünden vergebe, „nichts dafür begehrend, denn hinfürter wohl zu leben." Von den Thesen kann hier verglichen werden die erste: Da unser Meister und Herr Jesus Christus spricht: Thut Buße — will er, daß das ganze Leben seiner Gläu= bigen auf Erden eine stete oder unaufhörliche Buße seyn soll. Und die 4te: Währet derhalben Reu und Leid, das ist wahre Buße, so lang einer Misfallen an ihm selber hat, nämlich bis zum Eingang aus diesem in das ewige Leben.

2) Luthers Thes. 30: Niemand ist deß gewiß, daß er wahre Reu und Leid genug habe, viel weniger kann er gewiß seyn, ob er vollkommene Ver= gebung der Sünden bekommen habe.

3) Luthers Thes. 20: Derhalben meinet der Papst . . . die Pein allein, die er selbst hat aufgelegt.

4) Diese finden sich ebenfalls de Sacram. Poenit. p. 806—808.

5) Luthers Thes. 24: Darum muß der größere Theil unter den Leuten betrogen werden, durch die prächtige Verheißung ohn alle Unterscheide, dem gemeinen Mann eingebildet von bezahlter Pein. Vergl. Thes. 41.

der auferlegten Buße, das Volk versteht darunter einen ungehin=
derten Uebergang zur Seligkeit[1]).   15: Eine vollkommene Sün=
denvergebung kann niemand gewähren, der nicht auch einen voll=
kommenen Ablaß gewähren kann.   16: Einen vollkommenen Ab=
laß aber kann niemand geben, der nicht auch das geben kann,
was dazu erforderlich ist, nämlich Buße, Reue, Gnade, Liebe,
Reinheit des Herzens[2]).   20: Es gäbe nichts Anstößigeres in der
Kirche, als wenn die Bischöfe aus eigener Autorität befehlen
könnten.   Davor müßten sich Könige und Fürsten mehr fürchten,
als Herodes und die Römer vor Christo, da er geboren wurde.
22: Wenn der Papst in den Dingen, die rein göttlichen Rechtes
sind, nichts vorschreiben kann, nämlich über die Liebe gegen Gott,
so kann er auch nicht vorschreiben bei Strafe einer Todsünde,
daß seine Canones gehalten werden sollen.   Daher sind die Ca=
nones Zurechtweisungen und Rathschläge der Weisen[3]).   23: Der
Papst kann nicht bewirken, daß ein verdienstliches Werk nach
seiner Schätzung mehr gelte, als nach der Schätzung Gottes,
denn sonst wäre er nicht Christi Statthalter, sondern Christus der
seinige.

Außer dem bisher Entwickelten werden einzelne Seiten der
Ablaßlehre von Wessel noch genauer beleuchtet.   Die römische
Kirche stützte ihre Ablaßtheorie, wie wir gesehen[4]), noch auf be=
sondere Fundamente: auf das Dogma von dem Schatze guter
Werke, auf angebliche apostolische Institution, und auf die vor=
ausgesetzte Plenipotenz des Papstes, dem der Schatz der Kirche
zur Verwaltung anvertraut sey; alle diese Stützen sucht Wessel
gleich Johann von Wesel der römischen Lehre zu entreißen.
Wie Luther[5]) als den rechten wahren Schatz der Kirche das
heilige Evangelium der Herrlichkeit und Gnade Gottes bezeichnet,
so setzt Wessel den Schatz der Kirche in die Liebe[6]), und

---

1) Luthers Thes. 27: Die predigen Menschentand, die da fürgeben, daß,
sobald der Groschen in den Kasten geworfen klinget, von Stund an die
Seele aus dem Fegefeuer fahre.

2) Siehe die oben schon angeführte 23ste These Luthers.

3) Luthers Thes. 26: Der Papst thut sehr wohl daran, daß er nicht
aus Gewalt des Schlüssels (den er nicht hat), sondern durch Hülfe, oder
Fürbittweise, den Seelen Vergebung schenket.

4) B. 1. S. 221 ff.

5) In der 62sten unter seinen Thesen.

6) Beiden Männern, dem Wessel und Luther, ist übrigens der Be=
griff des Schatzes der Kirche nicht sowohl eine streng fixirte, als vielmehr
eine allgemeine Bestimmung, die in verschiedenen Beziehungen angewendet
werden kann.   Schatz ist das, was den höchsten Werth hat, am höchsten ge=
schätzt werden soll in der Christenheit.   So nennt Wessel die Liebe den
Schatz der Kirche, er nennt aber auch Gott selbst, den Vater, Sohn und
Geist, namentlich Christum als Erlöser der Menschheit so, denn durch Aner=

schließt nun so[1]): zum eigentlichen Schatze wird etwas nur durch
die Schätzung des Herzens, nur das, woran das Herz hängt,
ist ein Schatz; wem daher der Schatz der Kirche nicht innerlich,
an und für sich ein Schatz ist, dem kann er es nicht durch den
Papst werden; wer also an dem Schatze der Kirche theilnehmen
und dadurch bereichert werden will, der kann es nur durch Liebe
und durch stets wachsende Liebe; jeder andere Weg ist vergeblich.
Diesen Weg schlugen schon in der Thebais und sketischen Wüste
Antonius und Paulus ein, die nicht von ferne an die Machtvoll=
kommenheit des römischen Bischofs dachten, und doch befreit von
Sünde durch vollkommene Vergebung zu Gott hinüber gingen,
und nicht seliger hätten hinüber gehen können, auch wenn ihnen
der römische Bischof vollkommene Vergebung zugesichert hätte.
Jeder muß also selbst aus dem Schatze der Kirche schöpfen, der
Papst kann es nicht thun. „Aus dem Schatze der Kirche," sagt
Wessel[2]), „kann der Papst oder ein Concilium niemanden be=
reichern weder theilweise noch im Ganzen, außer den, welchen sie
vermögen im Gemüthe wieder herzustellen und mit Liebe zu ent=
flammen, so daß der wahre Schatz der Kirche auch ihm in Wahr=
heit ein Schatz wird. Wenn sie sein Gemüth nicht entflammen
können nach dem Besitz jenes Schatzes, so können sie ihm auch
den Besitz desselben nicht gewähren. Der Papst kann wünschen,
beten, betheuern, vertrauen, empfehlen, danken, vielleicht auch bis=
weilen durch Gebete etwas erlangen[3]), aber daß er mit Voll=
macht ausstatten oder regelmäßig befehlen könnte, das glaube ich
nicht... denn wer nicht würdig vorbereiten kann, der kann auch
nicht glorreich vollenden. Beides aber, wie es sich allein auf
Gott bezieht, geht auch allein von Gott aus." Dazu kommt, daß,
wenn auch ein Schatz der Verdienste im römischen Sinne vor=
handen wäre, doch der Papst nicht aus demselben eine Summe
von Verdienst auf einzelne Sünder übertragen könnte, weil Ver=
dienst wie Schuld etwas ist, was nur an der Person haftet, und
der Natur der Sache nach nicht übertragen werden kann. „Alle
Verdienste jeder Art," bemerkt Wessel[4]), „sind persönlich, nicht

---

kennung und Aneignung dieses Schatzes werden die Gläubigen in das Bild
Gottes und Christus in sie hineingebildet. Epist. de Indulg. Cap. 11.
p. 901. Luther macht zunächst das Evangelium als den wahren Kirchen=
schatz geltend Thes. 62, aber er sagt auch Thes. 56, die Schätze der Kirche
seyen nicht genugsam genannt noch bekannt, und bezeichnet namentlich Thes.
59 die Armen, so der Kirchen Glieder sind, als die Schätze der Kirchen.
   1) De Sacram. Poenit. p. 810 u. 811.
   2) De Sacram. Poenit. p. 810.
   3) Vergl. Luthers Tes. 26.
   4) De Commun. Sanctor. p. 815. Propos. 4.

für sich bestehend [1]), durch Gnade, nicht durch Recht begründet." Mit besonderer Beziehung darauf, daß die gewöhnliche Praxis auf der Vorstellung beruhte, die guten Werke und Verdienste der Geistlichen und Mönche könnten auf Andere übertragen werden, gibt Wessel zu bedenken, wie unwahrscheinlich es sey, daß die= jenigen, welche den Erfolg ihrer Gebete nicht mit Sicherheit be= stimmen können, sondern Gott überlassen müssen, fähig seyn sollten, von ihren Verdiensten und Belohnungen etwas an Andere mit= zutheilen; er meint, solche Brüder würden vorsichtiger handeln, wenn sie keinen Andern einsetzten, es möchte sonst weder für jenen noch für sie zureichen [2]). Auch findet er es sehr bedenklich für die Lage frommer Mönche, wenn es in der Willkür des Kloster= vorstehers stände, die Verdienste des Einen auf den Andern zu übertragen, was auch schon an sich gar nicht statt finden könne, weil der Vorgesetzte weder Herr, noch Richter, noch Depositär, noch Vertheiler der gemeinsamen oder besonderen Verdienste sey [3]).

Ferner leugnet Wessel, wie wir schon gesehen, den Ablaß als apostolische Einsetzung und ächte kirchliche Ueber= lieferung. Weder durch das Evangelium, behauptet er [4]), noch durch die Gewohnheit der Apostel ist dieser Gebrauch eingeführt und geheiligt. Erst seit der Stiftung des Jubeljahrs unter Bo= nifacius VIII, [5]) im J. 1300 wurde der Ablaß kirchliche Sitte. Wie konnte es aber geschehen, daß eine apostolische Tradition, wenn sie in der Art apostolisch wäre, daß sie zur Glaubensregel gehörte, 13 Jahrhunderte lang geschlummert hätte? Wenn die Apostel von Christo die Schlüsselgewalt und die Macht zu binden und zu lösen empfingen, so hat das eine andere Bedeutung, als der kirchliche Ablaß. Petrus und die andern Apostel hatten die Macht zu binden und zu lösen vermöge ihrer Dienstpflicht, nicht vermöge einer ihnen zukommenden befehlshaberischen Gewalt; sie konnten das Evangelium, die Geheimnisse der Gnade, die

---

1) . . . personalia sunt, non realia. Sie haben nicht eine selb= ständige Existenz, abgelöst von der Person. Aehnlich Johann von Wesel, s. B. 1. S. 241.
2) De Commun. Sanctor. p. 814.
3) De Commun. Sanctor. p. 815. Propos. 2. 3.
4) Epist. de Indulgent. Cap. VII. p. 889.
5) Bekanntlich wurden, nachdem das Ablaßwesen durch eine Reihe stufenweise fortschreitender Misbräuche eingeleitet war, die Kreuzzüge Haupt= veranlassung zur Ausbildung desselben. Indeß macht auch die Einführung des Jubeljahrs einen Abschnitt. S. B. 1. S. 237. Wessel tadelt deßhalb Bonifacius VIII. aufs strengste und führt das bekannte Wort über ihn an: Intravit ut vulpes, regnavit ut leo, defunctus ut canis. Außerdem eifert Wessel auch noch gegen andere Päpste, als Beschützer des Ablaßwesens, z. B. gegen Sixtus IV. Epist. ad Engelbert. Leid. de Purgat. p. 869.

Lehren des Heils mittheilen, und wer dieß Alles aufnahm, wurde frei von den Banden des Satans; aber es lag nicht in der Will=kür des Petrus, wen er wollte, von diesen Banden zu lösen oder an dieselben zu fesseln. Wie es nur Einen gibt, der mit dem heil. Geiste tauft, so gibt es auch nur Einen, der aus eigener Machtvollkommenheit bindet und löset. Mit welcher Macht sollte aber der Papst lösen, der selbst nicht einmal weiß, ob der Gelöste nun wirklich frei sey von den Banden des Satans, oder nicht? Denn wie kann er urtheilen über das, was er nicht kennt [1])? Wessel leugnet nicht, daß die, denen die Apostel Sünden vergaben, wirk=lich Sündenvergebung empfingen, aber er betrachtet diese Sünden=vergebung nicht als eine unmittelbare, sondern als eine vermit=telte. Den Sündern, welche die Wahrheiten des Evangeliums aufnahmen und den Ermahnungen der Apostel gehorchten, erließen dieselben ihre Sünden, nicht aus eigener Gewalt, sondern als Mitarbeiter Gottes [2]). In diesem Sinn erklärt Wessel auch das Wort Christi an Petrus: was du bindest auf Erden u. s. f. Es bezieht sich nur auf den Dienst des Glaubens und der Frömmig=keit von Seiten des Apostels, dem von Seiten der Menschen ein entsprechender Sinn begegnen muß: was er in dieser Art bindet und löset, das gilt auch im Himmel; was er aber auf anderm Wege zu binden oder zu lösen versuchen möchte, damit ist es nichts [3]).

Hieraus ergibt sich auch die Macht des Papstes und der Prälaten in Beziehung auf Ablaß und Excom=munication. Der Papst vermag nicht mehr zu thun in der Versöhnung der Seelen mit Gott, als in ihrer Entfernung von

---

1) De Sacram. Poenit. p. 771. Dasselbe findet sich von Wessel aus=gesprochen Epist. ad Engelbertum Leidens. p. 868. In einer andern Stelle de Sacramento Poenit. p. 772 fragt Wessel: was ist denn nun dem Petrus durch das Wort des Herrn gegeben? und antwortet darauf: Zweierlei: erstlich die Schlüssel des Himmelreichs, wodurch die Frommen zugelassen, die Gottlosen aber ausgeschlossen werden; diese Schlüssel sind aber auf ähnliche, wenn auch nicht gleiche, Weise allen Kindern Gottes ge=geben. Sodann die Pflicht des Hirtenamtes, durch deren treue Erfüllung doppelte Ehre erlangt wird. Dieses Hirtenamt bezieht sich aber bloß auf die Gemeinschaft der Getauften. Außerhalb derselben oder in Beziehung auf das, was zum unmittelbaren Verhältnisse des Menschen gegen Gott ge=hört, hat der Papst keinen Auftrag von Christo empfangen, sondern nur in dem, was vermöge des äußeren Verkehrs der christlichen Gemeinschaft den Prälaten bekannt werden kann. — Der Papst hat aber, wie Wessel weiter=hin S. 773 bemerkt, nur so viel Macht, als er schöpft aus seiner Aehn=lichkeit mit Petrus. So weit er in seinen Handlungen durch den heil. Geist in Weisheit und Liebe getrieben wird, soweit hat er die Schlüssel des Him=melreichs und nicht mehr.

2) Epist. ad Engelbert. Leid. p. 868.

3) . . . nihil est, quod facit. Epist. de Indulgentiis p. 892.

Gott; darin vermag er aber nichts, als durch das Gericht äußer=
lich auszuschließen [1]), oder durch den Ablaß von den Kirchenregeln
und Kirchenstrafen zu entbinden. Mit Gott aber versöhnen und
von ihm entfernen kann nur der einfache Gebrauch oder Mißbrauch
des Glaubens, der Liebe und der Hoffnung. Wer mit Gott durch
Gnade und Liebe versöhnt ist, wird es nicht noch mehr durch die
Anerkennung des Papstes, noch wird jemand durch die Excommu=
nication des Papstes weiter von Gott entfernt, als er es inner=
lich ist. Es kann dem Papste nicht gestattet seyn, jemanden zu
einem noch größeren Sünder zu machen [2]). Ein treuer und wei=
ser Diener handelt nur im Sinne seines Herrn, und was er dann
thut, erkennt auch der Herr an. So gilt denn auch im Himmel,
was ein treuer und weiser Diener Gottes lobt und billigt, oder
tadelt und verabscheut. Dazu bevollmächtigt ihn nicht die Würde
seines Amtes, sondern die durch den heil. Geist ins Herz gegos=
sene Liebe; die Geltung seiner Urtheile entspringt nicht aus seiner
Autorität, sondern aus der Uebereinstimmung mit der lösenden
und bindenden Gerechtigkeit Gottes. So viel man mit dieser
übereinstimmt, nimmt man an ihrer Autorität Theil. Das Ur=
theil der Menschen geht nicht voran, sondern es folgt. Christus
deutet dieß ja auch an, indem er sagt: Nehmet hin den heil.
Geist; wem ihr die Sünden vergebt, dem sind sie vergeben —
als ob er noch bestimmter sagen wollte: Wem ihr vermöge des
heil. Geistes die Sünden vergebt, dem sind sie vergeben [3]) . . . .
Dazu gehört aber nicht nothwendig die bischöfliche Autorität; die
feurige Liebe eines treuen und bescheidenen Gerechten vermag
ebenso viel [4]); ja das weibliche Geschlecht ist nicht einmal ein
Hinderniß: eine treue, weise Dienerin, in deren Herz die
Liebe Gottes ausgegossen ist, kann auch übereinstimmend mit dem
göttlichen Urtheile denken und bestimmen [5]). Dagegen wer vom
heil. Geiste, also von der rechten Liebe und Weisheit, nicht erfüllt
ist, und wenn es der Papst wäre, dessen Urtheil gilt nichts.
„Der fleischliche Mensch kennt nicht, was eine Sache der heiligen
Liebe ist; daher kann er es auch nicht beurtheilen. So ist es in

---

1) . . . foris ad oculum separare, z. B. von einem ehrlichen Be=
gräbniß.
2) De Sacram. Poenit. p. 773 u. 774.
3) De Sacram. Poenit. p. 774.
4) Hier erinnert Wessel mehr an den Standpunct der Brüder vom
gemeinsamen Leben, welche die Laien soviel wie möglich religiös zu be=
thätigen suchten, und bei denen es mit dem gegenseitigen Bekenntnisse zu=
sammenhing, daß Einer den Andern in Betreff seiner Sünden beruhigte.
S. oben S. 111 f.
5) De Sacram. Poenit. p. 774 u. 775.

Beziehung auf das Urtheil der Kirche und der Kirchenvorsteher: weil sie oft fleischlich, sinnlich, weltlich, ja teuflisch sind, und doch ihr Amt verwalten, wie geistliche und gotterfüllte Männer, so ist klar, daß die Excommunicationen und Indulgenzen sich nicht er= strecken auf das, was eine Sache der Huld und Liebe ist, son= dern bloß auf den äußeren Frieden und die Ruhe der Kirche. Daher sind die Indulgenzen nur Erlassungen der Strafen, die ein Kirchenoberer auferlegt hat oder überhaupt auferlegen kann; Excommunicationen aber sind Ausscheidungen von dem körperlichen Zusammenleben und der äußeren Gemeinschaft. Denn von der geistigen Gemeinschaft derer, die Gott fürchten und lieben, kann niemand ausschließen, außer allein Gott [1]."

Hierzu kommt noch dieß. Das Maaß der Sündenvergebung bestimmt sich nach dem Maaße der Liebe; mithin kann nur der Sündenvergebung bewirken, welcher die Liebe erhöht und zur Vollendung führt [2]. Wie die Armuth nur aufhebt, wer reich macht, und die Blindheit, wer sehend macht, so vergibt nur der viele Sünden, der viel lieben macht; das kann aber weder der apostolische Stuhl, noch ein Concilium, noch die katholische Kirche durch Indulgenzen [3]. Gleicherweise ist die Liebe Maaßstab der Theilnahme an der Gemeinschaft der Heiligen. Also auch zu dieser kann der Papst niemanden aus eigener Vollmacht hinzu= bringen; er kann es nur, wie die Apostel, durch treuen Dienst am Evangelium [4]. Petrus, der erste Papst, hat den einzigen rechten Weg zum Eingang in das Reich Gottes gezeigt durch die zehn Stufen der Abwendung von der Welt, des Fleißes in gott= gefälligem Leben, des Glaubens, der Tugend, der Bescheidenheit, Mäßigkeit, Geduld, Gottseligkeit, der brüderlichen Liebe und der allgemeinen Liebe [5]. Hiermit scheint der heil. Geist gerade durch Petrus prophetisch die Indulgenzen verworfen zu haben. Diese Bulle, nicht des heil. Petrus, sondern des heil. Geistes selbst, durch Petrus publicirt und durch die Kirche kanonisch aufgenom= men, ist die einzige ungezweifelte, welche wahrhaft und vollkommen Ablaß gewährt [6].

---

1) De Sacram. Poenit. p. 781 u. 782. Aehnlich Joh. von Wesel, f. B. 1. S. 274.
2) Epist. de Indulg. Cap. 14. p. 909. Peccata nemo dimittit, nisi contrarias virtutes efficaciter infundat, sicut nemo caecitatis in-commoda tollit, nisi qui visum et visus perfectionem donat.
3) De Sacram. Poenit. p. 798 u. 799.
4) De Commun. Sanctor. p. 811.
5) 2 Petri 1, 4—8.
6) De Commun. Sanctor. p. 811 u. 812. Damit übereinstimmend Epist. de Indulgent. Cap. 6. p. 885 u. 886, wo Wessel am Schlusse

Außer der Liebe liegen die wesentlichen Merkmale der Sün=
denvergebung in der Zerknirschung des Herzens und in der Bes=
serung. Die Zerknirschung, wenn sie vollkommen ist, bedarf keiner
päpstlichen Bulle; ist sie aber nicht vollkommen, so kann sie es
durch den Papst nicht werden; die päpstliche, um vollkommen
zu seyn, bedarf dieser, diese aber, wenn sie vollkommen ist, be=
darf der päpstlichen nicht [1]). Von Allem aber ist das sicherste
Zeichen der Sündenvergebung, Gutes zu thun und Böses zu
dulden. Dieses Zeichen ist sicherer als eine besiegelte Bulle,
gesetzt auch der Papst hätte sie mit eigener Hand und vollkom=
mener Ueberzeugung von der Fülle seiner Gewalt unterschrieben [2]).
Für beides beruft sich Wessel auf die Autorität Gersons, der
auch schon gelehrt habe, daß der Papst keine andere Strafe er=
lassen könne, als die er aufzuerlegen vermag, und daß nur der
hohe Priester Christus (er schließt also den römischen Priester aus)
mit dem Vater und dem heil. Geiste vollkommene Sündenver=
gebung gewähre [3]).

Die Grundsätze Wessels über den Ablaß hängen genau zu=
sammen mit seiner Ansicht vom Fegefeuer, dem letzten Haupt=
puncte, in dem sich seine reformatorische Denkweise ausspricht,
und den wir sofort zu betrachten haben.

3) Von dem Zustande nach dem Tode, namentlich vom Fegefeuer.

Das, was sich bei unserm Wessel über die Lehre von den
letzten Dingen findet, bezieht sich vorzugsweise auf das Dogma
vom Fegefeuer. Dazu veranlaßte ihn seine reformatorische
Tendenz. Indeß ruhte auch hier seine Polemik wesentlich auf
positivem Grunde und war ganz aus diesem hervorgewachsen.
Wessel war nicht nur von dem zuversichtlichsten Glauben an
ein ewiges Leben durchdrungen, sondern hatte auch von dem
Zustande vollkommener Seligkeit einen sehr erhabenen Begriff.
Das irdische Leben schien ihm nur eine Todesnacht gegen den
herrlichen Tag der Ewigkeit. „Denn wie soll uns der Herr zum
Leben erwecken," sagt er [4]), „wenn nicht dieses gegenwärtige
Leben im Glauben eine Art Tod ist, verglichen mit dem zweiten
Leben? Das Licht der Lampe ist eine Art Licht, aber es ist
Finsterniß im Vergleich mit dem aufgehenden Morgensterne; so

---

sagt: Aliquid igitur invenitur in Scripturis de plenariis Indulgentiis,
licet non secundum usitatum hodie morem in populo.
1) Epist. de Indulgent. Cap. 4. p. 884.
2) Epist. de Indulg. Cap. 4. p. 883.
3) Epist. de Indulg. Cap. 3. p. 881.
4) De Sacram. Eucharist. Cap. 28. p. 703.

ist auch das Licht des aufgehenden Morgensternes dunkel gegen den anbrechenden Tag, und der anbrechende Tag dunkel gegen die aufgegangene Sonne. Der letzte Tag aber (die höchste selige Vollendung) wird von dem vollkommensten Lichte seyn, und, wenn wir zu diesem erwachen, werden wir vom Tode aufer= stehen[1]." Aber gerade aus der Idee höchster Vollendung in einem ewigen Leben ergab sich für Wessel die Ueberzeugung von der Nothwendigkeit eines Mittelzustandes, durch den jeder aus diesem unvollkommenen Daseyn Austretende hindurch= gehen müsse. Es ist überall eine naturgemäße Entwickelung, ein stetiger Fortgang; dem Tage muß die Morgenröthe vorangehen, die Pflanze erwächst nur aus dem Keime: so muß auch die Seele von einer Stufe des Lichtes zur andern fortschreiten und der Keim des Glaubens, der jetzt wie ein Senfkorn im Gemüthe ruht, kann nur nach und nach seine ganze Fülle entwickeln und seine ganze Größe erreichen[2]. Dieß führt auf den Begriff eines fortbil= denden, läuternden Mittelzustandes zwischen irdischer Unvollkommen= heit und himmlischer Vollendung, und das ist im Sinne Wessels das Fegefeuer.

Seine Gedanken darüber sind im Wesentlichen folgende[3]. Er unterscheidet das Reinigungs= oder Fegefeuer vom Straffeuer. Das Reinigungsfeuer, welches für die bestimmt ist, die in dem Herrn entschlafen, aber noch nicht vollkommen fehlerfrei und der Theilnahme an der höchsten Seligkeit noch nicht fähig sind, ist nicht eigentlich ein Zustand der Strafe, vielmehr schon eine niedrige Stufe der Beseligung, welche dem Zustande der ersten Eltern im Paradiese gleichkommt, ja denselben in mancher Beziehung über= trifft. Das Paradies kann daher auch als Fegefeuer bezeichnet werden. Positiver äußerer Strafen, sinnlichen Feuers, bedarf es hierbei nicht, sondern das läuternde Feuer ist wesentlich ein in=

---

1) Vergl. eine ähnliche Stelle in der Biographie S. 338. zweite An= merkung.

2) Diese Gedanken sind schön entwickelt in der Epist. de Indulg. Cap. 13. p. 906, wo es unter Anderm heißt: Hanc seriem ducatus ani- marum a lumine lucernae praesentis exsilii, quo pusilla sapientia fidei nostrae sicut granum sinapis est, et velut parvum centrum, quod crescere aportet in illam coelestis globi immensitatem, uni- versum processum et felix animarum incrementum usque ad orien- tem solem, purgationem puto . . . Semper uti tunc (in paradiso) ita nunc oportebit purgari per lumen surgentis aurorae et adspi- rantis diei, donec perfecta lucentes Dei sapientia et perfecta chari- tate Dei ardentes, digni Deo videndo judicentur.

3) Wessel hat mehreres Einzelne über das Fegefeuer geschrieben; seine verschiedenen Betrachtungen, Thesen, Briefe, die sich darauf beziehen, finden sich unter der Ueberschrift de Purgatorio beisammen in der gröninger Ausgabe der Werke, S. 826—863.

neres, geistiges. Wessel versteht darunter Gott selbst, Christum und sein Evangelium, insofern sie reinigend und heiligend auf den Menschen wirken, besonders aber den Schmerz, durch eigene Schuld von der höchsten Seligkeit, dem Anschauen Gottes, aus= geschlossen zu seyn, und die liebevolle Sehnsucht nach Gott. Die feurige Liebe zu Gott und Christo brennt denjenigen, welcher der vollen Gemeinschaft mit ihnen noch nicht gewürdigt ist. Je mehr aber diese Liebe den Menschen durchglüht, desto mehr läutert sie ihn, desto mehr wird auch die Liebe selbst erhöht und die Sehn= sucht gemindert, desto mehr hört die innere Qual, das geistige Feuer auf, bis der Mensch in der Liebe vollkommen ist und dann zur höchsten Seligkeit, zum Anschauen Gottes übergeht.

Diese Gedanken sind im Einzelnen zu entwickeln. Wessel will seine Lehre über das F e g e f e u e r durchaus n u r n a c h d e r S c h r i f t bilden, protestirt förmlich gegen Alles, was derselben widersprechen möchte, und verspricht, jede Abweichung, sobald er davon überzeugt würde, zu widerrufen, so daß er wenigstens nicht verdammlich irren könne [1]. Die Hauptstelle der Bibel, auf die er sich stützt, ist 1 Corinther 3, 11 — 13, wo der Apostel sagt: einen andern Grund könne niemand legen, als Christus, das Feuer aber werde eines jeglichen Werk erproben, ob es auf diesen Grund gebaut sey oder nicht. Hieraus leitet Wessel folgenden B e g r i f f ab [2]: „Das Fegefeuer ist dasjenige, welches die Flecken des inneren Menschen, die auch den vom Leibe Geschiedenen noch begleiten, vielmehr reinigt als bestraft. Das Feuer, sage ich, welches den Schmutz verzehrt, d. h. die Sünden: weil der innere Mensch keine andern Flecken haben kann. Diese Flecken des gei= stigen Lebens erprobt nach dem Apostel das Feuer, wenn es schei= det und in feurigem Eifer Holz, Heu, Stoppeln verzehrt, bis zu= letzt auf den einzigen wahren und allein festen Grund, Jesus Christus, nichts Anderes mehr gebaut ist, als Silber, Gold, kost= bare Steine, so daß dann der ganze Bau zusammengefügt wächst zu einem heiligen Tempel in dem Herrn. Man muß also durch dasselbe heilige Feuer zu einem Tempel wachsen, wodurch man von schlimmem Leben und Lieben gereinigt wird. Dieß ist nicht sowohl die Meinung Augustins [3], als vielmehr des Apostel Pau= lus [4]. Dadurch wird diese meine Ueberzeugung bestätigt, so daß, wenn auch ein Engel vom Himmel etwas Anderes verkündete, als wir empfangen haben, man ihm nicht glauben müßte. Denn

---

1) De Purgatorio p. 530.
2) De Purgat. p. 529.
3) De Civit. Dei XXI, 26.
4) 1 Cor. 3, 11—13.

ich denke, daß die Aussprüche der Väter mehr tropisch zu nehmen
sind, als eigentlich, wenn sie etwas von dieser Meinung Abwei=
chendes zu lehren scheinen. Offenbar ist es aber, daß fast alle
Worte des Apostels tropisch gebraucht sind, wenn er sagt: Holz,
Heu, Stoppeln, Silber, Feuer, Grund und darauf gebaut. Nur
zwei Worte wendet er an, die das Parabolische erklären: Chri=
stus nämlich und erproben. Durch diese beiden Ausdrücke sind
wir veranlaßt, das ganze Gleichniß von körperlichen Dingen auf
das geistige Verständniß des inneren Menschen zu beziehen. Da=
her ist hier nicht die Rede von wirklichem Holz, Heu, Stoppeln
u. s. f. Christus ist das Fundament, das Abbild Christi (im
Menschen und der Menschheit) ohne Flecken oder Runzel ist das
darüber aufgeführte Gebäude, und wenn nicht der Eifer der glühen=
den Liebe alle Flecken und Runzeln des lauen Zustandes hinweg=
brennt, so wächst nie jener begonnene Bau zu einem Tempel, der
würdig wäre, daß Gott ihm einwohne. Hieraus wirst du leicht
meine Ansicht entnehmen, und dieselbe vergleichen können mit der
gemeinen Meinung und dem Gerede des schwankenden, leichtgläu=
bigen Pöbels [1]."

Die Vorstellung Wessels vom Fegefeuer ruht auf der
Ueberzeugung von der sittlichen Entwickelung des Menschen auch
nach dem Tode und von verschiedenen Stufen der Se=
ligkeit, welche dem Fortschritte der sittlichen Zustände entspre=
chen. Diese Ueberzeugung, die er auch aus dem Nominalis=
mus zu stützen sucht [2]), spricht er mehrfach aus, unter Anderm
so [3]): „Es gibt Grade in der Seligkeit derer, die Gott schauen;
warum nicht auch Grade in der Heiligkeit? und wer weiß, wel=
ches die Stufe der vollendeten Heiligkeit seyn wird?" Einen nie=

---

1) Auch Luther, der die Lehre vom Fegefeuer frühe verwarf, will
von einem Beweise dafür aus der Stelle 1 Cor. 3, 12 ff., wie ihn z. B.
Eck geführt hatte, nichts wissen; allein er gibt der Stelle eine andre Be=
ziehung als Wessel: nicht auf innerliche Läuterung, sondern auf das jüngste
Gericht. S. Luthers Brief an Spalatin vom 7ten Nov. 1519, Th. 1.
S. 366, wo es heißt: Verba Pauli clara sunt, quod dies Domini opera
cujusque probabit. „Qui dies, inquit, in igne revelabitur." Unde
vel insanus videt, quod verba Pauli loquuntur de *die extremi judicii*,
in quo mundus ardore solvetur, et non nisi vi aut figura (quae nihil
probat) ad *purgatorium* trahi possunt. Und am Schlusse: Hoc est
certum, neminem esse haereticum, qui non credit esse purgatorium,
nec est articulus fidei, cum Graeci illud non credentes nunquam
sint habiti ob hoc pro haereticis, nisi apud novissimos haeretican-
tissimos haereticantes.

2) De Indulgent. Cap. XIII. p. 907: Facilius haec, vener. Magister, intelligunt, quibus non ignota sententia *Nominalium*, de
gradus ad gradum intensione etc.

3) De Purgat. p. 849.

brigeren Grad der Seligkeit bildet nun auch schon das Fegefeuer. Die Seligkeit dieses Grades besteht negativer Weise darin, daß die im Fegefeuer Befindlichen „herausgeführt sind aus dem Kerker der Gefangenschaft, befreit von dem Körper des Todes, erlöst von dem Fleische der Sünde, entrissen den Bedrängnissen der Gebrechlichkeit und den Nachstellungen des Verführers[1];" positi= ver Weise darin, daß die Abgeschiedenen das göttliche Willens= gesetz vollständiger und bereitwilliger vernehmen, und mit höherer Kraft begabt sind, es zu erfüllen. „Die Todten," sagt Wessel[2], „wachsen in hellerem Glauben, zuversichtlicherer Hoffnung und feu= rigerer Liebe, deßhalb befreit von dem gebrechlichen Körper, damit sie desto schneller die vorgezeichnete Kampfbahn durchlaufen, in= dem sie mit großen Schritten zur Vollendung eilen. Und dieses oder noch Herrlicheres will Paulus von den Verstorbenen geglaubt wissen, wenn er sagt[3]: Ihr sollt wissen von den Entschlafenen, damit ihr nicht trauert; als ob er sagte: wenn ihr wüßtet, wie es um jene steht, so würdet ihr nicht trauern; sie sind also in einem solchen Zustande, über welchen wir uns freuen würden, wenn wir ihn kennten; also in einem keineswegs elenden Zustande, nicht unter der Ruthe des Peinigers[4], oder in dem Feuer, das bereitet ist dem Teufel und seinen Engeln, sondern unter der Er= ziehung eines Vaters, der sie bildet und sich über ihren täglichen Fortschritt freut; sie selbst aber sind bei ihrem raschen Fortschrei= ten, feurigen Hoffen und dürstenden Verlangen unwillig über sich, daß sie nicht noch mehr entbrannt sind." Das Reinigungsfeuer, als Zustand beginnender Seligkeit, ist also wesentlich zu unter= scheiden von dem Straffeuer der Unseligkeit. „Jenes Feuer, das eines jeden Werk erprobt wird, wird nicht sowohl strafend seyn, weil es ja sonst nicht prüfend wäre; es kann also auch kein kör= perliches Feuer seyn, von dem Paulus spricht, denn dieses ver= möchte die geistigen Unterschiede des Erkennens und Wollens nicht zu scheiden, zu billigen oder zu verwerfen[5]." Und noch bestimmter in folgender Stelle[6]: „Ich wundere mich über die gemeinsame Unachtsamkeit der Lehrer unserer (der nominalistischen) Schule, die sich nicht durch die Autorität der Lehrer der ersten Kirche be= wegen lassen, welche doch das Reinigungsfeuer vom Straffeuer

---

1) De Purgat. p. 837, wo ein eigenes Capitel handelt de *felici* statu animarum in purgatorio.
2) De Purgat. p. 833.
3) 1 Thessal. 4, 13.
4 . . . sub virga lictoris.
5) De Purgat. p. 834.
6) De Indulgent. Cap. XIII. p. 908, und damit übereinstimmend de Purgat. p. 850.

unterscheiden. Gregorius von Nazianz nennt das ein Rei=
nigungsfeuer, welches der Herr Jesus auf die Erde brachte, und
wollte, daß es brenne [1]). Und dieses muß geistig seyn, weil es
die geistigen Flecken der unvollkommenen Weisheit, des unvollkom=
menen Urtheils über Gott und der unvollkommenen Gerechtigkeit
reinigen soll; was auch Paulus andeutet, wenn er sagt, jenes
Feuer werde prüfen: denn wenn es prüft, so erkennt es auch,
wie eines jeden Werk war. Das Straffeuer aber nennt er jenes,
welches bereitet ist dem Teufel und seinen Engeln."

Schon hier ist es gesagt, aber Wessel spricht es auch sonst
noch sehr bestimmt aus, daß das F e g e f e u e r nur e i n i n n e r =
l i c h e s und g e i s t i g e s sey. Zwar kann auch sinnliches Feuer
und sinnliche Pein reinigend wirken, aber diese Wirkung ist dann
nur eine zufällige [2]). Das wahre Fegefeuer muß wesentlich und
durch sich selbst reinigend, also, da die Reinigung eine sittliche ist,
nothwendig eine geistige Kraft seyn. Wessel schreibt in der Ab=
handlung über den Ablaß [3]) an Hoeck: „Du sagst von wahrhaft
reuevollen Verstorbenen, daß sie, mit dem päpstlichen Ablaß ver=
sehen, alsbald (in den Himmel) aufflögen. Es wundert mich, daß
du, ein so gelehrter Mann, nicht gedacht hast an jenes furchtbare
geistige Feuer, wovon A u g u s t i n [4]) spricht, welches durch geistige
Prüfung eines jeden Werk erproben und Heu, Holz, Stoppeln d.
h. jede falsche Liebe verbrennen wird. Offenbar und anerkannter=
maaßen ist ja jener Grund, von dem Paulus spricht, ein geisti=
ger, und was darauf gebaut wird, Silber, Gold u. s. f. kann
demgemäß nicht körperlich seyn, sondern geistig; wenn nun diese
sieben Dinge geistig sind, wie unsinnig verfahren die Leute, daß
sie das achte, das Feuer, welches die Werke des inneren Menschen
erproben soll, als etwas Körperliches träumen!" Nehmen wir
hierzu, was Wessel unter der eigentlichen Reinigung versteht, näm=
lich, da die Unreinheit in der Unvollkommenheit der Liebe besteht,
das Wachsen in der Liebe [5]), das Gott ähnlich und durch die Liebe

---

1) Vergl. meinen G r e g o r von N a z i a n z S. 505.
2) De Purgat. p. 833: Item de purgatorio dicit M. Wesselus,
sensibiles poenas non esse per se purgatorias, quemadmodum caeci-
tatem, si decem millia collyriorum adhibeas, nihil purgat, nisi redi-
tus visus: ita sordes animae discedentis nihil per se, nisi crescens
amor Dei purgat. — Und de Purgat. p. 835: Unde hic vere purgans
ignis est per se, licet ignis materialis per accidens purgatorius esse
possit.
3) De Indulgent. Cap. XIII. p. 904.
4) Sermo 112. de Civit. Dei Lib. XXI. Cap. 26.
5) Vergl. L u t h e r s Thes. 17: Es scheinet, als müsse im Fegefeuer,
gleich wie die Angst und Schrecken an den Seelen abnimmt, also auch die
Liebe an ihnen wachsen und zunehmen.

mit ihm vereinigt werden [1]), so werden wir die weiteren Bestim=
mungen Wessels über das, was eigentlich das Fegefeuer ist, ganz
natürlich finden. Das Fegefeuer ist ihm nämlich zuerst Gott
selbst, und demnächst Christus und sein Evangelium; in=
sofern dieß Alles reinigend auf den Menschen wirkt. „Welches
ist also jenes Feuer?" spricht Wessel [2]), „wenn nicht das verzeh=
rende Feuer, welches Gott selbst ist, der die Nieren brennt und
verzehrt und alles Gold läutert ... der Gott, der Herzen und
Nieren prüft. Jenes reinigende Feuer ist also eins mit dem
Grunde, der gelegt ist. Wenn auf dieses Feuer und dieses zu
Verbrennende unsere Ablaßmänner (Indulgentiarii nostri) ge=
hörig merken wollten, so würden sie nicht so unbedachtsam nach
dem Tode eine vollkommene Sündenvergebung und Straflosigkeit
verheißen, denn sie würden wissen, daß die Prüfung durch jenes
Feuer nothwendig ist, wie nach einem unvermeidlichen Tode ein
gerechtes Gericht." Schon in dieser Stelle ist unter dem Grunde,
der gelegt ist, Christus angedeutet, noch ausdrücklicher wird der=
selbe von Wessel als reinigende Kraft bezeichnet, wenn er frägt [3]):
„Durch wen soll man gereinigt werden, außer durch den Lieben=
den und den Meister der Liebe und das erste Vorbild der brüder=
lichen Liebe?" Damit fällt dann zusammen, daß Wessel auch
das Evangelium Christi als das einzige, wahre, treffliche Reini=
gungsfeuer characterisirt [4]). Besonders aber findet er das Fege=
feuer in der Liebe zu Gott und Christo, die dadurch, daß sie von
der vollkommenen Gemeinschaft mit ihrem Gegenstande noch ge=
schieden ist, etwas Peinigendes [5]), aber zugleich, indem sie die

---

1) De Purgat. p. 836: Unde adsimilari Deo, et per amorem
uniri, purgari dico: et impurum voco, non perfecte amare. In amore
crescere, id vere purgari est. Wessel unterscheidet auch hier Reinigung
wesentlich von Strafe und sagt, wenn beides identisch wäre, so würde fol=
gen, daß der Teufel am meisten gereinigt würde, weil er am meisten ge=
straft wird. Uebrigens setzt Wessel auch die Hölle mehr in eine innere
Strafe und Selbstqual, als in eine äußere positive. Scal. Medit. Exempl.
I. p. 351 spricht er von dem inneren Kampfe und den unmächtigen
Bestrebungen der Dämonen und sagt dann: Non jam externus eos
inimicus oppugnat; *sed ipsi se ipsos urunt*, et quem possunt
miseri suae calamitatis incusare auctorem? Ipsum superbum illorum odium rectissimo illorum judicio ignis est. *Ipsi se ipsos* volen-
tes excruciant. Auf ähnliche Weise denkt Origenes die Sache, und
Byron legt dem Herrn die Worte an einen bösen Geist in den Mund:
„Vernimm den Spruch, den ich dir fälle: dir selbst zu seyn die eigne Hölle."
2) De Purgat. p. 835.
3) De Purgat. p. 862.
4) De Purgat. p. 846. Thes. 33: Quod Christi Evangelium est
solum, verum, praecipuum purgatorium.
5) De Purgat. p. 849. Thes. 35: Hunc flagrantis animae ardorem
et amaritudinem ego puto verum, postremum, et perfectissimum

Seele durchglüht, etwas Läuterndes hat, und deßhalb selbst immer zunimmt, bis sie zuletzt der Vereinigung mit Gott und Christo ge= würdigt wird und so das Fegefeuer in der Seele sich selbst ver= zehrt und aufhebt. Diese Gedanken finden sich in folgenden Stellen: „Je mehr der Büßende liebt, desto mehr ist die Erwar= tung (der völligen Gemeinschaft mit Gott) für ihn eine Strafe, die nicht erst über ihn verhängt zu werden braucht, sondern von Natur sich einfindet, weßhalb sie auch weder der Papst noch ir= gend ein Kirchenvorgesetzter aufheben kann. Und wenn jene Strafen, wie Gott fürchten, sich nach ihm sehnen, nach Gerechtig= keit hungern und dürsten u. s. f., wenn, sage ich, schon jene Strafen höchst wirksam zur Reinigung sind, wozu noch andere suchen? da doch ohne diese alle andern unnütz wären [1].“ So= dann: „Die Liebe wird durch nichts gereinigt, als durch die Zu= nahme [2] der Liebe; daher, welche Pein sie auch erdulde, wenn sie nicht zunimmt, wird sie nicht gereinigt. Unser bester und frömm= ster Herr Jesus hat tausend Qualen ertragen, ohne dadurch ge= reinigt zu werden, (weil er es nicht bedurfte). Der Lucifer wird ewige Qualen ertragen und wird nicht gereinigt werden. Die Pein also reinigt bloß zufälliger Weise; an und für sich aber reinigt nur die wachsende Liebe Gottes und Christi.“ Endlich bezeichnet es Wessel als ein zwiefaches Feuer, daß sich der noch nicht ganz Geläuterte als Unwürdiger ausgeschlossen weiß von der Gemeinschaft mit Gott und doch eine unbefriedigte Sehnsucht dar= nach hat; daher sagt er [3]: „Dieses doppelte Feuer nenne ich in Wahrheit das Fegefeuer des inneren Menschen, welches das Herz reinigt, bis der Mensch mit reinem Herzen Gott schaut, ein Feuer, welches stärker quält, als alles körperliche Feuer und aller körper= liche Tod, je mehr es aus feuriger Sehnsucht des Verlangenden hervorgeht.“

Obwohl nun das Fegefeuer vorzüglich in dieser läuternden Sehnsuchts= und Liebesqual besteht, die, weil mit Schuldbewußt= sein verbunden, relativ den Charakter der Strafe hat, so ist es doch nicht eigentlicher Strafzustand, sondern die er ste Stufe der Seligkeit, denn es gewährt Befreiung von den irdischen Leiden und Schranken, es ist schon ein paradiesischer Zustand;

---

purgatorium. Sodann p. 859: Primo quidem (sponsa Dei) purganda per ardentem et exurentem ignem charitatis etc.

1) De Purgat. p. 833.

2) Die gröninger Ausgabe hat hier zwar argumentum charitatis, aber offenbar ist die Lesart der älteren Ausgabe der Farrago rer. theolog. nämlich augmentum sowohl wegen des Sinnes, als wegen des folgenden augeatur vorzuziehen. Die Stelle findet sich übrigens de Purgat. p. 838.

3) De Purgat. p. 840.

und zwar dachte Wessel hier nicht bloß an die subjective Seelenbeschaffenheit, sondern er verlegte auch, hier an Dante erinnernd,
bei welchem das Paradies wenigstens den Gipfel vom Berge
des Purgatoriums einnimmt, den Ort des Fegefeuers in das
Paradies. Den Grund dazu fand er theils in der Vergleichung
zwischen den ersten Eltern und dem in der Besserung begriffenen,
aber doch im Augenblicke des Todes noch nicht ganz geheiligten
Sünder, theils und hauptsächlich in dem Ausspruche Christi an
den reumüthigen Verbrecher: heute wirst du mit mir im Paradiese seyn. Auf die Frage: welches ist der angemessenste Ort
zur Reinigung der Liebe, also der Ort des Fegefeuers? antwortet Wessel [1]: „Nicht der Himmel, in welchen nichts Unwürdiges,
Schwaches oder Eitles eingehen kann; nicht der Kerker der Gefangenen (die Hölle), denn die Liebe wird genährt und wächst
durch Freiheit; der angemessenste Ort für diese Reinigung ist
vielmehr das Paradies, welches anfänglich der ursprünglichen
Gerechtigkeit (justitia originalis) verliehen war und dem Schächer
verheißen wurde, der eines gottgefälligen Todes gestorben, der,
für immer befestigt, nicht wieder zum Schlimmen verführt werden
konnte und schon viel gereinigter war als Adam und Eva, die
noch nicht befestigt waren im Wohlwollen gegen die Brüder und
in der Liebe Gottes, denn durch ein gereinigtes Wohlwollen gegen die Brüder geht der Weg zur Liebe (Gottes)." Diese Ansicht
entwickelt Wessel auch mehrfach in kurzen Thesen [2], aus denen
ich das Wesentliche zusammenfassen will: „Wenn es vom Menschen heißt, er sey nach dem Bild und der Aehnlichkeit Gottes
geschaffen, so gilt dieß bloß vom inneren Menschen. Ebenso ist
dieses Bild auch im Engel, wie denn auch die Bestimmung beider
dieselbe ist. Das Bild, die Aehnlichkeit mit Gott, wird nicht
vollkommen, außer durch vollkommene Vereinigung, so daß der
Mensch, seinem göttlichen Urbild anhängend, ein Geist mit ihm
wird. Zu diesem Zielpunct ist aber für den Menschen und Engel
der Weg verschieden, und verschieden auch die Kraft, denselben zu
durchlaufen. Die Ureltern im Paradiese waren noch weit von
der innigen Gemeinschaft mit Gott entfernt, in der die Engel
stehen. Diesem Ziele mußten sie sich fortschreitend annähern.
Dazu war ihnen das höchste Gebot (der Liebe) ins Herz geschrieben.
In diesem Zustand ursprünglicher Gerechtigkeit war aber noch
viel Unvollkommenes, also auch viel zu reinigen. Ihr Reinigungsort war das Paradies. Die Nachkommen der ersten Eltern, die

---

1) Epist. de Purgat. p. 862—863.
2) De Purgat. p. 830—833. Ferner p. 845—848. Endlich p. 860.

eines gottgefälligen Todes sterben, sind befestigt in der Gnade, also gereinigter und heiliger als Adam und Eva in. dem Zustand ursprünglicher Gerechtigkeit. Maria Magdalena stand der Aehn= lichkeit mit Gott und der Möglichkeit einer Vereinigung mit ihm näher, als Adam und Eva im Paradiese. Für sie und solche, die von gleicher Seelenbeschaffenheit sind, kann also der Ort und Zustand der Reinigung kein geringerer seyn, als das P a r a d i e s, ja sie sind dessen noch würdiger, als die ersten Eltern. Auch dem Schächer am Kreuze ist als Reinigungsort das Paradies ange= wiesen. Der Zustand des Fegefeuers dauert so lange, bis die Liebe vollkommen und das Herz rein ist; dann erst können die Geister Gott schauen. Reinigend wirkt dabei auf sie besonders der Meister göttlicher Weisheit und Liebe, C h r i s t u s, aber auch E n g e l können eine solche Wirkung hervorbringen. Die G r i e ch e n glauben, daß alle abgeschiedenen Seelen zur beseligenden Reini= gung der heil. Engel übergehen, ohne mittlere Reinigung; die L a t e i n e r behaupten, die Seelen, die eines gottgefälligen Todes gestorben sind, müßten erst eine sorgfältige Läuterung durchmachen, die noch keine Seligkeit in sich schließt. Ueber die Natur dieser Reinigung denken indeß die Abendländer selbst wieder verschieden, indem einige eine sinnliche Qual annehmen, andere mit A u = g u s t i n glauben, daß jenes Feuer der reinigenden Erziehung nur ein geistiges sey. Für das Letztere spricht das Wort des Apostel Paulus: eines jeden Werk wird das Feuer erproben. Dieß ist offenbar eine geistige Kraft."

Aus dem Bisherigen ergibt sich folgerecht noch zweierlei, was auch von W e s s e l bestimmt ausgesprochen wird: erstlich, daß a l l e aus diesem Leben Scheidenden des Fegefeuers bedürfen, zweitens, daß keine kirchliche Gewalt, sondern nur der entsprechende Grad von H e i l i g u n g daraus befreien kann. Wenn nur die vollkommene Liebe und Herzensreinheit zum Anschauen Gottes, also zur höchsten Seligkeit befähigt, jedem Menschen aber noch etwas Unvollkommenes und Sündhaftes anklebt [1]), so müssen auch alle einen Mittelzustand der Läuterung durchmachen. „Ich glaube," sagt Wessel [2]), „daß keiner der Söhne Gottes weder zum Priester= thume, noch zur Herrschaft, noch zur ewigen Hochzeit eingehen werde, wenn er nicht durch diese Grade (der immer höheren Liebe und Heiligung) geläutert und gereinigt auffsteigt. Diese

---

1) De Purgat. p. 841: Quid sibi vult purgatorium nomen, nisi purgationem? Purgatio quasi ad purum actio. Depuratio autem, impuri abjectio, emundatio. Habet ergo omnis purgandus impurum aliquid et immundum, quod etiam in justis manet post hanc vitam
2) De Sacram. Eucharist. Cap. 10. p. 679.

allein sind es, die im ewigen Feuer (in der höchsten Seligkeit, in der vollen göttlichen Liebe) wohnen können, weil sie durch jenes wahre, lautere und reine Fegefeuer vollendet sind und glühen. Und die von dieser Glut brennen, bedürfen keines äußerlichen reinigenden Feuers; sondern sie werden geläutert durch die mitt= leren Grade vor dem höchsten, und diese Reinigung war für sie nothwendig, denn so lange sie noch nicht vollkommen liebten, waren sie noch verbannt von dem höchsten Dienste des Tempels, Thrones und Brautgemaches." Hiermit hängt dann auch zu= sammen, daß nur die Vollendung in der Heiligung und Liebe, nicht aber irgend eine Autorität der Priester oder des Papstes aus dem Fegefeuer erlösen kann, und zwar aus folgen= den Gründen, die Wessel auch wieder besonders in Thesen ent= wickelt. Der Mensch ist nur so weit frei von Strafe, als er rein ist von Sünde; er wird rein von Sünde, so weit Christus eine Gestalt in ihm gewinnt; er gelangt zur Gemeinschaft mit Gott, so weit er liebt. Ueber dieß Alles aber hat der Priester[1]) und Papst keine Macht; er kann ebenso wenig Strafen erlassen, als Sünden vergeben; er kann Christum nicht zur vollen Gestalt bilden in den Unmündigen, er kann die große Kluft zwischen den unvoll= kommen und vollkommen Liebenden nicht aufheben[2]). Wenn von dem Maaße der Liebe das Maaß der Theilnahme an der höch= stèn Seligkeit abhängt, so kann darüber nur der entscheiden, der allein die Liebe einzuflößen vermag. Wer den Menschen nicht bis ins Innerste durchschaut, vermag auch nicht über ihn zu ur= theilen[3]). Wer einen nicht für frei von Sünde, der kann ihn auch nicht für straffrei erklären. Für die liebende Seele liegt der höchste Schmerz in der Nichtgewährung ihrer Sehnsuchts= wünsche, diesen kann der Papst nicht aufheben[4]), und, wenn er es könnte, so dürfte er es nicht, denn gerade diese liebende Sehn= sucht, verbunden mit dem Bewußtsein der Unwürdigkeit, gehört zur gründlichen sittlichen Entwickelung und ist die naturgemäße Vorbereitung zum Genusse der höchsten Seligkeit. „Wenn also dieses Feuer wegen des Ablasses selbst Petrus oder Paulus auf= heben wollte, so wäre es sehr unpassend; es würde dadurch alles Schöne jenes kostbaren und lieblich zu schauenden Fort=

---

1) Ueber den inneren Menschen, um ihn vom Tode zum Leben zu führen und das Bild Gottes in ihm zu erneuern, hat kein Priester Auto= rität. Der Priester soll ihm dienen, aber er hat kein Recht über ihn. Die Reinigung, Erneuerung, Umbildung des Menschen, bis Christus in ihm Gestalt gewinnt, geht nur von Gott aus. De Purgat. p. 839.
2) Dieß ist der Hauptinhalt der Thesen de Purgat. p. 827.
3) Ebendas. S. 626, 15te These.
4) Vergl. die Thesen S. 828 u. 829.

schreitens und selbst der Genuß des zur Seligkeit Gelangenden aufgehoben werden. Denn das Schöpfen aus jenem reinen und klaren Quell wird, wie ich glaube, erst dann ganz süß seyn, wenn es dem gestattet wird, der starken Durst empfindet; wenn es da= gegen dem Trägen, der sich nichts daraus macht, dargereicht würde, so wäre es unangemessen, so lange er nicht gereinigt ist und von vollkommener Liebe brennt [1]."

Hiermit wäre die Darstellung der Ueberzeugungen Wessels bis zu dem Endpuncte hingeführt, wo der Glaube in das Schauen übergeht; nun bleibt noch übrig, einen Blick auf die practische Seite seiner Frömmigkeit zu werfen.

---

1) De Purgat. p. 840.

Zusatz.

Ascetik Wessels.

Wessel stammte aus einer ascetischen Schule: er war bei den Brüdern des gemeinsamen Lebens, zwar geistesfrei, aber doch unter der Zucht vielfältiger Uebungen, aufgewachsen, und hatte die ersten tiefen Eindrücke der Frömmigkeit durch Thomas von Kempen empfangen. Er verleugnete auch später diese Abstammung nicht; denn obwohl seine Richtung vorherrschend wissenschaftlich war, so ruht doch seine Wissenschaft wesentlich auf dem Princip der Liebe und der durch dieselbe vermittelten Gottesgemeinschaft und ist fortwährend auf religiös-practische Interessen gerichtet. So bekommt sie auch einen ascetischen Bestandtheil, und zwar ist dieses Ascetische theils in die wissenschaftlichen Aufsätze Wessels eingemischt, theils sind demselben besondere Tractate gewidmet, von denen einer sogar, ähnlich der Imitatio Christi, ein eigentliches Erbauungsbuch ist.

Die hierher gehörigen Schriften Wessels sind seine Abhandlung über das Gebet, de Oratione libri XI [1]), seine Scala Meditationis in vier Büchern [2]), und seine drei Exempla Scalae Meditationis [3]). Das Buch vom Gebete enthält Wessels Grundsätze über diesen Gegenstand, besonders über die sittlichen Wirkungen des Gebets, ausführliche Betrachtungen über das Gebet des Herrn, dessen einzelne Bitten und Worte, und anderweitige theologische Erörterungen über den Namen und das Wesen Gottes, über die göttlichen Eigenschaften, über Vater, Sohn und Geist, über Christus und sein Reich, über den Zustand der mensch-

---

1) Gröninger Ausgabe S. 1—185.
2) S. 194—326.
3) S. 327—408.

lichen Seele und deren Läuterung durch die verschiedenen Mittel der Erlösungsanstalt. Die *Scala Meditationis* gibt noch be=
stimmter die eigentlich ascetischen Grundsätze Wessels, seine An=
sichten über die Art und Weise, wie man geistliche Betrachtungen
anstellen, seine Gedanken fixiren, auf die höchsten und würdigsten
Gegenstände richten und dadurch seinen Geist stärken, veredeln
und reinigen solle. Zugleich handelt er dabei über das active
und contemplative Leben, den Unterschied und Werth beider, so
wie über die verschiedenen Mittel, auch durch wissenschaftliche
Uebung z. B. durch mathematisches und logisches Denken, durch
das Studium der Rhetorik u. dergl. den Geist zu bilden, wobei
zugleich Grundsätze dieser Disciplinen in der Kürze entwickelt wer=
den. Die Scala Meditationis war den befreundeten Brüdern
auf dem Agnesberge bei Zwoll gewidmet. Für sie schrieb
er dann noch besonders die *Exempla Scalae Mediationis*, eine
Anwendung der in der vorangehenden Schrift vorgetragenen Ma=
ximen, fromme Betrachtungen über die wichtigsten Gegenstände
des Christenthums, Anweisungen zur Selbsterkenntniß und zur An=
eignung des christlichen Heiles enthaltend, also eine eigentliche
ascetische Schrift, ähnlich den Tractaten des Thomas von
Kempen. Die Brüder auf dem St. Agnesberge hatten zwar
schon solche Scalas Mediationum [1]), welche theilweise oder ganz in
gebundener Form der Rede abgefaßt, und, wie es scheint, auch
zum Singen eingerichtet waren [2]); allein sie hatten doch unsern
Wessel, dessen Geist sie verehrten, gebeten; ihnen neue erbauliche
Betrachtungen zu schreiben, die mehr als die bisher bei ihnen ge=
wöhnlichen Psalmodieer geeignet wären, die beweglichen Gedanken
zu befestigen und auf den höchsten Gegenstand zu richten [3]). Wessel
erfüllte ihren Wunsch, indem er zwar die Scalas Meditationis,
die bisher auf dem Agnesberge üblich gewesen, berücksichtigte, vielleicht
auch theilweise zum Grunde legte, aber denselben eine veränderte
Form und Anordnung gab [4]). Die Betrachtungen sind in kurze, selten

---

1) Wessel sagt Exempl. I. p. 327: Nondum videram Scalas vestras.
Non tanta exercitiorum vestrorum sanctorum incrementa speraveram.
2) Ebendaselbst heißt es weiterhin: Quis antehac audivit, ut in
psalmodiis universa illa sententiarum varietas ad numerum redacta,
digitorum articulis adnotata, velut vocum notulis, per singula psal-
lentem teneat attentum? Id apud vos conceptum ac partum, edu-
catum, consummatum est.
3) Verum quia psalmi plerumque ex alio in aliud considerandum
transmittant, postulat sancta et insatiabilis aviditas vestra scalam
velut instrumentum aliquod, quo possit fluxa mentis instabilitas
unicuilibet rei desideratae fixius immorari. Ebendas. S. 327 u. 328.
4) Vestrae igitur scalae, quarum ego nunc non parum exempla

etwas längere[1]) Abschnitte oder gradus scalae getheilt, die besondere Ueberschriften haben z. B. Quaestio, Responsio, Excussio, Electio, Commemoratio, Attentio, Consideratio, Tractatio, Confessio, Optio, Querela, Oratio etc. Das Ganze ist durch ein höchst bescheidenes Vorwort eingeleitet, worin Wessel bedauert, seinem übereilt gegebenen Versprechen nicht gewachsen zu seyn, aber den Nußen der stillen Sammlung und Betrachtung, die etwas Göttliches habe, und durch bloße Schulübungen nicht erlernt und ersetzt werden könne, eifrig hervorhebt[2]).

Die Grundsätze, welche Wessel in diesen verschiedenen Schriften vorträgt, können in folgende Uebersicht zusammengefaßt werden. Vor allen Dingen muß der Mensch seine Gedanken beobachten und sich häufig fragen: was ist es denn nun, was ich denke? Dieß wird ihn schon zur Besinnung bringen und auf seine Schwäche und Hülfsbedürftigkeit aufmerksam machen[3]). Er wird ein ungeheures Schwanken und Treiben, eine wilde Jagd der Gedanken wahrnehmen, so daß er, wenn er sie laut vortragen sollte, wie ein Wahnsinniger erscheinen würde[4]). Aber nicht allein diese verwirrende und betrübende Unstetigkeit der Gedanken ist es, sondern ebenso sehr eine unwürdige, niedrige Richtung derselben, deren sich jeder Mensch anzuklagen hat. Der Mensch denkt so viel Eitles und Thörichtes, wodurch sein Leben selbst eitel und nichtig wird. „Denn wie einer denkt, spricht und will, so ist er auch[5]).'' Nicht bloß im gewöhnlichen Leben, sondern auch „beim Beten,'' sagt Wessel[6]), „sind die Gedanken unserer Seele bisweilen unstet, bisweilen eitel, bisweilen abgerissen, bisweilen schwach. Unstet insbesondere sind sie, wenn sie nicht auf ein bestimmtes Ziel gehen, sondern ohne Vorsatz, indem wir müssig zu-

---

sequor, et castigato numero et colligato ordine certos gradus, neque infructuosos complectuntur. S. 328. Die Redeform ist bei Wessel reine Prosa ohne Rhythmus. Inwiefern etwa eine Stelle Scal. Medit. Exempl. I. p. 332. auf Gesang hindeuten mag, ist mir selbst nicht ganz klar.
1) Wessel sagt z. B. selbst S. 349: Quoniam hic scalaris gradus longiusculus fuit. Die gewöhnliche Länge ist eine oder eine halbe Quartseite, auch wohl darüber oder darunter. Jener längere Grabus faßt ungefähr drei Seiten.
2) S. 327 u. 328. Auf der letzteren Seite heißt es unter Anderm: Verum hoc pacto cor in sanctis rebus meditandis figere ac stabilire, non scholastica traditione, sed munere tantum divino de sursum conceditur.
3) Scal. Medit. Exempl. I. p. 328 u. 329.
4) . . . ut si cancrem sicut cogito, ex altero in alterum jactatus palam delirus aut phreneticus judicarer. Scal. Medit. Exempl. II. p. 381.
5) Scal. Medit. Exempl. I. p. 330.
6) De Orat. I, 2. p. 7.

sehen, unsere Seele beherrschen, der eine vom anderen gejagt, gleich einem Schiffe, das, weil der Steuermann trunken, von jedem Winde getrieben wird. In den Meisten von uns, ja fast in Allen, ist diese Unstetigkeit des Geistes, vermöge deren wir, wie Wasserwogen, in unserm Denken umherschwanken. Und wiewohl die Natur, die Ursache so vieler Dinge, dieses Fluten, wie den Sturm auf dem Meere, pfleget und nähret, so ist doch eine andere Mutter da, die es hervorbringt, nämlich das Unbekümmertseyn (incuria) um Gott den Herrn und Vater und das Vergessen seiner."

Hier deutet Wessel auf den Grund des Uebels, an welchem der Mensch in seinem inneren Leben leidet. Wenn aber die Ursache einer Krankheit erkannt ist, so ist es leichter, zweckmäßige Heilmittel anzugeben. Wer das innere Leben liebt, der muß nothwendig gegen diesen schwankenden Zustand ankämpfen, und seinen Grund aufdecken [1]). Die Hauptursache des inneren Wogens und Schwankens, der Schwäche und verkehrten Richtung unserer Gedanken ist der Mangel einer kräftigen Liebe zu Gott [2]); das Haupttheilmittel dagegen ist also die Erweckung dieser Liebe. Wo der Schatz ist, da ist das Herz. Ist unser Schatz in Gott, so ist auch unsere Liebe bei ihm, und mit unserer Liebe unsere Gedanken. „Unsere Liebe ist jenes Herz, von dem der Weise sagt, daß wir es bewahren müssen. Aus unsern Gedanken erkennt man unsere Liebe; wo keine Liebe ist, werden die Gedanken umherschweifen, und wo diese umherschweifen, da ist offenbar keine Liebe... Und wie vermöge des Mangels an Liebe die Gedanken schwankend sind, so sind sie vermöge verkehrter Liebe verkehrt [3])." Die Hauptsache ist also das Vorhandenseyn einer reinen und starken Liebe zu Gott: wer diese im Herzen hat, für den ist es schwer, nicht an Gott zu denken [4]), bei dem haben also die Gedanken stets eine feste und erhabene Richtung. Hiervon hängt alles Uebrige ab. Durch eine kräftige Liebe Gottes erhalten auch alle andern Uebungen der Frömmigkeit erst ihre Bedeutung, ihren Werth, ihre feste Richtung. Dieß ist namentlich der Fall bei den zwei Hauptmitteln zur Pflege des höheren

---

1) De Orat. I, 2. p. 7.
2) Jeder, der sich in einem solchen Zustande selbst prüft, sagt Wessel, inveniet frigidam sui in Deum affectionem. Omnis enim, cujus ita fluctibus jactatur et raptatur mens, ut indifferenter huc illucque vagetur, profecto vagus et affectione neuter est; nusquam ardens. Nihil igitur pluris Deum facit quam cetera, quando non magis Deo cogitatus haeret quam ceteris. De Orat. I, 2. p. 6.
3) De Orat. I, 2. p. 5.
4) De Orat. I, 4. p. 12.

Sinnes, der Contemplation und dem Gebete. Wessel legt, wie wir schon gesehen, auf die stille Betrachtung des Göttlichen einen hohen Werth, und stellt dieselbe sogar über das thätige Leben, aber nur, insofern dieselbe von dem Grund einer noch tie= feren Liebe und Hingebung an das Göttliche ausgeht [1]. Ebenso hat ihm auch das Gebet seine Bedeutung nur als Erguß eines wahrhaft liebenden Herzens, als Gespräch der Liebe mit Gott.

Ueber das Gebet insbesondere spricht sich Wessel in folgen= der Weise aus. Er bezeichnet es als Eröffnung unseres Herzens gegen Gott, Mittheilung unserer Wünsche an Gott [2], nicht um Gott darüber zu belehren, sondern um unsertwillen, damit wir uns häufiger zu ihm wenden, unsere Bedürftigkeit erkennen und empfinden, in der Erfahrung göttlicher Gnade zunehmen und dadurch in der Liebe vollendet werden. Das Gebet muß immer aus einer vom Gegenstand ergriffenen und bewegten Seele hervorgehen. Wer bloß die Worte des Gebetes aus= spricht, redet wohl, aber betet nicht [3]; und wenn er sich auch an die vorgezeichnete kirchliche Ordnung hält, er betet doch nicht, weil seine Seele leer ist. Es kommt beim Gebet mehr auf In= nigkeit der Empfindung, auf Annäherung der Seele zu Gott, als auf große und erhabene Gedanken an [4]. Das Gebet muß Ausdruck des Verlangens und der Sehnsucht, es muß lebendig seyn, weil es an Gott den Lebendigen, den innerlich Gegen= wärtigen, gerichtet ist. „Vor Gott reden heißt mit ihm leben und umgehen. Da wagt niemand zu lügen oder zu betrügen. Vor Gott reden heißt anbeten. Wenn wir beten, bedarf es auch nicht der ausgesprochenen Worte, außer etwa um unsere Gedanken zu befestigen, oder um die zufällig Gegenwärtigen zu Aehnlichem anzuregen. Daß jener höchste Meister den Betenden bestimmte Worte mitgetheilt hat, das hat er mehr gethan, um eine Norm der Gedanken und Empfindungen, als der Worte zu geben [5]." Das innerliche Gebet ohne ausgesprochene Worte bezeichnet Wessel immer als reiner, gesammelter, wahrhaftiger, geistiger, also in jeder Beziehung vollkommener [6]. Damit man ihn aber nicht mißverstehe, sagt er [7]: „Ich verwerfe das Ge=

---

1) Scal. Medit. I, 1. p. 194—198.
2) Est oratio explicatio mentis in Deum. Sane oratio est optionis ad Deum insinuatio etc. De Orat. I, 1. p. 3.
3) . . . sonat quidem, sed non orat.
4) Is perfectius orat, qui intimiori affectu se Deo conjunxerit, non qui plura legerit, aut sublimiora meditatus fuerit. De Orat. III, 3. p. 47.
5) De Orat. I, 6. p. 13.
6) S. ebendaselbst.
7) De Orat. I, 8. p. 17.

bet in Worten an sich nicht, sondern nur die Menge und Haft
solcher Gebete table ich, insofern sie die Aufmerksamkeit und das
lebendige Verlangen hindern; je aufmerksamer aber, je mehr
von Sehnsucht beseelt ein wörtlich gesprochenes Gebet ist, desto
mehr billige ich es. Das innerliche Gebet jedoch, als dem
Zwecke näher kommend, ziehe ich vor und empfehle es mehr."
In demselben Sinne gab Wessel der freien Gemüthserhebung
den Vorzug vor dem Lesen der Bücher, selbst der heil. Schriften [1]). Aber er billigte natürlich auch das Lesen, insofern es
zur lebendigen Gemüthserhebung führt. Diese aber war ihm
immer das Wesentliche, und nur von diesem innerlichen Standpunct aus erklärte sich ihm auch das Gebot, stets im Gebete
zu verharren; denn dieß kann sich nur auf die Richtung und
Verfassung des Gemüthes beziehen, wie sie dem Betenden zukommt [2]), nicht auf das Beten in Worten. Von dem Geiste
des Gebetes macht Wessel zugleich die Erhörbarkeit desselben abhängig; denn nur das Gebet kann wirksam seyn, welches im
Namen Gottes oder Christi geschieht; im Namen Gottes und
Christi aber kann nur beten, wer lebendig an Gott und Christus glaubt, wer den Namen Gottes und Christi in seinem Inneren heiligt [3]). Da nun Wessel unter dem Namen nie bloß
etwas Aeußerliches, einen bloßen Wortlaut, sondern immer den
Inbegriff des Wesens und die mit frommer Erhebung verbundene
Erkenntniß davon versteht, so ist ihm das Gebet im Namen Gottes oder Christi immer ein solches, welches, mit geist- und gemüthvoller Erkenntniß Christi verbunden, den Grund seiner Kraft
und Wirkung in sich selbst trägt. Im Namen Christi beten
schließt aber auch ein Beten im Sinne Christi in sich d. h. im
Sinne dessen, der zugleich Alles dem göttlichen Willen anheim-
stellte. „So sind alle unsere Gebete Gott angenehm und werden
immer von ihm erhört; aber sie werden nicht immer erhört durch
unmittelbar eintretenden Erfolg: weil auf diese Weise auch jene
heilige, von Gott geleitete, Seele nicht betete [4])." Als das herr-
lichste und vollkommenste Gebet behandelt Wessel überall das Gebet des Herrn, welches er auch dadurch zu ehren glaubt, daß er
es nicht wie eine nachzusprechende Form hinnimmt, sondern als
einen unermeßlichen Schatz tiefer, anregender Gedanken mit leben-

---

1) Quanto praestantius judicium et efficax desiderium, supra
sterile monimentum, tanto judiciorum et affectionum, exercitium,
extra libros etiam sacros, nobilius lectione. Ebendas. S. 16.
2) De Orat. I, 18. p. 31.
3) De Orat. I, 16. p. 28.
4) De Orat. I, 15. p. 26.

bigem Geist auffaßt und durchforscht. Dieß thut er nach allen
Beziehungen in den Büchern vom Gebet [1]). Er führt dadurch
den Beweis für das, was er in mehreren Stellen lobpreisend anerkennt, für die unerschöpfliche Fruchtbarkeit und den genauen Zusammenhang aller einzelnen Theile dieses Gebetes, womit auch
die gehaltvollste Rede eines Klassikers, z. B. eines Demosthenes,
nicht verglichen werden könne [2]).

Neben diesen wesentlichen Nahrungs- und Uebungsmitteln
der Frömmigkeit verwirft Wessel auch andere Mittel nicht, um
den Geist zur Abgezogenheit von sinnlichen Dingen, von verwirrenden Bildern und Phantasien und zur ruhigen Sammlung in
sich selbst zu bilden, wie z. B. logische, mathematische und andere wissenschaftliche Uebungen, aber er betrachtet dieselben immer
nur als untergeordnet und vorbereitend, nicht als unmittelbar
förderlich; denn wenn z. B. auch die mathematische Beschäftigung, während sie getrieben wird, schlechte Gemüthsbewegun-
gen ausschließt, so läßt sie zugleich auch gute und fromme nicht
zu [3]). Von diesem Standpunct aus würdigt Wessel auch die
Bestrebungen des Pythagoras und seiner Schule; er schätzt die
Zahlenphilosophie als Vorbereitungsmittel, er betrachtet die Mathematik als treffliche Uebung des Denkens und der Abstractions-
gabe und insofern als Mittel zur Fixirung der Gedanken, zur
inneren Sammlung und mittelbar selbst zur Reinigung des Gemüthes [4]), aber die sittlichen Befestigungs- und Läuterungs-
mittel, besonders die Liebe zu Gott, stehen ihm doch unendlich
höher [5]); und er hat die Ueberzeugung, daß man nicht gleichsam
auf physischem Wege durch Reinigung der Seele von falschen
Phantasien [6]) zur Liebe, wohl aber durch Liebe zur wahren Reinigung der Seele gelangen könne.

Ueber die Ascetik des eigentlich klösterlichen Lebens
äußert sich Wessel nicht ausdrücklich, aus seiner ganzen Gesinnung
aber geht hervor, daß er das Klosterleben nicht an und für sich
als höhere Stufe christlicher Frömmigkeit ansehen, sondern dasselbe
nur schätzen konnte, insofern es, wie bei den Brüdern des gemeinsamen Lebens, mit Geistesfreiheit verknüpft und von wahrer

---

1) Eine kurz zusammenfassende Erklärung findet sich z. B. de Orat. II,
3. p. 45—48.
2) De Orat. II, 1. p. 41.
3) De Orat. I, 4. p. 11.
4) De Orat. I, 4. p. 10—12. Scal. Medit. I, 13. p. 211—21
5) Scal. Medit. I, 14. p. 213 u. 214.
6) . . . phantasmatibus.

34*

christlicher Frömmigkeit beseelt war [1]). In diesem Sinne preist er auch die frommen Mönche und Einsiedler des christlichen Alter=thums. Alles bekam seine Geltung für.ihn durch den Geist, in dem es aufgefaßt und behandelt wurde. Davon macht er auch den Werth eines in keuscher Jungfräulichkeit durchgeführten Le=bens abhängig, wenn er sagt: „Der Zweck, wodurch die Jung=frauschaft löblich wird, ist mit vollkommener Freiheit Gott leben zu können [2])." Er verwirft also an sich das jungfräuliche Leben nicht, aber er legt mehr Gewicht auf die geistige, als auf die körperliche Keuschheit und theilt in dieser Rücksicht keineswegs die übertriebenen Vorstellungen seiner Zeitgenossen. Hierbei kann zu=gleich bemerkt werden, daß sich, was die Verehrung der Maria betrifft, bei Wessel im Ganzen der mittelalterliche Sinn und Glaube ausdrückt. Er bekennt sich entschieden zu der Lehre von der absoluten Jungfrauschaft der Maria auch nach der Ge=burt des Erlösers [3]), er betrachtet das Andenken an die Mutter Gottes nächst dem Andenken an Gott und den Sohn Gottes als wesentlichen Bestandtheil der Frömmigkeit und vergleicht diesen steten innerlichen Verkehr mit der durch das Abendmahl begrün=deten Gemeinschaft Christi [4]), er zeigt sich also hierin, obwohl er in der Jugend gerade von diesem Punct aus dem älteren Freunde opponirt hatte [5]), doch im Verlaufe des Lebens als einen treuen Zögling des Thomas von Kempen, wenn gleich für ihn die Marienverehrung nicht die gleiche Wichtigkeit und practische Be=deutung hat, wie für diesen [6]).

---

1) Vergl. Scholtz in der Dissert. über Thomas v. Kempen, Gerh. Groot und Wessel, S. 89 ff.
2) De Commun. Sanctor. p. 520.
3) De Orat. III, 7. p. 64. womit zu vergl. Scal. Medit. I, 3. p. 197. u. Exemp. Scal. Medit. III, p. 407.
4) Scal. Medit. I, 20. p. 221.
5) Siehe oben S. 246.
6) S. oben S. 114 und 142.

Dritter Theil.

Wessels Verhältniß zur Folgezeit. Literarisches.

Erstes Hauptstück.

Stimmen über Wessel. Seine Fortwirkung und Stellung zur Reformation.

Unter allen Männern, die wir bisher betrachtet, steht keiner in einem näheren Verhältnisse zur Reformation, als Wessel; keinem ist auch in dieser Beziehung von Zeitgenossen und Nach= lebenden, ja von den Heroen der Reformation selbst, eine höhere Anerkennung widerfahren. Mit der aufrichtigen Pietät zahlreicher Schüler gegen ihn vereinigte sich ein Ruhm, der schon in dem späteren Lebensstadium Wessels sehr bedeutend war, nach seinem Tode aber noch mehr angewachsen seyn würde, wäre nicht bald eine Periode gefolgt, die alles unmittelbar Vorhergehende verdun= kelte. Hören wir nur einige besonders bedeutende Stimmen.

Schon Erasmus spricht mit hoher Achtung von Wessel und lobt im Gegensatze gegen Luther dessen christliche Mäßigung [1]. Noch weit entschiedener aber rühmen ihn Männer, die ihm in= nerlich mehr verwandt waren und ganz auf seine Richtung ein= gingen. Unter diesen nimmt der Rechtsgelehrte Wilhelm S a = g a r u s die erste Stelle ein. Dieser Mann, ein geborener See= länder, selbst ein ausgezeichneter Gelehrter, juristischer Schriftsteller und Rath Carls V. in der Regierung von Brabant, war so von Liebe zu Wessel entzündet, daß er, wie ein Augenzeuge, Albert Hardenberg, erzählt, in Begleitung seines alten ehrwürdigen Va= ters nach Abwert reiste, theils um dieses berühmte Kloster zu

---

1) Epist. ad Fratres infer. et orient. Fris. Opp. T. X. p. 1622.

ſehen, theils um etwas von Weſſel zu erfahren[1]). „Er trug in
ſeinem Buſen die Schrift Weſſels von den Urſachen der Menſchwerdung, die ganz zerleſen war, betheuerte heilig, daraus habe
er Chriſtum gelernt, und bat dringend, wenn wir irgend ein zu-
verläſſiges Andenken oder eine Nachricht von Weſſel hätten, möchten
wir es ihm mittheilen. Wir zeigten ihm, was wir ſchon gedruckt
hatten. Ich hatte auch einiges Schriftliche, mehreres forſchte ich
bei Andern aus. Auch das Leichengedicht und die Grabſchrift
Weſſels hatte ich. Ich reiſte mit ihm nach Gröningen in das
Kloſter der frommen Jungfrauen, wo Johann von Halen, der
Vorſteher deſſelben, uns den Schädel Weſſels zeigte, den jener
mit Verehrung umfaßte und küßte; er bot zehn Pfund flämiſch[2]),
wenn man ihm denſelben überlaſſen wollte. Aber einige aber-
gläubige Schweſterchen ſträubten ſich und ſagten, ſie hätten geſehen, daß die Schriften und Papiere Weſſels als der Ketzerei
verdächtig verbrannt worden ſeyen; vielleicht ſey der fremde Herr
ein Lutheraner, der aus dem Schädel ein Götzenbild machen und
damit Zauberei treiben wolle. Sonſt ſprachen die alten Frauen
mit Ehrerbietung von Weſſel und zeigten auch unter ihren Gebet-
büchern mehrere, die ihnen Weſſel zurückgelaſſen; davon habe ich
einige, die mir ſicher von Weſſel zu ſeyn ſchienen, dem Sagarus
abſchreiben laſſen und mit mehreren andern geſammelten Schriften
zugeſchickt." Aehnliche Zeugniſſe der Verehrung haben wir von
andern Männern aus der näheren Umgebung Weſſels, namentlich
von Präbinius, Geldenhauer und Hardenberg, deren
Aeußerungen wir in der Folge kennen lernen werden.

Merkwürdiger jedoch iſt, wie dieſe Anerkennung Weſſels
von Deutſchland her wiederklingt, aus dem Munde der Reformatoren ſelbſt und ihrer Freunde. Hier hat Luther das erſte
Wort; er wählt in der Vorrede zu einer kleinen Sammlung von
Aufſätzen Weſſels[3]) die ſtärkſten Ausdrücke, um ſeine innige Hochachtung gegen den Hingeſchiedenen auszudrücken und erkennt ihn
im vollſten Sinn als ſeinen Vorgänger an[4]). „Es kömmt dieſer
Weſſel jetzt auch hervor ans Licht," ſagt er unter Anderm, „welchen
man ſonſt Baſilium gennet und ein Frieſe aus Gröningen iſt
geweſen, und einen hohen Verſtand und großen Geiſt gehabt hat,

---

1) Dieſe Nachrichten ſind wörtlich entnommen aus dem Leben Weſſels
von Hardenberg S. 15 u. 16.

2) . . . obtulit decem libras Flandricas.

3) Farrago Rerum Theologicarum, doctiss. viro Wesselo Groning. autore, erſchienen mit einer Vorrede Luthers zu Baſel 1522 und
mehrmals.

4) Luthers Werke in der Walch. Ausg. Th. XIV. p. 220 u. 221.

dergleichen nicht viel mehr gefunden; und man siehet, daß er wahrhaftig aus Gott gelehret sey, wie von solchen Christen Jesajas geweissagt; denn man kann von ihm nicht urtheilen, daß er seine Lehre von Menschen habe, gleichwie auch ich nicht. Und wenn ich den Wessel zuvor gelesen, so ließen meine Widersacher sich dünken, Luther hätte Alles vom Wessel genommen, also stimmet unser beider Geist zusammen. Es wächset mir daher eine sonderliche Freude und Stärke, auch zweifele ich nicht mehr daran, ich habe recht gelehrt, weil er so mit beständigem Sinn, auch schier mit einerlei Worten (wiewohl zu ungleicher Zeit, da gar eine andere Luft gewehet, und er in einer andern Landsart gewohnet, auch in andern Fällen) mit mir in allen Dingen übereinstimmt." Ohne Zweifel hatten Wessels Schriften auch in der Folge Einfluß auf die Entwickelung des deutschen Reformators.

An Luther schließt sich Melanchthon an; welche Verehrung er, der Lehrer Deutschlands, für Wessel hegte, ergibt sich schon aus der Denkrede Saro's auf Rudolph Agricola, die wir wenigstens mittelbar als ein Werk Melanchthons und als Ausdruck seiner Gesinnung betrachten dürfen; er spricht aber auch sonst sehr rühmlich von Wessel. Indem er dessen treffliche Gelehrsamkeit lobt und seine Schriften empfiehlt, erkennt er gleich Luther an: Wessel habe über die meisten Hauptstücke des evangelischen Glaubens schon ebenso gedacht, wie man jetzt lehre, nachdem die Reinigung der Kirche eingetreten sey, und wenn gegenwärtig mit Gottes Hülfe Einzelnes klarer vorgetragen werde, so rühre es wohl daher, daß jetzt die Gedanken verschiedener sich an einander entzündeten und entwickelten, ein Vortheil, der dem einsamer stehenden Wessel abgegangen sey [1]).

---

1) S. Melanchthons Postille, herausgegeben von Pezel, B. 1. S. 602. Die Stelle, deren Nachweisung ich der Güte des wackern Bearbeiters der Theologie Melanchthons, Fr. Galle, verdanke, lautet so: „Patrum nostrorum memoria fuit valde doctus vir, cujus scripta extant, *Wesselus Groningensis.* Nomen Wesselus puto esse nomen Basilii. Audivi Capnionem narrantem de eo, quod Parisiis expulsus sit propterea, quia dogmata quaedam scholasticorum improbarit. De plerisque capitibus religionis Evangelicae sensit idem, quod a nobis nunc traditur, postquam nostra aetate repurgatio Ecclesiae facta est. Scripta Wesseli sunt bona, si quis cum quadam dexteritate et non cavillatorie judicet. Dei beneficio jam singula traduntur explicatius. Non habuit tunc multos, cum quibus conferre posset sententias suas. Magis illustraret res, quando plures conferunt studium et operam, sicut dicitur: ὁμιλία ἔτεκε τέχνας. „Ferrum ferro acuitur, sic vir virum acuit." Capnio narrabat Wesseli morem fuisse, ut partem temporis tribueret lectioni Bibliorum hebraicae, quia fuit bene doctus in linguis, partem vero tribueret aliis docendis. Docuit

Aber nicht bloß bei den wittenberger, auch bei den schweize=
rischen Reformatoren genoß Wessel entschiedene Anerkennung.
Eine bestimmte Aeußerung Zwingli's wüßte ich zwar in dieser
Beziehung nicht anzuführen, aber die That beweist es: Wessel
hatte auf die Ausbildung der Abendmahlslehre Zwingli's, wie
ich mit hoher Evidenz gezeigt zu haben glaube, einen eingreifen=
den Einfluß. Aehnliches mag bei Oekolampadius der Fall
gewesen seyn. Indeß fehlt es uns auch nicht an einem ausdrück=
lichen Zeugniß aus diesem Kreise. Der Erste, der nach der wit=
tenberger Ausgabe die vermischten Aufsätze Wessels abdrucken ließ,
Doctor Adam Petri zu Basel, schreibt im J. 1523 an seinen
Freund, den Doctor der Theologie, Conrad Faber in Küsnacht[1]),
Folgendes über Wessel: „Siehe, gelehrtester Mann, was für ein
Schriftsteller von Einigen fortgeschafft worden ist, und aus welcher
Ursache! Aber der, welcher der Zerstörungswuth der Gottlosen
wie den Meeresfluten Schranken setzt, Gott, hat es nicht gebuldet,
daß diese Schriften gänzlich zu Grunde gingen. Was hast du
wohl in aller Welt außer der Bibel je von Schriften gesehen,
worin mit einleuchtenderen Gründen das ganze Werk Christi und
der Schrift dargestellt und kräftiger gegen jene Betrüger und
Feinde Gottes gekämpft wäre? Was hast du gesehen, das die
menschlichen Traditionen mehr erschütterte und verdunkelte? Dieß
ist aber der sicherste Beweis, daß das Werk aus Gott sey, denn
wo Menschenerfindungen sind, da glaubt niemand, daß Christus
oder das Wort Gottes sey: gleich wie alle andere Sterne ver=
schwinden, wenn die Sonne aufgeht. Deßwegen wünschte ich, daß
diesen Schriftsteller zuerst diejenigen lesen möchten, die, von Weis=
heit und Gelehrsamkeit strotzend, das Leben der Christen nach
ihren philosophischen Gedanken bilden wollen ... Ich hoffe dieser
Schriftsteller werde sich an Allen wirksam beweisen, sie mögen ihn
nur lesen; denn er lehrt nicht wie sie, sondern wie Einer, der
Gewalt hat. Dann möchte ich aber auch, daß die ihn lesen,
welche, ohne Liebe und aufgeblasen von Wissenschaft, den Schwa=
chen in Christo Anstoß geben und unbesonnen reden über Dinge,
wo es sich am wenigsten schickt, und auf diese Weise der Kirche
Christi am meisten schaden .... Wie wir also in dir ein leben=
des Vorbild christlichen Ernstes und christlicher Bescheidenheit ha=

---

autem simul hebraice et doctrinae Ecclesiae summam explicavit et
conjunxit philosophica. Postea consenuit in Phrysia. Et scripsit
mihi Pater seu prior Groningensis, ante multos annos, se audivisse
illius colloquia cum Rodolpho Agricola de iisdem rebus, quae nunc
proponuntur in nostris Ecclesiis." Auch in der Praefat. ad Rud.
Agric. Dialect. thut Melanchthon Wessels Erwähnung.
    1) Der Brief ist abgedruckt vor *Wesseli* Opp. p. 11 u. 12.

ben, so haben wir in Wessel so zu sagen ein verklärtes. Daher
hast auch du, ein Mann, der mit allen theologischen Gaben ge=
schmückt ist, keinen Anstand genommen, ihn den größten Theologen
zu nennen."

Schon aus diesen Zeugnissen geht hervor, wie mächtig Wessel
auf empfängliche Gemüther wirkte, wie sein Geist, in der Nähe
zündend und erwärmend, zugleich weithin leuchtete. Noch stärker
sprechen Thatsachen. Es ging von Wessel an den Orten, wo
ihm ein längeres Wirken vergönnt war, recht eigentlich auch eine
reformatorische Tradition aus. Dieß haben wir in Heidel=
berg gesehen; in noch höherem Grade finden wir es in Grö=
ningen, welches, ohne Zweifel vermöge des wessel'schen Ein=
flusses, nächst Antwerpen die am meisten reformatorische Stadt in
den Niederlanden beim Beginn jener großen Bewegungen war.
Hier tritt uns vor Allem eine merkwürdige Disputation entgegen,
in der wir unbedenklich eine Fortwirkung von Wessels Geist
erkennen. Wessel hatte, wie wir gesehen, in Gröningen, in Ad=
wert, in der ganzen Umgegend zahlreiche Freunde und Schüler;
diese zogen wieder andere in demselben Sinne heran und so bil=
dete sich zu Anfange des 16ten Jahrhunderts hier eine ganze
Generation von Reformationsfreunden. Der Mittelpunct dieses
Kreises scheint der Prediger Wilhelm Friederici [1], Freund von
Wessel, Agricola und Erasmus, gewesen zu seyn, ein trefflicher,
erleuchteter, frommer Mann, der vornehmlich seit dem J. 1521
in einer sehr einflußreichen Stellung für das reinere Evangelium
thätig war; ihm standen zur Seite: die beiden Rechtsgelehrten
Eberhard Jarghes und Hermann Abring, der Rector (Gym=
nasiarcha) der Martinsschule, Nicol. Lesdorp, und zwei andre
gelehrte Männer, M. Joh. Timmermann und M. Gerh. Pi=
storis, ohne Zweifel aber auch noch Andere, deren Namen uns
nicht überliefert sind. Gegen die freieren Ansichten dieser Männer
glaubten, wie überall, so auch in Gröningen die Dominikaner, die
Ordensgenossen jenes Grabow, der auch Lector zu Gröningen ge=
wesen [2], das Ihrige thun zu müssen. Sie ·stellten Thesen zur
Vertheidigung der monarchischen Papstgewalt auf und forderten
zu einer Disputation heraus, die, im J. 1523 im Domini=
kanerkloster zu Gröningen gehalten [3], wenn auch nicht ein be=
stimmtes Resultat lieferte, so doch zu einer sehr bedeutsamen Mani=
festation der reformatorischen Gesinnungen Anlaß gab.

---

1) S. über ihn Band 1. S. 376.
2) S. oben S. 151.
3) S. darüber *Gerdes* Hist. Reform. III, 32. und dazu Monum.
p. 25 sqq. Vergl. auch *Hofstede de Groot* Geschied. der Broederenkerk teGroeningen p. 20 sqq.

Die Dominikaner — Mag. Laurentius, Bruder Ludolph und Subprior Pittinck waren diejenigen, die sich zum Streitgespräch erboten — hatten den Satz aufgestellt[1]): Christo als Gott und Menschen komme ursprünglich eine zugleich priesterliche und mo= narchische Gewalt zu, vermöge deren er über Alles herrsche; diese Heerschaft sey auf seinen Stellvertreter, den römischen Bischof, übergegangen, und so habe dieser mit vollem Rechte die Autorität des zwiefachen Schwertes, des geistlichen und weltlichen, deren eines von der Kirche, das andere für sie und in ihrem Sinne von der Obrigkeit zu führen sey. Es läßt sich denken, was die Reformationsfreunde hiergegen einzuwenden hatten; ich will nur Einiges anführen. Hermann Abring erinnerte[2]): da Christus durch Wort und That alle öffentlichen Ehren und Würden zurück= gewiesen — er wollte ja nicht König seyn und empfahl den Seinen nur dienende Demuth — so ist jeder Geistliche, sofern er Christi Nachfolger seyn will, von weltlicher Herrschaft von selbst ausgeschlossen. Christus war nicht einmal Priester im gewöhn= lichen Sinne, geschweige denn Monarch oder Kaiser; mithin kann es auch sein Stellvertreter nicht seyn. Joh. Timmermann führte den Satz aus[3]): keine Gewalt, weder geistliche noch welt= liche, könne bei Sünde verpflichten, außer wenn sie vorschreibe, was auch schon Christus vorgeschrieben; der Papst könne von menschlichen Gesetzen dispensiren, nicht von göttlichen. „Wenn der Papst," sagte er[4]), „Festtage ansetzt, die der gröninger Pastor seiner Gemeinde verderblich findet, so darf er sie gegen die Be= fehle des Papstes aufheben; denn wozu wäre er Pastor, wenn er nicht für die ihm anvertraute Gemeinde sorgte? Nicht dem Bischof von Rom sind deine Schafe anvertraut, du bist Pastor — wo nicht, so bedürfte man für die ganze christliche Welt nur Einen Hirten... Ich will dem Papste nicht sein Recht nehmen[5]), ja ich fordere für ihn das, womit ihn Christus aus evangelischer Autorität belehnt: es ist der Dienst des Wortes, das Schwert des Geistes; doch kommt der Geist dem römischen Priester nicht so eigenthümlich zu, daß ihn nicht auch die Kirche und jeder Priester mit ihm gemein hätte." Der Rector Nicol. Lesdorp, der beson= ders trefflich disputirte, hob gegen das ausschließliche Recht des römischen Bischofs das des alexandrinischen und antiochenischen hervor und sagte[6]): wenn Christus eine monarchische Gewalt hatte

---

1) Die Acten der Disputation finden sich bei Gerdes a. a. O. Monum. p. 26 sqq. Die Thesen der Dominikaner vornehmlich S. 29 u. 30.
2) Ebendaselbst S. 32 ff.
3) Ebend. S. 35 ff.
4) Ebend. S. 47. 48.
5) Ebend. S. 46.   6) Ebend. S. 54—57.

und jeder seiner Nachfolger dieselbe theilt, so haben sie gleicher=
weise alle Bischöfe, denn alle sind ebenmäßig seine Stellvertreter,
er hat niemanden seine Monarchie insbesondere übertragen; das
Bisthum ist jedoch keine Herrschaft, sondern ein Dienst, eine Für=
sorge; dem Bischof kommt nicht zu, den Fürsten zu spielen, son=
dern er ist Diener und Hirte, der für Andre, nicht für sich zu
sorgen hat. Als ein Dominikaner darauf erwiederte: Christus sey
doch als Herrscher aufgetreten bei der Tempelreinigung, wendete
Lesdorp die Sache scherzhaft und sagte [1]): Nein, vielmehr als
Schulmeister ist er aufgetreten, denn er hat die Geißel gebraucht,
und so darf ich, der ich meine Zöglinge mit der Ruthe ziehe, mir
vielleicht schmeicheln, ein besserer Nachfolger Christi zu seyn, als
der Papst oder Kaiser, welche die Vergehen mit dem Schwerte
ahnden. Diese heitere Wendung wurde selbst von den Domini=
kanern nicht übel bemerkt, ihr Sprecher dankte am Schlusse für
die tüchtige Opposition [2]), berief sich auf die Worte Augustins:
das Disputiren führt zur Wahrheit, nicht die Wahrheit zum Dis=
putiren — und lud die anwesenden Theologen zu einem Mahle
ein, von dem literärischer Scherz nicht ausgeschlossen seyn solle.

Das Streitgespräch hatte keine unmittelbare Wirkung, aber
es war ein Zeichen der Zeit; es hatte bewiesen, daß die von
Wessel und seinen Schülern verkündeten Grundsätze und na=
mentlich die von ihm gepflanzte Schriftkenntniß — denn alle
Opponenten entwickelten große Belesenheit in der Schrift und
benutzten deren Aussprüche auf die schlagendste Weise — in seiner
Vaterstadt starke Wurzeln geschlagen; es hatte die geistige Ueber=
legenheit der Reformationsfreunde gezeigt; es hatte die Partei
derselben, gegen welche selbst die Dominikaner nicht gehässig auf=
zutreten wagten, ohne Zweifel verstärkt und ihr das erhöhte
Bewußtseyn gegeben, vermöge dessen sie nun auch bald als eigene
Gemeinschaft auftraten.

Der Gymnasiarch Lesdorp, der sich bei der Disputation
so sehr ausgezeichnet, bildete gewiß in demselben Sinn auch seine
Schüler. Als er starb, trat an seine Stelle Regner Prädi=
nius [3]), geboren 1508 zu Winsum (daher auch Reinier van Win=
sum), gestorben 1559 zu Gröningen. Dieser noch berühmtere
Rector der Martinsschule, gebildet in dem Bruderhause zu Grö=

---

1) Ebendaselbst S. 57. 58.   2) S. 60.
3) Ueber diesen Mann s. vornehmlich, außer Delprat S. 57 u. 103,
Vitae Profess. Groning. fol. 36. *Gerdes* Hist. Ref. III, 192 ff. und
desselben Florileg. libr. rar. p. 282; auch *Paquot* Mem. litt. IX, 421.
und *van Swinderen* in der gröninger Monatschrift 1809, S. 33.

ningen, wo er mit Albert Harbenberg zusammenlebte [1]), war einerseits ein so guter Philologe, daß man ihn den zweiten Cicero nannte, andrerseits aber zugleich durch und durch theologisch gesinnt, so daß er Alles, was ihm im Leben und in der Wissenschaft vorkam, auf die christliche Wahrheit bezog und nach der Schrift prüfte. Ganz im ursprünglichen Geiste der Brudergemeinschaft, wollte er, als er nach vollendeter Bildung in seine Vaterstadt zurückkehrte, kein andres Amt annehmen, als das eines Lehrers, theils weil dieß seinem Sinn am meisten zusagte, theils weil er auf keine andre Weise dem bürgerlichen und kirchlichen Gemeinwesen glaubte nützlicher werden zu können [2]). Er unterzog sich nun aber auch der Leitung der Martinsschule, in der er täglich vier Lectionen gab [3]), mit solcher Liebe und Einsicht, daß sie unter ihm zur höchsten Blüte gedieh, Schüler aus Ost- und Westfriesland, aus Brabant, Flandern, Deutschland, Frankreich, Italien, Spanien und Polen zählte und zu einer Art hohen Schule heranwuchs. Dieser Mann war nun zwar nicht persönlich — denn er wurde erst nach Wessels Tode geboren — aber doch mittelbar durch Schriften ein eigentlicher Schüler Wessels, und die theologischen Schriften [4]), die wir noch von ihm besitzen, sind ganz in dem biblischen, practischen und freien Geiste Wessels abgefaßt. Es wird nicht überflüssig seyn, hier einiges Wenige daraus hervorzuheben. Das Wort Gottes, sagte er [5]), ist uns nicht gegeben zum Streiten und Disputiren, sondern um Gott zu erkennen, ihm fest anzuhängen, fromm und heilig zu leben. Die Erlösung leitete er einzig aus der freien Liebe Gottes ab, denn in dem Menschen fand er nichts, was ihm vor Gott ein Verdienst geben könnte, und der Glaube, die Bedingung des Heils, war ihm eine Gabe des frei wirkenden göttlichen Geistes [6]). Das Wesen der Erlösung aber faßte er so [7]): „Wenn

---

1) Harbenberg selbst sagt, nachdem er den Regner Prädinius, Gymnasiarcha Groningensis, als vir longe doctissimus gerühmt: Nam Groningae a pueris una in eodem cubiculo in aedibus Fratrum habitavimus, et in eodem lecto multo tempore dormivimus.

2) S. Gerdes a. a. O. S. 193.

3) Die Schriftsteller, die er mit seinen Schülern vornehmlich las, waren Plato, Aristoteles, Demosthenes, Galenus und im Lateinischen Cicero und Quintilian.

4) Die Schriften des Prädinius sind herausgegeben von dessen Schüler Joh. Acronius Basil. per Oporinum 1563, wo auch über die Thätigkeit des Prädinius die Vorrede zu vergleichen ist. Seine Bemerkungen über alte Autoren hatte Prädinius dem Feuer übergeben; dagegen seine theologischen Aufsätze überließ er der Nachwelt. Auszüge aus diesen theologischen Schriften gibt Gerdes a. a. O. S. 194 ff.

5) Gerdes a. a. O. S. 194.

6) Ebendas. S. 195—199.   7) Ebend. S. 199.

Christus spricht: ich bin die Auferstehung und das Leben, so müssen wir sagen, es war beides in ihm auf eine einzige und eigenthümliche Weise, denn da er die Sünde am Kreuz opferte, hob er die Ursache des Todes auf, und da er, rein geboren, sein ganzes Leben vollkommen nach dem göttlichen Gesetze durchführte, konnte der Tod über ihn kein Recht haben, sondern es gebührte ihm nach göttlicher Ordnung unvergängliches Leben. Die Gläubigen aber sind dem Herrn eingepflanzt durch den Glauben, wie Glieder dem Leibe; sie werden in Gottes Urtheil mit ihm eins. Darum ist es weder wunderbar noch schwer zu begreifen, daß er für die Seinen die Auferstehung und das Leben ist; beides ist ja in ihm und die Gläubigen sind mit ihm eins; vielmehr wäre undenkbar, wenn beides in Christo ist, daß nicht die, welche eins mit ihm sind, auch leben sollten." Von diesem Standpunct aus konnte Prädinius natürlich nur den lebendigen Glauben als den wahren erkennen: nur wer in Christo wirklich lebt, glaubt an ihn; wer noch aus dem Fleische lebt, hat nur eine Einbildung des Glaubens[1]. Ueber äußerliche Uebungen urtheilte der Schüler Wessels im Sinne des Meisters sehr frei: das Gebet als freien Herzenserguß wollte er nicht an bestimmte Zeiten gebunden wissen; die Feier des Sonntags achtete er zweckmäßig, doch sollte man den Tag nicht an und für sich für heiliger halten, als andere; die Streitigkeiten unter den Protestanten über die Art der Gegenwart Christi im Abendmahle bedauerte er, indem er sagte: „Das ist die Folge unserer Sünden, daß, was seiner Natur nach das mächtigste Einigungsband der Christen seyn sollte, für uns eine unversiegliche Quelle des bittersten Streites geworden ist[2]." Auch dieser Mann, der ein hochverehrter Lehrer so zahlreicher Schüler aus allen Landen war, wirkte auf diese in reformatorischem Sinne, und so verbreitete sich Wessels Geist in immer weiteren Kreisen[3].

Neben ihm und seinem Studiengenossen Hardenberg, den wir später kennen lernen, ist noch Gerhard Geldenhauer zu

---

1) Ebend. S. 197.   2) Ebend. S. 200 u. 201.

3) Prädinius drückt seine Verehrung für Wessel theils in seinen Schriften aus, theils legte er sie dadurch an den Tag, daß er mit besonderer Liebe eine Reliquie von Wessel bewahrte (Chytraei Saxon. Lib. XX. p. 250: Regn. Praedinius Wesseli ossa inferioris maxillae velut reliquias sacras mihi monstrabat). Seinen Schülern flößte er eine entschiedene Vorliebe für Wessel ein. Zwei seiner Zöglinge, die genannte Joh. Acronius und Joh. Arcerius Theodoretus, sprechen sich höchst ehrenvoll über Wessel aus, der Erstere in der Praefat. in Opp. Praedin. p. 4 u. 5, der Zweite in der Epist. dedic. zu seiner Ausgabe von Jamblichi vit. Pythag. Francof. 1598.

nennen ¹). Auch er, ein Schüler des Hegius, ein Freund Deſten=
dorps, die viel mit Weſſel verkehrt hatte, überhaupt dem Kreiſe
der Verehrer Weſſels angehörig, verbreitete die reformatoriſchen
Lehren Weſſels auf ſeinen Wanderungen in den Niederlanden
und in Deutſchland. Er war ein eifriger Leſer der Schriften
Weſſels geweſen und hatte daraus die erſte Erkenntniß evange=
liſcher Wahrheit geſchöpft; als ihm aber häufig von exaltirten
Verehrern Weſſels geſagt wurde: „Unſer Meiſter Weſſel, der
ſprachkundige Doctor und Profeſſor in allen Facultäten, der
Redner, Dichter und was nicht Alles, ja das Licht der Welt,
hat das geſagt, hat das gelehrt, hat das geſchrieben" — verhielt
er ſich gegen dieſen ſo, wie ſich Weſſel ſelbſt einſt gegen Thomas
von Aquin verhalten ²): er unterließ das Studium Weſſels, um
nicht durch Vorliebe für eine menſchliche Autorität von der Quelle
der Schrift abgeführt zu werden, namentlich in Betreff der Abend=
mahlslehre ³). Hatte er doch ſelbſt noch zu gut das Wort Weſſels
an Deſtendorp im Sinne, worin jener dieſem den Sturz der alten
theologiſchen Autoritäten, einem Thomas, Bonaventura u. a. ver=
kündet hatte.

Nach dieſem Allem brauchen wir nicht zu beweiſen, daß
Weſſel ein Vorgänger der Reformation überhaupt, ein
Vorläufer Luthers insbeſondere war. Niemand ſagt ja
dieß ſtärker, als Luther ſelbſt, wenn er erklärt, es könne ſcheinen,
er habe Alles aus Weſſel geſchöpft. Seit dieſer Aeußerung Luthers
vom J. 1522, alſo nur 33 Jahre nach Weſſels Tode, hat kaum
jemand gezweifelt, daß Weſſel ein Bahnbrecher der Refor=
mation geweſen, und unter den Neueren ſtellt ihn nicht bloß
Seckendorf ⁴) ausführlich in dieſem Sinne dar, ſondern Bayle ⁵)
nennt ihn auch ſchlechthin den Vorläufer Luthers. Zwar könnte
man gegen dieſe Stellung beider Männer einzelne Verſchieden=
heiten in ihren Lehren und Grundſätzen geltend machen und es
iſt dieß ſelbſt in der Reformationszeit ſchon geſchehen. Ein nicht
unbedeutender Polemiker jener Periode, welcher raſtlos gegen die
Kirchenverbeſſerung durch Luther und Zwingli ſprach, ſchrieb und
wirkte, Johann Faber ⁶), in früherer Zeit Vicarius des Biſchofs

1) Ueber ihn Band 1. S. 381 und das dort Not. 1. Citir.
2) S. oben S. 283.
3) Die Sache ist erzählt in *Adami* Vitae Theologor. p. 44.
4) Commentar. de Lutheranismo Lib. I. sect. 54. §. 133. S. 226 ff.
5) Diction. hist. et crit. T. IV. p. 2868. edit. 1720. p. 494. edit. 1740.
6) Es gab zur Zeit der Reformation zwei Männer Namens Johannes Fabri, welche als heftige Polemiker gegen das Werk und die Perſonen der Reformatoren auftraten. Der eine, geboren ums J. 1500 oder 1504 zu

zu Constanz, wo er sich besonders der schweizerischen Reformation
entgegenstellte, dann Bischof zu Wien, wo er gegen die Protestan=
ten in den österreichischen Staaten und in Deutschland überhaupt
thätig war, verfaßte eine eigene kleine Schrift [1]), um die Lehren
des Johann Huß, der Picarder d. h. der Waldenser und unseres
Wessel mit den Grundsätzen Luthers zu vergleichen, und darzu=

Heilbronn, trat zu Wimpfen in den Dominikanerorden, studierte zu Köln,
wurde Doctor der Theologie, bekleidete Predigerstellen zu Augsburg und zu
Prag und lebte bis z. J. 1558, vielleicht noch länger.   Er eiferte zwar auch
in einer Reihe von Schriften gegen die Lutheraner, allein er tritt erst später
als Schriftsteller auf und befand sich im J. 1528, in welchem die Schrift,
von der wir hier zu handeln haben, in Prag geschrieben wurde, noch nicht
in dieser Stadt.   Der Verfasser dieser Schrift, also derjenige, den wir hier
meinen, ist der andere Johannes Fabri oder gewöhnlicher Faber, geb.
1478 zu Leutkirchen im Algau.   Er war der Sohn eines Schmidts, Namens
Heigerlin, ließ sich frühe unter die Dominikaner aufnehmen, wurde zuerst
Pfarrvicarius in Lindau, dann, nachdem er zu Freiburg i. B. die Ehre
eines Doctor Juris canonici erlangt, Prediger in Lindau, ferner Official
des Bischofs zu Basel, und hierauf Vicarius des Bischofs zu Constanz, wozu
er von Rom die Würde eines apostol. Protonotarius erhielt.   In dieser
Stellung zu Constanz widersetzte er sich anfänglich dem Ablaßprediger Sam=
son, dann änderte er seine Gesinnungen und trat gegen Zwingli auf, mit
dem er auch 1523 eine berühmte Disputation hielt.   Man könnte darauf
anwenden, was Luther bei einer andern Gelegenheit sagte: Totus Faber
nihil est nisi Patres, Patres, Concilia, Concilia. (Luthers Briefe
Th. 2. S. 366. bei de Wette.)   Von dieser Zeit an wurde er einer der
Vorkämpfer der katholischen Partei.   Erzherzog Ferdinand von Oesterreich
nahm ihn zum Hofsecretär, Rath und Beichtvater; er ward Controvers=
prediger im römischen Reiche, Propst zu Ofen und endlich 1531 Bischof zu
Wien, wo er am 21sten Mai 1541 starb.   Es existirt von ihm eine be=
deutende Zahl von Streitschriften.   Die hier anzuführende schrieb er 1528
in Prag, nachdem er von einer Geschäftsreise nach England zurückgekehrt war.
Nachrichten über ihn und seine Schriften liefern außer Spalatin, Sleidan
und Seckendorf, *Mencken* Script. rer. Saxon. T. II. p. 619.   Hot=
tinger helvet. K. Gesch. Th. 3. S. 41.   Arnolds Kirch. u. Ketz. Hist.
Th. 2. B. 16. c. 8. §. 3.   Jöcher Gel. Lex. Th. 2. S. 466.   Roter=
mund erneuertes Andenken der Männer, die für und gegen die Reform.
Lutheri gearbeitet haben. B. 1. S. 318 ff.   Besonders aber J. E. Kettner
in einer eigenen Dissertation de Joannis *Fabri* Vita et Scriptis. Lips.
1737. wo namentlich zu vergl. §. 12. S. 30 u. 31.   Ueber den andern
Joh. Fabri findet man auch die gehörigen Nachweisungen bei Jöcher und
Rotermund a. a. O.
    1) Der Titel dieses seltenen Tractates, den ich durch gütige Mitthei=
lung des seel. Veesenmeyer gebrauchen konnte, ist: Wie sich Johannis
Huß, der Picarder, und Johannis von Wessalia, Leren und
Buecher mit Martino Luther vergleichen.   Beschrieben durch
Doctor Johann Fabri.   Die Vorrede ist datirt aus Prag in Beham den
ersten Septembris Anno 1528.   Am Schlusse des Büchleins steht: Gedruckt
zu Leyptzck, durch Valten Schumann des jarß 1528.   Die Schrift umfaßt
9 Bogen in Quart.   Nach dem Titel könnte man denken, Fabri wolle
Luther nicht mit unserm Wessel, sondern mit Johann von Wesel vergleichen,
allein er vermischt beide Namen, in der That meint er jedoch nur Johann
Wessel, wie sich dieß deutlich aus der Einleitung zu der Vergleichung Luthers
mit Wessel (wo das Urtheil Luthers über diesen angeführt ist) und aus dem
ganzen Inhalte der mitgetheilten wessel'schen Lehren selbst ergibt.

thun, daß sie sich vielfach widersprechen, daß aber jene früheren immer noch viel christlicher und erträglicher seyen als Luther [1]). Er stellt es als eine große Unvorsichtigkeit von Seiten Luthers dar, daß er namentlich den Wessel so ausnehmend rühme und als einen gottgelehrten Mann bezeichne, da doch wenigstens in einigen 30 Artikeln ein offenbarer Widerspruch zwischen ihnen statt finde, indem z. B. Wessel die Freiheit des menschlichen Willens festhalte, Luther sie leugne, Wessel noch viele kirchliche Anordnungen und Ueberlieferungen gelten lasse, die Luther ver= werfe, Wessel den Papst anerkenne, während Luther ihm das Recht der Existenz abspreche und dergleichen [2]). Nun ist allerdings

1) In der Vorrede heißt es unter Anderm: „Nichts destominder, so findet sich mit der wahrheit das Joannes Huß, die Picarber, und Wessaler (diese werden mehrmals als eine Art Partei aufgeführt) in etlichen und ain yederer in dreyßig artickel lyberlicher (natürlich ein Druckfehler statt lyblicher, d. h. leiblicher) und Christlicher siend dann Lutherus.“
2) Da die Schrift Fabers gewiß nur wenigen Lesern zugänglich ist, so will ich einen gedrängten Auszug aus seiner Vergleichung zwischen Wessel und Luther geben. Dieselbe bildet den britten und letzten Theil seines Tractates und hebt nach einer kurzen Einleitung die Unterschiede zwischen Beiden in folgender Ordnung hervor. Nro. 1—3. Wessel betrachtet den Menschen als Mitwirker Gottes im Guten und legt auch einen Werth auf das, was der Mensch selbst bei seiner Heiligung thut; Luther hebt den freien Willen und alle Mitwirkung des Menschen zum Guten auf. 4. Wessel erklärt den Brief Jacobi für eine kanonische, Luther für eine stroherne Epistel. 5. Wessel ruft die Mutter Gottes, ja den Schächer am Kreuz um Fürbitte an, Luther verwirft alle Anrufung der Heiligen. 6—8. Wessel erkennt das Opfer Christi im A. M. an und will, daß die Eucharistie nur empfangen werde aus der Hand des Priesters, Luther leugnet das Opfer im A. M., damit die Messe keinen Bestand habe, und lehrte wenigstens längere Zeit, daß jeder Christ die Eucharistie selber nehmen möge, „als dann sine Sachsen das vermaint blut geschöfft habenn, als ob es ain bier were in der stanben.“ (edle Polemik!) 9. Wessel bekennt, kein Papst sey heiliger und mächtiger gewesen als Petrus (womit er also den Petrus als Papst und folglich den Papst überhaupt anerkennt), Luther verwirft den Papst gänzlich und stellt Petrus den andern App. gleich. 10. Wessel lobt die Anordnung der Fest= zeiten und Fasten, Luther behandelt Beides als Menschentand. 11. Wessel unterscheidet im Evangelium zwischen Gebot und Rath, Luther verkennt diesen Unterschied. 12. Wessel schreibt, Petro seyen die Schlüssel des Him= mels und die Fürsorge über die Welt anvertraut, Luther räumt dieß nicht ein. 13. Wessel statuirt ein durch Weihe bewirktes sacramentliches Priester= thum und trennt dasselbe vom allgemeinen, Luther will kein besonderes Priesterthum. 14. Nach Wessel sind die Apostel durch Weihe des heil. Geistes Bischöfe und Priester, nach Luther keineswegs. 15 und 16. Wessel gesteht zu, daß von Anfang an von der Kirche vieles Beobachtenswerthe zum Schmuck der Sacramente eingeführt worden, auch daß viele Sacramente seyen, Luther verwirft nicht nur jene Zierde der sacramentlichen Handlungen, sondern, was die Zahl der Sacramente betrifft, so „haltet er ains, und etwan zway, etwan bril, darnach der mon im krabs oder cauba braconis ist.“ 17. Nach Wessel geben die Sacramente des N. T. auch Gnade, was Luther leugnet. 18. Wessel hält ein vollkommenes Leben der Christen schon auf Erden für möglich, Luther nicht. 19. Wessel legt auf die kirchlichen Taufgebräuche einen Werth, Luther verschmäht sie. 20. Wessel gestattet Casuum reser-

eine Differenz zwischen Beiden nicht zu leugnen, und wer wird auch erwarten, daß ein Mann wie Luther das bloße Nachbild eines Früheren seyn sollte? Dann hätte ja in der Reformation selbst kein Fortschritt statt gefunden. Allein auf die einzelnen Lehrbestimmungen kommt es auch hier nicht wesentlich an, sondern auf die Grundlagen und die Richtung der religiösen und theolo= gischen Denkart im Ganzen, und hier ist zwischen beiden Männern die entschiedenste Uebereinstimmung. Wessel trug das bereits in sich, woraus nachmals unter günstigern Umständen und durch noch größere Persönlichkeiten die Reformation hervorging. Schon die gewissenhafte, freimüthige und jeder überzeugenden Belehrung offene Wahrheitsliebe reiht ihn der Gesinnung nach an die Re= formatoren; diese Gewissenhaftigkeit in der Wahrheit, das Fest= halten am Erprobten, aber auch die stets jugendliche Bereitwillig= keit, das Bessere und Reinere aufzunehmen, das war der er= frischende Geist, der durch die Reformatoren in Fülle wieder ausgegossen wurde, und diesen Geist finden wir auch schon bei Wessel, nur blieb es bei ihm Gesinnung, während es bei den Reformatoren zur großartigsten Handlung wurde. Aber diese subjective Wahrheitsstimmung hätte an und für sich noch nicht das Große bewirkt, wenn sie nicht auch einen ächten, erhabenen und göttlichen Gegenstand umfaßt hätte, und dieser Gegenstand war der lebendige Christus, wie ihn die Schrift darstellt, als die

---

ratio und Auflegung der Buße durch den Priester, Luther setzet, es habe der Caplan so viel Gewalt als der Pfarrer, der Pfarrer so viel als der Bischof, und am Ende der Bauer so viel, als der Bischof, Pfarrer und Caplan. 21. Wessel betrachtet die Gemeinschaft der Heiligen als einen wesentlichen Artikel, Luther nur als Glosse eines Artikels. 22. Wessel billigt Fasten, Feiertage und Vigilien, Luther nicht. 23 und 24. Wessel glaubt, daß das Fasten, Gebet, Messelesen und andere gute Werke der Geistlichen jedem zu Gute kommen, der deß begehre, und daß auch ein Priester für Andere das Sacrament nehmen könne, Luther bestreitet dieß Alles. 25. Eben= so verwirft er die von Wessel gebilligten Messen für Verstorbene. 26. Wessel lobt die Krönlein der Märtyrer, Lehrer und Jungfrauen, die man aureo= las nennt, Luther lacht darüber. 27. Wessel statuirt keinen Widerspruch in der Wahrheitserkenntniß, bei Luther kommen eine Menge Contradictoria vor, z. B. die Hussiten sind ihm Ketzer und nicht Ketzer, der Papst im Evangelium begründet und auch nicht, und dergl. 28 und 29. Bitten für Todte und Fürbitten der Engel genehmigt Wessel, Luther hält beide für unwirksam. 30. Wessel sieht in der Beichte ein apostolisches Institut, Luther nicht. 31. Wessel hält auch etwas auf die Tradition, Luther schöpft nur aus der Schrift. — Nach dem Allem schließt Faber mit der Behaup= tung, Luthers Lehre sey nicht bloß dem Evangelium, den Vätern und Conci= cilien, sondern sogar den Ketzern zuwider, ja er widerspreche in mehr als 300 Stücken sich selbst, wie schwarz und weiß, bös und gut, Christus und Belial. Kaum bedarf es der Erinnerung, daß in die Vergleichung Fabers eine Menge Irrthümer eingeflochten sind, wie dieß die Darstellung der Lehren Wessels im Einzelnen zeigt.

unerschöpfliche einzige Quelle des Heils, von der Geist, Liebe, Friede und ein neues göttliches Leben ausströmt über jeden Einzelnen und alle Geschlechter. In diesem Festhalten an Christo, als dem alleinigen Erlöser von der Sünde und allen ihren Folgen, als dem einzigen Urheber alles Guten und aller Seligkeit, stimmt Wessel gleichfalls ganz mit den Reformatoren überein; und zwar drückt sich dieß bei ihm wie bei Luther und seinen Mitarbeitern in dem zwiefachen Princip aus, welches überhaupt die Reformation characterisirt, dem formalen: Zurückführung aller religiösen Erkenntniß auf die Schrift, als das allein zuverlässige, aber auch zureichende Zeugniß von Christo, mit Ausschluß aller Menschenautorität; und dem materialen: Zurückführung alles christlichen Lebens auf die Erlösung und Rechtfertigung in Christo, mit Ausschluß jedes andern nur von Menschen aufgestellten Heilsmittels. Und wie für das christliche Leben, so theilt Wessel auch für die Wissenschaft die Position und Opposition der Reformatoren. Er hatte zu einer Zeit, da, wie Luther sagt, noch gar eine andere Luft wehete, als im 16ten Jahrhundert, das bestimmteste Bewußtseyn von der Nothwendigkeit, daß die scholastische Theologie untergehen eine neue geboren werden müsse; er bekämpfte mit Entschiedenheit den falschen Einfluß der Philosophie, besonders des Aristotelismus, auf die Theologie und suchte derselben einen biblischen, lebendigen, practischen Character zu geben; er bediente sich dazu der wiedererneuerten Sprachkenntniß, und nahm, wie die Reformatoren, auch Bestandtheile der edleren Mystik früherer und gleichzeitiger Theologen in seine Denkart auf. Freigesinnt und wissenschaftliebend, wie die besseren Scholastiker, fromm und innig, wie die ächten Mystiker, ging er über die beiden Einseitigkeiten des Mittelalters hinaus, hob den Gegensatz des Scholasticismus und Mysticismus in sich auf, indem er das Gute von Beiden in sich vereinigte, und wurde auch dadurch ein Vorbereiter jener harmonischen Theologie der Reformatoren, die wieder zum ganzen Menschen sprach, und den Geist in allen Richtungen in ihre Pflege nahm.

Ein Vorläufer der Reformation war Wessel auch als Gelehrter. Es handelte sich jetzt nicht mehr bloß darum, eine reinere practische Kenntniß des Christenthums zu haben; man mußte dieselbe zugleich wissenschaftlich vertreten können; es mußte die gesammte Errungenschaft des Wissens in den Dienst des Glaubens gezogen werden. Dieß finden wir auch bei Wessel: wie unter den Gelehrten seiner Zeit durch christliche Gesinnung, so zeichnet er sich unter den christlich Gesinnten durch reiche, freie, aus den Quellen geschöpfte Gelehrsamkeit aus. Zwar ist bieß ſchon aus dem Bisherigen zu erſehen, indeß wird ein Ueberblick, der manches noch nicht Berührte nachholt, nicht unintereſſant ſeyn. Zugleich werden wir dabei das Literäriſche in Betreff der Schriften, die wir von Weſſel und über ihn haben, abhandeln.

Zweites Hauptſtück.

Weſſels Gelehrſamkeit. Schriften von ihm und über ihn.

---

1. Gelehrſamkeit Weſſels.

Die Gelehrſamkeit Weſſels, namentlich der Umfang derſelben, wird von Zeitgenoſſen ſehr hoch geprieſen. Er wurde, zum Theil wegen des Reichthums ſeiner Kenntniſſe, Lux mundi genannt. Man ſchrieb ihm die höchſte Würde in drei Facultäten zu, in der theologiſchen, juriſtiſchen und mediciniſchen. Aber man könnte zweifeln, ob er ſie in einer einzigen beſeſſen. In der Ueberſchrift eines Briefes wird er als Profeſſor, in einer andern als Doctor der Theologie bezeichnet. Das Erſtere kann ſich im Allgemeinen auf ſeine Lehrthätigkeit beziehen, ohne eine beſtimmte Anſtellung in ſich zu ſchließen, da in jener Zeit überhaupt das gegenwärtige Verhältniß der höheren Lehranſtalten zum Staate noch nicht ausgebildet war, und ein ſo genauer Unterſchied zwiſchen angeſtellten Lehrern (öffentlichen Profeſſoren) und nicht angeſtellten gar nicht gemacht wurde. Ob aber Weſſel Doctor der Theologie war, möchte in der That nicht ſicher zu beſtimmen ſeyn. Wenigſtens iſt nicht nachzuweiſen, wann und wo er es wurde; bei ſeinem Aufenthalt in Heidelberg, der in die ſpätere Lebenszeit fällt, war er es noch nicht; ob er in der Folge dazu Gelegenheit hatte, wiſſen wir nicht; auf eine bloße Brieküberſchrift hin möchte ich es nicht mit Gewißheit annehmen [1]). Er ſoll aber auch Doctor der Rechte und der Medicin, ein gelehrter Arzt und Medicus des Biſchofs von Utrecht geweſen ſeyn. Hierin könnte, wenigſtens in der Art, wie es uns überliefert iſt, einige Uebertreibung obwalten; allein eine Grundlage der Wahrheit haben wir bei den zahlreichen Zeugniſſen aus der nächſten Umgebung Weſſels ohne Zweifel

---

1) Auch in dem Libro memoriali der Kirche, wo Weſſel begraben wurde, wird er aufgeführt als egregius Doctor sacrae Theologiae, aber gerade hier iſt es wegen des Zuſatzes egregius weit wahrſcheinlicher, daß ſich der Ausdruck Doctor auf ſeine theologiſche Gelehrſamkeit oder Lehrthätigkeit im Allgemeinen, nicht auf den Doctorgrad, bezieht.

vorauszusetzen: Wessel wird sich aus seiner Lectüre der Alten
z. B. Galens, auf seinen Reisen und im täglichen Leben ärztliche
Kenntnisse gesammelt haben, womit er seinen Freunden und Gön=
nern, namentlich dem Bischof David, häufig diente [1]. Es scheint
überhaupt — ähnlich den Essäern und Therapeuten - die Kranken=
pflege zu den Sitten der Brudergemeinschaft gehört zu haben, wie
wir dieß namentlich bei Florentius finden, und wenn Wessel
hierin, vielleicht schon als Jüngling im Fraterhause zu Zwoll,
einen Anfang gemacht hatte, so konnte er sich, ohne daraus ein
Lebensgeschäft zu machen, doch leicht noch weiter fortbilden und
eine gute practische Fertigkeit, die wohl überhaupt damals der
Inbegriff der Medicin war, erwerben. Von juristischen Studien
finden wir in Wessels Leben und Schriften keine bestimmte Spur;
er hatte genug mit der Theologie zu thun. Es gehört mit zu
den Eigenthümlichkeiten jener Zeit, den Umfang des positiven
Wissens und die gelehrten Auszeichnungen bei berühmten Män=
nern zu vergrößern und ins Wunderbare zu treiben. Dieß zeigt

---

1) Daß Wessel bedeutende ärztliche Kenntnisse besessen, wird von
Muurling als eine entschiedene Thatsache angenommen. Er hält fest, daß
Wessel Leibarzt des Bischofs David von Burgund, ja selbst vorübergehend
Leibarzt eines Papstes (Ubbo *Emmius* Hist. Rer. Frisiac. L. XXX.
p. 457.) gewesen. *Comment.* de Wess. p. 38. und besonders 6te Bei=
lage S. 114—116, wo ausführlich über diesen Punct gehandelt wird.
Allerdings sind dafür gewichtige Zeugnisse von Zeitgenossen vorhanden: das
durch Melanchthon vermittelte Zeugniß Reuchlins (Declamatt. T. I.
p. 249. Praefat. ad R. Agricolae Dialect.); das des Antonius *Liber*,
der in seinem Bewillkommnungsgedicht an Wessel unter Anderm sagt: Tu
modo noster eris *Galenus* — des P. Pelantinus, der in seinem
Epicedium auf Wessel ebenfalls die ungemeinen ärztlichen Kenntnisse desselben
rühmt — der Gerh. Geldenhauer, welcher sagt, Wessel sey etiam Jure-
consultis et Medicis Doctoribus beigezählt worden — endlich des A.
Hardenberg, welcher dem Wessel duo libelli practici in Medicina zu=
schreibt und berichtet, derselbe sey Arzt Davids von Burgund gewesen,
(siehe die Nachrichten vom Leben Wessels bei der gröninger Ausgabe seiner
Werke an verschiedenen Stellen, bes. S. 21. 22, dann in der Ausgabe
selbst S. 710.); wozu jetzt noch eine Notiz kommt in den neuen Mitthei=
lungen über die Bruderhäuser von Delprat in Kist und Royaards Kir=
chenhist. Archiv Th. 6. S. 297, wo aus Veranlassung einer Krankheit des
Albert von Kallar erzählt ist: et tunc magister *Wesselus* affuit, offe-
rens se et omnem operam suam pro *curatione ejus.* Bei so viel=
fachen und aus erster Hand abstammenden Zeugnissen wollen wir die Sache
an sich nicht bestreiten; aber wenn wir sie mit dem, was wir sonst von
Wessel wissen, zusammenhalten, so erscheinen die Angaben etwas lobred=
nerisch und dürften auf eine allgemeine ärztliche Bildung und Erfahrung
Wessels zu beschränken seyn. Das Beispiel, welches P. Pelantinus von der
ärztlichen Praxis Wessels anführt (wie derselbe einen lange kränkelnden
Geistlichen [Patrem — Papst? Bischof? Klosterbruder?] in einen lebendig
aufgeschnittenen Ochsen gesteckt und dadurch die schwindenden Kräfte wieder
hergestellt habe), spricht nicht dagegen, denn Aehnliches kommt, namentlich
in jener Zeit, auch sonst vor. Vergl. Delprat a. a. O. S. 298.

sich z. B. bei Gerhard Groot; das unvergängliche Verdienst dieses trefflichen Mannes übersah man, aber das Unbedeutendere, seine mäßige Gelehrsamkeit, übertrieb man ins Fabelhafte und glaubte sie nicht genug preisen zu können. Eine ähnliche falsche Verherrlichung haben wir von unserm Wessel zurückzuweisen; er war ein für seine Zeit gelehrter [1]), namentlich in Sprachen ge= bildeter und dadurch für den Gebrauch der alten Quellen der Re= ligion und Philosophie wohl ausgerüsteter Mann, aber ein Wunder der Gelehrsamkeit und des positiven Wissens war er nicht. Die gesunde, christlich feste und geistig klare [2]) Frömmigkeit, die rich= tige Einsicht in die wissenschaftlichen, kirchlichen und sittlichen Mängel seines Zeitalters, der offene Sinn für das Beffere, wel= ches werden sollte, und der freie Muth, durch Wort und That dafür zu wirken [3]), das war sein Verdienst, nicht die Masse der Kenntnisse. Dabei war aber allerdings auch die Gelehrsamkeit Wessels nicht zu verachten und für seine Zeit nicht gewöhnlich. Wenn er auch nicht, wie die eigentlichen Wiederhersteller der alten Literatur, sich durch klassische Reinheit und Schönheit der latei= nischen Rede auszeichnete, ja sogar vor Fehlern sich nicht ganz bewahrte, so hatte er doch eine gewisse Leichtigkeit und Fertig= keit im Lateinischen und besaß eine für die Benutzung der Quellen zureichende Kenntniß der beiden andern gelehrten Hauptsprachen [4]).

---

1) Den Mangel an Kenntnissen, die seiner Zeit überhaupt fremd wa= ren, wird Wessel'n niemand zum Vorwurf machen, z. B. die populäre Vorstellung vom Stillestehen der Erde. Scal. Medit. Exempl. I. p. 339: Non tam novum, si terra exsiliat fundamento suo, et per aera et aethera volitet etc.
2) Seine Geistesklarheit befähigte ihn auch ganz besonders zum Lehrer. Er sagt sehr treffend: Signum scientis est posse docere. Epist. de Indulg. Cap. 11. p. 990.
3) Wessel bewährte einen durchaus practischen Geist in der Theologie, wie weit er indeß in die theologische Praxis eingegangen sey, wissen wir nicht genau; es scheint, daß er bloß als Gelehrter lebte und nie predigte oder geistliche Handlungen verrichtete. Dieß wird auch von Muurling S. 20 aus dem doppelten Grunde bezweifelt, weil gar nichts davon über= liefert ist, und weil er weder die Priesterweihe hatte, noch einem Mönchs= orden angehörte.
4) Es darf nicht unbemerkt gelassen werden, daß die lateinische Rede Wessels, obwohl nicht selten eigenthümlich und geistreich, doch auch häufig sehr dunkel, so wie durch Wiederholungen und gehäufte Steigerungen schleppend wird, ja von Barbarismen (z. B. Scal. Medit. III, 4. p. 260. u. Epist. de Indulg. Cap. 11. p. 990, wo der Ausdruck minoramentum vorkommt) und wirklichen grammatischen Fehlern sich nicht frei hält. Auch Luther urtheilt von Wessels Styl, derselbe sey nicht sehr elegant, sondern trivialis ac pro seculo suo. Was das Griechische betrifft, so geht er wohl bisweilen, obgleich selten auf specielle sprachliche Bemerkungen ein, z. B. Scal. Medit. III, 2. p. 251. De Magnit. Pass. Cap. 54. p. 566, aber man kann auch hier nicht sagen, daß sie immer treffend oder bedeutend

Von philologisch genauem Studium des Griechischen finden sich zwar bei Wessel keine Spuren, aber nach dem übereinstimmenden Berichte der Zeitgenossen, nach seinen eigenen Aeußerungen und nach seinem ganzen Verhältnisse zu ausgezeichneten Philologen, haben wir keine Ursache, an Wessels griechischen Sprachkenntnissen zu zweifeln. Wessel selbst besaß die griechischen Evangelien und den griechischen Gregor von Nazianz; Alexander Hegius bietet ihm andere griechische Bücher an, und erbittet sich von ihm die griechischen Evangelien in der Voraussetzung, daß er sie nicht lange entbehren könne. Nach Allem müssen wir auch annehmen, daß Wessel Schriften des Plato und Aristoteles in der Ursprache gelesen. Außer diesem ist am bemerkenswerthesten, daß Wessel einer der wenigen Kenner des Hebräischen in seinem Zeitalter war. Wo er selbst die Kenntniß dieser Sprache geschöpft, ist nicht genau nachweisbar, am wahrscheinlichsten wohl bei gelehrten Juden. Was für hebräische Handschriften [1]) Wessel besessen, wissen wir auch nicht; nur ein hebräischer Psalter wird unter den hinterlassenen Büchern Wessels ausdrücklich erwähnt. Wessel suchte auch empfängliche Jünglinge zum Studium des Hebräischen anzuregen und gab ihnen selbst Anleitung dazu; vielleicht war dieß bei dem Hauptwiederhersteller der hebräischen Litteratur, bei Reuchlin, der Fall, zuverlässiger bei Agricola [2]).

Für die Characteristik der Bildung Wessels ist es nicht ohne Bedeutung, die Schriftsteller kennen zu lernen, die er besonders erwähnt, gebraucht und lobt; wir können auch daraus, wenigstens bis zu einem gewissen Grade, auf die Richtung seines Geistes und die Weite seines gelehrten Gesichtskreises schließen. Aber freilich nur bis zu einem gewissen Grade, denn Wessel citirt wohl hie und da auch einen Schriftsteller, von dem er wenig gelesen, und andere, die er vielfach durchgearbeitet, führt er nicht namentlich an. So wissen wir ja, daß er den Rupert von Deutz nicht nur fleißig gelesen, sondern auch unter der Aufschrift *Mare magnum* eine Art Blumenlese aus dessen Schriften verfertigt, und doch wird der Name dieses Schriftstellers bei Wessel nicht erwähnt. Ebenso muß man sich wundern, daß Wessel, obwohl er sich unter den Platonikern namentlich auf

---

sind, ja nicht einmal immer richtig; so nimmt er z. B. an, es gebe von ἀγαθός einen Superlativ ἀγάθαιος. Scal. Medit. Ex. I. p. 331. Wessels griechische Sprachkenntniß ging wohl nicht weiter, als daß er einen griechischen Schriftsteller im Allgemeinen verstand.

1) Ungefähr ein Jahr vor seinem Tode erschien die erste gedruckte hebräische Bibel.

2) S. über Beides das Leben Wessels S. 280 und 281.

Proclus und Porphyrius beruft, doch selten eine Stelle aus Plato beibringt, von dem er ohne Zweifel Vieles gelesen. Es ist also hier auch nicht wesentlich, die von Wessel benutzten Schriftsteller mit absoluter Vollständigkeit aufzuführen, es genügt, diejenigen namhaft zu machen, die uns beim Durchlesen der wessel'schen Schriften besonders aufgefallen sind.

Vorerst gebraucht Wessel in sehr häufigen Anführungen fast alle Bücher des alten und neuen Testaments; und zwar nicht ganz ohne Kritik, indem er z. B. den ersten Brief Petri als den vorzugsweise ächten bezeichnet [1]), und bisweilen mit genauer Berücksichtigung ihrer Eigenthümlichkeit, indem er z. B. bemerklich macht, daß im hohen Liede der Name Gottes nur ein= mal dunkel angedeutet sey, im Buche Esther aber gar nicht vor= komme [2]), auch beruft er sich in bestimmten Fällen auf die Sep= tuaginta [3]) und Vulgata [4]). Von nicht christlichen Religions= schriften erwähnt er ganz im Allgemeinen ohne specielle Anfüh= rung den Talmud und Koran [5]). Die Profanautoren, deren Wessel gedenkt, theils mehr im Allgemeinen, theils mit Beru= fung auf bestimmte Stellen, sind: Homer, Plato [6]), Aristote= les [7]); Theophrastus [8]), Alexander, den er als den scharfsin= nigsten Peripatetiker bezeichnet [9]), Demosthenes [10]), Plutarch, Pro= clus, Porphyrius — und unter den Lateinern Cicero [11]), Vale= rius [12]), Virgil und Aulus Gellius [13]). Den Cicero und neben ihm unter den christlichen Schriftstellern Augustin [14]) empfiehlt Wessel besonders als Muster der Rede und des Periodenbaus; ja er stellt, ohne selbst etwas Ciceronianisches zu haben, über diesen Punct ausführliche Regeln auf im 2ten und 3ten Buche der Scala Meditationis, welche eine Art Logik, Dialectik und Rhe= torik enthalten. Von älteren christlichen Schriftstellern erwähnt Wessel mit besonderer Vorliebe und nicht ohne Beifügung lob=

---

1) De Caus. Incarn. Cap. 14. p. 446.
2) De Magnit. Pass. Cap. 88. p. 639.
3) De Magnit. Pass. Cap. 54. p. 566.
4) De Orat. III, 13. p. 77. De Caus. Incarnat. Cap. 4. p. 419.
5) De Orat. III, 10. p. 71.
6) De Orat. IV. 14. p. 78.
7) Scal. Medit. III, 5. p. 264. IV, 22. p. 308.
8) Scal. Medit. III, 3. p. 254.
9) Er meint wohl den Alexander von Aphrodisias.
10) Scal. Medit. III. 7. p. 278.
11) Scal. Medit. II, 19. p. 239. Ebendas. p. 240. Lib. III, 2. p. 251.
12) De Orat. I, 4. p. 11.
13) Scal. Medit. Exempl. III. p. 400.
14) Scal. Medit. II, 19. p. 239. 240. Exempl. I. p. 233.

preisender Bezeichnungen, z. B. jubar ecclesiae, foecundum ingenium [1]) und dergl. den Augustinus, den er wohl unter den Kirchenvätern am meisten gelesen und von dem er sich, auch hierin Vorgänger Luthers, am meisten angeeignet hatte. Neben ihm gebraucht er von den Lateinern hauptsächlich Hieronymus [2]) und Gregor den Großen [3]), von Griechen: Origenes, Athanasius, Gregor von Nazianz und Chrysostomus; endlich von Theologen und Philosophen des Mittelalters: den heil. Bernhard [4]), Peter den Lombarden [5]), Hugo von St. Victor [6]), Thomas, Scotus, Raimundus Lullus [7]), Wilhelm Occam [8]), Peter d'Ailly, Gerson [9]), Averroes [10]) und einen minder bekannten Schriftsteller Gaufred [11]), als Verfasser einer Abhandlung contra superfluum timorem. Von den späteren Schriftstellern schätzte Wessel ohne Zweifel Gerson am höchsten, den er jederzeit mit großer Achtung, z. B. mit der Bezeichnung venerabilis ille Cancellarius, erwähnt. Mit derselben Hochachtung nennt Wessel auch Gersons Lehrer, den Vater aller jener berühmten französischen Gottesgelehrten, Peter d'Ailly, als einen der preiswürdigsten Theologen. Seine Zeitgenossen führt Wessel seltener an, doch wird Johann von Wesel von ihm ausgezeichnet als quidam Doctor subtilis [12]), und außerdem finden sich häufige Beziehungen auf einzelne Schriften des Rudolph Agricola [13]).

---

2. Schriften Wessels.

Hardenberg erzählt [14]), nach Wessels Tode seyen alle Handschriften desselben, die man unter dem Nachlasse finden konnte, durch den Eifer der Bettelmönche und die Wuth einiger andern Leute den Flammen übergeben worden; das hätten ihm glaubwürdige Leute erzählt, die es mit eigenen Augen gesehen   Dar=

---

1) Scal. Medit. Exempl. II. p. 370.
2) Scal. Medit. Exempl. III. p. 400.
3) De Caus. Incarn. Cap. 10. p. 435. Scal. Medit. III, 7. p. 276.
4) De Caus. Incarn. Cap. 5. p. 429. De Magnit. Pass. Cap. 81.
p. 622. Scal. Medit. Exempl. I. p. 349.
5) De Caus. Incarn. Cap. 10. p. 435.
6) De Orat. I, 13. p. 23.
7) De Orat. I, 8. p. 17. Scal. Medit. III, 4. p. 256.
8) Scal. Medit. IV, 22. p. 308.
9) De Orat. III, 5. p. 59. V, 10. p. 103.
10) De Caus. Incarn. Cap. 4. p. 420.
11) Scal. Medit. IV, 33. p. 322. IV, 15. p. 294.
12) De Magnit. Pass. Cap. 39. p. 537.
13) Scal. Medit. III, 6. p. 274. IV, 15. p. 294. IV, 26. p. 314.
14 In seinem Leben Wessels S. 13.

aus wäre zu ſchließen, daß manche Schriften Weſſels durch
abſichtliche Zerſtörung gänzlich untergegangen ſeyen. Zwar wird
die Angabe Hardenbergs von Dubin [1]) als fabula vel mendacium angefochten; er ſagt: Weſſel ſey doch auf eine ſehr ehrenvolle Weiſe begraben worden, woraus hervorgehe, daß ſich niemand nach ſeinem Tode gegen ihn als Ketzer erhoben habe —
und es ſey noch längere Zeit eine Handſchrift des neuen Teſtaments, welche Weſſel beſeſſen, bei den Kanonikern auf dem Agnesberge bewahrt worden, alſo möchten auch wohl die übrigen
zurückgelaſſenen Schriften Weſſels nicht angetaſtet worden ſeyn.
Offenbar aber ſind dieſe Gründe zu ſchwach, um das Zeugniß
eines ſonſt glaubwürdigen, ziemlich gleichzeitigen Schriftſtellers
umzuſtoßen. Es widerſpricht ſich nicht, daß die Freunde Weſſels
ihm eine ehrenvolle Beſtattung verſchafften und zugleich ſeine
Feinde gegen ſeinen Nachlaß wütheten, und wenn ein Stück
aus dieſem Nachlaſſe — noch dazu ein Codex des neuen Teſtaments — unverſehrt blieb, ſo folgt nicht, daß Alles erhalten
worden ſey. Wir bedürfen aber dieſer beſonderen Angabe Hardenbergs nicht einmal, um zu wiſſen, daß einzelne Schriften
Weſſels verloren gegangen ſind, es ergibt ſich dieß auch aus anderweitigen Nachrichten, zum Theil aus Aeußerungen Weſſels
ſelbſt. Wir haben von beiden, denfür uns untergegangenen und
erhaltenen, Schriften Weſſels in der Kürze zu ſprechen und
nennen zuerſt

A. Die verloren gegangenen Schriften Weſſels:

1. Liber Notularum de Scripturis sacris et variis Scripturarum locis; de Creaturis; de Angelis; de Daemonibus; de
   Anima.
2. Liber alius magnus de Dignitate et Potestate Ecclesiastica; de Indulgentiis.
3. Libellus pro Nominalibus [2]).
4. De triduo Christi in sepulchro, pro Paulo Burgensi contra
   Middelburgensem.

---

1) Oudinus de Scriptor.. eccles. T. III. p. 2711.
2) Dieſe Schrift wird im Inhaltsverzeichniſſe der gröninger Ausgabe
ſo angeführt: Notularum pro *Nominalibus* adversus Realium Formalinmque defensores, ac ex parte contra Rodolphum Agricolam Liber.
Valde tamen obscurus, ut vix intelligi possit, quid auctor velit.
Fabricius macht über dieſe Schrift Bibl. med. et inf. lat. Lib. IX.
p. 169. die Bemerkung: Quem librum agnosco magis sapere auctorem
Joannem de Wesalia, Wormatiensem, addictum Nominalibus, quam
amicum Agricolae. Groningensem *Wesselum*. Indeß wiſſen wir ja,
daß auch Weſſel Nominaliſt war.

5. Duo libelli practici in Medicina, ipsius Wesseli manu
scripti exploratique in periclitantibus aegrotis.

Diese Schriften werden von Harbenberg im Leben Wessels[1] na=
mentlich aufgezählt. Was es mit ben Libellis practicis in Medicina für eine Bewandtniß habe, läßt sich nicht sicher bestim=
men; vielleicht hatte sich Wessel barin; wie in einer Art Tage=
buch, seine medicinischen Erfahrungen aufgezeichnet. Neben ben
oben genannten erwähnt Harbenberg auch eine Schrift de Sta-
bilitate et modo figendi meditationes; biese ist jeboch nichts
Anberes als bie Scala meditationis. Außerbem wissen wir, baß
von Wessel noch

6. Ein Volumen vorhanden war unter bem Titel Mare magnum, ein Excerptenbuch zunächst aus ben Schriften bes Rupert von Deutz, bann auch aus anbern Schriften, bie Wesseln
merkwürdig schienen[2].

Durch Aeußerungen Wessels selbst aber erfahren wir gele=
gentlich, baß von ihm existirte:

7. Liber de futuro seculo[3].

8. Vielleicht auch ein Buch de Peccatis, ober insbesonbere de
Peccatis mortalibus[4].

9. Enblich wäre vielleicht noch eine Abhanblung de Notitia et
Visione Dei zu nennen; boch ist bieß um so mehr zweifel=
haft, ba bie hierher gehörige Stelle[5] sich auch auf bas Buch
de futuro seculo ober auf einzelne Abschnitte anberer Schriften
beziehen könnte.

10. Noch zweifelhafter ist Anberes, wie bas Buch de Moribus veterum haereticorum unb eine beutsche Schrift
Wessels über bas Verhältniß ber Unterthanen zur Obrig=
keit[6].

---

1) S. 11. Harbenberg sagt von biesen Aufsätzen: Jam deli-
tescunt apud nobilem et erudite piumjvirum Dominum Christophorum
ab Eussum, nepotem Domini Onnonis ab Eussum, cujus meminit
Dominus Goswinus in epistola sua ad me, plura Wesseli nostri,
quae per Dei voluntatem brevi in lucem edentur.

2) S. oben im Leben Wessels S. 257 u. 258. Bemerkt kann hier
noch werben, baß eine Bulle Sixtus IV., bes Freundes unseres Wessel,
mit ben Worten Mare magnum anfing.

3) Wirb erwähnt von Wessel de Magnit. Pass. p. 540.

4) De Magnit. Pass. Cap. 10, p. 471. sagt Wessel: Sunt igitur
peccata nostra mortalia, sed non mortua ... de quibus alibi scripsi
peccatis.

5) De Orat. V, 10. p. 103: Cetera, quae de notitia et visione
Dei quadrarent ad propositum, quia alibi scripsi, hic brevitatis
causa omitto.

6) Die Schrift de Moribus veterum haereticorum wirb angeführt
bei Wharton in Append. ad Cav. Hist. Lit. p. 192. als erschienen

Das Schicksal einiger von den Schriften Weſſels, die verloren gegangen ſind, können wir noch bis auf einen gewiſſen Punct verfolgen. Die von Harbenberg genannten Aufſätze Nro. 1—5 hatte zuerſt Goswin von Halen, der ehemalige Famulus Weſſels, ſpäter Vorſteher des Bruderhauſes zu Gröningen, in Verwahrung. Nach deſſen Tode kamen ſie an ſeinen Neffen, Jo= hann von Halen, Vorſteher eines dortigen Frauenkloſters, und dann an Regner Prädinius, den Rector des Gymnaſiums zu Gröningen. Dieſer vermachte ſie bei ſeinem Tode (1559) dem Chriſtoph von Euſum, dem Enkel jenes Ritters Onno von Euſum, welcher einer der jüngeren Freunde Weſſels geweſen. Dieſer Chri= ſtoph von Euſum beſaß dieſelben zur Zeit Harbenbergs[1]; weiter haben wir von der Exiſtenz derſelben keine Kunde. Einiges aus dem Nachlaſſe Weſſels, namentlich aſcetiſchen Inhaltes, hatte Har= benberg geſammelt und dem treuen Verehrer Weſſels, Wilhelm Sagarus[2], mitgetheilt. Dieſer wollte es wieder an Harbenberg zurückſenden, hielt aber ſein Verſprechen nicht. Harbenberg fügt hinzu, er höre, es ſey ein Sachwalter in Mecheln, der einige weſſel'ſche Collectanea beſitze, und das möchten vielleicht die ſeyn, welche er dem Sagarus gegeben habe[3]. Weiter führt uns auch dieſe Spur nicht. Das Mare magnum, wenigſtens ein großer Theil davon, war früher im Kloſter auf dem Agnesberge; zur Zeit, da Harbenberg den Agnesberg beſuchte, war es aber an einige Gelehrte nach Brabant oder Seeland verſendet, ſo daß Harbenberg nichts davon ſah[4]. Später zeigte ſich auch hiervon nichts mehr. Einige Briefe Weſſels beſaß der holländiſche Ge= lehrte Martin Schoock[5]; er hatte verſprochen, ſie bekannt zu machen, aber leider dieſes Verſprechen nicht erfüllt. Der Eng=

Leipzig 1537. Auch Gesner erwähnt dieſelbe in der Biblioth. universalis T. 1. p. 628. Ebenſo *Sweertius* Athen. Belg: p. 699. Dagegen ſagt ſchon der Veranſtalter der gröninger Ausgabe von Weſſels Werken: quem tamen librum nusquam contigit videre — und ich habe ebenfalls keine weitere Spur davon finden können. Das andere Buch wird erwähnt von Oudinus de Scriptor. eccles. t. III. p. 2709: Editus est separatim ab aliis libellis quidam ejus Germanicus liber, titulo de *Subditis et Superioribus*, seu Quod subditi non usquequaque Rectoribus obire cogantur. In eo admodum multa et graviter contra Papae et Prae- latorum tyrannidem disputat. Nach dem Inhalte, der noch weiter an- gegeben wird, iſt entſchieden anzunehmen, es ſey eine deutſche Ueberſetzung der Schrift de Potestate ecclesiastica geweſen.
1) S. Harbenberg im Leben Weſſels S. 11.
2) S. oben S. 524.
3) Harbenberg Leben Weſſels S. 15 u. 16.
4) Ebendaſ. S. 3.
5) S. Muurling S. 76 u. 120.

länder Wharton[1]) erwähnt eine Schrift Wessels de Justificatione per Christum; diese Angabe möchte jedoch auf einer Verwechse= lung beruhen[2]), wie auch das von ihm bloß unter dem Titel de audienda Missa angeführte Buch kein anderes ist als das de Sacramento Eucharistiae et audienda Missa.

B. Die noch erhaltenen, wenigstens bis jetzt gebruckten Schriften Wessels sind folgende:

1. Tractatus de Oratione, cum luculentissima Dominicae orationis explanatione.   Libr. XI. Opp. edit. Groning. p. 1 — 192.

2. Tractatus de cohibendis cogitationibus et de modo constituendarum meditationum, qui Scala Meditationis vocatur. Libr. IV. Opp. p. 194—326

3. Exempla Scalae Meditationis, Fratribus montis divae Agnetis dedicata. Exempl. I. II. III. Opp. p. 327—408.

4. De Causis Incarnationis et de Magnitudine Dominicae Passionis, Libri. II. Opp. p. 457—643.

5. De Sacramento Eucharistiae. Opp. p. 650—705.

6. Farrago Rerum Theologicarum (Opp. p. 711—851), in qua tractatur

   a. De benignissima Dei providentia.

   b. De causis, mysteriis et effectibus Dominicae incarnationis et passionis.

   c. De dignitate et potestate ecclesiastica. De vera obedientia. Et quantum obligent mandata et statuta Praelatorum.

   d De sacramento poenitentiae, et quae sint claves Ecclesiae. De potestate ligandi et solvendi.

   e. Quae sit vera communio sanctorum. De thesauro Ecclesiae. De participatione et dispensatione hujus thesauri. De Fraternitatibus.

   f. De purgatorio: quis et qualis sit ignis purgatorius. De statu et profectu animarum post hanc vitam.

7. Wesseli Epistolae, in quibus praesertim de purgatorio et indulgentiis. Opp. p. 853—921.

Alle diese Schriften sind bei der Darstellung von Wessels

---

1) In Append. ad Cav. Hist. Liter. p. 192. Vielleicht stützt er sich auf *Sweertius* Athen. Belg. p. 699. Allein die Angaben der Schriften Wessels bei Sweertius sind auch nicht ganz genau; so führt derselbe z. B. S. 700 eine eigene Schrift de Fraternitatibus an, was nur ein Theil von einer Abhandlung in der Farrago ist.

2) Dasselbe nimmt auch Muurling an, der über alles Bisherige sehr ausführlich handelt S. 117—120.

Theologie am gehörigen Orte erwähnt und ihrem weſentlichen Inhalte nach characteriſirt, ſo daß nichts hinzuzufügen iſt. Da= gegen muß ausführlicher von den Ausgaben der Schriften Weſſels gehandelt werden.

3. Ausgaben der Schriften Weſſels.

Zuerſt wurden einzelne Abhandlungen und Briefe Weſſels gedruckt, dann erſt eine vollſtändigere Sammlung ſeiner Schrif= ten veranſtaltet.   Die Veranlaſſung zum erſten Abdruck weſſel= ſcher Abhandlungen erzählt uns auch wieder Hardenberg [1]). Cor= nelius Henius und einige andere fromme Männer fanden unter den Papieren des Decan von Näldwick, Hoeck, eine Schrift über das Abendmahl, von welcher ſie glaubten, daß dieſelbe von Weſſel herrühre; zugleich kamen ſie in den Beſitz anderer Schriften Weſſels, die ſich theils unter den Büchern Hoecks, theils im Kloſter auf dem Agnesberge vorfanden   Mit dieſen Schriften ſendeten ſie den Heinrich Rhodius nach Wittenberg zu Luther, deſſen Geſinnung damals ſchon hinlänglich bekannt war, und von dem ſie erwarten durften, daß er die Aufſätze Weſſels mit Liebe aufnehmen und verbreiten würde.   Dieß geſchah auch. Lu= ther und ſeine Freunde ſorgten dafür, daß die Abhandlungen Weſſels gedruckt wurden, und es folgten in den Jahren 1522 und 1523 mehrere Ausgaben der Farrago Rerum Theologicarum ſchnell hinter einander, woraus klar hervorgeht, daß Weſſel da= mals bei den Reformationsfreunden, beſonders in Deutſchland, der Schweiz und Holland, in hohem Anſehen ſtand und ſehr viel geleſen wurde; ein Umſtand, der dann hinwiederum ſehr erklär= lich macht, daß die tridentiniſchen Väter für nöthig hielten, die Schriften Weſſels unter die Libros prohibitos primae classis zu ſetzen [2]).

Ueber den früheſten Abdruck der Farrago iſt man nicht voll= ſtändig im Reinen.   Einige Gelehrte [3]) ſprechen von einer Aus=

1) Leben Weſſels S. 13. S. oben S. 460.
2) Valer. *Andreas* Biblioth. Belg. p. 849. *Sweertius* Athen. Belg. p. 699. *Wharton* in Append. ad Cav. Hist. Lit. p. 192. Index Libr. prohibit. Antv. 1570. 8. p. 51. An mehreren Orten, wo man es erwarten ſollte, geſchieht des Verbotes von Weſſels Schriften keine Erwähnung. Vergerius rückt es dem Caſa vor, daß er den Weſſel nicht in ſein Verzeichniß verbotener Bücher aufgenommen habe. Schelhorns Ergötzlichkeiten II, 17. In dem Index Auctorum et librorum, qui ab oficio S. Rom. et universalis Inquisitionis caveri mandantur, Bo- logna per Ant. Giacarello et Pelegrino Bonardo, o. J. S. ſteht Weſ- ſel auch nicht, wohl aber Johann von Weſel.
3) Ypei en *Dermout* Gesch. der Ned. Herv. Kerk. I. Aant, 46.

gabe, die schon 1521 unter Veranstaltung Luthers zu Wittenberg erschienen sey; andere (Fabricius und Pfeiffer [1]) halten diejenige Ausgabe für die früheste, welche 1522 zu Wittenberg erschien mit einer voranstehenden Epistola Johannis Bergellani ad Andream Palaeosphyram, indem sie sich besonders auf eine Stelle dieses Briefes [2] berufen, wo es heißt, scripta Wesseli in hunc usque diem intercepta fuisse; wieder andere (Mansi [3], Bauer [4], Muurling [5])) nehmen an, eine ohne hinzugefügte Orts= und Zeit=bestimmung erschienene Quartausgabe, die weder von dem Briefe Luthers, noch von dem des Bergellanus begleitet war, sey die älteste, und darauf sey die durch den Brief des Bergellanus ein=geleitete, als die zweite, im Jahre 1522 erschienen. Dieser An=nahme muß ich, so weit ich mich durch eigene Anschauung über=zeugt habe, ebenfalls beitreten. Es liegen vor mir fünf Aus=gaben der Farrago Wessels, welche sämmtlich der göttinger Bibliothek angehören, und welche dem Alter nach so geordnet werden zu müssen scheinen:

1. Die älteste Ausgabe ist die ohne Angabe der Zeit und des Ortes (aber höchst wahrscheinlich in Wittenberg) erschienene; sie hat etwas länglichtes Quartformat und besteht, mit Aus=schluß des Titels und Inhaltsverzeichnisses, aus 98 Blättern. Der Titel lautet so:

FARRAGO
WESSELI
M. WESSELI Groningen. LVX MVNDI
olim vulgo dicti, rarae et reconditae doctrinae,
Notulae aliquot et Propositiones,
quarum series et materia
latius versa pagina
conspicitur.

Dann folgt sogleich noch auf dem Titel der allgemeine Inhalt der Farrago nach ihren einzelnen Abhandlungen und ganz unten die Worte:

Decessit ex hac luce M. Wesselùs An. M. CCCC. LXXXIX in die sancti Francisci. Sepultus Groningae in monasterio quod dicitur Spūalium virginum.

---

1) *Fabr.* Bibl. med. et inf. Lat. IV. p. 493. Pfeiffer Beiträge zur Kenntniß alter Bücher und Handschr. St. 1. S. 487.
2) Der Brief ist auch abgedruckt in der gröninger Ausgabe S. 851 und 852.
3) In *Fabric.* Biblioth. a. a. O.
4) Biblioth. libr. rariorum universal. T. IV. p. 296.
5) Comment. de Wesselo p. 126 sqq.

Gleich auf der andern Seite beginnt ein specielles Inhaltsverzeich=
niß, dann kommen die Abhandlungen selbst, und am Schlusse des
Buches steht:

TEAOZ

Quod timet impius, veniet super eum,
desyderiū suū justis dabitur. Prouer. X.

Daß diese Ausgabe die älteste sey, könnte schon mit Wahrschein=
lichkeit geschlossen werden aus der größeren Unvollkommenheit des
Druckes und überhaupt aus ihrem ganzen Habitus, insbesondere
aber aus der Angabe der Personalien Wessels gleich auf dem Ti=
tel, woraus man sieht, daß er gleichsam als ein ganz Neuer und
Unbekannter vor das Publikum gebracht wird, auch aus einem
vor fol. 1. stehenden Epigramm:

Huc pie lector ades, *nova* jam documenta videbis.
Quae tam doctrina quam pietate valent.
Scripserat haec etenim Doctor clarissimus olim
Wesselus, Phrisii gloria magna soli.
Sed *latuere diu*, variis erroribus ortis
Causa, Sophistarum pestis iniqua fuit etc.

Indeß haben diese Kriterien noch eine gewisse Unsicherheit; das
Sicherste ist, daß diese Ausgabe einige, wenn auch unbedeutende,
Stücke noch nicht enthält, welche die von 1522 in sich faßt.

 2. Die zweite Ausgabe ist die durch den Brief des Joh. Ar=
noldus Bergellanus (Johann Arnold von Bergel) an Andreas
Paläosiphyra eingeleitete; dieser Brief ist datirt vom J. 1522 und
am Schlusse des Buches liest man: Excusum Wittembergae.
Auf dem Titel, der mit einem Holzschnittrande versehen ist, steht
außer den Worten: FARRAGO RERVM THEOLOCICARVM
VBERRIMA, DOCTISSIMO VIRO WESSELO GRONINGENSI
AVTORE — auch eine Uebersicht der 6 Abhandlungen; dann kommt
auf der andern Seite der Brief des Bergellanus, hierauf ein spe=
cielles Inhaltsverzeichniß und die Abhandlungen selbst auf 85½
Blättern. Das Quartformat dieser Ausgabe ist weniger länglicht
als das der vorigen, der Druck weit besser, am Schlusse sind auch
einige Druckfehler bemerkt. Der Inhalt ist im Ganzen derselbe.
Wenigstens hat die Ausgabe Alles, was die vorige hat, aber noch
Einiges dazu, nämlich nicht bloß den Brief des Bergellanus,
sondern auch auf dem letzten Blatte noch 10 Propositiones von
Wessel. Dieß spricht entscheidend dafür, daß sie die spätere ist.

 3. Die dritte Ausgabe, ebenfalls in Quart, auf ähnliche
Weise eingerichtet, wie die vorige, aber vollständiger und weit=
läufiger gedruckt, so daß die Farrago 127 und ein halbes Blatt
einnimmt, erschien, wie es am Schlusse heißt: Basileae, apud

Adamum Petri Anno MDXXII. Mense Septembri. Sie unterscheidet sich von den andern wesentlich dadurch, daß sie gleich auf dem ersten Blatte die Vorrede Luthers, datirt Wittenbergae 3. Calendas Augusti [1]), und unter den Abhandlungen Wessels selbst eine 7te Nummer de eisdem fere rebus ejusdem eruditae aliquot epistolae hat, welche den Raum fol.

[1) Diese Vorrede Luthers, welche eine Art Urkunde in der Geschichte Wessels bildet, mag ganz hier stehen. Sie lautet so:

Christiano lectori Martinus Lutherus s.

Elias Thesbites propheta olim, cum sermo domini esset pretiosus, nec abundaret visio, occisis universis paene Prophetis ab impiissima Jesabele, arbitrabatur, sese relictum esse solum. Ob id vitae pertaesus optabat animam suam tolli, quod unus impar sibi videretur ferendo oneri intolerabili impiissimi populi et principum ejus, nescius adhuc septem millia domino relicta, et Abdiam cum centum Prophetis latitantibus servatum. Quae parabola, si parvis liceat componere magna, hujus mei seculi esse videtur. Ego enim nescio, qua Dei providentia in publicum raptus cum monstris istis indulgentiarum et pontificiarum legum et falso nominatae theologiae sic pugnavi, ut me solum esse putarem. Et si satis mihi semper fuerit animi, ita ut passim mordatior et immodestior accuser prae nimia, qua ardebam, fiducia, semper tamen id optavi, quo tollerer et ego de medio meorum Baalitarum, et civiliter mortuus in angulo mihi viverem, prorsus desperans me posse quicquam promovere apud aereas istas frontes et cervices ferreas impietatis. Sed ecce et mihi dicitur, esse domino reliquias suas salvas etiam in hoc tempore, et Prophetas in abscondito servatos. Nec hoc solum dicitur, sed et cum gaudio ostenditur. Prodiit en Vuesselus (quem Basilium dicunt) Phrisius Groningen, vir admirabilis ingenii, rari et magni spiritus, quem et ipsum apparet esse vere Theodidactum, quales prophetavit fore Christianos Jesaias, neque enim ex hominibus accepisse judicari potest, sicut nec ego. Hic si mihi antea fuisset lectus, poterat hostibus meis videri Lutherus omnia ex Vuesselo hausisse, adeo spiritus utriusque conspirat in unum. Mihi vero et gaudium et robur augescit, jamque nihil dubito, me recta docuisse, quando tam constanti sensu peneque iisdem verbis, tam diverso tempore, aliis coelo et terra alioque casu, sic ille mihi per omnia consentit. Miror autem, quae infelicitas obstiterit, quominus in publico Christianissimus hic autor versetur, nisi in caussa fuerit, quod sine bello et sanguine vixerit, qua una re mihi dissimilis est, aut metus Judaeorum nostrorum eum oppresserit, qui suis impiis inquisitionibus in hoc nati videntur, ut optimos quosque libros faciant hereticos, quo suos Aristotelicos et plus quam hereticos nobis statuant Christianos, quorum finis Deo vindice jam desinit in confusionem. Legat itaque pius lector legatque cum judicio, quo maxime hic praestat, quod et egregie format, et quos in me offendit nimia asperitas, in aliis nimia dictionis elegantia, hic non habent, quod querantur. Stilus est trivialis ac pro seculo suo; res ipsa tractatur modeste et fideliter. Et si in stercoribus Ennii legit aurum Vergilius, poterit et ex Vuesselo nostro legere, quod opibus eloquentiae suae addat Theologus. Dominus Jesus addat ad hunc multos alios Basilios.

Vale christiane frater.

Vuittenbergae 3. Calendas Augusti.

99 — 127 einnehmen und ſich beſonders auf den Ablaß und das Fegefeuer beziehen. Der bedeutendſte darunter iſt der bekannte Brief an Hoeck de Indulgentiis. Am Schluß iſt auch ein Brief des Verlegers Adam Petri an D. Konrad Faber in Küsnacht hinzugefügt, welcher ein begeiſtertes Lob der weſſel'ſchen Theo= logie enthält.

4. Die vierte Ausgabe Basileae ap. Ad. Petri, Anno MDXXIII. Mense Januario, auch 127 und ein halbes Blatt in Quart, iſt eine Wiederholung der dritten; auf dem Titel heißt es: Multo, quam in priore aeditione, emendatior; ſo weit ich beide Ausgaben verglichen habe, ſind allerdings bei ähn= licher Einrichtung des Druckes und gleicher Seitenzahl manche Aenderungen vorgenommen, dieſe Aenderungen ſind jedoch nicht lauter Verbeſſerungen; jedenfalls zeigt es ſich aber bei genauerer Vergleichung beider Ausgaben als unzweifelhaft, daß die letztere friſch geſetzt wurde.

5. Die fünfte Ausgabe, die ich aus eigener Anſchauung kenne, iſt die von Marburg, 1617 studio Theodori Strackii [1] Essendiensis, S. Theologiae Studiosi — typis Pauli Egenolphi. Sie umfaßt 270 S. in Q. und hat vor den andern Ausgaben, na= mentlich den basler, nichts Weſentliches voraus, außer ein Inhalts= verzeichniß. Sie iſt, wie die Ausgaben der Farrago überhaupt, durch viele Druckfehler entſtellt.

Außer dieſen 5 Ausgaben werden noch andere beſondere Ab= drücke der Farrago [2] erwähnt, über die ich nichts Beſtimmteres ſagen kann. Wharton [3] erwähnt eine basler Ausgabe in Folio von 1523 und eine andere in Quart von 1525 cura Lutheri. Bayle [4] ſpricht von einem leipziger Abdruck mit der Vorrede Lu= thers vom J. 1523. Dieſe Angaben muß ich auf ihrem Werthe beruhen laſſen, doch erregen ſie mir Zweifel.

Unterdeſſen hatten Rhodius und andere Freunde Weſſels auch dafür geſorgt, daß noch andere Abhandlungen Weſſels, die nicht in der Farrago ſtanden, ebenfalls ans Licht traten, nämlich die Bücher de Causis incarnationis et de magnitudine dominicae passionis und de Oratione dominica [5]. Es konnte alſo nun, da

---

1) Nicht Starkii, wie Muurling S. 128. hat.
2) Auch die Briefe, die in der Farrago enthalten waren, wurden noch beſonders gedruckt.
3) Append. ad Cav. Hist. lit. p. 192. Ihm folgt Oudinus de Script. eccles. T. III. p. 2713.
4) Diction. hist. crit. s. v. Wesselus.
5) Harbenberg erzählt im Leben Weſſels S. 11: Extat Swollis impressum volumen Wesseli, duobus libris distinctum, de Causis incarnationis, de Magnitudine dominicae passionis. Item justum

die Schriften Wessels fortwährend viel Interesse erregten, an eine Gesammtausgabe gedacht werden. Eine solche besorgte der Grö=ninger Petrus Pappus von Tratzberg unter dem Titel: M. *Wesseli Gansfortii Groningensis*, rarae et reconditae doctri-nae uiri, qui olim *Lux Mundi* vulgo dictus fuit, *Opera*, quae inveniri potuerunt, omnia: partim ex antiquis editionibus, par-tim ex manuscriptis eruta. Groningae, excudebat Joannes Sas-sius Typographus. Anno. MDCXIV. 921 S. in 4. Diese Ausgabe faßt alle noch erhaltenen Schriften Wessels in sich, na=mentlich die bis dahin noch nicht edirte Scala Meditationis aus einem Manuscript im Besitze des Bürgermeisters von Gröningen Joach. Alting, so wie die Nachrichten Hardenbergs und Anderer über das Leben Wessels als Einleitung. Nach dieser, als der Hauptausgabe, habe ich citirt. Sie ist nicht nur die Hauptaus=gabe, sondern genau besehen, wohl die einzige Gesammtausgabe. Eine andere angeblich zu Arnheim in demselben Jahre 1614 er=schienene [1]) ist von zweifelhafter Existenz und vielleicht mit der gröninger ganz identisch, indem einem Theile der Exemplare der Name eines arnheimer Buchhändlers vorgedruckt wurde [2]); und eine dritte Gesammtausgabe Amsterdam 1617 cura Joannis M. F. Lydii Francofurtensis, unter dem Titel: *Aura Purior*, hoc est: M. Wesseli Gansfortii — Opera omnia — ist nach allem Anschein auch nichts Anderes, als die gröninger, wovon sich Ly=dius oder der Buchhändler eine Zahl Exemplare verschafft hatte, und diesen einen neuen Titel, Vorrede und Jacobi de Paradyso Carthusiani, M. Wesseli coaetanei, Tractatus aliquot [3]) voran=stellte, dann aber die gröninger Ausgabe selbst, vollständig folgen ließ. Daß nicht einmal ein neuer Satz gemacht wurde, wie bei den basler Ausgaben der Farrago, beweist die Identität der Druckfehler [4]). So gäbe es also höchstwahrscheinlich nur eine Gesammtausgabe [5]) der Schriften Wessels, die gröninger von 1614.

---

volumen super Orationem dominicam. Womit zu vergl. S. 14. Die erste Schrift scheint auch zu Antwerpen in Octav auf 22 Blättern erschie=nen zu seyn. *Gesneri* Bibliotheca univers. T. I. p. 628.

1) Sie wird erwähnt von Valerius *Andreas* Biblioth. Belg. p. 849. S. Muurling S. 129.

2) So vermuthet Bahle.

3) Sie nehmen die 62 ersten Seiten ein.

4) S. Muurling, der eine genauere Vergleichung angestellt hat, S. 130.

5) Einzelne Abhandlungen von Wessel: Tractatus de dignitate et potestate ecclesiastica — Propositiones de potestate papae et eccle-siae — Responsio de potestate papae et materia indulgentiarum — sind auch abgedruckt in *Goldast* Monarchia T. I. p. 563—568.

4. Schriftsteller über Wessel.

Es ist nicht nöthig, hier die allgemeinen kirchen= und lite=
rarhistorischen Werke zu nennen, die gelegentlich auch Wessel be=
rühren [1]); wir beschränken uns auf die Schriftsteller, die entweder
als eigentliche Quellen für die Kenntniß der Lebensumstände
Wessels dienen, oder in späterer Zeit sein Leben mit specieller
Aufmerksamkeit beschrieben haben.

Die einzelnen zerstreuten Notizen der Zeitgenossen über
Wessel sind in der Biographie an den gehörigen Orten erwähnt.
Der Erste, der nach Wessels Tode vollständigere Nachrichten über
dessen Leben aufsetzte, war Regner Prädinius [2]). Als Ver=
ehrer Wessels ließ er sich viel über ihn von älteren Männern er=
zählen, die Wessels Umgang noch genossen hatten. Sein Leben
Wessels ist aber leider verloren gegangen, was um so mehr zu
beklagen ist, da er selbst betheuert, nur das als zuverlässig Er=
probte aufgenommen und nichts zum Schmuck hinzugefügt zu haben [3]).
Die älteste wirklich auf uns gekommene Biographie Wessels rührt
von einem andern unter seinen Verehrern, von Albert Har=
denberg her. Dieser Albert Hardenberg, selbst ein ausgezeichneter

---

1) Auf diese Weise sprechen hauptsächlich folgende Schriftsteller über
Wessel: *Flacius* Catalog. Test. Verit. Lib. XIX. T. II. p. 885. edit.
1597. p. 1908. edit. 1608. Mich. *Neander* in Praef. ad Erotem. Ling.
Gr. ed. Basil. 1565. p. 310. *Adami* Vitae Philos. edit. Francof.
1705. p. 10. Valer. *Andreae* Biblioth. Belg. 1623. s. v. Wesselus.
Foppens Biblioth. Belg. s. v. Wesselus. Ludov. *Guicciardini*
Descript. Belgii. p. 270. Melch. *Goldast* in Praelud. ad Tom. I.
Monarch. S. Rom. Imp. edit. 1612. *Gerdes* Hist. Reform. T. III.
p. 10. *Seckendorf* Commentar. de Lutheran. Lib. I. sect. 54.
§. 133. p. 226 sqq. Franc. *Sweertius* Athenae Belgicae s. v. Wes-
selus. p. 699. ed. 1628. *Hottinger* Hist. Eccles. sec. XVI. p. 11.
Alting Hist. Eccles. Palat. p. 132. Struvens Pfälz. K. Hist. S. 2—4.
Andreae Commentat. de quibusdam eruditor. luminibus Palatina-
tum et Belgium quondam illustrantibus p. 10 sqq. Idem in adnotat.
ad Riesmannum rediviv. p. 66 sqq. *Saxii* Onomast. lit. P. II. p. 431.
Bayle Diction. hist. et crit. s. v. Wesselus T. IV. p. 2868. edit.
1720. p. 494. ed. 1740. *Brucker* Hist. Philos. T. IV. Pars I. p. 360.
Oudinus de Script. eccles. T. III. p. 2707. Henr. *Wharton* in
Append. ad Cav. Hist. lit. T. II. p. 191. *Fabricii* Biblioth. med.
et inf. Lat. T. IV. p. 168. al. 491. *Brandt* Hist. Reform. p. 53—55.
Semler Versuch eines fruchtbaren Auszugs der K. Gesch. II, 106—12.
Hambergers zuverlässige Nachrichten von den vornehmsten Schriftstellern.
Th. 4. S. 818 — 822, und im Auszuge Abtheilung 2. S. 1876—77.
Schröckhs K. Gesch. Th. 33. S. 278 — 295, und ganz in der Kürze in
der K. Gesch. nach der Reformat. Th. 1. S. 101. Th. 2. S. 353. Er-
hard Gesch. des Wiederaufbl. Th. 1. S. 333. Gieseler K. G. II, 4.
S. 492.
2) Vergl. über ihn das oben S. 317 und 529 Bemerkte.
3) Regner. *Praed.* Opp. p. 198.

Mann, hat in der Geschichte der evangelischen Kirche Nieder=
sachsens, besonders Bremens, eine Berühmtheit erlangt, die für
ihn mit vielen Leiden verknüpft war. Er hieß eigentlich Albert
Rizäus[1]), trug aber gewöhnlich von dem Flecken Harbenberg
in der Provinz Oberyssel, wo er 1510 (also etwas über 20 Jahre
nach Wessels Tode) geboren war, den Namen Harbenberg. Ju=
gendfreund des Regner Präbinius, hatte er mit diesem ben Un=
terricht des Goswin von Halen genossen, der ohne Zweifel beide
Jünglinge zu Verehrern Wessels und seiner Theologie bildete;
später hatte er mehrere Jahre im Kloster Abtwert zugebracht, wo
so viele Freunde und Schüler Wessels lebten, und von da aus
die Localitäten besucht, welche auf längere oder kürzere Zeit un=
serm Wessel zum Aufenthalte gedient hatten. Ein Beweis, wie
sehr sich Harbenberg als Theologe und Geistlicher auszeichnete,
war, daß er im Jahre 1547 als Prediger an die Domkirche nach
Bremen berufen wurde. Hier setzte er sich in allgemeine Ach=
tung und genoß bei der Bürgerschaft außerordentliche Liebe und
Beifall. Aber als Freund Melanchthons und der melanchtho=
nischen Lehren wurde er Gegenstand der Anklage und Verfolgung
der strengen Lutheraner, die es endlich dahin brachten, daß er
sich 1561 aus Bremen entfernen mußte[2]). Zunächst nahm ihn
sein Freund und Beschützer, der Graf Christoph von Oldenburg, auf
und behielt ihn 4 Jahre lang zu Rastede bei sich; dann wurde
er 1565 Prediger zu Sengwarden in Ostfriesland und zwei Jahre
nachher in Emden, wo er 1574 starb. Die Biographie Wessels
verfaßte Harbenberg in seiner späteren Lebenszeit[3]), vielleicht

---

1) *Gerdes* Historia motuum ecclesiast. in civitate Bremensi
tempore Alb. Hardenbergii suscitatorum. Gron. 1756. p. 86 sqq.
Biblioth. Bremens. Cl. V. p. 124. Cl. VI. p. 114. Cl. VII. p. 314.
Ein künftiger Bearbeiter des Lebens und der Streitigkeiten Harbenbergs
findet eine sehr reiche handschriftliche Sammlung von *Hardenbergianis*
in dem Codex der münchner Bibliothek 351, A. 163, Collectio Camerariana T. 1, welcher einem guten Theile nach mit harbenbergischen oder
Harbenberg betreffenden Schriften angefüllt ist.
2) Die Geschichte dieses Streites, eines Zwischenspiels des großen
Sacramentstreites, ist mit gewohnter Gründlichkeit erzählt von Planck in
der Geschichte des protest. Lehrbegriffs B. 5. Th. 2. S. 138—294. Dort
sind auch S. 138 u. 139. Anmerk. 191. die hierher gehörigen Actenstücke
und Schriften aufgeführt; unter den älteren Erzählungen des Streites ist
die beste: Dr. Alb. Hardenbergs im Dom zu Bremen geführtes Lehramt
und dessen nächste Folgen (von Elard Wagner, reform. Prediger in Bre=
men). Bremen 1779.
3) Nicht nur spricht er S. 11. vom Tode des Regner Präbinius
(† 1559), sondern er berührt auch S. 12. seine Kämpfe in Bremen: Con-
troversia circa Eucharistiam . . . me quoque circulo Saxonico pro-
scripsit; cum alioqui jam pridem, relictis patria et rebus omnibus
nudus nudum Christum sequutus essem, liberatus paulo ante ex

während der Muße, die er zu Raſtede genoß. Daraus erklärt ſich, daß dem Gedächtniſſe Harbenbergs auch Einzelnes entſchwunden ſeyn konnte und ſeine Erzählung nicht ganz frei von Irrthümern iſt, weßwegen ſeine Nachrichten mit aufmerkſamer Kritik benutzt und nach ihrer inneren Wahrſcheinlichkeit erwogen werden müſſen; allein, da er ſo Vieles aus dem Munde noch lebender Zeitgenoſſen Weſſels geſammelt und dieſem auch Briefe und anderes Urkundliche beigefügt hat, ſo liefert er im Ganzen doch ſehr gute, brauchbare und mit großem Dank anzuerkennende Materialien zum Leben Weſſels, von denen man nur bedauern muß, daß ſie hie und da lückenhaft ſind [1]. Auf Harbenberg folgt als Lebensbeſchreiber Weſſels Gerhard Gelbenhauer. Seine Vita Wesseli Gansfortii Frisii [2] iſt indeß unbedeutend wegen ihrer Kürze, denn ſie umfaßt nur 1½ Quartſeiten, und auch nicht frei von unhaltbaren Nachrichten; doch hat ſie uns einige characteriſtiſche Anecboten erhalten, die ſich durch innere Glaubwürdigkeit empfehlen. Dieß ſind die Schriftſteller, die gewiſſermaßen als gleichzeitige, deren Aufſätze als Quellen betrachtet werden können.

Von ſpäteren Autoren ſind zu nennen die frieſiſchen Hiſtoriker Suffribus Petri und Ubbo Emmius. Der Erſtere gibt in ſeinem Buche über die Schriftſteller Frieslands [3] eine kurze Beographie Weſſels, die zwar keine Fehler, aber auch keine beſonderen Vorzüge hat und beim Allgemeinſten ſtehen bleibt.

Lovaniensi mea captivitate, quam periculosissimam propter Evangelium crucis perpessus fueram: non tamen conferendam quocunque modo cum calamitatibus, quibus ad totum septennium Concionatores quidam Bremenses et alii Saxonici excarnificaverunt me tantum non ad mortem ipsam.

1) Die Vita Wesseli Groning, conscripta ab Alberto *Hardenbergio*, S. Theol. Doctore, sed mutila — iſt zuerſt abgedruckt vor ber gröninger Ausgabe der Werke Weſſels und nimmt 22 Quartſeiten ein. An einigen Stellen heißt es: Desunt nonnulla. Muurling vermuthet, das vollſtändige Manuſcript Harbenbergs möchte ſich vielleicht noch auf der Stadtbibliothek zu Emben vorfinden, welcher Harbenberg ſeine Bücher vermachte. Comment. de Wess. p. 98. In dem vor mir liegenden gebruckten Katalog der embner Bibliothek (Emben 1836) finde ich davon nichts. Dagegen enthält der mehrfach angeführte Codex Monacensis 351, A. 163. die *Wesseliana* von Harbenberg, ſey es in der Urſchrift, ober in einer ſehr alten, jedenfalls im 16ten Jahrhundert gemachten Abſchrift. Auch hier heißt es am Schluſſe der Vita Wesseli: desunt aliqua. Doch enthält die Handſchrift Einiges, namentlich das Verhältniß Weſſels zu Thomas von Kempen Betreffende, was der Druck nicht hat. Dieß habe ich gehörigen Orts im Leben Weſſels angegeben.

2) Ex primo libro illustrium virorum inferioris Germaniae abgedruckt vor der gröninger Ausgabe S. 22 u. 23.

3) De Scriptoribus Frisiae, Decades XVI. Franec. 1599. Dec. VIII. Cap. 4. p. 77—80.

Der Zweite liefert in seiner friesischen Geschichte [1] einzelne No=
tizen von Wessel, die in unserer Darstellung gelegentlich benutzt
sind. Eine gute, ausführliche und mit Kritik abgefaßte Zusam=
menstellung der Lebensnachrichten von Wessel enthält aber das
Werk: Bildnisse und Lebensbeschreibungen der Professoren von
Gröningen [2], wo auch ein Bild Wessels zu sehen ist; hier findet
sich nächst Harbenberg die ausführlichste Biographie Wessels und
unter den ältern die beste.

Jn der neuern Zeit ist Wessel Gegenstand besonderer ge=
lehrter Abhandlungen geworden. Vor etwas mehr als hundert
Jahren hat sich der lübecker Superintendent Dr. Georg Heinrich
Goez (Goetz) in einer besonderen Commentation [3] mit ihm be=
schäftigt Das Schriftchen ist nicht von Belang [4]. Das einzige
Verdienst besteht in dem wohlgemeinten Bestreben, einen ausge=
zeichneten Mann ins Andenken zu rufen; der Inhalt aber ist ge=
ringfügig. Das Material ist bloß aus den älteren Relationen
genommen und weder mit Kritik noch mit Darstellungsgabe ver=
arbeitet. Ueber die theologische Bedeutung Wessels, den Geist
und Jnhalt seiner Schriften, über sein Verhältniß zu den Zeit=
genossen, zur Scholastik rückwärts und zur Reformation vorwärts,
ist so gut wie nichts gesagt.

Von ganz anderer Art ist die neueste Schrift eines hollän=
dischen Gelehrten Dr. Wilh. Muurling über Wessel [5]), der
seinem berühmten Landsmann ein nicht unwürdiges Denkmal ge=
setzt hat. Seine Arbeit handelt vorzugsweise vom Leben Wessels
und gibt davon eine gute, klare, mit schönen literarischen Nach=
weisungen ausgestattete Darstellung. Daß der Verfasser vorzugs=

---

1) Rerum Frisiacarum Historia 1616.
2) Effigies et Vitae Professorum Academiae Groningae et Om-
landiae. Gron. 1654 in kl. Fol. Das Leben Wessels steht S. 12—27.
Der Verfasser des Werkes ist übrigens nicht, wie häufig angenommen wird,
Ubbo Emmius. S. Muurling S. 31.
3) G. H. *Goezii* Commentatio historico-theologica de *Joanne
Wesselo*, quam die XXX. Novemb. A. MDCCXIX defendit *Joannes Wessel*, Lubecensis, vocatus Symmysta Travemundanus. Lube-
cae 1719. 36 S. in 4. G. H. Goetz schrieb mehrere solche Commen=
tationen, wie aus *Fabricii* Centifol. Luth. unter seinem Namen zu er=
sehen ist.
4) Jch habe die Commentatio durch die Güte des sel. Beesen=
meyer längere Zeit vor mir gehabt. Das Merkwürdigste daran möchte
seyn, daß sie durch einen Johann Wessel vertheidigt worden ist.
5) Commentatio historico-theologica de *Wesseli Gansfortii* cum
vita tum meritis in praeparanda sacrorum emendatione in Belgio
septentrionali. Auctore Guil. *Muurling*, cum summos in Theologia
honores consequeretur. Pars prior. Traj. ad Rhen. 1831. XII. und
131 S. in 8.

weise bei Wessel selbst stehen geblieben ist und die allgemeineren
Beziehungen des 15ten Jahrhunderts weniger berücksichtigt hat,
wollen wir ihm bei einer historischen Erstlingsarbeit um so weni=
ger verdenken, da er seine nächste Aufgabe mit gutem Erfolge
gelöst hat. Ihre Ergänzung hat diese Commentation jetzt erhal=
ten durch eine akademische Rede desselben Verfassers über Wessel
als ächten Theologen, dessen Vorbild auch für uns noch nach=
ahmenswerth sey [1]).

1) Orat. de Wesseli Gansfortii, germani Theologi, principiis
atque virt. etc. Amstel. 1840. Die Rede ist gehalten beim Antritt einer
theologischen Professur in der Geburtsstadt Wessels.

Schluß des Ganzen.

Noch ist uns übrig, alles Bisherige in ein Gesammtbild zusammen zu fassen, und die, zum Theil nur angedeuteten, Folgerungen in Beziehung auf die Reformation bestimmter ins Licht zu stellen [1]).

Sehen wir zuerst, welchen Zustand die Vorläufer der Reformation in der Kirche vorfanden, und was sie dagegen anstrebten. Hieraus wird sich dann ergeben, inwiefern sie in ihrem Rechte waren, und wie das, was sie wollten, zu verwirklichen stand.

Die Religion und, was jener Zeit allein eigentliche Religion war, das Christenthum war dem Mittelalter wieder ausschließlich Lehre und Gebot, Inbegriff von Satzungen über Gott, über das ewige Leben und die Mittel, zu Beidem zu gelangen, geworden; und zwar gab sich dieß in zwiefacher Beziehung kund: nach der einen Seite hin, für das Leben des Volkes, erschien das Christenthum, indem es mehr oder weniger pelagianisch aufgefaßt wurde, als göttlich-autorisirtes Lebensgesetz, als religiöses und sittliches Zuchtmittel, als streng geschlossenes Ganze von Regeln und Vorschriften, nach denen man Gott zu dienen, durch deren Erfüllung man die Seligkeit entweder im eigentlichen Sinne zu verdienen, oder doch mit Gottes Hülfe zu erwerben habe; nach der andern Seite hin, aber hiermit zusammenhängend, wurde es im Kreise der Schule und Speculation zu einem kunstreich durchgebildeten Complex von Begriffsbestimmungen über göttliche Dinge, zu einer von positiver Satzung ausgehenden, halb verstandenen, halb unverstandenen Metaphysik der tiefsten Geheimnisse, welche auf alle

---

1) Man vergl. hierzu die ausführlichen Erörterungen der beiden gelehrten und würdigen holländischen Kirchenhistoriker, Royaards und Kist, im ersten Theile der neuen Folge ihres kirchenhistorischen Archivs: Nederlandsch Archief voor Kerk. Geschiedenis. Eerste Deel, 1840. p. 1—264.

Fragen, die sich der jugendlichen Neugierde über Gott und Welt, Sichtbares und Unsichtbares, aufdrängen konnten, entscheidende Antwort geben sollte und nach ihrer Art wirklich gab, überall aber vorzugsweise den Erkenntnißtrieb, das theoretische Interesse zu befriedigen strebte, und die dogmatische Formel, in der dieß geschah, ebenso als Bedingung der Seligkeit aufstellte, wie das sittliche Lebensgebot, so daß die ganze Religion aus einem in festen Typen vorgezeichneten Rechtglauben und Rechthandeln bestand, ohne welche weder zeitliches, noch ewiges Heil sey. In beiden Sphären, die das Gemeinsame hatten, das Christenthum als Satzung zu behandeln, war das Bewußtseyn abhanden gekommen, daß dasselbe seinem ursprünglichen Wesen nach durchaus nur Religion, und zwar Religion der freien göttlichen und der hierdurch erzeugten ebenso freien menschlichen Liebe sey, einer Liebe nämlich, die nicht erst das Gebot erwartet, sondern ohne Gesetz aus innerem Triebe das Gute wirkt, und daß es sich eben hierin als eine Kraft Gottes zur Wiedergeburt und innersten Heiligung, als ein das ganze Leben des Einzelnen und der Völker aus seinen unsichtbaren Tiefen heraus umgestaltendes Princip, als ein neuer göttlicher Lebensgeist bewähre. War nun das Christenthum einmal unter den Gesichtspunct der Satzung und Schulformel gebracht, so stand es eben damit auch ganz unter der Obhut derjenigen Macht, die das gesammte Leben der europäischen Menschheit im Mittelalter leitete, die der Mittelpunct der ganzen mittelalterlichen Entwickelung war, unter der Obhut der Kirche. Die Kirche handhabte das Christenthum als Gesetz und überwachte es als Speculation, in ihren Schranken waren alle bedeutenderen Lebensregungen des christlichen Geistes beschlossen oder sollten es wenigstens seyn. Die mittelalterliche Kirche selbst aber war wieder nicht ein, das Ideal einer Brudergemeinschaft anstrebender, wesentlich von innen heraus belebender und in allen Gliedern mit freier Selbstbestimmung sich bewegender, Organismus, in welchem als letzter und höchster Regulator nur der christliche Geist, der Geist des unsichtbaren, aber stets gegenwärtigen, Hauptes der Gemeinde geherrscht hätte, sondern sie war ein zwar großartiges, aber in sehr straffe Bande eingeschlossenes, ganz und gar der Staatsform nachgebildetes, Gemeinwesen, welches seine eigentliche Substanz, seine wahre Kraft und Bedeutung in dem ebenso zahlreichen, als wohlgegliederten, mit den reichsten Mitteln des geistigen Einflusses, des Besitzes und der Herrschaft ausgestatteten, Priesterstande hatte. Die Kirche war wesentlich Hierarchie, hierarchischer Staat. Das Priesterthum, die geistliche Aristokratie, war mit dem Anspruche göttlich gesetzter Macht und

Autorität zwischen Gott und die Gemeinde, zwischen die Kirche
und ihr wahres Haupt, zwischen die Gnade und deren Erweisungen
an das Individuum getreten; sie hatte sich ausschließlich als
Auslegerin der Offenbarung, als Bewahrerin der Ueberlieferung,
als Vermittlerin aller höheren Güter geltend gemacht. Außer
der Kirche kein Heil, und keine Kirche außer dem Priesterthum.
Eine Hierarchie aber von so intensiver Macht und unermeßlicher
Ausdehnung konnte nicht bestehen ohne fest zusammenhaltenden
Mittelpunct; das Papstthum war einer solchen Kirche unentbehrlich und wäre es nicht von selbst in und mit ihr entstanden und
herangewachsen, sie hätte es erfinden müssen. Im Papstthum
concentrirte sich naturgemäß alle Gewalt und Hoheit, aller Segen
und Fluch der Kirche, und wenn das Priesterthum der eigentliche
Inbegriff der Kirche, so war der Papst der Inbegriff des Priester=
thums, der hohe Priester, der allgemeine Bischof, der Repräsentant
und die Quelle aller bischöflichen Macht und Geltung, der das
Wesen der Kirche selbst in sich zusammenfassende und stets aus
sich erzeugende Quell= und Mittelpunct des Ganzen.

So war die Kirche, weit abliegend von dem Bilde einer
freien Brudergemeinde, wie es die Zeit der ersten Liebe ver=
wirklicht hatte, ein höchst wirkliches, sichtbares Reich geworden,
welches durch sinnliche, wie durch geistige Mittel nicht nur sein
Daseyn zu sichern, sondern auch Alles unter seine Herrschaft zu
beugen suchte; sie war dabei allerdings Erzieherin, aber sie wurde
bald auch Herrscherin; das Christenthum, das sie als Gesetz zur
Erziehung gebraucht, ward ihr als solches auch Werkzeug zur
Unterwerfung jeder Subjectivität, die sich ihren Ordnungen ge=
genüber selbständig geltend machen wollte, und je mehr die sub=
jective Freiheit und Selbständigkeit in einzelnen Personen oder
Parteien hervortrat und die äußerlich gewordene Kirche antastete
oder bedrohte, desto mehr sah sich diese durch den Trieb der
Selbsterhaltung genöthigt, mit unnachsichtlicher, ja blutiger
Strenge dagegen einzuschreiten. Kam nun noch hinzu, was nicht
ausbleiben konnte, da der oberste Kirchenlenker und seine Organe
Menschen waren: eine die natürlichen Gränzen überschreitende,
Geistliches und Weltliches, Göttliches und Menschliches vermen=
gende, Selbstüberhebung der höchsten Kirchengewalt, ein inneres
sittliches Verderben ihrer selbst und ihrer zahlreichen, in alle Ab=
stufungen des Volkes sich verzweigenden Werkzeuge; kam hinzu,
was auch unvermeidlich war, da in demselben Raume nicht ein
doppelter, sondern nur ein einziger Staat wahrhaft existiren und
herrschen konnte, eine Tendenz des Kirchenstaates, den weltlichen
Staat zu unterwerfen, ja zu absorbiren; kam hinzu, was sich

überall der Hierarchie beigesellt, wenn sie nicht die idealen Zwecke rein und fest im Auge behält und im rechten Verhältnisse zur fortschreitenden Bildung bleibt, ein Verwenden des Höchsten und Besten, des Glaubens und der Andacht der Völker, zu weltlichen und äußerlichen Absichten, ein Streben, die christliche Menschheit in geistiger Unmündigkeit und Verdumpfung zurückzuhalten: so war das Schlimmste der Verderbniß vorhanden, eine Kirche, die, ursprünglich ein freies Reich des Geistes und der Liebe, jetzt nicht nur ein Reich von dieser Welt, sondern, da sie ihre naturge= mäße erziehende Stellung und ihre geistige Präpotenz verloren hatte, ein naturwidriges, nur künstlich zu behauptendes, Gewalt= reich geworden war. Und so stand auch wirklich troz aller guten und fruchtbaren Kräfte, die sie noch in sich schloß, die Kirche gegen das Ende des Mittelalters da, eine geistlich=weltliche Uni= versalmonarchie, groß und stark durch Ueberlieferungen der Ver= gangenheit, aber unzureichend für die Gegenwart und ohne lebendige Kraft der Zukunft, hemmend für das bürgerliche Ge= meinwesen, wenn es sich in seiner gottbegründeten und naturge= mäßen Selbständigkeit entwickeln wollte, niederdrückend für den Geist, wenn er seine von innen heraus bestimmten Bahnen zu gehen versuchte, nachsichtig gegen den Sünder, der ihr Gehorsam, Dienst oder Geld brachte, unerbittlich streng auch gegen den Frömmsten, der sie in der Ruhe ihres geistigen oder weltlichen Besitzes störte, eine Zuchtmeisterin der Völker, ohne ihr wahres Vorbild zu seyn, stets bedacht, äußere Vortheile von ihnen zu ziehen, ohne ihnen höhere innerliche zu gewähren. Daß aber die Kirche so geworden, besonders im Laufe des 14ten und 15ten Jahrhunderts, beruht auf dem Zeugnisse nicht bloß ihrer Gegner, sondern ihrer treuesten, eifrigsten Söhne, auf dem unwidersprech= lichen Zeugnisse der Thatsachen.

Was dagegen wollten angesichts dieses Zustandes die Vor= läufer der Reformation? Sie wollten, wenn wir von Einzel= nem absehen, was diesem oder jenem eigenthümlich seyn mochte, gemeinsam und im Wesentlichen dieses:

Das Christenthum sollte, so meinten sie, nicht ferner be= handelt werden als äußere Satzung und Formel, als statutarisches Gesetz der Kirche oder als eine für allemal festgestellte Metaphy= sik der Schule, sondern es wurde von ihnen wieder erkannt und sollte wieder allgemein zu lebendiger Anerkennung gebracht werden als freies Evangelium, als innerster Lebensgeist, als Kraft Gottes zur Erlösung und Versöhnung, als unversiegbare Quelle der Hei= ligung aus Liebe und kindlicher Dankbarkeit, freilich auch natur= gemäß sich darstellend als sittliches Gesetz und als Lehre, aber als Geſetz der freien, von einem höheren Geiſtebeſeelten, Neigung und als Lehre nicht des überlieferten Buchſtabens, ſondern des erfahrungsſicheren ſelbſtgewiſſen Geiſtes. Deßhalb ſetzten ſie dem äußerlich und geſetzlich gewordenen, in der geſetzlichen Richtung aber zugleich pelagianiſirenden, Kirchenthume die lebendige Innerlichkeit der evangeliſchen Geſinnung, das Princip des Glaubens und der Liebe und der in beiden wurzelnden Freiheit, der von den urſprünglichen Grundlagen abgewichenen, traditionell erſtarrten Speculation der Schule aber die in eigenſter Erfahrung wiedergeborene, einfache und geſunde Schriftlehre entgegen; und wenn ſie in der Hervorhebung und Feſtſtellung des Schriftprincips auch einſeitig und excluſiv wurden, was bei der Macht des Gegenſatzes kaum zu vermeiden war, ſo gaben ſie doch den kräftigſten und ohne Zweifel auch wohlthätigſten Impuls, um die von der Tradition und Schultheologie ſo ungebührlich zurückgedrängte Schrift und den reineren Schriftinhalt wieder in das geziemende Recht einzuſetzen, und es iſt zugleich unverkennbar, daß es ihnen dabei nicht um das äußere Wort und den Buchſtaben der Schrift, ſo hoch ſie beides auch hielten, ſondern um den daraus zu entwickelnden Lebensgeiſt zu thun war. Denn in der Schrift ſuchten ſie nicht wieder eine neue, nur etwa gereinigte und vereinfachte, Scholaſtik, ſondern friſche Geiſtesnahrung, religiöſe und ſittliche Lebensfülle, Kräfte der Seligkeit. Dieß Alles konnten ſie aber nur finden in dem Kerne der Schrift, in der Perſon und dem Werke des Erlöſers, und dieſes: Chriſtum als die perſönliche Macht der göttlichen Wahrheit, Heiligkeit und Liebe, als den, der unſre Weisheit und Erlöſung iſt, als lebendiges Haupt und alleinigen Herrn der Gemeinde, klar und ſiegreich hervortreten zu laſſen, alles Uebrige aber dieſer göttlichen Geiſtesmacht unterthan zu machen, war offenbar der Mittelpunct aller ihrer Beſtrebungen. Chriſtus ſollte wieder lebenskräftig in ſeiner Gemeinde wohnen, Er, nicht der Papſt oder irgend eine nur menſchliche Gewalt, ſollte wieder in der Kirche herrſchen. Dieß hing aber untrennbar mit einem Anderen zuſammen, was ebenſo ſehr die Geiſtesrichtung dieſer Männer characteriſirt. Chriſtus kann als wirklicher Erlöſer nur aufgenommen werden, wo die Sünde erkannt und empfunden iſt. Daher geht mit der Predigt des Evangeliums, ſowohl urſprünglich, als wo es friſch wieder auflebt, ſtets Hand in Hand die Predigt der Buße, die Schärfung des Sündenbewußtſeyns und Erlöſungsbedürfniſſes. Deßhalb finden wir, ſo die vorreformatoriſchen Männer, wie die Reformatoren ſelbſt vorzugsweiſe im Treiben der hierher gehörigen Lehren begriffen und nicht zufällig, ſondern

nothwendig auf der Seite des Augustinismus, der das Sündebe-
wußtseyn verstärkt, gegen den Pelagianismus, der es abschwächt.
Darum wird dann auch positiv in der Heilslehre Alles auf das
im Glauben zu ergreifende Verdienst Christi gestellt und nichts
auf das Verdienst der Werke. Christus ist allen diesen Männern
die alleinige und vollkommen genügende Quelle des Heils, der
eine, Alles wirkende Mittler zwischen Gott und den Menschen.
Und daraus folgte für sie wieder dreierlei, was sie polemisch geltend zu machen nicht unterließen: es bedarf keines weiteren priesterlichen Mittlerthums in der Kirche, denn durch Christum ist
ein unmittelbares kindliches Verhältniß der Erlösten zu Gott hergestellt; es bedarf keiner weiteren Gesetzgebung, denn das von
Christo gegebene evangelische Gesetz ist für alle Christen zureichend; es bedarf keiner sichtbaren, Christum vertretenden, Ober-
herrschaft in der Kirche, denn Christus hat nie aufgehört, ihr
stets gegenwärtiges wirksames Haupt zu seyn; und was sich in
diesen Beziehungen zwischeneinbrängt, das schmälert nicht nur
die Ehre Christi, sondern trübt auch das reine Verhältniß des
durch das Evangelium frei gewordenen Christen zu Gott und
seinem Erlöser. Von diesem Standpunct aus eröffnete sich für
die reformatorischen Männer ein weites Feld der Polemik gegen christumverdrängendes Priesterthum und Papstthum, gegen außerevangelische Menschensatzung und Menschenherrschaft,
gegen angemaaßte menschliche Sündenvergebung und Ablaßwesen und gegen Alles, was hiermit zusammenhing: ein Feld,
auf dem wir sie im Einzelnen sich tapfer haben tummeln sehen.
Und da sie hierdurch nothwendig in Conflict mit der Macht kommen mußten, welche die höchste des Mittelalters war, so scheuten
sie auch das Letzte nicht, dasjenige, was selbst einem Luther
noch die größte innere Schwierigkeit machte, den Kampf mit der
Kirche. Die erscheinende Kirche als vielfach verdorben, ja ab-
gefallen erkennend und doch die Idee der Kirche festhaltend,
unterschieden sie zwischen der katholischen Kirche und der Kirche
Christi, betrachteten die erstere, was die Erfahrung zeigte, als
dem Irrthum ausgesetzt, die letztere dagegen, die auf das Evangelium gegründete Gemeinschaft der Heiligen, als über Irrthum
erhaben und setzten nun ihr Leben daran, von der inneren unsichtbaren Kirche Christi und ihren Grundlagen aus die äußere,
sichtbare in einem großen Theil ihrer Satzungen und Instituten, ja in ihrem ganzen geistigen Zustande zu reformiren. Also
mit Wenigem: evangelische Verinnerlichung des Christenthums,
Zurückführung desselben auf seine einfachen Lebensgrundlagen
in der Schrift; Bekämpfung der zwischeneingedrungenen tra-

ditionellen Kirchen= und Schulsatzungen; Wiederherstellung des
lebendigen Glaubens an Christum, als den Inbegriff alles
Heiles und Segens für den Einzelnen und die Kirche, und der
in diesem Glauben wurzelnden Freiheit; Verwerfung alles
Menschlichen, was sich gegen die Ehre Gottes und Christi in
der Kirche erhoben hatte oder erheben könnte; Erneuerung der
Kirche zu einer Gemeinschaft, die, vom Geiste ihres Stifters
und Hauptes durchdrungen, frei wäre von allem falschen Gesetzes=
thum und doch gebunden in heiliger Liebe; Auflösung des spe=
ciellen Priesterthums in das allgemeine, des Papismus in Chri=
stusherrschaft, des Kirchenthums in evangelisches Christenthum —
das war es in der Hauptsache, was diese Männer gemeinsam
wollten und was die Einzelnen, je nach dem Maaße der ihnen
gewordenen Erkenntniß, in verschiedener Form zu verwirklichen
strebten.

Ueberblicken wir diese Hauptmomente, so werden wir, wie
wir auch sonst gesinnt seyn mögen, nicht anstehen dürfen zu sa=
gen, daß die reformatorischen Männer das Bessere wollten,
dasjenige, worin entweder überhaupt das Heil der Kirche liegt,
oder doch unter den gegebenen Bedingungen lag. Mochte da=
bei ihre christliche Erkenntniß mit manchen Unvollkommenheiten,
ihr Leben mit manchen Mängeln behaftet seyn: wenn wir auf
die eigentliche Substanz sehen, so war auf ihrer Seite unver=
kennbar das Recht des ernsteren, strengeren und reineren christ=
lichen Geistes, das Recht der volleren Wahrheit, Sittlichkeit und
Freiheit.

Aber dieses Recht des Christlicheren und Besseren war nicht
bloß eine theoretische Sache, es enthielt als Sittliches seiner Na=
tur nach auch eine practische Anforderung: es mußte verwirklicht
werden, und diese Verwirklichung konnte nur eintreten durch Um=
bildung, objective und subjective Umbildung des Gesammtzustan=
des der Kirche, durch Reformation.

Reformatorisch seiner innersten Natur nach ist sowohl das
Christenthum, als das, wovon dasselbe die höchste reale Wahr=
heit ist, das Wesen des menschlichen Geistes in seinem innerlich=
sten Kerne, im religiösen Leben. Das Christenthum ist reforma=
torisch, nicht etwa nur rückwärts im Verhältnisse zum Judenthum,
als dessen Verklärung im reinsten Geiste des Prophetismus, son=
dern hauptsächlich auch vorwärts im Verlaufe seines eigenen
Ganges durch die Menschheit. Es will selbst jeden Einzelnen
und die ganze Menschheit von Grund aus reformiren und dieje=
nigen, die sich seinem Einflusse hingeben, zu einer gottgeheiligten,
in fortwährender Läuterung begriffenen, Gemeinschaft sammeln.

Diese Gemeinschaft aber, das Reich Gottes, kommt, da es nur
menschlich verwirklicht werden kann, in Conflict mit der Welt, es
wird unvermeidlich davon afficirt, es hängen sich ihm auch welt=
liche und sündhafte Elemente an; dagegen liegen im Christenthum
unzerstörbare Kräfte der Reinigung, der Ausscheidung alles Un= und
Widergöttlichen, und es kann nicht ausbleiben, daß, wenn sich der
weltliche Stoff im erscheinenden Gottesreiche, in der Kirche, stark
anhäuft, auch die läuternde Macht des Christenthums sich desto
gewaltiger erhebt, und wo dieß auf eine durchgreifende, um=
fassende Weise geschieht, da wird das Christenthum seiner Natur
nach zur Reformation, die christliche Idee reagirt und protestirt
gegen ihre zeitliche Erscheinung, es ist reformatorische Zeit. Dieser
Proceß, in einzelnen Epochen mächtiger hervortretend, geht durch
die ganze Geschichte der christlichen Welt hindurch und erweist
sich eben darin als etwas dem Christenthume selbst in seiner
Stellung zur Menschheit unaustilgbar Einwohnendes. Christus
selbst hat sein Wirken als eine ins Innerste der Menschheit ein=
greifende sittliche Krisis, als etwas Richterliches und Ausscheiden=
des bezeichnet: er ist nicht gekommen, Friede zu bringen, sondern
das Schwert; er war der erste und größte Reformator. Ebenso
sind alle für das Ganze bedeutenden Kirchenlehrer, wenigstens
nach einer Seite ihrer Thätigkeit, reformatorisch gewesen und nicht
allein der Protestantismus, auch das Papstthum hat, wie z. B.
Gregor VII, seine großen reformatorischen Männer aufzuweisen.
Und nicht minder wird auch in Zukunft dieser Erneuerungs=Pro=
ceß fortgehen, so lange noch der Gegensatz von Wahrheit und
Irrthum, von Heiligkeit und Sünde, von Reich Gottes und Welt
besteht. Denn, wie in der Natur des Christenthums, so liegt die
Nothwendigkeit desselben auch im Wesen des menschlichen Geistes
und seiner Stellung zum Christenthume, seiner Stellung zum Gött=
lichen überhaupt. Wenn schon der menschliche Geist überhaupt
und in allen Beziehungen auf ein geschichtliches Seyn, also auf eine
in nie ruhender Selbstthätigkeit fortschreitende Entwickelung an=
gelegt ist, diese Entwickelung aber als eine freie nur allmählig
und, weil mit der Freiheit auch Sünde und Irrthum, also Ent=
gegenstrebendes gegeben ist, nur in Gegensätzen, Kämpfen und
Katastrophen vor sich gehen kann, so ist dieß noch insbesondere
der Fall im Verhältnisse des menschlichen Geistes zum Christenthum,
in seinem religiösen und sittlichen Leben. Das Christenthum ist
nicht als etwas begrifflich Fertiges, als System oder Formel, an
die Menschheit gekommen; es schließt einen tiefen und reichen Lehr=
gehalt, einen festen Glaubens= und Wahrheitskern in sich, aber
die bestimmtere Fassung und gedankenmäßige Feststellung desselben

— und darin liegt eben die große geistanregende Kraft des Chri=
stenthums — ist selbst wieder zu einer Arbeit des menschlichen
Geistes geworden; es hat sich auch hier ein Entwickelungsproceß
eröffnet, dessen Aufgabe, weil sie sich zu verschiedenen Zeiten an=
ders modificirt, eine unendliche ist; und da auch hierbei, beson=
ders weil das Theoretische untrennbar mit dem Praktischen ver=
bunden, weil die Erkenntniß vom ganzen inneren Lebenszustand
abhängig ist, Perioden des Verderbnisses, der Verfinsterung ein=
treten, so würde, wenn nicht von Zeit zu Zeit ein Kampf, eine
durchgreifende Krisis und Erneuerung, kurz eine Reformation ein=
träte, ein wesentliches Moment in der geistigen Entwickelung selbst,
es würde die eigentlich treibende, die großen Impulse gebende
Kraft fehlen. Ja, selbst abgesehen vom Christenthume, die religiöse
und sittliche Gesammtentwickelung des menschlichen Geistes würde
stagniren und verdumpfen, wenn nicht überall und auf allen Ge=
bieten zur rechten Zeit reformatorische Krisen einträten. Ueberall
wird, unter gewissen Bedingungen, die Evolution des menschlichen
Geistes und der menschlichen Zustände nothwendig zur Reformation,
die nur, wenn sie gewaltsam und widernatürlich zurückgedrängt
wird, in Revolution umschlägt.

So dürfen wir sagen: Reformation muß seyn, wenn Chri=
stenthum, wenn Geist, wenn geschichtliche Entwickelung des Gei=
stes überhaupt und des christlichen insbesondere seyn soll. Daß
aber gegen das Ende des Mittelalters eine Masse des Verdorbe=
nen, Schlechten, Hemmenden in der christlichen Welt und nament=
lich in der Kirche angehäuft, daß Luft und Licht nöthig war, und
ein seit lange herangereifter besserer Geist endlich zum Durchbruche
kommen mußte, wird ebenfalls kein Unparteiischer, kein Geschicht=
kundiger leugnen. Es konnte sich nur fragen: wie sollte dieß ge=
schehen, wie sollte aus dem veralteten Zustand in einen frischen,
christlicheren, reineren, sittlicheren hinübergeleitet werden?

Es war im Allgemeinen ein zwiefacher Weg möglich: man
konnte die Reformation versuchen auf der gegebenen Grundlage
der Kirche, namentlich der vorhandenen kirchlichen Aristokratie
und Monarchie, oder man konnte sie versuchen auf der Grund=
lage der Schrift unter Bekämpfung auch jener zeitlich gegebenen
Fundamente der Kirche. Die Reformation der ersteren Art sollte
ausgehen von einer geordneten Kirchenautorität, den ökumeni=
schen Synoden, und in bestimmten gesetzlichen Acten allmählig
und wohlüberlegt vollzogen werden, sie hätte mehr den Character
der Legitimität und der zusammenhängenden geschichtlichen Ent=
wickelung gehabt; die Reformation der andern Art konnte nur
bewirkt werden durch den allgemeineren Fortschritt des christlichen

Geistes überhaupt unter der Leitung hervorragender, innerlich berufener Persönlichkeiten, sie mußte ihrer Natur nach einen mehr volksmäßigen, bis zu einem gewissen Grade demokratischen Character haben; bei ihr konnte es nicht ausbleiben, daß sie mit manchem Bestehenden entschieden brach, und dagegen ein neues kirchliches Recht, das ihr aber das alt und ewig christliche zu seyn schien, einzuführen suchte. Jene bezog sich nur auf einen Theil des kirchlichen Zustandes, sie schnitt nicht so tief ins Fleisch, sie verhieß, indem sie sich innerhalb der kirchlichen Ordnung bewegte, Erhaltung der katholischen Kircheneinheit; diese griff mehr an die Wurzel alles Unchristlichen und Verderblichen, sie war totaler und rabicaler, sie wollte strengere Scheidung der widerstrebenden Elemente, aber sie drohte auch, indem sie sich mit der Kirchenmacht völlig überwarf, mit einem Schisma innerhalb der Kirche.

Die erstere Art der Reformation, die sanftere, legitimere wünschten, wollten und hofften die erleuchtetsten christlichen Männer zu Anfang und im Laufe des 15ten Jahrhunderts, ja die großen Concilien zu Konstanz und Basel bildeten daraus förmlich ein neues kirchenrechtliches Princip [1]). Das Höchste, was sie im Auge hatten, war dieses: eine freie, kräftige, umfassende, nur von Gott und Christo ihre Vollmacht ableitende, Repräsentation der ganzen Christenheit des Abendlandes in den allgemeinen Concilien sollte die oberste gesetzgebende und richterliche Gewalt in der Kirche bilden; diese Concilien sollten in regelmäßigen Zeitabschnitten von etwa zehn Jahren zusammentreten, die großen Interessen der Kirche selbständig berathen, die jedesmaligen Bedürfnisse gewissenhaft befriedigen und die nöthig gewordenen Verbesserungen im Einverständnisse mit dem Papst oder auch, wenn er sich hartnäckig widersetzte, ohne denselben einführen. Hierdurch war das Princip und lebendige Organ einer fortgehenden, in festem gesetzlichem Schritte sich entwickelnden Reformation in die Mitte der Kirche selbst verpflanzt; es wäre, falls dieser Gedanke auf die Dauer gesiegt hätte, die Kirche, die seit Gregor VII eine absolute und häufig despotische Monarchie war, in die Gestalt eines constitutionellen Gemeinwesens übergegangen, ja die Beschränkung des Papstthums wäre dabei eine noch stärkere gewesen, als die Beschränkung des Königthums in constitutionellen Monarchien, denn hier ist für die wichtigsten Hand-

1) Ueber die Geschichte und Tendenz dieser Concilien gibt jetzt die vollständigste Kunde das bekannte Werk von Wessenberg: die großen Kirchenversammlungen des 15ten und 16ten Jahrhunderts. Constanz 1840. 4 Bände.

lungen die Zusammenstimmung der höchsten Gewalten erforder=
lich, dort aber legte sich die Kirchenrepräsentation das Recht bei,
auch ohne das Papstthum zu beschließen und zu handeln, nöthigen
Falls selbst über dasselbe zu richten.

Die Bestrebungen der Männer, die dieß wollten, waren
ohne Zweifel wohlgemeint und edel; der Gedanke selbst war groß=
artig und schien der Kirche eine schöne Zukunft zu verbürgen; ja
es mag sich auch dem Protestanten, besonders wenn er auf die
jetzige Zersplitterung hinblickt, der Wunsch aufdrängen, es möchte
die Kirche, als Einigungsband der ganzen·europäischen Völker=
familie, eine ungetrennt gebliebene seyn und sich aus selbsteigener
Kraft, wenn auch kämpfend, doch ohne spaltende Katastrophe in
geschichtlichem Zusammenhang und ununterbrochenem Fortschritte
reformirt haben. Aber die Wirklichkeit der Geschichte läßt uns
diesen Wunsch als eitel erscheinen, und wenn wir genauer zusehen,
müssen wir uns auch überzeugen, daß es nicht anders kommen
konnte, als es gekommen ist. Jene Bestrebungen des aristokrati=
schen Repräsentativsystems konnten der Natur der Sache nach nicht
zu ihrem Ziele gelangen: denn sie waren mit einem inneren Wi=
derspruche behaftet; sie ruhten auf falschen Voraussetzungen; sie
waren in Beziehung auf das reformatorische Princip selbst nicht
durchgreifend genug.

Sie waren — sagen wir zuerst — mit sich selbst in einem
inneren Widerspruche. Dieß kann am besten durch eine Par=
allele anschaulich gemacht werden. Jene synodalen Tendenzen
sind in einigen wesentlichen Beziehungen mit den neueren poli=
tischen Theorien zu vergleichen, welche die Gewährleistung einer
freien und kräftigen Entwickelung des öffentlichen Lebens
vorzugsweise oder ausschließlich in einer der Monarchie zur Seite
stehenden und sie beschränkenden Volksrepräsentation finden.
Es war das constitutionelle System der katholischen Kirche, ähn=
lich den constitutionellen Systemen der modernen Politik, nur
darin noch weiter gehend, daß es der kirchlichen Repräsentation
eine entschieden höhere Stellung zuerkannte, als der Volksreprä=
sentation in einer Monarchie gegeben werden kann, nämlich für
gewisse Fälle auch richterliche Autorität über den Papst, voll=
kommene Autonomie und Obergewalt in der Kirche. Wenn
nun auf dem politischen Gebiete, weil es sich hier, wie man auch
das göttliche Recht urgiren mag, in der Anwendung immer nur
um rein menschliche Verhältnisse und Thätigkeiten handelt, der
Begriff der Monarchie nicht schlechthin aufgehoben wird durch das
Hinzutreten einer repräsentativen Beschränkung; so verhält es sich
anders auf dem kirchlichen Gebiete, wenigstens in der Gestal=

tung, die es damals hatte und die es im Katholicismus, wenn
er kräftig seyn soll, immer haben muß. Der Papst nimmt dem
katholischen Systeme zufolge nicht nur ursprünglich seine Stellung
im eminenten Sinne von Gottes Gnaden, jure divino, ein, sondern er wird auch im ganzen Verlaufe seiner Thätigkeit, in allen
wesentlichen Entscheidungen als eine göttliche Person betrachtet,
sein Regiment ist nicht ein bloß menschliches und als solches dem
Irrthum unterworfenes, sondern ein theokratisches, gleichsam
unter fortlaufender Inspiration stehend und darum über Irrthum und Widerspruch erhaben. Der Papst ist nicht bloß eine
geheiligte Person, sondern der alle Kräfte der Heiligung·in der
christlichen Welt vermittelnde Statthalter Gottes. Einer solchen
Autorität, die schlechthin über den menschlichen Bereich hinausgeht, kann man, ohne daß sie in ihrem innersten Wesen alterirt,
ja zerstört würde, keine Beschränkung an die Seite stellen,
geschweige denn ein höheres Tribunal überordnen. Das Papstthum, als sichtbare Stellvertretung Gottes, entspricht seinem
Begriffe nur, wenn es eine völlig absolute, unbeschränkt höchste,
inappellable Gewalt ist. Die Synoden wollten ihm diesen
Grundcharacter rauben, sie wollten sich das Papstthum für gewisse Fälle unterordnen, Appellationen vom Papstthum an eine
höhere Kirchengewalt legitimiren, und darin lag ein innerer, in
das tiefste Leben der Kirche eingreifender Widerspruch, aus dem
sich, wie die Dinge standen, ein Kampf auf Leben und Tod entwickeln mußte. Beide Potenzen mußten auf Behauptung der
Superiorität ausgehen und nur eine konnte sie factisch haben:
siegten die Synoden, so war das Papstthum in seinem eigentlichen Wesen vernichtet und bestand nur als Form, die Kirche
wurde eine aristokratische Republik; behauptete sich dagegen das
Papstthum in seiner alten Kraft und Hoheit, dann konnten die
Synoden nicht zu der Bedeutung und Wirksamkeit gelangen, die
sie als unentbehrlich für sich in Anspruch nahmen; die Kirche
blieb eine reine theokratische Monarchie. Diesen Widerspruch sah
schon frühe niemand klarer ein, als der verständige, hellsinnige
Mann, der einerseits den Primat des Papstes bestritt, andrerseits
aber auch ein System nicht haltbar finden konnte, welches den
Primat der Synoden mit dem des Papstes zu vereinigen suchte,
unser Luther. Er spricht sich darüber wiederholt sehr characteristisch aus. In einem Briefe an Churfürst Friedrich [1] sagt
er: „Also hat man zu Costniß auch contraria gehandelt. Zum
ersten, verdampt den Artikel: Primatus non est jure divino, und

---

1) Vom 18ten August 1519, Th. 1. S. 313 u. 14. bei de Wette.

doch determinirt, das Concilium ſey über den Papſt. Das wäre
ketzeriſch und irrig, ſo der Papſt jure divino Primatum hätte.
Denn alſo wäre das Concilium das oberſt auf Erden, und hätte
ein Primat über des Papſts Primat, als der recht Chriſti Vica=
rius, in plenitudine potestatis omnium. . . . Wenn Primatus
jure divino des Papſts wäre, ſo gebühret dem Concilio nicht
über ſich zu greifen und den Papſt, als einen Unterthanen, ab=
ſetzen, regieren und handeln, wie es will. Denn jus divinum
läßt ſich weder regieren, noch ändern. Und iſt der Papſt über
alle Chriſten, und die Römiſche Kirche über alle Kirchen: ſo iſt
er gewiß auch über das Concilium, das nichts anders iſt, denn
alle Kirchen.“ Und in einer andern Stelle [1], wo zugleich die
practiſche Seite, das Unausführbare des Syſtems, hervorgehoben
wird: „Ich ſetze, daß der Papſt wollte ſich des begeben, daß er
nicht jure divino oder aus Gottes Gebot der oberſte wäre, ſon=
dern, damit die Einigkeit der Chriſtenheit wider die Rotten und
Ketzerei beſto baß erhalten würde, müßte man ein Haupt haben,
daran ſich die andern alle hielten. Solches Haupt wäre nun
durch Menſchen erwählt und ſtünde in menſchlicher Wahl und
Gewalt, daſſelbe Haupt zu ändern, zu entſetzen, wie zu Con=
ſtanz das Concilium faſt die Weiſe hielt mit den Päpſten, ſetzten
der drey ab und wählten den vierten. Ich ſetze nun, ſage ich,
daß der Papſt und der Stuhl zu Rom ſolches begeben und an=
nehmen wollte, welches doch unmüglich iſt: denn er müßte
ſein ganz Regiment und Stand laſſen umkehren und zerſtören
mit allen ſeinen Rechten und Büchern. Summa, er kanns
nicht thun. Dennoch wäre damit der Chriſtenheit nichts gehol=
fen, und würden viel mehr Rotten werden, denn zuvor. Denn
weil man ſolchem Haupt nicht müßte unterthan ſeyn aus
Gottes Befehl, ſondern aus menſchlichem guten Willen, würde es
gar leichtlich und balde veracht, zuletzt kein Glied behalten. Müßte
auch nicht immerbar zu Rom oder anderm Orte ſeyn, ſondern
wo und in welcher Kirchen Gott einen ſolchen Mann hätte ge=
geben, der tüchtig dazu wäre. O! das wollt ein weitläuftig
wüſt Weſen werden. Darum kann die Kirche nimmermehr baß
regieret und erhalten werden, denn daß wir alle unter einem
Haupt Chriſto leben, und die Biſchoffe alle gleich nach dem Ampt
(ob ſie wohl ungleich nach den Gaben) fleißig zuſammenhalten
in einträchtiger Lehre, Glauben, Sacramenten, Gebeten und
Werken der Liebe, wie St. Hieronymus ſchreibt, daß die Prie=
ſter zu Alexandria ſämtlich und in gemein die Kirchen regierten,

---

1) Schmalkald. Artikel, Th. 2. Art. 4.

wie die Apostel auch gethan, und hernach alle Bischoffe in
der ganzen Christenheit, bis der Papst seinen Kopf über alle
erhub."

Die synodale Tendenz ruhte ferner auf falschen Voraus=
setzungen. Sie nahm an, das Papstthum, obwohl in seinem
Lebensnerv angetastet, ja in seinem eigentlichen Wesen vernich=
tet, würde doch Kraft genug haben, die Kirche in der Einheit
zusammen zu halten. Diese Wirkung war aber nur möglich, so
lange das Papstthum als höchste göttliche Macht und Autorität
auf Erden anerkannt wurde; erschien es als kirchliches Institut
neben andern kirchlichen Instituten, als Product der Kirche, mit
dem dieselbe durch ihre Repräsentanten schalten und walten könne,
so war, wie schon Luther klar einsah, seine bindende Kraft auf=
gelöst. So ging die Einheit verloren. Aber dafür wurde auch ein
Anderes nicht gewonnen, die Bürgschaft einer sicher und gesetz=
mäßig fortschreitenden Reformation. Denn dazu war erforderlich,
daß das immerhin noch in imposanter Macht und allseitigem
Einflusse bastehende Papstthum und dessen hohe Würdenträger
auch wirklich einen guten Willen zur Reformation hatten. Dieß
war aber auch eine grundlose Voraussetzung. Alle kirchlichen
Verbesserungen wurden eigentlich dem Papstthume nur abgerungen
und abgetrotzt, und auch dieß immer nur auf eine vorübergehende
Weise. Sobald der äußere Zwang entfernt war, lenkte die hohe
Hierarchie immer wieder ins alte Gleise. Obwohl theoretisch be=
stritten, hatte das Papstthum doch immer noch factisch die Macht
in Händen und vereitelte jedesmal die Bestrebungen der refor=
matorischen Synoden durch List oder Gewalt. Denn was haben
in Beziehung auf Kirchenverbesserung jene Versammlungen zu
Konstanz und Basel, für welche ganz Europa in Bewegung war,
hinterlassen? Ein großes Andenken allerdings und eine tiefe
Wirkung auf die allgemeine Stimmung, keineswegs aber dauernde
und durchgreifende Resultate für wirkliche Umgestaltung der Kir=
chenverhältnisse. Neben und mit dem Papstthume, dessen Bestand
die Synoden doch wollten, konnten die von ihnen geforderte Re=
formation, wenigstens in gründlicher Weise, nicht aufkommen.
Dieß drang sich selbst einem der Hauptvertheidiger des repräsen=
tativen Systems, dem tiefen Kenner des kirchlichen Lebens, Ger=
son, auf. Er sagt[1]: „Gesetzt auch, daß jene Reformation in
Schriften festgesetzt, durch bestimmte Eidschwüre, Bekräftigungen
und Verträge verbürgt wäre, so fürchte ich doch, daß sie nachher
vom Papste, von den Cardinälen und den übrigen Prälaten und

---

1) De Reformat. Ecclesiae in Concil universal. cap. XII.

Dienern der Curie nicht gehalten werden, wie auch Franz Pe=
trarca in einem anonymen Buche sagt: mit dem Wachsthume der
Schlechtigkeit unter den Menschen wuchs auch der Haß gegen die
Wahrheit, und die Herrschaft ist nun der Schmeichelei und Lüge
übergeben. Außerdem ist es schwer, von seinen Gewohnheiten
abzustehen." Das Nämliche, mehr in Beziehung auf die Personen,
deutet später in Folge der bis dahin gemachten reicheren Erfah=
rungen auch der Churfürst Johann Friedrich an, indem er im
Hinblick auf Melanchthons bekannte Aeußerung zu den schmal=
kalbischen Artikeln, man könnte um der Einigkeit willen die Supe=
riorität des Papstes auch über die Evangelischen jure humano
wohl zulassen, an Luther schreibt [1]): „So wir aus guter Mei=
nung und um Friedens willen den Papst einen Herrn bleiben lassen,
der über uns, unsre Bischoffe, Pfarrer und Prediger zu gebieten,
setzen wir uns selber in die Fahr und Beschwerung, weil er doch
nicht ruhen würde und seine Nachkommen, uns und unser aller=
seits Nachkommen gänzlich zu vertilgen und auszurotten." ·

Endlich drittens war das `synodale Repräsentativsystem in
Betreff der reformatorischen Principien selbst nicht durchgreifend
genug. Wir Protestanten wenigstens müssen die Grundlagen,
auf die es sich basirt hatte, als rein christliche in Anspruch neh=
men; wir können nicht anders, als die Fragen aufwerfen: Ist
denn auch das Papstthum, welches dabei als unentbehrliche
Grundlage festgehalten wurde, wirklich eine christliche Institution?
Entspricht der Begriff des Priesterthums, als gesonderten Standes,
und die hierauf sich stützende Anerkennung einer kirchlichen
Aristokratie, als göttlich befugter Kirchenrepräsentation, dem ur=
sprünglich christlichen, apostolischen Geiste, dem Wesen des Evan=
geliums und dem Vorbilde der christlichen Urgemeinde? Hat die
Auffassung der Kirche als eines in seiner zeitlichen Erscheinung
infalliblen Gemeinwesens wirklichen Grund in der Schrift, in der
Geschichte, in der Natur der Dinge? Dürfen wir mit Recht
der kirchlichen Ueberlieferung diejenige Stellung zur Schrift
und zum Gemeinglauben geben, welche auf diesem Standpunct
angenommen wird? — Diese und ähnliche Fragen werden frei=
lich vom Katholicismus und Protestantismus entgegengesetzt be=
antwortet; ihre gründliche Lösung würde hier auch zu weit führen;
aber so lange sie nicht im katholischen Sinn aus der Schrift, aus
dem Geist und der Geschichte des Christenthums, und aus andern
„öffentlichen, klaren und hellen Gründen" besser beantwortet sind,
als bis jetzt, haben wir immer Ursache genug, jene Grundlagen

---

1) Brief vom 7ten Jan. 1537 bei Seckendorf III, 152.

für wankend und unsicher zu erklären und zu sagen: wenn die Reformation eine gründliche, der apostolischen Lehre und dem Urzustande der Gemeinde, sey es auch nicht der Form, doch dem Geist und Wesen nach, entsprechende seyn sollte, so mußte sie noch einen kräftigen Schritt weiter thun und auch jene, vom Sy= nodalsysteme noch adoptirten Grunblagen: Papstthum, kastenar= tiges Priesterthum, Infallibilität der sichtbaren Kirche und ihrer Repräsentation, und gesetzgebende Autorität der kirchlichen Tra= dition mit in den kritischen Proceß aufnehmen.

War nun also ein unabweisbares Bedürfniß der Reformation vorhanden und war der von den Synoden vorgeschlagene Weg, wie wir gezeigt, unzulänglich oder wenigstens, wie niemand leug= nen wird, unausführbar, so blieb nur der andre übrig: die Re= formation von der Basis der Schrift aus durch Begründung und Ausbreitung eines reineren christlichen Geistes, der allmählig die Oberhand gewinnen und endlich, sich zusammenfassend in großen Persönlichkeiten, einen durchgreifenden Kampf mit dem Verborbenen, Falschen und Hemmenden bestehen mußte. Für diese Art der Umgestaltung konnte freilich keine geordnete, legitime Form gegeben seyn, sie beruhte auf unberechenbaren geistigen Wirkungen und Einflüssen, sie mußte von Organen, die ganz eigenthümlich aus= gestattet und innerlich dazu berufen waren, durchgeführt werden, sie konnte sich entweder gar nicht, oder nur auf eine freie Weise, nicht durch Reflexion, sondern durch Begeisterung machen. Indeß war doch auch hierbei das Doppelte denkbar: eine durchaus ruhige Entfaltung des neuen christlichen Geistes von innen heraus durch Lehre und sittliche Einwirkung, oder ein auch in gewaltigen, er= greifenden Thaten sich entladender Durchbruch desselben, eine re= formatorische Entwickelung oder eine reformatorische Katastrophe. Beides sehen wir auch geschichtlich eintreten: das Erstere vor= nehmlich bei den Vorläufern der Reformation, das Andre bei den Männern, die wir im engeren Sinne Reformatoren nennen. Nun gibt es eine Ansicht, welche behauptet, man hätte stets auf dem ersteren Wege beharren sollen, und welche demgemäß die signalgebenden und umwälzenden luther'schen Thaten verwirft. Von diesem Standpunct aus, den wir den erasmischen nennen können, weil ihn zuerst Erasmus auf eine ausgezeichnete Weise einnahm, obwohl sich ihm seitdem viele, besonders katholische Schriftsteller angeschlossen haben, würde man die stilleren Vor= läufer der Reformation, wo nicht den Gaben, so doch der Ten= denz und Wirksamkeit nach, über die handelnden Reformatoren zu stellen haben. In diesem Sinne sagt auch Erasmus [1]) mit sye

_____
1) Epist. ad Fratres infer. et orient. Fris. Opp. T. X. p. 1622.

cieller Rückficht auf den Hauptvorläufer Luther's: „Weffel hat
Vieles mit Luther gemein; aber wie viel chriftlicher und befchei=
bener trägt er feine Lehren vor, als die meiften von jenen!"
Und in allgemeinerer Beziehung auf vorreformatorifche Männer
überhaupt, Georg Wicelius [1]), der bekannte Mittelsmann zwifchen
der proteftantifchen und katholifchen Partei: „Der fromme Tau=
lerus, Gerfon, Valla, Picus, Weffelus, Petrus de Alliaco fahen
auch, daß es nicht gar wohl um die Kirche ftund. Traten fie
darum aus und machten neue Kirchen? Nein, fondern fie fchrieen
dawider, daß ihnen der Hals krachte, erhuben ihre Stimme, wie
eine Pofaune, und verkündigten den Chriften ihre Sünde, damit
fie ihre Seelen retteten." Sollen wir diefer erasmifchen Anficht
beiftimmen? Sie hat in der fpeciellen Beziehung Recht, daß
für eine gewiffe Periode der reformatorifchen Entwickelung vor=
zugsweife das Wort, die Schrift und der ruhige Lebenseinfluß
an der Stelle waren; aber im Großen hat fie Unrecht, wenn es
fich um die vollftändige Durchführung einer Reformation handelt;
diefe konnte nicht eintreten ohne durchgreifende Thaten. Deffen
war fich auch Luther wohl bewußt. Er fagt in einem feiner
Briefe [2]) fehr characteriftifch: „Das find nu nicht mehr Wort,
fondern ift in Werk kommen, da mügen wir uns nach richten."
Und baß er und feine Mithandelnden, wenn auch in Einzelnem
menfchlich fehlend, im Ganzen Recht hatten, beweift der Gang
der Gefchichte, die Natur der Verhältniffe. Die Synodal = Idee
war unausführbar; die meift noch innerhalb der Hierarchie fich
haltenden oder wenigftens nicht gegen die Hierarchie handelnd
hervortretenden Beftrebungen eines Peter d'Ailly, Gerfon, Weffel,
Valla, Reuchlin, Erasmus und Anderer waren vergeblich, ihre
beften und andringendften Worte verhallten da, wo die Macht
war, in den Wind; es erfüllte fich, was längft fchon Jacob von
Jüterbock gefagt [3]), daß eine Reformation weder von dem Wollen
noch von dem Können des Papftes und der höchften Prälaten
zu erwarten fey. Alles wahrhaft Reformatorifche wurde immer
wieder niedergedrückt, untergraben und vernichtet durch die
Hierarchie. Was blieb denn nun übrig? Soll man fagen:

---

1) In feiner Apologie vom J. 1533. Vergl. *Goez* Comment. de
Wesselo p. 32. Ueber den Standpunct Wizels f. Neander: das Eine
und Mannichfaltige des chriftlichen Lebens, Berl. 1840. S. 167—328. Auch
der oben angeführte katholifche Polemiker aus der Reformationszeit, Johann
Fabri, erklärt unfern Weffel für chriftlicher und leiblicher, als Luther. S.
die Vorrede zu feinem Tractat.
2) Brief an Melanchthon vom 29ten Juni 1530, Th. 4. S. 53 bei
de Wette.
3) S. Band 1. S. 197—201 an verfch. Stellen.

Luther und die andern Reformatoren hätten die Sache übereilt? Sie seyen zu rasch zu entscheidenden Thaten geschritten? Aber sie waren ja nicht die Ersten. Jahrhunderte lang hatte die euro= päische Menschheit dem Papstthume Zeit gelassen, sich zu bessern, sich selbst zu reformiren; von allen Seiten, von Feinden und edler gesinnten Freunden, war die Hierarchie gemahnt und gewarnt, angefleht und gewarnt auch noch von Luther und Zwingli selbst. Aber Alles half nichts. Und da sie denn selbst beharrlich es nicht anders wollte, mußte es freilich zum Bruche kommen und der unterdessen gewaltig angeschwollene Strom des .neuen Geistes, der, statt von der Kirche zu ihrer eigenen Belebung und Be= fruchtung verwendet zu werden, abgedämmt und hinausgedrängt wurde, konnte nun nicht anders, als sich sein eigenes Bette schaffen.

Alles hat seine Zeit: das stillere geistige Wirken der Vor= reformatoren hatte seine Zeit, das heroische Handeln der Refor= .matoren selbst hatte auch die seinige; ohne jenes wäre die Re= formation überhaupt und namentlich als allgemeine Volkssache nicht möglich gewesen, ohne dieses wäre es bei bloßen Ansätzen geblieben und nicht zur wirklichen Gründung eines neuen geläu= terten Kirchenlebens gekommen. Wir erkennen Beide, sofern sie eine geschichtliche und darin eine göttliche Mission erfüllten, als groß und preiswürdig an.

Der Riß, den die Reformation unter den gegebenen Ver= hältnissen mit sich bringen mußte, ist, gegen den ursprünglichen Willen derjenigen, die ihn veranlaßt, gemacht; der Gegensatz ist nach dreihundert Jahren noch vorhanden und muß bis zu einer Auflösung, deren Zeit und Form wir noch nicht absehen, seine Stadien durchlaufen; aber inmitten des unvermeidlichen Kampfes schwebt doch ein höherer Friede zwischen denen, die auf beiden Seiten lebendig auf der gemeinsamen christlichen Grundlage stehen und an der Einheit im Nothwendigen festhalten, die da wissen, was sie dem, wenn auch anders, doch aufrichtig gesinnten Bruder, was sie dem gemeinen Besten, was sie ihrem Vaterlande schuldig sind.

Beilage.

Ueber den Verfasser der Schrift:

de Imitatione Christi.

Zur Entscheidung der Frage

über

den Verfasser der Imitatio Christi.

„Wolle, daß man nichts von dir wisse [1])!" ist ein aus dem
Innersten kommendes Lieblingswort des Verfassers der Imitatio
Christi. Wir könnten daher ganz im Sinne desselben zu han=
deln scheinen, wenn wir uns um seinen Namen gar nicht küm=
merten. Falls jedoch, wie wir nicht zweifeln, seine Wahrheits=
liebe nicht geringer war, als seine Demuth, so konnte es schon
ihm selbst nicht gleichgültig seyn, ob etwa auch ein falscher, unter=
geschobener Name an der Spitze seiner Schrift stehe; für uns aber
vollends hat es ein entschiedenes Interesse, daß ein Buch, welches
so tief und umfassend gewirkt hat, dem rechten Urheber zuer=
kannt, daß jeder mit falschen oder zweideutigen Zeugnissen ausge=
stattete Eindringling von der Ehre zurückgewiesen werde. Auch
hat das Werkchen, abgesehen von allem Persönlichen, eine so wich=
tige Stelle in der Geschichte der religiösen und sittlichen Cultur [2]),
daß es sich schon darum lohnt, seiner wahren Quelle und den
Bedingungen, unter denen es entstand, auf die Spur zu kommen.

Um die Ehre, der Geburtsort Homers zu seyn, haben sich
sieben Städte gestritten; die Frage, wem der Verfasser der Nach=
folge Christi angehöre, ist ein Zankapfel, wenn auch nicht für

---

1) Ama nesciri!
2) Es ist bekanntlich nächst der Bibel das am häufigsten abgedruckte,
also ohne Zweifel auch am meisten gelesene und zwar von allen Confessio=
nen gelesene, fast in alle bekannten Sprachen übersetzte, Buch christlicher
Erbauung. Man rechnet ungefähr 2000 Ausgaben des Originals und nicht
weniger als 1000 der französischen Uebersetzung, und diese Zahl mehrt sich
mit jedem Tage.

Nationen, so doch für deren gelehrte Sprecher und für zwei an=
gesehene, weitverbreitete Mönchsorden geworden; selbst das fran=
zösische Parlament wurde in den Streit gezogen und hat am
12ten Febr. 1652 dahin entschieden, daß das Buch nur mit dem
Namen des Thomas gedruckt werden solle; seit mehr als zwei
Jahrhunderten sind Schriften gewechselt worden, die nachgerade
zu einer kleinen Bibliothek angewachsen sind, und bis auf den
heutigen Tag ist die Sache noch nicht zu einem allgemein be=
friedigenden Abschlusse gebracht, denn in den letzten Jahrzehnten
noch haben sich Stimmen in völlig entgegengesetztem Sinn er=
hoben.

Es kann hier nicht unsere Absicht seyn, die Streitfrage, die
an sich schon verwickelt, durch die Länge und Leidenschaftlichkeit
des Kampfes noch verwickelter geworden ist, in allen ihren Sei=
tengängen und Ausläufen zu verfolgen; dazu würde, sollte es
gründlich geschehen, in der That ein eigenes kritisches Werk ge=
hören. Aber wir achten es für Pflicht, auf die Hauptpuncte ein=
zugehen und wenigstens das Nöthigste zu sagen, um unsere so
zuversichtlich ausgesprochene Behauptung, Thomas von Kempen
sey der Verfasser des berühmten Büchleins, nicht ungerechtfertigt
erscheinen zu lassen. Auch wird sich uns dabei Gelegenheit bie=
ten, theils einiges Neue zur Entscheidung beizubringen, theils
schon Gesagtes oder Angedeutetes in ein noch helleres Licht zu
stellen.

Von den verschiedenen Namen, die man — ich nenne nur
den h. Bernhard, Ludolph den Karthäuser, Heinrich von Kalkar —
zum Theil geradezu aus der Luft gegriffen hat, um sie an die
Spitze des Tractates zu stellen, sind in der neueren Zeit nur drei
auf dem Plane geblieben[1]), die noch ernsthafte Vertheidigung ge=
funden haben: der bekannte Kanzler der Universität Paris, Jo=
hann Gerson, der sonst unbekannte, ja selbst in seiner Existenz
angefochtene, Johann Gersen, voraussetzlich Abt eines Bene=
dictinerklosters auf der Citadelle zu Vercelli, und der eben da=
durch, daß er in der herrschenden Tradition als Verfasser des
Büchleins galt, so berühmt gewordene Thomas von Kempen.

Von diesen Dreien wird nun ohne Zweifel zuerst der Kanzler
Gerson den Rückzug anzutreten haben[2]). Gerson ist nach Leben

---

1) Vergl. zur Uebersicht: Silbert Gersen, Gerson und Kempis; oder
ist Einer von diesen Dreien und welcher ist der Verfasser der Nachfolge
Christi? Wien 1828; und Gieseler K. Gesch. II, 4. S. 347. not. m.
2) Zusammenstellung der Hauptgründe gegen ihn bei Silbert S. 32 ff.

und Schriften viel zu bekannt, als daß wir nicht, wenn er der Verfasser des Buches wäre, etwas sicher Beglaubigtes darüber wissen sollten. Aber weder die Cölestiner zu Lyon, noch die Karthäuser zu Villeneuve, bei denen Gerson seinen Lebensabend zubrachte, noch Gersons eigener Bruder, der seine Schriften zuerst sammelte, noch Peter Schott, der sie im J. 1488 herausgab, kennen ihn als Verfasser der Imitatio Christi; ja der Letztere spricht ihm die Autorschaft sogar ausdrücklich ab und erkennt sie Kempis zu. Noch weniger werden die Ansprüche Gersons durch innere Gründe unterstützt. Der, der Wissenschaft zwar nicht feindselige, aber ihr gegenüber doch ascetisch-beschränkte, Ton der Imitatio paßt nicht zu dem scholastisch gebildeten, bei aller Frömmigkeit doch zugleich ganz von wissenschaftlichen Interessen durchdrungenen, französischen Theologen; das Mönchische, Weltabgezogene, alle Oeffentlichkeit Fliehende nicht zu dem Manne, der sich fortwährend auf den Schauplätzen des kirchlichen und selbst politischen Lebens bewegte. Die Germanismen, von denen anerkanntermaaßen der Tractat voll ist, müssen bei Gerson als etwas völlig Frembartiges erscheinen, und sie aus dem vorübergehenden Aufenthalte des Kanzlers in Deutschland ableiten zu wollen, ist offenbar ein Streich der Verzweiflung [1]). Ueberhaupt, wer sich die Mühe genommen, irgend eine vorherrschend ascetische Schrift Gersons mit der Imitatio zu vergleichen, der wird in Inhalt und Sprache, im ganzen Sinn und Ton einen so specifischen Unterschied finden, daß sein Urtheil nicht schwankend seyn kann. Auch haben sich in neuerer Zeit die Reihen der Gersonisten dergestalt gelichtet, daß nur etwa noch ein oder der andere Nachzügler, ein muthiger, mit kritischer Todesverachtung gewappneter, Landsmann für den pariser Kanzler aufzutreten wagt [2]). Dazu kommt, daß sich die Veranlassung, ihn als Verfasser anzunehmen, sehr leicht erklären läßt. Der Name des wirklichen Autors war anfänglich noch Vielen unbekannt, man wollte aber doch für das bedeutende Product einen namhaften Urheber haben, und da Gerson der berühmteste Repräsentant der Mystik in dieser Zeit war, so verfiel man ganz

---

1) Die Germanismen werden auch von den französischen Vertheidigern Gersons, Barbier und Gence, zugegeben. Silbert S. 34 u. 37. Barbier in der gleich anzuführenden Abhandlung S. 117 erklärt sie auf die bezeichnete ungenügende Weise.

2) So: Ant. Alex. *Barbier* Dissertation sur 60 traductions françaises de l'Imitation de J. Chr. Paris 1812, und J. B. M. *Gence* in einer Prachtausgabe der Imitatio, Paris 1826. Ganz neuerdings ist auch wieder angekündigt: es werde zu Valenciennes ein Abdruck der Imitatio aus einem Manuscripte besorgt werden, qui restitue l'Imitation de J. Chr. à Gerson *et à la France*. Als Herausgeber wird Hr. Leroy genannt. Bibliothèque de l'école des Chartes. Paris 1841. T. II. Livrais 4. p. 408.

natürlich auf ihn [1]); nachdem er aber einmal in einem Codex — der frühste ist der salzburger vom J. 1463, wo aber der Name nur abgekürzt: Joh. Gers., geschrieben ist — genannt war, ging er bald in mehrere über und es bildete sich daraus eine, wenn auch nur in beschränkterem Kreise sich haltende [2]), Tradition.

Ist Gerson, dem ja sonst seine unbestrittenen hohen Verdienste bleiben, in Betreff dieses Anspruchs beseitigt, so dreht sich die Frage nur noch um Johann Gersen und Thomas von Kempen.

Der Name Gersen, der in alten Handschriften erscheint, ist seit dem Anfange des 17ten Jahrhunderts in den Vordergrund getreten. Der italienische Benedictiner Cajetani nahm sich seiner als eines Ordensgenossen ums J. 1614 an [3]), und als die regulirten Chorherren des h. Augustin für ihren Thomas Einsprache thaten, wurde der kritische Streitpunct eine Frage der Ordensehre, und dadurch so ins Trübe gebracht, daß man am klaren Mittage die Sonne nicht mehr sah. Auch mischte sich hier, wie bei Gerson, das landsmannschaftliche Interesse ein; denn, wie für diesen besonders Franzosen kämpften, so ist neuerdings für Gersen als Hauptstreiter ein vercellefer Landsmann in die Schranken getreten, Herr von Gregory, der unter der Aegide eines Pairs von Frankreich, des Grafen von Lanjuinais, eine Denkschrift herausgegeben hat, welche, durch deutschen Fleiß bereichert, auch auf vaterländischen Boden verpflanzt worden ist [4]).

Prüfen wir, soweit es in gedrängter Kürze möglich ist, die Hauptgründe für die Autorschaft Gersens, wie sie von dem neuesten Vertheidiger ausgeführt werden.

Das erste Hauptstück seiner Untersuchung widmet Herr von

---

1) Die nähere Erklärung, die Silbert S. 51 gibt, daß eine der ersten Abschriften der Imitatio durch Ordensgenossen des Thomas auf das kostnitzer Concil in die Hände Gersons gekommen sey und sich von da aus theilweise unter des Kanzlers Namen verbreitet habe, ermangelt wenigstens eines bestimmteren historischen Grundes.

2) Die französische Uebersetzung der Imitatio von 1488 schwankt noch zwischen Gerson und dem h. Bernhard; erst eine französische Ausgabe von 1573 nennt Gerson bestimmt mit dem Titel als Verfasser.

3) Const. *Cajetani* Gersen restitutus etc. Romae 1614, und desselben Apparatus ad Gersenem restitutum. Gegen ihn besonders der Jesuit Herib. Rosweyde Vindiciae Kempenses, Antwerp. 1621, und der gelehrte Franzose Ellies Dupin Dissert. de auctore libelli de Imit. Chr. Amstel. 1706.

4) Mémoire sur le véritable auteur de l'Imitation de J. C. par G. de *Gregory*. Revu et publié par les soins de M. le Comte *Lanjuinais*. Pair de France. Paris 1827, ins Deutsche übersetzt und mit den nothwendigen Erläuterungen und Zusätzen versehen von J. B. Weigl. Sulzbach 1832.

Gregory der Nachweiſung folgender Sätze: der Verfaſſer der
Nachfolge Chriſti iſt ein Benedictiner; er war ein Italiäner; er
wollte ſeinen Namen nicht wiſſen laſſen.

Wenn die Ausführung dieſer Sätze zunächſt mit der Theſe
beginnt [1]), daß das Buch von der Nachfolge Chriſti „ein Tractat"
ſey, ſo ſieht man nicht, was dieß ſoll. In dem Sinne, worin
der Ausdruck Tractat in jener Zeit allgemein angewendet wurde
und bis heute angewendet wird, verſteht ſich dieß vollkommen von
ſelbſt; in dem Sinn aber, den der Verfaſſer vorausſetzt [2]), daß
die Imitatio urſprünglich ein Schultractat, eine Grundlage für
Vorleſungen über chriſtliche Moral geweſen und ſich ſo zuerſt als
Heft der Zuhörer anonym verbreitet habe, iſt die Annahme we=
der zu beweiſen, noch würde daraus für den Hauptſatz, der er=
härtet werden ſoll, etwas folgen; denn ſo wenig wir wiſſen, daß
der vorausgeſetzte Abt Gerſen wirklich ſolche Moral=Vorträge an
der Akademie zu Vercelli gehalten, ebenſo wenig dürfen wir be=
haupten, daß Thomas dergleichen nicht hätte halten können, denn
in ſeinen Sermonen an die Novizen haben wir wenigſtens etwas
Verwandtes.

Näher zur Sache, da Gerſen Benedictiner=Abt geweſen ſeyn
ſoll, Thomas aber Kanoniker des h. Auguſtin war, träfe der
weitere Satz: der Verfaſſer der Imitatio iſt Benedictiner. Als
Beweis gebraucht Herr von Gregory [3]) die Uebereinſtimmung des
Buches mit der Benedictiner=Regel. Ueberzeugend dargethan
konnte dieß nur werden, wenn dabei ſolche Puncte hervorgehoben
wurden, die der Benedictiner=Regel eigenthümlich ſind und ſie
von andern Ordensregeln unterſcheiden. Davon findet ſich aber
keine Spur. Alles, was Herr von Gregory beibringt, ſind ent=
weder allgemein practiſche, oder allgemein chriſtliche, oder auch
allgemein mönchiſche und aſcetiſche Sätze, wie ſie vollkommen auch
zu dem Standpuncte des Thomas paſſen, ja großentheils und
ſogar häufig in derſelben Form auch in deſſen übrigen Schriften
vorkommen. Oder ſind die Ermahnungen: auch als Mönch ſich
arbeitſam zu zeigen, demüthig zu ſeyn, nicht auf Menſchen und
äußeren Troſt zu bauen, den Oberen, auch mit Verleugnung des
eigenen Willens, zu vertrauen und zu gehorchen, ſich eine un=
ſcheinbare Kleidung gern gefallen zu laſſen, überall ſein Kreuz
auf ſich zu nehmen u. dergl. — ſind dieſe Ermahnungen etwas
ſpeciell dem Benedictiner=Standpuncte Angehöriges? So wenig,

---

1) Deutſche Ueberſ. S. 1—4.
2) Vergl. ebendaſ. S. 13 u. 14.
3) Ebendaſ. S. 4—12.

daß wir uns nur wundern müßten, wenn wir sie bei einem Manne, der so war, wie wir Thomas aus seinem Leben und seinen übrigen Schriften kennen, nicht fänden.

Der Verfasser war — setzt Herr von Gregory weiter [1]) — ein Italiäner oder ein in Italien lebender Deutscher. Das „Ober" ist vortrefflich, denn es gibt, was mit der einen Hand genommen war, mit der andern wieder zurück; aber es war frei= lich nicht zu umgehen, denn der Name Gersen ist doch eigentlich ein deutscher, und wenn man die im Buche unleugbar vorhandene Fülle von Germanismen [2]) geltend machen wollte, so war diesem Gegengrunde nur vorgebeugt, wenn der Verfasser in solcher Weise als Italiäner bezeichnet wurde, daß er zugleich auch Deutscher war. Daß er aber doch Italiäner gewesen, soll hervorgehen aus dem verdorbenen volksmäßigen Latein der Imitatio, wie man solches im 13ten Jahrhundert in Italien gesprochen, und aus dem Um= stande, daß Buch IV. Kap. 5. §. 3. darauf angespielt werde, wie das Priestergewand vorn und hinten mit dem Kreuze bezeichnet sey, was damals nur in Italien gewöhnlich gewesen. Beides trifft wieder nicht zum Ziele. Ein populär verdorbenes Latein schrieb man im Mittelalter in allen Ländern der Christenheit und ein Schluß auf Italien hätte nur gezogen werden dürfen aus un= zweifelhaft nachgewiesenen Italicismen [3]); diesen Nachweis ist je= doch Herr von Gregory schuldig geblieben. Daß aber die Be= zeichnung des Priestergewandes mit einem sowohl vorn als hinten angebrachten Kreuze etwas speciell Italiänisches gewesen und bis ins 15te Jahrhundert in Deutschland und den Niederlanden nicht vorgekommen sey, hat er auch nicht überzeugend dargethan; er zeigt nur, daß die Sitte in Italien geherrscht, nicht aber daß sie den Niederlanden fremd gewesen. Vielmehr haben wir, wenig= stens in Betreff der altfranzösischen Kirche, Beweise vom Gegen= theile [4]).

Den weiteren Satz [5]), daß sich der Verfasser der Imitatio aus Bescheidenheit nicht genannt wissen wollte, brauchen wir nicht in Anspruch zu nehmen; es folgt hieraus, da Beide, Thomas

---

1) S. 12—17.

2) Sie sind ziemlich vollständig nachgewiesen in *Amort* Scutum Kem- pense sive Vindiciae etc. P. IV. p. 19.

3) Die wenigen angeblichen Italicismen, die in der Imitatio vorkom- men, z. B. regratiari, pensare, passionatus, indisciplinatus, bassari, grossus, contrariare, sentimenta, fontaliter, conscientiosus, sind theils auch Germanismen, theils gehören sie überhaupt einer verdorbenen Latinität an, und kommen, was die Hauptsache ist, auch in den unbezweifelt ächten Schriften des Thomas vor. S. *Amort* Vindiciae P. II. p. 13.

4) Silbert S. 77.

5) Gregory S. 12—21.

und Gersen, bescheidene Männer seyn konnten, weder etwas für Gersen, noch etwas gegen Thomas, ja der Umstand ist eher gün=stig für Thomas, denn es läßt sich daraus erklären, warum er sich in einer der von ihm selbst gefertigten Copien des Tractats nicht direct als Verfasser, sondern nur als Schreiber (per manus fratris Thomae Kempis) bezeichnete.

Nach diesen Vorbereitungen folgt im zweiten Hauptstücke[1]) die entscheidende Behauptung: der Benedictiner, der den Tractat verfaßt hat, ist Johannes Gersen von Cabaliaca, Abt von St. Stephan, einem Kloster der Citadelle von Vercelli, gegen das Jahr 1240. Da die allgemeinen Grundlagen, auf denen diese Be=hauptung ruht, so unhaltbar sind, so erweckt dieß auch gegen die Behauptung selbst schon Vorurtheile; indeß sie könnte doch, abge=sehen von allen Nebenbeweisen, so fest in ihrer eigenen unantast=baren geschichtlichen Wahrheit ruhen, daß wir sie uns auch als etwas ganz isolirt Dastehendes müßten gefallen lassen; denn das sicher bewährte Factum hat die Geschichte unter allen Umständen zu respectiren.

Herr von Gregory bedient sich äußerer und innerer Gründe. Er zeigt zuerst[2]), daß es wirklich ein Kloster St. Stephan zu Vercelli und einen Abt desselben, Namens Johannes Gersen von Cabaliaca, gegeben habe; er sucht glaublich zu machen, daß Ca=baliaca oder Canabacum — denn der Verfasser der Imitatio kommt auch unter der Bezeichnung Johannes de Canabaco vor[3]) — identisch sey mit dem heutigen Cavaglia, einem Dorfe des ver=celleser Gebietes, und will sogar in dem Dorfe Cavaglia eine ur=alte Tradition erhoben haben, wornach die Familie Gersen im Besitze des benachbarten Weilers Campi gewesen. Wir wollen gegen diese Behauptungen, obwohl sie noch einer bedeutenden kritischen Durchmusterung unterliegen dürften[4]), dieses Ortes keine Einwendungen machen. Es sey! Johann Gersen habe gegen die Mitte des 13ten Jahrhunderts als Benedictiner=Abt zu Vercelli wirklich gelebt: was wissen wir nun weiter? Er ist und bleibt eine Person, von der wir nur das nackte Datum der Existenz, aber nicht einen einzigen Characterzug haben, der ihn mit der Imitatio Christi näher zusammenbrächte. Allein — sagt Herr von Gregory weiter[5]) und dieß ist denn allerdings das äußere

---

1) S. 21 ff.
2) S. 22—36. Vergl. Silbert S. 14 ff.
3) In dem Codex, den der berühmte Leo Allatius besessen hatte. Sil=bert S. 23.
4) Man sehe unter Anderm *Amort* Vindic. P. IV. p. 19. 20 u. a. v. St., sowie Silbert S. 20—27.
5) S. 36—49.

Hauptargument — er wird unwiderfprechlich mit ihr zufammenge=
bracht durch eine Reihe von Zeugniffen in alten Handschriften:
da ist der Coder von Arona, der dem 13ten Jahrhundert ange=
hört, da sind die Handschriften von Pabolirone[1]), von Parma,
von Bobbio und andere[2]), welche den Namen Johann Gerfen
oder abwechfelnd auch Johannes de Canabaco an der Stirne
tragen. Und zugleich wird das äußere Zeugniß auch noch durch
bedeutende innere Merkmale unterstützt, welche darthun, daß der
Tractat nicht später als um die Mitte des 13ten Jahrhunderts ge=
fchrieben worden fehn könne[3]). Wir wollen zuerst diefe inneren
Gründe etwas genauer ins Auge faffen.

Der eifrige Gerfenist fucht die Abfaffung des Tractates im
13ten Jahrhunderte darzuthun[4]): a) aus der Philofophie des
13ten Jahrhunderts; b) aus den damaligen Streitigkeiten unter
den Bettelorden; c) aus den Anfpielungen auf das ewige Evan=
gelium; d) aus dem alten Gebrauche der h. Communion unter
zwei Gestalten; e) aus der Thatfache, daß das Buch von Schrift=
stellern des 13ten Jahrhunderts citirt werde. Unter diefen Ar=
gumenten sind eigentlich nur zwei, die einige Beachtung verdie=
nen, die beiden letzten. Die drei ersten sind allzu haltungslos;
fie laufen darauf hieraus, daß der Verfaffer des Tractates a)
von den Streitigkeiten der Schultheologen nichts wiffen will, die
Eitelkeit des Weltlichen und die Herrlichkeit des Himmlischen ins
Licht stellt und vor übertriebenem Werthlegen auf Wallfahrten
warnt; daß er b) nicht nach Art der Mönchsorden, deren
jeder feine Heiligen ausfchließlich verherrlichte, über die Vorzüge
der Person und Verdienste des einen Heiligen vor denen des an=
dern disputirt haben will; daß er c) zum einfältigen Festhalten
an dem unvergänglichen Worte Gottes und zum eifrigen Streben
nach dem inneren Verständniffe des Evangeliums aufforder —
ohne jedoch dabei im Entferntesten gegen das fogenannte „ewige
Evangelium" der mittelalterlichen Apokalyptiker zu polemifiren.
Dieß Alles können wir von einem Schriftsteller des 15ten Jahr=
hunderts vollkommen ebenfo gut erwarten, als von einem Schrift=

---

1) Pabolirone ist ein Klofter in der Nähe von Mantua.
2) *Amort* Vindic. P. III, p. 18 läßt nur die 4 genannten Codices
für Gerfen gelten; die Gerfenisten zählen deren noch mehrere: von Rom,
Turin u. f. f.
3) Dieß hatte zuerst, ohne daß dabei noch von Gerfen die Rede war,
der Spanier Petrus Maurique behauptet in feiner Schrift: Aparejos
para administrar el sacramento de la penitencia. Mailand 1604.
Er beruft fich auf den auch von Gregory gebrauchten Grund, daß die
Imitatio in den Collationen des h. Bonaventura citirt werde.
4) Gregory S. 49—67.

steller des 13ten. Merkwürdiger wäre es allerdings, wenn er die Ertheilung des Abendmahls unter beiden Gestalten als einen noch bestehenden kirchlichen Gebrauch behandelte und wenn sein Tractat von Autoren des 13ten Jahrhunderts citirt würde. Dieß müssen wir daher sorgfältiger untersuchen.

Als ich zuerst las [1]), der Verfasser der Imitatio spiele häu=fig auf den noch gangbaren Kelchgenuß der Laien an, erschrak ich, daß mir bei oft wiederholter Lesung des Buches eine so auf=fallende Erscheinung habe entgehen können; da ich aber die an=geblichen Beweisstellen nachsah, wurde ich wieder vollkommen beruhigt. Herr von Gregory beruft sich auf folgende Stellen: de Imit. Chr. IV, 4, 3. heißt es: „Die vorher beängstet waren und sich vor der Communion andachtlos fühlten, indem sich zum Besseren umgewandelt, wenn sie durch himmlische Speise und Trank (cibo potuque coelesti) erquickt sind." — Weiter IV, 4, 5: „Nimm mich auf, o Herr, zum Preise deines Na=mens, der du mir deinen Leib und dein Blut zu Speise und Trank bereitet hast." — Sodann IV, 11, 5: „Dank dir, Schöpfer und Erlöser der Menschen, der du, um der ganzen Welt deine Liebe zu beweisen, das große Mahl bereitet hast, in welchem du nicht das vorbildliche Lamm, sondern deinen heilig=sten Leib und dein Blut zum Genusse vorgesetzt hast: erfreuend alle Gläubigen mit deinem heiligen Gastmahle, und sie berauschend (inebrians) mit dem Becher des Heils (calice salutari), in wel=chem sind alle Wonnen des Paradieses, und wobei die h. Engel mit uns zu Tische sind, nur noch mit höherem Genusse." End=lich IV, 4, 4: „Ist es mir auch nicht gestattet, aus der Fülle der Quelle zu schöpfen und bis zur Sättigung zu trinken, so will ich doch meinen Mund ansetzen an die Oeffnung der himmlischen Röhre (ad foramen coelestis fistulae), auf daß ich wenigstens ein bescheidenes Tröpflein (modicam guttulam) daraus empfange, um meinen Durst zu stillen, und nicht ganz zu verschmachten." Die letzte Stelle ist die wichtigste; von ihr daher zuerst. Herr von Gregory sagt, hier sey ja deutlich von der Trinkröhre die Rede, deren man sich im Mittelalter vor Einführung der Kelch=entziehung bedient habe, damit bei Ertheilung des geweihten Weines an die Laien nichts verschüttet werde; das foramen und die coelestis fistula seyen nicht wohl anders zu erklären. Hier=bei hätte es ihm schon billig Bedenken erregen müssen, daß bei seiner Deutung ein völlig monstroser Sinn herauskommt: der Verfasser würde sagen: eigentlich möchte ich gern vom Abend=

---

1) S. 57—61.

mahlsweine — denn von diesem müßte ja die Rede seyn — bis zur Sättigung (ad satietatem) trinken; da mir dieß aber nicht gestattet ist (non licet), so begnüge ich mich, wenigstens ein mäßiges Tröpflein aus der himmlischen Röhre zu bekommen. Und so etwas, das man Blasphemie nennen dürfte, könnte der fromme, ascetische Verfasser der Imitatio auch nur gedacht haben? Freilich hat er es auch nicht im Entferntesten gedacht, denn nach dem Zusammenhang ist vom Abendmahlsweine überall nicht die Rede. Der Verfasser sagt vorher: die Menschen, auch die Erwählten, sind an und für sich kalt, hart, andachtlos; warm, lebendig, andächtig werden sie aber durch Gott, denn wer könnte sich der Quelle der Lieblichkeit (suavitas) nähern, ohne daraus zu schöpfen? Wer neben einem mächtigen Feuer stehen, ohne dadurch erwärmt zu werden? „Und du Gott — fährt er dann fort — bist eine ewige volle Quelle, ein nie erlöschendes Feuer! Und wenn ich auch nicht ganz aus der Fülle dieser 'Quelle schöpfen und mich ersättigen kann, an den Rand der Himmels= röhre kann ich doch meine Lippen setzen und mich mit einem be= scheidenen Tropfen erquicken; wenn ich auch noch nicht ganz himmlisch und feurig seyn kann, wie die Cherubim und Seraphim, so will ich doch mein Herz bereiten, um auch nur eine mäßige Flamme des göttlichen Brandes aus dem bemüthigen Genusse des belebenden Sacramentes zu schöpfen.“ Wo ist nun hier die Rede von einer Abendmahlsröhre? Wer hieran denken kann, muß auch nicht die Spur eines Sinnes für bildliche Rede haben. Und was hat denn das göttliche Feuer (divinum incendium), welches der coelestis fistula corresponbirt, zu bedeuten, wenn bei der Quelle an den Wein des Abendmahls gedacht werden soll? — Indeß, was bedarf es vieler Worte? Kein Verständiger, der die ganze Stelle liest, kann hier an eine sinnliche Röhre ben= ken, die der Verfasser auch nicht coelestis fistula genannt haben würde. Was aber die übrigen Stellen betrifft, die wir nicht einzeln durchzugehen brauchen, so verhält es sich damit so. Die Imitatio nennt das Abendmahl in der Regel und in weitaus den meisten Stellen Sacramentum oder Oblatio *corporis* Christi, und den Genuß desselben sumtio, communio, perceptio *corporis* oder manducare *corpus* Christi [1]). An mehreren Stellen jedoch nimmt sie auch das Blut Christi hinzu und bezeichnet Christum zugleich als **Trank** [2]). Bei den Stellen letzterer Art denkt

---

1) Man vergl. de Imitat. Chr. IV, 1, 2. 6. 8. IV, 3, 1. 2. IV, 5, 2. IV, 8, 3 u. 4. IV, 9, 1 u. 6. IV, 11, 3 u. 4. IV, 12, 2. IV, 14, 3. IV, 15, 1.

2) Z. B. IV, 16, 2: Tu solus cibus et potus meus — und in den von Gregory gebrauchten, oben angeführten, Stellen.

nun entweder der Verfasser, der in seinem Tractate abwechselnd
oder gemeinsam sowohl Priester als Laien berücksichtigt [1]), vor=
zugsweise an Priester, wie es z. B. sogleich in der von Gre=
gory gebrauchen Stelle IV, 11, 5. u. 6. der Fall ist, wo noch
außerdem die Rede sehr ins Poetische und Ueberschwängliche
übergreift und in diesem Falle hat ja das Hinzunehmen des
Blutes Christi nicht die Spur einer Schwierigkeit; oder er denkt
an Meßopfer und Abendmahlsgenuß im Allgemeinen ohne Unter=
schied von Priester und Laien [2]); aber auch in diesem Falle
müssen wir die Form, in der er sich ausdrückt, dem Stand=
punct eines orthodox katholischen Schriftstellers des 15ten Jahr=
hunderts völlig entsprechend finden. Wir haben nämlich Fol=
gendes zu beachten. 1) Der Verfasser des Tractates war, wer
er auch gewesen sey, Priester [3]): er spricht also in manchen
Stellen vorherrschend aus dem priesterlichen Bewußtseyn heraus
und in diesem mußte ja das Blut Christi eine nicht geringere
Bedeutung haben, als der Leib; wir können uns vielmehr wun=
dern, daß er das Blut nicht noch öfter hervorhebt. 2) Die ganze
Betrachtung des 4ten Buches geht von den Worten Christi aus [4]):
„Wer mein Fleisch isset und mein Blut trinket, der bleibt in mir
und ich in ihm;" hiermit war von selbst die Beziehung auch auf
das Blut Christi gegeben, um so mehr, da Christus häufig als
Quelle des Lebens, als der allein den geistigen Durst Stillende
bezeichnet wird [5]). 3) Der Verfasser spricht überall vom Abend=
mahl im Ganzen, als vollständigem Sacrament; zur kirchlichen
Vollständigkeit des Sacramentes gehörte ja aber wesentlich auch
der Kelch des Blutes Christi; und da es dem Verfasser nur um
die Bedeutung und Wirkung des Sacramentes, nicht aber um
den äußeren Ritus zu thun ist, so wäre es pedantisch gewesen,
wenn er zugleich immer die Abendmahlsform für Priester und für
Laien unterschieden hätte. 4) Hierbei ist aber wohl zu merken,
daß überall nur vom Genusse des Blutes Christi, nicht aber
vom Trinken des geweihten Weines die Rede ist; nur, wenn
sich auch das Letztere fände, hätten die Stellen Beweiskraft: denn

---

1) De Imit. Chr. IV, 2, 6: cum *celebras* aut missam *audis*. Das
erste Wort geht auf den Priester, das zweite auf den Laien. Dieselbe zwie=
fache Beziehung zieht sich aber durch die ganze Abhandlung über das Abend=
mahl hindurch.

2) De Imit. IV, 1, 1. IV, 5, 53. IV, 8, 2.

3) Zum unzweifelhaften Beweise dienen die Worte de Imit. IV, 11,
8: ut qui officium sacerdotale suscepimus — abgesehen von indirecten
Beweisen, die wir hier nicht auszuführen brauchen.

4) Introitus zum 4ten Buche der Imitatio.

5) De Imit. IV, 2. 1. u. a.

das Blut Christi genießen ja, selbst unter Voraussetzung der
Kelchentziehung, nach der Lehre der katholischen Kirche auch die
Laien; nicht das Blut Christi, welches ein unentbehrlicher Be=
standtheil seiner vollständigen gottmenschlichen Gegenwart ist, soll
den Laien entzogen werden, sondern nur die besondere Form,
unter der es der Priester genießt, der geweihte Wein; aber das
Letztere kann ja nur damit gerechtfertigt werden, daß der Laie in
und mit dem Leibe auch das Blut empfange. 5) Indeß schim=
mert doch selbst hierbei in der Imitatio ein merkwürdiger Unter=
schied durch: der Verfasser gebraucht nämlich in den Stellen,
die hier in Frage kommen, in der Regel nicht den speciellen Aus=
druck Trinken, sondern die allgemeinen Formeln Genuß und
Speise¹): auch das Blut wird gespeist, weil es in dem in
den Leib Christi verwandelten Brod enthalten ist. Alles so, wie
wir es von einem katholischen Schriftsteller des 15ten Jahrhun=
derts, wie wir es namentlich von Thomas zu erwarten haben.
Ja auf dem zuletzt berührten Puncte schlägt die Sache sogar
in ein Argument gegen einen Schriftsteller des 13ten Jahrhun=
derts um.

In Betreff des zweiten Hauptpunctes, daß die Imitatio
Christi schon von Schriftstellern des 13ten Jahrhunderts benutzt
werde, beruft sich Herr von Gregory²) außer Dante, in dessen
göttlicher Comödie sich einige ganz entfernt ähnliche und darum
nichts beweisende Stellen finden, und Dionysius Ryßel, der ein
Zeitgenosse von Kempis war, hauptsächlich auf angebliche Ci=
tate bei Bonaventura und Thomas von Aquin. Was jedoch Bo=
naventura angeht, so sind dessen Collationes, in denen sich
Stücke aus der Imitatio wiederfinden, durchaus nicht als
ächtes Werk des berühmten Theologen bewährt, sondern nach aller
kritischen Wahrscheinlichkeit ein viel später verfertigter Cento³);
und bei Thomas von Aquin können wir den Angriff auch wie=
der ins feindliche Lager hinüberspielen. Man sagt nämlich von
jesenistischer Seite: Thomas von Aquin habe die ganze Anti=
phone des Fronleichnamsofficiums zum Magnificat aus der Stelle
do Imitat. Christi VI, 13. entnommen. Nun ist zwar zwischen
beiden Stellen einige Aehnlichkeit. Allein kann nicht ebenso gut
der Verfasser der Imitatio aus dem in das Brevier übergegange=
nen Officium des berühmten Theologen Einiges entlehnt haben?

---

1) De Imit. IV, 8, 2: Dedi corpus meum et sanguinem in
*Acibum;*IV, 13, 2: ad *edendum* et fruendum. Aehnlich IV, 2, 5. und
anderwärts
2) S. 61.—67.
3) Vergl. *Amort* Vindic. P. II. p. 8.

Dieß ist schon an sich wahrscheinlich, da der Verfasser der Imitatio auch sonst vom Brevier — dem einzigen Buche, das er außer der Schrift zu benutzen pflegt [1]) — Gebrauch macht. Es wird aber auch durch andre Anspielungen derselben Art noch besonders glaublich. Thomas von Aquin hat, höchstwahrscheinlich um 1264, da ihm Urban IV die Verfertigung der Liturgie auf das Fronleichnamsfest auftrug, zwei berühmte Hymnen zur Verherrlichung des Corpus Christi gedichtet. Auf einen dieser Hymnen wird, wie wir kaum zweifeln können, in der Imitatio angespielt. Wenn nämlich das Abendmahl wiederholt und in solenner Weise Panis Angelorum genannt [2]), und IV, 2, 5. gesagt wird: Sub modica specie panis et vini integer contineris, et sine consumtione a sumente manducaris; so wird wohl jeder an die Worte des Gesanges denken:

Ecce panis angelorum`...

und dann wieder:

A sumente non concisus,
Non confractus, non divisus
Integer accipitur.
Sumit unus, sumunt mille,
Quantum isti, tantum ille,
Nec sumtus consumitur.

Hat es aber mit dieser Anspielung seine Richtigkeit, so könnte die Imitatio nicht zwischen 1220 und 40 geschrieben seyn, wie bei der Abfassung durch Johann Gersen vorausgesetzt wird. Dagegen würden Anspielungen auf das Fronleichnamsofficium und dessen Gesänge bei Thomas von Kempen nicht die mindeste Schwierigkeit haben, denn wir finden dergleichen Anspielungen auch in solchen Schriften, die ihm unzweifelhaft angehören: de trib. Tabernac. cap. 3. Meditat. 8. Sermo XI ad Novit. p. 2[3]).

Sind nun aber die angeblichen Anführungen der Imitatio im Laufe des dreizehnten und vierzehnten Jahrhunderts von so geringer Haltbarkeit, so tritt unmittelbar an deren leergelassene Stelle ein indirecter Beweis gegen Gersen. Es erhebt sich nämlich die bedenkliche Frage: wie konnte es doch kommen, wenn das Buch wirklich von Johann Gersen vor dem J. 1240 geschrieben war, daß es im Laufe von beinahe zwei Jahrhunderten ganz in der Verborgenheit blieb? Eine Schrift von solcher inneren Gediegenheit, von so seltenem religiösem und sittlichem Goldgehalt, und zugleich so allgemeinverständlich, so einfach, so sehr

---

1) S. *Amort* Vindic. p. 42.
2) De Imit. IV, 2, 3. IV, 5, 1.
3) S. *Amort* Vindic. P. II. p. 9 u. 10.

ben eigenthümlichen Stimmuugen und Bedürfnissen der Zeitge=
nossen entsprechend, hätte nicht ohne sehr bedeutende Wirkung
und Ausbreitung bleiben können. Hiervon finden wir in zwei
Jahrhunderten keine Spur. Dagegen von der Mitte des 15ten
Jahrhunderts an wird das Buch auf einmal bekannt, gelobt, em=
pfohlen und übt eine nicht zu verkennende, zum Theil ganz be=
stimmt nachweisbare, Wirksamkeit aus. In zahlreichen Klöstern
wird es abgeschrieben, auch die Buchdruckerei, sobald sie erfunden
ist, beschäftigt sich damit; die vielen Abschriften, die wir noch be=
sitzen, stammen anerkanntermaaßen aus dieser Zeit. Was ist nun
natürlicher als der Schluß: in der Zeit, wo das Buch noch keine
Wirkungen hervorbrachte, ist es auch noch nicht vorhanden ge=
wesen, in der Zeit aber oder doch nicht lange vorher, da seine
entschiedenen Wirkungen eintreten, ist es auch wirklich entstan=
den? Wenigstens liegt dieser Gedanke viel näher, als die An=
nahme, der Tractat sey zweihundert Jahre lang gleichsam im
Todesschlummer gelegen, und sey dann erst erwacht, um sich,
namenlos wie er bisher war, an den Namen eines noch lebenden,
höchst bescheidenen und zurückgezogenen Autors anzuknüpfen, der
kein anderes Verdienst darum gehabt hätte, als daß er ihn ein
paar Mal abgeschrieben.

So bleibt also den Gersenisten, genau besehen, nur Eines,
die Handschriften, in denen ihr Schützling als Verfasser der Imitatio genannt wird. Hierauf muß, wenn die Sache factisch
feststeht, der verständige Historiker immer einen Werth legen.
Es ist richtig: eine Reihe von Handschriften ist da, die den Na=
men Johann Gersen an die Spitze des Tractates stellen. Allein
schon das Alter wird hier wieder zweifelhaft. Man beruft sich
vornehmlich auf den sogenannten Codex von Arona; dieser wurde
anfänglich von den Gersenisten ins dreizehnte Jahrhundert ge=
setzt; genauere Untersuchungen, vornehmlich des großen Paläo=
graphen Mabillon, haben ihm indeß das 15te Jahrhundert an=
gewiesen [1]; dieß ist aber eine Zeit, mit welcher auch die Ab=
fassung durch Thomas von Kempen nicht im Widerspruch stehen
würde. Die älteren Handschriften — und es sind deren noch
wenigstens drei ältere — welche Gersen als Verfasser angeben,
gehören ins 15te, 16te Jahrhundert, und nicht minder die Druck=
ausgaben, welche ihn nennen, unter denen die Venediger von
1501 die älteste ist. Dieß Alles beweist jedoch nur, daß vom
15ten Jahrhundert an auch eine nicht ganz unansehnliche Tra=

---

1) Vergl. das Einzelne bei *Amort* Vindic. P. III. p. 15. Auch Sil=
bert S. 15. u. 19.

bition vorhanden war, vermöge deren ein Johann Gersen Ver=
fasser der Imitatio seyn sollte.   Diese Tradition wollen wir nicht
an sich verwerfen.   Allein sie verliert sehr viel von ihrem Ge=
wicht schon durch eine innere Bedenklichkeit, an der sie leidet,
noch mehr dadurch, daß ihr eine andere Tradition von mächtiger
Schwere entgegentritt.

Die innere Bedenklichkeit, welche, weil so nahe liegend,
schon sehr frühe erhoben worden, ist die, daß die ganze Ueber=
lieferung von Gersen so ungemein leicht aus einem Misverständ=
niß abgeleitet werden kann.   Wir haben oben gesehen, wie man
darauf verfallen konnte, Gerson für den Verfasser zu halten;
galt aber einmal dieser dafür, so konnte ohne Schwierigkeit auch
ein Gersen daraus werden.   Es handelte sich im ganzen Namen
nur um einen einzigen Buchstaben, und zwar einen solchen, der
in lateinischer Schrift nur zu leicht mit dem andern, welcher in
Frage steht, verwechselt werden konnte.   Unterstützt wird diese
Annahme durch folgende Gründe.   Erstlich: die beiden Namen,
sowohl Gerson, als Gersen kommen in den Handschriften in
sehr verschiedenen Formen vor: Gerson wird auch von Gersone
oder Gersonis, Gersene, von Gersene, Jarson und Jarsone; Ger=
sen auch Gessen und Gesen geschrieben.   Schon dieses Schwan=
kende in der Schreibung begünstigte eine Verwechselung: man
konnte den Namen Gerson auch in deutscher Gestalt (Gersen) ge=
ben wollen und dazu um so eher veranlaßt seyn, wenn es wirk=
lich einen deutschen Familiennamen Gersen gab.   Sodann ist
nicht zu übersehen, daß die älteste Handschrift, die für Gerson
angeführt zu werden pflegt, die salzburger von 1463, den Na=
men abgekürzt liefert: Joh. Gers. — was ganz geeignet war,
eine falsche Schreibung zu veranlassen.   Ferner: daß manche
Titel beide Namen Gerson und Gersen geben [1]), und daß auf
mehreren, wo sich Gersen findet, eigentlich Gerson gemeint ist,
denn in zwei Handschriften [2]) z. B. wird Gersen Cancellarius
Parisiensis genannt und in einer dritten [3]) ist dem Namen
Gersen die sonsther bekannte Grabschrift Gersons beigefügt.   End=
lich: daß beide, der wirkliche Gerson und der angebliche Ger=
sen den nämlichen Vornamen: Johannes tragen.   Ist aber diese
allerdings sehr wahrscheinliche, Hypothese einer Verwechselung ge=
gründet, so wäre dann der Joannes de Canabaco, unter dem auch

---

1) S. Silbert S. 27.
2) Einer florentinischen und einer wolfenbütteler.   Silbert S. 28.
3) Dem von den Gersenisten so hoch gehaltenen Codex von Padolirone.
Ebendas. S. 27.   *Amort* Vindic. P. III. p. 17.

Johann Gerſen verborgen ſeyn ſollte — obwohl Canabacum und
Cabaliaca = Cabaglia noch ziemlich weit aus einander zu liegen
ſcheinen — es wäre dann der Joannes de Canabaco entweder ein
Abſchreiber, vielleicht auch der Beſitzer [1] gerade dieſes Codex ge=
weſen, der ungeſchickter Weiſe für den Verfaſſer genommen wurde,
oder es wäre eben einer der Namen, die von der zu viel wiſſen
wollenden Unwiſſenheit an die Spitze des Tractates geſtellt wur=
den, wie es auch mit den Namen Heinrich von Kalkar, Ludolph
dem Karthäuſer und andern geſchah.

Iſt nun ſchon dadurch die Tradition für Gerſen geſchwächt,
ſo tritt ihr mit einem mächtigen Gewichte innerer Gründe eine
andere, minbeſtens gleich alte, nicht bloß auf Angaben der
Codices, ſondern auf beſtimmten Zeugniſſen und zwar auf Zeug=
niſſen gleichzeitiger oder faſt gleichzeitiger Autoren beruhende, ent=
gegen, die Tradition für den Mann, welcher bis gegen das
J. 1616 ſo ziemlich unbeſtritten für den Verfaſſer der Imitatio
gegolten, für Thomas von Kempen.

Laſſen wir zuerſt die äußeren Gründe, welche für dieſen
ſprechen, wenigſtens die bedeutendſten, kurz an uns vorübergehen.

Die Zeugniſſe, die wir für die Abfaſſung der Imitatio durch
Thomas haben, ſind ſo gut und probat, als man ſie nur
verſtändiger Weiſe verlangen kann. Das älteſte iſt das des Jo=
hann Buſch aus Zwoll, ſelbſt regulirten Chorherrn in dem mit
der Brüderſchaft des gemeinſamen Lebens verbundenen, in der
Nähe von Zwoll gelegenen Kloſter Windeſem, geſtorben um 1479;
er kannte ohne Zweifel den 1471 geſtorbenen Thomas von
Kempen noch perſönlich, und bezeichnet denſelben in ſeinem
um 1464, alſo noch zu Lebzeiten des Thomas, abgefaßten Chronicon Windesemense II, 21. ganz zweifellos als Verfaſſer der
Imitatio. Dieſes Zeugniß läßt nichts zu wünſchen übrig. Hier=
zu kommen mehrere andere, theils noch gleichzeitige, theils nahe
an das Zeitalter des Thomas hingränzende Zeugen: Peter Schott,
Canonicus zu Straßburg, der in ſeiner um 1488 veranſtalteten
Ausgabe der Werke Gerſons die Imitatio ausdrücklich dem Ger=
ſon abſpricht und dem Thomas zuerkennt [2]); der Kanonifer Her=
mann, der Thomas ſelbſt geſprochen [3]); der Abt Mauburnus, der

---

1) Das Letztere nimmt Amort an Vindic. P. IV. p. 19 u. 20, in=
dem er zugleich nachweiſt, und wie es ſcheint mit guten Gründen, daß Ca=
vaglio nie lateiniſch Canabacum geheißen habe, daß vielmehr eher Canabacum eine lateiniſche Ueberſetzung des deutſchen Norbach ſeyn dürfte. Für
einen Johann von Rorbach — eine hiſtoriſche Familie — ſey jener Codex
urſprünglich geſchrieben worden. Wir laſſen den Werth dieſer Hypotheſe
dahingeſtellt ſeyn.
2) S. die Stelle bei Amort Vindic. p. 30.
3) Ebendaſ. p. 35.

im Agneten=Kloſter unter ben Augen des Thomas ſeine Gelübbe abgelegt, in mehreren Stellen ſeiner Schriften [1]); unb Geiler von Kaiſersberg in zwei Stellen ſeiner Predigten über bas Narren=ſchiff [2]). Am wichtigſten aber möchte neben dem Zeugniſſe Bu=ſchens bas bes gelehrten Tritheim ſeyn. Dieſes, ba man es an=fechten könnte, iſt etwas näher zu beleuchten. In bem 1494 ver=faßten Buche de Scriptoribus eccles. cap. 707. gibt Tritheim aus=brücklich unb zweifellos Thomas als Verfaſſer ber Imitatio an. In bem ſpäter geſchriebenen Werke von den berühmten Deutſchen aber ſagt er: es ſoll (feruntur) zwei Thomas von Kempen, Ka=noniker auf bem St. Agnesberge gegeben haben, beibe Verfaſſer mehrerer Schriften; ber Aeltere habe zur Zeit Gerharb Groots, der Anbere faſt noch zu ſeiner (Tritheims) Zeit gelebt; ber Letz=tere habe auch Einiges geſchrieben, bas ihm (bem Tritheim) nicht genauer bekannt geworden; vielleicht aber werbe auch Eini=ges bem Aelteren zugeſchrieben, was dem Jüngeren zukomme; bas Buch von ber Nachfolge Chriſti ſolle bem Aelteren angehören unb bereits von ben Vorfahren (a Senioribus prioribus) geleſen worben ſeyn. Offenbar iſt ber gelehrte Mann bei bieſer Stelle in ber Irre. Tritheim hatte von mehreren Kanonikern gehört, bie den Namen von Kempen getragen. Dieß iſt richtig: Tho=mas hatte einen Bruder: Johann von Kempen, unb außer bieſem zählten bie Kanoniker noch einige andere von Kempen unter ihre Mitglieder. Aber zwei Thomas von Kempen, bie bekannter geworben wären, hat es nicht gegeben. Wenn alſo Tritheim einem Thomas von Kempen ben Tractat zuſchreibt, ſo iſt es ber unſre. Auf bieſen paſſen in ber That auch bie Präbicate, bie er Beiden zuſchreibt: ber Aeltere ſoll zur Zeit Kaiſer Ruprechts um 1410 geblüht, ber Jüngere noch beinahe bis zu Tritheims Zeit gelebt haben; bieß iſt ber eine unb ſelbe Thomas von Kem=pen, ber ja einige neunzig Jahre alt wurde unb um 1410, wenn auch noch nicht als Schriftſteller blühte, ſo boch ein, vielleicht auch ſchriftſtelleriſch nicht unbekannter, Mann von 30 Jahren war. Setzen wir nun, Thomas habe bie Imitatio zwiſchen 1420 unb 40 geſchrieben, ſo konnte Tritheim gegen Ende bes 15ten Jahrhunberts auch ſagen, ſie ſey ſchon von früheren Vorfahren geleſen worben. So wäre alſo auch bas, was Tritheim etwas verwirrt vorlegt, in Ordnung zu bringen unb ſtimmte im Grunde mit ber einfachen Angabe ſeines Werkes über bie kirchlichen Schrift=ſteller vollkommen überein.

---

1) Sie ſind vollſtänbig angeführt bei Amort S. 37.
2) Turba 89 u. 100.

Um jedoch auch einen bisher unbekannten factischen Beweis zu liefern, daß Thomas von Kempen gerade in seiner näheren Umgebung zweifellos als Verfasser der Imitatio galt, theile ich noch Folgendes mit. Albert Hardenberg, der selbst Zögling einer Anstalt des gemeinsamen Lebens war, der sich an den klassischen Orten dieser Stiftungen und namentlich auf dem Agnetenberge eifrigst nach den hinterlassenen Schriften Wessels und nach Lebens= nachrichten über ihn umgethan hatte, dem es also gewiß nicht an Bekanntschaft mit den Traditionen dieses Kreises gebrach, weiß gar nicht anders, als daß Thomas von Kempen Verfasser der Imitatio sey. Er legt dafür in seinen biographischen Notizen über Wessel das bestimmteste Zeugniß ab, nur ist dasselbe bisher verborgen gewesen, weil es, wie einiges Andre, in der Druckaus= gabe weggelassen wurde. In dem vor mir liegenden Codex Mo- nacensis aber finden sich zwei sehr merkwürdige, hierher gehörige Stellen [1]. In der einen, nachdem Hardenberg erzählt, wie er auf dem Agnetenberge nach Schriften Wessels geforscht, heißt es: Monstrabant quoque illi viri (die Brüder des Agnetenklosters) scripta plurima piissimi viri, Domini Thomae Kempis, cujus praeter plurima alia etiam extat opus aureum de Imitatione Christi — worauf dann die früher schon benutzte Bemerkung folgt, daß Wessel aus dieser Schrift zuerst den Impuls zu seiner reli= giösen und theologischen Richtung empfangen. In der andern Stelle wird, nachdem der Eintritt Wessels in die Brüderstiftung zu Zwoll und die damalige, viele Jünglinge heranziehende, Wirk= samkeit des Thomas von Kempen erwähnt ist, hinzufügt: Scri- bebat ea tempestate Thomas librum de Imitatione Christi, cujus initium est: Qui sequitur me non ambulat in tenebris — woran sich dann auch wieder eine ähnliche Bemerkung in Betreff Wessels anschließt. Auffallender Weise finden sich nun an beiden Orten Randbemerkungen beigeschrieben. Bei der ersten Stelle ist, von an= derer, oder wenigstens sehr veränderter Hand, später hinzugesetzt: Hic falsus fui, nam Wesselus Thoma senior erat, et ipse eum incitavit ad scribendum et adiuvit eum, quod me tunc fugit. Et doctrina ipsa est Wesseli, quod etiam [2] memini ex Epistola Gosuini quadam. Bei der andern Stelle ist von einer, mit der Textschrift etwas mehr zusammenstimmenden, Hand beigefügt: Thomas a Wesselo didicit, nam ille ante Thomam de Imitatione

---

1) Vergleiche über dieselben das oben S. 243, not. 3. im Leben Wes= sels Bemerkte.
2) Ist etwas unleserlich und könnte auch anders, etwa nunc oder der= gleichen, heißen.

Christi scripserat, ut mihi retulit Gosuinus, qui et ipse dialogo eandem materiam tractaverat, quem ego diu habui. Beide Randgloſſen, die möglicher Weiſe von Harbenberg ſelbſt, aber auch von einem Andern herrühren könnten, haben offenbar den Hauptzweck, dem Weſſel eine volle geiſtige Unabhängigkeit von Thomas und die Priorität der Lehre, namentlich in Betreff des folgenreichen Gedankens von der Nachfolge Chriſti zu vindiciren, ja den Thomas vielmehr als abhängig von Weſſel darzuſtellen; ſie könnten daher ein Product entweder einer übertriebenen Ver= ehrung für Weſſel oder eines falſchen proteſtantiſchen Eifers ſeyn, der in ſeiner Vorliebe für den Vorläufer der Reformation zu= gleich ungerecht gegen den katholiſcheren Thomas wurde: wie es ſich aber damit auch verhalte, irre machen in dem, warum es ſich hier handelt, können ſie uns nicht, denn erſtlich wird darin nicht einmal geleugnet, daß Thomas de Imitatione Christi ge= ſchrieben habe, ſondern es wird vielmehr ausdrücklich oder implicite anerkannt, und zweitens beruht das, was dabei über die Priorität und größere Originalität Weſſels geſagt iſt, auf der Annahme, daß derſelbe älter geweſen, als Thomas, und dieſe iſt offenbar falſch. So hätten wir alſo auch hier ein, aus dem nächſten Kreiſe des Thomas ſtammendes, unverwerfliches Zeugniß, daß derſelbe Verfaſſer der Imitatio ſey. Dieſes Zeugniß ſetzt vielleicht die Abfaſſung des Tractates um etwas zu ſpät an, indem ange= geben wird, die Entſtehung deſſelben ſey ungefähr mit der Ueber= ſiedelung Weſſels von Gröningen nach Zwoll zuſammen gefallen, was doch ungefähr ins Jahr 1440 fallen würde, während wir Spuren haben, daß ſich die Imitatio ſchon ſeit dem J. 1415— 1420 verbreitete [1]); allein da die Beſtimmung: scribebat ea tem- pestate eine ſehr allgemeine iſt und die Chronologie von Weſſels Leben ſelbſt nicht unerſchütterlich feſtſteht, ſo würde dieſe An= gabe, ſelbſt wenn darin wirklich ein chronologiſcher Irrthum ent= halten wäre, keine bedeutende Inſtanz gegen das Weſentliche des Zeugniſſes ſelbſt bilden.

Dieſen ausdrücklichen Zeugniſſen ſtehen nun auch Hand= ſchriften und älteſte Drucke in guter Zahl zur Seite, welche den Thomas als Verfaſſer nennen. Die Chorführer der Codices ſind der löwener und antwerpner [2]). Sie gebieten ſchon durch ihr Alter Reſpect: der letztere iſt authentiſch vom J. 1441, der erſtere

---

1) Amort ſetzt die Abfaſſung der Imitatio ins J. 1420. Vindic. P. I. p. 4.
2) S. über dieſe Handſchriften und was damit zuſammenhängt: *Amort* Vindic. P. II. p. 11 u. 12.

höchst wahrscheinlich noch um ein oder zwei Decennien älter, so daß kein für Gerson oder Gersen sprechender Codex dagegen in die Schranken treten könnte, der mit guten Beweisen ein höheres Alter zu documentiren vermöchte. Aber, was die Hauptsache ist: sie sind von der eigenen Hand des Thomas von Kempen geschrieben. So unbezweifelbar indeß diese Thatsache ist, so tritt doch auch ihr ein zweideutig scheinender Umstand hemmend in den Weg: der antwerpner Codex hat eine Schlußformel, welche Thomas nur als Abschreiber, nicht als Verfasser zu bezeichnen scheint; er endigt mit den Worten: Finitus et completus anno Domini MCCCCXLI per manus fratris Thomae Kempis de Monte S. Agnetis apud Swollas. Hier ist den Worten nach freilich keine Rede von Abfassung; Thomas könnte auch der bloße Schreiber seyn. Allein wenn wir die Sache genauer ins Auge fassen, verliert sie wieder ihr Bedenkliches. In der antwerpner Handschrift sind auch noch andre Aufsätze des Thomas enthalten, die ihm nie abgesprochen worden sind: wenn nun in Beziehung auf diese die gebrauchte Formel die Autorschaft des Thomas, wo nicht involvirt, so doch wenigstens nicht ausschließt, so thut sie es auch nicht in Beziehung auf die Imitatio Christi. Offenbar konnte sich Thomas in diesem Falle verhalten, wie es ihm gut dünkte: er konnte sich als Verfasser bezeichnen oder nicht, er konnte es direct oder indirect thun; seinem durchaus demüthigen, zurücktretenden Sinn aber war es völlig entsprechend, daß er sich nicht bei jeder Copie als Verfasser nannte, da er voraussetzen konnte, daß man ihn in den näheren Umgebungen, für welche die Abschriften bestimmt waren, ohnedieß als solchen kenne. Wäre er dagegen nicht der Verfasser gewesen, so durfte er, besonders bei einem Buche, welches auch nach der Voraussetzung der Bestreiter der Autorschaft des Thomas ein hochverehrtes Lieblingsbuch desselben war, nicht unterlassen, den wirklichen Verfasser zu nennen oder, falls er ihn nicht kannte, dieß mit einem Worte anzudeuten; er durfte der Möglichkeit, daß man ihn selbst für den Urheber, wie von den andern, so auch von dieser Schrift halte, gar keinen Raum lassen. Da er dieß nicht thut, so ist ein indirecter Beweis gegeben, daß die Formel mehr in sich schließe, als sie ausdrücklich besagt[1]). Dieß wird nun auch noch durch andere Handschriften ergänzend bestätigt, und

---

1) Gegen die antwerpner Handschrift führt man auch an, daß sie manche Fehler und Abweichungen enthalte. Allein dieß spricht gerade für die Autorschaft des Thomas. Das zu Bekannte schreibt man minder gut ab, und als geistiger Vater konnte sich Thomas mit seinem Kinde eher Freiheiten erlauben, denn als Abschreiber mit einem fremden Erzeugnisse. S. *Amort* Vindic. P. II. p. 11.

zwar so, daß eine entschieden größere Zahl ältester und alter Handschriften für Thomas spricht, als für Gerson oder Gersen. Das über das antwerpner hinausreichende löwener Autographon hat auf der ersten Folioseite die Worte: Hic liber est scriptus manu et characteribus Reverendi et Religiosi Patris Thomae a Kempis Canonici Regularis in monte S. Agnetis prope Subollam, qui est author horum devotorum libellorum — welche Worte wenigstens beweisen, daß Thomas den frühesten Besitzern dieser Handschrift, welche jedenfalls Autographon und vielleicht Protographon ist, unzweifelhaft auch als Verfasser galt. An diese Autographa reihen sich zahlreiche Copien im Laufe des 15ten und 16ten Jahrhunderts an, die Kempis als Autor nennen: unter ihnen sind besonders die Manuscripte von Kirchheim (in Würtemberg), Rottenbuech und Pollingen zu nennen, welche vermuthlich noch vor die Mitte des 15ten Jahrhunderts fallen[1]); anderer späterer gar nicht zu gedenken. An die Handschriften aber schließen sich sogleich auch ohne Unterbrechung die ältesten Drucke, sowohl des Originals, als deutscher und französischer Uebersetzungen; nämlich außer denen, die Ort und Zeit des Druckes nicht angeben, folgende: die augsburger von 1472 und 85, die straßburger von 1481, 86 und 87, die nürnberger von 1487 und 94, die memminger von 1489, die benetianer von 1486, 87 und 1521, die lyoner von 1490, die pariser von 1493 und 1500[2]). Es ist wahrlich, wenn wir diese Reihe von Thatsachen überblicken, nicht der minbeste Grund zur Behauptung vorhanden, Thomas sey gegen die andern Mitbewerber von Seiten der Geschichte minder begünstigt; vielmehr ist er, auch nur die äußeren Argumente angeschlagen, offenbar der Begünstigte.

So stehen also Zeugnisse gegen Zeugnisse. Wollten wir nun auch annehmen, die Zeugnisse für Kempis seyen nur gerade ebenso gut, als die für Gersen, was würde bei diesem Aequilibrium den Ausschlag geben müssen? Offenbar die inneren Gründe, die Angemessenheit des Buches selbst zu der Persönlichkeit, der Zeit, den Umgebungen des einen oder des andern Mannes. Allein schon

---

1) S. über diese und andere hierher gehörige Codices der Imitatio: *Amort* Vindiciae P. V. p. 24—32.

2) Die Angaben hierüber beruhen, da ich die Drucke nicht selbst untersuchen konnte, begreiflich auf fremder Autorität. Die Gewährsmänner aber sind hier nicht ganz einig: Amort (Informatio controvers p. 198) rechnet zwischen der augsburger von 1472 und der nürnberger von 1494 zwölf Ausgaben, die Thomas als Verfasser geben, Panzer (Annal. typogr. I, 132. V, 275.) hat außer der augsburger sine anno nur sieben von der straßburger 1489 bis zur pariser 1493.

die Tradition legt, wie wir gesehen, ein Uebergewicht in die
Wagschale des Thomas, denn für ihn sind ausdrückliche Angaben
gleichzeitiger und nahe stehender bedeutender Schriftsteller vor=
handen, für Gersen nur kahle Titel von Handschriften und Druck=
ausgaben; vollends aber wenn wir in das Innere der Sache
eingehen, fällt ein solches Gewicht der besten Gründe auf die
Seite des Thomas, daß man sich die Hartnäckigkeit, mit der seine
Autorschaft bekämpft worden ist, eigentlich nur aus zwei Ursachen
erklären kann: entweder aus verblendendem Ordensinteresse und
mißverstandenem Patriotismus, - oder aus dem Umstande, daß
manche Sprecher in der Sache die übrigen Schriften des Thomas
oder den geschichtlichen Lebenszusammenhang, in dem er stand,
gar nicht kannten. Wenigstens möchten wir dieß lieber an=
nehmen, als voraussetzen, es habe ihnen so sehr an kritischem
Sinn und Tact gefehlt, um die 'innere Uebereinstimmung der
Imitatio mit dieser gesammten Geistessphäre des Thomas nicht
wahrzunehmen.

Von Johann Gerson wissen wir nichts, als das precäre Fac=
tum der Existenz und selbst dieses nicht mit zweifelloser Gewißheit;
er ist eine, wo nicht untergeschobene, so doch nahezu mythische
Person ohne irgend einen thatsächlich bewährten Characterzug.
Thomas von Kempen dagegen ist eine durchaus klare geschichtliche
Persönlichkeit, von welcher selbst, so wie von ihren Umgebungen
wir eine so genaue Kenntniß haben, daß wir sie vor uns leben
und weben sehen. Nun aber müssen wir sagen: zu allem dem,
was wir von Kempis und seinem Kreise wissen und zu den zahl=
reichen unbezweifelt ächten Schriften, die wir von ihm haben,
paßt die Imitatio Christi so vollständig und gegen seine Autor=
schaft ist so wenig ein haltbarer innerer Grund vorhanden, daß,
wer Beides kennt, den Thomas und seine Schriften sammt der
auf ihn hinführenden und mit seiner Person zusammenhängenden
Tradition practischer Mystik einerseits, und die Imitatio Christi
andererseits, schon ganz von selbst darauf kommen müßte, ihn
für den Verfasser des Tractates zu halten; daß aber vollends,
wenn noch gute und zwar sehr gute äußere Zeugnisse hinzutreten,
jeder Zweifel ausgeschlossen wird.

Die geschichtlichen Sätze, die dieß im Einzelnen darthun, sind
großentheils schon von Andern zur Genüge ausgeführt. Nament=
lich ist hier der gelehrte und genaue Eusebius Amort[1]) voll=
kommen klassisch. Wir begnügen uns daher mit Wenigem.

---

1) Er war Kanonikus zu Polling in Baiern und † 1775. Zuerst hat

Das Buch von der Nachfolge Christi stimmt mit den übrigen Schriften des Thomas vollkommen überein, und zwar ebensowohl im Geist und Inhalt, als in der äußeren Einrichtung und Sprache. Der Geist ist hier wie dort ein ebenso innig und practisch christlicher, als ernst und bisweilen beschränkt ascetischer. Die Richtung geht hier wie dort, mit Abstraction von allem Dogmatischen und Schulmäßigen, auf das Practische, unmittelbar ins Leben Eingreifende, Allgemeinverständliche, Anwendbare, Heiligende. Der Inhalt ist hier wie dort die Lehre von vollkommener Verleugnung, Kreuzigung und Hingabe des eigenen Selbst, um mit Gott und Christo eins zu werden und darin Friede, Heiligung und Seligkeit zu finden. Die Grundidee von der Nachfolge Christi, als der Bedingung aller inneren Befriedigung und Beseligung, findet sich, wie in der Imitatio, so auch in den übrigen Schriften des Thomas, ja in den kleinsten Gedichten sehen wir sie wiederkehren und bis in die geringsten Lebensverhältnisse, selbst wo es nicht passend ist, wie wenn z. B. Christus als Vorbild des Bücherabschreibens aufgestellt ist, wird sie von ihm eingeführt. Ebenso verhält es sich auch mit der Form. Die Art, an vorangestellte Bibelstellen, als die von ihm fast ausschließlich gebrauchte Autorität, anzuknüpfen, mehr in freiem Ergusse, gemüthlich und ascetisch, als methodisch, logisch und streng didactisch zu sprechen, sich in sinnreichen Gegensätzen, in einer reichen Mannigfaltigkeit von Reflexionen und Gefühlen zu bewegen und das Bedeutendste in kurze, schlagende Sentenzen, in abrupte Satzreihen, die in ihren einzelnen Theilen wieder ein für sich bestehendes kleines Ganze bilden, zu fassen, herrscht, wie in der Imitatio, so in allen Schriften des Thomas, besonders in denen, die ihrer Natur nach der Imitatio am nächsten stehen, im Lilienthal und Rosengärtlein. Und vollends die Sprache! Diese könnte gar nicht übereinstimmender seyn. Die nämliche kindliche Naivetät und Unvollkommenheit, der nämliche Mangel aller Eleganz und schulmäßigen Beredsamkeit, dieselben Barbarismen und Germanismen, dieselben Abnormitäten in selbstgebildeten Aus-

---

er geschrieben: Informatio de statu totius controversiae, quae de auctore libelli de Imitatione Christi — agitatur. Aug. Vindel. 1725. Sodann: *Scutum Kempense* sive Vindiciae quatuor librorum de Imitatione Christi, quibus *Thomas a Kempis* contra Joannem *Gersen* in sua a tribus saeculis non interrupta possessione stabilitur. Colon. 1728. Dieselbe findet sich auch in den Gesammtausgaben der Werke von Kempis. Endlich noch zwei Streitschriften unter den Titeln: Moralis certitudo — und: Deductio critica, welche mir nicht näher bekannt sind.

brücken, oft bis ins Kleinste, und dabei auch dieselbe Lieblichkeit,
Zartheit und Lebendigkeit, dieselbe Fülle bei sententiöser, oft viel=
sagender Kürze und dasselbe unschuldige Streben, die dem Ge=
müthe theuren Gegenstände durch häufige Ausrufungen [1]), durch
poetischen Ausdruck, durch Assonanzen und Halbreime, durch etwas
ins Ohr Fallendes auch für den Sinn anziehend und für das
Gedächtniß behaltbar zu machen. Und nicht bloß diese Einzeln=
heiten, sondern auch der ganze Bau und Rhythmus, mit einem
Worte der ganze Bestand der Sprache ist der nämliche [2]). Nur
wer die übrigen Schriften des Thomas nicht gelesen, könnte diese
Thatsache leugnen. Im Grunde leugnet sie auch niemand. Aber
die Gegner helfen sich mit einer lächerlichen Ausflucht. Sie sagen:
Thomas hat die Imitatio Christi oft gelesen und selbst mehr=
mals abgeschrieben, es war sein Lieblingsbuch und so hat er sich
nach und nach in den Geist und Styl des Verfassers dergestalt
eingelebt, daß er selbst vollkommen in demselben schrieb; als
bloßen Nachahmer aber characterisirt ihn eben die Beschaffenheit
seiner wirklichen Schriften, denn diese stehen tief unter der
Imitatio, wie schon der himmelweit verschiedene populäre Erfolg
zeigt, den die Imitatio und den die Schriften des Thomas hatten.
Gut. Die Imitatio soll das Lieblingsbuch des Thomas gewesen
seyn. Aber warum, wenn er sich so ganz darnach bildete, citirt
und empfiehlt er es denn nie in seinen übrigen Werken? Warum
spielt er nicht einmal irgendwo bestimmt darauf an? Warum ge=
braucht er dieselben Gedanken, oft in völlig übereinstimmender
Form, ohne zu sagen, daß er sie von einem hochverehrten Mann=
entlehnt habe? Warum gibt er diesem Manne selbst in den Ab=
schriften, die er machte, nicht die Ehre, ihn als Verfasser zu
nennen oder auch nur irgendwo zu sagen, was er von ihm wisse
oder nicht wisse? Es wäre eine sonderbare Art von Verehrung,
die Thomas hier geübt hätte. Und die Nachahmung! Ja man
kann irgend einen classischen Schriftsteller, wie Muret den Cicero,
oder selbst einen etwas abnormen, aber im Ganzen regelrechten
mit gehöriger Reflexion, Sorgfalt und beständiger Uebung bis zu
einem hohen Grade der Annäherung nachbilden; aber hier handelt
es sich nicht um einen irgendwie geregelten, sondern einen durch
und durch eigenthümlichen, bis in die größten Kleinigkeiten eigen=

---

1) Z. B. Eja, O si. O quam. Ah, Vae, Ecce, Heu u. dergl.
2) Dieß ist im Einzelnen so gut, anschaulich und vollständig nachge=
wiesen von Amort in den Vindiciis P. V. p. 39—67, daß ich hier jedes
specielle Eingehen für überflüssig halte.

thümlichen Schriftsteller; es handelt sich nicht um die bloße Form,
sondern zugleich um die Alles beherrschende Gesinnung, um den
bis in die kleinsten Ritzen einbringenden Gemüths= und Geistes=
Aether; es handelt sich nicht um approximative Aehnlichkeit, son=
dern um complete Uebereinstimmung und Identität, und diese
Einheit des Wesens und der Form zwischen der Imitatio und den
unbezweifelt ächten Schriften des Thomas finden wir nicht etwa
bei einem Manne, der die Form mit irgend einer Art von Auf=
merksamkeit und Absicht behandelt hätte, sondern bei einem solchen,
der die Darstellung mit der liebenswürdigsten Naivetät, mit dem
unverkennbarsten Sichgehenlassen behandelte. Ein gleicher Fall
würde in der Literatur nicht aufzuweisen seyn. Wie viele Tau=
sende, die auch Schriftsteller waren, haben die Imitatio gelesen
und wieder gelesen, und wo fände sich auch nur Einer, der in
dem ganzen Habitus seiner Darstellung der Nachfolge so nachge=
folgt wäre, wie Thomas in allen seinen Schriften? Hier glaube
an Nachahmung wer kann. Bei so abnormen Annahmen würde
in der Literatur nichts mehr feststehen: es wäre dann so gut
wie jeder Beweis, der aus der inneren Uebereinstimmung einer
fraglichen Schrift mit andern Schriften eines Verfassers entnom=
men werden kann, zu beseitigen. Wir geben zu, daß die Nach=
folge Christi entschieden das vorzüglichste Product des Thomas
sey; doch steht es nicht so hoch, daß sich nicht andere, wie z. B.
die oben genannten, ihm annäherten. Bei jedem lebendig sich
entwickelnden Schriftsteller aber wird man ein culminirendes Er=
zeugniß finden, und wir können als solches bei Thomas die Imi=
tatio um so eher setzen, wenn er dieselbe wirklich, wie wir ange=
nommen, in seinem reifsten Lebensalter schrieb, und den Tractat
um des wichtigen Gegenstandes willen mit einer ganz besonderen
Treue und Sorgfalt behandelte, welche ihn Alles, was er aus
der Tradition seiner Gemeinschaft und aus der eigenen Lebenser=
fahrung geschöpft hatte, hier aufs Beste zusammendrängen ließ.
Indeß wird man immer in den andern Schriften von Kempis
Stellen und Parthien finden, die vollkommen würdig in der Imi=
tatio stehen könnten, und auch in der Imitatio kommen, wie an=
derwärts, Wiederholungen und minder gediegene Stellen vor.

Ein anderes Moment ist die ganze sociale und geistige
Sphäre, die Lehr= und Sinnestradition, innerhalb deren Thomas
steht. Hier finden wir in der Imitatio schon im Einzelnen viel=
fache Anklänge an die Umgebungen des Thomas, an die Ein=
richtungen des gemeinsamen Lebens und die Regeln der windes=
heimischen Congregation: die Sentenzen der Brüder liegen manchen

Ausſprüchen der Imitatio theils dem Sinne nach zum Grunde, theils kehren ſie faſt wörtlich in derſelben wieder, namentlich Sprüche des Gerh. Groot, des Florentius und Lubertus, welche Thomas in deren Biographien anführt [1]); die Bezeichnungen Religiosi und Devoti, welche die Imitatio als ſtehende techniſche Ausdrücke gebraucht, paſſen am beſten auf dieſe Genoſſenſchaft; die Empfehlung der Karthäuſer und Ciſtercienſer ſtimmt zu der Regel und dem Sinne der Brüder; ebenſo auch die Sitte, nur an gewiſſen Tagen Meſſe zu leſen und zu communiciren, und die — einem Benedictiner fremde — Gewohnheit, die Vorgeſetzten nicht Aebte, ſondern Prälaten zu nennen [2]). Noch mehr aber iſt es die ganze Geiſtesrichtung, vermöge deren die Imitatio vollkommen in dieſen Kreis paßt. Der Standpunct des Thomas iſt nicht bloß der allgemeine der practiſchen Myſtik, ſondern zugleich auch der beſonders modificirte der Schule vom gemeinſamen Leben. Wer nun mit dem Geiſte dieſer Genoſſenſchaft, mit ihrer chriſtlichen Lebens- und Spruchweisheit, wie wir ſie oben vollſtändig genug dargelegt [3]), nur im geringſten vertraut iſt, der wird nicht leugnen können, daß die Imitatio ein vollkommen angemeſſenes Glied in dieſer Entwickelungsreihe bildet, daß ſie eine Pflanze iſt, die ganz von ſelbſt auf dieſem Boden wachſen mußte [4]), auf einem andern aber fremd erſcheinen würde. Ja noch mehr: die Geiſtesentwickelung der Brüder vom gemeinſamen Leben ſcheint ein ſolches Product geradezu zu fordern. Alle bedeutenderen Geiſtesrichtungen wollen ihren Abſchluß, ihre Vollendung haben; eher kommen ſie, falls ſie nicht etwa gewaltſam unterdrückt werden, nicht zur Ruhe. Die practiſch-myſtiſche Denkweiſe der Brüder war ſeit mehr als einem halben Jahrhunderte vorhanden, aber nur in mündlicher Ueberlieferung, und ſporadiſch in vereinzelten Sentenzen; ſie mußte auch fixirt und zuſammengefaßt werden und dieſe ihre Feſtſtellung erhielt ſie in der Imitatio durch den im

---

1) Eine Zuſammenſtellung ſiehe bei *Amort* Vindic. P. V. p. 64 u. 65.
2) S. *Amort* Vindic. P. IV. p. 22 u. 23.
3) Vergl. dieſen Band S. 67. 73. 78. Auch *Amort* Vindic. P. V. p. 60 sqq.
4) Die Schrift von der Nachfolge ruht ſo ſehr auf der Ueberlieferung practiſcher Myſtik bei den Brüdern des gemeinſamen Lebens und auf deren chriſtlichen Sentenzen, daß es, obgleich dabei die allerdings hoch anzuſchlagende Eigenthümlichkeit des Thomas überſehen wird, doch nach der hiſtoriſchen Seite nicht ganz ungerecht iſt, wenn ein Zeitgenoſſe, der Kanonifer Hermann, ihn als *Compilator* bezeichnet und von ihm ſagt: qui compilavit librum de Imitatione. S. deſſen Zeugniß über die Abfaſſung der Imitatio bei *Amort* Vindic. P. V. p. 35.

innerlichen Leben und zugleich in schriftstellerischer Emsigkeit ausge=
zeichnetsten Repräsentanten der Genossenschaft, durch Thomas von
Kempen.   Gehörte das Buch diesem Kreise nicht wirklich an, so
würde ihm das wesentlichste Glied in der Kette seiner Entwicke=
lung, es würde ihm das Resultat und der Schlußstein seiner gei=
stigen Hervorbringungen fehlen.   Ebenso würde auch der rechte
Anknüpfungspunct zur Erklärung der geistigen Nachwirkungen
mangeln.   Wir haben vornehmlich Wessel als den bedeutendsten
Schüler des Thomas', als den Hauptsprößling seines christlichen
Geistes kennen gelernt, und den Zusammenhang zwischen Beiden
auf vielen Puncten in der Darstellung der Denkart Wessels nach=
gewiesen.   Dieser Zusammenhang wird aber vorzüglich durch das
begründet, was den Inhalt der Imitatio ausmacht, ja Wessel soll
gerade durch dieses Buch seine ersten entschiedenen religiösen Im=
pulse erhalten haben.   Wollten wir es dem Thomas absprechen,
so entstände auch von dieser Seite eine wesentliche Lücke in der
Entwickelungsreihe.

Endlich dürfen wir doch auch fragen: wie es sich in Betreff
der Zeit mit der herrschenden Grundidee des Buchs, dem Ge=
danken von der Nachfolge Christi verhalte? Dieser Gedanke ist
zwar so alt als das Christenthum selbst; er findet sich bei den
Aposteln, er findet sich bei Clemens von Alexandrien und bei
andern Kirchenvätern, ja es wird kaum ein bedeutender christ=
licher Schriftsteller zu nennen seyn, bei dem er nicht gelegentlich
vorkäme.   Aber etwas Andres ist es, daß er gelegentlich vor=
komme, und etwas Andres, daß er zum Mittelpuncte der ganzen
Betrachtung, der christlichen Lebensanschauung gemacht werde
Ob dieß im 13ten Jahrhunderte der Fall gewesen seyn dürfte,
wohin die Abfassung durch Gersen fallen würde, wage ich nicht
zu entscheiden, aber zweifelhaft wenigstens ist es mir in hohem
Grade.   Das apostolische Leben war in jener Zeit Losungswort
der innerlicheren oder auch wohl antihierarchischen Christen.   Aber
das noch Höhere, die Nachahmung Christi, als letzte, um=
fassendste Lebensforderung, eine Annäherung schon zur Reforma=
tion, wo die Person Christi wieder ganz in den Vordergrund tritt
und den Alles beherrschenden Mittelpunct bildet, scheint erst später
mit voller Stärke in den Kreis der religiösen Vorstellungen ein=
getreten zu seyn.   Wir finden es vornehmlich bei den practischen
Mystikern : in Deutschland bei Tauler[1]), in den Niederlanden
bei Kempis.   Auch von dieser Seite würde die Imitatio ihre natür=

---

1) Vergl. Schmidt Joh. Tauler, S. 158.

liche Stellung im 15ten Jahrhunderte, nicht im 13ten finden, sie würde ganz und gar zu Thomas, nicht aber zu Gersen passen.

Also in Summa: auf der einen Seite steht ein Name, der allerdings einige historische Zeugnisse mitbringt, aber sonst ganz in der Luft schwebt und möglicher Weise durch bloße Verwechse= lung hereingekommen seyn kann; auf der anderen Seite eine be= stimmte geschichtliche Person, die mindestens eben so gute Zeug= nisse aufzuweisen hat, eine Person, bei der ein Grund des Einschie= bens nicht abzusehen ist, dagegen ein volles Gewicht innerer Gründe, sowohl aus der Beschaffenheit der Schrift, als aus ihrer ganzen geschichtlichen Stellung hinzutritt — können wir hier noch schwanken?

Druck der Hofbuchdruckerei (H. A. Pierer) in Altenburg.